ISBN 978-0-428-68961-2
PIBN 11300604

REVUE

DES

LANGUES ROMANES

Tome XLVII

(Vᵉ Série — Tome VII)

SOCIÉTÉ DES LANGUES ROMANES
MONTPELLIER

MCMIV

REVUE

DES

LANGUES ROMANES

HISTOIRE DES TERMES TECHNIQUES

DE LA VERSIFICATION FRANÇAISE

Alexandrin. — Les savants[1] qui se sont occupés de l'histoire de la versification française on cru jusqu'à présent que le plus ancien exemple de l'emploi de ce mot, au sens technique dont il s'agit, était fourni par le « Doctrinal de la secunde rétorique » (1432) de Baudet Harenc, dont l'unique manuscrit se trouve à la bibliothèque du Vatican (« Reg. », 146 f). Voici le passage en question : Sont dittes « lignes alexandrines » pour ce que une ligne des fais du roy Alexandre fu fait de cette taille (Voir Renan et Darembert, « Archives des Missions » I, 278). Mais je puis affirmer, avec les preuves à l'appui, que le mot « alexandrin » se trouve déjà dans un petit traité, composé avant 1425, intitulé « Les règles de la seconde réthorique », et qui est encore inédit : « Rime Alexandrine » pour faire romans est pour le présent de douze

[1] Cf. « Grundriss », § 60, ainsi que « Romania ». XXII. p. 255.

silabes chascune ligne en son masculin et de XIII en féminin. Et sont à ceste exemple :

Seigneurs or faites pais pour Dieu le Roy divin
Chevalier et sergent escuier et meschin
Et vous orrez chanson d'un noble palasin, etc.

(Bibl. Nat. Manuscrits. « Nouv. acq. françaises », 4237, f° 10, r°)[1].

Littré ne cite pas d'exemple antérieur à Ronsard ; Hatzfeld et Darmesteter ne remontent pas plus haut que le « Champfleury » (1529) de Geoffroi Tory (cf. B. iii. v°), cependant, même en laissant de côté les mss., ils auraient pu trouver des exemples, tant dans « L'art et science de rhétorique » (Toulouse, imprimé par Vérard, 1493, f° b. iii. r°), signé par Henri de Croy mais qu'il faut maintenant attribuer à Jean Molinet[2], que dans « Le grand et vrai art de pleine rhétorique » de Pierre Fabri (1521[3]).

Assonance (*rime de Goret*). — Pour le mot « assonance » je ne connais pas d'exemple antérieur à celui que donne le « Dictionnaire général » de Hatzfeld et Darmesteter.

On sait que les théoriciens du moyen âge ont donné à l'assonance le nom de « rime de Goret » ou de « rime en Goret », par opposition à la rime « léonine » dont ils dérivaient le nom de celui du lion, le plus noble des animaux. Cette expression appliquée à l'assonance ne se rencontre pas avant la fin du XVe siècle : « Rime en Goret », est quant les dernières sillabes de la ligne participent en aucunes lettres.

Exemple :

C'est le lict de nostre coute
On le fait quant on se couche.

[1] Sans doute que ce petit traité fera partie du recueil des Arts de rhétorique du XVe siècle que M. E. Langlois prépare depuis quelque temps et qui doit paraître prochainement dans la collection des Documents inédits (cf. « Romania », janv. 1903, p. 170). — N. B. Le recueil de M. Langlois a paru depuis la première rédaction de l'article présent. Il contient, en effet, le traité dont il est question ici.

[2] Sur cette question voir la thèse de M. Ernest Langlois : « De Artibus rhetoricæ rhythmicæ », Parisiis, 1890, p. 51. sqq.

[3] Cf. l'édition de Héron, Rouen, 1890, II, p. 3.

(Jean Molinet, « L'art et science de rhétorique », b. ii. r°).

Voici un second exemple, de la même époque à quelques années près, tiré de « L'art de rhétorique pour rimer en plusieurs sortes de rime » :

Ie rime « Goret »
La rime des rimes
Se ie suis appert
Vous le veez par signes.
(A. ii. r°).

Césure. — Stengel (« Grundriss », § 102) dit qu'il trouve le mot employé pour la première fois dans les « Bigarrures » de Tabourot, dont la première édition est de 1572, et dans « La manière de faire des vers en français comme en grec et en latin » de Jacques de la Taille, qui fut imprimé l'année d'après. Hatzfeld et Darmesteter citent l' « Art poétique » de Ronsard (cf. édit. Blanchemain « Œuvres » VII, p. 320), mais seulement au sens de « élision ». Cependant le mot césure se trouve dans le même art poétique au sens moderne : Les vers alexandrins et les communs sont seuls entre tous qui reçoivent « césure » sur la sixième et quatrième syllabe (« Œuvres » VII, p. 332). Il y a plus ; il est déjà employé couramment par Peletier du Mans ; par exemple dans le passage qui suit de son « Art poétique » (1555), où il s'agit de vers de dix et de douze sillabes : Ces deus derniers ganres de vers françoes... sont ceus qui ont « césure » : car tous les autres n'an ont point (p. 57).

Cinquain. — Le plus ancien emploi de ce terme se trouve dans « l'Art de rhétorique pour rimer en plusieurs sortes de rime » (circa 1490) :

Je suis de cinq piez
Ainsi enlassez ;
« Cincquain » m'appell' on ;
En dit de chancon
Suis souvent logez.
(A. iii. r°).

Distique. — Ce mot semble avoir été employé pour la première fois, pour désigner une petite pièce composée de deux vers, dans l' « Art poëtique » de Peletier du Mans : Les vers de l'Epistre seront tous d'une mesme mesure : A la différence de l'Elégie, laquelle je suis d'opinion que se fera du vers Dodecasyllabe, accompagné du Decasyllabe : c'est-à-dire par « Distiques » (p. 67).

Dizain. — Le mot « dizain », dans l'acception dont il s'agit, se rencontre pour la première fois dans un petit traité de rhétorique de l'année 1524 ou 1525, composé par un anonyme, qui suit Molinet de près : Autre taille de Rhétorique est trouuée de dix lignes, nommée « dizains » (Bibl. Nat. f. franç. 124.34, f° 11, r°).

Douzain. — Je ne connais pas d'exemple antérieur au traité de Molinet : Autre taille de rime nommé « douzains » ou deux estas (b, ii, v°).

Elider. Elision. — Pour le verbe Hatzfeld et Darmesteter citent Robert Estienne (1549). Voici un exemple plus ancien, tiré de l' « Art poëtique françois » de Thomas Sibilet (1548) : Car, auenant ce, faut que la sizième syllabe commence d'une voiele, soubz laquele cest e femenin soit « élidé » (f° 16, r°).

Quant au substantif « élision », c'est également l'auteur de l' « Art poëtique françois » qui en fournit le plus ancien exemple : Du différent vsage de l'e masculin et femenin, et de l' « élision » de l'e femenin par l'apostrophe (f° 13. r°).

Littré ne dit rien de l'historique de ce mot, et Hatzfeld et Darmesteter renvoient au « Dictionnaire Universel » de Furetière (1690).

Enjamber. — Le plus ancien exemple de ce mot, dans l'acception dont il s'agit, se trouve dans la préface de la « Franciade » de Ronsard : J'ay esté d'opinion en ma jeunesse, que les vers qui « enjambent » l'un sur l'autre n'estoient pas bons en nostre poésie. (« Œuvres », éd. Blanchemain, III, p. 26).

Hatzfeld et Darmesteter ne remontent pas plus haut que Boileau et la Fontaine. Littré ne dit rien de l'historique de ce mot.

Envoi. — On a dû se servir de ce terme bien avant la fin du XIVe siècle, cependant je n'ai pas réussi à découvrir d'exemple de son emploi antérieur à L'«Art de dictier» d'Eustache Deschamps : Et l'«envoy» d'une balade de trois vers ne doit estre que de trois vers aussi (Œuvres, éd. De Queux de Saint-Hilaire et Raynaud VII, p. 278).

Hémistiche. — Littré cite Boileau, et Hatzfeld et Darmesteter renvoient au «Recueil» de Delboulle, qui signale l'emploi du mot dans la « Deffence » de du Bellay (cf. édit. Person, p. 90). Mais le mot « hémistiche » est déjà d'un usage courant dans l' « Art poëtique » de Thomas Sibilet, dont la première édition est de 1548, par conséquent antérieure d'une année à la « Deffence » : En ces deuz vers mauvais, tu cognois en l'« hemistiche » ou se commet la couppe feminine, ie ne say quel son rompu, qui ne touche point pleinement ton aureille (f° 17. v°).

Hiatus. — Littré ne donne pas d'historique. Hatzfeld et Darmesteter reproduisent l'exemple cité par Godefroy, et qui est tiré du « Grand et vrai art de pleine rhetorique » de Pierre Fabri : « Hyatus » se faist quand e feminin termine les motz (cf. éd. Héron, II, 129). Mais dans ce passage le mot hiatus à la valeur de « élision ». Au sens prosodique, je n'ai pas rencontré d'exemple antérieur au « Traité de la poésie française » du père Mourgues (1684) : C'est à cette vicieuse rencontre de voyelles que l'on a donné le nom d'« hiatus » (p. 17). [1]

Huitain. — Le petit traité de Molinet semble fournir le plus ancien emploi de ce mot, si je ne me trompe : Autre taille de vers « huitains » appellez francois sont assez communs en plusieurs liuures et traictez comme en la Belle dame sans mercy, l'Ospital d'amours et le Champion des dames (l'«Art et science de rhétorique ». A. iii. v°).

Laisse. — Je ne connais pas d'exemple anterieur à celui cité par Godefroy :

[1] Malherbe (cf. « Commentaire », « Œuvres » éd. Lalanne IV, p. 386). se sert du mot «entre-baillement».

De Partenoble le Galois
Sai je plus de .XL. « laisses ».

(Montaiglon et Raynaud, « Rec. des fableaux des XIIIe et XIVe siècles, I, p. 4).

Licence poétique. — Mais l'en ne treuue point ligne de neuf sillabes masculine, ne de dix feminine, ne de XI masculine, sans « licence poetique ». (Fabri, éd. Héron, II, p. 6).

Quatrain. — C'est Peletier du Mans qui semble avoir introduit le mot « quatrain » : Nous avons an Francoes de divers noms : qui sont depuis les « Quatreins » jusque aus Douzeins («Art poétique», p. 60).

Refrain. — Littré cite Charles d'Orléans (ballade 46), et Hatzfeld et Darmesteter l'«Art de dictier, d'Eustache Deschamps. Le mot « refrain » est beaucoup plus ancien ; on lit dans « Méraugis » :

Cil.....
Dit au « refrain » de sa chançon
Or du chanter toutes et tuit,
C'est li « refrains » : s'il ne s'enfuit
La jouste aura certainement.
(Éd. Michelant, p. 127).

On sait que la forme ordinaire en ancien français est « refret » (« refrait »), dont Godefroy a recueilli plusieurs exemples. On employait aussi « reprise », comme en italien (« ripresa ») :

Mon bon seignor de Bar, en ma « reprise »
Dites, chançons, que de tot son pooir
Maintaigne Amor.

(Gautier d'Épinal, éd. Lindelöf et Wallensköld, p. 89).

Rime masculine, rime féminine. — Je ne sache pas que les exemples de l'emploi technique de ces deux mots aient été recueillis par aucun lexicographe. En voici les plus anciens :

Le premier se trouve dans Jacobus Magnus (avant 1405), et le second dans le traité de l'anonyme de 1425 : Si dois donques sauoir que quant ce voieul e se prononce imparfaitement et faintement, lors la sillabe qui est terminée en tel voieul est appelée « feminine » (« Des rimes et comment se doivent faire ». Voir la thèse de A. Coville : « De Jacobi Magni vita et operibus », Paris, 1889, p. 70).

Sont de 5 couplés et le prince, qui est appelez l'envoy, et est de 11 lignes, chascune ligne de 10 silabes ou « masculin » et de 11 ou « féminin » (Bibl. Nat. Manuscrits, « f. franç. » 12434, f° 12, v°) [1].

Rime suffisante. — C'est le père Mourgues qui, le premier, s'est servi de ce qualificatif, appliqué à la rime. On lit dans son « Traité de la poésie française » (Toulouse, 1684) : La Rime masculine est « suffisante », lorsque la dernière voyelle ou diphtongue des mots, avec tout ce qui la suit, y rend un même son (p. 29.)

Rime riche. — L'historique de l'emploi technique du mot « riche » ne se trouve dans aucun dictionnaire. Stengel (« Grundriss » § 142) dit qu'il trouve cette expression employée pour la première fois dans l' « Abrégé de l'art poétique » de Ronsard. On la trouve en effet dans cet ouvrage (cf., « Œuvres », VII, p. 329), mais on peut citer au moins cinq exemples antérieurs à la date de l' « Art poétique » de Ronsard. Je me bornerai à en citer trois seulement : La seconde espèce de ryme est appelée, « riche », a cause de son abondance et plénitude. (Sibilet, « Art poétique français », f° 22, r°). Les deux autres sont antérieurs à Sibilet de plus de cinquante ans :

Quand du verbe ou du nom ie rime
L'un contre l'autre en équiuoque
La façon passe « riche rime »
Car il est parfait équiuoque.

(« L'Art de rhétorique pour rimer en plusieurs sortes de rime ». A ii. v°. circa 1490).

[1] Molinet (A. ii, v°) se sert des expressions « parfaict » et « imparfaict », pour désigner les rimes masculines et féminines.

On lit à la même date environ dans « L'Art et science de rhétorique » de Molinet: Tant les plates redites que les redictes finies en goret et ricqueraque sont contées en termes de rhétorique et condamnées en rigoureux examen; il les fault éviter de toute puissance et quérir termes plus « riches » et mieulx recommandés comme dictions aucunement pareilles sans estre équivoqués et contraires en significtion (b, iii. 2, v°).

Rimes plates. — L'expression « rime plate » se trouve déjà comme rubrique dans l' « Art de rhéthorique pour rimer en plusieurs sortes de rime » (c. 1490), mais les exemples (A ii v°, et A iii r°) qui suivent la rubrique « rime plate » montrent que l'auteur y attribuait un tout autre sens.

Stengel (« Grundriss » § 155) renvoie aux vers bien connus des « Epistres Morales et familières » de Jean Bouchet (imprimées en 1545), dans lesquels la règle de l'alternance des rimes est énoncée :

> Je treuve beau mettre deux féminins
> En « rime plate », avec deux masculins,
> Semblablement quand on les entrelasse
> En vers croisés... (« Epistre », CVII).

Voici deux autres exemples, dont un dans tous les cas est antérieur à l'épître mentionnée en dernier lieu. Le premier est également fourni par le procureur de Poitiers, et se trouve dans l'épître en tête de l'édition de 1536 des « Angoysses et remèdes d'amours du Trauerseur en son adolescence » (c. 1500) : Et en « rithme plate » (qu'on appelle Leonyne) ne ordonnois ne entrelassois les masculins et femenins vers. Le second exemple est tiré de « L'Art et science de rhéthorique metriffiée » de Gracien du Pont (1539) : Et par ainsi participe des dictes « platte » et croysée. De la croysée comme est dict dessus, et de la « platte » aulx deux premiers signes .iiij. et v. qui sont semblables (f° XVIII, r°).

Rimes suivies. — L'emploi de cette expression, à côté de « rimes plates », est tout récent. Selon Stengel (« Grundriss » § 155) on la trouve employée pour la première fois dans l'« Art de la poësie française et latine » de A. P. de la Croix (Lyon 1694). On y lit en effet à la page 62 : La 7 Règle concerne les « Rimes suivies », c'est-à-dire, lors qu'après deux vers masculins on en met deux féminins, puis deux masculins et deux feminins ensuite, en continuant toujours ce mélange jusqu'à la fin de l'ouvrage que l'on fait. Je ferai remarquer que cette expression était déjà connue de Claude Lancelot (cf. l'édit. de 1681 de « La nouvelle méthode pour apprendre... la langue latine » p. 506), et que c'est à Richelet que revient le crédit, si crédit il y a, de l'avoir introduite : Elles (les rimes) sont « suivies », lorsqu'après deux vers féminins il y a deux masculins, puis deux féminins, ensuite deux masculins, en continuant de la sorte jusqu'à la fin de la pièce (« La versification française ». éd. 1677. p. 221).

Rime doublette. — En ancien français on employait plutôt l'expression « rime doublette » pour désigner les rimes qui se suivent uniment, deux par deux. A ce propos Stengel (« Grundriss ». § 155) cite Molinet (1493). Voici un exemple qui date de 1425 : Autre taille commune est dite « doublette » si comme le romant de la Rose (« Les règles de la seconde rhéthorique » f°. 13, v°). On se servait aussi à cette époque de l'expression « rime couplette ». A l'exemple cité par Stengel (« Grundriss » § 155), on peut ajouter :

> Seize cens « couplettes » feras
> Et en quatre pars les mettras.
> (Froissart, « Poésies » éd. Scheler III. p. 75).

Rimes croisées. — Stengel (« Grundriss ». § 158) cite Fabri (cf. éd. Héron, II. p. 32). Il aurait pu remonter jusqu'à l'anonyme de 1524 ou 1525 : Il se treuve autre façon de « ryme croysée » qui est toute liée et lacée de quatre lignes en 4 lignes (f°. 53. v°).

Rimes mêlees. — C'est le père Mourgues qui, le premier, a employé cette expression, dans le sens qu'on lui donne aujourd'hui : L'ordonnance des ouvrages de Poësie est à... « Rimes mêlées », lors que dans le mélange des vers on ne garde d'autre règle que celle de ne pas mettre de suite plus de deux masculins, ou plus de deux féminins (« Traité de la poésie française », p. 27). Gracien du Pont (« Art et science de rhetorique metriffiée », 1539, f° XXXIII, v°) s'en était déjà servi, mais non pas dans la même acception.

Rimes normandes. — Voici, je crois, le plus ancien témoignage de l'emploi de cet adjectif, dans le sens technique dont il s'agit. Ménage, à propos de la rime « vanter: Juppiter », fait la remarque suivante dans ses « Observations » sur Malherbe (1666): Notre poète emploie ailleurs ces rimes vicieuses, que nous appelons « normandes », parce que les normands, qui prononcent e ouvert comme e fermé, les ont introduites dans notre poésie (p. 371).

Rimes redoublées. — Pour cette expression, je renvoie à la thèse de Rucktäschel (« Einige Arts Poétiques aus der Zeit Ronsard's und Malherbe's », Leipzig, 1889, p. 63), où on trouvera un exemple de l'emploi de ce terme, tiré des « Premieres Addresses du chemin de Parnasse » de du Gardin (Douay, 1630).

Rime tiercée. Rime tierce. — On s'est d'abord servi des expressions « vers tiercés » ou « rime florentine »; ainsi Lemaire de Belges, dans un passage de la « Concorde des deux langages » (1511), où il réclame l'honneur d'avoir introduit la « terza rima » en France, s'exprime de la sorte: La premiere (partie) contiendra la description du temple de Venus, selon la mode poëtique. Et sera rhythmée de « vers tiercez », à la façon Italienne ou Toscane, et florentine: Ce que nul autre de notre langue Gallicane ha encores attenté d'ensuivre, au moins que je sache (« Œuvres », éd. Stécher, III, p. 101). Le plus ancien exemple de l'emploi de « rime tiercée » est fourni par Jean Bouchet; on lit comme rubrique de la LXVII° épître des « Epistres familieres »: Epistre responsive de l'acteur audict maistre Germain Colin en mesme « rime tiercée » dicte Florentine, ou est touché de diverses choses. Quant à l'expression « rime tierce », elle ne se rencontre pas avant 1548: Les carmes de dix syllabes y sont plus communs; rien n'empesche toutesfois d'en user d'autres, tout ainsi que la ryme Italienne dite « Tierce », y est plus souvent usurpée (T. Sibilet, « Art poëtique », f° 68, r°).

Septain. — Autres vers « septains » de huit sillabes et de sept lignes sont trouvez en plusieurs euures dont la derreniere ligne chet en commun proverbe (Molinet, « L'art et science de rhetorique », a. iii. r°).

Sixain. — C'est également dans le traité de Molinet que se trouve le plus ancien emploi du mot « sixain » : Autre taille de vers « sixains » qui se font en moralitez et ieus de personnages en responce ou redargutions (ibid.).

Stance. — Je ne connais pas d'exemple antérieur à celui que Hatzfeld et Darmesteter empruntent au « Recueil » de Delboulle, et qui remonte à 1555.

Vers blancs. — C'est Voltaire qui semble avoir le premier fait usage de cette expression ; on lit dans l' « Avertissement du traducteur » de sa traduction de « Jules César » : Les « vers blancs » ne coûtent que la peine de les dicter, cela n'est pas plus difficile à faire qu'une lettre. Les anciens théoriciens s'étaient servi de l'expression « vers non rimés » (cf. Sibilet, « Art Poëtique », f° 75, r°).

Vers commun. — Cette appellation, appliquée au vers de dix syllabes, ne remonte pas plus haut que Ronsard : Les « vers communs » sont de dix à onze sillabes, les masculins de dix, les fœminins de onze (« Art poétique » : « Œuvres », VII, p. 331). On peut aussi, si l'on veut, se reporter à la préface de la « Franciade » (« Œuvres », III, p. 16). Du Bellay (« Deffence », pp. 116 et 142) préfère l'expression « vers héroïque », que je n'ai pas trouvée avant Sibilet, qui l'emploie couramment (cf. f° 18, r°, etc.).

Vers libres. — Avec la valeur qu'on lui donne aujourd'hui, cette expression ne se rencontre pas avant le commencement du XVII° siècle ; cependant Du Bellay s'en était déjà servi dans la « Deffence », mais seulement comme équivalente de l'italien « versi sciolti » ou vers non-rimés : Autrement, qui ne voudroit reigler sa Rythme comme j'ay dit, il vaudroit

Deschamps ne connaît que « Chançon royal » (Art de dictier » : « Œuvres VII. p. 278), qui se trouve pour la première fois dans le « Roman du comte d'Anjou » de Jehan Maillart, achevé en 1316 (cf. « Romania » XIX pp.31 et 106).

Li autre dient en vielles
« Chançons royaux » et estempies,
Dances, noctes et baleries (v. 13-14).

Descort. — On sait que le mot « descort » désigne en ancien français une sorte de chanson où la forme et la musique des différentes strophes changent selon les sentiments contraires et variés qui y sont exprimés [1]. Le mot (aussi bien que la chose) semble avoir été emprunté aux troubadours par les trouvères. Voici quelques-uns des plus anciens emplois de ce mot au nord de la France :

Ne sai « descort » u lai
Mais il ot u refai, etc.
(Bartsch, « Rom. und Past ». I, 65).

Douce rien pour cui ie chant
En mon « descort » vos demant.
(Wackernagel, « Altfranz. Lieder », p. 73)

Une hore dit les et « descors »
Et sonnez douz de controvaille.
(« Roman de la Rose », éd. Michel. v, 4507-8).

1 La meilleure définition de « descort » est encore celle des « Leys d'amors » (1356) : Descortz es dictaz mot divers, e pot haver aytantas coblas coma vers... desacordablas e variablas en accort, en so et en lengatge (cf. Gatien-Arnoult, « Monumens de la litt. romane » I p.340). On peut également citer avec avantage le debut du fameux « descort » de Rambaut de Vaqueiras, qui en lui-même sert d'excellente définition :

Eras quan vey verdeyar
Pratz e vergiers e boscatges,
Vuelh un descort comensar
D'amor, per qu'ieu vauc a ratges ;
Qu'una Domna m sol amar,
Mas camjatz l'es sos coratges,
Per qu'ieu fauc dezacordar
Los motz e'l sos e'ls lenguatges,
(Reynouard, « Choix » II. p. 226).

Je note en passant que Godefroy n'a pas enregistré le mot « descort » au sens plus général de « désaccord », « dispute » [1]. En voici deux exemples :

Amie entre vos et moi
Nait ne guerre ne « descort ».
(Wackernagel, p. 21).

Quar monter y vi tel « descort ».
Qu'il y sachierent les espées.
(Jean de Condé, II, p. 86).

Estampie. — Pour ce mot je ne connais pas d'exemples antérieurs à ceux cités par Godefroy. On pourra aussi consulter avantageusement l'étude de Paul Meyer, sur ce genre de poésie dans « Les Derniers Troubadours de Provence » (p. 81), où son origine provençale est établie.

Lai. — En ancien français ce mot n'avait pas d'autre valeur que celle de « mélodie » ou de « poème », au sens le plus général (cf. f. Wolf, « Ueber die Lais und Sequenzen, pp. 2-12). Ce n'est qu'au XIVe siècle qu'on a donné ce nom à un genre de poème à forme fixe, dont la particularité la plus frappante était que la dernière strophe devait reproduire métriquement la première. Dans ce sens je ne connais pas d'exemple de l'emploi de ce mot antérieur à l' « Art de dictier » d'Eustache Deschamps : Item, quant est des « laiz », c'est une chose longue et malaisiée à faire et trouver (« Œuvre » VII, p. 287).

Ode. — On sait que Ronsard a très catégoriquement réclamé l'honneur d'avoir introduit ce mot en français (cf. « Œuvres » II, p. 10). Le passage de l' « Art poëtique » de Peletier du Mans appuyant l'assertion du chef de la Pléiade est moins connu : Ce nom d'Ode a été introduit de notre tans, par Pierre de Ronsard ; auquel ne falhirai de témoignage, que lui estant ancor en grand'jeunesse, m'an montra quelques unes de sa façon, an notre ville du Mans (p. 64).

[1] Godefroy a également oublié « balade » et « balette. »

Tant Peletier que Ronsard se sont trompés; « ode » est déjà employé couramment par Thomas Sibilet. En voici un exemple: Le chant lyrique, ou « Ode » (car autant vault a dire) se façonne ne plus ne moins que le Cantique, c'est à dire autant variablement et inconstamment (« Art poëtique », f° 56, v°). Le mot « ode » se trouve même au commencement du XVIe siècle dans la « Description du temple de Venus » (1511) de Lemaire de Belges, mais seulement au sens général de « chanson »:

Là recite on d'inuention sapphique
Maint noble dit, cantilenes et « odes »,
Dont le style est subtil et mirifique
(« Œuvres », III, p. 112).

Pastourelle. — Pour ce mot, très fréquent dans l'ancienne langue, je renvoie à Godefroy.

Rondet, *Rondel*, *Rondeau.* — La forme la plus ancienne est « rondet », qui apparaît plusieurs fois dans le « Roman de Renart », par exemple:

Atant es vous Dame Boursee
Le singesse moult escoursée.
Chantait ce « rondet » de cuer gai
(« Renart le Nouvel », éd. Méon, V, 6861).

Quant à la forme « rondel », Hatzfeld et Darmesteter reproduisent l'exemple cité par Littré et tiré de Machaut, et Godefroy ne donne qu'un seul exemple fourni par le roman de « Floriant » (cf. éd. Michel, 6222), dans lequel le mot est employé au sens de « danse en ronde ». Cependant le mot « rondel » se trouve déjà à la fin du XIIIe siècle comme rubrique des rondeaux d'Adam de la Halle (cf. « Œuvres » éd. De Coussemaker, p. 207), et aussi dans la « Panthère d'amours » de Nicole de Margival, qui vivait et composait à la même époque qu'Adam de la Halle:

Si vous pri que vous veille plaire,
Que vous veilliez tant por moi faire,
Por allegier mon grief martire
Que vous veilliez cest « rondel » dire (v. 2509-2512)

On pourrait aussi citer les lignes suivantes qui servent de refrain à la vingt-neuvième pastourelle du chansonnier Douce: Et chantoit li ueiz « rondoue ». Hous sis qui ot les hosiaus rous. Ie seruirai marion, an genous car ie suis ces amins. dous.

Quant au diminutif « rondelet », je ne l'ai pas rencontré antérieurement à Froissart, qui s'en sert tant dans les « Poésies » que dans le roman de « Méliador » :

Fui je requis des dames douces
Et pryé de leurs belles bouches
Qu'un « rondelet » vosisse dire
(« Poésie », I, p. 26).

Rotruenge. — Aux exemples enregitrés par Godefroy et à ceux recueillis par Paul Meyer (« Romania », XIX, p. 40), on peut ajouter les deux suivants, qui semblent prêter appui à la supposition qu'à l'origine « rotruenge » s'appliquait plutôt à la mélodie qu'aux paroles:

Mult poïssiés oïr chançons,
« Rotruanges » et noviax sons.
(« Roman de Brut », éd. Leroux de Lincy, II. p. 111).

Meinte chançon viez et novele,
Meinte gigue, meinte vïele,
Harpes, salterions et rotes,
« Rostruenges », sonnez et notes,
(« Roman de Thèbes », éd. L. Constans, II. p. 57).

Serventois. — En ancien français les exemples de ce mot, dont les plus anciens sont fournis par Wace, montrent qu'on s'en servait pour désigner les chansons ou dits d'un caractère plaisant ou satirique. Dans ce sens général du mot Paul Meyer a réuni de précieux témoignages dans la « Romania » (XIX. p. 28).

Le terme « serventois » se rencontre aussi de ci de là en ancien français pour désigner des chansons d'un caractère politique ou polémique, qui n'étaient sans doute que des imitations du « sirventès » provençal :

Quens de Flandres, por qu'il vos doive plaire,
Mon « sirventois » vueil à vous envoier,
Mais n'en tenez nul mot en reprovier,
Car vos feriez à vostre honor contraire.
(Scheler, « Trouv. Belges » II. p. 75).

A la même époque « serventois » a parfois la valeur de « chant religieux », « chanson a la Vierge » :

Et mes sires Phelipes et li bons cuens d'Artois,
Et li cuens de Nevers, qui sont pieu et cortois,
Refont en lor venue a Dieu biau « serventois ».
(Rutebeuf, éd. Kressner p. 43).

Mais ce n'est qu'au XIVe siècle qu'on a commencé à appliquer ce mot à des poésies a forme fixe, qui ne se distinguaient du « chant royal » que par leur caractère religieux et par le fait qu'ils manquaient généralement d'envoi. Dans ce sens je ne connais pas d'exemple qui remonte plus haut qu'Eustache Deschamps : « Serventois » sont faiz de cinq couples comme les chançons royaulx (« Œuvres » VII p. 281).

Sextine. — Le plus ancien exemple de l'emploi de ce mot, emprunté à l'italien au XVIe siècle, se trouve dans l' « Art poëtique » de Sibilet : Si tu veux faire des vers non rymez, et t'aider de l'exemple de Petrarque, faiz les en « Sestines » (f° 75, r°). On sait que c'est l'année d'après (1549) que parurent les « Erreurs amoureuses » de Pontus de Tyard, qui contiennent les deux seules sextines française du XVIe siècle. Il est à noter que tandis que Sibilet emploi la forme « sestine », Pontus se sert déja de la forme du mot telle qu'elle a prévalu (cf. « Œuvres ». éd. Marty-Laveaux p. 33).

Sonnet. — Il s'agit, bien entendu, du poème à forme fixe composé de deux quatrains identiques et de deux tercets, emprunté aux Italiens vers le milieu du XVIe siècle [1]. Littré cite du Bellay (Préface de l' « Olive »); Pasquier

[1] Il n'est pas besoin de rappeler que le mot « sonet », tant en ancien français qu'en provençal, est d'un emploi fréquent, mais seulement au sens général de « mélodie » ou de « chanson ».

aussi, (« Recherches » VII p. 611), tandis que Hatzfeld et Darmesteter signalent l'emploi du mot « sonnet » comme titre d'un des poèmes de ce genre de Melin de Saint-Gelais « sur la naissance de Monsieur le Duc de Bretaigne, qui fut après l'éclipse du soleil en janvier, l'an 1544 » (« Œuvres », éd. Blanchemain I. p. 290). Mais dans ce cas-ci encore le premier et le plus ancien contexte est fourni par Sibilet : Le « Sonnet » suit l'Epigramme de bien près, et de matière, et de mesure : Et quant tout est dit, sonnet n'est autre chose que le parfait épigramme (« Art poëtique » f° 43. v°).

Triolet. — On a cru jusqu'ici que le mot « triolet », appliqué à l'ancien « rondeau simple », était inconnu avant le XVI° siècle (Stengel, « Grundriss » § 204), et que c'était Gracien du Pont qui le premier s'en était servi dans cette acception. On s'est trompé. Il faut remonter plus haut. Nous le trouvons à la fin du XV° siècle dans « La départie d'amours » « de Blaise d'Auriol, espèce d'art de rhétorique en vers qui se trouve à la suite de « La chasse et le départ d'amours (circa 1486), que celui-ci signa avec Octovien de Saint-Gelais :

Fuyez Motetz, vuydez ronds chapelletz
Et chantz royalz ; vous aussi Floretons,
Lays, Vireletz, Entrelatz, « Trioletz »
Arbres forchuz, Ballades et Chansons
Et Rameletz de toutes les façons

(« La chasse et le départ d'amours », éd. de 1509. cc. i. v°).

Villanelle. — Je ne connais pas d'exemple antérieur à celui-ci, tiré de l' « Art poétique » de Vauquelin de la Fresnaye :

La chanson amoureuse affable et naturelle
Sans sentir rien de l'Art, comme une « villanelle »,
Marche parmy le peuple aux danses, aux festins,
Et raconte aux carfours les gestes des mutins.
(éd. G. Pellissier, p. 649-50).

Le mot « villanelle » se trouve comme rubrique plusieurs

fois au XVIe siècle avant cette date [1], mais le plus ancien contexte semble bien être celui qu'on vient de lire.

Virelai. — Les plus anciens exemples de ce mot qui remontent à la première moitié du XIIIe siècle, et qui apparaissent sous les formes « virenli » et « vireli » aussi bien que « virelai » [2] (qui est rare à cette époque), désignent non pas un poème à forme fixe, comme plus tard, mais un air populaire, un « dorenlot » ainsi que la fait remarquer Paul Meyer (« Romania » XIX, p. 26). Il est même de ci de là employé comme synonyme de « ballette ».

Appliqué au poème à forme fixe qui eut une si grande vogue au XIVe et XVe siècles, on ne connaît pas d'exemple de « virelai » antérieur à Guillaume de Machaut, qui composait vers le milieu du XIVe siècle [3].

Je donne en dernier lieu l'historique des anciennes espèces de rimes, prodiguées par les grands rhétoriqueurs, et abandonnées depuis la Pléiade.

Rime annexée. — C'est l'auteur anonyme de l'« Instructif de la seconde réthorique » (circà 1500) qui semble avoir inventé ce terme :

Ainsi se fait « rime annexée »
Annexant vers a autre en vers
Versifiée et composée
Composant telz motz ou diuers
Diversement mis et reprins, etc. (c. i. r°)

Rime batelée. — Voici, à ma connaissance, le plus ancien exemple de l'emploi de cette expression. Il se trouve dans le petit traité de Jean Molinet : En pareille forme de vers huitains se fait rhetorique « batellée »..... Et en a esté inventeur maistre Iehan Molinet de Valenciennes (b. ii, v°).

[1] L' « Art poétique » de Vauquelin de la Fresnaye ne parut pas avant 1605, mais il était commencé dès 1574.

[2] On trouve encore l'ancienne forme dans Lemaire de Belges : Faictes chapeaux, dansez au « viroly ». (« Œuvres » IV, p. 295).

[3] Voir, « Romania » XIX, p. 24-5.

Rime concatenée. — Pour la première fois dans l'«Art et science de rhethotique metriffiée» de Gracien du Pont : «Rithme concathenée» se faict quant le second couplet commence par la dernière ligne toute entière du premier couplet, et le tiers par la dernière du second. Et ainsi des aultres (f°. XXX. r°).

Rime couronnée. — Pas d'exemple de l'emploi de couronné dans ce sens antérieur à l'«Instructif» :

Pour «vers enchainez» composer
Ou couronnez l'on doit scauoir
Le nota pour les disposer, etc. (c. i. v°).

Rime d'écho — Bien que la «rime d'écho» ou «en écho» ne fût pas inconnue aux trouvères [1], le nom n'apparaît pas avant le XVIe siècle : pour la première fois dans le traité de Gracien du Pont qui semble avoir pris un vif plaisir non seulement à décrire mais à composer [2] ces tours de forces : De la dicte espèce de Rithme coronnée en descend vne aultre forme que l'on dict «Equo», pource que resonne de la sorte que les Poetes faignent vng stille et resonnance de voix loingtaine, respondante à la dernière syllabe masculine ou à deux en feminin du terme precedant comme on voyt par exemple quant l'on crie dedans vng bois, ou une vallée qu'il semble advys que quelcun responde de loing la fin du mot. («Art et science», etc : «De Rithme dicte Equo ou de Echo». f° XLVII. v°).

Rime empérière. — C'est encore Gracien du Pont qui fournit le plus ancien exemple de l'emploi de ce terme : On faict vers espars, Rondeaulx, Ballades et Champs royaulx de vne aultre forme de coronneuse plus riche, subtille, et difficile que les formes dessusdictes. Laquelle forme on nomme «Emperiere», pource que ledict corps porte deux restes ou coronnes (Art et science, etc : De Rithme Emperiere» f° XLVII r°).

[1] Cf. «Histoire littéraire», XVI, p. 236.

[2] On peut conférer les «Controverses des sexes masculin et feminin» (Toulouse, 1534) de Gracien du Pont, violente satire contre les femmes,

Rime enchainée. — Je ne connais pas d'exemple antérieur à celui que présente l'«Art de rhetorieque pour rimer en plusieurs sortes de rime » [1] :

> Je suis rhetorieque « enchainée »
> Née suis en la fin du metre
> Estre puys souvent composée
> Posée a destre et a senestre (A. ii. v°).

Rime entrelacée. — Cette expression semble avoir été employée pour la première fois par l'auteur de l'«Instructif de la seconde rethoricque » :

> D'«Entrelassez vers » plaisans gracieux.
> Eulx se forment en telle forme ainsi
> Si sont plaisans et melancolieux
> Lieux ont itelz de ioye et de soussi (c. i. v°).

Rime équivoque — Je n'ai pas réussi à remonter plus haut que Gauthier de Coincy, déjà cité par Littré :

> Vous, grant seigneur, vous damoisel,
> Qui a compas, qui a cisel
> Tailliez et compassez les rimes
> « Equivoques » et leonines
>
> (Éd. Poquet, pp. 377 v. 92).

Rime kyrielle. — Le terme « kyrielle » appliqué aux rimes

où l'auteur s'est plu à accumuler de nombreux exemples de ces tours de force. On lit dans l'«Epistre de l'autheur » :

> Pareillement aussi pour inciter
> (Dont grandement y peuvent proufiter)
> Les ieunes gens qui désirent apprendre
> De composer et rhetorique entendre
> Ils y verront des Rythmes bien substiles,
> Aux apprentiz de tel art fort utiles, etc.

(1) Molinet se sert de l'expression « queue anuée » : Autre taille de rime qui se nome « queue anuée » pour ce que la fin du mettre est pareille en voix au commencement de l'autre et est diverse en signification (b. iii. r°).

qui répétaient périodiquement un même vers est encore une invention de Gracien du Pont : « Kyrielle » est une sorte de Rithme qui se faict à couplets de rithme platte, croysée ou riche, et fault que porte reffrain à chasque couplet (« Art et science », etc., f° XXXII r°).

Rime léonine ou léonime. — On sait qu'en ancien français on entendait par rime « léonine » la rime dissyllabique par opposition à la rime « consonnante » laquelle répondait à notre rime masculine suffisante [1]. Le plus ancien emploi de ces deux mots remonte au XII° siècle. On le trouvera au début du roman de « Guillaume d'Angleterre », attribué à Chrétien de Troie :

> Chrestiien se viaut antremetre
> Sans rien oster et sanz rien metre
> De conter un conte par rime
> Ou « consonante » ou « léonime ».

Rime rétrograde. — Bien qu'on possède des exemples de la rime rétrograde remontant jusqu'au XIII° siècle [2], le terme « rétrograde » ne se rencontre pas avant l' « Art de dictier » d'Eustache Deschamps, que je sache : Et pour ce sont telz motz appelez equivoques et « retrogrades », car en une mesme semblance de parler et d'escripture ilz huchent et baillent significacion et entendement contraire (« Œuvres », VII. 277).

Rime senée. — Dans la « rime senée » tous les mots devaient commencer par la même lettre. Le plus ancien exemple de l'emploi de ce mot, dans ce sens restreint, se trouve dans l' « Art et science de rhetoricque metriffiée ». Cette rime semble avoir fait les délices de Gratien ; la description qu'il en donne, prolixe et fastidieuse, occupe quatre feuillets

[1] Voir à ce propos le traité de Molinet (b. i. v°), ainsi que l'« Instructif de la seconde réthorique » (b. i, r°), ou bien encore Fabri (éd. Héron II. pp. 23 et 29). Les explications de l' « Instructif » et de Fabri montrent également que l'expression « rime léonine » avait en même temps la valeur de « rime plate ». Voir également notre article de la « Revue de philologie française » (XVII, 3, p. 178).

[2] Voir La « Panthère d'amours » de Nicole de Margival, éd. Todd. p. XXX.

de son traité. Je me borne à en citer le commencement : « Rithme senée » n'est aultre chose que celle que aulcuns modernes appellent Fratrisée. Mais vous plaira contenter du premier terme, car de la dicte fratrisée nous entendons en faire une aultre espèce ainsi nommée. Brief doncque Rithme senée est celle de laquelle toutz les termes et dictions de la ligne se commencent par une lettre[1] (f° XXXIV r°).

L.-E. Kastner.

Oct. 1903.

[1] Un peu plus loin Gracien donne deux explications du mot « senée » dans cette acception : Et debuez noter, que ceste forme est dicte Senée, pource qu'on est contrainct sener, c'est à dire, bien asseoir et poser chascune ligne et terme, ou fault bien penser auparavant affin que telz termes et lignes obeissent à ce que dessus est dict (f° XXXIV, v°).

ÉTUDES SUR LE VERS FRANÇAIS

DEUXIÈME SÉRIE

(*Suite*)

IV

L'IATUS

D'après la règle classique l'*iatus* ou rencontre de deux voyelles quelconques est interdit entre deux mots dans l'intérieur d'un vers, à moins que les deux voyelles ne soient séparées par un *e* féminin qui s'élide ou par une consonne quelconque qui ne se prononce pas. Cette règle n'est qu'un tissu de contradictions. Du moment qu'une consonne n'a pas besoin de se prononcer pour empêcher l'iatus, c'est que la régle est faite pour les ieux ; c'est dire qu'il ne faut pas que deux voyelles se rencontrent sur le papier. A ce taux il i aurait deux iatus dans le vers suivant :

Je viens selon l'usag*e a*ntiqu*e e*t solennel,

ce qui est absurde.

Si nous voulons comprendre quelque chose à la question il est indispensable que nous remontions à la cause qui a déterminé la proscription de l'iatus. C'est, comme chacun sait, le désir d'éviter la suite de deux sons dont la rencontre eût produit un effet désagréable *sur l'oreille.* Il s'agit donc de prononciation, non d'ortografe. On a proscrit la rencontre de deux voyelles prononcées. Il n'i a donc pas d'iatus dans

l'usag*e a*ntique

puisque l'*e* n'est pas prononcé. On en a conclu par une généralisation imprudente que toutes les fois qu'un *e* était élidé devant une voyelle initiale il n'i avait pas d'iatus, et que par conséquent il n'i en avait pas dans

la journ*ée é*tait belle.

C'est une fausse analogie. Du moment que l'*e* est élidé, il n'existe plus et les deux *é* sont en contact. Il i a donc iatus. Il faut ajouter qu'aujourdui dans la prononciation proprement française il n'i a pas la moindre différence entre

J'ai vu ma mère immol*ée à* mes yeux

et

J'ai vu mon père immol*é à* mes yeux.

Ce vers de Racine :

Seigneur, vous m'avez v*ue a*ttach*ée à* vous nuire

ne perdrait absolument rien de sa beauté et se prononçerait exactement de la même manière s'il était au masculin :

Seigneur, vous m'avez v*u a*ttach*é à* vous nuire.

Or, comme nous l'avons mainte fois expliqué dans cet ouvrage et comme M. Saint-Saëns le proclame avec raison dans son *Harmonie et Mélodie* : « Les vers ne sont certainement pas faits pour être lus seulement des yeux, en silence ; ils sont faits pour être dits ».

Quant aux consonnes que l'on écrit, bien qu'on ne les prononce pas, la plupart ont été prononçées à une époque plus ou moins ancienne ; ainsi on a prononcé *la hache* avec un *h* aspiré ; mais aujourdui l'*h* dit aspiré ne se prononce pas plus que celui du mot *homme*, qui ne s'est jamais prononcé. L'*s* final du mot *souris* s'est prononcé au moyen âge ; on a dit la *souris est prise* en prononçant l'*s* ; mais Chiffiet nous apprend qu'au XVIIe siècle il n'était déjà prononcé devant aucune voyelle. Dès le jour où une consonne a cessé d'être prononcée elle a cessé d'empêcher la rencontre des deux voyelles qu'elle séparait et l'iatus interdit a reparu malgré la règle qui l'autorisait. Pour ne pas faire l'istoire de la prononciation du français, nous ne nous occuperons guère que de la prononciation actuelle et nous devrons reconnaître qu'aucun *h*, quel qu'il soit, ne peut empêcher l'iatus et que si la poésie doit éviter :

le roi en rit

elle ne saurait tolérer :

La chanson de ma mie et du bon *roi Henri*
(MUSSET) ;

que toute voyelle nasale non suivie d'un *n* qui se prononce fait iatus devant une autre voyelle :

un chem*in in*terdit ;

enfin que toute voyelle suivie d'une consonne qui ne se prononce pas est exactement dans les mêmes conditions qu'une voyelle finale. Il en résulte que les poètes qui ont écrit *nud* devant voyelle n'ont pas supprimé l'iatus et n'ont été que ridicules :

C'est hideux ! Satan *nud* et ses ailes roussies
(HUGO).

En outre, si la rencontre de deux voyelles est désagréable et doit être évitée entre deux mots, le même concours de voyelles produisant le même effet à l'intérieur d'un mot doit faire rejeter de notre versification tous les mots dans lesquels il i a contact immédiat entre deux voyelles qui se prononcent. Pourtant les poètes semblent plutôt rechercher les mots de ce genre que de les fuir. Il i a entre ce fait et la règle de l'iatus une contradiction qui n'a pas échappé à certains critiques : « Quoi de plus doux que les mots *camélia*, *miette*, *suave*, *fluide*, *ébloui*, *joyeux* ? Ces mariages de voyelles dans le sein des mots ne donnent-ils pas lieu à de charmantes harmonies ? Qu'on m'explique donc alors comment, dès que les mots sont séparés, ces rencontres deviennent cacophoniques, surtout lorsqu'en réalité, dans le débit, il i a très peu de séparations de mots absolues, et que le cours de la diction unit les termes les uns aux autres presque aussi étroitement que les syllabes entr'elles » (E. Legouvé). D'Alembert avait déclaré avant lui cette proscription de l'iatus assez bizarre « parce qu'il y a une grande quantité de mots au milieu desquels il y a concours de deux voyelles, et qu'il faudrait donc aussi par la même raison interdire à la poésie ». Becq de Fouquières distingue entre les cas, p. 290 et suiv. Il pense que l'on ne peut tolérer l'iatus entre deux voyelles dont la première est tonique, parce que l'accent tonique allonge la voyelle qu'il frappe et qu'une voyelle tend à abréger une autre voyelle qui la précède immédiatement. C'est une erreur étayée de deux autres erreurs. Que l'iatus est tolérable et même parfois agréable entre deux voyelles dont la première est tonique, la suite de cette étude va le montrer surabondamment. L'*u* du mot *nu* est aussi bref que possible même quand ce mot porte un accent ritmique. Une voyelle longue en iatus s'abrège en grec, mais non pas en français ; dans *l'écrou est tombé*, l'*ou* est aussi long que dans *l'écrou va tomber*. Il est bon de ne pas attribuer à une langue la fonétique d'une autre ; encore faut-il noter qu'en grec il n'i a que dans les anapestiques qu'une voyelle longue en iatus s'abrège lorsqu'elle porte le temps marqué. Il i a d'ailleurs dans le chapitre de Becq de Fouquières sur l'iatus quelques remarques excellentes, mais les principes sont faux.

Voici quelques exemples qui montreront par leur simple rapprochement que la rencontre de deux voyelles n'est nullement plus désagréable entre deux mots que dans l'intérieur d'un même mot :

1° La première voyelle est *i* :

Que la Grèce eût jeté sur l'autel de D*ia*ne
(MUSSET, *Rolla*).

Fît au ruisseau céleste un lit de d*ia*mant
(ID., *Une bonne fortune*).

O vent, donc, puisque vent *y a*
(LA FONTAINE, IX, 7).

Un cheval effaré qu*i hen*nit dans les cieux
(HUGO, *Châtiments*).

Au milieu des sanglots d'une insomn*ie a*mère
(MUSSET, *Rolla*).

L'*Io*nie est divine : heureux tout fils d'Homère
(SAINTE-BEUVE).

Avec des cris stridents plut une plu*ie ho*rrible
(HEREDIA, *Stymphale*).

Sur sa lèvre entrouverte oubl*iant* sa prière
(MUSSET, *Nuit de mai*).

Le scandale est de mode ; il se rel*ie en* veau
(ID., *Une bonne fortune*).

Inqu*ié*tait parfois ma course ou mon sommeil
(HERRDIA, *Nessus*).

Regarde ; — elle a pr*ié* ce soir en s'endormant
(MUSSET, *Rolla*).

La sour*is é*toit fort froissée
(LA FONTAINE, IX, 7) ;

« l'*s* ne se lie pas, ce que au XVIIe siècle note Chifflet » (Littré).

Que les monts de Phryg*ie é*panchent vers la plaine
(HEREDIA, *Marsyas*).

Où la Pléiade avec Sir*ius* se confond
(HUGO.)

J'entends les chiens sacrés qu*i hu*rlent sur ma trace
(HEREDIA, *La magicienne*).

Les tigres ont rompu leurs jougs et, m*iau*lant
(ID., *Bacchanale*).

Vous, avec vos pensers qu*i hau*ssent votre front
(HUGO, *Feuilles d'automne*).

Et flairent dans la nuit une odeur de l*ion*
(HEREDIA, *Fuite de centaures*).

De miel et d'ambrois*ie on*t doré cette histoire
(MUSSET, *Une bonne fortune*).

Que ce l*ien* de fer que la nature a mis

(Id., *Namouna*).

Se rall*ie in*quiet autour du père seul

(Hugo, *Feuilles d'automne*).

2° la première voyelle est *ü* :

L'attelage *suoit*, soufloit, étoit rendu

(La Fontaine).

...Ah! folle que t*u es*!

(Musset, *Namouna*).

Un chat-h*uant* s'en vint votre fils enlever

(La Fontaine, IX, 1).

La tort*ue en*levée, on s'étonne partout

(Id., X, 3.).

Car ton cœur veut goûter cette douceur cr*ue*lle

(Heredia, *Artemis*).

Sentant à sa chair n*ue e*rrer l'ardent effluve

(Id., *Le tepidarium*).

Enfin, le Soleil vit, à travers ces n*uées*

(Id., *Stymphale*.).

A l'appel d*u Hé*ros s'enlevant d'un seul bond

(Id., *Persée et Andromède*).

Oh! l'affreux s*ui*cide ! oh ! si j'avais des ailes

(Musset, *Rolla*).

Et sa bouche éperd*ue, i*vre enfin d'ambroisie

(Heredia, *Ariane*).

Fit un jour sur sa cr*uau*té

(La Fontaine, X, 6).

Tomba, dit-on, jadis, d*u haut* du firmament

(Musset *Une bonne fortune*)

Hé bien ! dit le bramin au n*uage* volant
(La Fontaine, IX, 7).

Flairent un sang plus rouge à travers l'or d*u hâ*le
(Heredia, *Bacchanale*).

N*ue*, *a*llongée au dos d'un grand tigre, la Reine
(Id., *Ariane*).

Mais certains prétendent que lorsque la première des deux voyelles est un *i* ou un *ü* l'iatus peut être permis à cause de la nature même de ces voyelles qui sont très voisines des semi-voyelles, c'est-à-dire des consonnes. La raison est évidemment mauvaise puisque dans les cas considérés l'*i* et l'*ü* sont purement voyelles ; nous allons voir d'ailleurs que l'étude des autres voyelles donne pour le fénomène en question des résultats analogues :

3° la première voyelle est *a* :

Avant tout, le Ch*ao*s enveloppait les mondes
(Id., *La naissance d'Aphrodité*).

C'est le peuple qui vient ! c'est l*a hau*te marée
(Hugo, *Feuilles d'automne*).

La fille de Minos et de Pasiph*aé*
(Racine).

On le voit *çà e*t là bondir et disparaître
(Musset, *Une bonne fortune*).

L'œil était dans la tombe et regardait C*aïn*
(Hugo).

Les cinq Emirs vêtus de s*oie in*carnadine
(Heredia, *Le triomphe du Cid*).

Comme le roi S*aü*l lorsqu'apparut David
(Hugo).

Au mâle rugissant l*a hu*rlante femelle
(Heredia, *Bacchanale*).

Et de ressusciter la n*aï*ve romance
(Musset, *Nuit de mai*).

Vous n'avez pas voulu qu'il eût la certitude
Ni la *joie* *i*ci-bas !

(Hugo, *Contemplations*).

En hiver Isp*ahan* et Tiflis en été

(Hugo).

Le bouton colossal qui fait ployer *sa hamp*e

(Heredia, *Fleur séculaire*).

4° la première voyelle est *é* :

D*éi*fiant le pauvre sire

(La Fontaine, IX, 15).

La fum*ée y* pourvut, ainsi que les bassets

(Id., IX, 14).

Mon voisin l*éo*pard l'a sur soi seulement

(Id., IX, 3).

Balayer — j'en réponds ! — *ces hor*des devant vous

(Hugo, *Burgraves*).

Mon père vieux soldat, ma mère vend*ée*nne

(Id., *Feuilles d'automne*).

La flûte aux accords champêtres
Ne réjouit plus l*es hê*tres

(Lamartine, *Pensée des morts*).

Pourquoi moi-même à toi j'ose m'y r*éu*nir

(Hugo, *Burgraves*).

Et le glaive d'En*ée eû*t épargné Didon

(A. Chénier. *Élégies*).

L'Oc*éa*n était vide et la plage déserte

(Musset, *Nuit de mai*).

Que la ville étag*ée en* long amphithéâtre

(Hugo, *Feuilles d'automne*).

A cheval et à p*ied en* bataille rangée

(DESPORTES) ;

Malherbe remarque avec raison que l'iatus n'est pas empêché par la consonne puisqu'elle ne se prononce pas.

A rendre la brebis agr*éa*ble au bélier

(HEREDIA, *A Hermès criophore*).

Où, parfois, se déb*at et hen*nit un cheval

(ID., *Le Thermodon*).

Et qui, ferm*ée à* peine aux regards étrangers

(HUGO, *Feuilles d'automne*).

Et lutte de clart*é a*vec le météore

(VIGNY, *Eloa*).

Chronos est prisonnier ; G*éo* tremble asservie

(HUGO).

Voyoit sans s'étonner notre arm*ée au*tour d'elle

(RACINE, *Bajazet*).

Ils voient, irradiant du Bél*ier au* Verseau

(HERREDIA, *Le ravissement d'Andromède*);

« l'*r* ne se lie jamais » (Littré).

Voilà d'abord
Le cerf donn*é au*x chiens. J'appuie et sonne fort

(MOLIÈRE).

Argos et Ptélé*on*, ville des hécatombes

(MUSSET).

La tortue enlev*ée*, *on* s'étonne partout

(LA FONTAINE, X, 3).

5° la première voyelle est *u* (*ou*) :

Il tr*oua* l'effrayant plafond torrentiel

(HUGO, *Suprématie*).

Je pensai tout à *coup à* faire une conquête

(MUSSET, *Une bonne fortune*);

« le *p* ne se lie pas » (Littré).

Sur les corps convulsifs les fauvesébl*ouis*

(Heredia, *Bacchanale*).

Mainte *roue y* tient lieu de tout l'esprit du monde

(La Fontaine, X, 1).

Sec*oué* vers le seuil les longs manteaux sanglants

(Heredia, *La magicienne*).

Le printemps sur la j*oue e*t le ciel dans le cœur

(Musset, *Une bonne fortune*).

En sec*ouan*t leurs becs sur leurs goîtres hideux

(Id., *Nuit de mai*).

Peindrons-nous une vierge à la j*oue em*pourprée

(Id., *ibid.*).

Etait duc de S*oua*be et comte chef de guerre

(Hugo, *Burgraves*).

Le vieux Parmis les v*oue à* l'immortelle Rhée

(Heredia, *Le laboureur*).

Ces exemples suffisent. On pourrait les multiplier à l'infini, mais ce serait sans utilité ; ceux que nous avons donnés valent pour ceux que nous avons omis. Ce que nous venons d'établir pour *a* convient évidemment à toutes les voyelles éclatantes, ce qui est vrai de *é* l'est aussi de toutes les voyelles claires, ce qui s'applique à *u* peut être démontré pour toute voyelle sombre., Et quand nous disons toutes les voyelles éclatantes, toutes les voyelles claires, toutes les voyelles sombres, il ne faut pas oublier d'i comprendre les voyelles nasales :

L'Oc*éan* était vide et la plage déserte

(Musset, *Nuit de mai*).

Du goujon ! c'est bien là le dîner d'*un hé*ron

(La Fontaine, VII, 4).

Leur prêta son grand *sein aux* mamelles fécondes

(Heredia, *La naissance d'Aphrodité*).

Voit un pig*eon au*près : cela lui donne envie
(LA FONTAINE, IX, 2).

Ce qu'il est particulièrement important de remarquer ici, c'est que parmi tous les exemples que nous venons de citer il n'i en a pas un seul qui présente un iatus désagréable. Plusieurs au contraire sont délicieux et quelques-uns même ont été souvent signalés comme tels. Notre règle se trouve donc en défaut encore sur ce point, si bien qu'il n'en reste rien, puisqu'elle avait pour but d'écarter des rencontres de sons disgracieuses et qu'elle en repousse de charmantes. Au XVIᵉ siècle l'iatus était permis sans restriction ; en voici quelques exemples irréprochables :

Tu en pourras dicter l*oy ou é*pistre
(MAROT).

Vous qu*i a*vez pour moi souffert peine *et in*jure,
Qu*i à* ma seiche soif *et à* mon aspre faim
Donnastes de bon cœur votre *eau et* votre pain
(A. D'AUBIGNÉ).

*Où a*llez-vous, filles du ciel ?
(RONSARD).

Qu*i o*se a peu souvent la fortune contraire
(RÉGNIER).

Désirerai-je un règne *ou un* empire ?.....
Pour du loyer quelque beau l*ai é*crire.....
Ne sais si Dieu les voudr*a em*ployer.....
Amende-t*oi, ô* règne transitoire
(MAROT, *Ballades*).

T*u es* des vieux et jeunes adorée.....
Viens donc ic*i, ô* source de tous biens.....
Viens, fusses-t*u au*x champs Élysiens
(ID., *Cantique à la déesse Santé*).

Qu'en voyant sa grâce niaise,
On n'étoit pas moins gai n*i a*ise.....

Aus*si en* riant on le pleure,
Et en pleurant on rit à l'heure
(Id., *Épitaphe de Jean Serre*).

Il demeure en danger que l'âme, qu*i e*st née
Pour ne mourir jamais, meure éternellement
(Malherbe).

La Garde, tes doctes écrits
Montrent les soins que *tu as* pris
(Id.).

Mais souvent les poètes de cette époque usèrent maladroitement de cette licence. C'est pourquoi le XVIIe siècle proscrivit l'iatus en bloc ; c'était un autre excès. D'aucuns ont réagi plus ou moins timidement et toujours sans principe nettement arrêté. Ne serait-il pas possible de formuler une règle précise qui conciliât tout, sauvegardant les iatus agréables et maintenant le principe excellent qui a suscité la règle du XVIIe siècle et qui consiste à écarter les concours de sons désagréables ? C'est extrêmement facile si l'on part de la nature des sons qui entrent en jeu. Les iatus agréables sont ceux qui présentent une modulation, les iatus disgracieux sont ceux qui n'ont pas de modulation. Les iatus ont une modulation quand les deux voyelles en contact ne se prononcent pas avec la même ouverture buccale, quand la première est plus fermée que la seconde ou au contraire plus ouverte ; les iatus produisent l'effet d'un bégaiement, d'un ânonnement ou d'un bâillement quand les deux voyelles se prononcent avec la même ouverture buccale, *pari hiatu*, selon l'expression de Quintilien, et ont le même point d'articulation, c'est-à-dire quand les deux voyelles sont la même répétée. Ces derniers seulement sont à éviter, mais aussi bien dans la prose que dans les vers ; c'est le tipe

il va à Avignon.

En voici des exemples :

Il est bien doux d'avoir dans sa v*ie i*nnocente
(A. Chénier, *Élégies*);

Ne peut laisser son n*i*d, *y* fait maint et maint tour

(DESPORTES);

Malherbe note déjà que la consonne ne se prononce pas et par suite n'empêche pas l'iatus.

Elle s'en attrib*ue u*niquement la gloire

(LA FONTAINE, VII, 9).

Mon âme est deven*ue u*ne prison sonore

(HEREDIA, *La conque*).

Don*a A*nna pleurait. — Ils auraient bien un an

(Th. GAUTIER, *Albertus*).

Et le glaive a tranché le fil de s*a h*arangue

(HEREDIA, *La revanche de Diego Laynez*).

... Vulcain, le Dieu cagneux,
Les empl*oie à* sa forge, a confiance en eux

(HUGO, *Les temps paniques*).

L'Océ*an en* créant Cypris voulut s'absoudre

(ID., *Archiloque*).

D'une coque de noix j'ai fait un abri sûr
Pour un beau scarab*ée é*tincelant d'azur

(A. CHÉNIER, *Pannychis*).

Don Rodrigue est à la chasse
Sans ép*ée e*t sans cuirasse

(HUGO, *Orientales*).

Et, le soir, tout au fond de la vall*ee é*troite

(ID., *Voix intérieures*).

Chaumière où du foy*er é*tincelait la flamme

(LAMARTINE, *Milly*);

« l'*r* ne se lie jamais » (Littré).

Son cimi*er hé*raldique est ceint de feuilles d'ache

(HEREDIA, *Les conquérants de l'or*);

« l'*r* ne se lie pas » (Littré).

Calme, il forçait l'ess*aim in*visible et hideux
(Hugo, *Fin de Satan*).

Et que, suivant toujours le chem*in in*connu
(Heredia, *Les conquérants de l'or*).

Le ciel n'est point pour l'homme un tém*oin im*portun
(Hugo, *Chaulieu*).

Le temple est en ruine *au haut* du promontoire
(Heredia, *L'oubli*).

Depuis Endymi*on, on* sait ce qu'elle vaut
(Musset, *Une bonne fortune*).

Nous avons vu tout à l'eure que les iatus qui ne sont pas désagréables ne le sont pas plus entre deux mots que dans l'intérieur d'un même mot. La proposition contraire est également vraie : un iatus qui est désagréable entre deux mots ne l'est pas moins dans l'intérieur d'un mot :

A tout être cr*éé* possédant équipage
(Musset, *Une bonne fortune*).

Il fut tout étonné d'ouïr cette c*oho*rte
(La Fontaine, X, 14).

Où c'est la loi féroce et dure ; ici B*aa*l
(Hugo).

La blanche Ol*oo*ssone à la blanche Camyre[1]
(Musset).

Voici ton heure, ô roi de Senn*aa*r, ô chef
(Leconte de Lisle, *L'oasis*).

Les mots de ce genre sont ou des mot français d'origine

[1] Il est curieux que le vers de Chénier dont celui-ci est un ressouvenir présente aussi un iatus blâmable :

La blanche Galat*ée et* la blanche Néère.

savante comme *créer, coorte*, ou des mots étrangers. Tous sont contraires au génie propre et populaire de notre langue. Certains poètes recherchent les mots de ce genre à cause de leur étrangeté. C'est simplement de leur part un manque de goût. L'effet bizarre que ces noms produisent sur notre oreille ne suffit pas pour leur donner droit de naturalisation dans la poésie française.

Donc il n'i a d'iatus à éviter que l'iatus proprement dit, celui qui a lieu entre deux voyelles de même ouverture buccale, entre la même voyelle répétée deux fois.

Il en est de cette interdiction comme de la plupart des règles de la poésie : le poète a le droit de les violer en vue d'un certain effet à produire.

L'iatus peut faire onomatopée, peignant un bruit qui s'interrompt pour se reproduire, ou simplement se prolonge, tel le ennissement d'un cheval :

.... l'a fait à son retour punir
Pour avoir entendu Babieç*a hen*nir

(Hugo, *Le Cid exilé*).

Dans l'exemple suivant :

A ces mots on cri*a ha*ro sur le baudet

(La Fontaine, VII, 1),

c'est l'onomatopée que nous donnent les deux dernières sillabes du mot brou*aa*.

Ce sont là des bruits éclatants en *a*, en voici un clair en *é* :

La nu*ée é*clate !
La flamme écarlate
Déchire ses flancs...

(Hugo, *Le feu du ciel*);

puis un autre en *u*ⁿ :

D'où vient qu'à l'horiz*on on* entend ce grand bruit

(Id., *Feuilles d'automne*).

L'iatus peut encore exprimer un choc, une saccade, un mouvement répété et saccadé ou simplement prolongé (suivant que l'iatus ressemble plutôt à un bégaiement ou à un bâillement):

Puis malgré quelqu*es heu*rts et quelques mauvais pas
(La Fontaine, X, 1).

Quand un poing monstrueux, de l'ombre ou l'horreur flotte
Sort, tenant aux cheveux la tête de Charlotte
Pâle du coup de hache et rouge du soufflet,
C'est la foule ; et ceci m*e heu*rte et me déplaît
(Hugo, *Année terrible*).

Après bien du travail le coche arrive *au haut*
(La Fontaine, VII, 9);

nous avons critiqué plus aut l'iatus de cette expression « au haut» ; il semble qu'ici elle donne bien l'impression du dernier effort de l'attelage et de l'arrêt qui le suit.

Et pendant qu'il parlait, à son br*as ha*sardeux
La grande Durandal brillait toute joyeuse
(Hugo, *Le petit roi de Galice*),

mouvement prolongé.

Et bondis à travers l*a ha*letante orgie
(Heredia, *Artémis*).

Le désir me harcèle *et hé*risse mes crins
(Id., *Nessus*),

frisson du désir.

Le bourreau vient, la foule effar*ée é*coutait
(Hugo, *Le marquis Fabrice*),

état aletant de la foule.

Qu'une femme pour vous s'est tach*ée et* honnie
(Musset, *Les marrons de feu*) ;

on peut considérer que l'iatus peint ici le oquet de la colère.

La balance inclinant son bass*in in*certain
(Lamartine, *L'infini dans les cieux*),

ésitation du plateau.

Enfin l'iatus exprime bien toute espèce d'arrêt ou de prolongement au sens le plus général de ces idées :

> Là, le bruit de l'org*ie* ; — *i*ci, le bruit des fers
> (Hugo, *Burgraves*) ;

séparation des deux idées pour manquer leur opposition. Après avoir exposé tous les supplices infligés aux géants, Hugo dit :

> Et Prométh*ée* ! *Hé*las ! quels bandits que ces dieux !
> (*Le Titan*) ;

il i a là une sorte d'arrêt équivalant à des points de suspension.

> Il s'écr*ie*. *I*l a vu la terreur de Némée
> (Heredia, *Némée*) ;

l'iatus prolonge le cri et peint l'état aletant de la peur.

> La houle s'enfle.....
> Et déferle. Lui cr*ie*. *I*l hennit, et sa queue
> (Id., *Le bain*) ;

les deux cris se succèdent, s'opposent et se correspondent.

> L'entraîne, et quand sa bouche, ouverte avec effort,
> Cr*ie*, *i*l y plonge ensemble et la flamme et la mort
> (Chénier) ;

l'iatus prolonge la note déjà si intense de *crie* et marque l'opposition des deux actions.

> Vous savez, en été, comme on s'ennu*ie* *i*ci
> (Musset, *Une bonne fortune*) ;

l'ennui fait trouver le temps long ; c'est cette idée qu'exprime le prolongement dû à l'iatus.

> Aux yeux de l'Allemagne en pr*oie* *à* leur fureur
> (Hugo, *Burgraves*) ;

l'iatus marque le déploiement de leur fureur.

Si grands que soient les rois, les pharaons, les mages
Qu'entoure une nu*ée é*ternelle d'hommages

(Id., *Zim-Zizimi*);

expression de l'immensité.

Regarde, avec l'Org*ie i*mmense qu'il entraîne

(Heredia, *Ariane*).

... la mer...
Verd*oie à* l'infini comme un immense pré

(Id., *Floridum mare*).

Or, de Jérusalem, où Salomon mit l'arche,
Pour gagner Béthan*ie*, *i*l faut trois jours de marche

(Hugo, *Le Christ et le tombeau*) ;

arrêt et prolongement qui suscite l'idée de la distance à parcourir.

Note sur les faux cas d'Iatus

On se demande dans tous les manuels si l'on doit élider un *e* muet devant le mot *oui* ou au contraire le laisser en iatus devant ce mot et le compter pour une sillabe. La question est tellement simple qu'il est vraiment étrange qu'elle n'ait pas été résolue par tout le monde. Le mot *oui* est en réalité *wi*; il commence par une consonne, celle qu'on appelle le *w* anglais. Par conséquent aucune voyelle ne peut s'élider sur son initiale ni être en iatus avec elle. Il n'i a pas plus d'iatus dans *le oui* que dans *le non*. La prononciation que nous venons d'indiquer était déjà celle du XVII° siècle comme le prouvent les exemples suivants, et elle remonte à l'époque ou ce mot est devenu monosillabique :

..... qu'on me vienne aujourd'hui
Demander : « Aimez-vous? » Je répondrai qu*e oui*

(La Fontaine, *Clymène*).

Quoi! de ma fill*e* ? — *Oui* ; Clitandre en est charmé

(Molière, *Femmes savantes*).

Moi, ma mère? — *Oui*, vous. Faites la sotte un peu

(Id., *ibid.*).

Eh? c'est-à-dire *oui*? Jaloux à faire rire?

(Id., *Ecole des femmes*).

Molière a quelquefois élidé un *e* devant ce mot; mais ce n'est chez lui qu'un arcaïsme conforme à l'usage qui s'était établi alors que le mot était dissillabe :

Toi, mon maître? — *Oui*, coquin ! m'oses-tu méconnoître?

(Id., *Amphitryon*).

Tu te dis Sosie! — *Oui*. Quelque conte frivole

(Id., *ibid.*).

C'est vous, seigneur Arnolphe? — *Oui*, mais vous...? — [C'est Horace

(Id., *Ecole des femmes*).

Chez les poètes modernes cet arcaïsme n'est plus excusable : ils se sont laissé tromper par l'ortografe dans ce cas comme dans tant d'autres :

Je voudrais à mon tour te dire, s'il te plaît,
Deux mots. — A l'épée? *Oui*. — Veux-tu le pistolet?

(Hugo, *Marion de Lorme*).

Montfleury entre en scène ? *Oui*, c'est lui qui commence

(E. Rostand, *Cyrano*).

Il n'i a pas non plus d'iatus dans les exemples tels que le suivant :

Lui dit : Ce sont ici *hié*roglyphes tout purs

(La Fontaine, IX, 8).

Le mot « hiéroglyphe » commence non par un *i* mais par un *jod*; l'*h* n'est pas aspiré : on dit *déz-iéroglifes*.

V

LA RIME

La rime est comme l'iatus un des chapitres sur lesquels on a le plus écrit et un de ceux sur lesquels on a publié le plus d'erreurs. Quelques-unes font autorité et ont passé dans l'usage courant.

En somme tout ce qui concerne la rime peut se ramener à quelques points; nous résumerons en les précisant et en les rectifiant ceux que l'on traite généralement dans les manuels et nous i ajouterons nos observations personnelles :

1° Il faut rimer pour l'oreille et non pour l'œil. Lancelot disait déjà au milieu du XVII° siècle : « La rime n'est pas autre chose qu'un même son à la fin des mots : je dis même son et non pas mêmes lettres. Car la rime n'étant que pour l'oreille et non pour les yeux, on n'y regarde que le son et non l'écriture : ainsi *constans* et *temps* riment très bien ». Personne ne saurait plus aujourdui contester ce principe. L'idée de rimer pour les ieux, a dit un critique (Clair Tisseur, *Observations sur l'art de versifier*, p. 4), n'est pas moins plaisante que ne serait celle de peindre pour le nez.

2° La première condition pour que deux mots puissent rimer ensemble, c'est que leurs voyelles toniques soient omofones, soient la même voyelle; l'exemple des grands poètes, auquel certains croient devoir se ranger dans les cas qui leur paraissent douteux, n'est souvent qu'un exemple d'erreur et ne saurait faire autorité. Ainsi les vers suivants ne riment pas parce que les voyelles placées à la rime n'ont pas le même timbre, l'une étant ouverte et l'autre fermée :

Ce petit-fils tyran, ce grand père opprim*é*!
Comme janvier cherchait à plaire au mois de *mai*

(Hugo, *Petit Paul*).

C'est la musique éparse au fond du mois de *mai*
Qui fait que l'un dit : J'aime, et l'autre, hélas : J'ai*mai*

(Id., *L'art d'être grand père*).

Terre de la patrie, ô sol trois fois sac*ré*,
Parlez tous! Soyez tous témoins que je dis *vrai*

(Leconte de Lisle, *Les Erinnyes*).

Si bien qu'on croit entendre en sa voix claire et *gaie*
Sonner allègrement les sequins de la p*aie*

(Hugo, *Légende des siècles*).

Il s'était si crûment dans les excès plon*gé*
Qu'il était dénoncé par la caille et le *geai*

(Id., *Le satyre*).

Quoi! je vais donc mourir! O Dieu, vers qui je *vais*,
Je pardonne à tous ceux qui m'ont été mau*vais*

(Id., *Le roi s'amuse*) ;

la prononciation *je vè* existe en français, mais la seule courante et bonne est *je vé*.

Lorsqu'il eut bien fait voir l'héritier de ses t*rônes*
Aux vieilles nations comme aux vieilles cou*ronnes*

(Id., *Napoléon II*).

Par sa mère, autrefois, la Présidente *de*... ;
Mais sous cette rigueur faisant aimer son *Dieu*

(Sainte Beuve, *Pensées d'août*) ;

ne rime pas, malgré la note par laquelle l'auteur a cru justifier cette rime.

Daigne protéger notre chasse,
Châsse
De monseigneur saint Godefroi

(Hugo, *La chasse du burgrave*).

Il est remarquable que dans cette pièce si souvent citée pour la richesse de ses rimes les deux premiers vers ne riment pas. Ce qui empêche *chasse* de rimer avec *châsse* n'est pas la légère différence de quantité qu'il i a entre les deux *a* ; c'est que ces mots mettent en présence un *a* ouvert et un *a* fermé.

Si je pouvais couvrir de fleurs mon ange *pâle* !
Les fleurs sont l'or, l'azur, l'émeraude, l'*opale*...
Des étoiles éclore aux trous noirs de leurs *crânes*,
Dieu juste ! et par degrés devenant diaph*anes*

(Hugo).

Point de siècle ou de nom sur cette agreste *page*.
Devant l'éternité tout siècle est du même *âge*

(Lamartine, *Milly*).

3° Cette condition, l'omofonie des voyelles, ne suffit pas : *verre d'eau* ne rime pas avec *tombeau*, ni *pain* avec *main*, ni *tue* avec *venue* ; ce ne sont là que des assonances et dans les poèmes rimés elles ne doivent être tolérées que lorsque les vers riment deux à deux ; mais dans cette condition elles sont préférables à une rime riche toutes les fois qu'il n'i a pas de raison pour mettre la rime particulièrement en relief. En voici quelques exemples que je prends au asard dans *Rolla* :

Oh ! maintenant, mon Dieu, qui lui rendra la vie ?
Du plus pur de ton sang tu l'avais rajeunie...
Tout ici, comme alors, est mort avec le temps,
Et Saturne est au bout du sang de ses enfants.....
Ainsi, mordant à même au peu qu'il possédait,
Il resta grand seigneur tel que Dieu l'avait fait.....
Son orgueil indolent, du palais au ruisseau,
Traînait derrière lui comme un royal manteau...

4° Deux mots ne riment ensemble, à proprement parler, que s'ils présentent l'omofonie non seulement de la voyelle tonique, mais encore de toutes les consonnes *prononcées* qui suivent cette voyelle, ou, dans le cas où cette voyelle est finale, de la consonne qui la précède. Ainsi *tenir* rime avec *partir*, *banni* avec *fini*, *moi* avec *loi* (la rime est constituée par la sillabe *wa*), et même *Danaé* avec *Cloé* ; dans ce dernier exemple la consonne qui précède la voyelle tonique ne s'écrit pas, mais elle existe : c'est une sorte de souffle analogue à l'esprit doux des Grecs.

Mais dans l'exemple suivant de Hugo (*Fin de Satan*) :

Quand était né, sous l'œil fixe d'Adonaï,
Ce Nemrod qui portait tant de ruine en lui,

il n'i a pas rime, parce que l'*i* final est précédé dans le premier vers d'une légère aspiration et dans le dernier d'un *ŭ* consonne.

5° Qu'est-ce maintenant qu'une rime riche ? c'est toute rime qui présente l'omofonie d'un élément de plus que ceux que nous avons signalés comme indispensables dans les exemples précédents. On lit partout que la rime riche est constituée par l'omofonie de la consonne d'appui, c'est-à-dire de la consonne qui précède la voyelle tonique; c'est une erreur : *banni* et *fini* ne riment pas richement, car on ne peut s'appeler riche si l'on ne possède que l'indispensable. *Bannir* et *finir*, *parti* et *sorti*, *noir* et *soir* (c'est-à-dire *-war*), *Danaé* et *Pasifaé* sont des rimes riches.

6° Parmi les consonnes venant après la voyelle tonique nous n'avons parlé que de celles qui *se prononcent*; il faut dire un mot de celles qui s'écrivent sans se prononcer. Doit-on tenir compte de ces dernières en quelque façon ? En principe, NON. *Etranger*, rime parfaitement avec *changé*, *changés*, *remords* avec *mort*, *cor*, *lord*, etc. Voici une raison qui le montrera avec toute l'évidence désirable : il suffirait que l'on simplifiât un peu notre ortografe (ce qui sans doute ne tardera guère, car l'ortografe française s'est toujours modifiée deux ou trois fois par siècle), pour que toutes les proïbitions ineptes fondées sur les consonnes finales qui ne se prononcent pas, aillent en bloc rejoindre leurs inventeurs. Voici des rimes qui sont irréprochables, bien qu'elles ne soient parfois aux ieux de leurs auteurs que des assonances :

Nager autour de la car*ène*.....
C'était sur des mers loint*aines*

(H. DE RÉGNIER, *L'homme et la sirène*).

Et les grottes roses et *noires*.....
Qu'il est mieux de ne pas y *croire*

(Id., *ibid.*).

Chaque goutte de pluie est une de mes *larmes*.....
Car j'entends ton sanglot dans le vent où s'a*larme*

(Id., *ibid.*).

Au métier où je tisse en fleurs qui leur re*ssemblent*.....
Dont les fils font trembler ma main qui les *assemble*

(Id., *ibid.*).

Musset fait rimer excellemment dans *Rolla* : *héritier* et *métier* avec *moitié*.

Non! croiriez-vous, je viens de le voir en tom*bant*,
Que Sirius, la nuit, s'affuble d'un tur*ban*?

(E. Rostand, *Cyrano*).

.... La sage Pénélope
Ne fut pas demeurée à broder sous son *toit*,
Si le seigneur Ulysse eût écrit comme *toi*

(Id., *ibid.*).

Chercher un protecteur puissant, prendre un pa*tron*,
Et comme un lierre obscur qui circonvient un *tronc*

(Id., *ibid.*).

Non, merci. Dédier, comme tous ils le *font*,
Des vers aux financiers? se changer en bou*ffon*

(Id., *ibid.*).

Non, merci. Déjeuner, chaque jour d'un cra*paud*?
Avoir un ventre usé par la marche? une *peau*

(Id., *ibid.*).

Dans les exemples suivants l'auteur a cru devoir tricher sur l'ortografe pour rendre la rime bonne à la fois pour l'œil et pour l'oreille. L'oreille suffit; s'il avait ortografié correctement la rime n'eût rien perdu :

Que tout l'art d'Hyagnis n'était que dans ce b*ui*;
Qu'il a, grâce au destin, des doigts tous comme l*ui*

(A. Chénier, *Les satyres*).

Oui, Carlos.— Seigneur duc, es-tu donc insen*sé*?
Mon aïeul l'empereur est mort. Je ne le *sai*
Que de ce soir..........

(Hugo, *Hernani*).

Votre gendre est affreux, mal bâti, mal tour*né*,
Marqué d'une verrue au beau milieu du *né*

(Id., *Le roi s'amuse*).

Enfin voici un exemple qui présente plusieurs cas et montre matériellement combien il est absurde de continuer à observer les règles classiques :

Plus d'un aveugle, au sommet du Parnasse,
Fit retentir de sublimes accords;
On peut citer, parmi ceux qui s'y placent,
Milton, Homère, et puis d'autres encor.
Que font aux sourds les accents que soupirent
Les favoris des immortelles sœurs?
Juge éclairé des enfants de la lyre,
L'oreille seule en connaît la valeur

(E. Debraux).

« Il est difficile, dit Quicherat, de faire avec plus d'esprit une critique plus fondée. Notre poésie a conservé, des règles méticuleuses de Malherbe, bien des entraves que la raison ne justifie pas. Si la logique avait présidé à l'établissement des règles de la rime, toutes les consonnances que l'oreille aurait déclarées pareilles, quelle que fût leur orthographe, auraient pu être associées ».

Il i a pourtant lieu de distinguer entre les consonnes finales qui ne se prononcent jamais, quelle que soit la position et le rôle sintaxique du mot, et celles qui peuvent se faire entendre si le mot est étroitement uni à ce qui suit, comme il arrive fréquemment dans les petits vers et dans certains cas d'enjambement. En considération de ces cas, certains auteurs, tels que Becq de Fouquières, pensent qu'on ne doit pas faire rimer un mot qui se termine par une consonne susceptible de se prononcer avec un mot terminé par une voyelle ou par une consonne ne se prononçant pas. La conclusion dépasse les prémisses ; le téoricien aurait gardé la juste mesure s'il avait dit que lorsqu'un mot terminé par une consonne qui ne se prononce pas à la pause est lié de telle sorte avec le mot suivant qu'elle doive se prononcer, il ne peut rimer qu'avec un mot terminé par la même consonne se prononçant. Cette règle est évidemment justifiée : faute d'i obéir le versificateur ferait des vers sans rime, malgré l'autorité de nos plus grands poètes qui ont souvent cru rimer richement alors qu'ils ne rimaient pas du tout. Tels les exemples suivants :

On ne vit plus qu'Essling, Ulm, Arcole, Auster*litz* ;
Comme dans les tombeaux des romains abo*lis*

(Hugo, *L'expiation*).

Les jardinières, les four*mis*,
Les demoiselles, chastes *miss*

(Id., *L'église*).

Le Phébus sacré dans *Reims*,....
Des formes d'alexand*rins*

(Id., *Chansons des rues et des bois*).

Ils donnaient Chypre et Pa*phos* ;
Et leurs cheveux étaient *faux*

(Id., *ibid.*).

Le reste existait-il ? — Le grand père mou*rut*
Quand Sem dit à Rachel, quand Booz dit à *Ruth*

(Id , *Petit Paul*).

Deux verrous ont fermé sa porte pour ja*mais*,
L'un qu'on nomme Strasbourg, l'autre qu'on nomme *Metz*

(Id., *Le prisonnier*).

L'hiver à défleuri la lande et le cour*til*...
Le pétale fané pend au dernier pis*til* ;

(Heredia, *Brise marine*) ;

on prononce *courti* et *pistil*.

Dans la mare de pourpre où leurs larges pieds gl*issent*,
Prenant à quatre bras les cadavres qui *gisent*

(Lamartine, *Chute d'un ange*).

Sans doute ces vers assonent entre eux; mais leur assonance est choquante au milieu des rimes, tandis que celle de deux voyelles finales ne l'est nullement. Dans l'exemple suivant il n'i a pas même assonance :

Ces arbres, ces rochers, ces astres, cette *mer*;
Et toute notre vie était un seul ai*mer*

(LAMARTINE, *Novissima verba*)

7° Nous avons indiqué tout à l'eure que dans nombre de cas la rime suffisante est préférable à la rime riche. Il faut ajouter que dans aucun cas la rime ne doit être trop riche. Il est rare que les éléments omofones puissent dépasser deux sillabes sans que l'auteur ait l'air de jouer sur les mots, ce qui ôte a la poésie toute valeur artistique. L'art peut être gai, il ne doit pas cesser d'être sérieux et grave. Nous ne voulons pas parler ici d'exemples comme les suivants qui ne sont pour la plupart que des plaisanteries :

Tous les sold*ats qu'Argant tua*
Ne valaient p*as Gargantua*...
Dans la bataille, *Bradamante*
Ne frappait pas d'un *bras d'amante*...
On voit à l'hôpital maint *prodigue alite*
Qui pleure amèrement sa *prodigalité*...
La croissante cherté de ces *locaux motive*
Notre départ prochain par la *locomotive*...
Au fauteuil de Delille on place *Campenon*.
A-t-il assez d'esprit pour qu'on l'y *campe* ? — *Non*.

Nous songeons à des exemples sérieux, mais où les éléments omofones, fussent-ils monosillabiques, fournissent une répétition qui semble prêter au jeu de mots, comme la répétion maleureuse de la sillabe *pai* dans ce vers de Racine :

Hélas ! si cette *paix* dont vous vous re*pai*ssez
Couvroit contre vos jours quelques pièges dressés

(*Britannicus*, V, I).

A la rime l'effet est encore plus sensible et plus choquant que dans un même vers :

D'un portrait de Van Dyck : puis sur le fin *tapis*
Agacer en jouant ses petits pieds *tapis*
A l'ombre du jupon.......

(Th. Gautier, *Elégies*).

Assis sur ces rochers *déserts*,
Je suis dans le vague *des airs*
Le char de la nuit qui s'avance

(Lamartine, *Le soir*).

Si son ordre au palais vous a fait *retenir*,
C'est peut-être à dessein de vous *entretenir*

(Racine, *Britannicus*, IV, 1).

Heur et malheur ! On vit ces deux hommes *s'étreindre*
Si fort que l'un et l'autre ils faillirent *s'éteindre*

(Musset, *don Paez*).

Qui le saura? — Pour moi, j'estime qu'une *tombe*
Est un asile sûr où l'espérance *tombe*

(Id., *ibid.*).

Oui, c'est fini : l'enfant a bu la coupe *sombre* ;
Sa débile raison s'évanouit et *sombre*

(Hugo, *La pitié suprême*).

Un ouvrier d'Egine a sculpté sur *la plinthe*
Europe, dont un dieu n'écoute pas *la plainte*

(Hugo, *Rouet d'Omphale*).

8° Reste la question complexe de la variété des rimes. Elle comprend deux points essentiels : l'alternance des rimes masculines et féminines et la non assonance des rimes successives. Au moyen âge on ne voyait aucun inconvénient à faire des poésies tout entières en rimes masculines ou féminines, et l'on cultivait la laisse monorime où la répétition de la même assonance n'était limitée que par l'épuisement du vocabulaire. On reconnut au bout d'un certain temps qu'il résultait de ces deux pratiques une monotonie désagréable et peu artistique. L'art vit de variété aussi bien que de renouvellement. Aussi depuis le XVI° siècle les poètes soigneux ont évité scrupuleusement la succession des rimes du même sexe et des rimes assonant entre elles. On ne saurait trop louer ceux qui ont introduit dans notre poésie cette observance délicate, et par contre on ne saurait trop blâmer ceux de nos modernes décadents qui i ont renoncé, constituant le asard seul arbitre de la succession des rimes. C'est un retour non pas à l'enfance de l'art, mais à l'absence d'art, et chez la plupart de ceux qui s'en sont rendus coupables ce n'est pas l'indication d'une téorie réfléchie et arrêtée, ni d'une recherche, maleureuse peut-être, mais louable, ce n'est qu'une marque d'impuissance.

Pourtant on ne peut pas trancher ainsi la question en quelques mots. Nous ne saurions trop nous élever contre ceux qui disent : voici la règle ; tout ce qui s'en écarte est mauvais. L'art ne comporte pas de dogmes. Avant de se conformer à une règle il faut l'examiner et en peser soigneusement la valeur. Celle de l'alternance des rimes masculines et féminines était excellente à l'origine, elle est absurde aujourdui. Les poètes qui n'i ont pas obéi ont eu raison puisqu'elle est mauvaise, mais ils ont eu le grand tort d'i substituer le asard qui n'est pas un principe artistique. Cette règle était fondée sur la prononciation, comme il convient ; mais notre poésie a évolué et surtout notre langue a changé. La règle devait évoluer en même temps que la prononciation dont elle était l'interprète. Sont réputées rimes féminines toutes les finales terminées par un *e* muet et masculines toutes les autres. Cette différence était très réelle et très nette à l'époque où l'on prononçait tous les *e* à la fin des mots. Aujourdui on n'en prononce plus aucun à la pause ; ils ont disparu par évolution fonétique. En sorte qu'il n'i a plus la moindre différence sensible pour la finale entre *bagarre* et *asard*, entre *un dé* et *une idée*. Comme le disait déjà l'abbé d'Olivet au XVIIIe siècle : « Nous écrivons *David* et *avide*, un *bal* et une *balle*, un *pic* et une *pique*, le *sommeil* et il *sommeille*, *mortel* et *mortelle*, un *froc* et il *croque*, etc. Jamais un aveugle de naissance ne soupçonnerait qu'il y ait une orthographe différente pour ces dernières syllabes, dont la désinence est absolument la même ».

La distinction établie par la règle n'existant plus aujour-

première et la troisième. La deuxième strofe est tout entière en rimes féminines, malgré l'ortografe. De même la strofe suivante de Lamartine (*L'enthousiasme*) est tout entière en rimes féminines, ce qui est une négligence désagréable :

> Ainsi quand tu fonds sur mon âme,
> Enthousiasme, aigle vainqueur,
> Au bruit de tes ailes de flamme
> Je frémis d'une sainte horreur ;
> Je me débats sous ta puissance,
> Je fuis, je crains que ta présence
> N'anéantisse un cœur mortel,
> Comme un feu que la foudre allume,
> Qui ne s'éteint plus, et consume
> Le bûcher, le temple et l'autel.

Voici deux strofes consécutives du même poète (*La poésie sacrée*) qui sont toutes en rimes masculines :

> Sur mes os consumés ma peau s'est desséchée ;
> Les enfants m'ont chanté dans leurs dérisions ;
> Seul, au milieu des nations,
> Le Seigneur m'a jeté comme une herbe arrachée.
>
> Il s'est enveloppé de son divin courroux ;
> Il a fermé ma route, il a troublé ma voie ;
> Mon sein n'a plus connu la joie,
> Et j'ai dit au Seigneur : Seigneur, souvenez-vous.

Ce qu'il i a de plus beau peut-être dans les observances qui nous ont été léguées par l'usage, c'est que *ils essaient, ils paient* constituent une rime féminine, tandis que *ils s'élevaient, ils se mouvaient* font une rime masculine, *parce que ces derniers sont des imparfaits* ; cf. infra *Conclusion*, 1°.

Les deux classes actuelles ne recouvrent donc qu'en partie les deux classes anciennes. Les anciennes rimes féminines terminées par *voyelle* + *e* sont devenues masculines, les anciennes rimes masculines terminées par une consonne qui a continué à se prononcer sont devenues féminines. Malgré cela, dans le plus grand nombre des cas il n'i a rien de changé. Voici, par exemple, un passage de *Rolla* qui observait bien l'alternance avec l'ancienne classification et qui continue à l'observer de la même manière avec la nouvelle :

Regrettez-vous le temps où d'un siècle barbare
Naquit un siècle d'or, plus fertile et plus beau ?
Où le vieil univers fendit avec Lazare
De son front rajeuni la pierre du tombeau ?
Regrettez-vous le temps où nos vieilles romances
Ouvraient leurs ailes d'or vers leur monde enchanté ;
Où tous nos monuments et toutes nos croyances
Portaient le manteau blanc de leur virginité ;
Où sous la main du Christ, tout venait de renaître ;
Où le palais du prince et la maison du prêtre,
Portant la même croix sur leur front radieux,
Sortaient de la montagne en regardant les cieux ;
Où Cologne et Strasbourg, Notre-Dame et St-Pierre,
S'agenouillant au loin dans leurs robes de pierre,
Sur l'orgue universel des peuples prosternés
Entonnaient l'hosanna des siècles nouveau nés ;
Le temps où se faisait tout ce qu'a dit l'histoire ;
Où sur les saints autels les crucifix d'ivoire
Ouvraient des bras sans tache et blancs comme le lait ;
Où la Vie était jeune, — où la Mort espérait ?

Cette alternance produit un charme délicieux. Il est donc avantageux de continuer à l'observer, mais avec les modifications que nous avons indiquées, sans quoi elle disparaît en fait à tout moment.

Il n'en faut pas conclure qu'on ne doive jamais faire de poésies tout entières en rimes masculines ou en rimes féminines. Toutes les règles de la poésie peuvent et doivent être violées en vue d'un effet à produire. Le charme de l'alternance est dû à la variété qui en résulte, mais si l'on veut produire une impression d'uniformité, de monotomie, si l'on veut peindre un état ou une situation qui ne change pas, la non alternance des rimes se recommande entre autres procédés. Voici un exemple où Verlaine (*Romances sans paroles*) a cherché et obtenu cet effet ; le morceau est tout en rimes féminines ; il en résulte une impression de monotonie, d'uniformité, à laquelle se joint, grâce au doux prolongement dû à la consonne finale de ces rimes, un effet de mélancolie qui concorde avec l'idée exprimée. La pièce est d'ailleurs mal écrite :

Je devine, à travers un murmure,
Le contour subtil des voix anciennes
Et dans les lueurs musiciennes,
Amour pâle, une aurore future !

Et mon âme et mon cœur en délires
Ne sont plus qu'une espèce d'œil double
Où tremblote à travers un jour trouble
L'ariette, hélas ! de toutes lyres !

O mourir de cette mort seulette
Que s'en vont, cher amour qui t'épeures,
Balançant jeunes et vieilles heures !
O mourir de cette escarpolette !

Dans la pièce suivante le prolongement des rimes féminines, semblable au bruit d'une corde qui vibre et retentit encore après que l'archet l'a quittée, fournit une expression de douceur qui est parfaitement en concordance avec l'idée ; mais la troisième strofe, dont les rimes sont en réalité masculines, fait tache dans le tableau :

Les donneurs de sérénades
Et les belles écouteuses
Echangent des propos fades
Sous les ramures chanteuses.

C'est Tircis et c'est Aminte,
Et c'est l'éternel Clitandre,
Et c'est Damis qui pour mainte
Cruelle fait maint vers tendre.

Leurs courtes vestes de soie,
Leurs longues robes à queues,
Leur élégance, leur joie
Et leurs molles ombres bleues

Tourbillonnent dans l'extase
D'une lune rose et grise,

Et la mandoline jase
Parmi les frissons de brise
(VERLAINE, *Mandoline*).

Il i a une chanson attribuée à Malherbe qu'il convient de rappeler ici. Ses rimes, toutes féminines, en font une sorte de berceuse. La présence de plusieurs vers de 9 sillabes ritmés à 3, 3, 3 renforce encore cet effet :

L'air est plein d'une haleine de roses :
Tous les vents tiennent leurs bouches closes,
Et le soleil semble sortir de l'onde
Pour quelqu'amour plus que pour luire au monde.

On diroit à lui voir sur la tête
Ses rayons comme un chapeau de fête,
Qu'il s'en va suivre en si belle journée
Encore un coup la fille de Pénée.

Toute chose aux délices conspire,
Mettez-vous en votre humeur de rire ;
Les soins profonds d'où les rides nous viennent,
A d'autres ans qu'aux vôtres appartiennent.

Il fait chaud : mais un feuillage sombre
Loin du bruit nous fournira quelque ombre
Où nous ferons parmi les violettes
Mépris de l'ambre et de ses cassolettes.

Il est bien évident qu'une pièce toute en rimes masculines produirait un effet opposé. Verlaine paraît s'i être trompé dans la strofe suivante (*Romances sans paroles*) où il semble avoir voulu peindre la langueur, la mélancolie et la monotonie ; il n'i a réussi en rien :

L'allée est sans fin
Sous le ciel, divin
D'être pâle ainsi !
Sais-tu qu'on serait
Bien sous le secret
De ces arbres ci ?

ces vers sautillants de cinq sillabes et ces rimes sèches produisent le contraire de l'effet cherché.

L'autre point que nous avons à considérer, c'est l'assonance des rimes successives, que les poètes soigneux évitent métodiquement et avec raison, car elle engendre une monotonie désagréable et antiartistique ; c'est le défaut des exemples suivants :

Une clarté d'en haut dans mon sein descendit,
Me tenta de bénir ce que j'avais maudit;
Et, cédant sans combattre au souffle qui m'inspire,
L'âme de la raison s'élança de ma lyre

(Lamartine, *L'homme*).

On en trouverait une dizaine d'exemples dans la même pièce qui n'a pas trois cents vers.

J'aurais dû, — mais, sage ou fou,
A seize ans on est farouche, —
Voir le baiser sur sa bouche
Plus que l'insecte à son cou.

On eût dit un coquillage ;
Dos rose et taché de noir.
Les fauvettes pour nous voir
Se penchaient dans le feuillage

(Hugo, *La coccinelle*) ;

cette dernière strofe est la pire des deux parce que ses rimes sont à la fois assonantes et du même sexe. Il en est de même des exemples suivants :

L'Océan s'entrouvrit, et dans sa nudité
Radieuse, émergeant de l'écume embrasée,
Dans le sang d'Ouranos fleurit Aphrodité

(Heredia, *La naissance d'Aphrodité*).

Jamais Iphigénie, en Aulide immolée,
N'a coûté tant de pleurs à la Grèce assemblée

Que dans l'heureux spectacle à nos yeux étalé
En a fait sous son nom verser la Champmêlé

(BOILEAU).

La vie a dispersé, comme l'épi sur l'aire,
Loin du champ paternel les enfants et la mère,
Et ce foyer chéri ressemble aux nids déserts
D'où l'hirondelle a fui pendant de longs hivers

(LAMARTINE, *Milly*).

Quand de ses souvenirs la France dépouillée,
Hélas ! aura perdu sa vieille majesté,
Lui disputant encor quelque pourpre souillée
Ils riront de sa nudité !
Nous, ne profanons point cette mère sacrée.
Consolons sa gloire éplorée.
Chantons ses astres éclipsés

(HUGO, *Odes et ballades*).

Mais cette règle est comme les précédentes, le poète a le droit et le devoir de la violer parfois en vue d'un effet. D'abord effet de monotonie :

Souvenir, souvenir, que me veux-tu ? L'automne
Faisait voler la grive à travers l'air atone,
Et le soleil dardait un rayon monotone
Sur le bois jaunissant où la bise détone.

Nous étions seul à seule et marchions en rêvant,
Elle et moi, les cheveux et la pensée au vent.
Soudain, tournant vers moi son regard émouvant :
« Quel fut ton plus beau jour ? » fit sa voix d'or vivant

(VERLAINE, *Poèmes saturniens*).

Une impression analogue peut être obtenue par la répétition, non pas constante, mais seulement fréquente des mêmes rimes ou de rimes assonant entre elles. C'est le cas dans les deux pièces suivantes :

Une aube affaiblie
Verse par les champs

La mélancolie
Des soleils couchants.
La mélancolie
Berce de doux chants
Mon cœur qui s'oublie
Aux soleils couchants.
Et d'étranges *rêves*,
Comme des sol*ei*ls
Couchants sur les gr*è*ves,
Fantômes verm*ei*ls,
Défilent sans tr*è*ves,
Défilent, par*ei*ls
A des grands sol*ei*ls
Couchants sur les gr*è*ves

(Id., *ibid.*).

Les uit premiers vers sont sur deux rimes ; les uit derniers assonent entre eux. L'effet produit par les rimes est renforcé par la répétition à l'intérieur des vers des mêmes séries de sons ou des mêmes mots, c'est-à-dire par la répétition des mêmes impressions. De tout cela sort un effet de monotonie, et par suite, dans le cas particulier, de tristesse et de mélancolie.

L'autre pièce, bien connue, est d'une facture plus compliquée :

Il pleure dans mon cœur
Comme il pleut sur la ville,
Quelle est cette langueur
Qui pénètre mon cœur?

O bruit doux de la pluie
Par terre et sur les toits !
Pour un cœur qui s'ennuie
O le chant de la pluie.

Il pleure sans raison
Dans ce cœur qui s'écœure.
Quoi ! nulle trahison ?
Ce deuil est sans raison.

C'est bien la pire peine
De ne savoir pourquoi,
Sans amour et sans haine,
Mon cœur a tant de peine

(ID., *Romances sans paroles*).

Sans entrer dans le dernier détail de l'analise, voici les principaux éléments qui entrent en jeu dans cette pièce. D'abord la répétition des mêmes voyelles dans l'intérieur des vers et à la rime, chaque strofe ayant le même mot comme première et dernière rime, renforcé par la troisième rime:

Il pl*eure* dans mon *cœur*
. . . langu*eur*
. . . *cœur*
Je pl*eure* sans raison
Dans ce *cœur* qui s'éc*œure*...
C'est b*ien* la pire p*eine*... etc.

De là l'impression de monotonie. En outre le mouvement saccadé, sautillant et continu de la pluie est exprimé tout le long de la pièce par la répétition des consonnes. La pluie fisique est surtout peinte par la combinaison des occlusives et des liquides :

I*l pl*eure dans mon *c*œur
*C*omme i*l pl*eut sur *l*a vi*ll*e,
*Q*ue*ll*e est cette *l*angueur
*Q*ui *p*énètre mon *c*œur ?

Dans la strofe suivante, la pluie morale est surtout exprimée par la combinaison des occlusives et des sifflantes :

Il *p*leure *s*ans rai*s*on
Dans *ce c*œur *q*ui *s*'éc*œ*ure
*Q*uoi ! nulle *t*rahison ?
*Ce de*uil est *s*ans raison ;

et de même dans la strofe suivante. Enfin l'affluence des labiales *p*, *b*, répand dans toute la pièce comme une note sanglotante, cf. tome XLVI, p. 528 à 532 ; et la seconde rime de chaque strofe, qui n'a pas de correspondante, mais rappelle en général par sa voyelle une autre rime, une autre note de la pièce : *ville-pluie*, *écœure-cœur*, *toits-pourquoi*, donne à tout le morceau quelque chose de vague et d'imprécis.

« La rime répétée multipliant ses consonances uniformes représente en quelque sorte les modulations ou les variations d'un thème unique », remarque M. Ch. Comte, *Les stances libres dans Molière*, p. 57, à propos d'*Amphitryon*. Les trois passages de cette pièce que nous citons ci-après sont indiqués par lui :

Ce ne sont point des badinages.
Le moi que j'ai trouvé tantôt
Sur le moi qui vous parle a de grands avantages ;
Il a le bras fort, le cœur haut :
J'en ai reçu des témoignages ;
Et ce diable de moi m'a rossé comme il faut :
C'est un drôle qui fait des rages.

(Molière, *Amphitryon*, II, 1).

C'est avec droit que mon abord vous chasse
Et que de me fuir en tous lieux
Votre colère me menace :
Je dois vous être un objet odieux :
Vous devez me vouloir un mal prodigieux ;
Il n'est aucune horreur que mon forfait ne passe,
D'avoir offensé vos beaux yeux.
C'est un crime à blesser les hommes et les Dieux,
Et je mérite enfin, pour punir cette audace,
Que contre moi votre haine ramasse
Tous ses traits les plus furieux.
Mais mon cœur vous demande grâce...

(*Ibid.*, II, 6) ;

« la rime a suivi jusqu'au bout les répétitions d'une même idée » (Ch. Comte, p. 57).

La reproduction des mêmes rimes dans le même ordre peut servir à rehausser le parallélisme de deux développements :

Amph. — Est-ce que du retour que j'ai précipité
Un songe, cette nuit, Alcmène, dans votre âme
A prévenu la vérité ?
Et que m'ayant peut-être en dormant bien traité,
Votre cœur se croit vers ma flamme
Assez amplement acquitté ?
Alc. — Est-ce qu'une vapeur, par sa malignité,
Amphitryon, a dans votre âme
Du retour d'hier au soir brouillé la vérité ?
Et que du doux accueil duquel je m'acquittai
Votre cœur prétend à ma flamme
Ravir toute l'honnêteté ?

(*Ibid.*, II, 2).

Même effet produit par des rimes assonant toutes entre elles ou du moins se rappelant les unes les autres, car l'*è* et l'*é* n'assonent pas puisqu'ils n'ont pas le même timbre, mais se rappellent nettement :

Nègres de Saint-Dom*in*gue, après comb*ien* d'ann*ées*
De farouche silence et de stupidit*é*,
Vos peuplades sans nombre, au sol*ei*l enchaîn*ées*,
Se sont-*e*lles de t*e*rre enf*in* déracin*ées*
Au souffle de la h*ai*ne et de la libert*é* ?
C'est ainsi qu'aujourd'hui s'év*ei*llent tes pens*ées*,
O Rolla ! c'est ainsi que bondissent tes f*e*rs,
Et que devant tes yeux des torches insens*ées*
Courent à l'infini, traversant les déserts

(Musset, *Rolla*).

De même une accumulation de faits analogues, une énumération d'idées parallèles sera bien mise en relief par des rimes assonant ou se rappelant :

L'impie Achab détruit, et de son sang tremp*é*
Le champ que par le meurtre il av*oi*t usurp*é* ;
Près de ce champ fatal Jézabel immol*ée*,
Sous les p*ie*ds des chevaux cette r*ei*ne foul*ée*,
Dans son sang inhum*ain* les ch*iens* désaltér*és*,
Et de son corps hideux les membres déchir*és* ;

Des prophètes menteurs la troupe confondue,
Et la flamme du ciel sur l'autel descendue ;
Elie aux éléments parlant en souverain,
Les cieux par lui fermés et devenus d'airain,
Et la terre trois ans sans pluie et sans rosée ;
Les morts se ranimant à la voix d'Elisée

(Racine, *Athalie*, I, I).

Fais-lui valoir l'hymen où je me suis rangée :
Dis-lui qu'avant ma mort je lui fus engagée ;
Que ses ressentiments doivent être effacés ;
Qu'en lui laissant mon fils c'est l'estimer assez.
Fais connoître à mon fils les héros de sa race ;
Autant que tu pourras conduis-le sur leur trace :
Dis-lui par quels exploits leurs noms ont éclaté,
Plutôt ce qu'ils ont fait que ce qu'ils ont été ;
Parle-lui tous les jours des vertus de son père ;
Et quelquefois aussi parle-lui de sa mère.
Mais qu'il ne songe plus, Céphise, à nous venger :
Nous lui laissons un maître, il le doit ménager

(Id., *Andromaque*, IV, I).

Je ne crois pas que sur la terre
Il soit un lieu d'arbres planté
Plus célébré, plus visité,
Mieux fait, plus joli, plus hanté,
Mieux exercé dans l'art de plaire,
Plus examiné, plus vanté,
Plus décrit, plus lu, plus chanté,
Que l'ennuyeux parc de Versailles

(Musset, *Sur trois marches de marbre rose*).

Quand il passait devant les vieillards assemblés,
Sa présence éclairait ces sévères visages ;
Par la chaîne des mœurs pures et des lois sages
A son cher Danemark natal il enchaîna
Vingt îles, Fionie, Arnhout, Folster, Mona ;
Il bâtit un grand trône en pierres féodales ;
Il vainquit les saxons, les pictes, les vandales,

Le celte, et le borusse, et le sl*av*e au*x* ab*ois*,
Et les peuples hag*a*rds qui hurlent dans les b*ois*

(Hugo, *Le parricide*).

Et maintenant que l'homme avait vid*é* son verre,
Qu'il ven*ai*t dans un bouge, à son heure dernière
Chercher un lit de mort où l'on pût blasphém*er*;
Quand tout était fini, quand la nuit éternelle
Attend*ai*t de ses jours la dernière étincelle,
Qui donc au moribond os*ai*t parl*er* d'aim*er* ?

(Musset, *Rolla*).

La même impression d'insistance et d'accumulation peut être produite par les rimes léonines :

Le peuple est mutin*é*, nos amis assembl*és*,
Le tyran effray*é*, ses confidents troubl*és*

(Corneille).

Et quoi que nous dis*ions*, et quoi que nous song*ions*,
Les euménides s*on*t dans les relig*ions*

(Hugo, *Fraternité*).

Les exemples suivants sont un peu plus compliqués. Ce ne sont plus toutes les rimes qui se rappellent, mais seulement la majorité des rimes; mais la note de leurs voyelles se répercute à l'intérieur des vers dans toute la tirade :

Sur quels pi*e*ds tombez-vous, parfums de Madel*ei*ne ?
Où donc vibre dans l'*ai*r une voix plus qu'hum*ai*ne ?
Qui de nous, qui de nous va devenir un Dieu ?
La Terre est aussi vi*ei*lle, aussi dégénér*ée*,
Elle branle une t*ê*te aussi désespér*ée*
Que lorsque Jean parut sur le sable des m*er*s,
Et que la moribonde, à sa parole s*ai*nte
Tressaillant tout à coup comme une femme enc*ei*nte,
Sentit bondir en *e*lle un nouvel univ*er*s.
Les jours sont revenus de Claude et de Tibère ;
Tout ici, comme alors, est mort avec le temps,
Et Saturne est au bout du sang de ses enfants ;
Mais l'espérance hum*ai*ne est lasse d'être mère,

Et le *sein* tout meurtri d'avoir tant allait*é*,
Elle *fait* son repos de sa stérilit*é*

(MUSSET, *Rolla*).

L'idée d'accumulation appelle naturellement l'idée d'insistance ; on insiste sur une idée en la répétant sous des formes différentes, mais analogues, en accumulant les faits identiques, les arguments parallèles. Nous avons déjà vu que l'insistance se peint en accumulant les répétitions et les rappels des mêmes sons à l'intérieur des vers ; mais la rime est la place où les sons sont le plus en relief; c'est donc la meilleure place pour les mettre en lumière. Le moyen le plus élémentaire d'insister par la rime est d'i répéter le même mot.

..... On les fera passer pour cornes,
Dit l'animal craintif, et cornes de licornes

(LA FONTAINE).

Un moyen plus compliqué mais plus artistique d'insister est de mettre à la rime des rappels de sons et de les répercuter dans l'intérieur des vers :

Trois ans, — les trois plus beaux de la b*e*lle jeun*esse*, —
Trois ans de volupt*é*, de délire et d'ivr*esse*,
All*ai*ent s'évanouir comme un songe lég*er*,
Comme le chant loint*ain* d'un oiseau passag*er*.
Et cette triste nuit, — nuit de mort, — la derni*è*re, —
Celle où l'agonisant fait encor sa pri*è*re,
Quand sa l*è*vre est mu*e*tte, — où, pour le condamn*é*,
Tout *e*st si pr*è*s de Dieu, que tout est pardonn*é*, —
Il ven*ai*t la pass*er* chez une fille infâme

(MUSSET, *Rolla*).

Quand le développement a une certaine étendue, il peut i avoir plusieurs séries de rimes qui assonent entre elles ou se rappellent. Tel le passage suivant du discours de Thémistocle où il n'i a guère que des rimes en *é* (*è*) et en *i*, ce qui est un moyen d'accumuler les arguments et de les rendre plus frappants, de les marquer chacun davantage. Il faut noter en outre que dans ce cas particulier les voyelles des rimes sont des voyelles claires, c'est-à-dire incisives:

Eurybiade, à q*u*i Pallas conf*ie* Athène,
Noble Adymanthe, fils d'Oc*y*re, capit*ai*ne
De Cor*in*the, et vous tous, pr*in*ces et chefs, sache*z*
Que les dieux sont sur nous à cette heure penché*s*;
Tandis que ce cons*ei*l hés*i*te, attend, var*ie*,
Je vois p*oin*dre une larme aux yeux de la patr*ie*;
La Gr*è*ce en deuil chanc*e*lle et cherche un p*oin*t d'app*ui*.
Rois, je sens que tout ment, dem*ain* trompe aujourd'h*ui*,
Le jour est louche, l'*ai*r est fuyant, l'onde est lâche;
Le sort est une m*ain* qui nous t*ien*t, puis nous lâche;
J'est*i*me peu la vague instable, mais je d*is*
Qu'un gouffre est m*oins* mouvant sous des p*ie*ds plus hard*is*
Et qu'il faut traiter l'eau comme on tr*ai*te la v*ie*,
Avec force et déd*ain*; et, n'ayant d'autre env*ie*
Que la bataille, ô grecs, je la voudr*ais* tent*er* !
Il est temps que les cœurs renoncent à dout*er*,
Et tout sera perdu, peuple, si tu n'opposes
La fermeté de l'homme aux trahisons des choses.
Nous sommes de fort près par Némés*is* suiv*is*,
Tout penche, et c'est pourquoi je vous d*is* mon av*is*.
Restons dans ce détroit. Ce qu*i* me déterm*i*ne,
C'est de sauver Mégare, Eg*i*ne et Salam*i*ne,
Et je trouve prudent en même temps que f*ie*r
De protég*er* la terre en défendant la mer

(Hugo, *Le détroit de l'Euripe*).

Nous n'avons marqué parmi les toniques que les *e* (*é*, *è*, *e*ⁿ) et les *i*. Mais à i regarder de plus près on trouve une série d'éclatantes *a* qui préparent et entourent la rime *lâche* : Je v*oi*s poindre une l*a*rme..., la v*a*gue inst*a*ble, — quelques *ô* qui préparent la rime *opposes, choses*: Et qu'il f*au*t traiter l'*eau*..., enfin des répétitions plus isolées: je *sens* que tout m*ent*..., Le j*ou*r est l*ou*che..., prud*ent* en même t*emps*..., en défend*ant*..., — deux premiers émistiches rimant ensemble:

Tout penche, et c'est pourqu*oi*.....
Restons dans ce détr*oi*t.....

Dans l'exemple suivant il i a encore plus de variété parce qu'il est plus long et que les idées i sont plus diverses. Nous i trouvons des rimes en voyelles claires et d'autre part en voyelles sombres suivant les nuances d'idées exprimées ; c'est dans la pièce de Hugo intitulée *Quelqu'un met le holà* :

1° Discours des lions aux rois :

> Rois, l'échevèlement que notre *tê*te *é*p*ai*sse
> Secoue en sa col*è*re est de la m*ê*me esp*è*ce
> Que l'avalanche énorme et le torrent des m*on*ts.
> ....
> V*ou*s, et vos légi*ons*, v*ou*s, et vos escadr*ons*,
> Quand n*ou*s y penser*ons* et quand n*ou*s le voudr*ons*,
> O pr*in*ces, nous fer*ons* de cela des squel*e*ttes.
> Lâches vous frissonn*ez* devant des amul*e*ttes ;
> M*ai*s n*ou*s les seuls puiss*ants*, n*ou*s m*aî*tres des sommets,
> Nous rugiss*ons* touj*ou*rs et ne pri*ons* jam*ais* ;
> Car n*ou*s ne craign*ons* ri*en*. Puisqu'on nous a f*ai*t bêtes,
> N'importe qui peut bi*en* exist*er* sur nos t*ê*tes
> Sans que n*ou*s le sachi*ons* et que n*ou*s y songi*ons*.
> Vous les rois, le ciel noir, pl*ein* de religi*ons*,
> Vous voit, m*ains* j*oi*ntes, vils, prostern*és* dans la p*ou*dre ;
> Mais, t*ou*t rempli qu'il *est* de tempête et de f*ou*dre,
> De ray*ons* et d'écl*ai*rs, il ne sait pas si n*ous*,
> Qui sommes les li*ons*, nous av*ons* des gen*oux*.

Il i a dans ce morceau deux notes principales, l'une claire *(è, é)*, et l'autre sombre *(ou, on)* qui convient parfaitement a l'expression d'un sourd grondement. Il faut i ajouter quelques répétions d'éclatantes : Que l'aval*an*che énorme et le torr*ent*.., — Vous les *rois*, le ciel n*oi*r..., Vous v*oi*t..., — enfin des premiers émistiches rimant ou assonant ensemble :

> Vous, et vos légions...
> Quand nous y penserons...
> O princes, nous ferons... -
> Car nous ne craignons rien...
> N'importe qui peut bien...

2° Discours de Dieu aux lions :

> Vous *ê*tes les lions, moi je suis Dieu. Crini*è*res,
> Ne vous hériss*ez* pas, je vous t*ie*ns prisonni*è*res.

Toutes vos griffes sont devant mon doigt lev*é*,
Ce qu'*est* sous une meule un *grain* de sénev*é*;
Je tolère les rois comme je vous tolère ;
La grande patience et la grande colère,
C'est moi. J'ai mes dess*eins*. Brutes et rois, tyrans,
Trembl*ez*, eux les mangeurs et vous les dévorants.
Sach*ez* que je suis là. J'ab*ai*sse et j'humilie ;
Je t*iens*, je tords, je courbe, et je lie et délie
La vague adriatique et le vent syri*en* ;
Je suis celui qui pr*ou*ve à t*ou*s qu'ils ne sont rien;
Je suis toute l'aurore et je suis toute l'*om*bre;
Je suis celui qui sème au hasard et sans n*om*bre,
Et qui, lorsqu'il lui plaît, donne des milli*ons*
D'astres au firmament et de p*ou*x aux li*ons*.

Nous avons là successivement toutes les notes : claire (*é*, *è*), éclatante (*a*, *an*), aiguë (*i*), sombre (*ou*, *on*), cette dernière étant réservée comme il convient à la menace finale sous forme d'un sourd grondement. Nous n'avons marqué dans le texte, pour n'en pas compliquer l'aspect, que deux notes, la claire et la sombre. La note éclatante apparaît surtout dans les vers :

La gr*an*de pati*en*ce et la gr*an*de colère,
C'est m*oi*. J'ai mes desseins. Brutes et r*ois*, tyr*ans*,
Tremblez, eux les m*an*geurs et vous les dévor*ants*.
Sachez que je suis l*à*. J'abaisse et j'humilie :
Je tiens, je t*o*rds, je courbe, et je lie et délie
La v*a*gue adriatique et le v*ent* syrien.

La note aiguë commence à :

........J'abaisse et j'humil*ie*;
Je tiens, je tords, je courbe, et je l*ie* et dél*ie*
La vague adriat*i*que et le vent syrien,

et se poursuit presque jusqu'à la fin par : Je su*is*... quatre fois répété, et par : Et qu*i*...
On pourrait relever enfin pour être complet (car cette observation rentre dans un chapitre précédent) les répétitions de consonnes qui contribuent aussi à insister sur chaque idée : *J*e *t*iens, *j*e *t*o*r*ds, *j*e cou*r*be, etc.

Maurice Grammont.

(*A suivre*).

LES DÉLIBÉRATIONS

DU

CONSEIL COMMUNAL D'ALBI

DE 1372 A 1388

(*Suite*)

BB 16

L'an M° CCC° LXXII°, a XXIIII dias del mes d'octombre, los senhors cossols que s'en seguo, so es assaber senhen B. d'Avisac, G^m Bru, M° Dorde Gaudetru, 'n Iarn Redon, Ar. Salvi, M° P. de Rieus,

Totz essemps tengro cosselh en la maio cominal, am los sot escrigs, sobre la provesio(s) dels vis, se, en lo loc de esta vila, hom ne laissara intrar dels autres loxs, de Gualhac e de la Ila e de Rabastencxs [1].

Tot[z] tengro que hom no sa laisses intrar negun vi dels digz tres lox ni de las pertenensas ; mas que hom serves e tengues las costumas de la ciutat e las letras del rey nostre senhor de pong en pong, segon la tenor d'aquelas.

L'au LXXII, a XXVI de novembre, Ar. Lumbart, jurat(z) de la ciutat d'Albi, fe relacio, en la maio cominal, quel, de mandamen del senh Isarn Redon, cossol, era ana[t] veser una tala per bestial boy en I ort entre rieu e Tarn, que es de na Prohinas Fabressa, de cauls e de pors e de dos rasiers de

[1] Suivent les noms de 48 conseillers et notables, parmi lesquels le juge d'Albigeois.

L'Isle et Rabastens sont des chefs-lieux de cant. de l'arrond. de Gaillac; leurs crûs, celui de Gaillac particulièrement, étaient remarquables.

plantas; loqual es estat del tot prautit e mangat per bestial boi; et estimec ho, am lo lor trebalh, a VIII s.[1].

T[estimonis] Thomas de Foncuberta, Ar. Arrufat. B. Ciras.

L'an LXXII, a XII de desembre, los senhors cossols que s'en seguo... totz essemps tengro cosselh en la maio cominal am los sot escrigz[2].

Sobre aisso que M° lo senescalc de Tholosa[3] lor alva[4] mandat am letra que lor plagues que, lo dimecres venen, los digz senhors cossols li volguesso far honor al revit de Pelfort so filh, a Rabastencxs, loqual era anat d'aquest mon el sancte sepulcre, loqual cors era aras a Napols[5]. E totz tengro que hom hi anes e li feses tota la honor que hom pogra.

L'an M° CCC LXXII, a X dias de febrier, los senhors cossols que s'en seguo... tengro cosselh am los senhors jotz escrigz sobre la demanda que fa M° lo duc dels dos francx per fuoc enpausat[z] el mes de (blanc) propdanamen passat, que monta XIII° (blanc)[6] francxs; loscals M° lo duc volia remetre, ab una que d'aqui a dissapde propdanamen venen hom lin pagues a Tholosa VIII° francx; el demoran el volia remetre et autramen no; de que se agro[7].

1 Le second juré, G^m Cabède, dont le nom est au reste en interligne, assista à l'opération; c'est ce qui explique l'emploi de *lor*.

2 Suivent les noms de 6 conseillers ou notables.

3 Pierre Raymond de Rabastens.

4 Correc.: *avia*.

5 Tous les mots depuis *mon* sont cancellés. La véritable lecture de *a Napols* est anapols.

Les comptes consulaires de 1368-69 nous montrent ce Pelfort, le 23 décembre 1368, à la tête d'une troupe de gens d'armes de 50 hommes, à Cagnac. Le 7 mars suivant, il se trouvait au faubourg de la Madeleine à Albi venant de Sauveterre et se rendant à Villeneuve-sur-Vère.

6 Le nombre des feux était donc de 650 au moins. Nous allons rencontrer le nombre exact.

7 Suivent les noms des 75 conseillers parmi lesquels Pierre de Lafon, juge d'Albigeois.

Il s'agit des 2 francs par feu octroyés au duc d'Anjou par les communes des sénéchaussées de Carcassonne et de Toulouse, réunies dans la première de ces villes les 28 sept.-8 oct. 1372. Cf. *Les Institutions politiques et administratives du pays de Languedoc*, par M. Paul Dognon, p. 612. En 1372, le duc d'Anjou obtint l'octroi de trois subsides de 2 fr.,

Totz tengro que, per aquel deute e per los autres deutes que la vila deu, hom trameses a Tholosa per malevar aquo que hom pogra, ho en autre loc, al mielhs que als senhors cossols sera vist fasedor.

Tes[timonis] M° jutge d'Albeges, Pos Glieya, R. Guila.

It[em] mai volc lo dig cosselh que hom meses dos bos homes de cada gacha, los cals aguesso a provesir et a veser e reguardar de que se pagarian los sobredigz deutes, et aisso essemps am los sobredigz senhors cossols. De la guacha de Verdussa fo mes, per provesedor[s], M° G^m Guarnier, Frances Picart;

It. de la guacha del Vigua Duran Daunis, Sicart Nicolau;

It. de la gacha de Sta Marciana fo mes P. Donadieu, B. Col;

It. de la guacha de S. Affriqua Domenge de Monnac, P. Soelh;

It. de la guacha de S. Estefe senh Gualhart Golfier, B. Dales;

It. de la guacha de las Combas B. Esteve, M° P. Costa.

Als ascals tot lo cosselh volc e cossentic que els ne feseso a lor volontat.

It. mai demandero cosselh los digz senhors cossols als sobredigz senhors dels debatz que so entre la vila e moss. d'Albi [1], cossi s'en regirian ni canha via penrian. E totz tengro que los senhors cossols se tiresso vas el e que hom se meses en los mielhs termes que hom pogra per aver patz am el [2].

It. l'an desus, a VIII de mars, los senhors cossols que s'enseguo... tengro cosselh en la maio cominal am los senhors jotz escrigz [3] sobre l'acordi dels debats que so entre moss. d'Albi e la vila.

It. demandero mai cosselh los digz senhors cossols als digz senhors, sobre lo fag de so que la vila deu de que se paguarian e del tractat que era comensat de metre sobre cada lial de

1 fr. et de 2 fr. Cf. *Libre de Memorias de Jacme Mascaro*, Rev. des Lang. rom., tome 34 (1890), p. 71.

[1] L'évêque d'Albi était Hugues d'Albert. Il prit possession du siège épiscopal en 1355. Nous aurons l'occasion de voir que son épiscopat ne fut qu'une longue bataille judiciaire.

[2] Dans sa délibération du 26 mars suivant le conseil nomma Gaillard Golfier pour *compromessari e tractador*.

[3] 27 conseillers ou notables sont présents.

E totz aquetz remairo acordans que las guachas del Vigua, de S. Affriqua, de las Combas et d'otral pon se carguo e sian tengutz de paguar los deutes que son degutz a M° Ar. de Rilhac [1], de P. Taurinas, de fraire P. Ginieis ; e las guachas de Verdussa, de Sta Marciana, de S. Estefe se carguo e sian tengutz de paguar los deutes del dig premier franc per fuoc, e de B. Pancarota e totas despessas que, per raso del digs deutes veguesso, que las dichas guachas, aissi cant toqua a cascuna, sia tenguda de paguar los despens que venrian per raso dels deutes de que son carguadas de paguar, fora aquels que se farian d'aissi a dimergue per tot lo jorn ; las somas dels deutes de que se so carguadas las guachas del Vigua, de S. Affriqua, las Combas e otral pon son aquetz, so es asaber a M° Ar. de Rilhac, per C cartos de civada, IIc LXVI lbr. II terses. It. a P. Taurinas, IIc L francx, et a frayre P. Ginieis IIIc XL francxs. It. los deutes que devo paguar las guachas de Sta Marciana, de S. Estefe e de Verdussa so aquetz: a nostre senhor lo rey per lo dig premier franc per fuoc VIc LV fancxs [2] It. al senh. Pancarota IIIIc XXXIIII francxs.

It. fo hordonat, per lo voler dels sobredichs, que a paguar las causas sobredichas, pague tot home per son cap XII d[eniers] par setmana, e per C lbr. de poss[essori] XII d. per setmana, e aquels que han moble e so en aliuramen per lo moble paguo per C lbr. de moble II s. per setmana, en tal condicio que aquels que no seran aliuratz suficienmen per lo moble, que los senhors cossols, apelatz tres homes sufficiens de cascuna guacha, provesisco ; aquel que no so a pro moble que los meto a mai, e aquels que so a trop que los torno en estat degut, e aquels que no so aliuratz, que los digz senhors cossols los aliuro am cosselh dels desus ; e que los deutes desus digz els autres que avenran per temps a la vila se paguo per la forma e segon lo aliuramen desus dig.

L'an LXXIII, a XXVIII de jun, los senhors cossols .. tengro cosselh.

[1] Le scribe avait d'abord écrit *Barsalen* et puis *d'Arsalencx*. Ces deux mots ont été cancellés.

[2] Le nombre de feux, en 1373, était donc de 655 exactement.

Sobre una letra clausa que lor avia mandada maestre Philip Bona [1] que als senhors agues a plaser que al dissapde venen li volguesso far honor a Tholosa que devia esser licenciat. E totz tengro que hom hi anes e que li dones IIII tassas d'argen sobredauradas.

It. demandero mai cosselh del franc per fuoc que es aras a terme, lo premier jorn del mes de julh, de que se pagaria, car en Pos del Tilh de Carcassona lor ho avia denonciat [2].

L'an LXXIII, a XVII d'octembre [3], los senhors cossols tengro cosselh, en la maio cominal, sobre lo fag dels vis e de las vendemias que intraran d'aissi enan en la vila.

E totz tengro que negun vi de Galhac ni de la Yla ni de Rabastencxs hom no sa laisses (hom) intrar.

E mai tengro que de tota saumada de vendemia rasa que intres en vila, que hom ne pagues VII d. m^a^, e de cada saumada comola X d., e de cascuna saumada de vi que intrara en vila per cascuna II s. VI d.

T[estimonis] P. del Bosc, Johan Rispa, sirvens, Pos Glieias.

L'an XXIII, a III d'octembre, los senhors cossols tengro cosselh sobre la provesio del derier franc per fuoc que demanda lo senhor, e sobre lo deute de la sal del terme de Martero venen.

E totz tengro que hom vendes lo soquet per l'an venen, se far se poc, ab amigable acordi de la Glieya, ho que hom tra-

[1] C'est le fils de Bernard Bonne, coseigneur d'Hautpoul, juge criminel de Carcassonne, le protecteur de la ville d'Albi On sait qu'il eut une fin malheureuse. Deux prétendants se disputaient le siège archiépiscopal de Toulouse, Vital Castelmoron, élu par le Chapitre, et Pierre Ravot, nommé par Benoit XIII. L'Université voulut, le 13 novembre 1406, installer ce dernier; Philippe Bonne, juge Mage, qui s'opposait à cette installation, fut assailli à coups de dagues et d'épées, foulé aux pieds et tellement meurtri qu'il mourut quelques jours après. Cf. *Hist. de Lang.* IX, p. 1000 et 1001.

[2] Le conseil ne prend aucune décision.

[3] Il faut probablement lire *setembre* ; la délibération qui suit est en effet du 3 octobre ; de plus il n'est guère admissible que les vendanges se fissent dans la seconde quinzaine d'octobre.

plantas; loqual es estat del tot prautit e mangat per bestial boi; et estimec ho, am lo lor trebalh, a VIII s.[1].

T[estimonis] Thomas de Foncuberta, Ar. Arrufat. B. Ciras.

L'an LXXII, a XII de desembre, los senhors cossols que s'en seguo... totz essemps tengro cosselh en la maio cominal am los sot escrigz[2].

Sobre aisso que M° lo senescalc de Tholosa[3] lor alva[4] mandat am letra que lor plagues que, lo dimecres venen, los digz senhors cossols li volguesso far honor al revit de Pelfort so filh, a Rabastencxs, loqual era anat d'aquest mon el sancte sepulcre, loqual cors era aras a Napols[5]. E totz tengro que hom hi anes e li feses tota la honor que hom pogra.

L'an M° CCC LXXII, a X dias de febrier, los senhors cossols que s'en seguo... tengro cosselh am los senhors jotz escrigz sobre la demanda que fa M° lo duc dels dos francx per fuoc enpausat[z] el mes de (blanc) propdanamen passat, que monta XIII° (blanc)[6] francxs; loscals M° lo duc volia remetre, ab una que d'aqui a dissapde propdanamen venen hom lin pagues a Tholosa VIII° francx; el demoran el volia remetre et autramen no; de que se agro[7].

[1] Le second juré, G^m Cabède, dont le nom est au reste en interligne, assista à l'opération; c'est ce qui explique l'emploi de *lor*.

[2] Suivent les noms de 6 conseillers ou notables.

[3] Pierre Raymond de Rabastens.

[4] Correc.: *avia*.

[5] Tous les mots depuis *mon* sont cancellés. La véritable lecture de *a Napols* est anapols.

Les comptes consulaires de 1368-69 nous montrent ce Pelfort, le 23 décembre 1368, à la tête d'une troupe de gens d'armes de 50 hommes, à Cagnac. Le 7 mars suivant, il se trouvait au faubourg de la Madeleine à Albi venant de Sauveterre et se rendant à Villeneuve-sur-Vère.

[6] Le nombre des feux était donc de 650 au moins. Nous allons rencontrer le nombre exact.

[7] Suivent les noms des 75 conseillers parmi lesquels Pierre de Lafon, juge d'Albigeois.

Il s'agit des 2 francs par feu octroyés au duc d'Anjou par les communes des sénéchaussées de Carcassonne et de Toulouse, réunies dans la première de ces villes les 28 sept.-8 oct. 1372 Cf. *Les Institutions politiques et administratives du pays de Languedoc*, par M. Paul Dognon, p. 612. En 1372, le duc d'Anjou obtint l'octroi de trois subsides de 2 fr.,

Totz tengro que, per aquel deute e per los autres deutes que la vila deu, hom trameses a Tholosa per malevar aquo que hom pogra, ho en autre loc, al mielhs que als senhors cossols sera vist fasedor.

Tes[timonis] M[e] jutge d'Albeges, Pos Glieya, R. Guila.

It[em] mai volc lo dig cosselh que hom meses dos bos homes de cada gacha, los cals aguesso a provesir et a veser e reguardar de que se pagarian los sobredigz deutes, et aisso essemps am los sobredigz senhors cossols. De la guacha de Verdussa fo mes, per provesedor[s], M[e] G[m] Guarnier, Frances Picart;

It. de la guacha del Vigua Duran Daunis, Sicart Nicolau;

It. de la gacha de S[ta] Marciana fo mes P. Donadieu, B. Col;

It. de la guacha de S. Affriqua Domenge de Monnac, P. Soelh;

It. de la guacha de S. Estefe senh Gualhart Golfier, B. Dales;

It. de la guacha de las Combas B. Esteve, M[e] P. Costa.

Als ascals tot lo cosselh volc e cossentic que els ne feseso a lor volontat.

It. mai demandero cosselh los digz senhors cossols als sobredigz senhors dels debatz que so entre la vila e moss. d'Albi [1], cossi s'en regirian ni canha via penrian. E totz tengro que los senhors cossols se tiresso vas el e que hom se meses en los mielhs termes que hom pogra per aver patz am el [2].

It. l'an desus, a VIII de mars, los senhors cossols que s'enseguo... tengro cosselh en la maio cominal am los senhors jotz escrigz [3] sobre l'acordi dels debats que so entre moss. d'Albi e la vila.

It. demandero mai cosselh los digz senhors cossols als digz senhors, sobre lo fag de so que la vila deu de que se paguarian e del tractat que era comensat de metre sobre cada lial de

1 fr. et de 2 fr. Cf. *Libre de Memorias de Jacme Mascaro*, Rev. des Lang. rom., tome 34 (1890), p. 71.

[1] L'évêque d'Albi était Hugues d'Albert. Il prit possession du siège épiscopal en 1355. Nous aurons l'occasion de voir que son épiscopat ne fut qu'une longue bataille judiciaire.

[2] Dans sa délibération du 26 mars suivant le conseil nomma Gaillard Golfier pour *compromessari e tractador*.

[3] 27 conseillers ou notables sont présents.

vi [1] II d[eniers], car moss. d'Albi e la glieia hi volian cossentir, am cosselh de nostre senhor lo papa, moss. d'Albi hi volia escrieure, e de moss. lo cardenal de Pampalona son honcle. E totz tengro que la vila hi trameses I senhor cossol ho I savi home que ho saubes ben ensegre am las dichas letras de moss. d'Albi [2].

L'an M° CCC LXXIII, a XXXI del mes de mars, los senhors cossols... tengro cosselh en la maio cominal am los senhors que s'enseguo, sus lo fag dels deutes que la vila deu, de que se paguarian [3].

E totz tengro e cossentiro que hom maleves de sal la soma de miel ho de doas melia francx, e que d'aqui se pagues; que lo quin denier hom dones de guasanh a'n aquels que la comprero per aver plus leu l'argen [4].

L'an LXXIII, a VIII d'abrial, los senhors cossols tengro cosselh... sobre lo fag de las emposecios dels vis, de metre sobre cada saumada de vi III gros [5] del estrainh que es intrat en Albi de S. Miquel [6] passat ensa.

E totz tengro que hom ne feses una serqua per vila de totz aquels que sa so intratz del dia desus ensa e que hom ne leves per cada saumada III g°.

L'an M° CCC LXXIII, a VIII de mai, G^m^ Taurinas e'n G^m^ Engilbert, juratz de la ciutad d'Albi, feiro relacio en la maio cominal que els, de mandamen del(s) senhor(s) Dorde Gaudetru, cossol(s), ero anatz veser e reguardar I debat loqual

[1] La lial était la seizième partie du setier. Le setier contenait 123 de nos litres.

[2] La délibération qui suit débute ainsi : L'an M° CCC LXXIII, a XXVI de mars... Preuve évidente que, dans l'Albigeois, l'année commençait le 25 mars. Il y a lieu de tenir compte de cette observation pour la fixation du millésime. Cette délibération est la répétition de celle du 10 février.

[3] Présents 56 conseillers ou notables.

[4] La délibération qui suit est du 1er avril, et, bien que 77 conseillers ou notables soient présents, il ne fut pris aucune décision : *non demorero en re*, sous-entendu *acordans*.

[5] La valeur du gros est invariablement de 15 deniers.

[6] C'est à-dire 29 septembre.

es entre en Gualhart del Faro e'n B. Dales; loqual debat es de una aiguieira que es en l'ostal del dig. B. a la Pelissaria que ste am l'ostal del di[g] Gualhart del Faro et am la glieia de S. Jolia; e vist per lor lo dig debat, discero que una sot que lo dig. B. Dales avia en son ostal hostes ho la alunhes del mur, que es entre en Gualhart et el, de l'espasi de mieja cana, e la meses en tal estat que la ordura de la sot non vengues vas lo dig mur ni vas l'aiguieira que resep las aiguas del dig ostal.

It. discero mai que lo dig B. non agues a far venir neguna ordura de sas privadas a la dicha aiguieira.

It. discero mai que lo dig B. non agues a far ajust d'aiguas corrompudas ni de neguna autra ordura que aqui agues a gitar.

It. discero que ad els era vist que lo dig B. podia far passar las aiguas que el rescep dels vesis en son ostal e aquelas de so menestier per la dicha aiguieira. E totas las causas desus dichas lor es vist que rasonable es de far.

It. l'an desus, a XVI de mai, los senhors cossols... atenduda la sobredicha relacio per los sobredigs juratz facha, conogro e ordenero que las causas sobredichas els tenguesso de pong en pong enaissi coma desus es dig.

Es ordenada en mo... [1] protacol e grossada.

T[estimonis] Johan Dales, R. Astruc.

L'an desus, a VIII de mai, Ar. Lumbart e'n G^m Cabede; juratz de la ciutad d'Albi, feiro relacio en la maio cominal, que els, de mandamen d'en Isarn Redon e de Me Dorde Gaudetru, cossols, ero anatz veser e reguardar una tala de blat e de trelhat que es en I ort de Beraut Tolsa, a la Fustaria [2], otral pon de Tarn d'Albi, laqual tala es estada facha per bestial boy et adzeni; et estimero ho, am lor maltrag, ad una emina de rao.

L'an LXXIII, a II de jun, los senhors cossols ...... tengro cosselh, en la maio cominal... sobre la pagua dels deutes del premier franc per fuoc de la pagua del mes d'avan passat; e sobre lo deute de B. Pancarota e de M^e Ar. d'Orsalenx, de P. Taurinas e de fraire P. Ginieis.

[1] La fin du mot est illisible; peut être *modo*.
[2] Il existait une porte de ce nom dans le faubourg de la Madeleine

E totz aquetz remairo acordans que las guachas del Vigua, de S. Affriqua, de las Combas et d'otral pon se carguo e sian tengutz de paguar los deutes que son degutz a Me Ar. de Rilhac [1], de P. Taurinas, de fraire P. Ginieis ; e las guachas de Verdussa, de Sta Marciana, de S. Estefe se carguo e sian tengutz de paguar los deutes del dig premier franc per fuoc, e de B. Pancarota e totas despessas que, per raso del digs deutes veguesso, que las dichas guachas, aissi cant toqua a cascuna, sia tenguda de paguar los despens que venrian per raso dels deutes de que son carguadas de paguar, fora aquels que se farian d'aissi a dimergue per tot lo jorn ; las somas dels deutes de que se so carguadas las guachas del Vigua, de S. Affriqua, las Combas e otral pon son aquetz, so es asaber a Me Ar. de Rilhac, per C cartos de civada, IIc LXVI lbr. II terses. It. a P. Taurinas, IIc L francx, et a frayre P. Ginieis IIIc XL francxs. It. los deutes que devo paguar las guachas de Sta Marciana, de S. Estefe e de Verdussa so aquetz: a nostre senhor lo rey per lo dig premier franc per fuoc VIc LV fancxs [2] It. al senh. Pancarota IIIIc XXXIIII francxs.

It. fo hordonat, per lo voler dels sobredichs, que a paguar las causas sobredichas, pague tot home per son cap XII d[eniers] par setmana, e per C lbr. de poss[essori] XII d. per setmana, e aquels que han moble e so en aliuramen per lo moble paguo per C lbr. de moble II s. per setmana, en tal condicio que aquels que no seran aliuratz suficienmen per lo moble, que los senhors cossols, apelatz tres homes sufficiens de cascuna guacha, provesisco ; aquel que no so a pro moble que los meto a mai, e aquels que so a trop que los torno en estat degut, e aquels que no so aliuratz, que los digz senhors cossols los aliuro am cosselh dels desus ; e que los deutes desus digz els autres que avenran per temps a la vila se paguo per la forma e segon lo aliuramen desus dig.

L'an LXXIII, a XXVIII de jun, los senhors cossols .. tengro cosselh.

[1] Le scribe avait d'abord écrit *Barsalen* et puis *d'Arsalencx*. Ces deux mots ont été cancellés.

[2] Le nombre de feux, en 1373, était donc de 655 exactement.

Sobre una letra clausa que lor avia mandada maestre Philip Bona [1] que als senhors agues a plaser que al dissapde venen li volguesso far honor a Tholosa que devia esser licenciat. E totz tengro que hom hi anes e que li dones IIII tassas d'argen sobredauradas.

It. demandero mai cosselh del franc per fuoc que es aras a terme, lo premier jorn del mes de julh, de que se pagaria, car en Pos del Tilh de Carcassona lor ho avia denonciat [2].

L'an LXXIII, a XVII d'octembre [3], los senhors cossols tengro cosselh, en la maio cominal, sobre lo fag dels vis e de las vendemias que intraran d'aissi enan en la vila.

E totz tengro que negun vi de Galhac ni de la Yla ni de Rabastencxs hom no sa laisses (hom) intrar.

E mai tengro que de tota saumada de vendemia rasa que intres en vila, que hom ne pagues VII d. m^a^, e de cada saumada comola X d., e de cascuna saumada de vi que intrara en vila per cascuna II s. VI d.

T[estimonis] P. del Bosc, Johan Rispa, sirvens, Pos Glieias.

L'an XXIII, a III d'octembre, los senhors cossols tengro cosselh sobre la provesio del derier franc per fuoc que demanda lo senhor, e sobre lo deute de la sal del terme de Martero venen.

E totz tengro que hom vendes lo soquet per l'an venen, se far se poc, ab amigable acordi de la Glieya, ho que hom tra-

[1] C'est le fils de Bernard Bonne, coseigneur d'Hautpoul, juge criminel de Carcassonne, le protecteur de la ville d'Albi On sait qu'il eut une fin malheureuse. Deux prétendants se disputaient le siège archiépiscopal de Toulouse, Vital Castelmoron, élu par le Chapitre, et Pierre Ravot, nommé par Benoit XIII. L'Université voulut, le 13 novembre 1406, installer ce dernier; Philippe Bonne, juge Mage, qui s'opposait à cette installation, fut assailli à coups de dagues et d'épées, foulé aux pieds et tellement meurtri qu'il mourut quelques jours après. Cf. *Hist. de Lang.* IX, p. 1000 et 1001.

[2] Le conseil ne prend aucune décision.

[3] Il faut probablement lire *setembre* ; la délibération qui suit est en effet du 3 octobre ; de plus il n'est guère admissible que les vendanges se fissent dans la seconde quinzaine d'octobre.

meses a Tholosa per malevar ho autras causas de que aquest deute se pagues.

L'an LXXIII, a XIII d'octombre, los senhors cossols tengro cosselh sobre lo debat que es entre la vila el(s) senhor de Lescura[1], que lo senhor de Lescura avia hufert que los debatz que so entre el e la vila que hom ho meses en comprones en tres ho en IIII prohomes, aquels que la vila se volia, car el ho te per fag.

Et totz tengro que hom hi meses sobre aquetz debatz alcus bos homes que tractesso acordi dels digz debatz, agut cosselh de moss. d'Albi, ab una que els no poguesso re hordenar seno am cosselh dels senhors cossols e de la vila, e elegiro per tractados en Domenge de Monnac e'n B. Esteve.

L'an LXXIII, a XXI de octombre, los senhors cossols tengro cosselh dels IIIIe francxs que so degutz del derier franc per fuoc de que se paguarian e del deute de Cabestanh del terme de Martero.

E totz tengro que hom trameses a Tholosa a' n B. Col e que tractes se trobera negun cabimen de que se pagues lo deute del franc derier.

E d'autra part que hom trameses a Cabestanh per aver cabimen al deute de la sal sobredicha se hom trobaria maleu de que se pagues.

[1] Nous avons raconté ailleurs (ANNALES DU MIDI DE LA FRANCE, t. X, 1898), les origines de ce différend entre la ville et le seigneur de Lescure. Il remontait à 1363. Sicard III, baron de Lescure, avait émis des prétentions au droit de péage sur les biens des Albigeois situés dans sa baronnie. Il jeta une petite armée sur la juridiction d'Albi, fit des prisonniers, enleva des bestiaux et commit mille autres excès. Les habitants d'Albi coururent sus aux pillards. Finalement Sicard, qui avait assiégé l'évêque d'Albi dans son château de Combefa, fut condamné au bannissement, à la confiscation de ses biens, et à une amende de 1500 livres au profit de la ville d'Albi. Cet arrêt du Parlement fut rapporté, et, le 30 mai 1372, Sicard dut venir dans la maison commune d'Albi, pieds nus et tête découverte, demander pardon aux consuls, payer 800 fr. d'or et exempter les albigeois et les étrangers qui viendraient aux foires d'Albi de tout droit de péage.

Nous trouverons de nombreuses traces de cette affaire, notamment à la délibération du 1er janv. 1383 (vieux sty.).

Cf. Sur cette affaire : *Histoire de Languedoc*, IX, p. 757.

Conoguda causa sia a tot[z] homes que, coma fos debat e contraversia entre en Guilhem Ribieyra, habitador d'Albi, d'una part, e Brenguier Favarel, habitador del dig loc, et aco sobre una vinha e terra que lo dig G^m Ribieyra ha a Banha Vontor, e sobre una vinha e terra que lo dig Brenguier Favarel ha el loc apelat al pe de Banha Vontor, entre lasquals pocessios del dig G^m e del dig Brenguier ha I cami e mieg; et aco per las aigas que dessendiau del dig pueg de Banha Vontor e del pueg de Valcabrieyra; e cascu dizia la u a l'autre que deviau recebre las dichas aigas; e del debat fo fag e mes en compromes per las dichas partidas, so es asaber en los discretz en Johan Barieyra et a'n Pos Renhas, e aco am sagramen, segon que aqui, en presencia de mi notari e dels testimonis sots escrig[s], fon dig per lo dig G^m e Brenguier; em per amor d'aco los sobredig[s] compromessaris, so es asaber en Johan Barieira e'n Pos Renhas, volen donar fi a la dicha questio e debat, declaran lor dig, atendut que els ero estat[z] sus los loc[s] sobredigz, facha enformacio am homes espert[s] ad aco, dissero en la manieira que s'ensec, so es asaber que lo dig Ribieira fassa I valat, o fassa far, entre lo cami public que es e mieg de las pocessios del dig Brenguier e del dig G^m e la vinha e terra del dig G^m Ribieira; loqual valat recepia las aigas dissenden del pueg sobre dig de Banha Vontor e que lo dig valat sia fag d'aissi a la(s) festa de S. Andrieu propdavenen; e que, per lo dampnatge que lo dig Brenguier a recebut entro al dia presen, (que) lo dig G^m done e pague al dig Brenguier ving d. t. de la moneda al dia d'uey coren, losquals lhi pague d'aissi a Marteror propdavenen. E dissero may los digs compromessaris que lo dig Brenguier fassa o fassa far I valat al cap de la sua vinha, entre si el dig G^m Ribieyra, cami e mieg, loqual valat recepia las aigas que dissendrau del pueg de Valcabrieyra; e que cascuna de las partidas fasso[1] los dig[s] valatz en tal manieira que lo dig cami public demore e mieg; e las causas desus per lor dichas e declaradas, dissero que cascuna de las partidas fezesso d'ambidos en tal manieira que la u ni l'autre no prezesso, per fauta d'aco, negun dampnatge d'aissi enan; et el cas que d'aissi avan, per fauta

[1] L'accord du verbe se fait avec *partidas*.

de far las cauzas per lor declaradas, la I ni l'autre ne sufertava negun dampnatge, que cascu ne fos cargat a son par. E de las cauzas desus dichas los sobredigz G^m e Brenguier volgro que ieu, notari sots escrig, ne fezes e n' receubes public instrumen. Acta fuerunt hec Albie, domino Hugone eadem gracia episcopo Albiensi, domino temporali existente, in presencia et testimonio Ramundi Vinhals, Petri de Somas, Johannis Belerii, Albie, et mei Guilhemi Pruneti, clerici et notarii Albiensis publici, qui requisitus de premissis hoc instrumentum recepi(t). [1]

L'an LXXIII, a XXXI del mes d'octombre, los senhors cossols tengro cosselh en la maio cominal, sobre lo deute dels Vc francz que so degutz, a Martero, a'n Johan Pradier de Cabestanh, e dels IIIc francz que so degutz de la derieira pagua dels IIII francz per fuoc a moss. lo duc [2].

E totz tengro que hom empauses VIII comus per paguar los sobredigz deutes, loscals se vendesso ; e donero los a M° Bertran Chavilho per IIIIc lbr. e per II sestiers de sal guarnitz, e que tot cant ne poira aver que sia seu e que la vila no lhi sia d'al res tenguda.

L'an LXXIII, a XXIII de novembre, los senhors cossols tengro cosselh sobre los IIcL francz de que restavo a paguar dels IIII francz deriers per fuog endigz per moss. lo duc a Narbona ; e sobre lo fag de la reparacio, de que se pagara.

E totz tengro que hom trameses a P. Taurinas et a Rodes per malevar de que se pagues ; e trameiro hi en B. Esteve [3].

L'an desus, al premier dia de jenier, en la maio cominal d'Albi.

Totz essemps tengro cosselh sobre lo accordi de la vila am

[1] Cet acte est de la main de Guillaume Prunet, le notaire des consuls.

[2] Il s'agit des 4 francs par feu octroyés au duc d'Anjou par les communes de Languedoc réunies a Narbonne les 4-24 mars 1373.

Cf. *Inst. polit. et admin.*, p. 612 et *Memor. de Jac. Masc.*, p. 71.

[3] Le 8 et le 12 décembre, le Conseil se réunit pour délibérer *sobre lo fag de la reparacio de la clausura de la vila.* Il ne prit aucune décision : *Non domorero en re.*

lo senhor de Lescura sobre aquo que lo senhor de Lescura volia donar a la vila VIII^{c} francs a paguar tantost III^{c}, e cadans[1]... entro que tot sia pagat, e que tot home que sia talhable de la ciutat d'Albi[2]... totz[3]... mai quiti de pezatge anan e tornan per sa terra e mercadejan ; e que tot home que vengua en las fieiras d'Albi[4]... sia quiti de pezatge anan e tornan en la fieira ; e que amb aisso la vila li remeta tot aquo que avia comprat[5] de lui e tot quant li podo demandar per raso del arest e de la [s] despessas. E fo acordat, de]voler de totz o de la major partida, que hom o prengua com desus es diz, e que obligue fortmen la premieira obligacio[6]... ensa[7]... e mai que lo dich senhor pague la finansa,

L'an MCCC LXXIII, a III dias del mes de febrier, G^{m} Cabede et Arnaut Lumbart, juratz de la ciutat d'Albi, feiro relacio, en la mayo cominal, que els, am en Duran Sobira e'n Bernat Parayre, cossols de la dicha ciutat, ero anatz veser, de mandamen dels senhors cossols d'Albi, lo cami cominal el rieu de Guiso que es a la partida del cami de Foys[8], davas la boria d'en P. Calvet, loqual rieu passava per lo cami cominal e donava gran dampnatge ; e regardan lo profieg comu e so que se devia far, segon que a lor semblava, dissero que la vila deu ubrir l'engolador del rieu e deu volvre l'ayga del dig rieu que passe per la mayre del rieu, enaissi coma ha acostumat de passar ; e dissero may que la vila fassa adobar lo cami sobredig, de la paissieira ensa, als despessens (*sic*) d'aquels que an las pocessios d'en desus lo pont de Guiso anan vas Foys e per lo cami de Frejairolas[9], e per totz los autres camis anan del pont ensus, so es asaber d'aquels que an las pocessios en la senhoria d'Albi. E d'aisso foro testimonis en Peire Soelh, en Guilhem Ribieira e'n Guiraut Marti, habitador[s] d'Albi[10].

[1] Un mot illisible.
[2-3] Mots illisibles.
[4] Autre mot illisible.
[5] Lecture douteuse.
[6-7] Mots illisibles.
[8] A l'est d'Albi.
[9] Comm. du cant. d'Albi.
[10] Ecriture de Prunet.

[illegible] CCC LXXIII, a VIII dias de febrier, en la mayo [illegible] d'Albi.

[illegible] cosselh sus aquo que moss. d'Albi avia dig que no [illegible] hom al acordi del senhor de Lescura; quar Perreu de [illegible] la dicha terra. [1] E totz tengro que hom s'en torne [illegible] d'Albi per veser ses volra tolre que no empache [illegible], e que lhi plassa que nos done cosselh.

L'an MCCCLXXIII, a XXIII de febrier, los senhors cossols.., tengro cosselh sobre lo' deute dels miels francx de la sal deguts en lo premier jorn de mars venen, e del mieg franc per fuoc del mes de febrier degut [2].

E totz tengro que hom maleve quatre melia quintals de sal per pagar los digs deutes, e que hom trameta a Cabestanh I home ab suficien poder per malevar la dicha sal.

L'an LXXIII, a V dias de mars, Ar. Lumbart e Guilhem Cabede, juratz de la ciutat d'Albi, feiro relacio, en la maio cominal, que els, de mandamen dels senhors cossols, ero anatz veser e reguardar una tala facha per motgamen de porcxs en I prat que es a la Calm de S. Amaran [3], de R. Roquas al[ias] Camiso ; et estimero la dicha tala a III s. It. per lo trebalh a II s.

A VI d'abril, l'an LXXIIII, los senhors cossols.., tengro cosselh...

Sobre aquo que los senhors cossols demandero cosselh als singulars... cossi se levero los comus per pagar los carcz de la vila ; quar dissero los senhors que alcus lor aviau reportat que foro aprofechable que lo pocessori que se obra ni es bo

[1] Le roi avait attribué la terre de Lescure à son chancelier Philippe de Savoisy. Cf. *Hist. de Lang.*, IX, p. 758, note 2 de la p. 751. On peut se demander si ce Pierre de Bre n'est pas le chevalier Pierre de Bri, un chef des tuchins, qui fut décapité avant le mois de janvier 1383-1384, Cf. *Hist. de Lang.*, IX, p. 911, note 3 de la page 910.

[2] Il s'agit des 2 francs par feu octroyés au duc d'Anjou par les communes réunies à Nimes en décembre 1373. Ils étaient payables en 4 termes égaux, janvier-avril 1374. Cf. *Inst. pol. et adm.* p. 612 et *Mém. de Jac. Masc.*, p. 71.

[3] Au sud-est d'Albi.

que de so que es aliurat se desdusses per metat ; e lo pocessori que es de tot erm e fo de la gran mort ensa que no pagues mas la quarta part de so que es aliurat; e que lo comu de la testa se vostes e se desdusses per metat; e que lo moble no pagues mas per metat. Et agut cosselh am los digs singulars, tengro, una partida, que els teniau ad aprofechable e bo que lo pocessori bo pagues coma ha costumat, e que lo pocessori erm se aliures e que pagues so que seria razo(s); e que tot home pague de tot lo moble que aura, e que lo moble se aliure de novel; e que se voste la meitat del comu de la testa per amor de la gen paubra; e la autra partida tenc que tot lo pocessori pague coma ha acostumat e que se voste la meytat del comu de la testa, e que tot home pague del moble que aura coma es acostumat [1].

L'an M CCC LXXIIII, a XXIII d'abril, en la mayo cominal.

Tengro cosselh sobre los articles que ero adordenatz sobre la solution del deyme de las vendemias de que era mogut tractat ab los senhors canonges de Sancta-Ceselia [2], se lor plasia l'acordi tractat sus los digs articles. E totz dissero que els ni negu dels, en neguna manieyra, no consentirio ni cossento que se pague lo deyme seno en la manieyra que es acostumat; ans expressament protestero que se autra manieyra se acordava, fora aquela que es estada acostumada, que puesco aver recors a sobira; e d'aquo requeregro carta.

T[estes] Pon[cius] Glieyas, P. Boerii, al[ias] Boairo, P. Tornamira.

L'an M CCC LXXIIII, lo XX jorn de mai [3].

Per aver cosselh sus lo fach del acort fazedor del plah de la vila e de mossenher d'Albi ; e legida la carta, laqual era ordenada per las dichas part[idas], tot[z] comunalmen dissero que lo acort se fezes; e a far feiro sendix Frances de Lagrava,

[1] Ecriture de Prunet.

[2] Le chapitre métropolitain. Le nombre des prébendes canoniales était, au XIIIe siécle, de 21. Une bulle de Boniface VIII du 4 des calen. de juillet 1297, éleva ce chiffre à 31. A chacun des chanoines était attaché un vicaire. Cf. *Albia christiana*. Vol. VI, p. 174.

[3] En tête de la liste des noms des conseillers et notables, on lit: *Feiro apelar m[e] P. de Lafon, jutge d'Albeges.*

Guilhem Brus d'Albi, enaissi coma en la carta del sendicat facha per m° P. de Rius se conte.

Testimonis moss. P. de Lafon, jutge d'Albeges, Pos Glieias, Ramon Guila.

L'an M CCC LXXIIII, lo X jorn del mes de jun.

Fon dich e remasut que hom agues may gen, per aver cosselh al lus propda[venen] [1].

L'an desus, a XII de jun [2].

Fon dig e remasut que hom trameses a Tholosa e que hom feses comus am una quel moble se repares.

L'an desus, a XXV de jun, los senhors cossols, so es asaber M° Bertran de Monjuzuou, M° P. de Rieus, M° B. Lonc, M° Johan Bot, en Johan Segui, en G^{m} Rotgier, en G^{m} Esteve, n'Arnaut Chatbert, en P. Borssa, M° R. Boyer, dissero et ordenero, atendut lo cosselh desus escrig, tengut a XII de jun, l'an presen, que tot home pagues, cada senpmana, per sa testa VI d., e tota fempna veuza, tenen hosdal, III d., e per possessori de XXIIII lbr. II d., e de XXIIII lbr. de moble IIII d., e de may ho de mens a l'avinen.

L'an M CCC LXXIIII, a XXVIII de jun..., feyro apelar los sotz escrig[s] [3].

Sobre aisso que los digs cossols voliau trametre a Tholosa, a moss. lo duc, per aver gracia e per far la reparacio dels fuocx. E fo ordenat que I cossol, am sen Galhart Golfier, ano a Toloza, e que pago V^{c} franx del terme del darier franc empausat el temps de l'autre cossolat [4], e que ajo la reparacio dels fuocx, et hom prometa a pagar al dig moss. lo duc IIII^{c} franx per la reparacio, et aisso justa la relacio facha per lo dig Galhart Golfier, local fe relacio que el avia espausa[t] que la dicha reparacio passaria a IIII^{c} franx, e

[1] A partir de ce point nous ne quitterons plus qu'exceptionnellement l'écriture de Prunet.

[2] Les conseillers ou notables présents sont au nombre de 24.

[3] Les conseillers et notables sont au nombre de 27.

[4] Les communes, réunies en avril à Toulouse, avaient octroyé au duc d'Anjou 2 francs par feu, payables en deux termes égaux, en juin et août 1374. Cf. *Int. polit. et admi.* p 613 et *Mémor. de Jac. Masc.* p. 71.

que aquels que la anaran fasso tant que los tres franx empausatz se levo justa la reparacio.

It. acosselhero que hom maleve a far tot aisso, del senh Arnaut Raynaut, IIII[c] franx, e que tot[z] los sobrenomnatz ho obligo ; laqual obliganssa fo aqui meteys facha am carta recenbuda per la ma de m[e] Johan Duran, notari d'Albi.

It. volgro la major partida que lo leu del cuey se voste.

L'an M CCC LXXIIII, a XXX de julh, P. de Valencas, G[m] Taurinas, Jacme Ginesta, fustiers de la ciutat d'Albi, feyro relacio, en la mayo cominal, que els ero anatz vezer, de mandamen dels senhors cossols, una am lo sen G[m] Esteve, sen P. Borssa, cossols, I debat que era entre Bernat de Montels e G[m] Candezas, teisseire, sobre I hostal en que tenia porcx lo dig G[m] Candezas; loqual hostal es del dig G[m], so es asaber lo sotol en dejotz, e lo solier es dal dig Bernat de Montelhs ; e coma lo dig Bernat de Monthels se complaisses del dig G[m] Candezas, disen que lo dig G[m], fazen sotz e tenen sos porcx, lhi donava gran dampnatge ; e sus aquel dampnatge, de mandamen del[s] dig[s] senhors cossols, los sobredigs ho anero pergardar ; e vist per lor, feiro lor relacio en la forma que s'ensec, so es asaber que lo dig G[m] Candezas non auze far sot ni tener porcx en lo dig sotol que es desotz lo solier del dig Bernat de Montelhs ; e non remens que lo dig G[m] Candezas aja a far una porta en la ussada que es entre lo sotol sobredig e l'autre sotol que es del dig G[m]. It. dissero que los senhors cossols se complaissero que l'ostal del dig G[m] Candezas, loqual se te de la malautia, estava flacamen, e pergardat per lor, dissero que lo dig G[m] agues a metre I estanh deforas lo seu ostal, so es asaber el claupont davas lo canto, en manieira que lo seu ostal ni los autres non pusco penre dampnatge ; et en cas que el vuelha tener porcx dins lo seu ostal que es davas lo canto, que el la hi fassa en tal manieira una sot que non done dampnatge al seu hostal ni als autres, e que la dicha sot el aja a far curar soen en manieira que ordura ni pudor non hi esta.

T[estimonis] P. Gorgori, B. Rossinhol, Johan Guitbert, al[ias] lo Ganag.

L'an desus, a I d'aost, Ar. Lumbart e G[m] Cabede, juratz

aubredigs feiro relacio, en la mayo cominal, que els ero anatz vezer, de mandamen d'en Johan Segui, cossol d'Albi de l'an presen, I tala donada en I[a] quantitat de garbas de fromen, de mossola e de seguial, que so de Johan Belier, lasquals ero el mur de la Teula ; laqual tala es estada facha per porcx. Et estimero la ad I carto de fromen, e per lor maltrag, II s.

T. Duran Daunis, R. Guila.

L'an LXXIIII, a III de setembre, Ar. Lumbart e G[m] Cabede feiro relacio, que els ero anatz vezer, I[a] tala que era estada donada en lo renoybre de I prat dels heretiers de G[m] Rotgier ; loqual prat es a Prat Gaussal [1], que ste am lo flumi de Tarn ; laqual tala era estada facha per bestial, laqual estimero a III s., per lor salari II s.

L'an desus, a X de setembre...

Sobre aisso que los senhors cossols dissero e prepausero que els, e nom de la universitat, aviau a pagar a S. Miquel propdavenen II[c] XX francxs per raso de la sal qûe hom avia malevada, temps passat, a Cabestanh. It. aviau may a pagar lo franc per fuoc [2] de Marteror propdavenen. It. deviau may, e nom que desus, al senh Ar. Raynaut IIII[e] franxs, losquals avia prestatz a la vila; e que els non aviau de que ho paguesso, e que cascus vis qual remedi s'i poiria penre que hom agues de que se pagues. E fon de cosselh de totz que hom leves tot quanthom pogra levar del cabatge ongan empausat, e que hom ne pagues tot quant pagar ne poiria ; e per aquo que hi falhira que los senhors empausesso comus aquels que lor semblaria que hi faria mestiers que s'en pogues pagar.

(*A suivre*). Auguste VIDAL

[1] Aujourd'hui *Prat Graussal*.

[2] Les communes, réunies à Toulouse du 13 au 20 juin 1374, avaient octroyé au duc d'Anjou un subside de 3 francs par feu, payables en trois termes égaux à la fête de S. Michel, à la Toussaint et en fevrier.

Les comptes consulaires nous apprennent que le duc avait fait remise à la ville d'Albi, sur ce subside, une fois de 317 francs et une autre fois de 75 fr. CC 153, art. 302.

Cf. *Inst. polit. et adm.*, p. 613.

BIBLIOGRAPHIE

REVUE DES REVUES

Revue de Gascogne, nouv. série, III, 8. — *A Clergeac* : Biane : II. La charte des coutumes, p. 409 ; — *V. Foix* : Folklore : Glossaire de la sorcellerie landaise (suite), p. 444.

Annales du Midi, n° 60. — *G. Bertoni* : Un descort d'Albertet de Sisteron, p. 593 ; — *A Vidal* : Glanures lexicographiques, p. 498.

Archiv für das studium der neueren sprachen und literaturen, CXI, 1 et 2. — *H. Morf* : Das französische volkslied, p. 122 ; — *A.-L. Stiefel* : Eine französische novelle des 15. jahrhunderts und ein indisches märchen, p. 158.

COMPTES RENDUS

Marchot (P.). — Petite phonétique du français prélittéraire (VIe-Xe siècles). Seconde partie : Les Consonnes. *Fribourg* (Suisse) 1902 [58 p.].

Cette seconde partie comprend comme la première (voyez *RLR, XLV*, p. 91) deux chapitres, l'un portant sur le *latin vulgaire* de la Gaule du nord, et l'autre sur le *français prélittéraire*. Ici comme dans la première partie, ces deux chapitres sont de valeur inégale. Il est visible que la compétence de l'auteur est moindre pour les matières traitées dans le premier que pour celles qui font l'objet du second. Comme beaucoup trop de romanistes, il ne connaît pas suffisamment ce que nous pourrions appeler les *alentours* du romanisme. Ainsi il est parfois nécessaire de pouvoir discuter une forme latine ou germanique (pour ne pas parler des langues qui ont moins fourni au domaine roman) ; M. Marchot ne semble pas être en état de le faire. Prenons par exemple son § 22. Il i cite à côté de *thensaurus* la grafie *-onsus* du suffixe *-osus* comme un exemple d'introduction fautive de *n* entre voyelle longue et *s*, déterminée par ce fait que l'*n* dans cette position ne se prononçait pas ; or précisément *-onsus* est la forme ancienne et étimologique. Deux lignes plus loin il nous dit, ce qui est fort juste, que la chute de l'*n* devant *s* avait eu pour effet d'allonger la voyelle précédente lorsqu'elle était brève : « ainsi *mĕnse* était devenu *mēse* ». L'exemple est vraiment maleureux, puisque l'*e* de ce mot a toujours été long, dès l'indo-européen, cf. lesb. μῆννος,

v. irl. *mi*, got. *mēna*, lit. *mėnů*, v. sl. *mêsęcĭ*, sk. *mās-*. Au même paragrafe apparaît la question de *ministeriu* et *monasteriu* devenus **misteriu* et **mosteriu*; pour le premier des deux mots elle n'est pas aussi difficile que le pense M. Marchot : *ministeriu* est devenu * *minsteriu* par chute de la prétonique, et le fénomène de la chute de *n* devant *s* qui s'était accompli en latin se reproduit avec la réapparition des mêmes conditions ; c'est ainsi que de nouveau aujourdui dans le midi de la France *Constant, transcription*, etc., se prononcent couramment et régulièrement *Costant, trescription*. Le *menestier* de l'Eulalie n'est peut-être pas savant, mais il est mi-savant, ce qui revient au même. Quant au second mot, *monasteriu*, il embarrasse beaucoup plus notre auteur, à cause de son *a* Si la forme * *monisteriu* était attestée par un texte la difficulté ne serait pas plus grande que pour *ministeriu*. On l'a si bien senti que certains ont fait bon marché de la forme livrée *monasteriu* et ont restitué bravement une forme * *monisteriu* comme base du mot français *moutier*. Mais cette forme est attestée bien plus solidement que par un texte — qui peut toujours être fautif — par la forme *monestier* dans des régions du midi où l'*a* dans cette position ne devient pas *e*, et par l'allemand *münster* qui, à cause de l'umlaut, ne peut remonter qu'à * *monisterium*; on a d'ailleurs en vieux aut allemand *munistres*, *munistre*, *munistrilih* dans *Kero* (version interlinéaire de la *regula S. Benedicti*, VIIIe siècle). Ajoutons que v. irlandais *mainister* est loin de répugner à une forme de latin vulgaire * *monisterium*.

Nous ne saurions nous étendre autant sur chacun des paragrafes de M. Marchot ; ce serait refaire tout son livre. Il faut d'ailleurs ajouter, pour être juste, que tous ne fournissent pas une aussi ample matière à la critique.

Nous nous bornerons donc à quelques observations de détail sur le reste de ce chapitre :

1° En ce qui concerne le vocabulaire, il faut constater que * *garofulu* (pp. 42 et 51) ne saurait convenir au lat. vulg. de la *Gaule du nord*, car cette forme n'aurait jamais pu donner *girofle* ; — si *persica* avait été *pess(i)ca* (p. 45) dans la Gaule du nord, il n'aurait pu i donner *prêč* dans les dialectes à métatèse ; — de même si germ. *first* i avait été * *fiste* (p. 45), il n'aurait pas pu donner *frêt* dans les mêmes dialectes ; — si *flebile* i avait été * *febile* (p. 58), il n'aurait pas donné la vieille forme *fleble*, ni ses représentants dialectaux modernes ; — avant de poser * *iscla* comme représentant de *insula* dans la Gaule du nord (p. 46) il aurait fallu établir l'existence de * *icle* dans les régions où * *misc(u)lat* à donné *mêcle* ; — *uĕsica* (p. 51) n'est pas à côté de *uēsica* une prononciation défectueuse, mais un doublet absolument régulier, comme *cŭppa* à côté de *cūpa*, cf. *RLR*, *XLIV*, p. 134.

2° En ce qui concerne la téorie et l'exposition, M. Marchot pense (§ 25) qu' « une forme vulgaire *ueclu* n'est pas beaucoup plus ancienne que le phénomène de syncope » ; elle lui est au contraire postérieure, car *tl* n'a pu devenir *cl* que lorsque les deux fonèmes ont été en contact. Qu'est-ce d'ailleurs que *le* fénomène de sincope ? Il faudrait dire *les* fénomènes de sincope, car c'est à diverses reprises et à des dates très éloignées qu'il s'est produit des sincopes : la sincope française est relativement tardive ; celle de *ueclu* remonte au latin vulgaire ; celle de *rotulu, spatula* lui est postérieure. Il ne faut pas dire non plus que le groupe *tl* « était rare en latin », mais qu'à l'intérieur du mot il n'existait pas dans cette langue. — Le fénomène par lequel une forme du tipe *iustius* avait échappé à l'assibilation n'est pas de la dissimilation (p. 54), mais de la différenciation (cf. *A. Meillet, MSL, XII*, p. 14 et suiv.) ; par contre ce n'est pas à une différenciation de fonèmes qu'est dû fr. *gésier* (p. 59). Il est bon d'appeler les choses par leur nom ; l'inexactitude dans l'exposition est souvent l'indice d'une intelligence imparfaite des événements.

Il n'i a peut-être pas un seul paragrafe dans ce premier chapitre qui ne présente des taches et ne prête par quelque côté à la critique. Le second chapitre débute par deux paragrafes, 36 et 37, qui sont assez bons, et il i en a plusieurs dans le reste dont on peut faire le même éloge ; on sent que l'auteur est entré dans une période qui lui est plus familière et dans laquelle il se meut plus à l'aise. Mais il ne faudrait pas que le lecteur se figurât qu'il pourra parcourir tout ce chapitre sans eurts. Dès qu'il aura vu aux §§ 38 et 39 les groupes *cr* et *cl* devenir *gr* et *gl* dans les mots empruntés au Ve ou VIe siècle, il se demandera avec inquiétude à quel endroit l'auteur a étudié le traitement de ces groupes dans les mots éréditaires, et cette inquiétude l'accompagnera jusqu'au bout, sans que rien se présente qui puisse l'apaiser ; au contraire il notera au passage d'autres oublis ; ainsi au § 47, au milieu d'observations assez imprécises pour qu'on se demande parfois si ce ne sont pas des erreurs, il cherchera en vain ce qui concerne le groupe *bl*.

On remarquera aussi çà et là que M. Marchot ne paraît pas connaître les travaux de la Société des langues romanes ni ceux de la Société de linguistique. Il aurait trouvé des éclaircissements sur *ahaner* (p 66) dans la *RLR, XLIV*, p. 131, sur *afre* (p. 70) dans le *Bull. de la Soc. de linguistique, X*, p. CXLVI, sur les conditions dans lesquelles le redoublement d'une consonne intervocalique n'est pas « anormal » (p. 76) dans la *RLR, XLI*, p. 288 et dans les *MSL, VIII*, p. 320 ; il aurait vu dans le *Bull. de la Soc. de linguistique, VIII*, p. LXXXIX, la loi qui a empêché **auicellus* (p. 89, note 1) d'exister en latin vulgaire (voyez *A. Meillet, Revue bourguignonne, V.*, p. 224 sqq.) ; il aurait compris d'autre part qu'un germ. * *triwa* destiné à fournir **trigua* (p. 73) est impossible, en consultant *La dissimilation*, p. 53, où les conditions du fénomène germanique sont rappelées ; le même ouvrage lui aurait montré, p. 169, que l'exemple de G. Paris, *peuple* (p. 65), est sans valeur pour le traitement du groupe *pl* intervocalique. Sans doute il est excellent pour faire voir que le groupe *pl* n'entrave pas, mais on en était sûr *a priori*, ce qui est la plus solide des certitudes ; pour le point important, à savoir les destinées du *p*, ce mot a l'inconvénient de débuter déjà par un *p*, c'est-à-dire d'avoir deux sillabes consécutives commençant par la même occlusive, ce qui peut susciter le sentiment inconscient d'un redoublement et donner lieu à une assimilation continue des deux occlusives, c'est-à-dire empêcher le *p* du groupe *pl* d'évoluer librement. M. Marchot a absolument raison d'affirmer que le *p* de ce groupe n'est pas resté intact, mais il s'embourbe un peu dans la question, et surtout il a tort d'affirmer que *doble* et *treble* « avaient l'entrave ». Nous ne saurions trop l'en blâmer, non pas tant par ce qu'il n'a pas compris que ce sont mots d'école et mi-savants, que parce qu'une pareille affirmation est contraire à une métode critique.

La métode n'est pas meilleure du reste, qui consiste à attribuer spécialement à l'influence des populations franciques le changement de *t*, *d* intervocaliques en *d* spirant, alors qu'il est parallèle à celui de *p*, *b* en *v* et de *c*, *g* en *jod*.

M. Marchot attaque avec ardeur les opinions reçues — et on ne saurait l'en blâmer en principe — ; mais il s'aveugle devant les objections qui se dressent contre les siennes. Ainsi ses 12 dernières pages (et c'est beaucoup pour une étude sur les consonnes qui en a en tout 36) sont consacrées à discuter encore une fois l'antériorité de la sonorisation des intervocaliques et de la chute des atones. Ses arguments sont souvent intéressants ; mais l'ensemble n'est ni démonstratif ni convaincant. Ce qui rend ses règles inacceptables, c'est la quantité de subterfuges auxquels il est obligé d'avoir recours pour expliquer les nombreuses exceptions, subterfuges dont plusieurs sont absolument inadmissibles, tel celui qui est destiné à escamoter *veintre* ; il aurait pu voir à ce sujet les *MSL*, *X*, p. 200, et comprendre d'ailleurs par lui-même que *ancre, chancre* et *mercredi* ne prouvent absolument rien en faveur de son ipotèse, puisque ces mots présentent trois cas qui n'ont rien de commun avec celui de *uincere*, le premier remontant à *ancora* qui a pour finale un *a*, le second à *cancru* qui n'a pas de voyelle entre le *c* et l'*r*, et le troisième à *mercuridie* où il ne s'agit pas d'une posttonique.

Nous conclurons donc en disant de cette seconde partie, comme de la première, qu'elle contient des qualités réelles, qu'elle est d'une utilité incontestable, mais qu'on ne saurait l'utiliser qu'avec les plus grandes précautions.

Maurice GRAMMONT.

A. Horning. — Die behandlung der lateinischen proparoxytona in den mundarten der Vogesen und im Wallonischen, *Strassburg*, 1902 [32 p.].

La question du traitement des proparoxitons a déjà été agitée bien des fois. M. Schuchardt, dans le premier fascicule de ses *Romanische etymologien*, lui a fait faire un grand pas ; mais le processus qu'il suppose ne rend pas compte de tout. M. Horning, bien connu par ses travaux sur les patois lorrains, a cru bon de reprendre ce sujet en limitant autant que possible son étude au domaine vosgien et wallon ; c'est en effet une des régions qui fournissent les formes les plus variées comme produit des proparoxitons. Il examine successivement les différentes ipotèses qui ont été émises, retient certaines parties de quelques-unes d'entre elles et en propose d'autres qui lui sont personnelles. Étude très soignée et très approfondie, mais qui est loin de lever toutes les difficultés. Il ne faut pas oublier qu'il i a des questions insolubles, et il est à craindre que celle-ci n'en soit une. Sans aucun doute il i a eu dans quelques-uns des vocables qui sont en cause des substitutions ou des modifications de suffixes, et d'autre part ils ne sont pas tous entrés dans les divers patois au même moment et par la même voie ; mais, si nous sommes bien renseignés sur les formes actuelles, la documentation nous fait presque totalement défaut sur les formes antérieures. Comme dans le même patois des traitements divers se côtoient, ce n'est pas *une* ipotèse qui peut rendre compte des fénomènes ; il faut plusieurs ipotèses simultanément, et on ne voit guère le moyen de les réunir en un sistème suffisamment coérent pour qu'il s'en dégage une impression de solidité réelle et de quasi certitude.

M. Horning aborde en passant le problème de la diftongaison d'un *e* entravé par *r* + *cons.* dans certaines conditions. Le fénomène apparaît, semble-t-il, sur un domaine assez vaste. L'auteur cite en effet les mots français *tiers* et *tierce* ; la question est peut-être plus ample qu'il ne pense. Sans parler du mot *concierge* dont le *ie* remonte aussi à un *e* ouvert, il i a *cierge* et *vierge* qui paraissent avoir subi la même diftongaison, bien que leur voyelle tonique ait été primitivement un *e* fermé. Et là aussi il s'agit de mots qui ne sont pas strictement populaires, de même que quelques-uns de ceux que M. Horning signale en lorrain et en wallon n'ont probablement pas pénétré dans ces patois dès la première eure. Il résulte de là, entre autres conséquences, que c'est au moins avec imprudence que M. Horning a cru devoir poser pour les patois lorrains une base **ĕrpice* (*Z*, *IX*, 497) au lieu de *hirpice*. Ce petit problème est intéressant : nous tenons à le signaler.

M. G.

RECTIFICATION

Nous avons reçu la lettre suivante que nous nous faisons un devoir d'insérer :

Monsieur le Président,

Dans le fascicule de sept.-oct. 1903 de la *Revue*, p. 543, M. Anglade a bien voulu mentionner la traduction allemande de l'*Amiradou* que j'ai donnée au *IV. Jahrbuch der Kölner Blumenspiele*, en me louant de ce que « les juges n'ont relevé dans cette traduction que les rimes *Tarascoun* et *jung* ».

Cet éloge est immérité. Les juges n'ont pas eu à examiner une pièce qui n'était présentée à aucun concours. C'est moi-même qui, dans une note mise au bas de mon manuscrit, ai cru devoir expliquer, pour prévenir un étonnement éventuel du lecteur, que *Tarascoun* prononcé par un provençal peut rimer décemment avec *jung* prononcé par un allemand du N. O.

Je n'attache d'ailleurs pas plus d'importance à la présente rectification qu'à mes essais de versification en eux-mêmes, et j'y vois surtout une occasion excellente pour remercier publiquement M. le professeur Anglade de l'intérêt qu'il veut bien porter à mes travaux et mon ami Bertuch des précieux conseils grâce auxquels ma version de l'*Amirudou* a pu paraître sans trop de déshonneur a côté de la sienne.

Veuillez agréer, etc.

Jules Ronjat.

AVIS DE CONCOURS

Le prix Anatole Boucherie, fondé par la Société pour l'étude des Langues romanes, d'une valeur de 100 francs, sera décerné par la Faculté des lettres de Montpellier, à la fin de l'année 1904, à l'auteur du meilleur travail sur un sujet, laissé au choix des concurrents, d'histoire littéraire ou de philologie romane, comme, par exemple, une étude sur un troubadour ou un trouvère, sur un texte en vers ou en prose du moyen âge, sur un dialecte de la langue d'oc ou de la langue d'oïl.

Les mémoires présentés au concours devront parvenir au secrétariat de la Faculté des lettres, au plus tard le 1er novembre 1904.

Le Gérant responsable : P. Hamelin.

LE PARLER
DE BAGNÈRES-DE-LUCHON
ET DE SA VALLÉE

(*Suite*)

B) Groupes de consonnes.

Les groupes de consonnes persistent mieux que les consonnes isolées, surtout médiales et finales. Pour plus de clarté, nous distinguerons les groupes qui faisaient partie de la même syllabe, que nous appellerons *combinés*, et ceux qui étaient divisés entre deux syllabes, que nous appellerons *disjoints*.

1) *Groupes combinés.*

a) *En général.*

Les groupes combinés sont naturellement les seuls qui aient pu être dès le latin initiaux ou finaux.

1°) Les groupes *initiaux* persistent en général. Exemples, pour tr, dr, cr, gr, pr, br ; cl, gl, pl, bl :

1° tres, *trés* « trois ».
draco (?) *Drák* « le Drac » esprit follet (p.-ê. rad. celtique)
cruce, *krúts* « croix ».
grande, *grán* « grand ».
pratu, *prát* « pré ».
*braciu, *brás* « bras ».

2° clave, *kláw* « clef ».
*glacia, *gláso* « glace ».
plenu, *pléŋ* « plein ».
blitu, *blét* « mercuriale » (plante).

Il y a cependant à remarquer, sans compter les cas où le groupe initial s'était, dès le latin, *réduit* [Ex. :

f(l)ebile, *fébble* « faible », d'aill. emprunté ou mi-savant;

c(l)avicula, *kawílho* « cheville »]

ou *transformé* [Ex.:

* cline p. crine, *klíŋ* « crinière » ; esp. clin.
* crémere p. trémere, *krénhe* « craindre » ; montalb.
(mouillure analogique) *krenhá*],

qu'il y a eu parfois des traitements particuliers.

1. D'abord, dans les groupes initiaux où la seconde consonne est r ou l:

1° Si dans ces groupes la première consonne est une f (fr, fl), f est régulièrement passée à *h*, et celle-ci a entraîné en persistant, comme nous le savons, une voyelle d'appui entre elle et r ou l ; parfois elle est tombée avec cette voyelle. Ex.:

— fraga, *hazágo* « fraise ».
fricare, *hezegá* « frictionner ».
*frictones, *hezitús* « fritons ».
*Frontas, *Hezóntes* (n. de lieu).

Nous n'avons pas trouvé en luch. d'exemple pour la chute de *h* devant *z*. M. Luchaire cite en gascon *arrúno* « fronde » pour **'rúno*, **huzúno*, de frunda.

— flagellu, *halajêtch* « fléau ».
flammare, *halamá* « enflammer ».
*flammine (?), **haláme*, puis *láme* « flamme ».

flore, **hulú*, puis *lú* « fleur, c.-à-d. meilleure partie » ; et de même *lólo* « fleurette » vieux mot, *luzúŋ* « fleuron, bouton », *luzít* « moisi », *ezluzá* « effleurer, prendre la fleur », etc.

Mais on dit cependant:

fráy « frère », en latin fratre.
fretá « frotter », — *frictare.
frúnt « front », — fronte,
flók « gland, flocon », — floccu.
flũs « diarrhée », — fluxu ; mais prob. du fr. flux.

et encore *flú* « fleur », *fluxí* « fleurir », *flambejá* « flamboyer », *flambüská* « passer à la flamme », etc.

Ici, comme pour f simple initiale, la persistance de *f* évite des confusions (p. ex. de *fráy* « frère » devenu **haxáy*, avec *axáy* « charrue »); mais le besoin de clarté n'est pas l'explication du maintien des groupes fr, fl, puisqu'on a dit *lú* « fleur », malgré le danger de la confusion avec *lú* « leur » ; c'est ici encore l'influence d'autres parlers d'oc, du français ou du latin qui explique la présence de *f* dans *flú*, *fretá*, *frúnt*, *flüs*, etc.

2° Le même phénomène de dissociation s'est produit, mais tout à fait exceptionnellement, avec les groupes analogues où la première consonne est autre que f. C'est ainsi que l'on a eu, comme nous le savons (groupes initiaux ou médiaux) :

libexáyxe « libraire ».
arbexilhôt « arbrisseau ».
mataxík « gourdin ».
Kaxabyéwles (n. de pic), etc.
[*kránto* « quarante » pour **kaxánto*, de quadráginta ou du fr., présente le phénomène opposé].

Il y est aussi arrivé parfois que l'initiale, sans doute de très bonne heure, s'est adoucie devant r ou l (mais alors il n'y a pas eu de voyelle intercalée et r est restée *r*. C'est ainsi qu'on a *gréso*, *grècho*, *grás* et *grôs* (de crassu et * crossu), *grédo*, *glêyzo* (mi-sav.), *drabá*, *bristulá*, etc.

2. En second lieu, dans les groupes initiaux sc, st, sp. Ils étaient dès le latin populaire précédés d'un ĭ, en d'autres termes divisés entre deux syllabes. Le luchonnais a gardé sans altération l'*e* prothétique et les groupes *sk*[1], *st*, *sp*. Ex. :

*Ĭscala,	*eskálo* « échelle ».
*Ĭscūtu,	*eskǖt* « écu ».
*Ĭstatu,	*estát* « état ».
*Ĭspargere,	*espárje* « répandre le fumier ».

(Mais nous écrivons généralement les formes latines sem-

[1] Pour sc devant e et i, voy. C) ci-après.

blables sans cet ĭ initial, afin de n'avoir pas à les marquer pour cela seul d'un astérisque).

2°) Les groupes *finaux*, comme les consonnes finales en général, se sont affaiblis.

1. Ainsi, nt s'est réduit à *n*. Ex.:

sunt,	*sún* « ils sont ».
volunt,	*bồn* « ils veulent ».
vadunt,	*bán* « ils vont ».
(h)abent,	*án* « ils ont ».
amant,	*áymen* « ils aiment ».

et de même *sáben* « ils savent », *léjen* « ils lisent », *párten* « ils partent », *aymáwen* « ils aimaient », et toutes les 3ᵉˢ personnes du pluriel en *n*.

2. x (= *ks*) finale s'est réduite à *s*. Ex. :

sĕx,	*syés* « six » [1].

(x dans ex-préfixe n'a jamais été traitée comme finale).
Mais dans les mots savants x finale a donné *ts*. Ex. :

Fēlix,	*Fêlits* « Félix ».

(cf., avec x médiale, Alĕxis, *Alêtsis* « Alexis »).

b) *En détail.*

Certains groupes combinés méritent un examen spécial. Ce sont ceux, d'origine latine ou romane [2], et médiaux, formés avec les muettes et r ou l [3].

[1] *Néts* « nuit », dans la locution *k'eynéts* « il fait nuit », ne vient donc pas, malgré les apparences, de nŏx qui aurait sans doute donné **nwéys*, puis **nés*, mais de *nét* (« nuit », ordinairement) issu de nŏcte , et augmenté de *s* marque du nominatif; par analogie sans doute avec *dyés* « jour » dans *ke hé dyés* « il fait jour », alors que « jour » se dit ordinairement *dyó*. Le montalb. *néts* vient de nŏcte. — *Pŭs* (et même *pŭ*) « puis » suppose sans doute une forme *postiis, dérivée de post; — *Lés* (n. de village), Lĕx ou Lĕxis (LEXI, inscr.): Lĕxe aurait donné **Léch*.

[2] Quand ils sont d'origine romane, la muette d'un côté, et r ou l de l'autre appartenaient d'abord à deux syllabes différentes. Mais ils ont souvent été traités comme groupes combinés, dans les mots savants.

[3] Pour ceux formés avec *y* ou *w*, voy. ci-dessus la Réduction des diphtongues, et ci-après C).

1°) Groupes combinés médiaux formés avec r[1].

Ils persistent primitivement, comme les groupes initiaux semblables, sauf que r n'empêche pas de traiter la consonne précédente (à moins bien entendu qu'elle ne soit appuyée d'une autre consonne)[2] comme une médiale, c.-à-d. de l'adoucir (ou de la laisser douce, si le groupe est de formation romane). — Mais ensuite, il y a eu deux traitements différents. Ou bien (le plus souvent) r est tombée, l'autre consonne persistant seule, avec l'*e* dont le groupe devenu final s'était appuyé (*r* n'a persisté à la syllabe finale que dans les mots savants); — ou bien (plus rarement) la première consonne s'est vocalisée (ce qui est de règle avec les non appuyées, sauf p adouci), et parfois r est tombée dans ce cas après elle, ainsi que l'*e* d'appui : ce dernier traitement caractérisant le luchonnais. (Voy. ci-dessus dans les Voyelles les Apparitions de voyelles nouvelles). Ainsi :

1. Avec les labiales p et b appuyé ou savant, r donne *br*(*e*) ou *b*(*e*); mais *pr*(*e*) ou *p*(*e*) avec p appuyé. Ex.:

ŏperariu,	(*d*)*awbrê* « ouvrier » (adj.).
lépore,	*lêbe* « lièvre ».
cápere,	*kábe* « contenir ».
*cápriu,	* *káybre*, auj. *kêbe* « chevron ».
véspera,	*bêspe* « soir ».
líberu,	*líbre* « libre », mot savant récent.
livre, fr. (ou lat. sav.),	*líbe* « livre », m. sav. pl. anc.
árbore,	*árbe* « arbre ».

r a subi parfois une métathèse (v. plus loin). Ex. :

cápra,	*krábo* « chèvre ».
*operire p. aperire,	*urbí* « ouvrir »[3].
cŭperáre,	*kürbá* « recueillir ».
temperáre,	*trempá* « tremper ».
Vésperas,	*Brêspes* « Vêpres ».
febre (languod. ou lat. sav.),	* *hiêbre*, * *hrêbe*, auj. *herêbe* [aranais *fêbre*, empr. réc] « fièvre ».

[1] Pour les groupes m-r, n-r, & s-r, voyez plus loin.

[2] Voy. plus loin les Groupes disjoints.

[3] *urbí* est plus luchonnais. Cf. l'espagnol « abrir », et le montalb. *dyérbe*.

(Dans *herêbe* ce n'est même que la métathèse qui a maintenu r).

Mais les groupes p-r et b-r ont donné *wr*, p ou b se vocalisant en *w*, le premier, exceptionnellement, dans :

* cópreu,*cóbreu(?) * *kôwrye*,* *kôwyre*, auj. *kwéyre* « cuivre ».
aperire, *awrí* « ouvrir », larb. ; d'où *dawrí* « ouvrir », aranais.

[Ces verbes pourraient cependant venir tous deux de *ŏperire, par **òwrí*, ŏ tendant à donner *aw* (ŏdóre, *awdú*)] ; le second, régulièrement, dans :

fábru, *háwre* « forgeron ».
libra, *lyéwro* ou *lhéwro* « livre ». f.
laboráre, *lawrá* « labourer ».
Febr(u)ariu (osque *Freb(r)ariu, d'après Mohl, *Introd. à la chron. du lat. vulg.*, p. 117), **Hewrê*, puis par métath. **Hrewê*? auj. *Herewê* « Février » ; (la métath. est p.-ê. primitive ici : * Frebariu ; sinon on aurait conservé s. d. * *Hewrê*).

Il est arrivé parfois, en languedocien, que p-r et b-r ont donné *fr*. Ex. :

* asperosu, aspericu, *afrús* « affreux », *afrík* « tenace ».
* tubera p. tubere (?) *trũfo* « pomme de terre ».

[Ce dernier exemple est très incertain : il semble qu'il vaut mieux remonter à l'osque * trūf(r)i (Mohl, *ibid.*). Comparer pour la forme *se trũfá* « se moquer »].

On dit de même en luchonnais *afrús*, *trũfo* et *trũfá s*. Cf. le fr. truffe, affreux. Mais les Aranais disent *trũhia* et *trũhiá-s*. Il est donc probable que le luch. a dû jadis former (ou avoir) ici, lui aussi, le groupe *fr*, mais que s'il conserve *f* aujourd'hui, c'est qu'il a emprunté ces mots ou du moins subi pour eux une influence étrangère (française ou languedocienne).

Dans des mots comme *sufrí* « souffrir », *tchafrá* « écraser » à côté de *tchafá*, *nafrá* (m. sens), il doit y avoir eu aussi une influence étrangère (fr. souffrir, navrer (?) ; *tchafrá* par analogie ? esp. « chafar ») ; certes la métathèse de *r* était impossible ici (p. ex. on ne pouvait dire °*srufí*); mais on aurait pu dire °*suhexí* ou °*suxí*: cf. *awfrí*, béarn. *awhexí* « offrir ».

2· Avec les gutturales c et g, r donne *yx*(*e*), c.-à-d. que c et g se vocalisent; *y* peut disparaître ensuite, d'autre part *xe* syllabe finale (Voy. ci-dessus les Voyelles). Les mots contenant *gr* ou *kr* sont sans doute savants. Ex. :

*socra,	**swéyxa*, auj. *swéxo* « belle-mère ».
socru,	**swéyx*, auj. *swé* « beau-père ».
*acrifolu,	**ayxéhewo*, auj. *axéwo* « houx ».
weigaro,	*gwáyxe* « guère ».
nigru,	**néyxe* (?), auj. *néxe* « noir » (larb. *nê*); f. *néxo*.
macru,	*mágre* « maigre ».
acre,	*ágre* « aigre ».
sacratu,	*sakrát* « sacré », m. savant.

Remarquons le maintien de *r* dans le groupe tout récent *kr* du mot *akró* « cela », de ecc(u)illúd, p. **akexó*; larb. *akexó*, sans chute de *e* et p. suite sans groupe *kr* établi.

3. Avec les dentales t et d, r donne encore *yx*(*e*), c. à-d. que t et d se vocalisent; ici encore *y* et *xe* syllabe finale peuvent disparaître. Dans les mots savants, il a pu y avoir maintien de *tr* ou *dr*, ou assimilation; mais tr appuyé a gardé son t même dans les mots populaires. Ex. :

vitru,	*béyxe* « verre », p.-ê. emprunté.
retro,	**arrêyx*, auj. *arrê* « arrière ».
Quadratu,	*Kwayxát* (n. de pic, en forme de pyramide à 4 faces).
ex-quadru,	*eskáyxe* « équerre », s. d. emprunté.
patre,	**páyx*, auj. *páy* « père ».
*videre,	**béyx*, auj. *bey* « voir ».

Mais :

nostru,	*nòste* « nôtre ».
*vostru,	*bòste* « vôtre ».
ventre,	*bénte* « ventre ».
	cf. *èste* « être » pour **èstre* de **ès-re* (essere).

Et, comme mots savants, *karrát* « carré »; *ástre* « astre »; *kadrá* « cadrer ».

Le suff. *-ástre* « -âtre », de -astru, f. *-ástro*, est donc sans doute savant ; sinon on aurait eu **áste* et **ásto*. (Cf. sur l'inscr. de Cazaux de Larboust, TARESTE ; s. d. p. † *tarrêste*, auj. *terrêstre* « terrestre »).

Comme on le voit, les labiales, surtout p, sont dans ces groupes plus solides que les gutturales et les dentales ; c'est après elles que r est tombée, et quand elles ont donné un *w*, ce *w* a duré, tandis que les gutturales et les dentales, même c et t, se sont toutes régulièrement vocalisées sauf quand elles ont été appuyées, et que même le *y* qu'elles ont donné est souvent tombé devant r.

2°) Groupes combinés médiaux formés avec l.

Ces groupes sont traités de façons diverses.

1. Avec les labiales.

— Le groupe pl, par adoucissement du p en b, puis redoublement du *b*, donne *bbl*. Ex. :

duplu,	*dúbble* « double ».
triplu,	*tríbble* « triple ».
pŏpulu,	*pôbble* « peuple ».
cōpulu,	*kúbble* « couple ».

Appuyé, il persiste naturellement. Ex. :

mespila,	*mésplo* « nèfle ».

— Le groupe b-voy.-l, par vocalisation régulière du b, donne *wl*. Ex. :

tabula,	*táwlo* « table ».
*pibilare p. pipulare,	*pyewlá* « piauler ».
exsibilare,	*echchewlá* « siffler », etc.

Mais, dans de nombreux mots savants, ou mi-savants, il a donné *bbl*. Ex. :

diábolu,	*dyábble* « diable ».
-ábile,	*-ábble* : *aymábble* « aimable ».
-ébile,	*-ébble* : *fébble* « faible ».
-ibile,	*-íbble* : *terríbble* « terrible ».
sabulu,	*sábble* « sable », p.-ê. du français.

Appuyé, il persiste d'abord, et, isolé par métathèse, passe à *bbl*. Ex. :

turbulare, *trubblá* « troubler ».

— Le groupe f-voy.-l, devenu final, paraît avoir donné *-f-l*; puis, par *-fel* et *-ĥew*, ou peut-être directement par *-ĥw*, et en tout cas grâce à la chute de *ĥ* affaiblie et à la production d'une diphtongue, il s'est réduit à *w*. Ex. :

*trifolu, *tréf-l*, auj. *tréw* « trèfle jaune »,
*Christopholu, * *Kristôf-l*, auj. *Kristáw* « Christophe ».

C'est le fr. qui a donné *trêflo*, *suflá*, etc.

2. Avec les gutturales.

— Le groupe cl ou mieux *k*-l a donné *ggl* dans : *sĕcăle, *séggle* « seigle » ; mais comme il y a ici un ă après le c, on peut croire que la forme régulière serait °*ségew* (montalb. *ségel*). Cf. *cánnăpe, *kánep* « chanvre » ; *séggle* serait alors un emprunt au français.

[Dans aquila, *ágglo* « aigle », on a affaire à qu-l].

Appuyé, il persiste naturellement. Ex. :

*cilculu p. circulu, *séwkle* « cercle ».
*salculu p. sarculu, *sáwkle* « sarcle ».
*misculare, *mesklá* « mêler ».

Cependant, il a donné généralement (notamment dans le suffixe cŭ'u où il se rencontre le plus souvent), après être passé par g-l, un *y* qui a mouillé l, d'où *lh*. Ex. :

fácŭla, *ĥálho* « chandelle ».
mirácŭlu, *mirálh* « miroir ».
ŏcŭlu, *gwélh* « œil ».
artĭcŭlu, *artélh* « orteil ».
*vectīcŭlu, *betílh* « levier ».
*genŭcŭlu, * *ye(n)úlh*, auj. *júlh* « genou ».
*annŭcŭla p. annĭcŭla, *anúlho* « génisse ».
*acŭcŭla, *agŭlho* « aiguille ».

Ce n'est que dans quelques mots savants ou mi-savants qu'il a donné *ggl*. Ex. :

miraculu, *miŕággle* « miracle », doublet de *miŕálh* ;
sæculu, *syéggle* « siècle », p.-ê. du fr. ;

et sans doute aussi *búgglo* « boucle », car buccula aurait dû donner °*búklo*.

— Le groupe g-voy.-l, par chute de g devant toute autre voyelle que a tonique, donne des diphtongues. Ex. :

tégula, *téwlo* « tuile ».

C'est seulement dans des mots savants qu'il donne *ggl*. Ex. :

regula, *arrégglo* « règle » [1].

Appuyé, il reste *gl*. Ex. :

ŭngula, *ŭŋglo* « ongle ».

3. Avec les dentales.

— Les groupes tl, dl ont été ramenés à cl et à gl et traités de même. Ex. :

vétŭlu (= *vecŭlu), *byélh* « vieux ».

Et d'autre part, avec consonne d'appui :

(h)astŭla (= *ascŭla), *ásklo* « bûche ».
ustŭlare (= *uscŭlare), *ŭsklá* « passer à la flamme ».

(*bristulá* « torréfier », de p(e)rustŭlare, doit donc être mi-savant, ou plutôt analogique, comme forme verbale.)

[1] Le montalbanais au contraire durcit b et g devant l. Il dit par exemple : *aysaple* « haissable, c.-à-d. agaçant » ; *dúple* « double » ; *truplá* « troubler » ; *upludá* « oublier » ; — et *réklo* « règle », *miŕákle* « miracle », etc. ; pour « seigle », *ségel*. — D'ailleurs le redoublement luchonnais est assez délicat à expliquer. Y a-t-il eu souvenir de la disjonction latine ? mais la plupart des cas sont mi-savants. Il y a donc eu sans doute disjonction introduite, mais pourquoi ? Est-ce *l* qui s'est prononcée avec force, si bien que la muette, au sein de laquelle du reste se trouvait la coupe syllabique (V. Grammont, *La Dissimilation*, p. 58), a eu besoin de se dédoubler nettement pour rentrer en contact avec cette *l* ? Ou est-ce la voyelle précédente qui, abrégée, a eu besoin d'un appui ? Cette dernière explication conviendrait également aux formes *oyyé*, interj. ironique, du fr. « oyez », et *ubbet*, du fr. « obéir ». — Voy. pour les Redoublements la 3e Partie de la Phonétique.

Cependant quand les groupes sont restés disjoints, il y a eu assimilation de la dentale à l. Ex. :

* quátala, *kállo* « caille » (on attend. °*kwállo*).
* rotulare, *arrullá* « rouler ».
modulare, *mullá* « mouler ».

Cf. *brũllá* « brûler », pris sans doute au v. fr. brusler, de p(e)rustulare [1].

3°) Groupes combinés médiaux formés avec n.

La plupart des groupes où n est la seconde consonne sont disjoints. Nous croyons cependant devoir placer ici le groupe gn, traité parallèlement à g-l issu régulièrement du suffixe cŭlu, c.-à-d. ramené à *nh*, un *y* donné par le g ayant mouillé n. Ex. :

pugnu, *pũnh* « poing ».
stagnu, *estánh* « étang ».
agnellu, *anhêtch* « agneau ».
signatu, *senhát* « bénit », etc.

Dans quelques mots savants il y a eu assimilation. Ex. :

signu, *sínne* « signe ».
dignu, *dínne* « digne », etc. (V. plus loin).

2) *Groupes disjoints.*

On peut distinguer parmi eux, pour les examiner plus commodément, les groupes *homogènes*, c.-à-d. formés d'une consonne double ou géminée, et les groupes *hétérogènes*.

Groupes disjoints homogènes.

D'une manière générale, les groupes disjoints homogènes, qu'ils soient restés médiaux ou devenus finaux, se réduisent à une seule consonne. Ex. :

abbate, *abát* « abbé » ;
vacca, *báko* « vache » ;
gutta, *gúto* « goutte » ;
gannitu, *ganít* « cri de détresse » ;
massa, *máso* « masse ; très » ; etc.

[1] Pour les groupes m-l, n-l, Voy. plus loin.

beccu,	*bêk* « bec » ;
cattu,	*gát* « chat » ;
summu,	*súm* « sommet » ;
Joanne,	*Jwán* « Jean » ;
spissu,	*espés* « épais » ; etc.

Les exceptions sont rares :

1°) Le groupe rr a persisté, et ne s'est réduit à *r* que quand il est devenu final. Ex. :

terra,	*têrro* « terre » ;
serra,	*sêrro*, anc. « scie », auj. « crête » ; etc.
ferru,	*hêr* « fer » ;
Carre,	*Gár* «(le pic de) Gar » ; etc.

2°) Le groupe ll a donné, comme médial, ꝛ ; mais, comme devenu final, *tch*. C'est là un des traits caractéristiques de la phonétique luchonnaise. Ex. :

illa,	ton. *éꝛo* « elle », procl. *eꝛa* « la » ;
squilla,	*eskéꝛo* « sonnette » ;
bella,	*bêꝛo* « belle » ;
agnella,	*anhêꝛo* « agnelle » ;
gallīna,	*gaꝛyó* « geline » ;
bullire,	*buꝛí* « bouillir » ;
ampulla,	*ampúꝛo* « ampoule de sapin » ; etc.
illu,	ton. *étch* « lui », procl. *etch* « le » ;
bellu,	*bêtch* « beau » ;
agnellu,	*anhêtch* « agneau » ;
valle,	*bátch* « vallée » ;
molle,	*môtch* « humide » ;
bullit,	*bútch* « (il) bout » ;
pullu,	*pútch* « coq » ; etc.

Il suit de là que les mots *púlo* « poule », *kabálo* « jument », *chibáw* « cheval », sont pris au français; car ils auraient dû être °*púꝛo*, de pulla (cf. *puꝛík* « poussin »), °*kawáꝛo* de caballa, et °*kawátch* de caballu. — Les dérivés où ll a donné ꝛ sont s. d. anciens (Ex. : *bedeꝛôt* « petit veau », *anheꝛôt* « petit agneau », etc.); cependant ils peuvent avoir été formés par analogie avec les féminins (*bedêꝛo*, *anhêꝛo*); cf. les pluriels *bèʀi* « beaux », *éʀi* « eux », etc., bien que ĭ final atone ait dû tomber (Voy. ci-dessus). En tout cas, les dérivés où *tch* se trouve (Ex.: *putchét* « petit coq », *mutchaŋkè* « humide ») sont récents.

Comment maintenant expliquer ces transformations de ll ? Celle de ll intervocalique en ʀ (générale en gascon) s'explique sans doute par la production d'une *l* fricative, favorisée par le redoublement. La pointe de la langue a continué à se porter en arrière pour prononcer la première l, celle-ci finissant par ne plus fournir aucune occlusion : puis de là elle est revenue en avant, vers les gencives des incisives, en vibrant légèrement sous l'influence du courant d'air passant désormais au-dessus d'elle. Mais l simple intervocalique est restée *l*, parce que, en ancien luchonnais[1], elle n'amenait pas la pointe de la langue à se porter en arrière, pour abandonner même plus tard la voûte du palais[2].

Celle de ll devenu final en *tch* s'explique s. d. à son tour par ce fait que les deux ll ont donné *lh* ; puis, *lh*, s'assourdissant comme toute finale en luchonnais, a dû donner, en vertu de la prononciation nettement dentale de *l* en luchonnais, une dentale sourde et forte, un *t*, mais un *t* mouillé, passé aisément à *tch*[3]. D'ailleurs, *lh*, même devenu final, mais ayant une

[1] En basque, l simple intervocalique elle-même est passée à ʀ. Ex. : ceru « ciel », de cælu ; miru « milan », de miluu. En dauphinois des Alpes, ll, l et n (= l nasale) intervocaliques donnent aussi ʀ, prononcée peut-être comme en luchonnais. — Voy. l'Appendice II.

[2] *Liʀi* « lis », de liliu, s'explique s. d. par dissimilation, c. le béarnais *souʀélh* « soleil ». *Kaʀà-s* « se taire », suppose peut-être *callare p. c(h)alare (montalb. *s'acalá*). — Voy. plus loin pour ll se combinant avec *y* pour donner *lh* (*talleare, *talhá* « tailler » ; malleu, *màlh* « rocher » ; etc.). Voy. en outre la Morphologie pour les formes contractes *peʀa*, *ena*, de *per*, *en*, et de *eʀa*.

[3] Dans la plus grande partie de la Gascogne, le *t* mouillé final s'est réduit à *t*. — Rappelons qu'à St-Béat tout *t* simple final a donné *tch* ; en d'autres termes, le parler de ce pays a dû identifier la légère mouillure donnée par ll final (*bedétch*, de vitellu) avec le souffle léger remplaçant peut-être *s* à la 2e pers. du plur. des verbes (*kantàtch*, luch. *kantát*, larb. parfois *kantàts*, de cantatis) et accompagnant meme tout *t* final comme toute muette finale (*kantàtch*, luch. et larb. *kantát*, de cantatu ; de meme *bewtàtch* « beauté », luch. et larb. *bewtàt*) ; — puis, il a fait passer tout cela a un *y* qui avec *t* a donné *tch*. — Voy. l'Appendice II.

autre origine (l-*y* et même ll-*y*; cl passé à gl; lg devant e ou i; etc.) ne s'est point transformé en *tch*, mais est resté *lh*.

Groupes disjoints hétérogènes.

a) *En général.*

Les groupes disjoints formés de deux consonnes différentes persistent ordinairement. La seconde consonne est la plus solide.

Nous pouvons distinguer les groupes disjoints hétérogènes restés médiaux et ceux devenus finaux.

a') Groupes disjoints hétérogènes *restés médiaux.*

1°) A leur égard, la persistance est de règle.

1. Quand la seconde consonne est dure, elle le reste, même après la vocalisation ou la chute de la première. Ex. :

vespa,	*bêspo* « guêpe » ;
(h)asta,	*ásto* « manche de faux » ;
esca,	*ésko* « amadou »[1] ;
campana,	*kampáno* « cloche » ;
canta,	*kánto* « chante » ;
arca,	*árko* « arche, coffre de char » ;
porta,	*pôrto* « porte » ;
branca,	*bráŋko* « branche » ; etc.
facta,	**háyta*, **hêyta*, auj. *héto* « faite » ;
*in-sect-áre,	**enseytár*, auj. *ensetá* « entamer » ;
sulcariu,	**suwkêyr*, auj. *sukê* « sillon » ;
a(u)scultа,	**eskúwta*, auj. *eskúto* « écoute » ;
ursa,	*úso* « ourse » ; etc.

[Le groupe ns ne fournit qu'une exception apparente ; en effet, il avait perdu son n depuis le latin ; il était dès lors réduit à s ; cette s est naturellement devenue *z* (puis *d*) entre deux voyelles. Ex. :

pe(n)sare,	*pezá* ou *pedá* « peser » ;
-e(n)se,	*-és*, fém. *-ézo* ou *-édo*.]

[1] *Estafinús* « gourmet », est pour *eskafinús* (larb.).

C'est là ce qui explique le maintien, au moins dans leur première consonne dure, de certains groupes combinés, appuyés par une consonne précédente qui forme groupe disjoint avec eux. Ex.:

*cilc(u)lu p. circ(u)lu,	*séwkle* « cercle »;
ustulare (= usc(u)lare),	*ūsklá* « passer à la flamme »;
nostru, vostru,	*nóste*, *bóste* « nôtre, vôtre »;
vésperu,	*bêspe* « soir »;
temperare,	* *temprár*, puis *trempá* « tremper ».

2. Pour les groupes disjoints hétérogènes dont la seconde consonne était douce, ceux d'entre eux qui étaient primitifs l'ont gardée douce. Ex.:

carbóne,	*karbúŋ* « charbon »;
*arma,	*ármo* « arme »;
pernas,	*pêrnes* « jambes »;
ardóre,	*ardú* « ardeur »;

sauf les exceptions que nous verrons ci-après.

Quand le groupe disjoint est de formation romane, la seconde consonne, s'étant adoucie avant de former groupe, est également restée douce. Ex.:

*carricare,	*kargá* « charger ».
*an(d)itare(?)	*andá* « faire les andains ».
vendita,	*béndo* « vente ».
computare,	*kundá* « conter » et « compter ».
tinnitáre,	*tindá* « tinter », mont. *dindá*.
domitare,	*dundá* « dompter ».
*comit-issa,	*Kundéso*, litt. « Comtesse » (n. de fam.).

On aurait donc dû avoir: bonitate, °*bundát* « bonté »; sanitate, °*sandát* « santé »[1].

Si l'on a *buntát*, *santát*, c'est que le suffixe *tát* a dû naître dans des mots comme: paupertate, *prawbetát* « pauvreté » p. **paw-*

[1] Cf. en espagnol conde « comte », bondad « bonté », même verdad « vérité » s. d. par analogie; mais libertad « liberté ».

bertát, à côté de *pawbretát* ; libertate,*libertát* « liberté », mot savant où cependant *rt* est régulier (l'infl. savante peut aussi avoir agi) ; * vertáte, probable, pour veritáte, *bertát* « vérité » ; d'où par analogie *buntát, santát, bewtát* « beauté », etc. avec *-tát* pour *-dát*. Même remarque pour le suff. *-tūt*, dans *newri-tūt* « nourriture », formé à l'imitation de *jwentūt* « jeunesse », issu régulièrement de juventūte[1].

Ainsi donc, réserve faite de l'analogie, ces groupes persistent en général, et leur seconde consonne reste ce qu'elle était, ou, quand le groupe est de formation ultérieure, ce qu'elle était devenue.

2°) Cependant, il y a eu souvent ici soit des assimilations, soit des accommodations diverses, principalement lorsque le groupe est d'origine romane.

1. Dans les *assimilations*, c'est la seconde consonne qui a obligé la première à s'assimiler[2]. Ex. :

fémina,	*fiénno* « femme ».
damnáre,	*danná* « damner ».
septimana,	*semmáno* « semaine ».
spátula,	*espállo* « épaule » ; esp. espalda.
*rotuláre,	*arrullá* « rouler ».
*(h)irúndula,	*arròllo* « hirondelle ».
moduláre,	*mullá* « mouler ».
*dis-junáre[3],	*dinná* « dîner ».
*ex-lacerare,	*ezlarrá* « érafler » p. **ezlaz-rá*.
*capitĕttu,	*kaddêt* « cadet ».
*inde-leváre,	*elhlhewá* « enlever ».
*ex-fortiáre,	*effursá* « efforcer », mi-sav.
*minus-fidáre,	*meffi-dá* « méfier », mi-sav.

[1] Inversement, ante- est peut-être passé par *ande- pour donner *ay-* ; cf , dans d'autres parlers gascons, *endá* (luch. *entá*, « pour ») ; et même *kandá* (luch. *kantá* « chanter »), signalé par M, Luchaire, *Id. Pyr.*, p. 240) ; il faut s. d. en rapprocher le luch. *endálho*, *endrábo*, le bigourdan *eŋgalí* « câlin », etc. (Assim. inverse à la douce *n* ou *ŋ*).

[2] « Soldat » se dit *sullát*. Dans ce mot, pris d'aill. au fr., l'assimilation s'est faite en sens inverse : *d* s'est assimilé à *l*.

[3] *Disjejunare réduit à *disjunare, a donné, en luch. comme en fr., le verbe *dinná* « dîner », issu des formes où le radical est atone ; mais *dejwá* « jeûner » (préf. de-) est issu de formes où le radical est tonique.

[*ámo* « âme » vient du fr. ou bien est pour **ámmo* de ánima.

† *dáwno* « dame » (dans le n. de lieu *Prád dez Dáwnes*), d'où *dawnélo* ou *dawanélo* « narcisse », suppose-t-il *dob(i)na pour dom(i)na, par dissimilation, ou sous une influence celtique? (Voy. Grammont, *La Dissimilation*, pp. 51, 53, 122.) On attendait °*dônno*.

sôm « sommeil », vient de somnu, mais ici mn est devenu final; — et *sôni* « songe », qu'il soit issu de somniu ou de *sunyá* « songer », suppose pour *n* des influences analogiques. Mais on trouve en béarnais *sáwm* « premier sommeil ».

Le même fait s'est produit avec des mots savants ou empruntés. Ex.:

karrát « carré », de quadratu; forme pop. *Kwayrát* (n. d'un pic, en forme de pyramide quadrangulaire); de même *karrêtch* « carreau de terre », *karrêro* « rue », etc.;

sínne « signe », de signu; f. pop. *sénh* ou *sélh* « sceau »;

sinná « signer », de signare; f. pop. *senhá-(s)*, « se signer, faire le signe de la croix »;

dínne « digne », de dignu; mais pop. *denhá* « daigner » de dignare; de même *endínne* « indigne ».

brüllá « brûler » s. doute de l'ancien fr. brusler; car p(e)rustulare donne *bristulá* « torréfier », et ustulare (= *usc(u)-lare) *üsklá* « passer à la flamme ».

trattá « traiter », sav., de tractare; mais tractu a donné *tráyt* « tiré » en larb.

2. Dans les *accommodations*, on peut distinguer des réductions, des accommodations proprement dites et des additions de consonnes.

1° Il y a eu des *réductions de groupes intolérables*. Ex.:

(h)osp(i)tále,	*ustáw* « maison ».
sanguináre,	*sanná* « saigner ».

Voy. plus loin d'autres réductions, avec des groupes spéciaux (mb, nd).

2° Il y a eu des *accommodations* proprement dites, remarquables surtout avec les nasales et les sifflantes.

C'est ici encore la seconde consonne qui influe sur l'autre.

— Ainsi, n est devenue *m* devant une labiale ; m, *n* devant une dentale ; n et m, *ŋ* devant une gutturale, en entraînant la nasalisation de la voyelle précédente. Ex. :

*amit-ĭcula,	*andílho* « espèce de loquet ».
domitare,	*dundá* « dompter ».
conventu,	*kumbént* « couvent ».
*blanka,	*bláŋko* « blanche ».
branca,	*bráŋko* « branche ».
longa,	*lúŋgo* « longue ».

Les voyelles nasales et *ŋ* se sont donc produites avec n devenue finale ; avec m finale persistant exceptionnellement ; et avec m ou n devant g ou c persistants. Dans ce dernier cas, il y avait peut-être une n gutturale dès le latin dans nc, ng.

— Devant une muette douce ou encore l, m, n, les sifflantes x et s sont passées à *z*. Ex. :

*ex-lavatu,	*ezlawát* « nettoyé par les eaux ».
*ex-dentatu,	*ezdentát* « sans dents ».
*dis-locare,	*dezlugá* « démettre, disloquer ».
*dis-mandicare se,	*dezminjá-s* « s'user », etc.

D'autre part, devant une muette forte, ou après n, x donne *s* (s reste *s*). Ex. :

*ad-juxtare,	*ajüstá* « ajouter ».
*ex-passare,	*espasá* « passer ».
*ex-cádere,	*eskáy* « échoir ».
*ex-quadru,	*eskáyʀe* « équerre », p.-ê. emprunté.
mixtūra,	d'où *mistrás* (s. d. p. **mistüʀás*), et *mistüʀét* (espèces de bouillies).
extraneu,	*estrálh* p. **estránh* « étranger », auj. « étrange ».
exténdere,	*estyéne* « étendre ».

Le même fait s'est produit naturellement pour x devant f ; elle est passée là aussi à *s*. Mais ensuite, f ayant donné *ĥ* et cette *ĥ* s'étant affaiblie, *s* issue de x ou de s s'est redoublée, sans doute par suite de la persistance de son caractère implosif.

(Il y en a cependant encore qui font sentir *h* et qui ne redoublent point *s*). Ex. :

* ex-foliáre, *eshwelhá*, puis *esswelhá* « effeuiller » ;
* dis-frigdáre * *deshreydár*, *desherdá*, auj. *desseredá* « refroidir » ;
* dis-fácere, *deshé*, puis *dessê* « défaire ».

Le même redoublement s'est produit dans les mêmes circonstances avec les autres consonnes. Ex. :

* in-furnáre, *enhurná*, puis *ennurná* « enfourner » ;

Mais devant *f* rétablie ou maintenue sous des influences savantes, il y a simplement assimilation, suivant la règle générale. Ex. :

* minus-fidáre se, *meffidá-s* « se méfier » (montalb. *se mefizá*) ;
* ex fortiáre-se, *effursá-s* « s'efforcer » ; cf. *effaní-s* ou même *esfaní s* « se faner » ;

de même, quand *h* issue de f est anciennement tombée, il y a simple accommodation. Ex. :

* ex-floráre, *ezlurá* « effleurer, prendre la fleur, et non °*essulurá*; *lú* « fine fleur », de flore.

Quant à *r*, elle n'entraîne pas l'assimilation de x ni de s, car elle se redouble en se faisant précéder d'un *a*; x et s sont alors traitées comme médiales. Ex. :

* ex-ramáre, *echcharramá* « émonder » (pour le redoublement du *ch* issu de x, voy. ci-après, et plus loin) ;
* dis-rotuláre, *dezarrullá* « dérouler ».

Enfin, le groupe xs intervocalique donne *chch* ; voici s. d. ce qui a dû se produire. Ce groupe se rencontre surtout dans les composés avec ex- ; en latin, il s'était bien réduit à x (exiliu pour exsiliu)[1] : mais les composés ont été refaits par le

[1] Dans les inscr. luch. et pyr., xs se confond souvent avec x ; c'est ainsi qu'on y trouve VXOR et VXSOR, EXORATA et EXSORATA, SEXSARBORI, BONXVS et BONXSVS, etc. V. Sacaze, dans la *Revue des Pyrénées*, an. 1889 et suiv.

roman. Or, ex- donnait *eys- (d'où ech-, y mouillant s) devant une voyelle : on a fait de cette forme la forme générale du préfixe. On a donc eu devant s, *eys-s ; et, la seconde s s'assimilant à la première mouillée, ou mieux participant à sa mouillure (ce qu'un i consécutif a dû parfois favoriser), mais continuant à former groupe disjoint avec elle, on a eu enfin ech-ch. Ex. :

ex-*sartare,	*echchartá* « essarter » ;
ex-sibilare,	*echcheolá* « siffler » ;
ex-siccare,	*echcheká* « sécher à fond » ;
ex-surdare,	*echchurdá* « assourdir » ;
ex-*sucare,	*echchūgá* « essuyer ».

D'où, par analogie, *echcharramá* pour *ech-arramá, etc.

2° *bis* Nous pouvons rattacher à ces accommodations les faits suivants, qui sont plutôt des cas de dissimilation ou d'assimilation :

a) Le traitement de v (= *w*) après l et r : il est devenu *b*[1]. Ex. :

málva,	*máwbo* « mauve » ;
salváre,	*sawbá* « sauver, conserver » ;
sílva,	*séwbo* « forêt » ;
sólvere,	**sówbe*, puis *sóbe* « tremper » ;
invólvere,	**embówbe*, puis *embóbe* « envelopper » ; etc.
nérviu,	*nèrbi* « nerf » ;
servíre,	*serbí* « servir » ;
curváre,	*kurbá* « courber » ;
*corváciu,	* *kurbás*, puis *krubás* « corbeau » ; etc.

Il est donc raisonnable de rapporter :

Būrbe (n. de vallée), à *Būrvone ou *Borvine (?), acc. de Borvo ;

Arbás (n. de lieu) à Ar(e)váci (Ἀρεουάκοι) « Arévaques » (d'après Castillon d'Aspet). Il faut supposer *Ar(e)váci,

[1] Cf. le montalb. *málbo* « mauve », *salbá* « sauver » ; il est vrai que v médial même donne en montalb. *b* doux.

car dans le Bas-Comminges, comme à Luchon, v intervocalique serait resté *w*.

b) Le traitement mi-savant, parfois, de l devant des labiales (*m, f, b*) et des gutturales (*k, g*); elle y est devenue *r*[1]. Ex. :

marmêk « qui parle mal », de male et de *mêk* « bègue »;
marmutá « marmotter », de male et de *môt* « mot »;
marmuchát « taloche » (litt. « mal mouché »), où le 2e élément est pris au français;
marfulhá « farfouiller »;
Jūrbyêlo (n. de village), de Juli -* vila?
mirgalhát « bariolé », s. d. de mille et de *galhát* « tacheté ».

Comparez les mots pris au français, ou mi-savants :

armanák « almanach »;
parmunísto « poitrinaire » (montalb. *palmú* « poumon »);
karkūl « calcul »;
margrê « malgré »;
karsiná « calciner »; etc.

Ce traitement de l est récent; le traitement ordinaire est la vocalisation (Voy. ci-après)[2].

c) Le passage de b à *d* dans les mots, pris au latin savant,

sūdjêt « sujet », lat. subjectu;
udjêt « objet », lat. objectu.

On aurait eu régulièrement °*sujêt* (pour **suwyêyt*) et °*awjêt*; le fr. aurait bien donné *udjêt*, mais °*sūjêt*.

[1] Cf. le montalb. *armanák* « almanach »; l'esp. Guillermo « Guillaume », de Wilielmo, luch. *Gilhém*; le béarnais *perpitá* « palpiter » et même *surdat* « soldat ». Le passage de l à *r* dans ces cas est le phénomène inverse du passage de r à *l* (vocalisée depuis) dans circulu (*séwkle*) et sarculu (*sáwkle*). — Voy. M. Grammont, *la Dissimilation*, p. 26.

[2] Ce passage de l à *r* peut être rapproché du passage de n à *r* dans les mots montalbanais *kárbe* « chanvre », luch. *kánep*; *Dumérk* (n. de famille), luch. *Duméŋk* « Dominique », de *Domincu (v. plus loin); et dans le vieux toulousain *amermá* « diminuer », de ad-*minimare; — de d à *r* dans le luch. *merleŋgino* « mésange » par métathèse pour **medeŋglína*; — et même (mais ici n qui passe à *r* précède au lieu de suivre) du luch. *bréŋho* « vendange » de vindémia; de l'espagnol golondra (« hirondelle », de *hirúndina), hombre, sangre, etc.; du fr. ordre, timbre, diacre, etc. Voy. ci-après les Dissimilations; et l'Appendice II.

d) Le passage de p devenu b à *t* dans les mots comme *katsêřo* « chevet de lit », s. d. pour * *kabesêřa* ; *katséto* « petite tête » (comique), s. d. p. * *kabeséta* ; *katseři* « sceau-de-Salomon (plante) », s. d. p. * *kabeseři*, dérivés de capitiu, a (montalb. *kabés* « chevet » ; espagnol cabeza « tête » ; luch. *kabéso*, peu usité ; mais on dit *kabesáno* « pièce de cuivre faisant partie du harnais ».

Cf. *klũtsis* « éclipse », p.-ê. de l'espagnol eclipsis, etc.

Voy. pour ces deux derniers faits les Assimilations actuelles, dans la 3e P. de la Phonétique ; et le Groupement des consonnes, dans la 1re P.

e) Le passage du groupe tl non appuyé à *tr*, dans *litrús* « qui se salit facilement » (mi-sav.) de *lūt(ŭ)lōsu ; esp. lijoso.

f) L'affaiblissement exceptionnel de t en *d* après n dans le groupe nt (Ex. : *aynát*, *endrábo*, etc. Voy. ci-dessus).

3°) Il y a eu enfin des *additions de consonnes*.

Dans les groupes d'origine romane m-r, m-l, un *b* s'est intercalé après m ; — n-r, un *d* après n ; — s-r, un *t* après s ; — n-l, un *g* après n passée à *ŋ*. Ex. :

1. cámera, * *kám-řa*, * *kámbra*, puis par métath. *krámbo* « chambre » ;

memoráre-se, * *mem-řář-s*, * *membrá-s*, par assim. * *bembrá-s*, enfin par métath. *brembá-s* « se souvenir »[1].

(Au contraire, on a *setéme* de septembre.)

1 bis. cumuláre, *kumblá* « combler » ; et *kúmble* « comble » p.-ê. pris au fr. : montalb. *kumúl*.

insimul, *ensémble* « ensemble » ; peu usité (on dit plutôt *a máso*), et p.-ê. pris au fr., car *trém* « tremble » (cf. *terrotrém* « tremblement de terre » ; anc.

[1] « Le passage de m à b devant r est inconnu dans les langues indo-européennes » (M. Grammont, *la Dissimilation*, p. 47) ; aussi faut-il supposer ici d'abord * *bembrá-s*, puis métathèse.

albigeois *terratremól*), paraît venir de trémulu. — Cf. ĕbulu, *jèw* « hièble ».

2. géneru, *yén-ɾo*, puis *jéndre* « gendre » ;
téneru, *tén-ɾo*, puis par métath. *trénde* « tendre » ;
* die-Véneris, * *diwén-ɾes*, puis *diwéndres* « vendredi », avec *s* ajoutée ;

(Au contraire, on a *béne* de vendere.)

3. essĕre, * *és-ɾe*, puis *éstre*, enfin *éste* « être ».
4. spīnula, * *espíŋ-la*, puis *espíŋgla*, enfin par métathèse, *esplíŋgo* « épingle » ;
* porcīnula, * *pusíŋ-la*, puis *pusíŋglo* « soue ».

La dernière transformation est fort curieuse ; elle se retrouve d'ailleurs en français (épingle) et en béarnais (*iɾuŋgléto* « hirondelle », p. **iɾuŋ-léta*, de *(h)irundulítta, *irun-lítta). Au contraire, le montalbanais a procédé ici par assimilation (*espíllo* « épingle ») comme d'ailleurs le luchonnais dans *arróllo* « hirondelle » ; mais dans ce dernier n était suivie de d. Espagnol golondra de *(h)irund(i)na. — C'est le caractère disjoint du groupe qui a dû favoriser une nasalisation gutturale de n, traitée comme finale ; d'où appel, grâce à l, à un *g*.

a″) Groupes disjoints hétérogènes *devenus finaux*.

1°) A l'égard des groupes disjoints hétérogènes devenus finaux, la loi qui veut que les muettes devenues finales soient fortes (V. ci-dessus) vient appuyer la loi générale des groupes ; la seconde consonne maintient souvent la première, et elle-même *reste ou devient forte*. Ex. :

truncu, *trúŋk* « tronc » ;
* sangue, *sáŋk* « sang ».
arcu, *árk* « collier en bois pour clochette » ;
largu, *lárk* « large ».
* serpe p. serpente, *sêrp* « serpent » ;
corbe, *kòrp* « corbillon pour le fumier ».

sorte, *sòrt* « sort »;
surdu, *súrt* « sourd » [1].
ursu, * *úrs*, puis *ús* « ours »;
cúbitu[(i)?], * *kúwd* ou * *kúwt*, puis *kút* « coude »;
vulpe, * *búwp*, puis *búp* « renard »; etc.

Comme on le voit, b ne s'est pas vocalisé dans corbe, mais est passé à *p*. Quant à v (devenu b après r ou l, comme nous venons de le voir), il a donné p comme *b*. Ex. :

calvu, †*káwp* « chauve ».

Les nasales m et n [2] persistent. Ex. :

palmu, * *páwm*, puis *pám* « empan »;
carne, *kárn* « chair »;
(h)ibérnu, *iwêrn* « hiver », auj. souv. *iwêr*;
furnu, *hũrn* « four », auj. souv. *hũr*.

(C'est tout récemment que *n* est tombée dans quelques mots après *r*).

Les exceptions à cette règle sont rares : mb se réduit à *m* et nd à *n* (Voy. plus loin); mais mp et nt suivent la règle. Ex. :

campu, *kámp* « champ » (montalb. *kán*);
centu, *sént* « cent » (montalb. *sén*).

2°) Il y a lieu de remarquer certains groupes d'origine romane formés avec t et s.

1. t final latin a-t-il contribué à la formation des groupes *ts* et *tch*, dans des formes verbales comme :

lucet, *lũts* « il luit »;
placet, *pláts* « il plaît »;
dicit, *dits* « il dit »;
legit, *létch* « il lit »;
fugit, *hũtch* « il fuit » — ?

C'est fort douteux pour celles en *ts*, car luce, où il n'y a point de t final, donne déjà *lũts* « lumière »; de même pace,

[1] carduu donne irrég. *kawp* « chardon »: mais on dit *kardiŋ* « chardonneret », etc.

[2] Pour *sôm* « sommeil », voy. ci-dessus.

páts « paix », etc. (Voy. plus loin le traitement de c médial devant e ou i, devenu final). — D'autre part, legit et fugit auraient dû donner régulièrement (Voy. plus loin le traitement de g médial devant e ou i, devenu final) °*léy* et °*hüy*; c'est donc l'analogie avec *léje* « lire » et *hüje* « fuir » d'abord, et aussi avec *lüts*, *pláts*, *díts*, qui a dû donner *létch* et *hütch*. L'influence du t final serait donc nulle ici.

2. s finale latine a formé des groupes divers avec des consonnes précédentes. Ces groupes se sont plus ou moins réduits.

Elle a dû persister d'abord, comme nous l'avons dit (Voy. ci-dessus les Consonnes finales simples latines) dans les verbes, aux 2es et 3es personnes du pluriel, en donnant les groupes *ms*, *ts* réduits assez tard à *m* et *t* par chute simple de *s*[1].

Puis, comme signe du nominatif singulier[2]. Ex.:

corpus,	* *kòrps*, * *kòrts* (?), *kòs* « corps » ;
tempus,	* *témps*, * *ténts* (?), *téns* « temps » ;
* fimus,	*hyéms* « fumier ».

(La consonne qui précède s est, on le voit, souvent tombée.)

D'ailleurs, l'analogie a étendu à un certain moment cette *s* du nominatif. (Ex.: *néts* « nuit », de *nét* issu de nŏcte, plus *s*. Voy. la Morphologie).

[1] En montalbanais, *ts* s'est réduit à *s* aux 2es personnes. Ex.: *kantás* « vous chantez », luch. *kantát*, Saint-Béat *kantatch*, bas-comm. *kantáts*, de cantatis.

L'adverbe *tustém* « toujours » est pour **tuts-téms*; *ts* s'est affaibli en *s* et l'autre *s* est tombée après *m* comme dans *kantám* pour **kantáms*, de cantamus.

Il semble que, *dans les noms*, *ts* final, issu de *t-s*, s'est réduit régulièrement à *s*. En tout cas on a *Lís*, s. d. p. **Líts*, plur. de *lit* « avalanche », dans *era bad de Lis*, n. de vallée ; on a encore *es*, plur. de l'article masculin, pour *ets*, qui se dit encore dans la locution *ez üz e'dz ducti*. Si on dit *ez líts*, avec *t* maintenu, ce pluriel a dû être refait, comme presque tous les autres.

[2] Le groupe final xs a-t-il existé? *flüs* « diarrhée » vient, à cause de *f*, du fr. ou du latin savant; fluxu aurait donné °*hclüch*: — *Lés* (n. de village, du canton de Saint-Béat) pourrait-il venir de Lĕx(ĭ)s? (Voy. J. Sacaze, *Épigraphie de Luchon*, p. 23, n. 5). Lĕxe aurait donné °*Léch*; mais peut-être est-ce une forme invariable Lĕx qui a donné *Lés* (cf. sĕx, *syés* « six »).

De même, comme signe de l'accusatif pluriel, s peut avoir parfois persisté. C'est du moins ce que fait supposer l'adverbe *a-bèz-dyez-á*, litt. « il y a beaux jours ». Aujourd'hui le pluriel de *bêtch* « beau » étant *bêts* (à côté de *bêxi*), les lois actuelles de l'assimilation donneraient * *a-bèd-dyez-á* (cf. *a-dèd-dyez-á* « il y a dix jours » : *dêts* « dix ») ; *-bèz-* doit donc venir directement de bell(o)s, par * *bêws*, puis * *bês* (cf. *tus-* dans *tustém* « toujours » ; pour * *tus*, anc. *tuts*? à moins qu'il n'y ait simplement, ici comme là, dissimilation).

Mais, d'une manière générale, s marque du pluriel doit avoir été non seulement maintenue et étendue par l'analogie, mais même pour ainsi dire rapportée, les pluriels actuels ayant été très probablement refaits sur les singuliers. C'est du moins ce qui s'est produit en français (Ex.: còq, anc. plur. † cós, plur. refait còqs). Ce seraient donc, non les groupes latins (ll-s ; l*y*-s, gl-s ; n*y*-s, gn-s ; n-s), mais les groupes romans (*tch-s* ou mieux *t-s* avec *t* mouillé ; *lh-s* ; *nh-s* ; *ŋ-s*) qui auraient donné les pluriels actuels (en *ts* ; *ls* ; *ns* ; *s* ; — avec disparition de la mouillure et de la nasalisation gutturale devant *s*). Ex. :

agnĕllu,	*anhêtch* « agneau » ; pl. *anhêts* ;
tĭliu,	*télh* « tilleul » ; pl. *téls* ;
artĭculu,	*artélh* « orteil » ; pl. *artéls* ;
ba(l)neu,	*bánh* « bain » ; pl. *báns* ;
stagnu,	*estánh* « étang » ; pl. *estáns* ;
cane,	*káŋ* « chien » ; pl. *kás*.

Au génitif, s est tombée ; mais elle a été maintenue dans des mots à demi savants, comme les noms des jours : *dimárs* « mardi » ; *dijáws* « jeudi » ; *diwéndres* « vendredi » ; et par analogie *dimêkres* « mercredi » et même *dilũs* « lundi ». Mais on dit sans *s* *disátte* « samedi » et *diménje* « dimanche ». (Cf. le montalb. *dilũs*, *dimás*, *dimékres*, *ditsós*, *dibéndres*, mais *disáte* et *diméntse* ; — et l'espagnol lunes, martes, miércoles, jueves, viernes, mais sabado et domingo).

Enfin, s s'est trouvée ou ajoutée à la fin d'un grand nombre d'adverbes, fréquemment après le groupe nt ; nt-s a été réduit depuis à *ns* (prononcé presque *nts*). Ex. :

(il)lac-intus, * *lagénts*, auj. *lagéns* « léans » ;

fr. avant (ou languedoc. *abánt*) + s, * *abánts*, auj. *abáns* « avant ».

-ménte + s, * *-ménts*, auj. *-méns* (montalb. *-mén*, fr. -ment). (Cf. *de-buk'a-déns* pour * *-a-dénts*, de ad -dentes « face contre terre »).

Pour plus de détails, voy. la Morphologie.

b) *En détail.*

A un point de vue plus spécial, il y a lieu de remarquer, dans les groupes disjoints hétérogènes, des vocalisations de consonnes, des chutes régulières, enfin divers groupes qui fournissent des chuintantes.

1°) Vocalisations.

1. Se sont vocalisées dans les groupes disjoints hétérogènes, en donnant un *w*, les premières consonnes b, p passé à b, et l.

1° Pour b, le fait se produit régulièrement dans les groupes br et bl. Ex.:

fabru,	*hiáwre* « forgeron »;
lab(o)ráre,	*lawrá* « labourer »;
paráb(o)la,	*paráwlo* « parole »;
mal(e)(h)áb(i)tu,	*maláwt* « malade ».

2° La vocalisation de p est très rare, et se produit semblablement dans le groupe pr passé à br. Ex.:

aperire,	*awrí* (larb.) « ouvrir »;
cópreu,	* *kówrye*, auj. *kwéyre* « cuivre ».

3° Pour l, la vocalisation est régulière. Ex.:

sĭlva,	*séwbo* « forêt »;
palmu,	* *páwm*, auj. *pám* « empan »;
cál(ĭ)da,	*káwdo* « chaude »;
voltúrnu,	* *bòwtúrn*, auj. *botúrn* « vent du S.-E. »;
dulce,	* *dúws*, auj. *dús* « doux »;
Aherbélste,	* *-arbéwst*, *-arbúst* dans *Larbúst* « Larboust »;

Harbélexe, **Harbéwch*, auj. *Harbúch* (n. de famille »[1].

Il en est naturellement de même de r et de g passés à l. Ex. :

circulu, par * cilculu, *séwkle* « cercle » ;
sárculu, par * sálculu, *sáwkle* « sarcle » ;
ságma, par * salma, *sáwmo* « ânesse » (fr. somme) ;
smarágda, par * smaralda, *ezmerảwdo* « émeraude », p.-ê. du fr.

Et aussi de ll devenu par chute d'une atone premier terme (réduit à l) d'un groupe disjoint. Ex. :

bell(i)táte, *bewtát* « beauté » (montalb. *bawtát*, pris au fr. s. d.)[2].

Dans plusieurs cas, la vocalisation doit avoir été très ancienne ; c'est du moins ce que paraît démontrer le traitement de la diphtongue qui en était issue. Ainsi :

b doit s'être vocalisé de bonne heure dans les dérivés de fabru (*ħawre*) fábrica, d'où *ħórgo* « forge, enclume », et fabricáre, d'où *ħurgá* « forger » ; il se peut pourtant que l'on n'ait eu ni *fáurica, ni * fauricáre, mais que simplement *r* ou mieux le groupe *rg* ait amené la réduction de la diphtongue *aw* dans **ħáwrgo*, **ħawrgár*. Cf. *uská* « entailler, s. d. p. * *awsgár*, de * absĕcāre ; d'où *ósko* « entaille ».

[1] L'accentuation Harbélexe est justifiée par la forme (H)ARBELSIS qu'on trouve sur les inscriptions à côté de HARBHILIIXIS, HARBELEXSIS (Voy. J. Sacaze, *Hist. anc. de Luchon*, pp. 40-43 .

De même * Bombélexe a sans doute donné *Mumúch* n. d'un bois des Hautes-Pyrenées) : *M* pour *B* par une légère assimilation (M. Luchaire pense même que Bonbelex est pour * Monbelex).

[2] Il suit de là que le pronom régime *-w* vient de * lu enclitique, pour illu(m) ; et que l'article luchonnais (*etch, era*) s'est formé d'une manière indépendante, de illu, illa. Au contraire, l'aranais et le louronnais donnent déjà *er-ús* « l'ours », ce qui suppose ll de illu traité comme intervocalique ; et plusieurs patois gascons présentent des formes de l'article masculin terminées par un *w*, ce qui suppose s. d. ll de ill(u) vocalisé devant un nom commençant par une consonne.

l, plus sûrement encore, a dû se vocaliser de très bonne heure pour donner :

tóp « taupe » de *talpu (masc. de talpa) ; du moins on aurait pas dire **táwp*, puisqu'on dit *báwp* « engourdi par le froid (se dit des doigts) », s. d. de balbu; mais peut-être le *p* a-t il réduit la diphtongue de * *táwp*, *báwp* étant maintenu par le féminin *báwbo* ; on dit *tawpatê* « taupier ».

sumé « âne » (mot aranais), de *salmariu p, sagmariu ; même phénomène : *aw* y a été traité comme au dans *ausare, *gudá* « oser », et pausare, *pudá* « poser » ; et cependant l'aranais dit bien *sáwmo* « ânesse » ; — *Subánho* (nom de vache) pourrait aussi avoir été pris à l'aranais, car * silvaniu donnait en ancien luchonnais † *sawbánh* « sauvage, habitant des forêts ».

Enfin *kumá* « se reposer à l'ombre », et non °*kawmá*, de *calmare (cf. calme), qui a dû de bonne heure être ramené à *caumare (cf. le fr. chômer) ; et cependant dans *kawmyás* « chaleur lourde » (montalb. *kalimás*) *aw* a persisté — Voy. ci-après la Lexicologie ; et, ci-dessus, dans les Voyelles, l'Influence des consonnes sur les voyelles et les Apophonies. — Voy. aussi Mohl, *Introd. à la chron. du latin vulgaire,* p. 160 et suivantes.

2. Se sont encore vocalisées, dans les groupes disjoints hétérogènes (nous avons indiqué ci-dessus que les groupes avec r peuvent être considérés comme disjoints) en donnant un *y*, les premières consonnes d ; t passé à d ; c maintenu ou passé à g ; g ; enfin s.

1° Pour d et pour t, le fait se produit devant r ; sauf bien entendu quand une consonne précédente les a maintenus (Voy. ci-dessus). Ex. :

(h)éd(e)ra,	* *yêyra*, auj. *jêyro* « lierre » ;
créd(e)re,	* *kréyr*, auj. *kréy* « croire » ;
patre,	* *páyr*, auj. *páy* « père » ;
latráre,	* *layrá* « aboyer ».

2° Pour c, dans les groupes disjoints ct[1], cm et cr. Ex. :

[1] Des mots comme *trattá* « traiter », *Ottóbre* « Octobre », etc., ont donc subi une influence savante ou sont savants. On aurait dû avoir, en effet, de tractare, * *traytá*, et de ŏctŏbre, s. d. ° *Òytówre*, puis ° *Gweytwówre*. Cf. encore *Malaleno* « Madeleine ». — Pour *ayánt*, *may*^{ly}, voy.

tractu,	*tráyt* (larb.) « tiré »;
* lacte,	*lêyt* « lait »;
factu,	* *háyt*, *hêyt*, auj. *hêt* « fait »;
* ad-lectáre se,	*aleytá-s* « s'aliter »;
* drectu,	* *dréyt*, auj. *drét* « droit »;
* Jác(o)mu p. Jácobu,	*Jáyme* « Jacques »;
* socra,	* *sôyra*, * *swéyra*, auj. *swéro* « belle-mère »; etc.

De même, pour g, dans les groupes disjoints gd et gr. Ex.:

* frĭgdu,	* *hréyt*, auj. *herét* « froid »;

(peut-être a-t-on eu simplement frĭgidu passé à * *fréydo?* Voy. plus loin)

* nigra,	* *néyra*, auj. *néro* « noire ».

Nous avons vu ci-dessus sa vocalisation comme final isolé devant e ou i, et son traitement dans les groupes gl et gn; nous verrons ci-après son traitement dans les groupes lg et ng, où il paraît s'être vocalisé encore.

3° Pour s, rarement, devant n ou l[1]. Ex.:

* almós(i)na,	*awmôyno* « aumône »;
* vass(a)littu,	*baylét* « valet »;

peut-être aussi dans diverses formes du verbe *éste* « être »:

éy « il est », de est;
êt « vous êtes », de estis, par * *êyt?*
êm « nous sommes », de * esmus, par * *êym?* (infl. anal.).

Mais les groupes sp, st, zm persistent régulièrement.

2°) Chute de diverses consonnes.

1. Dans les groupes disjoints, la première consonne est

ci-dessus. — Rem. que le montalb. dit *láts*, *dréts*, etc., l'esp. leche drecho, etc.; le luchonnais est donc ici plus près du français que de l'espagnol et du montalbanais. Voy. l'Appendice II.

[1] En montalbanais, *s* finale passe à *y* devant une consonne autre que *p*, *k* et *t*. Ex.: *n'è pás* « je n'en ai pas », mai *n'è pay fréts* « je n'ai pas froid »; *dwós* « deux, fém. », mais *dwòy màs* « deux mains »; etc. Le même phénomène se produit dans divers patois gascons, provençaux et auvergnats. Mais le montalb. dit isolément *és* « il est », *sés* « vous êtes », *sén* « nous sommes ». Voy. dans la 3e Partie les Assimilations actuelles.

dinairement la plus fragile ; c'est ce qu'on voit notamment ec n et r, le plus souvent devant s.

1° Dès le latin classique, n était tombée devant s; elle anque donc là en luchonnais, et de même devant x passée s. Ex.:

-e(n)se, *-és, f.-ézo* (fr. -ais, -aise);
pe(n)sáre, *pezá* ou *pedá* « peser »;
tra(n)s, en composition *trés-* (« tré- », c.-à-d. au-delà);
co(n)stáre, *kustá* « coûter ».

De même, quand le groupe n-s est de formation romane, icienne ou récente. Ex. :

minus, *méns* « moins », mais en compos. *més-*, fr. « mé- ».
káŋ « chien »; pl. *kás* pour **kán-s* ou mieux **káŋ-s*. (Voy. l'Appendice II.)

Enfin, n tombe *a fortiori* dans les groupes pénibles nst, p, nsc, même de formation récente. C'est ainsi qu'on dit:

estititũr « instituteur »;
tres-, ou (mi-sav.) *tras-*, de trans- (*trestirá* « tirer en s'écartant », *trasparént* « transparent », etc.).

2° Dès le latin populaire, r était tombée devant s dans:

sū(r)su, d'où (*en*)*sūs* « en haut » ;
deǒ(r)su, d'où (*en*)*jús* « en bas ».

De même, on a, par généralisation de ce traitement en honnais:

*bursa, *búso* « bourse »;
ursu, a, *ús* « ours », *úso* « ourse »;
morsicáre, *musegá* « mordre ».
Palhás (n. de fam. et n. de pic), p. **Palhárs* ; cf. *Palharôs* (n. de lieu) et, en Espagne, Noguera Pallaresa.
*cucú(r)bia, *kújo* « citrouille »;
*fúrciu (ou *fūsciu?), *húch* (se dit d'un animal ayant les cornes recourbées en avant). — V. ci-après pour les groupes rcy et rci.

Mais si l'on a :

Bernardu,	*Bernát* « Bernard » ;
* Blankardu,	*Blaŋkát* « Blanchard »[1],

cela tient sans doute à un remplacement du suffixe germanique et péjoratif *-árt*, qui existe aussi en luchonnais, par le suffixe diminutif *-át*.

On a, naturellement, *dūs* et *madūs* au plur. de *dū* « dur » et *madū* « mûr », qui ont perdu r au singulier même (duru, maturu).

Remarquons enfin que r finale est tombée à l'infinitif, même devant les proclitiques. De même que cantare a donné *kantá* « chanter », de même on dit *kantá-m*, *kantá-t*, *kantá-s*, *kantá-w*, etc., pour cantár(e)m(e), cantár(e)t(e), cantár(e)s(e), cantár(e)(il)l(u), etc. Et ici r n'était pas simplement finale; l'accentuation de formes comme *kreé-w* « le croire », *kaé-n* « en tomber », suppose la formation ancienne des locutions credér(e)(il)l(u), cadér(e))i)nd(e), avec appel de l'accent sur la syllabe précédant r (Voy. la 3e P. de la Phonétique); car l'accentuation normale de ces infinitifs est créd(e)re (*kréy*), cád(e)re (*káy*). Seulement, la chute de r à la fin des infinitifs isolés a pu par analogie contribuer à sa suppression dans ces locutions verbales.

2. Il arrive cependant parfois que c'est la seconde consonne qui tombe.

1° Ainsi, dans les groupes mn, dn, xn devenus finaux, n tombe[2], avec addition d'un *e* final (comme avec les groupes br, tr, etc., où r tombe, ainsi que nous l'avons vu ci-dessus : *árbe*, *nòste*, etc.). Ex. :

(h)ómine,	*òme* « homme » ;
* levámine,	*thewáme* « levain » ;

[1] *Betran* « Bertrand » de Bertrandu, est à part, car la chute de r devant t doit y être due à une dissimilation ; même remarque pour *dimékres* « mercredi » au lieu de **dimérkres*.

[2] L'espagnol a tourné la difficulté autrement : il a changé n en r, avec b comme soutien : Ex. : hombre « homme », de homine ; sangre « sang », de sanguine, et même hembra « femelle », de femina. — Le français a procédé de façons diverses (homme, ordre).

órdine, *órde* « ordre » ;
fráxinu, * *ſiráysne*, auj. *ſierèche* « frêne ».

2° Surtout, dans les groupes nd et mb, restés médiaux ou devenus finaux, d et b disparaissent. Le fait s'est produit, même quand b et d formaient groupe avec une r suivante, grâce à la chute de cette r. — C'est un des traits caractéristiques de la phonétique gasconne et luchonnaise [1]. Ex. :

— plumbu, *plúm* « plomb » ;
*camba, *kámo* « jambe » ;
cumba, *kúmo* « col, combe », masc. *kúm* « auge » ;
palumba, *palúmo* « colombe » ;
Septémbre, *Setéme* « Septembre » ;
Decémbre, *Deséme* « Décembre ».
— gránde, *grán* « grand », fém. *gráno* ;
úndeci, *únze* « onze » ;
múndu, *mún* « monde » ;
rotúndu, * *arrudún*, puis *ardún* « rond », fém. *ardúno* ;
quándo, *kwán* (Voy. la 3° Part. p. la forme *kwánt*, devant les voyelles) ;
*tendicula, *tanílho* « étançon » ;
ad-cum-mandare, *akumaná* « communiquer par contagion » ;
préndere, *préne* « prendre » ;
exténdere, *estyéne* « étendre » ;
findere, *ſiyéne* « fendre » ; etc.

[1] Le phénomène de la réduction de nd à n se produit en basque ; mais n'a-t-il pas existé aussi, comme celui de la réduction de mb à b, dans certains tout au moins des anciens pays celtiques ? C'est du moins ce qu'on serait porté à conclure de l'inscription de Novare, où l'on voit Andekombogios, Exandecottis, Andarevisseos écrits ANOKOPOKIOS, ESANEKOTI, ANAREVIXEOS. C'est aussi ce que dit Thurneysen, cité par Korting, *Dict. 1re Ed.*, N° 1540 (irl. camm), et N° 2818 (enâre), § 12. — Dans les inscriptions luchonnaises, les groupes MB et ND sont fréquents. Ex. : SEMBVS, ANDOSE, etc. — En montalbanais le fait ne se produit pas ; on dit *Setémbre*, *kulúmbo*, *kámbo*, *grándo*, *féndre*, *múndo*, etc. ; quand nd s'est trouvé final, il a dû donner **nt*, passé à *n* : *grán* ; cf. *sén* « cent » ; — et mb final **mp*, passé à *n* : *plún* ; cf. *kán* « champ », comme *kán* « chant ».

Et de même dans les noms propres anciens, latins, celtibériens ou germaniques :

Convénicos (ou -as?)	*Kuménjes* « Comminges » ;
* Bombélexe,	* *Bumúch*, puis *Mumúch* (n. de lieu) ;
— Andossu,	*Anôs* (n. de lieu et n. d'homme)[1] ;
* Vindascu,	*Benásk* « Vénasque » ;
Bertrandu,	*Betrán* « Bertrand » ;
Regimundu,	*Arramún* « Raymond ».

Comment comprendre maintenant cette disparition de b après m et de d après n? Elle tient, croyons-nous, à cette prononciation ferme, en luchonnais, de *m* et de *n* que nous avons déjà signalée. Il y a eu assimilation si l'on veut, ou plutôt (l'assimilation de la consonne suivante à la précédente étant exceptionnelle) b a été pour ainsi dire noyé dans l'articulation de m (= *b* nasal), d dans celle de n (= *d* nasal), m et n transmettant à b et à d leur nasalisation. On a donc eu à peu près **mm* et **nn*, réduits ensuite à *m* et à *n*. Ce phénomène a dû commencer avant la chute des finales atones : ce qui permet de comprendre que mb, nd devenus finaux aient donné *m* et *n*, non *mp* ni *nt*, et que l'analogie ait pu rapprocher *hyéne* et *estyéne* des verbes où s'était produite la diphtongaison d'une voyelle libre (*hyamá*, *hyalá*, etc.) et par suite s. d. y amener aussi une diphtongaison.

Dans les composés, où le d et le b avaient un caractère d'initiales, on comprend que ces consonnes aient persisté. Ex. : *endrét* « endroit » ; *embüká* « gaver » ; *kumbraŋká* « faire dévier (le char) » ; *kumbéŋge* « convenir » ; même *kumbént* « couvent », p.-ê. savant. Dans *Kuménjes* (v. ci-dessus), le v initial est passé à *b* sous l'infl. de n, n est passée à *m* devant ce *b*, et le groupe *mb* (bien que d'origine assez récente) s'est réduit par oubli de l'étymologie du composé, d'ailleurs latin et non roman.

[1] Bonbélexe a dû passer par * Bombélexe. Voy. ci-dessus pour ce mot. — Andossu est fréquent sur les inscriptions luchonnaises (V. J. Sacaze, *Hist. anc. de Luchon*, p. 36, etc.). — Nous croyons donner ici la véritable étymologie de *Benásk*. — Voy. la Lexicologie pour tous ces noms propres.

Ajoutons que, d'après une loi générale des groupes, une consonne persistante (ici r) a maintenu (malgré des métathèses ultérieures) les groupes mb, nd dans des mots comme :

*ex-combrare, * *eskumbrár*, puis *eskrumbá* « balayer » ;

et que le *b* ou le *d*, appelés comme appuis par les groupes m-r, n-r, ont persisté dans des mots comme :

memoráre-se, * *memrár-s*, * *membrá-s*, * *bembrá-s*, auj. *brembá-s* « se souvenir » ;

téneru, * *ténro*, * *téndre*, auj. *trénde* « tendre », fém. *tréndo*.

Au contraire, dans des mots où un t se trouvait après les groupes mb, nd, mais séparé d'eux par une voyelle, c'est lui qui a donné le *d* du groupe *nd* actuel. Ex. :

véndita, *béndo* « vente » ;
* réndita, *arréndo* « rente ».

On voit que les formes *andá* « faire les andains », *ándo* « andain », et leurs dérivés s'expliqueraient très bien en partant de *anditáre (et d'ailleurs de *ambitáre aussi, s'il a existé). — Quant à la forme simple *andáre, quelle qu'en soit l'origine, elle donnerait régulièrement, en luchonnais et en gascon (et en catalan aussi, où existe la même loi) *aná* « aller ».

Il suit de cette loi que si l'on dit *Nubémbre* et même *Desémbre*, ces mots sont, comme *Òttôbre*, pris au fr. ; — que *demandá*, *kumandá*, *arrekumandá*, etc., ont subi une infl. fr. (aranais *demaná*, *kumaná*, *eykumaná*) ; qu'il y a encore une influence française ou savante dans des dérivés comme *kumbáno* « creux qui ressemble à une combe » (de *kúmo*, à côté de *kumirôlo* « petite combe ») ; *plumbá* « plomber » (de *plúm*) ; *Betrándo*, de *Betrán* ; — que *múnde* « monde, gens », *arrúnt*, *-úndo* « rond », *arrénde* « rendre », *grumánt*, *-ándo* « gourmand », *Alemánt*, *-ándo* « Allemand », *arribánt* « ruban », *bándo* « bande » sont pris au fr. ; et *bándu* (« grande étendue » ; et dans *suná a bándu* « sonner à toute volée », montalb. *a brandúls*), à l'espagnol ; etc.

Sabūkê « sureau », est s. d. p. **samūkê*, de * sambucariu, par perte de la nasalisation de la labiale (V. plus loin les Assimilations).

Melík « nombril », est un mot très curieux à cause de l'apocope initiale qui doit avoir été très ancienne et s'être produite après illu, avant la chute des contre-toniques. On a pu avoir ainsi illu 'mbĭlīcu, d'où *'*mmelígo*, auj. *melík* ; cf. l'italien bilico, cité par M. Grammont, *La Dissimilation*, p. 163 : d'ailleurs cas différent.

3°) Groupes qui ont *toujours* fourni des chuintantes.

Restent à indiquer les groupes disjoints hétérogènes, primitifs ou de formation romane, qui ont fourni toujours des chuintantes, quelque voyelle qui les suivît.

1. Nous trouvons d'abord ceux où c, passé d'abord à *g*, a donné après n ou d, dentales sonores, *j* [Mais après t appuyé, resté (du moins d'abord) *t*, c est resté ou mieux redevenu *k*]. Ce sont des groupes où se trouvait un i atone avant le c (groupes -nicu, a ; -dicu, a ; -ticu non appuyé ; -dicare ou -ticare non appuyés ; etc.). Ex. :

—* monicu,	*múnje* « moine » ;
canonicu,	*kanúnje* « chanoine »[1] ;
* manicu,	*mánje* « manche, m. » ;
manica,	*mánjo* « manche, f. », montalb. *márgo* ;
* man(d)icare,	*maynjáɾ*, puis *minjá* « manger » ;
Convénicos(ou-as ?)	*Kuménjes* « Comminges » ;
Dominicu,	*Duménjes* « Dominique » (avec *s* ajoutée) ;
die(do)minicu,	*diménje* « dimanche » ;
—* fĭdĭcu, ou * fĭtĭcu,	*hídje*[2] « foie » ;
fodicáre,	*hudjá* « touir » ;
judicáre,	*jŭdjá* « juger » ;
-áticu, a,	*-ádje*, *o* (fr. -age) ;

Mais si l'on a : *pêrtcho* « perche », lat. pértica ; si l'on dit

[1] Darmesteter donne pour le fr. *moniu et *canoniu ; mais en luch. on aurait eu s. d., avec ces formes, °*múnh* et °*kanúnh*. — *Duméŋk* à côté de *Duménjes* supposerait *Domincum ; il y a eu peut-être influence du suffixe *-eŋk*. Cf. en montalb. *diméntse* et *Dumérk*.

[2] Montalb. *fétse*, de *fĭdicu ou *fêdicu.

eskurtchá « écorcher », lat. * excorticare ; etc., ce sont là des mots empruntés, car on aurait dû avoir **pêrko*, **eskurká*. Cf. *mártcho* « marche ! ». — Le traitement régulier se trouve dans masticāre, **mastgáz*, auj. *maská* « mâcher (un dessert avec du pain) ». Au contraire, son doublet *mastegá* « mâcher » est analogique (cf. *hezegá*, de frĭcare) ; et les verbes en *- iká*, comme *prediká* « prêcher », sont savants.

2. Vient ensuite le groupe z (= *dz*) qui a toujours donné *j*. Ex. :

zelosu, *jelús* « jaloux » ;
-izāre, ? *-ejá*, béarn. *-eyá*. (Le fr. -eyer vient s. d. de -ĭcāre ; mais *-eyá*, *-ejá* exigeraient au moins *-igiāre. Voy. la Lexicologie).

Pourtant, devenu final, il donne *s*, sans doute sous des influences analogiques. Ex. :

*(o)ryzu, *arrís* « riz » (si ce mot n'est pas pris au fr.).

3. Enfin x (= cs) restée médiale ou devenue finale [1], a toujours donné *ch*. C'est un des traits caractéristiques du luchonnais. Ex. :

axe, * *êch*, auj. *hêch* « essieu » [2] ;
buxu, *búch* « buis » ;
coxa, *kwécho* « cuisse » ;
fráxinu, *hezêche* « frêne » ;
laxāre, *lichá* « laisser » ;
lixīvu, *lichéw* « lessif » p. * *leysyéw* ;
* taxária, *techêzo* « if » ;
ex-luxelláre, *ezlüchezá* « déchirer avec les griffes » ;
* paxéllu, *pachêtch* « tuteur » ; etc.

[1] « Ixe » se dit même *tcho* en luch. (*jugá aza ícho*, expression du jeu de quilles). En béarnais et en catalan, x vaut souvent *ch*.

[2] Axe doit donner **éch* (p. **áys*), mais **éch* a dû se confondre avec *hêch* « fagot », dim. *hechôt*, issu reg. de fasce (V. ci-après pour sc devant e et i). C'est pourquoi l'on dit *etch hêch* (et non *edj éch*) pour « l'essieu ».

De même dans les noms propres, avec une x d'origine celtibérienne :

Harbélexe, **Harbéwch*, puis *Harbúch* (nom de famille);

(I)lixône, *Lŭchúŋ* « Luchon ».

Comment comprendre cette transformation de x (= cs) en *ch*? C'est s. d. le *y*, produit sous l'influence de la gutturale c contenue dans x, qui s'est fondu après coup avec x réduite à *s*, pour donner *s* mouillée, puis *ch*. Ce *y* a donc disparu partout en luch., comme en espagnol (qui donne ici une jota), contrairement au montalb., qui conserve *s* comme le français[1].

(Mais x finale primitive, d'ailleurs probablement aussi par *ys*, *ch*, est devenue *s* dans sex, **sêys*, **syéys*, **syéch*, auj. *syés* « six ». — Voy. la IIIe P. de la Phonétique).

4. Nous avons vu ci-dessus que le groupe xs a été traité d'une manière analogue, mais en donnant *chch* et non *ch*. Ce redoublement s'est ensuite étendu à tous les mots contenant le préfixe *ech-* ou paraissant le contenir. Ex. :

ex-sibilare, *echchewlá* « siffler »;

et de même *echcharramá* « émonder », *echchamustá* « faire sortir le moût », *echchaŋkrá* « échancrer », *echcháme* « essaim », et même *echchôlo* « doloire » pour **achólo*, de *asciola.

C) Influence spéciale de la nature des voyelles sur les consonnes.

Ce que nous avons vu jusqu'ici nous montre que le fait, pour les consonnes et les groupes de consonnes, d'être placés avant une voyelle, ou après, ou entre deux voyelles, explique pour une bonne part leur histoire.

[1] Cf. les mots esp. eje « essieu », boj « buis », lejía « lessive » : — les mots montalb. *búys* « buis », *kúyso* « cuisse », *daysá* « laisser », *fráyse* « frene », *paysél* « tuteur », *lesío* p. **leysío* « lessif » ; — et en luchonnais *ch* dans *may-chí* « mais si », et dans les mots s. d. pris au fr *medechiŋ* « médecin », *kapuchíno* « capucine », etc., où *s* médiale a pu être mouillée par un *y* produit par l'*i* long suivant.

Mais il y a des influences plus spéciales exercées sur les consonnes par les voyelles non plus simplement en tant que voyelles, mais en vertu de leur timbre particulier, c.-à-d. de leur prononciation dans l'avant ou dans l'arrière-bouche. Elles tendent, d'une manière générale, à modifier l'articulation des consonnes qui les accompagnent de manière à la rapprocher de la leur. Elles agissent dans ce sens sur toutes, mais leur action est surtout manifeste avec celles dont l'articulation est le plus apparentée à la leur, notamment avec les palatales.

Dans le passage du latin au luchonnais, il faut considérer comme voyelles ouvertes, c.-à-d. se prononçant avec l'arrière-bouche, u, o et a aussi [1] ; comme voyelles fermées ou mieux prépalatales e et i seulement. Ces dernières ont mis de la variété dans le traitement, principalement, des gutturales et des dentales. Elles les ont ou altérées, ou fondues avec elles. L'altération simple est le fait des voyelles pures, la fusion s'est produite avec la semi-voyelle *y*.

1) *Action des Voyelles pures.*

Elles n'ont agi que quand elles étaient après, et sur les gutturales seulement, simples ou en groupe.

a) *Sur les gutturales simples.*

1°) Action des voyelles *ouvertes*.

1. Sur c et g.

Les voyelles ouvertes u, o, a n'ont pu que faire articuler les gutturales simples c et g avec l'arrière-bouche ; — sans préjudice de l'adoucissement entre deux voyelles du c, ou de la chute du g ; et sans que le passage ultérieur, parfois, de a à *è* ou *e*, de ū à *ū* ait pu faire autre chose que faire articuler *k* ou *g* avec l'avant-bouche. Ex. :

— cubitu,	*kút* « coude » ;
*cólapu,	*kôp* « coup » ;
cápere,	*kábe* « contenir » ;
*caria,	*kèro* « ver rongeur » ;

[1] Conformément a l'italien, à l'espagnol, à la langue d'oc en général, mais non au français, chez qui a s'est de bonne heure rapproché de e.

cūra, *kūɹo* « souci, cure »;
secúndu, *segúnt* « second », mi-savant;
paca, *págo* « paie »;
pacas, *páges* « tu paies »;
secūru, *segū* « sûr ».
— gustu, *gúst* « goût »;
gaudiu, *gôy* « joie »;
gáb(a)ta, *gáwto* « joue »;
négas, *nèges* « tu nies »;
figūra, *figūɹo* « figure », mot fr. ou savant.
a(u)gustu, *aúst* « août ».

2. Sur qu et *gw*.

Q se trouvant toujours devant ŭ (= *w*) a été traité de même que c devant u, c.-à-d. est resté *k*, sans que la chute ultérieure du *w* ait pu faire autre chose devant *e* ou *i* que de le faire articuler avec l'avant-bouche. Ex.:

quale, *kwáw* « quel »;
quando, *kwán* ou *kán* « quand »;
quĭd, quī, *ké*, *kí* « que, qui »;
quiētu, *kyét* « tranquille, coi », mi-savant [1].

G, anciennement appelé par un *w* d'origine germanique ou romane, a été traité comme q. Ex. :

vastare, *gwastá* « gâter »;
ŏvu, *gwéw* « œuf »;
werra, *gèrro* « guerre » (s. d. emprunté).

2°) Action des voyelles *fermées*.

Les voyelles *fermées* ou mieux *prépalatales* *è* (æ, ĕ), *e* (ē, œ, ĭ) et *i* (ī) ont agi différemment sur c et g, suivant qu'ils étaient initiaux, médiaux ou appuyés.

1. Elles ont fait passer:

1° g initial à *y*, et ce *y* à *j*. Ex.:

[1] *Ke-ó* « oui » (litt. « que oui ») a donné en luchonnais *kyó*, mais à Saint-Béat *tyó*, et dans le Gers *tchó*; « qui » se dit également « *tché* » en auscitain Cf. le larb. *dentya* « jusqu'à », luch. *diŋko* ou *diŋkyo*, litt. « de fin (*fiŋ*) qu'à ».

gente, *jént* « gent », de **yént*;
gingiva, *jinhéwo* « gencive », s. d p. **yinhyéwa*, de **yinhíwa*.

2° c (ou ch et q ramenés à c) initial à *s*. Ex. :

cælu, *sèw* « ciel » ;
centu, *sént* « cent » ;
cincta, *sínto* « ceinture » ;
*cinque p. quinque, *síŋk* « cinq ».

2. Mais elles ont fait passer :

1° g médial, de très bonne heure, à *y*, en donnant des diphtongues parfois réduites depuis. Ex. :

*borrágina, *burráyno* « bourrache » ;
*viginti, **bíynt*, puis *bínt* « vingt » ;
mágide, **máyd*, puis *mê* « maie, pétrin » ;
mágis, **máys*, puis *mês* « mais, plus » ;
vigiláre, *beylá* « veiller » ;
*dis-cogitáre se, **deskweydá-s*, puis *deskwedá-s* « s'oublier » :
magistru, **máystro* (avec dépl. d'accent), puis *mêstre* « maître ».

Ce *y*, comme tout *y* resté médial en luchonnais, est ensuite passé à *j*, dans des mots comme :

fŭgere, **húy-r*, **húye*, auj. *hüje* « fuir » ;
lĕgere, **lèy-r*, **lèye*, auj. *léje* « lire » ;

et même *sagīnu, *sajíŋ* « lard » (où ī tonique, et peut-être *ŋ* aussi ont dû empêcher de dire **sáyŋ*, ce qui eût exigé, d'ailleurs, comme pour *mêstre*, un dépl. d'accent).

1° *bis*. Devenu final, g médial a donné *y*. Ex :

rēge, *arréy* « roi » ;
lēge, *ley* « loi » ;
mage, *máy* « mais, bien ».

2° De même, c médial à *z* (et, s'il restait médial, à *d*). Ex :

*racīmu (?), **arrazím*, puis *arradím* « raisin » ;

placēre, *plazé* ou *pladé* « plaisir » ; et plácĕre, *pláde* « plaire » ;
jácĕre, **yáz-r*, **yáze*, auj. *jáde* « gésir » ;
dīcĕre, **diz-r*, * *díze*, auj. *díde* « dire » ;
cīcĕre, **séz-r*, **séze*, auj. *séde* « pois » ;
*cŏcĕre p.cŏquere, **kôz-r*, auj. *kôze* ou *kôde* « cuire » ;
*dōdeci, *dúdze* « douze » ; le *d* a maintenu ici le z comme z ;
*undeci, *únze* « onze » ; il y a eu ici réduction de nd à *n* (Voy. ci-dessus), puis maintien de z par *n*.

— făcere aurait donc dû donner **fáz-r*, **háze* et **háde*; puis, si le *d* était tombé (cf. vade donnant montalb. *báy*, luch. *bê* « va » ; et généralement la chute de d médial latin, et même de *d* issu de z de s : larb. *nwáti* « nous autres », p. *nudáwti*, etc.), on aurait pu avoir successivement **háe*, **háy*, **hêy*, enfin *hê* « faire » ; mais *jáde* et *pláde* interdisent ici cette explication. On pourrait encore songer à *fac(e)re, avec vocalisation de c devant r, d'où **fáyr*, **fêyr*, **hêr*, *hê*; mais ce traitement serait également exceptionnel. Disons plutôt que le verbe *hê* a subi des influences analogiques indubitables de la part des verbes en -áre. Voy. la Morphologie.

2° *bis*. Devenu final, c médial a donné *ts*, traitement caractéristique. Ex. :

dĕce, *dêts* « dix », mont. *dêts*;
lūce, *lūts* « lumière » ;
pace, *páts* « paix » ;
vīce, -*béts* dans *alabéts* « alors » ;
radīce, *arraíts* « racine » ;
pūlīce, *pūts* « puce » ; par **pūyts*? Montalbanais *píwze*, pour **pūwze*[1]?

[1] Pour la forme montalbanaise, voy. Suchier, *Le français et le provençal*, pp. 31-33. Il cite la forme *pieuze* (= *pyéwze*) comme prouvant que le « provençal » disait encore pūlīce quand le français disait déjà *pūlce. — Le luchonnais a peut-être fait parfois comme le français. Cf. les formes *gáwto* de gab(a)ta, *deíwte*, de déb(i)tu, avec pénultièmes tombées de bonne heure, sinon on aurait eu (comme ailleurs en langue

Et de même :

lucet,	*lūts* « il luit » ;
placet,	*pláts* « il plaît » ; etc.

Voy. ci-dessus pour le t de ces derniers.

3. Enfin c et g ont été maintenus tous deux, sous les formes respectives *s* et *j* (ce dernier d'abord *y*, l'autre sans doute d'abord **ts*) par une consonne précédente primitive. Ex :

1°	**falce,**	*ɦáws* « faucille » ;
	dŭlce,	**dúws,* auj. *dús* « doux », f. *dúso* ;
	cancellu,	*kansêtch* « long barreau de char, ou d'échelle » ;
	baccinu,	*basíŋ* « bassin », p.-ê. du français ;
	ŏccīdĕre,	*awside* « tuer », à côté de *awsí* ;
2°	**spárgĕre,**	*espárje* « répandre le fumier », par **espáɽ|ye.*

d'oc) un *d* dans ces mots. Cependant le luch. a dit *rendĭta, vendĭta (Voy. ci-dessus) ; et, en ce qui concerne spécialement *pũts*, on voit que cette forme ne peut venir d'un rigoureux et quasi-primitif *pūlce, car * pūlce aurait donné **pũs*, comme dŭlce *dús*. Il est plus probable qu'on a eu quelque chose comme **pũlits*, (*i* pour *e*, sous l'influence de -ce?) d'où, par chute exceptionnelle de *l* entre les deux voyelles fort semblables *ũ* et *i* ou *e* qui permettent la diphtongue *ũy*, **pũyts*, d'où *pũts* enfin. — On pourrait penser aussi à **pũlhts* ; mais ce dernier aboutirait-il à **pũyts* ou à **pũl'ts*, c.-à-d. à *pũts*, ou à **pũls*, **pũws*, **pũs* ?

Le mot *pus* « pouce », de pollice, présente aussi de la difficulté. On attendrait, de pŏllice, **púɽ(e)ts*, puis **púrts* et °*púts* ; de pŏllice traité comme pūlice, c.-à-d. de façon à permettre soit la chute de *ɽ* entre o et i ou *e*, soit la mouillure de ll, non encore passé à *ɽ*, quelque chose comme **púits*, **púyts* et enfin **puéts*, ou comme **púlhts*, **pũls*(?), **pũws* et enfin °*pũs*. Seule une forme quasi-primitive *pŏll(i)ce, *pŏlce, avec -ce appuyé, donnerait régulièrement, s. d. par **púlts*, **púls*, **puws*, le luch. *pús* (comp. dŭlce, *dús*, s. d. par **dúlts*, puis, *l* réduisant *ts* à *s* avant de se vocaliser, **dúls*, enfin **dúws*).

Peut-être y a-t-il eu ici influence du fr. pouce (montalb. et même larb. *puse*) et des mots *pusá* « pousser », *pús* « pouls et poussée » (qui même contenaient eux aussi une l en latin : pulsare, pulsu). Cf. plus loin le mot *pus* « puits ». dont la finale *s* pour *ts* s'explique s. d., elle aussi, par influence analogique d'un verbe, le verbe *puza* « puiser », dont il a paru être le substantif verbal.

Nous allons voir à l'instant le traitement spécial de lg et ng.

b) *Sur les gutturales en groupe.*

Les groupes contenant des gutturales et traités différemment selon les voyelles qui les suivent sont: d'une part, sc et rc; de l'autre, lg et ng.

1°) sc devant u, o, a reste intact (c.-à-d. *sk*) même quand la voyelle suivante, finale, est passée à *e* ou tombée **Ex.**:

Pasc(h)ale,	*Paskáw* (n. de famille);
esca,	*ésko* « amadou »;
piscare,	*peská* « pêcher »;
*piscat,	*péske* « il pêche »;
viscu,	*bésk* « glu »;
*Vindascu,	*Benásk* « Vénasque »; etc.

Mais les voyelles fermées ont fait passer sc à *ch*: sc étant passé à *s*, mais en donnant un *y* dont la combinaison avec *s* a produit *ch* [1]. **Ex.**:

pisce,	*péch* « poisson » [2];
vascellu,	*bachêtch* « grosse barrique; litt. vaisseau;
pascere,	*pêche* « paître »;
*nascere,	*nêche* « naître » [3];
crescere,	*kréche* « croître »;
*finiscis,	**fenéyses*, auj. *fenéches* « tu finis »;
*finiscit,	**fenéys*, auj. *fenéch* « il finit » [4];

[1] Le montalb. donne peut-être ici les formes de transition: *péys*, *bayséł*, *páyse*, *náyse*, *kréyse*: cependant, en ancien luchonnais, *y* n'était s. d. pas venu ainsi nettement devant *s*. — Cf. l'espagnol pez, pacer, nacer, crecer, mais vajilla.

[2] On dit cependant *peskído* « petit poisson »; ce mot doit avoir été tiré de *peská*. Béarn. *peskít* semblablement, a côté de *péch*.

[3] D'où *nechũt* « né », par analogie; mais larb. *neskũt*, directement (sauf p.-ê. pour l'*e*) de *nasc-ūtu; montalb. *naskũt*.

[4] finisco aurait donné °*fenésk* et finiscunt °*fenésken* (cf. esp. fenezco, mais fenecen). Mais l'analogie a fait représenter partout le suffixe inchoatif sc par *ch* (sans compter qu'on a pu dire *finiscio): d'où *fenéchi* et *fenéchen*. En montalb. il en a été ainsi à l'indicatif (*finises* s. d. p. **finéyses*, et de même *finisi*, *finisou*), mais non au subjonctif (*finískòy*, etc., luch. *fenécho*). Voy. la Morphologie du Verbe. — (En luchonnais *fent* est

Ausci,	* *Áwys*, auj. *Áwch* « Auch » ;
Iscittu,	* *Iysit*, auj. *Ichít* (dieu pyrénéen) [1].

Voy. du reste ci-dessus les Diphtongaisons.

Dans *eskyó* « échine », mot d'origine germanique (goth. skina), sk devant i est resté *sk* (cf. le fr. échine et le montalb. *eskíno*). C'est que ce mot s'est introduit après coup, à un moment où le groupe sc devant i avait déjà évolué en roman. On a donc traité sk de skina sur le modèle de *sk* conservé dans *ésko*, *peská*, etc.

Quant aux mots *syénso* « science », *eznusyént* « inconsidéré », *nési* « nigaud », f. *nésyo*, où sc (de scientia, — -sciente, — nesciu) a été réduit à *s*, on peut croire que cette différence de traitement tient moins au caractère initial de sc qu'au caractère savant ou mi-savant de ces mots.

2° rc a conservé son c dur devant u, o et a. Ex. :

arcu,	*árk* « arc de cloche » ;
arca,	*árko* « coffre de char » ;
circare,	*serká* « chercher », etc.

Mais il paraît être passé parfois à *ch* devant i ou *y*. Il y a là d'ailleurs des cas obscurs. Ainsi, on a :

* furciu, a,	*húch*, *húcho* (se dit d'un bœuf ou d'une vache aux cornes recourbées) ; mais p.-ê. est-ce * fŭsciu ? Dérivés *huchíno* « fourche de fer », *Huchéto* (n. pr. de vache) ; le premier tout au moins se rattache à fŭscīna (m. sens), d'où il sortirait par simple changement de suffixe : -īna, roman et récent, pour -īnă.

emprunté, car fin̨ire aurait dû donner * *hí*, comme ven̨ire *bi* ; mais peu importe ici, puisque nous ne considérons que les terminaisons.

[1] Ainsi la règle se vérifie aussi avec les noms propres d'origine celtibérienne, et la forme *Ichit*, attestée par J. Sacaze, *Hist. anc. de Luchon*, p. 5, vient régulièrement de ISCITTO, donné par les inscriptions luch. (V. J. Sacaze, *Épigr. de Luchon*, pp. 30-31].

*quercin-ola, *kacharnôlo* « noix de galle »; mais p.-ê. est-ce *cassin-ola?

*porcinula, à Luchon *pusíŋglo* « soue », plus au nord *puchíŋglo* ou *purchíŋglo*.

Certains prononcent merci, pris au fr., presque *mechí*. D'ailleurs rc devant e a donné simplement *rs*. Ex.:

*furcella, *hursèro* « quenouille » (en forme de fourche).

Enfin, nsi a peut-être amené de même, en concours avec le *nh*, *ch* dans *enchinhá* « enseigner »; d'où, peut-être par analogie, *chinháw* « morceau », litt. « signal »; et cependant *senhá-s* « se signer », et *sinná* (m. sav.) « signer », avec comme *ensí* « ainsi ». Cf. *kapüchíno*, *medechíŋ*, etc.

3° ng est resté *ŋg* devant les voyelles ouvertes; dans le même cas, mais comme final, il est passé à *ŋk* (lg aurait s. d. donné de même respectivement **wg* et **wk*, mais nous n'en avons pas trouvé d'exemple). Ex.:

longa, *lúŋgo* « longue »;
longu, *lúŋk* « long ».

Mais, devant e et i, lg et ng sont passés respectivement à *lh* et *nh*. Ex.:

— mulgere, *múlhe* « traire »;
cól(li)gere, **kòlhe*, puis *kwélhe* « cueillir, ramasser »;

— longe, *lúnh* « loin »;
gingīva, *jinhéwo* « gencive » p. **yinhyéwa*;
jungere, *jünhe* « joindre, atteler »;

et de même *plánhe* « plaindre », *tánhe* « toucher, spécial. par la parenté », *aténhe* « atteindre », *empénhe* « pousser contre », etc. (montalb. *tsüntse*, *plán'se*, *aténtse*, etc.).

Comment s'expliquer ce traitement original? C'est s. d. que g a donné un *y* qui s'est combiné avec l et n; lg et ng se trouvant donc ainsi traités, devant les voyelles fermées, comme gl et gn en général.

2) *Action de* e *et de* i *en hiatus*[1], *passés à y.*

E et i en hiatus, passés à *y* dès le latin, ont une action à la fois plus large et plus profonde que e et i voyelles pures ; elle s'exerce sur presque toutes les classes de consonnes, et amène de plus graves altérations.

a) *Sur les labiales.*

1°) Quand elles sont restées médiales.

1. p devant *y* est simplement passé à *b*. Ex. :

*sapia, *sábyo* « que je sache ». — On dit aussi *sápyo*; est-ce par analogie (avec *sáp* de sapit) ou sous une influence espagnole (esp. sapia « que je sache »)? Mais cette dernière explication ne fait que reculer la difficulté ; aussi faut-il peut-être supposer, pour l'esp. comme pour le luch., une forme * sappia ; et ainsi c'est *sápyo* qui serait la forme ancienne et *sábyo* l'analogique (avec les formes en b).

sapyénso « sagesse », est un mot savant ; on trouve d'ailleurs à côté *sabyénso* et *sabénsyo.*

2. by intervocalique a donné **wy*, puis *wj*, réduit parfois à *j*, et vy intervocalique est resté d'abord * *wy*, puis a donné également *wj*, réduit aussi parfois à *j*. Ex. :

— rabia p. rabie,	*arráwjo* « rage » ; d'où *arrawjús* « enragé » ;
rubea,	* *arrúwya* , puis *arrújo* « rouge , fém. », par réd. de dipht. ;
* pibione p. pipione,	* *piwyúŋ* , puis *pijúŋ* « pigeon » ; (empr., ou infl. étr.? On attendait °*pyewjúŋ* : montalb. *pijún*, sûrement empr., car on devait avoir °*pitsú*) ;
* sabia p. sapia,	*sájo* « sage » fém., p. * *sáwya*? (Il y a eu ici s. d. infl. analogique, ou plutôt étrangère, française ; — masculin *sáje*).

[1] Pour *w* issu de o ou u en hiatus, rien à dire. Voy. ci-dessus le traitement de qu et g*w* ; et, dans les Voyelles, la Réduction des diphtongues latines.

(h)abea donne *ájo* « que j'aie »; le b était s. d. tombé dès le latin (*aia).

Dans abiete, le y a disparu d'une façon obscure; d'où *awé* « sapin » (Cf. l'espagnol abedo qui suppose * abetu; et *paré* « mur », de pariete, esp. pared. — Voy. ci-dessus, dans les Voyelles, la Réduction des diphtongues).

— plŭvia, **plúwya*, auj. *plújo* « pluie », pas réd. de diphtongue;

*lĕviáriu, *lèwyêr*, auj. *lawjê* « léger ».

Les exceptions ne sont présentées que par des mots où by ou vy étaient initiaux ou appuyés, ou par des mots savants ou importés. Ex. :

— ad-viare se, *abyá-s* « se diriger »; cf. *byê* « chemin », de viariu;

—*(cu)cú(r)bia, *kújo* « citrouille » : chute anc. de r;

mais salvia, *sáwbyo* « sauge »;

—*induvia, *andŭbyo* « endive » (esp. endivia, mont. *endébyo*), mi sav.;

cavea, *gábyo* « cage », montalb. *gábyo* (ce mot, selon Suchier, *Le fr. et le prov.*, p. 29, a été emprunté anciennement au latin savant par la langue d'oc).

Liviu (Épithète celtique d'Apollon sur les inscriptions latines de Bonn) est sans doute l'origine du nom propre *Libyu* (dieu pyrénéen, auteur des montagnes selon les Aranais), pris d'ailleurs à l'espagnol.

De même les mots *libyo* « civière », dim. *lebyôt* (luch.) ou *libyôt* (larb.), sont empruntés à quelque dialecte faisant passer v à *b*, si du moins leur racine est celle de leváre « lever ».

2°) Mais, à la finale :

1. py donne *bi*. Ex. :

*sápio, *sábi* « je sais ».

2. by donne **wy*, puis *y*; cela devait être aussi le traitement de vy. Ex.:

rubeu, *arrúy « rouge », s. d. par *arrúwoy; on dit aussi arrúje, refait sur arrújo;

lĕviu, auj. léwje « liège »; on attendait °lêy pour *lêwoy; mais peut-être y a-t-il eu jadis ou féminin régulier *lêwjo, signifiant « légère », sur lequel léwje aurait été refait? Peut-être y a-t-il eu aussi des infl. étrangères.

b) *Sur les gutturales.*

1° **Quand elles sont restées médiales.**

1. cy a donné d'abord s. d. *tsy ou *sy (cf. ci-après le traitement de ty), aujourd'hui régulièrement réduit à s. Ex. :

facia, *fiáso* « que je fasse »;
*glacia, *gláso* « glace »;

Si l'on a

Lüsyo « Lucie », lat. Lūcia (fr. pop. Luce);
plásyo « que je plaise », lat. placea,

le premier de ces mots est sans doute mi-savant; et le second, malgré l'apparence, est une forme refaite : placea aurait dû donner **plása*, qui a dû sans doute exister; mais l'ancien infinitif *plazé*, puis *pladé* (auj. « plaisir »), de placēre « plaire », rapprochait ce verbe des verbes de la 2e conjugaison (en *-é*, de -ēre) qui avaient gardé, en général, la terminaison *-ya*, auj. *-yo*, etc. [de -ea(m)] au subjonctif (Ex. : **sápya*, **bálya*, etc.); **plása* a donc été transformé par analogie avec eux en **plásya*, auj. *plásyo*. On dit aussi *plázyo*, qui a subi en outre l'influence du *z* de *plazé*. Quant à la forme dite régulière qui correspondrait à l'infinitif actuel *pláde* de *pláze* (*plācere), et qui serait °*plázo*, elle est inusitée. Voy. la Morphologie du verbe.

Signalons, en outre, la forme *fiazyó* de l'imparfait de *fiê* « faire » : facie(b)a devait donner **fiasyá*, qui serait devenu aujourd'hui °*fiasyó*; mais on a eu s. d. plutôt *face(b)a, d'où **fiazyá* ou **fiadyá*, qui serait aujourd'hui °*fiazyó* ou °*fiadyó*; à son tour **ĥazyá* ou **ĥadyá*, qui a dû exister, a été remplacé par *ĥaɪyá*, d'où *ĥaɪyó*, et cela sans doute à la fois sous l'influence analogique des formes du futur (*ĥaɪé*) et du conditionnel (*ĥaɪyó*) et grâce à l'affinité des sons *z* (ou *d* spirant) et *ɪ* qui permutent souvent dans diverses langues (arbos et arbor, chaire et chaise, etc.) et notamment dans divers dialectes de langue d'oc. (Voy. l'Appendice II).

2. *gy* a donné *j*, sans doute par *y*, réduction de **yy*. Ex.

fagea,	*ĥájo* « faîne » ;
*currigia,	*kuɪréjo* « courroie ».

2°) Mais, à la finale,

1. *cy* donne *s* (peut-être par **tsy*? Voy. ci-dessus c devant e ou i)[1]. Ex. :

-aciu,	-*ás* (augmentatif) ;
brac(h)iu,	*brás* « bras ».

2. *gy* donne *y*. Ex. :

fageu, *ĥáy* « hêtre » (cf. ital. faggio de fageu ; esp. haya de fagea ; mais béarn. *ĥáw* et montalb. *fáw*, de fagu) ; cf. *gáy* « geai » (qui suppose sans doute, avec l'espagnol gayo, une forme comme *gagiu).

c) *Sur les dentales.*

1°) Quand elles sont restées médiales.

1. *ty* appuyé a donné d'abord **tsy*(?),**sy*, puis *s* : ce n'est que dans quelques suffixes savants que *sy* se trouve aujourd'hui ; — mais *ty* intervocalique a donné *z*, qui passe régulièrement à *d*. Ex. :

[1] Le traitement des groupes -tiu, -ciu, -ce, se trouve en luchonnais conforme aux prévisions de M. Mohl, *Introd. à la chronologie du latin vulgaire*, p. 299. Suivant lui, dans les langues romanes, à la finale :

-tiu doit donner *ts* : luch *préts* (v. plus loin);
-ciu doit donner *s* : luch. *brás*;
-ce doit donner *ts* : luch. *déts* (v. ci-dessus).

Mais nous laissons à de plus compétents le soin de décider si cela démontre ses théories relativement aux consonnes mouillées latines.

Voy. aussi Suchier, *Le français et le provençal*, pp. 35-39 et 42.

—* drectiare	* *dreysár*, puis *dresá* « dresser » ;
linteolu	*linsó* « drap de lit » ; montalb. *lensól*;
cantione,	*kansúŋ* « chanson », montalb. *kansú* ;
mulctione,	*musúŋ* (et *mwesúŋ*), « aptitude à être traite » (se dit d'une vache) ;
— -ántia,	* *-ánsya*, puis *-ánso* ; *-ánsyo*, savant ;
-éntia,	* *-énsya*, puis *-énso* ; *-énsyo*, savant.

On dit encore aujourd'hui, bien qu'assez peu, *abundánsyo* « abondance » ; *süstánsyo* « substance » ; *sabénsyo* (à côté de *sapyénso* et de *sabyénso*) « sagesse » ; mais ce sont des mots mi-savants. L'influence française tend aujourd'hui à faire dire partout *-ánso* et *-énso*, qui sont d'ailleurs les formes régulières.

— titione,	* *tizúŋ*, puis *tidúŋ* « tison » ; montalb. *tüzo* et *tüzú* ;
* bullitione,	* *buŕizúŋ*, puis *buŕidúŋ* « ébullition ; fermentation », mi-sav. ;
ratione,	*arrazúŋ* « raison » ;
satione,	*sazúŋ* « saison » ;
* minus-pretiare,	*mesprezá* « mépriser », plus anc. *mespredá*.

Le suffixe *-syúŋ* de -tione est savant. Ex. :

estasyúŋ « fête locale », litt. « station », de statione.

La terminaison -tia a été parfois traitée régulièrement, donnant alors entre deux voyelles *-zo* ; mais ailleurs (peut-être par suite d'une confusion avec -cia) elle a donné *-so*. Selon M. Suchier, *Le français et le prov.*, le second traitement est savant, quoique très ancien. De là, notamment, les deux suffixes *-ízo* (de-ītia) et *-éso* (de-ĭtia traité comme * -ĭcia). On dit donc :

machantízo « méchanceté » ;
salupízo « saleté », qui supposent ītia ;
cf. *nódo* « noix », p. * *nózo* (de * nŏtia p. * nŏcia ?).

Mais on dit, de justĭtia, *jüstéso* « justesse » ;
de capĭtia, *kabéso* « tête » (mot plutôt aranais [*kabésa*], mais qui a de nombreux dérivés en luchonnais) ;
et encore *nubbléso* « noblesse », *bestyéso* « bêtise », qu supposent -ĭtia traité comme * -ĭcia.

* plattea, *pláso* « place », est à part, car on a là tt ; et
* ligurītia, *arregalísyo* « réglisse », est un mot mi-savant.

Plus récemment, -ĭtia savant a même donné *-íso*. Ex. : *jüstíso*, doublet de *jüstéso* ; et, semblablement, -itiu donne *-ísi* dans des mots savants. (Ex. : præcipitiu, *presipísi* « précipice »), tout comme -iciu. (Ex. : sacrificiu, *sakrifísi* « sacrifice ») ; cf. en latin même, spatiu ou spaciu pour « espace » (comme actuellement en luch. *díŋkyo*, en larb. *déntya*, pour « jusqu'à », de *de híŋ ke a*, litt. « de fin qu'à » ; *híŋ* vieux mot pour dire « fin »).

2. d*y*, appuyé ou non, s'est réduit dès le latin à *y* (Suchier, *Ouv. cit.*, p. 35), passé depuis à *j*. Ex. :

—* túrdiu (?)	*túrje* « tourde » : cf. pour le traitement du *y* après r, *espárje* ci-dessus ;
—* diurnále,	*jurnáw* « journal (mesure de surface) » ;
* cadea,	*kájo* « que je tombe » ;
media,	*myéjo* « demie » ;
viridiáriu,	*berjê* « verger » ;
gaudiósu,	*gawjús* « joyeux » ;
radiáre se,	*arrajá-s* « se chauffer au soleil » ; etc.

Remarquons *awjí* « ouïr », de audire. Le *j* vient sans doute là de formes comme audiamus, qui donnerait **awjám* (« que nous entendions », auj. *awjyám*), d'où il s'est entendu par analogie à toutes les autres. — Pour les terminaisons en *-yám* et *-yát* au subj., voy. la Morphologie du verbe.

Dans *dyó* « jour », de dia, comme dans *dyés* (même sens), de dies le d a persisté devant le *y*, ce dernier étant récent, et ne s'étant formé que par déplacement d'accent. — De même dans le mot irrégulier *eŋklüzyo* ou *aŋklüzyo* « enclume » (de * incudi(n)a?) l'hiatus est récent aussi (cf. *yáwte* « un autre », mais *já* « déjà »); et le *z* paraît d'ailleurs dénoter un emprunt.

Signalons enfin le traitement spécial du groupe nd*y* ; il donne *nh*. Ex. :

verecundia,	*bergúnho* « vergogne ».

2°) Mais, à la finale,

1. ty intervocalique donne *ts* (Cf. le traitement de c dans luce, *lũts* « lumière », etc.). Ex. :

pretiu, *prêts* « prix » (montalb. *prêts*).

puteu aurait donc dû donner **púts* (montalb. *púts*), mais il donne *pús* « puits » ; peut-être sous l'influence du verbe *puzá* « puiser », de * pŭteare, dont *pús* serait le nom verbal régulier.

palatiu aurait de même dû donner °*paláts* ; mais on dit *paláy* « palais », pris sans doute à l'ancien français (car aujourd'hui palais donnerait °*palés* ou °*palê* ; cf. *chalê*, de chalet).

2. dy intervocalique réduit à *y* dès le latin, reste *y* (En montalb. il donne *ts* comme ty). Ex. :

gaudiu,	*góy* « joie » (montalb. *gáwts*) ;
radiu,	*arráy* « rayon » ;
mediu,	*myéy* « mi, demi » (montalb. *mêts*) ;
podiu,	par **pwéy* (?), *púy* « puy, hauteur » (mont. *pêts*) ;

3. Enfin ty et dy à la finale, mais appuyés, donnent tous deux *s* (ty peut-être par **ts*). Ex. :

— *Márs* « Mars (mois) », de Martiu ;

(mais *effórs* « effort » est le subst. verbal de *exfortiare se, *effursá-s* « s'efforcer », mi-sav.) ;

— *órs* « orge », de (h)ordeu (montalb. *órdi*).

d) *Sur divers groupes, donnant tous ch* (par *ys* s. d., comme x, et comme sc dev. e ou i).

1°) sy intervocalique donne *z* ou *d*. Ex. :

*pre(n)sione,	*prezúŋ* ou mieux *predúŋ* « prison » ;
*ma(n)sione,	*mayzúŋ* ou anc. *maydúŋ* « maison ».

Dans *prezúŋ* comme dans *mayzúŋ* le *y* a dû influencer la voyelle précédente : on a dû jadis avoir **preyzúŋ*.

(Le suffixe *-zyúŋ*, de -sione, est savant. Ex. : *dibizyúŋ* « division »).

Mais ssy donne *ch*. Ex. :

*crassia,	**gráysa*, puis *grêcho* « graisse » (mont. *gráys*, de *crassiu) ;

*bassiare, **baysáz* (?), puis *bachá* « baisser » (mont. *abaysá* « abaisser »).

Nous avons signalé ci-dessus (dans les Voyelles, aux Diphtongaisons) la difficulté présentée par l'adjectif *bách* « bas ».

2°) sc*y* donne *ch*, comme sc devant e ou i. Ex. :

*asciŏla, **achóla*, auj. *echchólo* « doloire ».

3°) ps*y* donne *ch*, peut-être en passant d'abord par ss*y* (Voy. Mohl, *Ouv. cité*, p. 156 : il y indique la prononciation isse pour ipse comme fort ancienne). Ex. :

*capsia, **káysa*, auj. *kácho* « bière », litt. « caisse » (montalb. *káyso* et esp. caja « caisse »). — Le mot *kácho* « dent aiguë », est-il le même mot? dérivé luch. *kacháw* « grosse dent » (montalb. *kaysál* et esp. cajal, même sens).

*metípsiu p. *metipsimu (?), *madéch* « même » fém. *madécho*. — Il pourrait suffire peut être d'invoquer l'ancien i (passé depuis à e) précédant ps ou ss ; ou plutôt de recourir à *metipse. — Cf. l'arrensois *íche*, *-a*, et *ichabets* « alors », de ipsa-vice probablement. (Michel Camelat, *Et piu piu dera me laguta*, Glossaire, p. 132).

Dans *se*, *sa*, *ses*, ancien article, de ipse, ipsa, ipsos ou ipsas, conservé dans des noms propres composés, il y a eu s. d. d'abord apocope de i, puis, si l'on avait simplement *isse, réduction toute naturelle de ss à *s*, déjà faite peut-être avant l'apocope[1].

Quant au groupe roman récent *b-s*, puis *p-s*, il est passé à *ts* dans les exemples déjà cités *katsézo*, *katséto*, etc. Cf. *klūtsis* « éclipse », s. d. de l'espagnol ; et *atsóde* « absoute », mot savant. Ainsi *ps* récent ou savant est passé à *ts* comme x (*ks*) récente ou savante.

4°) st*y* donne *ch*. Ex. :

*pistiáre, *pichá* ; d'où *pích* « cascade » ;

*Antistianu, *Antichán* (nom de village).

frusá « froisser », latin *frustiare, est donc emprunté au français, et *krestyán* « chrétien » est un mot savant.

[1] M. Luchaire cite plusieurs noms propres gascons anciens commençant par *Za* de ipsa (Ex. : *Zafila*) et pense que le *z* devait là se prononcer *ts* : c'est assez douteux.

5°) Est-ce tty intervocalique qui a donné *ch* dans *pichôt* « petit », de *pitti-ottu[1] ? — Cf. montalb. *pitsú*.

Ce traitement serait en contradiction avec celui de *plattea, *pláso* « place » ; mais cela s'expliquerait peut-être par une différence de date, celui de *pichôt* étant plus récent.

6°) *cty* appuyé de n donne *tch* dans

*punctione,	*puntchúŋ* « poinçon » ;
*puncti ūtu,	*puntchūt* « pointu » (montalb. *puntsūt*) ;

mais cantione donne *kansúŋ*, comme nous l'avons vu.

e) *Sur* l, ll, m, n *et* nn.

1°) l a donné avec *y* la mouillée *lh*[2]. Ex. :

palea,	*pálho* « paille » ;
filia,	*hílho* « fille » ;
*cilia p. ciliu,	*sélho* « sourcil » ;
tiliu,	*télh* « tilleul » ; etc.[3].

Le traitement de l est le même devant un *y* d'origine romane ; mais là la fusion ne s'est pas toujours produite, ou plutôt c'est un phénomène en train de s'accomplir. Ex. :

*lirica,	**lyérgo*, auj. plutôt *lhérgo* « colchique » ;
libra,	*lyéwro* ou *lhéwro* « livre (poids) ».

2°) Le groupe ll a été traité, devant *y*, comme l (car nous

[1] La racine pitti-, qui par *pitt-ĭttu a donné *petit*, fr. « petit », est empruntée s. d. aux formes pittulus, pitulus, pitinnus de la basse latinité. Voy. Bellanger, *Thèse lat. sur Antonin de Plaisance*, p. 53 ; et la Lexicologie.

[2] Il est peu probable que H dans les inscriptions luchonnaises et gasconnes servît déjà à noter la mouillure de L et de N (Ex. : BELHEIORIGIS, SENHENNIS, LELHVNNO) ; elle devait ne marquer qu'une aspiration. De même X dans ILIXONI, LEXI ne devait pas se prononcer encore *ch* (ni *ts*) ; elle a pris cette valeur depuis.

[3] *òli* « huile », est un mot savant, car ŏleu (= *oliu) aurait s. d. donné *òlh, puis *gwélh*. Nous ne croyons pas qu'il faille faire appel, avec M. Mohl (*Introd. à la chron. du lat. vulg.*, p. 265), à une forme oleu non passée à *oliu. Il suffit que *òli* puisse être savant. — Montalb. *òli* également. Même remarque pour le mont. *òrdi* « orge » (Mohl, p. 295), luch. *òrs*, de (h)ordeu.

savons que, final, il passe à *tch*, et, médial, sans *y* après lui, à *ɼ*; sauf quand il se vocalise comme dans *bewtát* de *bellitáte). Ex. :

talleare,	*dalhá* « faucher » et *talhá* « tailler »;
malleu,	*máth* « rocher ».

Dans les dérivés de ce dernier mot il peut y avoir eu peut-être influence d'une racine basque mal- , signalée par M. Luchaire, car on y trouve, à côté de *malhók*, etc., avec *lh*, *malède*, *malédo*, avec une *l* seulement. Cf. cependant *mílo* « mille », larb. *míla*, lat. millia.

Hilhúŋ, nom actuel du dieu Abellion, d'après J. Sacaze, pourrait donc venir indifféremment des formes avec l ou de celles avec ll données par les inscriptions (ABELIONI, ABELIONO, ABELLIONNI) ; cependant la forme avec LL contenant aussi NN est sans doute moins bonne. Cf. l'inscription MONS CCAVVSS.

Si l'on dit, de gallīna, *gaɼyó* « geline », et non °*galhó*, c'est qu'ici le *y* est tout récent : on est passé par **gaɼía*.

3°) m a donné, avec *y*, d'abord une *m* mouillée, qui est ensuite passée à *n* mouillée, c.-à-d. à *nh*. Ex. :

vĭndémia,	* *benémya*, * *brémya*, auj. *brénho* « vendange » ; et *brenhá* « vendanger » ;
* crémĕre p. trémĕre,	*krénhe* « craindre », s. d. sous l'influence de formes comme *crém-io, *crém-ia, -iámus (Voy. la Morphologie du verbe), d'où * *krénh*, * *krénha*, * *krenhám*, auj. *krénhi*, *krénho*, *krenhyám*) et peut être en même temps des verbes en -ngĕre (*plánhe*, *aténhe*, etc.).

Dans *semí* « je sème », pour * *semyí*, il y a eu simple réduction de diphtongue (hiatus d'aill. récent. Voy. la Morphologie).

4°) n a donné avec *y* la mouillée *nh*. Ex. :

aranea,	*aɼánho* « araignée » ;
montanea,	*muntánho* « montagne » ;
Seniore,	*Senhú* ; et Senior *Sénhe* « Seigneur » ;
* cotoneu,	*kudúnh* « coing » ;

ba(l)neu, *bánh* « bain »[1];
Ba(l)nearias, *Banhères* « Bagnères ».

Le traitement de n est le même devant un *y* d'origine romane, mais là la fusion ne s'est pas toujours produite, peut-être parce qu'il y a des *y* trop récents. Ex. :

nive, * *nyêw*, puis *nhêw* « neige » ;
— mais *nyadê* « nichée », p.-ê. de *nín* « nid ».

5°) Le groupe nn*y* aurait sans doute donné aussi *nh*; mais il faut rapporter *estánh* « étain » à * stagnu p. stanniu.

Voy. *hilhá*, ci-après.

— Remarquons que *nh*, final ou médial, est passé à lh dans les mots :

extraneu, * *estránh*, auj. *estrálh* « étrange » ; le montalb. *estrál* suppose aussi une phase * *estrálh*, de * *estránh*.
* hinniare. *hinhár*, auj. *hilhá* « hennir » ; d'où *hilhét*.

Nous avions déjà signalé cette permutation dans la Revue des Sons.

(*A suivre*). B. Sarrieu.

[1] Le montalbanais supprime toute mouillure finale : *kũn*, *pũn*, *kudún*, *estrál*, *suléł*, *fil*, etc.

NOTERELLE PROVENZALI

VI. — **Una versione del cinquecento della sestina di Arnaldo Daniello.**

La traduzione della nota sestina di A. Daniello, che qui pubblico, leggesi sopra un foglietto staccato, posto in fine al cod. 1290 della Biblioteca Universitaria di Bologna. Non senza ragione questo foglietto venne aggiunto al codice bolognese, ch' è una copia del ms. M. La lezione, sopra cui fu condotta la traduzione, concorda in tutto con quella presentata dallo stesso codice di Bologna, intorno a cui sono da vedersi le notizie comunicate dal Mussafia, *Del cod. est. di rime provenzali*, Vienna, 1864, in Appendice.

Mi astengo dal presentare ipotesi o supposizioni sull' autore di cotesta traduzione. Ebbi anch' io il sospetto ch' essa fosse opera del Barbieri; ma un esame più attento della scrittura del celebre erudito cinquecentista, che scrisse di suo pugno alcune « vacchette » dell' Archivio comunale di Modena (1561-73), contenenti gli atti della comunità, mi hanno ormai allontanato da tale modo di pensare[1]. Nel sec. XVI la sestina di Arnaldo fu molto nota e il è probabile che da più parti siasi tentato di tradurla nel volgare italiano[2]. Valga la stampa di

[1] Che la versione non sia del Barbieri parmi anche dimostrato dal fatto che il nostro traduttore interpreta l'ultimo verso così: « Suo desiderio è di lei »... Il Barbieri non avrebbe forse tradotto in tal modo il verso provenzale, poichè egli afferma nella *Poesia rim.*, 97 di aver imparato da una glossa latina che con l'epiteto di *Desirat* è designato Bertran de Born. Bene è vero che la versione potrebbe essere anteriore di non poco tempo alla composizione della *Poesia rimata*.

[2] Si cfr. S. Debenedetti, *Benedetto Varchi provenzalista*, estratto dagli Atti. della R. Accad. delle Scienze di Torino, vol, XXXVII, 7, n. 2. — Di questa sestina tocca il Canello a pag. 261 della sua edizione di Arnaldo, Halle, 1883.

testo infelice tentativo alla miglior conoscenza della diffusione del provenzale in Italia nel sec. XVI[1].

I. Il fermo voler, che nel cor m'entra,
No 'l mi può punto spezzar becco nè unghia
Né adulator, quantunque a dir mal s' armi:
Et poi batterlo non ardisco con ramo né con verga,
Se posso far con fraude doue non haurò zio
Godrà gioia dentro uerziero o dentro camera.

II. Quando mi ricorda della camera
Oue so ch' a mio danno niun homo non entra
Anzi mi sono tutti più che fratello o zio,
Non ho membro né unghia che non fre misca
Più che fanciul non fa innanzi la uerga:
Tal paura ho che non ui sia troppo della mia anima.

III. Del corpo ui fosse et non dell' anima
Et me 'l consentisse colei dentro la sua camera
Che più m' impiaga il corpo che colpo di uerga
Perciò che il suo servo là ou'ella è non entra:
Di lei farò cosi come carne et unghia
Et non crederò a riprension d'amico né di zio.

IV. Anche la sorella di mio zio
Non amai più né tanto per questa anima,
Chè tanto uicino come è il dito a la unghia
Vorrei io esser (se le piacesse) dentro la sua camera:
Di me puo' fare amor, ch' entro 'l cor m' entra,
Meglio il suo uoler ch' uom forte di frale uerga.

V. Poi che fiori la secca uerga
Et di Adam furono nipote et zio
Si fino amor come quel, che ne 'l cor m'entra,
Non credo che fosse dentro in corpo né in anima:
O ch' io stia fuori in piazza o ne la camera
Mio cor non si parte da lei por lo spatio di una
[unghia.

[1] Seguo in ogni particolare il ms. bolognese.

VI. Chè così s'appiglia et s' inunghia
Mio cor in lei come la scorza ne la uerga;
Il che mi è di gioia torre palagio et camera.
Et non amo sì fratel, cugin, nè zio
Che in paradiso doppia gioia n'haurà mia anima
Se pur huomo alcuno per bene amar ui entra.

VII. Arnaldo manda sua canzon d'unghia et di zio
Grato di suo don, che di sua verga l'arma:
Suo desiderio è di lei che in camera entra.

VII. — Quale manoscritto provenzale ebbe tra mano il Tassoni per la prima redazione delle « Considerazioni sul Petrarca » ?

Giova anzitutto notare che mentre le *Considerazioni* di Alessandro Tassoni sul Petrarca si hanno alla stampa nella loro ultima forma, la prima redazione di esse è ancora inedita e giace nell' Archivio del Collegio di S. Carlo in Modena, ove io potei consultarne il codice a mio agio. Tutti sanno che nelle *Considerazioni* del Tassoni si rinvengono qua e là citazioni di componimenti provenzali, sia a schiarimento di qualche passo, sia per ispiegare in qualche modo l'origine di alcun vocabolo. Nella redazione stampata[1] codeste citazioni sono molto frequenti e il Bacci, benemerito illustratore dell' operetta tassoniana, ha concluso ch'esse paiono dipendere dal cod. Vaticano A[2]. La conclusione è certamente troppo arrischiata. Quando il Tassoni dava l'ultima mano alle sue *Considerazioni* per darle alla stampa, egli disponeva senza dubbio di parecchi manoscritti sia originali sia in copia. Lodovico Barbieri,

[1] Si tenga sott' occhio la stampa del 1609. Il Muratori nel 1711 ristampò l'operetta del Tassoni giovandosi di un esemplare estense con postille autografe. — Appena occorrerà ch' io accenni che il Tassoni si giovò anche del Nostradamus, che cita più d'una volta e non esita a chiamare, per primo, bugiardo.

[2] O. Bacci, *Le Considerazioni sopra le Rime del Petrarca*, Firenze, 1887, pag. 33, in nota. Il Bacci aggiungeva però che la dipendenza non gli pareva diretta. — Intorno alle redazioni del Tassoni e a questa del Collegio di S. Carlo, ch' io chiamo prima, si cfr. *op. cit.*, pag. 3

figlio di Giovanni Maria, gli aveva in parte ceduto i codici o le copie del padre e il Tassoni ne fa espressamente menzione. Piuttosto dobbiamo osservare che l'autore della *Secchia* dovè aver tra mano un solo codice di rime provenzali, quando scriveva nella loro prima forma le *Considerazioni*. Ciò si desume non soltanto dal fatto che nella prima redazione del Collegio di S. Carlo le citazioni provenzali sono rarissime, ma specialmente da ciò, che nella detta redazione alcune delle poesie occitaniche ricordate sono contradistinte da un numero d'ordine, che in realtà non esiste, ma corrisponde soltanto alla disposizione dei componimenti provenzali nel ms. posseduto dal Tassoni. Mi spiego. Se il Tassoni dice, ad es., che il componimento: *Quand vei la flor* è il primo di quelli attribuiti a Bernart de Ventadorn, ragion vuole che si concluda che il nostro poeta non conosceva altro manoscritto, all' infuori di quello che aveva tra mano, poichè dal confronto con altri canzonieri si sarebbe facilmente accorto che un particolare numero d'ordine per le poesie dei trovatori non esiste nelle raccolte delle loro rime, il cui ordinamento varia invece da manoscritto a manoscritto, meno alcune eccezioni. E infatti noi troviano nella stampa delle *Considerazioni* un periodo, la cui presenza non si può spiegare se non ammettendo, come reale, la supposizione sopra esposta. Il Tassoni così si esprime : « S' è anco tralasciato di citare « il numero delle canzoni, perciò che quella ch'era prima in « un libro s'è trovata in un altro seconda o terza ». Queste parole suonano come una specie di ravvedimento e rettificano una menda, che veramente compare nella prima redazione inedita delle *Considerazioni*. Nella quale abbiamo notato diciasette citazioni provenzali soltanto, tra cui occorre scegliere le seguenti:

c. 63v] « *L' acqua del core – Ch' ambo gli occhi m' immolla*, « disse Bernardo di Ventadorn nella settima stanza della « sua *prima* canzone in provenzale ».

c. 89r.] A proposito dei versi del Petrarca : *Se voi poteste*, « ecc.. dice il Tassoni : « Ha simiglianza con quello che « disse Sordello nella quinta stanza della sua *prima* can-

« zone in Provenzale che suona in nostra lingua : *Che già*
« *per male che mi sappia né dire né fare – Non me 'n par-*
« *tirò tanto le son benvogliente.* »

c. 95. « Sordello nella seconda stanza della sua *prima*
« canzon provenzale disse in nostra lingua : *Tanto penso*
« *in lei et tanto l'amo coralmente, — Che notte et giorno*
« *temo mi falli il pensiero.* »

Ora dobbiamo chiederci : a quale manoscritto provenzale attinse i suoi riscontri il Tassoni ? In codesto manoscritto la poesia di Bernart de Ventadorn, che contiene nella sua settima stanza i versi :

L'acqua del core
Ch' ambo gli occhi m'immolla,

— e cioè la poesia che incomincia : *Quant vei la flor e l'erba vert* — doveva avere il primo posto tra i componimenti di quel trovatore. Oltre a ciò, la poesia di Sordello, che contiene nella seconda stanza i versi :

Tanto penso in lei et tanto l'amo coralmente,
Che notte et giorno temo mi il pensiero,

e nella quinta stanza i versi seguenti :

Che già per male che mi sappia né dire nè fare
Non me'n partirò tanto le son benvogliente,

— e cioè la poesia che incomincia : *Aitan ses plus viu hom* — doveva avere pure il primo posto tra i componimenti dello stesso Sordello.

Nessuno dei manoscritti provenzali, che noi conosciamo, risponde, se ho ben veduto, a questi due requisiti. Taluno concorda in parte ; tale altro presenta un diverso numero d'ordine per ciascuna delle due poesie riferite qui sopra; sicchè potremo aggiungere alla serie dei codici provenzali perduti, fatta conoscere in questa stessa *Revue d. lang. rom.* dallo Chabaneau, un altro manoscritto : quello di cui si servì il Tassoni per la prima redazione delle sue *Considerazioni.*

Giulio Bertoni.

BIBLIOGRAPHIE

REVUE DES REVUES

Revue historique, scientifique et littéraire du département du Tarn, XX, 3-4. — *A. Vidal*: Les vieilles rues d'Albi (suite), p. 147.

Romanische forschungen, XVI, 1. — *M. Gross*: Geffrei Gaimar. Die komposition seiner reimchronik und sein verhältniss zu den quellen, p. 1 ; — *O. Nobiling*: Vierzeilen aus dem brasilianischen staate St. Paulo, p. 137 ; — *F. Krauss*: Die volkskunde in den jahren 1897-1902. Berichte über neuerscheinungen, p. 151.

Studj romanzi, I. — *G. Bertoni* : Le postille del Bembo sul Cod. Provenzale k, p. 10 ; — *S. Pieri*: Appunti etimologici, p. 33 ; — *A. Parducci*: La leggenda della nascita e della gioventù di Costantino Magno in una nuova redazione, p. 57 ; — *P. Toldo* : Sulla fortuna dell' Ariosto in Francia, p. 108 ; — *V. Crescini* : Ancora della voce *Garda*, p. 129.

Zeitschrift für romanische philologie, XXVII, 6. — *L. Beszard* : Les larmes dans l'épopée (fin), p. 641 ; — *L.-J. Jurossek*: Ein beitrag zur geschichte der jotazierten konsonanten in Frankreich (suite), p. 675 ; — *C. Michaëlis de Vasconcellos* : Randglossen zum altportugiesischen liederbuch (suite), p. 708 ; — *S. Puşcariu*: Rumänische etymologien, p. 738 ; — *G. Vidossich*: Suffissi triestini, p. 749.

Romania, XXXII, 3 et 4. — *H. Suchier*: Recherches sur les chansons de Guillaume d'Orange, p. 353 ; — *E. Langlois* : Notes sur le « Jeu de la Feuillée » d'Adam le bossu, p. 364 ; — *J.-A. Herbert*: A new ms. of Adgar's Mary-legends, p. 394 ; — *F. Lot* : « La Mesnie Hellequin » et le comte Ernequin de Boulogne, p. 422 ; — *G. P.* : « Or est venus qui aunera », p. 442 ; — *A. Thomas* : Sur un vers du « Pelerinage de Charlemagne », p. 442 ; — *E.-S. Sheldon* : « Debé, dehait », p. 444 ; — *A. Delboulle* : « Beltrer, — loure, loerre, — sabrenas, sabrenaud », p. 445 ; — *A. Thomas* : fr. « geline », p. 447 ; — *P. M.* : « Avoir son olivier courant, — chanjon », — charme en vers français, p. 450 ; — *G. Paris* : Le cycle de la « Gageure », p. 481 ; — *P. Toldo*: Pel « fableau » di Constant du Hamel, p. 552 ; — *P. Toynbee* : Dante's use of the word « Trattato » in the « Convivio » and « Vita nuova », p. 565 ; — *F. Lot*: Conjectures

... Roussillon ». I. Boson d'Escarpion. II. Odilon. III. Les ... — *Id.* : Orson de Beauvais, p. 577 ; — *P. Meyer* : ... Jenain, p. 583 ; — *G. Raynaud* : « Le dit du hardi ... ; — *E. Langlois* : Traités mis à l'index au XIIIe ... ; — *Id.* : Integrum > « entre » p. 591 ; — *G.-T. Clark* : ... sourdes entre voyelles en italien, p. 593.

Revista lusitana, VII, 4. — *J.-J. Nunes* : Dialectos algarvios, ... — *M.-M. de Barros* : O Guinèense, p. 268 ; — *J. Leite de Vasconcellos* : Silva Mirandesa, p. 282 ; — *J. Moreira* : Notas philologicas, p. 302.

Zeitschrift für französische sprache und litteratur, XXVI, 5 et 7. — *K. Glaser* : Die mass- und gewichtsbezeichnungen des französischen (zweiter teil), p. 171 ; — *K. Morgenroth* : Zum bedeutungswandel im französischen, p. 221 ; — *L.-E. Kastner* : History of the Terza Rima in France, p. 241 ; — *A. Schulze* : Zu Cligés 626 ff., p. 254 ; — *M.-J. Minckwitz* : Gedenkblätter für Gaston Paris, p. 261.

Giornale storico della letteratura italiana, XLIII, fasc. 1. — *C. de Lollis* : Intorno a Pietro d'Alvernia, p. 28 ; — *G. Bertoni* : Nuovi tarocchi versificati, p. 55.

Revue de Gascogne, nouv. sér., IV, 2. — *A. Clergeac* : Les hôpitaux de Gimont, p. 49.

COMPTES RENDUS CRITIQUES

Paul Mariéton. — Jasmin (1798-1864), *Paris, E. Flammarion*, in-12 [88 p.].

Cet ouvrage est une tentative de vulgarisation française, parisienne même, des œuvres du grand poète agenais, complétée par une traduction de *Marthe la Folle* et d'assez nombreux extraits. Les fêtes du Centenaire de Jasmin, célébrées le 7 août 1898, avec le concours des Cadets de Gascogne et de leur président, M. G. Leygues, ont été la raison même de sa publication.

« Nous ramenons pour la première fois, dit M. P. Mariéton, à l'orthographe félibréenne les textes de Jasmin, du moins le plus possible, respectant les scories de son parler,... communes à tous les patoisants d'alors. L'épuration, due à l'école d'Avignon, en a débarrassé désormais la langue d'oc (p. 8) ».

Il faut protester contre de semblables assertions. Leur moindre défaut est de considérer l'orthographe avignonnaise comme définitive et définitivement à l'abri de toute retouche. La langue et la graphie de Jasmin ont été certainement contaminées par le français, mais il n'est pas encore prouvé qu'elles l'aient été autant que celles des productions de l'école chère à M. P. M.

En règle générale, d'ailleurs, tout poète mort, tout poète entré comme celui d'Agen dans l'immortalité la moins contestée, a droit au respect intégral du fond et de la forme de ses œuvres. Si désirable qu'elle soit, l'unité graphique des dialectes de la langue d'oc ne peut être qu'un fait d'avenir. Elle ne saurait s'obtenir par la voie d'une artificielle rétroactivité.

M. Boyer (d'Agen), à qui l'on doit une édition des œuvres complètes de Jasmin en quatre volumes, «gâtée, dit M. P. M., par une orthographe illogique (p. 5)», aurait quelque raison de faire remarquer à son contradicteur que la prononciation de l'Avignonnais comme celle de l'Agénais traite de façon identique l'*r* intérieur de certains temps des verbes. Si Jasmin écrit *diyo* (dirait), *mouriyo* (mourrait), *fayo* (ferait), la première édition des *Margarideto* de Roumanille traduit fidèlement la prononciation d'Avignon et de Saint-Rémy en écrivant *diyé, mouriyé, fayé,* plus tard transformés en *dirié, mouririé, farié*. Or, M. P. M., qui admet cette dernière graphie pour toutes les publications avignonnaises, est sans raison valable lorsqu'il maintient la forme agénaise. En bonne règle et pour être conséquent avec sa théorie, il aurait dû orthographier *diriò, mouririò, fariò,* etc.[1]

La suppression de l'*y* dans *fray, may, beyre, daycha,* etc. ; celle du groupe *ill* dans *mitraillo, bataillоun, abilla,* etc., fourniraient encore à M. B. la matière d'observations justifiées. M. M. a substitué un *i* à l'*y* de l'ancienne graphie, maintenu par Jasmin dans toutes ses œuvres, et un *h* à son *ill*, mais cela ne l'a pas empêché de contredire sa règle en usant (pp. 27 et 43) du groupe *lh* et en imprimant *felhuts, aurelho, felhage, felhos, cabelho, ensourcilhairo*. Or, lorsqu'on constate, avec le développement littéraire du groupe béarnais, les modifications récentes introduites par le groupe de Monségur dans la graphie du Sud-Ouest de la France, on peut se demander si nos petits-fils ne réviseront pas sur les deux points qui précèdent les décisions trop hâtivement prises par Roumanille et l'école d'Avignon.

[1] La chute de l'*r* de l'infinitif est un fait de prononciation générale d'Avignon à Agen. Le dialecte de Montpellier écrit *dirié, mouririé, cantarié,* mais il prononce *diyè, mouriyè, cantayè*.

C'est la forme Montpelliéraine *aurié* (aurait) que M. P. M. laisse passer par erreur dans la citation, p. 27, d'un morceau de *Françounetto*. Le texte de Jasmin donne *auyo*.

Telles sont les remarques générales que suggère l'idée de M. P. M. Si l'on s'attachait à relever les erreurs d'ordre plus infime, pour ne pas dire distractionnel, *suzent* et *couzion* avec un *z*, *masque* avec un *qu*, *affadits* avec deux *f* (p. 9), *attenge* (p. 20) avec deux *t*, seraient considérés comme des coquilles de l'ordre le moins contestable par tous les protes des imprimeries du Comtat.

Les modifications dont on n'aperçoit pas la raison sont plus nombreuses, s'il est possible, que celles pratiquées au nom du principe genéral de la graphie avignonnaise.

Les lignes suivantes n'ont pas la prétention de les avoir relevées une à une. Elles ne sont qu'un faible spécimen des inexactitudes — dialectales ou autres — qu'une initiative imprudente entraîne toujours avec elle :

P. 8, au lieu de *sens estre,* lisez *sans esta* ;

P. 9, au lieu de *tùalho*, lisez *touaillo* ; *trembli,* l. *trambli* ; *dina,* l. *dinna* ; *quun,* l. *quin* ; *tourno,* l. *torno* ; *Santo-Crous*, l. *Santo-Crouts*;

P. 20, au lieu de *qu'est*, lisez *qu'es* ; *cansoun* (singulier), l. *cansous* (pluriel) ; *gratilous*, l. *gratillous* ; *s'ecarto*, l. *s'escarto* ;

P. 21, au lieu de *lai*, lisez *ley* (lait) ; *buès*, l. *bouès* ;

P. 27, au lieu de *perlo*, lisez *paillo* ; *sus*, l. *sur* ; *duberto*, l. *ouberto* ; *menimo*, l. *menino* (grand-mère) ;

P. 40, au lieu de *ben,* lisez *bien*, qui a été, d'ailleurs, maintenu sept lignes plus bas ; *diacha-li*, l. *daycha-li* ; *tuas*, l. *tias* ; *pauvret*, l. *pauret* ; *noun*, l. *nou* ; *lour complet*, l. *lur couplet* (leur chanson, leur couplet) ; *sens*, l. *sans* ;

P. 41, au lieu de *et la nosto*, lisez : *es la nostro* ; *empluyas*, l. *emplouyas* ; *sens faissou* (singulier), l. *sans fayssous* (pluriel) ; *per la bisito*, l. *pel la bizito* ; *en liò*, l. *au lot* ;

P. 43, au lieu de *sus*, lisez : *sul* ; *gigants*, l. *geants* ; *brabets*, l. *brabet* ; *maugrat*, l. *malgré* ;

P. 44, au lieu de *desempiei*, lisez *desunpey*.

Parmi de rares références bibliographiques, M. P. M. signale, p. 23, n. 1, une version en vers français de l'*Aveugle de Castelculier*, publiée à Montpellier en 1883. On doit aussi à M. Alexandre Westphal, qui en est l'auteur, des imitations du *Voyage à Marmande* et des *Deux Jumeaux*, editées à Montpellier, l'une au commencement, l'autre à la fin de l'année 1884, et qui ne méritent pas l'oubli qui en est fait. *Marthe la Folle* les suivit à peu de distance, mais ne fut point imprimée, en dépit du succès qu'elle obtint à la seconde félibrée de Villa-Louise.

A ces quatre imitations, M. W. en a joint deux nouvelles, celles de

Françounetto et de la *Semaine d'un fils*. Il les a éditées toutes sous le titre de *Poèmes rustiques, tirés des Papillotos de P. Jasmin et librement interprétées en vers français*, Cahors, A. Coueslant, 1898, in-16, 160.

Ce petit volume a d'avance une place d'honneur parmi les œuvres que la poésie française a fait naître à Montpellier et en Languedoc.

Le personnalisme de Jasmin n'est pas douteux; M. P. M. n'a fait sur ce point que constater un état d'esprit fatalement créé par les ovations sans précédent du poète et du diseur, mais il importe de le dire, ce personnalisme si peu contestable n'allait point jusqu'à rendre le poète insociable ou dédaigneux à l'égard de ses confrères en gai savoir. Celui qui affirmait à Peyrottes que, tout en aimant la gloire, les succès d'autrui n'avaient jamais troublé son sommeil, n'a point, que je sache, cru « embaumer pour jamais dans un suaire étincelant la gloire du parler des ancêtres ». A quoi rimeraient en pareil cas les vers de passion hautaine et fière de l'épitre à M. Dumon :

Lou pu gran pèssomen que truque l'hôme, aci,
Acò quan nostro may, bieillo, feblo, desfèyto,
S'arremôzo touto, et s'allièyto
Coundannado pel medeci.
A soun triste cabès que jamay l'on nou quitto,
L'èl sur soun èl et la ma dins sa ma,
Poudèn bé, per un jour, rabiscoula sa bito,
Mais, hélas, anèy biou per s'escanti douma.
N'és pas atal, Moussu, d'aquelo ensourcillayro,
D'aquelo lengo muzicayro,
Nostro segoundo may ; de sabens francimans
La coundannon à mort dezunpèy três-cens ans ;
Tapla biou saquela ; tapla sous mots brounzinon ;
Chez elo, las sazous passon, sonon, tindinon ;
Et cent-milo-milès enquèro y passaran,
Sounaran et tindinaran !

Il semble que M. P. M. a tout intérêt à retirer sur ce point sa trop poétique affirmation.

Le titre de première félibrée, indûment donné (p. 65) au petit Congrès d'Arles (25 août 1852)[1], la comparaison de Roumanille à saint François d'Assise (p. 69), la qualification de poème accolée (p. 79) au *Carga Magalonensis*, de Moquin-Tandon, doivent également disparaître de la seconde édition de M. P. M.

1. M. P. M. rectifie lui-même son erreur en écrivant les lignes suivantes à la page 3 de son intéressante notice biographique sur *Mistral*, extraite

Il nous paraît difficile que Roumanille qui, dans sa sphère Comtadine, fut aussi personnel que Jasmin, n'ait pas eu à souffrir de la lettre spirituelle, mais trop prolixement vaniteuse où il raconte la conversation qu'il eut avec l'auteur de *Maltro l'innoucento*, au cours de la soirée que ce dernier et Mlle Roaldès donnèrent dans la salle de la Bourse d'Avignon (janvier 1848). Tout au moins pourrait on trouver cavalière et déplacée une partie des propos de Roumanille. Jasmin ne s'étant point rappelé que son interlocuteur lui avait dédié une de ses *Margarideto*, lui aurait dit : — « Je croyais que le nom de Roumanille était celui d'un poète mort ». L'irascible Avignonnais répondit de la manière suivante à la distraction de son confrère d'Agen : — « Je ne suis pas mort encore, je suis même beaucoup plus jeune que vous et, qui sait, Dieu peut vouloir que j'écrive votre épitaphe ».

Évidemment, s'il n'y pas là de quoi fouetter un chat d'Avignon ou d'Agen, il n'y a pas non plus de quoi grossir les exemples du *Manuel de la bonne compagnie*, littéraire ou non.

La vérité vraie, en ce qui touche les rapports de Jasmin et du groupe qui suivit, de 1846 à 1852, la direction de Roumanille, pourrait bien être celle-ci :

L'auteur de *Maltro*, de bonne heure saturé d'honneurs et d'ovations littéraires, depuis longtemps fêté à Bordeaux, Toulouse, Pau, Carcassonne, Béziers, Montpellier, Nîmes et Marseille, comme l'incarnation même de la langue du Midi, ne dut voir dans les premiers essais de Roumanille qu'un mouvement complémentaire du sien, organisé par quelques jeunes gens, de bonne volonté sans doute, mais d'avenir encore indéterminé, à l'extrémité du domaine que sa propre parole fécondait et transportait depuis vingt ans. Rien d'étonnant dès lors à la méprise qui eut le don de susceptibiliser si vivement Roumanille et à l'absence du poète agénais au Congrès d'Arles. On sait, d'ailleurs, que le recueil des *Prouvençalo*, publié quelques mois auparavant par l'auteur des *Oubreto*, compte deux pièces du coiffeur d'Agen à côté des premiers essais d'Aubanel, de Mistral et d'Anselme Mathieu [1].

de la *Grande Encyclopédie*, t. XXIII (Paris, Lucien Duc, 1898), grand in-8°, 8 pages :

« Un nouveau Congrès, dû à l'initiative de J.-B. Gaut, eut lieu à Aix (1853), suivi d'un nouveau recueil collectif *lou Roumavagi dèi troubaire*. Ainsi s'appelaient encore les rénovateurs provençaux ; Mistral leur donna le nom mystérieux de félibres, dans l'assemblée restée légendaire de Font-Ségugue (21 mai 1854) ».

[1] Ces deux pièces : *Al Curé-poèto* et *Sen Bincèn de Pol*, se lisent pp. 87 et 285 des *Prouvençalo, poésies diverses, recueillies par J. Roumanille*,

Les pages de M. P. M. sont terminées par l'éloge que Mistral lut en 1870 devant la statue de Jasmin. Et cet éloge est deux fois traité de « sirvente », alors que le mot bien connu de l'ancienne langue exigerait l'emploi de « sirventés » ou « sirventois ».

Per la nacioun e pèr li fraire
Que reston à l'oustau et que menon l'araire,
Et parlon voulountous la lengo dóu terraire,
Es un triountle aqueste jour ;
Vaqui perqué, iéu, de Prouvènço,
Vène di Prouvènçau paga la redevènço
Au grand troubaire dóu Miejour !

E tout d'abord, à la Gascougno
Que, fasènt soun devé sèns crento ni vergougno,
Mantèn sa vièio lengo e pèr elo temougno,
Salut emé li bras dubert !
Maugrat lou flot que vèn la batre,
Dóu bres de Jaussemin au païs d'Enri-quatre
Vosto noublesso noun se perd !

Après avoir lu les vers du grand poète de Maillane, on regrettera que M. P. M. ne les ait pas fait suivre des strophes, plus harmoniques d'allure et d'inspiration, composées par Gabriel Azaïs à propos de la même solennité.

La rareté croissante des *Vesprados de Clairac*, où ces strophes se lisent, m'assure que le lecteur languedocien ne jugera point leur reproduction inopportune :

Lou tems es un grand degalhaire,
So qu'un siecle a bastit, un autre ou ven desfaire ;
Quand, prioune, n'a sul roc pausat lous foundamens,
L'ome eternalo crei soun obro :

auteur de li Margarideto, li Club, la Fenigoulo, li Capelan, etc., précédées d'une introduction par M. Saint-René-Taillandier, professeur de littérature française à la Faculté des lettres de Montpellier, et suivies d'un glossaire. Avignon, Séguin aîné, 1852, in-12. XLVIII-138 pages.

Dans ce titre le personnalisme de Roumanille peut se déduire de l'énumération de ses œuvres littéraires et politiques et de son propre portrait placé en regard du titre lui-même.

De ces deux pièces, la seconde seule a pris place dans l'édition populaire des *Papillòtos*, publiées en 1860 chez Firmin Didot frères.

El mêmes serà lou manobro
Que la derroucarà, quand ne vendrà lou tems.

Mais uno causo espiritalo,
Malgrat tout demoro immourtalo :
D'uno lengo jamai se perd lou soubeni ;
Quand uno naciéu esclafado
Delembro lo que l'a bressado.
Pouetos e sabens saubou soun aveni.

Jansemin, ta lengo gascouno[1],
Noblo, anderouso, galantouno,
Que canto, plouro, ris, cascalhejo tant pla
De toun bres la lengo requisto,
Que per lou paure a fach la quisto,
Crento pas que jamai perigue, saquela !

Tous verses l'òu tant enaurado
Que vieurà tous tems ounourado,
Aculido amb amour per lou pople amistous.
Ero espelhado e pallinouso,
L'as facho espoumpido e courouso :
A l'immourtalitat anarés toutes dous.

Per tus la grando ouro es vengudo :
Ta cendre es frejo e ta voues mudo ;
Toun uel beluguejant, pecaire ! es escantit ;

[1] C'est le nom que Jasmin donne à sa langue dans ses poésies et dans les vers si souvent cités :

Lou puple, fidèl à sa may,
Sara gascou, toutjour e franciman jamay !

Mais il n'est point sûr que la philologie maintienne sur ce point l'affirmation du poète. Les relations de voisinage et d'administration accréditent souvent des appellations très peu fondées. Les Nimois qualifient depuis très longtemps leur idiome de languedocien, alors qu'il n'est, philologiquement parlant, qu'une variété de provençal.

Cf., *l'Anacréon languedocien* d'Aubanel ; *lou Troubadour languedocien* de Joseph Roustan (1756-1835) ; les *Considérations* de Jean-Julien Trélis (1757-1831) *sur les avantages et les inconvénients des idiomes propres à chaque localité et en particulier sur l'origine et le caractère de l'idiome languedocien* (Notice des travaux de l'Académie du Gard pendant l'année 1807), Michel Nicolas, *Histoire littéraire de Nîmes*, t. III, p. 236, etc., etc.

E ta paraulo melicouso
A ta bouco meravilhouso
Ten pas pus estacat l'auditori candit.

Mais restara la souvenenso
Des jours de joio e de jouvenso
Ount Toulouso, Bourdèus, Beziès, tout lou miejour,
Aplaudissiòu l'Ensourcilhaire
E soun parauli musicaire,
E fasiòu grando festo al valent troubadour.

Tus, tabé, n'as pas tardat gaire,
Agen, amistadouso maire,
A festeja l'enfant qu'aimabo tant toun cor...
Pla souvent la recounèissenso,
Flou tardièiro, noun pren naissenso
Qu'à las asclos del clot ount jais l'illustre mort...

L'as mes sus un trone de glorio :
Eterno sera sa memorio ;
Avant qu'à soun bel noum s'agante lou cussou,
Agen, tas filhos aberidos,
Dins sa primo seròu passidos
E tous prunès faròu de prunos de bouissou[1].

Alph. Roque-Ferrier

Émile Faguet. — *Propos littéraires.* Paris, 1902 [406 p.].

Il n'est plus nécessaire d'expliquer aux lecteurs de cette revue quelle est la méthode de M. Faguet. Ils la connaissent et savent tout ce que sa critique a à la fois de pénétration, de souplesse, d'agrément et d'indépendance. Ils la verront dans ce nouveau volume s'exercer sur quelques-uns des livres qui, en ces dernières années, ont le plus occupé l'attention : *l'Orme du Mail, le Mannequin d'Osier, Paris, Rome, le Désastre, les Déracinés, Idylle tragique*, et ils lui sauront gré de les avoir jugés avec autant de liberté que s'il s'était agi de livres

[1] Le travail de M. P. M. a été imprimé à Paris et ses parties françaises ont été revues et corrigées avec soin. Il faut cependant, p. 81, lire « amener (?) » au lieu d'« associer », et p. 82 « paisible » au lieu de « possible ».

Il va sans dire que je n'ai rien changé à l'orthographe de mes citations de Jasmin, de Mistral et de Gabriel Azaïs.

publiés depuis deux siècles. — Beaucoup de lecteurs seront heureux de constater, par la belle étude qui est faite dans ces *Propos littéraires* du livre de Henri de Michel, sur l'*Idée de l'État*, que la curiosité de M. Faguet se tourne de plus en plus vers les questions politiques et sociales. — Le volume est précédé, en guise de préface, d'une amusante consultation. — « Vous me demandez, écrit M. Faguet à un de ses amis, quelle est l'influence du critique. — Il n'en a aucune et j'en suis enchanté. — Pourtant on lit les critiques. — On les lit, réplique M. Faguet, quand ils sont intéressants. On les lit, comme on lit un roman, un poème, un livre de philosophie. Mais on ne les lit pas pour les consulter sur ce qu'il faut aller voir, ni sur ce qu'il faut lire. Écoutez un peu autour de vous. Jamais vous n'entendrez dire : « Il faut aller voir cela. Un tel, de tel journal, dit que c'est bon. » Telle est la thèse de M. Faguet. Je lui accorde que je n'ai jamais entendu dire : il faut lire cela parce que M. Faguet dit que c'est bon. On ne dit pas ces choses-là, parce qu'on affiche l'indépendance et surtout parce qu'on ne veut pas avoir l'air d'être en retard, d'avoir été obligé d'attendre l'avis du critique pour connaître l'existence et l'intérêt d'un livre. Mais beaucoup de choses qu'on n'entend jamais dire se font tout de même. M. Faguet aurait des scrupules de conscience terribles, nous dit-il, s'il croyait qu'il pût avoir une influence sur le succès d'un ouvrage. Je regrette d'avoir à donner des scrupules de conscience à M. Faguet : mais il y a plusieurs livres dans ma modeste bibliothèque qui n'y sont entrés que parce que M. Faguet en avait fait cas.

Joseph Vianey.

Joseph Nève, directeur honoraire des Beaux-Arts. — *Antoine de la Salle, sa vie et ses ouvrages d'après des documents inédits*, Paris, Champion, et Bruxelles, Falk fils, 1903, in-12°, 4 fr.

En 1881, M. Joseph Nève avait publié, mais sans la mettre dans le commerce, une œuvre inédite d'Antoine de la Salle, *le Réconfort de Madame du Fresne*, conservée en manuscrit dans la Bibliothèque royale de Belgique. Les travaux consacrés depuis à Antoine de la Salle ont encouragé M. Nève à donner au public une nouvelle édition du *Réconfort*, mais en la faisant précéder d'une étude sur l'auteur.

Cette notice, de près de cent pages, n'est pas seulement le résumé des écrits antérieurs ; elle résulte aussi de recherches personnelles, faites dans les ouvrages les plus divers et dans plusieurs dépôts d'archives ; elle précise sur plusieurs points la biographie, assez mal connue encore, de l'écrivain. Après des renseignements sur Bernard de la Salle, M. Nève aborde la vie d'Antoine, son fils ; il nous le montre en Italie, à la suite des ducs d'Anjou, et à Arles, où il exerça les fonctions de viguier; il étudie les préceptorats confiés à La Salle par René d'Anjou et Louis de Luxembourg ; il passe rapidement en revue ses ouvrages authentiques: *la Salade, la Salle, le Petit Jehan de Saintré, le Réconfort, la Journée d'Onneur et de Prouesse*, le traité des *Anciens tournois et faictz d'armes* Enfin, examinant les présomptions et les prétendues preuves d'après lesquelles on a fait d'Antoine de la Salle l'auteur des *Quinze joyes de mariage* et des *Cent nouvelles nouvelles*, M. Nève montre qu'aucune de ces deux œuvres ne saurait vraiment lui appartenir.

De la p. 100 à la p. 289, le volume contient, outre diverses pièces justificatives et un index, l'édition du *Réconfort*, une *Lettre inédite d'Antoine de la Salle à un nouveau religieux* et des extraits de *la Salade* et de *la Salle*, soigneusement revus sur les manuscrits. Le plus étendu de ces extraits est consacré au *Paradis de la Reine Sibylle*, cette curieuse variante de la légende du Tannhaüser.

Le livre de M. Nève a donc son mérite et son utilité. Mais il n'est pas de ceux qui interdisent pendant un assez long temps l'accès d'un sujet aux érudits. Il y a peu de mois, un anonyme, et qui paraît tenir beaucoup à rester anonyme, s'est fort ingénieusement appliqué, en s'appuyant sur la fameuse énigme des *Quinze joyes*, à prouver que l'auteur de cette satire était Pierre II, abbé de Samer (près de Boulogne) en 1378[1]. Plus récemment, M. Labande, conservateur du Musée Calvet d'Avignon, a communiqué à l'Académie de Vaucluse le résultat de recherches très étendues et très fructueuses. Le testament (vainement cherché par M. Nève) qu'Antoine de la Salle avait fait avant de s'embarquer pour l'Italie, les pièces relatives à son mariage, des documents sur ses possessions de Provence, et beaucoup d'autres textes aussi importants constituent les riches matériaux d'une étude que M. Labande se propose de publier sous peu dans la *Bibliothèque de l'École des Chartes*.

Eugène RIGAL.

Emile Faguet, *de l'Académie française*. — *Dix-septième siècle, études littéraires*. Nouvelle édition revue et augmentée. — Paris, Société française d'imprimerie et de librairie, 1903, in-16, 3 fr. 50.

Quand nous avons rendu compte des *Propos de théâtre* de M. Faguet, nous avons remarqué que ce volume contenait une étude sur *Polyeucte* et une étude sur *Athalie*, qui faisaient déjà partie du volume bien connu sur le *Dix-septième siècle*. Nous ignorions alors qu'une édition

[1] *Une énigme d'histoire littéraire. L'auteur des XV joyes de mariage.* Paris, 1903, plaquette 8°.

remaniée de ce dernier ouvrage allait paraître, d'où étaient exclues les études sur *Polyeucte* et sur *Athalie* (ainsi que l'étude, moins importante, sur le *Misanthrope*). Ces articles rentraient mal dans un cadre destiné à contenir uniquement des portraits de grands écrivains, et leur suppression est heureuse, en somme. M. Faguet a aussi supprimé — parce qu'il l'avait utilisé ailleurs — le portrait de Mme de Maintenon. Mais il a ajouté deux importants chapitres sur Descartes et Malebranche, et il a renforcé les chapitres sur Corneille, Molière et Racine par des paragraphes nouveaux, qui s'insèrent fort bien là où M. Faguet les a placés, mais qui, juxtaposés, formeraient aussi une très intéressante *Dramaturgie du XVIIe siècle classique*. C'est ainsi que trois pages et demie sur *la poétique de Corneille* ont fait place à trente-cinq pages sur *la poétique de Corneille* et *le parti cornélien ;* la *poétique de Molière* obtient vingt-cinq pages au lieu de quatre et demie ; de douze pages et demie sur *la poétique de Racine* et *Racine écrivain* on passe à trente-cinq pages sur *l'éducation littéraire, la poétique* et *la poésie de Racine*.

On pourrait chicaner sur quelques détails. Il n'est pas exact de dire, p. 142, que les théoriciens de 1625 à 1650 « veulent l'unité de temps et l'unité de lieu comme corollaires et surtout comme garanties de l'unité d'action »; c'est ce qu'ils devraient faire, mais ce n'est pas ce qu'ils font. — Il y a une inadvertance dans cette phrase de la p. 309 : « C'est chez Molière que furent représentés *les Frères ennemis*, au moment du plus grand succès de Molière (*École des Femmes, Tartuffe* joué à la cour) et *Alexandre* et *Andromaque*, au temps de *Don Juan* et du *Misanthrope* et de *Tartuffe* joué à la ville » ; *Andromaque* a été jouée par la troupe de l'Hôtel de Bourgogne, après la brouille de Racine et de Molière. — Il y a une vue ingénieuse, mais que la chronologie rend difficilement acceptable dans ce passage des pp. 310-311 : « De 1652 (*Pertharite*) à 1659 (rentrée de Corneille avec *Œdipe*), il y avait eu une sécession de Corneille pendant laquelle Boursault et Quinault avaient paru au premier rang avec un théâtre galant et doucereux ; Racine arrive en réaction et cherche des sujets *d'abord* contre Quinault, *puis* contre Corneille revenu et non sans succès. C'est par là que Racine a paru cornélien d'abord par opposition à Quinault (*Thébaïde, Alexandre*), puis parut et fut enfin anti-cornélien avec *Andromaque* et toutes ses autres pièces » : *la Thébaïde* et *Alexandre* étant de 1664 et 1665, postérieures de cinq et de six ans à la rentrée de Corneille, on ne voit pas bien pourquoi Racine aurait attendu 1667 pour réagir contre son grand prédécesseur[1].

Eugène Rigal.

[1] Quelques fautes d'impression. Il faut lire, p. 42 : « A la liberté, qui

Jules Lemaître, *de l'Académie française*. — *Opinions à répandre*, 1901 ; — *Théories et impressions*, 1903. Paris, Société française d'imprimerie et de librairie, 2 vol. in-18, à 3 fr. 50.

Le premier des volumes que nous annonçons contient quelques morceaux d'un intérêt purement littéraire, notamment trois contes symboliques, où l'on trouve le charme que M. J. Lemaître sait donner à ces sortes de récits. Mais la plupart des articles (*la colonisation*, *la patrie et l'armée*, *l'enseignement*, *la lutte contre l'alcoolisme*, etc.) se rattachent à la campagne politique et sociale de « la Patrie française » : je les ai lus ou relus avec intérêt, mais je n'ai point à en parler, la revue où j'écris n'étant faite ni pour *répandre*, ni pour combattre les *opinions* de M. J. Lemaître.

Je ne dirai rien, pour le même motif, d'une partie du volume qui a suivi : *Théories et impressions*. Mais, si les *théories* exposées sont des théories politiques et si quelques-unes des *impressions* sont des impressions politiques aussi, l'histoire s'est fait ici une place : l'*étude* documentaire sur *une petite ville sous le Directoire* et l'*histoire* fictive (et d'ailleurs exquise) *d'une* « *merveilleuse* » sont instructives, malgré leurs tendances. Surtout, une bonne partie du volume n'a aucune visée politique et ne rappelle plus que l'auteur des *Impressions de théâtre ;* du reste, elle porte pour titre particulier : *A travers l'histoire du théâtre*. A propos de publications, de représentations, de conférences diverses, M. Lemaître parle de Rutebeuf, des *Contents* d'Odet de Turnèbe, du *Cid*, du *Romancero*, de Thomas Corneille, de Gresset, de l'opéra-comique et du théâtre de la foire, de Népomucène Lemercier, de Sébastien Mercier, etc. Tous ces articles sont agréables, et çà et là quelque vue ingénieuse fixe l'attention. N'oublions pas *Touristes d'autrefois*, où, après avoir examiné les voyages de Chapelle et Bachaumont, de La Fontaine, de Regnard et d'autres écrivains du XVIIe siècle, M. Lemaître montre combien le sentiment de la nature s'est tranformé en France avec J.-J. Rousseau, Bernardin de Saint-Pierre et leurs successeurs[1].

Eugène Rigal.

est absolue en soi, il offre » ; — p. 81 : « le meilleur que le parfait (et non : l'imparfait) ait pu faire » ; — p. 103 : « une petite contradiction, *peu* apparente peut-être » : — p. 114, dans le texte de Malebranche : « Je ne sais si les Français ont tout a fait droit (et non : tort) de se moquer des Éthiopiens et des sauvages » ; — p. 141 : « Rayssiguier (et non : Raisseguyer) » : — p. 173 · « detesté et non : teste) ».

[1] P. 127, vers 4, lire : « *mit* au centre de tout » : p. 196, l. 4 : « vous êtes ».

Antonio Boselli. — Una cronaca semidialettale del secolo **XVII, con** introduzione e glossario. Un vol. in-12, 50 pp. Parma, Zerbini, 1903.

Quoique faite à l'occasion d'un mariage (Nozze Pietro Borri-Clelia Andina), cette publication est soignée et sérieuse. Elle comprend (pp. 1-15) une étude sur la chronique et son auteur, des remarques sur la langue, ou plutôt (p. 15) « ce jargon particulier caractérisé par un effort constant pour s'éloigner du dialecte et se rapprocher de la langue noble », le texte de la chronique (pp. 15-43), et un glossaire assez complet (pp. 45-50), où sont notées et traduites les formes parmesanes locales et les formes italiennes. Signalée par notre collaborateur M. Restori dans un appendice bibliographique à son mémoire *La battaglia del 29 guigno 1734 ed i primi documenti del dialetto urbano di Parma*, cette chronique était restée jusqu'à présent inédite. Elle méritait d'être publiée, comme toute source narrative encore inconnue. C'est l'œuvre de J. Pietiro (Pietro) Bellino (1584-1656), de Villa del Carzeto di Soragna, qui occupa certaines fonctions municipales dans son pays natal, et qui ne semble pas en être jamais sorti. Sa chronique se compose d'une série de 65 chronogrammes espacés inégalement de 1606 à 1650, et consacrés aussi bien aux récoltes de fèves et aux vendanges qu'aux répressions de complots, aux nouvelles militaires, et aux changements de princes et de papes. L'histoire générale n'a point de fait nouveau à y prendre. Quelques données précises intéressent l'histoire économique et la météorologie. L'intérêt du texte est surtout de montrer quelles nouvelles de Parme, de l'Italie et du vaste monde, parvenaient dans une petite bourgade, et quels sentiments étonnés ou indignés ces nouvelles inspiraient à un brave homme. — L'importance philologique du texte paraît plus grande: Boselli a soigneusement relevé tout ce qu'il fournit à la connaissance de ce dialecte ou parler rudimentaire, qui n'y est du reste représenté que sous une forme imparfaite. Nous renvoyons les spécialistes aux notes de l'éditeur. — Bien que l'édition soit très soignée, je voudrais un éclaircissement supplémentaire. Les chronogrammes sont imprimés ici sous des numéros d'ordre progressifs, mais dans un étrange désordre chronologique: par ex., de 1 à 5, 1606, 1612, 1636, 1645, 1612; 9-10-11, 1637, 1626, 1642; de 20 à 26, 1617, 1621, 1622, 1614, 1601, 1624, etc. Ce numérotage et ce désordre sont-ils dûs à l'auteur, à un copiste ancien, ou à l'éditeur moderne? Et n'y aurait-il pas eu avantage à les corriger?

Léon-G. Pélissier.

H. Affre. — Dictionnaire des institutions, mœurs et coutumes du Rouergue. Un vol. grand in-8°, vii-469 pp. [publié par la Société des Lettres, Sciences et Arts de l'Aveyron]. Rodez, imprimerie Carrère, 1903.

Ce gros livre, à deux colonnes, de texte compact, représente assurément beaucoup de travail et d'érudition. L'auteur nous avertit dans son introduction qu'il y a consacré les trois quarts de sa longue existence; que, pendant les années 1862-1879, il a fouillé tant pour l'établissement de l'inventaire officiel et des inventaires municipaux que pour ses recherches personnelles, les archives départementales de l'Aveyron, communales (de Rodez (bourg et cité), Millau, Espalion, Saint-Affrique), hospitalières, et les minutiers des notaires. On voit dans son livre qu'il y a fait bonne récolte de documents et d'informations de tout genre. C'est un labeur très méritoire.

Ce labeur restera inutile, ou peu s'en faut, tant moralement que matériellement. On ne pourra ni le citer, ni s'en servir, car il est dépourvu à la fois de références et d'index. Sans suspecter les recherches et les lectures paléographiques de l'auteur, on aimerait à savoir dans lequel de ces nombreux dépôts aveyronnais il faut rechercher et collationner chacune des innombrables pièces qu'il signale ou qu'il cite par fragments, par exemple la transaction du 22 mai 1402 entre le curé de Saint-Amans de Rodez et les prêtres de cette église (*Absoutes*, p. 1), le rapport de Monvallat en l'an VI sur la fabrication des bas (*Bas*, p. 37), un acte de fauchage de l'an 1598 passé dans l'étude d'Antoine Coderc (*Fauchage*, p. 184), etc., etc Il y a environ cent quarante études de notaires dans le département (dont une douzaine seulement ont versé leurs archives au fonds départemental) : dans laquelle faut-il chercher le minutier de Coderc ? Des références complètes et précises eussent été nécessaires ici.

Des index ne l'étaient pas moins. L'auteur a en effet semé les notes et les documents à pleines mains, mais de la façon la plus désordonnée et sous des rubriques d'une diversité déconcertante, tour à tour et pêle-mêle empruntées à la géographie, aux institutions, au vocabulaire abstrait, aux coutumes, aux mots locaux, aux noms propres, etc. Ainsi sous la lettre F nous avons de suite: (pp. 184-187), *famine, fauchage, fauconnerie, fauve, fenêtre, féodalité, fer, fête du Saint-Voile.* Les rubriques sont mal choisies, et ce n'est pas toujours le mot important qui est en vedette : il faut, par ex., chercher fête du *Saint-Voile* à fête, maison *épiscopale* et maison *de Refuge* [1], à

[1] C'est-à-dire la maison commune ou publique, *lou bon houstal.* Il faut rapprocher de cette narquoise appellation le discret et ironique

maison, office des *quatre chandelles* à office. Notez qu'aux mots soulignés on ne trouve aucun renvoi aux mots choisis comme rubriques. Les rubriques sont des mots indifféremment français, rouergats ou latins, les articles placés sous des mots des deux dernières catégories étant presque exclusivement des explications philologiques. Il y a confusion aussi entre les articles historiques, petits mémoires sur telle ou telle question et les articles purement philologiques expliquant l'étymologie et le sens de mots et d'usages locaux (tels *massip*, *masuc*, *miquelle*, *neules*, *offertous*); une table des matières aurait permis de classer sous des catégories logiques, — droit, cuisine, habitation, coutumes religieuses, etc., — les articles de même matière actuellement dispersés au hasard. En l'état présent, le lecteur qui voudra étudier la cuisine en Rouergue saura-t-il seulement sous quels mots il doit chercher, — *mortayrol*, *neules*, *hypocras*, *froges*, — alors que manque le mot *cuisine* lui-même ? Il n'y trouvera ni *habitation* ni *mobilier*, mais il devra rapprocher *horloge*, *paille*, *chélit*, *archibanc*, *éclairage*, etc., pour réunir quelques notions sur ces matières. Je pourrais multiplier ces exemples.

M. Affre aurait mieux mérité des travailleurs s'il ne s'était pas borné à grouper au petit bonheur ses renseignements sur des fiches, à intituler ses fiches au hasard, et s'il n'avait pas cru qu'il suffisait d'un jeu de fiches ainsi composé pour faire un dictionnaire. Son dictionnaire ne rendra des services pratiques qu'après une refonte complète, ou tout au moins après l'adjonction d'une table et d'index des noms et des matières. Et encore, je le répète, on ne pourra s'en servir qu'avec précaution, vu le manque de références.

Léon-G. Pélissier.

Lefèvre (E.) Bibliographie mistralienne. Frédéric Mistral. Bibliographie sommaire de ses œuvres, avec l'indication de nombreuses études, biographies et critiques littéraires. Notes et documents sur le félibrige et la langue d'Oc. Marseille 1903. [Édition de l'Ideio Prouvençalo, 24 rue Paul ; in-8, 154 pp.].

M. Lefèvre a placé sa bibliographie sous la protection d'une citation du bibliographe historien Langlois, et il a eu l'ambition louable d'appliquer à la bibliographie de l'œuvre déjà si considérable de Mistral la rigoureuse méthode que décrit cette citation. Il me permettra

euphémisme « *La bonne hôtesse* », mis à la mode par quelques contemporains pour désigner les mondaines dont les salons ont pour enseigne, comme disait Daudet, « Ici l'on aime ».

de lui dire, comme M. Jeanroy dans les *Annales du Midi* (XVI, p. 149-151) qu'il n'y a pas parfaitement réussi, et de reprendre à mon compte la plupart des critiques que lui adresse ce savant sur : l'ampleur démesurée et quasi impossible à remplir du cadre, la confusion entre ce qui est propre à Mistral, commun à lui et au félibrige en général, l'introduction de la *langue d'Oc* ancienne autant que moderne dans ses dépouillements, la difficulté que l'obligation de recourir sans cesse des chapitres principaux à l'appendice apportera à l'emploi de son livre, — typographiquement peu clair et mal présenté. J'ajouterai : le manque de divisions logiques dans cet effroyable fatras de productions relatives à Mistral, et l'absence de tout signe de sélection entre les études utiles, les médiocres et les inutiles. Un bibliographe, — même sans prétendre faire une bibliographie critique, — devrait tenir à ne pas signaler de la même manière, sur Mistral, par exemple, la célèbre et profonde étude de Gaston Paris, l'*Histoire du Félibrige* de Jourdanne, et certaine publication sur le Museon Arlaten, exploitation audacieuse et réussie de la naïveté masculine par une jolie femme. Ne faudrait-il pas avertir que ceci est un chef-d'œuvre, ceci un très utile manuel, et ceci encore un tas de papier ? Mais, ces critiques faites, il faut reconnaître bien haut le grand labeur et le mérite des recherches de M. Lefèvre. Il a eu la patience de fouiller les revues et les journaux provençaux les plus éphémères, et il a relevé, presque sans lacunes, toutes les productions, vers ou prose, de Mistral. Si le Félibrige, pour fêter son cinquantenaire, le 21 mai 1904, décidait de publier une édition collective des pièces détachées de son *subre espoulid*, M. Lefèvre mériterait mieux que personne de la diriger. En tout cas il aura l'honneur de l'avoir, presque à lui seul, rendue possible en en retrouvant tous les matériaux.

Quelques additions ou notes de détail pour terminer. Le chapitre VII (*Documents mistraliens*) et son § 6, *Popularité*, les plus difficiles à rédiger, sont aussi les moins satisfaisants. Mais où fallait-il se borner ? M. Lefèvre, qui a sûrement visité le Museon Arlaten, paraît y avoir négligé plusieurs affiches et réclames évidemment inspirées de *Mireio*, qui n'a jamais été plus à plaindre. Puisque il citait l'estampe destinée aux *chato* qui prennent la coiffe, il devait citer aussi l'autre estampe de Lélée, *La promenade des Lices*, qui n'est ni plus ni moins mistralienne que la première. A la foire aux santons de Marseille, M. L. verra un *cassaïré* fringant et moderne, accompagné d'un chien : le santounié, adroit félibrégeant, a donné au maître et à son ami les traits de Mistral et de Panperdut, sans doute, à moins que ce soit Panpanet. Au Musée Réattu, en Arles, M. L. verra aussi et pourra même acheter des Mireio « en mante » et sans mante, fort lestement modelées par Mlle Pauline Véran. Comme trait vraiment curieux de la popularité de Mistral et du caractère mystique qu'elle tend à prendre, notons l'usage qui s'introduit dans beaucoup d'anciennes et enracinées familles provençales, que les *novis*, pendant leur voyage de noces, aillent faire un pèlerinage à Maillane et demander au maître une sorte de bénédiction « provençale ». — Par contre, si fantastique que cela paraisse, il y a dans Arles même des gens qui ignorent Mistral. Pour orner son chapitre *Popularité* d'un amusant contraste, je citerai à M. L. une savoureuse anecdote dont j'ai été témoin en Arles, au bureau de poste, sur la place de la Loge, à deux pas du Museon Arlaten, le 19 septembre 1903. Mistral s'y présente au guichet et montre au rond de cuir tapi derrière le grillage son feutre gris et son visage si reconnaissable. Il n'est pas reconnu. Il décline son nom : « *Comment ça s'écrit?* » interroge le postard [1]. La voilà bien, n'est-ce pas, la popularité de « Mistral, roi dans Arle et pape dans Maillane » ?

Léon-G. Pélissier.

Urbain Mengin. — *L'Italie des Romantiques*, un vol. in 8°, XXIV-394 pp. Plon, Paris 1902.

« Je n'ai guère fait que grouper, pour chacun des poètes dont il est ici question, les passages de ses œuvres et de sa correspondance qui se rapportent à l'Italie »... « C'est encore en suivant les textes que j'ai résumé les aventures de voyage et les fantaisies poétiques. » (*Préface* p. I.)

Il ne faut pas demander à l'auteur, après cet aveu naïf, plus qu'il n'a voulu faire : des résumés de voyages d'écrivains en Italie et des descriptions anecdotiques. Il a fait six résumés de ce genre, trois pour des auteurs français (Chateaubriand, Mme de Stael, Lamartine, Musset) ; trois pour des auteurs anglais (Byron, Shelley, Keats). Sitôt que son manuscrit fut, comme l'animal du fabuliste, « d'une grosseur raisonnable » il y mit un point final et l'alla porter à la Sorbonne. La vieille dame, en veine d'indulgence, et reconnaissante à l'auteur de ne prétendre d'elle qu'un minimum d'attention, lui offrit en échange le bonnet doctoral. C'est l'essentiel. Il reste du livre ce titre.

Il est fâcheux que l'auteur ait mis une préface à ces six tableaux,

[1] Que « Monsu Frédéri » se console! Pareille mésaventure arriva à l'un de mes amis qui demandait un jour l'adresse d'un musicien illustre, dans sa rue, dans sa maison, à son concierge : « M. Massenet est-il chez lui? — Massenet? *Nous n'avons pas* ÇA *dans la maison*. » Et il fallait entendre ce fonctionnaire! Le visiteur ne se trompait pourtant que d'une porte.

et qu'il ait essayé, en vingt quatre petites pages, d'y exposer son plan, d'y justifier ses choix, et d'y développer de multiples considérations. On comprend mal les motifs parfois étranges de l'admission des sept romantiques ci-dessus nommés et de l'exclusion des autres. Ainsi justifie-t-il l'élimination de G. Sand : « Si belles que soient certaines pages des *Lettres d'un voyageur*, il m'a paru qu'elles n'ajoutaient guère à celles des poètes venus avant Georges Sand. J'avais déjà dans ces études tant de descriptions de Venise qu'une nouvelle aurait pu paraître fastidieuse. » Où est cependant l'intérêt d'une description ? et toute vision de Venise par une Sand ou par un Musset, un Taine ou un Gautier, Barrès ou d'Annunzio ne mérite-t-elle pas d'être retenue et étudiée. Pouvait-on exclure Stendhal, en dépit de « son style sec », alors qu'il a écrit *L'abbesse de Castro, Vittoria Accoramboni*, et toutes les chroniques qu'il a tirées des manuscrits de Naples et de Rome et dont les copies sont aujourd'hui à la Bibliothèque Nationale ? George Sand ne devait-elle pas être retenue aussi pour son *Teverino Teverini*, dont les premières pages expriment avec tant d'intensité la joie romantique de l'arrivée en Italie. « Le bon Dumas », avec l'histoire de l'abbé Faria et le carnaval romain de Monte Cristo, Victor Hugo, avec le début de Ratbert qui semble copié sur quelque vieille fresque, devaient-ils être repoussés avec tant de dédain ? Et comment, puisque la Corse est italienne de mœurs et de langue, oublier Mérimée et Colomba ? — Dans cette préface, l'auteur a voulu faire tenir aussi (de quelle façon sommaire on le devine) une revue générale de ce que les Français ont pensé de l'Italie depuis le XVe siècle jusqu'au XIXe (pp. XXI-XXIII), des considérations sur l'état de la poésie en Italie à l'époque romantique (pp. VIII-XVIII), sur Alfieri et Léopardi *(ibid.)* sur les limites du goût romantique en matière d'art (p. XX) et sur la transformation de l'Italie moderne (pp XVII-XIX). Naturellement il ne manque pas de gémir sur la décadence de Venise, ce qui devient vraiment trop un lieu commun : « Ce qui est la tristesse des tristesses, on arrive en chemin de fer *dans* la ville jadis si bien isolée *dans* ses lagunes. » Remarquons que les quartiers qu'on voit d'abord en arrivant de terre ferme à Venise en gondole sont loin d'être pittoresques, *et n'ont jamais* été les plus pittoresques. Le contraste est bien plus émouvant, plus prenant, d'être brusquement jeté du wagon de la *Rete adriatica* sur le quai des Scalzi, de se trouver tout d'un coup en plein Canalazzo, au lieu d'émousser sa sensation dans sa lente et lourde traversée de la lagune. Du reste il n'est interdit à personne de quitter le train à Padoue, de s'y embarquer sur la Brenta et de descendre le fleuve paisible jusqu'à Fusina, comme les anciens voyageurs, en évoquant les cortèges patriciens, les étapes du voyage d'Henri III comme l'a fait Nolhac, et l'ultraromantique gondole du *Songe d'une après-midi d'automne*. Et enfin pourquoi, si l'on veut retrouver Venise isolée et purement marine, ne point y arriver par Chioggia, en gondole : il est impossible alors de se douter de l'existence du chemin de fer.

M. Mengin paraît connaître assurément fort peu les antécédents de son sujet. Il ignore nos voyageurs, archéologues, curieux de mœurs politiques, du XVIe au XVIIe siècle. Ne serait-il pas intéressant de suivre de Villehardoin, ou, si l'on veut, de Commynes à Musset, ce que les Français ont vu, compris et goûté de Venise ? De ce polisson de Bouchard au grave Seignelay, de Thomassin Mazaugues à Caylus et à Barthélemy, combien d'artistes, descripteurs, dessinateurs, ont contribué à former le goût des touristes pour l'antique et la ruine. Il ne cite point Piranese, ce premier interprète romantique de l'antiquité, qui fait la transition entre le paysage historique à *fabbriche* de Poussin et la vision de l'agro romano de Chateaubriand. N'est-ce point Hubert Robert, Granet, Forbin, Fabre, qui ont rendu populaire la figuration romantique des couvents, des religieux, des ermites, que la poésie et le théâtre leur ont si fréquemment empruntés ; et ne faudrait-il pas chercher dans Léopold Robert le créateur des types de l'Italien et de l'Italienne, tels que les verront Lamartine ou Dumas, et qui durent jusqu'à M. Hébert ? Il semble qu'on ne pourrait faire une étude d'ensemble sur l'Italie des romantiques sans comparer sans cesse la peinture aux lettres.

Mais ce n'est pas ce qu'a voulu l'auteur. Pour trouver le plan de l'ouvrage que sa préface peut faire croire qu'il a peut-être entrevu, mais qu'il a délibérément écarté, il faut se référer à l'article de M. Lanson, *Revue d'histoire littéraire de la France*, (t. IX, pp. 496-500). M. Mengin pour sa part s'est borné à en trouver le titre : « L'Italie des Romantiques », et ce titre restera.

Léon G. Pélissier.

J. Bessou. — Countes de la tata Mannou ; — Bagateletos, *Rodez, Carrière.*

L'auteur du poème *Dal brès a la toumbo*, dont le succès a été si grand parmi les populations rurales de l'Aveyron et auprès de tous ceux qui s'intéressent au développement des lettres languedociennes, a publié récemment deux nouveaux volumes, un de contes populaires, *Countes de la tata Mannou*, et un de poésies diverses et de fables, *Bagateletos*. Tous deux sont écrits dans le dialecte de l'arrondissement de Villefranche-de-Rouergue, où réside M. l'abbé Bessou, curé de Saint-André-de-Najac. On retrouve dans ces deux ouvrages les mérites qui ont assuré le succès du poème du même auteur : une peinture animée des mœurs du paysan aveyronnais, l'amour sincère et profond du milieu où vit le poète et le conteur, une observation fine et parfois doucement ironique, l'élévation des sentiments auxquels prête un attrait special la naïve bonhomie dont leur expression est revêtue, enfin une connaissance approfondie du dialecte employé et une mise en œuvre ingénieuse de son abondant et pittoresque vocabulaire. Tous les ouvrages de M. J. B. ont un profond accent de terroir, dont l'impressisn ne s'efface jamais. La Fontaine a cru, dans sa fable du *Renard et des raisins*, devoir nous prévenir que son renard est gascon, sinon normand ; on n'a pas besoin d'être édifié par l'auteur pour reconnaître tout de suite que le chien Floran, le coq Kirol et le hérisson Croumirou, aussi bien que *la Tourlho et lou Tourlhou* et *Moussu Penpelet* et tous les autres acteurs de ces contes sont des enfants de l'Aveyron. Les moindres détails des contes de la *tata Mannou* sont empreints de la même couleur locale. L'auteur y fait revivre, dans la topographie la plus précise, les mœurs et les idées du public pour lequel il les a écrits et donne ainsi à ses récits une saveur toute particulière.

M. l'abbé J. B. a cru devoir employer une orthographe qui lui est propre. Il a cherché, ne s'adressant pas exclusivement à un public lettré, à trouver dans une orthographe phonétique un procédé d'écriture plus facilement compréhensible pour ses lecteurs. Mais il n'est pas toujours aisé de rendre les sons par l'écriture ; sans vouloir entrer dans l'examen du ou des systèmes de M. J. B. (car il en a eu plusieurs), nous lui ferons observer qu'il est difficile de proscrire à la fois l'emploi du *s* et du *ç* et de parvenir avec la seule lettre *s* à rendre le son de l'*s* dur et de l'*s* doux. Ainsi dans la préface des *Bagateletos* (p. 23), nous trouvons, presque à la même ligne, les mots *plaso* (pour *plaço*) et *fraso* dans lesquels la même lettre *s* prend deux sons différents. Remplacer le *ç* par l'*s* double, écrire *plasso* par exemple ne remédierait pas à l'inconvénient signalé ; car *plasso* ne se prononce pas comme *plaço*.

Pourquoi aussi, sans doute sous le prétexte que dans la 3e personne de l'imparfait du subjonctif des verbes en *a*, dont la désinence est *esse*, la dernière syllabe est atone, pourquoi aller jusqu'à supprimer cette syllabe en écrivant *petassès* pour *petassesse* (Countes, p. 82) ? C'est le sens même du mot qui est altéré par cette orthographe.

M. J. B. ne se dissimule pas du reste toutes les difficultés que soulève l'invention d'un bon système orthographique. Il a déjà modifié son orthographe au cours de ses divers écrits, et il est à croire qu'il aura lieu de la modifier encore dans les ouvrages que nous attendons de lui.

A. G.

G. Dottin et J. Langouët. — Glossaire du parler de Pléchâtel, *Paris*, *Welter*, 1901 [CLX, 220 p.], 9 fr.

Quand M. Dottin publia son *Glossaire des parlers du Bas-Maine* (voyez RLR, XLII, p. 472) il embrassait un domaine assez étendu et avait à utiliser de nombreux documents recueillis par d'autres, qu'il ne pouvait accepter qu'après un minutieux contrôle. Ici il ne s'agit que d'un seul village et tout a été rassemblé par l'auteur lui-même sous la dictée de J. Langouët, un de ses élèves, qui connaissait pratiquement le patois de Pléchâtel et avait commencé à en réunir les matériaux depuis plusieurs années. Il en résulte que ce glossaire présente une unité plus étroite que le précédent et sans doute une exactitude encore plus rigoureuse. La transcription est aussi précise que possible et le vocabulaire assez complet. On sait qu'il serait chimérique de prétendre dresser sans aucune omission le dictionnaire d'un parler encore vivant ; mais les auteurs on fait des efforts louables pour se rapprocher du but ; ils ont même joint aux mots de la langue courante une grande quantité de noms propres, noms de famille, prénoms, sobriquets de personnes ou d'animaux, lieux dits, etc. Ils ont muni l'ouvrage de deux cartes, l'une de la commune de Pléchâtel, l'autre de la Haute-Bretagne montrant la place qu'occupe géografiquement ledit Pléchâtel au milieu de son dialecte.

J. Langouët a fait suivre le glossaire de notes intéressantes sur les usages, traditions et croyances populaires de son village, et de quelques fragments de la littérature orale.

Une longue introduction est consacrée à l'étude générale des parlers de la Haute-Bretagne et à la grammaire du parler de Pléchâtel. La première partie est l'œuvre de M. Dottin seul, la seconde est due à la collaboration des deux auteurs.

On voit qu'ils ont entouré leur lexique de tout ce qui peut le compléter et le rendre aisément utilisable. Il est à souaiter qu'il paraisse beaucoup d'ouvrages du même genre et aussi bien faits. Qu'on ne se figure pas que l'*Atlas linguistique de la France* de MM. Gilliéron et Edmont doive dispenser à l'avenir des études sur un patois particulier ; nous espérons au contraire qu'il les suscitera en grand nombre. L'Atlas ne donne et ne peut donner que les indications générales et les grandes lignes ; c'est aux monografies à compléter et à préciser.

Il n'i a guère que l'introduction qui nous paraisse prêter à quelque critique. Les faits i ont été soigneusement classés, mais leurs groupes restent isolés ; on ne voit pas le lien qui les réunit ; on ne saisit pas comment les divers fénomènes s'expliquent et sont déterminés les uns par les autres. C'est un travail de filologue, non de linguiste. Tout cela ne vit pas, bien qu'il s'agisse d'une langue vivante. L'auteur l'a disloqué et coupé en petits morceaux comme on pourrait faire d'un cadavre, mettant d'un côté les muscles, d'un autre les vaisseaux, d'un troisième les os ou encore autre chose ; mais la coordination qui fait du tout un ensemble n'apparaît nulle part. Ce défaut de coésion et de continuité est surtout sensible dans l'étude sur les patois de la Haute-Bretagne, parce que les faits i sont plus nombreux et plus divers. Il est vrai que M. Dottin n'a prétendu nous donner ici qu'un résumé de la question et qu'il nous annonce pour plus tard une istoire complète des parlers de cette région. Nous espérons que cette istoire ne se fera pas longtemps attendre, et que là nous verrons le cadavre se ranimer, ses membres épars se rejoindre et la vie circuler dans tout cet organisme.

Maurice Grammont.

L. Guillemaut. — Dictionnaire patois de la Bresse Louhannaise, avec l'origine et l'étymologie des mots, *Louhans*, *Romand*, 1902 [XII, 334 p.].

M. Guillemaut, médecin et sénateur de son département après en avoir été député, occupe ses nombreux loisirs à publier tout ce qui lui paraît intéressant au sujet de sa région : istoire, superstitions, cultures, etc. La langue ne devait évidemment pas être négligée et l'auteur a mis tous ses soins à la faire connaître avec sa saveur locale. Maleureusement pour un pareil travail la bonne volonté ne suffit pas ; certaines connaissances sont nécessaires, qui font totalement défaut au docteur-parlementaire.

La partie étimologique, à laquelle il paraît attacher une grande importance (p. III et IV), est dénuée de toute valeur. Donnons-en deux exemples : 1° il tire *applier* « mettre les bœufs sous le joug » (qui remonte à *applicare*) de *adligare* ; 2° à propos de *utau* « principale chambre de la ferme, cuisine » (qui représente tout simplement *hospitale*), il nous dit que l'étimologie en est difficile ; il nous parle de lat. *urere* « brûler », de lat. *ostium* « porte », de vha. *hutta*, de la loi de Grimu (*sic !*), de gr. *keimoi* (*sic !*), sans pouvoir faire un choix parmi toutes ces erreurs. Avec ces deux cas, pris au petit boneur, le lecteur sera suffisamment édifié. Mais en somme l'étimologie est une question très secondaire ; si M. Guillemaut n'i entend rien, d'autres seront plus compétents, et s'il nous a donné, comme il nous l'annonce, le patois de Louhans, nous avons lieu d'être satisfaits.

Mais on est bien obligé de reconnaître dès les premières pages qu'il ne sait pas son patois, ni ce que c'est qu'un patois, quels sont ses rapports avec le français et comment on peut le faire connaître. Il cite le mot *castrer* « châtrer » et il dit : « Du latin *castrare*. Pourquoi ce mot a-t-il fait en français *châtrer*, et non *castrer* qui est patois ? » Cela se passe de commentaire. Il nous enseigne dans sa préface, d'après un autre, qu'il i a quatre parlers différents à distinguer dans la Bresse louhannaise ; mais rien de cette classification n'apparaît dans le dictionnaire. Tout i est pêle-mêle, et ce qu'on i trouve surtout, ce n'est pas du patois, mais du français vulgaire, argotique, grossier, des locutions de casernes ou de bouges, qui ont leur intérêt sans doute et qui sont répandues aujourdhui à peu près dans toute la France, à Louhans comme partout, mais qui ne sont pas originaires de Louhans, et sont du reste connues. M. Guillemaut n'a d'ailleurs pas plus le sentiment de ces locutions-là, même des plus simples et des plus courantes, que de celles qui sont franchement dialectales. C'est ainsi qu'il explique *cré* dans *cré mâtin* « par aphérèse du latin *acris*, âcre, âpre ».

Quand au vrai patois de Louhans, ce livre en fournit assez peu pour qu'il soit difficile de s'en faire une idée juste et précise. On voit bien que c'est du bourguignon, et qui ressemble au jurassien comme un frère, mais nous défions qui que ce soit de tirer de ce dictionnaire ce qui caractérise le patois louhannais. Le tout est du reste toujours plus ou moins francisé et écrit avec une ortografe tellement peu sistématique, tellement fantaisiste, qu'il faut des trésors d'ingéniosité pour s'i reconnaître ; le mot *jacasse*, par exemple, qui désigne une « femme bavarde », est écrit *geacace* !

La conclusion, c'est que le dictionnaire du patois de Louhans est encore à faire.

Maurice Grammont.

A. Constantin et **J. Désormaux.**— Dictionnaire savoyard publié sous les auspices de la Societé Florimontane, *Paris* et *Annecy*, 1902 [LXII, 446 p.]

A. Constantin avait formé le projet de doter sa province d'un dictionnaire aussi complet et aussi exact que possible des divers patois qu'on i parle encore. Pendant dix ans il avait amassé des matériaux, allant lui-même les recueillir de village en village ou se les faisant adresser par de dévoués correspondants ; mais la mort est venue interrompre ses travaux avant qu'il i eût mis la dernière main. Ses manuscrits et ses notes furent confiés à M. J. Désormaux, qui se chargea de les classer, de les vérifier, de les compléter et d'en tirer le meilleur parti possible. La part du travail qui revient au

On a dit que les patois de la Savoie n'offrent pas d'intérêt. Franchement nous ne voyons pas sur quels arguments peut bien reposer cet aforisme, mais il est certain que le présent dictionnaire lui donne le plus formel démenti. Le vocabulaire de cette région est au moins aussi riche que celui de la plupart des autres, et sa fonétique est des plus variées. Un domaine où le *c* latin appuyé donne suivant les lieux *tch*, *ch*, *t*, *ty*, *ts*, *st*, *s*, *þ*, *f*, *χ*, ne peut point passer pour avoir une fonétique banale.

Ce dictionnaire n'est pas complet, cela va de soi ; il partage ce défaut avec tous les glossaires de langues vivantes. M. Désormaux s'en est parfaitement rendu compte, aussi nous annonce-t-il des publications complémentaires. Elles doivent comprendre non seulement un supplément au dictionnaire, mais des textes, une grammaire et une fonétique. Cette dernière partie, étant donné la manière dont l'étimologie est traitée dans le dictionnaire, n'est pas sans nous inspirer quelques inquiétudes, mais nous espérons que l'apparition du livre les dissipera.

Maurice Grammont.

H. Grein. — Studien über den Reim bei Théodore de Banville. Ein beitrag zur geschichte der franzosischen verstechnik, *Kiel*, 1903 [75 p.].

Ce sujet n'a qu'un intérêt très restreint, et en effet l'auteur n'aboutit à aucune conclusion générale. En deors des diverses questions de détail qui devaient forcément se présenter au cours du travail, tout se réduit en somme à peu près à ceci : Banville, qui a fait un Traité de poésie française, s'est-il conformé dans ses œuvres à ses propres préceptes ? L'apôtre de la rime riche ne rime-t-il que richement, et comment sont constituées ses rimes ?

M. Grein répond à ces questions par des statistiques, et l'on ne voit pas quel autre procédé il aurait pu employer. Il distingue les simples assonances, les rimes suffisantes, les rimes riches, les rimes doublement riches, triplement riches, etc. C'est parfait si ces différentes catégories ont été au préalable rigoureusement définies ; sinon, la statistique croule. M. Grein a mal défini. Ainsi il place dans les simples assonances la rime *soleil* : *pareil* et dans les rimes suffisantes *fleur* : *cœur* ; ces deux rimes ont exactement la même valeur étant constituées l'une et l'autre par *voyelle* + *consonne*, dans le second cas *èr*, dans le premier *èy*. Il place dans les assonances *foi* : *roi* et dans les rimes riches *pli* : *pâli* ; ces deux rimes sont équivalentes et constituées toutes deux par *consonne* + *voyelle*, dans le premier cas *wa* et dans le second *li*. D'ailleurs aucune de ces rimes n'est riche ; comme nous l'avons montré il i a déjà longtemps (*R L R*, *XLII*, p. 162), on ne peut s'appeler riche lorsqu'on ne possède que l'indispensable ; or si vous ôtez son *l* à la rime *li*, il ne reste pas une rime, mais une assonance. M. Grein met dans les rimes riches *fleurs* : *couleurs*, et dans les rimes suffisantes *soir* : *noir* ; les conditions sont les mêmes, consonne + voyelle + consonne, *lèr* et *war*. Il en est ainsi d'un bout à l'autre. En résulte-t-il que ses statistiques soient entièrement à refaire ? non ; mais elles demandent à être fortement corrigées ; diverses catégories doivent changer de classe, ce qui modifiera les totaux et le pourcentage. On verra que la moyenne des rimes riches de Banville n'est pas particulièrement élevée ; ce qui a pu donner l'impression du contraire, ce sont les rimes ultra-riches des odes funambulesques.

Après cette statistique, M. Grein étudie la constitution fonétique des rimes de Banville. Ici encore il part de principes flottants ou faux. Ce qui fait qu'un *a* ne rime pas avec un autre *a*, un *e* avec un autre *e*, n'est pas que l'un soit long et l'autre bref, mais que l'un soit ouvert et l'autre fermé ; *mai* ne rime pas avec *parfumé*, *dirai-je* ne rime pas avec *neige*, mais *gais* et *fatigués* constituent une rime irréprochable.

Faute d'avoir des principes nets, notre auteur perd dix pages (25-35) à discuter des futilités, dont les questions ont été embarrassées par l'empirisme asardeux des gens incompétents et qui auraient pu être réglées d'un mot. Il peut être curieux, au point de vue de la mentalité d'un poète, de savoir qu'il a cru employer une rime riche là où il n'a mis qu'une assonance ; mais au point de vue scientifique, la seule chose qui importe est ce qu'il a fait et non ce qu'il a cru faire.

Il i a d'autres questions, comme celles qui sont abordées dans le chapitre *Lautliche wechselbeziehungen zwischen reim, reimfolge und versinnern* (p. 39 et suiv.), qui ne pouvaient pas êtres résolues par une simple statistique. Le relevé brutal des faits ne suffisait pas ; ils demandaient à être interprétés avec une finesse que l'on cherche en vain chez l'auteur.

Les conclusions de M. Grein, on le conçoit aisément après ce que nous venons de dire, ne sont pas très solides, au moins dans le détail ; pourtant l'impression générale qui se dégage de son livre reste juste : c'est que l'œuvre de Banville est d'un bout à l'autre en contradiction formelle avec les téories qu'il a lui-même préconisées.

Maurice GRAMMONT.

P. Regnaud. — L'origine des idées éclairée par la science du langage, *Paris*, *Alcan*, 1904 [VIII, 120 p.].

Les filosofes se plaignent parfois de ne pas pouvoir utiliser les résultats de la linguistique, parce que les travaux des linguistes ne sont abordables qu'aux spécialistes. Ce reproche n'est fondé que sur une généralisation imprudente : si les notions de linguistique n'étaient pas ordinairement absentes de la culture générale des filosofes, ils ne s'adresseraient pas quand ils veulent aborder cette science au premier nom mis en avant par la réclame, et ils s'épargneraient les déceptions qui les rebutent.

Mais voici que M. Alcan leur offre une pâture qui doit supprimer d'un coup leurs plaintes et leurs regrets. C'est M. Regnaud, dès longtemps connu et couronné par l'Institut pour avoir découvert l'origine du langage, qui comble la lacune. Certains trouveraient peut-être que ses remarques filosofiques sont puériles, que les étimologies sur lesquelles il s'appuie sont généralement fausses, que les mots qu'il prend pour point de départ n'ont souvent pas la signification qu'il leur attribue, qu'il connaît visiblement très mal les langues dont il parle et en ignore totalement l'istoire et l'évolution ; mais il i a vingt ans qu'il répand et professe son incompétence et que l'Université de Lyon en est fière.

Maurice GRAMMONT

OUVRAGES ANNONCÉS SOMMAIREMENT

H. d'Arbois de Jubainville. — Éléments de la grammaire celtique (déclinaison, conjugaison), *Paris, Fontemoing*, 1903 [VIII, 180 p.].

Le grand celtiste français, M. d'Arbois de Jubainville, déjà connu des romanistes par ses *Recherches sur l'origine de la propriété foncière et des noms de lieux habités en France*, nous donne un nouveau livre de vulgarisation scientifique, comme il sait si bien les faire. Sous une forme claire, élégante et agréable, il a réuni en un petit volume tout ce qui concerne la déclinaison et la conjugaison celtiques. C'est un vrai service qu'il a rendu. Il i a encore aujourdui quantité de gens qui parlent du gaulois et du celtique sans savoir ce que ces noms représentent au juste ; il i en a même qui veulent en tirer notre langue française et nos patois, sans en connaître un mot. Ils trouveront là le vrai celtique, sous sa forme exacte, résultant de la comparaison du gaulois avec le brittonique et l'irlandais. Ceux d'entre eux chez lesquels la maladie n'est pas encore devenue incurable seront certainement guéris après la lecture de cet ouvrage. Quant aux romanistes, — nous voulons dire ceux qui sont dignes de ce nom, — lorsqu'ils auront à s'occuper d'une forme celtique, ils ne seront pas obligés désormais de s'en rapporter et de croire sur parole; ils pourront juger par eux-mêmes. Seulement la déclinaison et la conjugaison ne constituent pas toute la grammaire : c'est uniquement la morfologie. Il manque encore la fonétique, qui n'est pas la partie la moins importante ; mais M. d'Arbois nous promet de la publier bientôt, et il tiendra ses engagements. Nous faisons des vœux pour que ce soit le plus tôt possible. M. G.

J. Vendryès. — De hibernicis uocabulis quæ a latina lingua originem duxerunt, *Paris*, *Klincksieck*, 1902 [200 p.].

Bien qu'il ait paru un peu avant le précédent, ce livre le complète d'une façon très eureuse. L'irlandais ne peut guère intéresser les romanistes pour lui-même ; il est très important, comme le montre le livre de M. d'Arbois pour la comparaison avec les autres langues celtiques ; mais en général les romanistes se soucient aussi peu de cette comparaison que de ses résultats. Seulement l'irlandais contient un très grand nombre de mots empruntés au latin ; il est capital pour un romaniste d'en avoir la liste et de savoir sous quelle forme ils ont été introduits. Il n'est pas indifférent non plus de possóder un exemple aussi beau et aussi net des modifications que subissent les mots en passant d'une langue dans une autre. Nous avons déjà fait connaître l'auteur dans cette Revue (XLV, p. 333) à propos de son livre *Recherches sur l'histoire et les effets de l'intensité initiale en latin* ; il n'est donc pas besoin de répéter qu'il travaille avec une métode sûre et un soin scrupuleux. M. G.

Salvioni (C.). — Del plurale femminile di 1ª declinazione esposto por *-a* ed *-án* in qualche varietà alpina di Lombardia (Estratto dai *Rendic del R. Ist. Lomb. di sc. e lett.*, serie II, Vol. XXXV, p. 905-919), 1902.

Cette question intéressante a été abordée pour la première fois par M. Ascoli, puis reprise d'abord par le même, et ensuite par MM. Schuchardt, Morf, Meyer-Lübke et Salvioni. Ce dernier, muni maintenant d'une documentation nouvelle et plus complète, i revient encore pour en préciser le détail. Les fénomènes qu'il examine sont fort curieux et on ne peut que lui savoir gré de faire tous ses efforts pour les mettre en pleine lumière. M. G.

Salvioni (C). — Di un documento dell' antico volgare Mantovano. (Estratto dai *Rendic. del R. Ist. Lomb. di sc. e lett.*, serie II, vol. XXXV, p. 957-970), 1902.

M. V. Cian a publié dans le *Giorn. stor. d. lett. ital.*, *Suppl.* V,

1902, des extraits étendus de l'œuvre littéraire du mantouan Vivaldo Belcalzer, qui vivait au commencement du XIVe siècle et avait traduit en son dialecte une enciclopédie latine. On comprendra combien ce document a d'importance pour un linguiste, si l'on considère qu'il est non seulement de date ancienne mais de date certaine, qu'il n'i a pas à chercher en quel patois il est rédigé puisqu'on le sait à l'avance, enfin que le texte n'est suspect d'aucune espèce d'altération puisque celui que M. Cian a découvert au Bristish Museum est l'exemplaire même que l'auteur avait offert à son seigneur Guido Bonacolsi. M. Salvioni était tout désigné, par sa connaissance spéciale des dialectes de la région, pour étudier ce texte au point de vue de la langue. Il l'a fait sans retard, et ce sont les observations fonétiques, morfologiques et lexicologiques résultant de son examen, qu'il nous donne ici. M. G.

C. Porta. — Lament del Marchionn di gamb avert. Testo e note di C. Salvioni. Illustrazioni di R. Salvadori, *Milano*, 1903 [30 p.].

M. Salvioni a entrepris une nouvelle édition des œuvres du poète C. Porta. Il nous en donne un premier spécimen avec le *Lament del Marchionn di gamb avert*, l'un des meilleurs poèmes de son auteur. C'est une édition critique très soignée, reposant sur la collation du manuscrit de l'auteur et des cinq principales éditions. Le texte est parsemé d'illustrations pleines d'esprit et de talent, qui suivent l'action pas à pas et la font délicieusement vivre aux ieux. En somme excellente et superbe édition, qui fait souaiter que tout le reste des œuvres de Porta paraisse bientôt dans les mêmes conditions.

M. G.

C. Salvioni. Vecchie voci pavesi (Estratto dal *Boll. d. Soc. pavese di storia patria*, anno III, fasc. 1), *Pavia*, 1903 [8 p.].

M. Salvioni étudie les trois mots *guacharato*, *manipasto* et *çinda*, et montre que les deux premiers et peut-être le troisième sont empruntés au français ou au provençal. M. G.

C. Salvioni. — Vestigia italiane del tipo flessionale singolare *formica* plurale *formicae* (Estratto dai *Rendic. del R. Ist. Lomb. di sc. e lett.*, ser. II, vol. XXXVI, p. 607-610), *Milano*, 1903.

Après avoir examiné dans la *Romania* les représentants populaires du tipe sg. *amiku* — pl. *amici*, M. Salvioni signale ici quelques continuateurs du tipe parallèle sg *formica* — pl. *formicae*.

M. G.

Salvioni. — Del pronome enclitico oggetto suffisso ad altri elementi che non sieno la voce verbale (Estratto dai *Rendic. del R. Ist. Lomb. di sc. e lett.*, Ser. II, vol. XXXVI, pp. 1013-1022), *Milano*, 1903.

Dans la langue littéraire et dans quelques dialectes d'Italie un lverbe prépositionnel peut s'adjoindre un pronom enclitique de la ême manière et dans les mêmes conditions que le font en général a gérondif, un participe ou un infinitif. Ce fénomène est connu, mais al connu. M. Salvioni en cite de nombreux exemples empruntés à a langue littéraire et en outre au vénitien et à la région de Novare t de la Valsesia ; puis il en propose une explication qui diffère de elle de M. Meyer-Lübke. Selon lui, un composé comme *dietrogli* ne 'explique que par une expression telle que *andar dietrogli*, dans aquelle le verbe et l'adverbe apparaissent simultanément et sont si troitement unis qu'ils équivalent à un mot unique, si bien que la lace de l'enclitique i est indifférente et que l'on peut dire à volonté *andargli dietro* ou *andar dietrogli*. M. G.

A. Tobler. — Vermischte beiträge zur französischen grammatik (Extrait des Sitzungsberichte d. k. pr. Akad. d. wissenschaften zu Berlin, ph.-hist. classe, XLIX, p. 1072-1092), *Berlin*, 1902.

M. Tobler, qui s'est fait une spécialité de l'étude des questions de intaxe en ancien français, examine ici la valeur de la négation *ne* lans les proportions subordonnées dépendant de *contredire*, *défendre*, *ner*, *noiier*, *escondire*, *tolir*, etc. Il avait déjà touché d'autres fois à lifférents points de ce sujet. Sa documentation est, comme toujours, remarquablement riche. M. G.

L. Sütterlin. — Zur kenntniss der heutigen pikardisch-franzischen mundarten (Sonderabdruck aus der *Zeitschr. f. rom. phil.*, XXVI, 274-300, 428-451, 692-715).

M. Sütterlin a fait en 1894 près de Heidelberg la connaissance de deux ouvriers français originaires des environs de Beauvais. Il s'est mis à les fréquenter le plus qu'il a pu pour recueillir et apprendre dans une certaine mesure le patois de leur pays. Après avoir mis ses notes en ordre, il est venu en France en 1896, faire un petit séjour dans les départements de l'Oise et de la Somme, pour vérifier, compléter et étendre ses informations. C'est le résultat de ces diverses enquêtes qu'il nous donne ici. Les deux premiers articles comprennent la fonétique, et le troisième la morfologie avec quelques considérations sur la place dialectale des patois étudiés. C'est de la linguistique très terre à terre, ou plutôt c'est une classification de documents d'après les données de la linguistique. Les travaux de ce genre doivent être encouragés : ils peuvent fournir des indications utiles et rendre des services, surtout lorsqu'ils sont accompagnés d'un glossaire.

M. G.

L. Vignon. — Les patois de la région lyonnaise (Extrait de la *Revue de philologie française et de littérature*, t. XII, 1-44, XIII, 1-41, 88-103, 161-212, XIV, 1-27, 118-145, 177-217, 265-293, XV, 1-25, 161-228, XVI, 1-83).

M. Clédat a entrepris dès 1887 une enquête sur les patois de l'Est en envoyant des questionnaires aux instituteurs de seize départements, et il avait commencé à en publier les résultats en les classant et les interprétant dans sa Revue, lorsqu'il a été obligé par certaines circonstances d'interrompre ce travail. Il a transmis ses notes à M. Vignon qui en a tiré les études que nous signalons ici. Les questions traitées sont d'une part le pronom *on* et ses représentants, d'autre part les pronoms personnels. On est étonné de voir figurer dans la région lyonnaise ou franco-provençale par exemple le département des Vosges ; mais qu'importe, puisque les formes n'apparaissent jamais sans leur lieu d'origine. Il i a quelques lacunes, bien que l'auteur ait complété les renseignements de l'enquête par ceux que pouvaient lui fournir les vocabulaires et les études dialectales déjà publiées. Il i a quelques erreurs imputables aux correspondants qui, en leur qualité d'instituteurs, n'ont pas toujours pu s'arracher à l'obsession du français, de son ortografe et de sa grammaire. Il i a enfin quelques explications contestables ; mais toutes les critiques de détail que l'on peut faire à ces études ne les empêchent pas d'être très précieuses. Elles nous fournissent sur les questions envisagées une documentation infiniment plus précise et plus complète que celle que nous possédions jusqu'alors, elles classent les faits d'une manière commode et elles déterminent avec assez d'exactitude les limites géografiques de l'emploi de telle forme ou de telle tournure.

M. G.

A. Constantin et J. Désormaux. — Parabole de l'Enfant prodigue. Recueil de traductions en patois savoyard collationnées dans treize localités de la Haute-Savoie et de la Savoie, avec une carte, des remarques philologiques et une traduction en latin étymologique, *Annecy*, 1903 [38 p.].

C'est un premier complément au *Dictionnaire savoyard* dont nous rendons compte ci-dessus. On sait que la traduction en patois de cette parabole, — et il en serait de même de n'importe quel texte français, — donne presque toujours des résultats fautifs ou médiocres, parce que beaucoup d'expressions françaises n'ont pas de correspondant exact dans les patois. Pour obvier autant que possible à cet inconvénient, les auteurs ont pris pour point de départ une adaptation très simple de la parabole, et ils ont soigneusement vérifié toutes les traductions. Il en résulte qu'elles peuvent rendre des services par la comparaison des variantes fonétiques ou morfologiques qu'elles suscitent. Les observations filologiques qui suivent les textes sont peu importantes.

M. G.

K. Vossler — Stil, rhythmus und reim in ihrer wechselwirkung bei Petrarca und Leopardi (Estratto dalla *Miscellanea di studi critici* ed. in on. di Arturo Graf), 1903 [30 p.].

M. Vossler étudie le ritme et la rime comme moyens d'expression dans Pétrarque et Léopardi. Ses observations sont pénétrantes et ses conclusions ont une réelle portée. Les deux auteurs qu'il a choisis présentent une antitèse lumineuse : dans Pétrarque la forme est déterminée d'avance et l'idée avec son expression vient la vivifier ; dans Léopardi c'est l'idée avec ses moyens d'expression qui détermine la forme.

M. G.

Henri d'Alméras. — *Les Romans de l'histoire.* — *Cagliostro (Joseph Balsamo). La franc-maçonnerie et l'occultisme au XVIIIe siècle, d'après des documents inédits.* Paris, Société française d'imprimerie et de librairie, 1904, in-18. 3 fr. 50.

Il n'est pas facile de connaître exactement la vie de Joseph Balsamo (soi-disant comte de Cagliostro), car ses ennemis, comme ses amis et lui-même, en ont noyé les détails vrais dans une mer de mensonges. Mais les documents ne manquaient pas pour rectifier un bon nombre des légendes qui se sont formées sur le compte du célèbre empirique ; et M. d'Alméras les a mis en œuvre avec conscience et bonne humeur. Il nous a de plus donné des renseignements curieux sur la franc-maçonnerie et sur l'occultisme au XVIIIe siècle. Si son récit ressemble encore à un roman, c'est un roman beaucoup plus réel que celui du vieux Dumas et qui n'en offre que plus d'intérêt. En précisant certaines références et en supprimant quelques pointes, M. d'Alméras fera mieux sentir toute la valeur de son étude, qu'il faut rapprocher de celles de M. Funck-Brentano sur *l'Affaire du Collier*, *le Drame des poisons* ou *la Bastille des Comédiens*.[1] E. R.

Albert Soubies. — *Les membres de l'Académie des Beaux-Arts depuis la fondation de l'Institut. Première série*, 1792-1816. Paris, Flammarion, 1904, 8°, 6 fr.

M. Albert Soubies, dont j'ai eu maintes fois l'occasion de recommander ici même les travaux, commence la publication d'un ouvrage qui rentre peu dans notre cadre et que je ne puis dès lors signaler que sommairement C'est une suite de notices, auxquelles on pourrait reprocher leurs références insuffisantes, mais qui sont rédigées d'après les meilleures sources, enrichies d'extraits bien choisis d'études ou d'auteurs oubliés, égayées par des anecdotes piquantes, sur les artistes et les écrivains qui ont successivement fait partie de l'Académie des Beaux-Arts. Le volume qui a paru va de 1795 à 1816 et sera suivi de trois autres. E. R.

Adolf Tobler.— *Vom französischen Versbau alter und neuer Zeit. Zusammenstellung der Anfangsgründe. 4e Auflage.* Leipzig, Hirzel, 1903, 8°.

L'ouvrage de M. Tobler sur le vers français a, depuis 24 ans bientôt, rendu tant de services, qu'il est évidemment inutile d'en faire l'éloge. En France, il est surtout connu par la traduction de MM. Karl Breul et Léopold Sudre, à laquelle M. Gaston Paris avait donné une importante préface. Mais cette traduction date déjà de 1885 et a été faite sur la deuxième édition. Or, comme M. Tobler n'est pas de ceux qui ne daignent pas revoir et améliorer leurs ouvrages, comme il a donné une troisième édition en 1893 et une quatrième en 1903, il faut bien savoir que la traduction française ne saurait plus nous suffire. C'est dans le volume de 1903 qu'il faudra chercher ce que pense M. Tobler des théoriciens les plus récents et des plus récents poètes, des vers qui sont de la prose (ceux de maints décadents ou symbolistes) et de la prose qui est en vers (celle de M. Mæterlinck, par exemple, en maints endroits). Quelques travaux trop récents n'ont pu être utilisés, notamment les *études sur le vers français* de M. Grammont; mais les autres ont été mis à profit par la conscience et la science, aussi remarquables l'une que l'autre, de l'eminent romaniste de Berlin. E. R.

[1] Pourquoi du nom de Svedenborg, M. d'Alméras — ou son imprimeur — tire-t-il toujours l'adjectif Svendeborgien? — Pourquoi écrit-il Kœhl, au lieu de Kehl? — P. 20, n., il faut lire: « Joseph (et non Jacques) Balsamo »; — p. 294, n. 2: « *la Police dévoilée* de (et non du) Manuel ». — P. 309. l. 12, ne faut-il pas intercaler les mots: « mois de novembre » dans: demain soir, 3 du présent 1786 » ?

Le gérant responsable : P. Hamelin.

ÉTUDES SUR LE VERS FRANÇAIS

TROISIÈME SÉRIE

L'ARMONIE

Du Vers Français

> « Le caractère agréable ou désagréable des sensations est réglé par des lois scientifiques qu'il ne serait pas impossible de déterminer un jour ».
>
> (M. Guyau, *L'art au point de vue sociologique*).

Tout le monde parle de l'armonie des vers en ce sens que chacun dit parfois : Ce vers est très armonieux, ou ce vers n'est pas armonieux. Demandez aux personnes qui paraissent être les plus compétentes en ces matières sur quoi elles fondent de pareils jugements. Elles vous répondront que c'est affaire de sentiment. Ce sentiment est-il précis ? Non ; car il diffère d'une personne à une autre et chez la même personne suivant les circonstances ou les dispositions d'esprit. Un vers dit d'une certaine manière paraîtra armonieux à beaucoup de personnes qui le trouveront inarmonieux s'il est dit autrement. Prenez deux vers au asard et demandez lequel des deux est le plus armonieux ; vous verrez la plupart de vos interlocuteurs fort embarrassés et parmi les personnes qui se décideront à prendre parti, à peu près la moitié seront en faveur de l'un, et l'autre moitié en faveur de l'autre. Ce sentiment est donc beaucoup trop vague pour pouvoir servir de critérium.

Les traités de versification française, quand ils parlent de l'armonie, répètent en général le précepte de Boileau :

> Fuyez des mauvais sons le concours odieux,

ce qui veut dire, en interprétant ce vers de la façon la plus favorable : faites des vers armonieux. Mais en quoi cela consiste-t-il ? Boileau ne paraît pas l'avoir bien su lui-même, car beaucoup de ses vers sont totalement dépourvus de toute espèce d'armonie ; tel, sans aller chercher plus loin, le second de l'*Art poétique* :

> Pense de l'art des vers atteindre la hauteur.

Il faut pourtant remarquer qu'il i a certains vers, en fort petit nombre, que l'on s'accorde presque unanimement à trouver merveilleusement armonieux :

> .... de quel amour blessée
> Vous mourûtes aux bords où vous fûtes laissée
>
> (Racine).

> Sur la plage sonore où la mer de Sorrente
> Déroule ses flots bleus..................
>
> (Lamartine).

> On craint qu'il n'essuyât les larmes de sa mère
>
> (Racine).

> Un frais parfum sortait des touffes d'asphodèle
>
> (Hugo).

> Voici la verte Ecosse et la brune Italie
>
> (Musset).

> Booz ne savait point qu'une femme était là,
> Et Ruth ne savait point ce que Dieu voulait d'elle
>
> (Hugo).

La généralité du sentiment qui considère ces vers comme particulièrement armonieux doit reposer sur quelque chose de réel. En les examinant de près on doit pouvoir trouver en eux en quelque sorte le substratum de ce sentiment. Ce n'est évidemment pas l'idée qu'ils expriment ; il n'i a guère que le troisième que l'on pourrait déclarer beau à cet égard. Le second et surtout le cinquième, qui ne contient que des noms propres et leurs épitètes, ne signifient même à peu près rien. Ce n'est pas non plus que les poètes i aient évité la répétition des mêmes consonnes : le second contient 3 *s*, 4 *r*, et 3 *l* ; le troisième 3 *l*, 3 *r*, 2 *s*, 2 *m*, 2 *c* ; le quatrième 4 *f*, 3 *r*, 3 *d*, 2 *t*. Ce n'est pas le ritme ; nous avons dans ces vers les principaux tipes ritmiques de l'alexandrin classique, et la preuve que ce n'est pas là ce qui rend un vers armonieux, c'est qu'il i a un si grand nombre de vers ritmés de la même manière qui n'exercent pas le moindre charme sur notre oreille. Quel est dont le seul élément commun à ces différents vers ? la musique ; une musique vague et rudimentaire, mais pourtant délicieuse. Elle est produite évidemment par les voyelles, sons qui, nous l'avons déjà vu, peuvent dans une certaine mesure être considérés comme des notes.

Mais tous les vers de douze sillabes ont douze de ces sortes de notes ; comment se fait-il qu'ils ne soient pas tous également armonieux ? La réponse est évidente : c'est que ce ne sont pas les mêmes notes et qu'elles ne sont pas disposées de la même manière. Pour prendre une comparaison dans un art différent de la poésie, la musique proprement dite, choisissez dans un beau morceau une suite de douze notes, brouillez-les et mettez-les dans un ordre quelconque, vous obtiendrez la plupart du temps quelque chose de tout à fait incoérent.

Il faut que ces voyelles se suivent dans un certain ordre : voilà tout le secret de l'armonie du vers français. Mais énoncer ce jugement, ce n'est pas dévoiler le secret. Les vers précédemment cités ne présentent pas les mêmes voyelles dans le même ordre. Les deux premiers ont cependant quelque chose de commun qu'il est bon d'examiner de près. Ils sont tous deux divisés par le ritme en groupe de trois sillabes ; or dans le premier les trois voyelles du troisième groupe sont la répétition dans le même ordre des trois voyelles du premier : *uuū* | *uuū*. Dans le second vers les trois dernières voyelles du second émistiche reproduisent à peu près les trois dernières voyelles du premier. La dernière est nasale, mais elle a à peu près le même substratum oral *ò* que celle à laquelle elle correspond : *è òò* | *è òò*ⁿ. Cela suffit-il ? évidemment non, puisque des vers qui présentent la même reproduction exacte où à peu près de trois sons ne sont pas particulièrement armonieux :

> Là le coteau poursuit le coteau qui recule
>
> (LAMARTINE).

D'ailleurs les cinq autres vers que nous avons cités ne présentent pas le même fénomène ; et pour prendre de nouveau une comparaison à la musique, que penserait-on d'un fragment de douze notes dans lequel l'auteur, après avoir porté toute son attention sur le choix et la disposition de six notes, aurait laissé au asard le soin de déterminer et d'ordonner les six autres ? Il paraît donc nécessaire que les deux autres groupes de trois voyelles concourent pour une part égale à l'armonie de l'ensemble. Pourtant ils ne se reproduisent pas de la même manière ; mais nous avons vu dans le second vers que la reproduction n'était qu'approximative. Cela doit suggérer l'idée de rechercher si une simple correspondance de sons de même nature ou de même qualité ne produirait pas un effet analogue à celui qui résulte de la reproduction proprement dite. Les deux mesures que nous avons laissées de côté dans le second vers paraissent confirmer cette ipotèse : *sur la pla-* | *où la mer* fournissent les voyelles *ü a a* | *u a è*. Le premier groupe contient une voyelle palatale suivie de deux voyelles non palatales ; le second groupe contient une voyelle palatale précédée de deux voyelles non palatales. C'est bien ce que nous avait donné *vous mourû-* | *où vous fû-*, deux voyelles non palatales suivies d'une voyelle palatale. Seulement dans le cas que nous considérons maintenant l'ordre des fonèmes est renversé d'un groupe à l'autre. Dans les deux groupes *-ge sonore* | *de Sorrente* il n'i avait pas de voyelle palatale, mais une certaine voyelle *è* suivie d'une autre voyelle *ò* répétée ; c'est quelque chose d'analogue évidemment. Il semble que ces constatations nous font pénétrer plus avant dans la nature de ces groupes de 3 voyelles, et qu'ils sont constitués en dernière analise par un élément d'une certaine nature et deux éléments d'une certaine nature différente. Si nous examinons les deux groupes laissés de côté dans le premier vers : *-tes aux bords* | *-tes laissée*, nous i trouvons bien encore une voyelle commune *è*, mais les deux autres ne se correspondent pas, elles s'opposent, les unes n'étant point palatales tandis que les autres le sont : *è ó ò* | *è è é*. Dans les deux groupes *sur la pla* | *où la mer* nous avions trouvé opposition dans l'ordre des éléments, ici nous trouvons opposition dans leur nature : ce second fénomène ne doit pas plus nous surprendre que le premier.

Voyons si les résultats obtenus s'appliquent aux autres vers que nous avons cités :

On craint qu'il n'essuyât les larmes de sa mère.

Les groupes de trois voyelles se correspondent bien deux à deux, l'ordre des éléments i étant renversé : *u*ⁿ *è*ⁿ *i* | *è i a* || *é a è* | *è a è*.

Un frais parfum sortait des touffes d'asphodèle.

Ici il i a une difficulté : les deux derniers groupes *é u è* | *a ò è* se correspondent bien en ordre inverse, mais les deux premiers ne se correspondent pas. Dans le premier la voyelle palatale est entre les deux autres, dans le second elle les suit.

Voici la verte Ecosse et la brune Italie.

Difficulté analogue : *a i a* et *è é ò* ne se correspondent pas.

Faut-il en conclure que nous nous sommes engagé sur une mauvaise voie et que les correspondances que nous avions relevées et qui semblaient expliquer ce que nous cherchons, étaient dues à un pur asard ? Avant d'abandonner la question, il sera prudent de l'examiner de plus près et de s'assurer que nous n'avons négligé aucun de ses éléments.

Pourquoi, lorsque nous avons étudié les deux premiers vers, avons-nous considéré leurs voyelles par groupes de trois, plutôt que par groupes de quatre ou de deux ou de six ? parce que nous nous sommes laissé guider par le ritme qui divise ces deux vers en quatres tranches égales et que nous avions été fràppé de la correspondance vocalique de deux de ces tranches dans le second vers : *-ge sonore* | *de Sorrente.* Mais dans le premier vers nous avions quatre sillabes de suite se correspondant dans les deux émistiches : *vous mourûtes* | *où vous fûtes.* Ne pouvions-nous pas dire qu'il i a dans ce vers deux groupes de quatre sillabes se reproduisant et deux groupes de deux sillabes *aux bords* | *laissée* se correspondant par opposition? Rien ne nous prouve en effet à priori que les voyelles doivent se grouper pour l'armonie comme pour le ritme. Le second vers ne s'accommode pas de cette division en 4, 2-4, 2 car si *sonore* et *Sorrente* se correspondent bien, *sur la plage* et *où la mer de* ne se correspondent pas. Mais un groupe de quatre sillabes équivaut évidemment à deux groupes de deux sillabes. N'est-ce pas par groupes de deux que les voyelles se correspondent ?

Premier vers : *u u* | *u u* || *ü è* | *ü è* || *ó ò* | *è é.*

Le deuxième vers s'accommode aussi de cette division, mais les groupes qui se correspondent ne sont pas disposés dans le même ordre dans chaque émistiche

sur la | *mer de* || *plage* | *où la* || *sonore* | *Sorrente* ;

cette correspondance n'est pas facile à saisir.

On craint qu'il n'essuyât les larmes de sa mère ;

ceci va bien : les deux divisions extrêmes de chaque émistiche se correspondent entre elles et les deux divisions intermédiaires s'opposent l'une à l'autre ; le rapport est facile à saisir.

Un frais parfum sortait des touffes d'asphodèle ;

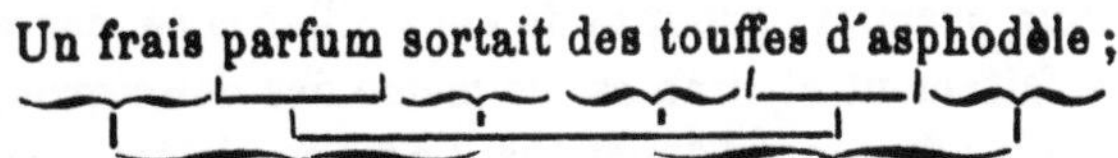

même observation.

Voici la verte Écosse et la brune Italie
a i a è é ò é a ü i a i

Les quatres premières divisions et la sixième se reproduisent très bien, mais la cinquième est d'un tipe différent.

Et Ruth ne savait point ce que Dieu voulait d'elle ;
é ŭ è a è èⁿ ė é ŏ u è è

même observation : la cinquième division ne correspond à aucune des cinq autres.

Résumons : la division en groupes de trois dont s'accommodent bien les trois premiers vers ne convient pas au quatrième, la division en groupes de deux dont peuvent s'accommoder les quatres premiers ne convient ni au cinquième ni au septième. Inutile d'examiner les divisions en groupes de quatre ou en groupes de six, puisque ce sont des multiples de la division en groupes de deux.

Nous savons qu'au point de vue du ritme les vers ne sont pas tous divisés de la même manière ; pourquoi, en ce qui concerne l'armonie, n'i aurait-il qu'un seul tipe ? Le deuxième vers qui s'accomode si bien de la division en groupes de trois voyelles tandis que la correspondance des groupes de deux voyelles i est à peu près insaisissable est précisément divisé par le ritme en groupes de trois sillabes. Le quatrième vers n'est pas divisible en groupes de trois voyelles tandis que la correspondance des groupes de deux i est très claire ; or le ritme divise précisément ses sillabes en 4, 2-2, 4, c'est-à-dire en groupes de deux ou en multiples de deux. Le cinquième vers n'est divisible ni en groupes de trois voyelles ni en groupes de deux ; mais comment est-il ritmé ? en 2, 4-3, 3 :

Voici la verte Écosse et la brune Italie ;
a i a è é ò é a ŭ i a i

or les trois premiers groupes de deux sillabes se correspondent parfaitement et il en est de même des deux groupes de trois voyelles du second émistiche. Le même sistème très clair convient aussi très bien au sixième et au septième vers qui sont ritmés de la même manière.

Voilà le secret de l'armonie du vers français : elle résulte de la correspondance des voyelles groupées par deux ou par trois, les deux sistèmes pouvant se rencontrer dans le même vers. L'armonie étant l'effet produit sur l'oreille par certaines correspondances de sons groupés d'une certaine manière, n'existe pas en deors de l'oreille qui la perçoit. S'il n'i a pas d'oreille pour entendre ces sons, les grouper et les comparer, l'armonie n'existe pas. Sans doute il en reste le substratum, elle subsiste en puissance, mais elle n'a de réalité qu'à condition d'avoir une réalisation. Les deux principales opérations qu'exécutent l'oreille et l'esprit pour arriver à percevoir l'armonie sont le groupement des voyelles et la comparaison des groupes. Si les groupes qui se correspondent se suivent immédiatement ou sont disposés d'une façon simétrique, une oreille délicate et un peu exercée perçoit instantanément leur correspondance et par conséquent est satisfaite : c'est dire que le vers est armonieux. Si la correspondance n'existe pas, le vers n'a pas d'armonie ; si les groupes qui se correspondent ne sont pas disposés d'une façon simétrique, l'oreille aura grand peine à en percevoir les rapports et le vers sera peu armonieux. Il résulte évidemment de là que moins il i aura de groupes dans un vers plus il sera facile à l'oreille de saisir leurs rapports et leurs correspondances, et d'autre part que plus il i aura de groupements possibles, plus il i aura de chances pour que l'oreille saisisse au moins l'un d'entre eux. Mais qu'est-ce qui détermine les groupes ? l'oreille ; et qu'est-ce qui la guide dans ce travail ? les divisions les plus marquées du vers, celles qui sont dues aux césures ou coupes, aux accents ritmiques ou toniques. Donc, puisque l'armonie est d'autant plus grande qu'elle est plus facile à saisir, les vers les plus armonieux sont ceux dans lesquels les groupements de voyelles coïncident avec les groupements de sillabes déterminés par le ritme ; ce ne sont que des oreilles très fines et très perfectionnées qui peuvent arriver à saisir les rapports de groupements différents.

La nature des voyelles nous est connue depuis la deuxième partie, et nous savons exactement quelles sont celles qui se correspondent et celles qui s'opposent. Mais, avant d'aborder l'étude des exemples, il est bon d'insister un peu sur la façon dont les voyelles se groupent au point de vue de l'armonie et sur la structure des divers groupements.

Nous venons de voir qu'elles vont par trois, par deux, par quatre multiple de deux, ou par six multiple de deux et de trois. Nous appellerons les groupes de trois des *triades*, les groupes de deux des *diades*, les groupes de quatre des *tétrades* et les groupes de six des *exades*.

La triade a un sens, une direction dont le point de départ est marqué par la place du son qui est seul de son espèce. Elle est *progressive* si ce son unique est le premier des trois, *régressive* s'il est le dernier, *embrassée* s'il est entre les deux autres. Dans ce vers de M. de Heredia :

Tu revois ta jeunesse et ta chère villa,
ü ė a   a ė è   é a è   ė i a

la première est progressive, la deuxième est régressive, et les deux autres embrassées.

Dans les triades composées de trois voyelles de la même classe, de trois voyelles claires par exemple, si l'une d'elles est aiguë elle est le point de départ de la triade et vice versa ; si elles sont toutes trois aiguës, ou si aucune ne l'est, le sens de la triade risque de n'être pas net, par absence de modulation, et aussitôt l'armonie du vers court la chance d'être faible ou nulle. Pourtant si c'est la même voyelle qui est répétée trois fois, celle qui est tonique se distingue des autres par son intensité particulière ; il en est de même si la voyelle tonique est nasale, les autres ne l'étant pas. Des observations analogues s'appliquent aux triades composées de trois voyelles graves ; mais comme la distance est beaucoup moindre pour l'oreille entre une sombre et une éclatante qu'entre une claire et une aiguë, il faut pour que la triade soit constituée, que la sombre soit en même temps la tonique, ou que les deux atones soient sombres la tonique étant éclatante, ou que la tonique soit nasale les deux atones ne l'étant pas, ou vice versa :

Je suis veuf, je suis seul, et sur moi le soir tombe ;

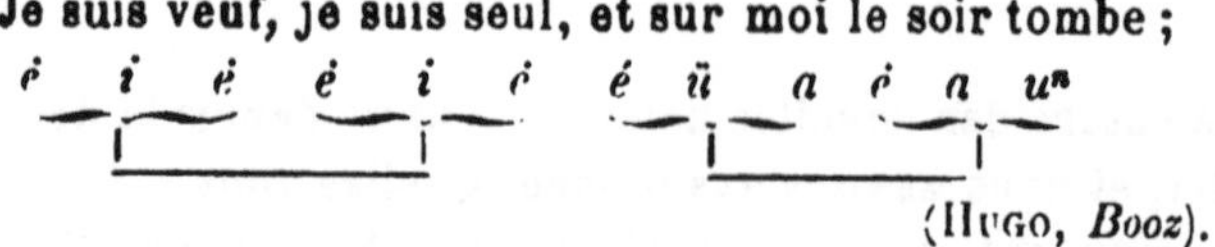

(Hugo, *Booz*).

la dernière triade est suffisamment déterminée parce que la sombre est tonique.

Les grelots des troupeaux palpitaient vaguement

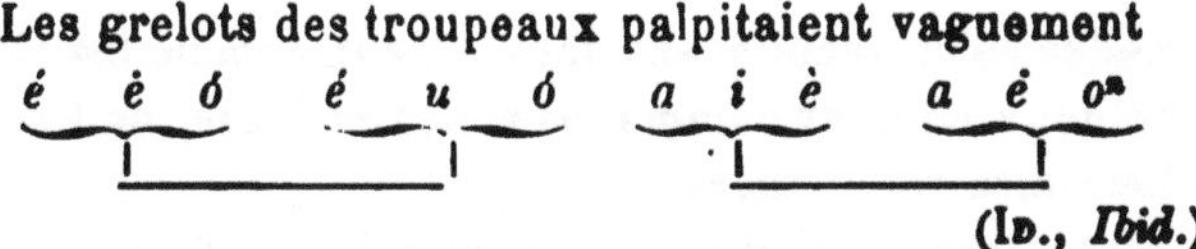

(Id., *Ibid.*);

la dernière triade est suffisamment déterminée parce que la nasale est tonique.

S'il i a deux fois la même voyelle accompagnée d'une autre voyelle de la même espèce, comme dans *tu lui dis*, *-ge sonore*, c'est évidemment cette dernière qui se distingue des autres. Enfin si une voyelle se trouve dans les deux triades qui se correspondent, les autres voyelles étant différentes, c'est cette voyelle répétée qui détermine la direction de la triade, comme dans - *tes aux bords*, - *tes laissée*.

Deux triades se correspondent en ordre direct :

Vous mourûtes aux bords où vous fûtes laissée

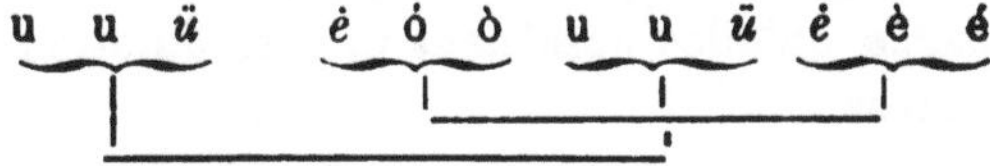

ou en ordre inverse :

Sur le marbre votif...

en se reproduisant, comme dans l'exemple précédent, ou en s'opposant, la voyelle unique étant claire dans l'une et grave dans l'autre, les deux voyelles de même nature étant graves dans l'une et claires dans l'autre :

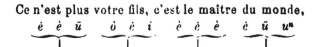

Ce n'est plus votre fils, c'est le maître du monde,

*ė è ü ò ė i ė ė è ė ü u*ⁿ

enfin en se reproduisant pour l'un des éléments et s'opposant pour l'autre :

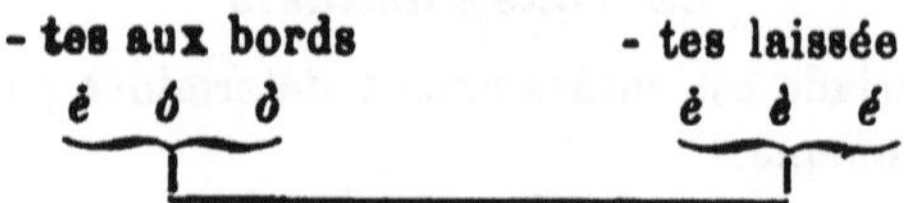

Les triades se correspondent deux à deux comme les rimes plates, de deux en deux comme les rimes croisées, en kiasme comme les rimes embrassées.

Des observations analogues s'appliquent aux diades. Elles sont dites *égales* quand leurs deux voyelles appartiennent à la même catégorie :

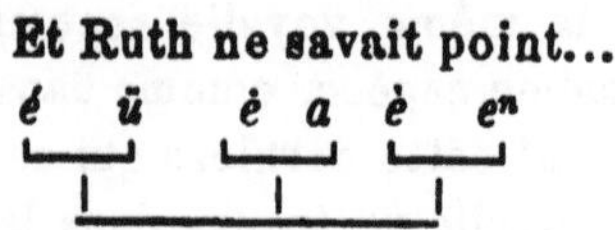

Et *inégales* dans le cas contraire :

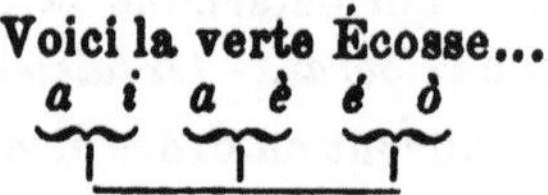

Les diades inégales sont beaucoup plus armonieuses que les égales, parce qu'elles possèdent une modulation qui fait défaut aux autres.

L'armonie de ces vers est d'autant plus facile à saisir, c'est-à-dire d'autant plus grande :

1° Que leurs triades se correspondent en ordre direct ;

2° Qu'elles se correspondent deux à deux ;

3° Qu'elles se reproduisent au lieu de s'opposer ;

4° Que l'armonie est décomposable en un plus grand nombre de sistèmes.

La correspondance des triades est tout à fait comparable à celle des rimes et produit sur l'oreille un effet analogue. Il en résulte que, de même que les rimes plates n'ont nullement besoin d'être riches, de même la ressemblance des triades doit être d'autant plus grande et leur correspondance d'autant plus facile à saisir que celles qui se correspondent sont plus éloignées l'une de l'autre :

1° *Les triades se correspondent deux à deux*, comme les rimes plates. Il peut i avoir quadruple répétition de la même :

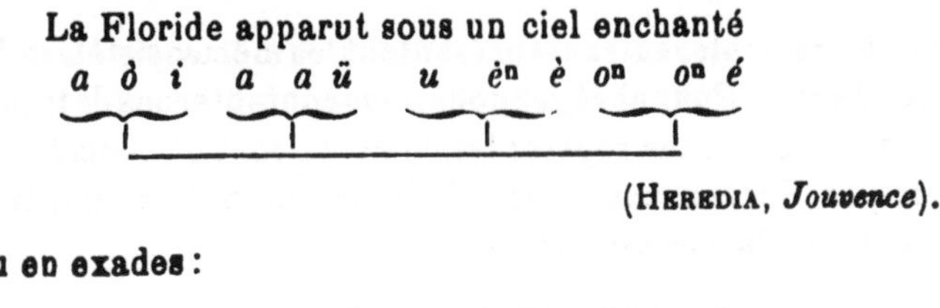
La Floride apparut sous un ciel enchanté
a ò i a a ü u èn è on on é

(HEREDIA, *Jouvence*).

ou en exades :

[1] Nous devons prévenir le lecteur qu'un simple examen, même attentif, de ce qui suit, ne suffira pas pour le mettre en état d'apprécier par lui-même l'armonie d'un vers. Il sera nécessaire qu'après s'être bien pénétré des définitions préliminaires il s'exerce sur mille ou deux mille vers de suite. Quand il aura étudié ainsi mille vers la plume à la main, puis mille vers par son oreille seule, l'éducation de cette dernière sera suffisante pour qu'il saisisse du premier coup le degré d'armonie d'un vers.

enfin en diades :

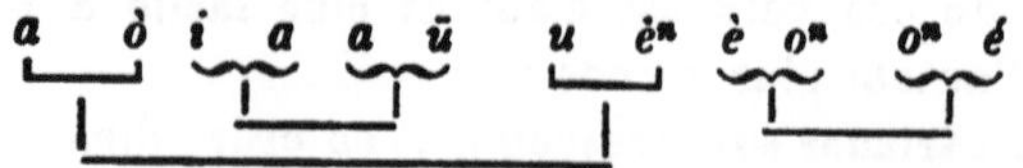

..... Mais moi, je ne verrai
Ni l'oiseau revenir ni la feuille renaître

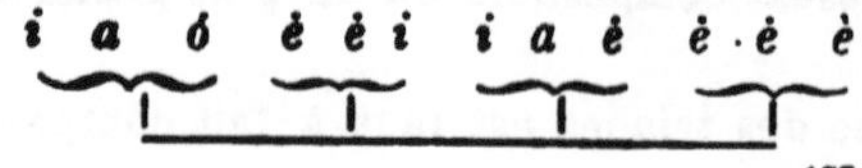

(Hugo, *Burgraves*).

en exades :

enfin en diades :

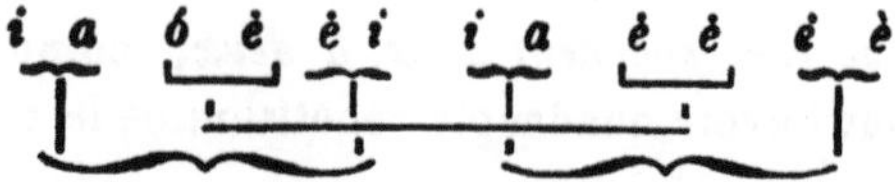

Les deux exemples suivants présentent les mêmes sistèmes de rrespondances. Pour abréger nous nous contenterons de transire les voyelles sans répéter les combinaisons d'accolades et traits, et dorénavant nous n'indiquerons plus en général n'un sistème de correspondances.

C'est ma mère, et je veux ignorer ses caprices
è a è é è õ i ò è é a i

(Racine, *Britannicus*).

L'étranger est en fuite, et le juif est soumis
é o^n é è o^n i é è i è u i

(Id. *Athalie*).

Mais ce fénomène est rare ; le plus souvent la seconde riade correspond à la première et la quatrième à la troisième, ans qu'il i ait correspondance d'un émistiche à l'autre :

Tu n'es pas remonté comme l'aigle à son aire

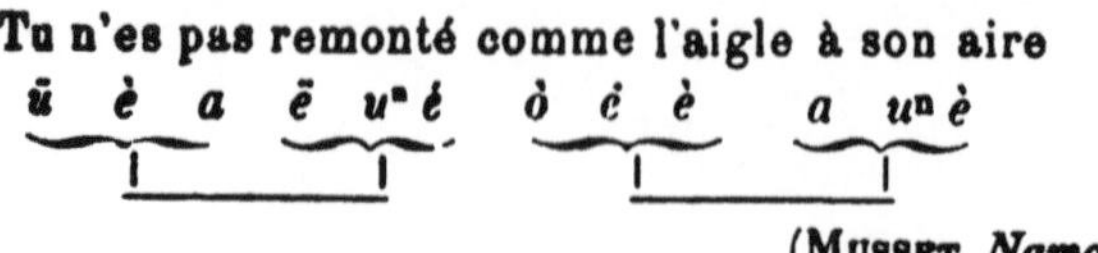

(Musset, *Namouna*).

Et par là le génie est semblable à l'amour
é a a ė é i è o^n a a a u
(Id., *Ibid.*).

Un poète est un monde enfermé dans un homme
ė^n ò è è ė^n u^n o^n è é o^n ė^n ò
(Hugo, *Légende*).

Fatigués de porter leurs misères hautaines
a i é ė ò é ė i è ė ó è
(Heredia, *Les conquérants*).

D'un côté le soleil et de l'autre la nuit
ė^n ó é ė ò è é ė ó ė a i
(Hugo, *Le retour de l'empereur*).

Où jamais un soupir ne resta sans écho
u a è ė^n u i ė è a o^n é ó
(Baudelaire, *Lesbos*).

Un matin, dans la plaine il rencontre un berger
ė^n a e^n o^n a è i o^n u^n ė^n è é
(Hugo, *Le roi de Perse*).

Et leur source est profonde à donner le vertige
é ė u è ò u^n a ò é ė è i
(Id., *Eviradnus*).

Vers sa chute à grands pas chaque jour s'achemine
è a ü a o^n a a ė u a ė i
(Racine, *Britannicus*).

J'ai voulu que des cœurs vous fussiez l'interprète
é u ü ė é ė u ü é e^n è è
(Id., *Bérénice*).

On ignore s'il voit, on ne sait s'il entend
u^n i ò ė i a u^n ė é i o^n o^n
(Hugo, *Petit roi de Galice*).

Et reçoivent, la nuit, la visite des aigles
é ė a ė a i a i i ė é è
(Id., *Les rayons et les ombres*).

Chacun d'eux voit son crime, et le reste est chimère
a é^{n} ō   a u^{n} i   é é è   è i è

(Id., *Inferi*).

Et la ronce se mit à pousser là-dessus
é a u^{n} è è i   a u é   a è ū

(Id., *La Comète*).

N'ayant pu l'éveiller, il s'était endormi
è o^{n} ū   é è é   i é è   o^{n} ò i

(Id., *Petit Paul*).

Elle donne un baiser confiant et sans crainte
è è ò   é^{n} è é   u^{n} i o^{n} é o^{n} e^{n}

(Id., *Segrais*).

Une femme ne vit et ne meurt que d'amour
ū è a   è è i   é è è   è a u

(Musset, *Les marrons du feu*).

Labourer des champs d'ombre arrosés par l'Erèbe
a u é   é o^{n} u^{n} a ò é   a é è

(Heredia, *Le laboureur*).

Sa parole semait la puissance des charmes
a a ò   è è è   a i o^{n} è é a

(Id., *Jason et Médée*).

Il avait tout le jour travaillé dans son aire
i a è   u è u   a a é   o^{n} u^{n} è

(Hugo, *Booz endormi*).

.........Un serment.......
Dure autant qu'un pourpoint, — parfois plus, souvent moins
ū ó o^{n} é^{n} u e^{n} a a ü   u o^{n} e^{n}

(Id., *Burgraves*).

Les moissons, pour mûrir, ont besoin de rosée
é a u^{n} u ū i   u^{n} è e^{n} è ò é

(Musset, *Nuit d'octobre*).

Dioscures brillants, divins frères d'Hélène
i ò ū   è i o^{n} i e^{n} è   è é è

(Heredia, *Pour le vaisseau de Virgile*).

Mes amis à présent me conseillent d'en rire
é a i a é o^n *é* u^n *è è* o^n *i*

(Musset, *Namouna*).

Les grands sphinx qui jamais n'ont baissé la paupière
é o^n e^n *i a è* u^n *è é a ó è*

(Heredia, *Vision de Khem*).

Laisse là tes moutons, viens conduire des hommes
è è a é u u^n e^n u^n *i è é ò*

(La Fontaine, X, 10).

Le vieillard souriant poursuivait son chemin
è é a u i o^n *u i è* u^n *è* e^n

(Hugo, *Burgraves*).

Et je suis le moins las, moi qui suis le plus vieux
é è i è e^n *a a i i è ü ö*

(Id., *Aymerillot*).

Il commande au soleil d'animer la nature
i ò o^n *ó ò è a i é a a ü*

(Racine, *Athalie*).

2° *Les triades se correspondent de deux en deux*, comme l rimes croisées. Pour plusieurs des exemples cités dans la clas précédente on aurait pu songer à ce second tipe de corre pondance ; mais les correspondances les plus simples et l plus immédiates sont celles qui frappent le plus aisémen l'oreille et il convient de ne citer dans cette seconde class que les vers qui visiblement ne rentrent pas dans la préc dente :

Admirable portrait qu'il n'a point achevé
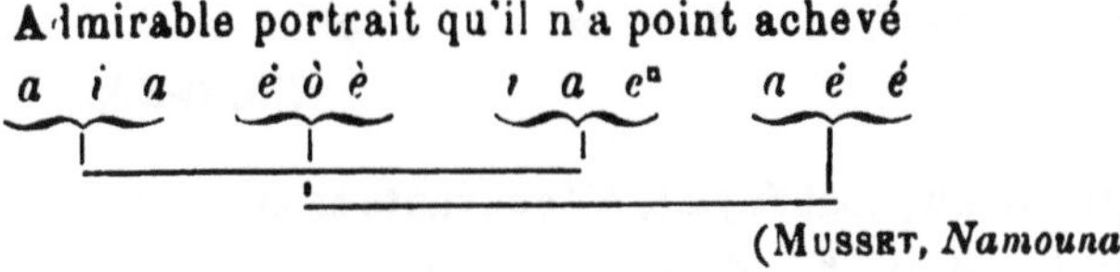

(Musset, *Namouna*).

Sous l'azur triomphal, au soleil qui flamboie
u a ü i u^n *a ó ò è i* a^n *a*

(Heredia, *Le Cydnus*).

Et ce fut là-dessus qu'il se fit musulman
é è ũ a è ũ i è i ũ ũ o^n

(MUSSET, *Namouna*).

Chez ces peuples dorés qu'a bénis le soleil
é é è è ŏ é a é i è ŏ è

(ID., *ibid.*).

Le printemps sur la joue et le ciel dans le cœur
è e^n o^n ũ a u é è è o^n è è

(ID., *Une bonne fortune*).

J'écoutais cependant cette simple harmonie
é u è è o^n o^n è é e^n a ŏ i

(ID., *Une soirée perdue*).

Le linceul était rouge et Kanut frissonna
è e^n è é è u é a ũ i ŏ a

(HUGO, *Le parricide*).

Ne fais pas un forfait plus affreux que le mien !
è è a e^n ŏ è ũ a ö è è e^n

(ID., *Les Burgraves*).

Laisse-toi conseiller par le ciel radieux
è è a u^n è é a è è a i ö

(ID., *Les rayons et les ombres*).

La comtesse à son bras s'appuyait en silence
a u^n è a u^n a a i è o^n i o^n

(MUSSET, *Portia*).

Cependant son visage était calme et serein
é o^n o^n u^n i a é è a é è e^n

(ID. *ibid.*).

Tout tremblait, tout fuyait, d'épouvante saisi
u o^n è u i è é u o^n è è i

(HUGO, *Burgraves*).

Il s'en va dans l'abîme et s'en va dans la nuit
i oⁿ a oⁿ a i é oⁿ a oⁿ a i

(Id., *Légende*).

La naissance et la mort sont deux coups de sonnette
a è oⁿ é a ò uⁿ ö u é ò è

(Id., *ibid*).

C'est que l'un est la griffe et que l'autre est la serre
è é éⁿ è a i é è ó è a è

(Id., *Eviradnus*).

Nous couchons sur la pierre et buvons aux ruisseaux
u u uⁿ ü a è é ü uⁿ ó i ó

(Id., *Légende*).

Souviens-toi que Cybèle est la mère commune
u eⁿ a è i è è a è è ò ü

(Chénier, *Idylles*).

Je le sais, mais enfin je vous aime, et je crains
è è é è oⁿ ɛⁿ è u è é è eⁿ

(Corneille, *Polyeucte*).

Sur sa lèvre entr'ouverte oubliant sa prière
ü a è oⁿ u è u i oⁿ a i è

(Musset, *Nuit de mai*).

Les petits et les grands sont égaux à leurs yeux
é è i é é oⁿ uⁿ é ó a é ö

(La Fontaine, XII, 21).

3° *Les triades se correspondent en kiasme*, comme les rimes embrassées, c'est-à-dire la première à la quatrième et la seconde à la troisième :

Tout m'afflige et me nuit et conspire à me nuire

(RACINE, *Phèdre*).

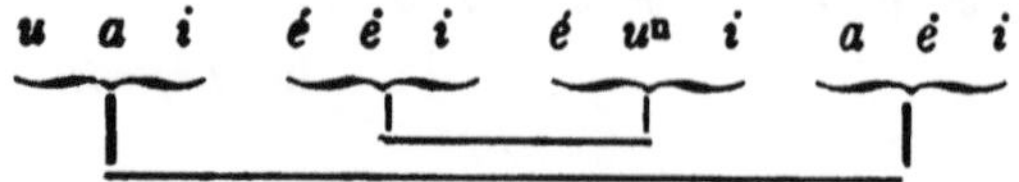

Il l'avait à son brick emportée en causant
i a è a u^n i o^n ò é o^n ó o^n

(MUSSET, *Namouna*).

Pour savoir si son Christ est monté sur la croix
u a a i u^n i è u^n é ŭ a a

(ID., *ibid*).

Et le mien a pour lui qu'il n'est point historique
é ė e^n a u i i è e^n i ò i

(ID., *ibid*.).

...on eût dit que sa mère
L'avait fait tout petit pour le faire avec soin
a è è u ė i u ė è a è e^n

(ID., *ibid*.).

Leur prêta son grand sein aux mamelles fécondes
ė è a u^n o^n e^n ó a è ė é u^n

(HEREDIA, *Aphrodité*).

Et le ciel fait l'airain comme il fait le héros
é ė è è è e^n ò i è ė é ó

(HUGO, *Légende*).

Hippolyte rêvait aux caresses puissantes
i ò i ė è è ó a è ė i o^n

BAUDELAIRE, *Femmes damnées*).

Cette fleur avait mis dix-huit ans à s'ouvrir
è ė ė a è i i i o^n a u i

(MUSSET, *Portia*).

N'avait fait resplendir les soleils éclatants
a è è è o^{n} *i é ò è é a* o^{n}

(HEREDIA, *Aphrodité*).

Baiserait sur son front la beauté de son cœur
ė ė è ü u^{n} u^{n} *a ó é ė* u^{n} *ė*

(MUSSET, *Namouna*).

La raison du plus fort est toujours la meilleure
a è u^{n} *ü ü ò è u u a è ė*

(LA FONTAINE, I, 10).

Que de soins m'eût coûtés cette tête charmante
ė ė e^{n} *ǖ u é è ė è ė a* o^{n}

(RACINE, *Phèdre*).

Et nul n'a disputé...
Leur inerte poussière à l'oubli du cercueil
ė i è ė u è a u i ü è ė

(HEREDIA, *Sur le livre des amours*).

II

LES VERS EN DIADES

En principe les vers en diades sont moins armonieux que ı vers en triades, parce que le nombre des divisions étant ıs grand, l'attention risque davantage de se disperser et s'égarer. C'est dire que les vers en diades sont d'autant ıs armonieux que leurs éléments se correspondent dans un dre plus simple et plus régulier. Voici, par ordre d'armonie croissante, les différents tipes que nous rencontrons ; nous ısignons les six diades par les nombres 1, 2, 3, 4, 5, 6.

Il peut i avoir sextuple reproduction de la même diade :

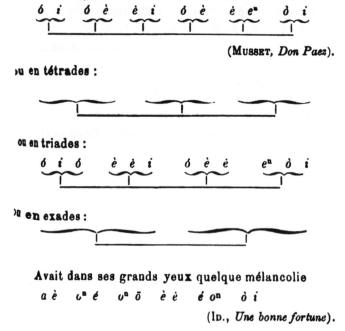

Nos nuits, nos belles nuits! nos belles insomnies!

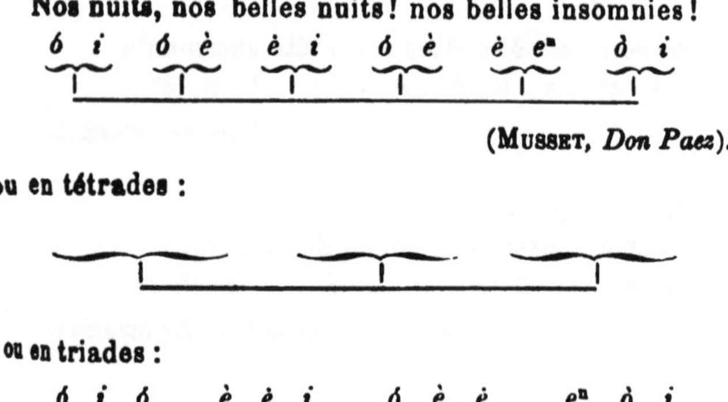

(Musset, *Don Paez*).

ou en tétrades :

ou en triades :

ó i ó è è i ó è è e^n ò i

ou en exades :

Avait dans ses grands yeux quelque mélancolie

a è ɩ^n é o^n ō è è é o^n ò i

(Id., *Une bonne fortune*).

I devenait tout miel, tout sucre et tout caresse
i è è u è u ü é u a è
(Id., *Namouna*).

Un vieux pirate grec l'avait trouvé gentille
ü ö i a è è a è u é o^n i
(Id., *ibid*);

mais c'est un cas assez rare ; voici les autres tipes :

1-2-3, 4-5-6 :

La langue de ton peuple, ô Grèce, peut mourir
a o^n è è u^n è ó è é ö u i
(Id., *Les vœux stériles*).

Vêtu de probité candide et de lin blanc
è ü é ò i é o^n i é è e^n o^n
(Hugo, *Booz*).

Lorsque la fosse attend il faut qu'on y descende
ò è a ó a o^n i ó u^n i é o^n
(Musset, *Portia*).

Penchant ton front qu'argente une précoce neige
o^n o^n u^n u^n a o^n ü è é ò è è
(Heredia, *L'exilée*).

Il n'en faut point douter, vous vous plaindrez toujours
i o^n ó e^n u é u u e^n é u u
(Racine, *Britannicus*).

1-2, 3-4, 5-6 :

Par quel serment d'enfer êtes-vous donc lié ?
a è è o^n o^n è è è u u^n i é
(Musset, *Don Paez*).

Si ce n'est pas un fou, ce serait donc un dieu
i é è a éⁿ u é é è uⁿ éⁿ ö

(HUGO, *La Vérité*).

Il lui donna lui-même un sac plein de pistoles
i i ò a i è èⁿ a eⁿ é i ò

(MUSSET, *Namouna*).

Les tièdes voluptés des nuits mélancoliques
é è é ò ü é é i é oⁿ ò i

(ID., *Lucie*).

Mortelle, subissez le sort d'une mortelle
ò è é ü i é é ò ü é ò è

(RACINE, *Phèdre*).

Les larmes du matin qui pleuvent goutte à goutte
é a é ü a eⁿ i é é u a u

(HEREDIA, *Pan*).

Car la lumière est femme et se refuse aux vieux
a a ü è è a é é é ü ó ö

(HUGO, *Eviradnus*).

2, 3-6, 4-5 :

Entre le pauvre et vous, vous prendrez Dieu pour juge

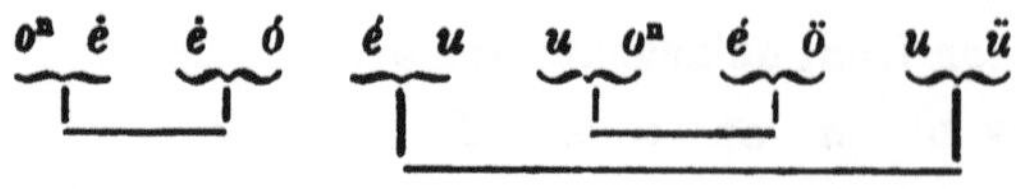

(RACINE, *Athalie*).

L'archange à son sommet vient aiguiser son glaive
a oⁿ a uⁿ ò è eⁿ è i é uⁿ è

(HUGO, *Les montagnes*).

Mais un précoce automne avait passé sur elle
è éⁿ é ò ó ò a è a é ü è

(MUSSET, *Don Paez*).

Les Faunes indolents couchés dans les roseaux
é ó é eⁿ ò oⁿ u é oⁿ é ò ó

(Id., *Rolla*).

Fit au ruisseau céleste un lit de diamant
i ó i ó é è éⁿ i é i a oⁿ

(Id., *Une bonne fortune*).

Qui tous auroient brigué l'honneur de l'avilir
i u ó è i é ò é é a i i

(Racine, *Britannicus*).

Pour que l'agneau la broute il faut que l'herbe pousse
u é a ó a u i ó é è é u

(Hugo, *Archiloque*).

1-4, 2-3, 5-6 :
Je sais que tout déplaît aux yeux d'une captive
é é é u é è ó ö ü é a i

(Racine, *Iphigénie*).

Etinceler l'azur des mers Adriatiques
é eⁿ é é a ü é è a i a i

(Heredia, *La dogaresse*).

Fit son bûcher suprême et son premier autel
i uⁿ ü é ü è é oⁿ é é ó è

(Id., *Sur l'Othrys*).

La peine d'acquérir, le soin de conserver
a è è a é i é eⁿ é uⁿ è é

(La Fontaine, X,5).

Tu dresses des autels aux Monts hospitaliers
ü è è é ó è ó uⁿ ò i a é

(Heredia, *L'exilée*).

-4, 2-5, 3-6 :

Cet homme au front serein vient de la part de Dieu

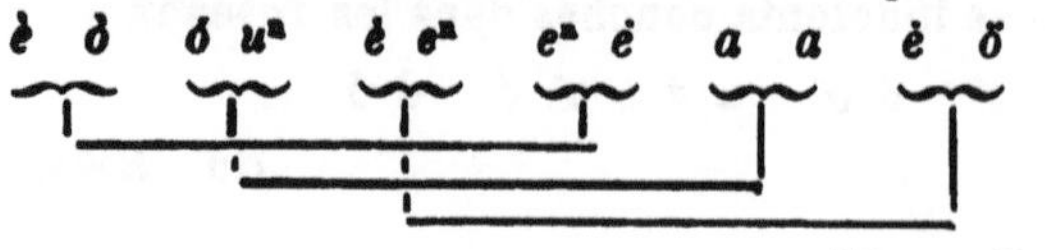

(**Hugo**, *Les lions*).

Le sabre est un vaillant, la bombe une traitresse
é a è è^{n} a o^{n} a u^{n} ü é è è

(**Id.**, *Le cimetière d'Eylau*).

-3, 2-5, 4-6 :

Avec des sons de flûte et des frissons de soie

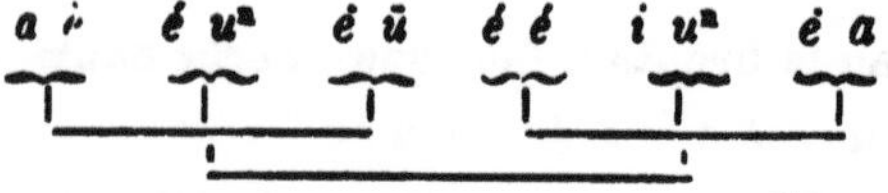

(**Heredia**, *Le Cydnus*).

Debout dans sa montagne et dans sa volonté
é u o^{n} a u^{n} a é o^{n} a ò u^{n} é

(**Hugo**, *Burgraves*).

Ses pins sont les plus verts, sa neige la plus blanche
é e^{n} u^{n} é ü è a è è a ü o^{n}

(**Id.**, *Les montagnes*).

Rien n'appartient à rien, tout appartient à tous
e^{n} a a e^{n} a e^{n} u a a^{n} e a u

(**Musset**, *Namouna*).

Essoufflez-vous à faire un bœuf d'une grenouille
é u é u a è e^{n} è ü è è u

(**Id.**, *ibid.*).

-6, 2-5, 3-4 :

Et que le vent, la nuit, tordait au flanc des monts

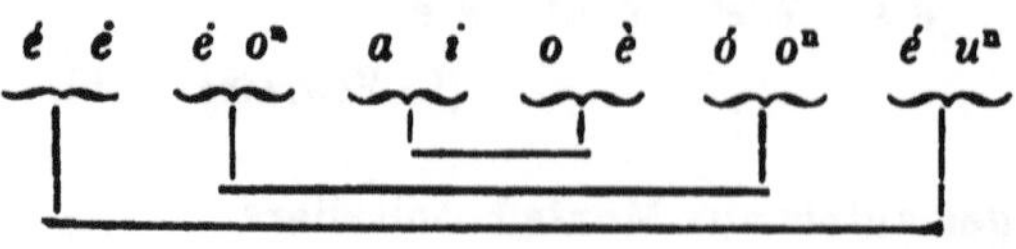

(**Hugo**, *Burgraves*).

D'Anvers à Ratisbonne, et de Lübeck à Spire
o ⁿè a a i ò é ė ü è a i

(Id., *ibid.*).

On est si bien tout nu, dans une large chaise
uⁿ è i eⁿ u ü oⁿ ü ė a ė è

(Musset, *Namouna*).

1-6, 2-3, 4-5 :

Ah ! passe vite, ami, ne pèse point sur elle
a a ė i a i ė è ė eⁿ ü è

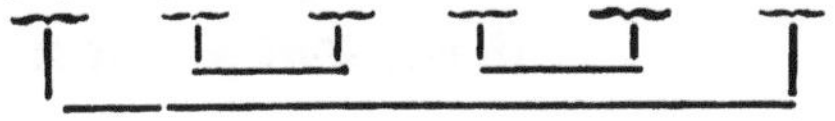

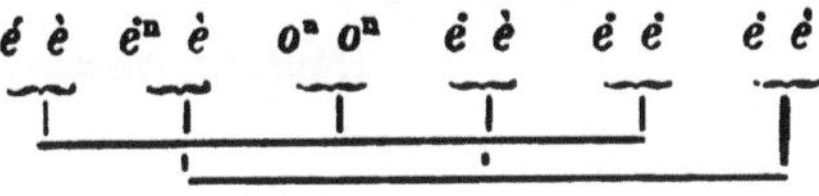

(Heredia, *Épigramme funéraire*).

L'attente d'être heureux devient une souffrance
a oⁿ ė è ė ö ė eⁿ ü ė u oⁿ

(Musset, *Don Paez*).

1-3-5, 2-4-6 :

C'était un bel enfant que cette jeune mère
é è éⁿ è oⁿ oⁿ ė è ė ė ė è

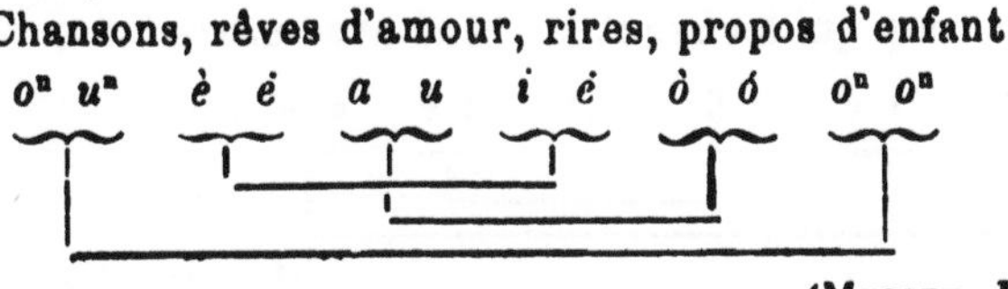

(Id., *Une bonne fortune*).

Mais j'en veux dire un point qui fut ignoré d'eux
è oⁿ ö i éⁿ eⁿ i ü i ò é ö

(Id., *ibid.*).

Car sa beauté pour nous, c'est notre amour pour elle
a a ó é u u è ò a u u è

(Id., *Namouna*).

Heureux qui peut dormir sans peur et sans remords
ė ö i ö ò i oⁿ ė é oⁿ ė ò

(Heredia, *Le lit*).

1-6, 2-4, 3-5 :

Chansons, rêves d'amour, rires, propos d'enfant
oⁿ uⁿ è ė a u i ė ò ó oⁿ oⁿ

(Musset, *Lucie*).

1-2-4, 3-5-6:

J'embrasse mon rival, mais c'est pour l'étouffer

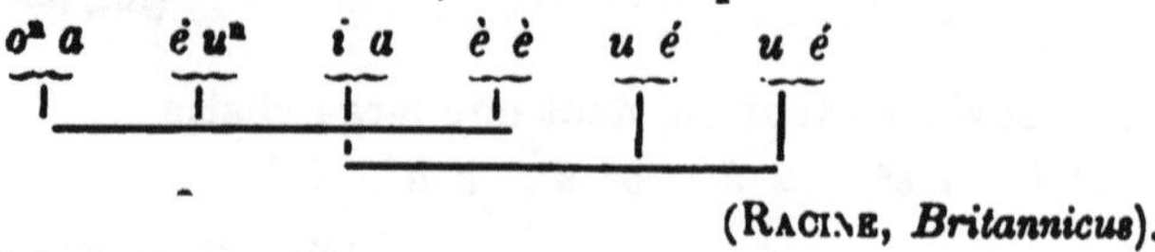

(RACINE, *Britannicus*).

Ne vaudrait-il pas mieux que nous devinssions frères

è ó *è i* *a ō* *é u* *é* e^n u^n *è*

(HUGO, *Mariage de Roland*).

Ils vont jusqu'à tuer ce qui n'a pas vécu

i u^n *ü a* *ü é* *è i* *a a* *é ü*

(ID, *Comte Félibien*).

C'est imiter quelqu'un que de planter des choux

è i *i é* *è* e^n *è è* o^n *é* *é u*

(MUSSET, *Namouna*).

N'éclaircirez-vous point ce front chargé d'ennuis?

é è *i é* *u* e^n *è* u^n *a é* o^n *i*

(RACINE, *Iphigénie*).

1-4-5, 2-3-6:

Ainsi notre espérance est bien souvent trompée

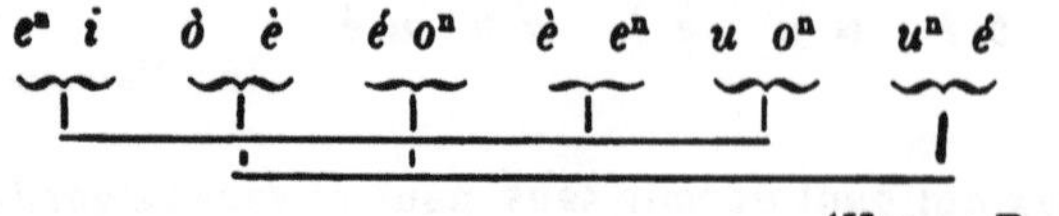

(HUGO, *Burgraves*).

1-2-6, 3-4-5 (c'est-à-dire 1-2—6, 3—4-5:

Le champ qui les reçut les rend avec usure

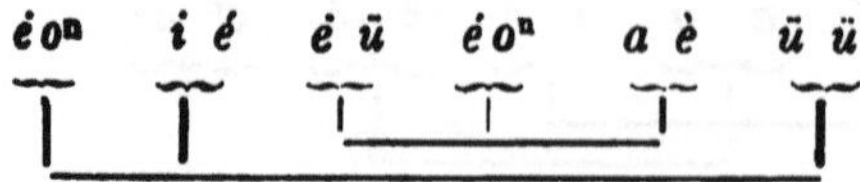

(RACINE, *Athalie*).

III

LES VERS EN TÉTRADES ET EN EXADES

Les vers en tétrades et en exades ne nous arrêteront pas longtemps parce qu'en somme ce ne sont que des vers en diades, dont les éléments remplissent certaines conditions de groupement et de correspondance. On pourrait appeler vers en tétrades tous les vers en diades du tipe 1-2, 3-4, 5-6, puisque les diades s'i correspondent deux à deux et forment des tétrades par cette correspondance :

Les tièdes voluptés des nuits mélancoliques

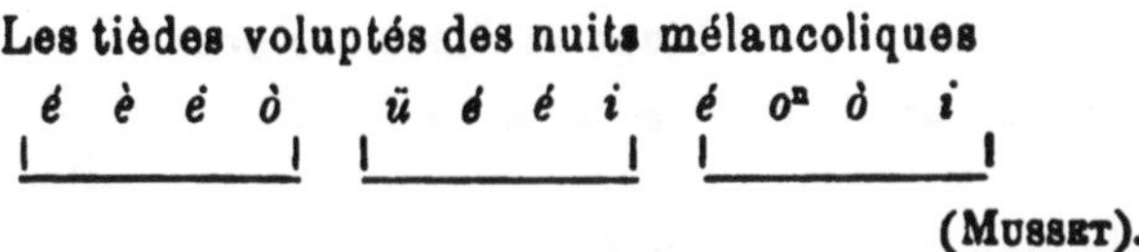

(MUSSET).

Mais nous avons appelé vers en triades et en diades ceux dans lesquels les triades et les diades se correspondent entre elles ; pour garder ici le même principe de dénomination, nous ne pourrons appeler vers en tétrades que ceux dans lesquels les trois tétrades se correspondent. Ils sont rares et cette manière de les diviser n'offre aucun intérêt particulier :

Nos nuits, nos belles nuits ! nos belles insomnies !

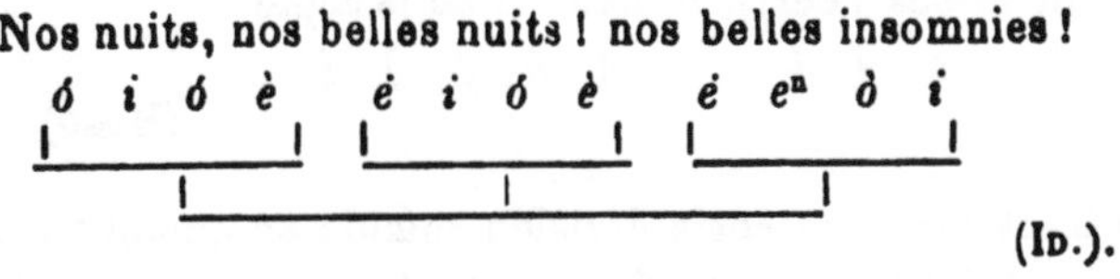

(ID.).

Il i a même cet inconvénient grave que la deuxième tétrade est à cheval dans les vers du mode classique sur la coupe de l'émistiche, d'où discordance entre le ritme et l'armonie. En somme ce mode de division ne convient bien qu'au vers romantique du tipe 4, 4, 4 :

J'ai vu le jour, j'ai vu la foi, j'ai vu l'honneur

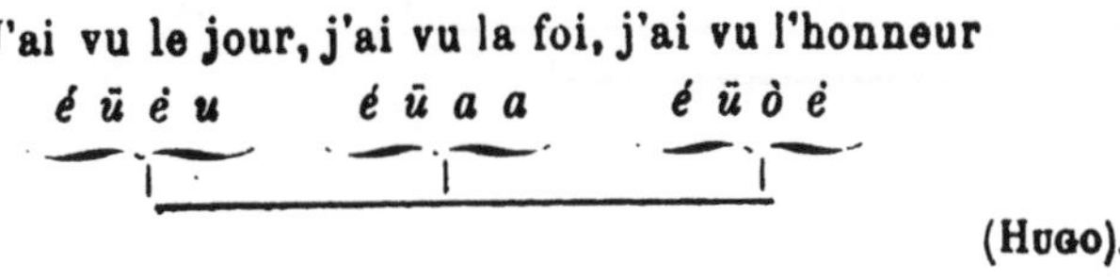

(HUGO).

Où rien ne tremble, où rien ne pleure, où rien ne souffre
u e^{n} *ė* o^{n} *u* e^{n} *ė ė* *u* e^{n} *ė u*

(Id.).

On peut appeler vers en exades tous ceux dans lesquels ı deux émistiches se correspondent soit par reproduction it par oppositiou, soit en ordre direct soit en ordre verse :

Quelque croix de bois noir sur un tombeau sans nom
ė é a é a a *ü* $é^{n}$ u^{n} *ó* o^{n} u^{n}

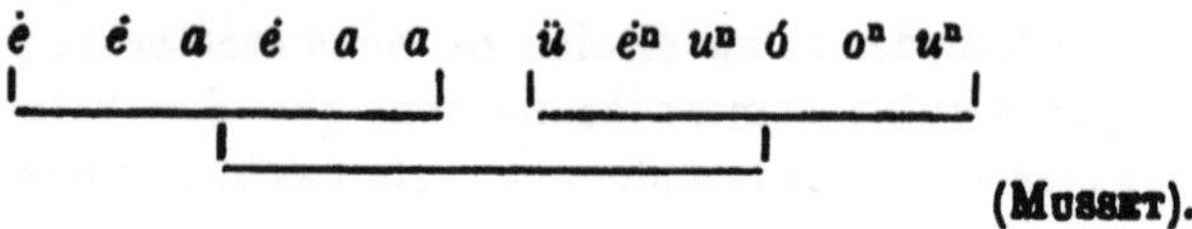

(Musset).

Et rapporter son cœur aux yeux qui l'avaient pris
é a ò é u^{n} *ė* *ó ö i a è i*

(Id.).

Peignant sur son col blanc sa chevelure brune
è o^{n} *ü* u^{n} *ò* o^{n} *a ė ė ü ė ü*

(Id.).

Ni l'oiseau revenir, ni la feuille renaître
i a ó é ė i *i a ė é ė è*

(Hugo).

Cette fleur avait mis dix-huit ans à s'ouvrir
è ė é a è i *i. i* o^{n} *a u i*

(Musset).

Ce qu'ici-bas j'écris, là-haut Dieu le copie
ė i i a é i *a ó ö ė ò i*

(Hugo).

Mais il est rare que cette division semble en quelque sorte mposer et devoir être préférée à toute autre comme dans second de ces deux vers de Musset *(Lucie)* :

Et toi, charme inconnu dont rien ne se défend,
Qui fis hésiter Faust au seuil de Marguerite.

i i é i é ó *ó ė ė a é i*

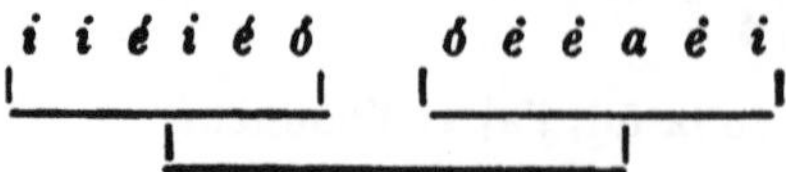

IV

LES VERS EN DIADES ET TRIADES COMBINÉES

Nous savons déjà dans quels vers ce tipe a sa place naturelle ; c'est dans ceux qui sont ritmés à 2-4, 3-3, — 4-2, 3-3, ou 3-3, 2-4. Ce sistème est très armonieux, plus armonieux que la plupart des sistèmes en diades, bien qu'il ait un léger défaut, à savoir que les diades i sont en nombre impair. Ce défaut devient surtout sensible quand elles sont du tipe égal : l'oreille risque de s'égarer. Les trois diades doivent se trouver dans le même émistiche. Ainsi le vers de Musset cité plus aut :

Voici la verte Écosse et la brune Italie,

se divise de la manière suivante au point de vue de l'armonie :

a i   a è   é ò   é a ü   i a i

Il se prêterait également bien à la suivante :

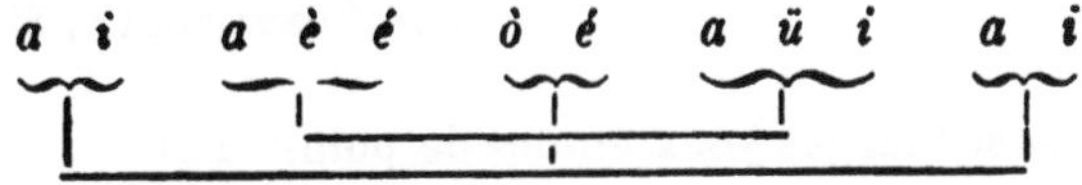

Cette division est même très séduisante sur le papier parce que tous les éléments commencent par une voyelle éclatante pour finir par une voyelle claire et que les deux triades séparent l'une de l'autre les trois diades avec une régularité parfaite. Néanmoins ce sistème est depourvu de toute existence réelle, parce que le ritme et les séparations des mots empêcheront toujours toute oreille de le saisir.

Voici de beaux exemples de vers en diado-triades :

Ondoyaient au soleil parmi les fleurs des eaux

u^n *a è* *ó ò è* *a i* *é ė* *é ó*

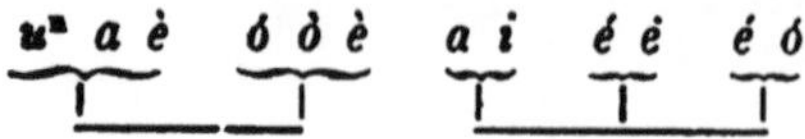

(MUSSET, *Rolla*).

Sont allés chez Pallas pleurer leur impuissance

u^n*a é* *é a a* *ė é* *ė e*^{n} *i o*^{n}

(RACINE, *Britannicus*).

L'ombre était nuptiale, auguste et solennelle

u^n *é è* *ü i a* *ó ü* *é ò* *a è*

(HUGO, *Booz*).

Jadis on guerroyait, maintenant on s'amuse

a i *u*^{n} *è* *a è* *e*^{n} *ė o*^{n} *u*^{n} *a ü*

(ID., *Burgraves*).

Le blé, riche présent de la blonde Cérès

ė é *i ė* *é o*^{n} *ė a u*^{n} *ė é è*

(LA FONTAINE, IX, 11).

Jouis, et te souviens qu'on ne vit qu'une fois

u i *é ė* *u e*^{n} *u*^{n} *ė i* *ü ė a*

(A. CHÉNIER).

Jamais auprès des fous ne te mets à portée

a è *ó è* *é u* *ė ė è* *a ò é*

(LA FONTAINE, IX, 8).

Vit dans ses larges yeux étoilés de points d'or

i o^n *é a* *ė ö* *é a é* *ė e*^{n} *ò*

(HEREDIA).

Et vous avez soufflé sur le souffle de Dieu

e u *a é* *u é* *ü ė u* *ė ė ö*

(MUSSET, *La coupe et les lèvres*).

Quand il voyait passer quelque pauvre glaneuse
o^n i a è a é è ė ó ė a ö

(Hugo, *Booz*).

Et que ta main peuplait des oublis de ton cœur
é ė a e^n ė è é u i ė u^n ė

(Musset, *Namouna*).

La rive est aux deux bords de guerrières jonchée
a i è ó ö ò ė è è ė u^n é

(Heredia, *Le Thermodon*).

Je les appelle gueux et voleurs, c'est leur nom
ė é a è é ö é ò ė è ė u^n

(Hugo, *Paroles de géant*).

La Bélisa passait sur sa mule au galop
a é i a a è ü a ü ó a ó

(Musset, *Don Paez*).

Ceux dans lesquels les diades sont égales sont sensiblement moins armonieux :

Qui nous vins d'Italie, et qui lui vins des cieux
i u e^n i a i é i i e^n é ö

(Id., *Lucie*).

Mais la pauvre Espagnole au cœur était blessée
è a ó è a ò ó ė é è è é

(Id., *Namouna*).

Plus belle qu'Artémis aux forêts d'Ortygie
ü è é a é i ó ò è ò i i

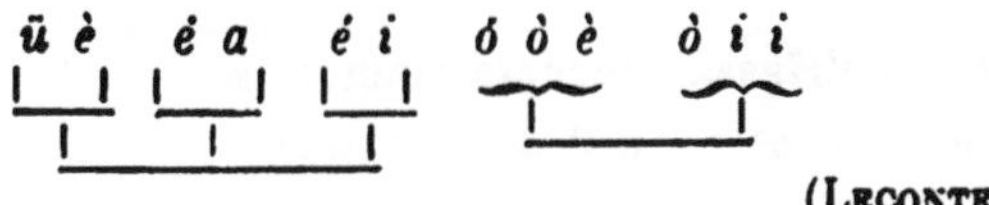

(Leconte de Lisle).

Booz ne savait point qu'une femme était là,
ò ò ė a è e^n ü ė a é è a
Et Ruth ne savait point ce que Dieu voulait d'elle
é ü ė a è e^n ė ė ö u è è

(Hugo, *Booz*).

oter que s'il i avait *pas* au lieu de *point* dans chacun de s deux vers, le sens n'en serait nullement modifié ; mais perdraient presque toute leur armonie. Elle ne serait plus ductible qu'en diades ne correspondant pas aux séparations s mots.

Pardonne, ô Donato ! grâce avant que je meure
a ò ó ò a ó a a o^n ė ė ė

(Id., *Burgraves*).

Nous sommes à peu près de stature pareille
u ò ė a ö è ė a ü ė a è

(Musset).

Comme un soldat blessé que renverse une balle
ò e^n ò a è é ė o^n è ü ė a

(Id.).

Tu n'es que le mangeur de l'abjecte matière
ü è ė ė o^n é ė a è ė a è

(Hugo, *Légende*).

Devant mon empereur que ramène mon Dieu
ė o^n u^n o^n ė ė ė a è ė u^n ö

(Id., *Burgraves*).

Le Bœuf héréditaire armoyé sur la chappe
ė ė é é i ė a a é ü a a

(Heredia, *L'estoc*).

Je vous dirais qu'Hassan racheta Namouna
ė u i è a o^n a ė a a u a

(Musset).

V

VERS PEU ARMONIEUX

Nous venons de passer en revue les différents tipes des vers dans lesquels les divisions de l'armonie coïncident avec celles du ritme. Ce sont les plus armonieux de beaucoup; mais nous avons noté au passage qu'ils ne le sont pas tous au même degré, que ceux des dernières classes en diades, par exemple, le sont beaucoup moins que ceux des premières.

Ce serait une erreur de croire que tous les vers qui ne rentrent pas dans ces diverses catégories sont totalement dépourvus d'armonie. Ils en ont moins sans doute, mais nous pouvons les ranger encore dans différentes classes et arriver par des dégradations successives à ceux qui n'ont pas d'armonie du tout.

Nous devons dire quelques mots tout d'abord des émistiches qui ne sont ritmés ni à 3-3, ni à 2-4 ou 4-2, mais à 1-5 ou 5-1 ou dans lesquels il n'i a pas de division nette. L'oreille peut être dirigée tout d'abord par la présence d'un accent tonique là où il n'i a pas d'accent ritmique. Cet accent tonique est primaire comme dans cet exemple :

L'œil *était* dans la tombe et regardait Caïn

*è é è o*ⁿ *a u*ⁿ *é é a è a e*ⁿ

(Hugo).

ou secondaire comme dans les suivants :

Pourquoi ce choix ? Pourquoi cet att*en*drissement ?

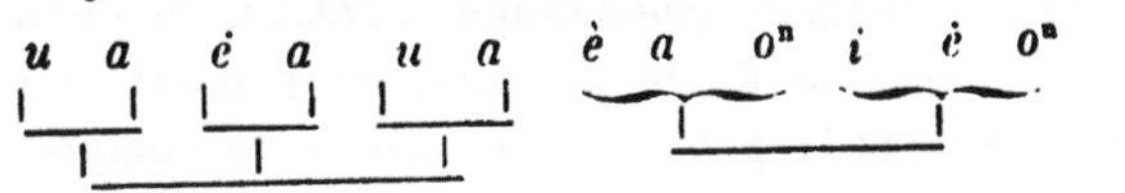

(Id.)

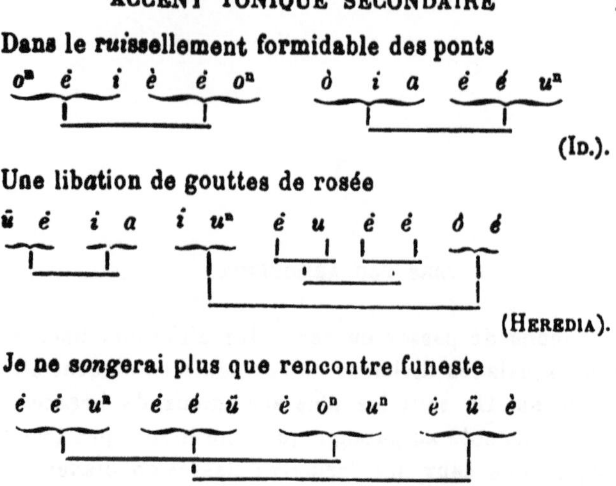

Dans le *ruis*sellement formidable des ponts

(Id.).

Une lib*a*tion de gouttes de rosée

(Heredia).

Je ne *son*gerai plus que rencontre funeste

(La Fontaine, IX, 2).

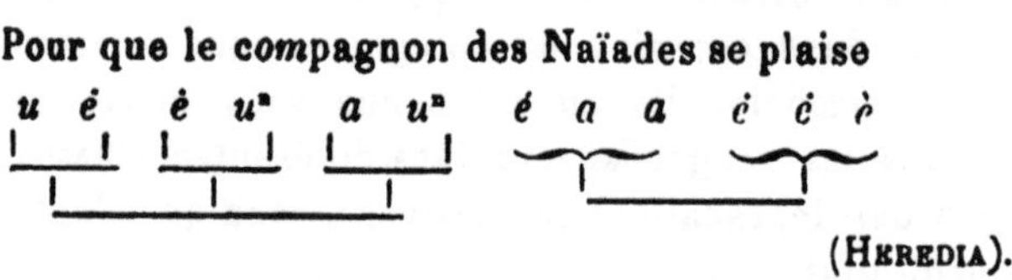

Pour que le *com*pagnon des Naïades se plaise

(Heredia).

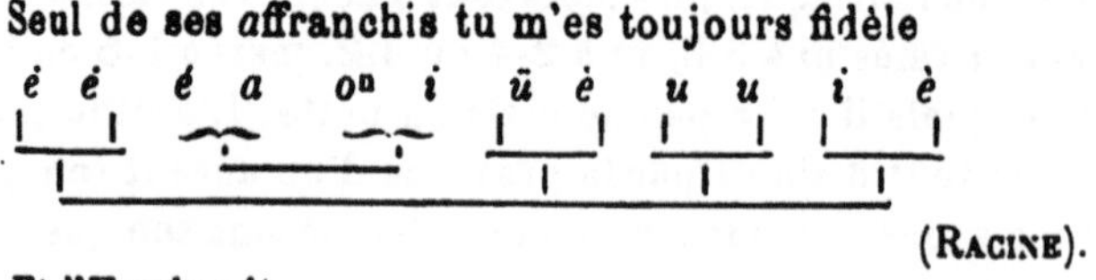

Seul de ses *a*ffranchis tu m'es toujours fidèle

(Racine).

Et l'Euxin vit...

Fuir des ét*a*lons blancs rouges du sang des Vierges

i é é a uⁿ oⁿ u é ü oⁿ é è

(Heredia).

Dans tous ces vers l'oreille est nettement guidée par l'accent tonique secondaire dû à l'accentuation binaire. Cet accent tombe toujours dans un mot deux sillabes avant l'accent tonique principal : *com*pagn*on*, lib*a*ti*on*. Si l'une des sillabes qui précède la finale contient un *e* muet qui ne se prononce pas dans la prose, cette sillabe ne compte pas pour la place de l'accent secondaire, bien qu'on la prononce en poésie, parce que le mot garde en vers son accent secondaire sur la même sillabe qu'en prose : *ruissel*(le)*ment*, *atten*dris(se)*ment*. Enfin des expressions comme « ét*a*lons bl*ancs*, je ne v*e*rrai pl*us* » ne forment qu'un mot métrique.

Mais souvent l'oreille ne trouvant de repère nulle part ésite et risque de manquer la division qui fournit les correspondances. L'armonie est faible, et elle ne subsiste même à proprement parler que si l'émistiche est divisible de deux manières ; dans ce cas en effet l'oreille s'arrête forcément à l'une des deux :

Aime pour sa jeunesse et pour sa loyauté

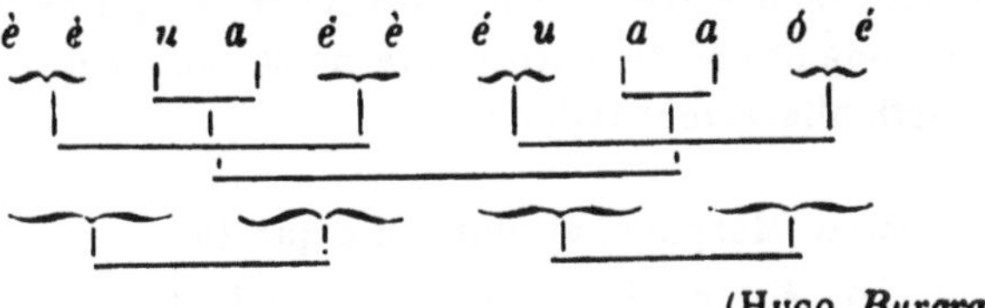

(Hugo, *Burgraves*).

L'aube sur les grands monts se leva frémissante

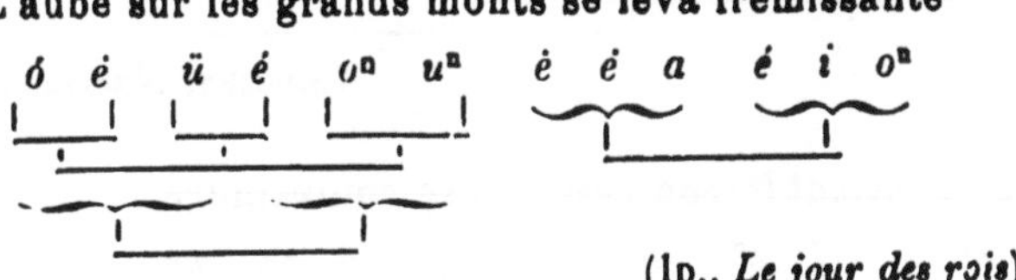

(Id., *Le jour des rois*).

Ah ! si la rêverie était toujours possible !

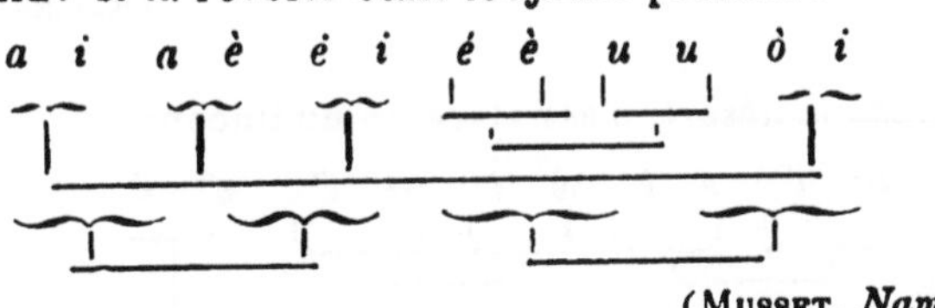

(Musset, *Namouna*).

Mais si vous ne régnez, vous vous plaignez toujours

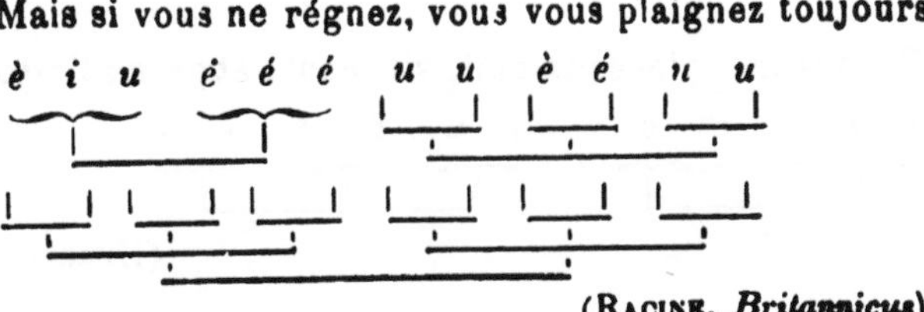

(Racine, *Britannicus*).

Il arrive aussi, quand c'est le second émistiche qui n'offre pas de division nette, que le premier indique à l'oreille un certain mouvement, un certain sistème de division et la guide alors pour le second ; elle n'a plus qu'à se laisser aller à l'impulsion acquise :

Le Christ déraciné tremble sur le Calvaire

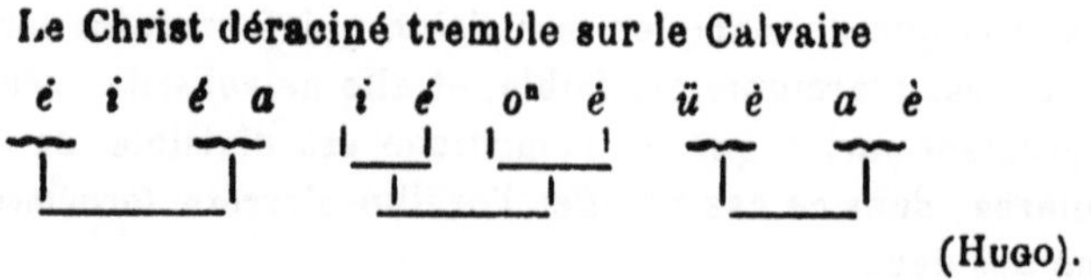

(Hugo).

Mais l'armonie des vers tels que les suivants, qui ne bénéficient d'aucune des particularités que nous venons d'envisager, est particulièrement faible :

Pâle comme Morphée, et plus belle que lui

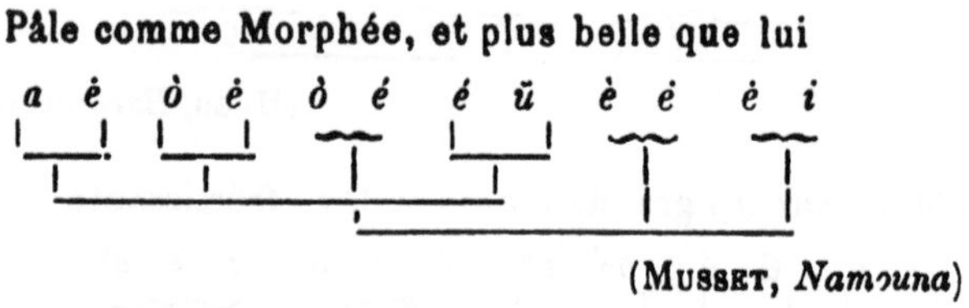

(Musset, *Namouna*)

L'impatient Néron cesse de se contraindre

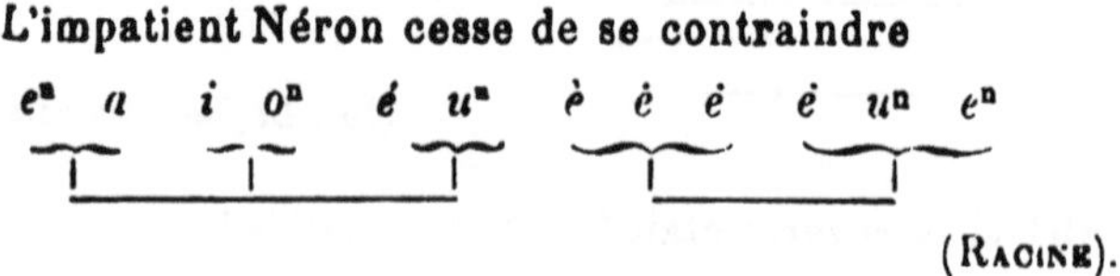

(Racine).

Être dans le désert, c'est vivre en un linceul

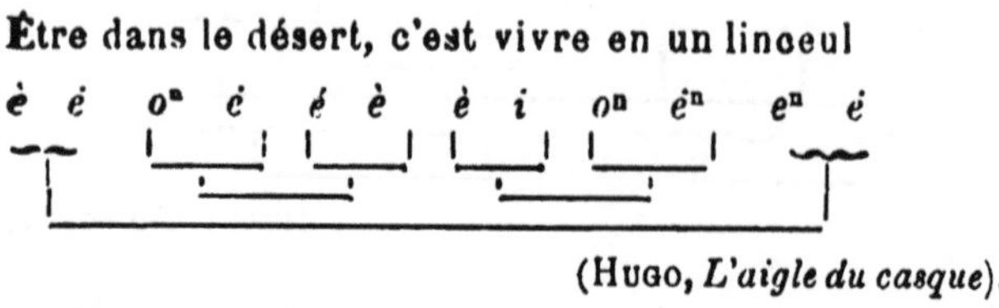

(Hugo, *L'aigle du casque*).

Et sous mes pinceaux naît, vit, court et prend l'essor

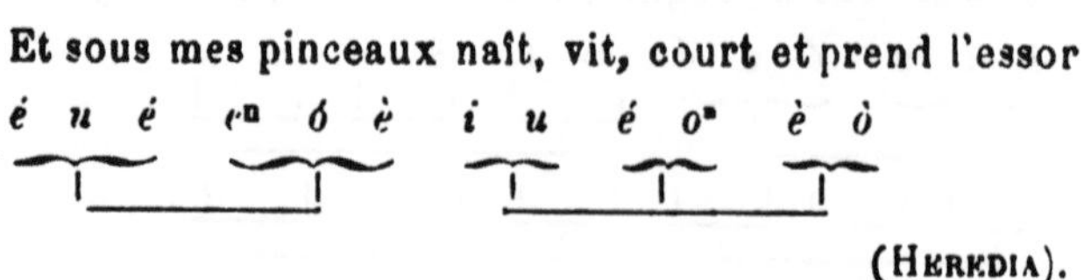

(Heredia).

Il n'i a pas lieu d'insister davantage sur les vers de ce tipe Ceux dans lesquels les divisions de ritme sont nettes, mais n coïncident pas avec celles de l'armonie nous retiendront plu longtemps. La plupart d'entre eux ont une certaine armonie car il n'est pas indispensable que les divisions de l'armoni concordent avec celles du ritme. Mais il va de soi que lors qu'il i a discordance entre ces deux séries de division l'oreille qui est dirigée par la plus forte, la plus nettemen marquée, celle du ritme, risque fort de ne pas saisir l'autr Il n'i a qu'une oreille délicate et très exercée qui i réussis le plus souvent.

Nons classerons les vers dans lesquels il i a discordanc entre les divisions du ritme et celles de l'armonie, par ordr d'armonie décroissante.

1° Les plus armonieux sont ceux dans lesquels le ritme es du tipe 3-3-4-2, 3 3-2-4 ou 2-4-3-3, 4-2-3-3 et dans lesquels l'a monie peut se diviser à la fois en diades et en triades. Il i toujours en effet dans ces vers un émistiche où le ritme l'armonie concordent. L'oreille choisit généralement le sistèm de division qui fait coïncider l'armonie avec le ritme dans premier émistiche :

C'est ainsi que ma muse, aux bords d'une onde pure

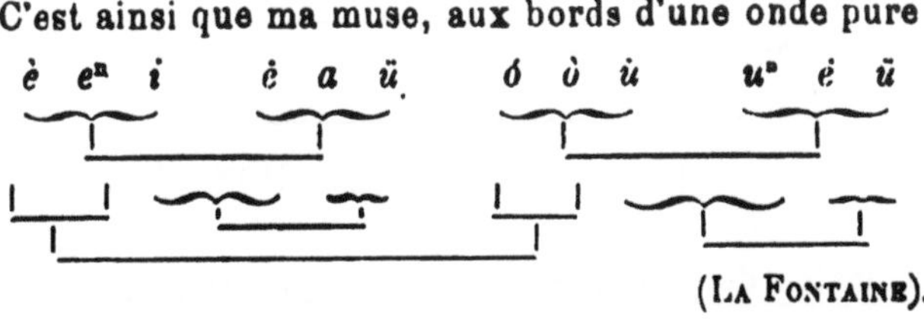

(La Fontaine).

Pour les sept exemples suivants nous ne donnerons plus schèmas : le lecteur pourra aisément les constituer :

Qu'il imite, s'il peut, Germanicus mon père

(Racine, *Britannicus*).

Aux petits des oiseaux, il donne leur pâture

(Racine, *Athalie*).

Regarder dans ses yeux l'azur du firmament

(MUSSET, *Une bonne fortune*).

Il était le faucheur, la terre était le pré

(HUGO, *Sultan Mourad*).

Et l'Aurore pieuse y fait chaque matin

(HEREDIA).

Cléopâtre debout en la splendeur du soir

(ID.).

Mais comment se fait-il, madame, que l'on dise

(MUSSET, *Namouna*).

ans les vers suivants le premier émistiche est ritmé en ades; nous ne donnerons de schèma que pour le premier :

La lune était sereine et jouait sur les flots

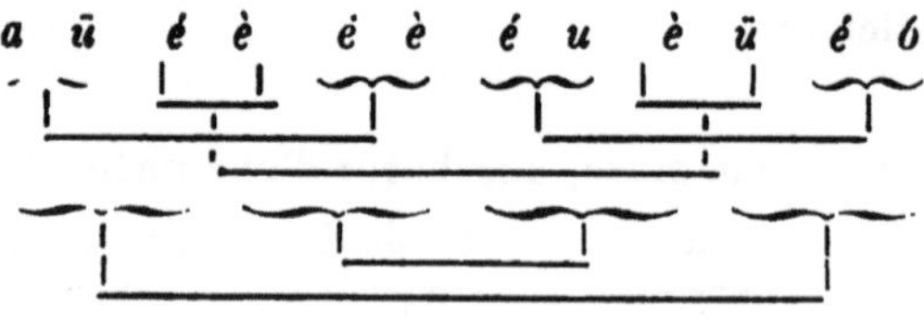

(HUGO, *Orientales*).

Combien de poux faut-il pour manger un lion ?

(ID., *Le petit roi de Galice*).

La nuit fait le hibou si le jour fait le cygne

(ID., *Légende*).

Les fleuves vont aux mers, les oiseaux vont au ciel

(ID., *Paroles dans l'épreuve*).

Dieu seul peut nous voir tous quand sur terre il regarde

(ID., *Légende*).

Il meurt silencieux, tel que Dieu l'a fait naître

(MUSSET, *Namouna*).

Il jette un drap mouillé sur son père qui râle

(ID., *ibid.*).

Et l'ombre où rit le timbre argentin des fontaines

(HEREDIA).

2° Les vers sont ritmés à 3-3-4-2, 3-3-2-4 ou 4-2-3-3, 2-4-3-3 ; leur armonie n'est divisible qu'en triades ou en diades. (La possibilité d'une division supplémentaire en diades asimétriques n'augmente pas l'armonie).

a — Ce sistème concorde avec le ritme du premier émistiche :

Et le Persan superbe est aux pieds d'une juive

(RACINE, *Esther*).

Je ne prends point pour juge une cour idolâtre

(ID., *Bérénice*).

Un cœur plus expansif, une jambe mieux faite

(MUSSET, *Namouna*).

L'un sculptait l'idéal et l'autre le réel

(HUGO, *Le temple*).

J'ai cloué sur des croix tous les petits enfants

(ID., *Inscription*)

Cette faucille d'or dans le champ des étoiles

(ID., *Booz*).

Semble un grand oiseau d'or qui guette au loin sa proie

(HEREDIA).

Où l'Hybla plein de miel mire ses bleus sommets

(Id.).

β — Ce sistème concorde avec le ritme du deuxième émis-che ; armonie très difficile à saisir :

Comme eux vous fûtes pauvre, et comme eux orphelin

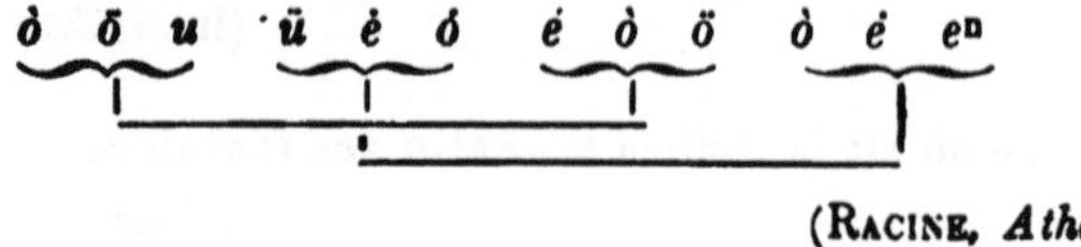

(Racine, *Athalie*).

Sa réponse est dictée et même son silence

(Id., *Britannicus*).

Hélène daigna suivre un berger ravisseur

(A. Chénier).

Le soleil était loin, la terre etait voisine

(Musset).

Je crois qu'une sottise est au bout de ma plume

(Id.).

Et les os des héros blanchissent dans les plaines

(Hugo, *Aymerillot*).

Et la terre subit la sombre horreur des vents

(Id., *Temps paniques*).

Soyez-lui, toi, légère, et toi, silencieuse

(Heredia).

3° Les vers ne sont ritmés qu'en mesures de trois sillabes, qu'en mesures de deux et quatre sillabes, tandis que l'armonie est une combinaison de triades et de diades :

Ai-je mis dans sa main le timon de l'État

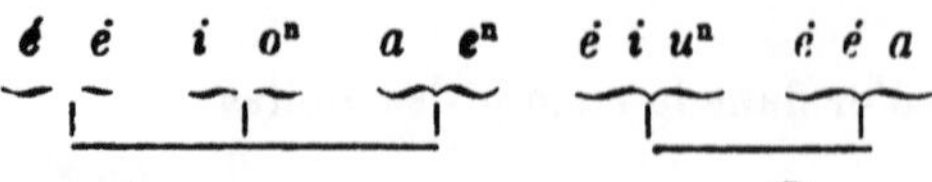

(Racine, *Britannicus*).

Et la chair marchandée au soleil se tordait
(MUSSET, *Namouna*).

Le péril de l'enfant fait songer à la mère
(HUGO, *L'aigle du casque*).

Sous la pourpre flottante et l'airain rutilant
(HEREDIA).

Cols abrupts, lacs, forêts pleines d'ombre et de nids !
(ID.).

Mais vous avois-je fait serment de le trahir ?
(RACINE, *Britannicus*).

Le sphinx aux yeux perçants attend qu'on lui réponde
(MUSSET).

La rutilante ardeur de ses premiers éclats
(HEREDIA).

4° Vers ritmés en mesures de deux et quatre sillabes ; vei ritmés en mesures de trois sillabes ; vers ritmés moitié e mesures de trois et moitié en mesures de deux et de quatre l'armonie est divisée dans le sistème contraire :

α — triades :

Et la chaleur des jours et la fraîcheur des nuits

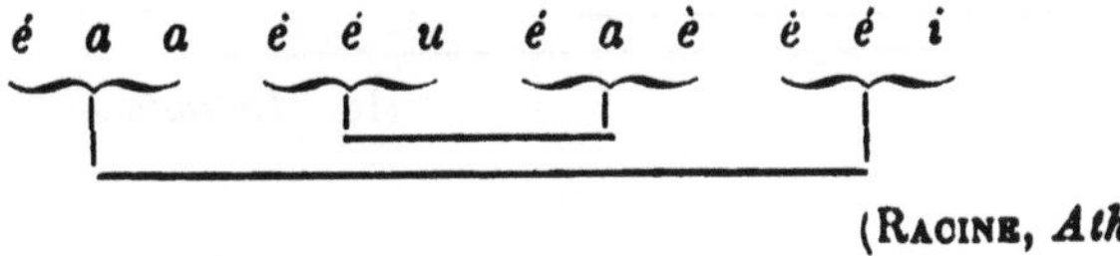

(RACINE, *Athalie*).

Eh bien, ne mangeons plus de chose ayant eu vie
(LA FONTAINE, X, 6).

Cet œil s'abaisse donc sur toute la nature
(LAMARTINE).

Ils étaient dans le bruit, ils sont dans le silence

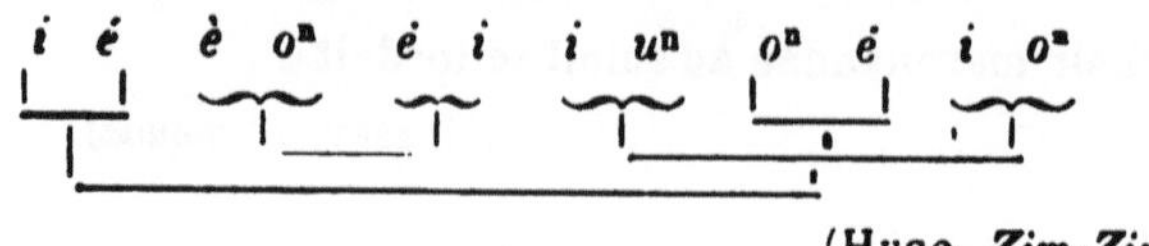

(HUGO, *Zim-Zizimi*).

Et flairent dans la nuit une odeur de lion

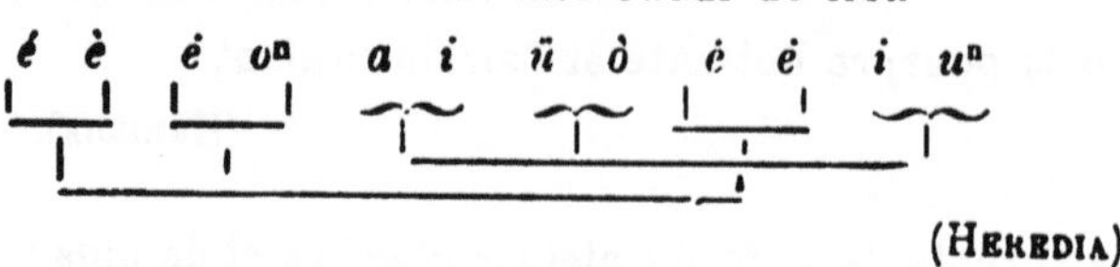

(HEREDIA).

— le vers est ritmé en triades :

Je crains Dieu, cher Abner, et n'ai point d'autre crainte

(RACINE, *Athalie*).

Qui ne livre son front qu'aux baisers des étoiles

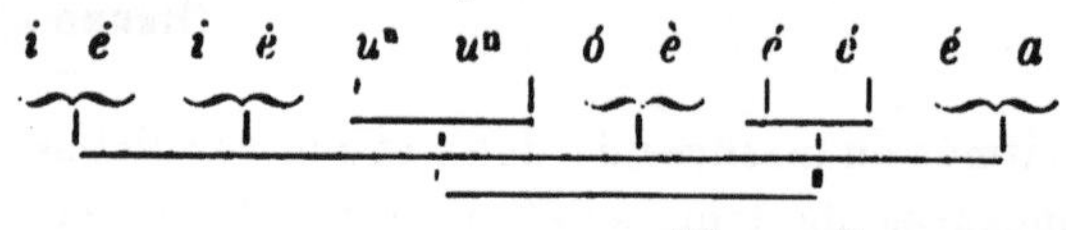

(HUGO *Les montagnes*).

D'une blanche lueur la clairière est baignée

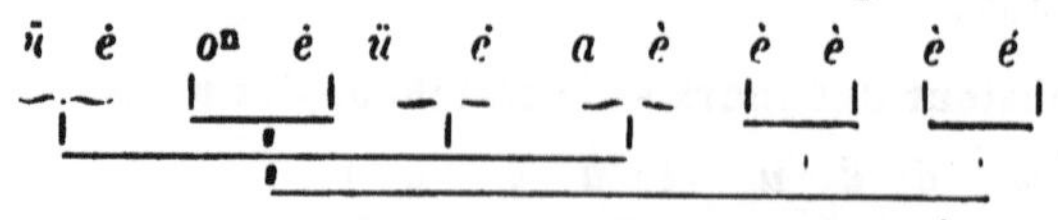

(ID., *Éviradnus*).

Une vierge en or fin d'un livre de légende

(MUSSET).

[illegible] et se prit à pleurer

(ID.).

[illegible] rêvait dans l'herbe

(HUGO, *L'hydre*).

[illegible] qu'en diades qui se correspo[illegible] [illegible] dans ce cas elle est à peu près null[illegible] [illegible] extrêmement délicate et exercée pe[illegible] [illegible] les degrés dans cette catégorie : elle i disting[illegible] [illegible]

[illegible] le vers est ritmé en diades ; c'est le cas le moi[illegible] agréable à l'oreille :

Las de se faire aimer il veut se faire craindre

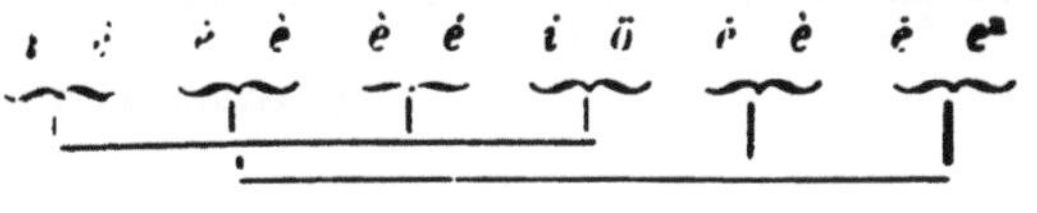

(RACINE, *Britannicus*).

Vous le dirai-je enfin ? Rome le justifie

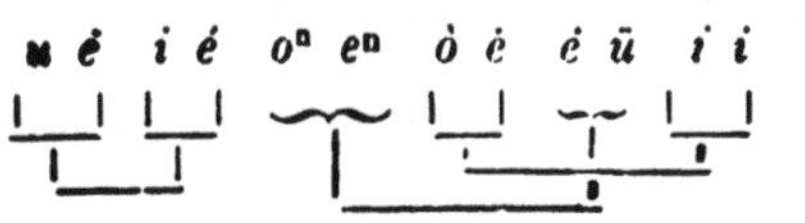

(ID., *ibid.*).

Et le Flamine rouge avec son blanc cortége

(HEREDIA).

(même schéma).

β — le vers est ritmé en diades et triades :

La racine du chêne entrouvre le granit

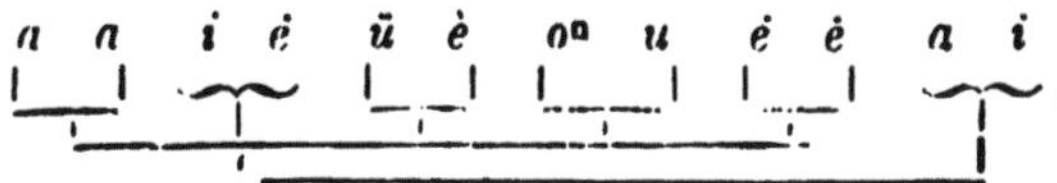

(HUGO, *Les rayons et les ombres*).

Ils étaient dans le bruit, ils sont dans le silence

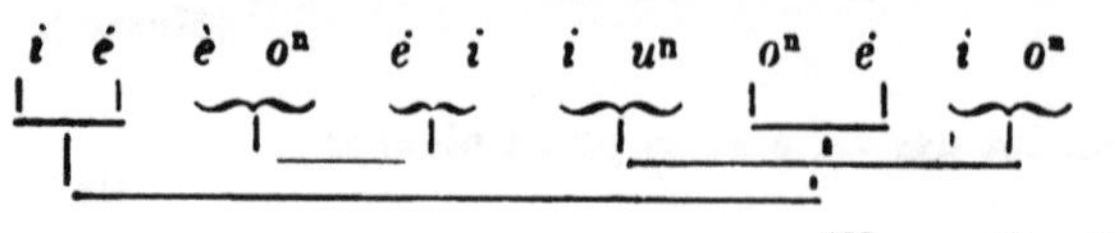

(Hugo, *Zim-Zizimi*).

Et flairent dans la nuit une odeur de lion

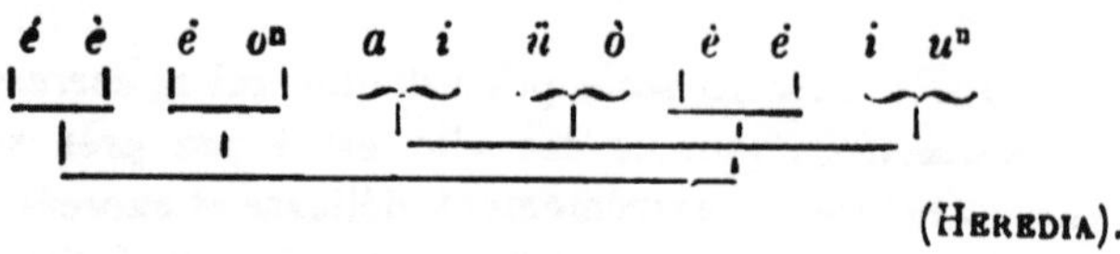

(Heredia).

γ — le vers est ritmé en triades :

Je crains Dieu, cher Abner, et n'ai point d'autre crainte

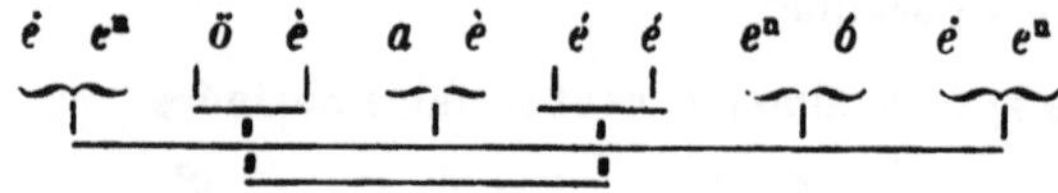

(Racine, *Athalie*).

Qui ne livre son front qu'aux baisers des étoiles

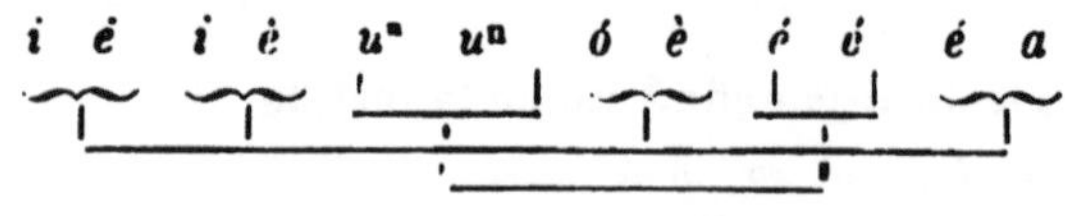

(Hugo *Les montagnes*).

D'une blanche lueur la clairière est baignée

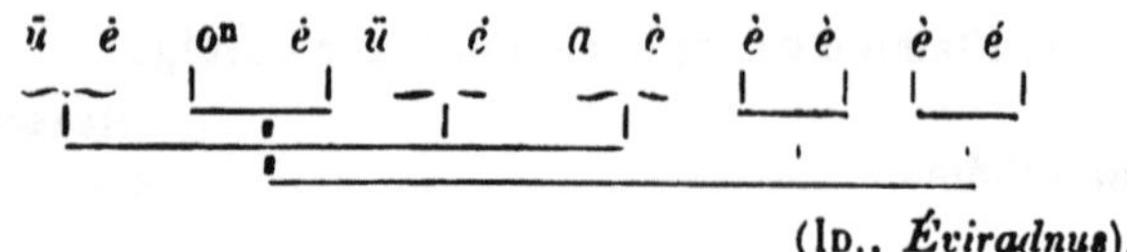

(Id., *Éviradnus*).

IV

VERS DÉPOURVUS D'ARMONIE

Ce sont ceux qui ne peuvent être ramenés à aucune formule. Aucun groupement des voyelles qui fournisse une correspondance n'est possible, et l'oreille reste désagréablement impressionnée par cette série de sons qui se succèdent sans ordre et sans lien. Néanmoins ici encore il i a des degrés ; il peut se faire que le vers tout entier soit dépourvu d'armonie, ou bien que l'un de ses émistiches pris à part soit armonieux ; dans ce dernier cas l'oreille est moins fortement blessée, elle trouve une sorte de compensation, de soulagement. Mais pour qu'un émistiche pris à part soit armonieux, il faut que les divisions de son ritme et celles de cette armonie coïncident strictement, et si elle est en triades, que ces triades aient une modulation nette ; si elle est en diades, que ces diades soient inégales :

a — L'un des émistiches pris à part est armonieux :

C'est que lorsque Junon vit son beau sein d'ivoire
i u^{n} ó e^{n} i a

(MUSSET).

Martial est en vente au prix de cinq deniers
ó i é e^{n} é é

(HEREDIA).

Quel que tu sois, issu d'Ancus ou né d'un rustre
o^{n} ŭ u é ė^{n} ŭ

(ID.).

Salua d'un grand cri la chute du Soleil
a ŭ è ŭ ò è

(ID.).

Ils savent compter l'heure et que leur terre est ronde

*é ė ė è è u*ⁿ

(MUSSET).

Sur le seuil de l'étable où veille saint Joseph

*u è é e*ⁿ *ò è*

(HEREDIA).

L'errant troupeau qui broute aux berges du Galèse

ó è è ü a è

(ID.).

Inscris un fier profil de guerrière d'Ophir

é è è é ò i

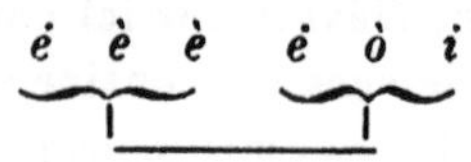

(ID.).

Le pontife Alexandre et le prince César

*é ė e*ⁿ *ė é a*

(ID.).

Vous m'avez de César confié la jeunesse

*u*ⁿ *i é a é è*

(RACINE).

Tu la reconnaîtras, car elle est toujours triste

a è è u u i

(HEREDIA).

La ville s'est changée en un palais de fées

*a i é è o*ⁿ *é*

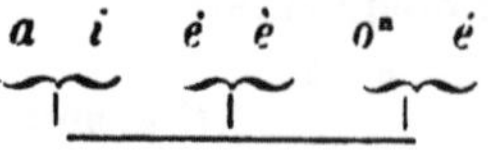

(MUSSET).

Partaient, ivres d'un rêve héroïque et brutal

*a è i é é*ⁿ *è*

(HEREDIA).

Car il a vu la lune éblouissante et pleine
a i a ŭ a ŭ

(Id.).

Les volumes des morts et celui du vivant
ė ò ŭ ė é ȯ

(Id.).

A l'éclair d'un sourire a tressailli d'orgueil
a é è é[n] u i

(Id.).

β — Aucun émistiche n'est armonieux :

A l'ombre du platane où nous nous allongeons
(Heredia).

Quel est le bon plaisir de votre courtoisie ?
(Musset).

Pour saluer l'enfant qui rit et les admire
(Heredia).

Le maître de ce clos m'honore. J'en suis digne
(Id.).

Autour du sceptre noir que lève Rhadamanthe
(Id.).

De ses bras familiers semble lui faire accueil
(Id.).

L'incorruptible cœur de la maîtresse branche
(Id.).

Le camp s'éveille. En bas roule et gronde le fleuve.
(Id.).

Où chaque roi, gardant la pose hiératique
(Id.).

Nous avons essayé de faire passer notre oreille par dessus césure de l'émistiche de la manière suivante :

C'est que, lorsque Junon vit son beau sein d'ivoire

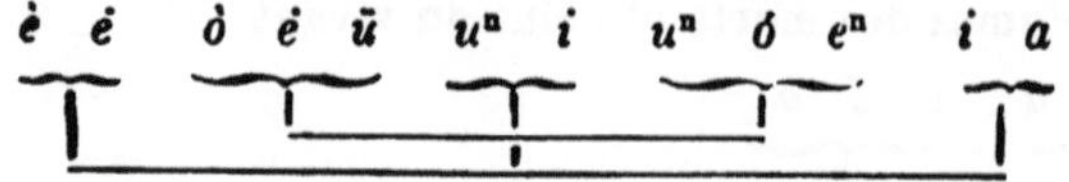

Pour saluer l'Enfant qui rit et les admire

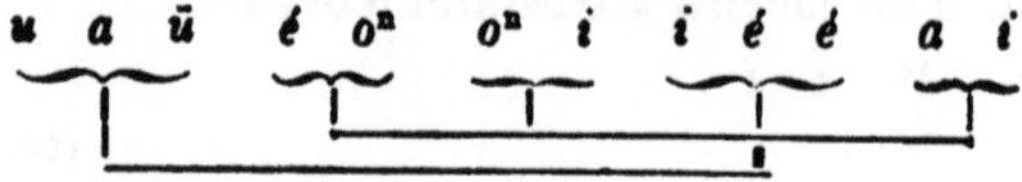

Mais d'abord plusieurs des vers que nous avons cités ne permettent pas de semblables combinaisons, et d'autre part dans les vers de coupe vraiment classique notre oreille n'a jamais pu s'abituer à faire un pareil saut, à admettre une telle discordance; cette construction ne peut se faire que sur le papier.

VII

CLASSEMENT DE QUELQUES POÈTES AU POINT DE VUE DE L'ARMONIE

D'après ce qui précède nous sommes en mesure de déterminer exactement le degré d'armonie d'un vers ou d'une série de vers. Par conséquent nous pouvons comparer entre eux et classer à ce point de vue spécial de l'armonie les différents poèmes d'un même auteur ou d'une manière générale l'ensemble des œuvres de nos divers poètes. Il suffit pour cela de faire des statistiques, d'additionner et de comparer ; c'est un travail purement matériel.

Nous donnerons quelques indications sur la manière dont ces statistiques doivent être faites et interprétées.

Il faut tout d'abord mettre à part les vers qui n'ont pas d'armonie du tout. Mais leur compte ne suffit pas. Supposons que nous veuillons comparer deux poèmes de 100 vers chacun et que nous trouvions dans l'un 5 vers sans armonie et 10 dans l'autre, il n'en résultera nullement que le second est deux fois moins armonieux que le premier, car il peut se faire que dans celui-ci les 95 autres vers soient d'une manière générale très peu armonieux et qu'au contraire l'autre contienne 90 vers très armonieux. Il faut donc prendre en considération non seulement le nombre des vers armonieux, mais aussi la qualité de leur armonie.

Parmi les vers peu armonieux, il faut faire le total de ceux dans lesquels l'armonie est en discordance avec le ritme. Ceux dans lesquels le ritme et l'armonie concordent fourniront un autre total, mais un total comprenant des éléments fort disparates qu'il est indispensable de distinguer. Les plus armonieux, nous l'avons vu, sont les vers en triades ; au contraire l'armonie de ceux qui ne se divisent qu'en diades asimétriques est presque nulle ; ces deux catégories ne peuvent évidemment pas figurer ensemble. Il faut aussi compter à part les vers en diado-triades puisqu'ils sont presque aussi armonieux que ceux en triades, et mettre dans une dernière classe les vers en diades simétriques comprenant à la fois des vers très armonieux et d'autres d'une armonie moindre. Il n'est pas utile de subdiviser cette dernière catégorie.

D'après ces principes nous avons examiné trois morceaux de 100 vers chacun dans six de nos poètes. Ces trois morceaux étant pris dans des œuvres diverses la combinaison des résultats qu'ils fournissent offre une certaine garantie et donne une espèce de moyenne pour chacun de ces poètes; néanmoins nous ne pouvons considérer les conclusions qui en ressortent que comme des indications; pour arriver à quelque chose de réellement précis et certain, il faudrait faire porter les statistiques sur des morceaux beaucoup plus nombreux et plus étendus.

Voici ce que nous avons obtenu et la classification qui en résulte :

Les 100 premiers vers de la scène des fauteuils (IV, 2) dans *Britannicus* se répartissent ainsi :

48 vers ont un sistème d'armonie d'accord avec le ritme, à savoir :

14 en triades
8 en diado-triades
23 en diades simétriques
3 en diades asimétriques;

48 vers ont un sistème d'armonie en désaccord avec le ritme;

4 vers sont dénués d'armonie.

Les 100 premiers vers de la scène de la déclaration de *Phèdre* (II, 5) se répartissent ainsi :

50 vers ont un sistème d'armonie d'accord avec le ritme, à savoir :

12 en triades
8 en diado-triades
24 en diades simétriques
6 en diades asimétiques;

48 vers ont un sistème d'armonie en désaccord avec le ritme;
2 vers sont dénués d'armonie.

Les 100 premiers vers de la 4ᵉ scène de l'acte IV d'*Iphigénie* se répartissent ainsi :

44 vers ont un sistème d'armonie d'accord avec le ritme, à savoir :
11 en triades
9 en diado-triades
18 en diades simétriques
6 en diades asimétriques ;
54 vers ont un sistème en désaccord avec le ritme;
2 vers sont dénués d'armonie.

La combinaison de ces trois produits donne la moyenne suivante pour Racine :

47 vers concordent avec le ritme, dont :
12 en triades
8 en diado-triades
22 en diades simétriques
5 en diades asimétriques;
50 sont en discordance;
3 n'ont pas d'armonie.

Pour savoir combien de vers ont une armonie de bonne qualité, il suffit de retrancher du total des vers présentant concordance entre le ritme et l'armonie le nombre de ceux qui sont en diades asimétriques, ce qui donne un total de 42 pour 100.

Les 100 premiers vers de chacune des trois pièces suivantes de V. Hugo : l'*Année terrible*, *Aymerillot*, *Petit Paul* fournissent les chiffres suivants; le quatrième chiffre, en italique, représente la moyenne produite par la combinaison des trois autres :

Concordants	53,	46,	49,	*4*[illegible]
Triades	11,	10,	6,	*9*
Diado-triades	7,	2,	8,	*6*
Diades simétriques	29,	28,	24,	*27*
Diades asimétriques	6,	6,	11,	*7*

Discordants....................	45, 50, 49,	*48*
Sans armonie.......	2, 4, 2,	*3*

i a donc en moyenne **42** vers qui présentent une bonne rmonie.

Les 100 premiers vers des trois pièces suivantes de Musset : *'amouna*, *Nuit de mai*, *A la Malibran*, donnent les chiffres iivants :

Concordants...................	50, 43, 39,	*44*
Triades....................	14, 9, 7,	*10*
Diado-triades..............	7, 9, 8,	*8*
Diades simétriques.........	24, 18, 18,	*20*
Diades asimétriques	5, 7, 6,	*6*
Discordants....................	47, 53, 55,	*52*
Sans armonie	3, 4, 6,	*4*
Bonne armonie................	**38**	

Les 100 premiers vers des trois pièces suivantes de Le-nte de Lisle : *Le Runoïa*, *Glaucé*, *Les Erinnyes*, donnent :

Concordants...................	46, 42, 38,	*42*
Triades	9, 12, 2,	*8*
Diado-triades..............	7, 4, 11,	*7*
Diades simétriques.........	25, 22, 20,	*22*
Diades asimétriques........	5, 4, 5,	*5*
Discordants..................	50, 56. 59,	*55*
Sans armonie.................	4, 2, 3,	*3*
Bonne armonie................	**37**	

Les 100 premiers vers des trois pièces suivantes de Boi-au : *A mon esprit*, *Art poétique*, *Lutrin*, donnent :

Concordants..................	39, 38, 32,	*36*
Triades................ ...	11, 13, 12,	*12*
Diado-triades	7, 6, 12,	*8*
Diades simétriques.........	19, 18, 6,	*14*
Diades asimétriques	2, 1, 2,	*2*
Discordants	57, 53, 64,	*58*
Sans armonie.................	4, 9, 4,	*6*
Bonne armonie	**34**	

Les 100 premiers alexandrins des trois pièces suivantes de Lamartine : *L'Immortalité*, *Les laboureurs* dans *Jocelyn*, *La chute d'un ange*, donnent :

Concordants	40,	42,	39,	40
Triades	8,	8,	8,	8
Diado-triades	4,	8,	7,	6
Diades simétriques	24,	18,	15,	19
Diades asimétriques	4,	8,	9,	7
Discordants	54,	51,	53,	55
Sans armonie	6,	7,	8,	7
Bonne armonie			33	

Ces statistiques placent donc nos six poètes au point de vue de l'armonie dans l'ordre suivant : *Racine*, *Hugo*, *Musset*, *Leconte de Lisle*, *Boileau*, *Lamartine*.

Racine et V. Hugo viennent nettement au premier rang avec chacun 42 vers sur 100. Si l'on s'en tenait à ce total il faudrait les placer *ex æquo* ; c'est ici que le détail de ces 42 vers est instructif : Racine est très sensiblement plus armonieux que Hugo parce qu'il présente 20 vers sur 100 en triades et diado-triades tandis que Hugo n'en a que 15.

Musset et Leconte de Lisle viennent après, l'un avec 38 et l'autre avec 37. Il i a de même une différence sensible entre les deux parce que le premier présente 18 vers sur 100 en triades ou diado-triades et le second seulement 15.

Boileau se place notablement plus bas avec 34 vers sur 100 ; mais il ne faut pas oublier que s'il n'avait pas tant de vers discordants, il figurerait au premier rang avec Racine puisqu'il a comme lui 20 vers sur 100 en triades ou diado-triades.

Quant à Lamartine, il est nettement le dernier, non pas tant parce qu'il ne donne que 33 vers ayant une bonne armonie (c'est en somme le même chiffre que Boileau), que parce que sur ces 33 vers il n'en a que 14 en triades ou diado-triades.

Certains s'étonneront peut être de trouver l'*armonieux* Lamartine en si mauvaise place. Nous ne saurions mieux faire que de les renvoyer à l'article qu'a publié sur lui

Leconte de Lisle. Ils i trouveront très nettement exposées les raisons pour lesquelles ce poète perd tant à être examiné de près.

Les statistiques de ce genre peuvent servir à comparer non seulement deux poètes entre eux, mais aussi les diverses œuvres d'un même poète. Ainsi il est très remarquable que les différentes pièces qu'un poète a composées à une même époque fournissent en général à peu de chose près les mêmes chiffres; tandis qu'il n'en est pas toujours de même pour deux poèmes dont l'un est postérieur de quinze ou vingt ans à l'autre. La comparaison des 100 premiers vers de *L'année terrible* avec les 100 premiers d'*Aymerillot* est très suggestive à cet égard. Si on lit successivement ces deux morceaux on sent bien vite que ce n'est plus le même art : le poète est devenu vieux : la poésie a baissé, la langue et le ritme ont perdu leur souplesse, mais l'armonie a augmenté ; l'auteur a sensiblement perfectionné son instrument à ce point de vue qui est maleureusement dans une certaine mesure secondaire. L'étude de l'armonie par statistiques peut donc fournir un précieux concours pour étudier l'évolution de l'art d'un poète.

VIII

L'ARMONIE DES VERS DE MOINS DE DOUZE SILLABES

Le vers de douze sillabes est depuis le XVIIe siècle le vers français par excellence. Becq de Fouquières a montré lorsqu'il s'est occupé du ritme à quoi il devait son trionfe et sa supériorité. C'est au nombre de ses sillabes, douze, qui est « celui dont les éléments peuvent se grouper suivant le plus grand nombre de combinaisons, chaque groupe étant, avec le nombre total, dans un rapport exact et facile à apprécier... Le nombre douze est celui que l'oreille analyse le plus aisément puisqu'elle peut le diviser en groupes de deux, de trois, de quatre ou de six sons » (p. 10). L'étude que nous venons de faire sur l'armonie fait comprendre sans explications, que le raisonnement appliqué au ritme par Becq de Fouquières convient également bien à l'armonie.

Un vers de douze sillabes isolé est un vers; il a son ritme complet et son armonie forme un tout. Un vers de dix sillabes isolé n'est un vers que dans certaines conditions. Les vers qui n'ont que uit sillabes ou moins de uit sillabes ne sont des vers qu'à condition de n'être pas isolés. Il est facile de comprendre que si l'armonie au lieu d'appartenir en propre à un vers se répartit sur tout un groupe, elle perd de sa précision, devient beaucoup plus vague. Elle devient en même temps beaucoup moins intéressante; aussi nous bornerons-nous à donner quelques indications sur l'armonie des vers de moins de douze sillabes.

Le vers de dix sillabes, le grand vers de l'ancienne poésie française, peut être souvent considéré comme une unité. Dans ce cas son armonie se ramène à six diades ou à deux diades et deux triades réparties dans un ordre que détermine la place de la coupe.

Voici quelques exemples coupés après la quatrième sillabe. On notera que le second membre du vers comprend tantôt deux triades, tantôt trois diades:

Maint chef périt, maint héros expira ;

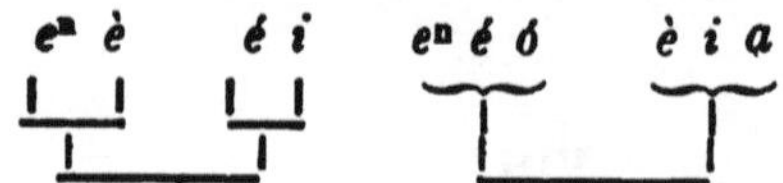

Et sur son roc Prométhée espéra

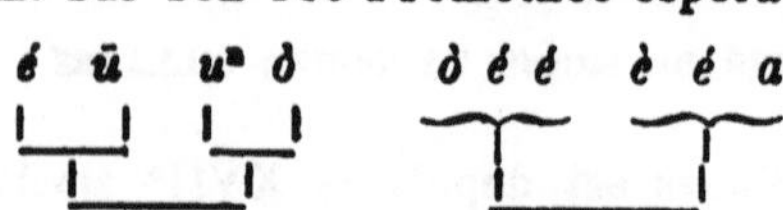

De voir bientôt une fin à sa peine.

C'étoit plaisir d'observer leurs efforts ;

C'étoit pitié de voir tomber les morts.

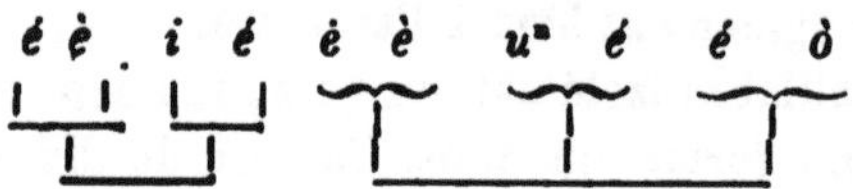

(La Fontaine, VII, 8).

Rappelons que la sillabe *oi* se prononçait *wè* à l'époque de La Fontaine ; cela nous dispensera de tout commentaire sur notre notation.

Ajoutons ici trois exemples modernes, deux de Hugo et un de Musset (coupé à 5). On remarquera combien sont inférieurs aux autres en armonie les vers qui commencent par deux triades et par conséquent ne tiennent pas compte de la coupe :

Que de printemps passés avec leurs fleurs !

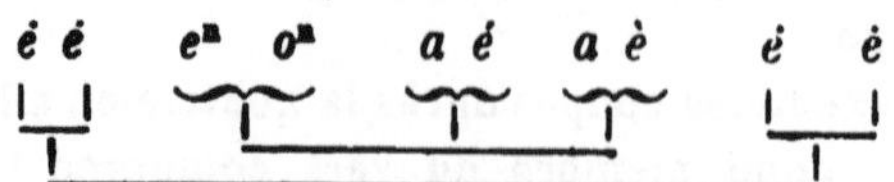

Que de feux morts, et que de tombes closes!

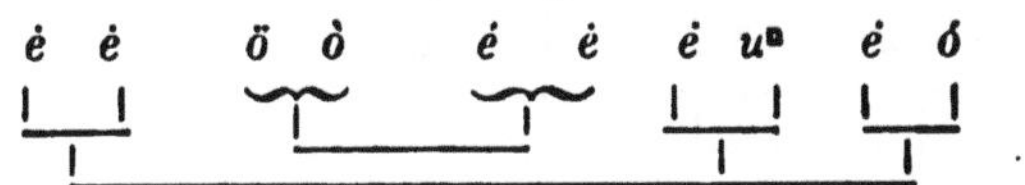

Se souvient-on qu'il fut jadis des cœurs?

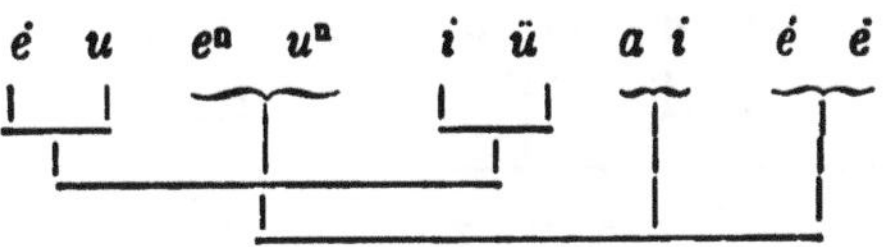

Se souvient-on qu'il fut jadis des roses?

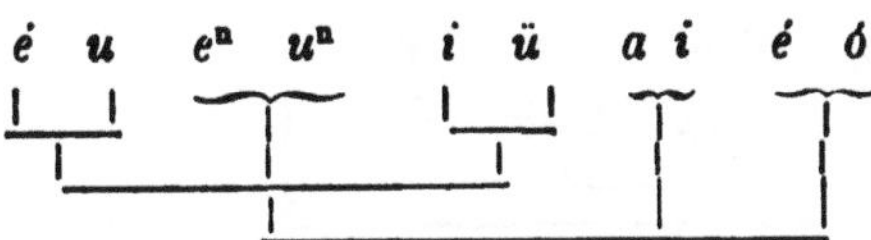

Elle m'aimait. Je l'aimais. Nous étions

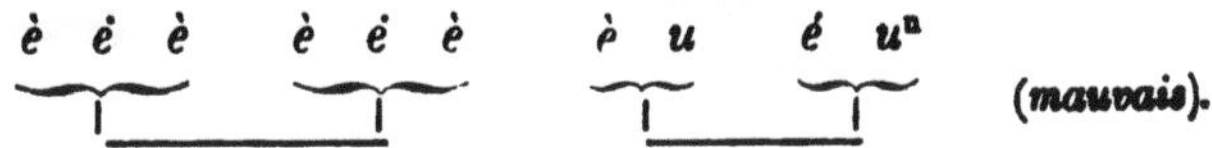

(*mauvais*).

Deux purs enfants, deux parfums, deux rayons.

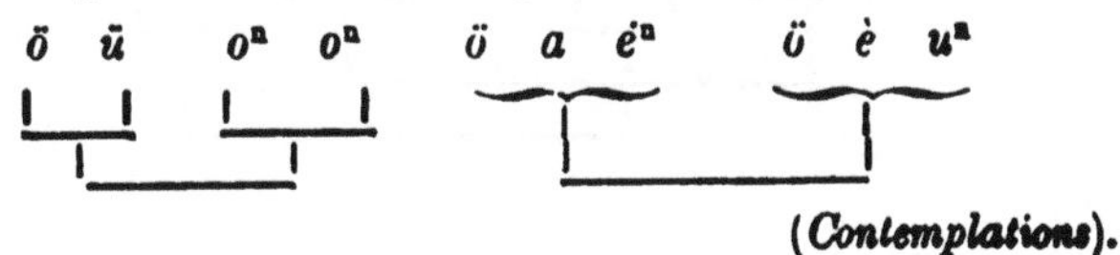

(*Contemplations*).

Jeunes amours, si vite épanouïes,

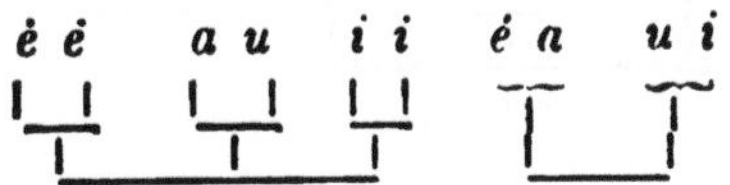

Vous êtes l'aube et le matin du cœur.

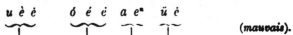

u è ė *ó é ė* *a e*ⁿ *ü ė*

(*mauvais*).

Charmez l'enfant, extases inouïes !

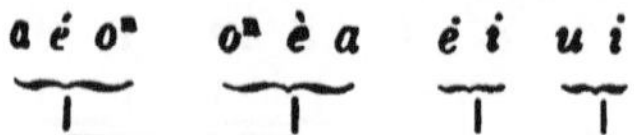

(*mauvais*).

Et, quand le soir vient avec la douleur,

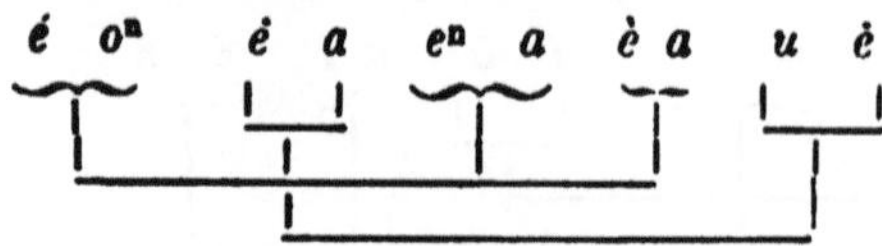

Charmez encor nos âmes éblouïes,

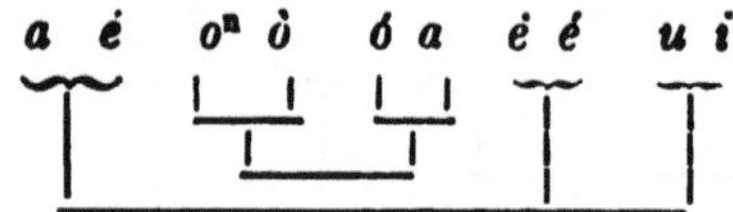

Jeunes amours si vite évanouïes !

Contemplations).

J'ai dit à mon cœur, à mon faible cœur :

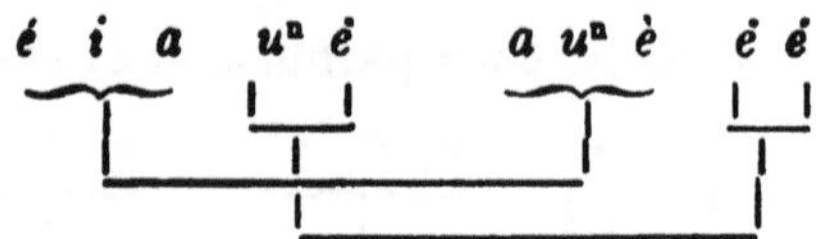

N'est-ce point assez d'aimer sa maîtresse ?

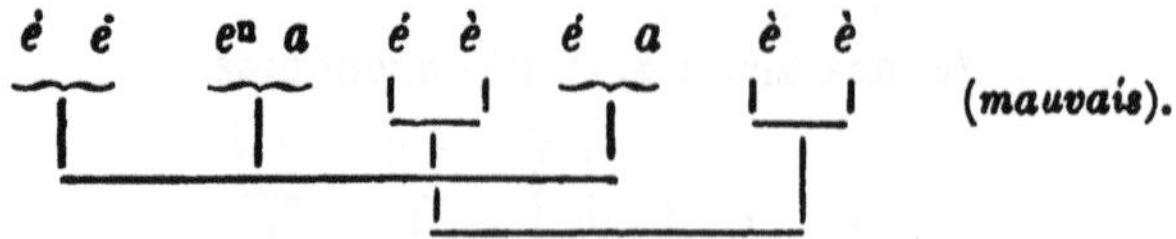

Et ne vois-tu pas que changer sans cesse,

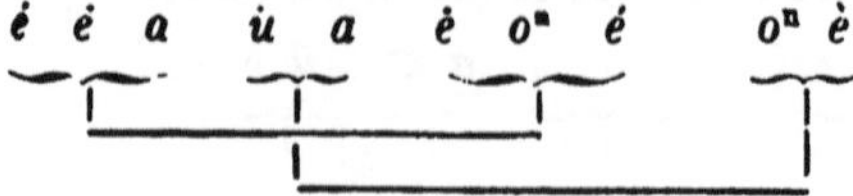

C'est perdre en désirs le temps du bonheur !

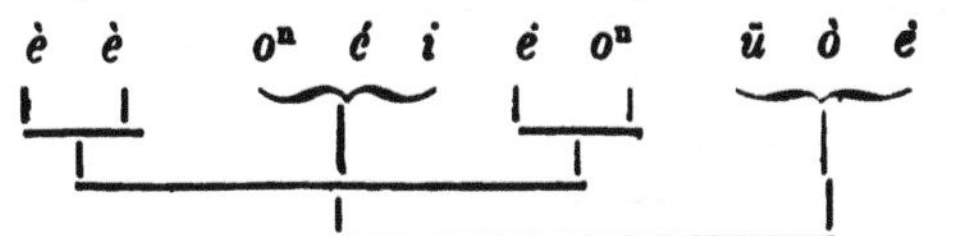

Il m'a répondu : Ce n'est point assez,

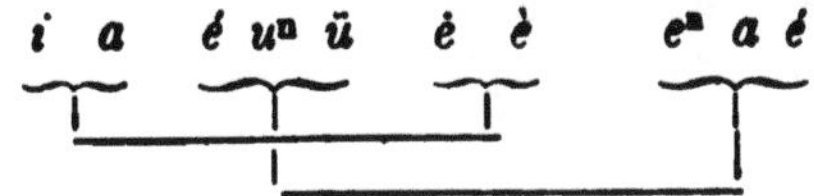

Ce n'est point assez d'aimer sa maîtresse ;

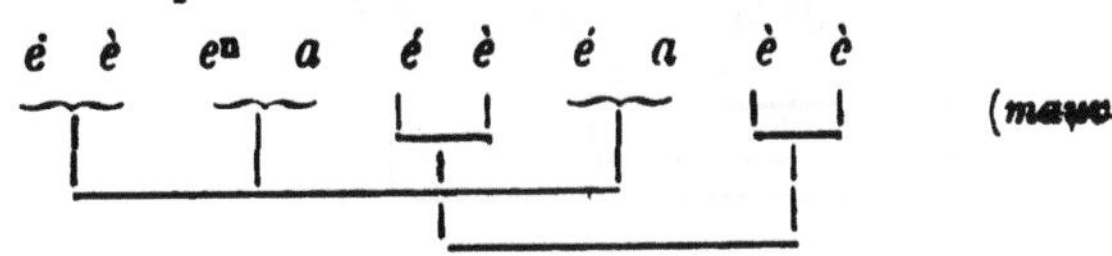

(mayo

Et ne vois-tu pas que changer sans cesse
Nous rend doux et chers les plaisirs passés !

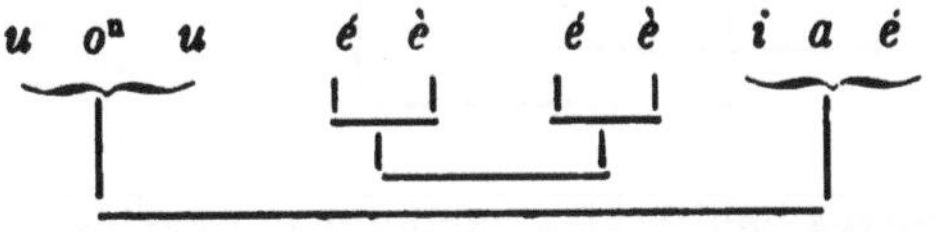

(MUSSET, *Cham*

L'armonie du vers de 8 sillabes est forcément div quatre diades. En voici quelques jolis exemples :

Tirois qui pour la seule Annette

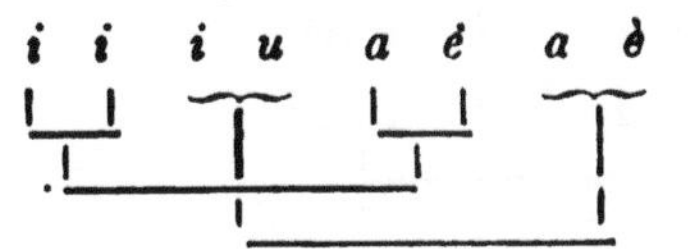

Faisoit résonner les accords

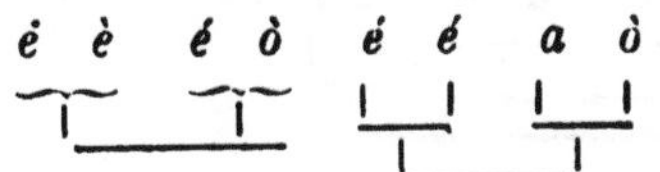

D'une voix et d'une musette

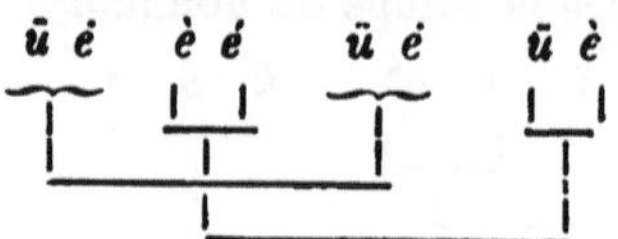

Capables de toucher les morts,

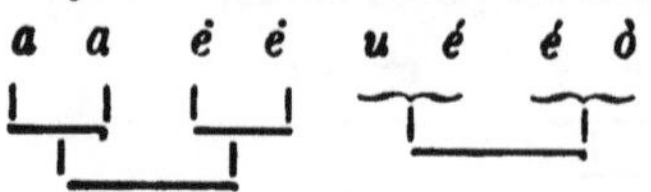

Chantoit un jour le long des bords

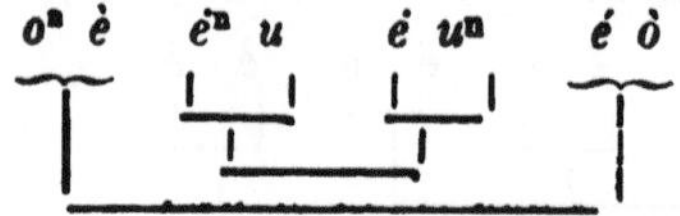

D'une onde arrosant des prairies

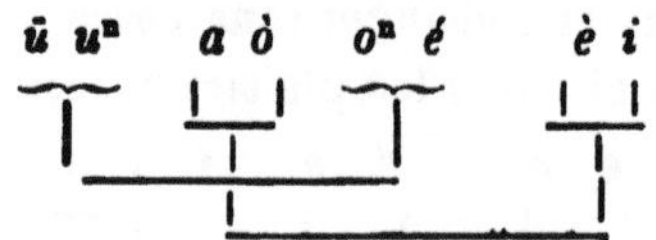

Dont Zéphyre habitoit les campagnes fleuries.

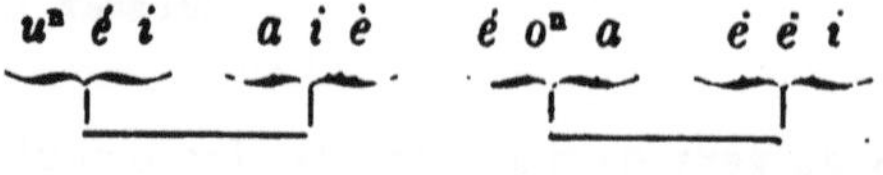

(La Fontaine, X, 11)

Un mort s'en alloit tristement

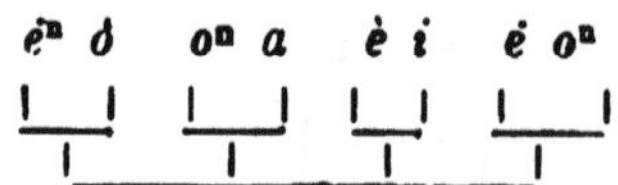

S'emparer de son dernier gîte ;

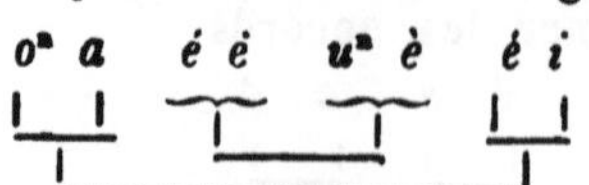

Un curé s'en alloit gaîment

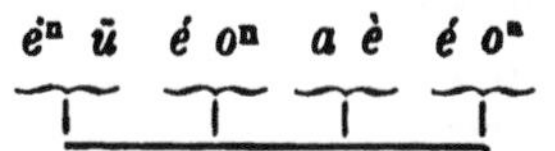

Enterrer ce mort au plus vite.

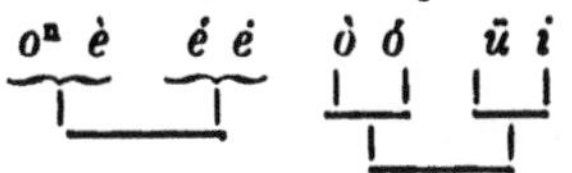

(Id., VII, 11)

Ce que le flot dit aux rivages,

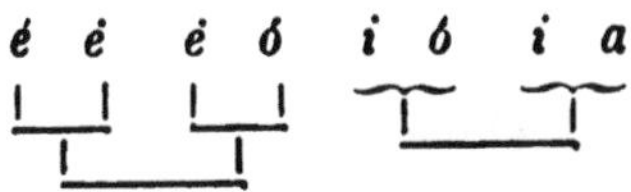

Ce que le vent dit aux vieux monts,

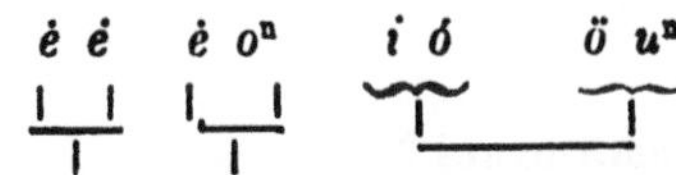

Ce que l'astre dit aux nuages,

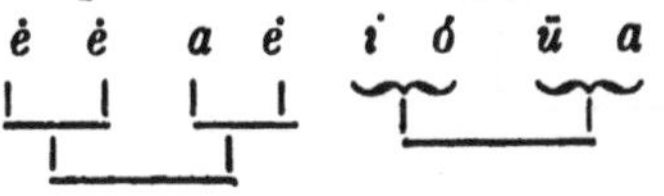

C'est le mot ineffable : Aimons !

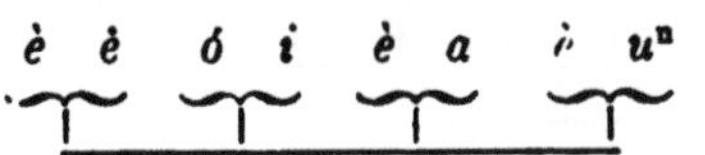

(Hugo, *Contemplations*).

Si vous n'avez rien à me dire

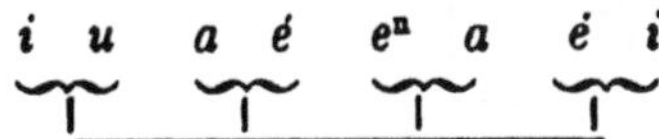

Pourquoi venir auprès de moi ?

u a ė i ó è ė a

Pourquoi me faire ce sourire

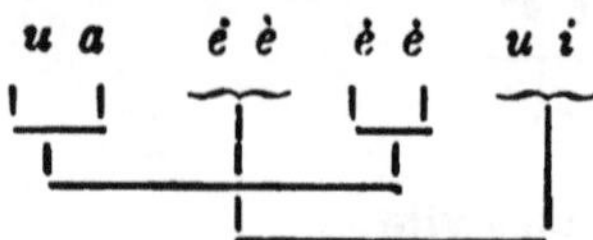

Qui tournerait la tête au roi ?

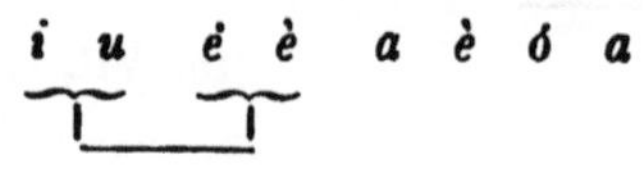

(Id., *ibid.*)

Avez-vous vu dans Barcelone

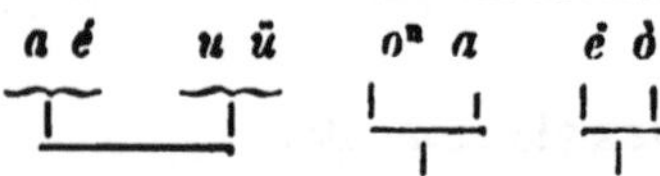

Une Andalouse au sein bruni ?

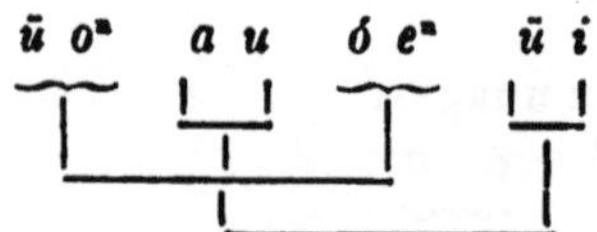

Pâle comme un beau soir d'automne

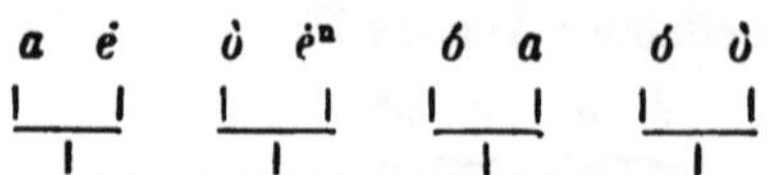

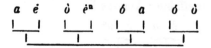

C'est ma maîtresse, ma lionne !

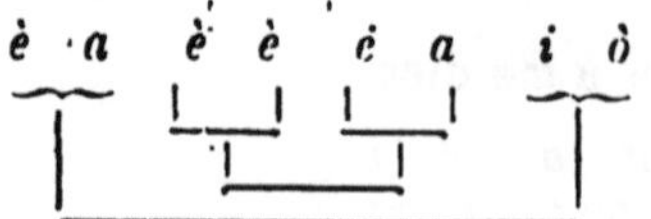

La marquesa d'Amaëgui.

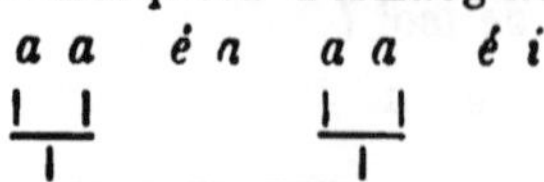

(Musset, *L'andalouse*).

Dans les deux derniers exemples cités le dernier vers n'a pas d'armonie propre. Le fait est très fréquent dans tous les vers de moins de 12 sillabes quand ils sont groupés en strofes, comme c'est ici le cas ; ils ne constituent plus alors des unités. Mais on remarquera bien vite que ces strofes sont d'autant plus agréables qu'elles contiennent un plus grand nombre de vers ayant leur armonie propre.

Le principal charme des strofes en petits vers vient de la variété du ritme, de la rime et des voyelles. C'est pourquoi la suivante est très défectueuse :

Pour le bal qu'on prépare,
Plus d'une qui se pare
Met devant son miroir
Le masque noir.

(Musset, *Venise*).

toutes les rimes sont en *-ar* ; il en résulte une monotonie désagréable.

Pour les vers de moins de 8 sillabes, ils ne vont que par strofes ou par séries ; la rime leur suffit. Différentes combinaisons sont possibles, aucune nécessaire, pour l'armonie vocalique. Très agréables sont celles qui recouvrent le ritme. Il peut i avoir correspondance d'un vers à l'autre ; ils forment alors des unités par groupes ; le fait est d'ailleurs rare : c'est une réussite. Nous réunissons par des traits les correspondances qui n'ont pas lieu dans le même vers :

Tout ce qui prend naissance
Est périssable aussi ;
L'indomptable puissance
Du sort le veut ainsi

Joachim du Bellay.

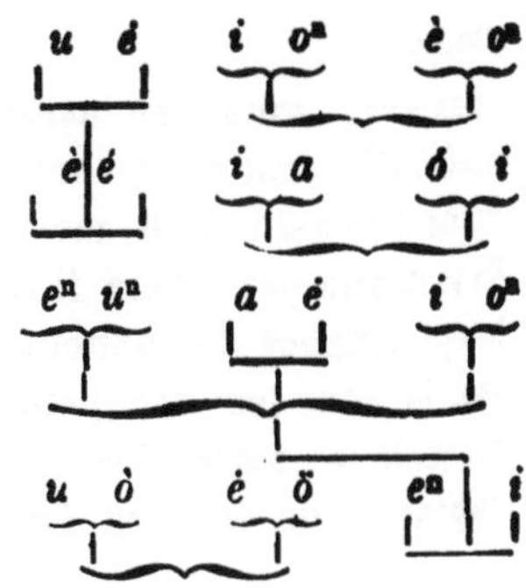

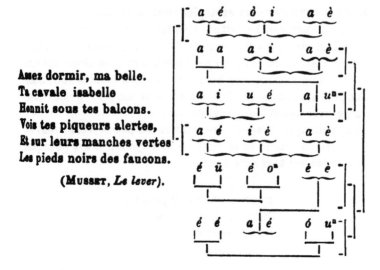

Assez dormir, ma belle.
Ta cavale isabelle
Hennit sous tes balcons.
Vois tes piqueurs alertes,
Et sur leurs manches vertes
Les pieds noirs des faucons.

(MUSSET, *Le lever*).

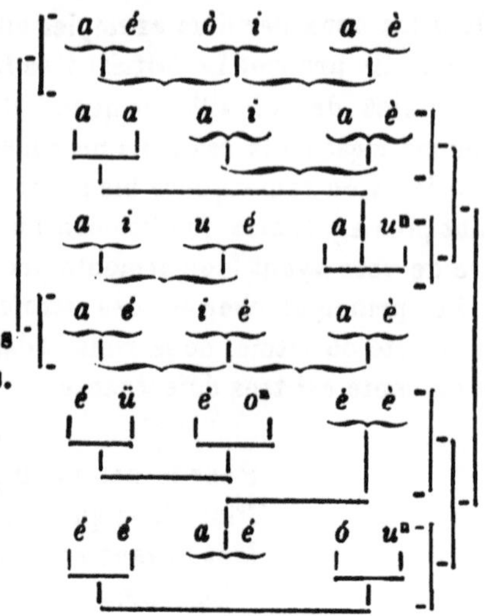

Les vers qui ont un nombre impair de sillabes sont pour la plupart des inventions peu eureuses. Il est facile de comprendre pourquoi. Nous sommes abitués à compter le nombre des sillabes et comme nous ne les comptons pas l'une après l'autre, mais par groupes, il est bon que le nombre total des sillabes du vers soit un multiple de celui des groupes. « Pour qu'un vers ait sa pleine cadence, il faut, si possible, que les divers membres composants aient, pour le nombre de syllabes, des diviseurs communs » (Clair Tisseur, *Modestes observations*, p. 91). Le vers de 11 sillabes est boiteux de quelque façon qu'on le construise. Le vers de 9 ne cesse de l'être que s'il est coupé à 3, 3, 3 ; mais il est alors d'une désespérante monotonie.

Ces vers sont peu usités. Seul le vers de 7 a eu un grand succès. C'est un petit vers léger et sautillant, un peu moins rapide que celui de 8, mais sautillant à cause de sa boîterie. En tant que petit vers il n'a pas d'armonie propre. Pourtant les eptasillabes deviennent particulièrement armonieux lorsque, le sens les groupant par deux (c'est-à-dire en faisant en quelque sorte des unités de 14 sillabes), ils se correspondent de deux en deux comme dans l'exemple suivant :

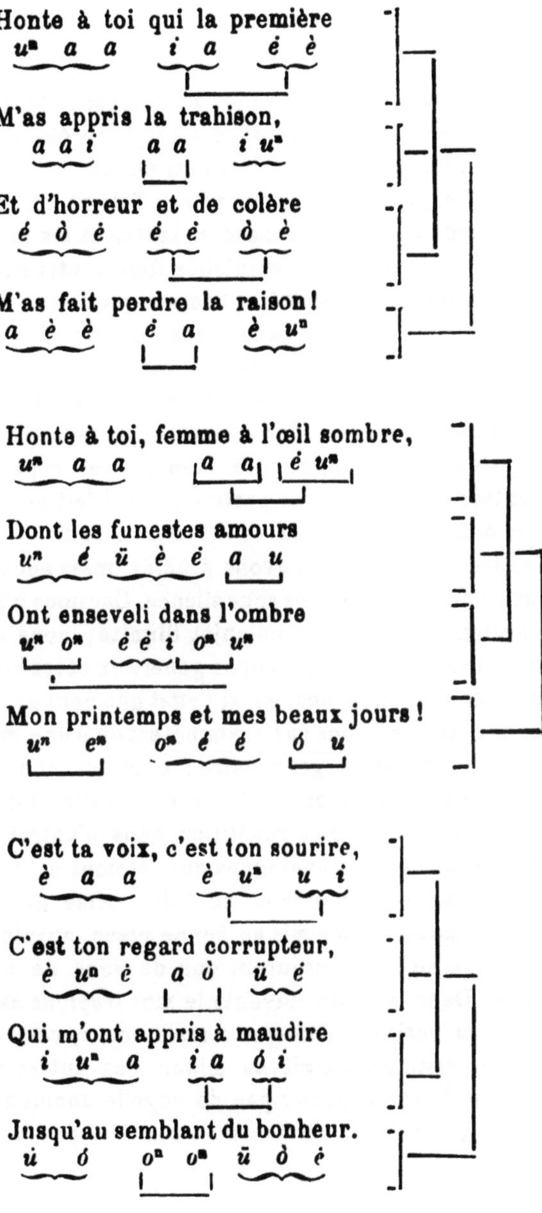

Honte à toi qui la première
M'as appris la trahison,
Et d'horreur et de colère
M'as fait perdre la raison!
Honte à toi, femme à l'œil sombre,
Dont les funestes amours
Ont enseveli dans l'ombre
Mon printemps et mes beaux jours!
C'est ta voix, c'est ton sourire,
C'est ton regard corrupteur,
Qui m'ont appris à maudire
Jusqu'au semblant du bonheur.

(Musset, *Nuit d'octobre*).

CONCLUSION

L'armonie naît du jeu des voyelles se correspondant, non pas une à une, mais par groupes. Il en a toujours été ainsi et on n'imagine pas qu'il en puisse être autrement.

Les moyens d'expression sont tous des effets de contraste. En ce qui concerne le ritme, les mesures lentes et les mesures rapides entrent en lumière parce qu'elles font contraste avec la moyenne des mesures ; le trimètre romantique fait contraste avec le tétramètre classique ; une pièce en vers libres n'est qu'une suite de contrastes : un vers plus court vient après un vers plus long, un vers plus lent suit un vers plus rapide. Les sons, voyelles ou consonnes, deviennent expressifs par leur répétition, parce que la langue des vers où ces répétitions apparaissent leur doit un aspect particulier qui fait contraste avec l'aspect ordinaire. Et il en est ainsi non seulement des moyens d'expression que nous avons étudiés, mais encore de tous ceux que nous avons passés sous silence. Car nous n'avons pas eu la prétention d'épuiser un sujet illimité ; nous avons simplement voulu établir les principes généraux et les vérifier par quelques séries d'exemples. Ainsi l'effet que peut produire un rejet, et que nous n'avons pas examiné, est dû à une discordance entre le ritme et la grammaire ; c'est un contraste. Ainsi encore nous avons montré qu'un son essentiel d'un mot peut être mis en relief par la répétition dans d'autres mots de ce même son ou de sons analogues qui l'étaient et le soutiennent ; mais on peut obtenir un effet du même genre en laissant ce son, après l'avoir mis en bonne place, absolument isolé, c'est-à-dire en ne l'entourant que de sons de nature très différente. Dans les vers suivants le mot *tragique* est mis en valeur par sa position ritmique ; mais son *i*, cette note aiguë si caractéristique, surgit au milieu des autres parce qu'elle est seule de son espèce ; pas de voyelle tonique dans ces deux vers qui ne soit éclatante ou sombre, pas une qui soit claire :

Les Centaures, prenant les femmes sur leurs croupes,
Frappent l'homme, et l'horreur tragique est dans les
[coupes

(HUGO, *Le Titan*).

A regarder les choses d'un autre biais les vers à effet sont presque toujours en contradiction avec une des règles courantes de la versification. Il est défendu de supprimer la coupe de l'émistiche, il est défendu d'enjamber, il est défendu de morceler les vers, il est défendu de répéter les mêmes sons d'une manière sensible, il est défendu de ne pas alterner les rimes masculines et féminines, il est défendu d'employer successivement plusieurs rimes assonant ensemble, il est défendu d'accepter des iatus. Or nous avons vu quels effets puissants et vraiment poétiques ont été dus souvent à la violation même de ces observances. Qu'on se garde d'en conclure que pour être un grand poète il suffit de faire bon marché des règles. Toutes les interdictions qu'elles formulent sont excellentes pour la majorité des cas ; car les vers nettement expressifs, même dans la poésie descriptive, ne peuvent jamais être qu'une minorité. La plupart des vers d'une pièce doivent se borner, en ce qui concerne la forme, à être armonieux, bien ritmés et bien rimés. Le poète doit donc observer soigneusement les règles que nous a léguées un vieil usage, mais en sachant qu'il peut à l'occasion i déroger.

L'emploi des moyens d'expression n'est d'ailleurs artistique qu'à condition de n'être pas exagéré ; il ne faut pas que le lecteur ou l'auditeur puisse les remarquer nettement à première vue, mais que ce soit seulement leur résultante qui produise sur lui l'impression voulue. Nous avons eu plusieurs fois l'occasion de l'indiquer en passant, et il est bon d'i insister encore ici. Voici par exemple un passage de Mathurin Régnier où l'emploi des moyens d'expression atteint ses extrêmes limites :

Et le fer refrappé sous les mains résonnantes
Défie des marteaux les secousses battantes,
Est battu, combattu, et non pas abattu,
Ne craint beaucoup le coup, se rend impénétrable,

Se rend en endurant plus fort et plus durable,
Et les coups redoublés redoublent sa vertu.

Par le contraire vent en soufflantes bouffées
Le feu va rattisant ses ardeurs étouffées :
Il bruit au bruit du vent, souffle au soufflet venteux,
Murmure, gronde, craque à longues halenées,
Il tonne, étonne tout de flammes entonnées :
Ce vent disputé bouffe et bouffit dépiteux.

›ut commentaire est inutile ; l'auteur a voulu montrer à ıel résultat détestable peut mener l'abus de certains procé›s et il i a parfaitement réussi. C'est au poète à avoir le goût ses délicat pour trouver la juste mesure. Il doit, pour ce qui t des moyens d'expression, faire porter son effort sur deux ›ints: d'abord choisir ceux qui conviennent le mieux à l'idée .primée (nous avons vu que l'on peut quelquefois ésiter entre usieurs) et les employer dans la proportion exacte où cette ée les comporte ; d'autre part les éviter soigneusement tou› les fois que la pensée ne les demande pas.

Alors vous croyez, nous dit-on, que le poète fait tous vos aux raisonnements, et qu'au milieu de l'inspiration, quand motion et l'entousiasme l'ont saisi, quand la passion fait lpiter son cœur, quand l'éloquence va jaillir de ses lèvres, s'épuise à peser la valeur propre ou combinée des dentales, s labiales et des sifflantes, à calculer des écos de voyelles des rappels de sonorités? — Non pas ; mais nous savons ıe les poètes, s'ils s'astreignent à certaines règles parce que est l'usage, obéissent aussi à d'autres dont ils ne connaissent as de formules et qui sont chez eux à l'état de sentiment. Ils e calculent pas les effets, mais ils les sentent et ne sont atisfaits que lorsqu'ils ont trouvé l'expression adéquate de l'idée. Sans doute il n'est pas rare que certains effets se présentent en quelque sorte d'eux-mêmes, produits par le asard de la forme des mots ou de leur rapprochement ; mais, à moins d'être des artistes médiocres, il n'abandonnent rien au asard et n'accueillent son apport qu'après l'avoir reconnu et souvent perfectionné. « C'est affaire au vrai poète, dit Clair Tisseur, de sentir la chose d'instinct, sauf à la passer à l'alambic une fois faite ». Quand l'expression idéale qu'ils entrevoient se refuse à eux, sans qu'ils aient l'espoir de la rencontrer jamais, ils renoncent à l'idée. « Il n'y a pas, écrivait A. de Musset, de si belle pensée devant laquelle un poète ne recule si la mélodie ne s'y trouve pas » ; ce qu'il dit de la mélodie est également vrai de tous les détails de facture et d'expression. Lorsqu'ils se résolvent à noter une forme provisoire, c'est qu'ils comptent trouver mieux un jour. Alors ils se retouchent tant que leur oreille délicate et leur sentiment aiguisé les invitent, et ce n'est souvent qu'après de nombreux essais qu'ils arrivent à se satisfaire.

Quelques exemples montreront clairement comment s'accomplit ce travail de correction des poètes. Soit ces vers du *Mariage de Roland* (v. 18 et suiv.) :

> Les bateliers pensifs qui les ont amenés
> Ont raison d'avoir peur et de fuir dans la plaine,
> Et d'oser, de bien loin, les épier à peine.

Victor Hugo avait mis d'abord :

> Les bateliers *hâlés* qui les ont amenés.

MM. P. et V. Glachant (*Papiers d'autrefois*, p. 122) constatent qu'il a « renoncé à une épithète de nature, purement physique, pour accorder la suprématie à une épithète morale ». Matériellement cette observation est presque exacte, quoique dénuée d'intérêt ; mais, à i regarder de près, elle porte à faux. Les bateliers ne sont pas pensifs ; ils ont peur et s'enfuient, ce qui indique un tout autre état mental. Ils n'étaient pas pensifs quand ils les ont amenés parce qu'ils ne se doutaient pas de ce qui allait se passer, et s'ils ont pu être pensifs un instant ce n'est que pendant celui qui a précédé immédiatement leur peur et leur fuite ; mais il n'est pas question de ce moment-là. Il en résulte que « pensifs » fait l'impression d'une cheville. Au contraire, « hâlés » rendait parfaitement l'idée que le poète avait voulu faire entrevoir et était, à proprement parler, une épitète morale. Ces ommes étaient « hâlés » au moral comme au fisique ; ils avaient le cœur rude et endurci comme le corps, l'émotion et la crainte leur étaient inconnues ; pourtant cette fois la peur les avait saisis et ils fuyaient. Pourquoi a-t-il remplacé ce mot si pittoresque et si juste par « pensifs » qui ne rend pas son idée et répond mal à la situation ? Parce qu'il était obligé d'abandonner « hâlés » et qu'il n'a pas trouvé mieux que « pensifs ». Avec « hâlés » on avait cinq fois reproduction ou rappel de la sillabe *-lés* :

> *Les* bate*liers* hâ*lés* qui *les* ont ame*nés*,

et les trois polisillabes du vers avaient un *a* dans leur première sillabe : b*a*teliers, h*â*lés, *a*menés. La discordance entre l'idée et l'expression, que nous avons signalée plus aut (t. XLVI, p. 449), était telle qu'il en résultait une vraie cacofonie. En écrivant « pensifs » Hugo a rendu son vers faible comme idée, mais excellent comme facture.

Dans *Booz endormi* au lieu de :

> Les souffles de la nuit flottaient sur Galgala,

la première version était :

> Un souffle tiède était épars sur Galgala

(*Papiers d'autrefois*, p. 135) ; « était épars » est au moins aussi juste que « flottaient » et l'on peut regretter l'idée que suggérait le mot « tiède ». Mais les saccades choquantes qui résultaient des quatre occlusives dentales : « *t*iè*d*e é*t*ai*t* é- » ont obligé Hugo à une retouche. Il l'a opérée avec tant d'abileté et de boneur, en disposant savamment jusqu'à la fin de ce vers les moyens d'expression employés dans le précédent (cf. *supra*, t. XLVI, p. 522), qu'il a fait de l'ensemble un tout qu'on ne saurait disjoindre, un tableau d'une ravissante poésie, deux des vers les plus merveilleux qui existent.

Dans *Aymerillot* (v. 162, V. Glachant, *Revue universitaire*, 1899, t, I, p. 501), au lieu de :

> Ces douves-là nous font parfois si grise mine
> Qu'il faut recommencer à l'heure où l'on termine,

le poète avait d'abord écrit :

Qu'il faut recommencer quand on croit qu'on termine.

La leçon définitive rend son idée avec moins de clarté et de précision. Il s'est néanmoins résigné à l'accepter pour éviter les saccades que faisait naître dans la première rédaction, sans que l'idée les justifiât, la quintuple répétition des occlusives *c*, *q*, dans un même vers.

Au vers 119 de la même pièce on lit dans le manuscrit (Id., *ibid.*):

Il appela les plus fameux, les plus fougueux ;

il a remplacé *fameux* par *hardis*, pour éviter une insistance due à la répétition de *f* et à la rime léonine, qui, vu l'idée à exprimer, est suffisamment sensible par la répétition de « les plus » et qui devenait par son exagération un artifice vulgaire.

Après la bataille se terminait primitivement par ces deux vers :

Mon père se tourna vers son housard tout blême :
— Bah, dit-il, donne-lui la goutte tout de même.

(*Papiers d'autrefois*, p. 133). « Donner la goutte » est l'expression juste, on pourrait presque dire tecnique ; mais elle est triviale. Est-ce là ce qui a déterminé Hugo à l'écarter ? c'est peu probable ; mais ce qui est certain, c'est qu'il a été choqué par la cacofonie qui résultait du eurt des dentales :

. . . *dit*-il, *d*onne-lui la gou*tt*e *t*out *d*e...

L'eureuse correction qui a supprimé ces saccades s'est étendue forcément au vers qui était d'abord :

Et dit : — Donne la goutte à ce pauvre blessé,

et cela a suffi pour rendre excellente une petite pièce primitivement assez faible.

Tout le monde a présents à l'esprit, au commencement du *Sacre de la femme*, les quatre vers délicieux qui débutent par ces mots : « L'éden pudique et nu ». Voici ce qu'ils étaient d'abord :

L'éden charmant et nu s'éveillait, et, donnant
De la distraction même au ciel rayonnant,
Les oiseaux gazouillaient un murmure si tendre
Que les anges penchés tâchaient de les entendre.

Le dernier vers était pénible et désagréable à l'oreille, le premier était plat, le second lourd, prosaïque et abstrait ; la langue était lâche et imprécise, les idées mal coordonnées et mal digérées. Un poète aussi soigneux et aussi avisé que Victor Hugo ne pouvait pas laisser ce passage sans le reprendre et le refondre. Mais ne nous occupons ici que du premier vers : pourquoi en a-t-il retiré l'épitète « charmant » et pourquoi l'a-t-il remplacée par « pudique » ? Selon MM. Glachant (*Ibid.*, p. 130), c'est par le souci d'i introduire un qualificatif « plus rare ». Sans doute « charmant » était banal à cette place, mais ce qui a déterminé sa retraite, c'est qu'il assonait lourdement avec *donnant* et *rayonnant*, et faisait tache, avec ses deux voyelles éclatantes, au milieu d'une description qui exigeait des voyelles claires (cf. *supra*, t. XLVI, p. 474-480). Ce qui a fait choisir « pudique » plutôt que tout autre mot n'est pas sa rareté, mais la recherche de l'antitèse : l'idée de nudité appelle par antitèse celle de candeur, de pudeur, d'innocence, de pureté. Or, seul parmi les adjectifs exprimant ces idées, « pudique » présentait deux voyelles claires.

Pour l'avant dernier vers d'*Eviradnus*, la première leçon donne (V. Glachant, *Revue universitaire*, 1899, t. I, p. 508) :

S'approchant d'elle avec un fier sourire ami,

et l'édition :

S'approchant d'elle avec un doux sourire ami.

Au point de vue de l'idée, il n'est pas interdit de préférer « doux » à « fier », quoiqu'il fasse un peu pléonasme avec

« ami », mais « fier » était peut-être plus plein de sens, étant donné le caractère d'Eviradnus, le rôle qu'il venait de jouer, et l'antitèse apparente que ce mot faisait avec « ami ». Seulement avec « fier » le vers était presque totalement dépourvu d'armonie (cf. *supra*, chap. VI, α p. 238), tandis qu'avec « doux » il a une armonie très satisfaisante en diades conformément au ritme (tipe 1-4, 2-3, 5-6, *supra*, p. 216), et même en triades (cf. *supra*, p. 234, 4° α).

Il serait aisé de multiplier les exemples de ce genre et de les emprunter à des poètes très divers. Ceux-là suffisent. Ils montrent nettement pour quelles raisons et de quelle manière les poètes se corrigent. Il est vrai que certains sont incapables de revenir sur ce qu'ils ont une fois écrit ; nous en avons signalé un exemple plus aut (t. XLVI, p. 215). C'est pour eux une infériorité notable ; il en résulte que leurs œuvres sont très inégales et que trop souvent les faiblesses i déparent les plus belles choses. On se demande en vain sur quoi peut bien reposer cette légende d'après laquelle les poètes, quand l'inspiration leur vient, produiraient leurs œuvres sans travail, sans effort, spontanément et presque inconsciemment, comme la plante pousse ses feuilles quand le souffle du printemps l'a suffisamment réchauffée. On connaît depuis l'antiquité le pénible labeur de Virgile. On a depuis longtemps des documents prouvant que les fables de La Fontaine n'ont atteint leur forme définitive et en général si parfaite qu'après avoir été refondues à tel point que souvent pas un seul mot n'est resté à la place qu'il occupait dans la première rédaction. Le *Buch der Lieder* de Heyne est plein de poésies d'un tour si facile, si naturel qu'il ne semble pas que le poète ait jamais pu les concevoir sous une autre forme ; c'est d'un monceau de ratures qu'elles ont surgi avec leur aisance et leur grâce délicieuse. On sait aujourdui avec quel soin Hugo, jusqu'au moment de donner ses œuvres au public, les reprenait sans cesse, biffant, précisant, développant sans relâche. D'autres exemples encore permettent de supposer un travail analogue de la part des poètes sur la manière de composer desquels on n'est pas directement renseigné. Certains sont mieux doués que d'autres, ont plus de facilité, mais en définitive ceux qui ont été les plus parfaits sont ceux qui ont su le mieux se corriger.

Mais, penseront peut-être quelques-uns, maintenant que les lois de l'armonie sont formulées, que les moyens d'expression sont pour la plupart classés et définis, ne suffira-t-il pas d'avoir quelque sens critique pour arriver à ne plus faire, avec un peu de travail, que des vers qui soient tous de tous points excellents ? Qu'on se détrompe ; d'abord il faut distinguer dans un vers, comme nous l'avons dit dans l'introduction, le fond et la forme ; toutes les règles du monde sont impuissantes à faire naître une idée poétique, et même une forme irréprochable. Clair Tisseur a dit avec justesse dans ses *Modestes observations* : « Savoir désosser un vers ne vous en fera pas jaillir un beau, tout armé du cerveau, mais cela peut vous retenir d'en faire un mauvais ». Nous avons constaté ce qu'ont fait les poètes, nous n'avons pas prétendu creuser une ornière qu'ils doivent suivre à l'avenir. « Il n'y a pas de recette pour faire les chefs-d'œuvre, dit M. Saint-Saëns dans son *Harmonie et mélodie*, et ceux qui préconisent tel ou tel système sont des marchands d'orviétan ».

Sans doute les principes qui dominent les moyens d'expression et leur emploi sont éternels. « Tout sentiment, écrit Guyau dans *l'Art au point de vue sociologique*, se traduit par des accents et des gestes appropriés. L'*accent* est presque identique chez toutes les espèces : accent de la surprise, de la terreur, de la joie, etc. ; il en est de même du *geste*, et c'est ce qui rend immédiate l'interprétation des signes visibles ; l'art doit reproduire ces accents et ces gestes pour faire pénétrer dans l'âme, par suggestion, le sentiment qu'ils expriment ». Ce que l'auteur appelle des *accents* et des *gestes*, c'est en poésie des *sons* et des *mouvements* ; ceux qui conviennent à l'expression de tel sentiment sont d'une manière générale toujours et partout les mêmes. Mais dans le détail, — ces études en sont la meilleure preuve, — leur variété et leurs combinaisons sont infinies.

Il ne faut pas oublier d'ailleurs que l'emploi de tels moyens d'expression est exclu par telle forme de vers. Ainsi il est évident qu'il ne peut pas être question dans un poème en vers de forme fixe des effets que l'on obtient dans une pièce en vers libres par les changements de mètre.

Pour nous en tenir à notre alexandrin, il n'était au commencement du XVIe siècle qu'un élément de douze sillabes composé de deux membres de six séparés par une pause ou césure. « Un compte net de douze, une suspension de la voix, ou repos, à la sixième sillabe, afin sans doute que l'existence du nombre fût bien sentie, c'était tout pour la métrique du grand vers » (Renouvier, *Victor Hugo*). On avait « l'habitude de prendre l'hémistiche en bloc, sans aucune considération d'accent intérieur assez marquée pour y faire sentir une mesure en le subdivisant lui-même, et y introduisant des cadences variées suivant la place de cet accent » (Id., *Ibid.*). D'un pareil vers tous les moyens d'expression que l'on peut obtenir en diversifiant les éléments ritmiques étaient forcément exclus.

Mais un vers sillabique de douze sillabes avec une seule division est un mètre singulier ; les éléments sont trop longs pour être nets, et c'est probablement pour cette raison que Ronsard trouvait que « les alexandrins sentent trop la prose très facile, sont trop énervés et flasques, si ce n'est pour les traductions, auxquelles, à cause de leur longueur, ils servent de beaucoup pour interpréter le sens de l'auteur ». C'était probablement le sentiment général à cette époque, car jusqu'au XVIIe siècle l'alexandrin n'eut pas grand succès. On avait trop de liberté dans l'intérieur d'un émistiche et le remplissage avait beau jeu. Ceux qui avaient de l'oreille n'i sentaient pas un vers. On s'est étonné que Ronsard qui était un chercheur et un novateur n'ait pas compris le parti qu'il i avait à en tirer. Rien n'est plus naturel au contraire ; Ronsard ne connaissait l'alexandrin que tel qu'il était de son temps et ne pouvait ni prévoir ni créer la forme qu'il aurait plus tard : les évolutions ne se devancent pas.

Mais du temps même de Ronsard, grâce à lui-même, quoiqu'il ait relativement peu employé ce mètre, grâce à Agrippa d'Aubigné, grâce surtout à Régnier et un peu à Malherbe, sans qu'ils s'en doutassent, l'alexandrin évoluait. Le vers classique se préparait. Il était extrêmement rare qu'un alexandrin n'eût pas d'autre accent tonique important que celui de la sixième et celui de la douzième sillabe. La plupart du temps il i en avait un autre dans l'intérieur de chaque émistiche. Ceux qui terminaient les émistiches recevaient un relief pariculier de la pause dont ils étaient suivis ; mais il arrivait fréquemment que la pause de la césure fût très faible parce que le dernier mot du premier émistiche était étroitemeut uni par la sintaxe au premier du suivant ; dans ces conditions et pour les mêmes raisons l'accent de la sixième sillabe était relativement faible. Il n'était pas rare dès lors qu'un accent secondaire fût aussi fort que celui de la sixième et même qu'il fût suivi d'un arrêt aussi marqué que celui de la césure. En voici quelques exemples empruntés à Agrippa d'Aubigné :

Toi Seigneur, qui abats, qui blesses, qui guéris ;

l'accent tonique de *blesses* est évidemment aussi fort que celui de *abats*, et celui de *Seigneur* est même plus fort.

Sous toi, Hiérusalem meurtrière, révoltée,
Hiérusalem, qui es Babel ensanglantée ;

l'accent tonique de *toi* dans le premier vers est au moins aussi fort que celui de *Hiérusalem*, et dans le second celui de *Hiérusalem* est certainement plus fort que celui de *es*.

Venez, célestes feux ! Courez, feux éternels !
Volez ! Ceux de Sodome oncque ne furent tels ;

il est clair que l'accent tonique de *volez* est plus fort que celui de *Sodome*, et que ce mot est même suivi d'un arrêt plus considérable que celui de la césure.

Petit à petit les poètes se rendirent compte de l'existence de ces accents secondaires ; ils comprirent les effets qu'on en pouvait tirer En en définitive au milieu du XVII° siècle l'alexandrin était devenu un vers de douze sillabes avec une césure fixe après la sixième, deux accents toniques fixes à la sixième et à la douzième, et deux accents secondaires à place variable dans l'intérieur de chaque émistiche. Du moins le plus grand nombre des vers classiques sont construits de cette façon. La césure les partage en deux éléments, les accents toniques les partagent en quatre. Les deux sistèmes de division se superposent. Cette division en quatre morceaux est le point capital de l'étape classique. Les poètes classiques n'en ont jamais eu nettement conscience ; mais ils paraissent en avoir eu le sentiment à partir d'une certaine époque. Malherbe ne l'a jamais eu, mais il semble s'être développé chez Corneille à partir de *Polyeucte* et chez Racine à partir d'*Andromaque*. Cela est évidemment indémontrable; mais un examen attentif de la versification de leurs œuvres est en faveur de cette opinion. Les accents secondaires devenant souvent aussi forts que celui de la sixième sillabe s'élèvent à la auteur d'un accent ritmique ; dès ce moment l'alexandrin est un vers ritmé, à quatre mesures en général. Il n'est plus alors ni « énervé ni flasque » ; ses quatre divisions lui donnent une fermeté et une netteté qui fait la beauté du vers classique. C'est alors qu'il est susceptible de toutes les cadences variées et de tous les moyens d'expression fondés sur le ritme que nous avons relevés chez lui.

Mais il faut avouer qu'au point de vue métrique, c'est de nouveau un vers bizarre : il est à la fois sillabique et ritmique, ce qui est presque contradictoire. Car dans un vers purement ritmique la mesure est marquée par le retour et le nombre des accents ritmiques, le nombre des sillabes étant quelconque. Ici le nombre des sil'abes est fixe et celui des accents ritmiques ne l'est pas absolument; chose étrange.

Au XVIIIe siècle, jusqu'à Chénier, il n'i a pas de poète à proprement parler. On se contente de reproduire plus ou moins abilement la versification classique. Pendant cette période morte, l'évolution ne perd pas ses droits ; c'est une période d'incubation. Aussi quand paraît Chénier, on s'aperçoit que le vers a changé, et on s'en aperçoit surtout lorsqu'arrive l'école romantique. Comment la versification romantique est sortie de la versification classique par la fusion du vers de la comédie avec celui de la tragédie, nous l'avons exposé en détail dans cette *Revue* même, t. XLVI, p. 5 et suiv.; nous ne pouvons ici que renvoyer à cet article. Mais nous devons constater le résultat acquis à cette nouvelle étape : l'élément ritmique, qui s'était glissé dans l'alexandrin au XVIIe siècle, est devenu prédominant ; le nombre des sillabes reste fixe, mais la césure séparant les deux émistiches st souvent très faible, et elle est même nulle dans le trimètre opprement dit. Les deux accents secondaires sont devenus imaires comme celui de la sixième sillabe, et dans le trimètre il n'i a plus sur cette sillabe qu'un accent tonique, sans ccent ritmique. Le vers classique subsiste dans les mêmes èces à côté du vers romantique et ils ont le même nombre sillabes, mais ce qui les distingue c'est la manière dont ils nt ritmés. Le poète classique sentait vaguement que son ers était ritmé, le poète romantique en a nettement conscience. Une pièce romantique, étant composée de vers rités différemment, est comparable à une pièce en vers libres, t susceptible des divers moyens d'expression fondés sur les hangements de ritme que nous avons examinés plus aut.

Hugo n'a jamais supprimé la césure de l'émistiche sur le apier. Il veut que la sixième sillabe ait toujours au moins n léger accent tonique et ne tolère pas que la septième sillabe soit constituée par un *e* féminin appartenant au même mot que la sixième. Cette étape en appelait invinciblement une utre qui a été réalisée par ses sucesseurs : la suppression de oute séparation de mots après la sixième sillabe, mais avec le maintien d'un accent tonique au moins secondaire sur cette sillabe.

Tenez, à la pre*mière* du Cid, j'étais là
(E. ROSTAND, *Cyrano*);

ce vers n'est même pas un trimètre ; c'est un tétramètre parfaitement ritmé.

Empanaché d'indépendance et de franchise
(ID., *ibid.*);

c'est ici un trimètre, avec un accent tonique secondaire sur la sixième sillabe, qui en réalité ne diffère en rien, sinon sur le papier, de celui-ci de Hugo :

Elle est la terre, elle *est* la plaine, elle est le champ ;

car « elle est la plaine » n'est qu'un seul mot métrique avec un accent secondaire sur *est*. Ceux-ci de Leconte de Lisle sont exactement du même tipe :

> Le café rouge, *par* monceaux, sur l'aire sèche...
> La queue en cercle *sous* leurs ventres palpitants...
> Sur les murailles, *sur* les arbres, sur les toits...

La dernière étape est accomplie et l'évolution a atteint son terme lorsqu'on supprime à la sixième sillabe l'accent secondaire :

> Dans chacune de vos exécrables minutes...
> Comme des merles dans l'épaisseur des buissons...
> Abou-Sayd, et ses compagnons, bras et flancs...
> Et les taureaux, et les dromadaires aussi...
> De ses enfants et de la royale femelle...
>
> (Leconte de Lisle).

Dans ces vers l'accent secondaire est sur la septième sillabe. Dans celui-ci du même poète il est sur la cinquième :

> Et l'oiseau bleu dans le maïs en floraison.

A ce moment les poètes peuvent disposer dans une même pièce, pour ne parler que de la césure à l'émistiche, non plus seulement de l'alexandrin classique à césure forte, mais encore de l'alexandrin à césure faible, de l'alexandrin sans césure mais avec un accent tonique au moins secondaire sur la sixième sillabe, enfin de l'alexandrin sans césure après la sixième ni accent tonique sur elle. Comme moyen d'expression le vers n'a rien gagné depuis Hugo ; mais les poètes ont sous la main un instrument plus souple encore et plus délicat, permettant une cadence encore plus variée : ressource pour le talent, danger pour la médiocrité.

De l'alexandrin de XVIe siècle au trimètre du XIXe la transformation a été normale, mais si l'on compare l'un à l'autre il semble qu'il s'est produit quelque colossal bouleversement. On dirait que l'ouragan d'une révolution a passé sur l'alexandrin. Or toute révolution, même apparente, amène forcément deux mouvements opposés : l'un de réaction, l'autre d'exagération.

Les réactionnaires sont ceux qui s'obstinent encore aujourd'hui à ne pas quitter le mode classique, et se condamnent à

:oujours les mêmes vers que d'autres ont déjà faits.
si l'on pouvait faire le vers de Racine ou celui de
ieux ou même aussi bien que Racine et que Hugo!
siècle, autre art», a dit ce dernier (*W. Shakespeare*).
ntent des nouveau-nés vieillots et souffreteux, ils
nt en efforts stériles, mais cette tentative se renouvel-
ours. Elle durera jusqu'au moment où l'on ne fera
vers classique que comme nos licéens faisaient
s des vers latins et sans que ses produits méritent
térêt. Que de talent perdu pour n'avoir pas compris
is avons marché!
ôté de l'exagération, nous trouvons ceux qui ont
du mouvement romantique que les règles sont des
bonnes tout au plus pour les esprits débiles et qu'il
: rimer richement pour avoir fait une œuvre qui doive
r l'admiration des siècles. Tous les tipes de vers
ssent chez eux, mais le asard seul détermine leur
Leurs productions sont encore plus négligeables, s'il
dire, que celle des réactionnaires.
ant presque tout le monde sent que notre vers est
ux et plusieurs ont demandé des réformes. « Le plus
nalheur de notre versification est d'avoir conservé la
des sillabes et les conditions de leur homophonie
ie les avait établies le XVI° siècle, d'accord avec la
iation réelle d'alors: la prononciation a changé, et les
qui l'avaient pour base ont été servilement mainte-
i sorte que nos vers sont incompréhensibles dans leur
et leur rime non seulement à l'immense majorité de
i les entendent ou les lisent, mais encore, si on va
fond des choses, à ceux même qui les font» (G.
'réface du livre de M. Tobler). « Il serait souhaitable
poètes de talent parvinssent à débarrasser notre code
de quelques règles trop étroites, relativement
qui l'entravent inutilement, comme l'interdiction
des iatus, ou la loi inviolable de l'alternance régu-
s rimes masculines et féminines, ou certaines pres-
s trop formalistes pour le compte des sillabes. La
ême admettrait peut-être certaines modifications »
ichtal, *Du rythme dans la versification française*).

« L'abîme s'est creusé trop large entre la langue parlée et la langue poétique pour qu'il ne soit pas devenu indispensable de le combler » (Psichari, *Revue Bleue*, juin 91).

C'est le sentiment de ces défauts qui a fait naître les écoles que l'on désigne sous les noms de décadentes, simbolistes et autres encore. Elles sont l'expression du besoin de changement assez généralement répandu aujourdui. Qu'ont-elles produit jusqu'à présent? rien qui doive subsister, a-t-on dit, et il n'est pas besoin d'être profète, pour confirmer ce présage. A quoi aboutiront-elles? à leur disparition.

Le XVIe siècle a fourmillé d'écoles analogues. Il i en a à toutes les époques où un vieux régime sombre pour en laisser surgir un nouveau. Il est rare qu'il en sorte une seule œuvre, mais leur rôle est considérable : elles accusent les tendances et préparent l'avenir. Les évolutions se font lentement; certaines transformations sont quelquefois pénibles : ces écoles remplissent les périodes de transition.

Les idées simboliques ou étranges qu'ont pu exprimer celles du XIXe siècle, le vocabulaire prétentieux ou baroque qu'elles ont pu employer n'ont pas d'importance, puisqu'il n'en restera rien. Mais au point de vue de la facture il i a deux tendances principales qu'elles rendent évidentes, et où l'on peut à notre sens entrevoir l'avenir de notre vers, parce que ces deux tendances sont logiques et que leur réalisation est appelée par l'évolution normale du vers français.

Nous ne voulons pas parler ici de la rime ni de l'iatus; nous avons indiqué plus aut les modifications que nous paraissent comporter à l'eure actuelle les règles qui les concernent.

Nous faisons allusion à deux faits de bien plus grande importance. La langue dont se servent nos poètes, même après avoir supprimé toute distinction entre les termes nobles et les termes roturiers, après avoir accueilli le vocabulaire tout entier et i avoir même introduit quantité de néologismes, est une langue arcaïque. Si neuves que puissent être les idées développées, si moderne que soit le vocabulaire qui les exprime, la prononciation obligatoire est une prononciation morte depuis trois siècles.

Toute poésie, à l'origine, s'est servi de la langue vivante, et s'est fondée sur elle. En Grèce, pour ne citer qu'un exem-

ı, tous les genres poétiques emploient le dialecte parlé dans région où ils naissent. Ils ont atteint leur plus aut développement chacun dans son dialecte ; c'était la période de production originale. Postérieurement apparut la poésie d'imitation; on imita les modes poétiques, on imita leurs langues qui vinrent purement artificielles et intelligibles soulement ur un cercle restreint. C'est la période de décadence. Que n compare Quintus de Smyrne à Homère et l'on entreverra bime qui sépare la seconde de la première. A Rome la poé- ı classique, purement artificielle, érudite, arcaïsante pour langue, grécisante pour le fond et la forme, n'a jamais été 'une poésie d'amateurs. Pour qu'une poésie puisse être ellement vivante, il faut qu'elle emploie la langue de son ys et de son temps. Suppoiez Aristophane écrivant dans la ıgue d'Homère ou Schiller dans celle de Hans Sachs !
Actuellement la langue de notre poésie est arcaïque et parnséquent artificielle sur trois points principaux :

1° L'*e* MUET. — Parmi les *e* que l'on écrit aujourdui il en t qui se prononcent et d'autres qui ne se prononcent pas. ous n'avons pas à faire ici leur istoire mais seulement à nstater l'état actuel de la prononciation et à montrer dans elle mesure les poètes tendent à s'i conformer. Il faut disıguer plusieurs cas. Quand l'*e* est en contact avec une yelle atone dans l'intérieur d'un mot, comme dans *jouerai*, *merciement*, *tuerie* il ne se prononce pas aujourdui; souvent ême il ne s'écrit plus, comme dans *joliment*, *prairie*, *rouıte*. Cet *e* forme toujours une sillabe en ancien français ; ais dès le XIVe siècle on commence à ne plus le compter ; oir à ce sujet chez *Tobler* le chapitre intitulé *Détermination u nombre des syllabes*. Aujourdui les poètes ne le comptent lus jamais et quand A. Barbier écrivit :

Toujours, ô mon enfant ! toujours les vents sauvages
De leurs pieds vagabonds balayeront les plages

(*La Nature*),

l a commis un arcaïsme blâmable.

Quand l'*e* suit la voyelle tonique comme dans *prie*, *pries*, *rient*, il comptait également toujours pour une sillabe en ancien français ; il n'est plus jamais prononcé aujourdui. Ici l'usage des poètes n'a pas suivi la prononciation, si ce n'est quand l'ortografe elle-même s'i est conformée comme dans les imparfaits en *-oie*, *-oies*, devenus *ais*, dans le subjonctif *soie*, *soies* devenu *sois*, dans *eaue* devenu *eau*. Les mots dans lesquels l'*e* continue à être écrit ne peuvent entrer dans l'intérieur d'un vers que si l'*e* est final et élidé devant une voyelle. Telle est la règle classique : elle comporte une exception : les imparfaits et les conditionnels en *-aient* et les deux subjonctifs *aient* et *soient* peuvent entrer dans l'intérieur d'un vers sans que leur *e* compte pour une sillabe. Les poètes du siècle dernier ont commencé à étendre cette liberté à toutes les finales de verbes en [illegible], *-ouent* :

> [illegible] plus sévères
> (Musset).

> [illegible]
> (Sully-Prudhomme).

> [illegible] de travers
> (Soulary).

> [illegible] vallées
> (Sully-Prudhomme).

[illegible] ; il est [illegible] rencontre plus [illegible]

> [illegible] elle
> (Musset).

[illegible] constituent [illegible] *soient* : *soient* [illegible] sont masculines [illegible].

Pour [illegible] est impitoyable;

elle n'en admet aucune dans l'intérieur du vers. Mais il i a bien longtemps que les poètes ont éprouvé le besoin de les admettre conformément à leur prononciation, c'est-à-dire sans compter l'*e*. Ronsard disait déjà : « Tu dois oster la dernière *e* féminine, tant des vocables singuliers que pluriers qui se finissent en *ée* et *ées*, quand de fortune ils se rencontrent au milieu de ton vers. Exemple du féminin plurier :

Roland avoit deux épé-es en main.

Ne sens-tu pas que ces *deux épé-es en main* offencent la délicatesse de l'aureille ? Et pour ce, tu dois mettre :

Roland avoit deux épé's en la main

..... Autant en est-il des vocables en *oue* et *ue* comme *roue*, *joue*, *nue*, *venue* et mille autres qui doivent recevoir syncope au milieu de ton vers, si tu veux que ton poème soit ensemble doux et savoureux. Pour ce tu mettras : rou', jou', nu', etc. ».

On trouve déjà cette suppression de l'*e* au XVe siècle (cf. *Tobler*, *ibid.).* Aux XVIe et XVIIe elle est fréquente :

Toy qui levant la *veue* trop haute
(Baïf, 8 sill.).

A *veu'* d'œil mon teint jaunissoit
(Régnier).

Et la *livrée* du capitaine
(Marot, 8 s.).

Lassée d'un repos de douze ans
(Malherbe, 8 s.).

Mantoue, tu ne vois point soupirer ta province
(Corneille).

Bon ! jurer ! ce serment vous *lie*-t-il davantage ?
(La Fontaine).

Un vieux pirate grec l'avait trou*vé* gentille

(Musset, *Namouna*).

Que mes *joues* et mes mains bleuiront comme celles
D'un noyé.....

(Musset).

Ne m'a-il pas *jetée* sous tes pas comme on trouve

(Lamartine, *Jocelyn*).

Tout sur terre où nous voilà,
Etait en *remue*-ménage

(Banville).

Le crucifix, le bloc, l'*épée* hors de la gaîne

(Leconte de Lisle).

La *Baie* des Trépassés blanche comme la craie

(Brizeux).

Les poètes décadents ont accentué cette tendance ; nous tendons qu'elle se réalise complètement et que tous les mots ce genre entrent librement dans le vers à n'importe quelle lace.

Enfin quand l'*e* vient après une consonne soit dans l'intéeur soit à la fin d'un mot, il était encore toujours prononcé ; comptait toujours pour une sillabe en ancien français. Auurdui il n'est plus prononcé que dans les conditions que ous avons déterminées dans les *Mémoires de la Société de inguistique*, VIII, 53-90. Il en était déjà de même au XVII° ècle ; cf. Thurot, II, 748. En poésie d'après la règle classiue il doit toujours faire sillabe. Ici les poètes se sont monrés plus timides que dans les cas précédents. Pourtant dès le XVI° siècle on voit se manifester une tendance à supprimer 'e muet là où il ne se prononce pas :

Tu t'abuses toi-même, ou tu me *porte* envie

(Desportes).

La suppression de l'*s* permet de justifier pour les ieux l'élision de l'*e* ; en réalité cette grafie prouve qu'on ne prononçait ni l'*e* ni l'*s*. C'est le même artifice que l'on trouve dans Agrippa d'Aubigné :

> Toi, Seigneur, qui abats, qui blesses, qui guéris,
> Qui donnes vie et mort, qui *tue* et qui nourris,

et ailleurs dans le même Desportes :

> Jupiter, s'il est vrai que tu fusse' amoureux ;

Malherbe a blâmé l'ortografe de ce vers et aussi celle des deux suivants où c'est l'*e* qui n'est pas écrit :

> Des chardons *inutils* et des herbes méchantes...
> Des fortes mains d'*Hercul'* veux-je arracher la masse.

Ronsard supprime de même parfois un *e* muet final :

> Fait à houppes de soie, et si bien *ell'* le traite
> (Ronsard, *Églogues*).

> Mais plus *ell'* nous veut plonger
> Et plus *ell'* nous fait nager.
> (Ronsard, 7 sill.).

Chez les modernes, si on laisse de côté les chansonniers qui sont à part, les exemples sont fort rares, mais il faut reconnaître qu'ils n'ont rien de choquant :

> Que tu ne *puisse* encor sur ton levier terrible
> (Musset, *La coupe et les lèvres*).

> Et recouvrant le fer de son *bourlet* d'écorce
> (Lamartine, *Jocelyn*).

> *Quelque* soit la main qui me serve
> (Lamartine, *Recueillements*).

> Tu l'*emporte,* il est vrai ; mais lorsque tu m'abats
> (Lamartine, *La mort de Jonathas*) ;

il était bien facile de dire : Tu l'emportes, c'est vrai... mais le vers n'i aurait rien gagné.

Parmi les décadents c'est M. Jean Moréas qui a le plus nettement ac usé cette tendance. Seulement il ne paraît pas être toujours rendu exactement compte de l'état réel de la langue ; car il lui arrive parfois de supprimer des *e* qui se ont toujours prononcés et d'en compter que l'on ne prononce pas. Il est évident que notre poésie doit arriver à brève échéance à ne plus compter que les *e* qui se prononcent et à négliger ceux qui sont réellement muets. Notre vers ne pourra qu'i gagner en sonorité.

Il est à peine besoin de rappeler que pour cette question, comme dans tout le cours de ce livre, nous ne considérons que le français proprement dit et que les prononciations provinciales, comme celle du Midi où l'on prononce *vingte-cinq* en trois sillabes, sont pour nous sans intérêt.

2° La diérèse. — Il s'agit des groupes de deux voyelles dont aucune n'est *e* et dont la première est *i*, *ou*, *o*, *ü*, c'est-à-dire une voyelle susceptible de devenir semi-voyelle. Doivent-ils être comptés pour deux sillabes ou pour une seule? Historiquement la question est fort complexe ; on en trouvera une bonne exquisse chez *Tobler* (chapitre cité plus aut). Les règles classiques (relatées en grande partie chez *Quicherat* et chez *Le Goffic et Thieulin*) sont purement empiriques, artificielles, parfois contradictoires et souvent flottantes.

On trouve fréquemment des contradictions pour le même mot chez le même poète :

Le sud, le nord, l'*ou-est* et l'est et Saint-Mathieu
(Hugo).

A cause du vent d'*ouest* tout le long de la plage
(Id.).

Rome était la *tru-ie* énorme qui se vautre
(Hugo).

Les soupiraux infects et flairés par les *truies*
(Id.).

De sa vue, *hier* encor, je faisais mon délice
(Coppée).

Or, ce fut *hi-er* soir, quand elle me parla

(Id.).

Et baisant tout bas son *rou-et*

(Musset).

Ne chercherait-on pas le *rouet* de Marguerite ?

(Id.).

Marqué du *fou-et* des Furies

(Musset).

J'oserais ramasser le *fouet* de la satire

(Id.).

Me font rire. Piaillez, mesdames les *chou-ettes*

(Hugo).

Pas de corbeau goulu, pas de loup, pas de *chouette*

(Id.).

Oh ! l'affreux *su-icide* ! Oh ! si j'avais des ailes

(Musset).

Mon enfant, un *suicide*. Ah ! songez à votre âme

(Id.).

Sur la terre où tout jette un *miasme* empoisonneur

(Hugo).

Mêlé dans leur sépulcre au *mi-asme* insalubre

(Id.).

L'*opi-um*, ciel liquide

(Th. Gautier, 6 sill.).

D'*opium* usé

(Id., 4 sill..).

C'est le pendant des sillabes « communes » chez les poètes classiques latins, qui leur permettaient d'employer dans le même vers le mot *patrem*, par exemple, indifféremment avec la première sillabe longue ou brève. C'est la marque la plus évidente d'une langue artificielle, et bien que ce ne soit en apparence qu'une chose sans importance elle peut avoir les conséquences les plus graves et devenir un germe de mort pour la poésie qui l'admet. Il n'i a qu'un principe admissible : se conformer à la prononciation de la langue vivante. La poésie de l'ancien français faisait ainsi ; mais la prononciation a notablement changé sur ce point comme sur beaucoup d'autres. La poésie d'aujourdui ne peut suivre que la prononciation d'aujourdui. On doit compter pour deux sillables « (les) passions », comme « (nous) passions ». On trouvera la prononciation actuelle de ces groupes exposée en détail dans les *Mémoires de la Société de Linguistique*, VIII, p. 71 et suivantes (article cité plus aut).

On peut noter d'ailleurs sur ce point une tendance des poètes à se conformer à la prononciation à mesure qu'elle évoluait. Le fait le plus caractéristique est l'emploi uniquement avec diérèse depuis l'époque classique (grâce surtout à l'influence de Corneille) des groupes dont la première voyelle est *i* quand ils viennent après une liquide précédée d'une autre consonne :

Vous *devri-ez* pleurer nos morts
(SULLY-PRUDHOMME).

Le *sangli-er* lancé comme un rocher qui roule
(ID.).

Il travaillait sans plainte, *ouvri-er* solitaire
(ID.).

J'aime. Philée ainsi parla le *quatri-ème*
(ID.).

Sous les verts marronniers et les *peupli-ers* blancs
(MUSSET).

On peut constater aussi nombre de sinérèses réalisées

depuis la période de l'ancien français et accueillies par nos poètes :

écu-elle en ancien français, mais

Mille petits cailloux volaient vers son *écuelle*

(Catulle Mendès).

di-acre en ancien français, mais

Comme un *diacre* à Noël, à côté du curé

(Musset).

Mais à côté de cela combien devons-nous relever de contradictions et l'on peut même dire de reculs :

quotidien dans Augier, mais

Pour gagner notre pain, tâche *quotidi-enne*

(Coppée).

assiette dans Musset, mais

De te voir à ce point hors de ton *assi-ette*

(Augier).

piéton en ancien français, mais

Embaumaient, énervants, et sur les *pi-étons*

(Coppée).

bruire en ancien français, mais

La chute du moulin *bru-it* comme autrefois

(Coppée).

piano chez Musset, mais

Pareil au *pi-ano* de valse et de quadrille

(Coppée).

Ces exemples sont d'autant plus mauvais qu'il s'agit de vers familiers.

Il ressort clairement de là que, pour cette question, nos poètes sont actuellement comme le limier qui a perdu la piste et qui court de droite et de gauche en quête d'un indice qui le remettra sur la bonne voie. Comme l'a dit Becq de Fouquières, « faute de s'être rendu compte des principes supérieurs de la métrique qu'ils appliquent instinctivement, les poètes ont parfois des audaces irréfléchies qui les jettent en dehors des règles les plus certaines, ou au contraire ils hésitent à briser les entraves d'autres règles que rien ne justifie ». Dans les cas de ce genre, c'est au téoricien à leur montrer le vrai chemin.

3° L'*h* ASPIRÉ. — L'*h* dit aspiré ne s'aspire pas et même ne se prononce pas du tout, mais détermine une prononciation particulière devant lui : il empêche la liaison d'une consonne et l'élision d'un voyelle. C'est état est flottant aujourdui et depuis fort longtemps [1]; la langue tend à supprimer totalement l'*h* aspiré et les effets qu'il produit (voir le détail de la question dans les *Mémoires de la Société de linguistique*, VIII, p. 86 et suivantes), mais cette évolution, empêchée par les livres et l'enseignement, n'est pas encore terminée. La poésie n'a pas qualité pour devancer la langue parlée. Pourtant certains poètes ont cru pouvoir parfois élider une voyelle devant un *h* dit aspiré :

> Très mauvais *gîte, hormis* qu'en sa valise
> (LA FONTAINE).

> Je meurs au moins sans *être haï* de vous
> (VOLTAIRE).

Des vers de ce genre font regretter que ces exemples ne soient pas encore devenus des modèles.

Quand ces réformes relatives à l'*e* muet, à la diérèse et à l'*h* aspiré seront définitivement accomplies nous aurons conservé le beau vers sillabique de Racine et de Hugo, mais avec

[1] « La plus saine et la plus commune opinion est qu'il faut dire et écrire *alte* sans *h*... Or est-il que je pose en fait, après le témoignage d'une quantité de personnes irréprochables, auquel je joins encore ma propre observation, que dans tous les livres on n'a point vu *alte* imprimé ni écrit avec un *h* » (Vaugelas, II, 335). Cf. Molière, *Dépit amoureux*, 975 :

> Nous verrons. Mais Lucile... *Alte* ! son père sort.

un compte de sillabes conforme à celui de la langue réellement vivante. Il sera lui-même rendu par là plus vivant et en même temps plus sonore et plus armonieux. Nous l'avons vu en effet, l'armonie est d'autant plus grande que les éléments qui entrent en jeu pour la constituer sont mieux modulés : l'e muet qui n'existe dans les vers que par une prononciation artificielle, quoique obligatoire, ne vaut pas pour la modulation une voyelle plus nette et mieux timbrée.

Voilà donc une première tendance : elle porte sur la langue. La seconde, que nous annonçions tout à l'eure, touche d'une manière beaucoup plus intime à la facture même du vers. Nous avons indiqué que notre vers lorsqu'il est devenu ritmique tout en restant sillabique devenait un vers bizarre. En effet la superposition de ces deux sistèmes presque incompatibles produit forcément une sorte de discordance. Dire qu'un vers est sillabique c'est faire entendre qu'il a un nombre de sillabes fixes, avec au besoin un point de repère quelque part (la césure de l'émistiche) et rien de plus. Un vers ritmique au contraire à un nombre fixe d'accents ritmiques ou de mesures déterminées par eux et un nombre de sillabes quelconque. Or notre vers classique a un nombre de sillabes fixe avec un nombre de mesures qui ne l'est pas obligatoirement. Sans doute le nombre des sillabes de chaque mesure n'est fixe et égal que dans le tipe relativement rare 3. 3. 3. 3 :

> Ma fortu\ne va prendre | une fa/ce nouvelle
>
> (ANDROMAQUE).

Le plus souvent, il est très variable, mais non pas libre, car le total des sillabes comprises dans un émistiche ne peut pas être inférieur ni supérieur à six. Hugo et ses successeurs ont fait craquer la cuirasse émistiche. Ils ont ainsi donné plus de liberté au ritme et plus de variété aux mesures ; mais ils ont simplement substitué à la cuirasse étroite de l'émistiche une cuirasse plus ample, celle du vers. Le total des mesures comprises dans un vers ne peut pas comprendre un nombre de sillabes autre que douze.

Une évolution commencée ne s'arrête que lorsqu'elle est ɩhevée. Tant qu'elle n'a pas atteint son terme, une fase ɩpelle la suivante. Celle qui s'imposait après Hugo consistait briser cette dernière entrave. Les décadents l'ont tenté vec juste raison :

> Et j'aurais voulu voir | son om|bre sur la mer
> Et son visa|ge pendant qu'il rêvait | à voix haute
> Debout à la proue | et lui parler | peut-être,
> Car le navire | était ancré | près de la côte ;
> Mais les rochers | me le cachaient | et cette tête
> Qui dort | sur mes genoux, | lourde et charmante,
> M'a fait rester | assis | dans l'aube blanche...
>
> (H. de Régnier, *L'homme et la Sirène*).

> L'avenue, | comme un lit de fleuve | aux berges plates,
> Entre des pentes | aux gazons fins | et miroitants,
> Et jusqu'aux bois, | aux lignes là-bas, | des mers loin-
> Entre des arbres, | et des corbeilles | écarlates, [taines,
> L'avenue, | tel un cours de fleuve | intermittent, [nes.
> Roule et roule | les sombres flots | de ses ondes humai-
>
> (R. de Souza).

ans ces deux passages Régnier et Souza comptent encore ɛ ›illabes à peu près à la classique, et croient avoir fait uvre fort originale quand ils ont mis côte à côte des vers ai n'en ont pas exactement le même nombre.

La différence du total des sillabes est en effet peu considéable entre ces vers, mais elle pourrait être très grande. Dans n poème ritmé à forme fixe et dont chaque vers contient uatre mesures un vers peut être constitué par quatre monollabes ou au contraire par quatre mesures ayant chacune de ne à six ou même sept sillabes. Les deux vers suivants metent en contact les deux extrêmes :

> Science | art, | vie, | mort,
> Si l'on vous osait dire | que vous ignorez tout | et que
> [vous n'en savez rien | et que l'on vous en adore.

Ce n'est pas là autre chose que des schémas, mais ils font nettement ressortir le principe : ces deux vers sont égaux entre eux.

Ces vers, tout comme les vers purement classiques, pourraient à la rigueur n'être pas rimés ; ce seraient encore des vers, seulement ils ne se distingueraient pas d'une prose ritmée régulièrement. Telles sont ces petites frases de *Flaubert* que nous prenons dans *Bouvard et Pécuchet* :

C'était un rire | particulier, | une seule note | très basse,
Toujours la même | poussée | à de longs | intervalles

Ses yeux | étaient bridés | aux pommettes
Et il souriait | d'un petit air | narquois

D'un côté | une tonnelle | aboutissait | à un vigneau
De l'autre | un mur | soutenait | les espaliers ;
Et une claire-voie, | dans le fond, | donnait | sur la campagne

Tout ce qui distinguerait cette poésie de cette prose, c'est que, tandis que les petites frases de Flaubert sont précédées et suivies d'autres qui sont ritmés autrement, dans la poésie toute la pièce serait ritmée d'une manière uniforme. On n'obtiendrait par là qu'un instrument très inférieur à la prose et d'une désespérante monotonie, tous les membres de frases se terminant obligatoirement avec le vers. La rime est donc indispensable à ce mode poétique pour lui fournir toutes les ressources du vocalisme et de l'enjambement sous toutes ses formes, pour le rendre tolérable. Tel quel, il n'a jamais été employé par personne à notre connaissance ; car les deux passages que nous venons de citer ont été extraits arbitrairement par nous de pièces en vers libres et le ritme fixe que nous i avons signalé n'i a été mis qu'inconsciemment par leurs auteurs.

Il n'i a d'ailleurs pas chance que ce mode ait jamais grand succès. La monotonie lui est tellement inérente qu'il faudrait plus de génie peut être pour la rompre sans cesse qu'il n'en a fallu à Victor Hugo pour faire « Aymerillot ».

Mais le vers proprement classique est aussi bien monotone

par nature, et nos plus grands poètes classiques n'ont pas pu toujours le garantir de ce défaut. Les romantiques i ont introduit une grande variété en modifiant son sistème de coupes, ce qui en a fait au point de vue du ritme, comme nous l'avons montré plus aut p. 271, un vers libre. A côté de cela les classiques et romantiques disposaient d'ailleurs de leur vers libre, celui de La Fontaine, dans lequel le nombre des sillabes varie et avec lui, d'une manière généralement proportionnelle, celui des accents ritmiques.

Le vers purement ritmé est évidemment susceptible de quelque chose de très analogue. Il est certain qu'il peut i avoir un vers ritmique libre comme il i a un vers sillabique libre. Les décadents nous en ont donné de nombreux exemples ; maleureusement aucune de leurs pièces ne peut passer pour un modèle parce qu'aucun n'est un chef-d'œuvre. Mais la maladresse de l'ouvrier ne saurait prouver que l'instrument soit défectueux. Nous avons étudié plus aut, un morceau de M. de Régnier qui est en quelque sorte le chef de l'école qui versifie de cette manière ; nous en rappellerons ici deux autres de la même école qui sont souvent cités :

Flavie,
Je l'ai revue, un soir,
Près de la source où je vais boire au soir
Depuis de longs vieux jours de vie
Menant mes porcs ;
Elle s'est penchée à boire à sa main en coupe ;
Je n'osai lui parler songeant aux jours d'alors ;
Mais comme je lui dis : Flavie !
Parlant de l'autre vie,
De Marc et Lise et de la troupe,
De ce qu'ils diraient en me voyant là
Avec mes pourceaux et mon vêtement
Et mon épieu pour toutes armes,
Elle me regarda si tristement
Que je sentis de chaudes larmes :
O pauvre cœur, dit-elle, et s'en alla.
Souvent, toute une nuit, j'ai songé à cela

(Viélé Griffin, *Le Porcher*).

Danse sans rêve et sans trêve;
Il n'est d'inutiles ébats
Que ceux que tu danses pour moi,
Oh toi l'exsangue, oh toi la frêle, oh toi la grêle,
A qui mes baisers
Firent un tapis triomphal rosé
Des aurores où nous menâmes
Nos pas, nos regards et nos âmes,
Nos sens jaloux, nos âmes grêles;
Tu demeures la ruine éclairée par les torches
Tandis que les grands vents ululent sous les porches
Souffletant de folioles errantes les écussons

(G. Kahn, *Les palais nomades*)

Sans doute ces trois pièces ne sont pas très mauva mais on est loin de pouvoir dire qu'elles soient bonnes; faiblement pensé, pauvrement écrit et même mal ritmé. Q à prétendre que ce n'est que de la prose et même de la vaise prose; non pas. La présence de la rime (ou asson suffit à les distinguer par tous les moyens d'expression q permet. On peut trouver aisément de la prose tout aussi ritmée et même mieux. En voici des exemples qui ne pas exceptionnels dans les œuvres de nos prosateurs :

Un dimanche | ils se mirent en marche | dès le mati
Et, passant | par Meudon, | Bellevue, | Suresnes, | Aute
Tout le long du jour,
Ils vagabondèrent | entre ces vignes,
Arrachèrent | des coquelicots | au bord des champs
Dormirent | sur l'herbe,
Burent | du lait,
Mangèrent | sous les acacias | des guinguettes,
Et rentrèrent | fort tard,
Poudreux, | exténués, | ravis.

(Flaubert, *Bouvard et Pécu*

Le lendemain, | on repartait | dès l'aube ;
Et la route,
Toujours la même,

S'allongeait | en montant | jusqu'au bord de l'horizon.
Les mètres de cailloux | se succédaient,
Les fossés | étaient pleins d'eau,
La campagne | s'étalait | par grandes surfaces | d'un vert
[monotone | et froid,
Des nuages | couraient | dans le ciel,
De temps à autre | la pluie | tombait

(FLAUBERT, *ibid.*).

L'artifice tipografique qui consiste à faire rentrer plus ou moins les différentes lignes proportionnellement au nombre de leurs accents ritmiques n'a aucune importance ; mais c'est plus beau pour l'œil que de les faire commencer toutes au même niveau. Nous citerons encore deux passages de ce genre que nous empruntons à Guyau (*L'art au point de vue sociologique*) ; le premier est une sorte de strofe de Flaubert (*Salammbô*), qui contient même des vers blancs classiques :

Des rigoles coulaient dans les bois de palmiers ;
Les oliviers faisaient de longues lignes vertes ;
Des vapeurs roses flottaient dans les gorges des collines ;
Des montagnes bleues se dressaient par derrière,
Un vent chaud soufflait,
Des caméléons rampaient sur les feuilles larges des cactus.

L'autre est une description de la Révolte dans *Germinal* de la. Nous le reproduisons tel que l'a disposé *Guyau*, p. 335, ec une seule modification à la sixième ligne avant-dernière :

Quelques-unes tenaient leur petit entre les bras,
Le soulevaient, l'agitaient,
Ainsi qu'un drapeau de deuil et de vengeance.
D'autres, plus jeunes,
Avec des gorges gonflées de guerrières,
Brandissaient des bâtons ;
Tandis que les vieilles, affreuses, hurlaient si fort
Que les cordes de leurs cous décharnés semblaient se
[rompre.
Et les hommes déboulèrent ensuite,
Deux mille furieux,
Des galibots, des haveurs, des raccommodeurs,

Une masse compacte qui roulait d'un bloc ;
Serrée, confondue,
Au point qu'on ne distinguait ni les culottes déteintes,
Ni les tricots de laine en loques,
Effacés dans la même uniformité terreuse.
Les yeux brûlaient ;
On voyait seulement les trous des bouches noires,
Chantant la Marseillaise,
Dont les strophes se perdaient en un mugissement confus,
Accompagné par le claquement des sabots sur la terre
[dure.
Au-dessus des têtes,
Parmi le hérissement des barres de fer,
Une hache passa, portée toute droite ;
Et cette hache unique,
Qui était comme l'étendard de la bande,
Avait, dans le ciel clair,
Le profil aigu d'un couperet de guillotine ;
A ce moment le soleil se couchait :
Les derniers rayons, d'un pourpre sombre, ensanglan-
[taient la plaine.
Alors la route sembla charrier du sang,
Les femmes, les hommes continuaient à galoper,
Saignants comme des bouchers en pleine tuerie...

Sans doute ces morceaux de prose sont aussi bien ritmés que ceux de poésie précédemment cités, et surtout ils sont beaucoup mieux pensés et plus fermement écrits. C'est même si l'on veut de la prose poétique, mais ce n'est nullement de la poésie. *La rime est absolument indispensable à toute espèce de vers libres.* C'est elle qui marque où les vers finissent ; sans elle il n'i a qu'un seul des moyens d'expression fondés sur le ritme qui soit possible, celui qui provient du contraste des mesures lentes avec les mesures rapides ; tous les autres sont rigoureusement exclus. Les effets dus à la discordance entre le ritme et la sintaxe sont exclus. Ceux qui sont produits par le vocalisme sont presque tous exclus, et la couleur vocalique disparaît en partie. Même les effets reposant sur le jeu des consonnes ne peuvent plus se déployer avec la même intensité.

ln la pensée n'ayant plus d'ailes pour voler, marche saïquement.

l n'a manqué jusqu'à présent au vers ritmé libre qu'un te qui sût le manier. Il faut reconnaître d'ailleurs que st un instrument beaucoup plus délicat que le vers classi-, mais aussi combien plus puissant, combien plus varié. cune nuance qui lui échappe, aucun effet qui lui soit anger.

'oilà donc deux tipes de vers qui se présentent : le vers ıbique de Racine, de Hugo, et des fables de la Fontaine, s fondé sur la langue réellement vivante ; et d'autre part ers ritmé à forme fixe ou surtout à forme libre. On s'arrê- ı évidemment à l'une de ces deux manières ou l'on ne fera s de vers. En deors de ces deux modes rien de possible en ıçais pour le moment.

u'il vienne un poète digne de ce nom et il pourra user de de ces deux instruments sans aucune restriction. S'il est i, comme l'a dit d'Eichtal, que « toute tentative trop radi- ; et trop précipitée sera nécessairement stérile », et que art doit procéder par évolution et non par révolution », le te n'a plus à craindre ces mauvais présages ; il ne s'agit ı d'une révolution, mais de l'achèvement d'une évolution ıt la plus grosse part est accomplie ; il n'i a pas de voies ıvelles à frayer, le chemin est ouvert.

Maurice GRAMMONT.

BIBLIOGRAPHIE

REVUE DES REVUES

Archiv für das studium der neueren sprachen und li raturen, CXI, 3 et 4. -- *L. Jordan* : Die « Geisel Ogier p. 324 ; — *L. Gauchat* : Gibt es mundartgrenzen ? p. 365.

Romanische forschungen, XVII. — *C. Decurtins* : Rätoro nische Chrestomathie, VI.

Zeitschrift für romanische philologie, XXVIII, 1 et 2. - *Nigra* : Metatesi, p. 1 ; — *Sandfeld Jensen* : Die konstruktion d rumänischen, p. 11 ; — *H Schuchardt* : Trouver (drittes stü p. 36 ; — *Santorre Debenedetti* : Intorno ad alcune postille die gelo Colocci, p. 56 ; — *G. Baist* : Labialisierung des nebenton vokalischen R, p. 94 ; — *A. Zimmermann* : Lat. *ie* statt lat. *ĕ*, p. — *Id.* : Zum -*utus* partizip im romanischen, p. 97 ; — *M. Fries gner* : Zu Zeitschrift XXVI, 475, p. 97 ; — *H. Schuchardt* : E chien et loup, p. 98 ; — *Id.* : Ital. « caffo ; patta » ; — B « ope, opil » et lat. « offa, offella » ; — Zum iberischen, p. 98 *C. Nigra* : A proposito del metodo d'investigazione nella storia parola, p. 102 ; — *G. Baist* : Etymologien, p. 105 ; — *J. Ulr* « Chaucirer » ; — fr. « grincer », rät. « sgrizchiar », p. 113 *W. Meyer-Lübke* : Franz. « geline », p. 114. — *H. Schucha* Etymologisches, p. 129 ; — *S. Pieri* : Il dialetto della Ver p. 161 ; — *H. Schuchardt* : ital. *corbezzolo*, span. *madroño*, *olidone*, franz. *micocoulier*, span. *babazorro*, ital. *ciabatta*, p. 1 — *A. Horning* : afr. *mais* (= *mauvais*), p. 197.

Journal des Savants, II, 2. — *A. Thomas* : L'Atlas lingu que de la France, p. 89 ; — *J. Vendryès* : La linguistique indo-e péenne, p. 118.

Bulletin hispanique, VI, 1. — *A. Thomas* : Roger Baco les étudiants espagnols, p. 18 : — *M. Goyri de Menéndez Pi* Romance de la muerte del principe D. Juan, p. 29.

Bulletin périodique de la Société ariégeoise des scien lettres et arts et de la Société des études du Couser IX, 5. — *F. Pasquier* : Privilèges et libertés des trois Etats

Comté de Foix à la fin du XIVe et au commencement du XVe siècle, p. 231.

Romania. XXXIII, n° 129. — *P. Meyer* : Notice du ms. med. Pal. 141 de la Laurentienne (Vies des saints), p. 1 ; — *P. E. Guarnerio*: Postille sul lessico sardo, p. 50 ; — *Ov. Densusianu* : Notes de lexicographie roumaine, p. 71 ; — *G. Huet*: La parabole des faux amis, p. 87 ; — *A. Thomas* : Encore l'ancien français *gers*, p. 91 ; — *A. Longnon* : Estourmi de Bourges, p. 93 ; — *L. Brandin* : Un fragment de la vie de saint Gilles, p. 95.

Revue de philologie française et de littérature, XVIII, 1. — *L. Vignon* : Les patois de la région lyonnaise. Le pronom régime de la 3e pers. (suite) : le régime direct au masculin pluriel, p. 1 ; — *H. Yvon* : Etude sur notre vocabulaire grammatical : le mot « indéfini », p. 46 ; — *E. Bourciez* : Sur l'étymologie de « biais » ; — *L. C.* : « Qui vive ? ».

Annales du Midi, n° 62. — *H. Guy* : Les quatrains du seigneur de Pybrac (*suite et fin*), p. 208 ; — *G. Millardet*: Gascon *subiw* « haie », p. 222, — De la réduction du *ñ* a *y* en gascon, p. 224.

Bulletin de la Société des sciences, lettres et arts de Pau, 2e sér., t. XXXI. — *J.-B. Bergez*: Histoire de la fondation du Bager d'Oloron en Béarn, p. 1.

Revue hist., scient. et litt. du département du Tarn, t. XIX, 2e série, n° 6. — *A. Vidal* : Armement d'une compagnie d'arbalétriers albigeois en 1360, p 301.

Revue de Gascogne, nouv. sér., IV, 3 et 4. — *V. Foix* : Folklore: Glossaire de la sorcellerie landaise (suite), p. 123 et 185.

Revista de archivos, bibliotecas y museos, terc. ép., año VIII, 2 y 3. — *E. Mele y A. Bonilla y san Martin* : Dos cancioneros españoles, p. 162 ; — *P. Quintero* : Una carta de Juan de Herrera, p 176 ; — *N. Hergueta* : Documentos referentes à Gonzalo de Berceo, p. 178 ; — *A. P. y M.* : El Aguila del agua, representación española de Luis Vélez de Guevara, p. 180 ; — *M. S. y S.* : Fantasia politica. Sueño de Feliz Luzio. Diàlogo de un vivo y dos muertos. Prologo, p. 200 ; — *M. S. y S* : Glosa al romance « Triste estaba el Padre Santo », p. 209.

Revista Lusitana, VIII, 1. — *A. Fokker* et *G. Vianna* : Malaio e portuguès, p. 1 ; — *J. Leite de Vasconcellos* : Poesia et ethnographia, p. 29 ; — *A. d'Azevedo* : Documentos antigos da Beira, p. 35 ; — *J. Leite de Vasconcellos* : Poetas populares portuguesès, p. 45 ; — *Id.* : Dialectos interamnenses, p. 51

COMPTES RENDUS CRITIQUES

Pierre Devoluy. — Les noms de la carte dans le Midi, essai sur les noms de lieux du comté de Nice. *Nice, typ. Malvano,* 1903.

La plupart des travaux publiés jusqu'ici sur les parlers de la *terra nova de Provensa* manquent à la fois de sûreté dans l'information et de clarté précise dans l'exposition. La brochure du capoulié du Félibrige Pierre Devoluy vient à son heure pour rompre une tradition fâcheuse à tous égards. Un examen méticuleux y ferait peut-être découvrir quelques défauts secondaires, — d'ailleurs bien excusables chez un homme qui n'est pas linguiste de profession, alors que des erreurs énormes rendent inutilisables les travaux de beaucoup de gens se disant tels —, mais l'ensemble demeure comme un excellent résumé de traits généraux et un guide utile pour des recherches ultérieures plus détaillées.

La première partie de l'ouvrage établit clairement la *provençalité* des parlers du Niçard et distingue nettement celui de Nice, étroitement apparenté, notamment par la chute de *s* au pluriel des noms, aux parlers voisins de Cannes, Toulon, Marseille, etc..., des parlers de la montagne, tant sur le versant politiquement italien que sur le versant politiquement français des Alpes, ceux-ci plus voisins des parlers de la haute Provence et du haut Dauphiné par la transformation de *c* en spirante devant *a*, le maintien de *s* au pluriel, etc..... Le langage de Menton présente une curieuse association des caractères généraux des parlers de Provence avec certains traits des parlers de la montagne, comme la chute de *l* finale romane, et certains autres communs aux parlers italiens voisins, comme les pluriels féminins en *e* et la vocalisation de *l* en *i* après les occlusives.

Tous ces parlers présentent d'ailleurs une frappante concordance dans le vocabulaire, spécialement dans la toponymie, à laquelle est consacrée la deuxième partie de l'ouvrage. Celle-ci est un lexique alphabétique où chaque article donne à côté du mot dans sa forme typique, présentée en provençal d'Arles, comme en tête des articles du *Tresor dóu Felibrige*, d'abord les principales variantes dialectales régulièrement orthographiées suivant les règles félibréennes, puis les différentes défiguration que leur ont fait subir les cartes sardes et que les cartes françaises ont généralement maintenues ou aggravées. Ce répertoire pourra rendre de grands services et aux romanistes et aux topographes : il serait un guide excellent pour la révision de la nomenclature usitée sur les cartes, où deux couches superposées de cacographie rendent la plupart des noms absolument méconnaissables.

Jules Ronjat

R. M. Lathiube. — Ine brassaie de contes en bia laingage potevin assaraie in p'tit pretout dons le départemont daux Deux-Sèvres. *Paris, Maisonneuve*, 1899, in-12.

Il y avait naguères en Poitou deux Lacuve, animés l'un et l'autre du plus grand zèle pour la conservation de leur patois, et tous deux l'écrivant avec agrément. L'auteur des *fables* bien connues *en patois poitevin* est mort à Melle en décembre 1899 ; l'autre, son cousin, auteur du recueil dont on vient de lire le titre, est le même qui nous a donné, il y a quelques années, une *histoere de Meurlusine*, que la *Revue* a, dans le temps, signalée et louée. La publication dont nous rendons compte ne mérite pas moins d'être recommandée aux linguistes et surtout aux folkloristes. Les derniers y retrouveront, narrés avec la bonhomie narquoise qui caractérise les paysans de l'ouest, nombre d'histoires plaisantes qu'ils reconnaîtront bien vite, sous leur nouvelle forme, pour les avoir entendues ou lues ailleurs, et les premiers sauront y découvrir, sous la graphie un peu incertaine de l'auteur, des cas intéressants de phonétique, de morphologie et même de syntaxe.

E. V.

H. Barthe. — Morceaux choisis des principaux écrivains espagnols, classés d'après les genres littéraires. Deuxième partie : poésie. *Paris, Gamber ; Albi, Fabre*, 1903, in-12 de 327 p.

M. Barthe, professeur au lycée d'Albi, offre à ses collègues de l'enseignement secondaire un recueil de poésies espagnoles, abondant et varié [1], où il n'est peut-être aucun morceau qui n'ait son genre d'intérêt [2]. Certains seront peut-être d'avis qu'une place trop large a été faite aux auteurs de second ordre ; ce reproche serait, je crois, peu fondé : il ne faut pas oublier, en effet, que les élèves ont déjà entre les mains des extraits ou certains ouvrages complets des principaux auteurs espagnols.

Je critiquerais plus volontiers la distribution des matières. M. B. a tenu à la classification par genres ; soit. Ce plan est acceptable, à condition qu'on s'en tienne à trois ou quatre divisions très générales ; mais ici nous avons six sections, où l'on s'étonne de retrouver

[1] Je ne connais pas la première partie du recueil (prose), précédemment publiée.

[2] M. B. a multiplié les morceaux dramatiques, avec raison, ce me semble ; mais il eût été indispensable d'expliquer en deux mots la situation. La plupart de ces scènes, ainsi isolées, sont difficilement intelligibles ou perdent une partie de leur intérêt.

les antiques et peu vénérables divisions des La Harpe et des Batteux. La conséquence est que certains morceaux pourraient aisément passer d'une section dans l'autre ; par exemple, des extraits du même poème se trouvent à la fois dans la première et la quatrième (pp. 14 et 219). D'autre part, malgré la multiplicité desdites sections, on trouve dans la même des morceaux qui n'ont aucun rapport entre eux, comme une tirade épique (p. 60), des *redondillas* satiriques (p. 68) et des « anacreontica » (p. 97)[1]. Mais je n'insiste pas sur ce défaut, véniel en somme, dans un recueil où chaque morceau a son individualité et son intérêt propre.

La partie vraiment médiocre de l'ouvrage me paraît être l'annotation, composée presque uniquement de rapprochements littéraires. M. B., qui y a apporté tous ses soins, sera sans doute fort étonné de ce reproche ; mais il y a là une question de principe. Qu'on signale aux élèves les imitations directes et assurées, rien de mieux[2]. Mais quelle est l'utilité de faire concourir vingt auteurs, anciens et modernes, sur des thèmes comme le sourire de l'enfant ou les charmes d'une matinée de printemps ? Ces rapprochements peuvent servir, dans une classe, à piquer et réveiller l'attention, mais ils tiennent, dans un livre où l'espace est mesuré, une place qui devrait être réservée à autre chose.

Je veux dire, naturellement, à l'explication précise de termes obscurs, rares, ou détournés de leur sens, de particularités de syntaxe, d'idiotismes etc. On trouvera bien quelques éclaircissements de ce genre ; mais ici encore, M. B., entraîné par sa passion des rapprochements, compare plus qu'il n'explique, et l'un ne remplace nullement l'autre[3]. Certaines de ces notes grammaticales sont vraiment déconcertantes : quelle singulière idée que celle de remarquer (nº 63)

[1] Il y en a d'autres dans la première partie (p. 28).

[2] J'en signalerai une de ce genre : le morceau de Hita sur le pouvoir de l'argent (p. 210) est traduit librement d'une pièce des *Carmina Burana* (p. 43), dont est imitée aussi une pièce française du XIIIe siècle, *Dan Denier* (Jubinal, *Jongleurs et trouvères* p. 94).

Certains rapprochements, non entre les mots, mais entre les œuvres, s'imposaient : il fallait dire que le *Bernardo* de Valbuena est une imitation de Boiardo et de l'Arioste ; au passage cité pouvait être comparé le morceau de Pulci sur le même sujet (*Morgante*, ch. XXVI-XXVII.

[3] Surtout quand il n'y a aucun rapport entre les deux locutions rapprochées, comme dans la n. 2 de la p. 67 où *maguer* est « comparé » au fr. *maugré*. Il serait prudent aussi de s'interdire les emprunts à une langue que l'on connait mal : il est évident que l'italianisme *denare* (p. 210), le latinisme *scripteurs* (p. 233) n'ont rien à voir avec le français du moyen âge ; *mercier* (p. 60) n'est pas pour *remercier* par apocope. — P. 3, n. 2 *callando* n'est pas un particpe présent, mais un gerondif.

que les anciens possesifs *mo, to, so* « sont plus voisins du français moderne » que *mi, ti, si*, que *ge* (pronom de la 3e personne) pour *se* ne doit pas être confondu avec l'anc., fr. *ge* pour *je* ! Il y a des choses que l'on peut dire pour égayer une classe, pour fournir aux intelligences paresseuses un point d'appui mnémonique, mais que l'on n'imprime pas : telle cette liste (p. 241, n. 4) de « synonymes apparents » (lisez « homonymes approximatifs ») en français et en espagnol. Avertissez, si vous le voulez, vos élèves que *accionar* veut dire « gesticuler », non « actionner » ; mais que font dans cette liste *cachete* et *acecinar* ? M. B. craint-il la confusion avec « cachette » et « assassiner » ? S'il voulait nous divertir, il pouvait trouver mieux. J'ai vu dans des copies de baccalauréat *gobierno* traduit par « giberne » et *el anciano bebe* par « le vieux bébé » ; mais je n'engagerai aucun grammairien à prémunir contre ces erreurs.

Un autre point important est l'établissement des textes. Je regrette que M. B. n'ait presque jamais dit à quelles éditions il empruntait les siens (c'eût été une première indication sur le degré de confiance à leur accorder) ni s'il avait tenté de corriger ces éditions. Je n'ai examiné que quelques morceaux, choisis parmi les plus anciens ; le texte m'a paru lisible, mais non irréprochable. Celui de l'Archiprêtre de Hita (p. 209 ss.) est assez correct, bien que M. B. n'ait pas utilisé l'édition Ducamin [1]. Pour le morceau emprunté au *Poème du Cid*, il semble que M. B. ait fait un choix arbitraire entre les leçons de l'éd., Pidál et celle de Ochoa (vers 19 *la*, 39 *le*, 40 *alçava à* avec Ochoa) ; il a même ajouté à celle-ci quelques fautes qui importent au sens (6 *nos* pour *vos* ; 16 *non* pour *nos* ; 33 un vers omis). On se demande en outre pourquoi dans certains morceaux la graphie ancienne est conservée, tandis qu'elle est modernisée dans d'autres.

Une lacune qui me semble plus regrettable que toute autre concerne les questions de versification, si importantes et si compliquées ; il n'y a pas un mot sur les différentes formes de vers ou de strophes. Ces questions, évidemment, n'intéressent pas l'éditeur : aussi arrive-t-il fréquemment que des strophes soient imprimées sans séparation, comme le serait un morceau narratif. On ne se douterait pas que la poésie de Villasandino (p. 65) est en huitains, les extraits de l'*Alejandro* (p. 64) et de Hita (p. 209) en quatrains ; M. B. n'a pas vu que dans le 3e morceau (p. 5) les v. 1, 3, 5 de chaque strophe ont *régulièrement* une rime intérieure. — Quel ne sera pas l'embarras de l'élève qui, voyant — et il serait bien excusable de le faire — dans

[1] Au v. 21 du deuxième morceau, le ms. a *fuser* pour *fasia*, au v. 22 *todo lo* pour *todoslos*.

les vers de Mena [1] (p. 66) des hendécasyllabes ordinaires, essaierait de les scander. Il fallait expliquer en quelques mots ce que c'est que l'*arte mayor*, ou du moins renvoyer a l'excellent article de M. Morel-Fatio sur ce sujet (*Romania*, XXIII, 209).

Malgré ces défauts, le livre de M. B. peut rendre de réels services, à condition d'être soigneusement contrôlé et complété par les professeurs qui l'utiliseront [2].

A. Jeanroy.

Emile Faguet, de l'Académie française. — *Propos littéraires, deuxième série*, Paris, Société française d'imprimerie et de librairie, 1904, in-18, 3 fr. 50.

La deuxième série des *Propos littéraires* n'a — comme, au reste, la première — qu'un seul défaut : c'est que certains articles en étant déjà un peu anciens ne satisfont qu'à moitié la curiosité du lecteur. L'un est intitulé *Victor Hugo et ses derniers critiques* ; mais, daté de 1887, il ne parle que des volumes de MM. Stapfer et Dupuy. L'autre, *sur l'Alexandrinisme*, est étonnamment riche en idées « suggestives » sur l'art, reprend avec force et avec pénétration la question de Sainte-Beuve : « Qu'est-ce qu'un classique ? » et se termine par des vues ingénieuses sur la littérature récente ; mais cette littérature récente est déjà un peu loin de nous, parce que l'article est de 1894. — Défaut provisoire, car d'autres articles compléteront ceux que je signale ; défaut qui a même un avantage, car il ne nous est pas indifférent de savoir quelle idée se faisait, il y a dix ans, de notre littérature un critique tel que M. Faguet.

Çà et là quelques doutes viennent à l'esprit. Est-il vrai que, vainqueur à Waterloo, Napoléon fût resté pacifique (ainsi que le dit l'article sur le « 1815 » de M. Houssaye) ? et, même en ce cas, l'Europe, qui avait juré la perte du conquérant dès 1813, eût-elle consenti à le laisser sur le trône ? — L'etude si élogieuse et, en somme, si juste sur M. Brunetière fait-elle assez de réserves sur la théorie de l'évolution des genres ? — Le jugement sur le *Victor Hugo* de M. Dupuy ne contraste-t-il pas un peu trop avec la belle étude que M. Faguet lui-même a consacrée au poète dans son *dix-neuvième siècle* ?

A côté des scrupules inspirés par la lecture des *Propos littéraires*

[1] Le poème de Mena est, non épique, mais allegorique : il eut été bon de dire qu'il est imité de la *Divine Comédie* et de notre *Roman de la Rose*.

[2] Pourquoi ne pas avoir facilité le travail à ceux-ci en leur indiquant les principales éditions ou études critiques? La liste eût été, malheureusement, assez brève.

s'il fallait placer les réflexions fécondes qu'elle suggère, ce compte-rendu, qui doit être court, s'étendrait singulièrement. Et à quoi bon? Qui voudrait se contenter de lire un compte rendu et se refuser le plaisir de voir directement jaillir tant d'idées de toutes sortes ?

La variété des tons pris par M. Faguet est surprenante. A côté d'une réfutation méthodique et « terre à terre » — bien entendu, c'est M. Faguet qui emploie cette expression — des exagérations de Taine et de M. Krantz sur la doctrine de Boileau, voici un amusant et instructif paradoxe *pour La Rochefoucauld*. A coté d'une grave étude où est loué et discuté le livre excellent de M. Ducros sur l'*Encyclopédie*, voici de fines remarques sur les relations de Stuart Mill et d'Auguste Comte. Et, pêle-mêle, signalons, avec des articles sur des romans de M. René Bazin ou de M. Paul Margueritte, des observations sur Lassalle et le socialisme, une spirituelle et sympathique biographie de Sarcey, des vues sur l'évolution des idées générales, sur l'histoire de l'éloquence politique et sur la tristesse contemporaine, une étude charmante sur *la Sophie de Rousseau* et sur l'éducation féminine d'après Jean-Jacques et Fénelon.

Le dernier mot de celui qui vient de lire un recueil de M. Faguet est toujours celui de l'enfant auquel on a donné quelques douceurs et qui en est heureux, mais non satisfait : « Encore ! »[1].

Eugène Rigal.

H. M. Bernardin. — *Contes et Causeries*. Paris, Delagrave, in-16, 3 fr. 50.

Je ne puis insister sur le recueil de M. Bernardin, d'abord parce qu'il contient un article sur mon *Théâtre français*, ensuite parce que le savant historien de Tristan l'Hermite ne s'y est aucunement piqué d'érudition. Quelques contes et fantaisies agréables y sont groupés sous ce titre général : *Ce que nous enseignent les bêtes*. Ernest Legouvé et le P. Gratry y sont l'objet d'aimables études, et nous y faisons ou refaisons connaissance avec l'abbé Michel de Saint-Martin, l'amusant *mamamouchi*, qui fut si bien mystifié à Caen en 1687. Voici maintenant des conférences de l'Odeon : sur l'*Étourdi*, sur *Britannicus*, sur Montfleury et *la Femme juge et partie*, sur Collé et la *Partie de chasse de Henri IV*, sur Madame de Genlis et *Galatée*. Et le livre, qui avait d'abord été annoncé sous le titre de *Causeries du samedi*, comprend

[1] Quelques fautes d'impression. P. 57 (et non 5) lire : *les choses se sont assez souvent disposées ainsi* (et non : ne sont) ; p. 90, l. : *le repos de la littérature personnelle épuisée* : — p. 249, l. : *Soulary* (et non Saulary) ; — p. 294, l. : *la somme qui procure tout juste sa sa subsistance à l'ouvrier marié* (et non : célibataire); — p. 307, l. : *egale rien* (et non : égal rien).

enfin des causeries faites aux samedis du même Odéon sur l'*Ame de la rue*, l'*Ame des bêtes*, les *Poésies de Camille Saint-Saëns*, les *Rois poètes*, la *Chanson du travail*. Il y a quelque chose d'un peu factice dans ces morceaux chargés de préparer le public à l'audition de tels ou tels poèmes ; les hommes et les choses de l'Odéon y sont aussi l'objet d'éloges passablement complaisants. Mais tous sont bien composés, bien informés, spirituels à la fois et instructifs : leurs auditeurs ont pu les applaudir sans scrupule. Je n'en dirais pas autant de tous les discours qui ont été prononcés dans le même théâtre, fussent-ils de « la spirituelle conférencière » dont les Biterrois, moins galants que les Parisiens de la rive gauche, ont médiocrement goûté le livret de *Parysatis*.

Eugène Rigal.

OUVRAGES ANNONCÉS SOMMAIREMENT

A. Meillet. — Etudes sur l'étymologie et le vocabulaire du vieux slave. 1re partie. (Bibliothèque de l'Ecole des hautes études, 139e fascicule). *Paris, Bouillon*, 1902.

Les langues slaves n'intéressent pas directement les romanistes sauf quand ils s'occupent du roumain. Les emprunts des autres langues romanes aux langues slaves sont en effet une quantité à peu près négligeable ; mais ceux du slave au roman sont plus nombreux et il n'est pas indifférent de savoir par quelle voie et sous quelle forme ils ont été opérés. C'est pourquoi nous signalons ici cet ouvrage de M. Meillet dont 8 pages (179-187) sont consacrées à la question qui nous occupe. Les mots romans qui ont pénétré dans le domaine slave i sont arrivés par la voie germanique, mais pas tous dans le même état : les uns avaient été auparavant germanisés dans leur forme, les autres sont parvenus intacts. L'auteur avait déjà effleuré ce sujet dans les *M S L, XI*, p. 179, à propos des emprunts du slave au germanique ; il i revient ici avec plus de détails. Il est intéressant de savoir que v. sl *križĭ* comme vha. *chrūzi* suppose **crūcem*, et que de même v. sl. *kaležĭ* « calicem », *banja* « balneum » reportent à des formes avec *a* long ; d'autre part *banja* remonte à **banea* et non à *balnea*. *Lactūca* est arrivé, non avec un *k* devant le *t*, mais avec un c palatalisé, comme dans le roman du nord et de l'ouest. *Pastyrjĭ* représente *pastūrium*, c'est-à-dire **pastōrium* germanisé ; *monastyrjĭ* indique **monastūrium*, c'est-à-dire **monastōrium* au lieu de *monasterium*. Par contre, en face de vha. *scintula* qui est le latin *scindula*, le slovène donne *skodla* qui est *scandula*, en face de vha. *pfalanza* le slave a *polata* « palatium » sans la nasale et de même il a *pogača* « it. focaccia » en regard de vha. *fochenza*. Mais nous n'avons pas à énumérer tous les détails que contient cette étude ; nous voulons seulement engager les romanistes à la lire : il leur arrive d'employer moins bien leur temps. M. G.

C. Salvioni. — Ancora i nomi leventinesi in *-engo* (Estratto dal *Boll. Stor. d. Svizzera italiana*, vol. XXV, p. 93-101), *Bellinzona*, 1903.

M. Salvioni revient sur cette question parce que J. Hunziker a soutenu que la fréquence du suffixe *-éngo* dans la Leventina était la preuve d'une influence « allemande » toute particulière dans cette région. Franchement il i a des tèses qui ne méritent pas une réfutation. Celle de Hunziker n'a pour elle que le chauvinisme étroit de son auteur. La discussion de M. Salvioni se fonde sur des arguments dont la certitude est tellement incontestable qu'on regretterait qu'il eût pris la peine de les présenter, s'il n'avait trouvé là l'occasion de compléter nos renseignements sur l'extension de ce suffixe et de poser le problème de son origine. M. G.

C. Salvioni. — Bricciche bonvesiniane (Estratto dalla *Miscellanea di studi critici* ed. in on. di Arturo Graf), 1903 [14 p.].

M. Salvioni examine successivement 14 mots ou formes de la langue de Bonvesin, qui n'ont pas reçu jusqu'à présent d'explication satisfaisante, et, grâce à sa connaissance spéciale des parlers de la Lombardie, il en précise la valeur ou en éclaircit l'origine. M. G.

H. Schuchardt. — Bericht über die auf Schaffung einer kunstlichen internationalen Hilfssprache gerichtete Bewegung, *Wien* 1904.

Chargé par l'Académie impériale des Sciences de Vienne de présenter un rapport sur la création d'une langue internationale auxiliaire, M. Schuchardt conclut essentiellement à la nécessité et à la légitimite de cette mesure, mais il ne considère pas le probleme comme résolu par telle ou telle des langues artificielles qui se disputent présentement l'attention du public, et estime qu'il appartient à l'Association internationale des Académies de prendre la direction d'un mouvement qui conduirait à la solution définitive.

J. R.

Divers Almanachs en Langue d'Oc. — Il s'en publie trop pour que nous songions même à les énumérer. Bornons nous à en signaler deux comme particulièrement intéressants au point de vue dialectologique. L'*Almanac patoues de l'Ariejo*, qui paraît à Foix, typ. Gadrat aîné, depuis 1891, contient des contes, quelques vers, et des proverbes souvent curieux, dans tous les parlers du département de l'Ariège, celui de Foix, presque entièrement *moundi*, ceux de Quérigut, Axat, etc...., qui présentent déjà des traits catalans, et le gascon du Couserans. L'*Almanac de la Gascougno*, supplément de la *Revue de Gascogne* depuis 1898 (Auch, typ. Cocharaux), est une véitable mosaïque des parlers d'entre Garonne et Pyrénées, souvent représentés par des pièces d'une lecture agréable, avec mention de la provenance locale à la fin de chaque article et dans une table des matières spéciale. J. R.

G. Bertoni. — *Per la fortuna dei Trionfi del Petarca in Francia.* Modena, Libreria Vincenzi e Nipoti, 1904 [62 p.].

Cet opucule apporte une utile contribution à l'histoire de la fortune de Pétrarque en France au XVIe siècle. Il montre le succès obtenu par la traduction en prose des *Trionfi* par George de La Forge. Il signale trois manuscrits, deux de la Nationale, un de l'Arsenal, contenant une traduction en alexandrins des mêmes *Trionfi* par Simon Bourgoyn. Dans l'un de ces manuscrits chaque *Triomphe* est précédé d'un rondeau. C'est un exemple de plus à ajouter à ceux sur lesquels on s'appuyait pour montrer que nos poètes ont essayé de faire pénétrer la substance pétrarquiste dans la vieille forme française du rondeau. M. G. Bertoni est bien au courant des plus récents travaux publiés en France et en Italie sur la littérature française du XVIe siècle. J. V.

INFORMATION

La Correspondance de Chateaubriand.

M. Louis Thomas prépare une édition de la correspondance générale de Chateaubriand, et nous prie d'annoncer qu'il sera reconnaissant pour toute communication qui pourra lui être faite à ce sujet. Aux détenteurs de lettres inédites de Chateaubriand, M. Thomas demande de vouloir bien les faire paraître le plus tôt qu'il leur sera possible et de lui signaler leur publication Aux amateurs qui, possédant des autographes de Chateaubriand, ne voudraient pas en faire connaître le texte eux-mêmes au public, M. Thomas saurait gré de les lui communiquer, comme il remercie d'avance toutes les personnes qui pourront l'aider, soit à donner un texte meilleur ou plus complet des lettres ou fragments de lettres déjà connues, soit à éclairer ce texte de quelque détail nouveau, soit à retrouver des lettres déjà imprimées, mais enfouies dans quelque ouvrage, recueil ou journal insoupçonné. Les communications ou demandes de renseignements devront être adressees à M. Louis Thomas, 26, rue Vital, Paris (XVIme).

Le Gérant responsable: P. Hamelin.

LE POÈTE NIMOIS BIGOT

ET SES POÉSIES LANGUEDOCIENNES

(Conférence faite à la Société d'Enseignement populaire de l'Hérault)

La ville de Nimes vient d'élever un buste à la mémoire de got. Si l'excellent homme, dont la modestie était sincère, ait pu prévoir l'hommage qui lui serait rendu après sa mort, 'en fut sans doute montré fort surpris. Mais cet hommage ité si spontané, si évidemment dépourvu de toute pensée à é, qu'il honore à la fois l'homme qui en est l'objet et ses ifs admirateurs.

L'occasion s'offre donc de parler de lui, mais l'éloge de ce ète sera fait ici par un scientifique sans prétention littéraire. got méritait évidemment mieux. Mon excuse, que je m'em-sse de présenter, sera dans mon tempérament de méridio-l, voire de *Clapassié*. J'aime notre Midi, son clair soleil, son l pur, même ses garigues brûlées et le cri strident de ses ales. J'aime donc ceux qui l'ont chanté dans sa langue rmonieuse, chaude et colorée. Et peut-être dois-je cela au t de ma nourrice qui ne parle pas plus le français que le skrit! Séduit de longue date par les qualités poétiques de got, il m'a semblé que sa réputation, vraiment trop locale, ritait de s'étendre, et que ce modeste n'était pas apprécié a valeur hors de sa petite patrie nimoise. Pour être en nde partie volontaire, son effacement n'en est pas moins uste, et ce serait une vraie joie pour moi, si je parvenais, ec mes faibles moyens, à faire apprécier ce poète, à faire ner cet homme de conscience et de droiture.

Et j'entends bien que ses concitoyens (ils viennent de le

prouver), n'ont pas mérité le reproche d'injustice. Ceux qui l'ont connu l'ont aimé. A chaque réunion annuelle de l'Académie de Nimes, dont il était membre depuis 1861, la séance se terminait par la lecture prévue, attendue, désirée et toujours applaudie d'une œuvre nouvelle du poète languedocien, qui déridait la docte assemblée. D'autre part, il fut populaire en son pays, connu et compris du peuple qu'il connaissait et comprenait si bien lui-même, et plus fier encore de ses succès dans les réunions ouvrières que des ovations académiques. Aussi parle-t-on souvent de lui dans les assemblées populaires, où son nom une fois connu n'est plus oublié de personne. Lire çà et là quelques-unes de ses poésies y suffit déjà ; montrer l'homme dans son œuvre est mieux. J'y vais tâcher, comptant grandement sur l'intérêt du sujet pour faire oublier l'insuffisance de l'orateur.

***

Les vies les plus belles sont parfois celles qui n'ont pas d'histoire. Mais notre admiration et notre respect doivent aller chercher dans leur retraite les hommes qui passent en faisant silencieusement le bien, et qui recouvrent toutes leurs vertus du voile de la vraie modestie. Tel fut Bigot, dont la vie tout entière peut être résumée en quelques mots :

Né en 1825, dans la classe ouvrière, il dut, bien que ses parents eussent une certaine aisance et une assez large culture intellectuelle, gagner sa vie de bonne heure, et quitter l'école à l'âge de treize ans. Mais, quoiqu'il en dise lui-même avec trop d'humilité, il sut trouver le temps de s'instruire, et de s'élever par ses propres forces bien au-dessus de sa condition première, en mettant à profit les quelques répits de la lutte pour l'existence. Plus habile d'ailleurs à la poésie qu'aux affaires, portant plus haut son esprit et son cœur que sa fortune pécuniaire, il est mort à soixante-douze ans, le 7 janvier 1897, après une vie plus utile aux autres qu'à lui-même, et au cours de laquelle les douleurs les plus cruelles ne lui furent pas épargnés !

C'est tout ! Et l'exposé détaillé de l'existence de cet homme de bien ne nous offrirait rien de plus ; il a traversé la vie en s'efforçant d'y passer inaperçu, comme il traversait les rues de Nimes, de son petit pas discret, perdu dans la foule, songeant à quelque fable nouvelle, et n'attirant l'attention des passants que par la fine expression de son visage et de son sourire, un tantinet narquois.

Mais l'homme va nous être révélé par l'œuvre.

*
* *

Ses premières poésies furent écrites en français. Je n'ai point l'intention de les étudier ici : la plupart sont des œuvres de jeunesse, qui sans doute seraient plus appréciées, si la personnalité de l'auteur ne s'était affirmée avec plus d'éclat dans les œuvres languedociennes. Les poésies françaises ont beaucoup souffert du voisinage. Il est certain que l'originalité de Bigot ne s'y montre pas avec la même allure que dans ses œuvres locales, mais l'on y retrouve pourtant les grandes qualités morales et intellectuelles de l'auteur : conscience droite, conviction profonde, modestie sincère, sagesse d'esprit, amour des pauvres et des humbles, cœur compatissant aux tristesses de l'humanité. Tout cela, joint à de réels mérites poétiques aurait suffi largement à donner à l'auteur une place honorable dans le monde des lettres : mais la voie n'était pas encore trouvée.

C'est donc dans ses œuvres languedociennes que nous allons chercher a connaître notre poète : et comme il n'a rien à cacher, l'analyse de ses qualités nous sera rendue facile ! Nous n'avons qu'à feuilleter ses pages, à méditer les morales de ses Fables : il s'y montre tout entier. Regardons.

*
* *

Bigot était protestant, et très sincèrement religieux : ses poésies, ses œuvres françaises surtout, le montrent à chaque page. Mais sa religion était large et haute, tolérante et intellectuelle ; elle consistait bien moins dans les pratiques extérieures du culte (qu'il suivait pourtant assidûment), que dans l'application constante des principes de haute morale, compatibles pour lui avec les dogmes les plus différents :

Dé fés mancavo lou sermoun...
Démouravo tan yun dou temple !

dit-il de son oncle Jacques qu'il élève pourtant si haut : c'est pour lui péché véniel, qui mérite toute indulgence, car la fraternité humaine domine pour lui toutes les distinctions religieuses, mesquines et misérables :

Sé nosti viel èroun dins la batésto
Pér catouli, gorjo-négro ou jasioou,
Émbrassen-nous ; Diou règlara lou resto
Et cerquen pas dé bouro sus un iooa !

Il ne refuse pas d'avance le salut à ceux qui pensent autrement que lui, pourvu qu'ils soient gens de conscience et de bien :

L'ome yun dou bon Diou, es l'ome qué faï maou !
Qu'on siègue catouli, qué l'on siègue iganaou,
Quan à faire lou bén on plègo pas sa vido,
La Biblo saouvo pas, nimaï l'aïgo bénido !

Et la fausse dévotion n'a pas d'ennemi plus ardent :

On po barra sis yols et se foundre en prièro,
Ou soou, en aïsséjan, lima si coutiyoun,
Parla toujour dou ciel et dé la dévoutioun,
Et pamen pas rampli soun dévé sus la tèro.

Le résultat de cette large tolérance, c'est que les œuvres de ce parpaillot convaincu, sont lues et applaudies dans les milieux acquis à la libre-pensée, et dans les réunions catholiques, ainsi que nous l'apprit M. l'abbé Delfour dans un éloge qu'il fit de notre poète. Par le temps qui court, cet hommage n'est point banal !

Avant tout, il veut faire et il fait œuvre morale ; entre les pages de tous ses livres passe un souffle généreux. L'aimable raillerie de cet humoriste incomparable cesse dès qu'il s'agit d'honneur, de famille, de bonté, de justice, de charité ; il semble se découvrir devant les grands sentiments qui élèvent les âmes et raffermissent les cœurs ; et sa lyre est toujours prête à vibrer pour célébrer le foyer domestique, l'amour filial et conjugal, le travail, la liberté, tout ce qui est bon, juste ou beau.

Il est remarquable en outre qu'il a toujours su mettre les rieurs du côté du bon sens, et c'est-là, au premier chef, œuvre de moraliste : partout cette qualité si rare, éclate en ses écrits : gros bon sens parfois, un peu rude et fruste, s'exprimant sous forme d'une satire un peu épaisse, mais toujours solide et résistant. Chez lui le beau rôle est aux braves gens, et la morale ne perd jamais ses droits. Est-ce donc là chose aisée, et n'est-il pas plus facile de faire rire aux dépens du bouc que du renard ?

Il nous démontre aussi que l'on peut amuser ses lecteurs, voire les secouer d'un rire inextinguible, sans jamais blesser les convenances. Ce n'est point, certes, que le langage qu'il prête à ses personnages, le langage des Rachalans, soit toujours d'une absolue correction ! La couleur locale y perdrait singulièrement ! Non : peut être même a-t-il bien fait d'atténuer dans des éditions successives quelques expressions un peu trop... pittoresques ! Le mot cru ne l'effraie pas plus qu'il n'effrayait Molière: il ne nous effraie pas non plus. Mais jamais l'expression ni l'idée n'offensent la morale ; jamais on ne verra chez lui une situation risquée ou équivoque, une gravelure ou même une plaisanterie déplacée. Gaulois, quelquefois ; grivois, jamais. On l'a souvent comparé au La Fontaine des Fables : l'idée n'est venue à personne de le rapprocher du La Fontaine des Contes.

Il est du peuple, ai-je dit, et loin de renier son origine, il a soin de s'en montrer fier, et il éprouve pour les ouvriers une affection touchante, qui nous le fait aimer lui-même. Il aime le peuple comme on doit l'aimer, car à côté des bons conseils et des témoignages de fraternelle amitié. il ne lui ménage pas la vérité à l'occasion. Il est plein d'une exquise tendresse pour les pauvres, les humbles, les déshérités, ses vrais amis, dont il voudrait adoucir les souffrances : il les plaint et les console, mais il sait aussi leur dire que leur misère est parfois leur propre ouvrage, et il ne se montre pas plus tendre pour l'ouvrier flâneur, fainéant, débauché, que pour les bourgeois inutiles et prétentieux qu'il sait pourtant houspiller de si vigoureuse façon !

Sé y a dé méstres san counscienço
Manco pas dé varlé fourfouyur, lâche et gus
Qué couroun ou traval... per yé dourmi dessus !

Mais pour lui, l'ouvrier courageux et honnête, le travailleur manuel, reste le modèle à suivre ; il n'hésite pas à le placer haut dans son estime et à lui dire :

Sé la suzou bagno toun pan
Té plagnes pas, viel travayaïre ;
Lèvo lou fron, car siès pus gran
Qué l'ome qué viou san ren faïre !

C'est qu'il admire et qu'il chante le travail, émancipateur et moralisateur de l'humanité. Toute son œuvre est un hymne au travail. Ecoutez ces quelques vers où il montre labeur des hommes les réunissant dans la fraternité universelle :

Travayén : lou traval dou paoure es la richesso,
Avén pas qu'aquéla et l'ounou !
Messieus, chacun soun rén ; n'aoutri avén per noublesse
Nosti bras et nostro suzou !
Mascara dé carboun ou blanchi dé poussieiro
Ah ! séguen fiers dé nostre sor
Lou travayaïre, émb' un fiou d'or :
Courduro puple à puple, et frountieiro à frountieiro.

Il veut mal de mort aux paresseux de toute condition, et la mendicité lui apparait comme une bassesse indigne d'un homme libre. Il aime le peuple : donc il le veut fier, et il le lui dit en toute occasion.

Oui il aime les travailleurs et partout dans ses écrits s

retrouve le souci constant de leurs intérêts : à tout instant il leur crie : *Casse-cou !* et cherche à leur ouvrir les yeux sur les faux amis qui les entourent et les exploitent. Ici, il leur montre les financiers qui les grugent, là les aigrefins qui les volent, ailleurs les politiciens sans scrupule qui se servent d'eux pour vivre à l'aise après les avoir mis en avant. Il flagelle sans pitié les exploiteurs de la crédulité populaire, cause fréquente, et souvent trop consciente, hélas, de la misère et du chômage.

Les citations se pressent : n'en abusons pas :

Manco un députa, crido un losso ;
Noumas-mé ; quan serai ilaï
L'ouvrié rébalara carosso !
Lou nomoun, par... et dé qué faï ?
Ah ! més d'aïgo à soun vin : Tranquile coumo un anjo
Jano tiro dou fio la castagno... et la manjo !

Et surtout la morale de Bertrand et Raton :

Que d'ome-sinje en poulitiquo
Embé lou paoure puple ajissoun coumo acò !
Émbé dé bèou discour yé montoun lou cocò !
L'émbraïgoun dé lampioun, dé cris et dé musiquo ?
....
Ansin lou sinje adré, pousso lou ca, péchaïre !
Ansin lis éntrigan poussoun li travayaïre.
Janò trovo tou béou — quan lou flatoun surtou ;
S'és mestre, voou sa par dé castagno et d'ounou,
Éro un agnel, voou estre un loù
Sé més en grèvo, sé révolto !
Za ! l'èmpougnoun ou pus éspés.
Un paou maï dé misèro és tou ço que récolto !
El, és diu la gamato ! — Oh ! maï li qué l'y an més
Au soupégu gagna lou grès,
Et manjoun caou, et bévoun frés !
Janò, té méscles pa' n di qu'embouyoun l'éscagno !
Soumés-té i lei dé la natioun.
Ou brasas di révoulutioun

Tus, rabinaras tis arpioun,
D'aoutri manjaran li castagno !

Et qu'on ne s'y trompe pas ! Ce n'est point là le l d'un homme qui cherche à détourner le peuple de ses revendications : c'est l'acte d'un bon citoyen, coura honnête, voyant juste et droit, ne croyant pas qu'il soi saire de flatter les gens pour leur prouver son affect mettant toutes ses forces à montrer à ceux qu'il aime sont leurs ennemis véritables. C'est le franc-parle homme qui prend dans son amour du Bien, le droit de chacun ce qu'il pense :

Sabès qué sus lou grès coumo dédin la baïsso
Garde toujour moun fran-parla
Sé vous pessugue, quiales pas!
Éscampiye en risèn mi quatre vérita,
Piei, quaou li voou li pren, quaou li voou pas, li l

La condition précaire et malheureuse de beaucou vriers est donc l'objet de sa constante préoccupation, seulement ce sujet revient sous une forme ou sous un dans la plupart de ses Fables ou de ses œuvres de sen mais encore il lui consacre entièrement de nombreu ces, où se montrent avec sa bonté, sa charité et son éclairé du peuple, son antipathie profonde pour l'égoï certains riches.

Mais au fond sa philosophie est souriante et lui fai dre les choses du bon côté :

Dé qué ser dé sé chagrina,
Moun Diou, la vido és bén proun courto !
Qué manjén dé cébo, ou dé tourto,
Pouden pas dos fés déjuna !
....
Lou michan san resto à quaou sé carcino,
Après la pluèjo arrivo lou bèou tem !

Et peut-être est-il permis de trouver que cette philc est un peu trop celle de la résignation. Il réclame la pour ceux qui travaillent, mais, tout en reconnaissant que les sentiments de charité, de fraternité, de solidarité qu'il invoque à tout instant sont plus souvent dans les paroles que dans les actes, c'est d'eux qu'il paraît attendre l'amélioration souhaitée avec tant d'ardeur. Il semble un peu sceptique sur les résultats d'une lutte qui lui semble celle du Pot de terre et du Pot de fer, et qui, pour lui, ne profite guère qu'aux ambitieux, tandis que le peuple en paie toujours les frais : et son erreur est de généraliser une observation trop souvent exacte.

Or, ce peuple, cette population ouvrière, objet de sa constante sollicitude, nous les trouvons personnifiés, photographiés pour ainsi dire, dans l'œuvre du poëte. Bien plus, c'est seulement quand il en parle ou qu'il les fait agir qu'il se montre réellement supérieur ; chez lui ce n'est pas un paysan quelconque, un artisan de France qui agit, c'est l'ouvrier *de Nîmes* ; ce qui domine partout, c'est le caractère local, non seulement des personnages, mais aussi du cadre, voire des actions effectives ou des sentiments exprimés. Tout ce qui parle, agit, rit, pleure ou chante dans Bigot, le fait à la mode de Nîmes, et l'on peut dire sans le diminuer, que sa personnalité, son originalité caractéristique semblent s'évanouir, chaque fois qu'il veut sortir de ce domaine. Parler ainsi n'est point l'amoindrir : il a sans doute cultivé un jardin de faible étendue : mais les fleurs en sont-elles moins belles? Et n'est-ce pas quelque chose que d'avoir créé un type qui désormais restera ?

Ce type, c'est le *Rachalan*, le paysan de Nîmes, un frère du *Travayadou* Montpelliérain, brave homme dans la force du ...me, honnête, serviable et bon, pitoyable aux malheureux, ...gnant sa vie bien juste, mais malgré tout rempli de dignité ...le simplicité ; travailleur et sobre bien qu'il vante souvent ... bon vin, il n'a pas (ou plutôt, il n'avait pas, hélas, car les ...mps sont déjà bien changés !), abandonné le sain jus de la ...eille pour l'abominable et terrifiant poison vert. Foncièrement gai, d'une gaité bon enfant, un peu lourde parfois, le rachalan est au fond assez peu sentimental bien qu'il chante volontiers ses amours. Il est plutôt goguenard, non sans quelque trivialité, mais sa malice inoffensive est émoussée par sa bonne humeur.

Il ne faut pas trop lui demander d'effort intellectuel. A son retour des champs, brûlé par le soleil nimois, dont les rayons réfléchis par les pierres grises de la garigue semblant frapper deux fois, il mange et va dormir, sans tracasser son imagination un peu engourdie. Et pourtant, quand il parle de ce qu'il connaît bien, de son chez lui, des objets familiers qui l'entourent, son langage devient pittoresque et coloré, ses expressions font image, il donne la vie autour de lui. Du reste assez résigné à un sort médiocre, mais supportable, ne cherchant peut-être pas assez à élargir un horizon trop étroit, volontiers dédaigneux de ce qui n'est pas lui et tombant ainsi parfois dans le péché d'orgueil.

Au physique une physionomie assez fruste, mais non sans finesse, ordinairement maigre et sec, il répond à merveille au portrait qu'en a tracé Bigot quand il nous décrit le *Rat des Champs* :

> Un ra, travayadou dou plan dé Bachalas,
> Lou moure rabina, rufe, coulou dé tèro,
> La vesto dé futéno acoutado à soun bras,
> Li brayo pétassado et li souyè dé couble ;
> Li man dariès l'ésquino ; un rachalan di double !

En somme plus de fond que d'apparence, quelques travers et de grandes qualités dont quelques-unes sont des vertus.

Tout cela, Bigot, qui se proclame lui-même un vrai Rachalan, le possède au plus haut degré. Mais il a de plus que son personnage favori, une grâce plus souriante, une émotion plus mouillée, une malice plus fine, une sensibilité plus profonde. C'est un rachalan qui a de l'éducation et du talent. Il n'en a que mieux dessiné le type si spécial et si vrai qui lui servait de modèle et dont il nous montre si exactement la façon de vivre de penser et de sentir. Dans une étude intéressante sur le poète [1], M. Paulhan a fait justement remar-

[1] M. *M. Bigot et ses fables patoises*: Nemausa, juin-juillet 1883.

quer combien les mots, le style, la langue, l'esprit, la composition générale, les caractères crayonnés, se trouvaient en harmonie complète, combien la systématisation de l'ensemble était remarquable, et il n'hésite pas à attribuer à cette convergence des qualités le fini et la perfection de l'œuvre. — Rien n'est plus exact à notre avis.

*
* *

Je ne puis cependant m'empêcher de faire ici un reproche, non au rachalan, qui est peu responsable de son apathie, mais à l'auteur qui semble trop adopter les idées régnantes dans le milieu qu'il nous décrit.

Le Rachalan nimois ne sent pas le besoin de l'instruction : il a pour les savants une sorte de dédain, à moins que le sentiment dominant ne devienne la méfiance vis-à-vis de ceux qui lui apportent la science. Il est certain qu'à l'heure actuelle, les idées sur ce point se modifient à Nîmes comme ailleurs, mais Bigot ne semble pas avoir suffisamment compris que dédaigner l'Enseignement du peuple c'était mal servir ses intérêts, c'était le vouer à cette vie végétative où tant de gens le voudraient à jamais plongé, c'était en somme lui enlever tout moyen de devenir digne de la liberté. Aussi est-on surpris de rencontrer çà et là dans ses livres des passages comme ceux-ci :

Gachas, lis aime pas, vostis omes dé testo
Quan n'aoutri travayan, soun bons per faïre festo.
etc.

ou encore :

Aï pas jamaï rascla mi pè dinc uno éscolo
Maï y aï passa davan, et trove quó n'y a proun.
Car dé n'en saoupre tro, faï vira la boussolo !

et toute la morale de la Cigale et la Fourmi.

Le reproche est sérieux, et l'on permettra sans doute à un adepte convaincu de l'Enseignement populaire d'y insister un peu, car il est évident que l'ignorance du peuple est la base du Césarisme. Il est surprenant que Bigot, prêt pour la classe ouvrière à tous les dévouements, n'ait pas au contraire crié de toutes ses forces les bienfaits de l'Instruction.

Il est probable qu'il a été frappé de ce que, dans la période de transition que nous traversons, l'instruction n'est pas encore suffisamment généralisée pour faire de tous les hommes des citoyens dignes de ce nom. Il a vu sans doute autour de lui, des travailleurs, humblement restés dans la sphère où ils sont nés, vivre heureux en somme, avec une touchante résignation, avec une dignité qui mérite tous les respects, tandis que d'autres, à demi-instruits, travaillés par des aspirations nouvelles mal définies, inquiets de l'avenir, vaguement conscients de leur ignorance, mais incapables encore d'une notion claire de la Vérité, devenaient trop souvent la proie et les victimes de politiciens sans scrupule, et se trouvaient peut-être moins réellement heureux. Il ne s'est pas rendu assez compte que c'était là une étape nécessaire entre l'ignorance des masses, cause et condition de tous les esclavages, et le but final, lointain sans doute, mais lumineux : l'émancipation intellectuelle des travailleurs et l'avènement définitif de la véritable liberté.

Si le bonheur consiste à se contenter de son sort, à ne jamais jeter les yeux autour de soi, à éviter avec soin toute cause de perturbation dans l'ordinaire train de la vie, oui l'on a droit de considérer l'instruction comme suspecte ; mais si le bonheur est de se sentir un homme, de vivre la vie d'un libre citoyen, qui s'intéresse à tout ce qui fait la force du corps social dont il est membre ; de voir s'élargir peu à peu l'horizon si borné qui nous entoure, et sans rien prendre à personne, de se faire peu à peu la place à laquelle on a droit; de se dire enfin qu'on a travaillé pour sa part infime à la marche en avant vers l'idéal de Justice, alors il faut aimer l'Instruction : il faut l'appeler, la saisir, la répandre à pleines mains, comme une manne bienfaisante, comme le pain commun de l'humanité. Le peuple commence heureusement à le savoir, puisqu'il réclame la science comme un droit.

Pour en revenir à Bigot, peut-être l'ai-je trop vite accusé, et les quelques passages incriminés ne sont-ils que des boutades. En effet dans une autre pièce il nous donne en deux vers toute la philosophie des universités populaires qui n'existaient pas encore :

> Dounen lou van is idèio nouvèlo ;
> Podoun tua pas qué cé qu'es malaou.

Ne trouvez-vous pas comme moi que ce passage fait oublier tous les autres ?

Il est remarquable que Bigot s'est tenu et surtout a été tenu en dehors du mouvement littéraire de l'Ecole du Félibrige. A quoi tient cet ostracisme, cette sorte d'exclusion réciproque, qui dure encore actuellement, car on ne rencontre guère le nom de notre poëte dans les recueils publiés par les Félibres et auxquels collaboraient même les amis personnels de Bigot ? A un reproche qu'on lui adressa toujours, et que pour ma part, je me permets de trouver mal fondé, dussé-je par cette outrecuidante observation attirer à mon tour les foudres sur ma tête, s'il se trouve ici quelque Félibre (et où ne s'en trouve-t-il pas ?).

L'école du Félibrige a cherché et cherche encore a reconstituer avec nos patois actuels une langue véritable. Elle renouvelle de nos jours la tentative des troubadours du XIIIe siècle. Elle fait œuvre littéraire au premier chef, formule des règles grammaticales et orthographiques, trace des allées sablées dans l'*armas* de la langue populaire, s'efforce de faire entrer lans son cadre les divers dialectes méridionaux. Sous la lume félibréenne, la langue provençale se releve, devient oquette, voire mignarde, prend des allures de grande dame. t ne laisse pas de faire bonne figure, en face de la langue ançaise elle-même. Mais pour obtenir ce résultat, il est écessaire, comme on le comprend, de modifier et parfois rofondément le parler local si variable, notre patois, ou lutôt nos patois méridionaux. Il s'en suit que la langue ouvelle court le danger d'être peu ou mal comprise par le euple. Je sais bien que les Félibres discutent fort cette ssertion, et sont convaincus que toute la population pro-

vençale ou languedocienne les lit et les comprend p
ment. J'en suis moins certain qu'eux : je reste persu
si on fait lire aux paysans de Maillane tel passage de
ou des *Isclo d'Or*, bien des mots, bien des phrases, l
pensées même échappent à ces auditeurs mal prépar
modifications de leur langue, et à cette orthogra
répond plutôt à l'étymologie des mots qu'à leur v
prononciation.

Voici d'ailleurs le raisonnement fort acceptable de qu
uns:

La langue provençale s'en va : c'est un fait. L'inst
obligatoire, l'acheminement des populations rurales
villes, la facilité croissante des communications qu
l'isolement des villages, accélèrent chaque jour ce
ment : le résultat fatal est proche, et déjà nos enfa
nous comprennent plus quand nous leur parlons la
cien. Conservons donc le plus que nous pourrons d
belle langue, et puisqu'elle est destinée à devenir s
une langue de lettrés, rendons-la aussi littéraire que p
Le langage populaire est envahi et gaté à plaisir p
foule de gallicismes ou d'expressions fâcheuses. C'est
din abandonné où les belles fleurs disparaissent s
poussée brutale des mauvaises herbes: il faut le bêcher
cler, l'émonder : le pain littéraire du peuple est trop gr
affinons en le goût et faisons en une nourriture plu
et plus délicate.

C'est là belle pensée et belle œuvre, digne d'enco
ment et d'admiration; mais c'est une œuvre de phi
(encore que certains Félibres aient l'aveuglement de
que leur langue rénovée, loin de disparaître, deviendra
rale dans le midi, ce qui est une singulière illusion !).
rénovation, poursuivie avec la compétence et le tal
chacun sait, personne ne le suit avec plus d'intérêt que
Loin de nous d'attaquer en rien le mérite des Félibres
si leur raisonnement est excellent on peut en faire u
non moins bon, et que voici :

Nous voulons écrire pour le peuple : nous voulons ê
et compris par tous, non seulement les lettrés, les s
les intellectuels, mais aussi et surtout les ouvriers : no

lons fixer dans nos vers la langue *actuelle*, telle qu'on la parle dans les faubourgs et dans les campagnes. Vous nous répondez : ce n'est plus une langue, c'est un patois : soit : nous écrivons en patois. Notre œuvre n'ira point contre celle des Félibres : nous faisons seulement autre chose qu'eux. Et voici comment Bigot lui-même, qui, il faut bien le dire, manquait un peu de foi dans le renouveau de la langue, s'explique avec franchise et netteté dans la préface de ses « *Bourgadieiro* ».

« Je n'ai pas la prétention d'écrire une langue, mais un patois, le patois de ma ville natale, l'idiome de nos travailleurs avec sa rudesse et son harmonie.

« J'ai essayé de noter ce bruit qui s'éteint.

« Pour conserver à l'idiome Nimois sa physionomie propre, j'ai écrit autant que je l'ai pu comme on prononce, et donné à chaque lettre la valeur qu'elle a dans la langue française. C'est en définitive par ceux qui parlent ou qui peuvent parler le français que je puis être lu, ceux qui ne parlent et ne comprennent que le patois ne sachant pas lire. »

Voilà la profession de foi. Bigot a voulu rester un poète local, indépendant, parlant au peuple la langue du peuple. Etait-ce donc assez pour lui dire « *Vade retro* » ? Il est vrai que les reproches lui furent parfois adressés amicalement et poétiquement, témoins ces vers de Roumieux que l'on me pardonnera de citer après d'autres :

D'ounte ven que fas pas coumo ieu, cambarado ?
Perque laïsses ta muso, ô moun fraïre, ô Bigot,
Quouro pimpado e lindo, e quouro espeiandrado,
Un ped caoussa de sedo, e l'autre d'un esclop
. . . .
De Mireio, crei-me, cargo ie la teleto
E poura camina sens crenta a soun cousta.

Eh bien, non ; adopter la langue de Mistral, c'était manquer son but ; c'était échouer dans sa tentative, peu ambitieuse sans doute, mais pratique : c'était risquer de n'être apprécié par aucun des Rachalans de Nimes; c'était faire perdre à toutes ses poésies cette saveur toute locale qui en fait le charme, cette note nimoise pure et claire qui donne le ton à toute son œuvre. C'était renoncer à être un poète populaire, c'est-à-dire à l'ambition première de Bigot. En fait, Bigot, bon poète, est populaire ; Mistral, grand poète, ne l'est pas. Que reste-t-il donc ? Une question d'orthographe ? Les explications données par Bigot dans sa préface justifient sa manière de voir à cet égard. En tous cas, lorsque l'inimitable Martin, dont le nom est inséparable de celui de Bigot, venait devant le public ravi réciter ces fables colorées et vivantes qui déridaient les plus moroses, l'orthographe n'entrait pas en ligne de compte dans le plaisir ressenti. On avait devant soi un véritable artiste disant les vers d'un vrai poète.

Libre à chacun de préférer une opinion à une autre et de comprendre à sa manière le renouveau de la littérature provençale ; pour nous qui ne sommes point exclusifs dans nos admirations et qui lisons avec joie, Mistral, Roumanille ou Bigot, nous estimons que c'est faire acte de despotisme et d'intolérance littéraire (une des pires intolérances) que d'écarter systématiquement tous ceux qui ne pensent pas comme nous.

Je ne parlerai pas ici de la métrique des vers de Bigot. Mon incompétence sera mon excuse. Je ferai remarquer seulement que la plupart de ses poésies sentimentales sont écrites en vers courts de 8 à 10 pieds. Cependant il affectionne l'alexandrin. Presque toutes ses fables sont en vers libres, souvent de bonne facture et de belle sonorité, mais n'ayant pas, cela va de soi, la légèreté ailée du vers de La Fontaine.

*
* *

Dans l'œuvre languedocienne de notre poète, nous pouvons distinguer des genres assez divers, que nous grouperons sous quatre chefs : les poésies sentimentales ; les pièces sociales destinées aux ouvriers ; les œuvres humouristiques ; les fables

*
* *

Les pièces sentimentales abondent, toujours harmonieuses et musicales, souvent touchantes ; il faut cependant avouer que le voisinage des Fables leur fait du tort, comme les vers de Bigot patois éclipsent ses vers français. Il est certain que la note personnelle est moindre et que l'originalité s'atténue d'autant. Et pourtant, qu'on lise et qu'on relise ces poésies gracieuses : on y verra le poète lui-même, à la fois doux et grave, souriant et mélancolique, plein de finesse et de bonhomie ; et dans certaines pièces il se montre tout à fait supérieur: ce sont précisément celles où il est bien lui-même, où ses vers se rapportent à ses souvenirs personnels. Quelle respectueuse émotion il éprouve à parler du psautier de sa grand-mère :

Embé toun furèou dé futéno,
Qué sé baro emb' un cabiyé,
Embé toun escrituro anciéno,
Libre que ma gran légissié,
Vaï, agues pa poou qu'esfoulisse,
Toun papiè pu jaoune que blan
Es embé respè que t'ouvrisse
Viel siaoume dé ma paouro gran !

Et quels souvenirs de jeunesse, attendris et souriants, dans *Marioun*, dans *Mioun*, dans bien d'autres encore ! Et dans ces regards jetés sur le passé qu'il regrette, le côté jovial est toujours indiqué :

Un soir, vouyei tè faïre uno brassado,
Ou vouyès pas ; té tenguère li bras !
Tus, as toujour agu la man lévado,
Per un poutoun, aguère dous moustas !
Aco pétè coumo uno jirouflado !
Ti cinq anchoio, en souvéni de tus
Yeu jour aqui démourèroun marcado...
Digo, Marioun, t'en souvènes pas pus?

Comme il aime son vieux maître d'École et comme on cette affection, même quand il raconte irrévérencieusen les farces d'écoliers qu'il lui faisait avec ses confrères gaminerie :

Pa pu léou qu'avié dina
Fasiè soun som, péchaïreto !
Yé rescoundian si lunéto,
Y'escampavian soun taba.
Nosto plumo lou gratavo
Souto lou nas, tout plan-plan...
Zou ! Yé mandavo la man
E piei tourna maï rouncavo !

A côté de cela, les descriptions les plus poétiques :

Lou sourél espinchounavo
Din la nèblo dou matin,
E l'arounze dou camin
Souto l'aïgagnaou briyavo...

Jamais il ne tombe dans la mièvrerie : au contraire, l'exp sion est plutôt un peu rude et ne produit que plus d'effet milieu de ces sentiments délicats.

*
* *

Les poésies ou l'auteur s'occupe de la condition des ouvr sont assez nombreuses pour former dans son œuvre une gorie spéciale, bien que ce sujet le hante et se retrouve tout. J'ai trop longuement dit plus haut quels étaient les timents de Bigot à cet égard pour y revenir : il me su d'indiquer ici le caractère de ces pièces, faites de pitié dou reuse et délicate pour ceux qui souffrent, et d'indignat énergique pour ceux qui font ou qui laissent souffrir. Ma forme, parfois sérieuse et grave, est souvent aussi ima attrayante, originale. Les trouvailles d'expressions, le alerte et cinglant, les comparaisons ou les oppositions i tendues qui vont se multiplier dans les Fables, se mont ici déjà, et contribuent à fixer la pensée de Bigot dans la tête de ses lecteurs.

*
* *

Dans un tout autre ordre d'idées, on trouve çà et là dans ses œuvres, de petits récits anecdotiques et humouristiques, trop rares à notre gré, pleins de charme, de gaîté fine et malicieuse, de raillerie satirique sans ombre de méchanceté. L'*Oli* par exemple est un modèle de ce genre. Et avec *Bé-dé-Ser*, nous arrivons même à la grosse farce, sans que jamais le rire soit de mauvais aloi. Mais ces récits ont tant de points commun avec les Fables dont il va maintenant être question qu'il suffit de les signaler à l'attention.

*
* *

C'est sans contredit dans ses Fables que Bigot a mis le meilleur de lui-même ; c'est là que le poète, le moraliste, le philosophe, l'observateur, le coloriste, le metteur en scène, brillent de tout leur éclat ; c'est là que nous devons porter maintenant toute notre attention.

Bigot intitule ses fables : *Fable imitée de La Fontaine.* Cela est trop modeste, et cela est inexact. La Fontaine est inimitable, et notre auteur ne l'a point copié. Sans doute le sujet d'ensemble est le même chez les deux. Mais c'est là trésor commun où chacun à droit de puiser, et La Fontaine lui-même ne s'est point caché d'avoir pris chez les Grecs ou les Hindous la trame de ses broderies artistiques. Cela dit, rien ne rapproche plus les deux fabulistes, et l'œuvre de Bigot est absolument personnelle. Il a si complètement refondu les personnages, leur caractère, leurs idées, leur moral, leur costume, leur allure, qu'il ne reste rien du type primitif. Est cela est si vrai que les moins bonnes fables de Bigot sont celles où il a voulu suivre de très près son illustre prédécesseur. Le poète Reboul disait à Bigot en parlant de La Fontaine :

S'aquel gran mestre, aquel flambeou
Poudiè sourti de son toumbeou

T'ounourariè d'uno embrassado,

. . . .

Car piha d'aquela façoun
Es enrichi lou que l'on raubo.

Il n'y a donc pas à comparer, à assimiler deux choses tout à fait distinctes. Chaque fois que la comparaison devient possible, il est évident que notre poète est tout à fait inférieur ! Ce qu'il faut, c'est montrer en quoi cette œuvre nouvelle est originale et séduisante. Il ne faut point rapprocher mais distinguer.

La première différence, d'où découlent la plupart des autres, est que La Fontaine écrit en homme du monde qui s'adresse à des esprits cultivés et affinés, saisissant tout à demi-mot. Bigot est un rachalan qui parle à des rachalans, gens d'esprit moins alerte et qui ont besoin qu'on appuie et qu'on explique avec détails. De là nécessité de présenter ses personnages d'une façon tout à fait différente.

Ainsi étudions les rapports de l'animal avec l'homme : dans La Fontaine, ce qui est humain chez l'animal mis en scène, ce sont les sentiments et les pensées, jamais l'aspect extérieur. Les animaux pensent et se conduisent comme des hommes : ils restent animaux par leur forme, par leurs gestes : jamais ils ne sont affublés d'habits d'homme ; jamais ils n'accomplissait d'acte matériel spécial à l'humanité. Aussi Taine et d'autres après lui [1] ont-ils pu reprocher non sans raison à Granville, d'avoir fait un véritable contre-sens en habillant comme des hommes les personnages de La Fontaine. Mais si Granville, avait illustré les fables de Bigot, cette erreur serait devenue une qualité nouvelle. En effet, chez notre fabuliste local, à peine l'animal est-il entré en scène que le voilà muni d'un métier d'homme, d'un costume d'homme ; ses pattes deviennent des mains susceptibles d'agir comme des mains d'homme. Il fume, il se mouche, il attise le feu, en un mot l'anthropomorphisme est absolu. Et chose singulière, l'animal reparaît çà et là sous sa forme première, d'où mélange

[1] Voy. Paulhan, *loc. cit.*

bizarre et parfois déconcertant. Écoutez par exemple la description du cheval dans la fable : *Le Cheval et le Loup :*

Un gros chival dé Moussu Gresso,
D'aquéli foutraou dé chival
Qué vous rébalarien lis Aréno, il aval
Proche lou pon dé la Bastido
Pitre large, ésquino éspoumpido,
San cabustre, l'ouréyo en l'er
Dinc un gran pra prégnè lou ver.

Voilà, n'est-ce pas l'animal ; voyons plus loin :

Un bon matin, Messieus, nadè dins la mounédo ;
Save pas d'ounte y'é végniè,
S'aviè trouva quaouque papié
S'aviè gagn'à la loutarié,
Cé qué ya de soulide és qué dé longo aviè
Civado dins la grupio et fen ou rasteyè.
Pourtavo li débas de sédo
Un gran col réde, un capel aou,
Béviè frés et manjavo caou.
Doun, per vous acaba, lou chival qué vous parle
Un matin, dinc un pra, lon di saouze, counten,
Li man dariès li rén fasiè de vaï et vèn
Et pipavo, én mandan lou fum dou cousta d'Arle.

Le mélange est-il assez complet ?

On a reproché à Bigot ce procédé : M. l'abbé Delfour en particulier y voit une offense à l'une des règles fondamentales de la Fable : il me semble au contraire que c'est un charme de plus, une note personnelle qui contribue à l'originalité de l'auteur. Celui-ci peut dans tous les cas en tirer (et il n'y manque pas) des effets de contraste du plus haut comique. N'oublions pas d'ailleurs pour qui l'on écrit, et que le bon peuple Nimois se représente bien mieux l'animal en scène, sous ces traits humanisés. Il faut que l'image le frappe, qu'il accepte sans effort l'invraisemblance du récit, et pour cela que la plante ou l'animal deviennent presque complètement un homme : et la figure, la tête du personnage émerge

seule pour donner au tableau une irrésistible gaîté. Et p
là les Fables de Bigot sont appréciées également des racl
lans du faubourg et des membres de la très illustre Acadén
de Nîmes ; le repas est fait pour le peuple, mais la cuisi
est si bonne que les hauts seigneurs saturés de bonne ch
en apprécient fort la saveur : c'est un banquet démocrati
préparé par un cordon bleu !

Chez La Fontaine les qualités et les sentiments de l'hom
et de l'animal sont merveilleusement fondus en un méla
indéfinissable et charmant, qui ravit les dilettanti, les am
reux d'esprit fin et d'aimable poésie. Chez Bigot les tr
plus gros sont heurtés, les impossibilités, les antithèses s'
trechoquent comme à plaisir, et de ces contrastes jailli
rire, un rire franc, large et sonore. La lecture des fables
Bigot devrait être plus employée pour le traitement ration
de la neurasthénie !

On remarquera encore que chez La Fontaine l'action m
rielle tient très peu de place : la pièce est presque enti
ment dans le domaine psychologique. C'est juste l'inv
chez Bigot dont les personnages parlent abondamment et a
sent constamment, mais sont en somme fort simples et d'a
lyse enfantine. Ces personnages ne sont point accoutum
se mouvoir dans l'abstraction : les auditeurs ordinaires
fables sont en effet habitués à la vie pratique, et ne saura
saisir les nuances délicates de sentiments quintessenc
puisqu'on veut les intéresser aux idées qui animent les act
du drame, il faut concréter ces idées par l'action; il faut a
que cette action leur rappelle des faits ou des localités fa
liers et que les figures du tableau se détachent sur un pay
connu.

De là quelques procédés, fort légitimes sans doute, i
très habituels et tout à fait caractéristiques de Bigot.

Chaque personnage a un métier connu, énoncé dès la
sentation, en rapport avec son caractère, et qui déjà d
début, nous donne une idée de la condition sociale, du mil
de l'âge, de l'intelligence, etc., mieux que toute descripti

Un chaîne, ancien luchaïre, et fésur d'embarras,

Un loù, coumpagnoun charpentiè.......
....
Uno vieïo tartugo, ancièno bugadieïro......
etc.

Toujours aussi, la description physique du personnage est faite avec détails; nous savons s'il est gras ou maigre, bancroche ou grêlé, nous connaissons sa démarche, ses tics, et la silhouette, caricaturale presque toujours, est lestement enlevée :

Véj'ici qu'un rinar, un fin éstansïur
Paoure, maïgre, gréla coumo un garçoun tayur...

après ce Renard, voici le Chien, dans *Le Loup et le Chien* :

Un chin dogo, varlé dé quaouque gros moussu
Sé passéjavo ou frés : brayo jaouno, habi blu,
Trés méntoun éspandi sus sa camiso blanco,
Mié pan dé graïsso ou mén sus soun rèble et sis anco!
L'ourias féndu'mbé l'ounglo !....

Voyez la démarche de la Grue dans les *grenouilles qui demandent un roi:*

.... un foutraou dé passéroun
Qué quan marcho, sèmblo qué trouyo !
Qu'a lou bè lon, et l'arpioun du !

Et cette description minutieuse et pittoresque porte aussi et surtout sur le costume, sur le détail d'habillement par lequel l'auteur tient à fixer le personnage dans le souvenir. On vient de le voir pour le Chien. Voici

Un ra, marchan dé bla, véouse dé sa ségoundo.
Un dimenche matin, ras dou *cros dé la fon*
Se passéjavo en large, en lon,
Rasa de frés, la panso roundo
Crespe ou capel, souyè brounza
Vesto novo et col empésa !

Il est inutile de multiplier les citations.

Enfin l'œuvre nimoise est toujours dans un cadre nimois. Le poëte local indique les points exacts où se déroule l'action: le nom de personnages connus à Nimes arrive inopinément à tout propos : et le récit en acquiert un air de vérité, une saveur du cru fort goutée des lecteurs, locaux eux aussi, et qui ne cachent pas leur plaisir en retrouvant çà et là de vieilles connaissances : c'est le *Vala dou Baou*, c'est le *Pè-de-la-Gruyo*, les *Très-Pieloun*, le *Bos dis Espesso* ; c'est aussi le restaurateur *Cadé dé la Grio*, le confiseur *Villaret*, voire le maire *Margarot*. Le rat de ville et le rat des champs se rencontrent et,

En cascayan, van touti dous
Quicha'n grun ou cafè *Pelous* ;
D'aqui-van ver *Duran* en rasclan li muraïo.

La fille trop fière :

Vouyé pas travaya i tapis su li mestiè.
Ni y tresso dé *Guérin*, ni y lacé dé *Payé*...

C'est un procédé sans doute, mais sur les lecteurs et les auditeurs ordinaires de ces fables, il est d'un effet certain.

Les paysans, comme les peuples primitifs, s'expriment volontiers en sentences. C'est aussi la coutume des Rachalans, et rachalan lui-même Bigot n'a garde d'y manquer. Les proverbes fourmillent dans ses œuvres, soit dans la bouche de ses personnages, soit dans celle de l'auteur lui-même au début ou à la fin des Fables, dans l'avant-propos ou dans la morale.

Béguén din noste go, cassen din noste armas,
Et niflén pa jamaï pu yun qué noste nas!
T'espandigués pas maï qué cé qu'as dé lençoou
Despensés pas siei yars quan ouras pas qu'un soou!

Et même si l'auteur n'émet pas un proverbe connu, courant, il donne à la plupart des vérités qu'il proclame une forme sententieuse, aphoristique qui les fixe dans le souvenir :

En tout tém l'ome qué sé baïsso
Trovo pasturo pér sa maïsso,
Et lou qué voou pa'ntèndr'acó
Resto réde, et manja quan pó !

Il débute et termine volontiers par là : c'est une entrée en matière et une conclusion, et cela aussi, avouons-le, cadre merveilleusement avec la tournure d'esprit de son auditoire, enchanté de voir dès le début où il va le mener, et point du tout fâché qu'on lui mâche le morceau jusqu'à la fin en le dispensant de conclure.

Et voici la conséquence nécessaire de tout ce qui précède : c'est que les Fables de Bigot sont toujours longues ; l'image vivante naît ici des détails amoncélés : chaque fait demande une ample paraphrase qui constitue justement la part personnelle de l'auteur. Les meilleures fables de beaucoup, sont celles où il a éparpillé sur 200 vers quelques lignes de La Fontaine. Voyez à cet égard *Les Grenouilles qui demandent un roi*. Chez La Fontaine, c'est un récit rapide, d'une concision extrême : le maximum de choses avec le minimum de mots ; puis le lecteur, resté seul avec lui-même, trouve matière à réflexions et à conclusions, qui varieront d'ailleurs suivant sa tournure d'esprit. Le lecteur du même récit paraphrasé par Bigot n'a qu'à se laisser faire : l'auteur pense pour lui, développe pour lui, lui fournit toute une gerbe d'amusantes images et d'idées ingénieuses, enfin lui donne la conclusion morale par dessus le marché. Et par là les fables de Bigot sont adéquates à leur milieu, à leur lecteurs, à leur auteur. On ne voit bien ni une fable de La Fontaine diluée, ni une fable de Bigot concise : le meilleur des deux s'envolerait.

Quant à l'expression elle-même, elle est chez Bigot tout à fait remarquable : et cela tient sans doute à la richesse et au coloris de la langue, mais certainement aussi à la façon dont il l'emploie. Comme toutes les langues un peu primitives, celle-ci se prête surtout à l'expression des idées concrètes, représentant les objets avec leurs qualités visibles. Mais elle est sonore et brillante, et Bigot a le talent de jouer en virtuose de cet instrument si vibrant et si clair, qui sous des doigts malhabiles risque de rendre des sons criards. Je ne veux pour preuve de cette maestria que le plaisir éprouvé par certaines personnes, peu familiarisées avec le languedocien, lorsqu'elles écoutent ces Fables, d'où se dégage une telle vie que les auditeurs arrivent à saisir le sens des phrases sans bien comprendre les mots isolés. Je m'empresse d'ajouter que le plaisir n'est complet que pour les autres ! Il est plus grand encore quand on se trouve en présence de ces mots ou de ces images qu'on se sent incapable de rendre en français. Comment exprimeriez-vous, s'il vous plaît : *espinchouna* et *esperpessigna* ? N'essayez pas ! vous ne pourrez même pas traduire *pécaïré !* Dès que vous touchez à ces mots, le parfum s'évapore et la couleur s'efface ! Soyons plus sage que Siébel, et contentons-nous de regarder ces fleurs, puisqu'elles se fanent entre nos doigts.

Il est vrai que ces expressions sont à tout le monde, et loin de moi la pensée que d'autres n'en ont pas fait le plus brillant usage. Mais j'insiste sur sur le sens du pittoresque développé au plus haut degré chez notre poète. Il a constamment des trouvailles originales, des contraste extraordinaires, des rapprochements inattendus, souvent entachés comme on l'a vu, d'une certaine trivialité. Mais cette trivialité est en rapport presque nécessaire avec les personnages mis en scène, avec le milieu où ils évoluent ; l'image, je l'ai dit, n'est jamais grivoise mais remarquablement pittoresque, et elle est choisie dans la vie ordinaire des paysans ou des ouvriers.

En dehors même des fables proprement dites, ces caractères se retrouvent : voici Bé-de-ser, le lourdaud cordonnier, lancé dans une brûlante déclaration : il dit son émotion à la première rencontre de la Dulcinée :

> Et pieï vosti beous yeul ! Quan lis aoussès, élas !
> Séntiguère moun cur glissa din mi débas !

Il dit aussi sa souffrance devant les cruautés de la belle :

> Fasés veni moun fron jaounc coumo la gaoulo.
> Tiras, tiras moun cur, coumo une cagaraoulo !

Enfin il se jette à ses pieds, mais sans grâce ainsi qu'il appe[illegible] de son expression :

> M'émplastre à vosti pè, coumo une pel dé figo !

Remarquez en passant l'usage constant, presque abusif de la comparaison, et la puissance d'action de cette figure de rhétorique sur les cerveaux populaires. Ecoutez encore le pauvre Bé-dé-ser exprimant à sa manière la passion qui le dévore, lorsque la froide Marianne lui demande des preuves de sa sincérité :

Mé vésès pas véni rouje coumo un dindar
Et tourtiya moun quiou coumo fan li canar ?
Vésès pas qué moun fron és coumo un fron dé vièyo.
Qué tramble davan vous coumo dé jalaèyro ?
Vous aïme, et vous ou jure, ici, sus moun lignoou,
Vous aïme cén cò maï qué cé qué li rayoou
Aïmoun quan an bèn fam li castagno roustido
Maï qué cé qu'un malaou aïmo l'aïgo boulido,
Maï qué cé qu'un voulur aïmo çé qu'és pas sioou !
Vous aïme cén cò maï qué cé qué m'aime, yiou !

Il y a, vous le voyez, une comparaison à chaque vers, et toujours prise dans la vie de chaque jour du rachalan. J'ai pris ces derniers exemples si typiques en dehors des fables, mais celles-ci fourniraient mille citations.

Si les mots en eux-mêmes, si les expressions ou les phrases ont déjà une telle puisance de vie qu'on sente l'action se dérouler en les entendant prononcer, leur association doit amener et amène souvent de remarquables effets d'harmonie imitative. Je n'en veux citer qu'un exemple : voici le soliveau lancé par Jupin dans la mare aux Grenouilles, et la terreur et la fuite éperdue de la gent marécageuse, et le grand silence qui succède à ce grand tapage :

La fusto par,
Crèbo lou ciel coumo uno tèlo,
En passan sé dourdo is estèlo,
Et leou ! cabusso d'amoundaou
Ou mitan dou Vala-dou-Baou !
Ou bru qu'un Rei d'aquélo méno
Faguè 'n arrivan, li granouyo, za !

Gagnèroun si traou ou foun dou vala,
Dé drécho ou dé gaoucho, ou creirés sans péno,
Gn'agné qué la poou li fagnè toumba
Dou maou d'estouma.
Din si baoumo, ésfrayado, escoutavoun, li paouro!
Tout èro siaou ;... soulé, lou chó cantava, et l'aouro
En siblan, fasiè dé razé
Din li rouzé ?...

Du reste cette harmonie est fréquente dans les poésies de langue provençale : les œuvres de Mistral en sont pleines : elle se retrouve sous d'autres formes, dans les poésies sentimentales ou légères de la plupart de nos poètes méridionaux. Et même l'abus de ce genre mène vite à la mièvrerie et à l'affectation : les vers de nos poéticules sont un peu trop remplis de « *passérounets* » et de « *riouchiouchiou !* » Mais c'est une erreur dans laquelle Bigot n'est point tombé, même en ses œuvres de sentiment ; on sent qu'il n'a pas cherché l'harmonie : elle a coulé de sa plume.

De tout ce qui précède jaillit une impression d'ensemble. Ces développements nécessaires, ces multiples détails accumulés autour des personnages, cette originalité du dialogue, cette vivacité d'expression, forment de véritables tableaux colorés et animés, qui semblent sortir de leur cadre. En lisant ou entendant quelques vers, il semble que l'on voie réellement le personnage habillé de pied en cap, ou la scène décrite, d'une rare intensité de vie. Voyez plutôt cette noce campagnarde où s'esbaudissent les animaux, et dites si on n'assiste pas réellement aux gambades de la bande joyeuse.

La noço countugnè. Fourmo, figo blanquéto
Sé mesclèroun i tourto, i croquan, i barquéto ;
Li cansoun et li cacalas
Arousa dé vin blan, gayèroun lou répas;
Un sinje énd'un viaouloun mounta sus la crédanço
Cridè : Messieus, aqui gn'a proun :
En plaço pér la contro-danso!
Et batiè la mésuro en rasclan soun viaouloun :

Alor tout quitè la boumbanço !
Dinc un vira dé man tout acò ségué 'n trin :
Li saoumo éndi lioun, li lèbre émbe li chin
Li cavalo éndi por, lis our éndi mounino
Fasien d'éscarlimpado à sé roumpre l'ésquino
Tou saoutavo et viravo ; uno cabro énd'un gal
Crébèroun lou plafoun én fasén d'éntréchal ;
Un bou, députa 'nvalida dé l'avan-véyo
Fasiè trambla li vitro én dansan la bouréyo,
E, faouto dé ménaïro, un canar viel garçoun,
Dos ouro, émb' un nabé, valsè dinc un cantoun !

Voilà un tableau complet, précis, détaillé, que la bouffonnerie la plus saugrenue n'empêche point d'être vivant ! Il y a là une façon personnelle de présenter les choses, de marquer chaque être et chaque objet de son trait caractéristique, un sens du comique, un art de donner aux scènes une forme dramatique, et de faire marcher parallélement l'action et le dialogue, qui expliquent déjà cette impression. Il y faut ajouter que l'auteur semble toujours croire lui-même à la réalité de ses invraisemblables récits : il y croit en effet, et sans beaucoup de peine nous y pouvons croire aussi : cela tient évidemment à ce qu'ici les vrais personnages ne sont point ceux dont nous voyons le profil : l'animal habillé qui parle ou qui se meut n'est là que comme une sorte de masque dont la présence n'enlève rien à l'existence réelle du vrai personnage, c'est-à-dire, l'homme, l'ouvrier nimois, dont il exprime les idées et les sentiments. Par une puissance d'illusion, une sorte d'autosuggestion, nous voyons un personnage à travers l'autre et dès lors l'invraisemblance s'estompe, et la vie du tableau devient intense.

*
* *

J'en arrive à la morale des fables, et, n'en déplaise à La Fontaine, ici la palme revient hautement à son très modeste émule. Les qualités de droiture, de conscience, de sensibilité cordiale, de sagesse aimable mais sans faiblesse, qui faisaient rechercher et estimer Bigot par tous ceux qui le connaissaient, nous les retrouvons dans ses fables, et surtout à la fin de celles-ci, car toute fable comporte une morale. Or les morales, ou plus exactement la morale de La Fontaine a été souvent jugée avec sévérité et non sans motifs. Lorsqu'il dit que

La raison du plus fort est toujours la meilleure.

il semble constater simplement un fait, mais il n'est pas loin de trouver cette loi assez naturelle et de s'y plier sans pro- testation. On avait l'épine dorsale assez souple à la Cour d Roi-Soleil, et bien souvent le prince des fabulistes s'acco- mode allègrement d'aphorismes fort discutables. En tous ca il laisse volontiers le lecteur se démêler avec sa conscience il lui abandonne le soin de tirer lui-même la conclusion, e peu lui chaut dans quel sens iront les réflexions qu'il suggère

Rien de pareil à craindre avec Bigot. Une fois le rideau baissé sur son petit drame, il apparaît est vient prendre net- tement parti. Et ses conclusions sont toujours profondémen honnêtes : d'aucuns ont même trouvé qu'elles l'étaient trop, e que la préoccupation de montrer partout et pour toute chose une application à la morale sociale finissait par diminuer la gaité malicieuse des récits. J'avoue que ce défaut, s'il existe, ne m'a frappé nulle part : la gaité jaillit à chaque vers, à pro- fusion ! Mais il est certain qu'au moment ou la fable finit, le ton change. On sent que pour l'auteur c'est une partie essen- tielle de l'œuvre, la plus importante peut-être. L'on se demande même parfois, sans le regretter d'ailleurs, s'il n'a pas compo- sé ses fables, en vue de la morale à en tirer. En tout cas on est nécessairement frappé de la rectitude de son juge- ment. Il éprouve les colères des honnêtes gens et ne peut rencontrer l'hypocrisie, la bassesse, le charlatanisme, la paresse, la fourberie, sans les flageller d'importance. Mais par contre il admire le travail, et ne se permettrait jamais l'ombre d'une raillerie contre les honnêtes gens : jamais un travailleur quel qu'il soit, ne lui semble ridicule : il réserve sa verve et ses plus cinglantes railleries pour l'inutile ou fainéant, qu'il soit en blouse ou en redingote, pour les hom- mes sans dignité, les égoïstes ou les lâches.

Nous pouvons prendre au hasard dans ses morales : voi

celle du *Savetier et du Financier*. On se rappelle que La Fontaine ne conclut pas.

Bravò, moun Sabarnaou, bravò, faguères bén !
Sé rendre ésclavo per d'arjen
Es pa d'un ome. Din la vido
Vioure dé pan, dé cébo, émbé d'aïgo-boulido
Empacho pas d'estre counten.
D'un ta d'éstansïur suvigues pa la drayo
Paoure énfan dou traval, as travaya, travayo.
S'as dé cur et dé bras, té laïsses pa' ssista
Vèn, s'ou foou, ta camiso, et gardo ta fierta !
Quatre méno dé jén méritoun dé caloto :
L'ouvriè tiraïre de caroto,
Qué vioou dé charita quan pò gagna soun pan ;
L'ome qué s'aplatis pér un bou dé ruban ;
Lou pouèto qué vén soun can ;
Lou citouyen qué ven soun voto !

On le voit, ce n'est pas lui qu'on pourrait accuser d'
être aux méchants complaisant.

Et pourtant ce n'est pas un Alceste, car il ne hait que la moitié de l'humanité, la moitié mauvaise et vicieuse. Mais il en connaît une autre, dont il aime et admire les vertus, dont il voit et soulage les souffrances. Il a répandu autour de lui par son exemple et sa plume les plus sages enseignements, et dans une terre fertile il a semé la bonne semence. Enfin il a fait œuvre de moraliste tout en amusant et attendrissant ses concitoyens. De son œuvre on peut dire mieux que de beaucoup de Théâtre :

Castigat ridendo mores.

Oui son domaine est restreint, oui son horizon est un peu borné : mais il l'a voulu ainsi, et dans sa sphère volontairement petite, son action a été bienfaisante et son but a été atteint. Ce poète du peuple a été par surcroit justement apprécié des lettrés : il en était heureux avec modestie. Mais il était plus joyeux et plus fier de se sentir entouré du respect, de l'estime et de l'affection de tous ceux qui l'approchaient. Ce n'est point là mince éloge, et j'en sais de plus illustres qui n'ont jamais su le mériter.

Louis Planchon,
Professeur à l'Université de Montpellier.

L'ALTERNANCE DES RIMES

DEPUIS

OCTAVIEN DE SAINT-GELAIS JUSQU'A RONSARD

Le seul travail d'ensemble qui existe sur cette important question est la thèse de M. Banner [1], travail consciencieux e méritoire en somme, dans lequel les résultats de Quicherat de Gramont, de du Méril et de Lubarsch ont été réunis e arrangés avec méthode, mais qui d'ailleurs ne présent aucune preuve de recherches personnelles.

Mon intention n'est pas de refaire le travail de Banner. J me propose seulement de corriger ou de compléter quelques uns de ses renseignements, et d'une façon plus générale, d combler quelques lacunes dans l'histoire de la règle de l'al ternance des rimes depuis le commencement du XVIe siècl (pour être plus exact depuis la fin du XVe siècle), époque laquelle cette loi, qui plus tard allait devenir si tyranniqu fait son apparition dans la poésie française. On trouve, il es vrai, quelques strophes de ci de là dans les poésies de Thi baud, de Conon de Béthune, du châtelain de Coucy et de autres trouvères où la succession des rimes est observée mais il n'y a jamais eu de parti pris chez les anciens poète français, et on citerait un beaucoup plus grand nombre d strophes où il n'est fait aucunement attention à l'usage actu en ce qui concerne l'agencement des rimes masculines et fém nines.

Le premier poète français qui se soit avisé, sérieuseme de faire alterner les rimes masculines et féminines est Oc vien de Saint-Gelais, non seulement dans ses *Epistres d'Ov* (1498), mais aussi dans sa traduction de l'*Enéide*, parue

[1] *Ueber den regelmässigen Wechsel männlicher und weiblicher Re in der französischen Dichtung. Marburg*, 1883.

10, et également composée en rimes plates. Il n'y a pas le indre doute que l'alternance des rimes était voulue de la t d'Octovien. On a eu tort cependant de prétendre, comme fait Banner (p. 28), qu'il s'y est rigoureusement astreint. uffit de parcourir les quelques premiers feuillets des *Epis- d'Ovide* pour se convaincre que ce procédé n'a jamais pour lui, une loi absolue et inviolable. Au verso du feuil- 3, par exemple, on lit :

Comment as tu les pauillons du roy
Osé surprendre par cautelle nocturne,
Et tant de gens en la nuyt taciturne
Occire et mectre en ung estat commun,
Quand tu uestois a compaignie que d'ung.
Las ! ie ne scay quel auis te menoit,
Et peu pour vray de moy te souvenoit.

Plus loin, au recto du feuillet 6, il y a six rimes masculines suite :

Souuent ie crains que peri tu ne fusses,
Dedans Ebron le fleuve, et que tu ne peusses
Tirer ta nef de ce périlleux pas.
Dont bien appert que ne t'obliay pas.
Souuent ay fait humble priere aux dieux,
Affin certes qu'il t'en aduint mieux,
Et mainteffois ay dit en grant esmoy :
S'il est en vie il viendra deuers moy [1].

Les infractions à la règle sont encore plus fréquentes et s marquées dans les *Les Eneydes de Virgile translatées de n en français*. J'ai compté jusqu'à dix rimes féminines s le passage que voici :

Un iour entre autres que le temps fut plaisant,
Et que chascun en sa nef déduysant,

Cf. desse : promesse : offences : ances (f° 6, v°), songnieuse : euse : ordonnée : habandonnée (f° 7, r°), extreme : mesme : parolles : olles (*ibid.*), reparée : desemparée : petite : merite (*ibid.*), etc.

Mettoit peine de surmonter les undes
Des grandes mers doubteuses et profondes.
Encor estoit en veue assez facille,
Et en pouuoir d'estre veue de Fecille,
Yoyeulx et aysez suyvoient leur fortune,
Sans nul péril ou deffiance aucune,
Quant pour certain Juno par trop cruelle,
Qui en son cueur gardait playe immortelle,
En elle mesme remplie de tristesse,
Va dire : lors il est temps que ie cesse,
N'ay ie pouoir de mettre promptement
Arrest et fin à mon commencement.

(F° XCI. r°) [1]

Vu l'extraordinaire réputation dont jouissait Octovien de Saint-Gelais comme poète parmi ses contemporains on aurait pu croire qu'il trouverait aussitôt des imitateurs, mais, à l'exception de Pierre Gringore, qui semble avoir eu un sentiment vague des exigences de la règle de l'alternance des rimes lorsqu'il composa *Les folles entreprises* (1505), son premier ouvrage, la tentative de l'évêque d'Angoulême passa inaperçue. Jean Lemaire de Belges, qui dans plus d'un endroit a chanté les louanges de l'auteur du *Séjour d'honneur*, et qui était si soucieux de tout ce qui touchait à la forme, n'a pas cru devoir suivre l'exemple de son prédécesseur, soit dans ses compositions en rimes plates, telles que les *Épistres de l'amant verd*, ou dans celles où il s'est servi de la rime croisée, comme, par exemple, dans *La description du temple de Vénus* (1511), dont les seize premiers vers sont exclusivement masculins. Jean Marot non plus ne s'en est nullement soucié. On n'a qu'à citer les premières rimes du *Voyage de*

(1) Voir *les œuvres de Virgille translatées de latin en français*, publiées par Galliot du Pré, Paris, 1529. Voici d'autres exceptions dans les quelques premiers feuillets de la traduction d'Octovien *apparens : parens : griez : repetz* (f° XCII r°) *confors : fors* ; *entonnoit : couroit* (ibid): *gaignees : baignées : pleine : estreine* (ibid); *pars : espars : espandus; rendus: impetueux : défectueux* (ibid.). *conuenable : délectable : isle : fertile* (f° XCIII r°) *attache : arrache : umbre : nombre* (ibid) *terre : erre : areine : peine* (ibid.) *menues : venues : parfaictes : deffaictes* (ibid.).

Gênes (1507), pour s'en convaincre : *armes* : *vacarmes* : *ployez* : *employez* : *murs* : *futurs* : *manières* : *banières* : *longtemps* : *contens* : *trosne* : *Bellone* : *Jupiter* : *arrêter* : *Itales* : *fatales* : *fors* : *effors* : *loingtains* : *haultains* : *dars* : *souldars* : *persuasions* : *dilations* : *regarder* : *suader*, etc. Voici, pour rendre la démonstration plus complète, les rimes du début du *Voyage de Venise* (1508), également de Jean Marot : *Dieux* : *glorieux* : *mérite* : *desherite* ; *fourneaulx* : *métaulx* : *unique* : *Herculique* : *superbe* : *herbe* : *concorde* : *discorde* : *gestes* : *célestes* : *alors* : *Mavors* : *solemnitez* : *dignitez* : *majesté* : *presché* : *tentes* : *savantes* : *aymer* : *mer*, etc. Il serait facile d'accumuler les preuves. A quoi bon? Qui aime la statistique pourra, s'il veut, se reporter aux *Loups ravissans* de Robert Gobin (1503), à *La nef des dames vertueuses* de Symphorien Champier (même année), à *L'espinette du jeune prince*, de Simon Bougouinc (1508), et aux autres ouvrages publiés dans les premières vingt années du XVIe siècle. Ce n'est que vers la fin du premier quart du XVIe siècle que la question de la succession des rimes fut reprise par Jean Bouchet. Octovien, on a vu, s'y était conformé plus ou moins régulièrement, en tant que cela lui était commode. Bouchet, au contraire, s'y est rigoureusement astreint sans l'enfreindre jamais depuis 1520, date de la publication de ses *Opuscules* [1]. C'est également au procureur de Poitiers que revient le crédit, si crédit il y a, d'avoir le premier appelé l'attention sur la nouvelle règle et de l'avoir recommandée, à plusieurs reprises, à ses contemporains. On a déjà cité les lignes suivantes, écrites en 1537, et qui se trouvent dans la CVIIIe épître des *Epistres familières* du poète poitevin [2].

> Je treuue beau mettre deux féminins
> En rime plate, avec deux masculins,

[1] Avant cette date Jean Bouchet n'a pas suivi la règle de l'alternance des rimes. On n'a qu'à parcourir ses premières œuvres, depuis *L'amoureux transy sans espoir* (1500) jusqu'au *Temple de bonne renommée* (1516), pour s'en convaincre.

[2] Par une singulière erreur, MM. Thieulin et le Goffic (*Traité de versification française*, p. 74), attribuent ces vers à Octavien de Saint-Gelais.

Semblablement quant on les entrelasse
En vers croisés.

On aurait dû faire remarquer qu'il se trouve au mo quatre autres passages dans les œuvres de ce même po (si toutefois il mérite ce nom), où il est question de la s cession des rimes, ce qui montre à l'évidence combien gra était l'importance qu'il y attachait. Selon Bouchet lui-mê ce serait Louis Ronssart, seigneur de la Poissonnière [1], lui aurait appris à faire alterner régulièrement les deux es ces de rimes. On lit, en effet, dans l'édition de 1532 *Triumphes de la noble et amoureuse dame* le passage qui s dans lequel il s'agit aussi de la césure épique que l'auteur un des premiers à éviter, ainsi que je l'ai démontré ici même

Quant il vous pleut à Paris me appeller,
Et des secretz aulcuns me reveller,
Du tant noble art de doulce rethorique,
Dont vous avez le scauoir et pratique.
Par le moyen de quoy ie corrigeay,
A la rigueur de toute quadrature,
Et du rentrer et clore en l'ouverture.
Et tous mes vers de epistres leonyns
Ie entremeslay depuis de feminins
Et masculins, deux a deux, dont la taille
Résonne fort s'il aduient qu'on n'y faille.
Mais peu de gens gardent celle rigueur
Car a la faire y a peine et longueur.

(a. iii. r°).

Le procureur de Poitiers revient sur ces deux mêmes qu tions, dans l'épître au seigneur d'Estissac qui se trouve tête de l'édition de 1536 des *Angoysses et remèdes d'amours*

[1] Ce Loys Ronssart, un des protecteurs de Jean Bouchet, n'est au que le père du grand Pierre Ronsard. Le poète poitevin nous do des détails fort intéressants sur le père de Ronsard dans la 101e de *Epitaphes*, la CXXVIe *Epistre familière*, et aussi dans l'épître dont n venons de reproduire le début.

[2] *Revue des langues romanes*, juillet 1903.

trauerseur en son adolescence. Faisant allusion aux premières éditions de cette œuvre de jeunesse (la première est de 1501), il s'exprime de la sorte : *Je ne synalymphoys lors les quadratures de la rithme de dix et unze piedz comme ont tousiours faict Georges* [1], *Clopinel (sic), Castel: Ian le Maire et aultres irréprehensibles orateurs Belgiques qui est nécessairement requis. Et en rithme plate (qu'on appelle Leonyne) ne ordonnois ne entrelassois les masculins et femenins vers comme a communement fait monseigneur Octovien de S. Gelais, evesque d'Angoulesme, en ses Epsitres d'Ouide et Eneides de Virgille par luy de latin en françois traduictes.*

Il ressort de cette citation que le véritable modèle de Bouchet était bien Octovien de Saint-Gelais. Du reste le passage qu'on vient de lire est confirmé de la façon la plus explicite par le LXXIIe des *Épistres familières*, adressée à un certain Michel Desarpens :

> Ie t'ay rescript quant a synalympher
> La quadrature, et le metre lympher,
> Et amolir par rime feminine
> Incontinent après la masculine,
> I'entends vers qu'on nomme leonins
> Comme ceulx-cy, car les vers masculins
> Et feminins faictz de deux à deux metres,
> Dont Virgile vse, exametres aussi,
> Mesmes quant sont bien composez sans si,
> Ainsi qu'as faict par ta lettre seconde,
> D'invention et matiere feconde,
> Ou peu de gens ont pris peine et labeur
> Fors Saint-Gelais le tresvif translateur
> Qui fait telz vers es espitres d'Ouide.
> Mais il laissà la quadrature vuyde [2].

Il s'agit encore une fois de l'alternance des rimes dans la

[1] C'est-à-dire Georges Chastelain.

[2] Par là Bouchet veut dire qu'Octovien de Saint-Gelais n'a pas évité la syllabe de surcroît facultative à l'hémistiche, la césure "épique" comme on l'appelle, que les poètes français, jusqu'à Clément Marot, étaient libres d'employer.

LXVII°. *Epistre familiere*, ou *epistre responsive de l'acte dict maistre Germain Colin*[1] *en mesme rime tiercée dicte Fl tine*, ou *est traicté de diuerses choses :*

De vers tiercez as voulu disposer
La tienne epistre en rime florentine
Dont i'ay voulu semblablement user.
I'ay adiousté vne clere courtine
Entrelassant tousiours vers masculins
Pour la doulceur de rime feminine.

Malgré l'insistance avec laquelle le poète poitevi revenu, jusqu'à satiété, sur cette même question, ses ne suscitèrent que très peu d'imitateurs. La règle n'e inconnue à Pierre Fabry, l'auteur du *Grand et vrai a pleine rhétorique* (1520). Il la recommande même p chant royal : *Le facteur... doibt user à son champ ro ligne féminine et puis masculine ou de masculine et puis nine* (éd. Héron, Rouen, 1890, II, p. 101). Vers cette époque l'alternance des rimes fut observé par Crétin da *Chroniques le France*, restées manuscrites. C'est en e que nous dit l'auteur anonyme d'un Art de rhétorique d née 1524 ou 1525, signalé par M. Ernest Langl *Laquelle façon de rime* (*rime doublette* i. e rime plate) *present bien enrichie par monseigneur Crétin, pere des or modernes, lequel en ses compositions a trouvé ceste digne e velle manière qu'il use en telle ryme de deux vers masculin deux apres feminins... et de la dicte invention icelluy Cr usé en son œuvre qu'il fait sur le Recueil des Cronicq France et autres ses œuvres*[2]. Il y a aussi très peu d'infra à la règle dans le *Blazon des hérétiques* de Gringore q

[1] i. e. Germain Colin Bucher.

[2] *De artibus rhetoricae rhythmicae. Parisiis*, 1890, p. 81.

[3] Crétin ne s'est pas astreint à la règle en dehors de ses *Chro* On l'a trouve bien observée dans quelques courtes pièces en rim tes, telles que le poème qu'il adressa à François premier sur Villon *Poésies*, éd. Coustelier, Paris, 1723, p. 188), ou dans *l'Epistre env feu Monsieur l'Admyral* (ibid., p. 203), mais ce ne sont là que isolés.

de 1524. Un peu plus tard on voit Antoine du Saix, de Bourg en Bresse, se conformer rigoureusement à la nouvelle prescription dans le *Blason de Brou* (1530), les *Petis fatras d'un apprentis* (1531), et dans la seconde partie de l'*Esperon de discipline* (1532), après l'avoir negligée dans la première partie de ce dernier ouvrage. Par contre, l'exemple du procureur de Poitiers n'exerça pas la moindre influence sur aucun autre des poètes de la première moitié du XVIe siècle [1], et si Clément Marot a suivi, à quelques exceptions près, la règle de la succession des rimes dans la traduction des *Psaumes* c'est que le mélange régulier des deux espèces de rimes répondait dans ce cas à une expérience toute particulière.

La tentative de Jean Bouchet avait échoué. Il fallait un poète avec plus de crédit, et surtout avec plus de talent, que le procureur de Poitiers, pour faire accepter sa manière de voir. Ce poète, il n'est à peine besoin de le dire, devait être Ronsard, qui le premier promulgua la règle de l'alternance des rimes dans l'*Abrégé de l'art poëtique* (1564), avec une impor tante restriction, dont il sera traité tout à l'heure. Voici ce fameux passage, si souvent cité et qu'on nous pardonnera de reproduire une fois de plus: *Après, à l'imitation de quelqu'un de ce temps* [2], *tu feras tes vers masculins et féminins tant qu'il te sera possible, pour estre plus propre à la musique et accord des instruments, en faveur desquels il semble que la Poësie soit née... Si de fortune tu as composé les deux premiers vers masculins, tu feras les deux autres féminins, et paracheveras de mesme mesure le reste de ton Elegie ou Chanson, à fin que les musiciens les puissent plus facilement accorder* (*Œuvres*, éd. Blanchemain, VII, p. 320). De la lecture de ce passage deux impressions distinctes mais très nettes se dégagent: que le chef de la Pléade

[1] D'aucuns (e. g. Du Méril, *Mélanges archéologiques et littéraires*, Paris, 1850, p. 402, en note) ont voulu prétendre que Charles Bourdigné avait eu le sentiment de la valeur de l'alternance des rimes lorsqu'il écrivit la *Légende de Pierre Faifeu* (1526). Ils n'ont pas bien regardé. Les infractions à la règle sont beaucoup trop nombreuses pour qu'on puisse songer un moment à souscrire à cette opinion.

[2] Allusion à Jean Bouchet que Ronsard avait sans doute entendu discuter plus d'une fois cette question avec son père, le seigneur de la Poissonnière.

n'a pas formulé la règle avec le rigorisme qu'on lui prête trop souvent, secondement qu'il a été induit à recommander la succession des rimes afin que le même air pût s'appliquer à toute une composition lyrique, ou même à toute pièce en vers, puisque, aux yeux de Ronsard, la poésie toute entière était inséparable de la musique et devait être chantée ou au moins déclamée [1].

Bien qu'en somme Ronsard ait laissé l'application de l'alternance des rimes à la discrétion du poète, telle était l'autorité du grand Vendômois parmi ses contemporains en matière de poésie qu'on ne tarda pas à lui attribuer l'invention d'un principe qu'il n'avait fait que renouveler, tout en lui donnant, il est vrai, une raison d'être: *Le premier qui y mit la main*, dit Etienne Pasquier dans les *Recherches de la France*, *fut Ronsard*, *lequel premièrement en sa Cassandre, et autres livres d'amours*, *puis en ses Odes, garda cette police de faire suivre les masculins et féminins sans aucune mélange d'iceux* (liv. VII, chap. 7). Le président Fauchet [2], et plus tard Deimier [3], s'expriment dans le même sens.

Il ne faudrait pas conclure de cette assertion que *l'ordonnance de Ronsard* ait fait partie, dès l'abord, du programme littéraire de la Pléiade. On connaît les paroles quelque peu dédaigneuses de du Bellay: *Il y en a, qui fort superstitieusement entremeslent les vers masculins avecques les féminins... Je treuve cette diligence fort bonne, pourveu que tu n'en faces point de religion, jusques à contraindre ta diction pour observer telles choses* (*Deffence et illustration de la langue française*, éd. Person, p. 112). Au contraire, il y a tout lieu de croire que la nouvelle école ne s'en est guère souciée à son début. Ronsard lui-même ne s'y conforme pas encore dans les *Amours de Marie*, ni du Bellay dans l'*Olive* et dans sa tra-

1 Conférez les lignes suivantes de l'*Art poétique*: *Je te veux aussi advertir de hautement prononcer les vers quant tu les feras, ou plus tôt les chanter, quelque voix que tu puisses avoir, car cela est bien une des principales parties que tu dois le plus curieusement observer* (*Œuvres*, VII, p. 332).

2 *Recueil de l'origine de la langue et poésie françaîse*, éd. de 1586, p. 86.

3 *L'Académie de l'art poétique*, Paris, 1610, p. 315-6.

duction en rimes plates d'une partie de l'*Enéide*, ni non plus Baïf dans ses divers livres d'*Amours*. A plus forte raison la règle est inconnue à Pontus de Tyard, à Jacques Peletier du Mans, et aux autres précurseurs de l'école ronsardienne, tandis qu'elle est fidèlement observée par tous les poètes de *la seconde volée*. Ce n'est qu'à partir de 1555 environ que la succession des rimes, qui dès lors devient un des principes reconnus de la versification française, fut définitivement acceptée et mise en pratique par tous les poètes. Dans le théâtre cependant l'ancien usage persiste plus longtemps. L'altermance n'est observée qu'en partie dans la *Didon* et pas du tout dans la *Cléopâtre*, de Jodelle, qui, du reste, l'a également négligée dans toutes ses compositions lyriques. Il en est de même de la *Famine* (1571) de Jean de la Taille, bien qu'à partir de Garnier on ne trouve plus généralement d'exceptions pour la tragédie. Quand à la comédie, les infractions à la règle sont beaucoup plus nombreuses et durent aussi longtemps qu'on emploie le mètre de l'ancienne farce, c'est-à-dire jusqu'au commencement du XVIe siècle. Je me contenterai de citer l'*Eugène* de Jodelle, les *Esbahis* de Jacques Grévin, la *Trésorière* du même auteur, et la *Reconnue* de Rémi Belleau. Avant de conclure cette étude il convient de faire remarquer qu'au XVIe siècle on n'a pas interprété la règle de l'alternance des rimes avec la même sévérité que depuis Malherbe ; dans la poésie lyrique proprement dite un poète passait pour avoir observé la succession des rimes quand chaque strophe reproduisait le même ordre dans le sexe des rimes que celui de la strophe initiale, ce qui était parfaitement logique, puisque dans ce cas la condition que le même air devait s'appliquer à toute la chanson était satisfaite : *Quant aux vers lyriques*, dit Ronsard, *tu feras le couplet à ta volonté, pourvu que les autres suivent la trace du premier* (*Œuvres*, VII. p. 320). Pasquier, à propos de Ronsard, s'exprime dans le même sens : *Et surtout dedans ses Odes*[1], *sur le*

[1] On appelait au XVIe siècle les odes qui ne remplissaient pas cette condition *odes irrégulières* ou *odes non mesurees*. Ronsard en composa quelques-unes au commencement de sa carrière poétique, mais il se refusa de les ranger, dans le recueil de 1550, parmi ses Odes proprement dites.

règlement du masculin et féminin, par lui pris au premier couplet, tous les autres qui suivent vont d'un mesme fil. Quelquefois vous en trouverez de tous féminins, quelquefois de tous masculins: chose toutefois fort rare, mais tant y a que sur le modelle du premier couplet, sont composez tous les autres (*Recherches*, liv. VII, chap. 7), On pourrait également alléguer le témoignage de Fauchet : *A quoi je pense que Pierre de Ronsard, prince de notre poésie française, et les autres venus depuis lui, ont eu esgard: faisans suivre, aux autres poèmes que les Odes, deux vers de ryme masculine à deux de ryme féminine, et au contraire* (*Recueil*, p. 86). Enfin on lit les lignes suivantes dans un avertissement en tête des *vers lyriques* de du Bellay : *je n'ay (lecteur) entremeslé fort superstitieusement les vers masculins avecques les féminins, comme on use en ces vaudevilles et chansons qui se chantent d'un même chant, par tous couplets, craignant de contraindre et de gesner ma diction pour l'observation de telle chose. Toutefois à fin que tu ne penses que j'aye dédaigné cette diligence, tu trouveras quelques odes, dont les vers sont disposez avecques telle religion. Comme, La louange de deux demoiselles, Des misères et calamitez humanies, le chant du désespéré et les louanges de Bacchus.*

La reproduction des deux premiers couplets du *Chant du désespéré* confirme de la façon la plus explicite les paroles de Ronsard, de Pasquier et de Fouchet :

La Parque si terrible
A tous les animaux,
Plus ne me semble horrible,
Car le moindre des maux,
Qui m'ont fait si dolent,
Est bien plus violent.
Comme d'une fontaine
Mes yeux sont dégouttans,

Le poète nous en avertit par ces lignes de son avis *Au lecteur : Il* [...] *certain que telle ode* (l'ode à Peletier) *est imparfaite pour n'estre* [...] *surée ne propre à la lire, comme sont encore douze ou treize que* [...] *mises en mon Bocage, sous autre nom que d'odes, pour cette mesme* [...] *on, servans de témoignage par ce vice à leur antiquité* (*Œuvres*, II. p. [...]

Ma face est d'eau si pleine,
Que bientost je m'attens,
Mon cœur tant soucieux
Distiller par les yeux.

Ce n'est que depuis Malherbe que la règle de l'alternance des rimes a été appliquée dans la poésie lyrique avec la même rigueur que dans tous les autres genres. On peut dire par conséquent que c'est Ronsard qui a imposé le principe de l'alternance des rimes masculines et féminines, et Malherbe qui a donné à la règle sa forme définitive[1].

L. E. Kastner.

Juillet 1903.

[1] Qui voudrait donner l'histoire complète de la règle d'alternance aurait à étudier la réforme de l'*école symboliste*, qui, il n'est guère besoin de le rappeler, s'est depuis longtemps affranchie de cette entrave.

LES DÉLIBÉRATIONS

DU

CONSEIL COMMUNAL D'ALBI

DE 1372 A 1388

(Suite)

L'an desus, a XX de setembre, los senhors cossols ordene1 que, atendut lo cosselh tengut a X de setembre, en la may cominal, et atendut que els no podiau suplir en autra manieii a pagar lo franc per fuoc de S. Miquel propdavenen, e endissero et ordenero a levar VI comus per pagar lo fra sobredig.

It. may, l'an el dia desus, los sobredigs senhor[s] cosso ordenero que, atendut que ganre de gens aviau pagat en intrada de las vendemias del an LXX e dels X s. per to que paguec hom l'an LXXI, e de l'intrada de las vendemi e del vi de l'an LXXIII, e que covenia que se comuniques, que lor fos redut ad aquels quen aviau pagat ; ordenero endissero X comus per pagar ad aquels que auriau pagat a intrada de las vendemias sobredichas e del vi.

L'an desus, a XXIIII de setembre, G^m Cabede fe relac que el anec vezer una tala que era estada facha per por dins l'ostal de Isarn Cozi ; losquals porcx aviau escampat u quantitat de vi e de agras, loqual era em pipotz. Laqual ta estimec, enformat am P. Pal e am Johan Bayona fo la dich tala, diss que monta II s. IV d., e per so maltrag, XII d.

L'an desus, lo darier dia de setembre, Ar. Lumbart, jura fe relacio que el era anat vezer una tala facha per buous prat de Beraut Tolsa, loqual es a Causels [1]; e ditz que lo renoubre del prat es estat pascut per buous e per lo prautimen que aviau fag en I fenier de fe que avia en lo dig prat, loqual aviau asestrit; e per lo dampnatge del renoubre el estimec XVIII s. e per lor maltrag II s.

L'an desus, a VI d'octombre, Ar. Lumbart e Gm Cabede, jurat[z] sobredigs, feiro relacio que, de mandamen d'en Ar. Chatbert, cossol de l'an presen, els ero anatz vezer 1a tala facha en una quantitat de milh, que era en una terra de Johan de Fons, asetiada al Montelh, que ste am la terra de Gorgori Laurs; laqual tala era estada facha per buous; laqual estimero ad una e[m]y[n]a de milh, e per lor salari II s.

L'an desus, lo segon jorn d'octombre...

Tengro cosselh sus aquo que dissero e prepausero que, de voluntat e de cossentemen d'alcus singulars de la vila, els aviau empausats VI comus per pagar lo franc per fuoc degut a S. Miquel propda passat, e que sus aquo cascu vis e dones cosselh en qual manieira se levariau, que hom pogues subtamen provezir a pagar lo dig franc.

E totz los sobrenomnatz o la major partida, tengro que may foro aprofechable que hom vendes los digs VI comus mar que hom agues de se moneda, ho se carguesso, aquels quels comprarieu, de setisfar la ont es degut a lor perilh, may que se la vila los levava ; quar perilh fora que hom no los pogues ben levar per la paubrieira de la gen, e que en las miejas vengues gran despens sus la vila.

L'an LXXIIII, a XIIII de jenier, los senhors cossols bailero ad Amblart de Lacort de Mausans [2], habitador d'Albi, la garda dels porcx de la vila am aitals coviens que lo dig Amblart promes que be e fizelmen el gardes los porcx e l'autre bestial que hom lhi bailara, aissi quant es acostumat de bailar al porquer de la vila; et el cas que negun porc ho autra bestia a luy bailada en garda, coma desus es dig, se perdes ho preses dam-

[1] Ruisseau qui se jette dans le Tarn, au point où se trouvait le port vieux de la ville, à quelques mètres à peine en amont du pont neuf.

[2] Nom primitif de la commune actuelle de Rouffiac, cant d'Albi.

pnatge, en colpa de luy, que estia a la conoissenssa dels senhors cossols de la presen ciutat. Laqual causa lo dig Amblart de Lacort promes a far, juran sus los IIII S. avangelis de sa propria ma drecha corporalmen tocatz.

T[estes] R. Boerii, Poncius Glieyas.

L'an LXXIIII, a XXIX de jenier, los senhors cossols tengro cosselh, en la mayo cominal, sobre la provesio de far metre en excequcio las letras que hom avia agudas de Fransa de la reparacio dels fuocx, e que cascus hi regardes d'on poiria hom aver so que costaria, quar los digs senhors cossols non aviau moneda de que se pogues far.

E totz los sobrescrig[s] cossols e singulars tengro que los XII comus fags en dezembre, l'an desus, e la resta d'aquels se vendesso al miels que los senhors cossols poiriau, ni a lor sera vist fazedor a suplir a la causa sobredicha.

L'an dessus, a VI de mars, los senhors cossols tengro cosselh en la mayo cominal.

Sobre aisso que los senhors dissero que, per la necessitat e per la provesio dela vila, els aviau trames a Toloza Me D. Gaudetru per saber am moss. Emeric Pelicier, collector del papa, se el volgra far aver a la vila I^a quantitat de blat que avia en esta vila per la necessitat de las gens de la vila ; e lo dig m^e Dorde lor avia tornada resposta que lo dig moss. lo collector era prest de far aver lo dig blat a la presen ciutat et a las gens d'aquela davan tot autre loc ; per que cascus dones cosselh se tengro ad aprofechable que los dig[s] senhor[s] cossols retenguesso lo dig blat per la provesio de las gens de la vila al melhor mercat que poiriau.

E totz tengro que hom agues e restengues lo dig blat al melhor marcat que poiria.

L'an LXXV, a XXVI de mars, los senhors cossols tengro cosselh.

Sobre aisso que los senhors cossols dissero quels, e nom de la universitat, so obligatz al vescomte de Brunequel [1] en gran quantitat de pecunia, de laqual so tengut[z] de donar de

[1] La vicomté de Bruniquel appartenait, à cette époque, aux de Comminges.

gasanhatge certa soma de pecunia, e que els so estat[z] requeregut[z] per lo dig vescomte que els lhi setisfasso la moneda en que lhi son tengutz. It. so obligatz al comandaire de S. Antoni [1] de pagar XXX francxs d'aur. It. so obligat[z] per lo deute de la sal a Cabestanh en la soma de LXX francxs ; e son re mens may al sen Ar. Raynaut en una granda soma de pecunia ; e so estatz requeregut[z] de setisfar los deutes desus dig[s] e que els non au denier ni mealha de que pago a las causas sobredichas, e que cascus vis qual cosselh poiria hom penre que la vila non sufertes despens ni dampnatge. E sus aquo tengro totz, o la majer partida, que los digs senhors cossols sereo o fasso cerquar maleu de que setisfesso lo gazanhatge del deute del vescomte de Brunequel, e de que pago los deutes sobredigs ; e s'en troba maleu que lo prengo al melhor marquat que poirau, justa lor arbitre.

L'an desus, a VI d'abril, los senhors cossols tengro cosselh a la mayo cominal.

Sobre aisso que los digs senhors cossols dissero que, alcunas vetz, era estat parlat del nombre dels cossols d'Albi, e dig motas vetz, per diversas personas, que, atendut la paubrieira de la ciutat d'Albi, seria may de profieg a la dicha ciutat que lo nombre dels cossols del dig loc se mermes e que a lor dava a vejaire que seria profieg. Per que dissero que cascus dones sus aisso bon cosselh, quen tenriau may aprofechable ni se acosselhariau que se mermes. E totz tengro ad aprofechable que lo nombre dels dig[s] cossols se mermes e tornes a VI ou a VII [2].

L'an desus, a XII d'abril, los senhors cossols...

Sobre aisso que los senhors cossols dissero que els e la universitat d'Albi ero obligat[z] al rector de Sta Marciana [3] en

[1] L'hôpital de Saint-Antoine du Viennois, situé presque en face de la Porte du Vigan.

[2] Le Conseil revient sur cette question le 14 avril et se prononce dans le même sens, mais en aggravant sa décision : *e que la electio se mudes*. Le Conseil entendait-il demander le changement du mode électoral, ou bien seulement le changement du jour de l'élection ?

[3] Une des paroisses d'Albi. L'église était située en face de celle de Saint-Salvi, dont la rue seule la séparait.

LXX sestiers de fromen e L sestiers de civada, per loqı ero estatz amonestatz e no podiau penre aver espera seno que hom lhi encartes, per sestiers de fromen, VIII et per sestier de civada, L s. ; per que cascus dones quen fariau. E totz tengro que, el cas que el volgues lo sestier del fromen per VI franx, et lo sestier de la per II francxs, que hom lho encartes e s'en acabcs am el cas que non ho volgues far que hom lhi reda lo blat cascus se talha que segon sa cota preste del blat hom lo pague.

L'an desus, a XV de may, los senhors cossols tengro a la mayo cominal. Sobre aisso que dissero que els, de sitat, aviau mestiers, per setisfar ad alcus deutes que devia, de malevar de calacom entro la soma de VIII° ; e que els trobavo maleu del thesaurier de moss. d'Arı de fromen entro la soma desus dicha o may se de ma hom mestiers, segon que hom lor avia dig, totas a sestier de fromen, de VIII francx, e que daria sosta Marteror. Per que cascus vis quen seria fazedor. E sı totz tengro que los digs senhors cossols prengo lo dig m miels et al melhor mercat que poirau.

L'an desus, a VIII de julh, los senhors cossols teng selh, en la mayo cominal....

Losquals senhors cossols dissero e prepausero que, d vetz, els temps dels autres senhors cossols, [1] era est gut cosselh, et aqui estat aponchat que per ganre de c de deutes que la vila devia e deu, hom leves I reyre dels blatz e de las vendemias ; et aras de noel los dig hors cossols presens dissero que a lor convenia per foı de III^{m} floris d'Arago que hom devia al vescomte de quel que hom lhin pague de presen o d'aissi a la pr festa de la Magdalena II^{c} franx, ho en autra manieir far la clamor per tota la soma al sagel de Buou Vay

[1] Allusion à une délibération du 19 juin précédent.

[2] Beauvais, cant. de Salvagnac, arrond. de Gaillac. Cette fut fondée par Jean de Marigny, évêque de Beauvais, le 25 mai 1 *Hist. de Lang.* IV, p. 541. *La Revue du Tarn* (II 136-146) a pul

que ses fazia la vila sufertaria mot gran dampnatge.. It. que de cossentimen de tot lo comu, la reparacio dels fuocx es facha, e cove que passe en Fransa, avans que hom s'en pusca adjudar; laqual costara de passar en Fransa III^c^ franx, de que la vila a mot gran necessitat que se fassa. Per que cascus diga se sera de cosselh que hom passa lo dig reyre deyme e que se venda al may hufren ; o que veja hom de que se pagarau los carcx sobredigs els autres que la vila deu E demorero que lo dig reyre deyme se fassa e se leve, en la manieira que als senhors cossols sera vist ; e que de presen hom empause XX comus que se levo de que se communique lo dig reyre deyme e setisfassa hom ad aquels que auriau may pagat en lo reyre deyme que no montariau los XX comus ; e que lo blat que hom auria agut de las gens se comte al for que valria lo jorn de Martero.

L'an desus, a XXX d'aost, G^m^ Cabede, jurat, fe relacio que el era anat vezer una tala facha per bestial en una quantitat de milh que era en I^a^ terra de G^m^ Palhier que es el lo[c] apelat a Messac que ste am las terras de m^e^ Berthomieu Canchauzier et am lo cami cominal ; laqual tala estimec a I carta e mieja de milh e XII d. per son salari. T[estes] Poncius Glieyas, Johannis Talhaferri, precones Albie.

L'an desus, lo premier dia de setembre, los senhors cossols tengro cosselh.

Sobre aisso que, coma en l'an presen fos estat ordenat far reyre deyme del blat e dels [1] vendemias, et aquel del blat sia levat, que dissero los digs senhors cossols e demandero cosselh als singulars sus la manieira del levar las vendemias. E tengro totz que, el loc del dig reire deyme de las vendemias, atendut que lo dig reire deyme no se poiria levar ses grans despens, ordenero e tengro que hom leves certa cauza per saumada de vendemia, que se pague a l'intrau de las portas, so es asaber que tota pressona [2] talhabla de la ciutat d'Albi,

traduction de la charte de fondation qui fut approuvée par le duc de Normandie, a Agen, le 13 septembre 1343, et confirmée plus tard par Charles VI.

[1] Correc. *de las*.

[2] Correc : *perssona*.

quen meta vendemia dins la vila, que pague de cada mada de carr que sia comola (pague) II gr° e m., e de saumada raza de carr II gros, e de cada saumada de b comola pague II gr°, e de cada saumada raza de bestia I e mieg, e que saumada de aze o faisses pago a l'avinen aisso desus dig ordenero esser fag, reconoguda per lo voluntat del rey nostre senhor o del senescalc de Carcas o de aquels a qui se apertenria

Item, l'an el dia desus, los senhors cossols, am cosselh voluntat dels singulars, elegiro per crida publica de la ci d'Albi, so es asaber Johan Talhafer, recubreire, loqual per companho, en lo dig offici, de Pos Glieyas.

It. l'an el dia desus, les senhors cossols, de cosselh voluntat dels singulars, elegiro per juratz et per vezedor las talas que se fan en la ciutat et en la juridiccio d'Albi es asaber P. Tamparel, R. Vigoros, e G^{m} Blanc, una am Cabede que era davan jurat.

L'an desus, a XV de setembre.

Sobre aisso que coma d'autras vetz fos estat tengut co sobre lo leu de la emposicio de la intrada de la vendemi l'an presen e fos estat aponchat, o miels se conte el co tengut a XI de setembre, l'an presen, so es asaber que desso o bailesso a levar la dicha emposicio de la vendem miels que poiriau per suplir a las causas contengud explicadas en lo dig cosselh, so es asaber de aver moned paguar en Frances et als autres trebalhs per aver la repa complida ; per que dissero los dig[s] senhors cossols qu trobavo qui volia penre a levar la dicha emposicio en la man que s'ensec, so es asaber que hom dones de levar la d emposicio de la vendemia II s., per lbr. de tot quant l riau de la dicha emposicio, e que al despens de la vila de estar, en cada porta de la vila, hun sirven, losquals ague a compellir de paguar la dicha emposicio de tota per talliabla de la ciutat d'Albi, am aitals coviens que aquels au ufert a levar, devo de mantenen prestar e bailar als d senhors cossols IIII^{c} franx sus lo leu de la dicha empos protestat per los digs levalors que, el cas que los digs l dors non levesso tant quant montara la dicha soma dels digs IIII^{c} franxs, que hom lor hi estes e lor ho restituis, et se may se levavo que sian tengutz de redre. Dissero may los digs senhors cossols que els no trobavo ni a compra ni a leu miels, segon que lor era vist, ni neys qui ho volgues comprar ni levar ad autre for. Per que dissero los digs senhors cossols als singulars sobreescrig[s] que cascu hi vis e dones cosselhs se ho bailero a levar am la condicio desus dicha. E sus aquo, regardat per los digs singulars et yssimen per los digs senhors cossols que no trobavo miels, atendut la gran necessitat de moneda, que los dig[s] senhors cossols, e nom de la dicha universitat, aviau per paguar a la reparacio dels fuocx sobredicha et en autres carcx que la dicha universitat avia, dissero e acosselhero que la dicha emposicio se bailes a levar en la forma et am las condicios sobredichas.

L'an desus, a XXVI de setembre, G^{m} Cabede, jurat, fe relacio que el, una am P. de Bert, ero anatz vezer una tala que era esta[da] donada per bestial en una quantitat de panis que es en una terra de Azemar Blanquier, laqual es al Ga de Lescura, que ste am las terras d'en G^{m} Nicolau et am las terras de Patau, laqual tala estimec a III cartos de panis, e per lor salari II s.

L'an desus, a VI d'octombre, G^{m} Cabede e Peire de Bert, jurats de la ciutat d'Albi, feiro relacio que els ero anatz vezer una tala facha en una quantitat de fe que era en barsels en I prat de Bernat Rata, que es a Rayguarda, que ste am los pratz de la Malautia del Viga et am lo cami cominal ; laqual tala es estada facha per bastial boy ; laqual tala estimero a X quintals de fe e per lor salari II s.

L'an desus, lo darier dia de novembre.

Sobre aisso que los digs senhors cossols dissero e prepausero que la universitat d'Albi es obligada a diverses crezedors, tant a Toloza quant en d'autras partz, en diversas summas de pecunia, per lasquals somas veno tot jorn comessaris e sirvens sus la vila, e que els non au de que setisfar als digs crezedors. Per que dissero als sobredigs singulars que lor donesse cosselh cossi pogro far que setisfezesso als digs cre-

[illegible], en tal maniera que la vila no sufertes lo gran despens que se tot jorn sufertava. Et auzit per los digs singulars, los [illegible] els deutes en que la vila d'Albi era tenguda, a lor explicatz per los digs senhors cossols, dissero, la major partida, que tota persona del dig loc fos aliurada, e que cascu pagues als carcx de la vila segon que auria valen tant en bes mobles quant en no mobles, e que los digs senhors fezesso et empausesso comus aitans quant lor semblara que abastesso a pagar los digs deutes, als cals comus cascu pagues segon que seria trobat que auria valen.

L'an desus, a IX de mars.

Sobre aisso que los digs senhors cossols dissero e prepausero que motz de singulars de la dicha ciutat so obligatz a rector de Sta Marciana [1], e nom de la universitat, de que de tot jorn so amonestatz et escumengatz et en autra manieira molestat[z], et aquo per la soma de IIIIc LXV franx, e que los digs senhors cossols non au de que setisfasso al dig rector en tot ni en partida. Totas vetz los digs senhors cossols aviau empauzatz encaras non ha gayre, XII comus, tant per alcus autres deutes degutz a moss. lo duc, per loqual sa avia agutz comessaris e gran gast, quant per lo dig deute del dig rector; dels quals XII comus son estatz levatz per rigor de que hon ha setisfag al dig deute del dig moss. lo duc, si que hom non ha levat plus otra IIc franx e que els non podiau plus levar, mar que cascus vis cossi se levariau las restas dels digs XII comus de que hom pusca satisfar al dig rector. E cascu tenc que los digs senhors cossols los bailesso a levar per cunhs o en autra manieira al miels que poiriau.

L'an LXXV, a XIX de mars...

Sobre [aisso que] los capitols [demandavo] de far lo aliuramen ni que se apelaria moble ni en qual forma anaria hom avan. E fon dig per alcus que en esta vila es de costuma que quan hom avia fag I aliuramen que aquel devia durar IIII ans e que de tot aquel terme hom non hi devia re ennovar, et que encaras non avia gayre de temps que hom avia fag I aliurame

[1] L'obligation remontait au 11 avril 1375; elle était signée de 42 notables et portait sur la somme de 666 francs, 17 sous. BB 16.

dels mobles e que aquel devia tener e durar per lo terme dels digs IIII ans, et encontra las cauzas acostumadas hom no devia far; et fon dig per d'autres e comunamen per totz cossi se regiria hom, quar lo senhor, so es asaber moss. d'Albi e sos officiers, aviau facha enhibicio als digs senhors cossols que els non auzesso levar negun talh entro que hom de novel aja fag lo aliuramen, e que cascu pague segon que aura bonamen e justa. E tengro totz que anesso alcus al sobredig senhor e a sos officiers als quals la dicha bezonha se apartenia, e que hom lor disses que no volguesso far negunas enebicios contra las causas acostumadas, e que lor plagues que lo temps dels IIII ans se fenis, avans que procesisso en autre aliuramen, atendut lo aliuramen fag o miels desus es dig.

L'an LXXVI, a I d'abril...

Sobre aisso que los digs senhors cossols dissero et prepausero que l'an passat, quant las gens d'armas ero a Telhet [1] e per tot aqui, fo de cosselh de motz de bos homes de la presen ciutat que, ad aquela fi que las dichas gens d'armas no dampnegesso lo loc ni las gens, que hom lor presentes, a cascu capitani, de IIII o de V que ni avia, una pipa de vi; laqual causa fon facha; losquals capitanis exceptero lo dig presen, dizen que adonc non aviau mestiers, mas el cas que (que) se endevengues, el[s] prendiau lo dig presen. Et aras de presen los dig[s] capitanis so vengutz a Vilafranca [2] et en d'autres locx entorn la dicha ciutat, et au demandadas las dichas pipas de vi que so V pipas Dissero may los digs senhors cossols que els non aviau denier de que puesco satisfar a paguar lo dig vi; per que demandero cosselh als digs singulars se lo dig vi se paguara ni de que. E totz tengro que, atendut que lo dig vi fo promes, cove que se pague, quar se non ho fazia, perilh seria de sufertar may de dampnatge, et que hom tries L o LX o IIII^{xx} o C personas delsqual[s] hom agues soque costariau las dichas V pipas de vi, e que so que bailariau que lor fos desdug dels premiers talhs que hom faria d'aissi avan.

L'an desus, a IX d'abril...

Sobre aisso qne dissero los senhors cossols que, per alcus

[1] Cant. d'Alban, arrond. d'Albi.
[2] Chef-lieu de cant. de l'arr. d'Albi.

de la presen ciutat era estat dig que hom dones que ero alotjatz a Vilafranca XII pipas de vi, afi q patu de lor e de totas las autras gens d'armas es loc, afi que no nos dampnegesso, e que hom lo certa quantitat de civada. Dissero may los digs sols que sobre aisso hom ne avia agut alcun parl digs capitanis, e creziau que, fazen aquo, hom lor et assiguransa. Per que dissero que cascu re fora fazedor, et el cas que fos vist de donar, q de que se fara, quar els non au de que ho pogu Et, auzidas las paraulas sobredichas per los sin escrigs, totz tengro que hom certifiques moss. d dels dampnatges que las dichas gens d'armas d entre tant hom lor fezera[2] aver viures per lor hom no lor dones al res quant a presen, de ssa qu saubuda la extenta de moss. d'Armanhac ; e se p que hom lor dones las dichas pipas de vi e la si totz o la major partida que els no se cossentia donat seno que la Glieya e la clercia ne pagues l

L'an desus, a XXIX d'abril...

Sobre aisso quo dissero los dig[s] senhors c gens d'armas de Vilafranca aviau mandat en hom lor dones certz viures, quar qui ho fezes el ranssa a las gens et als bestials d'esta vila que ho seguramen sas fezendas aitant quant els estariau Vilafranca. E sus aquo els aviau [3] ...

L'an desus, a XVI de may...

Sobre aisso que los digs senhors cossols disse sero que la universitat d'Albi es obligada al Brunequel en la soma de XVII[c] e XXXVIII fr que per lo dig deute lo dig vescomte volia far ex tra la vila ; mas que, tractant alcus amicx, els en

[1] Le comte d'Armagnac était Jean II, fils de Jean Ier, à en 1373, comme comte d'Armagnac, de Fézensac et de l de Lomagne, d'Auvillar, etc.

[2] Correc. : *fezes*.

[3] Délibération inachevée.

paguan lo gazanhatge que hom deu donar per los digs deniers, lo dig vescomte se sessara de far la excequcio que entendia a far per lo deute sobredig ; loqual gazanhatge monta IIc XXVIII franxs [1]. Dissero may que, a satisfar las cauzas sobredichas, els non aviau d[enier] ni mealha. Per que cascu vis e regardes qual provesio se podia metre a las cauzas sobredichas. E sus aquo totz tengro que may era expedien de setisfar lo gazanhatge quel principal ; e per setisfar lo dig gazanhatge, dissero que hom empauzes II comus e quart [2], e que hom veja se trobara qui los volra comprar, e que se cargue de paguar lo dig gazanhatge o al mens IIc franx, que hom done los digs II comus e quart per los digs IIc franx qui may non troba.

L'an MCCCLXXVI, a XXVII de jun...

Sobre aisso que dissero e prepausero lo digs senhors cossols que, gran temps ha, avia hom parlat de aver fleyras en esta vila [3], e que a lor semblava que se hom ne pogues aver doas dins l'an en esta vila que fora grand profieg. Per que cascus vis e dones cosselh quen faria hom ni quen tenriau ad aprofechable. E totz tengro e dissero que gran profieg fora a la presen ciutat que pogues aver las dichas fleiras, e que se hom podia que hom las agues ; e sus aquo totz essemps dissero que se hom las podia aver, que la una fos lo jorn de S. Cirici [4] e l'autra lo jorn de Sta Cezelia [5].

[1] L'intérêt ressort donc à plus de 13, 12 pour cent.

[2] Le produit d'un commun est facile à déterminer ; il est donné par l'équation $\frac{228}{2,25} = 113$ et une fraction. Mais il est probable que le Conseil escomptait des non-valeurs représentées par le quart de commun.

[3] Il semble qu'il y ait contradiction entre cette délibération de laquelle il résulte que la ville n'avait pas de foires, et la note que nous avons consacrée à Sicard de Lescure (Délibér. du 13 oct. 1373). La ville proprement dite n'avait pas de foires, en effet ; mais le Castelviel, qui forme aujourd'hui un quartier de la ville et qui alors dépendait du comte de Castres, et était une communauté distincte, en possédait au moins une ainsi qu'en témoignent les comptes consulaires. La première foire d'Albi fut créée en 1420 par le Dauphin, le futur Charles VII ; elle se tint le 18 novembre. A cette occasion, la ville offrit du vin aux marchands de Réalmont venus pour inaugurer la nouvelle foire, et fit promener un bœuf précédé de musiciens. CC. 176.

[4] 16 juin. — [5] 22 novembre.

L'an LXXVI, a XXXI de jun...

Sobre aisso que los digs senhors cossols dissero e prepausero que lo bastart de Landorra [1] avia trames, per I escudier, una letra de crezenssa que hom dones fe a las paraulas que lo dig escudier explicaria loqual escudier expliquec que lo dig bastart era alotjat a S. Benezech [2], otra Tarn, et entorn aqui am gran fag d'autras companhias de la partida del comte d'Armanhac ; e que las gens d'armas de las companhias sobredichas foro vengudas alotjar als barris d'Albi, se lo dig bastart no fos [3] e que hom dones quelque causa al dig bastart, afi que las dichas companhias non aguesso razo de venir ni de volvre de part dessa ni de venir als digs barris. E sus aquo los digs senhors dissero que cascus vis qual resposta faria hom al dig bastart ni se hom lhi donaria o no. E sus aquo totz tengro que, atendut que la vila era paubra e non avia que donar, e que se hom donava al dig bastart, covenria que hom dones als autres capitanis ; que non era expedien que hom lhi dones denier ni mealha, mas afi de far melhor resposta e que lo dig bastart non agues tanta de razo de far dampnatge, coma auria se hom lhi fazia resposta que non auria re, que hom lhi escriusses e lhi fezes resposta de boca, que la vila era tant paubra et tant oprimegada que non avia ni podia re donar ; mas, per honor de luy, se de las vitalhas de la presen ciutat lhi plaziau, e trameti [4] I o II o III saumiers, que hom los lhi trametria carguatz de pa e de vi. E dissero may que, afi que lo dig escudier que avia portada la letra de la crezensa fassa melhor relacio al dig bastart, (que) hom lhi dones dos franx.

L'an LXXVI, a VI de julh....

Sobre aisso que los digs senhors cossols dissero e prepau-

[1] Sur ce chef de routiers, cf, *Hist. de Lang* IX pp 859, 871, 87[illegible] 891, 892, 1121. Il fut tué au combat de Rabastens, livré le 21 juillet 138[illegible] entre les troupes du comte de Foix et celles du duc de Berry Cf. *Eve[illegible]nement relatifs a l'Albigeois pendant la querelle du comte de Foix* [illegible] *du duc de Berry* de 1380 a 1382, par M. Ed. Cabié p 21. Cf. égalemen[illegible] *Hist de Lang*. IX. p. 892.

[2] Saint-Benoit, cant. de Carmaux, arrond. d'Albi.

[3] Phrase inachevée : il faut sous-entendre par exemple *estat contra[illegible]disent a'n aquo.*

[4] Correc : trametia.

sero que, en la sempmana propda passada, los senhors canonges de la glieya de S[ta] Cezelia d'Albi los aviau tramezes querre, e lor aviau dig que de saentras ero estatz mogutz alcus tractatz sobre la ordenacio del deyme de las vendemias, so es asaber que los dig[s] canonges demandavo que hom fezes acort am lor, que hom lor dones per lor dreg del dig deyme de las dichas vendemias certa parso, so es asaber o la dotzena part o la tretzena, e que de so en que hom demoraria, hom lor portes quiti de culhiduras e de portaduras, am ganre d'autras condicios per els explicadas. Per que dissero los digs senhors cossols que cascus vis se seria aprofechable de far aquel acort e que cascus dones cosselh lo melhor que poiria e regardes qual via seria may aprofechabla, de far aquel acort o de estar az aco que hom ha acostumat de paguar. E sobre aisso, auzit per los sobrenompnatz las cauzas per los digs senhors cossols explicadas sobre lo dig deyme, totz tengro que hom pagues lo dig deyme aissi quant hom ha acostumat tostemps de paguar et en autra manieira no.

L'an MCCCLXXVI, a VIII de julh...

So es asaber sobre aisso que los digs senhors cossols dissero e prepausero que d'autras vetz era estat tengut cosselh que hom vigues se hom pogra acabar am lo senhor que hom agues en esta vila doas fleiras, so es asaber la una lo jorn de S. Cirici et l'autra lo jorn de S[ta] Cezelia ; e que sus aquo los digs senhors cossols s'en ero tiratz vas mossenher d'Albi per saber sa voluntat se a luy plagra, losquals senhors reportero que al dig moss. d'Albi plazia be. It. dissero que lo jutge de Bezers, loqual era de presen en esta vila, avia, entre las autras cauzas, una comessio sobre la rebellio el tumult loqual afermava que era estada facha per alcunas gens d'esta vila sobre la tracha del blat, que lo cosselh de moss. lo duc volia far traire d'esta vila, l'an LXXV. Per que dissero los senhors cossols que cascus vis se hom segria ni trametria degu per segre que hom aja en esta vila las dichas fleiras, e se aquel que ho segria veiria se poiria ajudar ni aver gracia a laquels que son accusat[z] de la tracha del blat sobredig. E totz tengro que expedien era de aver las dichas fleiras e que hom hi tramezes I bon home sufficien per segre que hom las agues ; e que, seguen las dichas fleiras, se poiria aver gracia a tols [1] aquels que son acuza seriau colpables del tumult de la tracha del blat sobr e a totz aquels que son acuzatz ni seriau colpables de la cio dels barris del Cap del pont de Tarn ni dessa.

L'an desus, lo premier dia d'aost, G^m Cabede e P. de juratz, feiro relacio que els ero anatz vezer, una tala per bestial en una quantitat de milh que es en una te Berthomieu de Labroa, que es el loc apelat a Guiso q am las suas terras meteissas et am las terras de P. Calve laqual tala estimero a 1 carto e m. de milh, e per lor XX d.

L'an desus, a XII d'aost,...

Sobre aisso que los digs senhors cossols dissero que singulars de la presen ciutat ero citatz a Toloza per la cio del barri del Cap del pont. Per que demandero cos la vila ho preyra ni ho menara. E totz tengro que, co senhors cossols de l'an passat aguesso dezavodada la diruicio, e que nul temps de lor cosselh no se era fag, semblava ges que la vila o degues penre, e que per n causa la vila non ho prezes, mas que se hom lor podia als digs citat[z] e prevengutz, per razo de la dicha di negun seiors per via de preguarias o en autra bona man que a lor semblava que los digs senhors, e nom de la u sitat, o deuriau far, e tengro que se fezes aitant quan poiria.

L'an desus, a XVII d'aost, P. de Bert, jurat, fe relac el e G^m Cabede, son companh, juratz, ero anatz veze tala facha per bestial en una quantitat de milh que es e terra que es d'en G^m Sudre de Pueg Gozo [2], que es a gada, que ste am lo cami cominal et am lo riu de Guizo laqual tala estimero a una e[m]v[n]a e m^a de milh, e p trebalh II s.

L'an desus, a XIX d'aost,

Sobre aisso que los digs senhors cossols dissero que l

[1] Correc : *totz.*

[2] Puygouzon, cant. d'Albi.

versitat era obligada a pagar II franx per fuoc [1] losquals ha endigs de novel moss. lo duc d'Anjo. It. en la soma de IIII° francxs que deu hom al sen Ar. Raynaut. It. que deu hom per la renda que se vendec al filh de moss. n'Ot Ebral [2] et a'n G^m Colobres, que monta la soma de II^c L francxs et en d'autres diverses carcxs e que els non aviau I d. que poguesso paguar als carcxs desus digs. Per que casous vis de que se poiran pagar los carcxs desus digs. E totz tengro que hom empauzes XVI comus dels quals se paguesso e se levesso de se los VIII comus, e que los autres VIII se levesso per emposicio de vendemia, o en autra manieira, aissi quant als senhors cossols de la presen ciutat seria vist fezedor. It. fon dig per totz los sobredigs cossols e singulars que los comtes dels IIII ans propda passatz se aujo e que siau ausit[z] per aquels que los digs senhors cossols hi volrau deputar.

L'an LXXVI, a XXIII de aost, G^m Cabede e Peire de Bert, juratz de la ciutat d'Albi, feiro relacio quels ero anat[z] vezer una tala dada per gens en una vinha et en I rodorier de Bertomieu Combret, que es el loc apelat a Pestraus, que ste am la vinha de P. Canhac, etc.; laqual tala es estada facha per gens talhen e trencan los dig razins el dig rodor; laqual tala estimero a IIII s. e per lor salari II s.

L'an LXXVI, a XXIII de setembre, G^m Cabede, jurat de la ciutat d'Albi, e Bertomieu Renhas, affanaire del dig loc, feiro relacio, que els ero anatz vezer I valat loqual hom ha fag de novel el cami molinar que es sobre la glieya de S.

[1] Les communes réunies en juillet-août à Nîmes d'abord, au Pont-St-Esprit ensuite, avaient octroyé au duc d'Anjou un subside de 2 francs par feu à percevoir de septembre à février, et la gabelle sur le sel jusqu'au 1er mars 1378.

Cf. *Inst. polit. et adm.*, p. 613.

[2] Ot Hébral était seigneur de Tonnac et de Rouyre. Dans les documents conservés tant aux archives de la ville d'Albi qu'aux archives départementales, il est prénommé Ot, Hoto. Cet Hébral, Ebral ou Hébrail, que nous rencontrerons encore, était propriétaire de deux moulins sur la Vère, Roudier et de Corilhes. Arch. dép. E 222.

On trouve des Ot ou Hot Hébral jusqu'en 1483. Cf. au mot Hébrail *Extraits de registres de notaires, documents des XIV°-XVI° siècles*, par M. Charles Portal.

Amaran [1], losquals conogro que lo dig valat es estat cami public e que aquel que l'a fag far lo deu cove; arasar e tornar en l'estat que era davant que non hi valat, a son despens e que pague per lor trebalh II s.

L'an MCCCLXXVI, a XXVIII de setembre.

Sobre aisso que los digs senhors cossols dissero e pr zero que P. de Galart [2] e sas gens, que ero en lo l Tersac et en lo loc de Girossencxs, [3] se perforsavo de a la presen ciutat grans dampnatges, tan en penre g bestials et autras provesios e motas d'autras cauzas ; aviau mandat que se hom no fazia patu am lo dig Galart e que lhi dones finansa, que els donariau tot lo d natge que poiriau, e que no laissariau reculhir las vende Per que demandero cosselh los digs senhors cossols sobredig[s] singulars cossi s'en regiriau ni que fora féchable que s'en fezes o per via de finansa o de reze lor o en qual maniera s'en regiriau may aprofechable presen ciutat et als habitans d'aquela. E sus aquo, a per los singulars desus digs las cauzas a lor per los dig hors cossols dichas et explicadas, totz dissero que s lor fazia neguna rebellio, que, atendut que els ero pays per moss. d'Armanhac, (que) fora perilh que l moss. d'Armanhac ne agues gran desplazer, e que don la presen ciutat mot gran dampnatge, per [que] acoss et tengro que, atendut que els poyriau donar gran d

[1] Il existe encore tout un quartier rural de ce nom : à la méta M. Bories, située dans ce quartier, se voient les ruines d'une c actuellement convertie en étable à bœufs. La métairie est long le chemin qui conduit a la mouline, désignée aujourd'hui sous le Moulino de Cambon.

[2] Ce Pierre de Galart était à la solde du comte d'Armagnac, e plusieurs fois aux Anglais. Quelques mois auparavant, il s'était de Lugan, dans le canton de Lavaur, et y avait mis le feu. Cf. *H Lang.* éd Privat, IX, 857, 852, 859 et 879, X, 1549, 1553 à 1555; *Ann Villefranche* (Cabrol) I, 306, et *Revue du Tarn*, XVII, 3 à 5. La de Galart comprenait les trois branches de Terraube, St-Se l'Isle Bouzon. M. Moulens a consacré 5 volumes à la généalogie Galart.

[3] Terssac, canton d'Albi; Giroussens, canton de Lavaur.

natge, tant en aprionar las gens els bestials, quant que tolriau las vendemias, que seria mot gran dampnatge, (que) qui miels far non podia, que hom agues patu am lo dig P. de Galart e que hom fines am el, al miels que hom poiria ni los digs senhors cossols poiriau far ni tractar ni far tractat.

L'an MCCCLVI, et III d'octombre.

Sobre aisso que dissero los senhors cossols que motas vetz era estat tractat que hom agues patu e segurtansa de Peire de Galart o de sas gens que ero en lo loc de Tersac, e que hom fezes qualque finansa am els afi que hom pogues seguramen reculhir las vendemias e las autras bezonhas far, que las gens no se perdesso, e que hom ne era estat motas vetz per parlar am lo dig Peire de Galart et am son loctenen, e que hom avia aitant alonguat coma hom avia pogut per vezer se negun bon remedi s'i preyra per lo senescalc de Carcassonna o per autres que rezistis al dig P. de Galart et a sas gens; e que sus aquo los digs senhors cossols aviau trames al cosselh de Carcassona et a moss. d'Armanhac per saber se pogro aver negun remedi, jasia aisso que non aviau aguda encaras neguna resposta e duptavo se que, en aquest mieg, hom prezes gran dampnatge per lo dig P. de Galart e per sas gens. Per que cascus dones sus aqui lo melhor cosselh que pogra. E sus aquo totz dissero que hom prolongues may dos jorns qui podia o se hom avia, en aquest mieg, agut degun bon remedi, Dieus cumbe![1] autramen que los digs senhors cossols fasso tractat e fasso la finansa al miels que poyriau.

It. l'an el dia desus, los sobredigs senhors cossols dissero e prepauzero als digs singulars que Pos Glieyas, crida e servidor lor, dizia que el devia esser quiti e lo(r)s digs senhors lo deviau tener quiti de totz talhs e comus et autras emposicios per los senhors cossols de la presen ciutat empausatz et empausadors, et aquo per totz sos bes e per sa testa. Per que sus aquo dissero que cascus vis e disses se hom lo tengra quiti dels bes e de la testa. E totz tengro e dissero que lo dig Pos no devia esser quiti mas tant solamen per sa testa, per

[1] *Peut-être* tumbe.

aja trames lo dig sal condug ordenat al dig P. e lo dig no lo avia volgut trame seno a temps, so es asaber entro a Nadal, per que dissero se per aquel sal condug, loqual era al terme desus dig, hom lhi donaria la dicha finansa. E totz tengro que hom escriusses al dig P. de Galart que tramezes lo sal condug ses negun terme; et el cas quel tramezes que hom lhi dones la dicha finansa et autramen no, o seria deliberat per major cosselh.

L'an desus a XXII d'octombre...

Sobre aisso que dissero los senhors que G[m] Ebra[r]t de Lescura ha motas vetz escrig e mandat, e non re mens el meteiss dig que hom lo fezes paguar de CX francxs en que Johan Vaissieira lhi era tengut per razo de una quantitat de bestial qu'avia finat ab luy; en autra manieira el levera merca; et aras de presen cove que hom lhi fassa resposta. Per que dissero los senhors cossols als sobre digs singulars que lor donesso cosselh qualresposta lhi faria hom, ni se acosselhavo que hom respondes al dig Ebrart que hom estaria a la conoissensa de moss. d'Armanhac e se la vol penre que hom ho fassa; en autra manieira que hom no lhi done denier ni mealha.

L'an MCCCLXXVI, a XXVII d'octombre, ad Albi et en la mayo cominal del cossolast del dig loc, personalmen constituitz, so es assaber los honorables e discretz senhors en Galhart Golfier, M[e] Dorde Gaudetru, en Duran Daunis, en P. Alric, al[ias] Rigaut, en Bernat Esteve, cossols de la ciutat d'Albi, per lor et e nom de la universitat del dig loc, d'una part; e M[e] Dorde de Laroca, notari d'Albi, d'autra; las dichas partidas dissero e prepausero que saentras era estada moguda questio entre los sendic[s] dels digs senhors cossols els capitanis desus digs d'una part, el dig M[e] Dorde d'autra, sus la garda de la vila, so es asaber que los digs capitanis mandavo lo dig M[e] Dorde de anar en gagh et en la garda de las portas coma I autre habitan del dig loc; lo dig M[e] Dorde disia que el non era tengut de far lor mandamen sus las cauzas desus dichas ni de gardar mar per lo mandamen de las gens del rey, per razo quar lo dig M[e] Dorde era clerc de nostre senhor lo rey de Fransa et era notari de las emposicios del dig nostre senhor lo rey. Sobre aisso las dichas partidas vengro davant los presidens de la cort del rey d'Albi; et aqui meteiss, auzidas las razos desus dichas per los digs presidens, los digs presidens remeiro las dichas partidas a Paris, al premier parlamen propda venen de Normandoyss. Per so las dichas partidas, venen ad acort de las causas sobre dichas, volgro que lo dig ajornamen fos de tot en tot cassat et anullat; e volgro que aquestz covienhs fosso aissi escrigs per mi Gm Prunet, notari d'Albi, en testimoni d'en Johan Clavairolas e de Bertomieu Just, habitadors d'Albi.

L'an MCCCLXVI, a VII de novembre, Me Gm Engilbert, massonier, fe relacio... que el, una am en Bernat Esteve, cossol de la presen ciutat... era anatz vezer un debat de una ayguieira que es en l'ostal de B. Rocas, assetiat a la carrieira del Potz del Viga [1], que ste am l'ostal de Gm Poderos; laqual ayguieyra dava dampnatge a l'ostal del dig Gm Poderos et a las gens de tot lo cairat, quar era facha en prejudici de tot lo carairat; per que diss lo dig me Gm que la dicha aiguieira s'en deu vostar del loc en que es, e que aqui ont es no deu aver pong de ayguieyra en prejudici del dig Gm Poderos ni de las gens del dig carairat sobredichas Et aqui meteiss lo sen Galhart Golfier, me Dorde Gaudetru, en Duran Daunis e'n Bernat Esteve, cossols de la presen ciutat, auzida premieiramen la relacio sobre... [2]

L'an LXXVI, a XXIII de dezembre...

Sobre aisso que los digs senhors cossols dissero e prepauzero que las companhias que demoro en establida en lo loc de Florentinh so vengutz [3] en esta vila e lor an mandat que hom lor done dels viures, en autra manieira els no poirian estar de far mal e dampnatge. Per [que] dissero los digs senhors cossols e demandero cosselh als digs singulars quen farian ni que lor respondriau, e, se es de cosselh que hom lor done, que lor donara hom. E sus aquo totz tengro que, per esquivar

[1] Cette rue n'existe plus ; elle était située non loin de la rue actuelle de la Sérieys.

[2] Inachevé.

[3] Correc : *vengudas*.

may de mals e de dampnatges, (que) hom lor done II pipas de vi e X sestiers de sivada, ho may ho mens, segon que miels hom poiria acordar ni tractar.

L'an desus, lo premier dia de mars.

Sobre aisso que los senhors cossols dissero que moss. lo viguier d'Albi [1] era vengut a lor e lor avia dig que se el podia re far per els ni per la presen ciutat, que el ho faria voluntiers; et otra aquo los avia azempratz que els lhi volguesso ajudar de so que lor plagra, quar el seria mogut per far tot lo be el plazer que far poiria per lor e per la vila. Per que cascus dones cosselh quelh respondria hom. E sus aquo totz tengro que, atendut que el poiria far ganre de bes e de plazers a la presen ciutat, totz tengro que hom lhi dones doas pipas de vi e IIII sestiers de fromen.

L'an LXXVII, a XV de jun.

Sobre aisso que dissero los senhors cossols que saentras, per alcus cossolats, lors predecessors, es estada facha gracia als marreliers de Sta Cezelia del comu de la lor testa, et aco a contemplacio dels senhors canonges de la dicha glieya; a que aras de novel so vengutz los digs marreliers als digs senhors cossols e lor au sopleguat que lor fasso gracia dels digs comus de lor testa, coma saentras per los autres senhors cossols, lors predecessors, es acostumat de far Per que dissero los senhors cossols e demandero cosselh als digs singulars si remetriau ni quitariau als digs mareliers los digs comus de lor testa o no. Et auzit per los digs singulars las cauzas per los senhors cossols esplicadas, totz tengro et acosselhero que los digs marreliers paguo comu per lor testa e per los autres bes coma I autre talliable de la presen ciutat, e que neguna remessio ni quitansa no lor sia facha dels digs comus de lor testa.

L'an LXXVII, a XXVII de jun. .

Sobre aisso que dissero los senhors cossols que la presen universitat es obligada a diverses crezedors en diversas et en

[1] Pierre Leu, damoisel, seigneur de Grandmont, 1373-77. Cf. *Liste des Viguiers* d'Albi, *Annuaire du Tarn*, 350-56.

grandas somas de pecunia, tant al supcidi quant a d'aut
que els non au de que puesco setisfar, jasia aisso que al
restas de comus saentras empausatz son degudas, mar
podo levar subdamen, especialmen quar lo aliuramen no
men fag non es claus ni aponchat cossi deia cascu pa
Per que sus aisso los senhors cossols demandero cosselh
provezio metra hom que hom puesca aver de que hom p
setisfar als deutes sobredigs que la vila non suferte d
natge. E sus aquo totz tengro que lo aliuramen se cla
que cascus pague de so que aura segon lo aponchamer
per lo cosselh contengut en las instruccios bailadas als al
dors. It. tengro totz e volgro que quant degun comu se em
zaria d'aissi avan que hom no pague pong per testa, ma
so gatge, e que tot home talliable pague per so gatge XII
tota fempna talliabla pague per so gatge VI d. It. di
e tengro totz que hom meta emposicios als forn[s], que
hom de cascun sestier de fromen e de mossola que se c
XVI d. e de cascun sestier de mestura e de seguel XII
laqual emposicio se leve als forns e se pague per las p
nas de qui lo blat e lo dig pa cera ; e que la dicha empo
se comunique per via de comus, agut licencia del senh
aquo foras pa de venda. It. sus lo dampnatge que la cre
de l'aygua avia donat al pont de Tarn, fon dig que h
fassa adobar.

L'an MCCCLXXVII, a XII de julh...

Sobre aisso que los senhors cossols dissero als sing
que lor donesso cosselh de la manieira de levar comu,
alcus dizo que may de profieg seria que tota persona qu
XX s. o una lbr. tor. que pague per la premieyra lbr.
soma, o XII d. o II s. o may ho mens segon que seria vist
dor, may que se levava en la forma que es acostumat. E
aquo, auzit per los digs singulars las cauzas desus dichas,
tengro que, quant degun comu se empauzaria, que tota
sona pague per la premieira lbr. que aura valen (pague)
d. o II s. o may o mens, segon lo voler e la eleccio dels
hors cossols; e per cascuna lbr. que auriau may valen de
cessori, mealha ; e tota persona que non aja re valen,
pague per cascun comu dos s. o XII d. o may o m

segon la eleccio dels senhors cossols, so es asaber aitant quant paguaria per la premieira lbr. de so que auriau valen.

L'an desus, a XXVIII d'aost, Gm Blanc e'n P. Albert, juratz, feiro relacio que els ero anatz veser una tala facha per bestial en una pessa de milh que es en una terra de Bertomieu de Labros, que es a Raigada, que ste am los pratz de la malautia del(s) Viga et am las terras d'en Galhart Golfier, loqual milh era del dig Bertomieu ; laqual tala estimero a una cartieira de milh e per lor salari II s. [1].

L'an desus a XXIIII de setembre.

Sobre aisso que los senhors cossols dissero e prepauzero que moss. lo duc avia de novel empausatz II francxs per fuoc [2], losquals covenia que se paguesso subdamen, e que els non aviau de que tant subdamen ho poguesso paguar, jasia aisso que els aviau empausat I talh loqual se levava per gachas ; loqual talh era estat empausat tant per aquel deute quant per los autres en que la vila es obligada ; mar empro del dig talh no se podiau tant subdamen levar deniers de que hom setisfezes tant a las paguas que covenia far cochadamen al dig subsidi quant a d'autres deutes cochatz que la vila devia. E semblava lor que se hom empauses emposicio sobre las vendemias propdavenens, que hom mezes sobre cascuna saumada de car VII d. ma, e tota autra vendemia, fos saumada de bestia o de aze ho cossi que intres, que pagues a l'avinen, que hom ne levera miels e plus leugieiramen moneda ; totas vetz que de so que las gens paguariau al [3] dicha intrada, que aquo que cascus auria paguat se desdusses de la soma que lhi montaria lo dig talh empausat per los senhors cossols novelamen. It. dissero may los senhors cossols que ganre de gens estranhas que non ero del talh ni del gag de la presen ciutat metiau et aviau mes blat et enten-

[1] Le même jour, les jurés constatent un dégât semblable dans un champ de *milh*, à Messac. L'estimation de la perte est de trois quartières de *milh*.

[2] Décision des communes réunies à Carcassonne, du 5 août au 8 septembre. Le premier terme était payable le 29 septembre. Cf. *Inst. polit. et adm.*, p. 614.

[3] Correc : a la.

diau a metre vis dins la presen ciutat, e que a lor semblava que se al dig estranhatge hom fezes paguar certa causa per cascu sestier de blat e per cada sestier de vi ad ajutori dels carcxs de la presen ciutat, que fora be fag. It. dissero may los digs senhors cossols que, en la fieyra de Rodes propda passada, alcus merchans mazeliers d'esta vila ero anatz a la dicha fieyra, e que, estan aqui, 1 dels digs merchans mazeliers parlan am 1 home de Rodes, lo dig home de Rodes lhi avia dichas aitals paraulas : Anatz vonh ! que non avem cura de vos autres, yretges d'Albeges ! E ssus aquo, vengutz que foro los digs mazeliers de la dicha fieyra, els vau reportar las dichas enjurias que lor ero estadas dichas al dig loc de Rodes; e saubudas per los senhors cossols et enformatz per persónas dignas de fe que aviau auzit quant las dichas enjurias foro dichas, los senhors cossols encarguero Me Ar. Paya que anava a Tholoza que el portes 1 ajornamen contra aquel que avia dichas las dichas enjurias, a respondre per davan moss. lo duc ho davant son cosselh sobre fag enjurios. Per que demandero cosselh los senhors cossols als singulars se voliau que hom segues lo dig ajornamen e se deffendes de las enjurias sobre dichas.

E sus aquo, auzidas per los digs singulars totas las cauzas per los senhors cossols prepauzadas, quant a la premieira totz tengro que hom mezes la dicha emposicio de las vendemias, exceptat Me P. de Rieus, P. Costa, Pos Galaup, Johan Camps, habitadors, segon que dizo, del barri del Cap del pont [1], que dissero que aitant quant era per els ni per los habitans del dig barri, els no se cossentiau a metre la dicha emposicio de las vendemias, quar els se ufriau de presen, per lor e per los autres habitans del dig barri, de paguar aitant quant

[1] C'est la partie de la ville située sur la rive droite du Tarn ; elle date probablement de la construction du pont, c'est-à-dire des environs de 1035. A l'origine le *Cap del Pont* dependait. au point de vue administratif, judiciaire et militaire, du consulat de Cordes, de même qu'il faisait partie de la senéchaussée de Toulouse, alors que la ville proprement dite était rattachée à celle de Carcassonne. Cette situation, qui fut cause de quantité de procès dont les pièces sont conservées aux archives de la ville, ne prit fin que vers le milieu du XIVe siècle.

montaria la part que a lor se poc apertener del dig subsidi, mar que hom lor digua que monta.

It. quant de metre certa causa sobre cascun sestier de blat e de vi d'estranhatge, coma desus es dig, totz essems tengro que s'en leves certa causa als miels que los senhors cossols poiriau.

It. quant a segre lo ajornamen desus dig sobre las dichas enjurias, totz tengro que, atendut que las dichas enjurias tocavo a tota la presen ciutat, e non re mens a tot Albeges, (que) hom ho segues en tal manieira que aparegues que las gens d'Albi ni d'Albeges no son tocatz d'aquel crim.

L'an desus, a VII de dezembre, Gm Cabede he Peire Albert, jurats, feiro relacio que els ero anatz vezer I debat que avia Johan Baldi am moss. Guiraut del Clop, capela, sobre I hieisset que lo dig Johan Baldi dizia que avia en una terra que ha lo dig Johan a la Cepa, que ste am la terra del dig mº Guiraut et am la terra de Helias Carle, al[ias] Bonafos; loqual hieisset es aras valat et es entre la terra del dig mº Guiraut e la terra del dig Helias. E dissero los digs jurats que lo dig valat deu esser cami, per loqual cami la dicha terra del dig Johan Baldi deu aver hieisset, et dissero que lo dig valat sia covegat et tornat en cami, al despens d'aquel qoe li a fag.

(A suivre). Auguste VIDAL.

BIBLIOGRAPHIE

REVUE DES REVUES

Revue hispanique, X, 1 et 2. — *Ch.-Ph. Wagner*: The sources of « El cavallero Cifar », p. 4; — *R. Foulché-Delbosc*: Le « commandeur grec» a-t-il commenté le « Laberinto »? p. 105; — *A. Restori*: Il « Manojuelo de romances », parte primera, di Gabriel Lasso de la Vega, p. 117; — Trois poésies du XVe siècle, p. 149; — Dialogo entre Lain Calvo y Nuño Rasura, 1570, p. 160; — Vingt-six lettres de Gongora, p. 184; — *L. Barrau-Dihigo*: A propos des « Gesta comitum Barcinonensium », p. 226; — Testamento de Pedro Rodriguez de Fonseca, 1419, p. 227; — Coplas de « Trescientas cosas mas », II, p. 234; — *R. Foulché-Delbosc*: L'auteur de la « Picara Justina », p. 236; — *F. de Haan*: ¡ So concejal ! p. 241; — *H. Veganay*: L'espagne en Italie, II, p. 246.

Zeitschrift für französische sprache und litteratur, XXVII, 1 et 3. — *E. Brugger*: Beiträge zur erklärung der arthurischen geographie, p. 69; — *G. Cohn*: Textkritisches zum Cliges, p. 117.

Archivio glottologico italiano, XVI, 2. — *C. Salvioni*: Spigolature friulane, p. 219; — *Id.*: Fr. « flageolet », p. 243; — *Id.* Illustrazioni sistematiche all' « Egloga pastorale e Sonetti ecc. », p. 245; — *Id.*: Piém. *avaši* « acquazzone », p. 322; — *G. Parodi* Studj liguri, p. 333; — *C. Salvioni*: Friul. « bòse », p. 366; — *G. Vidossich e C. Salvioni*: Etimologie, p. 367.

Bulletin du parler français au Canada, II, 9 et 10. — *J. R.*: Canada et Québec, p. 257; — *N.-E. Dionne*: Canada; origine et étymologie du mot, p. 260; — *E. Rouillard*: La langue française à l'île Maurice, p. 267; — *O. Asselin*: Le parler franco-canadien, p. 269; — Lexique canadien-français (*suite*), p. 277 et 316; — *Abbé C. Roy*: Etude sur l'histoire de la littérature canadienne, 290.

Zeitschrift für romanische philologie, XXVIII, 3. — *Neumann*: Zur Charakteristik des Dialektes der Marche, p. 273; *H. Schuchardt*: Zur Methodik der Wortgeschichte, p. 316; — *Radu Sbiera*: Die Physiologie der rumänischen Vokale *ă* und *î*, p. 326;

A. Zimmermann : Wie sind die aus dem Romanischen zu erschliessenden vulgärlateinischen Suffixe *attu*(*a*) *ottus*(*a*) und *ita* entstanden, p. 343; — *G. Bertoni* : Il cod. estense, f. lat. 873, p. 351 ; — *K. Meyer*: « Tristan und Isolde » und keltische Sage, p. 353 ; — *A. Tobler*: Zu Perrots gereimter Inhaltsübersicht in der Pariser Handschrift Frç. 375, p. 354 ; — *J. Subak* : Kleine Nachträge zu Körting, lat.-rom. Wört., p. 357 ; — *H. Schuchardt* : lat. « cisterna », p. 362; — *J. Ulrich* : Etymologien, p. 364 ; — *M. Fuchs* : Altfranz. Adjekt. « entre », p. 365.

Neuphilologische mitteilungen, 3 et 4. — *K.-S. Laurila* : Ueber Lautwandel, p, 57 ; — *J. Poirot* : Sur l'origine de deux expressions françaises, p. 73 ; — *W. S.* : Le miroir des dames et des demoiselles, p. 76.

Romania, XXXIII, n° 130. — *F. Lot* : Notes historiques sur « Aye d'Avignon », p. 145 ; — *P. Meyer* : « L'enfant voué au diable », rédaction en vers, p. 163 ; — *A. Piaget* : « La belle dame sans merci » (*suite*), p. 179 ; — *A. Thomas* : Etymologies lyonnaises, p. 209 ; — *S. Pieri* : Il tipo avverbiale di « carpone-i », p. 230 ; — *P. Meyer* : « Les trois Maries », mystère liturgique, p. 239 ; — *J.-T. Clark* : « nd » et « mb » protoniques en italien, p. 246 ; — *R.-J. Cuervo* : « Mana » y « maná », « maguer » ó « magüer », p. 255 ; — *P. E. Guarnerio* : Ancora di *ti*-(*si*-), elemento ascitizio in parecchi appellativi d'animali nei dialetti sardi, p. 258 ; — *A. Thomas* : Prov. « amela, conobre », fr. « cerneau, noyau », p. 261.

Archiv für das studium der neueren sprachen und literaturen, CXII, 3 et 4. — *L. Jordan* : Quellen und komposition von « Herzog Ernst », p. 328 ; — *G. Bertoni* : Ricerche sulla « Somme le Roi » di Frère Laurent, p. 344.

COMPTES RENDUS CRITIQUES

Chamard (H.). — Joachim Du Bellay, La deffence et illustration de la langue françoyse, édition critique. *Paris*, 1904, Fontemoing [XXI-381 p.].

Cette édition, qui est l'heureux complément d'un livre donné en 1900 par l'auteur sur *Joachim Du Bellay*, mérite à tous égards d'être qualifiée d'édition savante.

Elle reproduit, comme il convenait, le texte de l'édition *princeps*, sauf qu'elle corrige la ponctuation et les fautes d'impression évidentes, distingue les u des v et les i des j. Un appareil critique très complet donne toutes les variantes des autres éditions du XVIe siècle. Ces variantes sont presque toutes purement orthographiques : elles rendront moins de services qu'elles n'ont coûté de peine. Mais, comme elles sont très nombreuses et que les éditions de la *Deffence* s'étendent entre 1549 et 1597, on aura là, pour faire l'histoire de notre orthographe pendant un demi-siècle, un ensemble d'exemples très imposant.

Le commentaire est fort abondant. Il augmente d'un grand nombre de textes nouveaux la liste déjà longue qu'on pouvait dresser des emprunts faits par Du Bellay aux auteurs anciens. Une série de phrases de la *Deffence* sont rendues à Cicéron, à Quintilien, à Pline le jeune, à Pline l'ancien, etc.

Mais ce qui fait l'intérêt principal de ce commentaire, c'est qu'il montre avec une richesse singulière de preuves, combien la *Deffence* fut une œuvre de combat. Les allusions incessantes que Du Bellay fait à l'école de Marot ; les critiques perpétuelles qu'il dirige contre Sibilet, le théoricien de l'école ; les idées qu'il emprunte à Tory, Dolet et autres devanciers : tout cela est signalé et éclairci avec une rare précision. Des passages, demeurés jusque là passablement obscurs ou dont on ne voyait pas la portée, deviennent très lumineux.

Le commentaire philologique est un peu sacrifié au commentaire historique.

Par la sûreté de la méthode, par l'étendue et la solidité de l'érudition, par la netteté des explications, cette édition est véritablement excellente, et c'est seulement sur des points de détail que j'aurai quelques observations à faire. Je vais les présenter en suivant l'ordre des pages.

P. 50. M. Ch. signale comme familière à l'auteur la transition *à ce propos*. Ailleurs il signale d'autres formules qui reviennent plusieurs fois dans la *Deffence*. Mais il ne fait nulle part remarquer quel fastidieux abus Du Bellay a fait de la locution *veu que* : Voir p. 47, 56, 58 (deux fois dans la même phrase), 104, 111, 125, 156, 296, etc., etc. Noter aussi la fréquence de *quand à* : par exemple, page 84, deux exemples consécutifs.

P. 63. « Ces raysons me semblent suffisantes de... ». M. Ch. note que Du Bellay dit aussi *suffisant à*. Il y avait lieu de noter qu'il dit aussi *suffisant pour*. Voir p. 90 : « l'office et diligence des traducteurs... n'est suffisante pour donner à la nostre ceste perfection. »

P. 87. « Tout oraison et poëme. » Toutes les éditions postérieures à la *princeps*, sauf deux, corrigent *tout* en *toute* ; avec raison, je crois *Tout* doit être une faute d'impression. Dans la syntaxe du XVIe siècle l'adjectif ainsi placé devant deux substantifs prend le genre et le nombre du premier. Voir, p. 83 : « la disposition gist plus en *la* discrétion et bon jugement de l'orateur qu'en *certaines* reigles et préceptes. »

Voir p. 296 une phrase où l'adjectif démonstratif placé avant les deux substantifs est féminin, alors que l'adjectif qualificatif placé après est masculin : « icelle pronunciation et geste approprié. » Cf. p. 328 : « son siege et demeure certaine. »

P. 89, note 4. Aux traductions françaises de Pétrarque indiquées ici il y a lieu d'ajouter une traduction des *Triomphes* qui eut un grand succès. La Bibliothèque nationale en possède quatre éditions : Paris, 1514; Paris, 1520 ; Lyon, 1531 ; Paris, 1554 (Rés. Yd. 80, 82, 1153, 89). Il existe, en outre, de cette traduction plusieurs manuscrits à la Nationale, à l'Arsenal et à la Bibliothèque Sainte-Geneviève. Un manuscrit de l'Arsenal donne le nom du traducteur, qui est Georges de la Forge. Je prends ces renseignements dans l'opuscule de G. Bertoni, *Per la fortuna dei Trionfi del Petrarca in Francia ;* Modena, 1904, Vincenzi.

P. 103. « Et à toutes leurs plus grandes vertuz, comme à un certain but, dirrige la pointe de son style ». Note : « Au sens du latin *virtutes* = qualités ». — Il fallait citer Quintilien X, II, 1 : « tum ad exemplum virtutum omnium mens dirigenda ». On notera que l'idée chez Du Bellay prend une forme plus concrète. — M. Ch. traduit un *certain but* par *un but certain.* Il renvoie à divers passages où *certain,* quoique placé avant le substantif, a, en effet, le sens de *exactement déterminé.* Je ne pense pas toutefois que ce soit ici le sens ; dans cette phrase toute latine *certain* doit être l'équivalent de *quidam* ; *comme à un certain but = ut ad quemdam finem.* Comparer ce passage, où *certain* ne peut pas être traduit autrement que par *quidam*, p. 61 : « A quoy a bien aydé l'envie des Romains, qui comme par une certaine conjuration conspirant contre nous... »

P. 104. « Tout ainsi que ce feut le plus louable aux anciens de bien inventer, aussi est ce *le plus utile* de bien immiter ». Note : « Toute cette phrase est traduite mot à mot de Quintilien : « Nam, ut invenire primum fuit estque praecipuum, sic ea, quae bene inventa sunt, utile sequi ». — *Mot à mot* n'est pas exact : car en substituant le superlatif que j'ai souligné au positif *utile,* Du Bellay modifie la pensée de Quintilien et attache beaucoup plus d'importance que lui à l'imitation.

P. 108. La correction *auroint* pour *auront* est excellente.

P. 112. « Monstres étranges *de la* grecque et *de la* latine ». La préposition et l'article sont répétés. Un peu plus haut, au contraire, p. 109 : « cete elegance et copie qui est *en la* grecque et romaine ». Comparer ces deux passages à ces deux-ci du chapitre suivant, p. 124 : « comme *les* poëtes et *les* orateurs », p. 146 : « Je reviens *aux* poëtes et orateurs ». — M. Ch. ne signale nulle part cette diversité. Il me semble qu'en général Du Bellay ne répète pas l'article, et que là où il le répète, c'est pour le rythme de la phrase. Cf. p. 193 : « sans élection et jugement »; six lignes plus bas : *sans* doctrine et *sans* érudition ».

P. 125. « J'en ay touché au commencement une partie de ce que m'en semble ». La ponctuation de l'édition *princeps* étant très souvent défectueuse, il n'y a pas lieu de se laisser influencer par la ponctuation que cette édition donne ici : « une partie, de ce, que m'en semble ». Je ne crois pas qu'on puisse admettre un autre sens que celui pour lequel penche M. Ch : le premier *en* est pléonastique; *de ce que m'en semble* est complément de *partie*.

P. 127. « S'efforceant donner ». Cette construction est fort bien expliquée dans la note ; mais il y avait lieu de faire observer que dix lignes plus haut Du Bellay avait dit : « les Latins ne se sont point eforcez *de* traduyre ». Cf. p. 283 : « tu t'eforces de rendre ».

P. 131. « Elle s'exerce son art » Le pronom *se* est tellement explétif que je le considère comme une simple faute d'impression.

P. 147 « Qu'il est impossible d'égaler les anciens en leurs langues. » M. Ch. cite sans observations la critique du Quintil : « Ce tiltre est tout contrariant à la position du precedent, maintenant faisant impossible ce que paravant tu esperois et souhaitois estre fait. » Ne fallait-il pas appeler l'attention sur la bévue du Quintil ? Du Bellay veut dire qu'il est impossible à un moderne d'écrire le latin aussi bien qu'un latin; et le Quintil entend qu'il est impossible à un moderne écrivant en sa langue d'égaler les anciens.

P. 182. Pour Melin de Saint-Gelais il est de toute justice de renvoyer aux *Studi di storia letteraria italiana e straniera* de M. Francesco Flamini (Livorno, 1895, Giusti), qui n'a parlé de lui qu'incidemment sans doute, mais qui, le premier, a reconnu ses véritables maîtres : Séraphin dell' Aquilla et les strambottistes.

P. 205, note. En constatant que l'épigramme est dans notre poésie une innovation de Clément Marot et de son école, M. Ch. aurait pu signaler le problème des rapports de l'épigramme française des Marotiques et du *strambotto* italien. Je me permets de renvoyer à mon article sur *L'influence italienne chez les Précurseurs de la Pléiade* (*Bulletin italien*, t. III, n° 2), et à ma note sur Marcello Philoxeno et Melin de Sainct-Gelays (*Ibid.*, t. IV, n° 3).

P. 228. A propos de Sannazar, il est à noter que l'églogue de Marot pour la mort de Louise de Savoie est imitée du chant d'Ergaste dans l'*Arcadie* : c'est ce qu'a montré M. Torraca, *Gli imitatori stranieri di Jacopo Sannazaro*, Roma, 1882, Lœscher, p. 66.

P. 236. « Je veux bien. » M. Ch. traduit avec raison par « je tiens à ». Mais ne fallait-il pas noter que l'expression a aussi parfois dans la *Deffence* le sens actuel ? Par exemple, cinq lignes plus haut « Comme luy (Arioste) donq', qui a bien voulu... »

P. 295. « Ce lieu ne me semble mal à propos dire un mot de la prononciation. » Texte étrange. M. Ch. incline à croire avec M. Laumonier qu'il faut interpréter *ce lieu* comme un adverbe : « en ce lieu » ; il cite les locutions de temps *ce jour, cette nuit, cet été.* L'interprétation est très intéressante : mais il faudrait pouvoir citer un autre exemple d'une locution semblable avec un mot marquant le lieu. Je préférerais donc supposer la chute de *pour* devant l'infinitif : le mot a pu échapper à l'imprimeur ou tomber d'autant plus aisément qu'il était sans doute écrit en abrégé. — Peut-être le vrai texte était-il : « ce lieu ne me semble mal propre à dire ; » *à* se serait placé fautivement avant *propre*, qu'on aurait corrigé ensuite en *propos.*

P. 322. « Et de quele excellence en quel meprix de tout le monde, *par ses forces mesmes* elle a été *precipitée.* » M. Chamard cite seulement Salluste, *Catil,* V, 9 : « Ut paulatim inmutata ex pulcherruma atque optuma pessuma ac flagitiosissuma facta sit. » Salluste a été combiné avec Horace, *Épodes,* XVI, 2 : « *Suis* et ipsa Roma *viribus ruit.* »

Joseph VIANEY.

Théodore Joran. — *Choses d'Allemagne* (*Notes sur l'Allemagne contemporaine*). Paris, 1904, de Rudeval, in-16, 4 fr.

Deux des études que comprend le volume de M. Joran sont consacrées à *Schiller historien* et au *Voyage de Gœthe en Italie.* Elles sont intéressantes, la seconde surtout, où est combattue la théorie qui fait du génie de Gœthe « l'union de l'esprit antique et de l'esprit moderne ». Mais elles ne nous apprennent rien sur l'époque *contemporaine.*

Faire le procès à *la* « *méthode directe* » *dans le nouveau régime scolaire* ou au *rôle des domestiques étrangers dans l'enseignement d'une langue vivante,* c'est, au contraire, traiter deux questions tout actuelles ; mais ce n'est pas nous parler de *choses d'Allemagne.*

Les vraies *notes sur l'Allemagne contemporaine* sont donc représentées par un article sur deux romans féministes, et surtout par deux relations de voyage étendues : *Au fil du Rhin* et *la Petite ville d'eaux allemande.* Encore les rapprochements entre l'Allemagne et la France sont-ils si fréquents dans ces deux morceaux et la préoccupation des choses de France y est-elle si vive, qu'ils seraient plus justement intitulés *Choses d'Allemagne et de France,* ou même *Choses de France étudiées en Allemagne.* C'est un peu là le défaut, et c'est aussi un peu là le charme de ces 160 pages.

Ni le titre ni le sous-titre ne donnent donc une idée parfaitement exacte de ce que contient le livre de M. Joran ; mais, après tout, il n'importe ; et les réflexions de ce professeur expérimenté, aussi bien que les observations de ce touriste avisé et spirituel n'en sont pas moins dignes d'attention ou de discussion.

Seulement, je n'aurai garde de les discuter moi-même : la com tence me manquerait trop. Père de famille, je vois tout ce que la « méth directe » peut donner de résultats aux mains d'un professeur inst convaincu, plein d'ardeur.. et de santé; je sens tout ce qu'elle peut tro d'obstacles dans l'incompétence ou la fatigue du professeur, la légè des élèves, la mauvaise organisation des classes ; mais je ne me ch pas de conclure, et peut-être le temps seul le pourra-t-il faire autorité. Cependant, je hasarderai une remarque. M. Joran se pl qu'on ne fait pas profiter l'étude des langues vivantes de ce que élèves apprennent de latin ou de grec : « Loin d'obstruer la voie mène à la connaissance de l'allemand, par exemple, l'étude des l gues anciennes peut, avec de bons guides, aplanir le terrain » 228). Cela est juste [1] ; mais cela semble indiquer que l'on com surtout la « méthode directe » pour ceux des élèves qui s'adonn encore à l'étude des langues anciennes. Or, un élément grave de question me paraît négligé ici, comme dans la plupart des discussi instituées sur le même sujet. Il faut que, dans toutes les sections l'enseignement secondaire, les élèves manient au moins une lang dont ses difficultés et son peu de ressemblance avec la langue nat nale fassent un fortifiant instrument de gymnastique intellectuelle faut qu'ils pratiquent au moins une langue qui ait pour eux une val éducatrice. Les élèves qui étudient le grec et le latin, voire le l seul, peuvent sans trop de dommage apprendre l'allemand d'ap une méthode purement pratique ; mais en est-il de même pour c qui, en dehors des langues étrangères vivantes, n'ont à leur program littéraire d'autre langue inscrite que le français?

Pour la critique impartiale des mœurs allemandes, pour la peint piquante des types allemands, pour maints récits alertes, je ren le lecteur au livre de M. Joran. Il m'a instruit et amusé. J'ajoute a qu'il m'a ému, parce qu'il est dédié à la mémoire d'un poète dél et d'un ami très cher, le regretté professeur Emile Trolliet.

Eugène Rigal

[1] Mais il n'aurait pas fallu écrire (p. 229) : « Cette sève qui circule le rameau germanique est la même qui coule dans le rameau franç un même tronc en est la source, ce tronc robuste du chêne ron amendé par la culture hellénique ». Il est vrai que cette phrase ma contreuse est corrigée par celle-ci, de la p. 230 : « Puisons dans le commun indo-européen, où les racines des mots plongent et se r gnent... ». — P. 33, il faut sans doute lire : « Je ne balance pas à re naître nettement la supériorité des jeunes Allemands (et non : des je Français) pour ce qui est des langues vivantes ». — Quelques négli ces de style pourraient aussi être signalées çà et là.

C. Carrel Marden. — Poema de Fernan Gonçalez. Texte critique, avec une introduction, des notes et un glossaire, Baltimore, 1904.

Le poëme de Fernán González est, après le poëme du Cid, un des monuments les plus importants de cette primitive poésie épique espagnole dont il nous reste si peu de traces. M. R. Menéndez Pidal et M. Menéndez Pelayo en ont étudié avec la plus ingénieuse érudition les origines et les caractères historiques et littéraires. M. Marden nous en donne pour la première fois un texte critique sérieusement établi et accompagné de notes judicieuses écrites en espagnol. On trouvera également dans son édition les « coplas » citées par Gonzalo de Arredondo dans sa chronique de Fernán González et la partie de la Chronique générale d'Alphonse X qui est consacrée au fameux comte de Castille. Voilà un livre utile et qui fait grand honneur au professeur de philologie espagnole de l'Université de Johns Hopkins.

Ernest MARTINENCHE.

P. Savj-Lopez und M. Bartoli. — Altitalienische Chrestomathie, *Strasbourg*, 1903

Dans sa Chrestomathie M. Savj-Lopez a fait un choix fort judicieux de morceaux empruntés aux principales œuvres écrites avant Dante dans les dialectes italiens primitifs. Ces textes sont accompagnés parfois d'un appareil critique qui peut servir de modèle aux débutants. M. Matteo Bartoli ajoute à cette Chrestomathie un aperçu grammatical sur les dialectes italiens et un glossaire qui éclairent à peu près toutes les difficultés. L'ouvrage répond parfaitement aux intentions didactiques de ses deux auteurs, et il rendra les plus grands services à nos étudiants.

Ernest MARTINENCHE.

R. Menéndez Pidal. — Manual elemental de gramática histórica española. — *Madrid*, 1904.

Ce livre manquait depuis longtemps, et nul n'était mieux qualifié que M. R. Menéndez Pidal pour l'écrire. Ce manuel n'est pas du tout élémentaire, comme l'intitule modestement son auteur ; il est seulement incomplet, et il ne laisse guère place qu'au désir de le voir continuer. Il se divise en huit chapitres dont voici l'énumération : « I. Idée des éléments qui forment la langue espagnole. — II. Les voyelles. — III. Les consonnes. — IV. Phénomènes spéciaux qui influent sur l'évolution phonétique. — V. Le nom. — VI. Le pronom. — VII. Le Verbe. — VIII. Les particules ». En d'autres termes, après un coup d'œil rapide sur la place du castillan parmi les autres langues romanes, M. Menéndez Pidal en étudie la phonétique et la morphologie. Il ne se pique nullement d'être original, mais précis. Il nous indique dans sa Bibliographie (p. 215 à 218) les sources auxqelles il a puisé. Il a mis à profit, et plus d'une fois fort heureusement complété les travaux de Diez et des Meyer-Lübke. Et c'est véritablement un charme de voir en un pays où l'on a tant abusé de l'à peu près et de la fantaisie appliquer avec rigueur une méthode scientifique. Il semble même que M. Menéndez Pidal mette une sorte de coquetterie à rechercher la plus austère concision. Il dédaigne de rappeler l'ordre de ses chapitres dans une table des matières à laquelle il substitue un index étymologique. Ses explications, toujours sûres, sont d'une sobriété assurément élégante, mais qui ne laissera pas parfois d'inquiéter ses étudiants. Il est probable qu'il a dû les accompagner de plus d'un commentaire dans son enseignement à l'Université de Madrid. Son Manuel, où c'est à peine si l'on peut relever quelques fautes d'impression et quelques légères inadvertances, laisse volontairement de côté la syntaxe historique du castillan et ne s'occupe qu'incidemment des formes dialectales Je crois savoir que l'enseignement de M. Menéndez Pidal l'aménera à combler peu à peu ces deux lacunes. Et je suis certain qu'à mesure que son Manuel se complètera il deviendra une excellente grammaire historique espagnole. Il est dès maintenant indispensable aux débutants, et je m'incline devant la science de ceux auxquels il n'apprendrait rien.

E. Martinenche.

OUVRAGES ANNONCÉS SOMMAIREMENT

J. Leite de Vasconcellos. — I. Vozes Gallegas, *Porto*, 1902. — II. Silva Mirandesa, *Porto*, 1903. — III. Uma chronica de 1404, *Lisboa*, 1903.

Les deux premières brochures sont des tirages à part d'études qui ont paru dans la *Revista Lusitana* (vol. VII). Dans la première, le savant conservateur de la Bibliothèque de Lisbonne publie, en l'accompagnant de quelques notes précises, un manuscrit postérieur à 1843, une sorte de petit dictionnaire galicien-castillan, qu'il a trouvé à la Bibliothèque nationale de Madrid et qui renferme des mots non encore catalogués. Comme le portugais et le galicien ne sont à l'origine qu'une seule et même langue, M. Leite de Vasconcellos pouvait mieux inaugurer ces Études de philologie galicienne qui doivent nécessairement précéder cette Histoire de la langue portugaise qui sera la grande œuvre de sa vie. — Sous le titre de *Silva*

Mirandesa sont réunies une série d'observations curieuses sur la lexicographie, la grammaire et la littérature du pays de Miranda. M. Leite de Vasconcellos complète ainsi les deux volumes d'études de *Philologie Mirandesa* qu'il avait publiées en 1900-1901.— Enfin, dans l'opuscule intitulé *Uma chronica de 1404*, M. L. de V. s'efforce de prouver (et je crois bien qu'il y réussit) que dans une chronique générale d'Espagne étudiée par M. Menéndez Pidal (*Revista de archivos*, juillet 1903), la partie qui va de Ramiro I jusqu'à San Fernando n'a pas été écrite par un Portugais, mais par un Galicien.

E. Martinenche.

Ch. P. Wagner. — The Sources of *El cavallero Cifar*. (Extrait de la *Revue hispanique*, t. X), Paris, 1903.

L'*Historia del cavallero Cifar* n'a pas été étudiée en raison de son importance parce qu'on n'y avait d'abord vu qu'une médiocre imitation de l'Amadis. Les deux manuscrits de Paris et de Madrid qui présentent de notables différences avec la rarissime édition de Séville (1512) permettent de la regarder comme un des premiers romans en prose castillane. En attendant la publication de l'édition critique qui nous manque et qu'il nous doit, M. Wagner présente une série de notes fort intéressantes sur les diverses sources des trois parties de ce roman de Cifar qui se rattache assez directement à notre « matière de Bretagne ».

E. M.

W. von Wurzbach. — Die Werke Maistre François Villons. *Erlangen* 1903.

Le très savoureux et très poète Villon n'avait pas encore été édité en Allemagne. M. W. de Wurzbach a fort heureusement comblé cette lacune. Mettant à profit à peu près tous les travaux modernes qui ont éclairé la vie et l'œuvre de l'auteur du *Grant Testament*, il a accompagné le texte qu'il publiait de notes substantielles qui en rendront la lecture facile et agréable à ses compatriotes. E. M.

Andreen: Studies in the Idyl in german literature, Rock Island, Ill., 1902.

Cette étude est la troisième des publications de la « Augustana Library ». Après un coup d'œil sur le roman dans la littérature classique, M. Andreen distingue quatre périodes principales dans l'histoire de la littérature romanesque en Allemagne jusqu'à la fin du XVIIIe siècle. La première s'étend sur tout le moyen âge ; la seconde va d'Opitz à Gessner ; la troisième nous montre le triomphe de la pastorale, et la quatrième, qui s'arrête à la *Luise* de Voss (1795), nous fait assister à l'invasion du réalisme dans un genre qu'à vrai dire n'abandonnera plus. Ce n'est pas en 72 pages que M. Andreen pouvait épuiser une pareille matière. Son étude n'est qu'un résumé, ma souvent assez juste et parfois intéressant. On consultera surtout avec fruit les tables bibliographiques qui la terminent, et, en particulie la seconde qui nous donne la liste des œuvres romanesques publiées e Allemagne de 1500 à 1795. E. M.

A. Joannidès. — *La Comédie-Française*, 1903, Paris, Plon, 1904, in 8°, 7 fr 50.

Le luxueux répertoire de M. Joannidès vient de s'enrichir d'u nouveau fascicule, consacré à la vie de la Comédie-Française pendant l'année 1903. Deux innovations se remarquent en ce volume. D'abord le chapitre « Faits et événements importants » contient un certai nombre d'extraits des critiques qui ont eu à juger les pièces ou le acteurs de la Maison de Molière : j'avais moi-même demandé à M. Joannidès si cette petite réforme lui paraissait possible et, plus que jamais je crois que des extraits, choisis avec goût et avec impartialité, rendront plus tard service aux érudits qui consulteront *le Joannidès*. E second lieu, le plan primitif de la collection voulait que la liste de rôles interprétés par chaque acteur fût donnée seulement quand ce acteur mourait ou quittait la Comédie-Française, et le volume d 1903 n'avait ainsi à nous énumérer que les rôles de M. Delaunay e de Mlle Brandès. Mais M. Joannidès a pensé avec raison qu'on dési rait être renseigné dès maintenant sur la carrière des artistes e pleine activité. Il a cette fois donné la liste des rôles joués par le sociétaires hommes ; les dames seront l'an prochain l'objet d'un tra vail semblable

A la conscience, à l'exactitude, à l'impartialité de M. Joannidès nou aurions à rendre le même hommage que dans nos précédents articles Contentons-nous de nous associer au vœu de M. Leloir, le préfacie de 1903, et de prier M. Joannidès d'écrire une histoire suivie de l Comédie-Française. E. R.

Les cahiers d'un bibliophile. p Edmond Girard, 3 fr. l fascicule.

La jolie et utile édition de Tristan l'Hermite que publie *la Maiso des Poètes* va se complétant peu à peu. Nous avons rendu compte d trois premières pièces : *le Parasite*, *Mariane*, *la mort de Sénèque*. *L Folie du sage* et *Panthée* ont suivi, ainsi que le premier acte de *Mort de Chrispe*. Neuf fascicules ont paru, et il en reste cinq à paraître. E. R.

Le gérant responsable : P. Hamelin.

LA CHRONIQUE FRANÇAISE
DE MAITRE GUILLAUME CRETIN

C'est pour obéir à un ordre du roi François Ier que Guillaume Cretin a entrepris de rimer une *Chronique française*. Lorsqu'il commença (1515) la rédaction de cette œuvre, il était déjà fort vieux, et il se rendait bien compte qu'il ne vivrait pas assez pour mener à son terme une tâche d'aussi longue haleine. De fait, il ne put guère y travailler que dix ans [1]. Cela compte, il est vrai, dans une existence humaine, et semble une période étendue, *grande mortalis ævi spatium*, mais il aurait fallu une vie entière pour mettre en vers « les gestes de tous les roys passez » Le bon Guillaume avait donc moins de jours devant lui que de besogne, et il n'y a pas lieu de s'étonner si le poème qu'il aurait désiré conduire depuis Pharamon jusqu'à Louis XII, atteignit à peine Hugues Capet.

J'ai parlé d'un *ordre* de François Ier... On ne doit pas croire que Cretin ait reçu cet ordre avec tristesse, et il me paraît même probable que l'idée de tourner en rimes les annales françaises n'appartenait pas en propre au roi. L'écrivain, je pense, la lui suggéra, et, par une finesse de courtisan, il se fit commander l'œuvre qu'il avait envie d'accomplir. Il s'y prenait — dira-t-on — bien tard. C'est que, sous le règne précédent, il eût en vain proposé au prince de s'intéresser à un dessein de cette nature. Louis XII aimait peu les beaux-arts, il les payait mal; François Ier se montrait à la fois dilettante et magnifique. Son avénement fut jugé, par quiconque maniait ou le pinceau ou la plume, un retour à l'âge d'or, entendez au

[1] On trouvera dans la *Revue d'Hist. Litt. de la France* (oct.-déc. 1903, pp. 553 et suiv.) quelques renseignements sur la biographie de Cretin.

temps d'Auguste. Chacun se hâtait de produire, espé fit et gloire. Cretin fit comme les autres. J'imagine c qu'il ne conçut pas soudain, et pour la circonstance, d'embrasser dans un seul récit la diversité de nos ch Ses études antérieures ne furent vraisemblablem étrangères à sa détermination, et j'admettrais volont s'était, de longue date, appliqué à réunir des matéri l'œuvre qu'il avait en vue. La conjecture est plausible parce qu'il a passé pour très docte, même avant d'av le livre où son érudition s'étale [1], ensuite parce que l riqueurs eurent presque tous l'illusion d'être histo qu'il n'a pas dû — lui, leur maître, — consacrer seul vieillesse à la science qu'ils préféraient.

La *Chronique française* n'a jamais été imprimée. Cr l'adresse ou la chance de devenir illustre sans mett la presse aucune de ses productions, et lorsque, mort, son disciple François Charbonnier voulut pul partie de ses vers, ce ne fut pas la *Chronique* qu'il ju d'éditer, mais un recueil de pièces détachées com entre autres choses, un *débat*, trois *complaintes*, de royaux, des épîtres. Les motifs qui décidèrent Franço bonnier à donner au public ces bagatelles, et non compilation rimée, se laissent pénétrer facilement. était inachevée et, je le répète, vaste déjà. C'était et trop. Trop peu, car les lecteurs ne s'attachent une moitié de livre ; trop, parce qu'il aurait fallu, p duire à la lumière ce monument même tronqué, beau loisir, beaucoup d'argent. Ajoutez ceci : à en juger préface fleurie, ambitieuse et saugrenue qu'il a pl tête de son édition, Charbonnier regardait les petites de son maître comme de pures merveilles, et il se fig suppose, que la *Chronique* ne méritait guère de leur êt parée.

Si telle fut son opinion, il se trompait lourdement. I *nique* vaut ce qu'elle vaut, mais elle vaut mieux, cela que les épîtres, les chants royaux et les autres niaise

[1] Les autres poèmes que nous avons de lui ne justifient l'éloge de Cl. Marot : *Cretin qui tant sçavoit...* (Edit. Jannet, II

même auteur. D'abord, elle a un sens, et quoique ce soit là un pauvre éloge, on ne pourrait pas le décerner à toutes les pièces du recueil imprimé. De plus, elle ne développe point, comme celles-ci, de pitoyables lieux communs. Bien ou mal, elle dit quelque chose, et elle relate des faits qui ont — faux ou véritables — l'avantage d'être précis. Enfin, elle n'offre pas, du moins en longues files, de rimes équivoquées; elle ne s'attache point aux jeux métriques; elle va bonnement son chemin, et l'on suit, sans fatigue comme sans plaisir, ces vers très plats, mais clairs, qui trottent par milliers deux à deux.

Cette simplicité a dû paraître désastreuse aux rhétoriqueurs qui ont survécu à Cretin, aux derniers représentants de son école, et qui sait s'ils n'auraient pas cru nuire à la mémoire de leur grand homme, en publiant de lui un ouvrage qui n'avait pas les grâces d'un rébus? Après eux, personne n'a songé, et pour cause, à éditer la *Chronique*. Je ne proteste nullement contre cette indifférence, et je déclare avec ingénuité que ce volumineux poème ne me semble pas digne d'être imprimé *en entier*. Qui intéresserait-il aujourd'hui? Un peu les grammairiens; moins encore les amis des lettres; en aucune façon, le gros du public. Donc, pour qu'il fût légitime d'exhumer tant et tant de pages, il faudrait qu'elles eussent une valeur historique. Eh bien, il n'en va pas ainsi. Le sens critique manque à Cretin; il recueille et accepte tout; les fables ne le trouvent jamais sceptique, et il les préfère même à la réalité nue, comme plus favorables à la poésie. Il veut que l'histoire soit ornée. Aussi que de beaux miracles! Que de songes où le futur se révèle! Partout le doigt de Dieu... Le ciel veille sur le royaume des fleurs de lis, et il arrange les affaires des princes très chrétiens de telle manière que les hérétiques finissent invariablement par être déconfits et camus. *Et nunc erudimini*... Du reste, nulle proportion dans la peinture des événements. Telle circonstance capitale sera étranglée en quelques vers, tandis que le récit d'un prodige remplira un long chapitre. Les harangues ne sont pas rares; elles se développent pesamment, en plusieurs points. Le rhétoriqueur a lu, comme de juste, Tite-Live, et n'ignore pas que les *concions* donnent à l'histoire une tournure à la fois vivante et solennelle. Cette éloquence dépaysée augmente l'étrangeté du livre, et c'est une plaisante chose que l'érudition d'un prêtre aveugle, lorsqu'elle emprunte, pour se produire, un cadre à l'antiquité.

J'y reviens donc : la *Chronique* ne mérite pas d'être publiée *in extenso*. Mais, plate et morne dans l'ensemble, elle nous offre de loin en loin l'occasion de glaner. On peut, de ce poème soporifique, tirer quelques passages qui se laissent lire. Je l'ai cru, du moins, et le présent travail est né de cette opinion. Qu'on me permette de la défendre en peu de mots et d'expliquer pourquoi les fragments que j'ai détachés de cette œuvre morte m'ont semblé avoir un certain prix

Beaucoup sont curieux à cause de leur faiblesse même : ils prouvent tant de naïveté, ils forment un tel mélange d'onction et de bonhomie, ils affectent hors de propos une dignité si puérile, et ils se fondent sur une science à ce point fausse qu'ils finissent par devenir véritablement comiques. De la sorte, on s'y attache... Bien plus, on les estime instructifs, car ils nous enseignent ce que furent, à une époque déterminée, la poésie, le style et l'histoire. Après avoir constaté en souriant les bévues dogmatiques de l'écrivain et sa gravité falote, on songe qu'il passa pour la lumière de son temps, et voilà qui ouvre, à toute intelligence réfléchie, le champ de la méditation.

En second lieu, rappelons-nous qu'il n'y a point de livre si mauvais qu'il ne se relève par quelque endroit. L'auteur de la *Chronique* a eu des moments heureux, et l'on aperçoit des clartés dans sa nuit. Il a joui du privilège commun, et possédé, du moins, les qualités de ses défauts. Il est, plus d'une fois, bien servi par sa candeur, car elle convient aux sujets familiers, à la peinture de la vie privée. Cretin, qui s'essouffle lorsqu'il retrace les délibérations des rois, le conflit des armées, le drame des ambitions hautes, réussit d'ordinaire les tableaux moins compliqués. Soit qu'il mette en scène le menu peuple, soit qu'il nous montre, chez de grands personnages, le jeu des passions vulgaires, il s'exprime avec une sorte de grâce bourgeoise, et ses vers ont, par moments, l'allure d'une causerie d'aïeul. Ils ne répondent nullement à notre conception actuelle de la poésie, mais si on les compare aux productions du moyen âge finissant, ils gagneront, à ce rapprochement, quelque lustre, et on ne leur refusera pas cette demi-approbation qui consiste, en dépit de Boileau, à distinguer du pire le médiocre. Ou je me trompe fort, ou parmi les plus acceptables choses que les rhétoriqueurs ont écrites, certaines se trouvent ensevelies dans la *Chronique française*[1].

Enfin, elle appelle l'attention, parce qu'elle fournit, touchant les mœurs de nos pères, des renseignements assez nombreux. Alors même que Cretin eût soupçonné l'importance de la couleur locale, il eût été hors d'état de laisser à chaque époque sa physionomie. Mais il n'y a point songé, et il prête à tous les siècles dont il parle les goûts et les coutumes de son temps. En un sens, cette erreur est utile. Il est vrai que l'auteur nous représente très mal la vie mérovingienne ou la civilisation sous le règne du grand Charles, mais il suffit de transposer, et les indications qu'il nous donne deviendront aussi profitables aux historiens de Louis XII et de François Ier qu'elles étaient vaines pour ceux qui étudient nos origines nationales. De plus, le bon Guillaume considère l'histoire comme une servante de la morale, et il s'applique à tirer des événements une leçon. Il ne cesse pas, en conséquence, d'établir un parallèle entre le présent et le passé, et il déplore volontiers la perpétuité des vices, le prompt étiolement de la vertu. C'est assez dire que son livre est, en partie, satirique. Et cette censure n'épargne personne. Non seulement elle s'attaque à la société en général (ce qui est la forme la moins courageuse de la critique), mais elle gourmande l'aristocratie, morigène les rois, blâme de préférence l'Église, ne lui mâche point la vérité. Les tirades de cette espèce sont ce que l'œuvre contient de meilleur, et il serait peut-être dommage qu'elles demeurassent oubliées.

Voilà terminée l'apologie que j'avais annoncée ci-dessus : je pensais la faire plus courte encore, mais j'ai senti qu'un

[1] Voyez, par exemple, (2.818, f°s 36 v° et suiv.) les amours de Mérovée et de Brunechilde. La peinture de cette idylle tragique a de l'agrément, de la finesse, et même dans la dernière partie du morceau, alors que Cretin développe une allégorie au fond grossière, le style reste plastique, ingénieux.

éditeur de Cretin ne saurait trop s'excuser, même s'il n publiait que des fragments. Ces fragments, je les ai choisis e me réglant, autant que possible, sur les considérations q précèdent, et cela revient à dire que j'ai tâché de prendı dans la *Chronique française* trois catégories de passages ceux où se révèle naïvement la magistrale niaiserie du rhéti riqueur, — ceux où se manifestent le mieux les qualités qı lui étaient propres, – ceux enfin où les faits qu'il relate lı suggèrent des réflexions morales et satiriques. De plus, pou bien marquer la place que ces différents extraits occuper dans l'ensemble de l'ouvrage, j'ai donné une rapide analys des parties que je n'ai pas citées.

Toulouse, 22 août 1904.

La *Chronique* de Guillaume Cretin nous a été conservée pa un assez grand nombre de manuscrits[1]. Je ne me suis ser que d'un seul. Il se trouve au fonds français de la Bibliothèqu Nationale, et se compose de six volumes (2817-2822). C'e un admirable exemplaire sur parchemin ; l'écriture est clair haute, soignée ; les titres courants et les rubriques de chaqı chapitre[2] sont tracés alternativement à l'encre rouge et l'encre bleue. Le texte est illustré de maintes vignettes q occupent la page entière : elles paraissent d'un rare mérit et elles ont parfois un si riche coloris, une si subtile délic tesse, tant de clarté et de complication à la fois que le grâce offusque le poème plutôt qu'elle ne le décore[3]. Il y lieu de penser que ces livres magnifiques ont été offerts :

[1] *Notices et extraits des mss. de la B. N. et autres bibliothèques*, ı bliés par l'Institut National de Fr.; t. 33e, 2e partie: *Notices des m fr. et prov. de Rome antérieurs au XVIe s.*, par Ernest Langlois, p. le texte et la note 3.

[2] Elles sont en vers.

[3] Le peintre n'a pas terminé son travail. Dans le n° 2822, la place (vignettes est restée en blanc. Au f° 56 v° du tome qui précède, on v un cadre préparé, mais vide.

roi par Cretin. Tant de luxe, un tel soin indiquent cette destination, et la conjecture est corroborée par ce fait que la première de toutes les vignettes représente l'auteur de la *Chronique* à genoux devant François Ier et lui tendant un volume [1]. J'ajoute qu'une autre miniature [2], dont la composition est symbolique, met sous nos yeux l'emblème du roi François, une salamandre au milieu d'un brasier, et la devise *Nutrisco et extinguo*.

Dans l'intention de l'auteur, la *Chronique* devait se diviser en douze chants, mais il ne dépassa point le cinquième [3]. Pour chacune de ces cinq parties, il a cru bon de rédiger un prologue [4].

Et maintenant que j'ai décrit l'exemplaire sur lequel j'ai travaillé, il ne me reste plus qu'un mot à dire, c'est que je ne me suis pas astreint à reproduire d'une façon servile la graphie de l'original, et que j'abandonne volontiers à d'autres le mérite d'une exactitude photographique. J'ai séparé du substantif qui le suit l'article dont l'*e* muet est élidé ; je n'ai pas soudé le mot « très » à l'adjectif ou à l'adverbe qu'il accompagne ; je me suis conformé, en ce qui concerne les lettres *u* et *v*, *i* et *j* à notre usage actuel, et j'ai même semé çà et là quelques accents. Le lecteur excusera, je l'espère, la liberté grande.

[1] Ce n'est sûrement pas un personnage de fantaisie que l'artiste nous a représenté. La figure n'est aucunement conventionnelle, et elle porte, au contraire, le cachet de la réalité. Nous avons donc là un portrait de Guillaume Cretin. Le reste de l'ouvrage en contient deux autres (frontispices du 2e et du 4e livres). Ces trois images, qui ont entre elles une parfaite conformité, nous montrent le prince des rhétoriqueurs vêtu d'une soutane noire. Le visage, où s'aperçoit l'empreinte de la vieillesse, est pourtant gras et fleuri, et il décèle plutôt le chanoine que le poète. L'ensemble des traits exprime une malice placide. Les cheveux, coupés sur le front, se divisent en petites franges très comiques. Le frontispice du tome I a été récemment reproduit. (Suchier et Birch-Hirschfeld, *Gesch. der fr. Lit.*; Leipzig-Vienne, 1900, p. 280.)

[2] Ms. 2819, feuillet 7 r°.

[3] Si le ms. se compose de six volumes, c'est que le cinquième chant en occupe deux (2821-2822).

[4] On en trouve même deux au début du Ier livre, l'un en prose, l'autre en vers. Celui-ci est, dans tout l'ouvrage, le seul qui soit paginé.

B. N. fr. 2817.

Prologue sur le recueil sommaire des cronicques françoyses, commencé en vers mesurez* par le commandement du très crestien, très heureux et très victorieux roy de France, Françoys premier de ce nom, l'an mil cinq cens et quinze, et le premier de son Regne.**

[F^os 1-7.] L'auteur célèbre les victoires de François Ier en Italie ; il le compare à Alexandre et à « sainct Charlemaigne ». — [8-9.] La récompense des conquérants, c'est que l'histoire transmet leurs noms à la postérité : ainsi s'explique le goût que les Grecs et les Romains ont eu pour cette science. — [10-11.] Mais elle ne fut guère en honneur chez nos aïeux. Lorsqu'ils rédigeaient des chroniques, ils ne prenaient pas la peine de les versifier. Pourquoi ? Ce n'était pas que le talent leur manquât, mais personne autrefois ne faisait cas de la poésie. Encore aujourd'hui les ignorants la croient « de petite et legiere extimation ». — [12.] Que ne lisent-ils Aristote, Horace, Pétrarque! Ils verraient que les rimes « ont efficace et vertu pour entendre et retenir toute doctrine ». Tel est aussi l'avis du roi François.

Soubz ces considerations, Sire, non ayant la science odieuse, mais comme vray amateur d'icelle, vous a pleu commander, a moy vostre très humble et très obeissant et le moindre de voz serviteurs, faire ung recueil sommaire des principaulx et plus notables faictz contenuz es anciennes cronicques de France, et, de ce, en vers heroïcques et mesurez, composer livres contenant en brief les gestes de tous les roys passez, a commancer depuys Pharamon, premier roy des Françoys, jusques au trespas du roy Loys douziesme, dernier decedé.

* Si l'on désire des renseignements sur la métrique de Cretin, qu'on consulte le *Recueil d'arts de seconde rhétorique* publié par E. Langlois (P. LXXXII et suiv., 270 et *passim*.)

** Dans tout ce qui va suivre, les chiffres arabes indiquent les feuillets, et les chiffres romains, les chapitres.

[13.] Assurément, un travail de cette espèce mérite d'être fait, et bien fait... Oui, mais il faudrait du génie. Or, Guillaume Cretin se déclare *foible et debile d'esprit et sçavoir*. Il ne laissera cependant pas d'obéir à son bon maître, d'entreprendre l'ouvrage qu'il lui impose.

[14.] Lequel œuvre (Dieu aydant) se divisera en douze livres, dont le premier a vous presentement offert, commençant audit Pharamon, prend fin a Clotaire, filz du roy Clovys, premier roy crestien. A chacun des autres livres subsequens y aura quelque petit prologue desinant ce que le livre contiendra; par quoy ores n'en fais autre division. Vous plaise doncq, Sire, l'œuvre benignement recepvoir, ayant plus esgard a la volunté de l'escripvant qu'en la puissance du sçavoir, et du vostre très humble Cretin avoir memoire et souvenance. MIEVLX QVE PIS.

1 r°. Second prologue *.

Invocation à Clio. — 1 v°. Le poète voudrait avoir les lyres d'Orphée et d'Arion, ou, du moins, le talent de certains auteurs français dont il se regarde comme le disciple.

Que puys je escripre après mes directeurs,
Très eloquentz precepteurs et recteurs,
De Meun, Greban et Georges Chastellain,
Après le doulx stille de maistre Allain,
De Molinet l'invention subtille,
De Sainct Gelais la veine si gentille
Et de Castel la doulce resonance ?

Les vers de Cretin ne ressemblent pas plus à ceux de ses prédécesseurs que les chardons ne sont pareils aux roses.

3 r° **. I. Guerre entre les Troyens et les Grecs.— 3 v°-4 r°. Destruction de la cité de Priam; fuite d'Hélénus et d'Enée, qui fonde un royaume en Italie. Il y meurt; Ascagne, qui lui succède, a un fils appelé

* Le début de ce prologue a été publié par A. Keller, *Romvart*, 136-7.
** Lorsque l'ordre des feuillets présente, dans mon texte, une lacune, elle correspond soit à une vignette de l'original, soit à une page qui contient seulement la rubrique d'un chapitre.

Silvius. De Silvius naquit Brutus.—4 v°-6 v°. II. Ce dernier s'em de l'Aquitaine et de la Grande-Bretagne.— 7 r°-11 r°. III. Le Tr Francion fonde la cité de Sicambre, et donne aux Français leur Ceux-ci aident l'empereur de Rome à triompher des Alains.—l 12 r°. IV. Les Romains attaquent les Français, qui, ne pouvant ter contre de si puissants adversaires, se décident à abando Sicambre plutôt que de renoncer à leur indépendance.

Mais, nonobstant la perte dommaigeuse,
Ceste mesgnye hardie et couraigeuse
Considera que perdre a doubter est
Plus liberté que nul autre interest,
12 v° Veu que pour or ne se peult acheter;
Par quoy conclud dure mort accepter
Ains que souffrir asservir sa franchise,
Disant : « C'est droit que noble cueur franc gi
Hors les liens de vile servitude. »

Ce peuple, maintenant sans foyer, traverse l'Allemagne, et f la cité de *Franc*fort. — 13 r°-14 v°. Il détruit une grosse armée Théodose envoie afin de lui barrer le passage. — 15 v°. V. Une p des vainqueurs franchit le Rhin.

Trente et troys mil, tous d'une compaignie
Et bon accord, laisserent Germanie,
Et, traversans grand pays, arriverent
Jusques en Gaule, ou ung fluve trouverent
Auquel prenans leur delectation,
Esleurent place et habitation.
Quant le pays eurent consideré,
La grand doulceur de l'aer si moderé,
Vignobles, bleds, boys, prez, terres fertilles,
Montz fructueux, valées très utilles,
Arbres fruictiers, doulces amenitez,
Fruictz delicatz, franches humanitez,
Marescz, vergiers, veines vifves, carrieres,
Fontaines, puiz et commodes plastrieres,
Lors, environ ce beau fluve de Seine,
Prindrent advis et oppinion saine
Ville bastir qu'ilz nommerent Lutesse,

16 r° Dicte *a luto*. Aussi celle part esse [est ce]
Fange en tout temps, si petit qu'il y pleuve.

Les Français commencent par instituer le consulat chez eux, mais le subtil Marcomyre * s'empare peu à peu de l'autorité, en sorte que (16 v°) son fils Pharamon est élu roi... Pharamon

17 r° Changea le nom de Lutesse fangeuse,
L'estimant estre ainsi dicte fascheuse,
Et non, pourtant, (bien dire cela j'ose)
Ce nom assez correspondre a la chose.
Mais de Paris, filz du bon roy Priam,
La denomma, pour le hault nom troyan
Faire florir en longue renommée.
....
Ce Pharamon prudent et honnorable,
Tant qu'il vesquit, entretint le royaulme,
Honnesteté gardant que bon roy ayme.
....
Il fut d'honneur et bonnes meurs tuteur
Et de la loy salicque instituteur.

17 v°-19 v°. VI. Clodion; ses guerres contre les Romains. — 20 r°-21 r°. Géographie de la Gaule. Cretin énumère les principales villes de chaque province, après quoi il conclut avec une plaisante désinvolture :

21 v° ....Se plus en a ou mains,
Comme innocent, j'en lave icy mes mains.

22 v°. VII **. Clodion meurt sans enfants, et Mérovée lui succède. — 23 r°. Invasion des Huns; ils dévastent cruellement le pays. — 23 v°-

* Je laisse le plus souvent aux noms propres l'orthographe que Cretin leur a donnée.

** Cretin ne s'était pas assujetti, dans les six premiers chapitres, à observer l'alternance des rimes masculines et féminines. Mais, à partir de cet endroit-ci, il l'a scrupuleusement respectée. Avant lui, personne, à ce qu'il semble, ne s'était imposé étroitement cette contrainte, et il est remarquable que ce soit à un écrivain, dont nul aujourd'hui ne lit les œuvres, que revienne l'honneur d'avoir inventé (ou, du moins, appliqué

24 r°. Orléans doit son salut à l'évêque Aignan. Les barbares sont taillés en pièces à Châlons.

25 r°. VIII. Heureux les princes qui savent dominer leurs passions ! Tel ne fut pas Childérich :

25 v° Car, l'an premier qu'il fut roy couronné,
Causa motif d'excessif courroux né
Et, en suyvant les vifves estincelles
Du feu d'amours, femmes, filles pucelles
Des siens barons, grandz, moyens et petitz,
Voulut avoir selon ses appetitz ;
Et quand de l'une avoit eue ample aisance,
Il en cherchoit une autre a sa plaisance.
Si tost que l'œil avoit choysi, voulust
Pere ou mary, c'estoit force qu'il l'eust.

26 r°-30 r°. Soulèvement du peuple contre ce méchant roi; [il] le contraint à s'exiler, et l'on met à sa place le Romain Gillon [Ægidius]. Le baron Guynemault [Wiomad], qui seul est resté fidèle à Childérich, tâche de rendre odieux son successeur, auquel il donne l'astucieux conseil de se montrer sévère pour ses sujets.

30 v° Alors Gillon commect ses satellites,
Grandz garnementz et sattrappes d'eslites,
Pendre, piller, mectre maisons a sac,
Aucuns gecter en l'eau dedans ung sac,
Les autres fait (sans veoir nulles enquestes)
Prendre soudain et leur coupper les testes,
Sur eschaffaulx mande corps extoller,
Testes trencher, membres escarteller,
Et, par rigueur d'austere felonnie,
Fait exercer cruelle tyrannie.

31 r°-33 v°. IX. Les Français rappellent leur vrai roi, et l'armée, qui va à sa rencontre jusqu'à Bar-sur-Seine, l'accueille avec des transports de joie.

sans défaillance) cette règle que les poètes suivent encore, après quatre siècles. — Cf. Langlois, *ouvr. cité*, et Kastner, *A history of french versification* (1903), p. 63. M. Kastner estime que l'on doit faire remonter jusqu'à Octavien de Saint-Gelays l'innovation dont il s'agit.

34 r° Pour reciter la pleine jouyssance
Du doulx plaisir de leur esjouyssance,
Le bon propos, le gracieux accueil,
Les grandz salutz si très honnestes qu'œil
Sceut jamais veoir, les doulces embracées,
Feux allumez, belles tables dressées,
Vins et viande offers a tous venans,
Petitz enfans joyeux chantz demenans,
Crians : « Noel ! » sans plus vouloir que rire, —
Qui ceste chose au long vouldroit descripre,
Il ne seroit a peine jamais jour.
Plus tost iroye en Inde la Majour
Qu'avoir conté la façon et maniere
De tel triomphe et feste si planiere.
34 v° Pource m'en tais. . . . .

35 r°. Gillon prétend garder le trône, mais ses partisans succombent, et il s'enfuit à Soissons.

35 v°-36 r°. X. Pendant son exil, Childérich avait été l'hôte du roi de Thuringe, et il s'était fait aimer de Basine, femme de ce prince. Elle tombe dans la tristesse après le départ de son ami, et elle veut le rejoindre :

36 v° Car Cupido de son dard luy avoit
Ja presenté l'amoureuse escarmouche,
Et l'aguillon de la poignante mouche
Yo *, qu'avoit en son dangier Argus,
Poincte l'avoit si fort que, tous argus
Gectez au loing, elle n'eut point de honte
Le sien espoux laisser, sans autre conte
Faire de luy, pour ailleurs se donner
Et son honneur du tout habandonner.
C'est cas estrange ! Une femme obstinée
Legierement monstre sa destinée.
Remede quel ? Desir l'admonnestoit
Fort regreter qu'avec celluy n'estoit

* Peut-être faut-il voir, dans ce mot, un génitif. Le sens serait donc : *Basine avait été piquée par la mouche, qui, jadis, avait fait sentir à Io son aiguillon.*

Qui plaisamment l'avoit entretenue
Durant l'exil, et pour chere tenue.
Doulx souvenir a desloger l'induyt,
Disant qu'elle a bel et bon saufconduyt.
Ainsi s'en vient, de journée en journée,
Sans ce qu'en lieu ayt esté sejournée
Jusques au jour qu'elle a peu veoir le roy
En son pompeux et triumphant arroy.
A l'arriver lui faisant reverence,
Tout esbahy, bien cuyde resver en ce,
Et ne pensast que, par si long destour,
Femme jamais osast faire ung tel tour.
37 r° Après recueil, sans longue reposée,
L'enquiert a part comment s'est disposée
D'avoir ainsi pris goust et souvenir
Diligenter devers luy son venir.
Quoy plus ? Il prie et doulcement demande
Se son bon hoste a luy se recommande,
S'elle a ozé prendre le hardement
Se mectre aux champs sans son commandem…

Basine répond que si elle s'est décidée à venir vers Childérich, c… considération de ses très hautes vertus, et (37 v°) parce qu… jugeait digne d'elle.

« O cher amy, ne t'esmerveille pas
Se devers toy advance ores mes pas,
Car, sans doubter, fatalle destinée
M'a de longtemps a toy predestinée,
Et si te dy qu'a tout bien esprouver
Ne t'en pourras jamais que bien trouver. »
Ceste harengue orendroit proposée,
Le roy sa dextre en la sienne a posée,
Et telle joye au sien parler compreud
Que pour espouse il la fiance et prend,
Comme payan qu'il estoit : car encores
N'y faisoit on sollempnitez tant qu'ores.

Le roi ne va pas tarder à constater à quel point est pénétrant… telligence de sa compagne.

r° . . . . Advint, la nuyt premiere,
Lors qu'il voulut s'esjouyr au delit
Du gracieux et doulx plaisir de lit,
Elle supplie a ce qu'ayt patience
Pour ceste nuyt, disant, par prescience,
Quelque heur futur vouloir incontinent
Luy reveler, s'il se tient continent
Jusques au jour, pourveu qu'aille a la porte
Du sien palays troys foys, et luy rapporte
Ce qu'aura veu. . . . .

d'abord des lions, des licornes, des léopards, — puis es ours, des renards, des loups, — enfin « ung tas de chiens » échirent. Basine explique le sens de ces diverses apparitions.

« Certes, amy, il ne fault que doubtez
Touchant cecy. Telles doubtes ostez
De vostre cueur. Ces premieres figures
Portent si bons presaiges et augures
Qu'a l'advenir nous en esjouyrons,
Et vous promectz qu'ensemble jouyrons
D'enfans produictz de nostre geniture,
Qui retiendront ceste noble nature
r° De la licorne et du lyon aussi :
Si n'en vueillez avoir aucun soucy.
Assez sçavez qu'entre bestes de races
Ces deux tousjours ont les meilleures graces.
De moy aurez ung beau filz triumphant,
Noble et puissant comme ung droit elephant.
« Ce que contient la vision seconde,
C'est qu'après nous une ligne feconde
Pullullera, tenant, durans ses jours,
Conditions approuchantes des ours,
Loups ravissans et cautelles vulpines,
Et par cela usera de rapines.
« Quant a la tierce, ung peuple après sera
Qui, vers la fin du siecle, oppressera
L'ung l'autre, ainsi que chiens qui s'entremordent ;
Et comme on voit, quant fluves se desbordent,

Gaster pays par innundations,
Ce peuple lors fera commotions,
Et ne tiendra (pour le vray dire) conte
Du prince sien, soit il roy, duc ou comte. »

. . . .

39 v° Lors sur l'espoir d'icelle heureuse attente,
Et soubz couleur de nuptialle tente,
• Tel exploict fist a l'heure, ainsi qu'on sceut,
Qu'au mesme jour la royne ung filz conceut.
Ce fut Clovys........................

Childérich paye le tribut à Nature, et va dormir « cum patribus ».
40 r°-41 v°. XI. Eloge de Clovis. Il s'empare de Soissons, et la ville est mise à sac.

Au dur conflict de ceste riblerie,
Ransonnerie et forte pillerie,
Par quelque faulx et oultraigeux sergent
Fut desrobée une esguiere d'argent,
D'assez bon poix et mesure tenante ;
Laquelle esguiere estoit appartenante
A sainct Remy, archevesque de Reins,
Qui vers le roy transmect fort bonne erre, ains
Que le butin departy on ait guyere,
Le suppliant que luy rende l'esguiere.

42 r° et v°. Le roi demande ce vase d'argent; tous les barons sont d'avis qu'on le lui cède, mais « ung paillard mutin » brise la précieuse chose. Clovis médite de se venger, et il attend, pour le faire, le jour où il doit passer la revue de ses *gentilshommes*. Cette revue est, chez Cretin, une sorte de pas d'armes. Les dames y assistent, et elles se communiquent leurs réflexions sur les gens de guerre qui paradent.

On dit que l'un est aux armes gentil,
43 r° L'autre est tenu nyès et peu subtil ;
L'un dit triumphe, et l'autre fait merveilles ;
L'un a beau nez, l'autre belles aureilles ;
L'un est vaillant et n'a pas deux tournoys,
L'autre a de quoy et ne vault en tournoys
Ne faict de guerre..................

Le roi avise le soldat dont il avait à se plaindre... Or, ce malencontreux briseur d'aiguière

Estoit, ce jour, assez mal acoustré,
Qui ne fut pas pour amander la chose.
« Je m'esbahys comme un soudard lasche ose
Venir icy en si povre appareil !
Luy dist le roy. Huy ne vey le pareil
De toy. meschant. Entre tous mes gensdarmes,
N'ay ung seul veu portant si foybles armes.
Meschant es tu. »......................
43 v° ... En ce disant luy planta son estoc
Dedans le sein, dont il passa au nombre
Des souldoyers du triste et mortel umbre.

…4 r°-47 v°. XII. Éloge de Clotilde. L'auteur la compare aux trois …mes « qu'en poesie on appelle Karites ». Elle a même, sur ces trois …mes, l'avantage d'être chrétienne. Clovis lui fait secrètement deman…er si elle veut devenir sa femme. Elle y consent. Son oncle Gonde…ault l'envoie en France, mais en rechignant et sans lui donner un …eul denier. A la cour de Clovis, on se prépare à recevoir dignement …'épousée.

Icy pourroye assez faire longs contes
Sur l'appareil des princes, ducz et comtes,
Et comme tous se firent acoustrer
Gaillardement pour la dame encontrer,
Aussi comment plusieurs des gentilz hommes
Sur les papiers chargerent grosses sommes *
Pour trencher soye et drap d'or chicqueter,
Affin de faire envieux caqueter.
Cuyder tenir le conte des apprestes,
Et comme tost les dames furent prestes
Mectre en avant touretz et cachenez,
Leurs gorgerins de carcans enchesnez,
Comme on les veit aussi deliberées
48 r° Et de nouveaulx paremens fallerées, —

* Ils empruntèrent de grosses sommes, et s'engagèrent par écrit à les re…

Le dire au long pourroit gentz exciter
A fascherie........................

48 v°. Célébration des noces. Cretin énumère les différentes réjouissances qui furent faites :

49 r° Jouxtes, tournoys, courses et beaulx combats,
Sons d'instrumens, orgues, harpes, doulcines,
Flustes, haultzboys, trompettes, cors, bucines,
Psalterions, cymbales et tabours.
Les feuz de joye en la ville et faulxbourgz.
Mais, a parler de la doulce pucelle,
Jeune espousée, a l'heure ce fut celle
A qui l'habit royal si bien duysoit
Que par dessus mainte autre reluysoit :
Et tout ainsi que l'ordre coustumiere
Du cler Phebus, sur jour donnant lumiere,
Garde apparoir estelle au firmament,
Elle rendit (je le croy fermement)
Lustre aussi grand, sur toutes beaultez telles,
Comme Aurora devant autres estelles.
Durant huyt jours les plantureux conviz
A tous venans parfaictz et assouviz,
Chascun disoit qu'au pays ne fut faicte,
En jour de vie, une si belle feste,
Et furent tant grandz et petitz contentz
Que la memoyre en demoura longtemps.

49 v°. La reine essaie de convertir son mari. En vain.

50 r° et v°. XIII. Le premier enfant de Clotilde est baptisé, et comme cela ne l'empêche pas de mourir, le roi impute ce malheur au sacrement. Un deuxième enfant, baptisé lui aussi, tombe malade et se trouve en grand péril. Le père, cette fois, est transporté de colère.

Il se tourmente et tempeste en vagant,
Crie a Jovis, Appolin, Tervagant,
51 r° Radamantus, Pluton et Proserpine,
Les suppliant que la secte vulpine
Des crestiens, leurs criminelz hayneux,
Veuillent confondre, et que tost croye en eulx

La sienne espouse, affin que reverée
En soit leur loy et tousjours honnorée.

'ar ses prières, Clotilde obtient la guérison de son fils.
l r°-52 v°. Les Allemands marchent contre les Français. Ceux-ci
iennent mal le choc, et ils commencent à fuir, lorsque Clovis jure
orer le Dieu unique, s'il lui donne la victoire. Il triomphe. Saint
y l'engage à tenir sa promesse. Panégyrique de cet évêque.

Ce bon pasteur est celluy que l'Eglise
Reveremment celebre et sollempnise,
C'est le loyal serviteur et amy
Du Redempteur, c'est le bon sainct Remy!
3 r° C'est cestuy la qui n'eut oncques envie
De nourrir chiens n'oyseaulx, estant en vie,
Chevaulx, mulletz et mulles falerées; —
Robes de soye haultement coulourées,
Maistres d'hostelz, escuyers, trains de gentz,
Tapisseries, amast de grandz argentz,
Riche tresor et autre grand demaine,
De tout cela, en ceste vie humaine,
N'usa il point, comme ung tas de prelatz
Qui monstrent bien estre de leur pré laz:
Laz, dis je, las! voyre pour bien y mectre,
Mais prendre assez, chascun en est le maistre.
Ce bon pasteur faisoit bien autrement,
Car oncques mais ne vendit sacrement;
Du pré ostoit les maulvaises espines,
Et ne tendoit avoir dons ne propines;
Officiaulx avoit et promoteurs,
Non pour faillir comme grandz promecteurs;
Il ne prenoit prouffit sur les offices,
Il ne vendoit le scel des benefices,
Il n'exigeoit sur peuple peu ne point,
Il ne tondoit brebiz que bien a point,
Il n'avoit pas abayes en commande
Pour tout riffler, ainsi qu'on le gourmande.
Ceulx de present seront intronisez
53 v° La sus au ciel, et tous canonisez,

S'ilz veullent vivre en chaste continence,
Tenans, en boyre et menger, l'abstinence
Qu'entretenoit ce bon pere en son temps.
Pasteur repaist quant ses ouailles sont ens. —
Icy endroit ouailles prens pour les ames.

54 r° et v°. Remy enseigne à Clovis la religion chrétienne.

55 r° et v°. XIV. Miracle de la Sainte-Ampoule ; discours du roi ap son baptême ; tous les Français se convertissent (56 r°), et l'on édi en l'honneur de saint Pierre et de saint Paul, une église qui coûte « m escu ». — 56 v°-57 r°. Miracle des Fleurs de lis. On le voit, le comble de ses grâces nos rois ; entre autres privilèges, il leur acc celui-ci :

C'est que le roy nommé très crestien
D'un seul toucher guarist (sans doubter croy le)
57 v° La malladie appellée escrouelle.
Miracle grand ! Est il place ou destour
Ou soit celluy qui puist faire ung tel tour ?
On dit assez : mais c'est le fort du faire.

Miracle de l'Oriflamme. — 58 r°. On l'a, pendant longtemps, servée à Saint Denys, mais elle s'est *évanouie* de ce lieu, parce certains princes ont usé d'elle contre la volonté divine *.

58 v°-61 v°. XV. Clotilde excite son mari à déclarer la gue Gondebault. On l'attaque, et on le met à rançon. Ses luttes avec frere Gondesil [Godeghisel], qu'il assiège dans Vienne. La ville, l par un « faux paillard », est le théâtre d'une tuerie horrible. victoire de Gondebault est un sujet de douleur pour Clovis.

62 r° et v°. XVI. On lui annonce que les Goths désolent l vince d'Aquitaine, et il leur envoie sur l'heure un message mei Alaire, roi de cette contree, feint de ne souhaiter rien tant que tié de Clovis, et il se déclare prêt (63 r°) à conclure une allian lui, à la condition qu'ils auront une conference ensemble, et et l'autre arriveront sans armes à l'entrevue. Certain qu'une proposition ne peut être rejetée, Alaire chevauche derrière l français qui doit la transmettre à Clovis. Mais ce courri

* Même au XVIe siècle, ces fables niaises ont été suspecte d'esprit. A Pasquier, par exemple, (*Rech.*, II. 17 ; VIII, 2 Boëtie (*Servit. vol.*, p. 612, à la suite des *Essais* de Mont. ; D

availlé d'un soupçon : il se demande si les gens qui forment du roi goth s'avancent vraiment désarmés. Afin d'éclaircir il revient soudain sur ses pas, et (63 v°) constate que les ions d'Alaire portent une verge de fer, assez pesante pour r un bœuf. Aux reproches qui leur sont adressés (64 r°), ils it, ces félons, qu'ils ont cette verge de peur des chiens, et, prodiguant de douces paroles au messager, ils complotent e se débarrasser de lui.

Or ces vilains, pour tousjours le cuyder
Rendre appaisé, le voulurent guyder
A son logis, faignans honneur luy faire,
Mais, las! c'estoit pour le perdre et deffaire :
Car, en la chambre ou il debvoit coucher,
Les faulx mutins rompirent ung plancher,
Et, pour cacher toute ceste ouverture,
Mirent tappiz dessus pour couverture,
Affin que, quant il seroit excité
Se relever pour sa necessité,
Non se doubtant d'une telle fallace,
Du hault en bas trebuchast en la place.
Ce qui advint : car le povre homme, estant
La nuyt couché, se trouva pressé tant
Qu'il fut contrainct d'aller purgor son ventre.
Lors a l'endroit du plancher ouvert entre,
Et sur ung tas de grandz et gros plastratz
Alla tumber, dont se rompit ung braz,
Et fut si fort froissé en chascun membre
Que de riens, fors mourir, ne se remembre.
Mais Dieu, qui peult de tous maulx preserver
Ses bons amys, le voulut reserver,
Affin qu'au vray par lui feust averée
r° La faulseté, malice inveterée,
Malique erreur et fierté de ces Gotz,
Qui tant luy ont cher comptez ses escotz.

ives de Cretin contre les hommes déloyaux... Le hérault la santé ; il dévoile à son maître (65 v°) la fausseté d'Alaire; çais se préparent à combattre. Les Goths (66 r°) s'équipent ôté.

66 v°. XVII. Avant d'entrer en campagne, Clovis envoie une offrande à la sépulture de saint Martin, à Tours, et il obtient aussitôt un présage de victoire.

Car quant ses gentz en l'eglise arriverent,
Prestres chantantz dedans le cueur trouverent,
Et, en offrant leurs dons au grand aultier,
Ce beau verset ouyrent du psaultier :
Precinxisti me, domine. La lectre
Dit en françoys, pour clerement le mectre :
« Sire, tu m'as tout armé revestu
67 r° Et seinct de grace en ta force et vertu ;
Mes ennemys, de fiere et rude taille,
As supplantez soubz mes piedz en bataille. »

Discours de Clovis : les Goths sont hérétiques, et il ne faut pas les épargner. — 67 v°-68 r°. Commencement des hostilités. On arrive devant un fleuve que les pluies ont fait sortir de son lit, mais le passage d'un cerf montre un gué fort à propos. — 68 v°-70 r°. XVIII. Voici les deux troupes en présence. Les ennemis se ruent « comme pourceaux pleins de raige ». Ils sont, néanmoins, occis en foule. Thierry, fils de Clovis, s'empare de la région « de Rodais, Languedoc, Narbonne, Auvergne ». Le roi lui-même pille Toulouse, et, revenu à Tours, il reçoit de l'empereur romain le titre de sénateur. Extrême fut alors sa joie.

Sans sejourner n'actendre autre loysir,
70 v° Voulut vestir l'habit, des ce jour propre,
De senateur, qui estoit de fin pourpre ;
Sur ung coursier monté, fut excité
En tel habit aller par la cité,
Et, cela sceu, peuple sortit en place
Vers certain lieu spacieux et ample a ce,
Tout droit devant l'eglise Sainct Martin,
L'actendant veoir passer des le matin
La arrivé, voyant ce peuple en tourbe
Qui, pour le veoir, tant s'amuse et destourbe,
Bourse deslie et gecte parmy eulx
Or a planté : et lors, a qui mieulx mieulx,
Pour l'or cueillir chascun fist joye et feste,

Et vont crians a belle plaine teste :
« Vive le roy et senateur rommain,
Qui a son peuple ainsi extend la main !
Vive le roy Clovys très magnanime,
Qui a l'aimer son peuple ainsi anime ! »
Après cela, le roy, en regardant
Devers l'eglise, il s'alla recordant
Du sien cheval de monstre et belle taille,
Dont voluntiers il usoit en bataille,
Qu'avoit voué, promys et desdié
A sainct Martin : pour estre expedié
De ce veu fait, tout en l'heure presente,
71 r° Ledit cheval a sainct Martin presente,
Et, pretendant d'argent le racheter,
Au benoist sainct supplia d'accepter
L'oblation qu'il mist devant sa chasse ;
Mais, pour tirer, ne qu'on le pousse et chasse,
De la ne fut possible le mouvoir :
Adoncq, pour faire acquit d'ample debvoir,
Cent escuz d'or avec l'autre pecune
Fist adjouxter, et, sans contraincte aucune,
Fust ramené. Lors le roy, fort friant
De remon(s)ter sur luy, dist en riant
Ung mot que n'ay voulu icy obmectre,
Car c'est parolle assez digne de mectre :
« Martin est prompt au secours, mais de pris
Se monstre cher, comme j'ay ci appris. »
Pour ce n'a il la grace mesprisée ;
C'est seulement par forme de risée.

r°-74 v°. XIX. Les habitants de Cambrai viennent à la cour se ndre de leur seigneur Richer. Attaqué par la gendarmerie fran- e, que Clovis charge de le punir, il renonce vite à se défendre, ndu que ses sujets le trahissent presque tous. Ainsi Clovis a la oire, mais il refuse de prendre à son service ceux qui, dans le péril, bandonné leur maitre, et il les chasse honteusement. — 75 r° et Sainte Geneviève ; ses mérites. — 76 r°. Présages de la mort du roi.

En celluy temps advint une merveille,
Dedans Vienne, ainsi que nonpareille :

C'est assavoir que, des lors puys cent ans,
Ne feurent ceulx de la ville sentans
Une frayeur si grande et merveilleuse
A leur advis, ne si très perilleuse,
Qu'eurent le jour de Pasque en ung instant,
Leur bon pasteur Mamert illec estant
Et celebrant le divin sacrifice:
Car tremblement de terre, avant l'office
Estre acomply, fut tel que les aultiers,
Arbres, maisons, tours, clochiers et monstiers
En trebuchant tant de places couvrirent
Que plusieurs gens sans remede y perirent.
Le feu du ciel soudainement espars
Sur le palais tumba, et fut tout ars.
Quoy plus ? Après ces cruelles tempestes,
Loups affamez, grandz ours et autres bestes
Femmes, enfans et hommes par les champs,
Comme enraigez, furent de près cherchans,
Les devorans, s'ilz ne feussent habilles
A eulx saulver dedans les bonnes villes.
Ce bon prelat, pour telle affliction,
De fervent zele et grande affection,
76 v° Peuples induyt a faire penitence,
Et de leurs maulx, par vraye repentence,
Confession faire ample, et proposer
Pour l'advenir bien vivre eulx disposer,
Enfans, nudz piedz, chantans la letanie,
Tout le clergié, peuple a grand compaignie
Faire ordonner trois jours processions ; —
Et fut celluy qui les Rogations
Institua, que mere saincte Eglise
Par chascun an celebre et sollempnise,
Trois jours prouchains avant l'Ascention. —
Ainsi cessa la persecution.

Clovis meurt. — 77 r°. Son tombeau.

78 r° et v°. XX. Partage du royaume entre les quatre fils du roi défunt. — Thierry envoie Théodebert contre les Danois : ils sont vaincus. — Clotilde prie ses enfants de la venir trouver. — 79 r° et v°.

:onjure de venger ses parents, dont elle leur raconte l'his- 80 r°. Les princes, pour obéir à leur mère, envahissent la ne. Gondebault n'était plus, mais il avait deux héritiers : ıde et Gondimal [Godomar]. Sigismonde, à cause d'un crime qu'il avait commis, et dont il avait fait (80 v°) dévotement ; au monastère de Saint-Maurice, ne demanda qu'une chose andis que s'approchaient les ennemis, c'est qu'il pût expier plutôt en ce siècle qu'au delà. Il fut servi à souhait ! On ı si férocement son peuple que le sang coulait comme l'eau ıg, quand on a enlevé la bonde ; ses soldats (81 v°) s'enfui- :ourant si vite que vous auriez cru voir des chats maigres ulx petitz poulletz devant escoufles » ; lui, on le jeta dans , et (82 r°) il lui fallut attendre assez longtemps un tombeau. 83 v°. XXI. Un an après le trépas de Sigismonde, Clodomire e nouveau sur la Bourgogne, méditant, cette fois, la ruine imal. Ce prince essaya de résister, mais ses soldats se décou- :. « Force leur fut le derriere tourner. »

Lors Clodomire une bende pour chasse
Qu'il voit fouyr, et luy donne la chasse
Plus chauldement beaucoup qu'il ne debvoit,
Car quant et luy hommes des siens n'avoit.
Ainsi courant sans se donner de garde
Se suyte avoit, a l'environ regarde
Sans homme veoir sinon ses ennemys,
Et eulx, voyans luy seul entour eulx mys,
Incontinant de toute ceste bende
Environné, on luy darde et desbende
Dardz, javelotz et autres legiers traictz,
Voire de loing : car il estoit si très
Hideux a veoir, et tenoit ordonnance
De si horrible et fiere contenance,
Qu'homme n'estoit qui l'osast approcher.
Il se monstroit ferme comme un rocher :
Quant il advient que la mer fluctueuse
Gecte sur luy quelque unde impetueuse,
Il la repousse et scet bien maistrier ;
r° Ainsi estoit ferme sur son destrier.
Soy congnoissant enclos en ceste trouppe,
Ouvre les yeulx et aureilles destouppe :

Si n'ot ne voit homme des siens qui viengne,
Dont fort perplex qu'il ne scet que deviengne,
(Ou si devers ses gentz se rengeroit,
Ou si au sang de ceulx se plongeroit
Que de sa mort scet avoir bonne envie,)
Et lors il mist tout l'espoir de sa vie
Au seul hazard de la sienne vertu,
Et n'extima la mort pas ung festu,
Car Honte vint, qui vaincquit toute craincte,
L'admonnestant ne doubter ceste estraincte.
Lors le cheval des esperons heurta
Et au plus dru d'ennemys se gecta,
Tant se moula aux armes * de cest erre
Qu'il en rua cinq ou six mortz par terre :
Mais entre tant ne peult ung seul durer ;
Il ne luy fut possible d'endurer
Les si grandz coups, qu'après telles vaillances
Ne feust occis entre picques et lances.

84 v°. Clotilde adopte les trois enfants de Clodomire. Afin de ven leur frère, et « pour achever de paindre toute Bourgongne », Clot[illegible] et Childebert déclarent la guerre à Gondimal. Le malheureux imp[illegible] vise à la hâte une armée.

Si assembla ung grand tas de paillardz,
85 r° ....
Happeloppins, sacquementz, sacrileiges,
Genz hazardeux, s'ilz eussent trouvé pleiges,
Pour le tresor de Venise acheter,
Larrons, meurdriers, brigans, gens a gecter
En la galee. Il eut bendes pareilles
Dont la plus part ne portent point d'aureilles ;
Il eut des gens dont on ne voit qu'assez,
Vieilz franczarchiers et gensdarmes cassez ;
Gens d'une sorte et de semblables tailles
Pour mieulx hanter bouteilles que batailles ;
Il eut des gens dont cent, en quelque coing,

* Voyez le *Dictionnaire* de Godefroy, MOLER, 1.

Ne vallent pas ensemble ung coup de poing.
Tel cariaige et notable assemblée
Facilement eust quelque place emblée
De bel assault, pourveu que de hasliers
Feussent les murs, buissons et groiseliers.
Se la Mesgnée Hanequin ne feust morte,
C'estoit de mesme, — ou la fiere cohorte
Qui Jesuscrist alla de nuyt saisir.
Mais qui emprunte il ne peult pas choysir;
Qui n'a ne peult, et qui ne peult n'a force :
Entre povoir et non y a grand torse.

La bande bourguignonne est très aisément détruite.
87 r°. XXII. Amaury [Amalarik], fils d'Alaire, roi des Goths, son pouvoir une partie de l'Espagne. Il pria les princes fran- lui donner à femme l'une de leurs sœurs : sa requête fut écou- on lui envoya la pucelle avec quantité de cadeaux, une grosse Dès que ceux qui la composaient furent revenus chez eux, , qui s'était contenu en leur présence, commença à traiter sa l'une outrageante manière.

r°. La sienne espouse ainsi fort molestoit,
Pource qu'avoit mise en sa frenaisie
L'orde et puante arrienne heresie,
Et qu'il voyoit le sien desir fervent
A frequenter les eglises souvent
Des crestiens et devotz catholicques.
Par cruaultez et faictz diabolicques
Tant opprimoit la dame de valeur
Ce faulx tirant, que c'estoit grand douleur ;
Par excès pleins d'austeres felonnies
Tant luy disoit de hontes, vilenies,
Reprouches, maulx et injures que l'aer
Estoit infect de son vilain parler.
Souventesfoys comme, de bonne guyse,
Pour Dieu servir elle alloit a l'eglise,
Cestuy meschant, affin de redoubler
Dueil sur ennuy, et aussi la troubler
En sa devote oraison, fange et boue
A son visaige, en luy faisant la moue,

Il commandoit a gens malicieux
Gecter sur elle, et au travers des yeulx.
Tant lui faisoit injures et opprobres
Et griefz tourmens, que furent ses gens pro[illegible]
Esmerveillez de la veoir tant durer.

88 r°. L'infortunée réclame le secours de ses frères, et voici qu'elle leur écrit :

« Gectez vos yeulx sur le present escript,
Au nom du doulx Redempteur Jesuscrist,
Freres très chers ! Prestez veue a l'epistre
Faicte et bastie au douloureux pulpitre
D'exil loingtain, ou sont mes livres pleins
De durs regretz, souspirs, sangloutz et plain[illegible] :
Dont suys contraincte et forcée d'escripre
Le fier courroux, plain et comble d'aigre ire,
Qui me detient, tant en jours comme en nuit
Aux plus griefz maulx et despiteux ennuiz
Ou fut jamais povre femme estrangiere.
Or pleust a Dieu estre simple bergiere
Ou parc françoys pour, gardant les brebiz,
En paix menger mon pain, en l'ombre, bis !
Car icy suys pis qu'une esclave ou serfve,
Et me fait on, quoy que ne le desserve,
Maulx si divers qu'oncques fille de roy
Ne fut menée en si piteux charroy.
88 v° « Pensans bien faire icy m'avez posée
Pour estre au roy Amaulry espousée.
Que dis je roy ? Roy n'est il, mais tirant,
Qui son espouse ainsi va martirant.
Freres, helas ! il dit que ne suys digne
Mectre les mains a la table ou il disne ;
Il m'injurie, et reprouche que tiens,
Contre son vueil, la loy des crestiens :
Car luy, dampné et pervers hereticque,
Soustient l'erreur d'arrienne praticque.
« De la poyson vilaine envenimé
Comme son pere, il est très animé

Encontre moy, que toutes les injures,
Dont luy meschant, et ses lasches, perjures,
Infames Gotz, se sçavent aviser,
Pour les me dire ilz ne font fors viser
Qu'aille a l'eglise : et lors, en plaine rue,
Celluy n'y a qui fange ne me rue
Et ne s'embate a crier après moy,
Dont dueil, regret, soucy et aspre esmoy
Me tiennent lasse en rigueur langoureuse,
Gisante ou lict de langueur rigoureuse.
« Vela comment je, la vostre humble seur,
Honteusement, avecques ung blesseur
Et violeur pervers a foy promise,
) r° Suys, cy endroit, a vile honte mise.
Secourez moy et de brief pourvoyez
A ma douleur telle que la voyez ;
Pourvoyez y sans plus longue demeure,
Se ne voulez qu'a faulte d'ayde meure ;
Pourvoyez y, freres, ne tardez plus,
Et ce porteur vueillez croyre au surplus. »

reçu de cette lettre, Childebert se met en chemin pour aller ttre les Goths. — 89 v°-90 v°. Il les rencontre, les disperse. ry, qui est blessé, veut s'enfuir ; on lui coupe la route, on le e vainqueur s'empare de « Tollette », délivre sa sœur, et fait tin immense. Parmi les richesses qui tombent entre ses mains, uvent plusieurs joyaux qui ornaient autrefois le temple de Salo- Mais, remarque notre chroniqueur, « il n'est pas dampné qui croit ».

r°-93 v°. XXIII. Thierry, qui a conçu une vive haine contre ire, l'invite à venir chez lui, et place, derrière une tenture, des sins. Clotaire évente le piège. Désormais la guerre est inévitable les deux frères : elle éclate en effet, puis l'on conclut une ; Thierry s'empresse de la rompre, et il fait mourir les otages lui ont été livrés. — Guillaume Cretin flétrit les princes que ition et la convoitise rendent cruels.

r° et v°. XXIV. Childebert et Clotaire, qui veulent se débarras- les trois enfants de Clodomire, mettent en avant le dessein de nstruire dans la science militaire, et les envoient demander, sous rétexte, à Clotilde, qui les leur confie sans hésiter.

Mais ces pervers meurdriers, quand ilz les veirent,
Autre homme exprès devers elle transmirent,
Sans differer jusques au lendemain,
Qui luy porta le glayve en une main
Et une force en l'autre. Helas, adoncques
La bonne dame eut de l'ennuy plus qu'oncques ;
Si demanda raison luy assigner
Que ce vouloit conclure et designer,
Et luy fut dit qu'il convenoit eslire
L'un de ces deux, et que bien povoit lire
95 r° En celluy glayve estre l'occision
Desditz enfans ; autre decision
Debvoit aussi entendre de la force,
Qui designoit le presaige par force
Les faire tondre, et en religion
Les rendre eulx troys.
Lors une legion
De divers maulx et angoisses dolentes
Son triste cueur d'espraínctes violentes
Saisirent tant qu'a grandz ruisseaulx de pleurs
Fist regretz plains d'agravantes douleurs,
Disant ces motz : « O mere malheureuse,
Lasse, dolente, afflicte et douloureuse !
Comment t'est il ainsi mesadvenu ?
T'est aujourd'huy si grand malheur venu,
Jusques a veoir qu'enfans tant se desvoyent
De meurdrir ceulx que preserver debvoient ?
Sont oncles plains de telle cruaulté ?
Ont ils en eulx telle desloyauté ?
Austerité de fiere felonnie
Mect elle gentz a telle tirannie
Qu'elle les face a la mort consentir
De leurs nepveuz, pour la fureur sentir
De si horrible et criminelle raige,
Leur propre sang espendre par oultraige ?
O mes enfans si tendrement nourriz,
95 v° En pleurs et plaings sont convertiz nos riz ;
En douleurs veoy mes joyes transportées !... »

louleur de l'aïeule s'exprime en un grand nombre d'autres vers, plus jolies fleurs de la rhétorique sont semées. Enfin, après puisé les tournures interrogatives et les plus pathétiques ations, Clotilde conclut (96 r°) qu'elle aime mieux voir les tants morts que tondus. Si elle parlait de la sorte, c'est comptait bien que la pitié arrêterait le bras des assassins. en alla tout autrement.

v° Ce faulx Clotaire, en rompant frein et resne
De foy, amour et naturelz accordz,
Tira l'espée et trespersa le corps
De Thidouault *, filz aisné. Luy par terre
Mort extendu, Gonthier, fuyant grand erre,
S'allà gecter aux braz de Childebert,
Luy suppliant, sur le peril appert,
L'ire appaiser de son oncle, et tant faire
Qu'il l'empeschast de l'occire et deffaire.
Adoncq, faignant avoir de luy pitié,
Pria Clotaire a ce que, d'amytié,
Le delaissast, disant assez souffire
L'exploit ja fait. Lors, ainsi qu'eschauffe ire
Ung cueur felon, luy dist : « Ha, meschant, si
Tu as esté inventif de cecy,
Veulx tu tenir maintenant de la lune
En variant ? Faiz de deux choses l'une,
Ou laisse aller celluy qu'en tes bras tiens,
Ou prens congé du monde et tous les tiens,
Car de ma main mourras ceste mesme heure. »
Ce mot ouy, Childebert sans demeure
L'enfant lascha, qui fut en pieces mys.

t au troisième enfant, il fut sauvé et devint prêtre. — 97 . Funérailles des victimes ; douleur de Clotilde. — Mort de , — Réflexions morales sur les troubles que la discorde excite. 100 r°. XXV. Démêlés entre Théodebert et Childebert, d'une Clotaire, de l'autre. Voyage de Clotilde à Tours ; elle va supint Martin d'incliner à la paix l'esprit des princes. Cette st exaucée. Un prodige décide les adversaires a se réconcilier.

odowald.

100 v°. XXVI. Cretin déplore que, d'ordinaire, les grands personnages ne s'aiment point. — Il le prouve par l'exemple de Clotaire et de Childebert, qui se proposent de dépouiller Théodebert, leur neveu. Mais celui-ci (101 r°) parvient à conserver son héritage. Et comment? Par son langage courtois et fin.

Pource ne deusse un proverbe avoir teu
Que face d'homme, en tel cas, fait vertu.
De sa presence et parolle courtoise,
Tout aussi tost que va Seine et court Oyse,
Il appaisa ses oncles par liqueur
D'humble parler, qui leur creva le cueur.
Aussi voit on qu'a ordre de harengue
Le beau parler jamais n'escorche langue,
Et, au contraire, ung rapport rude et fier
Princes souvent fait entredeffier,
Et fort aigrir leurs rumeurs et querelles,
Et comme, après babil de maquerelles,
Injures font le poil entrepigner,
Visaiges, nez et yeulx esgratigner :
Aussi, après menaces oultraigeuses,
S'allument feuz de guerres dommaigeuses,
Et fault que soit a lance et picque ouvert
Ce que doulceur de langue eust recouvert.
  Theodebert, voyant qu'ainsi l'on regne,
Par ce saulva son pays de Lorraine.

101 v°-103 r°. Mort de Clotilde ; ses obsèques ; douleur publique. — Mort de Théodebert. — 103 v°- 104 v°. Clotaire a gravement à se plaindre de son fils Cran [Chramn], qui lève en Aquitaine des impôts déraisonnables, et qui embrasse même le parti de Childebert. — Campagne de Clotaire contre les Saxons. — 105 r° et v°. Déroute des Français. — Aribert et Gontran se dirigent vers l'Aquitaine afin de mettre un terme à la mauvaise conduite de Cran. — Mort de Childebert en l'année 559. — 106 r°. On l'ensevelit dans un monastère qu'il avait fait construire.

Ce lieu fonda au nom du glorieux
Corps sainct Vincent, et fut moult curieux
D'y establir, dedans fermée enceinte,

Religieux d'honneste vie et saincte,
Religieux gardans religion,
Non comme ceulx de chaulde region
Qui d'oraisons n'ont soing, aulmosne et jeusne,
Comme on dit ceulx de sainct Benoist le jeune.
Il ne prist ceulx qui, comme damoyseaulx,
Tiennent chevaulx, mules, chiens et oyseaulx ;
Non apostatz, non pas proprietaires,
Qui en manoirs, granges et presbitaires,
Communement (dont le monde est troublé)
Ont plus putains que muyz d'avegne ou blé ;
Ceulx ne chercha, desreiglés et difformes,
Qui robes ont de soye en bien dix formes :
Mais ceulx choysit, sevrez de chair et d'os,
Portans tousjours la haire sur le doz,
Ayans leur vie en ce monde haye.
Ce lieu (notez) est la propre abbaye
r° De sainct Germain, dit des prez, lez Paris.
Avecq les sainctz bienheurez esperitz
Soit colloquée aux sainctz cieulx la sienne ame !
Or, par sa mort, escheut tout le royaulme
Au roy son frere, et ne fut point trouvé
Qu'il eust d'enfans.
Clotaire doncq prouvé
Seul succedant au royaulme de France,
Il est requis qu'on me donne souffrance.
Puis qu'orendroit couronne et sceptre tient
Et que de luy long propos s'entretient,
Je dy la plume avoir fait assez traicte
Pour reposer, — et afin qu'elle traicte
Et compte a part de ce roy et ses faictz,
Auquel son filz a beaucoup d'excès fai[t]z,
Jusques m'en tais que mieulx soye a delivre.
Suffise a tant. C'est fin du premier livre.

MIEVLX QVE PIS

suivre) Henry Guy.

CHANSONS DE PRINTEMPS

(Extrait du 2e volume du recueil des *Chants populaires du Languedoc*, en cours de publication).

I. — Lou Mai

Andantino
O n'es ei - ci lou mei de Mai, Que loui galan plan-toun lou *Mai* ; N'en plan - ta - rei un à ma
mi - o; Pas - sa - rò mai que sa téu - li - no.

1. « O n'es eici lou mei de Mai,
Que loui galan plantoun lou *Mai* ;
N'en plantarei un à ma mio,
Passarò mai que sa téulino.

2. — « Quau li metren per lou gardà ?
— « Un soudar de chasque coustà. »
— « Quau li metren per sentinèlo ? »
— « Serò lou galan de la belo. »

3. Quan n'en venguè la mièio-nue,
Que lou galan s'endurmigué,
Si se durmiò, si sumiavo,
E lou bèu *Mai* se desplantavo.

4. « Iéu save bé de que farei :
A Marselho m'enanarei ,
E de Beucaire à Marselho
N'en pensarei pas plus end élo.

5 » Quan de Marselho iéu vendrei,
Davan sa pouorte passarei,

Demandarei à soi vesino :
Coumo se pouorto Catarino ? »

6. — Catarino se pouorto bien,
Es maridado i'a longtemps
Aubé 'n bourgès de la campagno,
Que li fai bien faire la damo.

7. » N'en pouorto loui chapèu mountà,
La mouostro d'or à soun coustà,
E la fai viéure sen rien faire,
Farias pas tu [1], mauvai cardaire ! »

M. le docteur Chaussinand, Caux (Ardèche).

ai. — 1. « Ah ! voici le mois de Mai, — où les amoureux le *Mai* ; — j'en planterai un à ma mie : — il sera plus haut toit.

ui mettrons-nous pour le garder ? » — « Un soldat de cha-. » — « Qui mettrons-nous pour sentinelle ? » — « Ce sera ux de la belle. »

nd vint l'heure de minuit, — l'amoureux s'endormit ; — [pen-'il dormait, qu'il sommeillait, — le beau *Mai* se déplantait.

sais bien ce que je ferai : — à Marseille je m'en irai — et aire à Marseille — je ne penserai plus à elle.

uand de Marseille je reviendrai, — je passerai devant sa je demanderai à ses voisines : — Comment se porte Cathe-

Catherine se porte bien, — elle est mariée depuis long-avec un bourgeois de la campagne — qui lui fait bien faire

lle porte les chapeaux montés, — à son côté la montre en a fait vivre sans rien faire. — Tu ne ferais pas cela, mauvais ! »

Farias pa 'co, mauvai cardaire.
Tu ne ferais pas cela, mauvais cardeur (terme de mépris).

II

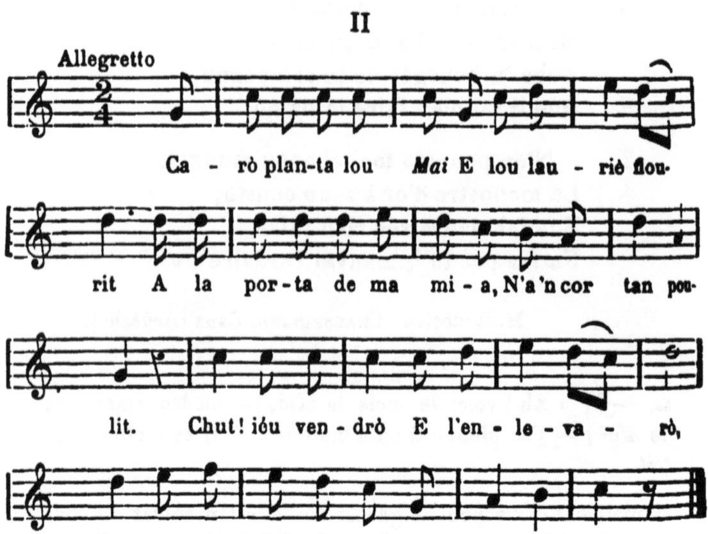
Allegretto
Ca - rò plan-ta lou Mai E lou lau - riè flou-
rit A la por-ta de ma mi - a, N'a 'n cor tan pou-
lit. Chut! iéu ven - drò E l'en - le - va - rò,
Lou cor au - drò A - mai re - us - si - rò.

Caró planta lou *Mai*
E lou lauriè flourit
A la porto de ma mia,
N'a 'n cor tan poulit.
Chut! iéu vendró
E l'enlevaró,
Lou cor audrò,
Amai reussirò.

Saint-André-de-Sangonis (Hérault)

Il faut planter le Mai — et le laurier fleuri — à la porte de ma mie, — elle a un si bon cœur, — Chut! je viendrai — et je l'enlèverai — j'aurai son cœur et je réussirai.

III. — Lou Mai

1. Doumà lou prumier de Mai,
Miroufa miroulira!
cadun vai bere mlo.

2. Nou farei pas iou, paurot, que iou nou n'ai pas uno.

3. Avant que siogue tres jours, iou n'óurai bé fait uno.

4. Anirai al bosc poulit culi lou *Mai* per uno.

5. E, tout en i lou coupant, lou pifre ne jougavo,

6. E, tout en i lou pourtant, lou tambour ne picavo.

7. « Hè ! mio, mio, durbès, per vous lou *Mai* se planto. »

8. — « Nou se planto pas per iéu, se planto per uno
[autro. »

9. — « Hè ! mio, mio, durbès, vous enfounsi la porto ! »

10. — « Ai moun fraire menusiè, me farò 'n autro porto. »

11. — « Gaitas, gaitas al boujolou, se i'ò cinq eous, pourta-
[ne tres ;

12. Pourta-ne tres, daissa-ne dous; gaitas à la trabado,

13. A la trabado i'o de lard,
Miroufa miroulira
per faire la pascado. »

M. le vicomte de Gourgues (Périgord).

Le Mai. — 1. Demain est le premier jour de Mai — *miroufa miroulira*, — chacun va voir sa mie.

2. Je ne le pourrai pas, moi, pauvre garçon, car je n'en ai point.

3. Mais demain, avant qu'il soit jour, j'en aurai bien fait une.

4. J'irai au bois joli cueillir le *Mai* pour une.

5. Tout en le coupant, le fifre jouait.

6. Tout en le portant, le tambour battait.

7. « Hé ! mie, mie, ouvrez, pour vous le *Mai* se plante. »

8. — « Il ne se plante pas pour moi, il se plante pour une autre. »

9. — « Hé ! mie, mie ouvrez ou j'enfonce la porte ! »

10. — « Mon frère est menuisier, il fera une autre porte. »

11. — « Regardez, regardez au nid des œufs : s'il y a cinq œufs, portez-en trois.

12. Portez-en trois, laissez-en deux, regardez à la travée;

13. A la travée il y a du lard pour faire l'omelette. »

Il existe dans cette chanson un mélange de deux chansons différentes : les 10 premiers couplets sont afférents à la plantation du *Mai*, tandis que les 3 derniers se rapportent à une chanson de quête.

IV

1. Aici i'a lou més de Mai
Frés, e gai
Lous galans chanjou de mia,
Rossignolet,
Lous galans chanjou de mia.

2. Pierrota chanjarà pas,
Crese pas,
Que sa mia es trop poulida,
Rossignolet
Que sa mia es trop poulida.

M. Marsal, Montpellier.

. Voici le mois de Mai — frais et gai, — les galants changent mie, — *rossignolet.*

. Pierre ne changera pas, — je ne le crois pas, — car son amie trop jolie.

V. — La Maia

Le premier jour de Mai, les petites filles de chaque quartier choisent celle qui sera *la Maia*, la reine des fleurs, la représentation vante du printemps. Elles lui mettent une robe blanche et sur la te une couronne de fleurs, avec un léger voile blanc, qui l'enveppe presque en entier, l'assoient à un endroit passager et placent vant elle une corbeille remplie de fleurs ou de pétales de roses euillées; à tous les passants elles réclament en faveur de *la Maia* e légère contribution qui servira à acheter des gâteaux pour la tite compagnie. Quelquefois elles vont ensemble quêter de porte porte

Coume dins lou bassin qu'es i pèd de la Maio,
Di flous emperairis e fiho dóu printems,
Chacun trais ço que pòu, un flourin o 'no maio,
Per avé dins sa vido un risét dóu béu tems.

(Mistral, *Lis Isclo d'or*, p. 424)

Il a pu exister autrefois des chants relatifs à cet usage, mais je ai pu retrouver que le suivant, se rapportant à une quête faite par s petites filles.

Moderato
Le - van d'iòus, Fi - lhe - tas, Le - van d'iòus Per
fai - re l'au-me - le - ta, per fai - re l'au-me - le - ta,

Levan d'iòus,
Filhetas,
Levan d'iòus,
Per faire l'aumeleta. (*bis*)

P. R. Blavet, St-André-de-Sangonis (Hérault).

Nous quêtons des œufs, — *fillettes*, — nous quêtons des œufs pour faire l'omelette.

VI. — Lou Prumier Mai

(Chant de quête)

Dans la nuit qui précède le premier jour de mai, les jeunes gar vont, de porte en porte, quêter du lard et des œufs, pour fêter semble, le dimanche suivant, l'arrivée de la belle saison. Ils cette quête en chantant la chanson suivante, qu'ils ne disent toujours en entier; si on a été généreux à leur égard, ils chai les cinq premiers couplets ; mais, dans le cas contraire, ils ren cent ce cinquième couplet par le sixième.

1. Boutà la mò i gni dou-j-èu,
E tsaque mo ddusé n'en dèu.

Oh! chi vejà le mé de Mai
Que nous iveuilha,
Oh! chi vejà le mé de Mai
Que nous igai.

2. Aven passè par vostous près,
Lous aven troubès bian fumès.

3. Aven passè par vostous blès,
Lous aven troubès bian granès.

4. Aven passè par vostous fau,
Nous chen bagnè dendzouqu'i trau.

5. Chi-z-aiè de filhas à maridè
Vous djudaiant à las bian placè.

6. Chi nous voulez rian dunè,
A vosta porta anen tchiè.

Oh! chi vejà le mé de Mai
Que nous iveuilha,
Oh! chi vejà le mé de Mai
Que nous igai.

M. Mazat, Saint-Genieys (Hte-Loire).

tez la main au nid des œufs; — de chaque main prenez-en
Oh! si vous voyiez le mois de Mai, — comme il nous réveille,
vous voyiez le mois de Mai, — comme il nous égaye.

s avons passé parmi vos prés, — nous les avons trouvés
s.

s avons passé parmi vos blés, — nous les avons trouvés
nés.

s avons passé parmi vos hêtres, — nous nous sommes
usqu'au c....

ous avez des filles à marier, — nous vous aiderons à les
er.

us ne voulez rien [nous] donner, — à votre porte nous
..

VII

gro.

Lou mei d'A - brieu s'es e - na - nà, Lou mei de
Mai s'es a prou - chà. *Eh! ma - ri - ons les*

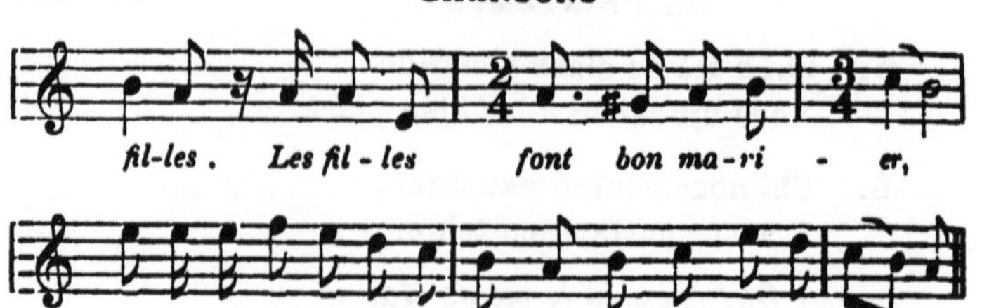
fil-les. Les fil - les font bon ma-ri - er,
Les fil-les font bon ma-ri - er Quand el - les sont gen-til - les.

1. Lou mei d'Abrieu s'es enanà,
Lou mei de mai s'es aprouchà.
Eh! marions les filles,
Les filles font bon marier (bis)
Quand elles sont gentilles.

2. Boutà la mo' au nis dos iòu,
Que chasque mo n'aduse nòu.

3. Iéu que siéu lou pouorto panié,
Pourtarièu lou ni tout entié.

4. Si avé de magnans à espeli
Diéu voui loui douone a reussi.

5. Si avè de filhos à maridà
Diéu voui loi douone à bien plaçà.

6. Si nous voulé rien dounà
A vosto pouorto anan cagà.

M. le docteur Chaussinand, Coux (Ardèche).

1. Le mois d'Avril s'en est allé, — le mois de Mai s'est approché — *Eh! marions les filles, — les filles font bon marier, — quand elles sont gentilles.*

2. Mettez la main au nid des œufs; — que chaque main en apporte neuf.

3. Moi, qui suis le porte-panier; — je porterais bien le nid tout entier.

4, Si vous avez des vers-à-soie à faire éclore, — Dieu vous les fasse réussir!

rous avez des filles à marier, — Dieu vous les fasse bien

ous ne voulez rien nous donner, — à votre porte nous
...

VIII

ıs sommes venus ici vous faire ouvrir les portes ;
nois de Mai est arrivé, il faudra que l'on sorte.
Le mois de Mai est arrivé,
Nous venons vous l'annoncer.

En chantant ce joli mois de Mai
Qui a de la rosée,
En chantant ce joli mois de Mai.
Qui va, qui nous réveille.

nois de Mai est arrivé, fait venir la verdure.
Ah! nous cueillirons du blé pour notre nourriture.
Les arbres sont en fleur,
Les rosiers ont leur valeur.

nois de Mai est arrivé ; sur la verte fougère
l fait bon garder les moutons avec les bergères !
On entend chanter Colin,
Le rossignol est en train.

nauvais temps a fini[1] voici le beau temps qu'arrive,
rbe réjouit les champs, cueillirons du fourrage
Pour engraisser nos moutons ;
A saint Jean nous les tondrons.

nois de Mai est arrivé ; tout au clair de la lune
douzaine d'œufs fera notre fortune.
Une *trace* de jambon,
Ou du moins du saucisson.

: passé.

6. Fillettes qui êtes là-haut, descendez de vos chambres,
Oh ! venez vite écouter vos amants qui chantent.
Ce sont de jolis garçons,
Apportez leur collation.

7. Fillettes qui m'entendez, faites pas la sourde oreille,
Apportez dans vos tabliers pour remplir nos corbeilles
Apportez dans vos tabliers
Pour remplir tous nos paniers.

8. Vos poules vous feront des œufs, c'est un bel avantage ;
Vos vaches auront du lait, vous ferez du fromage ;
Vos brebis feront des agneaux,
Ça augmentera le troupeau.

En chantant ce joli mois de Mai
Qui a de la rosée,
En chantant ce joli moi de Mai
Qui va, qui nous réveille.

Si les quêteurs sont bien accueillis, ils chantent :

Nous vous remercions bien d'avoir pris tant de peine
Le mois de Mai dans ses faveurs
Vous comblera de bonheur.

Si, au contraire, on ne donne rien, ou si l'on tarde à donner

Si vous ne voulez rien donner, dites-le, je vous prie
Car nous n'avons pas le temps : voici le jour qui arrive
La nuit s'en va, le jour s'en vient,
Les compagnons gagneront rien.

M. le docteur Chaussinand, Coux (Ardèche)

IX. — Lou Vouiage dau Roussignòu

1. « Digo mi, gai roussignòu,
Si vourriès mi faire un viage ?
Anà parlà à mas amours,
Anà lus jougà 'no aubado,
Lus souetà lou bonjour ? »

Lou roussignòu n'es anat,
N'es anat jougà l'aubado
A la tant rare beauté,
E i'ò ravit soun armo
Per aquel jouve cadé.

« Maire, aquel jouve cadé
Es d'afouns de bono mino,
Efan de richo maisoun ;
E li cau fà bono caro,
Li espargnà lous afrouns. »

Lou galan ni fo'n presen :
De souliés fas en ramage
E bourdas à las amours,
E lou noum de sa mestresso
N'es escrit tout à l'entour.

M. le pasteur Fesquet, Colognac (Gard).

moi, gai rossignol, — voudrais-tu faire pour moi un
Aller parler à mes amours, — aller lui jouer une aubade,
iter le bonjour ? »

gnol y est allé, — il est allé jouer l'aubade — à la tant
— et lui a ravi l'âme — en faveur de ce jeune cadet.

, ce jeune cadet — est tout à fait de bonne mine, — en-
maison ; — il faut lui faire bon accueil, —lui épargner
la honte d'un refus) ».

reux lui fait un présent : — des souliers à ramages (?)
a manière des amours, — et le nom de sa maîtresse —
autour.

X. — Le Rossignol Messager

antino

'y a un' ber - gè - re dans le bois, Je l'ai en - ten-

du' pleu - rer plu-sieurs fois; Pleu - re son ser -
teur, C'est un a - mant trom- peur, Pleu - re son cher a
mant, Qui ne re - vient plus dans le bois char - mant

1. L'y a un' bergère dans le bois,
Je l'ai entendu' pleurer plusieurs fois ;
Pleure son serviteur,
C'est un amant trompeur ;
Pleure son cher amant
Qui ne revient plus dans le bois charmant.

2. « Rossignolet du bois charmant,
Que tu m'aimes tant, que l'amour est grand ;
Prends ce fuseau d'argent,
Porte le à mon amant,
Quand te verra venir
Te demandera : qui t'envoie ici ? »

3. Rossignolet prend le fuseau,
Prend son vol bien haut, y sera [1] bientôt ;
Passe la mer et l'eau,
Rivières et ruisseaux,
Montagnes et rochers,
Pour aller trouver son amant berger.

4. Quand le berger l'a vu venir,
Si d'abord lui dit : « Qui t'envoie ici ? »
« C'est ta rare beauté,
La plus douce à tes yeux,
Qui t'envoie ce fuseau
Pour te faire voir que l'amour est beau. »

[1] Var. : Disparaît.

« Rossignolet du bois charmant,
Viens, repose-t-en et retourne-t-en :
Dis-lui que ses faveurs
Sont toujours dans mon cœur,
Et que, dans peu de temps,
J'irai la trouver dans le bois charmant. »

Rossignolet prend le fuseau,
Prend son vol bien haut, y sera bientôt ;
Passe la mer et l'eau,
Rivières et ruisseaux,
Montagnes et rochers,
Pour aller trouver sa tant bien aimé'.

Quand la bergère l'a vu venir,
Lui a demandé ce qu'il avait dit :
« M'a dit que tes faveurs
Sont toujours dans son cœur,
Et que dans peu de temps
Viendrait te trouver dans le bois charmant. »

La bergère appelle son chien
Lui disant : « Perlot, [1] prends soin du troupeau ;
Prends bien soin du troupeau,
Je vais dessous l'ormeau,
Tu le verras venir,
Lui annonceras que je vais mourir. »

Mais, quand le chien l'a vu venir,
Lui courant après, lui disant : « Berger,
Va voir ta Lisabeau,
Elle est dessous l'ormeau,
Va voir ta bien aimé',
Que son tendre cœur s'en va trépasser. »

M. le docteur CHAUSSINAND, Coux (Ardèche).

1. : Corbeau.

XI. — Lou Mei de Mai

Veici veni lou galan mei de Mai,
Ount' lai rosoi boutounoun (*bis*).

M. le docteur Chaussinand, Coux (Ardèche).

Le Mois de mai. — Voici venir le joli mois de Mai, — où les roses sont en bouton.

XII

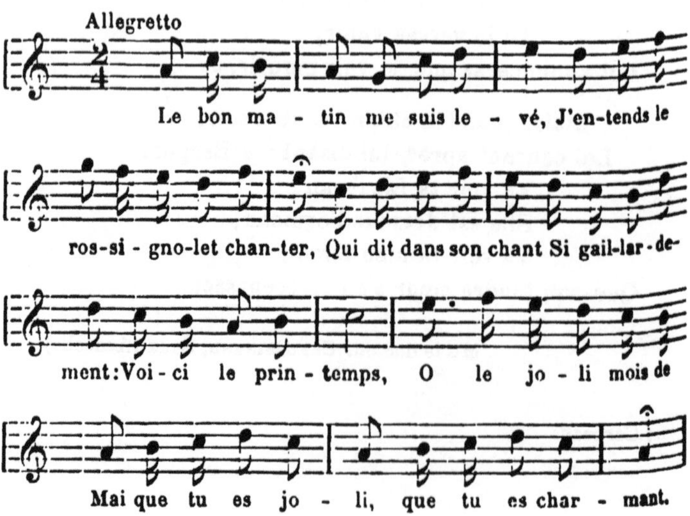

Le bon matin me suis levé,
J'entends le rossignolet chanter,
Qui dit dans son chant
Si gaillardement :
O le joli mois de Mai,
Que tu es joli, que tu es charmant !

M. le docteur CHAUSSINAND, Coux (Ardèche).

XIII

Moderato
Le bon ma - tin me suis le - vé A la ro-
sée, A la ro - sée de ce jo - li mois de
Mai Qui nous a - bé - ni, Qui nous bé - ni - ra.

Le bon matin me suis levé,
A la rosée,
A la rosée de ce joli mois de Mai,
Qui nous a béni,
Qui nous bénira.

M. le docteur CHAUSSINAND, Coux (Ardèche).

XIV

1. Dans la cour du palais
Tout le long d'un gué,
Joli mois de Mai,
I'y a-t-une servante.

2. Sont trois jolis garçons, tous trois qui la fréquentent.
3. L'un qui est boulanger, l'autre est valet de chambre
4. Et l'autre est cordonnier ; c'est lui qui la contente.
5. Lui fera des souliers en maroquin d'Hollande.
6. Son père le veut bien, sa mère en est consente.
7. N'y a que tous ses parents qui font l'indifférence.
8. « Malgré tous tes parents, nous coucherons ensembl
9. Au milieu d'un bon lit couvert de roses blanches ;
10. Aux quatre coins du lit quatre pommes d'orange,
11. Et au milieu du lit le rossignol y chante.
12. Oh ! chante, rossignol,

Tout le long d'un gué,
Joli mois de Mai,
t'auras la récompense.

M. le docteur Chaussinand, Coux (Ardèche).

XV

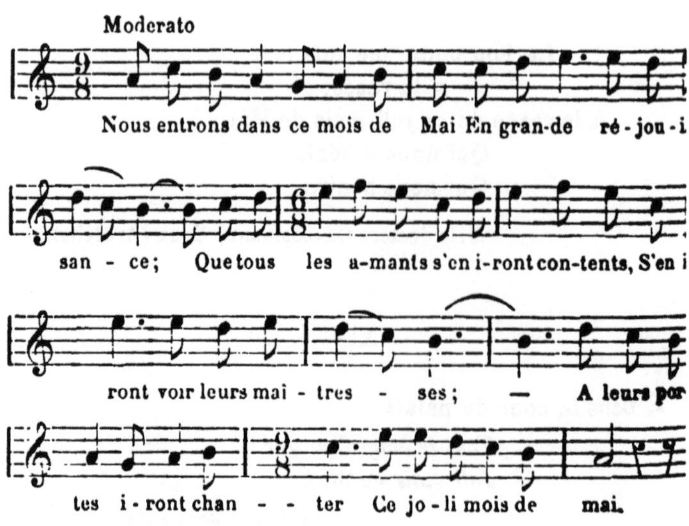
Moderato
Nous entrons dans ce mois de Mai En gran-de ré-jou-i
san - ce; Que tous les a-mants s'en i-ront con-tents, S'en i
ront voir leurs mai - tres - ses; — A leurs por
tes i-ront chan - - ter Ce jo-li mois de mai.

1. Nous entrons dans ce mois de Mai
En grande réjouissance ;
Que tous les amants
S'en iront contents,
S'en iront voir leurs maîtresses ;
A leurs portes iront chanter
Ce joli mois de mai [1].

2. Je suis entré dans mon jardin
Pour cueillir la rose blanche,
Je lui ai porté'
Dans son lit couché',
Et couverte de violettes,
En lui disant : « O ma beauté
Il faut se réveiller. »

3. Quand la belle s'est réveillé',
La belle s'est mise à rire ;
M'a dit : « Mon amant,
De quoi pensez-vous
De contenter mon envie ?
Oh ! venez, venez dans mon cœur
Soulager mes douleurs. »

4. — « O ma charmante Louison,
Que pour toi mon cœur soupire,
Allons promener
Là-bas, dans les prés,
Et là-bas dans la prairie,
Nous ferons un bouquet de fleurs
De toutes les couleurs. »

M. le docteur Chaussinand, Coux (Ardèche).

XVI. — Lou Retour dau Roussignòu

Andantino
Bouon-jour, lou rous-si-gnòu sau-va-ge, Ount 'es qu'a-

[1] Var. : Ce joli réveillet.

via tant de mou - rà? Cre-sièu qu'a - vià res - tà 'n vou-
ia - ge Din lou coum-bat de Gi - bral - tà. N'en fu-gues
lou ben ar - ri - bà De toun vou - ia - ge, Que dau moumen que t'ai au - si, M'as re - jou - i.

1. « Bouonjour, lou roussignòu sauvage,
Ount 'es qu'avià tan demourà?
Cresièu qu'avià restà 'n vouiage
Din lou coumbat de Gibraltà.
N'en fugues lou ben arribà
De toun vouiage,
Que dóu moumen que t'ai ausi,
M'as rejoui. »

2. — « Moussu, qu'avè de coumplasenso
De vous n'en souveni de iéu !
Mai iéu aurei la prevenenso
De veni eici passà l'estiéu ;
O, proumete qu'en voste hounour,
Din moun ramage
N'en chantarei la nine, lou jour,
Eici 'lentour. »

3. — « Iéu te douone la preferenso,
Si vos chantà din moun jardin ;
Au jardinié farei defenso
De te causà ges de chagrin ;
Si, per asar, li vos nisà,
Li a de fulhage,

Li mancarà pas de fricò
Per toui pichò. »

4. — « Moussu, couneisse à vosto mino
Qu'amà d'entendre lous aucèu,
N'en pregarei la cardelino
Que n'en chante quauque er nouvèu ;
L'alauveto qu'a bel accent
Chanto souleto,
Elo n'en chanto en plen champ,
Acò's charmant. »

5. — « Aro, jusqu'au més de setembre,
Moussu, serei voste vesin,
Auré lou plasi de m'entendre
Autan lou ser que lou matin.
Pièi. fau anà passà l'hiver
Din d'autros terros ;
Iéu e l'hiroundo autanbien
Parten ensem. »

5. — « Passas de vers la Martinico
Aro, per aquesto sazoun,
Que dóu coustat de l'Americo
Lai viroun lous cos de canoun. »
— « N'en prendren un autre chami,
Din nostro routo ;
Moussu, vous siéu ben óublijà,
Aro, adéussià ! »

M. le docteur CHAUSSINAND, Coux (Ardèche).

ROSSIGNOL. — I. « Bonjour, rossignol sauvage, — où as-
ongtemps demeuré ? — Je croyais que tu étais resté en
[1] — dans le combat de Gibraltar. — Sois le bien arrivé —
voyage, — car, du moment où je t'ai entendu, — tu m'as
»

- « Monsieur, que vous avez de complaisance — de vous

:ution populaire : rester en voyage = mourir.

souvenir de moi! — Mais moi j'aurais la prévenance — de venir ici passer l'été; — oui, je promets qu'en votre honneur, — dans mon ramage — je chanterai la nuit, le jour, — ici et aux alentours. »

3. — « Je te donne la préférence, — si tu veux chanter dans mon jardin — au jardinier je ferai défense — de te causer aucun chagrin ; — si, par hasard, tu veux y nicher, — il y a du feuillage, — il n'y manquera pas de nourriture (*Litt.*: de fricot) — pour tes petits. »

4. — « Monsieur, je connais à votre mine — que vous aimez d'entendre les oiseaux ; — je prierai le chardonneret — de chanter quelques airs nouveaux ; — l'alouette, qui a belle voix, — chante seulette, — elle chante en plein champ — cela est charmant. »

5. — « A présent, jusqu'au mois de septembre, — Monsieur, je serai votre voisin, — vous aurez le plaisir de m'entendre — autant le soir que le matin. — Puis il faudra aller passer l'hiver — dans d'autres contrées ; — moi et l'hirondelle également — partons ensemble. »

6. — « Passez par la Martinique — maintenant, pour cette saison, — car, du côté de l'Amérique — éclatent les coups de canon. » — « Nous prendrons un autre chemin — dans notre route ; — Monsieur, je vous suis bien obligé, — maintenant, adieu ! »

Cette chanson printanière mérite d'attirer notre attention, car, en outre du charmant dialogue entre le rossignol et le maître du jardin, son rythme et sa mélodie furent choisis par le chantre de *Mirèio* pour rimer la délicieuse chanson de *Magali*, ce petit chef-d'œuvre de grâce et de tendresse, qui, tout en ne cessant d'être naïve et simple, se maintient dans les plus hautes régions de la poésie.

L'auteur en fait lui-même l'historique dans la lettre suivante, adressée à la revue marseillaise : *Lou Felibrige.*

Maillane (B.-du-R.), 7 décembre 1898.

Cher confrère,

Voici les renseignements que vous me demandez au sujet de l'air de ma chanson de *Magali* (poème de *Mirèio*).

A l'époque et au moment où je songeais à rimer une chanson d'allure populaire sur le thème provençal et rudimentaire de *Magali*, j'entendis un des laboureurs de mon père chanter une chanson provençale sur l'air en question que je ne connaissais pas encore et qui me parut fort li, et je rimai *Magali* sur le rythme et sur l'air de la chanson susdite i commençait ainsi :

Bon-jour, gai roussignòu sóuvage,
N'en tugues lou bén-arribà ;
Cresiéu qu'aguèsses gras doumage
Dins lou coumbat de Gibarta.
Mai dou moumen que t'ai ausi,
Pèr toun ramage,
Mai dou moumen que t'ai ausi,
M'as rejoui.

Cette chanson, qui fait allusion à un combat de Gilbraltar, me paraît, ir sa facture, contemporaine du premier Empire, et par son dialecte, ·iginaire des bords du Rhône, entre Arles et Avignon. Chanson et air, ı ne les entendais que dans la bouche du laboureur dont je vous ai arlé, et je suis convaincu que c'était le *dernier* détenteur du chant en uestion qui avait pour sujet l'arrivée du rossignol. Ce fut donc par un oup de cette Providence qui protège les poètes (*Deus, ecce Deus!*) que air et le rythme de *Magali* me furent révélés au moment psychologique. Le chanteur de *Bon-jour, gai roussignòu sóuvage* était de Villeneuve-ès-Avignon, et il avait habité Beaucaire plusieurs années. On l'appe-ait Jean Roussière. La chanson pourrait être d'origine beaucairoise.

Recevez, cher confrère, l'assurance de mes sentiments cordiaux. — F. *Mistral.*

P. S. — C'est vers 1855 que j'entendis pour la première fois la chanon dont je vous parle — et le chanteur avait de quarante à quarante-inq ans. — *F. M.*

Grâce aux patientes recherches de M. le docteur Chaussinand, la hanson entière n'a pas été perdue ; elle fut recueillie par lui à Coux, l y a près de trente ans. Est-elle originaire des montagnes de l'Ar-èche ? Est-elle venue de la Provence ?..... C'est toujours l'insoluble uestion qui se pose pour découvrir l'origine d'un chant populaire. A-·il descendu la rive du Rhône, ou l'a-t-il remontée ? ..... Suivant la égion où un chant est recueilli, on le trouve toujours adapté au lan-age usuel de ce pays, ce qui rend souvent impossible la solution ésirée [1].

[1] Si, d'une façon générale, les montagnes arrêtent et séparent, elles ont aussi un obstacle à la tradition, et c'est pour celle-ci, au contraire, n merveilleux véhicule que les fleuves et que la mer. On suit de l'œil s chansons côtoyant, au gré du cabotage, les côtes de la Manche et de Atlantique, passant du golfe de Gascogne aux ports de la Ligurie ; on s voit descendre le Rhône et la Loire ou remonter le Rhin, la Seine ou a Garonne. (George Doncieux. — *Le romancero populaire de la France.* Paris, 1904, p. XXXIV.)

Cette chanson offre une excellente occasion d'étudier les modi
tions que peut subir un chant populaire ; en changeant de milie
dessin mélodique de la deuxième phrase s'est complètement tr
formé.

La tonalité de l'air dicté par M. Chaussinand est, à n'en pas
ter, celle du 6e ton du Plain-Chant : la *dominante* LA, autour de laq
évolue constamment la mélodie, ne peut laisser aucune incertit
cet égard. On pourrait objecter que la mélodie n'emploie qu
notes supérieures à la *finale* FA et qu'il n'existe aucune note
quarte inférieure à cette finale, ce qui constituerait plutôt la g
du 5e ton, mais la persistance du LA donne à cette gracieuse can
une expression de douceur et de calme rêverie qui est bien d
caractère des chants du 6e ton.

Dans l'air noté à la fin de toutes les éditions de *Mirèio*, cette
nante a la même importance, le rythme est identique, le fond
mélodie est évidemment le même, mais, à partir de la hu
mesure, le chant qui, jusque-là, s'était maintenu dans les limi
la quinte supérieure FA-UT, en marchant presque toujours par
conjoints, change brusquement de caractère, descend à l'UT
parcourt (dépasse même) l'étendue de l'octave, en scandant
les notes de l'accord parfait, telle une sonnerie de clairon, ce qui

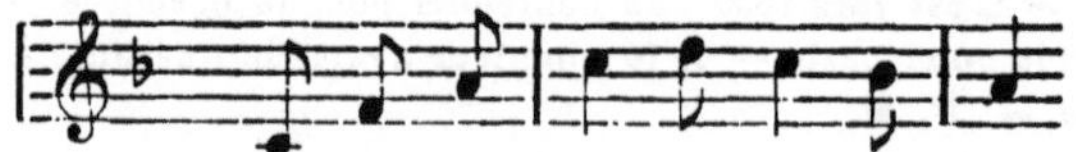

à la phrase une tournure moderne, une allure martiale, en
cord avec le caractère archaïque simple et calme de la pr
période.

On peut admettre, avec assez de vraisemblance, que cette m
cation est la conséquence d'un oubli, d'une défaillance de mé
ou bien que le chanteur a subi, à son insu, l'influence du temps
au régiment, et gardé l'impression de quelque chanson de n
dont cette forme nouvelle, introduite dans la mélodie, lui rap
le souvenir lointain et familier.[1]

[1] Cette variante, rappelle l'*Andalouse* d'Alfred de MUSSET, mi
musique par MONPOU, qui eut une grande vogue à son époque :

A - vez-vous vu, dans Bar - ce - lo - - - ne

Tous ceux qui chantent cet air le ressentent instintivement : et, en arrivant à cette phrase, ne manquent pas d'enfler la voix jusqu'à la fin du couplet, quoique rien dans les paroles ne l'indique ni le justifie, au contraire : la chanson dit que le vent s'est apaisé : « *L'auro es toumbado* » ; les étoiles vont pâlir : » *mai lis estello palirun* ». Rien, dans ces images poétiques, ne demande un changement d'accent, une inflexion plus forte, un son de voix plus éclatant; mais cette forme mélodique incite, malgré eux, les chanteurs à amplifier le son, même à animer le mouvement, et à accentuer le *crescendo* aujourd'hui devenu traditionnel.

Dans l'édition originale du poème de *Mirèio*, Avignon, 1859, dans l'édition illustrée par Burnand, datée de 1884, aucune nuance n'est marquée, mais l'usage s'en est tellement répandu que, dans son dernier ouvrage, M. Weckerlin[1] reproduit la notation de M. Seguin avec le signe d'augmentation du son.

Malgré ces différences, les deux versions ont une commune origine et nous devons, en le remerciant, féliciter M. le docteur Chaussinand de nous avoir conservé ce document si intéressant.

Louis Lambert.

[1] Weckerlin, *Chansons populaires du pays de France*. — Paris, 1903. T. II, p. 55.

SULLE REDAZIONI PROVENZALE E FRANCESE

DELLA « PRACTICA OCULORUM »

DI

BENVENUTO

In questi ultimi tempi gli studi sopra Benvenuto dell scuola di Salerno e sull' opera sua oftalmojatrica ottenne un vigoroso impulso per opera di dotti scienziati, fra i qu uno, il prof. Giuseppe Albertotti, deve essere subito qui rico dato, come colui che non soltanto compose eruditissime mon grafie intorno all' arduo soggetto, ma diè anche opera al pubblicazione integrale di parecchi codici contenenti la *Pra tica oculorum*.

Quest' opera, che costituì il codice dell' oculistica medieval godè di una diffusione enorme in virtù della molta utilità pı tica, che si rinviene nei suoi dett ami e ci fu tramandata gran numero di manoscritti. Due dei quali, uno della Bibli teca di Basilea, un altro della Nazionale di Parigi, ci han conservato l'interessante trattato rispettivamente in una ve sione provenzale e francese. La redazione provenzale, che legge nel cod. di Basilea, è stata ora ripubblicata dal Teuli la redazione francese vede ora la luce in forma diplomati per cura del prof. Albertotti e, con aggiunte e modificazi di vario genere, per opera dei proff. Pansier e Labor Avremo occasione di citare più oltre queste ed altre pubb cazioni ; per ora rivolgiamo l'attenzione all' autore del tr tato, a maestro Benvenuto.

Possiam dire che il tempo ci ha invidiato ogni noti: intorno a Benvenuto. Soltanto dallo studio e dall' esa della sua opera si può sperare di trar qualche lume intor alla sua vita, alla sua professione e ai luoghi, ove il celeb medico esercitò la sua arte.

Malgaigne [1] ritenne di potere « fixer d'une manière assez certaine l'époque de l'auteur » osservando che Bernard Gordon, che scrisse nel 1305 a Montpellier il *Lilium Medicine* [2], non cita nella sua opera Benvenuto, mentre Guy de Chauliac, che scrisse nel 1363 la *Chirurgia Magna*, lo ricorda più d'una volta. [3] Egli sarebbe dunque vissuto tra il 1305 a il 1363.

I sigg. Pansier e Laborde hanno giustamente posto in evidenza il lato debole del ragionamento del Malgaigne :... « par un raisonnement analogue, de ce que Bienvenu ne cite ni A'koatim (XII° siècle), ni Canamosali (XI° siècle), ni Jésus Hali (X° siècle), ne pourrait-on conclure qu'il a vécu avant eux ? » [4] Migliori di gran lunga sono gli argomenti, pei quali il Laborde ha conchiuso che Benvenuto deve essere fiorito nel XII o XIII secolo, esprimendosi su questo soggetto in modo conforme all' opinione generalmente seguita.

Il prof. Albertotti, d'altro canto, ha proposto alcune congetture molto sensate e fondate sopra ragionamenti tanto pensati, da potersi ritenere del tutto verosimili. Dal fatto — egli dice — che più volte troviam ripetuto nei testi *Benvenutus de Jerusalem* e che nella sua opera rinveniamo frequente ricordo di medicinali gerosolimitani, preceduti dal possessivo : *nostro*, può dedursi che Benvenuto venisse di Gerusalemme. Siccome poi in un testo dei più antichi è chiamato *de Salern* e in altri egli stesso fa menzione dei *magistri salernitani*, collocandosi, in una delle molte redazioni, fra essi, così noi possiamo supporre che, venuto in Italia, si sia aggregato alla scuola medica salernitana. Donde avrà allargata la sua sfera d'azione, sia perchè invaleva l'uso presso i medici d'allora di recarsi di paese in paese, sia infine perchè egli stesso, Benvenuto, discorre di molti luoghi da lui visitati.

[1] Nella prefazione all' edizione delle opere di *A. Paré*, Paris, 1840, pag. LXVIII.

[2] Si cfr. *Grundriss f. roman. Phil.*, II, Abt. II, pag. 259. B. Gordon morì nel 1317.

[3] I luoghi, in cui Guido di Chauliac cita Benvenuto, furono raccolti da G. Albertotti, *Memorie dell' Accademia di Modena*, S. II, vol. XII, pag 77, *n*. 1

[4] Pansier-Laborde, pag. 10 dell' Op. cit. più innanzi nel presente lavoro.

Che Benvenuto fosse ebreo, come da alcuni si è pensato, non è disposto ad ammettere l'Albertotti, il quale ha posto in evidenza che non mancano nei varî testi invocazioni a S. Lucia, a Maria Vergine e a Gesù Cristo [1].

Comunque, venuto di Gerusalemme, egli potè aver portato con sè il nome ebraico di *rofè*, medico, che non compreso dagli amanuensi dovè poi essere stato registrato nei codd. in varî modi, sino a divenire: *Raffe*, *Chrapheo*, *Grafeo*, *Crassus*, *Grassus*, ecc., scambiato col cognome di Benvenuto.

La stessa oscillazione, che presentano i manoscritti è una prova della esoticità del vocabolo. Il solo codice provenzale lo chiama *Benvengut de Salern*; tutti gli altri testi dànno a Benvenuto l'epiteto di Grapheo nelle varie lezioni qui sopra citate; il manoscritto francese lo chiama: *Raffe*. Dispongo per ordine, secondo il criterio cronologico, i codici contenenti l'opera di Benvenuto [2].

A. Testo provenzale. Cod. del sec. XIII-XIV nella Bibl. di Basilea: D. II. 11. Publicato da Berger e Auracher, *Benvenutus Grapheus*, « *Practica oculorum* », München, 1886 insieme al cod. E, e riedito recentemente da H. Teulié, *Las curas de las enfermetatz dels uelhs faitas per Benvengut de Salern*, Paris, 1900.

B. Testo latino. Cod. del sec. XIII-XIV nella Bibl. di Erfurt: edito da Angelo A. Finzi, Memorie della Accad. di Scienze, Lettere ed Arti in Modena, s. III, vol. II (Sez. Lettere).

C. Testo latino. Cod. del sec. XIV nella Bibl. di Monaco: edito, fuso con D, da Berger e Auracher, *Beiträge zur Geschichte der Augenheilkunde*, München, 1884.

D. Testo latino. Cod. del sec. XIV nella Bibl. di Monaco; edito da Berger e Auracher nel 1884.

[1] G. Albertotti, *Osservazioni intorno a Benvenuto ed alla sua opera oftalmojatrica*, estratto dagli *Annali di oftalmologia*, XXVII, fasc. 3°, pag. 10.

[2] Per la compilazione di questa lista, mi valgo delle varie publicazioni dell'Albertotti.

Testo latino. Cod. del sec. XV nella Bibl. Univers. di Breslavia : edito nel 1886 da BERGER e AURACHER, insieme al cod. A.

Testo latino. Cod. del sec. XV nella Bibl. Riccardiana di Firenze. Edito da G. ALBERTOTTI, *I codd. riccardiano, parigino ed ashburnhamiano dell' opera oftalmojatrica di Benvenuto*, in *Memorie dell' Acc.* ecc. *di Modena*, Serie III, vol. I (Sez. Lettere).

Testo francese. Cod. del sec. XV nella Bibl. Nazionale di Parigi. Edito diplomaticamente da G ALBERTOTTI, *Op. cit.*, e con modificazioni da PANSIER-LABORDE, *Le Compendil de Bienvenu de Jerusalem pour la douleur et maladie des yeulx*, Paris, 1901. La publicazione del Teulié del cod. A fa seguito all' edizione dei Sigg. Pansier-Laborde.

Testo latino. Cod. del sec. XV di proprietà del prof. Albertotti (già Boncompagni). Edito da G. ALBERTOTTI, *I codd. di Napoli e del Vaticano* ecc., estratto dalle *Memorie*, cit., s. III, vol, IV (sezione Lettere).

Testo latino. Cod. del sec. XV in possesso del Dr C. Piancastelli (già Boncompagni). Su questo ms. si cfr. la pag. IV di ALBERTOTTI, *Op. cit.*

Testo latino. Cod. del sec. XV nella Bibl. Bodleyana. Si. cfr. ALBERTOTTI, *Op. cit.*, pag. VIII.

Testo inglese. Cod. del sec. XV nella medesima Bodleyana di Oxford. Si cfr. ALBERTOTTI, pag. XI, n. 51 dell' op. citata.

Testo latino. Cod. del sec. XV nella Bibl. Nazionale di Napoli. Edito da G. ALBERTOTTI, *Op. cit.*

Testo latino. Cod. del sec. XV nella Bibl. Vaticana fondo lat. Edito da G. ALBERTOTTI, *Op. cit.*

Testo latino. Cod. del sec. XV nella Laurenziana (f Ashb.). Edito da G. ALBERTOTTI. *Op. cit.*

Testo latino. Cod. del sec. XVI nella Vaticana : f. Reg. Edito da G. ALBERTOTTI, *Op. cit.*

Q. Testo latino. Cod. del sec. XVI nella Bibl. di Monaco. Si. cfr. *Janus*, II (1897), 290.

R. Testo latino. Cod. del sec. XVI nella Bibl. di Metz. Edito da CH. LABORDE, *Bienvenu de Jérusalem et son œuvre*, Montpellier, 1901.

J. Testo latino. Incunabulo ferrarese dell' anno 1474. Edito da G. ALBERTOTTI in *Annali di Oftalmologia*, XXVI, fasc. I-II, Pavia, 1897[1].

Dalle edizioni preparate dall' Albertotti, dal Finzi, dal Pansier, dal Laborde e dal Teulié, non che da quelle del Berger e Auracher, risulta chiaro che sempre abbiamo a fare con una stessa opera, che dovè subire numerosi rimaneggiamenti. La lettura di ciascun testo — scrive l'Albertotti — « produce la convinzione che si tratti sempre di uno stesso lavoro, ma che non sia alcuno dei testi la semplice copia di un altro dei testi sovraccennati. Si direbbe quasi che l'opera, considerata nel suo insieme, sia un centone di quanto si conosceva intorno alla pratica dell' oculistica nel Medio Evo: centone che fu inizialmente forse composto da una sola persona ma che, in seguito, nelle trascrizioni ha subito modificazioni consistenti in aggiunte mutilazioni o parafrasi, non sempre dovute ai soli amanuensi ».

Restringendo il nostro esame ai soli codici provenzale (A) e francese (G), dobbiam subito osservare ch'essi presentano tali divergenze da saltar senz'altro agli occhi di chiunque si faccia ad esaminarli.

Intanto il codice francese s'apre con una specie di introduzione, di cui non è traccia in nessun altro manoscritto, che conservi la *Practica oculorum*: « *Cy apres s'ensuit le* » *compendil qui a este ordonne par bienvenu raffe Maistre et* » *docteur en medecine qui a este compose et compille et ordonne a* » *Montpellier pour la douleur et maladie des yeulx sur cette forme.*

[1] Un nuovo testo del sec. XV è stato pubblicato di recente da A. Laurenz, *Bienvenu de Jérusalem*, Montpellier, 1903. Si tratta si un codice latino del principio del sec. XV segnato col num. 475 nella Biblioteca di Besançon.

» En considerant par nostre Redempteur et souuerain seigneur la petit fragillite des corps des creatures humaines qui soufferent pluseurs passions douleurs et angoisses et autres grandes maladies tant en tout le corps comme en pluseurs membres particuliers et chascun parsoit ou corps des creatures humaines et en toutes les parties dicelles qui leurs peullent [sic] suruenir en pluseurs et diuerses manieres, tant dedans le corps comme dehors, et en toutes les circonstances et deppendences, tant chauldes comme froides et selon les influances des quatre complections et les humeurs naturelles ainsi comme sont cestassauoir sanguin colorique fleumatique et aussi melencolique tant simples comme compostes »[1].....

Ho detto: non è traccia in nessun altro manoscritto; ma per essere più esatto debbo aggiungere che una specie di preambolo si legge nel cod. Boncompagni, ora Albertotti; ma si tratta di una prefazioncella che non ha a che fare col testo francese. Essa incomincia: « Visa oportunitate humanoque quam plurimum generi etiam conduceret cum maxime accomodaret, quod in admirabili deique gloriosissima corporis parte, oculo puta patimur, eiusque quam facile pericula incurrimus ego Benevinutus grapheus » ecc.

Il distacco tra le due redazioni francese e provenzale è tanto sensibile che non ci par possibile trattare insieme dell'una e dell'altra. Dovendosi per necessità dividere la nostra trattazione, preferiamo per ragioni di opportunità incominciare dal testo provenzale.

La prima osservazione, che noi dobbiam fare, in seguito alla considerazioni esposte, è che non tutti i testi si presentano con ugual numero di capitoli o di argomenti. Alcuni testi sono più lunghi, altri più corti: in taluni si verifica una certa prolissità, in tali altri tutto è trattato più aridamente. E devesi aggiungere che i testi più antichi sono per l'appunto quelli che si presentano in forma più abbreviata.

Il testo più breve è il provenzale, che è quello che risale ad una antichità maggiore; vengono subito dopo le redazioni Monacensi edite da Berger e Auracher. I testi più pro-

[1] Riproduzione diplomatica, secondo il testo di G. ALBERTOTTI, *Memorie*, cit. S. III, vol. I, p. 9.

essi sono il Breslaviense e l'incunabulo, tutti e due del sec. XV. Noi ci troviamo qui in presenza di un fatto che non è certamente nuovo e che ricorda il procedimento per mezzo del quale a poco a poco assunsero una forma più prolissa o, per lo meno, men arida dell'originaria parecchie cronache medievali, quali ad es., il *Chronicon Altinate*, che dallo stato di spolpata compilazione pervenne, in virtù di nuove aggiunte, a quella redazione più ampia, che da noi è conosciuta.

Chi confronti il testo provenzale (A) colla pubblicazione Berger-Auracher dei monacensi non credo possa giungere alle conclusioni, alle quali pervennero i due sullodati autori, i quali nel loro studio : « *Beitrag zur Geschichte der Augenheilkunde* » per primi affrontarono la difficoltà di esaminare i rapporti fra i testi latini e il provenzale.

Essi incominciano a buon diritto dall' osservare che in tre punti particolarmente la redazione occitanica si stacca dalla latina monacense :

1° Nel principio, il testo monacense, d'accordo cogli altri testi, dopo aver dichiarato il nome dell' autore continua dicendo che Benvenuto viaggiò medicando « tam in frigidis quam in calidis regionibus » e sempre prese note e appunti dietro le sue osservazioni, ecc., ecc., e da poscia la definizione dell' occhio; mentre mancano in A i passi corrispondenti.

2° Altrettanto avviene poco dopo dalle parole *retium tantum quando* alle altre : *arte oculorum*. Tutto il passo manca nella redazione provenzale.

3° Il testo provenzale ha fine prima della redazione monacense.

Anche dobbiamo avvertire col Berger e con l'Auracher che sul termine del ms. provenzale si verificano due spazi bianchi di cinque e quattro linee. Gli autori pensano che il testo latino monacense sia una traduzione del testo provenzale e opinano che i passi, che sono in più nella redazione di Monaco, debbano considerarsi come un'aggiunta posteriore. Confermano poi il pensiero con avvertire che a c. 105d il testo monacense legge « in tribus *maneribus* », ove il provenzale ha : « en tres *maneyras* » e vedono nel vocabolo *maneribus* (in luogo di *modus* o *species* adoperati altrove) una diretta influenza della parola occitanica. A quest' ultimo argomento ha già risposto vittoriosamente, a parer nostro, il prof. Albertotti, il quale ha fatto osservare che i codd. della Riccardiana, il Breslaviense e l'incunabulo ferrarese presentano nello stesso luogo la parola *maneribus* e non per questo può credersi ch'essi derivino dal testo provenzale. E del resto, il vocabolo *maneries* non è ignoto alla lingua latina del Medioevo.

Oltre a ciò dobbiamo osservare che il testo provenzale, in ogni caso, non dovrebbe porsi a base, così solo, della redazione Monacense, perchè i passi in più che si riscontrano nella presunta versione latina corrispondono ai luoghi medesimi degli altri manoscritti della *Practica oculorum*. Ancora un' osservazione. Il testo provenzale, quale ci è conservato, non deve rappresentarci che una copia di altro testo occitanico. Ce ne fa accorti il Teulié, che nella sua breve prefazione scrive : « Le texte provençal n'est pas la traduction originale d'un manuscrit soit latin, soit hébreu. C'est une copie directe ou indirecte de cette traduction. On rencontre en effet, pour un même mot des formes différentes, et cette différence provient de ce que les unes sont plus anciennes que les autres, ou de ce qu'elles n'appartiennent pas toutes au même dialecte. C'est sans doute un copiste ignorant et distrait qui, après avoir corrigé *heus*, écrivait *uous* ».

Risaliamo così ad un' antichità maggiore e sentiamo in noi farsi strada il concetto che la redazione provenzale sia, fra tutte, quella che rappresenti più da vicino l'originale della *Practica oculorum*. Ci conferma in questa supposizione il fatto che essa ha le maggiori attinenze colla redazione monacense, la quale rappresenterebbe un primo passo avanti sulla via di quei rimaneggiamenti, che subì col tempo il tratatto di Benvenuto. [1]

[1] Il prof. Albertotti ha pubblicato una utilissima tabella degli argomenti trattati nei diversi testi. Dall'esame di essa risulta che un nucleo di capitoletti è comune a tutti i codici, mentre altri argomenti sono propri soltanto di questo o di quel manoscritto. Si tratta di 70 argomenti, di cui i primi 27 si rinvengono in tutte le redazioni

Fu il testo latino, non già quello provenzale, che dovè prestarsi alle successive aggiunte e modificazioni sinoa giungere alla redazione latina, sulla quale fu condotta la versione francese della *Pratica*.

Pare infatti certo che la versione francese del sec. XV dipenda da un testo latino andato perduto dell 'opera di Benvenuto; e ciò per la seguenti due ragioni:

1° Le frasi latine intercalate (*auditores audiant; discoloratam quia non est color in ea*) e le ricette scritte in latino o in un latino infranciosato dimostrano che la compilazione fu condotta sopra un testo latino (si cfr. ALBERTOTTI, *Mem.* cit., S. II, vol. XII, p. 88).

2° La compilazione francese si chiude a un punto, col quale nessun altro codice di Benvenuto ha fine. Essa termina coll' argomento che riguarda l'*unguentum radicibus lilij:* e che qui pure terminasse il cod. latino, che serviva di base

ad eccezione di quella provenzale che manca del capitolo 2° e della amploniana di Erfurt, che manca dell' *Argumentum et propositum totius operis*. Il primo nucleo, del quale discorriamo, proprio ai codd. C D E F G H M N O P R J, finisce secondo la lezione del cod. Parigino: Et quant la purgacion sera faicte donne lui deuers le soir dyaolibani Issitario et dedans les yeulx vous mectres de pouldre de Alizandre. Jusques a ce qu'il soit plainement cure et queil se garde bien de viandes contraires. — A questo punto il cod. E intercala un paragrafetto sopro l'*ellectuarium* commune ad altri codd H M N P. Il secondo nucleo comprende gli argomenti 28-41. Di questi due nuclei risulta il ms. A, il quale dunque, eccezion fatta della mancanza del cap. 2°, si accorda colla prima parte dei mss. C D E G R J. Ma questi ultimi mss. non finiscono col capitoletto 41; ma presentano tutti delle aggiunte più o meno lunghe. — Il cod, più tardo, il testo Reg , oltre che essere il più prolisso, presenta una singolarita nel suo *explicit*, che suona: *Explicit Ars noua Beneuenuti de Jerusalem de aegritudinibus oculorum e lingua hebraea in latinam translata*. Pare adunque che non sia da mettersi in dubbio l'esistenza di una redazione ebraica del trattato di Benvenuto; ma non ci riesce di precisare a qual tempo si possa far risalire la sua composizione, sia perchè il cod. Regina è del sec. XVI e ci presenta in uno stato complesso di formazione il trattato della *Practica*, sia perchè la somiglianze del suo dettato cogli altri testi latini sono tali da credere ch'esso non dipenda direttamente da un testo ebraico. Non mi pare improbabile che l'*explicit* sia stato soltanto occasionato del fatto che si sapeva che Benvenuto veniva da Gerusalemme.

nzione, par provato dal fatto che il testo francese
meo, ma finisce così: « Or est-il temps de faire fin
resent traicte, pourquoy je prye a tous les lisants que
ennent aucune chose quil ne soit bonne quil me vueil-
rrigier... Explicit le petit voulum de maistre Bien
affe maistre en medecine. Deo gratias. »

essun testo latino della *Practica* si trova in queste
i e il cod. lat. Monacense 331, al quale vorrebbe
'Albertotti (pag. 88 dell' op. cit.) come all' originale
a risponde appieno alla seconda delle nostre osser-
Esso manca del preambolo, col quale si apre G e si
modo diverso; ha in altra parole due argomenti di
no per quanto si può giudicare dalla pubblicazione
r e Auracher.
nente però, fra tutti i testi latini, esso vanta i maggiori
essere considerato come strettamente imparentato
nale latino di G, anche perchè da una nota, che in
gge, è attestata la sua derivazione da Montpellier:
constat in monte pessulano VI coranas.
nvincerci ognor più delle divergenze che si verifi-
il cod. Monacense e il parigino e che impediscono di
tra essi un rapporto di derivazione basterà confron-
alche brano.

RGER-AURACHER:	COD. PARIGINO:
res audiant et omnes ntes qui cupiunt audire cientiam et habere pri- utem sive addiscere pro- m artem oculorum a me benuento chrafeo com- secundum dicta antiquo- osophorum et mea[m] ia[m] per longum exer- uod habui per diversas undi.	Vous qui voulez escouter et aprendre et qui vous delictez de auoir scauoir et aprendre nouvelle science et de acquerir fame et renuomee en estudiant et en es- coutant ceste tres prouuee science et art des maladies et douleurs des yeulx que j'ay composee et ordonee selon le dit et ordonnance des anciens philosophes et aussi pour la grande exercice et expé- rience.

dopo questo brano seguono alcune righe che non si
no nel cod. Monacense: « J'ay fait pluseurs conva-

» lessences et belles operacions et cures et choses touchant
» les douleur(e)s et maladies de[s] yeulx et de[s] leurs nais
» sances. Mais tous et chacun..... »

Et più sotto, per limitarci a poche citazioni, il cod. di Monaco legge:

« Narravimus vobis de tunicis oculorum quæ sunt septem
» secundum Iohannicium et secundum me sunt duae et explevi-
» mus vobis quomodo color non est in oculis sed accidit propter
» situm humorum et quomodo variatur unus melius quam
» alter. Admodum procedamus de humoribus oculorum..... »

Il cod. parigino aggiunge alcune cose, che mancano nel monacense: « Nous vous auons narré de tuniques des yeulx
» selon Johannicius qui sont VII et selon moy ne sont que deux,
» et aussi vous auons declarer [*sic*] plainement de la diuersité
» et comment il n'y a point de couleur es yeux et comme la
» cause est pourquoy cest que une creature voit mains que
» l'autre et qui est cause et raison ne de quoi cest. Et de pre-
» sent en continuant a nostre euure et pratique nous voulons
» proceder sur les humeurs des yeulx et donnerons a entendre
» et declarerons les noms et surnoms de toutes les maladies
» et especes des yeulx selon quil apperra plusaplein en le nos
» propres « chappitres. »

Potremo noi conoscere l'autore della versione francese? Incomincio coll'osservare che dalla maggiore o minore lunghezza del trattato, o in altre parole dal numero maggiore o minore di aggiunte può forse desumersi, se noi ci siamo messi sulla buona strada, a un di presso l'età, a cui può risalire l'una o l'altra redazione. I due punti estremi possono essere segnati dalla versione provenzale, che può rappresentarci lo stato della *Practica oculorum* intorno alla metà del sec. XIII, e dall' incunabulo ferrarese o dal cod. Breslaviense, le quali due redazioni del sec. XV fono le più ricche di argomenti e perciò le più diffuse.

Il testo parigino dipende da una redazione latina meno arida di quella provenzale e meno prolissa dell' incunabulo ferrarese; non erreremo forse di troppo assegnando cotesta redazione perduta al sec. XIV e presumibilmente al principio del sec. XIV, poichè essa dovè presentarsi mancante dei tre argomenti, che nella lista dell' Albertotti portano i numeri 68, 69, 70, e che dovettero costituire una delle prime aggiunte al trattato di Benvenuto.

Ne segue che la versione francese va ascritta al sec. XV, benchè conservataci in un cod. del sec. XV. E questa osservazione è per noi di grande momento, perchè il codice parigino conserva per l'appunto altre opere mediche in francese di Bernard Gordon, che fiorì sul finire del sec. XIII e sul principio del XIV. Egli morì nel 1317 e nulla impedisce di pensare ch'egli sia stato l'autore della versione francese della *Practica oculorum*. L'opinione gettata là dai sigg. Pansier e Laborde a pag. 24 : « Nous croyons non seulement que Ber» nard de Gordon connaissait Bienvenu, mais aussi qu'il fut » l'auteur de la traduction française de son traité » ci pare tutt' altro che priva di fondamento e non crediamo possa essere combattuta dal fatto che Bernard Gordon non cita nelle sue opere Benvenuto. Anzitutto non basta ciò per affermare che Bernard non lo conoscesse e in secondo luogo la traduzione potè essere fatta negli ultimi anni di vita del Gordon, dopo ch'egli era venuto a conoscenza del trattato del salernitano, se pure può chiamarsi in talmodo il nostro Benvenuto.

Se abbiam fatto buon viso e ci siamo studiati di venir confermando una supposizione dei proff. Pansier e Laborde, non possiamo d'altro lato approvare il metodo tenuto da essi nella pubblicazione del trattato francese. « Le manuscrit » français...— dicono gli autori — ne contient rien de ce qui » concerne le traumatisme, la fistule lacrymale, l'origine » des larmes. Aussi, désirant donner de l'œuvre de Bienvenu » une édition française complète, avons-nous ajouté au » manuscrit de Paris la traduction de toute cette dernière » partie ».

Così facendo, essi avranno reso senza dubbio un servigio alla scienza oculistica, ma non hanno certamente integrato la redazione della *Practica* di Bernard Gordon. L'opera loro può per questo rispetto paragonarsi a quella degli amanuensi dei nostri codici di Benvenuto del sec. XV ; essi hanno attinto a Bernard Gordon, all'incunabulo e per di più a Guy de Chauliac, « qui cite souvent le traité de Bienvenu ». Concepito in questo modo il disegno della publicazione Pansier-Laborde, essa va considerata soltanto dal punto di vista medico ; e allora non manca di merito ; ma dovremo senza dubbio prescindere sempre da essa per istudiare i rapporti e la composizione dei codd. di Benvenuto. Per questo lato, una publicazione così fatta non potrebbe certamente fare del bene.

Molto meglio e con giusto criterio filologico ha condotto il Teulié la sua edizione del testo provenzale che si legge accodata alla stampa della versione francese. Ne furono anche fatti estratti forniti di riproduzioni in fototipia. Il Teulié ha potuto collazionare il cod. di Basilea e correggere in più punti l'edizione di Berger e Auracher. Io ho confrontato le due stampe provenzali per ciò che spetta ai primi quatro capitoli e non ho tardato a convincermi che la pubblicazione del Teulié si avvantaggia sulla precedente. Riferisco il risultato del mio confronto ponendo tra parentesi quadre la lezione Berger-Auracher : Cap II : [*prumeyre*] *prumeyra ;* [*peyorar*] *pejoyrar*. Cap. III : [*primeyra*] *prumeyra*, Cap. IV : [*vuelh*] *velh ;* [*engen*[*ra*]*das*] *enge*[*n*]*ridas* (?) ; [*poirisa*] *poryga;* [*deuant*] *denant ;* [*quan*] *quant* ; [*layces*] *layses ;* [*pane*] *pauc ;* [*ay dit*] Il Teulié stampa *y dit*, che evidentemente andrà corretto : [*a*]*y dit*.

In generale però il confronto di altri passi dimostra che l'edizione del Berger e dell' Auracher era stata condotta con una cura e uno zelo, che convien riconoscere agli autori.

Giulio Bertoni.

DOCUMENTS SUR LES RELATIONS

DE

;'EMPEREUR MAXIMILIEN ET DE LUDOVIC SFORZA

EN L'ANNÉE 1499

(*Suite*)

(Pfontz, 22 juin 1499)

.. Apresso significai alla predicta Maestà quello se contene neli nmari de Savoia, de M. Jo. Jacomo Trivultio e de Fiorenza.

Ad quelli de Savoia la Sua Maestà disse havere grandissimo cere chel predicto signore duca restasse in bona dispositione verso a Maestà, sacro imperio e V. E.; ed esser vero che ancora a Sua està haveva dato bone parole; ma che dubitava per li continui nuli, insidie, promesse ed arti de Franzosi, per la vicinità ha con o, fosse per fare qualche accordo, non havendo rispecto che al fine se a sua perpetua perditione. Era ben vero, quando el predicto nore duca con bona circumspectione examinasse el caso suo, diante li boni consilii, non lo faria :: anzi se teneria al imperio e a a Maestà, ch'è suo vero e drito protectore, quale mai non li mancha- , benche alla fiata il potria venire qualche disturbo per le occoren- sono oggidi, ma che havendo bona intelligentia ad sua Maestà e E., che era ancora ley membro del predicto imperio, che senza bio l'uno per l'altro col aiuto de Sua Maestà se aiutariano e deffen- riano da ognuno li volesse nocire. Hebe ancora grandissimo pia- re del signor bastardo, che simelmente sia affectionato a Sua Maestà; endo che era de li soi, e che li era stato bono e fidel servitore, e in qualche cosa lo poteva reconoscere, lo fara molto volontiera; essendo in questo parlamento, ricordandoli io a mandare lo oratore suo apresso el predicto signore duca, e presto, peroche importava la celerità, la Sua Maestà commisse a M. Langh che facesse fare la expeditione per M. Joanne Reynier, preposito de Brixen, e spero che in tri zorni sara expedito e partira.

A li summari continenti la bona voluntà de M. Jo Jacomo Trivultio S. M. disse che non potria intendere tanta iniquita de lui contra Sua Maestà et V. E., che ancora non credesse più ; e che qualche fiata ha voluto dimonstrare secretamente essere bon amico de V. E., ma che Sua Maestà sempre conosceva chel la agabava, anzi chel era [.....] secreto e credeva firmamente che sel potesse o sapesse trovare modo de ruynare Sua Maestà e Vostra Excellentia, lo faria senza alcuno respecto, ma che Dio non li ha dato tanta gracia ; e quanto a le minatie, che l'E. V. attendesse a vivere alegramente senza alcuna dubitatione, e maxime del canto de li Grisani e Suiceri, tanto quanto la Sua Maestà li fusse, perche lei faria talmente che la assecuraria, e faria che non li poteriano nocire, o per guerra o per pace ; che l'E. V. attendesse pure a salvarsi de la, como la credeva dovesse fare finalmente, perche el Re de Franza non faria l'impresa, e, se pur la faria, non troppo caldamente ; ma sua ferma oppinione era che non la dovesse fare, ma aspectare che questa guerra de Suiceri se fornisse per vedere come andasse el fine, che forsi saria tale che haveria piacere de stare in pace.

De M. Roberto disse non esser vero che havesse scontrato ne morto alcune de sue gente, ma era ben vero che era intrato in Remmasi con 1600 cavalli e 1200 fanti a pede, ma che mai ne era usito, che molto li dispiaceva perche haveria voluto fusse uscito, affrontarsi perche trovaria bon scontro.

De la prathcha de Grisani e li capituli de Pustlamin, per la prossima cavalchata li significaro el tutto, che hora non ho tempo per levarsi la Cesarea Maestà ed andare a Landech, lassando qua una parte del campo. — [....].

Augustinus Somentius.

(Landech, 24 juin 1499)

La Cesarea Maestà m'ha fatto domandare in castello, essendo armata per montare a cavallo circa le 24 hore, per andare a suo castello chi se apella Rispergh, lontano de qua uno miglio tedescho ; suso el camin per passare la montagna de Santo Cristoforo, per andare verso Felchirch e per passar la montagna per andar verso Coyra. Giunto là, la sua Maestà volse vedere la lettera patente de V. E. per la promessa facta de darli li 33 milia fiorini, videlicet la meta in otto zorni, et l'altra meta per tutto el mese de giulio chi vene. Quale vista, ha fatto fare lettere patente per la receptione de 16,500 fiorini dal magnifico messer Baldesaro di Pusterla, con obbligatione come si contene nel apunctamento o parlamento facto al magnifico messer Marchesino, cioè che intrando V. E. ne la liga de Suevia dicti 16,500 fiorini li sariano compensati in quella somma de denari li sera taxata per la sua portione. Et *casu quo* non intrasse in dicta liga, che la sua Maestà se obliga dare ad ogni richiesta de V. E. per li dicti 16,500 fiorini doemilia fanti, pagati a spese de sua Maestà per doi mesi; e dicta confessione e obligatione se manda in mano del predicto messer Baldesaro, alquale la predicta Maestà m'ha dicto voglia scrivere, adciò non facia difficolta che, mandando a torli come fa, gli siano dati non li sia fallo; altramento li saria grandissimo detrimento per haver facto soi dessigni, dove se habino a spendere per bisogno grandissimo de questa guerra, e cossi io scrivo al predicto Messer Baldesaro secondo che sua Maestà m'ha commisso.

Apresso la predicta Maestà me disse se io haveva significato a V. E quello me commisse in questa matina. Alla quale io rispose che si, ma el messo non erà ancora partito. Me disse apresso queste formale parole: « Noy partimo a questo hora e andiamo contra questi diaboli de nostri inimici, perche volemo più presto tirarseli alle spalle e contra noi che lassarli andare a danni del signor duca, come se dice voleno andare. » Io li respose che la sua Maestà faceva bene a piliare la deffensione di V. E. e stato suo, perche deffendeva le cose proprie de sua Maestà, e quando quello paese de Valtelina havesse danno de inimici, la sua Maestà e tutto lo suo exercito ne sentiriano e patiriano, perche se vedeva ogni zorno quanto subsidio ne veneva, e che V. E. haveva posto ogni sua speranza ne la sua Maestà con fede la dovesse deffendere ed aiutare. Laquale disse non era per manchare dogni suo potere. Et dite queste parole montò a cavallo e partite.

Io sono restato qua con M. Lang e la mazor parte de cortesani, perche dove va la predicta Maestà non gli è habitatione altro che lo castello; ma domane la seguiremo tutti.

Havendo io significato alla predicta Maestà quanto quello m'ha scritto circa li deportamenti facti per Prete Luca di Bormio a Venetia, M. Langh m'ha poi resposto la sua Maestà havere dato bon ordine che lo ..... mandara a casa, in modo non sera più adoperato in queste cose di corte. Altro non c'è de novo. Alla bona gratia de V. E. humilmente me raccomando.

Ex Landech, 24 junii 1499

Illustrissimae et Excellentissimae Dominationis Vestrae humilis servus

Paulus Aug. Somentius.

(Lindau, 5 juillet 1499)[1]

..... Apresso io significai alla predicta Maestà de la expeditione haveva inteso che faceva el Re di Franza al duca di Lorena, per mandarlo contra V. E., pregandola ad voler fare pensamento e preparatione de aiutarla, e de non lassare opprimere ne vexare quello stato quale era de Sua Maestà, come ogni zorno la ne vedeva l'effecto, e che se in li principii el Re de Franza vedera che la sua Maestà se piglia qualche protectione, andara tanto più retenuto in fare l'impresa che per el contrario, quando vedesse che la sua Maestà non ne pigliasse l'impresa e se ne passasse cossi legiermente, pigliaria più animo e faria l'impresa più galiardamente. La sua Maestà respose, benche se facesse rumore assai de questa expeditione del duca de Lorena, tamen al effecto sariamente stando suso el suo primo proposito, chel predicto Re non debia fare quella guerra contra V. Ex. finche non sia finita questa de Suyceri, e se più presto el duca sara expedicto per venire a dicta impresa, che non crede, se rendera certa havesse a durare poco, e poteva essere caro a V. Ex. chel predicto duca più presti venghi a dicta impresa che alcuno altro, perche la natura e cervello suo è tanto furioso e superbo che subito veniria in dissensione ne potriano havere durata inseme.

[.....] Circa la venuta de li oratori francesi, ne parlai alongho con la predicta Maestà, laquale disse sapeva volevano dare e praticare poco de bono per Sua Maestà e V. Ex. Io la pregai in tutte le actione ad havere per raccomandata V. Ex. Laquale disse che la faria per essa come per le cose sue proprie.

[.....] Io ho voluto intendere da M. Langh, quale è capitanio del impero, o el duca Alberto di Baviera, o questo marchese de Brandinborgho. Quale me ha dicto non essere ne l'uno ne l'altro; che prima fu ben fatto capitanio el predicto duca de Baviera, ma la predicta Maestà non ha poi voluto capitanei, per voler ley in persona essere alla guerra.

(avec Angelo de Fiorenza)

(14 juillet)[2]

Illustrissime princeps et excellentissime domine, domine noster observandissime,

Ritrovandosi essere andata la Cesarea Maestà ad uno castello qua sul lago da li cavaleri Alemani, dove dete audientia a li oratori

[1] Milan. *Ibid.* Original; fragments.
[2] Milan. *Ibid.* Original.

cesi, gli andassimo heri matina per tempo, credendo ritrovare la dicta Maestà et exeguire quanto se contene ne la commissione instructione de M. Angelo. Ma gionti al dicto loco, ritrovassemo lla essere partita la sera in barcha, senza cena ; ne alcuno de soy ria dove la fusse andata, lassato qua el lecto e tutte le altre sue: aspetassimo fin passato mezo zorno, ma non vene ; ne fu possibile intendere quello ne fusse, salvo se chella era to a vedere alcune terre in passi de inimici ; e cossi ne ritorsemo. In questo matino gli siamo ritornati ; dove havemo trovato ua Maestà a messa ; laquale fornita, Angelo me gli sono preato, e facto la debita reverentia e recommandatione in nome de ra Excellentia ; a laquale è stata molto grata et accepta ; e monsvedermi tanto volontiera quanto dir se possa per amor di V. E., andandomi molto intrinsecamente de la bona valitudine sua et e occurentie.

presso me fece condure in camera sua per M. Lang, e proposto ua cosa a soi consilieri, vene in dicta camera, dove con gratissima ientia intese *de verbo ad verbum* quanto se contiene in la dicta ructione de me Angelo ; laquale intesa, disse essere parechiata dire tutto quello gli era possibile a V. E. e che per effecto la viria de tutto quello la rechiedeva ; ma se fece alquanto difficile poterla servire de tanto numero de fanti alemani per la occurentia questa guerra, ma disse troveria altro partito de servirla.

primo, quanti a li fanti, disse gli pareva che la E. V. doverebbe tore milia fanti boemi a pede e mille fanti a cavallo ; e vederia del resto i havere de Alemani boni e experti, e che similmente li provederia li capitanei, homeni tractabili e da bene.

'u dicto e rasonato de la sorte e condictione de Boemi e de mani, de la valitudine lora, de lo stipendio, et etiam del tempo potevano essere in quelle parte.

a sua Maestà disse che, per durare gran faticha, fare e disfare ari et altre cose necessarie in campo, et intertenersi a deffendere impresa d'una forteza o altro loco, Boemi valevano più de leschi, più obedienti, e se tenevano con manco victualia ; e quelli i boemi a cavallo dismontavano quando se affrontavano con li nici e sono de li megliori saldati del mondo : homeni da bene, de nde animo, experientia e ben armati : quali omnino consigliaria la 7. a tore sopra de lei, perche la se ne troveria benissimo contenta.

er lo stipendio suo, dessi Boemi a pede sperava se haveriano per fiorini da Reno el mese, l'altri a cavallo bisognava darli fiorini sei licando piu fiatte che omnio consigliava V. E. a fare la spesa questi mille a cavallo per essere homini de gran factione.

'a li Todeschi disse ne faria havere, fin al supp. to de la rechiesta, ma che essi erano mali homeni da governare e da contentare, ed la sue bataglie erano meliori che Boemi, ma in difesa de una fortezza essi Boemi erano meliori.

De li capitanei disse daria de li meliori e più valenti chel havessi.

Circa li duecenti overo trecenti hominidarme Bergognoni, similmente disse che la li provideria et satisfaria secondo la sua rechiesta, e più, bisognando.

Prima, disse de dare M. Roberto de Melone con 200 lancie e lo resto de le gente d'arme sono in Anomia ; poi disse voler dare uno suo valente capitano ha in Bergogna, el quale havea una bela e bona compania de Bergognoni, bene in ordine e parechiati per cavalcare de subito, e che epso capitaneo era el più sviscerato inimico de Francesi che sia al mondo, e Francesi l'hanno tanto exposo che, se lo potesseno havere ne la mano, per alcuno modo subito lo fariano impiccare.

Noi respondessimo a Sua Maestà che questo capitaneo saria al proposito de la Excellentia Vostra. Essa disse lo daria molto volentiera e fu rasonato e discusso del camino potevano fare dicte gentedarme per venire de la, e fu concluso essere per el meglio passare per Savoia, perche fariano molti boni effecti ; primo dariano gran suspecto al Re de Francia et a Suiceri, ed al signor duca de Savoia dariano animo de stare constante per la Sua Maesta e Vostra Excellentia; anche se assecuraria de quella gente francese sono nel Delfinato, adcio che, quando accadesse la Sua Maestà havessi qualche conflicto con Suiceri, non parlassino contra essa.

Ma rasonato a longo suso questa particularita, la Sua Maesta stete alquanto pensiva, e poi disse dubitava li soi consilieri non voriano consentire che la desse a V. Ex. el predicto capitano e gente bergognone et maxime essendo le cose nel termine sono ; ma disse in fine del parlare chel vederia de poterlo dare, ma con questa conditione cha, accadendo la disgratia cha la perdesse qualche bataglia grossa con li Suiceri, pur che teneva esso capitaneo e gentedarme per suo soccorso in caso de bisogno : resolvendosi che omnino la voleva compiacere la E. V. Gli respondessimo che quando altro accadesse, che non solamente del dicto capitaneo e gentedarme, ma etiam de la persona e stato di V. E., la Maestà Sua se potria valere del tuto; perche la V. E. ha deliberato havere sua commune fortuna con la Maestà Sua per sempre, ma che meglio li faria discussione da quale gente la gli potria dare senza carico suo, et che fosseno più al proposito de V. E. e cha dal tuto ne faria intendere la resolutione.

De li homeni per manezare le artigliarie, disse non poterla servire, perche lei medesima ne havea difficolta ne era fornita a sufficientia; ma, pensato alquanto, disse havere trovato el modo de servirla: che re al ill. mo sig. archiduca, suo figliolo, che li mandasse li essere facta la treuga de Geldria, monstrando de voler in questa sua guerra, e che, gionti qua, geli mandera li a E., e che erano molto perfecti.

te faria scrivere a Mgr. de Verghi, in quella meglior forma ssimo, secundo che quella richieda.

sione facessimo fu che la sua Maestà scriveria a li capi emi se metessino in ordine a fare le compagnie, adcio l'aviso de V. E., siano pronti per venire. Laqual fece comtriano venire da casa loro in Trento in zorni quatordexe. te d'arme sariano in ordine ad ogni rechiesta de V. E. ; sasse e deliberasse quello voleva, perche del tuto saria molte offerte, bone et amorevole parole, de non esser per in alcuno modo ; e fara cognoscere ad ognuno che la non rli, anzi per aiutarla ad ogni suo potere.

n rasonamento del transito de le gente d'arme per Savoia, e particularita del predicto illustrissimo signor duca da ipendio de V. E., quando la potesse ; ed el parere de la està fu, che, volendo el predicto Signor duca stare forte on le gente e stato suo alla deffensione contra Francesi, . gli prometta duecento milia ducati da pagarli in venti decimila ducati d'oro ogni anno, per extinguere la prol Re de Franza de darli decimila ducati d'oro d'intrata ; e la E. V. non debia guardare a spese per condurlo, perche va el tempo ; comettendone che in nome de Sua Maestà ssimo quanto era el suo pensiere. Circa la parte de li accade scrivere altro per che la sua Maestà resta benista de satisfarla de quanto era facto.

ticha del Re de Inghilterra, la predicta Maestà se risolse non gli era fermeza alcuna, ne chel predicto Re più fiate romesso e dato bone parole e tenuto in praticha ; ma may to venire ad effecto alcuno, ma cerca de fare li fati suoi per questi mezi ; e pero era meglio lassarlo stare, ateso ne poteria cavare alcuno bon constructo.

ta Maestà se ritrova in continue agitationi col corpo e col e occurrentie de questa guerra. Non possimo havere cossi tà per cavare el constructo de quello sia el suo ultimo piglieremo la opportunità e faremo l'ultima conclusione e . Quale facto e significato a E. V., io Angelo veniro da ale humilmente se raccomandiamo.

Ex Ueberlingh, 14 Julii 1499.

ime et Excellentissime Dominationis vestre servitores.

Angelus de FLORENTIA et Augustinus SOMENTIUS.

(21 juillet) [1]

Illustrissimo et excellentissimo signor nostro observandissimo, la executione de commissione et instructione de vostra Excellentia, havemo significato alla Cesarea Maestà li progressi del Re de Franza, che sono omnino di volere passare contra V. E., ricercandola a volere soccorrere di gente e saltem de presente de cinque cento fanti; dando ordine adcio che similmente se ne possa havere de li altri fin al numero richiesto de cinque overe seimila a pede e circa trecento lance borgognone; al che Sua Maestà s'è risolta, come vedera qua apresso.

Che de presente la Sua Maestà dara 500 fanti de quelli de Fereto e Bergogna, quali sono pronti, e serano in Ivrea in vinti di, ed essa li fara venire fin la; ma gionti bisogna che l'E. V. gli facia fare la mostra e dare la pagha a computo de fiorini quattro el mese; del nome de lo capitaneo e dele paghe dopie la Sua Maestà li dara, ed io Augustino per la prima cavalcata li significaro a Vostra Excellentia.

Scrivera in Carintia e li fara havere mille fanti con doi boni capitanei quali fara ordinare ad Tregeste, e l'E. V. mandara a farli la monstra e darli une pagha e fiorini quattro per fante, quale facta e pagata venerano da Tregeste li in octo giorni e servirano sei settimane; quale passate li dara ancora un altra pagha e servirano altre sei settimane e poi successive de mese in mese haverano le sue paghe.

De Boemia li fara havere mille fanti, alli quali andara tempo uno mese a mettersi in ordine e venire fin li; alli quali similiter bisognara mandare una pagha fin in Patavia chi e sul Danubio e de questi se ne havera meliore conditione che de quatro fiorini al mese.

Dara ancora mille arceri de Picardia e mille fanti Allamani quali erano cum Sua Maestà alla guerra de Geldre et che de presente sono in camino per venire in qua; alli quali similiter bisognara mandare una pagha, cum io Augustino li significaro per la prima cavalcata.

Appresso dara ducenti homini d'arme, videlicet cento de Anoni a che averano cavalli quatro per ciascuno, e bisogna darli fioreni sei di Rheno al mese per cavallo e che venerano in Losana, ali quali sara capitaneo M. Roberto de Malone e mons de Vilerno.

De li homini per tirare l'artileria dara de quelli erano in Geldria, quali similiter sono in camino per venire in qua; ali quali taxara lo

[1] Copie et déchiffrement : *Extractus Zifre Dni Angeli de Florentia et Augustini Somencie ad illustrissimo Dnum Ducem Mediolani.*

sallario a uno capo o doi che li governara, como io Augustino similiter li significaro.

Io Angelo partiro in questa sera o domatina, per venire verso V. Ex. più presto potero. Del magc° M. Vesconte non scrivemo altro perche da esso V. ra Ex. tia sara del tutto avisata.

Questa presente lettera s'è solo scripta per la celerità del partire del p.to M Vesconte, ma io Augustino li expediro una altra cavalcata dove li respondero a quanto V. Ex. mi ha scripto per la cavalcata de 8, recevuta a di 19 del presente.

Qua si ha gran^{me} bisogno de cavallari e dinari. A V. Ex. humiliter ce racomandano. Ex Constantia 21 julii 1499.

(fin juillet 1499) [1]

Illustrissimo et excellentissimo signor mio unico.

Per altre mie l'Excellentia Vestra havera inteso de la partita de la Cesarea Maestà de Landerch; hora per questa mia intendera come La gionse heri qua a disnare, passato la montagna de Santo-Christoforo. In camino io me accostai a Sua Maestà in diverse fiate, e li parlai de alcune cose, come intendera qua apresso.

....

Io propose alla Maestà Cesarea che la principal cosa a voler provvedere ale cose de Italia, chel re di Franza non li havesse tanta speranza ne tanta inclinatione, era ad fare qualche provisione contra el papa; el quale, come la sapeva, non tendeva ne procurava altro che promovere el predicto Re alla guerra contra V. E., et mettere tutta Italia sottosopra; ma che, facendoli Sua Maestà qualche provisione come lo poteva et come già era dicto, porse chel se guardaria ben avanti et andaria alquanto più retenuto in queste sue pratiche chel non ha facto finora; e per comenzamento che, al manco al presente, volesse fare questo effecto de remandare indreto el legato con tali termini et etiam darli tale resposta chel predicto pontefice potesse conoscere la Sua Maestà havere cognitione de tutte le sue male operatione, et havere animo de farli qualche provisione e dirli che molto ben conosceva e sapeva che questa opera faceva sotto umbra de charità de voler tractare la concordia de questa presente guerra con Suyceri esser ad instantia del re di Franza, per condure poi li soi disegni a posto col mezo e aiuto delli Suyceri et la Maesta sua havere gia molti di havuto copia de le lettere li haveva scritto el predicto Re,

(1) Milan. *Ibid. Original. Non daté.*

acciò facesse questa opera che l'oratore fa per mezo depso legato; ma che lassando epso legato ad Inspruch dove l'haveva mandato, ogni zorni daria aviso de tutte le occorentie de qua e delle difficultà ha la Sua Maestà che sono più assai e lo pontefice non desisteria da le sue sollite pratiche. Alche la Sua Maestà me rispose dicendo che conosceva assai la male dispositioni e pessima operatione del predicto pontefice e che non voleva remandare indreto el predicto legato e che pensaria qualche bon modo e mezo per rimandarlo. Sopra questa expeditione parlai con M. Langh discorrendo molti partiti; qual dopo parlò longamente con la predicta Maestà con laquale prese questa conclusione.

Che la predicta Maestà vole scrivere al predicto legato como, per risposta de le rechieste li ha facto et altre occorrentie, voleva mandare uno oratore al predicto pontefice, qual saria el Reverendo proposito de Brixino, informato e ben instructo in tutto del animo e volere de Sua Maestà, e per obviare chel predicto legato non trovasse qualche excusa, ordinaria che dicto proposito benissimo instructo se partiria et andaria insieme con lettere credentiale directive al predicto pontefice, e gionti a Verona dira con qualche excusatione al predicto legato havere havuto altra commissione dalla predicta Maestà de andare in altra parte e cosi lo lassara; e con la sua instructione et lettere necessarie, se ne andara alla sua legatione de Monferrato et Savoia dove Sua Maestà l'ha destinato, et lo predicto legato se ne andara dove li parira, senza altra resolutione ne exclusione; e a questo modo el predicto pontefice potra conoscere che la Sua Maestà tene poco conto de lui. Io non mancaro de sollicitudine per fare che questa praticha se conduca a posto, cossi per fare partire el predicto legato come per fare andare el predicto preposito alla dicta legatione.

De li oratori del Re de Franza, el ce nove qua che sono gionti ad Argentina e se dovevano trovare a Philiborgo, venendo verso la Cesarea Maestà. Non mancaro de sollicitudine per intendere tutti li loro andamenti e pratiche e de quello accadera, subito la E. V. ne havera de me aviso. Ang. SOMENZIO.

(Pfontz, 5 août 1499) (1)

Illustrissimo ed excellentissimo signor mio unico,

Perle lettere del magnifico Monsignore Vesconte, la E. V. intendera de la resolutione fatta per la Cesarea Maestà in adiuto e deffesa sua contra el re de Franza e Vencziani, cossi de gente come de altre

(1) Milan. *Ibid.* Dépêche originale.

visione, e' maxime de la conclusione ultimamente fatta per li sori prencipi e consilieri del imperio se ritroviano apresso Sua està, che furno il signor marchese de Brandinborgo, il marchese de la, l'oratore del archiepiscopo maguntino, lo episcopo de Worms, piscopo de Constantia, et altri consilieri de la predicta Maestà. quale conclusione fù che havendoli proposto la predicta Maestà le sente occorrentie circa la specialità de V. E., recercandoli a dirli el ere suo, essi constreteno chiaramente e [.....] tra loro, con go discorso, la evidente ingiuria e lo eminente et grandissimo icolo incurreva el sacro imperio e tutta Germania, lassando sperare e seguire l'impresa al re de Franza contra V. E., ch'era ncipe e membro del predicto imperio e che quando el predicto Re uistasse quello stato, se poteva tenere per certo che la predicta area Maestà non conseguiria mai la corona del Imperio, neanche mania mai più teniria la sedia imperiale, ma per forza ritornaria Franza, con molti altri boni discorsi; concludendo che *omnino* la dicta Maestà e sacro imperio dovessino aiutare V. E. e fare ogni ortuna provisione per fare retirare indreto el predicto Re, lassando presto da canto questa guerra de Suyceri, et attendere alla difesa quella, che assai più importava. E per procedere giuridicamente me se conviene al predicto sacro imperio, fu consultato chel se ndasse una honorevole ambassata al predicto Re, quale a nome sso imperio li demostrasse l'errore commisso in rumpere guerra a E. in quello stato, principe e membro desso imperio, senza farne una querela; che pareva volesse usurpare le rasone del predicto perio, de sua propria auctorità, et come superiore desso, facendoli tantia a retirarsi e levare tutte le offese ha posto contra V. E.; e sel pretende havere alcuna rasone in dicto stato, produca giuridicamente le sue rasone davanti la predicta Cesarea Maestà e sacro perio, perche non li saria manchato de justicia, e quando non lo facia si pertinasse in proseguire la guerra, se gli facia le proteste a me del predicto imperio de pigliare l'impresa galiardamente per difesa di V. E. come se convene.

E per venire al effecto de questa conclusione, fù ordinato chel se nificasse el tutto a li signori ellectori, adcio dessino el loro nsenso e facessino le lettere opportune, deputando lo episcopo de ormes per andare a dicta legatione in Franza.

Dopo fatta dicta conclusione, el predicto messer Vesconte et io rlassemo alla predicta Maestà per far fare la medesma provisione ntra Venetiani, adcio andassino retenuti de non rumpere. Laquale contenta e disse che la faria ellectione d'una persona apta e ficiente a dicta legatione.

El predicto Messer Vesconte partite heri matina per andare a Sia-

ısa per exeguire quanto gli è commisso circa el tracto de la pace cou
uyceri, con ordine che de li expediria uno cavallaro a V. E., con si-
gnificarli diffusamente quanto è agitato, ma per non mancare ancora
› del debito mio, ho voluto brevemente farli questo poco discorso.

Heri in camino io significai alla predicta Maestà quanto l'E. V. me
crive per la cavalchata de 24 del passato, instandola a fare oppor-
una provisione adcioche venendo el Re de Franza in persona alla
npresa come se scrive, che la gli posse obstare e deffendere V. E
vanti che le cosse vadino più avanti; laquale respose che la non era
er mancare d'ogni suo potere, ordinò con M. Langh che de presente
oglia expedire una lettera al predicto Re de Franza, quale vole si
nandi subito per uno araldo, fin a tanto chel predicto episcopo de
Vormes sara in ordine; che spera sara fra quindeci giorni, laquale
ettera el predicto messer Galeazo ed io havemo visto avanti la sua
artita.

Similmente ha commisso facia lettera simile a Venetiani con sua
nstructione a M. Georgio Ellacher, quale vole che subito vadi con
licte lettere e instructione a Venetia, con protestarli de la guerra a
nome del sacro imperio, tuttavolta che rumpino guerra a V. E.: e
cossi il predicto messer Langh fa dicta expeditiva e non se manchara
le mandarla ad effecto fra dui zorni. De laquale mandaro copia del
utto, adcio possa intendere più chiaramente quanto sara agitato.

La predicta Maestà heri, havanti partesse da Celle, me fece gran-
lissima instantia a voler rechatare cento fiorini de Reno per dare al
uo capitaneo nominato Georgio Fogel, al quale essa haveva dato
ltri trecento fiorini per levare tre cento fanti, quali debeno venire
in a Tirano, e cossi io li tolse imprestito dal conte Filippo de
Nanso Li predicto capitano e fanti debeno venire fin a Tirano, dove
gionti debeno fare la mostra a quello sara deputato per V. E.:
quale fatta li debia dare una paga, mandandoli dove gli parira. El suo
ervitio incomenzara a quello zorno faranno la mostra, e secundo
l computo e discorso fatto, debeno essere in Tirano in 16 overo 17
giorni.

Li dicti cento fiorini dati a predicto capitano, io li ho tolto impre-
ito dal conte de Nanso con promessa per uno scritto mio de ren-
lerli fra quindeci giorni, e io prego V. E. me li voglia subito man-
lare per questo presente cavallaro de la predicta Maestà, adcio
possa restituire al predicto conte e servare la fede per valersi in al-
bisogni; altramente io saria in grandissima vergogna, ne saperia che
are; avisandola chel predicto conte, per mezzo del predicto mess.
Galeaz, è facto uno de li più galiardi e boni amici de V. E. che sia
questa corte con gran sollicitudine e dilligentia, come intendera d..
predicto messer Galeazo; e pero sara ben fatto ascrivergli una bon

lettera, ed anche farli qualche provisione, perche po fare de boni officii, secondo che per avanti ne faceva de mali. Giuncta che sara la predicta Maestà qua apresso, dove fa congregatione de gente, mha detto fara expedire mille fanti, e le faria dare el modo che verriano fin li a Milano, e le faria passare per la via de Savoia, secundo ha dicto.

Per una altra mia, io ho significato a l'E. V. chel saria ben fatto che la mandasse qua uno con mille o doi milia fiorini per dare a qualche capitano, che potria andare alla giornata ad expedirsi, per darli uno fiorino per ciascuno fanto per venire fin li; de novo [.......] farli ricordo accio la manda, perche cossi è ancora el parere de M. Langh.

De la risolutione fatta per la Cesarea Maestà de fare contra Venetiani, verso le loro confine cossi de qua verso Trento come verso Croatia, l'E. V. intendera tutto dal predicto messer Vesconte; ..... io non mancharo de sollicitudine adcio se facia l'effecto.

De li fanti Boemi e de la partita proposta dal duca de Brunswich, l'E. V. voglia fare la resolutione, e avisarme de quello ho a fare perche io tengho le cose cossi in sospeso finche intenda il volere suo.

Similmente mandando la predicta Maestà gente de la, come le dice voler fare, si l'E. V. vole avere cavalli o quello se ha a fare con li capitanei pregola ad avisarmi.

De li duemilia fiorini, per resto de li 16,500 se dovevano mandare in Inspruch, la predicta Maestà ha havuto molesto che non siano mandati perche li haveva assignati ad alcuni fanti, di quali dice volerne mandare 500 a V. E., imponendomi Sua Maestà voglia con ogni instantia pregarla ad mandarli subito, adcio possa valerse come li ha dessignati.

Cerca la pratica de la liga de la Suevia fin qua non è fatta altra resolutione ma se fara in breve per quanto dice la predicta Maestà: quale fatto io significaro il tutto.

Io non mancaro de sollicitudine per fare expedire le lettere al Re di Franza et ad Venetiani, e fare l'altra provisione necessaria e del tutto ne avisaro l'E. V., per uno de li cavallari .. .. e li mandaro le copie desse lettere e instructione insieme con la copia de li capituli ha ordinato la predicta Maestà per la liga de Suevia, quale hora non li posso mandare per la celere partita de questo presente cavallaro. Similmente li rispondero a tutte le parte m'ha scritto per dicte cavalchate. De novo qua altro non accade.

Domane la predicta Maestà se debe trovare insieme con la Maestà de la serenissima regina ad una terra chè lontana de qua tre leghe verso Friburgo e li debe andare con pocha gente. Io andaro con S. M. e non mancaro de fare che la serenissima regina facia li boni

BIBLIOGRAPHIE

REVUE DES REVUES

Annales du Midi, XVI, nº 63. — *A. Jeanroy* : Le soulèvement 1242 dans la poésie des troubadours, p 311 ; — *Dr Dejeanne* : A ›pos d'une chanson de Peire d'Alvernhe, p. 341 ; — *A. Jeanroy et Bertoni* : A propos d'un chansonnier provençal, p. 347.

Revista de Archivos, bibliotecas y museos, terc. ép., II, 5 et 6. — *S. Sanpere y Miquel* : Los orígenes del condado de llás y su historiador Fray Francisco Llobet y Más, p. 373. — *Mele y A. Bonilla y San Martin* : Dos cancioneros españoles, 408 ; — *F. N. S.* : Una coleccion de refranes del siglo XV, 434.

Revue de philologie française et de littérature, XVIII, — *J. Désormaux* : Chanson en patois savoyard sur les tournées ‹ représentants du peuple (1793), p. 81 ; — *E. Casse et E. Chami-de* : Vieilles chansons patoises du Périgord (suite), p. 89 ; — *Clédat* : La protonique et la pénultième atones, p. 103 ; — *L.-G.P.* : ›ioche », p. 118 ; — *L. C.* : « Je ne sache pas que » et « ne ris-er rien de », p. 119.

Giornale storico della letteratura italiana, XLIV, 1-2. — *di Francia* : Alcune novelle del « Decameron » illustrate nelle ›ti, p. 1 ; — *G. Lazzeri* : Sull' autenticità dello « Zibaldone » attri-ito ad Ant. Pucci, p. 104 ; — *P. Toldo* : Note Poggiane, p. 117 ; — *Lupo Gentile* : Sulla paternità della vita di Niccolò Capponi, p. 6.

Romania, XXXIII, nº 131. — *G. Paris* : Le mode et les étapes ‹ l'altération du *C* en gallo-roman, p. 321 ; — *J.-L. Weston* : Wauchier de Denain, as a continuator of « Perceval » and the prologue of the Mons ms., p. 333; — *A. Delboulle*: Mots obscurs et rares de l'ancienne langue française, p. 344; — *G. de Gregorio*: Notizia di un trattato di mascalcia in dialetto siciliano del s colo XIV, p. 368; — *A. Thomas*: Alain Chartier chanoine de Paris, d'après des documents inédits, p. 387; — *G. Huet*: La parabole des faux amis, p. 403; — *E. Langlois*: Anc. fr. « vizele », p. 405; — *A. Delboulle*: Anc. fr. « coupee », p. 408; — *G. Millardet*: Béarnais « talaraque », p. 408; — *A. Thomas*: Anc. fr. « entrecor », p. 413; — *A. Mussafia*: Per il « Tristano » di Thomas, éd. Bédier, p. 415.

Romanische forschungen, XV, 2. — *R. Kaltenbacher*: Der altfranzösische roman Paris et Vienne, p. 321.

Studi medievali, I, 1. — *C. de Lollis*: Dolce stil novo e « noel dig de nova maestria », p. 5; — *L. Torretta*: Il « Wälscher Gast » di Tommasino di Cerclaria e la poesia didattica del secolo XIII, p. 24; — *U. Cosmo*: Una nuova fonte dantesca? p. 77; — *B. Sanvisenti*: Su le fonti e la patria del « Curial y Guelfa », p. 94.

Mémoires de l'académie de Nîmes, VIIe s., t. XXVI. — *E. de Balincourt*: Deux livres de raison du XVe siècle, p. 1; — *E. Bondurand*: Les suites d'un miracle à St-Gilles (1515-1516), p. 79.

Zeitschrift für romanische philologie, XXVIII, 4 et 5. — *C. Michaëlis de Vasconcellos*: Randglossen zum altportugiesischen liederbuch XIV, p. 385; — *H. Schuchardt*: Lat. (*h*)*epar* im romanischen, p. 435; — *A. Neumann*: Zur charakteristik des dialekts der Marche (*schluss*), p. 450; — *W. Förster*: Randglossen zur Cantefable, p. 492; — *A. Horning*: Fraise, framboise, p. 513; — *F. d'Ovidio*: « Impennarsi » ed altre voci affini, p. 535; — *R. Ortiz*: Il « Reggimento » del Barberino ne' suoi rapporti colla letteratura didattico-morale degli « ensenhamens », p. 550; — *H. Andresen*: Zu Jourdain de Blaivies, p. 571; — *H. Vaganay*: Le vocabulaire français du XVIe siècle, p. 579; — *W. Meyer-Lübke*: Port. « colaga », sard. « annangere », p. 602; — *G. Bertoni*: « Schinippo », p. 603; — *A. Horning*: « Morgue », p. 605; — *J. Ulrich*: rätor. « supchia sochia », p. 611.

Bulletin du parler français au Canada, III, 1. — *A. Rivard*: Le genre des noms communs dans notre parler populaire, p. [illegible] — *A. L.*: Questions de grammaire, p. 15; — Lexique canadien-français (*suite*), p. 19.

La Tradition, août-sept. 1904. — *A. Perbosc*: Le langage des bêtes, mimologismes populaires d'occitanie (*suite*), p. 230.

COMPTES-RENDUS CRITIQUES

George Doncieux. — Le Romancéro populaire de la France. *Choix de chansons populaires françaises*, Textes critiques, avec un avant-propos et un index musical par JULIEN TIERSOT. *Paris, Bouillon*, 1904, in-8° [XLIV et 522 p.], 15 fr.

Cet ouvrage, dont on avait apprécié divers fragments publiés dans la *Romania*, la *Revue des traditions populaires*, *Mélusine*, etc., aura une grande importance pour l'étude de la poésie populaire et plus spécialement, de la chanson.

L'auteur avait réuni tous les articles épars dans ces revues, en y joignant de nouvelles études sur d'autres chansons, pour en former un ouvrage complet. L'impression en était commencée, lorsque la mort vint prématurément interrompre cette œuvre si intéressante.

Par les soins d'un frère affectionné, auquel vinrent se joindre de fidèles amis, ce remarquable travail, l'un des plus importants que l'on ait entrepris pour porter la lumière dans la question, jusque là si obscure, de l'origine des chants populaires, n'aura pas été perdu.

Joignant à une grande érudition un sens critique des plus éclairés, l'auteur avait fait choix de 50 chansons françaises parmi les plus populaires recueillies en France ou à l'Etranger (on n'en a retrouvé, dans ses manuscrits, que 45 complètement rédigées), dont il a comparé entre elles toutes les versions connues; et relevé jusqu'aux plus minimes variantes. Par une étude approfondie, un jugement sain, une méthode sûre, après en avoir soigneusement expurgé les scories, altérations ou déformations qu'elles ont subies dans leurs pérégrinations, il a pu se rapprocher, aussi près que possible du texte original et le restituer dans sa forme primitive. Ce résultat, pour le plus grand nombre, nous semble avoir été atteint.

Il manquait à cet excellent ouvrage l'étude indispensable de l'union de la musique à la poésie. M. Julien Tiersot, avec la haute compétence qu'on lui connaît, s'est chargé de combler cette lacune. Il a pu, en sélectionnant les mélodies recueillies, établir le type mélodique de la plupart des 45 chansons, mais malgré son talent et sa parfaite connaissance du sujet, l'absence ou la défectuosité des documents mis à sa disposition, ne lui a pas permis d'obtenir pour toutes le même résultat.

L. L.

C. **Merlo**. — I nomi romanzi delle stagioni e dei mesi studiati particolarmente nei dialetti ladini, italiani, franco-provenzali e provenzali, *Torino, Lœscher*, 1904 [284 p.].

Au point où en est arrivée la linguistique romane, il est difficile aux jeunes de trouver autre chose que quelques glanures à recueillir à la suite de leurs anciens. Dans ces conditions il leur est malaisé de faire voir leurs connaissances et leurs aptitudes par un ouvrage étendu. C'est là une des raisons qui suscitent des livres dans le genre de celui-ci. On prend un certain nombre de mots ou d'idées réunies par un lien sémantique ou même purement artificiel, et l'on examine leur forme et leur istoire dans le plus grand nombre possible de langues et de patois. Il est rare qu'aucune des questions auxquelles on touche soit absolument neuve, mais on a quelque chance d'en renouveler certaines par le fait seul qu'on les groupe d'une façon particulière ou qu'on les envisage d'un point de vue spécial. Par exemple au lieu de partir de telle forme donnée et de voir ce qu'elle est devenue dans les divers idiomes, on part plus volontiers de telle idée pour rechercher par quels vocables ou quelles locutions elle a été rendue dans les différents parlers. On voit mieux ainsi quel est le domaine réel de chaque expression, où et pourquoi certaine qui était ancienne a été éliminée et remplacée par de nouvelles, et quelles sont les raisons istoriques, fonétiques ou sémantiques qui ont déterminé ces divers changements.

M. Merlo a étudié de cette manière les noms des saisons et des mois, avec leurs composés, dérivés, etc. dans le domaine roman, particulièrement, dit la couverture, dans les dialectes ladins, italiens, franco-provençaux et provençaux. Le livre nous donne plus que le titre ne promet : en somme aucune partie du domaine n'est totalement negligée ; mais nous voudrions davantage. Le romaniste qui ne veut pas se borner à être un filologue, c'est-a-dire à éditer plus ou moins mal des textes plus ou moins insignifiants appartenant à une région restreinte, doit absolument connaître et utiliser tout l'ensemble du domaine roman. Surtout lorsqu'il s'agit, comme ici, de questions qui ont déjà toutes été quelque peu traitées ou effleurées çà et là, il faudrait que celui qui les reprend d'ensemble les résolût définitivement, et n'y laissât plus ni obscurité ni lacune de quelque importance. Les domaines français proprement dit, espagnol et portugais auraient dû être fouillés davantage ; les livres utilisés auraient dû être dépouillés avec plus de soin. Souvent, il est vrai, le mot négligé de tel patois n'aurait rien ajouté au point de vue de la forme ; mais il aurait permis de déterminer l'aire de tel vocable o le telle locution. La délimitation des aires, dans la mesure où elle st possible, faisait à notre sens partie du sujet adopté par l'auteur. On se demande aussi pourquoi dans une étude sur les noms des aisons et des mois ne figure pas le mot « saison » qui est fort intéressant, ni le mot « mois », — et même le mot « année » puisque année est l'ensemble des saisons et des mois.

Enfin on aurait voulu voir les questions de fonétique plus approfondies; par exemple quel rapport exact i a-t-il entre *ianuariu* et *enuariu* (p. 99 sqq.)? est-ce que les représentants de la première forme sont partout savants ou mi-savants? Quantité de problèmes de ce genre sont soulevés par la seule énumération des formes; mais il est rare que M. Merlo cherche à les résoudre. D'autre part il cite en très grand nombre des cas d'aférèse, de protèse, d'épitèse, d'epentèse, de métatèse; mais il est exceptionnel qu'il essaie de déterminer la cause ou l'origine de ces fénomènes; ce n'est pourtant qu'à cette condition qu'ils peuvent être intéressants.

Si l'on ajoute qu'il i a çà et là dans l'ouvrage quelques erreurs de fonétique, on aura adressé à l'auteur à peu près toutes les critiques qu'appelle son travail. Il faudra d'ailleurs s'empresser de dire que de pareilles erreurs, en général fort menues, sont à peu près inévitables dans une étude où apparaissent tant de patois divers, dont les trois quarts ne sont connus que par des publications tellement mauvaises qu'il est presque impossible de les utiliser; et, malgré les restrictions que nous avons faites et les désidérata que nous avons exprimés, on devra conclure que cette étude, qui dénote un bon ouvrier et bien outillé, fait onneur à M. Merlo et en même temps à son maitre, M. C. Salvioni.

Maurice GRAMMONT.

M. Niedermann. — Spécimen d'un précis de phonétique historique du latin, à l'usage des gymnases, lycées et athénées, avec un avant-propos par A Meillet, *La Chaux-de-Fonds*, 1904, in-4° de VIII-40 p.

Les romanistes, à qui la connaissance de l'évolution istorique du latin est si nécessaire, ne savent généralement pas où s'adresser pour l'acquérir. Les grammaires ordinaires, celles des filologues, ne leur fournissent que des amas de faits sans lien ou réunis par des idées aujourdui reconnues fausses et contraires du reste à tout ce qu'ils savent par ailleurs; celles des linguistes, peu nombreuses et peu répandues, font appel à des connaissances très multiples et très diverses, qui rendent l'exposition fort compliquée et souvent difficile à suivre pour tous autres que les spécialistes, et que ces derniers seuls peuvent vérifier. Ici ils trouveront un livre tout différent.

Renonçant délibérément à l'enseignement grammatical a qui est en usage encore presque partout, mais n'est pas moi tidieux que stérile, M. Max Niedermann s'est proposé de no ner une fonétique istorique du latin qui fût rigoureusem niveau de la science moderne, mais n'exigât du lecteur la c sance d'aucune langue autre que le latin. Ce traité devait s'a en effet uniquement à des latinistes qui ne sont que latiniste maîtres qui ne savent que le latin, à des élèves qui n'apprenn le latin. L'entreprise était difficile et ardie : exposer l'istoire en ne s'appuyant que sur les données de la linguistique, puisq le reste est désormais périmé, et d'autre part utiliser tous les r de la grammaire comparée, c'est-à-dire en somme faire un maire comparée du latin, sans recourir jamais à l'interventio langue étrangère, sans rapprocher jamais d'un mot latin la f celui qui lui correspond dans une autre langue, voilà un probl peut paraître chimérique et insoluble. Atons-nous de dire que l'a admirablement résolu : bien qu'il se borne à comparer ent des formes latines de date ou de constitution différente, il ne nulle part la moindre obscurité ; aucun développement oiseu tout une exposition nette, précise, exacte et suffisamment co

La brochure que nous avons sous les ieux n'est qu'un spé elle ne comprend que l'istoire du vocalisme ; celle du consona ou plutôt l'ouvrage complet doit être publié prochainement. N doutons pas que la partie qui n'a pas encore vu le jour ne soi de celle qui vient de paraître, et nous souaitons que ce livre des imitateurs ; qu'on en fasse de pareils pour toutes les l généralement étudiées, où chaque langue soit examinée iso mais scientifiquement. Enfin nous faisons des vœux pour manuel pénètre rapidement dans les licées et établissements laires pour lesquels il a été spécialement écrit, et qu'il i o tout le succès qu'il mérite ; mais une inquiétude vient traverse satisfaction : s'il a fallu trois siècles et davantage pour obt bon livre, combien faudra-t-il d'années pour qu'on l'introduis l'enseignement ?

Maurice Grammont.

OUVRAGES ANNONCÉS SOMMAIREMENT

J. Vendryès. — Traité d'accentuation grecque, *Paris, Klincksiec* [XVIII-276 p.], 3 fr. 50.

Nous n'avions jusqu'à présent sur l'accentuation grecque q manuels faits par des filologues, c'est-à-dire ne contenant pas s des séries de faits placés arbitrairement à la suite les uns s, sans lien, sans ordre, sans explication, si bien que leur pouvait que rester stérile, et n'était en somme qu'un casse-lus, une chinoiserie vaine à l'usage de ceux qui ont le privi-iire des têmes grecs. A côté de cela et en fait d'ouvrages ses on ne possédait guère que des articles sur telle ou telle particulière, épars, isolés, parus presque tous à l'étranger, te à peu près inaccessibles à tous ceux qui ne sont pas spé-

:une vient d'être comblée de la façon la plus eureuse par on d'un traité court, commode, scientifique et complet. Le M. Vendryès repose sur une érudition minutieuse et profon-si les références et les citations permettent partout au lec-e rendre compte, nulle part elles ne l'embarrassent. C'est est magistralement coordonné et que tout ce qui est expli-expliqué. Il n'i a rien de neuf à proprement parler, mais igoureusement au courant ; même les derniers travaux pu-tel ou tel point spécial (et dont quelques-uns sont dus à nême du présent traité) ont été mis à profit. Pas de dévelop-iseux, mais partout la netteté, la précision, la clarté qui in livre scientifique à la portée de tout le monde.

e petit manuel sera-t-il désormais indispensable à tous ceux apent de grec ou même d'une langue indo-européenne quel-Sans doute il ne pourra guère intéresser les romanistes, re les principaux lecteurs de notre *Revue* ; pourtant ceux ux qui sont romanistes au sens large du mot et pour qui le ie consiste avant tout à approfondir l'istoire et l'évolution ipe de langues ne sauraient être indifférents à un livre de lité où est exposée et expliquée l'accentuation grecque dont joué et joue encore un rôle si important dans la linguisti-européenne.

M. G.

ni — A proposito di due voci piemontesi (Estratto dai *Rendic. Ist. Lomb. di sc. e lett.*, ser. II, vol. XXXVII, p. 522-534), , 1904.

lvioni étudie les deux formes piémontaises *dêna* et *firéisa*, casion de la modification de *ai* en *éi* qu'il suppose dans nière, il nous donne de nombreux exemples du changement diftongues *aí*, *aé*, *eé*, *aü*, *aö*, etc. Les autres produits de pes sont pour la plupart indiqués aussi, en sorte que leur ressort assez clairement de cette simple réunion d'exemples.

M. G.

Johns Hopkins University Circulars. — Vol. XXII, n° 1663 *Baltimore* 1903. — Prix 10 cents.

Cette brochure contient un résumé des communications faites à Baltimore, en avril 1903, au Congrès de la «American Oriental society». On y trouvera, en particulier, sous la signature de MM. Paul Haupt, Frank R. Blake, W. C. Seiple et C. Oussani des observations intéressantes sur des questions diverses d'archéologie et de linguistique hébraïques égyptiennes et syriaques. A la fin de l'ouvrage est imprimé le programme pour l'année 1904 du « Séminaire oriental », dirigé par le savant professeur Paul Haupt. E. M.

Moss. Antoni Mª Alcover. — Questions de llengua y literatura catalana. — *Palma de Mallorca*, 1903.

Ce livre a été écrit à propos de l'article de M. R. Menéndez Pidal, publié par *El Imparcial* du 15 décembre 1902, sous le titre : *Cataluña Bilingüe*. M. Alcover y proteste, avec de nombreux et solides arguments, contre la prétendue influence du castillan sur le catalan des XIIIe et XIVe siècles.

La question est intéressante, et je me propose de l'étudier dans le détail. Mais, dès aujourd'hui, je signale ce volume comme le résumé le meilleur et le plus sérieusement informé des revendications littéraires catalanes.

E. M.

Edmond Lefèvre. — L'année félibréenne. Première année, 1903. Premier supplément du Catalogue félibréen et de sa Bibliographie mistralienne. Une brochure in-8°, Marseille, Ruat, 1904.

Si M. Lefèvre ne se décourage pas, la collection des années félibréennes sera un très utile instrument de travail et lui permettra de donner dans quelque temps cette bibliographie générale du félibrige, critique et élaguée, dont ses précédents travaux sont plutôt la promesse et l'esquisse que la réalisation Ce premier supplément constitue une réelle amélioration sur le *Catalogue* dont j'ai jadis rendu compte ici-même. Il comprend un annuaire de l'histoire du mouvement félibréen, la bibliographie des nouveaux majoraux et félibres et la bibliographie des années 1901 à 1903 divisée en œuvres en langue d'oc et œuvres en français et étrangères. Viennent ensuite un petit supplément et une liste de rectifications à la Bibliographie mistralienne.

ne semble que les additions à la liste des Dictionnaires et Glos-, etc. (pp. 46-47) ne devraient pas figurer sous le § VII de la graphie mistralienne et auraient dû avec le § VIII constituer apitre spécial. Prière aussi à M. Lefèvre d'indiquer si les arti-qu'il cite sont des articles originaux ou des comptes-rendus plus moins critiques ou sommaires (v. par ex. p. 36, sous le nom oy) et de donner des indications aussi claires que possible (que lire p. 33 l'article au nom de Davenay ?).— L'œuvre de patience prise par M. Lefèvre n'en reste pas moins fort méritoire et digne ands encouragements.

L.-G. P.

Nicollet. — Les derniers membres de la famille d'Orange-Mont-lier et leurs possessions dans le Gapençais, *Gap, Louis Jean et rot*, 1903 (58 p.).

x pièces justificatives figure le testament de Raimbaud IV nge (Montpellier, 1218), avec quelques variantes fournies par s. de la Méjanes, p. ex. gén. *Aransice* (ou *Arausice* ?) contre sice dans l'original conservé aux archives des Bouches-du-ne.

R.

Andriu del Sourelh. — Quand l'amour vol...., *Toulouso*, à la *Terro d'Oc*, 1904, (78 p.).

acte en alexandrins blancs et en parler d'Agen (avec traduction aise) sur un thème d'amour chevaleresque au moyen âge.

R.

L. Benazet. — Lou Brabe juge ou lou Coucudage de Gradal, *Bilofranco del Rouergue, véuso Salingardes*, 1904 (16 p.).

ocès carnavalesque en prose, parler rouergat de Villefranche.

R.

anroy. — Les origines de la poésie lyrique en France au Moyen-e. Etudes de littérature française et comparée suivies de textes dits. *Deuxième édition avec additions et un appendice bibliogra-ique. Paris, Champion*, 1904, in-8° [536 p.].

tre intention n'est pas de faire un compte-rendu critique du que nous annonçons. Les romanistes les plus éminents ont dit il uinze ans le bien qu'ils pensaient de ce beau livre, si riche en faits, si fécond en hypothèses ingénieuses, modèle de méthode et d'érudition. Le compte-rendu de Gaston Paris en particulier dépasse de beaucoup les bornes et la valeur d'un compte-rendu ordinaire et M. Jeanroy a raison de se féliciter d'avoir provoqué ce complément de son travail. D'ailleurs cette deuxième édition n'est qu'une réimpression à laquelle a été ajoutée une série de notes bibliographiques. M. Jeanroy explique dans son *avertissement* pourquoi il s'est résolu à une réimpression : on ne peut retoucher facilement un livre comme le sien, où tous les chapitres sont unis par un lien étroit et rigoureux. On pourrait sans doute développer quelques-uns d'entr'eux, comme le chapitre sur *la poésie française en Portugal*, mais cela n'aurait rien changé ni au fond de l'ouvrage, ni à ses conclusions. M. Jeanroy nous promet d'ailleurs de refaire ses *Origines* et de les faire entrer dans cette « histoire générale de notre poésie lyrique au moyen-âge, au Midi aussi bien qu'au Nord », qu'il s'est proposé d'écrire depuis longtemps. Lui seul peut l'entreprendre : il a esquissé dans ses grandes lignes l'histoire d'une de ses parties et non des moins difficiles; les conclusions resteront à peu près les mêmes, même s'il faut préciser quelques hypothèses et atténuer quelques affirmations (p. XXX) : notre vœu le plus sincère est que ce projet devienne le plus tôt possible une réalité.

Voici quelques critiques de détail :

P. 30, n. Je supprimerais le point d'interrogation après P. de Marseille ; je crois que la pastourelle est de lui ; c'est du moins ce que j'essayerai de démontrer dans mon étude sur Guiraut Riquier.

P. 32, n. Lire : *Gr.* 242, *44*.

P. 128, n. 1. M. Pillet a démontré (*Studien z. Past.* p. 107) que cette affirmation etait peu exacte.

Les additions et l'appendice bibliographique contiennent des rapprochements intéressants. P. 516, l. 3 *ähnlichen* est à peine reconnaissable sous la forme *ænhlichen*.

P. 519 : il faut signaler un autre essai de l'interprétation de l'aube bilingue : E. Gorra, *L'alba bilingue* . .. dans les mélanges linguistiques en l'honneur d'Ascoli, p. 489-521. M. Gorra veut voir dans le refrain un texte populaire clair et facile, ce qui n'est guère vraisemblable.

P. 524 : dans la bibliographie du ch. V de Lollis, *Cantigas de amor*..... devrait être mis chronologiquement avant C. Michaelis de Vasconcellos et Lang.

P. 527 : On trouve une autre mention de *dansas* dans Riquier ; ce sont des *dansas doblas* éd. Pfaff, p. 190, v. 358.

J. Anglade.

·buch der Kœlner Blumenspiele, 1903. — *Cologne*, 1904, der J. G. Schmitz'schen Buch-und Kunsthandlung.

ıme compte-rendu des *Jeux Floraux de Cologne* débute on de cette fête poétique, qui s'est déroulée conformé- ·récédents déjà établis. La reine de la fête était la rtrude d'Althaus dont le gracieux portrait orne la pre- lu livre. Le jury avait à juger environ 2000 envois : ces rents avaient à se partager une quinzaine de prix. A e discours du président, le Dr Jean Fastenrath, fonda- ıx Floraux, une affirmation intéressante (p. 8) : les ıcours sont à la recherche non pas de *l'aurea mediocri-* Mässigkeit), mais de l'originalité.

s 1-147 contiennent les pièces couronnées au concours; 47-166 les pièces dédiées aux Jeux Floraux. Les deux res pages du volume renferment télégrammes, adres- de journaux et revues ayant trait aux Jeux Floraux. st comme toujours imprimé avec luxe. Parmi les poètes e trouve le chevalier d'Ompteda, bien connu comme Notre compatriote J. Ronjat a traduit en collaboration Bertuch une poésie assez simplette d'Albert Vergne[1].

J. Anglade.

ıguet, de l'Académie Française — *En lisant Nietzsche.* té française d'imprimerie et de librairie, 1904, in-16, 3 fr. 50

je ne sais quel croyant a dit : « Il faut qu'il y ait des héré- ais assez volontiers : il faut qu'il y ait des sophistes. Cela

ıction a été faite pour les Jeux Floraux (für die Kölner e ins Deutsche übersetzt). M. J. Ronjat a adressé dernière- :tification à la *Revue* à propos de sa traduction de l'*Amira-* toujours bon de réclamer — même quand on a raison, it le cas ici — et je remercie M. J. Ronjat de l'avoir fait courtois. Mais j'adresserai un léger reproche à la rédac- *buch* : Ne pourrait-on pas distinguer dans le corps du pièces présentées au concours et couronnées des pièces dédiées aux Jeux Floraux ou écrites à leur occasion ? ; *Den Kolner Blumenspielen..... gewidmete Dichtungen* à la table des matières gagnerait à etre aussi mise en ıartie du volume qui contient ces poésies; je sais bien ıention, est faite, avec une formule d'ailleurs variable, à :hacune de ces poésies ; mais il me semble qu'elles gagne- ner une partie distincte, une sorte de chapitre à part.

réveille, cela fait sortir de la langueur, cela fouette comme une aigre bise, cela met du mouvement et « du vent âpre et joyeux » dans la vie intellectuelle. Cela donne du ton. Il faut qu'il y ait des sophistes; ils finissent, par réaction, par restaurer les lieux communs et par leur communiquer un nouveau lustre et une nouvelle fraîcheur. Je suis plus moraliste depuis que j'ai lu l'immoraliste Nietzsche... »

« Le fond de Nietzsche, c'est que l'homme a le devoir de se faire des idées personnelles, parce que seules les idées personnelles ont la consistance qu'il faut pour nous soutenir, et parce qu'on ne s'appuie fortement et solidement que sur soi-même. En cela il a raison et sa leçon est bonne et bon même son exemple. C'est pour cela que — outre le plaisir exquis souvent, pervers quelquefois, qu'on prend à le lire, on tire encore un [illegible] d'avoir lié commerce pour quelque temps avec ce « [illegible] de la connaissance » et cet aventurier de l'[illegible]. »

Ces [illegible] sur lesquelles se termine *En lisant Nietzsche* font bien [illegible] de cet ouvrage. Il nous fait assister à l'éclosion [illegible] des théories d'un [illegible] penseur; il nous montre [illegible] les réserves, les objections que ces théories suscitent [illegible] libre et pénétrant d'un intelligent critique; il nous [illegible] contrôler nos propres idées en les comparant à celles de [illegible] et de M. Faguet.

[illegible] fâcheux que M. Faguet ne renvoie jamais aux textes d'où [illegible] ses citations.

Eugène RIGAL.

CHRONIQUE

Notre confrère M. Grammont vient de réunir en un volume se[s] Études sur le Vers français, sous le titre *Le Vers Français, se[s] moyens d'expression, son armonie* (Paris, Picard, 1904, in-8° de 45[illegible] pages, 7 fr. 50). Cet ouvrage se termine par 30 pages de tables e[t] index, qui en facilitent le maniement

---

La Société des Langues romanes rappelle que le dernier dél[ai] pour l'envoi des ouvrages devant prendre part au concours pour [l]e prix Boucherie, a été fixé au 1er décembre 1904.

Le Gérant responsable : P. HAMELIN.

LE PARLER
DE BAGNÈRES-DE-LUCHON
ET DE SA VALLÉE

(*Suite*)

D) Actions a distance et Métathèses

Il y a des modifications consonnantiques qui ne rentrent pas dans les classes que nous avons étudiées jusqu'ici, c'est-à-dire dont la cause se trouve essentiellement, non dans la situation générale des consonnes à l'égard des voyelles, ni dans les groupes spéciaux formés par les consonnes, ni enfin dans l'influence de certaines voyelles spéciales, mais dans des *actions à distance*, telles que notamment celles qui amènent les Assimilations et les Dissimilations; — comme aussi les Métathèses: mais nous consacrons à ces dernières, à cause de leur importance en luchonnais, une subdivision spéciale.

1) *Actions à distance* (autres que les Métathèses).

Nous groupons sous ce titre les *Dissimilations* (qui parfois ont même amené des chutes de consonnes), les *Assimilations* et les *Superpositions*, et enfin les *Additions insolites*.

a) *Dissimilations*.

Nous avons déjà indiqué, chemin faisant, de nombreux exemples de Dissimilations; nous en reprendrons ici quelques-uns, en les classant sommairement[1] d'après la position relative

[1] On connaît le savant ouvrage de M. Grammont sur *La Dissimilation*. Nous y renvoyons plusieurs fois.

de la consonne dissimilante et de la consonne dissimilée, et les résultats obtenus.

1°) Dissimilations *où la dissimilation suit.*

1. Il y a eu des dissimilations fort anciennes dans :

clavic(u)la, d'où * cavigla (chute de la 1re l), auj. *kawilho* « cheville » ;

* capriról*u*, d'où * capirola (chute de la 1re r), auj. *Kabiɽólo* (n. de vache, anc. « biche »); cf. *kabiɽúŋ* « chevron de capucine » ;

2. Il y a eu réduction du groupe r + muette + r par chute de la 1re r dans :

Bertrandu, *Betrán* « Bertrand » ;

* die-mercurii + s, * *dimèrkres*, puis *dimêkres* « mercredi ».

3. Il y a dissimilation de *k* en *t* par un *k* suivant, dans les mots, usités surtout dans le patois du village de Montauban, et dont le second est même propre à ce patois :

butikwó « prêle », prob. pour * *bukikwó*, litt. « queue de bouc » (cf. le latin equisetum, et voy. dans la Lexicologie les Composés);

sutêk « traîneau de bois », prob. pour * *sukêk*, formé de *súk* « roule, tronc d'arbre, souche », et du suffixe -*êk* (Voy. la Lexicologie).

4. Il y a dissimilation de l en *d* par l dans :

idulá « hurler », p. * *üdulár*, de ululáre ;

dissimilation, s. d., de *r* en *l* par *r* dans :

kulidôr « corridor », à côté de *kurridôr* (montalb. *kurred*[illegible]),

et dissimilation de *b* en *m* par *b* dans :

Malibyêrno (n. de vallée), pour *Balibyèrno*, plus correct.

Cf. *minunê*, ci-après, dans les Assimilations.

5. Remarquons que dans *mêsplo* « nèfle » il n'y a pas eu dissimilation; et mettons tout à fait à part le mot *burm*[illegible]

« gourmette », à côté de *gôrmo* « gourme » : ces mots se rattachent aux mots latins vomere et morbum, et ont pu subir des influences étrangères, françaises ou espagnoles (Voy. Grammont, p. 42).

2°) Dissimilations *où la dissimilante précède.*

1. *bidawgèro* « clématite », est s. d. pour * *bidawbèro*, de vite-albella ; il a pu en outre y avoir sur ce mot influence des mots *hugèro* « fougère », *arrumiŋgèro* « ronce », etc.

2. Le groupe initial et tonique pr a amené la réduction d'un groupe semblable suivant à *p*, dans

prôpi « propre » de propriu, fém. *prôpyo* ; d'où *prupyetát* « propriété » ;

(du reste on dit plutôt aujourd'hui *prôpre, prôpro*, du français).

3. Il y a eu dissimilation ancienne de l en r par l précédente dans

líri « lis », de *liriu p. liliu ; d'où *lirica, *lhérgo* « colchique » ;

et dissimilation inverse de r en l par r précédente dans

Margalído « Marguerite », de Margarita (Grammont, p. 117) ;

cette dernière s'est peut-être produite d'abord, mais s'est ensuite combinée avec une influence assimilatrice (facilitée si l'on considère *n* comme une *l* nasale) de *ŋ* finale, dans *arrumaniŋ* « romarin » ; peut-être par * *arrumalíŋ* ; il est vrai qu'il peut y avoir eu aussi influence de † *Arrumáŋ* « Romain ».

4. Il y a eu passage de la nasale *n* à la muette *d* sous l'influence de *m* initiale dans

madát « poignée » (toulousain *manát*) de *máŋ* « main » ; et passage inverse de la muette *b* à la nasale *m* sous l'influence de *k* initial dans :

kamüchetch « gros peloton de laine », prob. pour * *kabüchétch*, dérivé de *káp* « tête » (cf. *kabôso, katseri*) (ailleurs *kabüchét*).

5. Il y a eu réduction de *lh* finale à *y* sous l'influence de l [illegible] précédente dans

suléy « soleil », pour * *sulélh* de * solĭculu.

(D'autres patois ont fait passer la première *l* à *ɾ* : *suɾél*, *suɾélh*).

6. Dans *Gilhém* « Guillaume », de * Wilielmu il n'y a pas eu s. d. dissimilation (par passage de la 2ᵉ l à r comme en espagnol : Guillermo), mais simple vocalisation de la 2ᵉ l ; puis chute du *w* obtenu.

Mettons tout à fait à part, pour terminer, *arregalisye* « réglisse ». Γλυκυρριζα a dû donner d'abord * gliguritia, d'où * liguritia (r peut-être assez forte). Mais il ne doit pas y avoir eu dans ce dernier une pure métathèse ; cette métathèse a dû être favorisée, pensons-nous, par l'article féminin (*la* ou *eɾa*, selon les patois) ; c'est cela qui a amené (même quand on a eu *eɾa*, car *ɾ*, d'ailleurs assez récente, ressemble plus à *l* qu'à *r*) le passage de *r* à l'initiale [1].

b) *Assimilations, Superpositions, Additions insolites.*

b') *Assimilations.*

Nous les classons comme les Dissimilations.

1° Assimilations *où l'assimilante suit.*

1. Il y a des assimilations fort anciennes de r à une l suivante dans :

* cilculu p. circulu, *séwkle* « cercle » ;
* salculu p. sarculu, *sáwkle* « sarcle ».

2. Il y a eu passage de *ɾ* à *l* sous l'influence d'une *n* suivante dans : *Katalíno* « Catherine », p. * *Kataɾíno* ; cf. *Kalina* (Grammont, p. 117) ;
peut-être est-ce de même qu'il faut expliquer

klíŋ « crinière », espagnol clin, de crine amené à * cline

[1] C'est peut-être d'une façon analogique que s'explique l'arrere[illegible] *lhúŋ* « genou » (Camelat, Glossaire, p. 132). Dans ce patois * genuculu a dû donner * *yulh* ; mais il a dû y avoir là aussi, non pure métathèse, mais dissimilation sous l'influence de l'ancien article * *elh* (auj. *et*, la[illegible] *eth*). On a eu donc * *elhyúlh*, puis * *elhyúŋ*, auj. *et lhuŋ*. — Cf. le l[illegible] *suléy* p. * *sulélh*.

3. Il y a eu perte de la mouillure par *j* (= *ž*), **pour s'assimiler à un** *s* **suivant dans**

Zūzêp « Joseph », p. *Jūzêp* qui se dit aussi;

et perte de la nasalisation par *m* (= *b* **nasal), sous l'influence d'un** *k* **suivant dans**

sabūkê « sureau », s. d. p. **samukê*, de *sambucariu.

4. Il y a quelque obscurité dans *minunê* « saule pleureur », qui vient probablement de **bimunê*. Il semble qu'il y ait eu là dissimilations et assimilations successives; mais est-on passé d'abord par **mimunê* ou par **binunê*?

5. Il y a eu peut-être des influences dissimilatrices et assimilatrices dans le mot *abatabrakánt*, tiré du fr. abracadabrant non compris; mais il y a eu surtout l'influence sémantique des verbes *abáte* « abattre » et *abraká* « couper en deux ».

2°) Assimilations *où l'assimilante précède.*

1. Une influence assimilatrice doit avoir contribué à la réduction du suffixe *-óyr*, *-wéyr*, puis -**wé* (de -*ŏriu) et de ses composés -**adwé*, -**edwé*, etc., à *-é*, *-adé*, *-edé*. En effet, dans des mots comme

**kudedwé*, auj. *kudedé* « lien »,
**drabadwé*, auj. *drabadé* « serre-frein »,
**kargadwé*, auj. *kargadé* « lieu où l'on charge », etc.,

la syllabe tonique a pu perdre son *w*, par influence sur le groupe *dw* de la simple muette de la syllabe précédente. Voy. la Lexicologie.

2. Est-ce une influence assimilatrice (du *d* précédent) qui fait dire à quelques-uns (notamment au village de Montauban) *bidūrt* pour *bidūrk* « sorbier »? — Nous avons signalé ci-dessus *kárp* « chardon » pour **kárt*, et nous l'avons expliqué par des influences analogiques (*sêrp*, *órp*, etc.), mais il y a peut-être là une assimilation: car la langue quitte moins la position qu'elle avait prise pour prononcer *ka*, quand il lui faut ensuite prononcer *rp*, que si elle doit prononcer *rt*.

Remarquons que les noms de plantes et les prénoms donnent des exemples assez nombreux d'assimilations et de dissimilations.

b″) *Superpositions.*

On peut rattacher aux Assimilations les réductions obtenues par suppression de l'une des deux syllabes semblables, et les altérations produites par la superposition de deux mots de sens analogues.

1°) Réduction de deux syllabes *semblables* à une seule.

C'est ce que l'on a par exemple dans les mots déjà cités *diménje* « dimanche », de *die-dominicu : réduction ancienne ; *kújo* « citrouille », de *cubia pour *cucurbia ; *dejwá* « jeûner », *dejũŋ* « jeûne », *ezdejwá* « déjeuner » (se dit des animaux), *dinná* « dîner », qui tous supposent la réduction *jūnāre pour jejūnāre.

2°) Superpositions *proprement dites.*

echchisklét « éclat de rire », suppose un verbe simple †*sisklá*, qui a dû exister autrefois (*sisklá* se dit vers la Plaine) et qui résultait du mélange des deux formes sibilare (qui se retrouve dans *echchewlá* « siffler » et fist(u)láre qui aurait donné régulièrement **fisklá*. On a eu quelque chose comme *sist(u)láre.

fyewlá « siffler » (d'ailleurs emprunté ou mi-savant à cause de *f* : montalb. *fiwlá*), d'où *fyewlét* « sifflet », suppose le mélange des deux formes sibiláre et fist(u)láre encore, d'où quelque chose comme *fibiláre.

Si grave a donné, non °*gráw*, mais *grêw* « pénible », c'est qu'il a subi l'influence de lĕve, d'où *lêw*, auj. « bientôt ».

gargúlho « grenouille » est tiré franchement de la racine garg- ; mais dans d'autres patois gascons il y a eu, comme en français, superposition du radical de rana (Ex. : *graúlho*).

Voy. ci-dessus *gôrmo* et *burméto* ; et ci-après la Lexicologie.

c) *Additions insolites.*

Remarquons enfin les additions insolites. Nous avons vu ci-dessus celles de *b*, de *d*, de *t* et de *g* dans certains groupes ; on peut les considérer comme régulières. Mais c'est irrégulièrement (ord. à titre de soutien?) que se sont introduites :

[1] Voy. sur ces divers faits Grammont, *La Dissimilation*, vers le début et Suchier, *Le fr. et le prov.*, chap. VI.

ŋ, dans : *arrumiŋgèzo* « ronce » pour **arrumigèzo*, de *rumicaria.

l, dans : *aŋklūzyo* ou *eŋklūzyo* « enclume » pour **eŋkūdyo* (?), de *incudina. Il est probable que ce mot a été emprunté à un patois voisin ; d'ailleurs s. d. influence de includere et même de clavu.

esplūmo « écume », de spūma (à côté de *eskūmo*, d'orig. germanique): p.-é. infl. de *plūmo* « plume ».

r, dans: *eskacharlá* « enlever les grosses dents », à côté de *eskachalá*, de *kacháw* « grosse dent »; et *kachôrlo* « dent mal venue » pour *kachôlo*? Plutôt suffixe *-ôrlo* (Voy. la Lexicologie);

kacharnôlo « noix de galle », de *quercin-ŏla? alors rc a fait passer e à *a* et rci a donné *ch*; il y a eu assimilation des protoniques; enfin *r* est peut-être un souvenir de r de rci; — mais peut-être est-ce * cassin-ŏla ou même * cassanŏla.

dezbrelhá « réveiller »; *r* est ajoutée si *dezbrelhá* vient de dis-vigiliare; mais il vient s. d. plutôt de dis-re-vigiliare, d'où **dezarrebeylyár*, puis **de zr(e)belhá*; — *beylá* « veiller » vient de vigilare.

bryewlét « violet »; cf. en fr., de t(h)esauru, trésor, en luch. *trezôr*.

Ces dernières additions présentent de l'affinité avec les Métathèses.

2.) *Métathèses.*

Les métathèses sont très fréquentes en luchonnais. Elles se rencontrent presque toutes avec la lettre *r*. Cependant, il y en a où *r* ne joue pas de rôle efficace.

a) *Métathèses sans r efficace.* Ex :

1°) pĕctĭne,	*pyénte* « peigne » p. **pêytne*, puis **pyéytne*; d'où *pyentá* « peigner »[1];
2°) spīnŭla,	*espliŋgo* « épingle » p. **espiŋla*, puis **espíŋglo* (montalb. *espillo*);

[1] A Mont. *péntse* « peigne » (espagnol peine), *pentsená* « peigner »; *mezéŋgle* « mésange ». — Cf. pour *r* issue de n, le luch. *karkôlh* « limaçon, coquillage » de conchyliu (?). — Voy. Grammont, *La Dissimilation*, pp. 56 et 138.

Cf. *merleŋgíno* « mésange », pour **mezeŋgl ina*, **mede*
puis **medleŋgíno*, et en partie sans doute par confusio
mêrli « merle » ;

3° Y a-t-il une métathèse dans *lhêrmo* « larme
lacrima? Peut-être a-t-on eu simplement **lhêyrma*.

4°) Pour *pewɼí* et *newɼı*, de *pŭtrīre et nŭtrīre, v
Voyelles, C, 2 (Modification des voyelles préexistantes

5°) *taɼalánho* « toile d'araignée », est pour **talaɼán*

b) *Métathèses avec r efficace.*

Les métathèses avec *r* se produisent, en général,
en groupe avec une autre consonne [1], et se divisent
tour, au point de vue de leurs résultats, en deux caté
celles qui aboutissent à former, avec *r première conson*
groupes disjoints à l'intérieur des mots, et celles qui d
au début des mots, des groupes combinés avec *r*
consonne.

1°) Métathèses donnant des groupes *disjoints* médian

Gabriēl,	* *Gabryêw*, puis *Garbyêw* « G (mi-sav., sinon **Gawɼyêw*)
·cŭperare,	* *kubɼáɼ*, puis *kūrbá* « recueill
* operire,	* *ubrí*, puis *urbí* « ouvrir », à *awɼí* (larb.) ou *dawɼí* aranais);
* cooperire,	* *kurbí* « couvrir (le blé se sinon *kubrí* « couvrir en gé

Pour « découvrir », on hésite, à cause du sens, ent
kubrí (moral et général) et *deskurbí* (physique);

* pratīna,	* *pradyó*, puis *pardyó* « pré su placement d'une ancienne é

De même *Karbyéwles* (n. de pic), rare et peu corre
Krabyéwles (v. ci-après);

[1] Mettons donc un peu à part *Karrabúy* (n. de maison) pour
rúy (vieilli, mais certain), litt. « tête rouge », c.-à-d. « aux
roux ». — Dans *kránto* « quarante » p. **kaɼánto*, il n'y a pas m
mais disparition du premier *a*. Cf. *Trézo* ou *Trézo* pour « Thérè

(Cf. *burdakíŋ* « brodequin », *biꝛobarkíŋ* « vilebrequin », où *r* est placée autrement qu'en français);

Enfin plusieurs composés de per « par ou pour » ou præ avant»: * præ-palu, larb. *prepáw*, luch. *perpáw* « levier de fer», litt. « avant-pieu »; *peꝛ-akró* « pour cela », *peꝛ·akyéw* « par là », etc., donnent en larb. *prakró*, *prakyéw*, etc., en luch. *parkró*, *parkyéw*, etc.

Dans le larb. *prepáw*, si l'étym. est bien celle que nous donnons, il n'y a point de métathèse ; il n'y en a que dans le luch. *perpáw*; — Dans *prakró* et *prakyéw* le larb. supprime plutôt l'*e* de *per* qu'il ne le met après sous forme d'*a* (cf. vindemia, **beꝛémya*, *brénko*); le luch., au contraire, fait passer l'*a* de *prakró*, *prakyéw* à la place occupée d'abord par l'*e* de *per*: d'où *parkró*, *parkyéw* ; ici encore il est seul à faire une métathèse.

2°) Métathèses donnant des groupes *combinés initiaux*. Ce sont les plus nombreuses. Ex. :

1. Avec des labiales:

*persicu(I),	**persék*, puis *presék* « pêche » ;
páuperu,	**páwbro*, puis *práwbe* « pauvre » ;
Purgatóriu,	non ° *Pürgatôꝛi*, mais *Esprekatôꝛi*, ou mieux *Espregatôri* « Purgatoire », mot mi-savant [1];
Vésperas,	* *Bêspres*, puis *Brêspes* « Vêpres »;
* vesperáculu,	* *besprálh*, puis *brespálh* « goûter du soir » ;
memorare se,	* *memꝛáꝛ-s*,* *membrá-s*, puis * *bembrá-s*, auj. *brembá-s* « se souvenir » ;

fèbre (latin savant, lang., ou catalan), * *ħèbre*, puis * *ħrêbe*, auj. *ħeꝛébe* « fièvre »;

Heꝛewê « Février », vient s. d. par * *Hrewê* de * Frebariu, osque, pour Febr(u)ariu ; celui-ci aurait donné ° *Hewꝛê*, qui se serait maintenu : auscitain *Hewꝛê*).

[1] Le luch. *Espregatôri* a subi l'influence de precare, *pregá* « prier » : lieu d'où l'on tire (*es-*) avec des prières.

2. Avec des gutturales :

capra,	**kábra*, puis *krábo* « chèvre » ;
*Capriŭlas (?)	**Kabríwoles*, puis **Kabryéwles*. *auj. *Krabyéwles*, et même *Karabyéwoles* ou *Karbyéwoles* « Crabioules » (n. de pic)[1] ;
cámera,	**kámra*, **kámbra*, puis *krámb[illegible]* « chambre » ;
*ex-combrare,	**eskumbrár*, puis *eskrumbá* « balayer » ;
*corvaciu,	**kurbás*, puis *krubás* « corbeau » ;
cf. gourmand (fr.),	*grumánt* (m. sens) ;
quiritare (ou germ.),	**kırdár*, puis *kridá* « crier » ;
au fr. corvée correspond	**kurbáda*, puis *krubádo* « corvée, prestation » ;

3. Avec des dentales :

dormire,	*durmír*, puis *drumí* « dormir » ; et ses dérivés ;
teneru,	*ténro*, *téndre*, puis *tré[illegible]* « tendre » ;
temperare,	**temprár*, puis *trempá* « tremper » ;
*torpa (germ.),	**túrpa*, puis *trúpo* « troupe » ;
bretelle (fr.),	*betrêlo* « bretelle » ; etc.
*turbulare,	**turblár*, puis **trubblá* « troubler » ;

Nous avons signalé ci-dessus les mots *trŭfá-s* « se moquer », et *trŭfo* « pomme de terre », d'ailleurs empruntés : l'aranais donne des formes plus correctes, *trŭfiá-s* et *trŭfia*. Le premier est obscur, le second ne vient pas de *tubera pour tubere, mais sans doute de l'osque *truf(r)i, signalé c. *Frebariu par M. Mohl, *ouv. cité*[2].

[1] De ces diverses formes, c'est *Krabyéwles* qui est la plus usitée. Ce mot nous parait venir de capra (*krábo* « chèvre »), signifiant ici isard.

[2] Il n'y a pas trop lieu de s'étonner de trouver de l'osque dans le latin luchonnais. Osca, auj. Huesca, qui n'est pas loin de Luchon, avait été colonisée par les Osques. Voy. pour le Latin luchonnais la Lexicologie.

Dans *triwêr*, du fr. «tiroir», r a disparu après i, mais s'est rétablie après t : cf. le fr. trésor, avec r ajoutée à thesauru. Peut-être pourtant y a-t-il eu ici influence du vieux verbe *tráy* « tirer ».

Des trois subdivisions de ces métathèses, la troisième est connue du français; les deux autres lui sont étrangères; elles sont communes au montalbanais[1] et au luchonnais, mais plus fréquentes en luchonnais ; avec les gutturales notamment, la métathèse du 2e genre est en luchonnais de règle.

3°) *Rapports* de ces deux espèces de métathèses.

Remarquons qu'il y a *opposition* parfois entre les deux grandes espèces de métathèses avec r que nous verrons de distinguer. C'est ce qu'on voit bien par ex. dans *pardyó*, *hezibe*, *Krabyéwoles*, *krubádo*, etc. A l'égard du luchonnais actuel, on peut dire qu'il n'aime guère les groupes combinés, avec *r seconde consonne*, dans *l'intérieur* des mots; et qu'au *début* des mots il recherche (ou admet) ces groupes, malgré quelques exceptions comme *kürbá*, *pardyó* et *Garbyêw*, où l'on aurait attendu °*krübá*, °*pradyó* et °*Grabyêw* : Ces exceptions[1] s'expliquant par l'admission des groupes disjoints, avec *r première consonne*, dans *l'intérieur* des mots[2].

[1] Ex.: avec métathèse : *preségo* « pêche à noyau adhérent » (sinon, *pabíyo*), *Bréspòs* « Vêpres », *brespalhá* «goûter», *krábo* « chèvre », *krámbo* « chambre », *trempá* « tremper », *truplá* « troubler », *trúpo* « troupe », *se trüfa* « se moquer », et même *kurmalhèzòs* (luch. *krimálh* et *kremalhèzes*; mais, sans métathèse, *pawze* « pauvre », *Esperkatòzi* « Purgatoire », *fyébre* « fièvre », *Fevryé* « Février » (avec le *v* français), *górp* « corbeau », *gurmán* « gourmand », *kurdá* « crier », *kurbádo* « corvée », *téndre* « tendre ». Rappelons encore qu'à Luchon éclair se dit *lambrét*, mais ailleurs *lümbért*; et, en ce qui concerne les verbes «ouvrir» et « couvrir», donnons quelques formes de divers parlers : Ouvrir, infinitif : espagnol abrir, vénasquais *ubrí*, luch. *urbí* (1re pers. *òrbi*), larb. *awzí*, aranais *dawzí* (qui se dit aussi à Luchon), Cazaubon (Gers) *awbrí*, montalb. *dyérbe*, Puydaniel (Haute-Garonne) *drübí*; — ouvrir, participe : esp. abierto, vénasquais *ubríw* (cf. le catalan), luch. *urbít* et *awbért*, larb. *awzít*, aran. *dawzít* (ces deux dern. probables), montalb. *dyerbüt* ou *dübért*, , Puydaniel *drübít* ou *dübért*. (Là où il y a deux participes, le 2e est plutôt adjectif) : — Couvrir, infinitif : luch. *kurbí* « couvrir le blé » et *kubrí* « couvrir », *deskurbí* « ôter ce qui couvre » et *deskubrí* « découvrir, trouver », p. passé *kubért*; montalb. *krübí* (d'où l'expression *pels*

elles qui étaient douces sont tombées (d, comme d), ont persisté (m, j = *y*, v = *w*), se sont vocalisées e à *y*, devant e ou i ; b et l à *w*) ou enfin transformées ée à *y* et, rarement, à *m*).

roupes de consonnes.

es groupes combinés initiaux persistent en général; l, fr passent à *ꞕ*-voy.-*l*, *ꞕ*-voy.-*r* (quelquefois *ꞕ* et elle d'appui sont tombées ensuite); même phéno- mais exceptionnellement, avec une muette (parfois e) au lieu de f; — sp, sc, st s'appuient d'un *e* initial. gr. c. finaux s'affaiblissent (nt devient *n*, x devient *ch*, *s*). gr. c. médiaux sont traités diversement : quand la e consonne est r, il y a divers cas à considérer; rap- du moins que br donne rég. *wr*; que cr et gr, tr et nent rég. *yr* réduit qqf. à *y*; que le traitement est it avec des groupes appuyés, et dans les mots savants, rsiste ; — quand la sec. consonne est l, bl donne *wl*; gl, ainsi que tl ramené à cl, donnent *lh*; mais dans s sav. on a *bbl*, *ggl*, et *ll* pour dl ou tl restés dis- — quand la sec. consonne est n, gn donne *nh*, mais s mots sav. *nn*.

s groupes disjoints homogènes se réduisent à une onsonne ; rr a persisté (sauf quand il est devenu final : st réduit à *r*) ; et ll a donné r et, devenu final, *tch*.

point de hasard, rien sans raison. Seulement les choses sont nplexes qu'on ne se le figure parfois, notamment quand on est nouveau dans la matière; il y a souvent à considérer une foule articuliers et de circonstances spéciales; il faut comprendre que hangent avec les parlers; et que d'ailleurs les véritables lois ne les généralisations, certes provisoirement utiles, mais un peu auxquelles on arrive tout d'abord, mais des rapports plus indivi- l'on peut dire, et plus secrets, qui ne se découvrent qu'à une et minutieuse analyse.

rammont a montré qu'il n'y a pas d'exceptions. Il n'y a d'excep- à des règles mal formulées. L'exception ne confirme pas la le montre qu'on ne tient pas la véritable règle, qu'on est arrivé à ession applicable à beaucoup de cas peut-être, mais non à une loi, qui est une raison d'etre parfaitement universelle, telles ns étant données.

Les gr. disjoints hétérogènes restés médiaux persistent ordinairement ; la seconde consonne est la plus solide et garde sa qualité de forte, ou de douce ou adoucie. Mais il y a des assimilations ; et aussi des accommodations nombreuses (réduction de groupes intolérables ; — la nasale est *m*, *n*, *ŋ*, suivant qu'elle est devant une labiale, une dentale ou une gutturale ; — x et s donnent *z* devant les douces, et *s* devant les fortes, sauf *f* à laquelle elles s'assimilent ; — redoublement de *s* et de *n* devant *h* issue de f ; — redoublement de *ch* issu de xs ou même de x ; — passage de v à *b*, après l et r ; de l à *r*, exceptionnellement, en particulier devant les labiales *b*, *m*, *f* ; — passage, parfois, de b à *d*, de p à *t* ; — parfois adoucissement de la 2ᵉ consonne du gr. ; — consonnes d'appui : *b* dans m-r, m-l ; *g* dans *ŋ*-l ; *d* dans n-r ; *t* dans s-r).

Les groupes disjoints hétérogènes devenus finaux persistent, la seconde consonne restant ou devenant forte (ainsi b et même v donnent *p*, etc.) ; cependant, m et n persistent, et les groupes avec s finale ont éprouvé des réductions (adv. en *-méns* ; plur. des noms). — Dans le détail, b et l se vocalisent régulièrement en *w* ; d et t, devant r, en *y*, comme aussi c dans ct, cm et cr, g dans gd et gr, et s rarement ; — n tombe devant s ; et r très généralement ; — mais c'est la seconde consonne qui tombe dans les groupes mn, dn, xn ; et surtout dans les gr. mb et nd, même restés médiaux, passées à peu près par mm et nn ; — enfin, ont toujours fourni des chuintantes divers groupes : *j* est donné par c, dans n(i)c, d(i)c, t(i)c et par z non final ; *ch*, par x (= cs) restée médiale ou devenue finale.

C) *Influence de voyelles spéciales.*

Les voyelles ouvertes n'ont pas altéré les gutturales isolées ou en groupe. Mais les voyelles fermées e et i ont fait passer g initial à *j*, et c initial à *s* ; g médial resté médial à *j*, mais non resté médial ou devenu final, à *y* ; c médial à *z* (quelquefois passé à *d*), mais devenu final à *ts* dans -ce ; enfin g et c soutenus par une consonne précédente resp. à *j* et à *s* ; — et à l'égard des groupes, sc (et, moins sûrement, -ci après quelquefois -si après n), à *ch* ; ng et lg à *nh* et *lh*.

Le *y* a influé : sur les labiales, donnant après elles dans les sordinaires un *j* ; — sur les gutturales, donnant avec c resté idial ou devenu final (-ciu) une *s* ; et avec g un *j* (à la finale *y* seulement) ; — sur les dentales, donnant avec t un *z*, ssé ensuite à *d* (ou, si t-*y* était appuyé, une *s*), et avec d, *j* (mais à la finale t-*y* donne *ts* ; d-*y*, *y* ; et appuyés ils donnt tous deux *s*). — D'autre part, les groupes ss-*y*, sc-*y*, -*y*, st-*y*, tt-*y* ont donné *ch* ; ct-*y* appuyé, *tch* ; — enfin l-*y* et *y*, *lh* ; et m-*y*, n-*y* et nn-*y*, *nh*.

D) Il y a, en outre, des *Altérations à distance* assez curieuses : *ssimilations*, *Assimilations*, *Superpositions*, *Introduction de nsonnes d'appui* (notamment de *y*, *l*, *r*), enfin *Métathèses*, fréentes avec des groupes contenant *r*, et donnant soit des oupes disjoints médiaux, soit plus fréquemment des groupes mbinés initiaux : métathèses de règle en luch., non seulement ec les dentales comme en fr., mais encore avec les labiales les gutturales plus qu'en montalbanais.

— Rien à indiquer dans ce consonnantisme que d'insigniant, comme différences entre le luchonnais et le larboustois , *g*, *d* doux plus sensibles en larb. ; passage plus régulier de intervocalique à *d* ; très rarement *k* pour *t* ou *t* pour *k* ; paris un peu moins de contraction ; nous avons déjà vu à ropos des voyelles le maintien de *w* devant a).

3. Conclusion. Résultats des lois phonétiques luchonnaises.

Telles sont les principales lois qui ont gouverné la formaon des sons du luchonnais, et qui, certaines du moins, agisnt encore aujourd'hui et préparent des transformations tures (Voy. ci-après l'Appendice I). Sans doute, l'analogie, sentiment, les exigences morphologiques ont souvent agi ns un sens opposé a ces lois ; mais le triomphe est resté à s tendances caractéristiques. En comparant le luchonnais ujourd'hui à ses origines, nous voyons combien il en diffère point de vue à la fois et des sons et des mots.

1°) Au point de vue des Sons, nous pouvons dire que le chonnais n'a perdu aucun des sons du latin luchonnais, et qu'il en a acquis quelques autres, en germe déjà dans la première prononciation du latin par nos montagnards.

1° Tels sont, dans les voyelles, le son pur *ü*, et les nasales gutturales, très nombreuses, *aŋ*, *òŋ*, *uŋ*, *èŋ*, *eŋ*, *iŋ* et *üŋ*. L'influence celtique est manifeste ici, et le luchonnais se rapproche ici du français. Ajoutons (et ceci caractérise spécialement le luch.) la généralisation, sous l'influence de diverses consonnes et des semi-voyelles, des diphtongues impropres (c'est-à-dire avec *w* et *y*), certaines tout à fait caractéristiques, comme *yew*, par leur nature, ou, comme *aw*, par leur fréquence.

2° Pour les consonnes également, nulle perte à vrai dire, pas même celle de f, réimportée, ni celle de h, revenue comme issue de f; mais des acquisitions nouvelles: les sons adoucis (*bh*, *gh*, *dh*) ou explosifs des muettes; la distinction de *ɼ* et de *r*; les mouillées *lh* et *nh*; la gutturale *ŋ*; les chuintantes *j* et *ch*; des groupes nouveaux, *dj*, *tch*, *ts*, *rtch*, *rts*, etc. La race non latine se manifeste ici par plusieurs particularités remarquables (passage de ll médial à *ɼ*; redoublement de r initiale; peut-être aussi réduction de mb à *m*, de nd à *n*; dissociation ou transformation des groupes avec r; *tch* ibérien (?) initial; vocalisations nombreuses).

Ainsi le luchonnais a obéi à cette loi générale qui veut que les langues modernes soient plus riches en sons que les langues anciennes; mais il y a obéi à sa manière, développant les sons qu'il préférait, changeant les proportions et les associations des sons latins, et disposant à sa façon des sons nouvellement créés.

2°) Mais les sons n'existent point isolément, ils forment des ensembles ou MOTS, plus ou moins longs, groupés autour de voyelles toniques, et plus ou moins indépendants les uns des autres. Or, si nous comparons le luchonnais au latin au point de vue des mots, nous remarquerons que, bien que le luchonnais ait parfois respecté les mots longs (urtica, *urtígo*) ou même en ait allongé (fraga, *fiaɼágo*), c'est là l'exception. En général, la vocalisation fréquente de diverses consonnes (v, b, l; d devant r, etc.), la suppression de certaines autres (g, d, n, ñ issue de f, etc.) entre deux voyelles, le passage en hiatus de e et de i à *y*, de o et de u à *w*, de *ü* à *ẅ*, et la chute des voyelles atones ont diminué le nombre des syllabes. Le luchonnais est notablement contracté ; il égale presque le français par la proportion chez lui des monosyllabes aux autres mots ; il surpasse en contraction, non seulement l'espagnol, mais encore le provençal, le languedocien, le quercynol et même bon nombre de parlers gascons. Et comme l'accent propre de chaque mot est plus sensible en luchonnais que dans ces divers parlers, que chaque mot (malgré les proclitiques et les enclitiques) est fortement ramassé autour de la syllabe dominante, il produit une impression de brièveté plus intense que le français même. Sans doute, la dérivation romane et l'influence savante ont rapporté des mots longs; mais le luchonnais reste essentiellement un parler bref et énergique.

APPENDICE I

Passage des mots étrangers en luchonnais, et réciproquement, au point de vue phonétique

Indiquons sommairement les lois phonétiques qui gouvernent le passage des mots étrangers en luchonnais, et réciproquement.

Les Luchonnais ont prononcé et prononcent à leur manière le latin savant, le languedocien, l'espagnol et le français, comme leurs pères le latin populaire.

1) La persistance du *latin savant* en fait comme une langue étrangère vivante : si bien que les sons que sa prononciation implique sont traités à chaque époque et dans chaque pays comme les sons correspondants du langage usuel. — En luchonnais, en laissant de côté les influences analogiques, les voyelles toniques du lat. sav. donnent: a *á*, e *ê*, i *í*, o *ó*, et u *ǘ*; les atones donnent: a *a*, e *e*, i *i*, o *u*, et u *ü* (même, anciennement, devant n + consonne, d'où *ñündá*, de fŭndare). Les

consonnes donnent à peu près ce qu'elles donnent en français; c donne *s* devant e et i; t, *s* devant i en hiatus qui passe à *y*; g, *j* devant e et i; j donne *j*, et v *b*; r donne r, entre deux voyelles, *r*, en groupe, et *arr* au début des mots; s, z entre deux voyelles; f, *h*, à un certain moment ou après avoir été empruntée sous la forme *f* (*hündá*); et x, partout *ts* (*Félits*, *Alêtsis*). Pour plus de détails, voy. dans tout ce qui précède le traitement savant des mots latins: si signu a donné pop. *sénh*, et sav. *sínne*, c'est que, à l'égard du reste de la langue, signum n'est plus, au Xe siècle p. ex., ce qu'était signu au Ier ou au IIe siècle. — Aujourd'hui, le latin se prononce à Luchon à peu près comme ailleurs en France, mais il y a toujours tendance à dire *b* pour *v*, *y* mouillé pour j, et *ts* pour x, et à ouvrir les voyelles accentuées *e* et *o*, quoiqu'on accentue comme en français, c'est-à-dire sur la dernière syllabe. — Voy. du reste la Lexicologie.

2) A l'égard des *langues romanes voisines* :

1° Des *autres dialectes de la langue d'oc*. — Le luchonnais conserve en général leurs voyelles, mais il change *-ós* atone en *-es*, remplace la dipht. *iw* par *yew*. Il vocalise *l* 1re cons. de gr. disjoint, garde *f*, dit *tch* pour *ts*, *dj* pour *dz* (sans compter le passage d'*a* larboustois à *o* luchonnais et inversement). Tout cela est frappant quand un Luchonnais s'efforce de répéter ce qu'a dit un Toulousain ou un Montalbanais (et inversement); celui qui répète ramène les mots entendus à la phonétique de son parler.

2° De l'*espagnol*. — Le luchonnais transforme a final espagnol en *o*; u en *ü* (*dūru*, de duro « écu de 5 fr. »); o final atone en *u*; conserve ch (= *tch*), ll (= *lh*), et ñ (= *nh*). Ex.: *burrátchu*, *kabálhu*; fait du v *b*, de la jota *j*, de la zeta *s*, etc.

3° Du *français*. — a) Pour les voyelles, e muet masc. ou fém. donne *o* au singulier (châle, *chálo*; cependant pour le masc. il y a quelque hésitation, à cause de la tendance à former des masculins en *e*), mais *e* devant s ou nt; é devant e muet, ou final, donne *é* (idée, *idéo*; *Baléa*, mot aranais, de vallée; Honoré, *Anuré*, p. * *Honuré*); a, i, u (= *ü*) persistent;

eu (= ö) donne ü (fameux, *famüs*; feu, anc. feü, *fü*). — liphtongues sont très altérées: oi (c.-à-d. *wa*, d'ailleurs *a* peu ouvert, jadis *wè*) donne *wè*, s. d. par tradition ıoire, *memwéro*); cependant, dans certains mots, s. d. en ı d'une prononciation française ancienne, elle donne *u* *húrt*, de « poignard » ; *putríno*, de « poitrine » ; *frusá*, froisser »); eau (c.-à-d. *o*, jadis *eaw*) donne *èw*, s. d. aussi tradition (plateau, *platêw*); au donne *o* dans l'intérieur mots (chauffage, *chofádje*); o contre-tonique donne, du ıs lorsque le mot est devenu assez courant, *aw* (officier, *syé*, mieux que *ufisyê*); ui (= *üi*) se réduit souvent à ü ssier, *üsyé*; cuirassier, *küxasyé*). — Les suffixes, quand ils reconnaissables, sont transformés par analogie (-age ne *ádje*; -on, *úŋ*; -tion, *syúŋ*; -aille, *álho*, etc.); cepen-t -eur donne *ür* et non *adú*; -eux, *-üs* et non *-ús*; -en donne sans nasalisation (moyen, *muyên*); -if, *-íf* et non *-yéw* if, *aktíf*). — b) Pour les consonnes, le fr. a surtout amené *ch* initial; v initial ou médial donne *b* (voleur, *bulür*; ve, *aktíbo*); l donne parfois *r* devant s, g, c ou m (calciner, *iná*; malgré, *margrê*; calcul, *karkül*; almanach, *armanák*); vant i (sous l'infl. de *í* long ou de *íŋ*?) a donné *ch* (méde-*medechíŋ*, etc.); ch médial ou appuyé a donné anciennement *tch* (perche, *pêrtcho*; poche, *pótcho*); aujourd'hui il ne ch (machine, *machíno*), même comme appuyé (marcher, *chá*; mais *mártcho* ! de « marche ! » plus ancien), sauf cepen-t par n (planche, *plántcho*); x passe à (*k*)*ts* ou (*g*)*dz* mple, *e*(*g*)*dzémple*; action, *a*(*k*)*tsyúŋ*. Voy. la Lexicologie r la prononciation du français à Luchon et les mots pruntés.

nversement, quand on transcrit le luchonnais en français. Pour les voyelles, *u* atone issu de o redevient o (*Purtètch*, tet); *é* devient è (*Léjo*, Lège; *Syerp*, Cierp), et *é* final, é *ntarkê*, Montarqué; *Bakè*, Baqué); *e* et *o* atones finaux sent à e muet (= ö ouvert bref); *a*, *e*, *i*, *ü* persistent; *aw* ne au (*Ustáw*, Oustau); *éw* final donne eu (= ö fermé): *rryéw*, Sarrieu); il y a des diphtongues fort embarras-tes, rendues tant bien que mal (*Pubów*, Poubeau; *Bónew*, c *-ew* atone, Bonneau). — b) Pour les consonnes, *nh* final rendu, après a, par -ing (*Kastánh*, Castaing), après e, par in (*Senténh*[1], Sentein); *ch* final, par -ix (*Düplèch*[1], Dupleix), et *ts* final, par x (*Kastêts*, Castex); *b* reste b; *d* médial issu de *z* est rendu par z et *tch* final par t, *z* et *t* (mouillé) étant leurs anciennes prononciations (*Jüdêtch*, Juzet); *w* médial donne *v* (*Sarryewatêtch*, Sarrivatet). — Pour le dire en passant, la transcription officielle (administrative, cadastrale, judiciaire) des noms de lieu dans les pays de Gascogne est souvent inexacte et trop livrée à la fantaisie.

Quant aux tendances actuelles internes du luchonnais, on les détermine en somme quand on indique les modifications phonétiques les plus récentes (chute de *n* dans *rn* final; *-ów* ou *-ó* passé à *ó*, etc.), — et la manière dont les sons luchonnais se transforment dans leurs rencontres actuelles[2] : c'est ce qu'il nous reste à voir dans la 3e Partie de la Phonétique.

III

MODIFICATIONS ÉPROUVÉES PAR LES SONS LUCHONNAIS DANS LEURS RENCONTRES ACTUELLES.

Les mots luchonnais, tels qu'ils résultent des lois phonétiques proprement dites, éprouvent encore, abstraction faite des changements morphologiques, des modifications résultant de leurs rencontres actuelles : si bien que la même idée n'a pas toujours pour expression le même son.

Ce qui amène ces modifications, parfois profondes, c'est le plus souvent ce qu'on pourrait appeler *la fusion des mots*. Elles se manifestent surtout lorsque deux mots s'appuient tellement l'un sur l'autre qu'ils tendent à n'en faire qu'un au point de vue de la prononciation, l'un dominant l'autre qui devient à son égard proclitique ou enclitique. Cette fusion est plus ou moins ancienne suivant les locutions. Par exemple *yáwte* « un autre » (cf. l'aurois et le béarnais) suppose une fusion peu ancienne de *üy* « un » et de *áwte* « autre »;

[1] Ces mots ne sont pas proprement luchonnais, mais la règle de transcription en question s'applique au gascon en général.

[2] On trouvera les APPENDICES II et III à la fin de la Phonétique.

kantá-m, *kantá-t*, *kantá-w*, etc. « me chanter, te chanter, le chanter, etc. », une fusion ancienne de l'infin. prés. et du pron. pers. régime ; — *pera ena*, *dera*, *ara*, une fusion des prépositions *per*, *en*, *de*, *a* avec l'art. fém. *era*, peut-être assez récente pour *de* et *a* ; — *-aétch*, *-aéro*, dans *adaétch*, *adaéro*, une fusion assez ancienne du pron. de la 3e pers. *étch*, *éro* avec la prép. *a* ; — de même l'article masculin *etch* assimile sa finale à l'initiale du mot suivant (Ex. : *ep páy* « le père ») ; mais la fusion ne va pas à Luchon aussi loin que dans les vallées d'Aran, de Louron ou à Oloron, où l'art. masc. *et* a la forme *er* devant un nom à initiale voyelle (Ex. : aranais et louronnais *er-ús* « l'ours » ; oloronnais *er-awlhê* « le berger » : le groupe ll a été traité là, dès le latin, comme médial, non comme final ainsi qu'à Luchon[1]) ; — de même enfin, tandis qu'on dit à Saint-Mamet *Artigo-Teliŋ* (n. lieu d'un de la vallée d'Aran), on dit dans la vallée d'Aran *Artigade-liŋ*, avec fusion. — Ces fusions nous paraissent caractériser le gascon, le séparer des parlers de la plaine languedocienne, où il n'y en a guère[2], et même de l'espagnol, qui connaît les enclitiques, mais ne les fond pas avec les mots sur lesquels ils s'appuient. Peut-être s'accentuent-elles, pour le gascon montagnard, à mesure qu'on va de l'est à l'ouest, de l'Ariège au Béarn. De là, en tout cas, les modifications que nous avons à étudier.

Nous étudierons successivement les modifications éprouvées par les voyelles et celles éprouvées par les consonnes.

1° Modifications éprouvées par les Voyelles

Elles se divisent en trois catégories : A) Déplacements de l'accent ; B) Élisions, C) Aphérèses.

A) Déplacements de l'accent

L'accent d'intensité, nous l'avons déjà vu, ne peut demeu-

[1] Il se pourrait pourtant qu'à Luchon l'analogie eût fait tomber en désuétude la forme *er-*.

[2] Ainsi, dans le montalb. *sul* pour *sür lu*, *pel* pour *per lu*, il y a fusion de la préposition et de l'article, comme en italien ; mais le gascon fond en outre plus ou moins l'article avec le nom, le pronom complément avec le verbe, etc.

r sur une voyelle qui passe à l'état de semi-consonne (
ı *w*) ; il se déplace, et passe généralement[1] à la voyell
iit le *y*, le *w* ou le *w*. Ex. : *kuzyó* « cousine », † *twó* « cave
ćés « deux », f., *priés* « prunes », *buchwé* « bouche », i
r, ce même phénomène de déplacement de l'accent v
roite se produit aussi entre des mots séparés[2]. Il exis
fet, en luchonnais, non seulement, comme en français
ots proclitiques, c.-à-d. s'appuyant sur le mot suivant
ncore, comme d'ailleurs en latin, en espagnol, et da
ıtres parlers gascons, des mots enclitiques, c.-à-d. s'app
ır le mot précédent ; ce qui rend possible l'existenc
nclitiques dans tous ces parlers, c'est une accentuatior
t précise.

Les proclitiques sont : d'abord, l'article défini (*etch*, *e*
t ses combinaisons avec diverses prépositions, et l'
ndéfini ; puis, les pronoms personnels compléments d
u indirects, — 1° singuliers, soit complets (*me*, *te*, *se* e
u non), soit élidés (*m'*, *t'*, *s'*, *l'*), soit initiaux (*em* ou *e*
u *ett*, *es* ou *ez* ou *ess* ; *aw* ; *la* ; *òk* ou *ògg*, *ak* ou *agg*
° pluriels (*mus* ou *mu*, *bus* ou *bu*, *les*) ; les pronoms e

[1] Cependant on conjugue aussi *búchwi*, *búchwes*, etc. ; cela
influence de la conj. régulière : *kánti* de *kantá* amène *búchwi* de *b*
e groupe *chw* étant traité comme une consonne simple. Mais la
ncienne **buchuná* donnait reg. **buchúai*, d'où **buchúi*, puis *buch*
Voy. ci-après la Morphologie du verbe.

[2] Sans parler de ce qui se passe dans quelques exclamations
partó-t ! (pron. *partóót* !) pour *'pártò-t* ! « recule-toi ! » ; *bene* !
benée !) pour *béne* ! « viens ! » ; — ou même, avec deux accents, *'p*
béné ! — cf. *mún Dyew* ! ou *mún Dyeeu* ! « mon Dieu ! » (pour
gner).

[3] Il n'y a, à notre connaissance, qu'un enclitique dans le f
moderne. Ce n'est pas le qui prend l'accent quand il se trouve a
verbe, et rend celui-ci proclitique à un degré plus ou moins se
c'est je, quand on dit, p. ex., « aime-je ? ». Remarquons même
ouvert bref et atone de aime devient ici un *e* fermé, tonique (et
long si nous ne nous trompons), si bien qu'il y a ici, comme par
luchonnais, à la fois déplacement de l'accent vers la droite et apo
— Voyez cependant, en ce qui concerne le français et le parisie
temporains, ce que dit M. Grammont de la « loi des trois conso
dans son étude sur *le Patois de Damprichard* (Mémoires de la So
linguistique, t. VIII, pp. 53, 60, etc.).

eux aussi sous leurs formes complètes (*en*, *i*) ou liées à ce qui suit (*ne*, *n'*, *y*-), ou initiales (*enn*, *ey*) ; d'autres pronoms encore (*km*, *ki*, *kin*, etc.); les noms de nombre cardinaux monosyllabiques; enfin diverses prépositions (*a*, *de*, *en*, *per*, *ta*, *dap*, *sùs*, etc.) et conjonctions (*ke*, *se*, etc. ; *è* plutôt contre-tonique).

Les enclitiques sont : les pronoms personnels compléments directs ou indirects, — 1° singuliers, soit complets (*me*, *te*, *se*, *le*, *lo*, *òk*), soit réduits à une consonne (*m*, *t*, *s*, *w*, *k*), ces derniers fondus depuis très longtemps avec les formes verbales comme nous l'avons vu ; — 2° pluriels (*mus* ou *mu*, *bus* ou *bu*, *les*); et les pronoms *en* et *i* sous leurs formes liées (*ne*, *i*) ou finales (*n*, *y*). *Jé* « hier » est enclitique dans *deláje* « avant-hier », mais on dit *jasé* « hier soir » ; *a* (prép.) l'est dans *dìŋkyo* ou *díŋko*, où il est passé à *o*, larb. *déntya* « jusqu'à » ; et *mès* « mais », dans le larboustois *jámes* « jamais », luch. *jamés*. (Voy. pour tout cela la Morphologie, principalement celle des Pronoms personnels).

1) *Influence des Proclitiques.*

Les proclitiques n'entraînent point de véritable déplacement d'accent. Cependant, on comprend que le nombre des syllabes proclitiques ne peut être illimité. D'autre part, quand une syllabe est fortement accentuée, la précédente ne saurait l'être également, sauf s'il y a entre elles un repos. Enfin, dans la plupart des mots, le rythme de l'accentuation est binaire, c.-à-d. que la syllabe accentuée ne soutient qu'une syllabe proclitique (comme aussi elle ne peut soutenir qu'une syllabe enclitique : voy. ci-après); ex. : *krábo*, *sabé*, *kumbáno*, et même *Simadús* et *Simuzêro* où l'initiale est contre-tonique. Il suit de là que l'on est porté à accentuer, p. ex. *bulhum'bláŋk* « bouillon blanc », *bùlhum-bláŋk*; à dire *üŋ ànhèb bláŋk* « un agneau blanc » avec *ánhèd* (*ánheb* presque) pour *anhétch* : mais on dira *üm bláŋk anhètch*; à dire encore *ke fiázye dúŋk*? « que faisait-il donc ? » pour *ke fiazye dúŋk*, mais *ke fiazyé*? ou *ké fiazyé*? « que faisait-il? ». Cette prononciation est souvent très sensible [1]. — Remarquons, en outre, que dans des locu-

[1] De même, en français on a « voùs avez », mais « avez-voùs? » (Voy. Koschier, *Le français et le provençal*, p. 57 et suiv.). — L'accent grave désigne ici un accent secondaire, moins marqué d'ailleurs en français qu'en luchonnais.

tions comme *adàygwa 'p prát* « arroser le pré », *-gwa* est prononcé assez bref, mais sur un ton plus haut que le reste, *prát* au contraire long et avec plus d'intensité, et en laissant retomber la voix plus bas même que pour *aday-* ; on a donc à peu près : la la si soldièze-mi, les cordes vocales se détendant rapidement sur *prát*[1], c'est-à-dire *prát* donnant ce qu'on appelle en musique une note « portée ». De même, si l'on dit, p. ex., *àkedj óme k'ey ün sawmét* « cet homme est un âne (c.-à-d. un têtu) » les accents d'*intensité* sont principaux sur *ó* et *é*, secondaires sur *a* et *ü*, ce dernier plus faible ; mais ceux de *hauteur* sont, l'aigu sur *ó* de *óme* ; les graves sur *a*, *me k'ey* (presque à la hauteur de *ó*) et *aw* (un peu plus bas) ; enfin sont prononcés plus graves *kedj*, *ün* et *mét*. Il y a donc un certain désaccord entre les deux espèces d'accent. On voit notamment que, si *ó* porte accent principal d'intensité et accent aigu, dans *sawmét*, *aw* non intense approche de l'accent aigu, tandis que *mét*, très grave, porte un fort accent d'intensité. Voy. ci-dessus, dans la Revue des sons, ce qui concerne l'Accentuation.

2) *Influence des Enclitiques.*

Les enclitiques seuls entraînent de véritables déplacements de l'accent, hérités sans doute directement du latin, et étendus par analogie. Comme en luchonnais il ne peut y avoir de mots proparoxytons (ou, comme disent les Espagnols, esdrújulos), les enclitiques font avancer d'une syllabe vers la droite l'accent des mots paroxytons sur lesquels ils s'appuient. Cela se produit même quand l'enclitique est réduit à une consonne : c'est que dans ce dernier cas il a dû être enclitique, dès le latin populaire, avant d'être ainsi réduit ; et c'est même cela seul qui explique sa réduction, comme nous avons vu. Ainsi, tout mot sur lequel s'appuie un enclitique reste ou devient oxyton.

Par ex. : 1° Déplacement d'accent avec *béne* « vendre », qui donne : *bené-m*, *-t*, *-s*, *-w*, *-lo*, *-k*, *-mus*, *-bus*, *-les* (ces pronoms étant complément directs ou indirects), *-n*, *-y* (« me vendre, te vendre, etc. ») ;

[1] D'une manière analogue, en français, dans « as-tu fini ? », l'accent de hauteur, sur fi-, précède celui d'intensité, sur -ni (Voy. encore Suchier, *ibidem*).

Point de déplacement, mais des enclitiques encore avec *á* « aimer », *sabé* « savoir », *partí* « partir », qui donnent *á-m*, *-t*, *-s*, etc.; *sabé-lo*, *sabé-k*, etc.; *partí-n*, etc.;

De même, avec *béy* « voir », *benét* « vendez », pas de acement d'accent; mais plusieurs enclitiques changent de ie: *béy-me*, *-te*, *-se*, *-le*, *-lo*, *-òk*, *-mus*, *-bus*, *-les*, *-ne*; *béy-i*, able, mais inusité: on dit *béy-s'i*; *benèm-me*, (*bén-te*), *l-le*, *benél-lo*, *benétt-òk*, *benèm-mus*, *benéb-bus*, *benél-les*, *n-ne*, *benétt-i*; etc.

n le voit, le traitement, en luchonnais, des mots qui pré- ent les enclitiques est le même que celui, en latin classi- , des mots précédant que, ve, se, etc. On accentuait vírum, s virúmque, etc. Seulement, les Latins n'aimaient guère enclitiques après les infinitifs; et, d'autre part, les mots u, (il)la, me, te, se, inde, hic, etc., qui ont donné les litiques luchonnais, n'étaient pas, que nous sachions, litiques en latin classique. Reste cependant que c'est la le classique, étendue par le latin luchonnais, que le luchon- a conservée.

eux enclitiques peuvent se suivre, quand l'un d'eux est it à une consonne. Ex.: *béy-s'i* « y voir »; *didél-lò-m* es-la-moi »; *fenéz-le-t*, litt. « finis-le-toi »; *'nâb-bu n* z-vous-en ». Mais l'ensemble des enclitiques ne peut ser une syllabe, contrairement à l'espagnol: c'est que honnais n'admet point de mots esdrújulos, ni à *fortiori* ués encore plus en arrière; on devra donc dire p. ex. *-n i*, litt. « allez-vous-en y, c.-à-d. là ».

a que deux exceptions à la règle du déplacement de vers la droite sous l'influence des enclitiques:

ès la 2e pers. du sing. de l'impératif présent de la conjugaison, il ne se produit pas. Ex.: *áymò-ıo* », *lèchò-k* « laisse le (cela) », *pòrtò-n* « portes-en », « écoute-moi », *eskútò-t* « écoute-toi » (mais *àymo lá*, , *pàrlo m'én*, etc., sans enclitiques). — *Béne* « viens », de même: *béne-y* « viens-y »;

l'infinitif *éste* « être », il ne se produit pas non *éste-y* « y être », *éste-n* « en être », etc.

3) *Modifications internes résultant du déplacement de l'accent.*

Certains mots ont éprouvé ou éprouvent des modifications internes, par l'effet des enclitiques qui les suivent.

Ainsi, les verbes *kréy, káy* et *plòy* donnent p. ex. *kreé-w* « le croire », *kaé-n* « en tomber », *plué-y* « y pleuvoir ». C'est que l'enclitique avait fait dire *credér(e), *cadér(e), *plŏér(e) (ou *plŏvére?) pour créd(e)re, cád(e)re, *plóere. Mais *bé-* « voir », comme on l'a vu, reste *béy*.

Souvent il se produit des changements de voyelle devant des enclitiques; ainsi *eskúto* donne *eskútò-w* « écoute-le », avec *ò* pour *o*; de même dans *didél-lò-m* « dites-la moi », *lò* est pour *lo*; enfin *pêrde* donne *perdé s* « se perdre », avec *e* pour *è*, et *destòrse* donne *destursé-z ep pê* « se fouler le pied », avec *u* au lieu de *ò*. — Inversement, les mots devenus enclitiques s'altèrent (v. ci-dessus *díykyo*, *jámes*). D'autre part, devant le pronom *ôm*, certains verbes sont traités comme des proclitiques. Ex.: *ke sab-ôm?* « que sait-on? » (*sab-* pour *sáp*); *ke s'i by-ôm* « on y voit » (*by-* pour *bé*); *ke pud-ôm* « on peut » (*pud-* pour *pòt*); ils sont par suite susceptibles, comme le montre surtout le dernier exemple, d'éprouver des changements de voyelle. Remarquons encore ce qui se passe pour le mot *sánt* « saint » qui comme proclitique devient (par *sáynt-?) *sent-* ou *sem-* (Ex.: *Sent-Antôni*, *Sem-Mamél*, et même *ün sent ôme*); cf. en espagnol sant ou san pour santo; — pour le mot *nôm* « nom », qui passe à *nun* devant *de* dans les jurons; — et pour le mot *prêts* qui passe à *prets* dans *a prets-hièt* « à prix fait », comme *dèts* « dix » parfaitement proclitique à *dets*: Ex.: *detz ùres* « dix heures ».

Ces dernières modifications sont à rapprocher des apophonies internes des noms non seulement dérivés (*hônt* « fontaine », donnant par ex. *hunterélo* « petite fontaine »), mais même composés (*Hunt-Ampúres*, n. de lieu), des verbes à balancement (*destòrsi*, mais *destursém*), etc. Elles s'expliquent de même, l'ensemble des mots groupés autour d'une seule syllabe accentuée ayant été traité, là comme ici, comme un mot unique. Aussi pourrait-on considérer les combinaisons des verbes avec les enclitiques comme de véritables formes verbales nouvelles (Cf. le basque, qui incorpore les pronoms régimes aux verbes, ce qui le fait classer comme langue polysynthétique). — Quant à *ò* pour *o* dans *eskútò w*, *didél-lò m*, etc., il s'explique par l'influence de la consonne finale qui a maintenu ouvert l'*ò* issu de l'a latin.

Remarquons enfin le passage fréquent des voyelles finales *u*, *i*, et quelquefois *e* aux semi-voyelles *w* et *y*, quand le mot suivant commence par une voyelle. Par ex., *nu ey paz étch* « ce n'est pas lui » donne *nw éy paz étch* (ou encore, mais c'est alors *ey* qui subit une apocope, *nú-'y paz étch* et même en parlant vite *nũ-'y paz étch*) ; *ke s'i be ôm* « on y voit » donne *ke s'i by-ôm*; on dit *era ki páse* « celle qui passe », mais *era ky éy em prát* « celle qui est au pré » ; de même, le pronom *i* donne *y*: *ke y-á?* « qu'y a-t-il ? », *y anaré* ? « irai-je (là) ? », *dé 'ná-y* « d'y aller ». Voyez enfin *kyó* et *dìŋkyo* dans les Élisions, ci-après.

B) Élisions

En luchonnais, les voyelles toniques ne s'élident point.

Quant aux voyelles atones qui terminent les mots, elles sont plus variées qu'en français, où il n'y a que l'e dit muet (*ö* ouvert très bref), et d'autre part elles sont moins assourdies. Ce sont l'*i*, l'*u*, l'*o* (en larb. *a*), l'*a* et l'*e*. (Nous ne comptons point l'*è* qui ne se trouve point atone final ; ni l'*ò* qui n'est jamais, comme atone, vraiment final : Ex. : *pòrtò w*, *didél-lò-m*). Elles ne s'élident point toutes avec la même facilité et aucune ne s'élide aussi aisément que l'e muet français.

1°) L'*i*, l'*o* (en larb. l'*a* : le larboustois élide moins encore que le luchonnais, car l'*a* s'élide moins que l'*o*) et l'*u* sont simplement prononcés d'une manière moins distincte, mais sans s'effacer entièrement. — Cependant l'*o* disparaît presque devant les voyelles, dans le langage courant, et pourrait s'élider sans difficulté en poésie (Cf. ce qui se passe en espagnol, où deux voyelles qui se suivent ne comptent que pour un pied en poésie, bien qu'il n'y ait pas élision à vrai dire). — L'*u* s'élide aussi exceptionnellement dans *nu*, négation. Ex. : *n'impòrte* « n'importe », peut-être expression prise toute faite au français ; *n'àwep pàz akabát* « vous n'avez pas fini », en parlant vite. — Il s'élide encore dans *yu* (anc. et à Saint-Mamet) pour *yo* « une ».

2°) L'*a*, d'une manière générale, ne s'élide pas; p. ex. on dit *eꞅa èrbo* « le fourrage », avec hiatus, sans qu'il y ait ꞅ devant *èrbo*. — Il faut cependant faire exception : 1° pour l'a qui termine l'adverbe *ja* : Ex. : *j'èm ganháts* « nous sommes sauvés »; mais on dit *ja i báw* ou *ja-y báw* « j'y vais »; — 2° pour le cas où l'*a* à élider se trouve en présence d'un autre *a* : Ex. : *eꞅ'áygo* « l'eau », *eꞅa 'wét* « le sapin ». Dans ce dernier cas, il est d'ailleurs difficile de savoir si l'on a affaire à une élision ou à une apocope, précisément parce que la fusion des deux mots est aisée et parfaite. Peut-être y a-t-il plutôt élision de *a* final devant *a* tonique (*eꞅ' áygo*) ou contre-tonique (*eꞅ' àwedáw* « la sapinière »), mais plutôt apocope après *a* final de *a* atone initial (*eꞅa 'wét* plutôt que *eꞅ' awét*).

Ces remarques sur l'élision de *o* et de *a* nous font comprendre que le luchonnais, qui dit *yo* pour « une », et qui dit déjà *yáwto* « une autre », puisse dire aisément *y' umbro* « une ombre », mais dise, avec apocope de *a*, *yo 'wét* (Saint-Mamet *yu 'wét*) « un sapin »; et que le larboustois, au contraire, qui dit *ŭa* et *ŭáwta*, puisse dire *ŭa 'wét*, comme s'il y avait élision (*ŭ' awét*), mais doive dire *ŭa úmbra*.

3°) L'*e* seul s'élide complètement en luchonnais. Ex. : *did' a túts* « dire à tous », *brab' òme* « brave homme », *brab' umenót* « brave petit homme », *brab' izárt* « brave isard ». Ici, comme pour *a* devant *a*, on peut se demander, quand *e* se trouve devant *e*, s'il y a apocope ou élision. Par exemple, dans *ke s'en túrne 'ykáꞅo* « il s'en revient encore », a-t-on *túrn' eykáꞅo* ou *túrne 'ykáꞅo*? Il est probable que l'on a plutôt apocope, puisqu'on dit *ke m'en túrni 'ykáꞅo* « je m'en reviens encore », avec apocope. Mais dans *k'ey d'eꞅo* « c'est d'elle », *fiwélho d'eskeyꞅé* « feuille de renoncule », il y a élision. Les choses se passent donc comme pour *a* (élision de *e* devant *é*, tonique ou contre-tonique, mais apocope de *e* après *e*).

En outre, même à l'élision de *e* il y a des exceptions; il s'élide régulièrement que devant *a* et *e*; devant les autres voyelles, cela dépend des mots. Par ex. avec *de* « de » et « que », on dira *d'awé* « d'avoir », *d'enténe* « d'entendre » même *k'awé*, *k'enténe*; on dira *k'ey báw* « j'y vais » (*ey* rme initiale de *i*); mais on dira avec *idulá* « hurler », *ũsklá* passer à la flamme », *urbí* « ouvrir » : *de idulá*, *ke idôle*, *de* *sk'á*, *ke ũskle*, *de urbí*, *ke órp*; on peut pourtant dire *d'urbí*, n parlant vite; et on dit *dúro* « de bonne heure » pour *de* *ro*, mais c'est une locution toute faite. Il en est de même avec *se* « si »; mais les pronoms s'élident davantage. Ex. : *e m'ũzi*, *béy-s'i*, *ke m'úrli 'ra pélho*, etc.

L'interjection *kyó* (pour *ke ó*, à Saint-Béat *tyó*, à Auch *tchó*), a conjonction *diŋkyo* (pour *de liŋ ke a*, larb. *déntya*) à côté le *diŋko* nous montrent l'*e* de *ke* passant à *y* plutôt que de l'élider. L'élision, dans *díŋko*, est sans doute plus moderne.

C) Aphérèses

Si les élisions sont peu aisées en luchonnais, en revanche les aphérèses ou apocopes de la voyelle initiale[1] y sont fréquentes. Elles sont favorisées par la rapidité de la parole, et par suite se rencontrent surtout dans le parler de Saint-Mamet. Elles affectent, à l'inverse des élisions, la voyelle initiale d'un mot qui en suit un autre terminé soit par une voyelle atone, soit même par un *y* ou un *w*. Ex. : *adaygwá 'p prát* (pour *ep prát*) « arroser le pré » ; *bèro 'syéto* (pour *asyéto*) « belle assiette » ; *bèro 'tsyúŋ* (pour *a(k)tsyúŋ*) « belle action » ; *e béy 'ra nhèw* (pour *era nhèw*) « je vois la neige » ; etc. — En s'affaiblissant, *h* permet l'élision ou l'apocope. Ex. : *S'aún (h)én trebalhá, akedj ôme!* « où on le fait travailler, cet homme! » ; *era 'jino* « la fouine », pour *era (ha)jino*. C'est l'article qui présente les exemples les plus fréquents d'apocope.

1) *Règles de l'apocope.*

L'apocope est en somme de règle:

1°) Quand un mot commençant par *arr-* se trouve placé près une voyelle : l'*a* disparaît, mais le redoublement de *r*

[1] Moins fréquentes en languedocien; inconnues en français, à moins il n'y en ait une dans « irai-je? » pour y (i)rai-je, et « j'irai », pour (i)rai. Comparez encore « n'y » partout pour ni y (Ex.: Martha, *La Morale pratique dans les lettres de Sénèque*, p. 8: « On n'en peut rien retrancher, n'y rien ajouter.. »); mais il y a là peut-être élision, comme pour si devant il.

persiste. Ex. : *eɀa 'rrôdo* « la roue » ; *yo 'rrôzo* ou *yu 'rrôzo* « une rose » ; *ũm bukéd de 'rrôzes* « un bouquet de roses ». Mais pour ce dernier exemple il y a de l'hésitation : on dirait aussi *d'arrôzes*. C'est que deux règles entrent ici en conflit : celle qui veut que l'*e* atone s'élide, et celle qui appelle l'apocope de l'*a* de *arr*. En tout cas, l'apocope ne se fait pas, en général, avec les mots qu'elle rendrait monosyllabiques ; on dira p. ex. *pléŋ d'arrôs* « plein de rosée », *pléŋ d'arrùlh* « plein de rouille », etc. ; ce n'est que si un *a* précède qu'on la fera, p. ex. dans *nu y-a 'rréŋ* « il n'y a rien », bien qu'on dise cependant *nurréŋ* (pour *nu arréŋ*) « rien ». — Avec les mots de deux syllabes (*ar-* non comptée), ce qui est le cas le plus fréquent, l'apocope est de règle : ainsi avec *arrôdo, arrôzo, arrudá*, etc.) ; il n'y a d'hésitation qu'avec *de*, et quand l'*a* est dû au préfixe ad (Ex. : *d'arribá*, « d'arriver » ou *de arribá*, mais non *de 'rribá*) ; sans compter encore le cas où c'est un *a* qui précède : nous écrirons *ke l'á 'rrapát* « il l'a saisi », mais *ent' arribá* « pour arriver ». — Enfin, avec les mots commençant par *arr-* et ayant plus de deux syllabes sans compter *ar-*, l'apocope est plus libre : on peut dire p. ex. *de 'rrenêche* ou *d'arrenêche* « de renaître ».

2°) Quand un mot commence par une voyelle suivie de l'un des groupes *st, sk, sp, zd, zg, zb, zm*. Ex. : *eɀa 'skáwo* « l'écheveau » pour *eskáwo* ; *yu 'stélo* « une étoile » pour *estélo* ; *yu bêɀo 'spádo* « une belle épée » pour *espádo* ; *ent' 'zbaní-s* « pour s'évanouir », pour *ezbaní-s* ; *yu 'stéɀo* « un copeau » pour **astéɀo*, etc. Beaucoup de ces mots commençaient dès le latin par st, sc, sp, sm, et l'*e* initial est issu chez eux d'un ĭ prothétique ; on peut donc dire qu'il y a avec eux, comme avec ceux commençant en latin par r, plutôt absence de la voyelle prothétique, inutile après une voyelle précédente, qu'apocope proprement dite.

3°) Quand l'apocope peut amener en tête les groupes *mp, mb, nt, nd, nn, ŋk, ŋg*. Ex. : *eɀa 'mpáɀo* « l'appui du timon » ; *eɀa 'ntensyúŋ* « l'intention » ; *buno 'nnádo* « bonne année » ; *eskúto 'ŋkáɀo* « écoute encore ». Cette apocope, du moins avec *ŋk* et *ŋg*, est un peu plus dure que les précédentes, et ne s'accomplit guère que dans la parole assez rapide.

Dans la parole rapide, toutes ces apocopes peuvent s'accomplir même après *y* et *w*. Ainsi on dira ordinairement *rtá-y eʀa máŋ* « y porter la main » ; *kupá-w eʀa máŋ* « lui couper la main » ; mais en parlant vite (notamment à Saint-Lamet) on pourra dire *purtá-y 'ʀa máŋ*, *kupá-w 'ʀa máŋ*.

2) ***Modifications des mots, résultant des apocopes.***

Le phénomène de l'apocope nous permet d'expliquer l'altération et la forme actuelle de certains mots.

1°) C'est ainsi que nous trouvons, dans les *verbes* :

'ná « aller », pour *aná* : *k'ey bo 'ná* « il veut y aller » ; d'où *nu-y bó paz 'ná* « il ne veut pas y aller » ;
'magá « cacher », usuel pour *amagá* ;
'párlòt « recule-toi », pour *apártò-t* ;
'wê « tiens », *'wêʀo* « gare », prob. pour **awê*, * *awêʀo* ;
'wêylo « regarde », pour *awêylo*, etc.
(*gwá* « faire tremper », n'est pas pour °*agwá*, mais pour *guñá*, indic. prés. *ke góñi*).

Le phénomène de l'apocope, combiné avec l'emploi de la préposition *a* devant l'infinitif régime (Voy. la Syntaxe), explique qu'on croie devoir restituer le préfixe *a* à certains verbes, et contribue à développer la composition avec ce préfixe.

2°) De même, dans les *noms*, l'apocope a souvent fait disparaître l'*a* initial, et même la consonne suivante. — (Parfois, l'*a* primitif est si bien oublié qu'il a été remplacé, devant les groupes *sp*, *st*, *sk*, *mp*, *mb*, *nt*, *nd*, *ŋk*, *ŋg*, par un *e*, sous l'influence analogique de l'*e* prothétique). Ainsi, l'on dit :

eʀa 'chchôlo « la doloire », de asciola, rég. °*achôlo* ; d'où pl. *echchôles* ;
eʀa 'gwáw « la rigole », de aquale, rég. **agwáw* ; d'où pl. *agwáws* ou *gwáws* ; cf. *gwák* « têtard » (infl. de *guñá?*) ;
eʀa 'jíno, pour *eʀa ñajíno* « la fouine », d'où plur. *ñajínes* ou *'jínes* ;
eʀa 'stêʀo « le copeau », pour °*astêʀo*, de (h)astella, d'où pl. *estêʀes* ; cf. *estélho* « fibre », de (h)asticula, d'où *estelhût* « fibreux » ;

era 'zliso « le ravin forestier », pour *ezlíso*; d'où même *ya liso*;

era 'spárro « le barreau », pour *espárro*, d'où même *ya párro*;

eskèr « gauche »; *ep pè 'skêr* « le pied gauche », d'où même *ep pè kêr*, *era màŋ kêrro*.

Dans ces trois derniers mots, on peut avoir pris la première syllabe *es* pour le préfixe *es* (de e x) souvent explétif.

On ne dit plus aujourd'hui que *láme* « flamme » pour **haláme*; *lú* « fine fleur », pour **hulú*, etc. Nous avons signalé ci dessus *melík*, *búm*, *glèyzo*, *Lüchúŋ*, *se*, *la*, etc., où l'apocope est bien plus ancienne, et est d'ailleurs celle de *u*, de *e* ou de *i*. Remarquons, en outre, les formes commençant par *s* du verbe *èste* « être »; mais ceci n'est pas spécial au luchonnais.

C'est peut-être par l'apocope qu'il faut expliquer la forme *hurèst* « forêt », employée par certains à côté de la forme régulière *hawrèst*, de fŏreste. En effet, *era hawrèst* donne par apocope *era 'wrèst*, qui à son tour peut par diérèse de *aw* donner **era-urèst*. — C'est enfin elle qui explique le mot composé *arráto-grílho* « rat des champs »; *grílho* de *(a)gricula (montalb. *ra-griwle*, supposant *agrīgulu).

De même avec des *noms propres*:

Gilèto (nom de vache) vient probablement de *aquilitta, avec une apocope très ancienne: sinon la contre-tonique serait tombée; il est vrai que le mot pourrait avoir été emprunté, et que le béarnais donne pour « aigle » *agílo*, de aquĭla, luch. *ággl̥o* de áquĭla.

« Sainte-Agathe » (nom de lieu) se dit *Sénto-'gáto*, et même *Sénto-'rráto*, rat paraissant plus amical que chat;

éd de 'Spètch, pour *Aspètch*, « celui d'Aspet »;

ep pí·l de 'Ntenák ou *d'Entenák* « le pic d'Entenac »; — *Entenák* nous paraît être la bonne forme (Voy. la Lexicologie);

era bá l de 'Stòs « la vallée d'Astos »; on dit aussi *d'Astòs*, et *Astòs* est évidemment la vraie forme (ASTO, datif, qui se trouve sur les inscriptions + le suff. *òs*). Mais certains disent *Estòs* remplaçant *A* par *E*;

ilhúŋ (mot signalé par J. Sacaze); suppose sans doute *ulhúŋ*. issu de * *Awelyòn*; de Abelione ou Abellione. Dans mot l'apocope est ancienne, comme dans *melik* et *Gıléto*, our la même raison. — On dit encore *ep píd de 'Nétu* « le de Néthou ». On a récemment soutenu que le véritable de ce pic est pic d'Anéto. Anéto est en effet le nom d'un ge espagnol qui a donné son nom à ce pic. **Anétu*, et, apocope, *'Nétu*, est simplement la transcription luchon-e de ce mot espagnol. La dénomination « Néthou » n'est s pas erronée; seulement c'est par l'intermédiaire du onnais que le français l'a prise à l'espagnol (Voy. la Lexi-gie); en fr. pr. dit il faudrait dire Anet.

'n résumé, le luchonnais élide peu; il y a des hiatus, assez x d'ailleurs, qu'il n'évite pas; mais il aime les apocopes et naît les enclitiques avec déplacements d'accent et apopho-i.

2° Modifications éprouvées par les consonnes

lles peuvent se diviser en trois catégories: A) Chute de sonnes; B) Adoucissements et C) renforcements; D) Assi-ations.

A) Chute des consonnes finales ou initiales

lle se produit, soit d'elle-même, soit par suite de rencon-s avec des voyelles et d'autres consonnes.

) *Chute des consonnes finales.*

) *Chutes indépendantes des rencontres.*

ertaines consonnes finales sont d'elles-mêmes tombées uis peu, ou tendent à tomber encore aujourd'hui. Nous ns indiqué ces faits dans la seconde partie; nous les rap-ons ici, à cause de leur caractère récent ou actuel.

•) Ainsi, c'est récemment que *s* est tombée après *m* et sur-t après *t*, aux 1re et 2e personnes du pluriel des verbes *ntám*, *kantát*). Nous en avons déjà parlé.

2°) La finale *r* persiste, sous une influence savant
pūr « pur », *eskūr* « obscur », *amár* « amer » ; elle est
régulièrement, dans *madū* « mûr », *segū* « sûr » ; *awtá* « :
kantá « chanter », etc. Cette chute doit être assez réc
moins pour les noms ; cf. au pluriel *madūs*, *segūs*, ter
remplacer *madūri* et *segūri*

3°) La chute de *n* finale après *r* n'est pas encore to
achevée. Ceux qui disent *kár* « chair », *iwêr* « hiver
« four », sont bien plus nombreux que ceux qui disen
iwêrn, *húrn* ; cependant ces dernières formes, surtou
s'entendent encore ; – De même *yêrn* « enfer », pour *
de infernu, se dit encore dans la locution *aná ta yêrn*
en enfer », bien qu'on dise aussi *aná ta yêr*, et coura
pour enfer, *infêr*, pris au français. Dans *bêrn* « aulne »,
« lézard vert », mieux à l'abri d'influences, *n* se maint

4°) Les finales *y* et *w* sont aussi tombées parfois :
ment. Il doit y avoir longtemps qu'on dit *perê* « poi
pour **perêyr* (ou peut-être plutôt *perêr*), *kantê* « je ch
pour **kantêy*, *kantarê* « je chanterai » pour **kantarêy*
hêy « faire », quelle qu'en soit l'origine, a dû se dire n
encore à côté de *hê* (si du moins nous n'avons pas co
avec *hê-y* p. ex. dans *ké-y kaw hê-y*? « que faut-il y fa
avec un *y* pléonastique. Voy. les Pronoms). — Le *w* est
tout récemment dans *Andrê* « André » ; *Andrêw* se disait
il y a peu de temps, et c'est le français André qui a dû
ici la chute du *w* ; mais on dit touj. *Andrewét* (dim.). –
est aussi tombé récemment, comme semble le démon
prononciation encore assez ouverte de la terminaiso
singulier et au pluriel des noms en -**ów* venus de -ōl
awryó « loriot », presque *awryó*, pour **awryów*, de au
pl. *awryós* pour **awryóws* ; il tombe de même dans *só*
sóws, pl. de *sów* « sou » quand on compte une somme ;
sóws.

b) *Chutes dues à diverses rencontres.*

1°) *Éy*, 3ᵉ pers. du sing. de l'indic. prés. du verl
« être », perd son *y* sous l'influence d'un autre mot con
aussi un *y*, surtout dans la parole rapide ; et encore q

termine la phrase. Ainsi on dit *era ky-éy em prát* « celle qui est au pré », mais en parlant plus vite *era ky-e 'm prát*. On dira *ke s'en ey 'nát* « il s'en est allé », mais *ja y-e 'nát* « il y est allé » plutôt que *ja y-ey 'nát*; et de même *y-é?* « y est-il? », *nu y-é?* « n'y est-il pas? », *ke y-é* « il y est », etc., mieux que *y-éy*, *nu y-éy* ou *ke y-éy*. Le fait se produisant, dans ces derniers exemples, après *y*, on peut se demander si ce n'est pas une dissimilation.

2°) Dans les mots *mús* et *bús*, pron. personnels plur. compléments, proclitiques ou enclitiques, *s* tombe devant *-n*, *-m* ou *-ŋ* pour *en* (« en » pronom). Ex. : *'Náb-bu-n* « allez-vous-en »; *Kim bu-m bá?* « comment allez-vous ? », litt. « comment vous en va ? »; — *Kwánti bu-ŋ gwarát?* litt. « combien vous en gardez-vous ? » ; — *Aném-mu-n*, *anému-n* ou même *'nemu-n* « allons-nous-en », pour *aném-mus-n* ; dans ce dernier exemple il y a aussi chute de *m* dans *aném*. — Cf. pour la chute de *s* dans *mus* et *bus* l'espagnol amámonos pour amámos nos. En luchonnais elle doit remonter très loin, à cause de l'emploi de *-n* ici (au lieu de dire, * *aném-mouz né*) à moins qu'il n'y ait eu des influences analogiques (p. ex. de formes comme *bê-t'en* ou *te-n*, *tirá-lò-n*, etc.)

3°) En outre de ce cas spécial, la finale *s* tombe encore dans les groupes finaux *ns*, *ts*, *ps*, quand ceux-ci se trouvent devant un mot commençant par une consonne[1]. Ainsi on dit *et téns* « le temps », mais *et tem pasát* « le temps passé »; *abáns* « avant », mais *abáŋ ke syé partít* « avant qu'il soit parti » ; *dits-òk* « dis-le », mais *díl-lo* « dis-la », *dím-me* « dis-moi » ; *düs kòps* « deux coups », mais *a kòd de 'gülhádes* « à coups d'aiguillon » ; *dêts* « dix », mais *dek kárs* « dix chars », etc. — Voy. plus loin les Assimilations actuelles.

4°) La finale *ch* tombe de même dans le groupe *tch*. Ainsi, dans *bitch* « précisément »; on dit, devant une voyelle, *bidj* : Ex. : *bidj áro* « à l'instant même », mais devant une consonne

[1] On dit de même *hòr dera Gléyzo* « hors de l'Église », avec *hòr* pour *hòrs*. Mais cette expression est sans doute prise au français, car le mot vraiment luchonnais pour dire « hors » est *hòro*.

ch tombe : Ex. : *bid desũs* « juste au-dessus ». — Vo loin les Assimilations actuelles.

5°) Les sourdes *p*, *k*, *t*, finales d'un groupe final (ord ment *p* après *m*, *k* après *ŋ*, et *t* après *n*) tombent dev consonne initiale du mot suivant. (On comprend aisémer chute ; c'est que sans elle on aurait, chose pénible noncer, et même impossible à prononcer sans une intermédiaire, deux explosives à la suite ; c'est surtout avec des muettes : *mp-b*, *ŋk-t*, *sk-d*, etc.). Ex. : Ave « champ » : *ũŋ kam barrát* « un champ fermé », *un kan* « un champ semé », etc. ; — avec *bò·k* « bois » : *eb b* « le Bois-neuf » (n. de lieu) ; — avec *síŋk* « cinq » : « cinq sous », *siŋ tchibáws* « cinq chevaux » ; *siŋ djárre* jarres » (Voy. plus loin les Assimilations) — avec *lúŋk* « *k'ey awta lúŋ kumo 'dj áwte* « il est aussi long que l'a — avec *gwéyt* « huit » : *gwey sòs* « huit sous » ; *gwey* « huit chevaux » ; — la chute de t est remarquable ici, aurait pu prononcer *gweyt chibáws* et *gweyt sòs* ; c'e doute par analogie avec des cas comme *gwey táwles* tables », *gwey káps* « huit têtes » qu'on dit toujour devant une consonne ; — avec *bínt* « vingt » et *sént* « *bin sòs* « vingt sous », *bin díts* « vingt doigts », *sen* « cent chevaux », *sen-dũs* « cent-deux », *sen-trés* « cent- *seŋ kwáte* « cent-quatre », *sem-bint* « cent-vingt » ; - *sánt* « saint » : *Sem-Páw* « Saint-Paul », *Sem-Mamét* « Mamet ». — On peut rattacher à ceci la forme *kwán* conjonction « quand ». Quando donne régulièrement mais *kwán* devant une consonne a pu être pris pour un *kwánt* dont le *t* serait tombé ; sans compter l'existe l'adverbe *kwánt* issu de quantu, qui donne en effet *kwan* une consonne : Ex. ; *kwán ne bòs?* « combien en veux et peut être aussi l'appui offert par *t* à *n*, et l'influenc prononciation française[1]. De là *kwánt* pour dire « qu

[1] En français, on prononce en effet quand tantôt *ka*ⁿ, tantôt *k* Les phénomènes que nous analysons ci-dessus existent aussi en f seulement l'uniformité de l'orthographe les voile. C'est ainsi par que dix se prononce *di* dans dix mois et *di z* dans dix homm cent se prononce *sa*ⁿ dans cent chevaux, et *sa*ⁿ *t* dans cent homm

:vant une voyelle. Ex. : *kwant* (et même *kant*) *òm mòr* «quand ı meurt», plutôt même que *kwan òm mòr*.

2) *Chute des consonnes initiales.*

Les consonnes initiales tombent rarement. Cependant :

1°) Il arrive souvent que *ĥ* disparaît, au point de permettre llisions, apocopes (v. ci-dessus) et adoucissements (v. ci-après Adoucissements et Renforcements). Sa chute est surtout fréquente avec des mots très usités, comme *ĥê* « faire », *ĥáy* « hêtre », etc. Il est plus correct de la maintenir. (Montauban de Luchon la maintient mieux que Bagnères et que Saint Mamet).

2°) L'apocope de la voyelle initiale a parfois entraîné, comme nous l'avons vu, la chute de la consonne suivante : quand celle-ci était *s* ou *z* : *párro* pour *espárro*, *líso* pour *ezlíso*, *kér* pour *eskêr*, etc. Peut-être cette chute tient-elle, comme nous l'avons dit, à ce que l'on a pris cette *s* ou ce *z* pour finale du préfixe *es* ou *ez*, souvent explétif.

3°) Dans *etch ĥéms* « le fumier » (*ĥ* peu sensible), *ĥéms* est our *ĥyéms*; le *y* est donc tombé là, tandis qu'on dit *pléŋ de yéms* « plein de fumier ». Cette disparition du *y* devenu comme itial s'explique par le son mouillé du *ch*, qui l'a noyé. Cf. *'ĥéw* « lessif » pour **léysyéw*, de lixivu.— (La vallée d'Oueil t *etch ĥyéns*).

B)-C) Adoucissements ou Renforcements des consonnes

B) Adoucissements

Ils se produisent. soit isolément, soit par suite d'une rencontre avec une voyelle ou une consonne douce, et affectent les finales et les initiales.

1) *Adoucissements des consonnes finales.*

a) *Adoucissements indépendants des rencontres.*

Nous rappelons ici seulement ceux qui nous paraissent très récents. Ainsi on a *Lis* (n. de vallée) pour *Lits*, pluriel de *t* « avalanche et couloir d'avalanche ». C'est sans doute plus récemment que *nts* est passé à *ns* dans le mot *lagéns* « là-dedans »,

(v. fr. †léans), de illac-intus; dans la locution *de buk'adéns* « face contre terre », litt. « de bouche à dents » (v. fr. †adenz), de ad dentes; dans tous les adverbes en *-méns*, comme *lawjèromens* « légèrement », pour *mént* (de mente) + *s* adverbiale; d'ailleurs *ns* est tout près de *nts* en luchonnais.

b) *Adoucissements dûs à diverses rencontres*,

1°) Les muettes finales fortes (*p*, *k*, *t*, *f*) s'assimilent, comme on verra, aux consonnes initiales des mots suivants; mais elles ne s'adoucissent pas en général devant une voyelle. Cependant, elles paraissent s'adoucir quand le mot qu'elles terminent est une espèce de proclitique. C'est ainsi qu'on a: *ke pud-ôm?* « que peut-on? »; *pud* pour *pôt*; *ke sab-ôm?* « que sait-on? »; *sab* pour *sáp*; *so k'ed dig áro* « ce que je te dis maintenant »: *dig* pour *dik*. Mais ces adoucissements pourraient être, dans une certaine mesure, hérités du latin (Voy. ci-dessus les Enclitiques) plutôt que fournis par des adaptations modernes; en tout cas, il y a eu là adoucissement comme dans les dérivés et composés les plus anciennement formés: p. ex. *kabélh* « épi » de *capiculu; *kabyôrt* « têtu », de *capi-forte; etc. — V. ci-après les Renforcements, pour *dabb*, *agg* et *ògg*.

2°) La vibrante *r* devient *r* (et initiale de syllabe par suite) entre deux voyelles: Ex.: *d'azür è d'ôr* « d'azur et d'or ». Elle paraît rester plus dure dans les mots où elle est issue de rr, comme *kár* « char », *eskêr* « gauche ».

3°) La sifflante *s* et la chuintante *ch* s'adoucissent respectivement en *z* et *j* entre deux voyelles et devant une consonne douce[1]. Ainsi on dit: *um páz o dũs* « un pas ou deux »; *key*

[1] C'est à cet adoucissement que correspond le passage, en montalbanais, de *s* finale, maintenue devant *p*, *k* et *t* (Ex.: *dwòs pùmòs*, *dus kudúns*, *dus tapíses*), à *y* devant les autres consonnes (Ex.: *syéy bastúses*, *luy déts*, *dwòy resdyòs*, *duy grils*, *lay fénnòs*, *may más*, etc.; et même devant *s* et *ts*: *muy sulyés*, *duy tsabàls*) et à *z* devant les voyelles (Ex.: *duz esklòts*, *muz amíts*, etc.). Le même fait se produit dans le parler de Fleurance (Gers. — Voy. *Ahéus e Flous*, Auch 1903, pp. 124-125), et en dauphinois aussi et même plus généralement Voy. Lamouche. dans le *Volume du Trentenaire de la Société des Langues Romanes*, p. 124, note).

báj eŋkáro « il est encore bas », et : *düez líts* « deux avalanches » ; *üm baj bláŋk* « un bas blanc ». Cf., dans les composés, *ezdejwá, ezmitadá, ezlawá* ; mais *eskaná, espesí*, etc. — Devant *ĥ, s* et *ch* restent durs : Ex. : *düs ĥáys* « deux hêtres » ; *em madech ĥáy* « le même hêtre » (cf plus loin l'Assimilation des groupes) — sauf naturellement chez ceux qui ont laissé tomber *ĥ*, et qui disent *düz(ĥ)áys*, etc., prononciation qui tend de plus en plus à remplacer l'autre.

4°) Les groupes s'adoucissent aussi entre deux voyelles, quand ils sont terminés par *s* ou *ch*. Ainsi, *ns* devient *nz* : *a-düz-anz á* «il y a deux ans » (on dit cependant, avec *ns* plutôt dur, *ün tens o yáwte* « un temps ou un autre ») ; *ts* devient *dz* : *dedz ómes* « dix hommes » ; *tch* devient *dj* : *edj áwte* « l'autre », *bidj áro* « tout de suite ». Mais cela ne se produit guère qu'avec les proclitiques. On dira, sans adoucir, *ez líts è'z láws* « les avalanches et les lavanches de caillous » ; *üŋ anhêtch antyê* « un agneau entier ».

2) *Adoucissement des consonnes initiales.*

Les consonnes initiales *b, g, d*, s'adoucissent entre deux voyelles et deviennent des affriquées (*bh, gh, dh*). Ex. : *ke hé bhént* « il fait du vent ». Elles sont assez douces également après *s* passée devant elles à *z*. Ex. : *ez dáls* « les faux », *ez búts* « les outres » ; comme après *j* de *ch, r, l*, les nasales, *y* et *w*. — Au contraire, elles deviennent explosives après une muette assimilée. Ex. : *eb bút* « l'outre », *ed dálh* « la faux ». Voir la *Revue des sons luchonnais*.

C) Renforcements

1) *Redoublement des finales.*

1° Redoublement des muettes, nasales, et sifflantes.

Les renforcements ou plutôt redoublements des finales se produisent essentiellement, croyons-nous, devant des mots qui commencent ou commençaient par une *ĥ* aspirée ; ils ont été étendus par analogie. Ils affectent pour la plupart les consonnes *b, m, g, t, n* et *s*, finales de proclitiques ou de mots précédant les enclitiques. Ex.: *emm hês, ett hês, ess hê, ess hên tizâne?* « Me fais-tu, te fais-tu, se fait-il, se font-ils de la tisane ? ; *k'agg hási* ou *b'agg hási* « je le fais » ; *t'agg ê jũřát* « je te l'ai juré » ; *ágg i búti?* « je le mets là ? » ; — *búlo 'gg i* « mets-l'y » ; *bálho t'ògg i* « donne le-lui là » (p. ex. un coup) ; *didétt-ók* « dites-le », *kreétt òk* « croyez-le », *licháit - òk* « laissez-le » ; *licháit ògg hũne,* « laissez-le fondre » ; *dabb haŕyô* « avec de la farine » ; *dabb hêr* « avec du fer » ; et *dabb étch* « avec lui », *dabb éŕes* « avec elles » ; — *k'enn hási dũs* « j'en fais deux » ; *kwánti 'nn hyáles?* « combien en files-tu ? » ; *k'enn hyálo dũs* « j'en file deux », etc.

Mais on dira cependant sans redoubler le *t* de *lichát : lichát òk está* « laissez cela tranquille » ; dans ce cas *òk* est proclitique de *está*, ce qui le rend indépendant de *lichát*. De même si l'on dit *k'agg arréygi* « je l'arrange (cela) », on dira, avec *ak* et non *agg : bengéb-buz ak arreygá* « venez vous l'arranger » ; dans cet exemple *ak* est presque accentué. Certains disent *t'ak è jũřát*. On dit sans redoubler *trôp hřét* « trop froid ». On ne redouble point *n* à la fin des verbes, car on dit *k'agg hien hê* « ils le font faire », *k'ap pôden hê* ils peuvent le faire », *k'ab bùlyen hê* « ils voulaient le faire » ; ni à la fin des noms : *ũn nin hřét* « un nid froid ». On ne la redouble point non plus dans l'adverbe *aún* « où » : *es endréts aun hũřez dad jú* « les endroits où tu fus avec moi » ; ni dans la conjonction *kwán* « quand » : *kwan hiú partit* « quand je fus parti » ; ni dans le pronom ou adverbe *kin* « quel, comment » : *kin hwék!* « quel feu ! », *kin haŕyés?* « comment ferais-tu ? » ; ni dans la préposition *en* « en, dans » : *en hwék* « dans le feu » ; *en hyalá* « en filant ». Tels sont les faits.

Comment s'expliquent ces renforcements et ces exceptions? Remarquons, d'abord, que nous avons affaire ici à des proclitiques brefs (*em*, *et*, *es*, *en* de inde, *ak*, *òk*, *dap*) ou à des enclitiques (*òk*), c'est-à-dire à des mots fortement appuyés à d'autres, et comme unis avec eux. Dès lors, les consonnes finales des proclitiques sont devenues implosives de très bonne heure par leur rencontre avec la consonne initiale d'un mot suivant ; cela s'est produit aussi devant *f* initiale, et a persisté, malgré le passage de *f* à une *h* de plus en plus affaiblie. Mais l'affaiblissement de *fi* a exigé, pour que la consonne finale du proclitique continuât à être implosive, qu'elle s'adjoignît une explosive semblable à elle : d'où le redoublement. — Cette explication se présente sans difficulté pour *em* de me et *en* de inde ; de même aussi pour *es* et *et*, car on comprend que *f* initiale ait maintenu forts *s* et *t* appuyés sur elle[1]. C'est de même, comme nous le savons, que dans les composés dont le second terme commençait primitivement par *f*, passée depuis à *fi*, les préfixes *en* (de in), *des* (de dis), *es* (de ex) ont redoublé leur finale Ex. : *ennurná* « enfourner », pour *enfiurná*, *dessezedá* « refroidir », pour *desfiezedá* ; *esswelhá* « effeuiller », pour *esfiwelhá*. Il faut y supprimer *fi* issue de *f*, puisque c'est précisément à son affaiblissement qu'est dû le redoublement. (Les vieilles formes se disent d'ailleurs encore un peu).

Avec *ak*, *òk* procl. et *dap*, il y a lieu de remarquer que le redoublement demande d'abord le passage de la sourde à la sonore ; on a ainsi *agg*, *ògg* et *dabb*. C'est que le redoublement doit être ici d'origine analogique. Comme *fi* s'était affaiblie après les redoublements *emm*, *ett*, *ess*, *enn*, ceux ci ont paru se trouver devant des voyelles : ce sont donc les formes de *ak*, *òk* et *dap* devant des voyelles, c'est-à-dire **ag*, **òg* et* *dab* (v. ci-dessus) qui ont pris le redoublement. — De là aussi des hésitations, compréhensibles surtout quand *ak* et *òk* ne sont pas nettement proclitiques ; d'ailleurs on peut avoir *ak* et *òk* toniques, ce qui n'arrive pas pour *em*, *et*, *es*.

Les formes comme *lichátt-i*, *lichátt òk*, devant *i* et *òk* non plus proclitiques mais enclitiques, doivent aussi s'expliquer par l'analogie avec des formes comme *lichám-me* « laissez-moi », *lichám-mus* « laissez-nous », *licháb bus* « laissez-vous », *lichán ne* « laissez-en », *lichál-le* « laissez-le », *lichál-lo*

[1] Il y a lieu de remarquer que les formes *emm*, *ett* et *ess* du pronom réfléchi des trois personnes s'emploient même devant *urbí* « ouvrir » (Ex. : *k'ett òrbes*) quoique *urbí* commence par une voyelle ; et que d'ailleurs, pour la troisième personne, la forme est aussi *ez* (Ex. : *k'ez òrp*). Régulièrement on aurait dû avoir *ke t'òrbes*, *ke s'òrp*. Il a pu y avoir ici influence analogique d'un verbe inusité aujourd'hui, et commençant par une *fi*, le verbe *fiurbí* « fourbir. On dit même *kwan te òrbi* à côté de *kwan ett òrbi*.

« laissez-la », *lichál-les* « laissez-les » où *m*, *b*, *n*, *l* ne sont qu'un *t* implosif assimilé. (Y aurait-il eu aussi quelque influence de l'ancienne terminaison *ts* ? Dans * *licháts*, puis * *licháth*, d'où *lichát*, à Saint-Béat *lichátch*, le groupe *ts* devait donner devant une voyelle un *t* implosif: *lichát/s-òk*, **lichát/kòk*. — Cependant, nous ne croyons pas qu'il y ait là recourir à cette explication).

Quant aux exceptions, elles tiennent avant tout à l'absence d'analogie ; puis au caractère plus indépendant des noms et des verbes à l'égard des mots qui les suivent ; enfin à des raisons phonétiques. *Kwán*, *aún*, *tròp* ne pouvaient être, comme *en* de inde, rapprochés des pronoms personnels. *Kin* aurait pu être rapproché de ces pronoms, et *en* préposition de *dap* ; mais le premier vient sans doute de *ke-ũŋ*, la seconde de in, qui prise toute seule aurait donné **e* ou au plus **eŋ*; dès lors, devant *h* et les voyelles, *kin* et *en* prép. n'ont pu avoir à redoubler une *n* qu'ils ne possédaient pas primitivement, mais qu'ils ont s. d. acquise là-même (Voy. ci-dessus). — Cf. le montalb. *en arribén* « en arrivant », *kũn òmel* « quel homme ! », et même *ũn òme* « un homme » ; tandis que le luchonnais dit *ũŋ òme* « un homme », *ũŋ háy* « un hêtre ». etc. Comparez à ces redoublements luchonnais, le louronnais et aranais *ett hilh* « le fils » (luch. *etch hilh*).

2° Redoublement de *ch*, et autres.

On peut rapprocher des redoublements précédents, bien qu'il s'agisse désormais plutôt de redoublements internes:

1. Le redoublement de *ch* dans *ech* intervocalique. — Nous avons vu ci-dessus comment x + s intervocalique avait donné *ch* dans le corps des composés où entre le préfixe ex, comme ex-sucāre, *echchüyá* « essuyer » ; ex-sibilare, *echchewlá* « siffler » ; ex-siccare, *echcheká* « sécher à fond » ; ex surdare, *echchurdá* « assourdir », etc. L'analogie morphologique et phonétique a amené *ch*, pris pour *ch* du préfixe *ech*, à se redoubler partout entre deux voyelles. C'est ainsi que s'expliquent *echcháskle* « éclat de bois », qui se rattache à *ásklo* de (h)astula ; *echchiwernádje* « hivernage », dérivé de *iwérn*, de (h)ibernu ; *echcharramá* « émonder » ; *echchartilná* « déchirer

intérieurement», *echcháme* « essaim », de *exámine, et même *echchôlo* «doloire», pour * *achôlo* ou * *echôlo*, de *asciola*, *fúchchíno* «fuchsine», du fr., etc.

2. Le redoublement de *b* et de *g* dans les groupes *bbl* et *ggl*. Nous l'avons déjà signalé, ainsi que celui de *y* dans *oyyé!* interj., du fr. « oyez ! »; de *b* dans *ubbeí* «obéir», du fr.; cf. *yêggwa* «jument», en larb., du louronnais *yêkkwo*; *ke sábbi*, en louronnais « que je sache ». Mais l'explication nous en échappe un peu, comme nous l'avons dit (Voyez M. Grammont, étude sur *la Métathèse*, p. 3).

2) Redoublement des initiales.

On surprend dans le luchonnais une légère tendance à redoubler, après une voyelle, les consonnes initiales, à dire un peu *ke bo k-kantá* pour *ke bo kantá* « il veut chanter » ; mais ce n'est là qu'une faible nuance. Y aurait-il là un souvenir de terminaisons tombées (p. ex. *bó* est pour **bôw* de *volet pour vult)? Il vaut mieux penser qu'il n'y a que l'exagération de ce fait que lorsqu'une occlusive sépare deux voyelles, la coupe des syllabes se trouve, non avant, mais dans l'occlusive elle-même (Voy. M. Grammont, *la Dissimilation*, p. 58).

En tout cas, les redoublements que nous venons de voir sont un des traits caractéristiques du luchonnais [1].

D). — ASSIMILATIONS

Lorsque deux consonnes ou deux groupes de consonnes se rencontrent par suite de la rencontre de deux mots (Voy. ci-dessus, dans la Revue des sons, les consonnes qui peuvent être finales, et initiales), il se produit des assimilations diverses. C'est la consonne qui suit qui influe sur la

[1] Faut-il en rapprocher les redoublements facultatifs des inscriptions luchonnaises ? p. ex. ABELLIONNI à côté de ABELIONI, ALARDOSSI à côté de ANDOSI, etc. ? Ce ne sont peut-être que des graphies (Cf. l'inscription MONS CCAAVVSS). Voy. pourtant Luchaire, *Id. Pyr.*, p. 63-64.

consonne ou le groupe qui la précèdent[1]. Les semi-voyelles et *ñ* ne donnent point lieu à assimilation. Les finales les plus plastiques sont celles qui sont constituées par des groupes de muettes avec des sifflantes ou des chuintantes.

L'assimilation comporte plusieurs degrés ; on peut en distinguer trois principaux : 1° elle est maxima dans les composés (on sait qu'ils ont été refaits pour la plupart par le latin populaire) et dans les mots savants; 2° elle est moindre, mais encore très sensible, avec les enclitiques et les proclitiques ; 3° elle est plus ou moins indiquée avec les autres mots, et un léger intervalle dans la prononciation de deux mots consécutifs la supprime entièrement. — D'ailleurs, dans ces trois cas, elle obéit aux mêmes tendances.

Le luchonnais, plus rapide, assimile plus que le larboustois. Examinons d'abord l'assimilation des finales, puis celle des initiales.

1) *Assimilation des finales.*

1°) Des consonnes finales *isolées*.

1. Vibrante, liquide et mouillées.

Les finales *l*, *r*, et *lh* et *nh* persistent sans s'assimiler. Ex.: *metál brilhánt* «métal brillant», *òr pũr* «or pur», *selh blánk* « névé blanc », *banh káut* « bain chaud ».

Cependant on dit, par exception, *pet tèrro* «par terre», pour *per tèrro*. Nous savons que *l* (savante) passe à *r* dans certaines rencontres (*marmèk*, *margrê*, *karsiná*) mais *l* finale ne le fait pas. Ajoutons les pluriels en *ls* et *ns* des mots en

[1] Il y a pourtant des assimilations progressives. Ex.: *sullát* « soldat » (auvergnat *sullát*, béarnais *surdát*, auscitain *sunlat*). C'est à une assimilation progressive qu'est due s. d. la forme enclitique *-mus* du pronom régime de la 1re pers. du pluriel. On a dit p. ex. *apresem-mus* « approchons-nous » pour **apresém-nus* : c'est la désinence verbale qui a triomphé, grâce à son emploi sans altération dans la plupart des cas. Puis, *-mus*, né ainsi après les désinences en *m*, est devenu la forme enclitique générale (*apresá-mus* « nous approcher », *apurtám-muz akró* « apportez-nous cela ») et même la forme proclitique (*muz-áymes* ? « nous aimes-tu? »). — Il a pu y avoir aussi influence de *me*, *-m*, *m'*, formes de la 1re pers. du singulier.

lh et *nh*, pluriels s. d. de formation romane. Ex.: *estánh* «étang», pl. *estáns; júlh* «genou», pl. *júls*.

2. Sifflantes et chuintantes.

Nous avons déjà vu l'adoucissement, devant les consonnes douces, de *s* et de *ch*. Mais quand *s* se trouve devant *ch* ou *j*, elle passe à *ch* ou à *j* [1]. Ex. : *ech chibáws* « les chevaux »; *mèch charmánt* « plus charmant »; *düch chibáws* « deux chevaux » ; *trech chibáws* « trois chevaux »; *ej jwéni* « les jeunes »; *düj jwéni chibáws* « deux jeunes chevaux ». — Inversement, *ch* passe à *s* ou *z* devant une dentale (*t*, *d*, *n*, *s*, *l* même) à condition toutefois que le mot suivant soit un enclitique ou le précédent un proclitique. Ex.: *fenés-t'akró*, litt. «finis-toi cela», *fenéz-ne* «finis-en», *fenéz-lò-t* «finis-la toi», *em mades sé* « le même soir ». (C'est même là que nous trouverions l'explication de l'ancienne forme *jés* «sors», prob. de exi, par **yéys*, puis **yéch* et **jéch*, car elle n'est guère usitée que dans la locution *jéz d'akyéwl* « sors de là ! »; elle a même dû influer sur l'infinitif *jése*). Mais on dira, en adoucissant simplement, devant *m*: *fenéj-m'akró* « finis-moi cela »; — et, avec des mots non proclitiques ni suivis d'enclitiques, *etch fiéch* (mieux que *fiés*) *s'ey kruchít* «l'essieu s'est cassé », sans modification; et *üm báj lúnk* « un bas long », avec simple adoucissement.

Devant *f*, *s* s'assimile aussi et passe à *f*. Ex.: *ef fôrses* « les forces » ; *af fenít?* « as-tu fini ? » ; c'est de même qu'on est arrivé à dire, dans les composés : *effôrs* « effort », *meffidá s* « se méfier ». L'assimilation de *ch* à *f* est moins aisée ; on dira cependant, en parlant vite, *em madef früt* «le même fruit».

3. Nasales.

Le plus souvent, *m*, *n* et *y* persistent.

Cependant, devant *n*, *m* devient quelquefois *n*; ainsi on

[1] Voy. ci-dessus le redoublement de *ch* dans *echch* issu de ex-s (par **ys-s* : véritable assimilation progressive), et de ex Dans *echchurryd* « épuiser en trayant », le 2me *ch* a remplacé *tch*, si du moins *echchurryd* se rattache à *tchurrind* «susurrer» et non à *asurryd* «couvrir de. ., en répandant

dira : *ũm pudún nére* « un poison noir » (*pudún* pour *pudím*, où d'ailleurs *m* vient de *n*) ; *didén-ne* « disons-en », pour *didém-ne*, presque absolument comme *didén-ne* « dites-en », pour *didét-ne*.

A son tour, *n* devient quelquefois *m*, devant les labiales. Ex.: *ke sum bínt*[1] « ils sont vingt » ; *k'em mínji* « j'en mange », presque comme *k'em mínji*... « je mange pour moi... » ; *k'em bálhi* « j'en donne », presque comme *k'em bálhi* « je me donne » ; — et *ŋ*, devant les gutturales. Ex.: *ke suŋ gwéyt* « ils sont huit » ; *k'eŋ kúpi* « j'en coupe », *k'eŋ gwári* « j'en garde ». — De même on dit, de inde levare, *elhlhewá* « enlever » : *n* s'est assimilée ici à *lh*, mais la première *lh* est un peu nasale. — La préposition *en* « en, dans » (Voy. ci-dessus, dans les Redoublements, ce que nous avons dit de son *n* finale) fournit aussi un bon exemple : *em prát* « au pré » ; *eŋ kámp* « au champ » ; remarquer aussi la locution *ellòk* ou *en lòk*, « quelque part, nulle part », de in loco ; mais on dit plutôt sans assimilation *en láŋ* « en laine », *en lhét* « au lit », etc.

Dans les composés on dit nettement *empurtá*, *eŋkantá* ; et même *ellubartwá*, mais la 1re *l* est un peu nasale.

Enfin *ŋ* (conservée devant les gutturales) devient *m* devant les labiales et *n* devant les dentales ; mais la nasalisation persiste plus ou moins. C'est ainsi qu'on dit *ũm pás* « un pas », *ũn dít* « un doigt », *ũm mós* « un morceau », *ũn nín* « un nid » etc. ; *et sòm páŋ* « son père » ; et même *kàn néte* « chien noir », *kám mustíŋ* « chien de montagne », ou plutôt *kà[n]n nére*, *kà[n]m mustíŋ* (Voy. ci-dessus, dans la Revue des sons luchonnais, les voyelles nasales). Dans ces deux derniers exemples, la consonne occlusive *n* ou *m* s'entend moins qu'avec le proclitique *ũŋ* ; l'assimilation est moins complète et, si la voix s'affaiblit, il reste simplement une voyelle nasale : *kà[n] nére*, *kà[n] mustíŋ*, c.-à-d. presque *kàŋ nére*, *kàŋ mustíŋ*. C'est de même qu'on dit plutôt *ũ[n] fòrt* que *ũ[n]n fòrt*. Cependant, la bonne prononciation conserve à *n* et à *m* initiaux dans ces rencontres, un caractère explosif plus marqué qu'après une voyelle

[1] Mais il faut parler assez vite ; sinon on dira *ke sun bínt* ou au plus *ke sun[m] bínt*.

'est ici l'occasion d'indiquer qu'il y a quelquefois, après ne espèce d'*assimilation de l'initiale* du mot suivant, quand est *ch, s, j* ou *z:* elle devient respectivement *tch, ts, dj tz.* Dans *ün sôw* « un sou » la nasalisation est assez forte, ız post-palatale, malgré une tendance en avant, et en ne temps le caractère dental assez marqué, pour qu'on ıse écrire *üŋ tsôw* avec plus d'exactitude que *üⁿn sôw;* de ne, il est plus exact d'écrire *üŋ tchibáw* « un cheval » que *chibáw, üŋ djôk* « un jeu » que *üⁿn jôk, üŋ dzefír* « un hyr » que *üⁿn zefír.*

ɪe même, avec *siŋk* « cinq », où le *k*, quoique tombant, force la chose, on dit *siŋ tsôs*, *siŋ tchibáws, siŋ djôks.* ırtant, l'analogie avec ce qui se passe pour *bínt* « vingt » *sént* « cent » (Ex.: *bin sôs, sen chibáws,* presque sans alisation, mais avec un son dental sensible de *s* et *ch*) tend aire dire *ün tsôw* ou *ün sôw, ün tchibáw* ou *ün chibáw.* voit la difficulté qu'il y a à bien noter ces nuances; mais st certain que l'initiale *ch, s, j* ou *z* éprouve là quelque ération.

Voici, au fond, ce qui se passe. L'initiale sifflante ou chuinte étant déjà dentale tend à faire passer devant elle *ŋ* tturale) à *n* (dentale); il se forme ainsi les groupes *n(t)s,*)*z, n(t)ch, n(d)j,* où viennent naturellement un *t* ou un *d* ppui, plus marqués que dans les groupes *ns, nz, nch, nj* de térieur des mots; tout cela sans que *ŋ* cesse tout à fait tre gutturale, ni *s, z, ch, j* d'être intenses à titre d'initiales.

:. Muettes.

Enfin, les muettes finales, c.-à-d. les sourdes *p, k* et *t*, s'assient à peu près aux consonnes qui les suivent, à l'exception sifflantes et des chuintantes. A peu près seulement[1]: car bord, évidemment, *p, k* et *t* assimilés donnent des implosi- devant des explosives ; en outre, la langue reste placée,

[1] Dans notre recueil de poésies luchonnaises « *Era Garlando* » nous ımes allé parfois un peu loin en notant ces assimilations comme parement accomplies. Il vaudrait peut-être mieux, non seulement pour clarté du sens, mais encore au point de vue phonétique, se contenter noter expressément les simples adoucissements et d'écrire en caraces plus petits les consonnes tombées, et se décider à affecter d'un

pour prononcer par exemple *t* assimilé à *k* (c.-à-d. devenu presque *k* implosif) un peu comme pour prononcer *t* implosif, quoiqu'il y ait préparation du *k* explosif suivant. On sent donc un peu *t* de *dít* « doigt », dans *dìk kupát* « doigt coupé »; et aussi *t* devenu doux, c.-à-d. *d*, dans *dig grôs* « gros doigt »; et de même un peu *p* de *trôp* « trop » dans *tròk kúrt* « trop court », et, comme *b*, dans *tròg grôs* « trop gros »; et le *k* ou le *g* implosifs ne sont pas là les mêmes que dans *sàk kupát* « sac coupé », *sag grôs* « gros sac », de *sák* « sac ». Seuls, les proclitiques *ak*, *dap*, *et*, etc., et les finales en *t* (principalement dans les verbes) assimilent presque complètement. Ainsi, on dit : Pour *p*, avec *dap* « avec »: *dal tôdo* « avec de l'ardoise », *dab bunũr* « avec bonheur », *dag gôy* « avec joie », *dad despít* « avec dépit », *dak kulèro* « avec colère », *dat tristéso* « avec tristesse », *daf fôrso* « avec force », *dam Mario* « avec Marie, *dan Néto* « avec Antoinette », etc. ;—Pour *k*, avec *ak* « cela » : *k'al lêche* « il le laisse »; *k'ab búte* « il le met », *k'ag gwáste* « il le gâte », *k'ap pôrte* « il le porte », etc.; — Enfin, pour *t*, avec *et* « te » (forme initiale): *k'eb báthi* « je te donne », *k'ed didi* « je te dis », *k'ek kánti* « je te chante »; ou avec les 2mes pers. du plur. des verbes: *purtám-me* « portez moi »; *purtán-ne* « portez en », *purták kwate gwéws* « portez quatre œufs », *purtap páy* « portez du pain », *purtab biy* « portez du vin »; avec les participes passés : *k'è purtag gwéws* « j'ai porté des œufs »; et d'une manière généra'e avec les finales verbales en *t*: *ke pòd dide?* « Que peut-il dire? »; etc. — Mais une légère pause suffit souvent pour qu'il n'y ait pas assimilation. Ex. : *didét* | *ke nw-awép pas fiêt akrotáw!* « Dites | que vous n'avez pas fait cela! »: *awét* avec *t* assimilé, *didét* sans assimilation[1].

signe spécial ou à écrire en caractères particuliers les consonnes assimilées et aussi les consonnes accommodées (tout cela aussi bien pour les groupes que pour les consonnes isolées), conservant ainsi aux mots une physionomie reconnaissable, et laissant au lecteur qui a l'habitude de la langue le soin de donner la véritable nuance. Voy. sur la difficulté qu'il y a à bien noter tout cela l'intéressant article de M. Clavelier, dans la *Revue des Pyrenées*, mai-juin 1901.

[1] Il suit de là qu'en poésie ce serait une licence que d'assimiler la consonne finale d'un mot terminant un vers masculin à la consonne

p, *k*, *t*, rencontrent une sifflante ou une chuintante, as assimilation, mais simplement accommodation: *t* vant *s* et *ch*, passe à *d* devant *z* et *j*; *p* et *k* prennent tère dental, ou même passent à *t* devant *s* et *ch*, à *d* et *j*. Ex.: Pour *t*: *k'et sárri* «je te serre»; *petit* petit cheval»; *k'ed jũzi* «je te jure»; *bengéd jugá* jouer»; Pour *p*: *dat siwito* «avec suite», *dad jú* oi»; Pour *k*: *k'ad jũzi* «je le jure»; *k'at sénti* «je le te.

s *groupes* finaux.

y distinguer ceux où la seconde consonne est une et ceux où elle est une sifflante ou une chuintante.

upes finaux terminés *par une muette*.

it peu plastiques. Ce qui se produit avant tout chez st la chute de la consonne finale; c'est *t* qui tombe aisément, puis *s*. (Voy. ci-dessus les Chutes de es.)

isonne qui reste s'assimile plus ou moins. L'assimilasurtout facile quand cette consonne est une nasale, dans les groupes *mp*, *nt*, *ns*, *ŋk*. Ex.: avec *kámp* »: *ek kán de Juán* «le champ de Jean; — avec *kánt* ou *bént* «vent»: *ek kán deza máŋ* «le côté de la main», *glasát* «le vent glacé», *eb bém biulént* «le vent; — avec *méns* «moins»: *mem pũr* «moins pur»; *yo*, presque *mel límpyo*, «moins limpide»; — avec vant»: *abáŋ ke béŋge* «avant qu'il vienne»; — avec tronc»: *ũn truŋ grán* «un grand tronc», *ũn trum* n petit tronc»; etc. Cependant si l'on prononce assez it, la nasale se conserve ici, et on sent même la conivante, du moins s'il s'agit de noms. — Dans *st* il y a solidité: on dira bien *fiawzèz bérdo* «forêt verte»,

mot commençant le vers suivant. — De même, l'élision de atone finale d'un mot terminant un vers féminin devant la itiale du mot commençant le vers suivant, serait peu admissidans ce dernier cas, l'apocope de la voyelle initiale du second rait être admise.

arrebaz môtch « regain humide », mais il faut qu'on parle vite ; sinon on dira *ĥawrèst*, *arrebást* ; le *t* de *st* final persiste surtout aisément devant *s* : Ex. : *arrebast sék* « regain sec » ; c'est que le luchonnais admet le groupe *sts* : Ex. : *ĥawrèsts* « forêts ». — Dans les groupes *rp*, *rk*, *rt*, il y a chute à peu près parfaite de la muette, même devant une consonne de même ordre ; *r* reste dure et la consonne du mot suivant devient explosive. Ex. : *ũn túrb biulént* « un violent tourbillon de neige » (le *p* de *túrp* se sent un peu) ; *ũm párg gran ef fèt* « un parc tout-à-fait grand » (le *g* de *párg* pour *párk* se sent à peine) ; *eb bôr dek kamín* « le bord du chemin » le *t* de *bòrt* est tout-à-fait tombé, mais le *d* de *dek* est plus fort).

2. Groupes finaux terminés *par une sifflante ou une chuintante*.

Ce sont *tch* et *ts*. Ils sont plus plastiques. Pour *tch*, l'exemple principal est l'article masculin, dont la forme pure est *etch* (semblable, sauf qu'elle est proclitique, à celle du pronom personnel masc. de la 3me personne) ; pour le groupe *ts*, on peut prendre le mot *dêts* « dix ».

Entre deux voyelles, *tch* donne *dj* : *edj arryéw* « le ruisseau », et *ts*, *dz* : *dedz ômes* « dix hommes », comme nous l'avons déjà dit à propos des adoucissements.

Devant les consonnes, trois cas se présentent : 1° Devant *ĥ* : *tch* et *ts* persistent : *etch ĥilh*[1] « le fils » (louronnais et aranais *ett ĥilh*), *dets ĥáys* « dix hêtres » ; *ĥ* est d'ailleurs là un peu absorbée par *ch* et *s* ; — mais ceux qui suppriment *ĥ* disent *edj (ĥ)áy*, *dedz (ĥ)áys* ; 2° Devant *f*, *l*[2], les muettes, les

[1] La conservation de *tch* devant *ĥ*, peu comprise aujourd'hui qu'on tend à laisser tomber *ĥ*, amène quelques-uns à former les barbarismes *tchéch* pour *ĥéch* (**éch*) « essieu », *tcháwre* pour *ĥáwre* « forgeron » (et nom de famille : d'où *Tchawrèt* pour *etch Ĥawrèt*, surnom).

[2] Un mot vraiment luchonnais ne pouvant commencer par *r*, *etch* ne se rencontrerait jamais devant *r*, si quelques mots empruntés récemment n'hésitaient à prendre *ar* devant *r*. En conséquence, *etch* passe parfois à *er* devant ces mots. Ainsi on dit : *er rálle* plutôt que *edj arrálle* (« le râle » oiseau) ; *er rôm* ou *edj arrôm* « le rhum » ; et encore *edj arrey* « le roi », mais aussi parfois *er rey* ; dans ce dernier exemple non que le mot ait été emprunté récemment, mais sous l'influence (par l'intermédiaire des Aranais et Vénasquais) de l'espagnol el rei.

asales et les mouillées, assimilation complète : *ef fráy* « le rère », *el lít* « le canard », *ek kámp* « le champ », *eg gáy* « le geai », *ed dít* « le doigt », *ep páy* « le père », *eb bént* « le vent », *m mún* « le monde », *en nín* « le nid », *elh lhewáme* « le levain », *nh nhárru* « l'avorton »; cf. *ñũl-les* « fuis-les », *lel-les* « lis-les »; *nullók* « nulle part », qui suppose évidemment une forme *nútch* de nullu ; — de même *dek kárs* « dix chars », *dey ywéws* « dix œufs »; cf. *díl-lo* « dis-la » ; 3° Devant les chuintantes et les sifflantes, forme dentale accommodée à leur degré : *ed jás* « le gîte », *et chibáw* « le cheval », *ed zefír* « le zéphir », *et sánt* « le saint » ; — de même *dèt chibáws* « dix chevaux », etc. — Avec les mots terminés en *tch* ou *ts*, mais qui ne sont pas proclitiques, la règle est la même, quoique l'assimilation se fasse moins complètement. Ex. : avec *tch* : *yu buk káwdo* « une vallée chaude », *üy anhêg gimbáyze* « un agneau bondissant », *üm bedèd jwén* « un jeune veau », *üy buspub bért* « une bogue verte », etc. ; avec *ts* : *yu pát sulído* « une paix solide », *ezalũd det suléy* « la lumière du soleil », etc. — Lorsque *ts* est la marque du pluriel, il s'assimile moins. On dira cependant, avec *líts* « canards », *düz lin nézi* « deux canards noirs », etc. Ajoutons les pluriels en *ts* des mots en *tch*, pluriels de formation romane sans doute, c.-à-d. pour *tch-s* ou mieux *t* mouillé-*s*. Ex. : *anhêtch* « agneau », pl. *anhêts*.

2) Assimilation des initiales.

Les initiales *ch*, *s*, *j* et *z* prennent un *t* devant elles après *y* finale. C'est là plutôt une accommodation qu'une assimilation. Nous en avons parlé ci-dessus à propos des nasales finales.

En résumé, le luchonnais, malgré quelque rudesse, a ses règles d'euphonie. Il y a des rencontres qui le choquent et qu'il évite, soit en laissant tomber des consonnes trop dures, soit en les adoucissant. Surtout il aime les redoublements et les assimilations[1]. Son énergie ne l'empêche pas d'établir

[1] Nous ne disons donc pas, avec M. Bourdon, qu'il y a dans les langues une tendance manifeste à éviter les successions de sons semblables ou analogues » ; mais nous reconnaîtrons que les assimilations, que le luchonnais aime tant, ne sont pas des identifications : ne serait-ce que parce que la première consonne est implosive et la seconde explosive.

entre les articulations des transitions bien ménagées, de remplacer les heurts par la continuité. Si chez lui les angles ne sont pas toujours arrondis, du moins ils se font face.

Résultats généraux de la phonétique luchonnaise. Conclusion.

Les modifications éprouvées par les sons luchonnais dans leurs rencontres actuelles complètent l'œuvre des lois qui ont tiré le luchonnais du latin, et achèvent de le caractériser phonétiquement.

Le luchonnais ne possède, ni le coulant de quelques autres dialectes de la langue d'oc, ni les nuances infiniment délicates de la langue française ; la franchise et la force sont ses principaux caractères.

1) D'une manière plus précise, en ce qui concerne tout d'abord *le Rapport numérique des consonnes aux voyelles*, il nous a paru être égal à peu près à 1,57; et, si l'on ne compte point les semi-voyelles parmi les consonnes, à 1,35[1]. Il n'y a donc pas en luchonnais deux consonnes pour une voyelle. Le luchonnais n'est pas pour cela une langue molle, il serait plutôt un peu sec, car il y a chez lui bon nombre de consonnes fortes, de redoublements, etc.; mais c'est une langue possédant des qualités musicales remarquables, non seulement claire, mais sonore [2].

[1] Nous ne méconnaissons pas le caractère tout approximatif de semblables statistiques. (Si par exemple nous parlons d'un objet féminin, les *a* se multiplieront ; de plusieurs objets féminins, les *e* et les *s*: *es* term. du pluriel féminin, etc. Si on affirme, *k* et *e* augmenteront en nombre à cause de *ke*, conj. affirmative; si on nie, *n* et *u*: *nu* « non »; etc.). Pourtant elles ne sont pas tout à fait sans valeur, car elles énoncent des faits généraux (nous ne disons pas des lois) d'autant plus exacts que l'enquête a porté sur des documents plus étendus et plus nombreux. — Voy. Bourdon, *L'expression des émotions et des tendances dans le langage*, surtout p. 70 et suiv., 84-85, etc.

[2] Les Luchonnais sont d'excellents chanteurs. Leur voix est en général, à ce qu'il nous semble, moins grave, moins chaude, mais plus agréablement timbrée que celle des Toulousains.

2) *Pour les Voyelles*, nous avons trouvé que les *e* formaient plus du tiers, et les *a* presque le tiers ; le reste est formé des autres, *u* étant encore assez fréquente, mais *o* et *ü* les plus rares. — Mais pour bien comprendre l'impression produite par le luchonnais, il faut tenir compte non seulement du timbre des voyelles, mais encore de leur caractère tonique ou atone (c.-à-d., à peu près, long ou bref). Les rapports changent alors : les $^3/_7$ env. des voyelles sont toniques; or les *á* en forment le tiers, et les *ê* viennent après, formant le second tiers avec les *é* et les *ó*. Les voyelles ouvertes *a*, *è*, *ò*, qui formaient les $^3/_7$ des voyelles en général, donnent donc les $^7/_{11}$ des toniques; tandis que la plupart des atones sont des *e*. Dans le larboustois, où presque tous les *o* passent à *a*, la proportion des *a*, et des *a* toniques, est encore plus considérable.

Si nous comparons le luchonnais et le larboustois au latin de Virgile et au grec de Théocrite, au point de vue de la fréquence des *a*, nous trouverons, comme d'ailleurs on le sent à la lecture, que le larboustois égale à cet égard le dorien, et que le luchonnais lui-même surpasse d'un tiers le latin, inférieur de moitié au dorien. Serait-il téméraire de rapporter quelque chose de ce caractère clair et ouvert du luchonnais à la vie simple, pastorale et montagnarde de ceux qui l'ont formé?

D'ailleurs, la fréquence des *e* (*é* toniques; terminaisons -*e*, -*s*, -*en*, etc.) donne au luchonnais quelque chose de tendre et harmonieux, que ne possèdent pas au même degré les dialectes gascons de la Rivière ou de la Plaine, bien que les derniers, au point de vue des consonnes, soient plus coulants que lui.

3) *Pour les Consonnes*, remarquons tout d'abord que le rapport des sourdes ou fortes aux sonores ou douces est assez grand : 6 contre 7 environ. Remarquons d'ailleurs qu'il se passe ici quelque chose d'analogue à ce que nous avons vu pour les voyelles, c'est-à-dire que les fortes sont plus en lumière que les douces, celles-ci étant souvent un peu noyées entre deux voyelles; et que de plus certaines douces (surtout *b*, *g* et *d*) peuvent être comptés pour des fortes, bien que sonores, quand elles sont redoublées.

L'ordre de fréquence des diverses consonnes est lui aussi intéressant ; les plus fréquentes sont les dentales, *s*, *t*, *d*, *n* ; puis *k* et *r*, ce qui caractérise le luchonnais; puis les labiales, etc. ; les plus rares sont les chuintantes, les mouillées et *ẅ*. Quant à la proportion des diverses classes de consonnes elle permet de conclure que le luchonnais est moins dental que l'espagnol et même que le français, mais plus guttural que le français et même que l'espagnol. (Fréquence de *k*, *g*, *ŋ*.) [1]

En tout cas, la prédominance des consonnes fortes fait du luchonnais un langage qui donne une «sensation d'activité» et de mouvement. Des hommes d'un tempérament énergique et menant une vie rude et animée devaient avoir une langue comme celle-là[2].

(*A suivre*). B. SARRIEU.

[1] Néanmoins les dentales l'emportent: fait général, signalé et expliqué par M. Bourdon, *ouv. cité*.

[2] Pour le caractère expressif du luchonnais, voy. la Sémantique.

LES DÉLIBÉRATIONS

DU

CONSEIL COMMUNAL D'ALBI

DE 1372 A 1388

(Suite)

L'an MCCCLXXVII, a XXI jorn del mes de dezembre, G[m] Engilbert, al[ıas] Belluelh, R. Engildert, massoniers. e P. Rigaut, fustier, juratz de le ciutat d'Albi, feyro relacio que els ero anatz vezer I debat que es entre Azemar Blanquier e Pos Hugat e m[e] Isarn de Rieus e Johan Belier, sobre una dobla que es entre los hostals dels sobredigs, que so a la carieira del Potz den Grezas[1] e de Candelh[2], laqual dobla recep las ayguas dels digs hostals, e dizo que I ayral que es de Johan Belier sobre dig, en que ha una pozaca en que dono e devo donar las aigas, segon que lor es vist, loqual airal es tras l'ostal del dig Johan Belier, deu recebre las aigas de la dicha dobla; e dissero may que los sobredigs Johan Belier, Pos Hugat, Azemar Blanquier e m[e] Isarn de Rieus tenguo nede la dicha dobla, cascus davas si, aitant quant a luy se apertenra, en tal manieira que las aigas que cairan en la dicha dobla no puesco donar dampnatge a neguna de las partidas desus dichas. It.

[1] La rue du Puits d'en Grèzes n'existe plus; elle a été remplacée par une partie de la rue Mariès.

[2] La rue de Candeil n'a pas disparu; elle relie la rue de la Préfecture actuelle a la place Ste-Claire. C'est dans la *carieira de Candelh* que se trouvait le *Palays de Candelh* où l'on enfermait les contribuables récalcitrants. Cf. *Comptes consulaires d'Albi* (1359-60) p. 34 et 40. La rue de Candeil doit certainement son nom à la présence d'une maison qu'y possédaient les abbés de l'abbaye de Candeil.

dissero may que lo dig Pos Hugat aja a vostar et a far vostar la teula e la autra materia de I privada del dig Pos que es cazecha ins a la dobla, afi que las aigas de la dicha dobla pusco far los cors la on devo donar, e que neguna de las partidas desus dichas non suferto[1] dampnage.. It. dissero may que neguna de las partidas desus dichas no devo gitar ni d'aissi avan no gicto neguna aiga ni autre orezier en la dicha dobla, ni la dicha dobla non aja recebre neguna cauza seno aquela que venra del cel. It. dissero que se neguna de las partidas desus dichas aguesso o mostresso cartas ho instrumens per que els o alcus de lor aguesso en la dicha dobla neguna libertat o azempreso[2] otra las cauzas desus per los digs jurats ordenadas e conogudas, que per lor relacio non entendo a rompre las dichas libertat[z] contengudas en los digs instrumens.

L'an MCCCLXXVII, a XXVI de febrier.

Sobre aisso que dissero los senhors cossols que moss. lo duc d'Anjo los [3] avia mandat per sas letras que am [4] anes a luy a Toloza on deviau esser los autres comus sobre la provezio que entendia a metre en lo pays per resestir als enemicxs del rey nostre senhor [5]. Per que demandero cosselh se hom la iria. It. dissero may que los marreliers de S[ta] Cezelia se entendiau ad exemir de pagar comu de lor testa e que alcus senhors no aviau preguat per els que hom los ne tengues quitis. Per que dissero que cascus dones cosselh que s'en devia far. It. dissero los senhors cossols que Pos Glieyas e Johan Talhafer, encantaires e servidors dels senhors cossols, se voliau et entendiau ademir de paguar comu de lors personas e de lors propris bes ; que cascu veja que s'en deu far. E que alcus aviau dig que hom lor mermes als digs encantaires lors gatge[s]. Per que dissero que cascus veja que s'en deu far.

[1] L'accord se fait avec le complément du partitif.

[2] Manus. : *Azempr.* avec un tilde sur p̄r.

[3] Correct : *lor.*

[4] Correc : *om.*

[5] Il s'agit de la reunion que les communes tinrent à Carcassonne, Béziers, Toulouse en mars et avril. Cf. *Inst. polit. et admi.* p. 613.

La délibération qui va suivre précise le nombre de francs octroyés et confirme ainsi les memoires de Mascaro.

E sus aquo totz los cossols e singulars aponchero et acosselhero: premieiramen que al dig cosselh mandat per lo dig mossenher lo duc novelamen a Tholoza (que) hom la ane et segon las cauzas que lo senhor volra ni demandara que hom fassa al miels que poira.

It. sobre aquo dels marreliers totz tengro que paguo per lors personas e per lors bes coma autres talliables e que, per razo de lor(s) offici de la marrelaria, no sian pong exemitz.

It. sobre aquo de Pos Glievas e de Johan Talhafer, encantaires desus digs, totz tengro que hom los tengua en lors gatges acostumatz e que els paguo e sian tengut[z] de paguar per lor pocessori en la forma que I sirven del rey o de mossenher d'Albi seria tengut de paguar, e non autramen.

L'an MCCCLXVIII, a XXX de jun.

Sobre aisso que dissero los senhors cossols que coma mosenher lo duc agues darrieiramen empausat un subsidi a cert temps, en loqual temps ordenec paguar per cascun mes 1 franc per fuoc, e que deja son passatz dos mezes, que monta a la presen ciutat per cascun mes II^cXLVII francs [1], e que neguna provesio no si es meza de que puesca hom setisfar, ni lo[s] recebedors deputatz per lo senhor non an levat neguna causa aisi quant lo senhor ha ordenat et es contengut en los articles autr:atz per lo senhor als comus. Per que demandero cosselh que cascus vis qual provesio s'i pogra metre, que la vila non sufertes dampnatge ni despens. E sus aquo totz los sobrenompnatz cossols e singulars tengro que lo dig recebedor e leura lors h[e]legitz per lo senhor levo las emposicios aissi quant son estadas autriadas per lo senhor als comus; e que per lo temps passat e per lo temps avenidor que hom procure am lo senhor que el done licencia que hom puesco ordenar a levar en autra manieira de las gens, afi que las emposicios s'en relevo, especialmen quar als autres locxs s'en son remogudas; e que, aguda la licencia, hom leve cascuna sempmana per cascun cap d'ostal I gr° o may o mens, segon que sera necessari, e per lo pocessori certa cauza, e que se communique en manieyra que lo paubre no sia greugat may que lo ric.

[1] Le nombre de feux est donc descendu à 247.

L'an LXXVIII, a II de julh.

Sobre aisso que dissero los senhors cossols que coma mossenher lo duc agues darrieiramen empausat I subsidi per cert temps cascun mes I franc per fuoc, e per paguar lo dig franc agues ordenadas a levar certas emposicios de lasquals las gens se rancuravo, dizens que ero mal comunas. Per que cascus vis e dones cosselh cossi se pogra comunicar [1] que se pagues engalmen. E sus aquo totz tengro que aitant quant montara lo temps del dig subsidi, que tot cap d'ostal pague per lo pa e per lo vi que ha gastat ni gastara duran lo dig temps, so es asaber cada sempmana, per cada lbr. de pocessori I d. e per cada lbr. de moble I d. m[a] e per la testa del hom cap d'ostal XV d. e se es fempna, VII d. m[a].

L'an MCCCLXXVIII, a V de julh, en la mayo cominal del cossolat del dig loc, en presencia dels senhors en P. Clergue, Enric de Verno, en P. del(s) Solier, en Dorde Romanhac, cossols d'Albi, e d'en Domenge de Monnac, d'en Felip Vaissieira, de Frances Picart, de Galhart del Faro, de R. Marti, de Miquel Hugat, de G[m] Miquel, de Esteve Baile, de P. Soelh, de M[e] Johan Augier, de Sicart Lobat, de G[m] Condat, de Frances Donat, de R. de Monthels, de Frances Be, de P. Motas, de Pos Glieyas e de Johan Talhafer, coma m[e] R. Ortola, notari d'Albi, agues dig, segon que aissi recitat [es estat], en presencia del dig m[e] R. que los senhors cossols que huey so ni so estatz XII ans ha, so estatz avols e falses prevaricurs; [2] e quant hom l'en reptava, el diss qui no los presava aquel de l'aze, e quar de proa sufficienmen ; lo cosselh vol que, en presencia dels sobreescrigs, el diga que de las paraulas sobredichas el ha mentit malvadamen, e que el requier perdo e que te los cossols que son de presen ni son estatz saentras per bos e per lials, e so que an regit et aministrat an regit bo e lialmen, e del despens vol estar a la ordenanssa dels senhors cossols. Et aqui meteiss lo sobredig m[e] R. Ortola, estan baissat en terra de I ginolh, vostat lo capayro de son cap, disen en la forma sobredicha, querec perdo als sobredigs senhors cos-

[1] La vraie lecture est *coicar* avec un tilde sur tout le mot.

[2] La vraie lecture est *piurs* avec le tilde sur le *p*, qui se traduit par *pra*, *pre*, *pri*, *pro*, suivant le cas.

sols, e dels despens vol estar a la conoissenssa dels senhors cossols d'Albi. [1]

L'an LXXVIII, a XVIII de setembre....

Sobre aisso que dissero los senhors cossols que coma non ha gayre hom agues comensat a far la reparacio dels fuoc[s] de la presen ciutat, et aras de novel fosson vengutz en esta vila, so es asaber lo procuraire del rey de Carcassona e moss. lo viguier d'Albi e I notari per claure la dicha reparacio, dissero que els non aviau I petit d. de [que] ho fezesso. Per que demandero cosselh los senhors cossols als singulars qual provesio s'i meira, ni de [que] paguero so que costaria de passar et autres despens. It. dissero may los senhors cossols que la vila era mot cargada de deutes, per losquals de tot jorn venia gran gast e gran despens, e que era perilh que se hom non hi provezis que las gens ni lo loc non ho pogues sufertar. Per que demandero als digs singulars cosselh qual provesio s'i meira. E sus aquo totz acosselhero e tengro que tot so que la vila deu e so que hom deu a la vila, exceptat las restas que de presen leva Johan del Pueg, lasquals demora [2] als senhors cossols per suplir a ganre d'autras bezonhas, que de tot jorn veno a la presen ciutat, se partisca per gachas e que cascuna gacha aja sa part.

L'an MCCCLXXVIII, a VI jorns del mes de mars...

Sobre aisso que dissero que alcunas gens se perforsavo, segon que a lor era estat reportat, de donar e procurar dampnatges a la universitat de la presen ciutat, tant per lo debatamen del barri del Cap del pon, quant per autras cauzas ; per que demandero cosselh cossi s'en regiriau. E sus aquo tot[z] tengro que, atendut que la dicha universitat ha ganre de bezonhas a passar en la cort de moss. lo duc, tant per la reparacio quant per lo barri e motas d'autres, e que tot jorn ne veno may ; acosselhero que, atendut que moss. lo jutge d'Albeges es senhor [3], que es be de la cort de moss. lo duc,

[1] Le 11 juillet 1392, un accord intervint entre les consuls et Mᵉ Raymond Ortola. Il versa 10 sous dans la caisse communale, sur l'instance de B. Clari, juge royal d'Albi.

[2] Correc : *demoro*.

[3] Pierre de Laflon.

et ha gran poder de far be o mal, que la vila lhi done cadans d'aissi avan aitant quant ad el plazeria de penre per manieira de do o per manieira de pencio, so es asaber detz francxs cadans. It. coma en Sicart Nicolau agues seguit mosenher lo duc per alcunas bezonhas de la presen ciutat et agues reportat, en presencia de totz los sobredigs cossols e singulars, que Me Johan de las Forestz avia grandamen trebalhat en las dichas bezonhas, acosselhero que la vila lhi done I bon porc salat.

L'an dessus, a XI de mars...

Sobre aisso que aqui fon dig que moss. Huc, avesque d'Albi, era mort, se hom faria honor a la soboutura, ni quala. E sus aquo totz tengro que los senhors cossols, e nom de la universitat, dono a la dicha soboutura I drap d'aur e X entorcas o, se hom no podia aver, dos draps de competen razo, ho a loguier, ho autramen, am XII entorcas, que hom ho fassa. E sus aquo remeiro als senhors cossols que ne fezesso so que lor ne semblaria.

L'an MCCCLXXIX, a VI de julh...

Sobre aisso que dissero que B. Esteve, especier, aras habitan de Lautrec [1], volia tornar habitar en esta vila ; mas que hom lhi fassa gracia que lo tenga [2] quiti per cert temps. It. dissero que P. Huc de Cordoas volia venir habitar en esta vila, mas que hom lo tenga quiti de comu cert temps apres que auria ni penria molher. It. dissero que en Gm Colobres tenia, segon so que se ditz, ganre de bes mobles, e que lor semblava que hom lo degues aliurar coma I autre, afi que, se era tengut de pagar, (que) saubes hom de que paguaria, jasia aisso que el no vol far neguna relacio de sos bes mobles ni se vol aliurar. E sus aquo, quant a'n aco de B. Esteve, dissero totz que hom lo tengua quiti de sa testa e de sos bes moblesdos ans sesplus, am aital condicio que se el se mudava, cora que fos, en autre loc, que el fos tengut de paguar totz los comus que seriau empausatz dins lo temps que el aura habitat en esta vila, aitant quant montariau segon sa cota,

[1] Chef-lieu de cant. de l'arrond. de Castres.
[2] Corr : *tengo* ou bien *tenga hom*.

per sa persona e per totz sos bes mobles e no mobles. Sus aquo de P. Huc tengro que, atendut que aras es clerc e que non es tengut de paguar negun comu, que hom lo tengua quiti I an(s) apres que auria preza molher, am aital condicio que el prometa que sia de gag e de garda totas vetz de la presen ciutat, e que se el s'en anava, cora que fos, que sia tengut de paguar a totz los comus que siau estat[z] fag[s] dins lo temps que auria habitat en esta vila. Sus aquo den G^m Colobres, totz tengro que hom lo aliure en la forma que hom aliura los autres, segon la valor de sos bes.

L'an MCCCLXXIX, a XXV de julh...

Sobre aisso que dissero e prepausero que els aviau entendut, per relacio d'alcus bos homes, que lo tractat comensat per las gens de la jutgaria am mossenher d'Armanhac sobre la finansa que las gens de Roergue et aquels de la jutgaria d'Albeges [entendo a far] a las gens d'armas dels Engles, volia deja afinat (*sic*) [1] It. que per alcus senhors era estat dig als senhors cossols d'esta vila. que expedien fo que hom segues la via que sego los comus d'Albeges, afi que per los Engles no fossem damnejatz ni corregutz. Per que demandero cosselh quen faria hom. Et aqui, dichas per los sobredigs cossols e singulars motas razos, so es asaber que convenria, se hom ho volia far seguramen, que hom ne agues licencia del senescalc de Carcassona o del cosselh e de mossenher lo duc ; e que al cosselh del rey de Carcassona era estat dig per mosenher lo viguier d'Albi, e non avia poguda aver licencia ; e que fora dupte, se aquo se fazia, que hom vengues en la endignacio del rey, tengro totz que hom non done denier ni mealha, mas so que metria hom a donar a'n aco, que hom meta en la reparacio de la clausura de la vila en que ha de grans fautas. E sus aquo fon aponchat que hom repare la muralha e la clausura e que aquo que costara que cascuna gacha pague per sol e per liura segon que pagua de I comu.

[1] Les trois Etats de Gévaudan, qui étaient assemblés au commencement de ce mois de Juillet, avaient envoyé des députés au comte d'Armagnac, qui residait alors au château de Geye, pour le prier de négocier avec les Anglais. Il avait accepté cette mission. Cf. *Hist. de Lang.* IX, p. 871.

L'an desus, a I d'aost...

Sobre aisso que dissero los senhors cossols que motas vetz hom avia trebalhat, saentras, per la reparacio dels fuocxs darieiramen facha que agues fi, e que encaras non ho avia hom pogut afinar, e semblava lor que se hom se tires vas mossenher l'avesque d'Albi que es aras novelamen fag, [1] loqual es a Paris et es mot be de mosenher lo duc ; que se hom del mon [2] la nos fazia passar que el ho faria. Encaras may dissero que moss. Paul de Nogaret, [3] loqual es gran governador de moss. d'Albi, vol anar a Paris, loqual ha promes que, se hom ho sec, el hi fara tot lo be que poira ; per que demandero cosselh se hom ho segria o no e la manieira cossi, e, se hom ho sec, de que aura hom l'argen que costara de passar e de las despessas que s'en fariau. E sus aquo totz los sobredigs tengro que qualque bon home sufficien a'n aco, aquel que als senhors cossols sera vist, ho seguisca, e que de so que costara que se partisca per gachas, que cascuna gacha pague per sol e per lbr. segon son comu, e que per so que costara tant de passar en Fransa o la ont se apertenia de passar, quant per las despessas que costara de segre, que hom empauze III comus.

L'an dessus, a VIII de setembre.

Sobre aisso que alcus aviau reportat que lo gag era trop pauc, se fora vist que hom lo cresques. It. sobre aisso que dissero los senhors cossols que Azemar Blanquier, P. Olier et Esteve Baile foro mezes, saentras, auzidors dels comptes d'en Duran Daunis de la aministracio de totas las annadas passadas per el facha, de lasquals non avia redut compte ; losquals comtadors aviau auzit los digs comptes e facha relacio d'aquels, en losquals aviau fags motz de duptes desrazonables

[1] Dominique de Florence, qui occupa le siège jusqu'à 1381, le reprit en 1392 pour le conserver jusqu'en 1407, où il fut nommé à l'archevêché de Toulouse. Il mourut en 1412.

[2] C. à. d. que si homme du monde pouvait la faire passer, c'était lui.

[3] Ce Paul de Nogaret était-il de la même famille que le châtelain de Montreuil, que le duc d'Anjou envoya, en mai 1373, comme ambassadeur du roi auprès de l'Empereur de Constantinople ? (*Hist de Lang.*, IX, p. 834). Ou bien appartenait-il à celle de Jacques de Nogaret, qui fut Viguier d'Albi de 1386 à 1405 ?

e non degutz; losquals son estatz en apres declaratz, tant per moss. lo jutge de crims am ganre d'autres bos homes, quant per los senhors cossols d'Albi am d'autres bos homes; totas vetz encaras non ha hom vist se deu o no deu. It. dissero may los senhors cossols que, quant los sobredigs auzidors vigro que hom no lor prendia los duptes que els aviau fags en los digs comptes, els aviau ufert a donar C franxs a la vila e que hom lor fezes cessio de tot so que pogro aver del dig Duran Daunis per causa dels digs comptes. Per que sus aquo dissero los senhors cossols als singulars que vejo se seria expedien que hom prengua los digs C franxs o no. E sus aquo totz tengro, quant a'n aco del gag, que los capitanis lo cresco o lo mermo aissi quant lor sera vist fazedor. Quant d'aco de penre los digs C franx que aviau ufert[z] los digs comtadors, per causa dels comptes del dig Duran Daunis, totz tengro que se els voliau donar M franxs que hom non prenguare, per razo quar notori es, segon fama, que els lhi porto mala voluntat e que lhi donariau tot lo dampnatge que poiriau en sa persona et en sos bes, fos dreg o tort; mas totas (*sic*) tengro que hom veja be e justamen se lo dig Duran deura re per los digs comptes, e se deu que pague, e se re no deu que sia quiti. It. dissero may totz los cossols e singulars, atendut que apar que los digs Azemar Blanquier, P. Olier et Esteve Bailo au fachas motas e diversas enpugnacios non degudas e que no se deviau far, per lasquals au lonc temps may ponhat ad auzir los digs comptes; que non agro e que au aguda de tot lo temps satisfaccio, que hom lor fassa redre so que n'an trop agut, e que non ajo mas so que justamen sera conogut que lor seria degut, segon lo temps dins loqual per gens sufficiens poirian los digs comptes justamen esser auzitz.

L'an dessus, a XIII de setembre, G^m Cabe le e Peire Albert, juratz, feiro relacio que els ero anatz vezer una tala facha per bestial en una milhieira que es de Azemar Blanquier, que es en una terra del dig Azemar, asetiada el loc apelat al Gua de Lescura, ques cofronta am las terras d'en B. Gavauda et am lo fluvi de Tarn; laqual tala extimera [1] a III cartas de milh e per lor salari II s.

[1] Correc: *extimero*.

L'an MCCCLXXIX, a XXIX de setembre.

Sobre aisso que dissero los senhors cossols que me Gm Ros, procuray[re] de moss. lo comte de Lamarcha [1] e me B. de Bertols ero vengutz a lor e lor aviau dig(s) que, per la gran temor que las gens del comtat aviau de las gens d'armas dels Engles e dels Frances, losqual[s] hom dizia que devian venir desa lo Tarn, las dichas gens del comtat e lo cosselh del dig moss. lo comte de Lamarcha aviau trames a moss. lo comte de Foiss e lhi aviau dig e manifestat los grans perilhs que se podo ensegre per las dichas gens d'armas que entendo a passar desa Tarn ; e non re mens lhi aviau dig que tot lo pays desa lo Tarn avia gran cofizansa en luy e que lhi fariau voluntiers son plazer se el los gardava que no fosso damnejatz per las dichas gens d'armas. It. diss lor may lo dig procuraire que ententa es de las gens del comptat que dono qualque finanssa a moss. de Foiss e que los tengua segurs, quar lo dig moss. de Foiss lor avia promes, se volhau far cauza, per que el faria de manieira que hom d'armas de Engles ni de Frances non auzariau tocar una galina otra lo voler de las gens que seriau en la dicha finansa o patu. It. dissero may que lo dig procurayre avia dig als senhors cossols se volriau esser participans ni volriau contribuir en lo dig patu ho en la dicha finansa, e que hom lhin respondes so que seria vist. Per que demandero cosselh los senhors cossols als singulars qual resposta faria hom al dig procuraire sus aisso, ni se volriau que hom contribuira en la dicha finansa. E sus aquo totz tengro que, atendut que hom no ha volgut contribuir en lo patu que au fag los comus de Roergue e d'Albeges am moss. d'Armanhac, (que) aitant pauc contribuisca hom en aquest que entendo far las gens del comptat am moss. de Foiss, per quar qui contribuga am la I l'autre n'auria despieg e may que hi hom n'i poiria aver I denier que hom hi dones.

It. dissero may los senhors cossols que sus la plaejaria qu se mena entre els, e nom de la universitat, e'n Gm Colobre sobre so que ditz que la dicha universitat lhi es tenguda

[1] Bouchard VII, fils de Jean. Il mourut en 1400, sans enfants. / sa mort, les comtes de Castres et de Vendome passerent a la mai-o Bourbon, a la suite du mariage de Catherine, sœur de Bouchard, Jean de Bourbon.

far aver los XII comus e mieg en la valor de l'aliuramen antic, so vengutz ad aital tractat que lo dig Gm ditz que se hom lhi pagua la pura sort els interessas que lhi costa, (que) el ho relaxara. Per que demandero cosselh als singulars cossi s'en regiriau. E sus aquo los digs singulars s'en remeiro als senhors cossols quen so que lor ne seria vist.

L'an MCCCLXXIX, a VII dias d'octombre...

Sobre aisso que dissero los senhors cossols que els ho alcus de lor ero anatz a Rabastencxs [1] per tener la jornada que els, e nom de la universitat, aviau am moss. lo vescomte de Brunequel, davant lo jutge de Buou Vaiss, en loqual loc venc, per la partida del dig vescomte, son procuraire, que ha nom Me Johan Marti, alqual mostrero las bilhetas e demorero am luy que se mossenher lo vescomte se vol ajustar am los dig[s] senhors cossols en qualque loc comu, que els voluntiers hi venriau e lhi mostrariau ges las bilhetas ; e se el volria que anesso a Brunequel, que els hi anariau voluntiers, mas no la portariau ges las bilhetas, am una que partis de bona voluntat del dig vescomte. Per que dissero que lor desso cosselh sus aquo. It. dissero may que per alcus era estat dig que hom fezes capitani Gm del Monnar ; e sus aquo hom lhi deu far resposta ; totas vetz lo dig Gm volia que el non agues quant a'n aquel regimen sobre si, et entendia que hom l'on remuneres el ne gardes de dampnatge.

E sus las cauzas desus dichas totz los sobrenompnatz tengro, quant a'n aco del vescomte que ne fasso so que los senhors cossols veirau quen sera fazedor ; quant a'n aco de aver lo capitani desus dig ni autre cays semblan, dissero que no voliau que re no s'en fezes ni mezes hom senhor sobre si, mas aissi quant es acostumat.

L'an dessus, a XXVI d'octombre...

Sobre aisso que dissero los senhors cossols que en Felip Vaissieira, recebedor del subsidi dels XII franxs per fuoc propda passat [2], lor avia dig que en Pabina [de Gontaut] los

[1] Chef-lieu de cant. de l'arrond. de Gaillac.

[2] L'histoire est muette sur ce subside de 12 francs par feu. Mascaro le mentionne dans ses *Memorias*, mais sans en indiquer la date d'octroi.

volia far compellir per paguar la resta que demorava a paguar del subsidi segon lo nombre dels fuocxs de la segonda reparacio, entro al dia de la data de la letra que hom ac de moss. d'Anjo, que mandava als recebedors que no compellissa [hom] de paguar lo loc d'Albi segon lo nombre de la darrieira reparacio, entro que autra cauza ne fos ordenada ; e que en casque lo dig Pabina lhi tramezes negun gast per aquo, que, per cert, el meyra lo dig gast sobre la vila. Dissero los senhors cossols que entre lor aviau consultat sus aquo, e semblava lor que, atendut que se lo dig Pabina trametia negun gast, (que) la vila ne sufertaria gran despens, que fora expedien que hom se tires vas en Pabina e que lhi expliques la paubrieira del loc e lo pregues que, per razo d'aquo, el no volgues trametre negun despens, e que, afi que non ho fezes, que hom lo servis. Per que demandero cosselh als singulars cossi s'en regiriau. E sus aquo totz tengro que hom la ane parlar am lo dig en Pabina e lo pregue que no vuelha trametre per aquo negun despens, tro que per moss. d'Anjo o per son cosselh ne sia autra cauza ordenada ; e se era vist als senhors cossols que hom lo servis, que hom lo servisca aissi quant als digs senhors cossols sera vist fazedor.

L'an desus, a XXX de novembre...

Sobre aisso que dissero los senhors cossols que M° Ar. Paya era estat helegit per anar en Fransa per segre la reparacio darieira, e que el no la vol ges anar seno que los senhors cossols, coma cossols et e nom de la universitat, lhi sian tengutz de tot dampnatge que lhi pogues venir en lo dig viatge. Per que sus aquo demandero cosselh als singulars se voliau que lo dig Ar. seguis lo dit viatge e que hom lhi fos tengut de tot dampnatge que en lo dig viatge lhi pogues venir. E sus aquo totz tengro que lo dig M° Ar. seguis la dicha reparacio e lo viatge desus dig e que hom lhi sia tengut de tot dampnatge que, per cauza del dig viatge, suffertes.

It. dissero may (que) los digs senhors cossols que G^m^ Landas, majer de dias, barbier, avia fichas paraulas non degudas dels senhors cossols et dels capitanis d'Albi, de lasquals paraulas et enjurias los senhors cossols lon voliau far, am las cortz, aitan quant pogro, corregir. Et entendut aquo per alcus grans senhors, era estat preguat als senhors cossols que els prezesso lo dig G^m a mersse, quar el de las dichas enjurias se desdissera e'n querigra perdo, estan davant lor e davant aquels que lor plazera, estan ses capairo e ses manto. E sus aquo totz tengro que se fassa, atendut que los digs senhors ne au preguat. E sus aquo, aqui meteiss, en presencia dels sobrenompnatz cossols e singulars, estan personalmen de I ginolh en terra, ses capairo e ses manto e ses opalanda, aqui meteiss recitadas per los senhors cossols las dichas enjurias per lo dig G^m Landas dichas, lo dig G^m cofessec que el las avia dichas sobre sa iniquitat e que el las avia dichas malvadamen e contra vertat e que el tenia los senhors cossols e capitanis per bos e per lials et el se tenia per messorguier de las paraulas et enjurias que contra lor avia dichas.

L'an MCCCLXXX, a XXIX de jun.

Sobre aisso que dissero los senhors cossols que saentras d'autras vetz era estat dig per diverses singulars de la presen ciutat que, atendut que la vila es paubra, (que) en lo loc dels capitanis que so de la vila que prendo gatges, (que) hom n'i mezes de cada gacha II bos homes, losquals sirvisco II mezes e que no prengo ponh de gatge; et aras los capitanis so a terme. Per que cascus vis que era fazedor. It. dissero que alcus comus ero anatz, non ha gaire de temps, en Franssa [1], et ero passatz en esta vila alcus, losquals non aviau re dig als senhors cossols d'esta vila; et aras que ero vengutz, els voliau que la universitat d'esta vila contribusca a lor despens que au fag en esta vila. Per que dissero que sia vist se hom contribuyra al dig despens, ho hom s'en deffendra, se deffendre s'en poc. It. dissero may que la renda d'en Not Ebral es a terme a Marteror, e se passava lo dig terme, segon los covienhs que foro quant se vendec, huey may no la poiria hom traire; per que sia vist qual provezio metra hom sus

[1] C'est à la suite du rappel du duc d'Anjou, à qui le roi avait enfin arraché le gouvernement du pays de Languedoc, que les délégués des communes se rendirent en France. Les *Mem. de J. Mascaro* nous apprennent que ceux de Béziers partirent le 10 janvier 1380 pour se plaindre au roi tant de l'énormité des subsides qu'on imposait au pays que *d'autras oppressios*.

traire la dicha renda. It. dissero may que els aviau empetradas letras del rey del quart de las emposicios e del seye del XIIIe del vi et aquelas fachas excequtar; et era estat assignat so que la vila ne devia aver sobre lo quarto de las emposicios, loqual se devia levar en la festa de S. Johan propda passat, e quar las dichas emposicios ne son vostadas hom no poc aver neguna setisfaccio, seno que hom vuelha cossentir que las emposicios se levo entro (*blanc*) propda passat, non obstant que fosso relevadas. It. dissero may que els aviau aguda la manda de paguar lo premier franc per fuoc dels III franxs darrieirament empausatz [1] e que els non aviau denier de que setisfasso a las cauzas desus dichas ni a negunas d'aquelas. E sus aquo totz tengro, quant als capitanis, que de cada gacha n'i meta hom II capitanis, losquals II servisco II mezes. It. quant a las despessas dels comus que son anatz en Franssa, tengro que a las despessas justas hom contribuisca, a las autras no, e se demandavo attes, que hom s'en deffenda. Quant a la renda d'en Not Ebral et a la provezio del premier franc per fuoc, ordenero que se levo XII comus, losqual[s] se levo [en tal manieira] que cascuna gacha se cargue de levar sa part e se pague, cada sepmana, I comu e que las que auriau pagat, que, se en après venia despens, (que) d'aquel despens sia quitia e que tombe sobre aquelas que non auriau pagat. Sobre aquo de las emposicios de que desus es facha mencio, totz tengro que no s'en leve re seno que per totz los autres locxs del avesquat so levesso. It. ordenero aqui meteiss capitanis : per la gacha de Verdussa, que regisco los premiers II mezes, so es assaber G^{m} Condat e Ramon Conchart. It. de la gacha del Viga, als segons II mezes, Miquel Hugat,

[1] D'après M. Dognon, les communes réunies devant les réformateurs à Béziers, du 26 juin au 4 juillet, auraient accordé 3 francs par feu payables à partir de janvier 1381. C'est sur cette délibération qu'il s'appuie. Le premier franc venant à échéance au premier jour, il faut admettre qu'il s'agit ici d'une autre subside, d'autant mieux que la mande aurait eu de la peine à parvenir à Albi, à supposer même que l'octroi du subside ait été voté le premier jour de la réunion. Il est donc certain que les communes eurent une autre réunion avant le 26 juin. D'après dom Vaissete, elles s'étaient réunies quelque temps après Pâques.

Dorde Romanhac. It. de la gacha de Sta Marciana, als autres dos mezes, m^e^ Johan Bot, Johan Gaudetru. It. de la gacha de Sanh Africa, als autres II mezes, Domenge de Monnac, m^re^ G^m^ Chatbert. It. de la gacha de S. Stefe, als autres II mezes, P. Clergue, Esteve Baile. It. de las gachas de las Combas e de otral pon, als autras II mezes, Guiraut Marti, m^e^ P. Costa. It. ordenero levadors dels comus de la gacha de Verdussa m^e^ P. Rigaut e G^m^ Condat; it. del Viga, P. de Montelhs, Armengau Caussa ; it. levador [de la gacha de Sta Marciana] G^m^ Ayquart, thezaurier Berthomieu Garrigas ; it. de la gacha de S. Africa, levador m^e^ R. Ortola, thezaurier Ar. Chatbert; it. de la gacha de S. Estefe, levador Johan Clavairolas, Ar. Azemar, thesaurier Brenguier de Varelhas; it. de las Combas, levadors B. Auriac, Bernat Paraire, Domergue Ratier, Bertran de Lasala.

L'an LXXX, a XV d'aost.

Sobre aisso que dissero los senhors cossols que en esta vila veniau e deviau venir moss. Johan de Montagut, governador en la Lenga d'oc per lo rey nostre SS., el senescale de Querssi el senhor de Turssi e motz d'autres grans senhors e ganre de capitanis am gran nombre de gens d'armas, per far e penre lo pagamen e la mostra de las gens d'armas que so per lo rey nostre SS. ; et era perilh que las gens d'armas se volguesso alotjar dins la presen ciutat; laqual cauza, se se fazia, poiria tornar e mot gran dampnatge, que seria perilh que hom no los ne gites quant hom se volria. E sus[aquo], dichas motas paraulas per los sobrenompnatz cossols e singulars, apunchero e demorero acordans e donero per cosselh que hom dones e servis los grans senhors que sa venriau, aquels que als senhors cossols sera vist fazedor, de vis e de sivadas e d'autras cauzas, aissi quant als digs senhors cossols semblara de far, afi que las gens d'armas no alotgesso dins la vila, e que no donesso lo dampnatge que donar poiriau. [1]

[1] Voir dans *Revue du Tarn*, Vol. XVII. p.p. 324-333, l'étude que nous avons consacrée à cette montre de troupes à Albi.

Il existe une lacune de près d'un an, du 15 août 1380 au 17 mai 1381, dans les délibérations. Le registre contient, au point où nous sommes

L'an MCCCLXXXI, a XVII de may.

Sobre aisso que dissero los senhors cossols que, per pagar las provesios de I mes promezas a las gens d'armas estans al seti de Turia, alscus merchans d'esta vila aguesso prestat alcuna pecunia, et aras requereguesso los senhors cossols d'esta vila que hom lor setisfezes so que aviau prestat ; fo apunchat per totz los digs cossols e singulars que aitant quant monta la cota d'esta vila que hom setisfassa als digs merchans, en cas que la dicha cota no sia pagada, et autramen no. It. dissero may que en Domenge de Monnac e'n B. Esteve ero vengutz de moss. de Foiss am los autres comus, loquals ero anatz a Mazeras [1] per penre qualque bon acort am moss. de Foiss, afi que las gens d'armas no nos dampnegesso ; et au reportat que la era estat apunchat, am mossenher de Foyss, que tota la senescalcia de Carcassona lhi done per I mes, comensen a XIII dias d'aquest presen mes de may en avan, quatre milia franxs. Per que dissero qual provesio s'i meira ni de que pagaria hom la quota apertenen en esta vila. E sus aquo fo aponchat que, per pagar la dicha cota d'esta vila, hom empause I comu, en cas que mestiers hi fassa, o mens se per mens se poc pagar ; et aquo remeiro a la conoissensa dels senhors

arrivés, trois folios blancs destinés sans doute à la transcription des délibérations prises au cours de cette année et que le notaire du conseil redigeait d'abord sur des feuilles volantes. Cette lacune est d'autant plus regrettable qu'au mois d'octobre 1380 se place l'évènement qui provoqua le plus d'émotion dans l'Albigeois pendant cette période de la guerre de Cent ans, la prise de Thuriès par les Anglais commendés par le bâtard de Mauléon. On peut en lire le récit dans Froissart, et les Comptes consulaires de cette année, dont l'impression s'achève, contiennent, pour ainsi dire, le journal du siège de cette place que Turci tenta vainement de reprendre. Dans *Une excursion aux gorges du Viaur* (Rev. du T.) nous avons relevé les erreurs de Froissart ou plutôt les *gasconnades* de Mauléon au sujet de la prise de Thuriès, ce fort. dont les ruines existent encore, perché sur une arête des gorges du Viaur à Pampelonne.

[1] Compayre, dans ses *Etudes historiques sur l'Albigeois,* pp. 162-63, a publié la lettre de convocation adressée, le 6 avril, par le comte de Foix aux habitants d'Albi. Les communes étaient convoquées pour le 24 avril. Cf. sur cette première réunion des communes de Languedoc à Mazères, *Hist. de Lang.* IX. p. 894. note.

cossols am aital condicio que tot home sia tengut de pagar per so que aura.

L'an dessus, a II de Jun...

Sobre aisso que dissero los senhors cossols que sobre la litigi que se era moguda, entre los senhors cossols de Carcassona els senhors cossols d'Albi, sobre so que demandavo los digs senhors cossols de Carcassona per las despessas que aviau fachas los comus quant ero anatz en Franssa [1], que diziau que los cossols e la universitat d'Albi lhi devia contribuir e pagar la soma de (*blanc*) francxs ; e los senhors cossols d'esta vila diziau que non ero tengutz de pagar tant gran soma; e sus aquo se fos mogut plagz e questio, et esparava esser mager; del qual plag moss. lo senescalc de Carcassona se era entremes et avia acordat que lo loc d'esta vila ne pagues XL franxs, losquals avia mandat als senhors cossols d'esta vila que hom pagues e que non plaejes ponh. Per so demandero cosselh se hom los paguera ho no. Sus aquo totz tengro que hom pague los digs XL franxs, quar may costaria qui plaejava. It. sus aisso que dissero que Mᵉ Johan Prevenquier avia fagz alscus trebalhs per recobrar los bestials que foro prezes per las gens d'armas de moss. de Foyss, lo mars apres Pascas propda passadas ; dels quals trebalhs e despens que avia fagz demandava setisfaccio als senhors cossols ; demandero cosselh se los senhors cossols ho deviau pagar o no. Sus aquo totz tengro que ho pago aquels de qui era [2]los bestials per que trebalhec. It. sus aquo que dissen B. Esteve, pelicier, que el era anat a moss. de Foyss e lhi avia expliquatz los dampnatges que aviau donats las gens d'armas per la presa del bestial que aviau pres, lo mars apres Pascas, e lo dig moss. de Foiss avia escrig una letra a moss. Gᵐ Arnaut de Bearn [3] que el lo enformes de la presa del dig bestial ni quant

---

[1] Voir note 1 de la délibération du 29 juin 1380.

[2] Correc : *ero*.

[3] Il faut lire : *A moss. Arnaut Gᵐ et a moss. P. Arnaut de Bearn*. C'est à ces deux personnages en effet que, le 20 avril, les consuls envoient J. Prevenquier pour se plaindre de cette course. (Comptes consulaires de 1380-1381). Arnaut Guilhem et P. Arnaut de Bearn étaient des chevaliers au service du comte de Foix.

era so que era estat finat, quar el no volia que s'i perdes re; laqual letra lo dig en B. Esteve avia encaras davas si. Fo aponchat que lo dig en Bernat Esteve, que avia seguit la causa, porte la letra al dig moss. G^m Ar. e que los despens que se faro ni s'en son fagz se pago de so que hom ne cobraria, se re s'en cobrava; e se re no s'en cobrava, que aquels de qui era lo dig bestial pago lo dig despens. A laqual causa totz aquels que foro en lo presen cosselh, que aviau bestial en la dicha presa, cossentiro. It. sus aquo que aissi fon dig que Pos Renhas demandava que, coma el agues arendat, l'an propda passat, lo pon de Tarn, aissi quant era acostumat de arendar, aras lo dig Pos demandes e disses que en tot lo dig temps ero estadas guerras per lasquals se era perdut grandamen en lo dig arrendamen; per so soplegava que hom lhi remezes una partida del dig arrendamen. Sus aquo totz tengro que, atendut que, per la guerra, el avia perdut grandamen en lo dig arrendamen, (que) lhi sia remes e quitat so que los senhors cossols conoisserau.

L'an desus, a IX de jun.

Sobre aisso que dissero que lo Pauco de Lantar [1] avia trames I escudier als senhors cossols d'esta vila am una letra de crezenssa, laqual crezenssa es que lo Pauco pregava que hom lo volgues provezir de qualsque viures, quar el era a Galhac am certa quantitat de gens d'armas per mossenher de Foys, losquals no podiau be aqui viure ses socors del pays. Fo aponchat que, atendut que hi a ganre d'autres capitanis e que covenia que totz n'aguesso, (que) no lhi done hom re, mas que se escuze per dilays o en autra manieira aitant quant poyra.

L'an MCCCLXXXI, à XXV de jun... [2]

Sus aisso que dissero que moss. de Berri [3], lo compte

[1] L'*Hist. de Lang.* mentionne à peine ce terrible chef de bandes à la solde du comte de Foix : nous constaterons qu'il fut un vrai fléau pour la ville d'Albi et ses environs.

[2] Un commencement de délibération restée inachevée, du 24 juin, constate la présence, ce même jour, de gens d'armes logés aux faubourgs de la ville. Tout permet de supposer que c'était la troupe du Pauco de Lantar que nous trouverons bientôt à Rosières.

[3] Charles V, ému enfin par les doléances des habitants du Languedoc, avait rappelé le duc d'Anjou, (commencement de 1380) et nommé

d'Armanhac am d'autres grans maestres veniau en esta vila, se hom lor feira negun presen ni lor donera re. Totz tengro que hom done al duc de Berri, al comte d'Armanhac et als autres grans senhors que als senhors cossols d'Albi semblara, so que als senhors cossols sera vist.

L'an dessus, lo darrier dia de jun...

Sobre aisso que dissero los senhors cossols que moss. lo duc de Berri lor via mandat que els fosso a Castras [1] on avia mandat los autres comus per tener cosselh sobre alcunas causas. Per que dissero los senhors cossols als singulars se lor semblava que hi deguesso anar ho trametre. Sus aquo totz tengro que hom la ane.

L'an LXXXI, a I de julh..

Tengro cosselh en la mayo comihal de metre capitanis, et ordenero e volgro totz que los senhors helegisco dos bos homes e que lor dono gatges razonables afi que siau miels curozes e diligens en lor offici et en la garda de la vila.

L'an desus, a VII de julh...

Sobre aisso que dissero que, coma moss. lo duc de Berri, loctenen de nostre senhor lo rey de Fransa, agues pres la moneda que era meza en deposit, laqual se devia passar a'n Ot Ebral per la rayre venda de la renda que lo dig Ot avia sus la universitat d'Albi, quant lo dig Ot feira la reyre venda, e aco, per qualsque cauzas que lo dig Ot, segon que se dizia, avia comezas. E sus aquo lo dig moss. lo duc agues autriadas letras citatoiras contra lo dig Ot per far la dicha venda. Demandero cosselh se se enseguiro ni qui las seguira. It. sus

le comte de Foix gouverneur du pays. Malheureusement le roi mourut (16 sept. 1380) et Louis d'Anjou, devenu régent du royaume pendant la minorité de son neveu Charles VI, fit donner le gouvernement de Languedoc à son frère, le duc de Berry. Ce fut une faute dont les conséquences se firent bientôt sentir. Le comte de Foix, qui avait les sympathies du pays tout entier, disputa le gouvernement, les armes à la main, au duc de Berry. M. Ed. Cabié a mis en complète lumière cette question d'histoire très obscure avant lui. Cf. *L'Albig. pendant la querelle du comte de Foix et du duc de Berry de* 1381 *à* 1382. et *Hist. de Lang.* IX, 879 et suiv.

[1] Chef-lieu d'arrond. du départ. du Tarn.

aquo que aissi fon dig que la clausura era flaca et avia mestiers de gran reparacio, se hom la reparera ni de que. It. que lo jutge de moss. d'Albi avia(u) recuzat(z) a metre capitanis per la presentacio dels senhors cossols d'Albi que huey so, dizen(s) que els non ero cossols, jasia que moss. lo duc de Berri los agues cofermat[z], et aquo per la fauta de las gens de moss. d'Albi que los aviau volgutz cofermar etre cossols a la eleccio del comu. Per [que] demandero cosselh que s'en faria, se hom lo laissera passar per aital, atendut que lo cossolat es en possessio e saysina de presentar capitanis, e que l'avesque non hi poc ni deu metre mas aquels que los senhors cossols lor [1] presentarau, e se s'en apelara hom. It. que segon las costumas de la presen ciutat, lo poble avia elegits cossols los cossols de l'an propda passat, losquals las gens del cosselh de moss. d'Albi, que los deviau crear, no los volgro crear, mas que no creero autres non helegitz per lo poble ; e sus aquo lo poble se apelec. Per que demandero cosselh se hom seguira la apellacio o no. It. que los Engles de Turia aviau amenassat que els ardero los blatz et aprionero las gens els bestials e donero totz los dampnatges que poyriau, se no hom se apatue am lor. Per que demandero cosselh se hom feira patu am lor o no. It. que, coma sia demorat am G^{m} Colobres per tot so en que hom lhi poyria esser tengut per recobrar la renda que ha sus la presen ciutat, quant per los darairatges que lhi son degutz per la dicha renda, hom lhi deu donar XVII^{c} fraux, pagadors en tres termes, lo premier a Marteror, l'autre a Pascas, l'autre a S. Jolia adonc propda seguen. Per que dissero qual provesio s'i meira ni de que se paguera.

E sus aquo totz tengro : quant a la clausura, que se repare e que cascuna gacha fassa reparar sa cota. Quant a segre las letras del dig Hot Ebral e la appellacio del cossolat davant dicha, e de apelar de la recusacio dels capitanis davant dicha, dissero que se fassa e se seguisca aissi quant als senhors cossols sera vist fazedor ; e que so que sera mestiers a la clausura se devezisca per sol e per lbr. e que cada gacha porte son carc ; e que per las autras causas de las dichas appellacios

[1] Correc : *luy*.

e per las autras bezonhas que tot jorn veno a la vila se empauso dos comus, losquals de presen empausero. Quant al patu dels Engles, tengro que no fassa hom ponh de patu, mas que hom seguisca am moss. lo duc et am moss. d'Armanhac que nos hi meto provesio que no siam damnejatz per los digs Engles. Quant a'n aco d'en Colobres desus dig(s), tengro que, per pagar la paga premieira de Martero, (que) hom empause sieys comus, losquals se levo per gachas, e que los levadors respondo de tot quen levarau al dig Gm Colobres.

L'añ desus, a XXI de julh...

Sobre aisso que, coma me Gm Bestor, cossol, loqual, lo dia presen, era vengut de Carcassona ont era mossenher d'Albi, en lo presen cosselh, agues reportat que, sobre lo debat que era am moss. d'Albi sus la creacio darrieiramen facha del cossolat, el avia parlat am lo dig moss. d'Albi, et era demorat am luy que tot quant era estat procezit en la dicha cauza, e la creacio, e las appellacios e totz autres debatz sus aquo procezitz se annulo, e que de novel la creacio se fassa be e justamen, aissi quant far se deura ni es acostumat de far. Totz tengro que sia fag e se fassa.

L'an MCCCLXXXI, a XXI d'aost. .

Sobre aisso que motas vetz era estat dig que lo aliuramen dels mobles se fezes de novel, e que encaras non ho avia hom comensat. Per que aponchero et ordenero totz los sobrenompnatz cossols e singulars que lo dig aliuramen dels mobles se fassa e que dema se comensse, ses plus retardar, et que los senhors cossols, una essemps am los singulars que s'en sego, fasso lo dig aliuramen ; so es asaber : me P. Alric, al[ias] Riguaut, per la gacha de Verdussa ; Duran Daunis, per la gacha del Viga ; me Johan Bot, per la gacha de Sta Marciana ; Domenge de Monnac, per la gacha de S. Africa ; Me Johan Augier, per la gacha de Sanh Estefe ; B. Esteve, per la gacha de las Combas.

It. aqui meteiss dissero los senhors cossols que en Frances Donat se era complang a lor, dizen que el avia fags, per los senhors cossols e de lor voluntat e mandamen, motz de trebalhs tant per far lo comte als singulars de la vila de so que deviau ni podiau dever dels XX e dels XVI e dels VI e dels

XIX e dels IIII^{xx}VI e d'autres talhs e comus; et en far I cazern en que ero totz los noms de las gens de la vila e las somas que deviau cascu de I comu ; et en escriure los nomps de las gens quant hom fe recurar los valatz e so que cascu ne devia far ; e far los trailatz que foro pausatz als digs valatz ; et en far I libre en que era tot lo aliuramen de la vila, loqual hom devia mostrar a'n Pabina de Gontaut que devia venir en esta vila per vezer de la reparacio dels focx se era facha justamen ; et en far I cazern de tot lo aliuramen de la vila que contava hom lo comu en aqui coma en lo dig cazern se conte ; et en XXI jorn[s] que avia vacat en far lo aliuramen avans que lo prezes a pretz fag ; e per copiar lo leu que hom fe quant hom empausec I gros per testa e I d. per lbr. de possessori e III mealhas per lbr. de moble ; e per copiar los libres dels XVI comus e mieg ; en losquals trebalhs avia vacat grandamen e per lonc temps. Sus aquo demandero cosselh los senhors cossols als singulars quen deviau far e, se re lhin donavo, quant lhin donariau. Et, auzida relacio dels senhors cossols que dissero aqui meteiss que els ero enformatz que el avia grandamen vacat en los digs trebalhs, totz tengro que, per los digs trebalhs, fos donat al dig Frances quinze francxs.

L'an MCCCLXXXI, a VI de setembre...

Sus aisso que moss. de Berri avia mandat per sas letras que hom tramezes I franc per fuoc que aviau autriat los cossols de Carcassona per gitar los Bretos de la senescalcia, dissero que I bon home ane a moss. lo duc desus dig per explicar a luy los dampnatges que prendem per los Engles de Turia e de las Plancas [1], e soplegar que hi meta remedi ; et estiers no cossentis hom a pagar lo dig franc per fuoc.

L'an MCCCLXXXI, a XVII de setembre...

Sobre aisso que aissi fon dig(s) que mossenher d'Albi avia dig que hom mezes qualque provezio que hom pogues recuihir las vendemias segur, quar perilh era que los Engles nos done destorbi que hom no las pogues reculhir ; e que en apres

[1] Comm. de Tanus, cant de Pampelonne, arrond. d'Albi, au flanc des gorges du Viaur

sus aquo era estat parlat am lo capitol de S[ta] Cezelia e de S. Salvi se hi voliau ajudar ni que acosselhavo quen fezes hom ; losquals ero de diversas opinios, dizens alcus que hom agues gens d'armas, d'autres que hom fezes qualque acort am los Engles que no nos dampnegesso e que nos laissesso reculhir las vendemias. Per que dissero aissi los senhors cossols e demandero cosselh als singulars qual provesio se meira sus aisso. A lasquals causas desus dichas totz tengro e dissero que, affi que no fossem dampnegatz per los Engles, (que) hom fassa tractar am aquels de Turia qual acort poiria hom penre am lor ; et issimen que tracte hom quals gens d'armas poiria hom aver en esta vila ni que costariau, ni cossi se pagaria ; e que encaras no hi clausa hom re am negus, mas que agarde hom lo cosselh que ha mandat lo comte de Foyss, a dimergue, a Maseras, qual aponchamen penra, quar per aventura, atendut que moss. lo duc de Berri el dig moss. de Foiss au agut essemps gran tractat e cosselh, au aponchat qualque causa que no qualria far acort am los Engles ni aver gens d'armas ; per que es expedien que hom demore que lo dig cosselh sia tengut.

L'an dessus, a XXII de setembre,

Sobre aisso que dissero los senhors cossols que estat era tractat per la provesio que hom pogues reculhir las vendemias, que hom aja certas gens d'armas ho fassa acordi am las gens de Turia e de las Plancas, en tal manieira que hom puesca reculhir las vendemias segur, e que, per paguar aquo que costaria, (que) hom meta sus cada saumada de car X d. e de bona bestia VII d. m[a] e de bestial sotial V d. ; e que los cars e las bestias que se logarau paguesso certa causa. It. que Isarn Ebral era vengut en esta vila et avia requeregutz los senhors cossols que els volguesso paguar la moneda de la renda a'n Ot Ebral, so fraire, quar en aquel cas el feira la venda de la renda, autramen el la vendera en autra part e la meira en tals mas qne hom no lan traissera ges quant se volgra. Sus aquo totz tengro que per aver las dichas gens d'armas o per far l'acordi am las dichas gens d'armas de Turia e de las Plancas, aquo que seria may aprofechable, hom meta sus las vendemias la emposicio desus dicha. Sus aquo d'en Not Ebral tengro que, atendut que la moneda fo meza en deposit, et en apres moss. de Berri, per sa auctoritat, ha pres lo dig deposit, e per consequen lo(s) dig Ot es citat davan luy per far la venda a la vila de la dicha renda ; e que per fauta de la vila non esta; e sus aquo se sian tengudas diversas jornadas en tan que no resta mas de donar sentencia se nos deu far la venda o no, que hom agarda la sentencia e que ho seguisca hom am lo dig moss. lo duc e la on deura, que la vila ne sia quitia; sus la emposicio metedoira sus los cars e sus las bestias que se logariau, tengro la major partida que no lor fassa hom re pagar, quar perilh seria que no san venguesso degus, e, se sa veniau, fariau ho pagar a'n aquels que los logariau.

L'an dessus, a XXIIII de setembre...

Sobre aisso que dissero los senhors cossols que els aviau agudas letras de moss. d'Armanhac que se endressavo a'n aquels de las Plancas e que los pregava que no nos volguesso donar dampnatge ; lasquals letras hom lor avia tramezas, et els aviau repost que els no podiau estar aqui ses avitalhar lor, e convenria que, se els estavo de far negun dampnatge, (que) hom lor dones qualque finanssa. Per so demandero cosselh los senhors cossols als singulars cossi s'en regiria hom. E sus aquo totz tengro que hom la tramezes I bon home que seguis lo tractat que volriau que hom lor dones, am una que no clauses res et entretan auria hom agut qualque sentida qual aponchamen se fora fag al cosselh de Mazeras ; e se s'i era fag tal aponchamen que no qualgue re pagar, que Dieu hi aja part! seno pueiss aura hom son cosselh cossi s'en regira [hom].

L'an desus, a XXI d'octombre...

Sobre aquo que aqui fo dig e reportat per en Frances Donat, loqual diss que el, una essemps am en Domenge de Monnac, era anat(z) a Maseras [1], al cosselh propda mandat per lo comte de Foiss. Diss may lo dig Frances que, entre las autras causas parladas en lo dig cosselh, era estat parlat sus lo debat de la demanda que fa moss. lo duc de Berri als comus per las despessas que ha fachas venen darrieiramen en lo pays de

[1] Les communes de Languedoc y etaient restées reunies du 29 septembre au 18 octobre. Nous verrons qu'il y eut une nouvelle réunion dans cette meme ville du 26 octobre au 14 novembre.

Lengadoc, e per las gens d'armas que te, e que lo dig moss. de Berri avia mes lo dig debat en lo dig moss. lo comte de Foiss, en cas que los comus ho hi vuelho metre.

L'an dessus, a XXI d'octombre...

Sobre aisso que dissero que lo Pauco de Lantar avia escricha [1] als senhors cossols d'esta vila que el era, am sos companhos, a Rosieiras [2] per lo fag e per la honor del rey e del pays, e que lhi volguesso donar e trametre, per la provesio de si e de sas gens, en oli, sal, candelas e torchas, la somma de XXX franxs. Per que demandero cosselh los senhors cossols als singulars quen fariau. Sus aquo totz tengro que, atendut que el e sos companhos poiriau far e donar grans dampnatges en esta vila et a las gens d'esta vila, (que) hom lhi done e lhi trameta, en las dichas provesios, entro en la valor de la soma de XX franxs, afi que non ajo razo de far mal al loc ni a las gens d'esta vila.

L'an MCCCLXXXI, a XXVIII d'octombre, los senhors m^e B. Lono, m^e Helias de Vesplau, m^e G^m Chatbert, R. Vidal, P. Isarn, Johan del Pueg, Johan Raynaut, P. Soelh, cossols, loguero Pos Donarel per far bada al cloquier de S. Salvi per lo terme de I an propda venen, comensan lo jorn de la festa de Totz Sanhs propda venen, per pretz de XXIIII franxs, e promeiro lo tener quiti de totz talhs aitan quant estara bada en lo dig cloquier e per tot(z) lo temps que sa ha estat saentras, el e sa molher; e lo dig Pos promes que be e lialmen se aura en lo dig offici.

L'an dessus, a I de novembre...

Sobre aquo que aqui fon dig que, coma a requesta dels senhors cossols d'Albi, atendut los bes, profiegz et honors que m^e G^m Bestor avia fagz totz temps, aitant quant ha estat ad Albi, a la universitat del dig loc, moss. lo comte d'Armanhac agues far donar per moss. lo duc de Berri al dig m^e G^m Bestor lo offici de la jutjaria d'Albi; et aras de novel lo dig moss lo duc, a requesta d'alscus estigadors, avia ostada [3] lo dig

[1] Correc : *escrig*, ou bien sous-entendre : *una letra*.
[2] Cant. de Carmaux, arrond. d'Albi.
[3] Correc : *Ostat*.

offici al dig mᵉ Gᵐ e lo avia donat a mᵉ Marti Champagna; e sus aquo lo dig mᵉ Gᵐ era vengut als senhors cossols d'esta vela, explican lo fag e dizen que, per sostener lo dreg e la honor de la presen ciutat, alscus lhi aviau procurat que lo dig offici lhi fos ostat, e soplegan que los senhors cossols volguesso escriure al dig moss. de Berri que lo dig offici lhi volgues redre, et en autra manieira lhi donesso socors que el poguesso cobrar lo dig offici. E sus aquo dissero los senhors cossols als singulars quen deviau far. Sobre aquo totz dissero que vertat(z) era que lo dig mᵉ Gᵐ Bestor avia fagz motz de bes a la vila, e per sostener lo dreg d'aquela el avia ganre de malvolens ; per que totz volgro e tengro que tot lo socors et ajuda que la vila d'Alby lhi poiria far en cobrar lo dig offici que ho fassa.

L'an desus, a III de novembre...

Sobre aisso que dissero que lo vescomte de Paulinh [1] avia trameza una letra de crezensa als senhors cossols que crezesso e desso fe a las paraulas que mᵉ Gorgori Corbieira lor diria de par de luy ; laqual crezensa era aital que lo dig vescomte pregava que hom lhi volgues socorre de totz los balesties que poiriau issir d'esta vila, e aquo per dampnejar las gens d'armas que teniau lo loc de Laroqua [2]. Per que demandero cosselh quen deviau far. Sus aquo totz tengro que, atendut que las dichas gens de Laroqua no nos au encaras donat negun dampnatge, e so en lo dig loc a requesta de moss. d'Armanhac, segon que se ditz, e que, se hom hi trametia gens, seria perilh que moss. d'Armanhac s'en corrosses contra la presen ciutat, tengro totz que hom non hi trameta negun home, ni balestier ni autre.

[1] Ce vicomte était Guillaume de Rabastens, fils de Pierre Raymond. Il avait pris parti pour le comte Foix dans sa querelle avec le duc de Berry et il avait reçu, dans le château de Paulin, le Pauco de Lantar et le bâtard de Ramefort. En 1390, il fut, pour ces faits, condamné à 500 livres d'amende Nous mettons la dernière main à une histoire des *Vicomtes et Vicomté de Paulin* qui sera, sous peu, donnée à l'impression.

[2] Il existe une commune de ce nom dans le cant. de Castelnau-de-Montmiral ; mais il est probable qu'il s'agit ici de la place de Laroque, dependant de la baronnie de Cestayrols qui devait appartenir plus tard à la famille de Rabastens.

L'an desus, a XI de novembre...

Sobre aisso que di·sero que en Frances Donat, cossol, e'n Domenge de Monnac, que ero a Maseras, al cosselh mandat per lo comte de Foyss [1], aviau trameza una letra clausa en laqual escrivia que hom lhi tramezes la unio tractada al dig cosselh de Maseras, fazedoira entre los comus de Tholosa, de Carcassona e de Belcayre, en la manieira que el la trametia ordenada; en laqual fa mencio que totz los comus se adhunisco en totas despessas e dampnes fachas e fags e fazedoiras et a far. Per que demandero cosselh los senhors cossols se hom lhi trametia grossada la dicha unio en la manieira que la ha trameza ordenada. Sus aquo totz dissero e tengro que, atendut que en la dicha unio, en quant que lor semblava, fazia mencio que totz los comus contribuisco en totz los dampnatges fags e fazedors et emendas que per aquels se ensegriau; et atendut que alscus comus de las dichas senescalcias 'aviau, per aventura, delinquat contra lo senhor, de que poyriau issir grandas condampnacios e dampnatges de corsses e de bes; et atendut que aquels que auriau cossentit en la dicha unio e non auriau comeza neguna causa mal facha poiriau esser reprezes per lo senhor per los malefags que so estatz fags, aitant be coma aquels que auriau comezes los mals saentras fags; tengro totz que hom no lor trameta pong la dicha ratifficacio dels digs articles en la forma que en los dig[s] articles es contenguda, seno que en la dicha retifficacio fassa mencio que non es ententa que hom contribuis ni se adunis en las cau[sas] saentras fachas per qualques comus que siau. It. tengro may e dissero que, atendut que los digs Frances e Domenge aviau cossentit en alcunas causas en los digs articles contengudas, que son mot prejudiciablas e poiriau esser en la presen ciutat, (que) hom revoque so que au fag lo dig Francos el dig Domenge, ni cossentit sobre aisso que es contengut en los digs articles que hom contribuisca en los dampnes saentras fagz e emendas per aquels dampnatges fachas e fazedoiras; e

[1] Gaston Phébus avait convoqué les communes à Mazères avec l'autorisation du duc de Berry. Au reste la paix entre les deux compétiteurs allait etre signée au mois de décembre. Elle avait été ménagée par le pape Clement VII. *Hist. de Lang.* IX p. 904.

may. coma als senhors cossols non estia ferm que las cauzas desus dichas per las dichas comunitatz ordenadas e fachas, aissi quant es contengut en los articles per los digs comus ordenatz sian estadas fachas et ordenadas de voler ni de licencia del rey nostre senhor, ni de son loctenen ; que en aquel cas que non ho seriau, ni lo rey nostre senhor no los auria per agradablas, los senhors cossols e singulars no cossentiau en aquelas causas fachas o a far per las dichas comunitatz o per neguna d'aquelas, seno en aitant quant al rey nostre senhor o a son loctenen plairia. E may protestero aqui meteiss los digs senhors cossols e singulars, per lor e per totz los autres comus de la vigaria d'Albi a lor, en aquesta cauza, adherens et adherar volens, que per las cauzas desus dichas, fachas o a far per las dichas comunitatz o per una d'aquelas, ni per negunas despessas, dampnatges, forfags, excesses o autras causas qualsque siau, fags, donats o perpetratz per calque manieira [que] sia, per las comunitatz desus dichas o neguna d'aquelas, non entendo a cossentir ni si obligar ad emenda d'aquelas, seno tant solamen a las cauzas que d'aissi avan se fariau ad honor del rey nostre senhor e de la causa publica, de voler e de plazer del rey nostre senhor o de son loctenen. De laqual revocacio requeregro totz los digs cossols e singulars esser fag publig insturmen per mi notari sotz escrig(s).

L'an desus, a XIII de novembre...

Sobre aisso que dissero los senhors cossols que en Frances Donat e'n Domenge de Monnac, losquals ero a Maseras, al cosselh mandat per lo comte de Foiss, aviau trameza una letra clausa e may copia dels articles fags et ordenatz per los comus de las senescalcias de Carcassona, de Tholoza e de Belcayre, sus la unio fazedoira de las dichas senescalcias ; en lasquals letras c'ausas aviau escrig als senhors cassols que lor tramezesso la cofermacio dels digs articles per insturmen public. Dissero may los senhors cossols que els aviau tengut cosselh am alscus singulars se hom lor trameira la dicha cofermacio en la maneira que aviau mandat ; et entre las cauzas contengudas en lo dig cosselh, era estat aponchat que hom ne parles am moss. d'Albi et am las gens de son cosselh cossi s'en regiria hom ; laqual causa los digs senhors cossols aviau facha una am d'autres singulars ; losquals senhors, so es asaber moss. d'Albi e las gens de son cosselh, aviau dig que hom fezes ordenar la carta de la retifficacio en certa forma, laqual lor aviau dicha; laqual causa avia[u] facha, e pueyss la lor aviau mostrada et en apres recobrada. Per que dissero los senhors cossols e demandero cosselh als singulars se lor semblava que deguesso trametre la dicha ratifficacio per insturmen grossat en la manieiera que la aviau facha ordenar, laqual fo aqui legida e recitada. E sus aquo totz tengro que los senhors cossols retiffico los digs articles en la manieira contenguda en l'esturmen ordenat sur la dicha retifficacio. E sus aquo, los senhors cossols, de voluntat e de cossentimen dels autres singulars, feiro la retifficacio en la manieira contenguda en l'insturmen aqui meteiss per mi receubut, l'an el dia dessus.

L'an MCCCLXXXI, a XXI de novembre...

Sobre aisso que dissero los senhors cossols que be avia dos jorns que los curials de moss. d'Albi aviau pres Johan Clari, al[ias] apelat lo Rey de Ladrecha, loqual, segon que aissi fon dig, es de la companhia del Pauco de Lantar. It. dissero que lo Pauco lor avia trameza una letra clausa en laqual escrivia que el se donava grandas meravilhas que hom lhi preses en esta vila sas gens, volens dire, segon que dissero, del sobredig Johan Clari. It. escrivia lor may en las dichas letras que el ne escrivia a moss. d'Albi e que lor plagues que, quant moss. d'Albi veyria sas letras, els hi volguesso esser e far en manieira que lo dig Johan Clari fos relaxat, autramen el fora enemic de la vila. It. mandava may als senhors cossols que lhi donesso dels vis e que lhi mandesso se lhi trametriau ni quant. Per que demandero cosselh sobre totas aquelas causas quen fariau. Sobre aquo totz tengro que hom diga e pregue [a] moss. d'Albi que relaxe lo dig Johan Clari per evitar mager escandol. It. que hom lhi done doas pipas de vi e que hom lhi mande que lhi plassa de trametre en esta vila dos cars, quar hom los lhi trametra cargatz [1].

[1] Une délibération du 23 novembre nous apprend que le Panco exigea que la ville lui fit porter les deux pipes de vin.

L'an desus, a XXVII de novembre...

Sobre aisso que dissero los senhors cossols que moss. d'Albi lor avia dig que la vila se gardava mal e se regia mal, per razo quar aquels que la regiau ero trop simplicis, segon que a luy semblava ; e que ad el semblava que se hi mezes qualque capitani rigoros e que hom lhi dones gatges, la vila s'en gardaria miels e se metria en melhor regla ; et issamen lor avia dig que la clausura els valatz de la vila se repares e se fezes e que hom fezes aver arnes a las gens que non au ; e que hom mudes lo bordel deforas la vila ; e que de tot aisso hom lhi respondes se hom ho faria. Per que demandero cosselh quelh respondra hom ni quen fara. Sobre aisso totz tengro que hom fassa cavar e recurar los valatz, e fassa adobar los amvans e las fautas de la clausura, e fassa hom aver arnes a'n aquels quo non au e mude hom lo bordel deforas. Quant ad aver capitani estranh ni trop rigoros, tengro que non aja hom, mas coma es acostumat, mas que aquels quen so o seriau, aissi quant es acostumat, fasso far la razo a la garda a tot home.

(A suivre). Auguste VIDAL.

BIBLIOGRAPHIE

REVUE DES REVUES

Archiv für das studium der neueren sprachen und literaturen, CXIII, 1 u. 2. — *L. Jordan*: Quellen und Komposition von Eustache le Moine, p. 66 ; — *C. Haag*: Antoine de la Sale und die ihm zugeschriebenen Werke, p. 101 ; — *A. Tobler* : « Par exemple », p. 136.

Romanische forschungen, XV, 3. — *A. Stark* : Syntaktische untersuchungen im anschluss an die predigten und gedichte Olivier Maillards, p. 689 ; — *Th. Claussen*: Die griechischen wörter im Französischen, p. 774 ; — *H. Abert*: Die musikästhetik der Echecs amoureux, p. 884.

Annales du Midi, n° 64. — *V. de Bartholomaeis*: Un sirventés historique d'Elias Cairel, p. 468 ; — *A. Thomas*: Le nom de lieu « Tramesaigues », p. 500.

Zeitschrift für französische sprache und litteratur, XXVII, 5 et 7. — *G Cohn* : Nachtrag zu « Textkritisches zum Cliges », p. 349.

La Tradition, oct. 1904. — *A. Perbosc*· Mimologismes populaires d'occitanie (suite), p. 272.

Revue hispanique, X, n°s 35 et 36.— *R. Foulché-Delbosc*: Deux chansonniers du XVe siècle, p. 321 ; — *A. Galante* : Quatorze romances judéo-espagnols, p. 594 ; — *R. Foulché-Delbosc* : Las coplas del tabefe, p. 607.

Bulletin du parler français au Canada, III, 2. — Lexique canadien-français (*suite*), p. 58.

COMPTES RENDUS

Henri Chardon. — Scarron inconnu et les types des personnages du Roman Comique. *Paris*, *Champion*, 1904, 2 vol. in-8°, 20 fr.

Peu de chercheurs ont été aussi heureux que M. Chardon ; et, par son travail infatigable, par sa méthode sûre, par son étonnante ingéniosité, cet ancien élève de l'École des Chartes a largement mérité es bonnes fortunes qui lui sont échues. Passons sous silence un grand nombre de monographies, consacrées surtout aux hommes et aux choses du Maine : en 1876, M. Chardon démontrait péremptoirement que Scarron, dans son *Roman Comique*, avait représenté, sous les noms de Destin et d'Angélique, non pas J. B. Poquelin et Madeleine Béjart (comme on l'avait trop souvent dit), mais J. B. de Monchaingre, dit Filandre, et Angélique Mounier, sa femme ; en 1884, il éclairait d'une vive lumière certaines parties de la vie de Rotrou, et montrait le rôle joué dans la querelle du *Cid* par le comte de Belin, Scarron et quelques autres personnages, plus ou moins connus ; en 1886, il revenait aux comédiens de campagne en publiant un gros volume plein de révélations sur Molière, M. de Modène, ses deux femmes et Madeleine Béjart. Et maintenant c'est encore de Scarron, du *Roman Comique*, des comédiens de campagne, du Maine et des manceaux pendant le grand siècle que M. Chardon s'occupe dans les deux gros et beaux volumes, curieusement illustrés, qu'il vient de publier. Mais, s'il lui arrive çà et là, pour éclairer sa marche, de rappeler ses découvertes antérieures, ce n'est pas avec des redites que M. Chardon a rempli son œuvre ; ce n'est pas non plus avec les trouvailles des autres, agréablement présentées ; c'est avec les résultats de fouilles personnelles, et prodigieusement approfondies, faites dans les bibliothèques, dans les archives, dans les minutes des notaires et dans les papiers de maintes familles.

L'ouvrage se divise en trois parties.

La première : *Scarron inconnu* (un volume de 430 pages), passe rapidement sur les périodes de la vie de Scarron que les précédents historiens de l'illustre cul-de-jatte (et surtout M. de Boislile) ont mises en pleine lumière ; elle insiste sur les parties restées obscures jusqu'ici.

La deuxième : *les Types des personnages du Roman Comique* (t. II, p. 1-276) reprend l'enquête de 1876 sur *la Troupe du Roman Comique dévoilée* et cherche quels originaux Scarron a eus en vue quand il a peint les personnages non-comédiens de son amusante épopée.

La troisième (t. II, p. 277-370) étudie *un oublié de l'histoire littéraire au XVII*[e] *siècle : le chanoine Jean Girault et la troisième partie du Roman Comique.*

Puis vient un appendice de douze numéros sur Scarron et sa famille, sur les portraits de Scarron et de sa femme, sur la bibliographie et l'iconographie, les suites et les imitations du *Roman Comique*, sur les bénéfices de Costar et de Pauquet, sur « le rôle des poulardes dans l'histoire du Maine au XVIIe siècle », etc.

Disons tout de suite quels défauts — à peu près inévitables — se remarquent dans ces deux volumes.

Ayant la main trop pleine de faits, l'auteur n'est pas fort à son aise pour régler la dose qu'il convient d'en répandre en chaque endroit. Il s'élève quelque part (t. II, p. 67) contre ceux qui « professent un vrai fétichisme à l'égard des documents inédits et manuscrits » ; il dit excellemment ailleurs (t. I, p. 351) qu' « il faut savoir se borner et laisser aux derniers venus quelques miettes à ramasser » ; mais on sent qu'en formulant ces déclarations M. Chardon se fait violence, et lui-même ne s'arrête parfois qu'après avoir déjà abusé des documents. Surtout il a une tendance à étendre ses investigations de proche en proche et à prodiguer les digressions érudites. « Ce serait faire déborder le tableau sur le cadre que de raconter ici toute la vie du chanoine de Lélée » : ainsi est-il dit sagement au t. I, p. 342 ; « je préfère, bien qu'à regret, renvoyer ailleurs le narré de la longue histoire de cette publication » : ainsi est-il dit au t. II, p. 324. Le seul fait que de telles formules reviennent à plusieurs reprises montre que l'auteur connaît son péché mignon et a beaucoup de peine à s'en défendre.

Il s'en défend mal surtout quand son cher pays du Maine est en jeu. Maire de Marolles-les-Braux, ancien conseiller général de la Sarthe, M. Chardon est un patriote qui connaît ou voudrait connaître l'histoire de toutes les familles, de toutes les institutions, de toutes les maisons de son pays. Qu'il pousse l'héroïsme jusqu'à garder par devers lui des masses considérables de notes, cela ne l'empêche point d'être quelquefois un peu trop manceau pour notre goût : « J'aurais pu fournir encore bien plus de renseignements sur les Denisot, mais je crains au contraire d'en avoir bien trop donné au gré des lecteurs qui ne sont pas du Maine » (t. II, p. 98, n.).

Ensuite, quand on poursuit des recherches où le flair, où la divination littéraire joue un si grand rôle, comment s'interdire complètement les rapprochements contestables et les arguments qui vous donnent trop vite raison ? En dépit de la prudence de M. Chardon, il y a des taches de ce genre dans son livre. Au tome I, chapitre 2, il prouve fort bien que la maladie de Scarron n'a pas eu pour cause la mascarade dont on a tant parlé depuis La Beaumelle ; mais, quand il ajoute : « Si une grotesque mascarade en avait été la cause, au lieu de la cacher si soigneusement, il l'eût proclamée bien haut, sans peur et sans reproche, comme un de ses beaux titres d'honneur, lui qui fut l'empereur du Burlesque avant et mieux que d'Assoucy », n'avance-t-il pas une preuve ruineuse ? et ne se met-il pas en contradiction avec une phrase de la p. 50 sur cette anecdote « qui, si elle avait été vraie, aurait été rapportée par des ennemis de Scarron, heureux, je l'ai dit, de rire à ses dépens » ? — P. 140, n., M. Chardon cite ces vers de l'épître adressée en 1646 à Madame de Hautefort :

Et lors notre pièce comique,
Encore que je ne m'en pique,
Mais qui pourtant, quand on la lit,
Plaît assez, à ce qu'on m'a dit,
Vous fera peut-être un peu rire ;

il remarque que le poète peut ici faire allusion, soit au *Roman Comique*, soit aux *Boutades du Capitan Matamore*, mais il préfère croire qu'il s'agit du *Roman Comique* : « Scarron, pour mettre en vedette son *Capitan Matamore*, aurait-il parlé de sa lecture au lieu de sa représentation ? De plus, les Comédies s'appelaient elles dès lors des pièces ? » Or, Vaugelas dit que tous les ouvrages de théâtre, jusqu'aux farces, portent le nom de pièces ; et les œuvres de theâtre étaient le plus souvent lues dans les sociétés avant d'être portées sur la scène.— Tome II, p. 74, ne fait-on pas trop grand état, pour identifier Ragouin avec Ambrois Denisot, de la présence, parmi les objets inventoriés au décès de ce dernier, de la Comédie pastorale *la Philis de Scire* ? et de ce qu'un homme de 1647 possédait une traduction de l'œuvre de Bonarelli en quoi est-il légitime de conclure qu'il était un admirateur enthousiaste de Théophile [1] ? — Ça et là, enfin, quand il s'appuie sur de petits détails du *Roman Comique*, M. Chardon n'oublie-t-il pas trop que Scarron ne s'est pas interdit d'arranger à sa fantaisie les « très réelles et très véritables aventures » qu'il a contées ? Il est vrai qu'il ne l'oublie jamais longtemps et qu'on ne le prend pas souvent sans vert. Il dit (t. II, p. 223), après avoir passé en revue divers châteaux où Destin et sa troupe ont pu passer : « J'évite de citer aucun nom, de peur qu'il ne s'agisse dans le Roman d'un château *tra los montes*, en Espagne, c'est-à-dire dans le pays de la fiction et non pas dans le Bas-Maine.

Signalerons-nous encore des répétitions, des négligences de style et des fautes d'impression [2] ? Ce sont de bien menues taches, quand il s'agit d'un travail si considérable.

[1] Il est d'ailleurs inexact que Denisot, en 1648, ne pût connaître que *la Philis de Scire* de Simon du Cros, 1630. Celle de Pichou, que précédait la fameuse préface d'Isnard, avait paru un an seulement après, en 1631.

[2] Rectifions seulement quelques noms propres. Revillout, et non Reveillout, t. II, p. 365, n. 1. — Montoya, et non Montoy, p. 395 ; — Martinenche, *la Comedia espagnole*. ., et non Martinendre, *les Comédies Espagnoles*..., p. 369, n. 1.

Et maintenant, il faudrait indiquer tout ce que contiennent de nouveau les volumes de M. Chardon ; mais l'énumération, même sommaire, serait longue.

C'est bien un « Scarron inconnu », qui nous est montré dans les chapitres du premier volume. Ses origines et sa famille ; sa venue au Mans, bien antérieure à la date généralement adoptée ; son canonicat et ses relations avec l'évêque Charles de Beaumanoir, avec Mme de Hautefort, avec le comte de Belin ; les causes de sa maladie et la nécessité de faire remonter avant 1642 les souvenirs d'où est sorti le *Roman Comique* ; sa vie littéraire et son habitation au Mans ; son installation à Paris et son court voyage dans le Maine en 1646 ; son rôle dans la Fronde et son influence sur les mazarinades mancelles ; les causes et les préliminaires de son mariage avec Françoise d'Aubigné ; le mariage même avec le projet de voyage en Amérique ; les dernières années de Scarron ; sa mort ; ses amis manceaux ; ses poésies posthumes publiées par Alexandre d'Elbène, lequel est nettement désigné ici pour la première fois : tels sont les principaux sujets traités et élucidés par M. Chardon. Ce n'est pas seulement Scarron qui sort du travail de M. Chardon mieux connu ; c'est encore sa femme, la future femme du grand Roi, et bien d'autres encore. Un index manque à ce gros ouvrage pour en faire ressortir toutes les richesses et surtout pour permettre de les utiliser commodément.

Le second volume, comme le premier, contient maints renseignements sur des personnages divers ; il ajoute de précieux détails à ceux que nous tenons de M. Chardon sur les comédiens de campagne ; mais surtout il est rempli par une série de démonstrations fortement conduites que j'aurais plaisir à résumer si la place ne me manquait pour cela. Après avoir discuté la clef du *Roman Comique* qu'a déjà donnée M. Victor Fournel et celle qui circulait dans le Maine au dix-huitième siècle, M. Chardon établit que Ragotin s'est appelé au temps de Scarron — qui l'a connu et qui a eu ses raisons pour le ridiculiser — Ambrois Denisot, avocat, secrétaire de l'évêché du Mans. — Il rend à M. de la Rappinière, au lieu du nom si expressif que Scarron lui a infligé, son nom authentique de François Nourry de Vauseillon, époux d'Élisabeth du Mans. — La « grosse sensuelle », Madame Bouvillon, redevient Marguerite Le Divin, dame Bautru, dont on nous présente le fils Jacques et la belle-fille Marie Marest. — M. de la Garouffière était bien conseiller au parlement de Bretagne, mais s'appelait Jacques Chouet de la Gandie. — Le marquis d'Orsé (M. Chardon nous l'avait déjà prouvé) était le Mécène manceau le Comte de Belin. — Le curé de Domfront, l'abbesse d'Étival, le tripot de la Biche trouvent en M. Chardon leur historien véridique. — Seuls, quelques comparses n'ont pas révélé leurs secrets, peut-être parce qu'ils n'en ont point et que Scarron les a simplement tirés de son imagination. — « Je m'arrête », dit avec une légitime fierté M. Chardon, t. II, p. 226, « je crois avoir déjà fait assez, sinon trop, de révélations, pour ne pas avoir le droit de m'en tenir là et d'écrire à la fin de ces pages *Histoire du Roman Comique dévoilé*. Je n'avais fait naguère que soulever un coin du voile qui nous dérobait la troupe du *Roman* ; aujourd'hui je crois avoir fait complètement tomber celui qui cachait les véritables personnages provinciaux mis en œuvre par Scarron dans son immortel *Roman Comique* ».

M. Chardon a-t-il prouvé de même que la continuation du *Roman*, dite d'Offray, est l'œuvre de Jean Girault, l'ancien secrétaire de Ménage, l'ami de Costar et de Pauquet, le successeur de Scarron dans son canonicat du Mans ? je ne l'affirmerais pas aussi nettement que M. Chardon lui-même ; mais il a du moins rendu son hypothèse très probable et très séduisante ; et, en tous cas, il a prouvé que Girault est l'auteur de la *vie* anonyme *de Costar*, en même temps qu'il a donné sur ce personnage, autrefois connu de madame de Sévigné et de beaucoup d'autres d'illustres, maintenant rentré dans l'ombre, les détails les plus curieux et les plus sûrs.

L'ouvrage de M. Chardon est orné de portraits de Scarron, de Françoise d'Aubigné, de madame de Hautefort, etc... ; il contient des photographies de monuments; et surtout il offre à notre curiosité (sous une forme malheureusement imparfaite, mais dont l'auteur n'est pas responsable) un album à peu près complet des scènes du *Roman Comique* peintes par l'artiste manceau Jean de Coulom et que possède le musée du Mans. Moins séduisante que celles de Pater et d'Oudry, cette « suite » est plus conforme à l'inspiration de Scarron et, à ce titre, plus instructive. Eugène Rigal.

G. Brandès. — *L'École romantique en France*, ouvrage traduit sur la 8e édition allemande par A. Topin, précédé d'une introduction par Victor Basch. *Berlin*, Barsdorf et *Paris*, Michalon 1902, in-8° [XXIV-394 p.]; Prix 6 fr.

C'est surtout par *les Courants directeurs de la littérature au XIXe siècle*, on le sait, que M. Georg Brandès a conquis une notoriété européenne. Aussi serait-il désirable que ce grand ouvrage fût entièrement traduit en français, comme il l'est déjà en allemand. Un des volumes dont il se compose vient du moins de l'être. C'est peut-être le plus brillant de la série. C'est certainement le plus susceptible d'être goûté chez nous : *l'École romantique en France*. Souhaitons que cette traduction ait assez de succès pour que le traducteur soit encouragé à continuer son œuvre.

Le lecteur qui ne connaîtrait pas encore l'ouvrage de M. Brandès devra, pour le juger équitablement, ne pas oublier les circonstances dans lesquelles il a été composé.

Cet ouvrage a d'abord été un cours, et un cours professé à Copenhague devant un public qui connaissait mal la littérature française. Ainsi s'expliquent quelques jugements superficiels qui sentent l'improvisation. Ainsi s'expliquent certaines anecdotes plus piquantes qu'instructives, les conférenciers ayant besoin parfois, en tout pays, de relever par des digressions amusantes l'attention qui chancelle. Ainsi s'explique que des œuvres très connues nous paraissent parfois trop longuement analysées et qu'il soit donné tant de détails sur la vie des auteurs.

Le livre est déjà vieux de trente ans, et depuis trente ans l'importance de certaines œuvres, longtemps trop négligées, a été beaucoup mieux comprise. S'il refaisait son livre aujourd'hui, M. Brandès se bornerait-il à consacrer deux maigres pages aux *Poésies* d'Alfred de Vigny? Je ne le pense pas. Je doute aussi qu'il conservât sans les modifier ses pages sur les *Comédies* d'Alfred de Musset. Aujourd'hui tout le monde, en France au moins, s'accorde à reconnaître que si le théâtre romantique a produit quelque chose de pénétrant et de dramatique, ce sont quelques unes de ces comédies; que les plus profondes de toutes sont: *On ne badine pas avec l'amour, les Caprices de Marianne, Il ne faut jurer de rien, le Chandelier, Fortunio*; que dans ces petits chefs d'œuvre, ce qu'il y a de plus remarquable, ce sont les rôles de femmes: Marianne, Jacqueline, Camille, Cécile, Rosette même. Aussi est-on étonné que M. Brandès n'étudie aucune de ces héroïnes; qu'il ne nomme même pas *On ne badine pas avec l'amour*; qu'en revanche il analyse assez longuement *Carmosine*, œuvre aimable, mais bien inférieure; enfin, qu'il considère *le Caprice* comme « le plus achevé et le plus spirituel de ces drames », comme la pièce de Musset, où « la peinture de l'être physique et moral est la plus parfaite ». *Le Caprice* nous semble aujourd'hui passablement démodé. Mais, il y a trente ou quarante ans, quand le génie dramatique de Musset était encore mal compris, plus d'un lecteur à *On ne badine pas avec l'amour* préférait *le Caprice*, quand ce n'était pas *Il faut qu'une porte soit ouverte ou fermée*.

Enfin, le livre de M. Brandès, on ne doit pas non plus l'oublier, a été écrit en pleine bataille politique et par un homme qui prenait à la lutte un intérêt ardent. C'est ce qui explique sans doute que l'attitude politique des écrivains dont il s'occupe soit toujours étudiée avec des développements un peu excessifs. C'est ce qui explique probablement aussi certaines hypothèses et certaines épigrammes. M. Brandès, par exemple, qui ne peut souffrir Louis-Philippe, suppose un peu vite peut-être que sous un autre régime Musset ne se serait pas borné à être le poète de la jeunesse et de l'amour ; il affirme bien vite aussi, ce me semble, que Louis-Philippe, ayant confondu un soir Musset avec un Musset qui était inspecteur des forêts royales à Joinville, ne se douta jamais qu'il y avait en France sous son gouvernement un grand poète qui portait le même nom que cet inspecteur.

Quand le lecteur français aura fait dans l'œuvre de M. Brandès la part de ce qui s'explique par les circonstances dans lesquelles elle est née, il sera mieux disposé à la bien comprendre et à la bien juger. Il aura, malgré tout, quelques surprises. Il s'expliquera mal que ni Lamartine, ni Michelet n'aient leur place dans un volume sur le romantisme. Il aura de la peine à comprendre qu'un chapitre (deux, si l'on veut) ayant paru suffisant pour étudier George Sand, quatre aient été consacrés à Mérimée, et même six, si l'on ajoute les deux chapitres où Mérimée est comparé à d'autres écrivains : n'y a-t-il pas là une disproportion bien susceptible de l'étonner ? Il acceptera difficilement certaines conclusions et certains jugements. Par exemple, je ne crois pas qu'il accorde avec M. Brandès une influence si prépondérante à l'œuvre d'A. Chénier. Peut être un étranger voit-il mieux que nous-mêmes les liens qui unissent entre eux tous les écrivains français et peut-être la parenté de Chénier et d'Hugo nous échappe-t-elle un peu. Je doute toutefois qu'on puisse aller jusqu'à dire : « tout ce que nous avons admiré dans Chénier, tout cela nous le retrouvons au fond de la nouvelle École romantique »

Rares, cependant, seront les cas où le lecteur français sera en désaccord avec M. Brandès Le plus souvent, s'il a un étonnement, ce sera celui de voir les écrivains de notre pays si bien sentis et jugés avec tant de sympathie par un étranger.

Un grand nombre de pages nous ont tout à fait charmé. Citons, entre autres : tout le chapitre II, excellent portrait de la génération de 1830, admirable de vérité et de verve ; au chapitre III, la dissertation où il est montré combien *Hernani* répondait aux goûts de la jeunesse qui l'applaudit ; au chapitre XI, la page sur le style de George Sand (p. 135) ; toute l'étude sur Beyle, toute l'étude sur Sainte-Beuve.

Ce n'est pas à tort que M. Brandès passe pour être un des pricipaux représentants de la littérature comparée. Il aime, en effet, à comparer et il y excelle. Le parallèle est son instrument de prédilection Chacun des écrivains dont il aborde l'étude est longuement comparé à celui qu'il quitte : ainsi Musset est comparé à Hugo, puis étudié à part, puis comparé à G. Sand ; ce dernier parallèle ayant servi d'introduction à l'étude sur G. Sand, un parallèle entre Sand et Balzac servira à cette étude de conclusion ; Balzac est plus loin comparé à Beyle, Beyle à Mérimée. Au cours de chaque chapitre il y a, en outre, d'autres parallèles de tout genre. Et, soit qu'il s'agisse de génies qui se ressemblent, comme Beyle et Mérimée, soit qu'il s'agisse de génies qui se ressemblent peu comme Musset et Sand, le parallèle est toujours d'une remarquable finesse. Le chapitre intitulé Musset et G. Sand est, en particulier, à signaler. Notons aussi une brillante page (p. 192) où Hugo et Beyle sont comparés à Michel-Ange et à Léonard de Vinci.

M. Brandès a à la fois le sentiment très vif de la parenté des génies nés à une même époque et le sentiment très vif de l'originalité de ces génies. Il sent aussi très vivement à la fois l'indissolubilité de la littérature européenne et l'originalité des races qui composent l'Europe. C'est ce qui explique l'abondance et l'intérêt de ses parallèles.

Ce critique pénétrant est un écrivain de race dont les grandes qualités se reconnaissent à travers la traduction. Il a de l'esprit et de l'imagination. Il rencontre parfois d'heureuses formules, comme celle-ci : « La critique, c'est-à-dire le don de substituer la sympathie universelle à l'étroitesse universelle du Moi (p. 321). » Il a de brillantes ou d'ingénieuses images : « Tous deux [Hugo et Gautier] visaient à l'effet par l'architecture des mots. Leur génie les y autorisait, mais les tentatives de leurs successeurs ressemblent un peu trop à ces magnifiques aqueducs romains qui ont exigé un travail si gigantesque parce qu'on ne savait pas encore au temps où ils ont été construits, que l'eau s'élève d'elle-même sur les hauteurs..... Sans révéler une originalité particulière, la figure de Mérimée tranche suffisamment sur toute la génération géniale de 1830. Tandis que les autres s'élançaient à l'assaut avec leurs cuirasses étincelantes, leurs casques dorés et les enseignes déployées, il est, lui, le Chevalier Noir du grand tournoi romantique. » Il a surtout de la verve, une verve parfois un peu trépidante ; mais par cela même ne convient-elle pas au sujet ?

Le volume est précédé d'une excellente préface où M. Basch explique quelle place cette étude sur le romantisme français occupe dans l'ouvrage dont elle est une partie, la 5e partie. Il explique aussi quelle place ce grand ouvrage occupe lui-même dans l'ensemble des œuvres de l'auteur. M. Brandès ne pouvait trouver, pour être présenté au public français, un introducteur qui le comprît mieux.

Joseph VIANEY.

E. Faguet. — *Le libéralisme*, Paris, Société française d'imprimerie et de librairie, 1902 ; Prix 3 fr. 50.

Nous sommes bien en retard pour signaler ce beau livre. Mais il n'est pas de ceux dont l'intérêt s'évanouit peu après leur apparition.

C'est un des plus pénétrants que M. Faguet ait écrits. Tous les problèmes politiques qui passionnent aujourd'hui l'opinion en France et, on peut le dire, dans le monde entier — droits de l'homme, droits de l'état, liberté de l'enseignement, liberté religieuse, liberté d'association, liberté judiciaire, etc. — y sont abordés avec la largeur d'esprit et avec la loyauté dont l'auteur est coutumier. Ceux qui ne partagent pas ses idées ne pourront du moins lui reprocher d'avoir affaibli les thèses de ses adversaires quand il les expose avant de les combattre.

Nous n'avons à nous prononcer, dans une revue comme celle-ci, ni pour ni contre la conception que M. Faguet se fait de l'état. La seule critique que nous croyons devoir lui adresser touche, ce nous semble, à sa méthode.

M. Faguet réduit les fonctions de l'état à la défense du territoire, à la police, à la justice. Cette conception est aujourd'hui, en France du moins, aussi peu en honneur que possible. Si éloignée qu'elle soit de celle qui tend de plus en plus à devenir dominante, elle peut, cependant, reprendre faveur. M. Faguet n'en désespère pas et il n'est pas seul, quoi qu'il en dise, à espérer que les Français se convertiront au libéralisme. Mais comment peut se faire la transition des institutions que nous avons à celles que M. Faguet souhaite que nous ayons? Voilà la question que ses lecteurs se posent à chaque instant, sans qu'il satisfasse jamais bien leur curiosité.

Il nous objectera, sans doute, que son livre est un livre de théorie, que son objet est d'exposer en quoi consiste le libéralisme et non pas par quelles voies, par quelles mesures de transition les Français pourront être amenés au libéralisme. Ce livre est, en effet, un livre théorique. Mais il y est fait aux choses de France des allusions si fréquentes et de telle nature que si nous oublions la théorie pour songer à l'avenir de la France, c'est bien l'auteur qui l'a voulu ; et nous avons dès lors un peu le droit de nous plaindre qu'il n'essaye pas assez de nous expliquer comment le libéralisme peut, d'après lui, devenir praticable en France.

Nous n'avons pas besoin de dire, en terminant, qu'il y a dans ce livre autant d'humour que de pénétration et nous nous réjouissons que l'auteur dans sa dernière ligne nous « menace » d'en écrire d'autres.

Joseph Vianey.

Le Gérant responsable : P. Hamelin.

TABLE DES MATIÈRES

TOME XLVII

ARTICLES DE FOND

TEXTES ET DOCUMENTS

BIBLIOGRAPHIE

3° *Ouvrages annoncés sommairement* :

REVUE

DES

LANGUES ROMANES

REVUE

DES

LANGUES ROMANES

Tome XLVIII

Ve Série — Tome VIII

SOCIÉTÉ DES LANGUES ROMANES
MONTPELLIER

MCMV

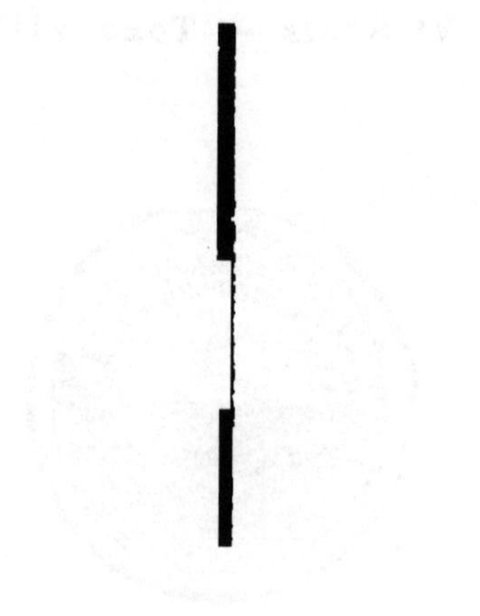

REVUE

DES

LANGUES ROMANES

LA SUITE DU PARTHÉNOPEU DE BLOIS

ET LA VERSION HOLLANDAISE

Le Parthénopeu de Blois, tel que nous le donnent les mss. français[1], nous est parvenu dans deux rédactions différentes : l'une (α) qu'est seul à représenter le ms. A, l'autre (β) que contiennent tous les autres mss. En 1834 Crapelet a publié le texte d'A[2]; pour l'autre versiou, nous devons la chercher dans les divers mss. français[3] — dont le plus grand nombre se trouve à la Bibliothèque nationale de Paris — et dans les traductions étrangères.

Pour leur première partie, ces deux rédactions sont à peu près identiques ; la divergence ne commence qu'après le vers 9163 de l'édition de Crapelet. La question est donc de savoir laquelle des deux suites a été écrite par l'auteur de la première partie, et c'est à cette question que nous essaierons de répondre dans cet article.

[1] Je ne parle pas de la version représentée par les traductions danoise islandaise, anglaise, espagnole qui forment un groupe à part.

[2] *Partonopeus de Blois, publié pour la première fois d'après le manuscrit de l'Arsenal*, par G. A. Crapelet. Paris, 1834.

[3] E. Pfeiffer, *Ueber die Handschriften des altfranzösischen Romans Partonopeus de Blois* 1885, (Ausg. u. Abh. aus d. Geb. d. rom. Phil. XXV).

Mais dès l'abord une difficulté se présente. Ni la version α ni la version β ne nous est parvenue dans un état complet. Je ne parle pas de la grande lacune de plus de 1200 vers qui se trouve dans le ms. A. ni des nombreuses petites lacunes que tous les mss. nous présentent — elles n'ont pas d'importance pour notre sujet –, ce qui rend notre problème particulièrement difficile à résoudre, c'est que la fin manque aux deux versions également.

Pour la version α, la perte, je crois, n'est pas grave. Parthénopeu a tué son rival et reconquis sa Mélior ; chacun des personnages a trouvé sa dame, un triple mariage a lieu ; c'est au milieu de la description des noces que notre ms. s'arrête brusquement. Evidemment, il lui manque seulement quelques vers.

Il n'en est pas de même de la version β. Après le tournoi d'où Parthénopeu est sorti vainqueur le soudan de Perse est parti furieux ; il revient avec une grande armée pour se venger et pour s'emparer de Mélior ; de nombreux combats ont lieu près de Mal-Bréon, la demeure d'Ernol ; des pourparlers sont engagés de part et d'autre. Quelle en est l'issue ? Nous ne le savons pas. Tous les mss. français s'arrêtent au milieu des combats ; seul, le ms. de Tours nous mène beaucoup plus loin : il raconte la fin des batailles, la conclusion des trêves, puis ajoute, pour finir, quelques vers qui ne sont certainement pas de l'auteur de notre roman. A leur place, heureusement, une des versions étrangères, la traduction néerlandaise, continue le récit pendant 800 vers environ ; mais, elle aussi, s'arrête bientôt — l'original qu'elle suivait, n'allait pas plus loin [1] —,

[1] *Hier indet in walsche; vondics meere,*
Ic dichtet in mijns lieves eere,
Diet mi wel verghelden sal.
God gheve haer ere ende goet gheval,
Ende na dit leven hemelrike.
Ende mi met hare al die ghelike! (Bs. 8401-8406.)

(Ici prend fin le texte français ; si j'en trouvais davantage, je le mettrais en vers en l'honneur de madame qui m'en récompensera bien. Que Dieu lui accorde (sur la terre) toute sorte d'honneur et de félicité, qu'il lui réserve une place dans son royaume après cette vie, en m'accordant auprès d'elle la même faveur.)

et nous laisse dans l'incertitude sur le sort des principaux personnages.

Cette circonstance rend très délicate une solution de notre problème. Il est certain pourtant que nous ne pouvons espérer le résoudre que par l'étude du ms. T — qui n'a guère été examiné jusqu'ici — et de la version hollandaise. Mais, avant de recourir à une version étrangère il est toujours nécessaire de se convaincre de sa valeur. Aussi y aura-t-il intérêt à l'examiner de plus près, à voir si la manière dont elle a été composée nous permet de nous en servir ou doit nous mettre en garde, enfin il faudrait savoir quel est le ms. français qu'elle a pu suivre.

Cette étude nous sera particulièrement facilitée par le travail de M. van Berkum, *de Middelnederlandsche bewerking van den Parthonopeus-roman en haar verhouding tot het oud-Fransche origineel* (diss. Leide, 1897).

La version néerlandaise ne nous est malheureusement parvenue que par fragments, ceux de Leyde, de Cologne, de Hoensbroeck, de Berlin, de Trèves, de Groningue, ceux enfin de Bruxelles qui sont de beaucoup les plus considérables. Ils n'appartiennent pas tous au même ms., mais à quatre mss. différents qui, comme on le voit quand on les compare entre eux et avec l'original français, doivent remonter à une version antérieure, aujourd'hui perdue.

Les fragments jusqu'ici connus, représentant un peu plus de 9.000 vers, ont été publiés pour la plus grande partie par Bormans, *Ouddietsche fragmenten van den Parthonopeus van Bloys*, Bruxelles, 1871. Depuis cette édition, deux petits fragments ont encore été découverts et publiés, l'un par Eelco Verwijs dans les *Handelingen en Mededeelingen der Ned. Lett. te Leiden*, 1872, p. 11-24 ; l'autre par W. Seelmann dans le *Jahrbuch des Vereins f. niederdeutsche Sprachforschung*, 1885, XI, p. 170. Bien que l'édition de Bormans ne réponde pas à ce qu'on peut exiger d'une édition critique, elle nous suffit pour le but que nous nous proposons.

Ce but est d'examiner si la version néerlandaise est fidèle et si donc nous pouvons nous reposer sur elle, quand l'original nous fait défaut. Mais puisque les mss. français sont nombreux, il faut d'abord tâcher d'établir quel est le ms. qui a été suivi par la traduction néerlandaise.

Il va de soi que, pour une étude comme celle-ci, je n'ai pu comparer tous les mss. français, travail qui exigerait beaucoup de temps et dont pouvait me dispenser d'ailleurs la thèse de M. van Berkum. Ce savant a noté avec une rare exactitude toutes les divergences qui existent entre la version hollandaise et six des mss. français Malheureusement, il n'a pas eu l'occasion de comparer le ms. de Tours, qui, pourtant, est indispensable, si l'on veut bien juger de la suite du roman. J'ai donc tâché de combler cette lacune en comparant avec ce ms. tous les passages en question et en étudiant plus particulièrement la seconde partie.

Or, il n'est pas inutile de noter que, dans une pareille comparaison, toutes les divergences n'ont pas la même valeur. Il peut y avoir des cas où l'auteur n'a pas bien lu, n'a pas bien compris le passage correspondant du français, où le besoin de la rime l'a obligé à modifier un peu l'original ; il peut même y avoir des omissions qui ne prouvent pas encore nécessairement que l'auteur de la version ait eu un autre ms. entre les mains. Il faut regarder, examiner, peser chaque passage en particulier : une seule divergence importante vaut plus que dix autres contestables ; ce qui surtout doit être intéressant dans notre recherche, ce sont les passages où il y a plusieurs vers intercalés, en hollandais, qui ne se retrouvent que dans quelques mss. français [1].

Or, il me semble que M. v. B. a prêté trop peu d'attention à cela, quand, à la page 38 de son travail, il nous énumère tous les cas où la version néerlandaise correspond avec les divers mss. français et tous les cas où elle en diffère, puis soustrait le nombre de ces cas l'un de l'autre, croyant que, de cette façon, il nous offre exactement le degré d'affinité qui

[1] Ainsi au vers 1921 G a *totes gens*, ABPT *povres gens*. Le fait que le holl. a traduit *rike ende arme* (Bs. 1270) ne prouve rien. De même vs 5901 BG *ale et venu*, ABT *ale et veu*, holl. *zoeken* (Bs. 2642); vs 6025 GP *Si faint une false novelle*, AB *Si fait une fause novele*, holl. *Van ene scoonder gheveinsder loghen Seide soe hem* (Bs. 2775). Un peu plus de valeur peut-être ont les passages tels que vs. 2416 svv. où GPT nous donnent le discours direct, AB le discours indirect, quoique l'argument ne soit pas concluant pour ceux qui savent combien de fois le traducteur a modifié l'un et l'autre.

existe entre les mss. français et le ms. perdu qu'a suivi notre traducteur. Il saute aux yeux que cette méthode ne peut être la vraie et doit être blâmée, même si, par hasard, le résultat n'a pas besoin d'être rectifié [1]. Mais, de plus, il me semble qu'il y a, dans le compte lui-même, une erreur considérable. Voici, en effet, ce que M. v. B. nous donne :

Nombre de fois que la trad. correspond avec	A	B	G	P	F	C	différe de A	B	G	P	F	C
Selon la différ. des leçons	17	26	31	24	4		19	16	11	17	2	
Selon les interpolations	50	43	65	42	4	5	9	35	13	36	3	
	67	69	96	66	8	5	28	51	24	53	5	

	A	B	G	P	F	C
Nombre des passages correspondants	67	69	96	66	8	5
— — divergents	28	51	24	53	5	
	39	18	72	13	3	5

Le résultat de la soustraction doit donner, comme il a été dit, le degré d'affinité entre les mss. français et la source de la version néerlandaise. Il est évident que ce résultat est inexact : en effet, M. v. B. a comparé cinq fois le ms. C avec la trad. holl. Les cinq fois il a trouvé qu'il y avait concordance entre ce ms. et la version. Pourtant sa conclusion est que ce ms. C n'est que très éloigné du ms. qu'a traduit le poète hollandais ! Pour que le compte soit exact au point de vue mathématique, il ne fallait pas faire la soustraction, mais la division des deux nombres obtenus par la comparaison. Faut-il en conclure que C ait servi de modèle à la version hollandaise ? Ce serait trop téméraire. Le peu de vers (189) de ce ms. ne nous permet pas de nous prononcer à ce sujet, il faut donc le laisser de côté et nous borner aux mss. qui offrent plus de points de comparaison.

Constatons d'abord qu'aucun de ces mss. n'est la source directe de notre traduction. Ce qui le prouve, c'est qu'aucun des mss. français ne va aussi loin qu'elle, sans que cette

[1] Cp. la critique judicieuse de M. Salverda de Grave dans le *Museum*, Leide 1897, p. 218 ss.

omission puisse être attribuée à la perte de quelques feuillets d'un mss. français — un seul regard dans nos mss. nous convaincra de cette vérité [1]. Cette constatation nous permet de supprimer dans notre examen les divergences qui prouveraient simplement que tel mss. n'a pas été la source *directe* de la traduction. Ainsi nous ne tiendrons pas compte des variantes du vs 4561, où tous les mss. donnent *De Constantinoble fu sire*, leçon suivie par le traducteur, et P seul *De Constantin fu nobles sire*, faute qui s'explique aisément par la graphie *De Constanti* *noble fu* *sire* et qui ne prouve nullement que le ms. que P a copié ne soit pas le modèle du néerlandais. De même vs 6773 AGP *en paradis* (Bs. 3273 *paradise*), B *empereris* qui n'est peut-être qu'une faute d'inadvertance facile à expliquer dans le contexte. Ces petites erreurs deviennent importantes, si elles sont communes à plus d'un ms., et il faut en tenir grand compte surtout quand elles ont été suivies par le traducteur. Je ne vais donc énumérer que les passages qui me semblent être d'une réelle valeur, quitte à renvoyer ceux qui désireraient des renseignements plus détaillés à l'ouvrage de M. van Berkum.

Nous pouvons laisser de côté le ms. A. Le fait qu'il appartient à un autre groupe que celui dont la traduction hollandaise fait partie, prouve amplement que ni lui ni le ms. sur lequel il a été copié, n'est la source de notre traduction[2].

B présente quelques divergences importantes : 5124 GP *las et maigre et miserin*, Bs. 2326 *Magher ende arem ende ongedaen*, B *Ki moult est de bele colour* ; 6320 G *pomier*, Bs. 2921 *appelboem*, B *peschier* ; 7886 AGPF *Corsable, Anfors as grans tresors*, Bs. 4364 *Gondredes entie riche Anfrois*, *B Si est Corsabres et Anfous* ; (9959) PT *Mais n'a terre qu'un sol conte*, Bs. 5779 *Van enen lande es hi grave*, BG *Mais n'a terre que II contes*.

[1] Ceci n'est pas vrai pour P qui, pour d'autres raisons, ne peut pas etre la source directe de notre version.

[2] Voici pourtant quelques passages : vs 177 Tous les mss. ont *serf trové*, ce qui equivaut au néerlandais *vondelinc* (Bs. 37), A donne *serf prové* ; 6320 G *pomier*, Bs. 2921 *appelboem*, A, comme tous les autres mss. *peschier* ; 7313 B *Li rois Corsos de Quartagene*, Bs. 3829 *Van Cartagene die coninc Cursout*, A *Li rois Corsols est li premiers* ; 5078 BGP *sans or et sans argent*, Bs. 2270 *sonder selver ende sonder gout*, AT *a or et a argent*.

P ne présente qu'une leçon divergente qui ait quelque valeur : 1094 ABT *el palais*, Bs. 673 *binden palayse*, PG *en la chambre* [1].

Il en est autrement de G Nous pouvons d'abord citer le passage précédent, puis 5143 BPT *Si vens lor faut ains que la veignent*, Bs. 2350 *Geviele ooc, dat hem wints gebrake*, G *Tant le servent qu'il i veignent*; (9959) PT *Mais n'a terre c'un sol conte*, Bs. 5779 *Van enen lande es hi grave*, GB *Mais n'a terre que II contes*; 7753 *Dis lieues i a nient mes*, Bs. 4225 *Acht milen ofte mee*, G *Es II isles i a, riens mes* [2].

Par le petit nombre de ses vers (550), F se prête difficilement à la comparaison. Voyez pourtant vs 7815 ABGP *Fils sui d'un riche vavasor*, Bs. 4287 *Een heidin rudder was mijn vader*, F *Fils fui d'un riche empereor*.

Voici les variantes importantes de T : 4354 AG *Del cime dusqu'en la rais*, Bs. 1950 *al van den beghinne*, T *est en mains des ennemis*; 5078 BGP *sans or et sans argent*, Bs. 2270 *sonder selver ende sonder gout*, AT *a or et a urgent*; 6320 G *pomier*, Bs. 2921 *appelboem*, APT *peschier* [3].

Jusqu'ici nous n'avons examiné que les passages où la différence de leçon semblait prouver quelque chose. Examinons à présent les passages où les mss. français diffèrent par le nombre des vers. Pour cet examen je peux encore me contenter de me rapporter à la thèse de M. van Berkum, qui, dans une « Bijlage », nous donne une liste de tous les passages en question, liste que je reproduirai ici en y ajoutant le ms. T. La première colonne contient les vers selon l'édition de Crapelet, puis selon B, enfin selon G (voyez v. Berkum p. 27), la

[1] Vs 247 Pa *Au quint ant fu Hector ocis*. Cette faute manifeste ne se trouvait pas nécessairement dans la source que P a copiée ; ou, si elle s'y trouvait, la traducteur a pu le corriger lui-même.

[2] Ont peu d'importance : 1972 ABPT *pres de Blois*, Bs. 1326 *Bi Bolois*, G *deles I bois*; 7361 A *a non Nonmede*, Bs. 3848 *Nomedes*, G *a nom Mimede*.

[3] Ont peu de valeur : (9012) *quanqu'ele velt*, Bs. 5402 *Haerre herten wille*, T 9156 *quanqu'il li deult*; 9069 G *et jurer*, Bs. 5462 *ende zweren*, T 9213 *entier*; T CXXIV r *Et Gautier a paor du bon roi Aupatris*, au lieu de *De Gautier a paor li bon roi Aupatris* (G), Bs. 6467 *Aupatrijs die coninc vri Bleef ombe Gautiere sere vervaert*.

seconde liste les mss. où se trouvent ces vers, la troisième les mss. que suit la traduction hollandaise, la quatrième les mss. qui divergent.

227-228	AGPT	AGPT	B
447	ABGT	P	ABGT
796¹-796²	P	ABGT	P
889-894	ABGT	ABGT	P
939-940	AGPT	AGPT	B
947-950	AGPT	AGPT	B
988¹-988²	B	AGPT	B
1026¹-1026²	BGPT	AGPT	A
1293-1294	AGPT	B	AGPT
1408¹-1408²	BGPT	BGPT	A
1569-1570	AGPT	AGPT	B
1824-1829	AGPT	AGPT	B
1865-1880	AGPT	AGPT	B
2441-2442	AGPT	AGPT	B
3414¹-3414²	B	AGPT	B
3433-3436	ABT	GP	ABT
4358¹-4358²	B	AGPT	B
4365-4366	AGPT	AGPT	B
4389 4390	AGT	AGT	BP
5073 5074	AGPT	AGPT	B
5125 5126	GPT	GPT	B
5126¹-5126²	B	AGPT	B
5163-5168	BGT	BGT	P
5173-5178	BGT	BGT	P
5403¹-5403²	BP	AGT	BP
5448¹-5448²	BGPT	BGPT	A
5475-5506	ABGT	ABGT	P
6201-6224	ABPT	ABPT	G
6225-6232	ABT	ABT	GP
6233-6235	AT	BGP	AT[1]
6253-6266	ABGT	ABGT	P[2]

[1] Pour les vers 6201-6224, 6225-6232, 6233-6235 le ms. G n'offre pas de point de comparaison parce qu'a cet endroit il y a une lacune.

[2] Ajouter Bs. 6428 qui ne se trouve qu'en T CXIV.

6463-6464	ABGT	P	ABGT
6468	ABG	ABG	PT [1]
6869-6872	ABGT	ABGT	P
7087-7108	ABGT	ABGT	P
7165-7170	ABGT	ABGT	P
7187-7188	AGPCT	AGPCT	B
7201-7204	ABGCT	ABGCT	P [2]
7267-7278	ABGCT	ABGCT	P
7283-7326	ABGCT	ABGCT	P
7343-7366	ABGDT	ABGCT	P
7399-7400	ABPT	ABPT	G
7513-7520	ABGFT	ABGFT	P
7671-7672	GFT	GFT	BP
7686[1] 7672[2]	F	ABGPT	F
7733-7734	BGPT	F	BGPT
7902[1]-7902[2]	P	ABGPT	P
7921[1]-7921[2]	F	ABGFT	F
8127-8128	ABG	PT	PT [3]
8140-8143	ABPT	ABPT	G
8257-8258	AGPT	AGPT	B
8320[1]-8310[2]	P	ABGT	P
8347[1]-8347[2]	P	ABGT	P
8352[1]-8352[14]	PT	ABGT	PT
8353-8356	ABGT	ABGT	P
8367-8394	ABGT	ABGT	P
8405-8424	ABGT	ABGT	P
8478[1]-8478[2]	PT	ABG	PT
8911-8912	ABGT [4]	ABGT	P
8930[1]-8930[2]	BGPT	A	BGPT [5]

[1] T a oublié 2 vers; de sorte qu'il parle de l'*empereur* de France.

[2] 7208-7210 sont supprimés en T; ils manquent également en hollandais où ils sont remplacés par une cheville. Mais une telle omission prouve peu de chose.

[3] Erreur de M. v. B. Les 2 vers se trouvent en ABG et manquent en PT. Ils manquent également en holl., à moins qu'on ne considère une cheville comme la traduction.

[4] T a *Salance* au lieu de *Valence*.

[5] Mais la traduction abrège tout ce passage, le manque de ces deux vers n'a donc rien d'étonnant.

(8987-9002)	BGT	P	BGT
(9065-9066)	BGT	BGT	P
(9169-9234)	BGT	BGT	P
(9816^{1}-9816^{4})	P	BGT	P
(9889^{1}-9889^{16})	PT	PT	BG
(10030^{1}-10030^{2})	GPT	GPT	B
(10068^{1}-10068^{2})	GPT	GPT	B
(10124^{1}-10124^{2})	GPT	GPT	B
(10147-10148)	BP	BP	G [1]
9159-9160	ABPT	ABPT	G
9163-10856	A	BGPT	A
[9196^{1}-9196^{4}]	GPT	GPT	B
[9198^{1}-9198^{6}]	GPT	GPT	B
[9215-9216]	BP	GT	BP
[9227-9228]	B	GPT	B
[9245-9246]	B	GPT	B

L'examen de tous ces passages nous montre qu'il est difficile d'arriver à un résultat certain. Il faut écarter les mss. F et C qui offrent trop peu de points de comparaison. Pour les autres mss., nous avons déjà vu — et les passages cités plus haut le confirment — qu'ils ne peuvent être la source directe de notre traduction. Cependant les mss. G et T, qui sur bien des points se ressemblent beaucoup, sont plus près du hollandais que B et P, ce qui ressort surtout de la comparaison des interpolations. Le cas où la version ne suit ni G ni T sont rares : 4 ou 5 fois elle a supprimé quelques vers, coïncidant ainsi avec un des autres mss., mais cela ne prouve pas grand' chose. Pour les variantes au vs 4569 le holl. suit AB *fui petite*, tandis que GT ont *fu petis*. Pour vs 5402 G a une lacune, T une leçon qui ressemble un peu à celle du hollandais : *Uns est le pere, uns est li fils*, B *Tu es verais peres et fils*, Bs. 2470 *Warachtich sone, warachtich vader*. Pour tous les autres passages que cite M. v. B., c'est vraiment T que suit la version hollandaise. Il est donc probable que le modèle de notre tra-

[1] Ces deux vers qui manquent en G se trouvent en T, mais, comme il a supprimé les 8 vers précédents, il les a corrompus.

duction est un ms. perdu appartenant à la source commune à G et à T, mais se trouvant plus près de G à cause du vers 6320 où le hollandais suit G qui seul a *pomier* (*peschier* APT). Cependant il y a quelques passages qui semblent s'opposer à cette conclusion : 5078 BGP *sans or et sans argent*, Bs. 2270 *sonder selver ende sonder gout*, AT *a or et a argent* ; mais T peut bien avoir corrigé une faute manifeste sans avoir vu A ; 6433-6434 *Et que dame de nul endroit Nul meillor honir ne porroit*, où T lit *amer* au lieu de *ho ir*, leçon que suit la traduction, mais qu'elle peut avoir trouvée elle-même. Ce qui est plus difficile à expliquer, c'est que T ait subi l'influence de P, et que la version en porte les traces. Ainsi (9889) elle traduit les 46 vers qui se trouvent de plus en PT, tandis qu'au vers 8352 elle supprime les 64 vers qu'on lit dans PT ; (9959) PT *Mais n'a terre c'un sol conte*, Bs. 5779 *Van enen lande es hi grave*, BG *Mais n'a terre que II contes* (ici il est possible que G ait rectifié la leçon de son modèle : en effet, Partphénopeu avait deux comtés). Il est donc probable que la source de notre traduction a subi également l'influence de P.

Dans le cours du précédent examen nous avons pu remarquer que le traducteur néerlandais suit de si près son modèle que le plus souvent nous pouvons constater quel est le ms. qui a été suivi. Souvent il égale presque l'original, quelquefois même il le dépasse (voyez vs. 277 svv.). Il est assez rare qu'il ajoute quelques vers pour étendre une description, comme dans le passage que je viens de citer. Cependant il y a des cas où il abrège son modèle sans pourtant le modifier sensiblement : c'est quand le poète français cède à sa haine contre les vilains ; alors, notre traducteur est assez consciencieux pour ne pas supprimer le passage tout à fait, mais il l'abrège de beaucoup : ainsi les vers 253-257, 2557 manquent. — La frivolité ne lui plaît pas ; aussi a-t-il changé et corrompu le passage où la scène nocturne est racontée (vs. 1277 svv.). — Il modifie également les vers où les Français se moquent des Allemands (8753 svv.). Qu'il ne fût pas fort en fait d'histoire et de géographie, c'est ce que prouvent les noms propres supprimés ou corrompus. — Plusieurs détails des vêtements, des équipements, des armes sont rendus incomplètement. — Enfin il modifie souvent les nombres donnés, quelquefois sans cause visible [1], parfois parce qu'il les trouve exagérés. Sur tout cela je renvoie au travail de M. van Berkum.

Un passage a depuis longtemps attiré l'attention : c'est celui où, après le tournoi, les juges délibèrent pour décider à qui le prix sera donné. Clarin a plaidé pour le soudan, Ernol pour Parthénopeu, c'est à Corsol de dire son opinion. Celui-ci a été favorable à Parthénopeu pendant toute la durée du tournoi, mais il voit que les autres juges, soit par peur, soit par d'autres motifs, sont prêts à se ranger du côté du soudan ; un seul espoir lui reste : c'est que Mélior demande à chacun en particulier son opinion, pour qu'ils puissent ainsi se prononcer sans craindre le soudan. Dans son discours on lit : *Je vois bien que li sis de nos Voellent le sodan a estros Doner a me dame a mari* (vs. 9099 svv.). La traduction en changeant le mot *soudan* en *Fransoys* n'a pas modifié tout à fait le caractère de Corsol, comme le croit M. v. B.; il a simplement accentué l'ironie de son discours. De même au vers (10045 svv.) *Mais il est seul encontre tans. Pour c'en est encore taisans*, ce qui correspond à Bs. 5862 svv.:

Nochtan sprac hi niet een woert ;
Omdat si alle ieghen hem waren,
Woudire behendelike toe varen.
Hier omme waest datti zweech,
Niet door loon, no door gedreech [2].

L'original nous montre Corsol se taisant encore parce qu'il sent que tous sont contre lui, mais ce mot *encore* nous indique qu'il veut profiter de la première occasion pour défendre son opinion. Le hollandais ne dit pas autre chose, seulement il l'explique clairement. Pour vs. 9039 *Mais molt samble as autres estos Que si les a contredis tos*, c'est peut-être T qui a été suivi par la traduction : *Que si a contredit debous*, et le

[1] C'est pourquoi nous n'avons pas tenu compte des leçons suivantes : 1338 GT et Bs. xx, D, C, A *vint*, *deux cens et vint*, B xx, D, D, P III, CC, C ; 1665 AB et Bs. *deux et dix*, GTP X, XX ; 5096 GTBP et Bs. D, A *trois cens*.

[2] Cependant il se taisait ; tous étant contre lui, il voulait agir avec habileté. Voilà le motif de son silence ; ce n'était ni l'intérêt, ni la crainte.

hollandais aura de son mieux expliqué l'attitude de l'assemblée. En tout cas je ne crois pas que ces passages prouvent que la traduction ait modifié de propos délibéré le caractère de Corsol et l'attitude du conseil.

On peut donc dire que la version hollandaise est en général très fidèle, et faute de ms. français elle peut nous être utile pour la suite du roman qui est perdue, non seulement pour le récit lui-même, mais aussi pour la forme dont il a été revêtu.

Cet examen fait, nous pouvons passer à ce qui fait l'objet même de cet article : il s'agit de constater laquelle des deux suites de notre roman est la suite authentique. Voyons donc quelles sont les qualités, quels sont les défauts qu'on trouve dans la première partie, et examinons si nous retrouvons les mêmes caractères dans la seconde. Cherchons à établir quelles sont les données présentées dans la partie commune, et tâchons de démêler laquelle des deux suites les continue. Enfin, un examen de la langue, basé sur l'étude des rimes, servira de contrôle aux résultats acquis.

Notre roman est écrit dans un style élégant et aisé, vraiment français; le récit s'avance régulièrement, de sorte que l'intérêt reste toujours éveillé ; les entretiens auxquels l'auteur se plaît sont composés avec beaucoup d'art et nous donnent une idée vivante des personnes ; de petits traits, insérés çà et là, ajoutent souvent quelque fine nuance qui charme le lecteur. Ainsi les petites tracasseries de Clarin et de Corsol pendant le tournoi enlèvent heureusement ce qu'il y aurait de trop monotone dans la description des combats.

Les caractères, surtout ceux des femmes, sont finement dépeints : Mélior, la fière amante, qui a été trahie et que la fierté empêche d'avouer qu'elle aime toujours ; Urrake, sa sœur, désintéressée, qui s'efforce de réconcilier Parthénopeu et Mélior, sans ménager d'ailleurs les reproches à la cruauté de celle-ci ; l'aimable Persewis, dont le jeune cœur est encore plein d'un je ne sais quoi de vague et de mystérieux. On sent bien l'influence de la poésie courtoise, si habile dans l'analyse du cœur féminin.

Le poète aime à faire de temps en temps des digressions sur amour: tantôt c'est le bonheur de Parthénopeu qui lui suggère des réflexions amères sur son propre malheur; tantôt il attaque les clercs qui n'aiment pas les femmes, tandis qu'il est évident que Dieu les aime pour les avoir faites si belles; tantôt il trouve les dames trop chastes et trop sévères, estimant que ces qualités ne peuvent convenir qu'aux femmes laides; une autre fois il déclare qu'un simple signe de sa dame saurait lui faire quitter même le paradis.

Une autre particularité de notre poète est sa haine contre les vilains. En laissant de côté le prologue où le poète nous expose à sa façon la cause de la guerre troyenne, nous trouvons dans l'épisode de Sornegur de nombreux indices de ce sentiment. Ce n'est pas que le poète haïsse les vilains proprement dits; c'est à ceux qui ont su entrer dans les bonnes grâces des rois et qui profitent de leur pouvoir pour calomnier les nobles et trahir leurs maîtres, c'est à ceux-la qu'il en veut.

Or, pour ne regarder d'abord que la suite de la version β — qui est de beaucoup la plus longue et qui a soulevé le plus de doutes — nous y trouvons les mêmes caractères que dans la première partie. Sans doute, il y a une longue série de combats qui continue toujours et qui a donné à beaucoup de savants l'impression que cette partie n'est pas du même auteur que la première. Mais il ne faut pas oublier que le moyen-âge a aimé ces descriptions-là, et le récit même du tournoi dans la première partie en fait preuve. Mais quelle variété dans ce récit interminable des combats entre chrétiens et sarrasins : ce sont les messagers de Parthénopeu qui délivrent un païen — c'est le combat singulier entre Aupatris et Gautier qui deviennent amis et qui se sauvent mutuellement la vie — c'est la séparation d'Ernol et de sa femme Béatris, la captivité d'Ernol qui se plaint de son sort, mais qui est encore plus inquiet sur celui de Part., et tant d'autres traits dignes du poète de notre poème. On peut comparer l'amitié de Gaudin et de Parthénopeu qui se secourent mutuellement dans le tournoi et l'attachement d'Ancelot, l'écuyer de Part., à son seigneur, pour se convaincre que c'est la même main qui a écrit les deux parties.

Mais c'est surtout la continuation qui se trouve en T, puis ce que nous a conservé la traduction néerlandaise qui offrent des points de comparaison dignes d'être relevés.

Le soudan a fait une invasion dans le pays où Part et Mélior règnent heureux. On n'y était pas préparé à la guerre. Il s'agit donc de gagner du temps. Aussi quand Lucius vient auprès de Mélior pour lui faire des propositions de la part du soudan, elle jette d'abord les hauts cris et proteste énergiquement (Bs. 7642-7657) :

Lucius, seghet si, Melior,
Omme al te hebbene dien tresor,
Dien die werelt hevet binnen,
Ende al mochtic al daer mede [ghewinnen
Dat water ende erde hevet,
Daer grote rycheit ane leghet,
Noch dore neghene ioesterie(n)
Noch dore neghenes mans vrien,
Noch dore carmen noch dore spre- [ken
Noch dore scoonheit, die doet bre- [ken
Der liede herte, noch door minne
Die meester es van allen sinne —
Dit alen mochte niet volbringhen,
Dat ic mi in enghenen dinghen
Verdorperen soude ieghen hem,
Dien ic met rechte aleighen bem[1].

Pourtant elle finit par ces mots :

Mijn here en es niet altoes bi mi (Bs. 7741) [2].

C'est là un trait admirable et tous ceux qui ont remarqué l'attitude de Mélior pendant le tournoi, où elle fait semblant de préférer le soudan à Part., la reconnaîtront facilement dans cette scène pleine d'esprit.

Le soudan apprend de Lucius la bonne nouvelle et le renvoie pour faire une trève de quarante jours afin d'avoir l'occasion de voir Mélior. Il réveille Lucius de bonne heure afin que l'ardeur du soleil ne l'empêche pas de se mettre en route,

Maer die sonne, door welker hitte
Dat die soudaen dede ditte

[1] « Lucius, dit Mélior, quand même j'obtiendrais tous les trésors que le monde possède et que je gagnerais tout ce que renferme la terre et les mers (ce qui est une grande richesse), ni joute, ni demande en mariage, ni le chant, ni la parole, ni la beauté qui brise les cœurs, ni l'amour qui est maitre des sens, tout cela ne pourrait m'obliger à me rendre en rien indigne de celui à qui j'appartiens légitimement. »

[2] Mon seigneur n'est pas toujours avec moi.

Dat Lucius voer also vroe,
Die sceen hem achter therte toe. [1]

Vers pleins de grâce, parfaitement dignes d'un poète qui s'entend si bien aux sentiments d'amour.

Alors le soudan consulte ses barons : à sa satisfaction Aupatris, dont l'autorité est peinte dans quelques vers expressifs, vote pour la paix. On va à Chief-d'Oire que le poète ne décrira pas, parce qu'il en est parlé auparavant [2]; là, le soudan voit Urrake qu'il prend pour Mélior [3] et Urrake ne le détrompe pas. Ici le poète trouve encore le moyen d'insérer tout naturellement un petit épisode sur l'amour (Bs. 8155-8181), épisode où l'on reconnaît encore la fraîcheur et l'originalité de la première partie.

Tous ces passages se trouvent seulement dans les 800 vers qu'ajoute la version néerlandaise. Mais on peut en trouver partout de semblables. Lisez le passage exquis où le soudan écrit sa lettre à Mélior : une première ébauche est déchirée, la seconde réussit mieux et le poète a choisi pour elle une rime particulièrement difficile. Voyez encore le personnage délicieux de Lucius, de ce messager d'amour qui, dans le conseil, l'emporte sur tous les sages et nobles chevaliers ! Le voici à Chief-d'Oire : sa beauté excite l'admiration de tous; aussi Ernol décline l'honneur de lui donner l'hospitalité : un vieillard comme lui n'est pas une agréable compagnie pour un jeune homme admiré des dames !

Je me suis arrêté un peu longtemps sur ce point ; c'est pour montrer que la seconde partie, tout comme la première, ne contient pas seulement des combats, mais présente encore des tableaux plus gracieux et cela surtout dans la suite de T et de la traduction hollandaise.

Pour les combats eux-mêmes, j'ai déjà indiqué qu'ils contiennent plusieurs traits remarquables, mais ce qui est surtout

[1] Mais c'était dans le cœur du soudan que brillait le soleil qui l'obligeait à hâter le départ de Lucius.

[2] *Int boec hirvoren* (ms. *hir tevoren*). Le poète compte-t-il un livre ou deux ?

[3] Cette méprise ne peut laisser de nous surprendre un peu.

digne d'être signalé, c'est l'art avec lequel le poète sait résumer tous les détails antérieurs de la guerre dans les discours par lesquels Aupatris et Macabres s'attaquent dans le conseil convoqué par le soudan (T CXII, LXXXIX et XC, Bs. 6830-7135). On peut y comparer les discours d'Anfors, de Clarin et d'Ernol après le tournoi dans la première partie.

Quant aux idées politiques, les idées sur les vilains sont les mêmes dans les deux parties de notre roman ; c'est ce que prouve tout l'épisode d'Ancelot, qui n'est qu'une invective contre les vilains, — les discours de Part. après la nouvelle de l'invasion des païens, discours où il fait appel à ses barons qu'il n'a jamais négligés pour les vilains, — enfin les réflexions que fait le soudan en écrivant à Mélior : Si les vilains le blâment, « ils ne s'entendent qu'à charrue et à blé ».

Comme tous les héros de la vieille littérature, les nôtres sont très pieux : Mélior fait une profession de foi devant Part. (1535-1550), l'exhorte à croire en Dieu (1925) ; le roi de France ordonne une prière générale à l'occasion du duel de Part. et du roi Sornegur (2830 svv. 2903-2908) ; l'archevêque de Paris persuade Part. en invoquant la vraie religion (4373-4416) etc., etc. De même dans la seconde partie Ernol recommande aux chrétiens de se fier à Dieu, et Part. déclare que tel est son dessin, qu'il a fait de son mieux pour mériter sa grâce ; on reprend Ales, quand, au lieu de se recommander à Dieu, il invoque l'aide de Mahomet. Egalement pour la connaissance des armures et des vêtements, nous voyons que le poète de la seconde partie est aussi bien renseigné que celui de la première.

Quant aux arguments émis contre l'authenticité de β, ils me semblent peu solides. Car il est évident qu'il ne faut pas faire attention à l'objection soulevée par Robert qui disait : « On est étonné du nombre des continuateurs, qui, ayant agrandi la carrière, ne peuvent la parcourir jusqu'au bout[1]. » Il n'y a qu'*un* continuateur, notre poète lui-même ; le nombre des copies, plus ou moins achevées, ne prouve rien. Sans doute, au lieu de cesser brusquement comme A et G, T a de plus une fin de quelques vers. Mais comme dans ces vers il est dit qu'une

[1] Crapelet, p. XLVI.

fois le soudan retourné dans son pays, Part et Mélior, restés en paix, menèrent grande joie, et que l'auteur lui-même exprime l'espoir de goûter un bonheur pareil avec son amie si belle et si bonne, cette fin ne peut être de la main de notre poète qui ne se vante pas particulièrement de la bonté de sa dame. Ces quelques vers ont été ajoutés plus tard et n'ont aucun intérêt pour la question qui nous occupe.

Le changement dans la versification que présente la continuation de β ne prouve rien contre son authenticité. Car d'abord le fait n'est pas unique [1]; d'autre part, ce n'est pas là où la divergence entre α et β commence, que ce changement apparaît; ce n'est que plus tard, en sorte que, si ce changement de versification indiquait en même temps l'intervention d'un autre auteur, il faudrait supposer deux ou même trois continuateurs, supposition qui n'aurait rien de vraisemblable.

Une objection plus grave a été faite contre ce récit de combats interminables qui se trouve dans la suite de β. Nous avons déjà vu que ce récit n'est pas aussi fastidieux qu'on le dit et que le poète a su habilement varier son sujet. Cependant il est possible que cette partie de notre poème ne soit pas parvenue intacte jusqu'à nous; l'épisode d'Ancelot en particulier me semble avoir été l'objet d'un remaniement très fâcheux : l'histoire du levrier Noon, sauvé par Ancelot et tué plus tard par le roi dans un accès de colère sauvage, quoiqu'il l'eût délivré d'un monstre qui ravageait le pays, semble etrangère à notre récit. Il serait intéressant de découvrir la source de cet épisode : on pourrait comparer celui de l'*Ystoire des Sept Sages* où un chevalier tue, également dans un accès de colère, son levrier chéri qui venait de sauver la vie de son enfant. Cet épisode d'Ancelot est d'ailleurs d'étendue différente dans les divers mss.: en P il compte 522, en G 1012, en T 884 vers (il manque un feuillet = 112 vers). T nous donne en outre quelques détails qui manquent dans les autres mss. Il est donc possible que, çà et là, quelque versificateur ait inséré un petit épisode et modifié pour cela une partie du poème, cela me paraît même probable, mais pour le fond, et même pour la

[1] Stengel, *Rom. Verslehre* dans : Groeber *Grundriss* II, I, p 3-74.

forme en général, rien ne s'oppose à ce que la suite de β soit sortie de la même plume que la première partie.

Il me semble même qu'il y a quelques raisons positives qui invitent à le croire. Si l'auteur de la suite de β n'était qu'un continuateur voulant broder encore quelques milliers de vers sur le thème donné, il serait étonnant qu'il eût remplacé la brillante description du ge maria par les quelques vers que nous donne la version β. On peut faire la même remarque à propos de la reconnaissance de Part. par le roi de France, description qui est de beaucoup plus longue en α qu'en β.

Par contre, la suite de β nous offre quelques descriptions qui ne sont que le développement de ce qui est donné dans la première partie, développement qui manque en α.

C'est d'abord l'histoire d'Ancelot, l'écuyer de Part., dont le poète a promis de nous raconter les aventures postérieures, passage qui a attiré déjà plusieurs fois l'attention des savants :

Ne dirai plus ceste foiz	*Mais la avant quant ge dérai*
Ne ses dolors ne ses destroiz	*Ses aventures et devrai* (5731 svv.)

Mais, dira-t-on, ces quatre vers ont pu être insérés par le continuateur lui-même pour justifier l'épisode d'Ancelot[1] ? C'est peu probable, parce que le poète nous a intéressé trop vivement a ce personnage pour l'écarter tout à fait dans la suite.

Puis je voudrais attirer l'attention sur un passage qui, jusqu'ici, n'a pas encore été suffisamment remarqué. Il s'agit de la description du pays que Mélior donne à Part. (1741 svv.) :

Primes en vient (l'Oire) *par Marberon,*	*Ernols lor tolt tote lor proie*
U Ernols frema sa maison,	*Pris et loies le m'es envoie*[2];
Qui de s'espouse Beatris	*Car il maint pres de la costiere,*
Ot cinq beaus cevaliers a fis.	*Qui est basse et si pleniere*
Quant galiot corent par mer	*Que nes i puent ariver*
Et tornent cel sens por rober,	*Et sains tempeste sejorner.*

[1] Crapelet, p. XXIV.

[2] Lisez avec P : *Et pris et liés les m'envoie.*

Or, dans la seconde partie on parle continuellement de Mal-Bréon, d'Ernol et de ses fils et de sa femme Beatris. Il est certain que ce passage n'a pas été ajouté plus tard, car il contient plusieurs traits dont on ne s'est pas servi dans la 2e partie; d'ailleurs, cette narration cadre parfaitement avec la description que Mélior donne du pays. D'un autre côté il serait étrange que le poète eût mentionné tous ces détails sans avoir le dessein de s'en servir.

La suite que nous offre la version α, au contraire, a laissé tomber plusieurs particularités importantes qui se trouvent dans la première partie; cette suite paraît avoir été ainsi abrégée dans le désir de finir enfin le roman, et il faut avouer qu'elle a été traitée avec une habileté qui montre une main de maître. Aussi ne serais-je pas éloigné de l'opinion déjà émise par Paulin Paris [1] qui l'attribue au même poète. Mais pour les raisons que j'ai indiquées plus haut il faut qu'elle soit postérieure à la suite de β. On pourrait admettre que le poète, ne se sentant plus de force à mener à bonne fin toute l'histoire, a laissé son poème inachevé, en retranchant la seconde partie, et en composant une autre fin. Cela expliquerait pourquoi aucun des mss. ne nous donne le poème tout entier; c'est qu'il n'a jamais existé. Seulement les mêmes passages qui prouvent que le début a été composé par le même homme qui se proposait d'écrire la suite de β, contiennent un indice contre l'authenticité de la suite de α. En effet, on comprend aisément qu'un remanieur ne se soit pas aperçu qu'il devait supprimer les vers se rapportant à Ancelot et à Ernol (ainsi qu'à la famille de celui-ci); on le comprend moins bien, si ce remanieur est le même poète qui n'avait écrit ces quelques vers qu'en vue des épisodes qu'il a supprimés ensuite.

Nous pouvons donc constater qu'aucun argument sérieux ne s'oppose à l'authenticité de β: qu'au contraire trois arguments semblent le prouver, que la suite de α est postérieure à celle de β; qu'elle est peut-être du même poète, mais plus probablement l'œuvre d'un autre.

Pour compléter cette étude, il faudrait faire un examen approfondi de la langue; mais le manque d'une édition cri-

[1] *Les manuscrits François III*, p. 83 svv.

tique rendant tout contrôle difficile, si non impossible, je me suis borné à examiner si l'état des rimes ne présentait pas d'objection aux résultats acquis, sans vouloir insister sur les arguments que cet examen pourrait nous fournir.

Voici ce que les rimes nous apprennent :

Voyelles.

a *e* provenant de *a* ne rime jamais avec *e* ouvert, excepté vs. 37 où il doit y avoir une faute. A donne *ases* : *ades*, G P *ades* : *ades*.

e est toujours distingué de *ié*.

an + cons. est rigoureusement séparé de *en* + cons. ; au vers 3075 A a *mescreans* : *tans* (< tempus), mais G P présentent la vraie leçon *païens* : *tens*.

e Riment ensemble *e* ouvert, *e* venant de *ai* et de *i* entravé (1061 *ades* : *apres* ; 1777 *ades* : *pes* etc.).

Un *a* s'est intercalé entre *e* et *l* dans les rimes suivantes : *cevals* : *beaus* 7289 ; *leax* : *beax* 6539 (G.).

i Fréquentes sont les formes analogiques comme *contralient* : *dient* 5489 (cf 5949, 6659).

o Notre poème présente les deux formes connues de *foris*. Ainsi *cors* : *fors* 1231 (2711, 5157, 7454), *fuer* : *cuer* 4533 (6069, 6303, 8525). La forme diphtonguée de *homo* n'est pas représentée dans notre poème.

Demort a *o* fermé (: *cort* 6301, : *retort* 613), *ajort* : *amort* 1258. *mot* a *o* ouvert (: *sot* 187, : *ot* 8089). Il en est de même de *escole* : *parole* : *escole* 476 (H. Stock dans *Rom. Stud.* 1878, p 455).

Les noms propres en — *or* ont *o* ouvert : *Hector* : *or* 1501, *Melior* : *tresor* 1763, etc. ; exception apparente *Anfors* (: *ors* 7359)[1].

ai *ai* s'est réduit à *e* ouvert : *mestre* : *estre* 929, 6673 ; *Palestre* : *honestre* 7217 ; — *terme* : *lerme* 1723 ; *presse* : *leisse* 2249 ; — *ver* : *iver* 835 ; *pes* : *apres* 919 ; *pes* : *ades* 1061 (*pais* : *palais* 885) ; *fraites* : *legieretes* 2955.

[1] Anfors < Alphonsum.

ei *ei* ne rime jamais avec *oi*. Au vers 143 A lit *Troie : voie*. G *Troie* : *Troie*, c'est P qui semble donner la bonne leçon *Troie* : *ioie*. Il y a quelques passages où *ei* rime avec *e* ouvert : *palois* : *dois* 1685, *palois* : *manois* 1887, *palois* : *cois* 5093 ; *Albiges* : *apres* 1379, *Albigeois* : *mais* 5661. Difficile à expliquer est la rime *voie* : *argroie* 7395 (*agroie* G P).

oi *Paucum* donne *poi*. Ainsi *poi* : *oi* 9275.

ui *o* ouvert + *y* donne *ui*. Ainsi *lui* : *anui* 381.
totti se trouve sous ses deux formes : *tuit* : *anuit* 9155 ; *tout* : *mout* 1053.

Consonnes.

l *l* s'est vocalisé devant *s*, comme le montrent les rimes suivantes : *Menelaus* : *loiaus* 201 ; *Partonopeus* : *teus* 3169, *ostex* : *Partonopex* 5349 (G), *piez* : *mielz* 5795 (P : *iriez*), *carneus* : *Partonopeus* 6133 ; *vos* : *sols* 6411, *Hernos* : *vos* 6619.

r *r* ne compte pas dans les passages suivants : *estorse* : *rescouse* 8733, *envie* : *ocire* 8953, *Anfors* : *ors* 7359.

z *z* semble s'être assimilé à *s* : *fis* : *recoillis* 2041, *fis* : *dis* 3919, *convers* : *desers* 501, *sens* : *gens*. Pourtant les exemples sont rares.

m *m* final précédé d'une voyelle rime avec *n* final : *sornom* : *baron* 439, *traisson* : *nom* 6009.

Pour la flexion il y a peu de remarques à faire. La rime *sire* ; *dire* 1391 prouve que l'*s* analogique ne s'est pas encore ajouté à des mots comme *sire*. Le vers 5843 *homs* : *lions* qui peut être dû au copiste ne prouve pas le contraire. Pourtant le poète semble déjà osciller entre les deux usages : au vers 1007 nous avons la rime *assises* : *servises*, rime qui appuie peut-être celle du vers 1337 *empires* : *sires*.

Verbe.

haïr a *has* à la première pers. sing. de l'ind. : *has* : *solas* 57.
le *t* de la 3ᵉ pers. est tombé sans laisser de traces : *lundi* :

s'espani 1361, *trahi* : *issi* 6391 ; *ça* : *manda* 2803, *la* : *amena* 2953, etc.

La 3ᵉ pers. sing. d'*aller* est toujours *vait*. Ainsi au vers 297 *vait* : *atrait* (V. 1977, 3949, 4093 4665, 4839, 6279).

Au vers 4849 on lit : *Apres cel poi l'esgardent plus, Molt par est beaus se il lies fus*. La forme *fus* ne peut pas être la vraie leçon ; aussi faut-il accepter celle de G :... *mielz, Molt par fust beaus s'il fust haitiez*, qui écarte en même temps la mauvaise leçon *est*.

Il ne se trouve dans cette partie-ci de notre poème aucun exemple des imparfaits rimant avec *ot*, *sot*, *pot*, mais cela peut être un pur hasard, car les imparfaits de la 1ʳᵉ conj. sont rigoureusement séparés de ceux des autres conjugaisons : *envoisoit* ; *sejournoit*, *cremoit* : *avoit* 2131-2134. Au vers 415 svv. nous avons les rimes *doutoit* : *muçoit*, *cremoit* : *donoit*, mais ces vers semblent être corrompus : G a *cremoit* : *avoit*, P lit ce passage tout à fait différemment.

Suite de α

La fin de notre roman, telle que nous la trouvons dans le ms. A, présente en général les mêmes phénomènes que la première partie. Je ne signalerai donc ici que quelques passages qui méritent l'attention.

Au vers 10271 nous trouvons la rime *cuides* : *aves*.

Talent rime avec les mots en — *ant* et avec ceux en — *ent*. Ainsi *grant* : *talent* 9373, *talent* : *ament* 10685 (V. Suchier, *Reimpredigt*, p. 69 sv.).

Au vers 10403 la rime connue *feme* : *regne*.

Comme dans la 1ʳᵉ partie les imparfaits de la 1ʳᵉ conj. sont séparés de ceux des autres conjugaisons. Il n'y a qu'une seule exception *refusoit* : *avoit* 9339. Par contre au vers 9805 *vengot* : *pot*. Mais pour bien juger de ces divergences il ne faut pas oublier que nous n'avons qu'un seul ms. pour cette partie de notre poème ; la comparaison avec d'autres mss. nous manque complètement, de sorte qu'il est souvent difficile de distinguer la main du copiste de celle de l'auteur lui-même.

Voici pourtant deux rimes qui s'appuient l'une l'autre et qu'on ne trouve pas dans la 1ʳᵉ partie : *place* : *sace* 9169, *France* : *mance* 10781.

Suite de β.

Quoique la suite de β soit beaucoup plus longue que celle de α, elle n'offre que peu de différences avec la 1re partie.

A la page cvr T, comme GP, lit : *cuider : amer ;* cxxviii v, où T est le seul ms. à consulter, *humiliés* et *prisiés* riment avec des mots finissant en—*és*.

p. ci r nous remarquons la rime *serans : frans*.

p. cii r *Albiges : mes*, rime que nous avons déjà trouvée dans la 1re partie.

T cxlii r *sai : voi*, rime qu'on peut comparer à celle que nous avons trouvée dans la 1re partie : *palois . dois*, etc.

G 166 r *nees : mauves*, mais les vers sont corrompus [1].

T cxl vr *rose : enclose* (V. H. Stock, *Rom. Stud.* 1878, p. 455).

Pour la diphtongue *iu* voyez la rime *lieus* : *eschis* T cvii v. *Duo* donne *dous* (: *vous* cxxxv r).

Les imparfaits de la 1re conj. sont rigoureusement séparés de ceux des autres conj. On ne trouve que deux exceptions : *tenoit* : *donnoit*, T ciii r [2], mais G renverse l'ordre des mots et fait rimer *vis* et *amis*, et G 166 r *atendoit : menoit*, passage qui ne se trouve ni en P ni en T.

Cet examen nous montre que la langue des différentes parties est essentiellement la même ; pourtant nous avons relevé plusieurs divergences dans le petit nombre de vers que contient la suite de α : *refusoit* : *avoit* 9339 ; *place : sace* 9169 ; *France : mance* 10781. Il faut y ajouter la forme du pronom possessif *vo* et *no*, formes que nous ne trouvons pas dans la première partie : *Qu'en j'en fesisce vo voloir* 9308, *Mais n'ai soing de vo guerroier* 9378, *Tost nos aront no loi guerpir* 9020. Remarquons aussi la rime *Urracle : miracle* 1028, 10376 ; dans la première partie le nom de la sœur de Mélior revient, pour ainsi dire, à chaque page, sans jamais se trouver à la rime : dans l'intérieur du vers le nom s'écrit *Urrake*. Ces divergences

[1] *Tel ne faisoit que il nees N'estoit de gaires plus mauves.*

[2] *Les gentiex hommes viex tenoit A ses parens grans fies donnoit*
G : *Il tenoit gentix homes vis Et fiez donoit a ses amis.*

ensemble avec l'indice d'ordre littéraire mentionné plus haut, rendent invraisemblable que la suite de α soit de la même main que le début. Quant à la suite de β, il est fâcheux que le manque d'une édition critique rende le contrôle difficile ; cependant il était nécessaire dans une étude comme celle-ci de rechercher si la langue ne présentait pas de phénomènes phonétiques s'opposant à l'hypothèse émise ci dessus. Cela n'étant pas le cas, je peux maintenir ma conclusion, à savoir que la suite de β est la suite naturelle de notre roman.

K. Snеydеrs de Vogel.

DÉBAT DU CORPS ET DE L'AME EN PROVENÇAL

Le poème qui suit, inédit jusqu'à présent, est conservé dans une copie unique et fort mauvaise du ms. 14973 (fols. 1-26) de la Bibliothèque Nationale. Ce même ms. contient en outre une version du *Chant de la Sibylle* (fol. 26), bien connue, et aussi la *Vie de Saint-George* (fols. 27 v°-44 v°), publiée ici même (R. d. l. r. 3ᵉ série, t. xv, p. 246 et 4ᵉ série, t. I, p. 129), il y a déjà bien des années, par M. Camille Chabaneau. Le savant provençaliste avait annoncé à cette occasion le projet qu'il avait de publier sous peu le *Débat* dont il est question ici, en y ajoutant une étude sur la graphie et la langue du ms. 14973, qui sont identiques pour les trois compositions; mais ce projet, pour une raison ou une autre, ne s'est pas réalisé. Comme cet ouvrage, qui du reste ne manque pas d'importance, est resté complètement inédit, j'ai pensé qu'on me saurait peut-être gré de le publier. Un coup d'œil suffit, il est vrai, pour se convaincre que la valeur littéraire de cette compilation est fort médiocre, cependant elle possède un intérêt tout particulier, comme étant la seule version provençale qui nous soit parvenue d'un thème fort répandu au moyen-âge, et dont il existe plusieurs rédactions en ancien français et autres langues. Ces différentes versions ont été étudiées par M. Kleinert (*Ueber den Streit zwischen Leib und Seele*, 1880), qui n'a pas connu le récit que nous publions, sauf par la mention très sommaire de Bartsch (*Grundriss d. prov. litt.*, § 51), ainsi que le regretté Gaston Paris l'avait déjà fait remarquer dans un long et intéressant compte rendu sur la thèse de M. Kleinert (*Romania*, IX, p. 31) Bartsch, et Gaston Paris après lui, se sont tous les deux demandé si notre poème n'était pas une reproduction de la *Visio Philiberti* en latin. A moins de me tromper fort, je ne crois pas qu'il y ait de connexion entre les deux. Notre poème donne bien l'impression générale d'une traduction de quelque version latine, mais la source est encore à trouver.

Quant à la date de la copie du ms. 14973, M. Stimming l'attribue au XIVe siècle (*Grundriss*, § 48), tandis que le Catalogue des mss. de la Bibliothèque Nationale lui assigne le XVe siècle. Je crois qu'on peut partager la différence et opter pour la fin du XIVe siècle ou le commencement du XVe. C'est ce que prouve du reste un examen des formes linguistiques et graphiques qui suivent. On peut également conclure de cet examen que le scribe était Catalan, mais la langue d'oc de cette époque présente en général tant de traits en commun avec le catalan de plus ancienne date qu'il est prudent de s'en tenir à cette observation. Bartsch a certainement eu tort de prétendre (op. cit.) que la *Vie de Saint-George*, dont la graphie et la langue sont identiques à celles du *Débat*, ainsi que nous l'avons dit, appartient plutôt au domaine catalan qu'au domaine provençal.

I. *Phonologie : Voyelles*. (1) La diphtongaison de l'*o* bref se fait généralement en *ue* : *hueymais* 29 ; *puesc* 48 ; *luenh* 85 ; *enuech* 136 ; *uell* 305 ; *nuech* 540. N. B. *niech*, rimant avec *deliech* 199. Suivi de *l*, il se conserve intact le plus souvent : *voll* 454, etc. Il peut aussi se réduire à *u* (notamment devant *l* ou *n* mouillée) : *vullyas* 3 ; *ulls* (oculos) 55 ; *ull* (voleo) 164 ; *ullya* 359 ; *pusc* 445 ; *lunhas* 560 ; *vull* 686 etc. Les mots *locum*, *focum*, sont traités d'une manière différente : on a constamment *fuoc* 101, 488, 1145, 1152, etc., et *luoc* également, sauf au v. 216 où le ms. porte *luac* qu'il faut corriger en *luec*, forme qui à partir du XIVe siècle remplace *luoc*.

(2) *e* protonique est remplacé par *a* dans : *avangeli*, et dans *angres* (ingressus) 674. On sait que ce fait est caractéristique du catalan.

(3) L'*a* posttonique passe souvent à l'*e* après *i* surtout, particulièrement dans les terminaisons des verbes : *avieyn* 38; *avies* 209 ; *ausies* 210 ; *perdrien* 269 ; *prenien* 515 ; *sie* 669, 879, 977 ; *avien* 860 ; *folie* 1004. Ce phénomène est également très commun en catalan, mais il ne prouve rien dans ce cas, puisque de telles formes abondent, dès le XIVe siècle, en Provence et en Languedoc.

(4) Un autre trait qui est, comme le précédent, un des plus

caractéristiques de notre texte, est l'absence de l'*e* prosthétique devant *s* suivie de consonne. Les exigences du vers montrent que bien que cet *e* ne fût pas écrit, il était prononcé. Il y a cependant plusieurs vers où on ne doit pas rétablir l'*e* initiale. C'est ce que Mussafia a constaté pour les *Sept Sages* (II, 67).

Consonnes. (1) *R* devant *s*, surtout à la terminaison, tombe : *cos* 195, 229, 388, etc. ; *flos* 484 ; *servidos* 497 ; *encolpados* 498 ; *renovyes* 645 ; *denyes* 646, 719 ; *volenties* 718 ; *senyos* 814 ; *guastados* 1034, etc. Cette chute de l'*r*, notée déjà par Jaufre de Foixa à la fin du XIIIe siècle, comme une des particularités du catalan, se répand sur toute la Provence au XIVe siècle, et y est de règle, pour ainsi dire, à cette époque.

(2) Le *d* primaire entre deux voyelles se change en *s*, *z* : *guisardon* 284, 423, 428 ; *guasanyo* 656 ; *guasanyat* 659, comme il est général dans tout le centre de la langue d'oc ; ou bien la consonne s'affaiblit jusqu'à s'effacer complètement : *guiardon* 226 ; *creüt* (= *crezut*) 602 ; *fiels* 849 ; *auyam* 978 ; *escaec* (= *escazec*) 1116.

(3) Le *ty* intervocalique peut aboutir à *is* (*rayso*) ou à *y* : *rayon* 333, lequel *y* peut tomber : *raon* 506, 600 ; *raonar* 769, à côté desquels on trouve le plus souvent *raso* (*n*), *rasonar*. L'effacement de *ty* entre deux voyelles est caractéristique du catalan (Mussafia, *Sept Sages*, II, 50).

(4) Il en est de même de la chute de la sibilante *c* entre voyelles, dont on rencontre quelques exemples dans notre texte : *plaera* 952 ; *coensa* 1154.

(5) Le *v* dans la même position se vocalise en *u* dans *aul* (passim) ; ou bien il peut disparaître entièrement : *paor*, 528, 870.

(6) L'*l* mouillée est représentée par les graphies *ly*, *yll*, *yl*, *ll*, est aussi *l*, comme en catalan : *filly* 753 ; *feyllz* 736 : *bayl*[illegible] 158 ; *treball* 385 ; *melor* 320 ; *mol* (cf. *Flamenca*, 4684) 391.

(7) L'*n* mouillée est représentée par les graphies *yn* : *segyn*[illegible] 374, et plus souvent *ny*, qui elles aussi sont caractéristiques de l'écriture catalane : *luonya* 91 ; *vergonya* 92 ; *frany* 547 *soffany* 548 ; *tany* 686. L'*n* mouillée est parfois rendue par *nh*, comme il est usuel en Provençal : *vergonha* 82.

(8) L'*l* mouillée ne représente pas seulement *lj*, mais aussi

ll parfois : *afrevollyant* 410, *nulya* 608 (cf. *Sept Sages* II, 21).

(9) *V* tombe souvent devant *u* dans *ull* (voleo) 163, etc.; *ullya* 359 ; *ullyas* 974. M. Paul Meyer a relevé quelques exemples de ce fait dans *Daurel et Beton* (vv. 57, 82). Il n'est pas inconnu au catalan (cf. *Documentos literarios en antigua lengua catalana*, 111, 114, 132, etc.).

(10) L'*s* étymologique est fréquemment remplacée par *c* : *cera* 23, 325, 360 ; *ceray* 185 ; *acedar* 20[illegible] ; *ciguiam* 333 : *passacem* 395 ; *centiron* 512 ; *ecer* 533. L'inverse a lieu également : *sert* 7 : *serta* 358 ; *sertans* 188 ; *sec* (cæcus) 502 ; *mersse* 549, etc.

(11) Une autre particularité du copiste est le redoublement de l'*s* initiale : *sson* 674 ; *ssa* 722 ; *ssera* 754 ; *ssi* 810, etc.

(12) L'*h* est placé au commencement de certains mots sans raison apparente : *hi* 326 ; *hanc* 621, etc.

II. *Flexion*. — Sous ce chef, je me contenterai de quelques indications sommaires.

(1) On remarque d'abord, ce qui du reste n'a rien d'extraordinaire à cette époque, que les lois de la déclinaison n'ont guère plus de valeur.

(2) Au présent de l'indicatif, la première personne du singulier prend assez souvent un *i* de flexion, même quand une voyelle d'appui n'est pas nécessaire : *trobi* 83, 908 ; *valli* 451 ; *emporti* 644 ; *voly* 666 ; *ausi* 744 ; *laysi* 787 ; *demandi* 883 ; *teni* 950 ; *mori* 1140.

(3) La seconde personne du singulier dans ce même temps se termine presque invariablement en *es* au lieu de *s* dans les verbes suivants : *sabes* 129, 133, 139, etc.; *podes* 150, 331, 366 ; *deves* 300 ; *metes* 330 ; *queres* 564, 579 ; *voles* 585, etc.

(4) Un *i* vient s'ajouter devant les terminaisons *ei* (*y*), *est*, *i* du parfait des différentes conjugaisons, particulièrement devant *est* de la première et de la troisième conjugaison faible. A la seconde personne de ces deux conjugaisons, il y a diphtongaison de l'*e*, mais ailleurs il semble bien qu'on ait à faire à des formes analogiques : *ausiy* 1 ; *boleguiey* 121 ; *nasquiey* 122 ; *guardiey* 172 ; *abeliy* 204 ; *prestiest* 70, 73 ; *bayliest* 74 ; *vendiest* 75 ; *gardiest* 138, 195, 197, etc.

(5) Au présent du subjonctif de la première conjugaison faible, on remarque l'emploi fréquent de formes en *es*, *e*, à la seconde et à la troisième personne du singulier : *tire* 528 ;

pegue 616 ; *anes* 637 ; *cuyes* 638 ; *emporte* 755 ; *toques* 773 ; *juye* 875.

(6) A l'imparfait du subjonctif, la terminaison est le plus souvent en *a* au lieu de *e* : *fosas* 128 ; *poguesas* 200 ; *ausissas* 206 ; *tastesas* 382 ; *volguessas* 749 ; *gitesan* 925.

(7) Il y a hésitation entre deux conjugaisons pour *remaner* ; à côté de la forme régulière (591, 601), on trouve *romanir* 533 ou *remanyir* 537. On peut aussi noter *vendre* au lieu de *venir* au v. 337.

III. *Versification.*— Outre ce qui a été dit de l'*e* prosthétique, la versification de notre poème ne donne lieu qu'à très peu d'observations.

(1) L'*e* et l'*i* de *que* et de *si* peuvent être élidés ou non, comme d'habitude, même devant *yeu*. La voyelle élidée n'est pas supprimée ordinairement.

(2) Plus exceptionnel est l'apocope de *no* aux vers 666 et 682.

(3) Dans *que y* 146, 782, il y a fusion des deux voyelles en une seule syllabe (crase). Il en est de même de *y an* 146, *valli yeu* 450, *y an* 604.

(4) Ainsi qu'on s'y attend dans une composition de date aussi récente que la nôtre, les cas de synérèse, particulièrement entre *i* et *a* (*e*), ne sont pas rares : *avieyn* 38 ; *diable* 46, 696 ; *plasia* 220 ; *laysaria* 248 ; *sovisia* 440 ; *daria* 651 ; *raubaria* 658, 663 ; *sie* 666 ; *folie* 1004 ; *querias*, à moins de faire *possecio* de trois syllabes au lieu de quatre ; *fiels* 849.

[FOL. 1]

L'autrier ausiy una tenson.
Say vos dire en quall rason,
An que vullyas estar en pas,
E entendes es escoytas.
Car a my non plas que yheu semen
Sela terra que fruc non rent,
Car avangeli dis per sert
Qe om sas marguaridas per
Quant las pausa als porcs davant ;
El maÿstre per son enhant
Que cant a las folas gens,
E per que quar nulz non l'entent,
Que si el es guarnit de bon sens,
De bon saber, el o despent.

Senyors, e yhu quon o faray?
Que tu sabes e yhu o say
Quel sens el saber es perdut,
Con argent cant es escondut,
Per que my plas cant es enant,
Mon saber dic vos an aytant,
Que cascun y poyres apendre,
An que vulyas lo mot entendre,
(E) cant cera ma rason complida
E aures la tenson auzida,
Si mi sabes yugar per drech,
Cal [en] a tort ni cal a drech,
Ja non vos rendray per tan van
C'ayas manyat en fol lo pan.
Hueymais escoytas la tenson
E entendes en cal [yeu] son,
E non prenas entorn los ors,
Car de l'arma es e del cors.
L'arma dis al cors : mot m'es grieu
Car tantost partem tu e yheu ;
Lo temps es vengut [que] partam,
Que ben vey que romp le liam,
Ses departir vivem ensepms,
Que nos avieyn tengut lonc temps ;
Aras vey que non an poder
Que plus nos puyscan retener,
Don suy dolenta e marrida,
Quar es vengut a la partida ;
Mot m'es mall lo departiment,
Car tant es gran mon espavent,
[F° 2] Que cor ni boca non po dir,
Car yehu vey un diable venir
Que a l'iysir mi cuya pendre,
Es yheu non li mi puesc defendre,
E dis que ya non s'en part(i)ra
Davant mi, entro que m'aura,
Ni yehu non cre que may en parta,
Que en sa ma porta una carta

Le mot *cant* est répété dans le ms. — 19. Ms. *azenant*, avec la syl-
az en interligne. — 25. Ms. *dyech*. — 29. Ms. *huey mãs escoctas*.
7. Ce vers est ajouté en marge, ainsi que le v. 42.

On son [e]scriych tut li pecas
En que tu as tan percassas.
Escris i son tieus fals ausirs
De que non volguist penedir ;
Escris i sson tieus falls erguells
Els falls semblans que an fagt tieus ulls ;
Escrich y es ton odorar,
Que anc(t) non vollguist pendensa far
En totas tas paraulas vanas
Escrizas per yorns e (per) semanas ;
Escrich y es to foll tener,
Ton fals pensar, ton fals poder ;
Escrichas tas falsas merses,
Que anc (en) nullz ome en tant no si mes
Que liall fe y artrobes,
En lo falls anar de tos pes ;
Tieus deliech e (tieus) adulteris
Son (e)scrich en aquest sauteri.
Es anc non prestiest per ren uou
Catre per V ni VIII per IX,
Ni anc nulla ren non prestiest
Per may cobrar que non bayliest,
Ni anc non vendiest neguny diya
Blat ni vin mays que non valia,
Ni anc falyiment no fesist
Parlant obrant nill consenstist,
Non sia en aquest [e]scrich.
E membra mi soven el liech
L'enemic don ay gran pavor
E gran vergonha e dolor
Que yeu non trobi negun amic
Quem defenda de l'enemic,
May un angel que m'es de luenh
Mot vergonchos e ten ell poenh
Una carta on son [e]scrich
Tut li tieus benfach el (tyeu) bendich,
May tant son mayors e plus grans
Li malls qu'ells bens, e tant pesans,

54. Ms. *perserat.* — 57. Les mots *tieus falls* sont en marge dans le ms. — 60. Ms. *pnedensa.* — 69. Ms. *deliche.* — 70. Ms. *scrihc.* — 84. Ms. *que mi.* — 85. Ms. *luch.* — 86. Ms. *poch.*

Per que l'angell de my si luonya,
[F° 3.] Don ay pavor e gran vergonya.
Que si m'emporta lo trefan
Motz es cuech es rot tot mon pan.
Ay, cors, e tu pecas m'en mall !
(Car) tant an apoderat (li) tyeus mall
Que si le ben apoderes
El cel m'en pugera ades,
Don fora de gyach coronada,
May aras seray turmentada
Enz enmyl fuoc perpetuall,
Car tot apoderan li mall.
Le cors dis a l'arma : gran tort
Ti conosc, car sus en la mort
Mi tenssonas ny mi trebalyas,
E dises quez (yeuch) ay fazt las falyas
Per que tu seras turmentada,
May non es paraula parada,
E pos tu mi vas tensonant,
E a mi mon drech rasonant,
E puy siam iuyas per drech,
Q'estiers ya non auray(s) mon drech.
Arma tu mi vas encolpant
De so de que tu as tort grant.
Ver es que el ventre de ma mayre,
Qu'estiers non si pogra fayre,
Fuy cosseput et engendrat,
E pueys quant fuy [e]smagenat,
E Dieus me [e]spiret de ti,
De mantenent que fust (de)dins mi,
E yeu fuy vyu e boleguiey ;
E cant fom temps am tu nasquiey ;
(E) avem vescut anduy ensemps
D'aquell yorn entro aquest temps.
E pos (tu) fust dedins mi venguda,
Ay yehu ren faz ses t'ayuda ?
Ni ieu proga far nullya ren
Enans quez fosas dedine me.
E non sabes tu que vers no es

94. Ce vers est écrit en marge dans le ms. — 110. Ms. *mays a mi mon drech rasonar*.

Que cors ses arma ren no es,
E n'es obs que tu mi desliure.
Que cos ses arma non pot viure.
Non sabes, que cant yeu partray
De tu, que mantenant morray ?
E ya puech non auray poder
Que fassa enuech ni plaser.
Don as tu tort, pos fust (de)dins mi,
Car miells non gardiest mi e ti.
[F° 4.] Tu sabes que l'arma es fren
Del cors e lay ont es le ben
Lo deu tot per forssa menar,
Si am grat non la vol amar.
Diguas, si anc yorn mi forssiest
Ni m'o mostriest ni m'o diyssist ?
Si yeu ay fallyit mi membres tut
Y an tort que y an acoregut,
E si yeu anc fis null falyment,
Trastut y son agut consent.
E tu que m'o degras vedar,
Per que (non) m'en podes encolpar ?
Arma, e no fas tu ausir ?
Arma, e no fas tu sentir ?
Arma, e no fas tu veser ?
Arma, e ses tu ay ieu poder ?
Arma, e no fas tu parlar ?
Arma, e no fas tu anar ?
Arma, fis anc ren negun dia
Ses tu, pus fuy en ta baylia ?
Arma, guarda de quem encolpas !
Tu sabes que osses ni polpas
Non podun far nullya falyida,
Pueys que l'arma s'en es [i]ssida.
Arma, sitot vols anc ren dir,
D'aquest contrast mi ull departir.
L'arma respondet amb aytant,
E a dich al cors sospirant :
Ay, cor, aul [e]scusacion !
A cel que la fa no ten pron.
Tal [e]scusacion as faza

165. *respondet* en interligne dans le ms.

Que non deuliura[s] ni empacha[s].
Tu vas tos membres encolpant
E mi, car non ti guardiey de dan,
E tut li tieus membres egrosses.
Non son formas de carn e d'oces ?
Si son e tu de lur natura.
(E) ensemps est una creatura,
El tieus membres grans e menus
(Non) son an tu creas e nascut.
Per que t'en podon leu respondre
E [t]a rason de leu confondre.
E yeu, si puec, ti respondray
La o n'as may, si yeu far o say,
De la colpa quez tu mi donas,
Que an ton tort mon drech tensonas.
Tant co (yeu) ceray dedins ton cos
Tu viuras, e cant seray for(a)s,
Tu morras, ayso es vers plans.
D'aytant es mon parlar sertans.
E pos per mi as tant vescut
[F° 5.] Quel pell n'as ferran e canut,
Diguas mi l'amor que m'as facha
Ni la onor quez m'as astracha!
Per mi causist ti anc null dia
D'erguell ni de far leuyaria ?
Gardiest ti anc de cobeytat
D'enveya ni d'autre pecat ?
Gardiest ti anc de trop manyar,
Ni de beure ses acedar ?
Causist ti anc yorn ni de niech
Que poguesas aver deliech ?
De lucsuria non ti causist
Qu'aytant la ffaza con poguist.
Anc ull yorn non laysiest per mi
De null pecat pos t'abeliy ;
Anc tant non 'styest a la gleyra
Que ausissas la messa entiera.
Que cant tu degras Dieus preguar
Tu pensavas de ton afar,

182. Ms. *la o n'ar*. — 202. Ms. *car aytant*, — 207. Le mot *dieus* est en marge dans le ms.

Et avies ton cor enic,
Cant tu ausies lonc presix ;
E en ton cor non ti plasia
Lo ben quell capelan disia,
Ni ne sabias moch retrayre,
Tant pessavas de ton afayre.
Mais en la plassa alls folls yuex
Era tot ton sens e tot ton luec,
On son dichas antas mot grans,
De Dieus e de tos los sieus sans.
Aquo ausias volentiers.
Mays ti plasia quez le mestiers
Qu'om en la glesa disiya(n),
An que fam ni set non ti destrenye,
Ni pensavas de ben a fayre.
Mos falymens ti puesc retrayre.
Hanc iorn per mi non ti causist.
Don resebras guiardon trist.
Cor, malla t'ai vist, (per que) mal m'en ven !
Per tu auray mall e non ben.
So dis lo cos a l'arma : que as ?
Mal m'es car no estas en pas.
Ben gran meravilyas mi don,
Quar tu cuyas aver rason.
Non sabes tu que ia li naus
Que es faya de post e de claus
Quant es de tot sos obx complida,
Si non es de nauchier garnida,
Que aquyll que volun pasar
En la terra de outra mar,
Non en volun donar loguier,
[F° 6.] Si non son segur de bon nauchier ?
Cuias ti per vent ni per vela,
Ni per clerdat ni per [e]stella,
Que la naus pusca mar passar,
Ni sapia son viage far,
Si lo nauchier non la governa,
E non cerca e non [e]sterna
La via per on deu anar ?

216. Ms. *luac*. — 221. Ms. *que las gens en la glesa disiyan*. — 229. (
lit en marge *e* à côté de *so*. — 240. Vers trop long, ainsi que le v. 24

Car cel que la laysaria 'star
A la merce del vent, si briaria,
E tota la gent perirya.
Donx per lo nauchier es salvada
La nau e tota la maynada.
La nau quells pelegrins porta
Non sabes tu que es cays morta.
La nau [n'] a sens on deu anar,
Ni sab lo port von deu intrar,
Ni sab on es la mehor via,
Ni vay mays la (non) om la guisa
Lo nauchier que l'a en poder.
Arma, entent si yeuh dic ver.
Tu sabes que li marinyes,
An lo bo consell del nauchier,
Fan venir a port de salut
La nau per que son sallvat tut,
Que si cascun non en avia
Cura, li naus leu si perdrya ;
Li pelegrins els marinies
Que son en poder del nauchyer
Si perdrien es els meseys,
Per qu'es semblant e apareys
Que tu (que) yest aida per lons ans
De mi quez suy navy naveguant,
E per ton tor sera vengut,
Si tant es ques siam perduts.
Arma, ques mal m'as governat,
Els membres que y an ai(u)dat,
Car si anc fesist ren contra Dyeu
Tu en pecas mall els membres mieus,
Tu els membres que degras guardar,
E mi que no pogues foleyar.
Li membres son myeus marinies,
E Dieu det ti a mi per nauchier,
E as tengut mall lo timon.
Dieus t'en rendra mal guisardon !
Els membres auran mall zusisi
[F° 7] Que m'an gualiat an lur visi.

0. Ms. *per quez semblant*. — 272. Vers trop long. On doit peut-être *nau* au lieu de *navy*. — 282. Ms. *e dieu det mi a ti*.

Mot foron li membres irat
Que son per lo cos [e]scolpat.
E responderon las aurelyas :
Cor, mot avem gran meravilyas
De so que (nos) avem ausit dire.
Si tu as gitat a martire
L'arma, e qui en peca mall ?
Nos non pas may (li) tieus fols yornals.
Per que fas mall quar nos tensonas
Ni del tieu tor nos ucaysonas.
(Tu) sabes quez per ausir em fachas
E pausadas en luoc de guachas ;
(E) mall e ben ti fasem ausir,
E (tu) deves lo miellye causir,
Que plus non avem de poder ;
May tu as lo sens el saber,
Per que degras laysar lo mall
E prendre lo ben que may vall.
L'uell responderon en apres,
Que de las aurellyas son pres,
E dison al cos en plorant :
Cor, de que nos vas encollpant ?
Si tu as an tos falymens
L'arma gitada a torment,
Per la cal rason em encolpas ?
Non t'avem nos lonc temps mostrat
So que es ben e so que es mall ?
E si tu es ves l'arma falls,
La falyda non es pas nostra.
E non fa pro sel que ti mostra
La via que ti pot damnar
E la via quet pot sallvar ?
Ben es malastruc qui non tria
E non causis la melor via,
E si tu as lo pies triat,
Dieus ti o rendra per son grat.
Las (na)naras parleron iradas :
Cor, per que nos as encolpadas ?
Si avem fatz tot quant ti tais,
Tor n'[av]em (hi) si (nos) demandas mays.
[F° 8]. Mal e ben nos ti fain sentir,
E tu degras lo mielle causir,
E si as mall causit ni lach,

Tu de que nos metes em plach
(Ni) de que nos podes encollpar,
Ya qui ti laysara parlar?
E si ciguiam la tiua rayon
L'arma non y auria pron,
Don cera gran tort si sufre pena
Per tu, nil diable la emmena.
Miels deuria ar a tu vendre,
Car de mall non ti yest pogut defendre.
En apres y parlet li lengua :
Cor, de tu non say en que m'en prena.
Volgist mi anc poder donar
Maysscasadamens de parlar?
Si yeu ay parlat so que volguist,
Garda del parlar que en fesist.
Motas vegadas ay parlat,
Qu'estera soau per bon grat,
Car lo parlar non era vens,
Si tot lo [mieus] poders fos mens,
Suau estera denfra ma boca,
Per que la gran colpa ti toca
Si [tu] m'as fag parlar en fol ;
Ni tu fas lo fach que ti toll
Que li colpa tiua non sia,
Que en ti as tant de senyoria
Que (si tu) ten[gues]es la boca clausa
Per forsa 'stac[ada] [e]s pausa.
E mantenent que l'as uberta
La boca, yeu suy tota serta
De parlar, ni m'en ullya o non,
E far so que ti cera bon ;
E si l'arma [e]s turmentada
Per ta colpa ni mallmenada,
Seguon mon sens, tu n'as tor gran.
Es illy fasa t'en demant.
[Ar] las mans preron a parlar :
Cor, de que nos podes encolpar?
Non a[vem] pres so que volguist
E laysat so ques tu diysist?
E si [nos] as faych lo mall pendre

338. Vers trop long, ainsi que le v. 340. — 346. Ms. *bon gran.*

El ben laysar, quit pot defendre,
Ni call yuye dira per drech
Que non ayas [lo] mall ellech?
[F° 9]. Volentieras t'avem servit,
Con a segynor obesit,
Mas tu non o conoses guayre,
Seguon que nos ar es veyayre.
Que no es l'arma sens rason
Tensonas de ta ucayson?
E si l'arma n'esta marida,
Tu en pecas mall, mia partida,
E si trobas yuye liall,
Non cuch anc (tu) tastesas d'aytall.
Li pe parleron en apres :
Cor, con y es tu tan engres,
Cant tots tas membres aysi treball!
Ben sembla que ton sens ti fall,
Que tu as els membres poder,
E si aquill fan ton plaser,
De que les podes encolpar?
Motas ves nos a[s] fach anar,
Per mol, per giladas, (e) per fanc,
E tu sabes si deysem anc :
A nos non plas quez l[a] anem.
Mas tot cant anc volguist fezem.
Si passacem tos (co)mandamens,
Nos non foram fallys fortment.
Tu [sa]bes quant as 'stat [e]strech
De gran callors e de grans frechs,
De fam, de set e de dessayse,
Quelh membres non donavan ayse.
Cant tu avias malautia
Cascun dels membres [o] sentia(n);
Andos las aurelyas bondian,
E las naras petit sentian;
Li uell eran cay[s] adormit;
E de la lengua non oblit
Que tan gran marimen avia
Que an penas parlar podia;
Las mas anavan tremolant,

399. Ms. *dessayre*. — 400. Ms. *canct li membres*.

E nos tant fort afrevollyant,
Que de tot eram relinquis,
Tant eran li membres maris
Per lo mall que ti destrenyie
Que negun conort non fasia ;
E si nos em per drech yuyas,
Tu nos as a tort encollpat,
[F° 10]. E si l'arma n'es turmentada,
Per los tieus fags ni mallmenada,
(Que) en tu sun totas las fallyas
De que nos e l'arma treballyas.
Cor, auyas que le savi a dich
En son bon dechat e [e]scrich :
De bon servisi bon guisardon quer.
E a tu non deu esser fer.
E cell que [lo] servisi pren
Si cant la pres puey non lo rent,
Aul es ssegon liall yuzisi,
Sil guisardon an lo servisi
Non conpara, cant luoc en es,
Garda qui yest ni con t'es pres
Ves nos ni ves l'arma que as fach,
Car (tu) rendes de benfach coll frach.
Li membres an lo cor comes,
El cor respon mot fermanes :
Vos autri membres aves fach
Aquo que li foll fan ell plach :
Li foll ell plach dison lor dan,
E li savi lur pron y fan.
(E) vos autri e nos mall guardas.
De savisia manes foldat.
Aures renyat mot longuamens,
Es aras cuyas aver sens.
Non a sens cell que son mayor
Non lausa e non li fay onor.
Per que pusc (a) dire verament
Que vos autri non aves sens.
An vos dic que es folls naturalls,
Car non onras sell que may vall.
Cascun dises que tus est mieus,

428. Ms. *si le guisardon.*

Donx si yeu suy senyer, may valli yeu.
Yeu vali mays que vos non fas.
Folls est, car onor non portas.
Car null savy non quer onor
Ni la voll sobre son mayor
Tres manyeras son d'orgueill.
Foll es qui las manten ni las vall.
E diray las vos totas tres
En aysi quon venon da res :
Le premier es de null natura.
F° 11. Qui plus fort[men] si desmesura :
Le segon es de gran folia.
De nonsens e de leuyaria.
Qui desmesura son eguall.
O cell contrasta que mays vall :
Le te[r]s es de trascuyament
Qui desmesuralh plus valent.
E plus fort defi qui may vall
Si tot l'en pren ben e lo sal.
Donx es vos autres tos fallys,
Que sabes que yeu vos ay noyrit.
Lo conduch ques yeu ay manyat
Vos ay ben partit e donat,
Que en ver non vos (en) podes clamar.
Es pos yeu puasc vos, o ben par,
Cant yeu era plen de conduch,
E vos eratz alegres tuch.
E si yeu un yorn deyunes
Qre non begues o non manyes,
Tant flac e tan aul en eras
Que null consell non vos avias.
Cascun de vos autres sabes
Que cant l'arbre esta em pes
De sa viguor muon las brancas,
(A)donx porta fualas e flos blancas.
E si l'arbre [e]sta talyat,
Tant que lo suc sia secat,
Non an las brancas autre luoc

456. Vers ajouté en marge dans le ms. — 468. Ms. *si tos l'en pren ben e lli fallch.* — 476. Ms. *e vos sias a. t.* — 479. Ms. *tant flac e tan aul sias.*

May que om las ieta ell fuoc.
Gardas con est mors e vencus
E vos mesesmes deysepus,
Que yeu suy albre e vos es brancas,
Que anc nesuna non est francas,
Que tant con (yeu) viuray) (e) vos viures,
E cant morray, e vos morres.
Non es pas meravillyas grans
Si, per pasar los vostres dans,
Vos tuch mi sias servidos.
May aras m'est encolpados,
Car veses que poder mi fall,
E si l'arma a null treball,
Vos dises tut que yeu mall en pec.
E con tuch [est] agus tan sec,
Quel ora que mall si fazia,
Per que cascun non m'o disia ?
Que si yeu adonx non m'en layses,
Raon fora que yeu o compres.
May vos tut membres volentier
Es tot agut pa[r]sonyiers,
E per vos autres es tot fach
Lo mal de que me tenes plach.
Las aurelhas lo mall ausiron,
[F° 12.] E la[s] narras lo mall centiron,
E quascun dells uells l'esguardava,
Li lengua de grat lo parlava,
Las mas lo prenien soven,
Li pes y anavan corrent,
L'arma o consentia tot,
Car li nostre liam(es) son rros.
Cascun vos cuyas [e]scusar,
Ell vostre tort a mi donar,
Per que yeuh non dey aver yusizi.
E parra en qui son li vizi.
Cascun dels membres pres a dir :
E nos en volem drech ausir.
L'arma respondet mot irada :
[S]or, tant suy [fort] espavantada
C'am penas puesc ma rason dire ;

·s trop long.

Tal paor ay que non m'en tire
L'enemic si partir de me,
Que yeu sai que si se m'en mene
Que cambiat tot m'es mon afar.
Per que mi plagra mays l'estar
Ell remanir si eser pogues.
Mas yeu vey ben que res non es,
Que yssir m'en coven, vuilya o non,
E laysar aitall per mason.
Nin posse romanyr ni yssir,
Que yeu vey que ades voll m'assalyr
L'enemic que mi vay entorn,
E non si part de mi nuech ni jorn.
Per mi penaire para sas mans.
E say que cil es tan trefan
Que si yeu li dic ben ell m'es enic :
S'il clami merce ell m'es enemic.
El pot en enfern es mon lyech,
Von non a n en degun delyech,
On plor ni mariment non frany.
Ni dol ni cris non la sufrany.
Plorant, sospirant, ciam mersse
A Dieu, que li membre de me :
Bell senyer Dieus, vostra merces,
E li bontat ques en vos es,
Ell vostre poder que es tan gran,
De gran tort vos fas ieu demans.
[F° 13.] E con vos pla ni vos sap bon,
De pauc redes gran guisardon.
Senyer, font de vera mersse,
Dells fallymens que son en my
Vos quier merse, sus en la fy ;
E lunhas l'enemic de mi
Que tant es sallvage es fer.
Anb aytan l'angell dis : ques quer[s] ?
E l'enemic dis : que foll fas
Que quer(e)s ayssi conort e yuas.
L'enemic dis : (an) emporteray

531. Ms. *que cambiat tot m'es amor afar*. — 535. Vers trop long. — 538. Ms. *ades mi voll salyr*. — 544. Ms. *si li clami*. — 550. Ms. *de mi*. — 554. Ms. *de gran tort fach pas demans*. — 565. Ms. *a l'enemic dis*.

Est' arma quant m'en tornaray,
E fa mi trop aysi [e]star,
E me y fai trop best[ensar],
E si ades no yey[s] dell cor,
Mantenent que sera defors,
Hyeu la faray [e]star irada,
Can(c) l'auray en enfern gitada,
En fuoc, en flama, en pudor,
Aqui von la sabray mayor.
Li daray torment cascun dia,
Que aytall es ma senyoria.
L'angell respont a l'enemic
E dis : que mot mallvays abric
L'arma que (tu) queres trobaria
En ton ostall, quant la ceria,
Ja non sera en ton poder,
Que tu sabes ben, e es ver,
Ja n'auria pena e dolor,
Si avia tu per senyor.
Tu la voles (en poder), e non l'auras,
E ja pusc tu non la tendras.
E per que la cuyas (tu) aver
Aquesta arma en ton poder ?
Pus (que ella) conoys per senyor Dieus,
Ny ren non a ni ten dell tieu,
Ni el cor non voll romanyer,
Ni [e]star plus en ton poder,
Ten ta via e mou d'ayssi,
Que ella s'en anara an mi ;
E si tu as allrre a far
Fay o e laysa la [e]star.
Vay t'en e ten ades ta via,
Que yeuh ni tu non avem paria.
L'enemic respont mot irat :
Angell, en tu no es pausat
Mon anar ni mon remaner,
Ni non es creüt ton voler
[F° 14] De l'arma que vas contrastant.
E yeu y ay drech e tu tort gran.

568. Ms. *e m'y fai*, etc. Ce vers est en marge. — 574. Ms. *aqui non*. — 586. Ms. *e ieu pusc*. — 589. Les mots *per senyor* sont en marge.

Tu sabes que gran raon ay
En arma que en pecat [e]stay,
Que si yeu la trobi morent
Nulya rason non la defent.
Aquesta est en pecat morta,
Per que es rason que ella sia nostra,
E metrem la en tenebror,
Von en aura pena e dollor.
Dis l'angell an paraula plana :
Enemic, ta rason es vana.
El mont non es anc creatura
Que non pegue seguon natura ;
E si poder a de pecar
Poder li es donat d'esmendar.
Hanc null hom tant fort no pe[ca]t,
Si a penedensa tornat,
Et an los uells et an lo cor
Lo plora, aquell pecat mor ;
Et an que penedensa prena
E que la fassa e que la tengua,
Aquel pecat es penedit.
En foll as fag lo tieu [e]scrich.
Aytant guastiest de parguamin.
Per que podes tenir ton camin,
Am aquil estrig en papier.
Dic ti que non vall i denyer.
Donx es l'eni[m]yc irascut
E dis : angell, per que yest agut
D'aquesta arma tant contrastant ?
Ton parlar non li es may dan.
Ades li dobla son torment.
Per tu n'aura may e non mens.
Ja non la m'anes constrastant,
Ni cuyes que yeu m'en vagua anc
S[en]es ella en cuy ay cura,
Per una ley que a nom usura.
Trenta ans o plus y a'stat,

616. La syllabe *gue* est en interligne dans le mot *pegue*. — 620. Ms. *tornet*. — 623. Ms. *e au penedensa que prena*. — 628. Vers trop long d'une syllabe. On pourrait facilement le ramener à la mesure en lisant *potz* ou *pods*, mais *podes* est la forme que notre copiste emploie constamment.

Et en nostras obras obrat,
Don yeuh per longua teneson
L'emporti, e car n'ay rason.
Tu sabes que li renovyes,
Per (so) que lur abaston (li) denyes,
Prenon mi e laysan [en] Dieu.
Per que tut (li) renovyes son mieus.
L'angell dis : demoni, ben par
Que cor aurias d'emportar
L'arma, qui t'en daria poder.
[F° 15] May alors t'en coven querer.
Si per aquesta arma ti p(l)ens,
Tu vas querent gran defens,
Et auras la enyaz trobada
Que aquesta arma guasanya(da).
Tu sabes que yeu non ay cura
De raubaria ni de usura,
E (pero) si l'avers es guasanyat
An ton sens ni an ton dechat,
En aquell non ti fas contrast,
Que yeu say ben qui ssa mason bast
De raubaria ni de [u]sura
Que tot vay a malla [a]ventura.
Tu prens l'aver aqui von es,
E tieu sie que yeu no en voly ges.
L'arma intret nusa ell cos,
E nusa issira defors;
Aver ni argent non emporta,
Que tot o laysa (de) tras la porta ;
E pos non porta ren del tieu,
Hieu la rasonaray à Dieu.
L'anemic dis : [angel], que quers ?
Tieus dichs sson angres e trop fers,
Que per forssa de contrastar
My cuyas [e]sta arma panar.
Ar conosc que si aguessas drech
Ben mo meneras trop [e]strech,
Pos playdezant mi vas lo myeu,
So es l'arma on non as fieu
Ni auras ja qui non la forssa,

645. Ms. *li abaston.* — 665. Ms. *tu preny.*

[illegible]
[illegible]
[illegible]
[illegible]
[illegible]
[illegible]
[illegible]
[illegible]
[illegible]
[illegible] conquista,
[illegible]
[illegible]
[illegible]
[illegible]
[illegible] encolpar
[illegible] l'arma portar.
[illegible]
[illegible]
[illegible]
[illegible] a forma,
[illegible] l'amorosa.
[illegible] luoc :
[illegible] fuoc.
[illegible] lo pecat.
[illegible] aplegat.
[illegible] naturalls.
[illegible] calls ?
[illegible] que defors
[illegible] lo cors ;
[illegible] almorna que monda.
[illegible] l'arma monda ;
[illegible] lo cor lavat,
[illegible] esmondat.
[illegible] lo nom de Crist
[illegible] que tu yest trist,
[illegible] almorna volenties,
[illegible] denies.
[illegible] a fach de ben,

[illegible]

May aquell pauc li es granren,
Can om o fay de ssa drechura.
Auyas que retra l'escriptura :
Que aquell fay almorna bona
Que de sa drechura la dona,
E aquel fay honor a Dieu
Que dona almorna del sieu,
E qui de usura ni de tort
La dona, aquell fay sa mort.
Aygua, almorna, penedensa,
Trop en aquesta sens falyenssa,
Per que tu as fach pauc de plaech,
E uell n'esser yuyat per drech.
L'enemic dis : a my plas fort.
E qui dira lo drech nill tort ?
L'angell respont : lo feyllz de Dieu,
Que tut tu es (em) el poder sieu,
E tut poder li es donat,
E per el es lo mont salvat.
L'enemic gieta i sospir :
Angell, si yeu ausessa dir,
Mot amera mays lo yusizi
De cell a cui yeu fac servisi.
[F° 17]. Hyeu non ausi sonar lo yuge,
Nill contradic ni lo refugy,
May pendray l'arma, es anem,
Es auzirerem on (que) serrem.
L'angell dis : enemic, ben par
Que mi volguessas gualliar,
Que as dich que yeu l'arma ti lays.
Si ren y as yeu y ay mays,
Per que rason o voll que yeu
La port(i) davant lo filly de Dieu ;
E pueys quant yuiada ssera,
La enporte ssell que drech y aura.
L'enemic dis : so no es fach.
Ar mi comenssas novell plach.
L'arma que yeu ay guasanyada
Sabra zo quant sera yuyada.
(Aras) dises que yeu la ti layss portar.

722. Ms. *car om o fay*.

Tot enaysi con ar l'an facha
L'arma e li membres [tras]tut.
Non say si aves entendut
En la tensson que l'angel fes
Am l'enemic, e ssi tant es
Que sapias lo drech triar
A mi non [anc] calra parlarr,
E aures mi gitat d'afan,
Pero non dic que yeu o say
Lo treball ssi non sabes dir
Lo drech que ieu faray ausir.
Senyors, pos voles que yeu vos digua
Del iusizi, sitot vos trigua,
Senyos, vos prec per Dieu auyas
Lo yuzisi e l'entendas,
Que le yuzisi est de pahor,
De mariment e de dolor.
L'arma non pot plus remaner,
Ell cos non a plus de poder
Que en l'arma [e]stia plus.
Ab (ay)tant lo fily de Dieu Iesus
Venc [tot] clavelat en la cros,
Tot enayssi quom fom per nos,
Tot drech lo yorn de vendres sans
Don parlet Lucas e Ioan,
Es en apres Marc e Matieu,
Dell torment que fom fer e grieu
Que Dieus sus en la cros ssufriy,
F° 19.] Cant a mort liuret es ufriy
Son cos, per nos tos a sallvar.
L'arma lo pres a reguardar,
Ell cos atressis l'esguardet.
En la cros clavelat [e]stet ;
Per las mans ly corec le ssanc,
Per los pes e per mi dells flancs,
Blau per ventre e per [e]squinas,
Coronat lo viron d'espinas,
Dels cops que feron li felon,
Can(c) [e]stet liat al peyron.

l'ay *facha*. — 808. Il manque ici deux vers. — 811. Ms. *quieu*
835. Ms. *flacns*.

Ihesus lur diy : en (aqu)esta cros
Fuy enaysi levat per vos,
Per so moriy que vos trayces
D'enfern e vida aguesses ;
Por vos fuy aunit a gran tort ;
Per vos ufriy mon cos a mort,
(E) vos trayssiy dell fuoc enfernall,
E vos dyey vida eternall,
An los angel lay sus ell cell.
Por que mi degras eser fels.
A mi diguas, cal guisardon
Ay reseubut per tan ric don?
Diguas, que aves fach per mi?
[illegible] d'amdos en palaziy :
Vergonaya agron e pavor.
[illegible] la mayor
Que [illegible] les [illegible] sia.
[illegible]
[illegible]
[illegible]
Non aves [illegible] temps en ben.
[illegible] d'una [illegible]
[illegible] de la sancta passion
Que Ihesus [illegible] fom.
[illegible] fell,
[illegible] cruell.
[illegible] los deles que on agut,
[illegible] amdos non o an rendut
[illegible] calacom guisardon
De la passion e dell don.
Paor agron car l'enemic
Que es mal e fer e ynic
F° 30.] (Que non) es assesmatz de dar gran pena
A l'arma si am si la mena.
L'enemic dis : angels, huymas
Es luoc quez si yuye le plags,
Pos vostre yuye es vengut.
L'angel non fom ges [e]sperdut
E dis : enemic, ben mi plas

856. Ms. *que anc fos*. — 862. Ms. *car de la*. — 872. Les mots *nō es* sont [in]terligne dans le ms.

Qel yuyament ssie donat.
L'enemic dis : senyer, un play
Mi mou l'angel. e es li lay,
Car mi vay playdeyant lo mieu,
Pos non demandi ren del cieu.
Est' arma que yeu ay guasanyada
M'a per gran erguell contrastada,
Et ancars la mi contrasta.
Pos drech e rason me abasta,
Volria que ell seu reste ques,
Que plus non la mi contrastes.
Jesus dis : angel, vol(s)ren dir ?
Hieu suy aparelyat d'ausir.
Senyers, a dis l'angell, ben say
Qui pren l'autruy erguell y fay,
Per que yeu del sieu non vull,
May a sell mon de gran erguell
Car la demant ni (la) pens(a) [l']aver,
E sap que ia sieua no er.
L'enemic dis : senyer, gran tort
Mi sera fach, si yeu non la emport,
Que en l'arma ay rason e drech,
E vos sabes que aver o dech.
Motz pecas e motz falliment,
Que cascun mi es [tot] guarent,
A dich e fach en lo mont nostre.
E ve ti l'estrich que yeu ti mostre.
Jesus dis : vist ay ton [e]scrich,
E say tot can es ell plach dich,
E trobi que tu as vanat
Yusizi, e l'as demandat,
Es yeu may non t'en ausiria,
May de so que rason seria.
Jesus dis : angell, voll(s) plus dire ?
L'angell dis, an semblant de rire :
Senyer, rason es que yeu responda
Per l'arma, pos drech mi aonda.
Senyer, auyas que ti diray,

881. Ms. *mi movy.* — 887. Ms. *m'abasta.* — 888. Ms. *resta.* — 896. Ms. *car la demanda.* — 897. Ms. *no es.* — 903. Ce vers est ajouté, au haut du feuillet. — 905. Ms. *mostry.* — 915. Ms. *aunda.*

De que cascun son plach en bast,
De l'arma que voles saber
Cals de vos dos la deu aver.
A my plas que yeu en digua drech,
E tot cant dire [yeu] en deh.
L'arma diys : Senyer Dieus que es
Non faz blasmar, sitot m'es fer[s],
Que tant gran contrast a(y) agut
L'angel per mi an lo cor nut,
E del cor no i es parlat
F°22]. Que en degra aver la mitat,
E plus si plus li cazegues,
C'a mi es semblant que en el es
Li colpa que a mi es donada.
E ull n'esser per drech yuyada.
Le cors respont : Senyer, si yeu ay
Tort d'aquest fah, yeu en penray
Tot yuzisi ques tu ullyas,
En que los membres y acullyas.
Dison li membres : Senyer Dieus,
A nos plas ben que sie tieu
Le yuzisi e que l'auyam,
Que de cascun sabes lo clam.
Iesus Christ que tot cant es
El cos formet e l'arma fes,
A entendudas las tenson
E los contrastz e las rason
Que le cor e l'arma an dichas,
E en apres las cartas 'strichas
De l'angel e de l'enemic.
E non li play que plus o tric
Del yusizi que deu donar,
E vol premieramens parlar
Del cors e dells membres lo plach
Que an tot lo mall el ben fach ;
E en apres auran lur rason
L'arma el cors de lur tenson ;
Es en apres cera juyat
Le contrast que tant es menat
Per l'angel e per l'enemic,

. *non faz.* — 970. Ms. *li colpa quez a mi.*

Dells enfans e de las onos;
E so que tu as endurat
Ill o guastaran, mall ton grat;
Ancuay t'en intraras el vas
An ii canas de canabas,
E tota l'autra manentia
Remandra en lur senyoria
De cell que non y an mall trach;
E tornarian t'en en plach,
Si a cap d'un an o de dos,
Lur querias tas possecios.
Cors, ar eguarda con t'es pres!
[F° 24] L'aver reman, mall quez ti pes.
De l'aver que as en bailia agut
Aras n'es autre elegut,
E menera t'o tan [e]scas
Que ia null ben non i auras.
Vol[s] ausir que t'es remasut
De tot l'aver que as agut?
Aquo podes contar per tieu
Que as donas per amor de Dieu,
E so que as dat ni valgut
A tos amix as retengut;
E so que as a Dieu donat
De ton iust aco ressobras.
Plus non as ni plus non auras.
L'aver reman e tu t'en vas.
L'aver reman non sab(e)s a cuy.
Tieu fom e aras es d'autruy.
Tieus osses anaran poyrent,
Petit en petit decasent;
De lay on yssist tornaras.
Tera fust en tera tornaras.
Tre[s] sun cant hom y a (afar) partit.
Diray ti con l'an deveit:
Tieus parens auran ton aver.
La carn auran verm(e)s en poder.

1. On lit *valentia* en marge, à la suite de *manentia*. — 1051. Ms. *de yest bayles agut*. — 1059. Ms. *ad dat*. — 1068. A la suite de ce on lit en marge le vers isolé : *ta carn cera many[a]da de verms e stada*.

L'enemic l'arma si mal fes.
Ve ti con an partit tut tres !
Esguarda aqui as acampat
L'aver ni ton cos engraysat,
Ni l'arma aqui l'as donada !
Mal t'es pres, car mal l'as guardada !
A l'arma dis : e tu auras
Aytal iuzisi con t'escas.
Tu as lo cors fort encollpat,
May fort petit as [e]spleguat ;
Si tu as lo cos mall regit,
Qui n'a tort si le cos a faliyt ?
Tu, que non t'en podes 'scusar.
Per que tany que o compres car.
Tot om[e]s a petit de ssens,
Cant de son tort autre repren,
E gens per aytall non s'en 'scusa
De son tort si autre n'acuza.
Arma, tu sabes una rem :
Que cos non pot far mal ni ben,
Pos que l'arma s'en est iysida.
Donx as tu part en la falyda.
Sil cos fes mall tu cosentist.
Car tu lo creëst mal feïst.
Es andui conprares o car.
Mas tu quel cos degras guardar,
En sufreras mayor trument.
Es ayso dic per iuyament.
Angel (tot) so que m'as apausat,
En ton [e]scrizt que m'as donat,
Say ben que es tot de rason,
E yeu iuyaray la tenson
Que tu as ab l'enemic facha.
Ben as [tu] la rason retracha
Que deyliura ome de mort,
Per que yehu non ti conosc gran tort,
(E) si aquesta arma, deizent ver,
Contrastas ni la vols aver.
[F° 25]. E si aquesta arma pecet,
Pueys del pecat si penedet

1097. Ms. *si le cos*. — 1098. Ms. *creist*.

E fes n'aquo que far en dec,
Ben say que a tu [e]scacc
Que la poguesas demandar,
Es al diable contrastar,
Que iysida es de son destrech.
Per que l'enemic non y a drech.
Cant lo pecador es fallyt,
An tres causas es penedit :
L'una es que son pecat plor,
L'autra que o digua a son pastor,
L'autra es que fasa de grat
So que le pastre a comandat.
E cant aquo aura complit,
E aural pecat penedit
Anb aquestos iii [e]scalons,
L'arma s'en puya sus el tron.
Iehus dis : arma, tu auras
Aytal iusizi con t'escas,
Es aytall iusizi ti don,
Car [yeu] say ben que es rason.
Tu as agut temps de pecar,
E non t'en vollguist esmendar,
Entro que fust sus en la fin.
All partir que faras d'aysi,
Tu intraras en porquatori,
On tu diras : las ! con mori !
Per que non mori a una man !
May aytant parlaras en van,
Que en fuoc e en flama (ben) ardent
Sufreras pena e torment.
Can seras del fuoc tormentada,
Vendras en una aygua gilada,
Es aqui tu t'en intraras,
Que es plus frega que [lo] glas.
Plus freya es segun freyor
Que le fuoc caut segun calor.
E cant yssiras d'aquel luoc,
E tu t'en intraras ell fuoc.
E en aysi (tu) faras penedensa.
Ira n'auras e gran coensa,

28. Ms. *e aura son pecat.*

Car vivent ell cos non l'as facha.
[E]stranya pena auras tracha,
Enans que tu la as conplida,
L'esmenda de ta gran fallyda.
Cant ins ell fuoc seras paguada,
E en l'aygua freya (ben) lavada,
[F° 26]. Adoncas l'angel, ses tensson,
T'en porte, e que ti rason
La on auras vida vivent.
Per secula seculorum. Amen.
Finito libro.
Sit laus et gloria Christo.
Explicit liber.

Aberystwyth, nov. 1904. L.-E. Kastner.

CONTES LENGADOUCIANS

Dau pioch de Sant-Loup au pioch de Sant-Cla

(Suite)

---

7. — Una Responsa de Prunac

Couma toutas las gens de vila, mèstre Prunac, lou vièl felibre cetòri, quand s'encapitava avedre un moumen de libre, aimava ben d'anà faire un tour dins lou campèstre, manièra d'envalà una boucada d'er.

Un vèspre qu'embé sa fenna s'en revenièn das Mases, crousèroun, dins lou Garrigou, un ase que pasturgava tranquillamen. E l'ase, seloun la moda das ases de tout pèu e de tout païs, issèt lou mourre e se plantèt couma un cigàrou per lous veire passà.

Or Prunac travalhava de tèsta. En vanc, saique, d'assegutà quauca rima galimanda que de-longa s'enfugissiè, d'entreveire

7. — Une Répartie de Prunac

Comme tous les habitants des villes, Maître Prunac, le vieux félibre cettois, aimait bien d'aller faire une promenade à la campagne, de temps en temps, afin de respirer quelques bouffées d'air pur.

Un soir, il s'en revenait des Métairies. Sa femme l'accompagnait. Et voilà qu'en traversant le Garrigou nos deux promeneurs passèrent à côté d'un âne qui paissait tranquillement. Et l'âne, pour se conformer à l'usage en cours chez ses pareils de tout poil et de tous pays, releva la tête aussitôt, se planta comme une borne et les regarda marcher.

Or Prunac travaillait du cerveau. Au pourchas, sans doute, de quelque rime mutine qui le fuyait sans cesse, il entrevit un être vague quicon se remenà ras d'el, creseguèt un crestian e, bounamen, lou saludèt d'un :

— Adissiàs, l'amic.

Un grand cacalàs de sa fenna lou faguèt davalà dau nivou ounte vougava soun esprit.

— Oi, tron! ie diguèt ela, moun paure ome, couma siès vengut ounèste!... Saludes lous ases, ara, tamben?...

— Aco t'estouna? Prunac ie rebequèt : m'es arrivat, pamens, quau sap quant d'autres cops!...

8. — Una bona Renda

Parlavoun de la vendémia, sus lou plan de l'Oulivié, dins un roudelet ounte moussu Lança-Cracas tenié lou let. Se capitava per aqui un marchand de taps, tranchetas, e patin e coufin, estrangè au païs, que, tout en plegant soun basacle, escoutava sans n'avedre l'er e que finiguèt per dire :

qui remuait tout près de lui. Il crut avoir affaire à quelque chrétien et bonnement, le salua d'un :

— Bonsoir, l'ami.

Un grand éclat de rire de sa femme le fit redescendre des nues où voguait sa pensée.

— Ah! mon Dieu, lui dit-elle, mon pauvre mari, comme tu pousses loin la politesse!... Tu salues les ânes, maintenant ?

— Comment? cela t'étonne, lui répondit Prunac : la chose m'est, arrivée, pourtant, bien d'autres fois !...

8. — Une bonne Récolte

On parlait vendanges, sur le plan de l'Olivier, dans un petit cercle de vignerons. M. Lance-Craques tenait le crachoir.

Il se trouvait là un marchand de bouchons, robinets, serpettes et autres engins de semblable farine, un ambulant qui, tout en repliant son étalage, écoutait sans en avoir l'air et qui finit par prendre part à la conversation.

— Aub'aco n'aurés una renda espectaclousa, aqueste an. Sabe pas, per mòia ! ounte cabirés vostre vi.

— Amai digués ! faguèt moussu Lança-Cracas. Per iéu aurai pas prou de boutas : mas soucas soun cargadas à s'espalancà. E quand se dis de las annadas !... Imaginàs-vous que, l'an passat, aviéi mes quaucas fagotas de gavèls darriès moun grand foudre. Quand ai vougut lous tirà d'aqui, aquestes jours, me siei avisat qu'èroun clafits de rasins : i'aurà, per lou mens, una semau de vi.

— Aco m'estouna pas, rebequèt lou marchand. Iéu que vous parle, l'an passat, en venguent de faire ma tournada, me devignère un vèspre qu'aviéi prou set. Intrère dins una vigna e, couma aime fossa lous rasins, n'en mangère ben una soucada. Me travalhèroun un pauc ; talamen qu'en arrivant à l'oustau me cauguèt lèu, — e vitamen, — sourti dins la cour per... me soulajà. Eh ! be, aqueste an, au mème recantou, contra la muralha, i'es vengut una trelha qu'a fach de rasins e de rasins !... à n'en vos aqui-n'as !... Sèn pas que la fenna e iéu, e, soulide, i'auren nostra prouvesioun de vi, amai dau bon vous assegure !...

— Eh ! bien, vous l'aurez, cette année, la récolte miraculeuse ? dit-il. Je ne sais pas, par ma foi, comment vous logerez votre vin.

— Ah ! vous pouvez bien le dire, fit M. Lance-Craques. Moi, il me manquera des tonneaux : mes ceps sont chargés à se rompre. Et quand on parle des années !... Imaginez-vous que, l'an passé, j'avais serré quelques fagots de sarments derrière mon grand foudre. Quand j'ai voulu les tirer de là, ces jours-ci, je les ai trouvés couverts de raisins. Il y aura, pour le moins, une comporte de vin.

— Ça ne m'étonne point, réplique le marchand. Moi qui vous parle, l'an passé, un soir que je rentrais de ma tournée, je fus pris d'une grande soif. J'entrai dans une vigne. J'aime beaucoup les raisins. J'en mangeai toute une cépée. Ils me... tracassèrent un peu. A tel point qu'en arrivant à la maison, je dus me hâter de sortir dans la cour pour... me soulager. Eh ! bien, cette année-ci, dans le même coin, au ras du mur, il est venu une treille qui a fait des raisins, et des raisins !... c'est inimaginable !... Nous ne sommes que la femme et moi : nous aurons notre provision de vin ; et du fameux, je vous assure !...

9. — Lou Brètou

Aco fasiè pa'n plec : chaca fes qu'estrelhava una miola ou touta autra bèstia un pauc reguinnaira, lou Brètou re... e... enegava, re... e... enegava couma un varlet d'estable qu'èra.

— Viè... èl-ba... astard-d'aiço! Tro... on-de... e-sort-dau-rèsta!... N'en vos-aqui-n'as. S'un cop l'aviàs ausit, tres jours après las aurelhas vou'n siblavoun encara.

— Malurous! ounte anarà toun ama?... ie diguèt un jour moussu lou Curat.

— Mi... i... ila-miliards-de... e-noum-de noum-de ..e-Dieu!... Se... egués tranqui... qui... quille, bou... outàs. Sa.. sa... sa... sa... saique, s'e... es pas u... una sauma, se... e... e... guiguirà be la .. la.. la-las autras?...

10. — Quanta Pòu!...

Es mai de Niqueta que s'agis. Aici lou fèt.

Velhavoun, el embé Nichoula, lou Panard de Sabatou, de

9. — Le Bègue

Ça ne faisait pas un pli : toutes les fois qu'il étrillait une mule ou toute autre bête un peu difficile et rueuse, le Bègue ju...u...rait, sa...a...crait, comme un valet d'écurie qu' l etait.

— Bâ ..â...âtard de ceci! To. .o....onnerre de cela! En veux-tu? en voilà. Si vous aviez eu le malheur de l'entendre une fois, trois jours après les oreilles vous en cuisaient encore.

— Mais, malheureux! où donc ira ton âme? lui dit un jour M. le Curé!

— Mi. . .i. . .ille mi...i. .illiards de.. e nom de...e nom du Diable! Soy...a...yez sa...ans crainte, a...allez! sa...ans dou.. oute, si è...elle n'est pa...as u...une anè...nè...nesse, è.. elle sui...ivra bien les...les... les au...autres!...

10. — Quelle Peur!

C'est encore de Niquette qu'il s'agit. Voici l'histoire.

Ils veillaient à deux, Niquette et Nicolas, le Boiteux de Sabatier, la Counfrariè das Penitents-blancs couma eles, qu'èra mort dins la journada sabe pas trop de dequé.

Era au tems das prumiès rasins, e fasiè una d'aquelas niochs d'agoust que la calou vous amaluga.

— Que se fourre ! diguèt Nichoula de-vers las mièja-nioch, diran ce que voudran : ai vist dins lou jardi una trelha clafida de muscats ; cau que n'ane querre quauques uns, quand lou diable ie seriè !...

Couma-de-fèt i'anèt. E dins lou tems que i'èra, Niqueta, — hou creirés ou hou creirés pas, — agèt lou cor de levà lou mort, de l'assetà à sa plaça sieuna, sus la cadièira, e de se metre, el, sus lou lièch per lou ramplaçà.

Cau vous dire, s'hou sabès pas, que, quand mourissiè un Penitent, tant lou mort couma lous dous que lou velhavoun pourtavoun soun abilhage blanc. De manièra que, quand Nichoula revenguèt embé las mans plenas de rasins :

— Tè ! diguèt, mèstre Niqueta s'es laissat toumbà per lou Pichot-Ome. Hòu ! coullèga, te derevelhes que manjaràs un muscat ?

de la Confrérie des Pénitents-Blancs comme eux, décédé dans la journée de je ne sais plus trop quelle maladie.

On était au temps des premiers raisins. Il faisait une de ces nuits d'août où la chaleur est accablante.

— Ma foi, tant pis ! fit Nicolas vers l'heure de minuit, l'on dira ce que l'on voudra : j'ai vu dans le jardin une treille toute chargée de muscats ; il faut que j'aille en cueillir quelques-uns, quand le diable y serait !...

Il y alla, en effet. Et pendant qu'il y était, Niquette, — vous le croirez ou vous ne le croirez pas, — eut le courage de lever le mort, de l'asseoir à sa propre place, sur la chaise, et de se mettre lui-même sur le lit pour le remplacer.

Il faut vous dire, si vous ne le savez pas, que, lorsqu'il mourait un Pénitent, tant le mort que les deux qui le veillaient étaient revêtus de leur robe et de leur cagoule blanches.

Or donc, Nicolas s'en revint du jardin les mains pleines de raisins.

— Tiens ! dit-il, maître Niquette s'est laissé tomber par le Petit Homme[1]. Ouste ! camarade, réveille-toi que tu mangeras un muscat ?

[1] Morphée.

Pas res.

— An! bota, fagues pas l'ase. N'en vos ou n'en vos pas?

Pas mai.

— Oi! tron-de-noum d'un goi! te ficariès pas de iéu per asard, saique?... Te lous empegue sus lou nas se te derevelhes pas lèu.

Es aladounc que, dau lièch, una vouès bassa e raufelousa ie dis :

— Se quitaves lou mounde tranquille, que? Veses pas que n'en vóu pas ges? ..

Ah! secous! misericòrdia!... auriàs vist Nichoula sautà lous escaliès!... Amai belèu couris encara.

11. — Davans lou Juge

Lou Juge.—Aladounc, Mos de Guirauda, reclamàs à mèstre Francés cinquanta francs per de terralha que soun ase vous auriè coupat?

Guirauda. — Ni mai, ni mens, oui, Moussu.

Rien.

— Allons! allons! ne fais pas la bête. En veux-tu ou n'en veux-tu pas?

Pas davantage.

— Tonnerre d'un Boiteux! tu ne te ficherais pas du monde, par hasard?... Je te les colle sur le nez, si tu ne te réveilles pas bientôt.

Alors, du lit, une voix basse et rauque s'éleva.

— Si tu laissais les gens tranquilles, à la fin? Ne vois-tu pas qu'il n'en veut point?

Ah! miséricorde, mes amis!... vous eussiez vu Nicolas franchir les marches quatre à quatre! Peut-être même court-il encore.

11. — Par devant le Juge

Le Juge. — Donc, dame Guiraude, vous réclamez à maître François 50 francs pour de la vaisselle que son âne vous aurait brisée?

Guiraude. — Ni plus, ni moins, oui, Monsieur.

Lou Juge. — Eh! be, mèstre Francés, dequ'avès à dire?

Francès. — Ai à dire, Moussu lou Juge, que ie demandés, sieuplèt, quoura moun ase i'a ges coupat de terralha.

Guirauda. — La terralha, Moussu, es ma sauma que la pourtava, ben tranquilleta couma à l'acoustuma, quand l'ase de mèstre Francés la faguèt reguinnà e sautà. Vous demande un pauc se lous plats, las siètas e lous toupis agèroun la broda!

Lou Juge. — Mès l'ase de mèstre Francés n'es pas l'encausa se vostra sauma sauta e reguinna?

Guirauda. — Aco, presemple, si-fèt.

Lou Juge. — Outre! E coussi, diànsis, el n'es l'encausa?

Guirauda. — Tenès, Moussu, una supausicioun : que iéu seguèsse la sauma e que vous seguessiàs... l'ase. Cresès que se veniàs... sentinejà mous coutilhouns, la coupèssen pas la terralha?...

... Sabe pas dequé lou Juge n'en diguèt.

Le Juge. — Eh bien! maître François, qu'avez-vous à dire?

François. — J'ai à dire, Monsieur le Juge, que vous lui demandiez, quand et comment mon âne lui a brisé de la vaisselle.

Guiraude. — La vaisselle, Monsieur, c'est mon ânesse qui la portait, bien tranquillement, comme à l'accoutumée, quand l'âne de maître François la fit ruer et sauter. Je vous demande un peu si les plats, les assiettes et les pots la dansèrent, la sarabande?

Le Juge. — Mais l'âne de maître François n'en peut mais, si votre ânesse saute et rue.

Guiraude. — Ça, par exemple, si fait.

Le Juge. — Oui-da?... Et comment, diable, y peut-il quelque chose?

Guiraude. — Tenez, Monsieur le Juge, une supposition: que moi, je sois l'ânesse, et que vous, vous soyez... l'âne. Si vous veniez fourrer votre nez dans mes cotillons, croyez-vous que nous ne la briserions pas la vaisselle?

... Je ne sais pas ce que le Juge répondit.

12. — S'aco's pas dau malur!...

— Eh! be, Longa-Dent, as soupat?

— Ne vène.

— Boudieu! tant lèu?... Dequé tron siès estat tant pressat, ioi, un jour de festenau? Avèn un foutrassau de guindard que vira à l'aste, nous aurièts bailat un cop de man per l'esfatà...

— Oh! sacre-noum-de-sort! roundinèt entre el Longa Dent, quanta una que ne manque!... se me ie pescoun mai à dire qu'ai soupat, vole que la tèsta me saute!

Aviè pas belèu fach quatre passes que soun camarada Ris-Quand-Beu, lou rescountrant, ie dis :

— As soupat, coullèga?

— Pancara.

— Pancara? Chaval de Dieu! e dequ'espères?... T'aurièi pagat lou cafè, mès s'as pas soupat... Bona apetis!... iéu lou tène.

12. — La Malechance

— Eh bien, Longuedent, as-tu dîné?

— J'en viens.

— Bon Dieu! sitôt? Que diable as-tu été si pressé, aujourd'hui, un jour de fête? Nous avons un superbe dindon qui tourne, à la broche, tu nous aurais prêté la main pour l'achever...

— Oh! sacré-nom d'un sort! marmotta à part soi Longuedent, quelle occasion je manque! Si l'on m'y repince encore à dire que j'ai dîné, je veux que le crique me croque! ..

A peine eut-il fait quatre pas que son camarade Rit-Quand-Boit, l'apercevant, lui dit :

— As-tu dîné, collègue?

— Pas encore.

— Pas encore? Et tonnerre de Dieu! qu'attends-tu donc?... Je t'aurais offert un café, mais si tu n'as pas dîné... Bon appétit... moi, je le tiens.

Anfin, per acabà aquel pougnat de galejadas, — un bon pougnat, — n'en vejaici una de mai que la dougena. Es lou camarada Amat que me la prèsta. Parlen pas se ie la rendrai.

Blagaben e Parlantin, dous cassaires de m'as couiounat quand t'ai vist, partissoun un dimenche de bon mati per la cassa. E, s'on lous escouta, paure gibiè gara de davans !

Arrivoun à Balaruc. Introun dins una vigna. Sus una figuièira, Blagaben devista un passerou. L'afusta, quicha, pan !...

— *Cou-ic* ! fai lou passerou que s'envoula.

— Presemple ! dis Parlantin, a parlat !...

— Oi ?... e dequ'a dich ?

— A dich : « Es pas fort. »

Caminoun un pauquet mai. Sus un oulivié, Parlantin, à soun tour, devista un passerou. L'afusta, quicha, pan !...

— *Pi-ouit* ! fai lou passerou que se sauva.

13. — A la Chasse

Enfin, pour compléter cette poignée de bonnes histoires, — une bonne poignée, — en voici une en sus de la douzaine. C'est le camarade Amat qui me la prête. Ne parlons pas si je la lui rendrai.

Blaguebien et Parletoujours, deux chasseurs de « tu m'as badiné quand je t'ai vu », partent pour la chasse un dimanche de bon matin. Et, à les entendre, pauvre gibier ! gare de devant.

Ils arrivent à Balaruc. Ils entrent dans une vigne. Sur un figuier, Blaguebien aperçoit un moineau. Il vise, il presse, pan !...

— *Cou-ic* ! fait le moineau qui s'envole.

— Par exemple ! dit Parletoujours, il a parlé !...

— Oui ?... et qu'a-t-il dit ?

— Il a dit : « Il n'est pas fort ! »

Ils cheminent encore un peu. Sur un olivier, Parletoujours, à son tour, aperçoit un moineau. Il vise, il presse, pan !...

— *Pi-ouit !* fait le moineau qui tire de long.

— Ma mia ! crida Blagaben, a parlat !
— Mai ?... e dequ'a dich ?
— A dich : « Es lou mème qu'a tirat. »

Gustàvi THEROUND.

— Miracle! s'écrie Blaguebien, il a parlé !...
— Encore ?... et qu'a-t-il dit ?
— Il a dit : « C'est le même qui a tiré ! »

Gustave THÉROND.

Fin de la 1re série des *Contes Languedociens*.

L'APOCALYPSE EN HAUT-ENGADINOIS

Cap. I

(1) La palantêda da Iesu Christi, quæla che deus ho dô agli, par chel fascha appalais â ses famalgs aquellas chiôses chi stouuan duantêr bôd : et ho laschô â sauair, cura chel tramtét l'g cumandamaint â ses famalg Iohoanni, (2) quæl chi ho dô testimuniaunza alg plêd da dieu, et de la testimuniaunza da Iesu, et da tuot aquellas chiôses chel ho uis. (3) Biô es aquel chi lijgia et ôda la uerua de la profetia et salua aquellas chiôses chi sun scrittas in aquella par che l'g tijmp es ardaint. (4) Iohannes â las set baselgias quælas chi sun in Asia. La gracia â nus et la pæsth da quel chi es et da quel chi era et da quel chi uain â gnir, et dals set spierts, quæls chi sun in la uezüda da sieu siz, (5) et da Iesu Christo, quæl chi es fidela pardütta, l'g prüm genuieu (ed. genuien) dals muorts et princip dels araigs de la terra, ad aquegli chi ho amô nus : et ho lauô nus da pchiôs três sieu saung, (6) et ho fat nus araigs [819] et sacerdots â dieu et â sieu bab aquegli saia glœrgia et imperi et saimper mæ Amen. (7) Uhe el uain cun las nüflas, et scodün œilg uain alg uair, et aquels chi haun püt in el. Et tuottas las generaciuns de la terra uignen â plaunscher. Schi, Amen. (8) Eau sun alpha et omega, l'g principi et la fin, disth l'g signer : aquel chi es, et aquel chi era, et aquel chi uain â gnir omniputaint. (9) Eau Iohannes uos frêr et personæuel ilg astijnt, et ilg ariginam, et in la pacijncia in Christo Iesu, sun stô in l'isla, quæla chi uain anumnêda Patmos, parmur dalg plêd da dieu, et de la testimuniaunza da Iesu Christi. (10) Et sun stô ilg spiert ilg di d'dumengia, et hæ udieu dauous me üna granda uusth sco dad'üna tüba, (11) dschant : eau sun alpha et omega, l'g prüm et l'g plü dauous. Aqué che tü uais schi scriua ilg cudesth, et trametta â las set baselgias quælas chi

sun in Asia, Epheso et Smyrnæ, et Pergamo et Thyatiræ, et Sardis, et Philadalphiæ, et Laodiceæ. (12) Et eau sun uuot inauous par uair la uusth chi faflêua cun me, et siand uuot inauous schi hæ eau uis set chiandalijrs d'or, (13) et in meza l's chiandalijrs d'ôr ün sumgiaunt alg filg delg hum, uestieu cun üna arassa lungia infina giu als pes, et schintô sü â las tettas cun üna schinta d'or. (14) Et sieu chiô et ses chiauels eran alfs sco la launa [820] alua et sco la naif. Et ses œilgs sco la flamma delg fœ, (15) et ses pes sumgiaunts alg fin bruons chi uain culô ilg fuorn, et la sia uusth sco la uusth da bgierras ouuas. (16) Et hauaiua in sieu dret maun set stailas. Et da sia buochia gniua oura üna spêda taglainta dad ammanduos mauns. Et la sia fatscha liüschaiua sco l'g sullailg in sia uirtüd. (17) Et sco eau l'g hæ uis, schi sun eau tumô giu als ses pes sco muort. Et el mattét l'g sieu dretmaun sur me, dschant â me : Nu tmair, eau sun l'g prüm et l'g plü dauous, (18) et uif et sun stô muort, et uhé, eau uif saimper et saimpermæ : Et hæ las clêfs dalg infiern et da la mort. (19) Scriua dimê aquellas chiôses che tü hæs uis, et aquellas chi sun, et aquellas chi stouuan duantêr dsieua aquaistas. (20) L'g segret da las set stailas, quælas che tü hæs uis in mieu maun et l's set chiandalijrs d'ôr. Las set stailas sun l's set aungels de las baselgias : et l's set chiandalijrs che tü hæs uis, sun las set baselgias.

Annotatiuns

Apocalypsis] reuelaciun. appalantêda. *Alpha* et *omega*] l'g principi et la fin.

Cap. II

(1) Scriua alg aungel de la baselgia da Epheso : aquaistas chiôses disth aquel chi [821] tain las set stailas in sieu dretmaun, aquel chi chiamina in miz l's set chiandalijrs d'ôr. (2) Eau sæ las tias houres, et tia lauur, et tia pacijntia, et che tü nu pous indürêr l's mêls : et hæst appruô aquels chi dian che saien apostels, et nu sun, et l's hæst achiattô mansnêrs, (3) et hæst cumpurtô. Et hæst pacijncia, et hæst cumpurtô parmur

da mieu num, et nun ist gnida alg main. (4) Mu eau hæ incunter te, che tü hæs abandunô la tia prümma chiaritæd. (5) T'algorda dimê, innuonder che tü ist tummô, et hêgiast arüfiijnscha, et fo las tias prümmas houres. Schi nun, schi uœlg eau gnir bôd, et uœlg amuantêr tieu chiandalijr our d'sieu lœ, upœia che tü imgiuras. (6) Mu aquaist hæst tü, che tü nous mêl als fats dals Nicolaiters, ad aquæls er eau uœlg mêl. (7) Chi ho uraglia ôda, che l'g spiert disth â las baselgias. A chi uainscha, uœlg eau dêr da mangiêr delg lain de la uitta, quæl chi es in meza l'g paruis da dieu. (8) Et alg aungel de la baselgia da Smyrna scriua : aquaistas chiôses disth l'g prüm et l'g plü dauous, quæl chi es stô muort et uiua. (9) Eau sæ tias houres et tieu astijnt, et tia puerted, mu tü ist arick : et la blastemma da quels chi dian che saien Iüdeaus et nu sun, mu é sun la synagoga dalg satanæ. (10) Nu tmair üngunotta da quellas chiôses che tü uainst ad indürêr. Uhé l'g diauel uain â met [822] ter qualchiüns d'uus in praschun, par che uus uignas appruôs, et gnis ad hauair paschun par dijsth dijs. Saiast fidel infina â la mort, et eau uœlg dêr â ti la curuna de la uitta. (11) Chi ho uraglia ôda che l'g spiert disth â las baselgias. Aquel chi la uainscha, nu uain ufais da la seguonda muort. (12) Et alg aungel de la baselgia Pergamo scriua : aquaistas chiôses disth aquel chi ho la spêda tagliainta da amanduos maunss. (13) Eau sæ las tias houres, et innua che tü stês, et innua che es l'g siz dalg Satanæ, et tü tains mieu num et nun hæs schnaiô mia fe. Et in ls mes dijs Antipas mia fidela pardütta, quel chi es amazô tiers uus, innua chi habitta Satanas. (14) Mu eau hæ incunter te pouchias chiôses. Perche che tü hæs alló aquels chi tignan la ductrina da Balaam, quæl chi amusséua in Balac da trametter sckiandel auaunt l's filgs da Israel, che mangiassen da quellas chiôses chi gniuan hufertas als Idols, et da ruffianêr. (15) Uschia hæst er tü aquel[s], chi tignan la ductrina dals Nicolaiters, ad aqué ch'eau uœ'g mêl. (16) T'imgiura, uschiglia uœlg eau gnir bôd, et uœlg cumbatter cun la spêda de la mia buocchia. (17) Chi ho uraglia, ôda che l'g spiert disth â las baselgias. Ad aquel chi uainscha, uœlg eau dêr de la manna azuppêda, et uœlg dêr agli ü[823]na balotta alua, et in la balotta ün num nuof scrit ch'üngiün nu so ôter co quel chi arschaiua. (18) Et alg aungel da la baselgia da Tyatira scriua : Aquaistas chiôsas disth l'g filg da dieu, quæl chi ho l's œilgs sco la flamma dalg fœ, et l's pes sumgiaunts alg bruons chi uain culô ilg fuorn. (19) Eau sæ tias houres, et tia chiaritæd, et tieu seruezzen, et tia fe, et tia pacijncia, et tias houres, e las plü dauous suu plü bgierras co las prümmas. (20) Mu eau hæ pouchias chioses incunter te : per che che tü laschas la duonna Hiezabel, quęla chi disth chella saia üna profeta, amussêr et surmnêr mes famalgs, ruffianêr et mangiêr da quellas chiôses chi sun hufertas als Idols. (21) Et hæ dô agli tijmp che la s'possa imgiurêr da sieu pittanœng, né es imgiurêda. (22) Uhé eau la met ella in lijt, et aquels chi s'maistden cun adulteri cun ella, in granda tribulaciun, upœia chels hêgian arüflijnscha da las lur houres. (23) Et uœlg amazêr ses filgs cun la mort : et tuottas baselgias uignen â sauair, ch'eau sun aquel, chi examna l's gnirunchiels et l's cours : et uœlg dêr â scodüni d'uus suainter sias houres. (24) Mu eau dich â uus et als ôters chi isches â Tyatiræ : tuots quæls chi nun haun aquaista ductrina, et chi nu cugniouschen la basezza [824] dalg satanę (sco aquaists diau) schi nu uœlg eau metter sur uus ôter pais, (25) imperscho aquel che uus hauais tgné infina ch'eau uing. (26) Et aquel chi la uainscha, et salua infina â la fin las houres, schi uœlg eau dêr agli pusaunza sur l's paiauns, (27) et uain ad arischer aquels cun una perchia d'fier, et uignen â s'arumper sco la uaschella d'terra cuotta. (28) Daco ch'eau hę er eau arfschieu da mes bab et uœlg dêr ad els la staila diauna. (29) Chi ho uragl a, ôda che l'g spiert disth â las baselgias.

Cap. III

(1) Et alg aungel de la baselgia quæla chi es â Sardis scriua aquaistas chiôses : disth aquel chi ho set spierts da dieu et set stailas : Eau sæ tias houres, per che che tü hæs num che tü uiuas et ist muort. (2) Saias uiglaunt et cuferma las ôtras chiôses chi sun par murir. Per che eau nun hæ acchiattô las tias houres plainas auaunt dieu. (3) Hêgias dimê ilg sen, in che guisa che tü hęs udieu, et [t'] salua et t'imgiura. Schi tü nu (ua) uaglias dimê, schi uing eau tiers te sco ün lêdar, et tü nu

uaiast à sauair l'hura ch'eau uing à gnir tiers te. (4) Tü hæs pouchias persunas in Sardis quæls chi nun hégian impalô lur uesckimainta : et els nu uignen à chiaminêr cun me cun alua, per che els nu [825] sun dengs. (5) Aquel chi uainscha, daia in aquella guisa gnir uestieu in uesckimainta alua : et eau nu uing à chiassêr sieu num our delg cudesth de la uitta, et uing à cufesser sieu num auaunt mes bab, et auaunt ses aungels. (6) Chi ha uraglia, ôda che l'g spiert disth à las baselgias. (7) Et à l'aungel de la baselgia da Philadelfo scriua : Aquaistes chiôses disth l'g sænc et l'g uræst, quæl chi ho la clêf da Dauid : quęl chi êura, et üngiün nu serra chi serra, et üngiün nu êura. (8) Eau sę las tias houres. Uhé eau hæ dô auaunt te l'g hüsth, et üngiün nu po sarêr aquel : per che tü hęs pouchia fuorza. Et hæst saluô mieu plêd et nun hæst sthneiô mieu num. (9) Uhé, eau dun aquels de la synagoga da Satanæ, quæls chi dian che saien Iüdeaus, et nu sun, dimperse els mainten. Uhé eau uœlg strainscher els, che uignen et aduran auaunt tes pes, et sappian ch'eau uœlg bain à ti, (10) per che tü hæs saluô l'g plêd de la mia pacijncia, et eau t'uœlg saluêr da l'hura dalg attantamaint, quæla chi uain à gnir in l'g uniuers muond, par chel approuua aquels chi staun in terra. (11) Uhé eau uing bôd. Tain aqué che tü hæst, ch'üngiün nu prenda tia curuna. (12) Aquel chi uainscha, uœlg eau fêr el üna culuonna ilg taimpel da mieu dieu, et nu uain ad ir oura plü. Et eau uœlg scriuer sur el l'g num da mieu dieu, et l'g num da cittæd [826] nuoua Ierusalem da mieu dieu, quæla chi es gnida giu da schil da mieu dieu, et mieu nuof num. (13) Chi ho uraglia, ôda che l'g spiert disth à las baselgias. (14) Et alg aungel de la baselgia da Laodicea scriua : aquaistas chiôses disth Amen la pardütta fidela et uaira, principi de la creatüra da dieu : (15) Eau sæ tias houres, che tü ist né fraid né bugliand : füst gieuar fraid u bugliant. (16) Mu per che che tü ist tijui, et né fraid né bugliaint, schi uœlg cumanzêr à d' bittêr our d' mia buocchia, (17) per che che tü disth : eau sun arick, et sun arichieu, et nun hæ brüng d'üngiün : et tü nu sæs, che tü ist miser, et da gnir pchiô d' te, et pouuer, et orf et nüd. (18) Eau cuselg à ti che tü cumpras our da me ôr afuô our delg fœ, par che tü duaintas arick : et che tü uignas trat aint cun uesckimainta alua, che nu pera la tuorp da tia nüdezza: et unscha tes œilgs cun l'g hüt dad œilgs, par che tü uezas. (19) Eau tuot aquels, ch' eau am, schi arprend eau et chiastich. T'inischa dime et imgiura. (20) Uhé eau stun auaunt hüsth et pick. Sch' alchiün ôda la mia uusth, et êura l'g hüsth, schi uœilg eau ir aint tiers el, et uœilg schnêr cun el, et el cun me. (21) Aquel chi uainscha uœlg eau dêr agli da ser cun me in mieu siz, daco ch'er eau hæ uit, et sun aschantô cun mes bab in sieu siz. (22) Aquel chi ho uraglia, ôda che l'g spiert disth â las baselgias.

Cap. IIII

(1) Dsieua aquellas chiôses hæ eau uis, et uhé ün hüsth auert in schil, et la prümma ch' eau hæ udieu, soo üna tüba chi faflas cun me, dschant: Vij aqui sü, et eau uœlg amussêr â ti quellas chiôses chi stouuan duantêr dsieua aquaistas. (2) Et impestiaunt sun eau stô ilg spiert. Et uhé ün thrun era mis in schil, et sur l'g thrun ün chi sezaiua. (3) Et aquel chi sezaiua era sumgiant cun la uaisa â la pedra Iaspidi et Sardio, et l'g arch celestiêl era intuorn l'g thrun sumgiaunt da uair ad ün Smaragdino. (4) Et eran intuorn l'g thrun uainc e quater sizs, et sur l's sizs uainc e quater seniours, chi sezaiuen, chi eran trats aint cun uesckimainta alua, et hauaiuen sün lur chiôs curunas d'ôr. (5) Et dalg thrun gniuan liüschernas, et thuns, et uusths, et set aumplas d' fœ chi ardaiuen auaunt l'g thrun, quælas chi sun l's set spierts da dieu. (6) Et in la uezüda dalg thrun sco ün mêr d'uaider sumgiaunt alg Christalg, et in meza l'g thrun et dintuorn l'g thrun quater alimeris plains d'œilgs dauaunt et dauous. (7) Et l'g prüm alimeri era sumgiaunt ad ün liun, et l'g seguond alimeri sumgiaunt ad üni uidilg, et l'g ters alimeri hauaiua üna fatscha sco ün hum, et l'g quart alimeri era sumgiaunt ad üni eaula chi sthuola. (8) Et l's quater alimeris scodün hauaiua sijs ęlas dintuorn, et [828] aint dadains eran plainas d'œilgs. Et nun haun pôs né d' di né d' not, dschant: Sænc, sænc, sænc signer deus omniputaint, quæl chi tü eras, quæl chi tü ist, et quæl chi uain â gnir. (9) Et cura che quels alimeris daun glœrgia et hunur et bendischun ad aquel chi seza sur l'g thrun, aquel chi uiua

saimper mæ. (10) schi croudan giu l's uainc e quater seniours auaunt aquel chi seza ilg thrun, et aduran el, chi uiua saimper mæ : et bittan lur curunas auaunt l'g thrun, dschant : (11) Signer, tü ist deng dad arschaiuer glœrgia et hunur et pusaunza : per che tü hæs creô tuottas chiôses, et parmur da tia uœglia sun é et sun stêdas creêdas.

Annotatiuns.

Trun] siz u suppia da grand signuors, u chiadrica.

Cap. V

(1) Et hæ uis ilg dret maun da quel chi sezaiua sülg thrun ün cudesth scrit dadains et dadoura, isaglô cun set sagels. (2) Et hæ uis ün aungel pussaunt, chi dschaiua cun hôta uusth : Chi es deng dad aurir l'g cudesth, et dad arumper sü l's ses segels? (3) Et üngiün nu pudaiua, né in schil né in terra né suot terra, aurir l'g cudesth, né l'g guardêr. (4) Et eau cridêua fick ch'üngiün nu füs acchiattô deng dad aurir et da lijr l'g cudesth né dalg guardêr. (5] Et ün dals seniours [829] dis â mi : Nu cridêr : Uhé l'g liun chi es da la sclatta du Iuda, la risch da Dauid ho uit chel êura l'g cudesth, et arumpa sü l's set segels da quel. (6) Et he uis, et uhé in miz l'g thrun et l's quater alimeris, et in miz l's seniours, ün agnilg chi stêua sco amazô, chi hauaiua set cornas, et set œilgs : quæls chi sun l's set spierts da dieu, tramis par tuotta la terra. (7) Et uen et prandét l'g cudesth qui dalg dret maun da quel chi sezaiua ilg thrun. (8) Et cura chel hauét prais l'g cudesth, schi sun crudôs giu auaunt l'g agnilg l's quater alimeris et l's uainc e quater seniours, hauiand scodün citras et tazas d'ôr plainas d'chiôses sauuridas, quælas chi sun las uraciuns dals sæncs,(9) et chiaunten üna chianzun nuoua, dschant: Tü ist deng dad arschaiuer l'g cudesth et dad aurir sü ses segels : per che che tü ist amazô, et hæst spendrô nus três tieu saung, da scodüna sclatta, et da scodüna leaungia et da scodün pœuel, et da scodüna naciun. (10) et hæst fat nus araigs â nos dieu, et sacerdots, et gnins â regnêr sur terra. (11) Et hæ uis et ha udieu la uusth da bgier

aungels, dintuorn l'g thrun et l's alimeris, et l's seniours, et migliera da migliera. (12) dschant cun granda uusth : l'g agnilg quæl chi es amazô es deng dad arschaiuer la pusaunza, et l'arichiezza, la sabbijnscha, et la furtezza, et la glœrgia, et la bendischun. (13) Et scodüna creatüra, [830] quęla chi es in schil, et quæla chi es sur terra, et quæla chi es suot terra et ilg mêr, et quæla chi es in aquellas chiôses, tuottes chiôses: hæ eau udieu dschant : ad aquegli chi seza ilg thrun, et agl agnilg : la bendischun et l'hunur, et la glœrgia, et la pusaunza saimper et saimper mæ. (14) Et l's quater alimeris dschaiuen : Amen. Et l's uainc e quater seniours sun tumôs sü lur fatschas et haun adurô aquel chi uiua saimpermæ.

Cap. VI

(1) Et hæ uis cura che l'g agnilg ho auiert sü ün dels segels, et hæ udieu ün dals quater alimeris, dschant sco üna uusth d'ün thun : Vitten et uaia. (2) Et eau hæ uis. Et uhé ün chiaualg alf, et ün chi sezaiua sün el, et hauaiua ün balaist et es agli dô üna curuna, es ieu oura uanschand, et par chel uanschés. (3) Et cura chel hauét auiert l'g seguond sagilg, schi hæ eau udieu l'g seguond alimeri, dschant : Vitten et uaia. (4) Et es ieu oura ün ôter chiaualg cuotschen, et aquel chi sezaiua sur el et es agli dô, chel aluás uia la pæsth de la terra, et che s'amazassen traunter pêr, et es agli dô üna spêda. (5) Et cura chel aurit l'g ters sagil, schi hæ eau udieu l'g ters alimeri dschant : uitten et uaia. Et eau hæ uis, et uhé ün chiaualg nair, et hauaiua üna stadaira in sieu maun,(6) et hæ udieu üna uusth in miz l's quater alimeris, dschant : üna imzüra d' furmaint par ün danêr, et trais imzüras d'hœrdi par ün danêr, et nu fêr dan ilg uin et ilg [831] œli. (7) Et cura chel hauét auiert sü l'g quart sagilg schi hæ eau udieu la uusth dalg quart alimeri dschant : Vitten et uaia. (8) Et eau hæ uis. Et uhæ ün chiaualg falck, et ün chi sezaiua sün el, et sieu num era Mort, et l'g ifiern ua dsieua el, et es agli dô pusaunza da mazêr la quarta part sur terra, cun la spêda, et cun la fam et cun la mort da las bestchias da la terra. (9) Et cura chel hauét auiert sü l'g quint sagilg, schi hæ eau uis suot l'g hutêr las hormas da quels chi

eran amazôs parmur delg uierf da dieu, et parmur de la testimuniaunza chels hauaiuen. (10) Et clamêuan cun granda uusth, dschant : Signer infina cura, quæl chi ist sæno et urest, nu giüdichias tü et fæst uandetta da nos saung, da quels chi habittan sur la terra ? (11) Et es dô à s^odün dels uesckimainta alua, et es stô dit ad els, che pusassen aunchia ün po d'ün tijmp infina che füssen cumplieu lur cumpagniuns famalgs ; et lur frars quæls chi eran aunchia dad amazêr sco er els. (12) Et hæ uis cura chel aurit sü l'g sijsæuel sagilg, et uhé elg es duantô üna granda terra trimbla, et l'g sullailg es gnieu nair sco ün sack d' peaus nairs, et tuotta la liüna es gnida sco saung, (13) et las stailas sun tummêdas giu da schil in terra, sco l'g boestc da figs bitta giu ses figs uscherfs cura chel uain amuantô che treia fick d' l'ora, (14) l'g schil dsthsò inauous sco ün cudesth chi s' uuolua intuorn et tuots l's [832] muns et tuottas islas sun amuantôs our d' lur lous. (15) Et l's araigs de la terra, et l's princips, et l's aricks, et l's chiapitaunis, et l's pusauns, et scodün famalg et liber s' azuppaun in las speluncbias et in la crappa dals muns. (16) Et dian als muns et à la crappa : tummó sur nus, et azuppó nus de la fatscha da quel chi seza sur l'g thrun, et da l'ira dalg agnilg : (17) per che che l'g es gnieu aquel grand di da la sia ira. Et chi pó stêr ferm ?

Cap. VII

(1) Dsieua aqué hæ eau uis quater aungels stand sur quater chiantuns de la terra, tgniand quater ôras de la terra : par che l'ora nu sufiâs in terra, nè ilg mêr, nè in üngiün bœstc. (2) Et hæ uis ün ôter aungel giand sü dalg aluêr dalg sullailg chi hauaiua l'g sagilg dalg uif dieu : et ho clammô cun granda uusth als quater aungels, ad aquæls chi es stô dô-da nuosther à la terra et agli mêr, (3) dschant : Nu nusthê à la terra né agli mêr né à la buosttchia, infina che nus nun hauain nudô l's famalgs da nos dieu in lur fruns. (4) Et hæ udieu l'g innumber da quels chi sun nudôs schient quaranta quater milli, nudôs da scodüna sclatta dals filgs da Israel. (5) Da la sclatta da Iuda dudesth milli nudôs. Da la sclatta da Ruben dudesth milli nudôs. Da la sclatta da Gad dudesth milli nudôs. (6) Da la

sclatta da Aser [833] dudesth milli nudôs. Da [la] sclatta da Neptalin dudest[h] milli nudôs. Da la sclatta Manasse dudest[h] milli nudôs. (7) Da la sclatta da Symeon dudesth milli nudôs (ed. mudôs). Da la sclatta da (ed. ad) Leui dudesth milli nudôs Da la sclatta da Isachar dudesth milli nudôs. (8) Da la sclatta da Zabulon dudesth milli nudôs. Da la sclatta da Ioseph dudesth milli nudôs. Da la sclatta Benianim dudesth milli nudôs. (9) Dsieua aqué hæ eau uis, et uhé ün grand pœuel, quæl ch' üngiün nu pudaiua innumbrêr, da tuot paiauns, et da tuot pouuels, et da (tuot) tuottas leaungias, chi stêua auaunt l'g thrun, et in la uezü la dalg agnilg, uestieus cun uesckimainta alua, et uliuas in lur mauns, (10) et clamêuan cun granda uusth, dschant : Salüd ad aquegli chi seza sur l'g thrun da nos dieu, et alg agnilg. (11) Et tuot aungels stêuan dintuorn l'g thrun, et als seniours, et als quater alimeris : et s'haun mis giu sü lur fatschas in la uezü la dalg thrun : et haun adurô dieu, (12) dschant : Amen Bendi (n)schun, et glœrgia et sabbijnscha, et ingrazchiamaint, et hunur et uirtüd, et furtezza â nos dieu saimpermæ. Amen. (13) Et ün dals seniors arespundét et dis â mi : Aquels chi sun uestieus cun uesckimainta alua, chi sun é, innuonder sun é gnieus ? (14) Et eau hæ dit agli : Signer, tü sæs. Et el(s) dis â mi : aquaist sun aquels chi sun gnieus [334] dalg grand astijnt, et haun sthlargiô oura lur uesckimainta, et l' haun sthblaunchida ilg saung de l'agnilg. (15) Três aquè sun els aua[unt] l'g thrun da dieu, et seruan agli d' di et d' not in sieu taimpel, et aquel chi seza ilg thrun æfda sur els. (16) Et nun haueraun plü fam né sait, né l'g sullailg dó sur els, né üngiüna skialmauna : (17) per che l'agnilg quæl chi es in meza l'g thrun aritscha aquels, et l's cundüia â las uiuas funtaunas da l'ouua, et deus uain â terschar giu da lur œilgs scodüna larma.

Cap. VIII

(1) Et oura chel aurít sü l'g setteuel sagilg, schi es é duantô ün taschair quaid in schil bunamang meza üna hura. (2) Et hæ uis duos aungels stant auaunt dieu, et sun dêdas ad els set tübas. (3) Et es gnieu ün ôter aungel, et es stô auaunt l'g hut-

têr, quæl chi hauaiua ün thurribel d'ôr et agli es dô bgier inschais, chel mettés â las uraciuns dals sæncs sur l'g huttêr d'ôr, quæl chi es auaunt l'g thrun. (4) Et es ieu l'g füm dals inschais da las uraciuns dals sæncs our da maun dalg aungel auaunt dieu. (5) Et l'g aungel ho prais l'g thuribel, et l'g ho implieu da qué fœ delg hutêr, et l'g ho tramis in terra, et sun duantô thuns et uusths et liüschernas et terra trimbla. (6) Et l's set aun[835]gels, quæls chi hauaiuen las set tübas, s'haun parderts par sunêr cun las tübas. (7) Et l'g prüm aungel ho sunô cun la tüba, et es fat tempesta, et fœ mastdô cun saung, et sun tramis in terra, et la terza part da la buostchia es arsa, et tuot fain uerd es abrüschô. (8) Et l'g seguond aungel ho sunô la tüba et es bittô sco ün grand munt d'fœ chi ardaiua îlg mêr. Et la terza part dalg mêr es duantêda saung, (9) et es muort la terza part de las creatüras quælas chi eran îlg mêr, quælas chi hauaiuen uitta et la terza part (ed. pars) de las nêfs es prida. (10) Et l'g ters aungel ho sunô cun la tüba, et es tumô giu da schil üna granda staila, chi ardaiua sco üna faccla, et es tummêda in la terza part dals flüms et da las funtaunas, (11) et l'g num de la staila uain anumnô asijnt. Et la terza part es müdêda in asijnt, et bgierra lieud es muorta da las ouuas, par che che malagiêuan. (12) Et l'g quart aungel ho sunô cun la tüba, et es battieu la terza part dalg sullailg, et la terza part de la liüna, et la terza part de las stailas : da sort che la terza part da quels s'insckiüriua, et l'g di nun era clêr la terza part, sumgiauntamang er da la not. (13) Et hæ uis et he udieu ün aungel sthuuland par meza l'g schil, dschant cun granda uusth : Væ, uæ ad aquels chi staun in terra, par las uusths de la tüba dals [836] ôters trais aungels, quæls chi uignen â sunêr cun la tüba.

Cap IX

(1) Et l'g quint aungel ho sunô cun la tüba, et eau hæ uis üna staila, chi es tummêda giu da schil in terra, et agli dô la clêf delg pucz delg abijss. (2) Et el ho auiert l'g puoz delg abijss, et es gnieu sü delg puoz füm, sco l'g füm d'ün grand fuorn : et l'g sulailg es isckiürieu et er l'g lær, dalg füm delg

puoz. (3) Et delg füm sun ieu oura sagliouz in terra, et es dô ad els pusaunza, da co che l's scorpiuns haun in terra. (4) Et es cumandô ad els, che nu guasten l'g fain de la terra, né ad üngiüna chiôsa uerda, né üngiün bœsth : dick sullamang la lieud, quæls chi nun haun l'g signêl in lur fruns. (5) Et es dô ad els, chels nun l's amazen, dimperse che schinc mais che l's apaschiunan. Et lur martoiri es sco l'g martoiri delg scorpiun, cura ched haun punschieu ün hum. (6) Et in aquells dis scherchian la lieud la mort, et nun l'acchiatten, et agragien da murir, et la mort fügia our dad els. (7) Et las sumaglies dals sagliouz sun sumgiauntas als chiauals chi sun parderts in la battaglia, et sur lur testas sun sco curunas, sumgiauntas alg ôr, et lur fatscha sco fatschas d' lieud, (8) et hauaiuen chiauels sco chiauels de las duna[837]uns, et lur dains sco dains d' liun. (9) Et hauaien curaschinas, sco curaschinas d' fier, et la uusth da lur êlas era sco la uusth dals chiars da bgier chiauals chi cuorren à la guerra. (10) Et haun cuas chi sumaglien à aquellas dals scorpiuns, et l's aguegls eran in lur cuas. Et lur pusaunza era da nuoscher à la lieud schinc mais. (11) Et haun sur els ün araig, l'g aungel delg abijss, ad aqueli es num in Hebreiast abaddon et in Græc Apollion aqué es ün chi metta à perdar. (12) Ün uæ es tirô uia et uhé dsieua aquaistas chiôsas uignen aunchia duos uæ. (13) Et l'g sijsæuel aungel ho sunô (ed. suna) cun la tüba, et eau hæ udieu üna uusth dals quater corns dalg huttær d'ôr, quæl chi es auaunt l's œilgs da dieu, (14) dschant agli sijsæuel aungel, quæl chi hauaiua la tüba : dsthlia l's quater aungels, quæls chi sun liôs ilg grand flüm Euphrate (15) Et l's quater aungels sun dsthliôs quæls chi eran parderts in l'hura et ilg di et ilg mais et ilg an, par amazêr la terza part de la lieud. (16) Et l'g inumber dalg exercit da chiauals era uainc uuotes milli dijsth milli. Et eau hæ udieu lur innumber. (17) Et uschia hæ eau uis l's chiauals in la uisiun : et aquels chi sezaiuen sur els hauaiuen guargimaintas d'fœ, et melnas, et d'suolper : et las testas dals chiauals eran sco las testas dals liuns, et our da lur buochia gniua fœ, füm et suol[838]per. (18) Da quellas trais plêias füt amazô la terza part da la lieud delg fœ et delg füm, et delg suolper, quælas chiôses gniuan our da lur buochia. (19) Per che lur pusaunza era in lur buochia et in lur cuas. Per che lur cuas eran sumgiauntas ad aquellas dels serpains, chi hauaiuen testas, et três (ed. tret) aquellas nuschaiuen é. (20) Et l'ôtra lieud, quæla chi nun es amazêda cun aquellas plêias, né s' ho imgiurô da las houres da lur mauns, che nun adurassen l's dimunis, et las imeginas d'or et d'argient, e d'luttun et d'pedra, d'lainam, quælas chi nu paun né uair né udir né chiaminêr, (21) et nun hagieu arüflijnscha da lur humicidis, et da lur zœbers, et da lur pittancœng, et da lur iuœls.

[839] *Annotaciuns*

Sco lg martoiri dalg scorpiun] chi uain pitzchiô d'un scorpiun indüra grandisthem turmaint, par che elg es ün dal pijrs uinins. *Scorpiun*] es ün alimeri plain d'ün mêl uinin chi sumaglia ün arugnun in grandezza d'üna chiastagna quæl chi sto in Lumbardia, mu brichia in Almagna.

(*A suivre.*) J. Ulrich.

BIBLIOGRAPHIE

REVUE DES REVUES

La Tradition, novembre 1904. — *A. Perbosc* : Mimologismes populaires d'Occitanie (fin), p. 303.

Bulletin du parler français au Canada, III, 3 et 4. — *A. Rivard* : Le superlatif dans notre parler populaire, p. 71 ; — Lexique canadien-français (suite), p. 80 et 125.

Giornale storico della letteratura italiana, XLIV, 3. — *A. Foresti* : Per la storia di una lauda, p. 351.

Romania, n° 132, oct. 1904. — *A.-G. van Hamel* : « Cligès » et « Tristan », p. 465 ; — *L. Constans* : « Le songe vert », p. 490 ; — *A. Thomas* : Notes et documents inédits pour servir à la biographie de Pierre de Nesson, p. 540 ; — *A. Delboulle* : Mots obscurs et rares de l'ancienne langue française (suite), p. 556 ; — *A. Jeanroy* : a. fr. « frengier », — a. fr. « aengier, onger », fr. mod. « enger », p. 601 ;— *A. Thomas* : a. fr. « chalemine », it. « giallamina », p. 605.

Romanische forschungen, XVI, 3. — *P.-M. Huber* : Visio Monachi de Eynsham. Zum ersten Male kritisch herausgegeben, p. 641 ; — *P. Marchot* : Etymologies, p. 734 ;— *L. Jordan* : Peros von Neele's gereimte Inhaltsangabe zu einem Sammelcodex. Mit Einleitung und Glossar zum ersten Male herausgegeben, p. 735 ;— *J. Luzi* : Die sutselvischen Dialekte (Lautlehre), p. 757 ; — *A. Reiff* : Historische Formenlehre der Dialekte von Bournois-Besançon, p. 847.

Zeitschrift für romanische philologie, XXVIII, 6. – *C. Nigra* : Note etimologiche e lessicali, p 641 ; — *R Ortiz* : Il «Reggimento» del Barberino ne' suoi rapporti colla letteratura didattico-morale degli « ensenhamens », p. 649 ;— *S. Puşcariu* : Rumänische etymologien II, p. 676 ; — *H. Tiktin* : Die bildung des rumänischen konditionalis, p. 691 ; — *H. Vaganay* : Le vocabulaire français du seizième siècle, p. 705 ; — *H Schuchardt* : Zu lat. « fala, favilla, pompholyx » im Romanischen, p. 737.

Revue hispanique, VI, 4. — *J. Jungfer* : Noms de lieux hispaniques d'origine romaine, p. 269.

Revista lusitana, VIII, 2. — *J. Leite de Vasconcellos* : Notas philologicas, p. 63 ; — *J.-A. Tavares* : Romanceiro trasmontano, p. 71 ; — *P.-A. d'Azevedo* : Testamento, em portuguès, de D. Alfonso II, p. 80 ; — *J. Leite de Vasconcellos* : Adagiario manuscrito, p. 84 ; — *A.-Th. Pires* : Vocabulario Alemtejano, p. 92 ; — *J. Leite de Vasconcellos* : Fabulario portuguès, p. 99.

Revue du Béarn et du pays basque, I, 12. — *E. Bourciez* : Navarrot et ses chansons béarnaises, p. 529.

Revue de Gascogne, janvier 1905. — *J. de Sardac* : Dépenses pour une exécution à Lectoure en 1518, p. 39.

Archiv für das studium der neueren sprachen und literaturen, CXIII, 3 et 4. — *C. Haag* : Antoine de la Sale und die ihm zugeschriebenen werke, p. 315 ; — *H Dübi* : Cyrano de Bergerac, sein leben und seine werke, p. 352.

Revue de philologie française et de littérature, XVIII, 3 et 4. — *L.-E. Kastner* : L'infinitif historique au XVIe siècle, p. 161 ; — *R. Harmand* : Observations critiques sur le Tournoi de Chauvency, p. 168; — *J. Désormaux* : Mélanges savoisiens, IV : contribution à la phonétique des consonnes, p. 189 ; — *E. Casse et E. Chaminade* : Vieilles chansons patoises du Périgord (suite), p. 195 ; — *L. Vignon* : Patois de la région lyonnaise : pronom de la 3e personne, régime direct féminin pluriel, p. 212, — *L. Clédat* : Essais de sémantique, III : la famille du verbe « dire », p. 259; — *L. C.* : « Aspect » et « égard », p. 301 ; — *L. C.* : « Ne pas laisser que de », p. 304.

COMPTES RENDUS CRITIQUES

Louis-P. Betz. — *La littérature comparée*, essai bibliographique. introduction par Joseph Texte. Deuxième édition, augmentée, publiée, avec un index méthodique, par F. Baldensperger; Strasbourg, Trübner, 1904; in-8° [xxviii — 410 p.], prix, 6 mark.

Aucun de ceux qui s'intéressent aux études de littérature comparée n'ouvrira ce volume sans émotion. La première édition venait à peine de paraître quand une mort prématurée emporta Joseph Texte, qui avait écrit l'introduction, et au moment où paraît la deuxième édition, l'auteur lui-même, Louis Betz, n'est plus là pour la présenter au public. Une mort déconcertante nous l'a enlevé à son tour avant que le volume fût imprimé, et c'est M. Baldensperger, successeur de Texte à Lyon, ami de Betz, qui sert de tuteur à ce livre doublement orphelin.

La rapidité avec laquelle la première édition a été épuisée est la meilleure preuve du besoin qu'on avait d'une bibliographie de ce genre et des services qu'elle a rendus. La deuxième édition ne sera pas moins bien reçue, car elle marque sur la précédente un progrès considérable. Des subdivisions toutes nouvelles ont été créées, par exemple des chapitres indépendants pour la Hongrie et les Etats-Unis. Le nombre des études citées a été *plus que doublé*.

Cette bibliographie aurait-elle pu être plus riche encore? Oui, si Betz avait reçu de ses lecteurs tous les renseignements qu'il était en droit d'attendre. Au reste, certaines parties sont bien près d'être complètes. En disant ceci, je songe surtout aux chapitres sur l'Italie, pour lesquels j'ai plus de compétence que pour d'autres. Betz ne s'était pourtant pas occupé spécialement de l'Italie; mais il avait trouvé, pour les choses d'Italie, un très précieux auxiliaire dans M. Farinelli, professeur à l'Université d'Innsbruck.

Dans la section *l'Espagne et la France* j'ai vainement cherché l'*Alexandre Hardy* de M. Rigal (1889). Il entrait, sans doute, dans le plan de Betz de ne citer les ouvrages qui n'avaient pas la littérature comparée comme objet principal qu'autant qu'ils contiendraient des pages intéressant à un haut degré la littérature comparée. Mais c'est bien le cas du livre de M. Rigal : car, en démontrant qu'aucune pièce de Hardy n'a été empruntée au théâtre espagnol, il a modifié profondément ce qu'on enseignait jusque-là sur les rapports du théâtre espagnol et du théâtre français ; tout le monde enseignait que l'influence du théâtre espagnol sur le nôtre datait de Hardy lui-même, et rien n'était plus faux.

Dans la même section, mon nom figure sous le numéro 3466. Il n'y a aucun droit, car la brochure indiquée ici, *Deux sources inconnues de Rotrou*, est celle-là même qui figure — et cette fois à sa place — sous le numéro 2788 dans le chapitre de *l'Italie*; il n'y est question que d'imitations italiennes.

L'ouvrage de Betz doit à M. Baldensperger deux excellentes innovations. Au chapitre sur *le Christianisme dans la littérature* que Betz avait préparé et qui rentrait assez mal dans le cadre du livre a été substitué un chapitre sur les *Motifs, Types et Thèmes littéraires*. A l'index des noms d'auteurs a été substitué un index méthodique, qui rendra beaucoup plus de services et qui sera d'autant plus utile qu'une étoile placée devant certains numéros signale immédiatement à l'attention les ouvrages généraux sur la matière. Ces signes seront particulièrement commodes à ceux qui ne font de la littérature comparée qu'occasionnellement. Ceux-là sont nombreux, et je tiens à dire, en terminant, que la bibliographie de Betz a sa place marquée non seulement dans la bibliothèque de tous les spécialistes de la littérature comparée, mais aussi dans celle de tous les travailleurs qui étudient d'un point de vue quelconque les littératures modernes.

JOSEPH VIANEY.

L'abbé L.-Cl. Delfour. — *Catholicisme et Romantisme*. — Paris, Société française d'imprimerie et de librairie, 1905, in-12, 3 fr. 50.

Peut-être M. l'abbé Delfour me déniera-t-il le droit, puisque je suis universitaire, de parler ici de son livre *Catholicisme et Romantisme*. A plusieurs reprises, en effet, il déclare s'adresser aux « revues catholiques, aux Collèges libres et aux petits séminaires », qu'il s'agit de préserver du virus romantique, et, à plusieurs reprises aussi, il s'en prend à «Messieurs les Universitaires », coupables de déserter la cause classique pour propager l'étude de la détestable littérature romantique.

Cependant, « Messieurs les Universitaires » sont gens moins mal intentionnés que ne le croit M. l'abbé Delfour. S'il sont résolus à ne pas fermer les yeux sur tout ce qui s'est écrit et pensé depuis un siècle — depuis deux siècles, devrais-je dire, car le XVIIIe n'est pas non plus pour plaire à M. Delfour, — la plupart aiment les lettres classiques et voient avec plaisir le retour partiel et raisonné au classicisme, qui paraît s'annoncer de divers côtés. Du romantisme, ils n'admirent pas tout, et tant s'en faut Ils sont prêts à applaudir aux critiques justes qui en seront présentées. Ils admettent fort bien qu'on veuille, comme M. Delfour, se poser au sujet du romantisme quelques questions importantes, et par exemple les suivantes :

— Quelle est, chez les romantiques qui se disent catholiques, la part du catholicisme vrai, celle d'un catholicisme frelaté, celle même d'une sorte d'anticatholicisme ?

— Quels sont les défauts et les dangers littéraires du romantisme ?

— Quels en sont les défauts et les dangers moraux ?

— Quelles précautions y a-t-il lieu de prendre en étudiant dans nos établissements d'instruction la littérature romantique ?

Mais ce que « Messieurs les Universitaires » ne sauraient approuver, c'est la méthode critique de M. Delfour : elle est trop tranchante, trop partiale et trop commode.

De principe d'autorité employé hors de propos, des affirmations hautaines, des généralisations hâtives, M. Delfour fait partout un étrange usage. Le romantisme, sans cesse opposé au catholicisme, devient dans son livre une sorte de bête de l'apocalypse, qui, en son monstrueux ensemble, comprend le renanisme, le matérialisme, le dreyfusisme, le « bloc »..., le protestantisme surtout : pour M. Delfour tout ce qui est romantique ou protestant est haïssable, mais tout ce qui est haïssable est romantique et protestant. On comprend quels jugements sommaires doivent résulter d'une pareille conception.

Si les romantiques n'ont eu — presque par définition — ni sensibilité vraie, ni sincérité, ni foi littéraire, ni patriotisme, les classiques, au contraire, ont eu toutes les qualités et ne font courir aucun danger. Corneille ne risque point d'exalter l'orgueil et la volonté désordonnée. Racine n'est point troublant, même dans *Bajazet*, et Iphigénie (qu'une citation de la p. 71 nous montre cependant plus capable de renoncer à la vie qu'à l'amour d'Achille) « est une jeune religieuse qui ne recule pas un seul instant devant l'immolation ». Molière n'a sans doute composé ni *George Dandin* ni *Amphitryon*. La Fontaine est sans doute innocent des *Contes*. Horace et Virgile ne célèbrent point d'étranges amours[1]... Est-il nécessaire de poursuivre? Pour donner un exemple de l'impartiale critique de M. Delfour, citons une comparaison entre la Phèdre de Racine et l'Infante de Victor Hugo (p. 95).

« Collectionneurs, les écrivains du XIXe siècle se révèlent encore costumiers, et toujours en vertu du même principe. Ils ne voient pas la vie de l'âme, parce qu'ils portent toute leur attention sur la beauté des choses. Victor Hugo dit de la jeune Infante :

> Sa basquine est un point de Gênes ; sur sa jupe
> Une arabesque, errant dans les plis du satin,
> Suit les mille détours d'un lit d'or florentin...

» Un homme qui n'est pas un tailleur ou un reporter ne fait pas de ces remarques, il les laisse d'ordinaire aux femmes. Encore les femmes les plus distinguées trouveront-elles le moyen de faire comprendre qu'elles n'attachent à la beauté de leur toilette qu'une importance relative. Que ces vains ornements, s'écrie Phèdre, que ces voiles me pèsent! Tout à l'heure elle réclamait pour sa parure les soins de toutes ses servantes ; maintenant elle ne songe ni aux rubans, ni aux chiffons, elle analyse son état d'âme, elle se regarde souffrir. Phèdre est humaine, avec distinction et intensité. L'Infante de Victor Hugo ne pense à rien, elle ne regarde rien, elle remplit avantageusement l'office d'une poupée décorative magnifiquement vêtue, à laquelle le fabricant-artiste n'aurait pas su donner une expression de physionomie intelligente. »

Voilà qui est jugé, au moins! et, s'il existe un lecteur de M. Delfour

[1] Il serait bon de ne pas dire que, pour Virgile, « les choses avaient des larmes » (p. 92), — bon aussi d'éviter les vers estropiés ou dénaturés (p. 84, 115, 266, 271...) ».

qui ignore complètement le magnifique et profond poème *la Rose de l'Infante*, celui-là pourra croire que l'Infante, « qui ne pense à rien », jouant un rôle analogue à celui de Phèdre, « qui se regarde souffrir », Victor Hugo, ridiculement, a voulu singer les psychologues et n'a abouti qu'à être un « collectionneur » et un « costumier ».

Ailleurs, un chiffre, qu'on examine superficiellement, un jeu de mots, qu'on lance à tout hasard, déterminent un jugement littéraire ou moral. Ainsi, veut-on dire que Lamartine copie Chateaubriand : « Il a lutté deux fois avec Milton sur le terrain épique (*Jocelyn* et *la Chute d'un ange*), deux fois exactement, comme l'auteur des *Martyrs* et des *Natchez* » ; — M. Delfour ne sait-il pas que *la Chute d'un ange* et *Jocelyn* sont des épisodes d'une grande épopée qui en devait comprendre un beaucoup plus grand nombre ? — Veut-on caractériser ensemble Voltaire et Rousseau : « Voltaire est une franche canaille, au lieu que Rousseau est une canaille qui n'est pas franche »; — M. Delfour avait-il l'intention de proclamer la franchise de Voltaire ? ce n'est pas probable ; il l'a fait cependant. O pointes, voilà de vos coups !

C'est dommage, en vérité. Car le sujet, ou les sujets traités par M. Delfour étaient intéressants ; et M. Delfour lui-même (il le montre çà et là) ne manque ni d'érudition, ni de verve, ni de talent. On ne perdra pas son temps à lire *Catholicisme et Romantisme* : seulement, les réflexions qu'on fera chemin faisant ne seront pas toujours celles qu'aura voulu suggérer l'auteur.

Eugène Rigal.

OUVRAGES ANNONCÉS SOMMAIREMENT

Henri d'Alméras. — *Les Romans de l'histoire; Emilie de Sainte-Amaranthe (Les chemins rouges. Le demi-monde sous la Terreur).* — Paris, Société française d'imprimerie et de librairie, 1904, in-12, 3 fr. 50.

Le deuxième des *Romans de l'histoire* que nous conte M. d'Alméras est beaucoup moins étrange que le premier, et la vie d'Emilie de Sainte-Amaranthe est moins faite pour piquer la curiosité que celle de Cagliostro. Les alentours du sujet sont aussi moins riches : au lieu de « l'occultisme et de la franc-maçonnerie à la fin du XVIIIe siècle », l'auteur — non sans encourir çà et là le reproche de se livrer à des digressions — étudie rapidement les théâtres, les tripots, le rôle politique du Palais-Royal et le demi-monde sous la Révolution.

C'est au demi-monde, en effet, qu'appartenait Mme de Sainte-Amaranthe, qui fut l'ornement et, en quelque façon, la directrice d'une des maisons de jeu les plus achalandées du Palais-Royal; sa fille, la belle Emilie, beaucoup plus réservée qu'elle, n'en fut pas moins l'*amie*, d'abord d'un don Juan assez vulgaire, le comte de Tilly, puis (quoique mariée à M. de Sartine) de l'illustre chanteur de l'Opéra, Elleviou. Compromises, on ne sait trop pourquoi, dans la disgrace de Danton, les deux femmes furent enfermées à Sainte-Pélagie le 12 germinal an II (1er avril 1794). Impliquées, contre toute raison, dans la prétendue « Conspiration des Etrangers » avec Admiral, qui avait attenté à la vie de Collot-d'Herbois, et Cécile Renault, accusée d'avoir attenté à celle de Robespierre, elles moururent sur l'échafaud, affublées de la chemise rouge des parricides, le 29 prairial an II (17 juin 1794).

Le roman de la belle Emilie et d'Elleviou est intéressant. Peut-être seulement ne voit-on pas assez dans le récit de M. d'Alméras ce qu'il a de certain et ce qu'il a d'hypothétique[1].

Eugène RIGAL.

Albert Soubies. — *Almanach des spectacles, année 1903*. — Paris, Flammarion, pet. in-12, 5 fr.

Nous avons dit à plusieurs reprises combien est riche en renseignements de toutes sortes l'*Almanach des spectacles* de M. Soubies. Le volume qui vient de paraître et qui est orné d'une eau-forte de Lalauze, est le trente-troisième de cette charmante collection. Il y a trente ans que M. Soubies l'a entreprise; il y en a quarante qu'il exerce les fonctions de critique musical. On ne saurait désirer plus de garanties de zèle et d'expérience.

E. R.

C. Salvioni. — Gli statuti volgari della confraternita dei disciplinati di S. Marta di Daro (Estratto dal Boll. Stor. d. Svizzera italiana, XXVI, p. 81 sqq), *Bellinzona*, 1904.

L'exposition d'Art sacré qui a eu lieu l'an dernier dans l'église Saint-Jean a Bellinzona, a eu, entre autres avantages, celui de faire connaître un vieux manuscrit sur parchemin contenant, en langue vulgaire, les statuts de la confrérie de Sainte-Marte de la commune de Daro (vicariat de Bellinzona). M Salvioni publie ce texte et en examine la langue au point de vue du dialecte, de la fonétique, de la morfologie et du glossaire.

M. G.

[1] P. 153, milieu, lire *Mme* et non *Mlle de Sainte-Amaranthe*. — P. 161, milieu, lire *Sucy*, non *Sacy*. — Ne manque-t-il pas quelques lignes, p. 131, avant les alinéas sur M. de Maupeou et M. de Sartine?

RAPPORT SUR LE CONCOURS POUR LE PRIX BOUCHERIE

Deux mémoires seulement ont été envoyés cette année au concours pour le prix Boucherie, l'un imprimé, l'autre manuscrit.

Le mémoire imprimé est intitulé : *Etudes sur la langue populaire du Gapençais* et signé F.-N. *Nicollet*. C'est une série d'articles parus antérieurement dans le *Bulletin de la Société d'études des Hautes-Alpes*, et que l'auteur a réunis en une brochure de 90 pages in-8°. Chaque question traitée contient trois parties : les formes et leur emploi, leur histoire, leur origine. Les formes sont classées et leur emploi exposé avec la méthode des vieilles grammaires dont on a sans profit fatigué notre enfance ; c'est dire en même temps qu'elles sont à peu près inutilisables. L'historique, qui a la prétention de nous donner l'état ancien du patois, ou du moins celui du XVIe siècle, est dépourvu de critique. La partie consacrée aux origines nous montre que l'auteur est un érudit : le gaulois, l'irlandais, l'anglo-saxon, l'islandais, l'ombrien, le sanskrit viennent sans effort sous sa plume. Malheureusement M. Nicollet ignore totalement la valeur des formes qu'il cite, et lorsqu'il croit établir qu'une bonne partie du patois de Gap est de l'anglo-saxon ou du gaulois, son étalage de fausse érudition ne fait qu'accentuer la faiblesse de ses hypothèses.

Le mémoire manuscrit est un vocabulaire, celui du canton de Luchon, réuni par M. Sarrieu. Il y a lieu de distinguer dans ce vocabulaire deux parlers principaux : le *luchonnais* proprement dit et le *larboustois*, et dans chacun de ces deux parlers il y a lieu encore d'introduire des subdivisions, puisque, comme on sait, les patois varient dans une certaine mesure d'un village à l'autre. Aussi l'auteur s'est-il efforcé d'indiquer autant que possible, pour chaque vocable ou pour chaque forme, la provenance exacte.

L'alphabet employé est rigoureusement phonétique et aussi précis qu'on peut le désirer. La valeur de chaque signe est d'ailleurs nettement définie au début.

Cet ouvrage ne se borne pas à relater les bizarreries et les particularités du parler Luchonnais ; l'auteur a fait tout ce qu'il a pu pour être complet, c'est-à-dire qu'on trouve dans son travail non seulement les mots du vieux fonds, mais encore les mots empruntés, soit qu'ils viennent du français, de l'espagnol, de quelque patois voisin, ou aient été tirés artificiellement du latin. Il n'y a à cela aucun inconvénient, puisque l'auteur indique la provenance de chaque vocable, et il y a au contraire des avantages trop nombreux et trop évidents pour qu'il soit utile de les énumérer.

En outre l'auteur nous a donné dans la mesure où il l'a pu, c'est-à-dire dans une très large mesure, l'étymologie de chaque mot. Ces étymologies sont présentées d'une manière très simple et très pratique, soit par l'indication de la forme du latin vulgaire ou de quelque autre langue qui a servi de point de départ au vocable luchonnais, soit, quand l'étymologie est très claire, pour ne pas répéter ce qui est connu de tous, par la simple indication de l'équivalence du mot luchonnais avec le mot français qui lui correspond et qui, dans ce cas-là, lui sert presque toujours en même temps de traduction. Comme M. Sarrieu est au courant des méthodes scientifiques de travail, il est rare que ses étymologies ou ses autres indications soient contestables.

La sémantique n'a pas été négligée non plus. Lorsqu'un mot a plusieurs acceptions l'auteur essaie d'en établir la filiation ; lorsque son acception actuelle diffère de sa valeur originaire, il cherche à en reconstituer l'évolution. De plus il nous fournit de nombreux renseignements sur les usages locaux, jeux, construction, agriculture, outils, instruments et ustensiles, et les accompagne de figures lorsqu'il le juge utile.

Les particularités de morphologie et de syntaxe, formations plus ou moins irrégulières, mouvement vocalique des verbes, emploi de l'article, des pronoms, conjonctions, etc., sont indiquées en quelques mots.

Enfin le vocabulaire proprement dit est suivi de deux appendices. Dans le premier sont groupés quelques refrains et quelques dictons, intéressants par les formes insolites ou curieuses qu'ils présentent, et qui peuvent être utiles pour la lexicologie. Le second comprend la liste des suffixes et des pseudo-suffixes avec leur origine.

M. Sarrieu se propose, dit-il, d'ajouter d'autres appendices à ceux-là et en particulier une liste des noms propres de personnes ou de lieux en en donnant autant que possible l'étymologie et en y recherchant les noms communs disparus de la langue actuelle ; mais, pressé par le temps, il n'a pas pu les achever pour le concours.

Ce résumé succinct de ce que contient l'envoi de M. Sarrieu suffit pour faire comprendre quelle en est l'importance : c'est un monument digne d'admiration que l'auteur a élevé au patois de son pays natal et l'on peut dire qu'aucun patois jusqu'à présent n'a fait l'objet d'un travail de cette étendue et de cette valeur.

Nous proposons donc que le prix Boucherie soit décerné à ce mémoire et que la *Société* le publie dans la *Revue des langues romanes.*

[Ce rapport, lu devant l' « assemblée » de la Faculté des Lettres de l'Université de Montpellier, a été approuvé à l'unanimité].

Le Gérant responsable : P. Hamelin.

ETUDE SUR LA LANGUE DE FOURÈS[1]

Qu'avec une langue populaire — et par là nous entendons une langue (tels nos « patois » méridionaux) qui n'est guère plus parlée que par le peuple, — qu'avec les faibles ressources qu'offre une telle langue, des auteurs, épris pour elle d'un pieux amour filial, puissent aspirer et réussir à faire mieux que conter avec esprit quelque grosse farce ou avec agrément quelque légende naïve et touchante, qu'ils puissent enrichir, relever, ennoblir un tel idiome au point d'en faire un instrument suffisamment riche, souple et délicat pour leur permettre de manier avec aisance les idées abstraites et de suivre jusque dans le détail le plus fouillé les finesses de sentiment et de pensée dont vit la littérature, personne, j'imagine, ne songe plus à le contester depuis qu'ont paru les poèmes de Mistral et de ses amis, d'une grâce et d'une perfection si achevées qu'ils font songer aux plus purs chefs-d'œuvre de la Grèce, aux beautés inégalées d'un Homère, d'un Anacréon, d'un Théocrite.

On reste véritablement émerveillé lorsque, au sortir d'une conversation avec des gens du peuple, on ouvre *Mirèio*, pour ne citer que la plus connue de ces œuvres, la plus fraîche de ces fleurs qu'ont fait éclore à force d'art et de soins jaloux les sept félibres de Fontsegugne et qui semblent garder du ciel qui les a vu naître comme un reflet de grâce sereine et de lumineuse beauté. Et l'on est à se demander par quel miracle, d'un idiome sonore, vibrant et pittoresque certes, mais aussi incapable d'exprimer les abstractions ou de suivre les raccourcis et les détours du raisonnement que l'esprit des paysans qui le parlent, Mistral est arrivé à faire un outil merveilleux de finesse, de grâce et de délicatesse, par quel art tenant de la

[1] Le présent travail a été couronné par l'Académie des Jeux Floraux (concours de 1900).

magie il a réussi à changer en or pur le plomb vil dont se contentaient les âmes et les intelligences populaires.

Une étude minutieuse et approfondie de sa langue pourrait aider à expliquer ce tour de force. On verrait, en regardant de très près, en examinant comme à la loupe la trame de son style, comment la langue mère et les langues sœurs, comment la langue des ancêtres et celle des dialectes voisins ont été appelées tour à tour à l'enrichissement de la langue maternelle du poète et aussi à l'aide de quels habiles procédés de dérivation et de composition, Mistral a su comme infuser un sang généreux, une sève nouvelle à un idiome qui allait s'appauvrissant, s'anémiant et, sous la lente infiltration du français, s'altérant de jour en jour davantage. Et l'on aurait l'occasion de constater une fois de plus que les poètes qui,

Propter egestatem linguae et rerum novitatem,

éprouvent le besoin de perfectionner leur langue, d'enrichir leur vocabulaire, ont recours à des procédés toujours les mêmes, que Mistral et ses amis n'en ont pas usé d'autre façon que n'ont fait, à leur époque, Lucrèce ou Ronsard.

Mais une étude de ce genre pour être menée au degré de précision scientifique exigée dans un pareil travail, devrait être faite par l'auteur lui-même. Ces mots rares, ces expressions peu habituelles, ces locutions quasi inusitées, quel autre que celui qui les a si habilement remis en honneur et fait rentrer dans le courant de la langue, en les enchâssant avec tant d'adresse et d'à propos dans son style, quel autre pourrait dire avec certitude où le poète les a entendus, s'ils sont encore en usage, et, s'ils sont tombés en désuétude, de quels ouvrages il a rapporté ce butin linguistique, ou, s'ils n'ont jamais été employés, de quelles analogies il s'est autorisé pour se hasarder à les créer et à s'en servir ? Mais, outre qu'ils auront toujours mieux à faire qu'à dresser l'état civil de chacun des mots qu'ils emploient, les poètes seraient sur ce point, j'imagine, d'assez mauvais philologues. Je m'assure que, soit pour éviter le reproche d'archaïsme, soit — et ceci serait plus excusable — pour laisser croire leur langue maternelle plus riche qu'elle ne l'est en réalité, ils succomberaient... mettons souvent — à la tentation de donner comme vivants des vocables aujourd'hui disparus ou même que leur dialecte ne connut jamais.

Cette étude assez terre à terre que les poètes ne font pas ni qu'ils n'aideraient peut-être pas très volontiers les autres à faire en leur fournissant toutes les indications utiles, c'est aux érudits à l'entreprendre à l'aide des ressources assez précaires encore dont ils disposent ou, au défaut d'érudits, aux simples amateurs des parlers méridionaux. C'est à ce titre que nous avons cru pouvoir nous hasarder à faire vaille que vaille et à soumettre à la critique le présent travail.

* *

Nous nous proposons d'étudier ici les procédés d'enrichissement de la langue populaire dont s'est servi le poète du Lauraguais, Auguste Fourès, l'auteur des *Grilhs*, des *Cants del Soulelh*, et de la *Muso Silbestro*[1].

Notre choix pourra paraître singulier à qui songera que de bien plus grands noms s'offraient à nous et que l'œuvre d'un Mistral par exemple, dont nous proclamions tout à l'heure les réelles beautés, semblait un champ d'études autrement intéressant et peut-être aussi autrement fécond. Mais, d'une part, notre origine toulousaine et, de l'autre, notre connaissance exclusive ou à peu près du seul dialecte « *moundi* » nous ont dissuadé d'aller chercher si loin de chez nous le sujet de notre travail. Il nous a paru impossible d'étudier avec quelque compétence un dialecte aussi différent du nôtre que l'est celui que l'on parle à Maillane et pour lequel, en cas de doute sur la forme ou sur le sens, nous n'aurions pu recourir aux sources. Et nous n'avons certes pas à regretter d'avoir eu cette défiance de nos forces. Le «lauraguais» est déjà bien assez différent du toulousain et, au souvenir des difficultés qui nous ont si souvent arrêté au cours de notre étude, à la vue des imperfections de toute nature que nous apercevons dans notre travail, nous nous félicitons de n'avoir pas eu la témérité d'aller chercher notre auteur sur les bords du Rhône.

[1] On a cru devoir conserver l'orthographe de Fourès, en se bornant à rétablir la lettre *b* partout où le poète l'a arbitrairement remplacée par *v*.

Pas plus en effet que la faiblesse de nos connaissances en patois, nous ne nous dissimulons le vice fondamental de la méthode que nous avons suivie. Nos recherches n'ont pas eu toute l'ampleur, toute la variété que nous aurions désiré pouvoir leur donner. Notre travail eût dû être précédé d'une large enquête faite dans tout le Lauraguais auprès des paysans, des ouvriers, de tous ceux qui parlent le dialecte que Fourès illustra. Il nous paraît qu'une consultation de ce genre, outre qu'elle eût facilité notre tâche, nous eût permis d'arriver à des conclusions sinon inattaquables, du moins plus précises et plus solides que celles que nous présentons.

Quoi qu'il en soit, nous n'avons rien négligé pour suppléer, dans la mesure du possible, à l'enquête sur les lieux à laquelle nous n'avons pu nous livrer. Il serait déplacé de citer ici les noms des personnes à la bienveillance desquelles nous devons d'avoir pu mettre sur pied notre travail[1]. Qu'il nous suffise de dire que la plupart de celles que nous avons consultées sont de Toulouse ou du Languedoc. Nous avons ajouté à ce système de contrôle celui des dictionnaires : les ouvrages de l'abbé Gary, de Boucoiran, de Visner et le petit lexique que M. Mâzuc a annexé à sa récente grammaire du dialecte de Pézenas, ont été fouillés avec le plus grand soin. Nous n'avons consulté le *Trésor dóu félibrige* que pour les mots que nous n'avions pas trouvés dans les dictionnaires précédents. Cet ouvrage est en effet si complet qu'il n'y a presque aucun des mots employés par Fourès qui n'y soit mentionné.

Malgré tous les efforts que nous avons tentés pour aboutir à des conclusions fermes et décisives, nous avons, malgré tout, l'impression que bon nombre de mots signalés par nous comme inusités,

[1] Il y aurait toutefois injustice et ingratitude à ne pas dire ici que nous devons à notre ancien maître, M. le professeur Jeanroy, non seulement quelques utiles indications de détail, mais l'idée même de cette étude. Nous n'aurions garde non plus d'oublier quel précieux concours nous avons trouvé auprès de notre mère, pour le toulousain, pour le rouergat, de Mlle Chauzy (de Salles-Curan), pour le gascon, de M. Adher (Jean), enfin de nos collègues MM. Balasc (de St-Paul) (Ariège), Roumieu (de Carcassonne) et Gayraud (de Fanjeaux, Aude), pour l'ensemble de notre travail.

sinon incompris, doivent être connus et employés dans certaines parties du Lauraguais par des personnes sachant mieux que les autres leur langue maternelle. Nous avons estimé préférable de laisser figurer ces mots dans notre travail, nous réservant de confesser et de réparer notre erreur, dès que l'on en aurait fait la preuve. Mais si nous ne citons pas uniquement des mots inconnus aux compatriotes de Fourès, du moins pouvons-nous assurer que, à l'exception des mots calqués sur le français, (qu'il eût été fastidieux et sans intérêt de relever tous), nous n'avons exclu de nos listes que des mots bien connus de tous ceux qui parlent le patois entre Toulouse et Carcassonne.

I

Mots repris a l'ancienne langue

A l'exception de quelques mots qui sont manifestement archaïques, tels par exemple que *autiu*, *-ibo* (altier), *troubairis* (poètesse), *verges* (vierge), nous ne pouvons pas affirmer avec certitude qu'aucun des mots cités ci-dessous n'est plus connu dans le Lauraguais. Plusieurs, en effet, nous ne l'ignorons pas, sont encore en usage dans certains pays (Rouergue ou Haute-Ariège), où l'influence du français s'est moins exercée que chez nous, et il se pourrait que ces mots se fussent conservés dans certains coins de notre région. Il nous semble cependant que presque tous sont inconnus de nos compatriotes. On remarquera que la plupart ont été employés par les écrivains languedociens ou gascons des XVIIe et XVIIIe siècles et c'est chez eux, vraisemblablement, que Fourès est allé les reprendre[1]

[1] Abréviations. G. = *les Grilhs*; — C. S. = *les Cants del Soulelh*; — M.S. = *Muso Silbestro*. (Le chiffre qui suit renvoie à la page.)

M. = Trésor du Félibrige de Mistral

B. = Dictionnaire analogique et étymologique des idiomes méridionaux, par L. Boucoiran. Nimes. 5 fascicules (1875-1886).

P. = Dialecte de Pézenas (d'après la gr[re] languedocienne de M. Mâzuc. Toulouse, 1899).

V. = Ditciounari moundi de Jean Doujat empeutat per G. Visner. Toulouse, 1897.

Abeluc = ardeur au travail. B.
Abet = sapin. V. B.
Abouquieu (cami) = rapide, très incliné. V. B.
Agati = amadouer, allécher. V. B.
Agradiboul = agréable. V.
Alamelo et *alumelo* = lame.
Alupaire = convoiteur V. B.
Apostoul = apôtre. V. B.
Arbóut = voûte. V. B.
Archibanc = haut fauteuil de bois. B.
Armaduro = armure.
Armo = âme. V. B.
Assoulant = consolant. M.
Astrat = prédestiné. B (v. l.).
Audous = odorant. V.
Aule, o = méchant, sauvage. V. B.
Auleso = méchanceté, barbarie. V. B.
Aus = toison. V.
Autisme = très haut personnage. B (v. l.).
Autourous = insolent, orgueilleux. V.
Auzent = calme (en parlant du temps). M.
Azalbra (*s'*) = monter, s'élever, apparaître. V. B.
Azir = haine. V.
Bandièro = bannière. V. B.
Bandissomen = bannissement. B.
Bel = voile (parure). V.
Beziaduro = délicatesse. V. B.
Biro = broche. V.
Blous = pur. V. B.
Boubbouso (*à la*) = en folâtrant. M.
Bourrèlo = bourrelle. V.
Bragard, ardo = aimable. V. B.
Brustio = boîte. V. B.
Caramel = chalumeau. B.
Cazenso = chute. B.
Clamatiè = crieur public. M.
Clatissa = crisser. V.
Cossoul = consul. V.
Coubezenso = convoitise. V.B.

Counil = lapin. V. B. P.
Counquista = conquérir. P.
Cousselh = assemblée, conseil.
Coutelhèro = fourreau d'épée.
Custodio = squelette. V.
Dalfi = fils chéri (Goudelin : *lou dalfi del cèl* = J. Ch.)
Deminja = diminuer. B. (v. l.)
Dibo et *dibesso* = déesse. V.
Dono = dame. V. B.
Ègo = jument. V. B.
Emaugut = ému. V.
Embalme. = éboulement. V.
Encoulerít = irrité. V. B.
Emperi = empire. V. B.
Engauzít = réjoui. B. (v. l.)
Escadafal = échafaud.
Escapoula = façonner à la hache. B. V.
Escardenc = d'un rouge ardent. M.
Escoundre (*s'*) = se coucher (soleil). V.
Escumenjat = excommunié. V. B.
Espefort = effort. V.
Espér = espoir. V. B.
Espleit = exploit V. B.
Esquèrro (l') = la main gauche.
Faidit = proscrit. V. B.
Famo = renommée. V.
Feramio = bête fauve. B.
Flume = fleuve. B. (v. l.)
Fourreduro = fourrure. B.
Fraudi = faner. M.
Fust = bois. M. (Goudelin = *fusto*).
Futo = fuite. B. (fa lhours futos = les mettre en fuite (M. S. 158).
Gaito = sentinelle. B.
Gauch = joie V. (pluriel, *gauches*).
Gaudina (*se*) = se réjouir. B.
Glabi = glaive.
Grèu, *grèbo* = grave, pénible. V. B.
Grima = gémir, grincer. B. (v. l.)

Iscariot = traître, déloyal. V.
Iro = colère. V. B.; *irat* = irrité. V. B.
Lauza = louer (*laudare*). B.
Lièro = Loire.
Mamois = violette. V. B.
Matrassino = flèche. V. B.
Mau (*se*) = il se meut; *maubent* = mouvant, (de *se maure*. V. B).
Mouti (*sens*) = (sans) mot dire V. B.
Mousti = mâtin. V.
Ops (*prene sous*) = (prendre ses) ébats. V.
Orb, *o* = aveugle. V. B.
Palpugo = tentacule (Goudelin = *palpuga*).
Pamparrugo = perruque. V. B.
Parti (*se*) = se séparer, se diviser. B. M.
Poudestat = pouvoir. V. B.
Pouls = poussière. B. (*poulset* = même sens [abbé Gary]).
Pourpouro = pourpre. V. B.
Pugnal = poignard. V.
Pugnido = piqûre. V. B.
Quatren = quatrième.
Regino = reine. V. M. (Goudelin).
Riquesso = richesse, *ric* = riche. B.
Roire = manger. V. B.
Sagel = sceau. V. B.
Sayeto = flèche. V. B.
Sartre = tailleur. V. P.
Segnouro M. et *segnouresso* B. = seigneuresse.
Secle = siècle. V.
Senet (*tene*) = (tenir) conseil. V.
Somi = songe.
Soubiran, *ano* = souverain. B.
Staire = faire halte, rester debout. B.
Trahidourici = traîtresse. V. (Goudelin = trahison).
Traire = attirer. V.
Trinfla = triompher. V.
Us = huis. (B. *ussa* = fermer, *usset* = bonde).
Verges = vierge (Raynouard).

Nous avons retrouvé : à Toulouse, l'expression *crida coumo uno clamatièro*, sans doute une « crieuse publique »; — dans le Tarn (abbé Gary) *courre à futo* = courir en toute hâte ; dans l'Aveyron (à Salles-Curan) les mots : *armo* (*las armos del Precatóri* = les âmes du Purgatoire) ; *aus* = toison ; *coutelhèro* = gaîne de la *cout* (pierre à aiguiser la faulx) ; *escumenjat* = excommunié ; *gauch* (dans les locutions *fa gauch* = faire envie et *gran gauch* = c'est un grand bonheur que...) ; — *pugnal* au sens de hachoir, couperet ; — à Carcassonne : *apóstou* (apôtre) ; dans le Gers : *mamois* = violette.

II.

Mots présentant une forme irrégulière

Avant d'aborder l'étude des mots actuellement en usage dans le Lauraguais, signalons en quelques-uns qui présentent chez notre auteur une forme peu habituelle ou irrégulière.

Citons d'abord un pluriel irrégulier : *camises* (M. S. 108) = chemins, créé par analogie avec les pluriels des subtantifs terminés au singulier par un *s*. Cf. chez Fourès même : *les diuses* (C. S. 204) = les dieux.

L'adjectif *mascle* semble bien n'avoir pas de féminin. Fourès a dit, conformément à l'analogie des autres adjectifs dont la finale est un *e* au masculin et un *o* au féminin : *masclo bèutat*.

Par contre, il a dit *bierje aurıbo* (vierge sauvage) [C. S. 272], au lieu de *bierjo*, sans doute pour se rapprocher de la forme étymologique.

Il a tiré de *auberjo* (pêche) l'adjectif masculin *auberje* [C.S.92], (couleur de fleur de pêcher), qui nous semble une création et pour la forme et pour le sens.

Quelques autres mots ont une forme rare ou peu explicable. Citons :

Auzelhé (auditeur) [C. S. 192]. Ce mot, peu explicable phonétiquement, se présente dans un passage de sens douteux. *Auzelhé*, dérivé *d'auzi* (écouter), ne peut signifier qu'« auditeur ». Or, on ne peut, dans notre passage, lui conserver ce sens qu'en donnant à *brico*, qui le précède, le sens de « un peu », sens que l'étymologie, sinon l'usage, ne s'oppose pas à ce qu'on lui donne, mais qui n'est guère ici appelé par la suite des idées.

Arderecio (hardiesse) [C. S. 186]. M. et V. donnent *ardelecio*, à côté de *ardelous* (ardent). Faut-il corriger l'*r* en *l*? ou admettre que Fourès a tiré *arderecio* de *arderous*, qui existe (V. B. M.)? Nous préfèrerions cette deuxième explication. *Arderecio* serait à *arderous* ce que *ardelecio* est à *ardelous*.

Allegrarzit (*bisatge*) = (visage) plein d'allégresse (C. S. 118.) offre un *r* inexplicable. Il faut peut-être corriger en *allegrazit* (*allegrezit* existe en Limousin. B. M.) ; peut-être (et nous préférerions cette correction) en *allegranzit* du substantif *allegranso*.

III.

Mots du langage courant employés dans un sens peu habituel

Un procédé, très légitime, dont s'est servi Fourès pour enrichir sa langue a été de prendre les mots du langage usuel dans un sens légèrement différent de celui qu'ils ont d'ordinaire, tantôt en remontant au sens primitif par delà le sens dérivé, quand celui-ci a survécu à son aîné, tantôt en employant au sens figuré des mots qui n'ont que le sens propre. Nous ne relèverons que les exemples les plus intéressants.

Mais, au préalable, nous voudrions citer ici — faute d'un endroit plus convenable — un certain nombre de mots dont Fourès n'a certainement pas altéré le sens habituel, mais qui ont chez lui un sens assez curieux pour mériter d'être signalés. On remarquera que certains ont un sens directement opposé à celui qu'ils ont dans les dialectes voisins.

Acoura = donner du cœur. — Sens habituel : = ôter la force B. (A St-Paul (Ariège), *s'acoura* = perdre tout son sang).

Assoula = raffermir, consolider. — Sens habituel : = préparer une aire. B[1].

Aiguièro = aiguière. — Sens habituel : = ruisseau.

[1] Dans certains endroits *s'assoula* signifie tomber par terre.

Balandran = glas, sonnerie funèbre. — Sens habituel : = balancement. V.

Barbo-blanc = sorte de gros nuage. — Sens habituel : = 1°) barbon ; — 2°) jeune caille. M.

Baira = avoir des couleurs changeantes. — Sens habituel : = commencer de mûrir (en parlant de fruits).

Campanal = carillon. — Sens habituel : = 1°) porche d'église ; — 2°) clocher.

Canaulo = clarine des vaches. — Sens habituel : = 1°) sorte d'échaudé. V. B ; — 2°) sorte de collier. M.

Canilhat = perce-bois (chenille). — Sens habituel : = les chenilles en général. M.

Canouna = mettre la tige (blé, etc.). — Sens habituel : = faire des canons à une coiffe. V.

Cantarèlo = appeau. — Sens habituel : = 1°) qui fait profession de chanter, qui aime à chanter. B ; — 2°) qui est agréable, facile à chanter. V. (adjectif).

Coto = queue de gouvernail. — Sens habituel : = cale pour arrêter les roues.

Desafouat = qui a perdu le morfil (lame). — Sens habituel : = 1°) dont le feu est éteint; — 2°) qui a perdu son entrain.

Desasourgat = désaltéré. — Sens habituel : = privé d'eau, séché, tari. B.

Escourro = rouleau portant la meule. — Sens habituel : = 1°) rigole, — 2°) courant d'eau entre deux bancs de sable[1]. M.

Estriba = se serrer contre le timon de la charrue. — Sens habituel : = 1°) soutenir. B ; — 2°) mettre ou avoir le pied à l'étrier. M.

Fachal = batitures, éclats de fer sous le marteau. — Sens habituel : = 1°) torchon ; — 2°) importun. M.

Fibla = fouetter. (C. S. 210). — Sens habituel : = 1°) courber (transitif), ou 2°) se courber, fléchir (intr.).

Grumilhou = goutte de sueur. — Sens habituel : = larme. B.

Merilho = merveille. — Sens habituel : = sorte de raisin (Jasmin). A Toulouse, *merilhou* = lentille.

Naissent = surgeon. — Sens habituel : = source naissante. B.

[1] Rapprochons cependant le verbe *escourra*, soutenir (Jasmin).

Pugneire = épinoche. — Sens habituel : = celui ou celle qui pique (adjectif). M.

Rampoino = convalescence. — Sens habituel : = 1°) rechute (dans une maladie) ; 2°) discussion. P.

Reume = râle. — Sens habituel : = 1°) rhume ; 2°) chassie des yeux. M.

Sounsi = user. — Sens habituel : = 1°) fouler, tasser ; 2°) combler. P. ; 3°) battre. P. ; 4°) gémir. B.

Teroun = essor. — Sens habituel : = source jaillissante.

Trelima = peiner, travailler. — Sens habituel : = s'impatienter, sens que donne aussi Fourès.

Trelus = vif éclat (*la luno es al trelus*). — Sens habituel : = faible clarté, jour vu par transparence.

Trescamba = vaciller comme un homme ivre. — Sens habituel : = courir très vite. (*Pot pas trescamba* = il ne peut pas mettre un pied devant l'autre, en parlant d'un homme ivre).

Avant de donner la liste des mots dont Fourès a renouvelé le sens en le modifiant légèrement, nous tenons à signaler ceux qu'il a empruntés à l'argot et auxquels il n'a pas craint de donner droit de cité dans ses pièces, dans celles mêmes qui sont loin d'être du ton familier. Nous passons condamnation sur le mot *brama* (pleurer) [M. S. 100], que le poète emploie au sens transitif. Ce verbe qui signifie proprement « braire », ne s'applique aux personnes que lorsqu'on veut leur faire injure. Mais il est trop expressif et trop bien amené au surplus pour que nous songions à élever la moindre critique. Nous ne pouvons pas avoir la même indulgence pour les mots : *coujo* (citrouille) au sens de « crâne », *desclusca* (écosser des fèves etc.) au sens de « frapper à la tête », *quèr* (cuir, peau) au sensde « vie », *rusco* (écorce) au sens de « peau », enfin *lugres* et *toucho*, mots des plus trivials qui signifient « yeux » et « mine ». Nous ne pouvons non plus, pour le dire en passant, nous empêcher de trouver peu heureuse l'expression de *pouesio grandasso* au sens de « poésie épique ». Le suffixe augmentatif *as* a un sens péjoratif si nettement accentué qu'il déprécie, bien loin de le relever, le sens des mots auxquels on l'ajoute.

Donnons maintenant la liste des mots à sens détourné : les remarques précédentes nous ont permis de l'alléger un peu.

Abia = mettre en fuite, disperser [C. S. 100] au lieu de mettre en train, lancer (une roue, par ex.).

Abranda (s') = devenir rouge comme la braise, en parlant d'un fruit qui mûrit (M. S. 204) au lieu de s'embraser.

Abrasa = embraser [G. 142] au lieu de souder.

Agit (binot) = facile (à boire) [G. 136] en parlant du vin. Cet adjectif a deux sens : 1) un sens actif : adroit, agile; 2) un sens passif : commode, aisé. C'est dans le sens passif que Fourès le prend ici, avec une nuance *prégnante* qui n'est pas habituelle, mais que l'esprit saisit sans peine toutefois, et qui est peut-être en usage dans le Lauraguais. Cf. *esclots agits* = sabots faciles, aisés (à porter).

Anaira (s') = s'élever dans les airs. Sens habituel = se secouer, réagir contre le mal (en parlant d'un malade).

Aram = airain (C. S. 330). Le sens habituel est fil d'archal ou de laiton, et quelquefois fil de fer. B.

Aterrat = tombé à terre. Ce verbe n'a plus que le sens figuré comme en français.

Airissa (s') = se dresser sur ses pieds, se mettre debout (sens dérivé de celui de se hérisser). Le sens actuel le plus fréquent est celui de « se disputer violemment ».

Barrat = rayé (en parlant d'une étoffe) au lieu de : fermé avec des barres, enfermé.

Belet = rayon (de soleil) au lieu de : éclair.

Boulatum = volée d'oiseaux. Sens habituel : les volatiles en général, l'ensemble des volatiles, (d'une ferme par ex.).

Bourdou = vers (poésie) au lieu de : chant d'église, refrain liturgique.

Cap = chef, guide au lieu de « tête ».

Cansado (amo) = (âme) triste au lieu de : fatiguée, harassée.

Caro = visage (G. 46), sans nuance péjorative au lieu de : mine renfrognée (*fa la caro*).

Couberto = pont de vaisseau au lieu de : couverture de lit.

Cramezit = brûlé au lieu de : cramoisi (cf. *cremezino* = poire d'été d'un rouge vif. B.)

Croutou = fiente, guano (collectif) au lieu de : petite crotte.

Doulent = triste, dolent, qui se plaint. C'est un retour au sens archaïque (*se dole* = se plaindre).

L'adjectif *doulent* n'a plus dans nos régions que le sens de douloureux (au physique) ou de espiègle, vicieux, mauvais.

Degoulhat = séparé en plusieurs tronçons (en parlant d'un peuple au lieu de luxé (articulation); chez Goudelin = dévorer.

Se desasupi = sortir (par ex. *se desasupí de soun oustal*) au lieu de : s'éveiller.

Descabelhat = échevelé (en parlant du vent) au lieu de : écimé (en parlant des arbres).

Desfardo = dépouille mortelle au lieu de : vêtements enlevés du corps.

Enfiala = prendre dans un filet (on attendrait *enfialata*) au lieu de : enfiler (une aiguille par ex).

Embejant = digne d'envie, alléchant au lieu de : envieux, qui envie.

Embrimat = venimeux, plein de venin (en parlant d'un serpent) au lieu de : qui a reçu du venin à la suite d'une morsure.

Endegnat = meurtri (en parlant du cœur) au lieu de : envenimé (en parlant d'un mal qui suppure).

Englanda (*s'*)=s'engloutir, s'effondrer au lieu de : se meurtrir, s'assommer. (Ex.: *s'englanda les dits.*)

Enlugra = aveugler (par suite d'interposition d'un objet opaque entre l'œil et la lumière). (Ex.: cette épaisse voilette t'aveugle) au lieu d'aveugler au sens d'éblouir. V. Paraît forgé.

Enrouza (*s'*)=se teindre en rose au lieu de s'habiller de rose. sens rare du reste. (Le sens habituel est : se couvrir de rosée),

Escalpra = sculpter au lieu de entailler le bois avec l'escalpre (bédane des charpentiers).

Escapoul = ébauche au lieu de : billot, tronc brut.

Escarrabilha (*s'*)=s'ouvrir (en parlant des fleurs) au lieu de : s'évertuer, se démener (personnes).

Esperta (*s'*) = se dresser au lieu de : se réveiller.

Esquèr = mal fait, de travers au lieu de : effrayant, peu sûr (en parlant d'un lieu). Le sens archaïque de ce mot est : gauche.

Estirat = grandi (par ex. grandi dans la débauche). Le réfléchi seul a le sens de grandir. Le passif dans ce sens est un peu forcé.

Fadet = feu follet substantif au lieu du sens adjectif = léger, frivole (diminutif de *fat*).

Falqueta = prendre, saisir (comme un faucon) au lieu de chasser au faucon.

Graitat = griffé (G. 46) au lieu de : labouré.

Gourg = gorge (de montagne) (C. S. 12) au lieu de grand trou plein d'eau.

Gandi (*se*) = sortir (du bain) au lieu de : se préserver, échapper à (avec l'idée de danger évité).

Ibersenc (*l'*)= le Nord au lieu de : la chose d'hiver, qui naît, pousse ou se montre en hiver.

Jas = race, souche, au lieu de : gîte.

Mage, majo = grand, grande au lieu de : plus grand, plus grande (comparatif).

Mama = recevoir un fleuve (en parlant d'un autre fleuve) au lieu de : boire involontairement (à la baignade par ex.).

Oumbrenc (*l'*)=le Nord au lieu de : la chose sombre, ombragée.

Pacan = citoyen libre au lieu de : paysan, rustre, vaurien.

Palet = dolmen au lieu de : galet plat et rond (pour jouer au bouchon par ex.).

Pairolo = chaudière de machine à vapeur au lieu de : gros chaudron.

Peirado = chaussée, chemin au lieu de : tas de pierres. Les deux sens sont du reste très voisins.

Rumeja = faire remuer le feuillage au lieu de : cueillir les jeunes pousses.

Rai = rayon de soleil, au lieu de : rayon de roue.

Raia=rayonner, étinceler au lieu de : rayer, faire des raies.

Rega = faire des raies sur une étoffe (*raya*) au lieu de : faire des raies (en creux) sur un corps dur.

Sièti = siège, assiègement au lieu de : siège, chaise. Extension de sens légitime et peut-être ancienne.

Tièro = famille au lieu de : rangée, enfilade (de vignes notamment).

IV.

MOTS FORMÉS A L'AIDE DE SUFFIXES OU DE PRÉFIXES.

Fourès, qui connaissait toutes les ressources de sa langue maternelle, en connaissait tous les procédés d'enrichissement. Il avait remarqué avec quelle facilité, à l'aide de certains suffixes ou préfixes, le peuple crée des mots nouveaux : il sut profiter de cet avantage. Le détail seul est ici intéressant. Etudions donc l'un après l'autre les suffixes de dérivation.

I. Substantifs dérivés

Suffixe — *at*. — *Eissamat* = un essaim tout entier, (cf. *un teulat* (une toiture), *un bentrat* (une ventrée) *un pugnat* (une poignée).

Suffixe — *ado*. — Dérivé de substantif : *à batalhados* = à toute volée (de *batalh* = battant de cloche).

Dérivés de verbes : *Brassejado* = grand geste des bras (de *brasseja*);
Ensannado = ensanglantement (de *ensanna*);
Fendasclado = crevasse (*se fendascla* = se crevasser);
Lougado = maison (de *louga* = louer).

Suffixe — *adis*. — *Baralhadis* = tapage (de *baralha* = faire du tapage) ;
Estenalhadis = tenaillement (de *estenalha* = tenailler);
Mourmouladis = murmure (de *mourmoula* = murmurer).

Suffixe — *adisso* — *Sounadisso* = sonnerie (de *souna* = sonner).

Suffixe — *al*. — *Bascalal* = éclat de rire (de *bascala* = rire aux éclats);
Carbenal = roselière (de *carbeno* = roseau);
Endebinal = énigme (de *endebina* = deviner);
Sarral = serrement (de *sarra* = serrer).

Suffixe — *anso*. — *Allegranso* = allégresse (de *allegra*) cf. *remembranso* (de *remembra*).

Suffixe — *ard*. — *Auzelard* = gros oiseau (de *auzèl*).

Citons ici le diminutif *talpari* = petite taupe (de *talpard* = grosse taupe).

Suffixe — *arèlo*. — *Barcarèlo* = petite barque (de *barco*) ;
Micarèlo = miette (de *mico* = mie);

Sounarèlo = sommeil (de *son* = sommeil);
Toumbarèlo = disposition à tomber (de *toumba*)

xe — *as*. — *Aclas* = gros aigle (de *aclo*, aigle);
Bentalhas = gros éventail (de *bentalh* = éventail);
Capas = grosse tête (de *cap* = tête);
Fauras = forgeron sans idée péjorative (de *faure* = forgeron);
Liounas = grand lion (de *lioun* = lion);
Marras = bélier (de *marre* = bélier);
Mourras = gros museau (de *mour* = museau);
Trouncas = gros tronc (de *trounc* = tronc);

xe — *asso*. — *Fournasso* = fournaise;
Cintasso (de *cinto* = ceinture);
Ancrasso (de *ancro* = ancre);
Balhadasso = grosse fosse (de *balhat* = fossé, où *lh* est peu explicable phonétiquement);
Couquilhassos = coquillages.

xe — *aire*. — *Absintaire* = buveur d'absinthe (M.S. 134);
Agranaire = preneur de grains, ivrogne [1];
Assoustaire = protecteur (de *assousta* = assister);
Aimaire = aimeur (de *aima* = aimer);
Bermenaire = chercheur de vers (cf. se *bermena* = se remplir de vers);
Counquistaire = conquérant (de *counquista* = conquérir);
Crentaire = qui craint (de *crenta* = craindre);
Goubernaire = gouverneur (de *gouberna* = gouverner);
Emperaire = empereur (C. S. 332) par substitution du suffixe patois - *aire* au suffixe français — *eur*.

fixe — *dou*.

[1] Remarquer le sens opposé du verbe *agrana* = jeter des grains, .., ou des vers, pour attirer le poisson.

A) Suffixe — *adou*. — Dérivés de verbes de la 1re conjugaison :

Troutadou = trottoir (de *trouta* = trotter), l'endroit où l'on trotte;

Tustadou = heurtoir (de *tusta* = heurter), ce qui sert à heurter.

Penchenadou = peignoir (de *penchena* = peigner). D'après les deux exemples précédents, on voit que ce mot peut aussi bien signifier l'endroit où l'on se peigne, que la chose dont on se sert quand on se peigne. C'est dans ce dernier sens que le poète l'emploie.

Poulsadou = respiration (G. 70) ne peut signifier que l'organe de la respiration (de *poulsa* = respirer). Ce dernier sens est du reste le seul que donne Visner.

B) Suffixe — *idou*. — Dérivés de verbes de la 2e conjugaison :

Proubezidou = proviseur (de *proubezi* = pourvoir);

Bincendou = vainqueur.

Fourès a-t-il formé ce mot d'après l'analogie du nom propre *Bincens* (Vincent)? ou d'après celle du participe latin : *vincendus*? mais ce dernier a le sens passif.

Ajoutons *baledou* (de *bale* = valoir) qui est employé par Fourès comme adjectif (valeureux).

Suffixe — *enso*. — *Agidenso* = aisance (de *agit*, *ido* = aisé, ée).

Regaudissenso = réjouissance (de *se regaudi* = se réjouir);

Memourenso = souvenir. On attendrait soit *membranso* (forme populaire de *membra*), soit *memouranso* (formation savante), puisque le verbe est de la 1re conjugaison. Le suffixe — *enso* est dû sans doute à l'analogie de *soubenenso*, qui est régulier.

Suffixe — *esso*. — *Ardidesso* = hardiesse (de *ardit*, *ido* = hardi);

Embriaiguesso = ivresse (de *embriaic*, *aigo* = ivre);

Efantesso = enfance (de *efant* = enfant);

Lingesso = sveltesse (de *linge* = mince);

Liounesso = lionne; outre qu'il paraît bizarre à côté de la forme si connue de *liouno*, ce mot est irrégulièrement tiré du substantif *lioun*; Fourès s'est autorisé pour le créer de l'analogie de *tigresso*.

xe — *et.* — *Bizadjet* = petit visage;
Bourdounet = petit vers (de *bourdou*).
Diuset = petit dieu (*diuet*, chez Goudelin);
Filhoulet = petit-filleul (de *filhol* = filleul);
Mountet = petit mont;
Rayet = petit rayon.

ixe — *eto.* — *Ameto* = petite âme.
Caloureto — faible chaleur, tiédeur;
Merilheto = petite merveille;
Oubreto = petite œuvre;
Pamparugueto = petite perruque;
Tampeto = petite porte (de *tampo* = porte, volet);
Trembleto = petit tremblement (de *trembla*), par l'intermédiaire d'un mot *tremblo*, qui a existé ou existe peut-être au sens de tremblement.

ixe — *ido.* — *Bruzido* = bourdonnement (de *bruzi* = bourdonner).
Ausidos (*las*) (G. 166) = les ouïes (??).

ixe — *iè.* — A). Noms d'êtres animés (agents):
Chabaliè = chevalier (de *chabal*);
Carrassiè = charrieur (de *carras*, grand char);
Pabouniè = gardeur de paons (de *pabou* = paon);
Malfaitiè = malfaiteur. Très régulièrement reformé. (Cf. *s'en ana à la malofaito*).
B). Noms de choses (lieu):
Baguiè = coffret à bagues;
Paloumbiè = colombier (de *paloumbo*);
Poumariè = verger. Paraît bien être savant et tiré du latin: *pomarium*.

fixe — *iero.* — *Bessièro* = champ de vesces (de *besso* = vesce);

Iranjièro = bois d'orangers (de *iranje* = orange);

Minièro = mine. Est-ce parce qu'il y a plusieurs mines dans une exploitation minière que Fourès a employé ce collectif?

Les mots *bermenièro* (verminière), *beyrièro* (verrière), *lagremièro* (larmier du cerf), sont les mots français habillés à la lauraguaise. Nous étudierons plus loin cette reformation de mots.

Suffixe — *ilh*. — *Bestilh* (*le*) = l'infiniment petit (M. S. 160);

Saumilh = petit ânon. Cf. en toulousain: *bourril* (de *bourro*); — *courdil* (de *cordo*), et les noms propres *Annil*, *Françounil*, etc.

Suffixe — *ino*. — *Escurino* = obscurité (de *escur* = obscur). On trouve aussi la forme *escurezino*;

Oumbrino = ombre (de *oumbro*).

Suffixe — *iso*. — *Beliso* = embellissement, parure (de *bel* = beau);

Salbatjiso = sauvagerie (de *salbatje* = sauvage).

Suffixe — *men*. — A). Dérivés de verbes de la 1re conjugaison:

Airissomen = hérissement (de *airissa* = hérisser);

Baisomen = baiser (de *baisa* = baiser);

Castiomen = châtiment (de *castia* = châtier);

Esparrabissomen = éparpillement (de *esparrabissa* = éparpiller);

Estelomen = étoilement (de *estela* = étoiler);

Fusomen = essor (de *fusa* = partir comme une fusée);

Lizomen = glissement (de *liza* = glisser);

Oundromen = ornement (de *oundra* = orner);

Raugnomen = grognement (de *raugna* = grogner);

Remoulinomen = tournoiement (de *remou*[illegible] = tournoyer);

Regrilhomen = renouveau, renaissance (de *regrilha* = reverdir);

Uflomen = gonflement (de *ufla* — enfler).

B). Dérivés de verbes de la 2e conjugaison :

Abalimen = effondrement (de *s'abali* = s'effondrer);

Aplaudimen = applaudissement (de *aplaudi* = applaudir);

Enluzimen = clarté (de *enluzi* = faire briller);

Esplandimen = épanouissement (de *esplandi* = étaler);

Fugimen = fuite (de *fugi* = fuir);

Frezimen = frisson (de *frezi* = frémir);

Nouirimen = nourriture (de *nouiri* = nourrir);

Trefouzimen = tressaillement (de *trefouzi* = tressaillir).

ixe — *ou*. — atin — *onem*) *Aclou* et *Aglou* = petit aigle (de *acle* et aussi *aglo*).

Loubatou = louveteau (de *loubat* = gros loup).

Mascou = petit masque (de *masco* = masque);

Merilhou = petite merveille (de *merilho* = merveille);

Pendoun = pennon (drapeau), (G. 142) (de *pendre*);

Bourdicou = petite *bordo* (métairie). Le suffixe — *icou* a dû être emprunté à des diminutifs de mots en — *ico*, tels par exemple que *bourricou* (de *bourrico* = bourrique).

ixe — *ou*. — tin — orem) *Rouzentou* = chaleur brûlante (de *rouzent* = incandescent).

ixe — *um*. — *L'albrum* = les arbres en général (B. donne *albrun* = aubier) (de *albre*);

Le balum = la force, l'ardeur (de *bale* = valoir);

Le letrum = les lettres en général (de *letro* = lettre).

ixe — *uro*. — *Bestiduro* = vêtements (de *besti* = vêtir);

Emboucaduro = embouchure (de *embouca* = emboucher);
Parladuro = parler, façon de parler (de *parla* = parler);
Tenduro = tenture, a été reforgée d'après le français [1].

Il nous faut citer ici, la liste des substantifs formés à l'aide de suffixes étant épuisée, un certain nombre de noms qui ne sont que le radical verbal pur, sans l'addition d'aucun suffixe. Cette formation est bien connue du français : cf. départ, retard, écart, renfort, port (et ses composés apport, etc.).

L'œuvre de Fourès présente les mots suivants :

I. Masculins. — *Buf* = souffle (de *bufa* = souffler);
Chapot = bourbier (de *chapouta* = barboter);
Clous = plainte (de *cloussi* = gémir);
Desbord = débordement (de *desbourda* = déborder);
Flambe = incendie (de *flamba* = flamber);
Pertrat = portrait (de *pertraire* (v. l.) = faire le portrait);
Record = souvenir (de *se recourdu* (v. l.) = se souvenir);
Respir = souffle (de *respira* = respirer);
Truch = travail (de *trucha* = faire un travail pénible);
Uscle = hâle (de *uscla* = 1° éblouir ; 2° hâler).

II. Féminins. — *Engano* = tromperie (de *engana* = tromper, duper);
Perturbo = perturbation (de *perturba* (m[illegible] savant) = troubler);
Tanco = barrière (de *tanca* = fermer);

[1] Citons à part le substantif *groumandèu* (G. 90), gourmand. Ce m[illegible] présente sans doute le suffixe — *èu*, qu'on retrouve dans *barbè*[illegible] *carrèu*, *drapèu*, etc., et autres mots calqués sur le français. Nou[s] n'osons affirmer toutefois que Fourès l'a forgé.

Trobo = imagination (de *trouba* = imaginer).

s deux mots *aissejo* (envie) et *manejo* (manie, folie) . 186] nous paraissent se rattacher à la catégorie précé-. Ils doivent vraisemblablement remonter, l'un à *aisseja*), tiré du vieux mot *ais* ou *aisse* (ennui, tristesse); l'autre *neja* (manier, remuer). Mais si le sens du premier ne gne pas à cette dérivation, celui du second, en revanche, ppose absolument. Il n'y a aucun rapport pour le sens : *manie* (folie) et *manier* (remuer avec la main). Fourès aurait-il, par inadvertance, trouvé un lien de parenté ?

II. Adjectifs dérivés

xe — *able*. — *Desagradable*=désagréable (de *desagrada* = déplaire);
Espantable = épouvantable (de *espanta* = épouvanter);
Estounable=surprenant (de *estouna* =étonner);
Mirable = admirable (de *mira* = admirer);

xe — *adis*. — *Boulegadis*=remuant (de *boulega*=remuer).

xe — *al* — *Gigantal* = gigantesque (de *gigant*=géant);
Moundial = du monde (de *mounde* = monde);
Patrial = de la patrie (de *patrio* = patrie);
Pourpoural = couleur de pourpre (de *pourpouro* = pourpre);
Umanal = humain (de *uman*, mot français à suffixe retouché qu'on trouve aussi chez Fourès);

xe—*èl*, *èlo*. — 1°) Dérivés de verbes :
Bressarèlo = berceuse (de *bressa* = bercer);
Tindarèl = tintant (de *tinda* = sonner);
Encantarèlo = enchanteresse (de *encanta*= charmer).
2°) Dérivés d'adjectifs :
Rougel, *èlo* = rouge (cf. *roussel*, *èlo*, de roux, 550);

Clurinel, *èlo* = clair (de *clar*, par l'intermédiaire du diminutif *clari*, *ino*).

Suffixe-*enc*, *enco* — *Auzelenc* = frétillant comme l'oiseau (de *auzèl*);
Azurenc = azuré (de *azur*);
Bestialenc = bestial (de *bestial* = bétail);
Bimounenc = souple comme l'osier (de *bimou* = osier);
Divenc = divin (du thème *div* —) par substitution de suffixe (— *enc* au lieu de *i*, *ino*);
Ibersenc (*l'*) = le Nord (de *ibèr* = hiver);
Niboulenc = nuageux (de *niboul* = nuage).

Ce suffixe a paru si vivant à Fourès qu'il a cru pouvoir l'ajouter à des noms propres. Il dit par exemple : *cicloupenc* (cyclopéen), *courbiérenc* (des Corbières), *fouissenc* (fuxéen), *iounenc* (ionien), *piranenc* (pyrénéen), *sisyfenc* (de sisyphe). Il nous semble à nous plutôt archaïque : les mots où il s'est conservé sont assez rares.

Suffixe — *et*. — *Bermelhet* = vermeillet;
Cabifoulet = fou (de *cabifol*. V. B.);
Embriaiguet = un peu ivre (de *embriaic* = ivre):
Maurelet = brun (de *maurèl* = brun comme un maure);

Pour *frescoulet* (frais), c'est le suffixe — *oulet* qui a été ajouté. L'analogie a dû partir d'un adjectif en — *ol* (cf. *pirol* et *piroulet*, *cabifol* et *cabifoulet*.

Suffixe — *iè*. — *Groulié* (le *pè gr.*) = (le pied) en savate (de *groulo* = savate);
Largassiè = généreux (de *largas*, augmentatif de *large*);
Paziè = favorable à la paix (de *pats* = paix);
Poutounié = qui donne et reçoit des baisers (de *poutou* = baiser).

Suffixe — *ieu*. — *L'oumbrieu* = la chose ombragée, l'ombre (de *oumbro* = ombre);
Planhieu = plaintif (de *planh* (archaïque) = plainte).

Suffixe — *in*. — *Iborin* = d'ivoire (de *ibori* (ivoire) reforgé d'après l'analogie des mots comme *Purgatori*);

Diamantin = de diamant. On eût désiré un suffixe en — *i*, — *ino*. cf. *bezi*, *couqui*, etc.

On sait que Ronsard et son école avaient essayé de redonner à ce suffixe en français une nouvelle vie.

Suffixe — *ous*. — *Aissejous* = envieux (de *aissejo* = envie).

Azirous = haïssable (de *azir* = haine);

Baudous = hardi (de *baud* (vieux mot) = vif, hardi, enjoué);

Espetaclous = superbe (de *espetacle* = spectacle);

Garbous = galbeux (de *garbe* = adresse, gentillesse. M. (marseillais);

Merilhous = merveilleux (de *merilho* = merveille);

Roucous = rocheux (de *roc*);

Souloumbrous = ombreux (de *souloumbra* = ombrager, mot provençal)

Ajoutons les mots savants : *merabilhous* (merveilleux) qui paraît avoir été créé d'après l'analogie de l'espagnol maravilla, et *balerous*, qui semble un calque du français « valeureux ».

Nous n'avons pu nous expliquer d'une façon satisfaisante la formation des mots : *artilhous* (artificieux), *gradalous* (alléchant, qui plaît), et *moulinous* (mou, mollasse).

Suffixe — *ut*. — *Alut* = ailé (de *alo*);

Boumbut = bombé (de *boumbo* = bombe);

Courbut (de *courbe*, *o* = courbe).

Gnarrut = renfrogné (de *gnarro* = mine renfrognée);

Nerbiut = nerveux (de *nèrbi* = nerf).

Ajoutons un dérivé d'adjectif : *coumoulut* = plein (de *coumoul* = même sens).

III. Verbes dérivés

1°) Dérivés directs, c'est-à-dire sans addition de préfixes ni de suffixe.

A. Dérivés de substantifs :

Alerta = tenir en alerte ; — *albrat* = couvert d'arbres ; — *belat* = voilé ; — *baudufat* = qui a la forme de la toupie (*baudufo*) ; — *boutioula* = former des boutons (*boutiolo*) ; — *courat* = évasé en forme de cœur ; — *crambat* = divisé en chambres (*crambo*) ; — *ilmouina* = faire l'aumône (de *ilmouino*) ; — *frutat* = plein de fruit (d'après l'analogie de *flourat* = couvert de fleurs).

Marsa = pousser, croître en mars (de *mars*) [M. S., 86] ;

Mounarca = régner (de *mounarco*, mot calqué sur le français) ;

Perpelha = faire aller les cils (de *perpelh* = paupière). On attendrait le fréquentatif *perpelheja*.

Sartra = repriser (une étoffe) (de *sartre* = tailleur) ;

Uelhat = couvert d'yeux, ocellé (de *uelh* = œil).

Citons enfin *bato-cuga* (de *bato-cugo*=bergeronnette)=faire aller la queue comme la bergeronnette.

B. Dérivé d'adjectifs :

Gayant = réjouissant (de *gay* = gai, réjoui) ;

C. Dérivé d'onomatopées :

Chichita = faire chi-chi-chi (en parlant des oiseaux) ;

Chieuta = piauler (G. 120).

2°) Dérivés à l'aide de préfixes :

Préfixe *a* — A. Dérivés de substantifs :

Assoura (*s'*) = se faire la sœur de (de *sor*) (*s'afraira* (de *fraire* = frère) existe) ;

Acoura = donner du cœur (de *cor*) ;

Apressa = serrer, tasser (de *presso*=presse) ;

Agruna (*s'*) = se réunir (de *gru* = grain). Le contraire est *degruna*.

Acela = recevoir d'en haut (de *cel* = ciel) (M.S., 260) ;

Ateulit = devenu dur comme une tuile (de *teulo* = tuile) ;

Atroupela (*s'*) = s'attrouper (de *troupel* = troupeau) ;

Afoundi (*s'*)=aller au fond (de *founs* =fond) ;

B). Dérivés d'adjectifs ou de participes :

Abalenta = rendre vaillant (de *balent* = vaillant) ;

Arrizenta (*s'*) = devenir riant (de *rizent* = riant) ;

Alanguienti (*s'*) = s'alanguir (de *languient* (forme archaïque pour *languissent*) = languissant.

fixe *de* — *Demezoulha* = ôter la moelle (*mezoulh* = moelle);

Descarrassa = émotter (*carras* = motte de terre);

Desselba = déboiser (*selbo* = forêt).

Deseltela (*se*) = perdre ses étoiles (C.S.,208);

Desempantena = ôter du filet (*panteno* = filet à poche. B.—Cf. *uno panto de rire* = une ventrée de rire).

fixe *em* — 1°) Dérivés de substantifs :

Embelugat = enveloppé d'étincelles, de bluettes (de *belugo* = étincelle);

Emmitenat = ganté de mitaines (de *mitèno* calqué sur le français);

Embabarilha = éblouir, mettre dans l'état d'une personne à qui les yeux « *fan babarilhos* » ;

Empantena = mettre dans un filet (de *panteno* = sorte de filet);

Empalanquit = porté sur le pavois (de *palanco* = planche à passer un ruisseau);

Emparadisanto (*albo*) = (aube) céleste, rayonnante (de *paradis*);

Empapierat = couvert de papier (de *papiè*);

Empourpoura (*s'*) = s'empourprer (de *pourpouro*, mot savant);

Encatela = mettre en écheveau (de *catel* = écheveau);

Engaina mettre dans la gaîne (de *gaino* = gaîne);

Ennebat = couvert de neige (de *nebo* = neige);

Entahinat = ennuyé (de *tahino* = souci, profond ennui).

2°) Dérivés d'adjectifs :

Enjoubenit = rajeuni (de *joube* = jeune);
Emmudi = rendre muet (de *mut* = muet);
Enrouzentit = devenu incandescent (de *rouzent* = incandescent).

Préfixe *es* — *Espelsat* = échevelé (de *pelses* = cheveux).

Préfixe *in* — *Indoundat* = indompté (et *indoundable*) de *dounda* = dompter.

Préfixe *re* — *Rejiscla* = retentir (de *jiscla* = pousser des cris aigus et perçants);
Recounquista = reconquérir (de *counquista* = conquérir);
Regaudi (*se*) = se réjouir (de *se gaudi*. B. (béarnais) = se réjouir);
Regaudina (*se*) = se réjouir (de *se gaudina*. B. V. = se réjouir);
Respeli (*se*) = éclore de nouveau (de *s'espeli* = éclore).

3°) Dérivés à l'aide de suffixes :

Suffixe — *eja*. — C'est le seul que nous ayons rencontré :

A). Dérivés de substantifs :

Classeja = sonner le glas (*les classes* = le glas);
Cugeja = faire aller la queue (*cugo*);
Foulzeja = foudroyer, frapper de la foudre (*foulze*);
Fuilheja = feuilleter (*fulh* = feuille);
Mourmouleja = murmurer (de *mourmoul* = murmure M.);
Mourreja = fouir du museau (de *mour* = museau);
Pifreja = jouer du fifre (de *pifre* = fifre).

B). Dérivés d'adjectifs :

Bluejant, *o* = bleuissant (de *blu*);
Dureja = durcir (de *dur*).

Les deux suivants sont plutôt irréguliers :

Fousqueja = rendre trouble, violer, a un sens transitif peu correct : on s'attendrait au sens « de devenir trouble » (*fousc* = trouble);

Rauqueja = dire d'une façon rauque, (que le poète emploie d'ailleurs au sens transitif), n'était guère une création nécessaire. *Rauquilheja* existe, en effet, et a pour lui les formes très usitées de *rauquilh* (enrouement) et *rauquilhous* (enroué).

C). Dérivés de verbes :

Miralheja = miroiter (de *miralha* = mirer, refléter);

Parlateja = parler beaucoup (de *parla*, avec l'addition d'un *t* euphonique comme dans *chichita*);

Tindourleja = sonner (de *tindourla*, venu lui-même de *tinda*, plus le suffixe légèrement péjoratif — *ourla*, cf. *penjourla* de *penja*);

Tindineja = sonner (de *tindina* = tinter (tintinnare);

Enfin, *vibreja*, qui n'est autre que le français « vibrer », augmenté de la terminaison des verbes fréquentatifs patois.

D). Dérivés d'onomatopées :

De même qu'il avait forgé des verbes en donnant à des onomatopées les terminaisons verbales, Fourès en a créé en ajoutant à des onomatopées le suffixe *eja*. Citons *balinbaleja* = brimbaler (de *balin-balan*), et *pat-pabateja* = chanter [en parlant de la caille] (de *patpabat*, cri de la caille).

IV. Adverbes dérivés

Africomen = ardemment (de *afric* = ardent);

Doulentomen = en se plaignant (de *doulent* = plaintif (sens archaïque);

Espantablomen = épouvantablement (de *espantable* = épouvantable);

Fadomen = follement (de *fat*, *fado* = fou);

Paribomen = pareillement (de *pariu*, *ibo* (pareil), qui semble un vieux mot);

Pouderousomen = puissamment (de *pouderous* = puissant. V. B.);

Tempestousomen = tempêtueusement (de *tempestous*. B. = tempêtueux).

V. Mots composés

Le patois connaît les mots composés, tout comme le français, et semble même à cet égard plus hardi que lui. Fourès en a fait son profit.

1°) Substantifs :

A. Substantif et substantif. — Ceux que nous avons relevés chez notre poète sont calqués sur le français, et du reste très savants. Ce sont : *ort-pouesio* = jardin-poésie, et *lauzeto-pouesio* = alouette-poésie. Ce genre de composés, on le sait, fut cher à Victor Hugo, surtout vers la fin de sa carrière. Peut-être faut-il ranger ici le mot *nouzèl courredou* (nœud coulant), où le second terme semble bien être le substantif *courredou* (couloir, corridor).

B. Adjectif et substantif.— Nous n'avons trouvé chez notre auteur que le mot *mièch-abalimen* = presque disparition (traduction de Fourès) (cf. *mièjo-litro* = demi-litre), et *l'autr'ièr* (avant-hier), calqué sur la locution archaïque *l'autr'an* (l'an passé).

C. Verbe et substantif. — Cette sorte de composés est aussi fréquente qu'en français. Fourès a créé *espandis-tramo* = étale-trame, *gardo-erbos* = herbier. Quant aux expressio[illegible]: *rodo-cantous* (rôdeur) et *tourmento-coumunos* (brouillon), e[illegible] doivent être du langage courant, bien que nous ne les ay[illegible] trouvées nulle part.

2°) Adjectifs. — Plaçons ici *palle-mort* = pâle comme mort (C. S., 148), qui est peut-être composé d'adjectif plus par[illegible]cipe, peut-être d'adjectif plus substantif. Nous n'avons rele[illegible] que deux adjectifs composés de deux adjectifs : ils sont calqu[illegible] sur le français, le langage du peuple ne connaissant pas c[illegible] raffinements de nuances. Ce sont : *bert-negras* = vert noirâtre, et (*mar*) *berdo-bluo* = (mer) verte-bleue. Nous ne parlons pas de *hispano-mauresc*, qui est, entre tous, un mot savant.

3°) Verbes :

A. Substantif et verbe. — *Se graifoundre* (se fondre, sentir sa graisse se fondre) est de formation très régulière. Rapprochons les expressions bien connues de *corfendre* = fendre le cœur, *calleba* = lever la tête, ou encore *captira* = s'éloigner du timon de la charrue (nous citons ce dernier à cause du sens spécial qu'il a chez Fourès).

B. Adverbe et verbe. — Nous avons rencontré la forme *plafazent*, — *o*. C'est le seul exemple que nous connaissions de composé avec *pla*. Il en existe cependant avec *bel* (*per belesta* = pour la montre, pour la parade (mot à mot pour bien être) et avec *mal* (*malcourat* = qui a le cœur triste).

VI. Autres créations de mots

Autant et plus que le français, le patois connaît l'emploi de l'infinitif comme substantif. Fourès s'en est autorisé pour hasarder quelques substantifs nouveaux. Relevons : *le boula* = le vol ; — *moun desira* = mon désir ; — *soun jaupa* = son aboiement ; — *moun pensa* = ma pensée ; — *le retrouni* = le grondement ; — *le rugi* = le rugissement, etc...

Enfin, signalons l'emploi comme substantifs d'onomatopées ou d'interjections : *le richieuchieu* = le richichi (des oiseaux); — *un ai* = un hélas ! — *le mè-è-è* = le bêlement ; — *les gui-guit* = les gui guits (des hochequeues); — *un zi-zim* (de bigart) = un bourdonnement (de moustique).

VII. Mots étrangers au dialecte

Nous classons sous ce titre une assez grande quantité de mots que nous croyons inconnus des habitants du Lauraguais. Nombre d'entre eux appartiennent à cette langue littéraire, aux frontières très larges et à l'âge très douteux, où viennent puiser à pleines mains nos auteurs méridionaux lorsque leur dialecte ne possède pas le mot dont ils ont besoin. Dans cette langue, dont on pourra un jour, nous l'espérons, démontrer la bigarrure, des mots des siècles passés et depuis longtemps hors d'usage sont rappelés à la vie active et trouvent le meilleur accueil auprès de leurs cadets du XIXe siècle ; des mots du Limousin voisinent familièrement avec des mots de la Provence, et des expressions marseillaises y coudoient fraternellement des locutions gasconnes ou béarnaises.

Nous aurions voulu pouvoir faire le départ entre les mots qui appartiennent à cette langue si artificielle et si déconcertante, surtout pour le lecteur qui n'en a pas l'habitude, et ceux qui sont vraiment en usage chez le peuple, en indiquant pour ceux-ci leur origine exacte. Nous avons dû y renoncer : ce travail, nous semble-t-il, ne pourra être fait de longtemps encore et la carte dialectale des parlers méridionaux n'est pas près d'être dressée. On peut toutefois avancer que c'est dans l'œuvre de Mistral que Fourès est allé surtout puiser.

Abadesso = abesse. B.
Abela (*s'*) = s'embellir. B.
Abelh = essaim. M.
Abelhan = essaim. M.
Abida = nourrir de. R.
Acara (*s'*) = s'affronter. B.
Aclenca (*s'*) = s'incliner. B. R.
Agouta (*s'*) = tarir. B.
Alado = air de feu, un peu de chaleur. B. R.
Alaga = abattre, coucher. B.
Alussa = battre brutalement. B.
Amagestra = instruire. B.
Amaira = nourrir, réconforter. (St-Paul (Ariège) = allai[illegible] er).
Ancessous = ancêtres. B.
Aplanta (*s'*) = s'arrêter. B.
Ariè = sorte de crible. R.
Arlert = fanfaron, extravagant. B.
Arrounta = lancer une pierre avec force. M. (Pyrénées[illegible]
Astre (*de tal*) = d'aventure (M. *per tal astre*). L'expressio[illegible] été mal comprise par Fourès : *d'astre* suffisait.
Aufega (*s'*) = se pâmer à force de crier. B. R.
Auzidou = oreille. B. R.

Badalhol = bâillon. B.
Baragno = haie. B. (A Toulouse : *barralho*)
Bataga = palpiter. B.
Bais = baiser. B.
Belholo = veilleuse. B.
Bezourdo = buccarde (coquille). M.
Bínga = sauter. M.
Biscountour = détour. M.
Bitalho = victuailles. B.
Bouche = bouge (de tonneau). M. (Hérault).
Boulhou = boulet, (M. contre-poids d'une romaine).
Bourdeja = côtoyer, border. B.
Brezilh = gazouillis. B.
Bribent = courant. M.
Brouit = brouet. B.
Bruelh = taillis. B.
Cabeladuro = chevelure. B.
Cabrol = chevreau. B.
Cacio = acacia. B.
Cafourno = trou. M. (marseillais).
Calpre = charme (arbre). B.
Cals = chas d'aiguille. B.
Calumel = chalumeau. B.
Capelh et *capelho* = cime d'arbre. M.
Cascalha = gazouiller. B. R.
Cairou = morceau. R.
Cezelho = Cécile. M. (Castres).
Chif = sable. M. (Tarn).
Clapardo = sonnaille. B.
Clarou = clarté. B.
Clina = baisser, abaisser. B.
Colo = troupe. B. P. La forme habituelle est *colho*.
Cordouan = de Cordoue. B.
Coumpeirè = amas de rocs. M.
Coundreit = en bon ordre. M. (catalan).
Counquista = conquérir. P.
Counsumit = passé écoulé (temps). B.
Coup = chapeau haut de forme. R.
Coural = cordial. V.

Cousteja = côtoyer. B. R. (Existe en gascon).
Cros = trou. B. (Existe (gasc.) avec le sens de cachette, silo, souterrain).
Crudèl = cruel. B.
Dagueja = poignarder. V. B.
Dejousterra = déterrer (P. = *dessoustarra*).
Delenc = fièvre, dépérissement. M. (Tarn).
Dogoul = dogue. B.
Doublenc = agneau qui prend deux dents. B.
Doumege = plus âpre, moins doux. M. R.
Drago = fée. (P. drac).
Empensa = rendre songeur. V. B.
Encaleilha = illuminer. V
Encarrat = attelé. B.
Encoura = donner du cœur. B.
Engoulidou = gouffre. B. P.
Ennegrezi (*s'*) = se noircir. B.
Enniboula (*s'*) = se couvrir de nuages. B. R.
Enrabiat = enragé. B.
Erme = terrain inculte, lande. B.
Escabot = groupe. B.
Escalabra (*s'*) = se dresser, se cabrer. B. R
Escarpina = galoper. V. B.
Escourcoulh = perquisition. M. (Tarn).
Espansa = éventrer. B.
Espeti = éclater. B. R.
Espeut = épieu. B.
Estrado = rue, chaussée. B.
Fado = fée. P.
Farcejaire = farceur. V. B.
Febrous = fiévreux. B.
Fèr, *fèro* = sauvage. B.
Ferromentos = ferrures. P. R.
Flamina = flageller. M.
Flaquiso = faiblesse. B. (P. = *flaquiche*).
Flar (*à* = en grande quantité. M.
Fogo = fougue. B.
Fougagno = plaque de fonte (des cheminées). M. (marseillais).

Founs = profond. B.
Fountanèlo = creux de l'estomac. R.
Frust, o = fruste. B.
Gabian = goeland, mouette. B.
Garagnoun = étalon. B. M. (rhodanien).
Gent = gentil. B.
Gieulo = geôle. M.
Grandesso = grandeur. B.
Granıboul = fécond en grains. P.
Graniu, ıbo = fécond en grains. B.
Gras = grès (pierre) (B. *graso*).
Grepitat = misère. M. (Tarn).
Grequeja = saccager. V. B.
Grussanotos = coquilles de Gruissan. M.
Imo = brise. M.
Jaurèl, èlo = rieur. M.
Jouvent = jeune homme. B.
Lamp = éclair. B.
Leste = terminé. M.
Lux = lumière. V. B.
Magestral, alo = magistral. B.
Majour, ouro = grand. B.
Malancounic = mélancolique. M.
Mande = délégué. R.
Manifaciè = adroit. M.
Marineja = vaciller. B.
Marrela (se) = se serrer (en parlant des brebis). B.
Massolo = massette. R. M.
Mege = médecin. B. P.
Mejan = moyen. B.
Meissouniè = moissonneur. B. R.
Nizoulo = île. M. (Tarn).
Naula = voguer. M. (béarnais).
Ouferto = offrande (V. *uferto*).
Oumbrenc = sombre, ombrageux. B.
Ourfanèu, èlo = orphelin, ine. B.
Payan = païen. B.
Se palaissa = se prélasser. M.
Paratge = côte, abri. B.

Pasturga = paître P.
Pabo = paonne B.
Pertus = trou, fente. B.
Pichoulino = olive de conserve. P.
Pindourla = pendiller. B. R.
Plo = plateau (B. billot de boucher).
Plounchoun = pichet. B.
Pounent (*le*) = le couchant. B.
Poutouno = baiser. B.
Preguièro = prière. B.
Pual = dent (de râteau, de peigne, etc.). M.
Rabiat = enragé. B.
Recouire = tournant B.
Relieu = relief. B.
Retipa = ressembler à. M.
Retraire = rendre par la peinture (R. ressembler à).
Ribal = rivage. B.
Ribeja = être ou marcher au bord de l'eau, côtoyer. B.
Sautenbanc = saltimbanque. M.
Signoco = bâlafre. M. (Tarn).
Soulenco = fête des moissons. B. R.
Sourdens = sortant de terre. B.
Sourgo = source. B.
Subrejoun = milieu du jour. B.
Succi = ambre. B.
Talholo = ceinture. M.
Tapios = torchis. B.
Tebes, *ezo* = tiède. B. R.
Teleto = toilette, parure. B.
Temegut = redouté. B.
Terraire = champ, domaine. B.
Tourre = tour. B.
Tourtouro = tourterelle. B.
Trantalha (*se*) = se mouvoir avec peine. B.
Tre = dès. M. (dès la mort = *tre la mort*).
Treboulino = piquette, petit vin (B. fond, lie).
Treboulum = trouble, confusion, B. R.
Trèn = trace. M. (Hérault).
Tuadou = abattoir. B.

Ufanous = orgueilleux. B.
Utriè = homogène. M. (Tarn).
Vergiè = verger.
Vetat = barré, rayé. B.
Voulastreja = folâtrer. B. (abbé Gary = *boulateja*).
Zinzoulin, *ino* = violet rougeâtre. B.

VIII. Mots calqués sur le latin ou sur les langues sœurs

1°) Latin. — Fourès a eu le tact de n'emprunter au latin qu'un très petit nombre de mots : il eût mieux fait, toutefois, de s'en abstenir complètement, car plus encore qu'au français ces mots donnent au patois un vernis savant et une couleur artificielle.

Citons les substantifs : *bacco* (*frut en*) = fruit bacciforme ; — *espir* = spirale ; — *capso* = calice (des fleurs) ; — *gent* = nation ; — *joubentut* = jeunesse ; — *lar* = lare ; — *Oustrio* = Autriche ; — *pagino* = page ; — *poutencio* = puissance ; — *poutestat* = pouvoir ;

les adjectifs : *almo* = bienfaisante ; *arcano* = secrète ; — *eterne* = éternel ; — *soulemne* = solennel ;

les verbes : *s'apta* = s'adapter ; — *bibifica* = vivifier ; — *magnifica* = magnifier ; — *jugula* = soumettre ; — *perturba* = troubler ; — *resurgi* = faire revivre, ressusciter.

Relevons ici un mot grec : *melisso* (abeille) [M. S., 152] ; deux mots espagnols : *amir* (émir) et *atalayo* (tour d'observation, château) ; enfin un verbe : *rengraciar* (remercier), qui paraît calqué sur l'italien, *ringraziare*.

2°) Français. — Les emprunts au français sont beaucoup plus nombreux. En général, avant de nous les présenter, le poète a tenu à leur donner une livrée languedocienne, mais pour la plupart le travestissement est insuffisant ; pour quelques-uns, il tourne à la mascarade. Nous faisons allusion ici à des mots comme *envincut* (invaincu), à quelques autres qui, appartenant au langage purement scientifique, ont je ne sais quel air gauche sous leur habit patois (tels *oucello* (ocelle), *lanceoulat* (lancéolé), *martiroulouge* (martyrologe), *nouctiluco* (noctiluque), et surtout à ce néologisme que Fourès, plus hardi que nos savants, n'a pas hésité à forger, à ce monstre de la lexicologie patoise : *abelhoufage* = mangeur d'abeilles.

Quand le peuple va chercher dans le français les mots qui lui manquent, il calque purement et simplement, se bornant à suivre quelques règles empiriques des plus simples. Étudions-les et comparons-les à la pratique suivie par notre auteur.

Le peuple change le son — *e* muet des finales françaises en — *o* muet si le mot est féminin (*lampo* = lampe), en *e* muet (ou demi-muet si l'on veut) si le mot est masculin (*espace* = espace). Fourès se conforme à la première de ces règles : il dit *ancro* (encre), *cathedralo* (cathédrale), etc., mais il supprime très souvent l'*e* semi-muet des finales du masculin. Par suite, les adjectifs français en — *ique* se terminent chez lui en — *ic* (*antic*, *crounic*, *metallic*, *pacific*), traitement conforme du reste à l'étymologie; ceux en — *esque* finissent en — *esc* (*gigantesc*, *elefantesc*) et d'autres mots tels que *fidel* (fidèle), *celt* (celte), *golf* (golfe), etc., perdent leur finale (alors que le peuple la leur maintient), ou en changent (*espaci* = espace) pour se rapprocher de la dérivation régulière.

Le peuple change en *ou* les *o* protoniques du français (Ex. *bouta* = voter). Fourès suit exactement cette règle et dit : *bourealo* (boréale), *lanceoulat* (lancéolé), *oucello* (ocelle). Il va même plus loin dans cette voie, et même trop loin, quand il dit *martyroulouge* (cf. pour l'analogie seulement : *elotge* (éloge), *relotge* (horloge).

Le peuple change l'*x* du français en *ts* (Ex. *fitsomen* = fixement). Fourès le change en — *ss*, non d'après l'analogie des mots qu'on calque actuellement sur le français, mais d'après celle des mots de création populaire, tels que *eissam*, *fraisse*, etc., qui ont été régulièrement dérivés du latin. Il dit, par suite, *essil*, *essecuta*, *filoussera*, *fissomen*, *sassoufone*.

Le peuple ajoute un *e* prosthétique devant tous les mots français commençant par le groupe *sc*, *sp*, *st* : il dit par exemple *escultur* (sculpteur), *espahi* (spahis), *estatuo* (statue). Fourès dit comme lui *esfinx* (sphinx), *esplendou* (splendeur), *estroubiles* (strobiles), etc. De plus, ayant remarqué que le préfixe latin *ex* ou *deex* s'était réduit à *é* ou *dé* en français, tandis qu'il était resté *es* ou *des* dans le patois (comparer : émou et *esmaugut*, déterrer et *desterra*), Fourès restitue par analogie cet *s* aux mots *escrin*, *esmalh*. Il tire ainsi très régulièrement *esquist* de *exquisitus*, mais il ajoute, contre toute analogie et contre toute logique, un *s* au mot *descurioun* (décurion), qui n'en eut jamais en latin.

Ce souci de se rapprocher le plus possible de la dérivation populaire, se trouve dans le traitement de certains suffixes. Le peuple dit *ancièn*, *toulousèn*, *Santo-Germèno* ; il dit aussi *calkèro* (calcaire), *bittouèro* (victoire), *cibouèro* (ciboire), ne modifiant guère que les deux finales françaises — *eur* (ou *teur*) (comme dans *bounur*, *emperur*) et — *on* (comme dans *citroun*, *baloun*). Fourès, remontant à l'étymologie, les modifie presque toutes. C'est ainsi qu'il change la finale française — *ence* en — *encio* (*essistencio*, *innoucencio*, *proubencio*, *independencio* etc.) la finale — *en* (ou *ain*) (du latin *anus*) en *an* et dit : *ancian*, *foucean*, *judean*, *marroucan*, *oustrasian*, *piranéan*, *prussian*, *toulousan* et *uman*. Il dit : *calcári* comme *bicári* ; — *bitório* comme *glório* ; — *cibóri*, *labouratòri*, *territòri*, comme *Purgatòri* ; — *fácio* (face) comme *grácio* ; — *cerveso* (cervoise), *galeso* (gauloise) comme *albigeso* (albigeoise), — *lasqualos* (lesquelles) comme *escalos* (échelles) ; — *bouiatjou*, *escultou*, *emperatou*, comme *ritou* (curé). Remarquons toutefois que pour le mot *equatour*, il n'a pas osé appliquer sa règle jusqu'au bout, et craignant sans doute que le mot ne fût méconnaissable sous la forme *equatou*, il a conservé l'*r*, contrairement à la phonétique de son dialecte.

Mais il a fait plus encore que reforger par analogie les suffixes ; il a opéré des permutations entre eux. Certains mots chez lui ont ainsi deux et trois formes ; outre la forme *allegresso*, par exemple, qui est calquée sur le français, on trouve tantôt *allegranso* (C. S., 290) et tantôt *allegretat* (C. S., 112 et 192) : nous avons déjà vu *emperaire* à côté de *emperatou*, *piranenc* à côté de *piranéan*. Tous les mots nés de cette reformation ne sont pas également heureux et l'on peut trouver inutile, à tout le moins, la création du mot *barbaritat* (M. S., 70).

Fourès n'a pas retouché que des suffixes : il s'est attaqué aux mots racines eux-mêmes. C'est ainsi que les mots suivants qui seraient dans la bouche du peuple : *ourfèbre* (orfèvre), *peirifiado* (pétrifiée), *roiyoutat* (royauté), *equèstro* (équestre) ont dû mettre bas leur habit français et se déguiser en *orfaure*, *peirificado*, *reyetat*, *eguèstro*. Personne dès lors ne saurait plus s'étonner si *Pièrre* est devenu *Peyre* et *Roubespièrre Roubespeire*, ni même si auréoler, oriflamme, concitoyen et terraqué se présentant à nous sous les traits un peu étranges de *auriouleja* (cf. *auriol* = loriot), *auriflambo*, *councieutadin* et *terraigat*.

Enfin notre auteur, tirant de l'analogie tout ce qu'elle peut donner, est allé jusqu'à créer le substantif *boyo* (voie) [C. S., 240], s'appuyant soit sur le mot *proyo* (proie) qui existe, soit sur une forme comme *emboyo* (il envoie) qui existe également.

IX. Mots inconnus

Notre étude ne serait pas complète si nous ne donnions en terminant les mots sur lesquels nous n'avons pu recueillir aucun renseignement précis. Tout au plus nous a-t-il été possible, pour quelques-uns, de rapprocher certains mots de l'ancienne langue ou des dialectes voisins. On comprend que nous ayons dû renoncer à les faire rentrer dans une des classes précédentes.

Aial = aquilon (C. S., 210).

Arguelh = coin à encoche pour soulever les meules. M. (C. S., 86).

Adraisa (*s'*) = se réunir. (C. S., 290).

Antes = corde d'une cloche (C. S., 328)

Babarilhos (*les èls fan*) [C. S., 108] = avoir des éblouissements (de *varius*?) Cf. *ba*barot, *ca*carot, *ta*taroto, *pa*paraugno.

Brezelh (G., 104) et *Brezelho* (C. S., 324) = réseau, nasse. Cf. *bretz* (anc. langue) = piège à oiseaux.

Brezilh = proyer, sorte d'oiseau. M. (C. S., 224).

Bessairou = fossé au pied des coteaux (C. S., 176) (M. *besalièro* = rigole d'arrosage).

Brenguièro = bourdalou, vase de nuit. (C. S., 286).

Bermo = berge. M. (C. S., 324).

Barricaudo = petit ravin. (M. S., 112) (M. *barricau* = voirie, lieu où l'on enfouit les animaux morts).

Caprous = étraves d'un vaisseau. M. (C. S., 44).

Carcados (*á*) = à pleines barques. M. S., 128.

Clascassa = clapoter en parlant de l'eau.

Calabrit = calciné (C. S., 222) (B. *calabrun* = crépuscule).

Cirse = chardon (M. S., 76).

Dauros = accrues du sureau (C. S., 108).

Embadaga = prendre dans ses mailles. (C. S., 211). Cf. *bagado* = baguelette, rosette.

Escamussa (*s'*) = se cacher. (M.S., 262). Cf. l'ancien français « *se musser* ».

Flaume = fléau. (M. S., 162).

Fagnagou = fœtus. (C. S., 286).

Fregalh = véron (poisson) [C. S., 326]. Cf. *frega* = frayer en parlant des poissons.

Freula = frôler.

Gieuletat (aquaduc) = fait en briques. (On trouve C. S., 150, *gieuleto* = brique).

Galech = ruisseau. (C. S., 112).

Galerito = alouette. (C. S., 158).

Gradino = outil de sculpteur. M.

Lanisses = cheveux frisés.

Luscre = crépuscule. M.

Lintos = persintes d'un vaisseau. M.

Languno = lagune. (M. S., 172).

Matatruc = lourd. M. (M. S., 16). (*Patatruc* existe à Carcassonne).

Manrouco (*couga la*) = couver une peine intérieure. (C.S., 148).

Manno = groupe (C. S. 218) (M. *manoun* = poignée).

Mestrairolo = métayère (C. S., 178). Cf. *Mestreyrot* = petit maître.

Noi = petit gitano. Mot d'argot sans doute. (C. S., 140).

Ourens = lambin M. (G., 70 ; — M. S., 138) sans doute de *ouro* (heure). Cf. en français *heure* et *désheuré*.

Olze = clavette d'un essieu. M.

Pinat = perché.

Paissi (*se*) = se faner. (C. S., 40).

Raibe = rêve, *Raibous* = rêveur.

Rapou = tampon de bois pour caler la meule. M. (C.S., 86).

Razizo = friche. M. (C. S., 110).

Restrassi (*sens*) = complètement. M. (C. S., 214).

Rau (*à*) = à sec, à vide (C. S., 218). M., qui écrit *raus* et rapproche de *raus* (roseau) en bordelais.

Riffado (*de*) = de champ. M. (C. S., 254).

Sugros = saillie, nervure des ailes des grillons. M. [G., 8].

Sieuse[1] (*peiro*) = (pierre) dure, *roc-sieure*[1] = quartz. (C. S. 218). M., qui donne comme étymologie : *silicea*.

Samoustaire = fouleur de vendanges. (M. S., 238).

CONCLUSION

Il nous reste à dire quelles conclusions nous semblent se dégager de cette étude. Nous craignons, en effet, qu'elles n'apparaissent au lecteur, non seulement un peu confuses, mais encore peu favorables à notre poète. Que dire au sortir d'une telle avalanche de mots et de mots rares ou parfois étranges, sinon que Fourès semble s'être forgé une langue quasi incompréhensible? Le jugement serait par trop sommaire. Quelque longues que soient les listes citées, gardons-nous d'oublier que bien plus dense et plus longue serait celle qu'on ferait avec les mots que nous n'avons pas relevés, parce qu'ils sont du langage courant. Une première remarque s'impose donc à nous : la richesse du vocabulaire chez notre poète.

Hâtons-nous d'ajouter que la plupart des mots qui figurent sur nos listes sous les titres : mots à sens détourné ou mots formés par dérivation et composition, seraient sans doute compris dans la patrie de Fourès, même par les illettrés. Il y a là, en effet, tout un système d'enrichissement de la langue qui est rigoureusement conforme aux règles que suit inconsciemment le peuple, lorsqu'il crée pour ses besoins des mots nouveaux. Nous aurions pu, à la rigueur, nous dispenser de relever et les diminutifs en — *et* (*eto*) ou en — *ou* (*ouno*), et

[1] Ces deux mots doivent être une double forme d'un seul et même mot : la permutation de *s* et de *r* est assez fréquente.

les augmentatifs en — *as* (*asso*) et les noms d'agents en — *aire* et les verbes à suffixe — *eja* ou à préfixe *en-*. Tous ces mots, à l'exception de ceux que le poète a tirés soit de mots tombés en désuétude, soit de mots étrangers à son dialecte, seraient,le contexte aidant du reste, aisément compris de toute personne parlant le patois du Lauraguais. J'en dirai autant de plusieurs mots archaïques qui, s'étant conservés dans des proverbes ou des locutions toutes faites ou parfois dans de simples comparaisons (nous avons relevé, à Toulouse, l'expression *crida coumo uno clamatièro*), seraient peut-être compris par des lecteurs connaissant à fond leur langue maternelle.

D'autre part, en ce qui concerne les mots étrangers au dialecte, n'oublions pas que les dialectes voisins ne sont pas sans se faire de mutuels emprunts. De plus en plus, aujourd'hui, grâce à la facilité des communications, à l'émigration soit temporaire (nous songeons ici surtout au service militaire), soit définitive, des paysans dans les villes, dans les villes où se coudoient et se lient des gens venus des quatre coins de nos provinces méridionales, il n'est pas rare d'entendre employer dans nos campagnes des mots appartenant aux dialectes les plus divers. En sorte qu'il se peut bien faire que plusieurs d'entre les mots cités par nous comme étrangers au Lauraguais y soient cependant compris ou peut-être même employés par certaines personnes ayant plus voyagé que leurs compatriotes.

Il n'est pas inutile enfin de remarquer que toutes les pièces de Fourès sont loin d'offrir les mêmes difficultés lexicologiques. Toutes celles — et elles forment un bon tiers de son œuvre — où le poète se borne à nous parler des hommes et des choses de son pays, à nous présenter, dans leur pittoresque et leur réalisme les métiers, les travaux, les usages bien connus dans le Haut-Languedoc, tels ces petits tableaux de genre qui s'appellent *le Barricou traucat*, *les Tirounels*, *A-n-un Noi*, *la Glourieto*, *l'Ensalado*, *les Bermenaires*, *les Flairous* — pour ne citer que les plus connus, — toutes ces œuvres sont écrites en une langue très pure, très simple, très claire, dont le charme et la saveur ne sauraient échapper à quiconque parle couramment le dialecte du Lauraguais.

Ce n'est que dans les pièces où le poète, présumant un peu

trop des ressources de son patois, sinon de ses forces, ne craint pas d'aborder des sujets moins populaires et s'essaie à manier les grandes idées générales, ce n'est que dans ces morceaux que sa langue, rebelle à ses efforts et comme réfractaire à d'aussi hauts desseins, perd, avec sa belle simplicité, ses réelles qualités de naturel et de pittoresque. Lorsque, par exemple, — et c'est ainsi que finissent bon nombre de ses pièces, — il entonne son hymne à la sainte Liberté, à la Paix, à la Fraternité humaine ou qu'il poursuit de ses imprécations les tyrans et les ennemis, quels qu'ils soient, du Progrès et de la Justice, quand il chante les géniales découvertes d'un Pasteur ou qu'il dit son admiration pour l'œuvre de Hugo ou celle de Balzac, quand il envoie un salut fraternel aux Canadiens, aux Jersiais, aux trouvères de Belgique, à la ville de Mulhouse, il nous semble que sa langue change d'aspect, devient trouble, confuse et comme un peu fangeuse, semblable à un ruisseau qui, enflant son cours et devenant torrent, emportant dans ses eaux des alluvions de toute provenance et de toute nature, n'a plus la grâce calme et la limpidité cristalline qui faisaient son charme et son originalité.

Gabriel CLAVELIER.

SUR LE DÉBAT PROVENÇAL DU CORPS ET DE L'AME

La récente publication dans cette Revue[1] de la version provençale du *Débat du corps et de l'âme* n'a pas résolu le double problème littéraire et linguistique que ce texte posait à notre curiosité.

Il y avait en effet une question littéraire, et l'on peut s'étonner que l'éditeur, M. Kastner, n'y ait même pas fait allusion. Sans doute, s'il s'agissait uniquement d'apprécier le mérite et la valeur propres du poème, on pourrait se contenter du jugement qu'il porte. C'est une œuvre médiocre qui ne se distingue en rien de tant d'autres poèmes moraux ou didactiques que nous a légués le Moyen-Age. L'auteur a mis en vers des idées et des croyances dont la naïveté touche parfois à la puérilité et qui étaient celles de ses contemporains. Il ne relève nullement par la forme qu'il leur donne la banalité de ces idées, ni celle du thème lui-même qu'après bien d'autres il s'est proposé de traiter. Mais, à d'autres égards, le poème provençal se distingue de toutes les versions qui nous sont restées du *Débat*, et c'est ce qui en fait l'intérêt. Non seulement il est la seule version provençale, mais il est le seul à nous présenter ce débat sous la forme particulière qui est la sienne. C'est ce qui ressort avec évidence de la comparaison faite par Batiouchkoff des différentes versions. Malheureusement M. Kastner n'a pas connu cette étude[2] plus récente que le travail de Kleinert[3] auquel il nous renvoie et qui en dépasse de beaucoup la portée. Elle nous montre que le poème provençal occupe une place à part dans la tradition du *Débat du Corps et de l'Ame*. Non seulement il s'oppose aux versions où la légende est présentée sous la forme d'une vision, mais il se distingue de toutes par le plan et les développements que seul il donne au débat. En

[1] Cf. Numéro de Janvier-Février 1905, pp. 30-64.
[2] Cf. Romania, XX, pp. 1 sq. et 513 sq.
[3] Kleinert. *Ueber den Streit zwischen Leib und Seele.* 1880.

réalité il nous rapporte non pas un mais trois débats. La *tenso* proprement dite du corps et de l'âme est suivie d'un débat entre les membres et le corps, suivi lui-même d'une dispute entre l'ange et le diable. Le tout se termine par le jugement que prononce le fils de Dieu. La complication de ce plan et divers autres indices avaient amené Batiouchkoff à concevoir l'hypothèse d'un *Débat* antérieur et plus simple dont celui-ci ne serait qu'un remaniement développé. La question se posait donc de savoir si avec le poème actuel nous avons affaire à une œuvre vraiment une, ou s'il faut y distinguer deux parties, un premier fonds analogue à telle ou telle version étrangère et une suite qui aurait été ajoutée plus tard.

A cette question se rattachait également celle de savoir si notre *Débat* provençal a un rapport quelconque avec ce *Contract del Cors et de l'Arma* dont parle Jean de Nostre-Dame[1] et qui, commencé d'après lui par Peire d'Alvernhe, aurait été achevé par un troubadour moins connu qu'il nomme Ricard Arquier de Lambesc. Quelque défiance que l'on doive toujours avoir à l'égard de cet historien fantaisiste de la poésie provençale, il eût été intéressant de rapprocher ce renseignement de l'hypothèse émise par Batiouchkoff. Il se pourrait, en effet, que suivant un de ses procédés habituels, il eût sur ce point altéré en partie un fait du reste exact. Peut-être dans ses affirmations n'y a-t-il d'arbitraire et d'erroné que l'attribution à Peire d'Alvernhe et à ce Ricard Arquier des deux parties du texte auquel il fait allusion. Peut-être a-t-il en effet connu un *Contract del Cors et de l'Arma*, et peut-être ce *Contract* n'est-il autre que notre *Débat*. Il pourrait l'avoir connu comme le remaniement d'un poème antérieur moins développé. Et ainsi l'hypothèse de Batiouchkoff pourrait trouver sa confirmation dans le témoignage de Nostre-Dame. La question en tout cas méritait d'être examinée, et pour toutes ces raisons, plus encore que ne le pensait M. Kastner, l'étude de ce *Débat* intéressait l'histoire de la littérature provençale.

Elle intéressait également celle de la langue et c'est ce qu'a compris l'éditeur quand il a fait précéder son texte d'une introduction grammaticale. L'étude linguistique devait en effet

[1] Cf. *Vies des plus célèbres et anciens poètes provençaux*, p. 162.

Le plus grave défaut de l'étude grammaticale de M. Kastner, c'est en effet de porter sur un texte mal établi. Son édition ne semble pas avoir été conduite avec une méthode suffisante[1]. Ce n'est pas une édition diplomatique puisqu'elle corrige parfois le manuscrit. Ce n'est pas non plus une édition critique puisqu'elle ne reproduit pas toutes ses variantes et qu'elle laisse subsister ses fautes les plus manifestes. Dans le texte publié, ni les vers faux ne manquent, ni les passages inintelligibles. Sans doute, quelquefois, M. Kastner nous signale-t-il les vers faux comme tels. Il eut mieux valu chercher à rétablir partout la rime, la mesure et le sens. Les corrections, en effet, étaient le plus souvent aisées à trouver et parfois même la bonne leçon ou la forme véritable étaient dans le manuscrit qu'il eût suffi de mieux lire.

C'est à ce meilleur établissement du texte que nous nous proposons de contribuer. N'ayant pas en ce moment le loisir d'entreprendre la double étude qu'attend encore le débat provençal du Corps et de l'Ame, nous croyons utile de publier les remarques suivantes au texte qu'en a donné M. Kastner. Nous avons utilisé une copie que nous avions du manuscrit et des notes que nous avions rassemblées en vue d'une édition jadis projetée.

* *

2. Msc. : *Say vos dir en quall rason*. L'altération provient, sans doute, d'une erreur du copiste qui a pris *say* pour la 1re p. s. Ind. pr. de *Saber*, au lieu que nous avons sans doute affaire à l'adverbe *say* = *ici*. Dès lors on préférera corriger *Say vos dirai*, qui du reste s'accorde mieux avec le reste de la phrase.

4. *Entendes* et *escoytas* ne pouvant être des subjonctifs ne peuvent par conséquent se construire avec *an que*. Le manuscrit donne du reste : *E s'entendes et escoytas*.

6. Msc. : *frus*, forme curieuse pour *frucs* et qu'il fallait conserver comme attestant la chute de *c* devant *s* flexionnelle. — Corriger : *ren*.

8. Corriger *pert*.

[1] Même au point de vue matériel on y relèvera certaines inconséquences. Les élisions certaines n'y sont pas toujours résolues. L'inconvenient réel de ces hésitations est de rendre peu sûre la lecture du texte.

11. Rétablir la rime, la mesure du vers et la correction grammaticale en corrigeant : *Que canta a la fola gent.*

12-14. Il faut faire de cette phrase une question et mettre après le vers 14 un point d'interrogation. — Au v. 13 on lira : *Si el es guarnit de bon sen* et au v. 14 on corrigera : *despen.*

16. *Tu sabes* est impossible. Le poète s'adresse à tous ses auditeurs. Le manuscrit donne du reste : *tut sabes* et *sabes* est la 2e p. pl. de l'Ind. pr. de *saber*. Cf. v. 25 *si mi sabes.*

18. Msc.: *Con argent e aur con es rescondut.* Lire : *Con argent cant es rescondut* et arrêter la phrase avec le vers.

19. Msc. : *Per que mi plas cant es azenant.* Lire : *Per que·m plas cant es azenant* et entendre : « C'est parce que je le veux bien que je chante, et maintenant je vous dis.... . ». On relèverait cette forme *azenant* = *adenant.*

22. Mettre un point après *entendre.*

26. Au lieu de rétablir le vers en introduisant *en,* je serais d'avis de rétablir *i* qui dans le manuscrit se trouve au vers suivant où il n'a que faire.

27. Msc. : *Ja i non vos tendray.* Le mot *i* fausse le vers et doit être supprimé, mais *tendray* est de beaucoup préférable à *rendray* qu'a cru lire M. Kastner.

30. La conjecture faite pour rétablir le vers est bien peu satisfaisante surtout pour le sens. Lire plus probablement : *E entendes ben en cal son.*

31. La forme *prenas* pourrait bien n'être qu'un barbarisme pour la forme et une absurdité pour le sens. Le manuscrit a du reste *fernas* qu'on corrige aisément en *fermas.*

34. J'ai lu dans le manuscrit : *car ja tost.*

37-38. Les deux vers sont intervertis sans raison par M. Kastner. De plus, le vers 38 est fautif et introduit une incorrection grammaticale qui n'était certainement pas dans l'original. *Le liam* sujet de *romp* étant un singulier, son relatif ne peut être le sujet d'un verbe au pluriel. On lira donc :

Que ben vey que romp le liam
Que nos a mantegut lonc temps
Ses departir vivent ensemps.

39. Corriger : *non a poder.*

40. Msc.: *puyscam.*

42. Msc.: *em vengut.*

49. On peut également conjecturer : *E dis que ja no's partira.*

53. Corriger : *pecat.*

54. Msc.: *En que tu as perserat*. La correction *En que tu as tan percassas* est purement arbitraire et n'offre aucun sens. Il suffisait de compléter *perserat* en *perseverat.*

55. Corriger : *tieu fals ausir.*

57. Corriger : *ergulls.*

60. On peut conjecturer aussi bien : *qu'anc no'n volguist pendensa far.*

61. Corriger évidemment *en* en *e.*

66. Msc.: *Que sieu nullz ome entant non si mes* que je serais d'avis de corriger en : *Que nullz om en tant non s'i mes.*

67. Msc : *atrobes.* — Mettre un point à la fin du vers.

68. Corriger *e* au lieu de *en* et remplacer le point et virgule par une simple virgule.

69. Corriger :

Tieu deliech e tieu adulteri
Son escrich en aquest psauteri.

71. Corriger évidemment : *per renou* = par usure.

79. La rime n'exige-t-elle pas *escriech?*

80. *E membra mi soven el liech* peut difficilement donner avec ce qui suit un sens satisfaisant. Le manuscrit porte *En ombra* qui est la bonne leçon. Il n'y avait qu'à relever l'emploi de *sovenir* avec son sens propre de *se présenter à, s'offrir,* etc.

83. Msc : *degun.*

85. Corriger : *que vei de.* — A la fin du vers, le manuscrit donne *luch* qui ne rime pas avec *poch* du vers suivant. L'éditeur corrige, mais *luenh* et *poenh* ne riment pas davantage. Ne doit-on pas lire *lunh* et *punh?*

94. Msc.: *Mortz es cuech es tot mon pan* qu'on pourrait lire : *Mori e cuech es tot mon pan.*

96. Corriger : *Tant apoderan li tyeu mall.*

101. Lire avec le manuscrit : *Enz en un fuoc.*

102. Msc.: *Car o poderan li mall* qu'on corrigera en : *C'ara apoderan li mall.*

106 Corriger : *E dises qu'yeuch ay faszt las fallyas.*

108. Msc.: *paraula pada* qu'il faut lire *paraula proada.*

109-110. Corriger comme suit les deux vers :

E pos tu mi vos tensonar
Laysa mi mon drech rasonar

116. Corriger : *Que estiers.*

125. Lire : *E pos tu fust dins mi venguda.*

126. Corriger : *Non ay yehu ren faz ses t'ayuda* et supprimer le point d'interrogation.

127. Msc.: *pogra* à corriger en *poc ja.* On corrigera également *re.*

128. Corriger : *dedins.*

129. Corriger : *E non sabes tu que vers es.*

131. La leçon *E n'es obs que tu mi desliure* n'est pas dans le manuscrit. Elle n'est acceptable ni pour le sens ni au point de vue de la grammaire. J'ai lu dans le manuscrit : *E ay no ses desliure* que je proposerais de corriger en :

E ays no l'es si n'es desliure

134. Corriger : *mantenent.*

142 Msc.: *la vol anar* qu'on pourrait corriger en *lai vol anar.*

144. Corriger : *diyssiest.*

146. Msc.: *Nan tort.*

148. Supprimer la virgule après *consent.*

150. Corriger : *no'm podes.* Supprimer le point d'interrogation après *encolpar.*

154. Supprimer *teu* qui n'est pas dans le manuscrit et qui fausse le vers.

163-164. Pour le premier de ces vers j'avais lu dans le manuscrit : *Arma si tu ren dir.* On corrigera :

Arma si tu no vols ren dir
Aquest contrast vull departir.

167. Supprimer le point d'exclamation.

169. Corriger : *facha.*

171. Ici et partout ailleurs le manuscrit donne *nembres* au lieu de *membres.* C'était une forme à respecter.

172. Corriger : *E mi car no't guardiey de dan.*

173. Msc. : *E tut li tieus nembres primps e grosses*, à corriger par la simple suppression de *tut.*

178. Corriger : *nascus.*

180. Msc. : *E aras son de leu cofondre*. La leçon très satisfaisante devait être respectée.

182. Msc. : *Raonar m'ay*. Maintenir cette leçon et relever cette forme décomposée du futur dont il y a plus d'un exemple en ancien provençal.

185. Corriger : *Tant co yu ceray dins ton cors*.

202. Msc. : *l'as faza*.

205. Corriger : *estyest*.

210. Corriger : *presic*.

213. Msc. : *ni non* à lire : *ni no·n*.

216. *Luec* ne donnant pas grand sens, ne faut-il pas corriger *fuecs* et l'entendre au sens de *ardeur*, *désir*, etc. ?

220. Corriger : *Mays ti plasia que·ls mestiers*.

221. Msc. : *Que las gens en la glesa disiyan* qu'on corrigera en : *Que la gens el gleisa disie*.

222. Corriger : *An que ren no ti destrenye*.

223. Corriger : *No pensavas*.

225. Supprimer le point après *causist*.

226. Msc. : *Cor malla ta vist per que mal m'en ven*. A la correction de l'éditeur on préférera : *Cor mall t'ai vist que mal m'en ven*.

229. Vers faux à rétablir, sans doute, par la suppression de *so*. — Le manuscrit donne *cor*.

231. Corriger : *grans* et de même au v. 290.

234. Msc. : *postz*.

235. Corriger : *Non es*.

240. Rétablir le vers en corrigeant : *Si non son segur del nauchier*.

248-249. Corriger ces deux vers et lire :

> *Car, qui la laysari 'estar*
> *Al merce del vent, briaria*.

253. Rétablir le vers en corrigeant : *que los*.

254. Mettre un point d'interrogation après *morta*.

257. Msc. : *melyor*.

258. Corriger : *on ben la guia*.

261. Corriger : *marinyer* et de même aux vers 267 et 281.

269. Corriger : *es el*.

271. Msc. : *que tu que y est aguda per loncs ans*, qu'on corrigera en : *que tu yest aguda loncs ans*.

271. Corriger : *En mi quez suy naus naveguans.*

274. Corriger : *perdut.*

276. Msc. : *Els nembres que y an ajudat.*

277-280. Nous proposons de lire comme suit ce passage qui ans le manuscrit est manifestement altéré :

Car si anc fi ren contra Dieus
En pecas mall e·ls nembres mieus.
Tu e·ls nembres degras guardar
Mi que no pogues foleyar.

282. Malgré la correction de M. Kastner le vers reste faux. Corriger : *E Dieus mi det tu per nauchier.*

290. Corriger : *grans meravelyas.*

294. Msc. : *Nos non podon mays li tieus fols yornals.* — Corriger : *Nos? Non, mays li tieu fol yornal.*

300. Il nous paraît préférable de corriger : *E tu deves lo miels causir.*

310. Corriger : *tormens.*

311. Le vers est faux et doit être lu comme suit : *Per cal rason em encolpat.*

313. Corriger : *mals.*

314. Msc. : *yest.*

322. Msc. : *Dieus to rendra per ton gran.* On peut conjecturer : *Dieus ar t'o rendra per son grat.*

325. De *tot quant ti tais* il est impossible de tirer un sens acceptable. Il faut sans doute lire *t'irais.* — Comme le vers se rattache au précédent on supprimera le point d'interrogation du v. 324 et on mettra un point après *irais.*

326. *Nos* est à maintenir au moins sous sa forme appuyée. Lire : *Si ·ns.*

327. Msc. : *Mal e ben ti fan sentir.* Il suffit de corriger *fan* en *fasem.* Cf. v. 299. *Mall e ben ti fasem ausir.*

328. Rétablir le vers en corrigeant *miels.*

329. Msc. : *fach.*

331. *Ni* doit rester dans le texte et, de préférence, l'on corrigera *podes* en *potz.* La phrase doit se terminer avec le vers. C'est après *encollpar* que doit se placer le point d'interrogation.

332. Msc. : *Ja qui* — Corriger : *laysava* et remplacer le point d'interrogation par une simple virgule.

333. Rétablir le vers en supprimant *E*.

335. Rétablir le vers en supprimant *gran*.

337. Il nous paraît difficile d'admettre une forme *vendre* = *venir*. Nous serions d'avis de corriger : *Miels deuria ara ti pendre*. Cf. v. 47. *Que a l'iysir mi cuya pendre*.

338. Corriger : *Car de mal no·t poguist defendre*.

340. Corriger : *en que·m prengua*.

342. Ecrire : *Mays scasadamens*.

347. Msc. : *non era beus*.

348. Msc. : *E si tot lo poder fos meus*.

353. Corriger : *Ni si tu no l'as fach ti toll*.

354. Msc. : *qu'en mi*.

355. Corriger : *Que si tenes la boca clausa*.

356. Corriger : *Per forsa s'estanca e·s pausa*.

357. Maintenir la leçon du manuscrit : *C'a parlar mi ven, ullya o non*.

364. Corriger : *Que silh fasia ton deman*.

365. Corriger : *Las mans prezeron a parlar*.

366. Corriger : *Cor de que·ns podes encolpar?*

374. Corriger avec le manuscrit : *E con a segnyor obesit*.

377. Corriger : *Que nos e l'arma sens rason*. — Le vers se rattache au précédent qui ne doit pas se terminer par un point.

380. Rétablir le vers en supprimant *en*

382. Corriger : *l'absterzas*.

384. Corriger : *Cor, e con yes tu tan engres*.

385. Msc. : *cant tost tos nembres ayas treball*. Corriger : *c'an tos nembres ayas treball*.

389. Msc. : *los*.

393. Il nous semble préférable de corriger : *quez i anem*.

395. Corriger : *passecem*.

396. Msc. : *nos i foram*.

397. Corriger : *estrechs*.

400. Msc. : *Canc li nembres non donavan ayse*. Corriger : *C'anc li nembres no·s davan ayse*.

414. Corriger : *fasie*.

415. Corriger : *yuyat*.

419. La correction qui consiste à supprimer *que* a pour effet de rendre le vers faux.

423. Corriger : *Bon servisi guisardon quer*.

429. Msc. : *non si* qu'il faut écrire *no·s*. — La phrase doit se terminer avec le vers.

431. Corriger : *ves nos ni l'arma*.

434. Corriger : *fer manes*.

439-441. Ce passage est certainement altéré dans le manuscrit, et, tel que le donne M. Kastner, ne peut offrir un sens acceptable. Nous serions d'avis de corriger et de ponctuer comme suit :

Vos autri vos es mal guardat,
De savisia moven foldat
Aures renyat mot longuamens.

447. Msc. : *est* — Corriger : *naturall*.

449. Corriger : *tut* et *mieu*.

451. Corriger : *E s'ieu vall mays que vos non fas*. — Supprimer le point à la fin du vers.

455. Corriger : *de ergull*.

456. Corriger : *ni·ls*.

458. Corriger : *darres*.

459. Corriger : *d'aull*.

464. Rétablir la leçon du manuscrit : *O cell c'atrestant pot e vall*.

468. Corriger : *l'enpren*.

473. Lire : *qu'en ver no·us en podes clamar*.

474. Msc. : *E syn puasc vos o ben par*. Corriger : *Es yu ne puasc vos, o ben par*. — La phrase doit se terminer avec le vers.

476. Msc. : *E vos sias*. — Corriger : *Vos estavas alegres tuch*.

479-480. Msc. : *Tan flax e tan aul sias*
Que null consell non vos davas.

La leçon donnée pour le second vers par le manuscrit est assurément la bonne, mais *davas* oblige à corriger *sias* du vers précédent. On conjecturera avec vraisemblance :

Tan flax e aul estavas.

483. Msc. : *vivon*.

484. On peut maintenir *adonx* et corriger *fuolhs*.

488. Msc. : *meta*.

491. Msc. : *est.*

492. Corriger : *que anc enves mi non est francas.*

503. Lire : *qu'el.*

508. Msc. : *En est agut pasonyers.* Corriger : *En est* et *parsonyers.*

510. Msc. : *mi.*

512. Msc.: *Elanarras lo centiron.* Corriger : *Esi las narras lo centiron.*

518. Corriger : *E car* et *rot.*

528-531. Ces vers doivent être rétablis comme suit :

Tall paor ay que no m'en tir
L'enemic de tu al partir,
Que yeuh ssay, si m'enmena ar,
Que cambiat sera mon afar.

533. Corriger : *S'ecer.*

537. Msc. : *puasc.*

540. Corriger : *no·s part.*

541. Msc. : *An per pendre*

544. Corriger : *E, si·l clam merce, enemic.* — Le vers fait suite au précédent dont on supprimera le point et virgule.

554. Msc. : *De grand tort fach petis demans.*

556. Corriger : *rendes.*

560. Corriger : *Elunhas.*

561. Corriger : *fers.*

564. Corriger : *conort el vas.*

568. Corriger : *E mi fai mot trop bestensar.*

579. Corriger : *que tu quers.*

583. Msc. : *Ili nauria = Ilh n'auria.*

587. Corriger : *que cuyas tu.*

589. Corriger : *pus ilh* et *Dieu.*

591. Corriger : *romaner.*

610. Corriger : *que sia.*

616. Msc. : *peque.*

618. Corriger : *dat.*

619. Corriger *pecet* pour rimer avec *tornet* du vers suivant qui est la leçon du manuscrit.

623. Msc. : *E an penedensa que prena.* On corrigera simplement *prengua.*

628. Corriger : *tenir camin*. Cf. l'expression synonyme *tener* *ı = s'en aller*.

629. Msc. : *Assi strig en papier*. Corriger *que assel escrig en* *pier*.

639. Corriger : *ant*.

641. Corriger : *y ai estat*.

651. Le vers est faux, alors que le manuscrit donnait très rrectement : *l'arma qui t'en dava poder*.

654. On peut conjecturer pour rétablir le vers : *mot gran*.

655-656. Corriger comme suit ces deux vers :

Et auras lanya anz trobada
Que aquest' arma guazanyada.

661. Msc. : *fas*.

666. Corriger : *qu'yeu no ·n voly ges*.

667. Corriger : *cors*.

670. Corriger : *que tot laysa detras*.

674. Msc. : *Aygres*.

682. Corriger : *ni n'amorssa*.

685. Corriger : *ergulh*.

686. Supprimer la virgule après *vull*.

691-692. Les deux vers doivent être intervertis comme ils sont en effet dans le manuscrit.

697. Corriger : *Si cuyas per ton encolpar*.

700. Corriger : *tengua ·n dan*.

707. Msc. : *almorna*.

713. Supprimer le point après *monda*.

714. Corriger : *vici*.

721. Msc. : *guanren*.

723. Msc. : *retras*.

732. Supprimer *tu*.

737. Msc. : *que tut tres em el poder sieu*.

740. Corriger : *L'enemic gieta un sospir*.

747. *Auzirerem* ne peut être qu'un barbarisme. Corriger : *'s auzirem on que*.

755. Corriger : *L'enport ssell*.

759. Corriger : *Sabras o quant sera yuyada*.

760. Corriger : *Ar dises qu' yeu la·t layss portar*.

761. Corriger : *t'aus plus qu'en foll*.

763. Corriger : *que·l sieu met en comunalesa.*

764. Corriger : *Ni so qu'el avia conquist.*

765. Msc. : *en ren.*

767. Corriger : *De l'arma.*

769. Rétablir avec le manuscrit *que l'ay* et supprimer le point après *raonar.*

770. Corriger : *L'enportaray* et de même au vers 780.

771. Rétablir avec le manuscrit : *E tu non i demandes plus.*

773. Corriger : *prendas.*

777. Corriger : *E l'en degra.*

781. Corriger : *puays.*

787. Lire avec le manuscrit : *Ni yeu no la t'en lays portar.*

788. Corriger : *E s'enaysi l'arma reman.*

799. Corriger : *E yeu l'autrech.*

801. Corriger : *coma l'an.*

802. Corriger : *l'arm' e·l cors e li nembres tut.*

806. Corriger : *que vos sapjas.*

807. On corrigera plutôt : *A mi pus non calra parlar.*

809. Il est inutile de supposer ici, comme le fait M. Kastner, l'existence d'une lacune dans le manuscrit. On peut assez aisément rétablir dans ce passage le sens et la rime qui, en effet, sont altérés dans le manuscrit. Il suffit de corriger le vers 909 et de le lire : *Pero non dic que mi afan.* « Pourtant je ne veux pas dire que ce travail (que je voudrais éviter) doive me fatiguer à l'excès. » On peut supposer qu'après le substantif *afan* du vers 808 le poète se sert à dessein du verbe *afanar*. C'est ce qui expliquerait la singularité de la rime.

811. Msc. : *Lo drech qu' ieu vos faray ausir.*

822. On corrigera avec plus de vraisemblance : *Venc clavelat sus en la cros.*

848. Corriger : *angels.*

849. Corriger : *que·m.*

855 Corriger : *pentenssa.*

856. Msc. : *Que anc fos ni ya mais sia,* à corriger : *Que anc ya jos ni ya mais sia.*

857. Corriger : *un dia.*

858. Corriger : *No feron foli' e pecat.*

860. Msc. : *Non avieyn tos.*

864. Msc. : *an fell.*

866. Msc. : *an agut.*

874-875. Corriger : *hueymais* et *plays.*

886. Msc. : *ancaras.*

894. Msc. : *ren del sieu.*

895. Corriger : *asell mou de.*

896. Corriger : *Car la demand' e pens' aver.*

902-903. Ces deux vers doivent être intervertis. — Corriger : *mi n'est guarent.*

920. Msc.: *de.*

931. L'accord du participe exigerait *conquista.* Aussi préfèrera-t-on corriger *Ay en aquest' arma conquist.*

941. Msc.: *voll autre.*

945. Msc.: *sos.*

954. Msc.: *Hueymais.*

961. Corriger : *dech.*

963. Corriger : *fer m'es.*

980. Msc.: *que sab tot cant es.*

982-983. Corriger : *tensons : rasons.*

985. Corriger : *E a pres las cartas escrichas.*

995. Msc.: *s'es menat.*

1004. Corriger : *Folia fas gran car encolpas.*

1005. Corriger : *e· ls tieuas polpas.*

1014. Supprimer *E.*

1015. Corriger : *Fayt, si que aras per enguall.*

1021. Corriger : *sias dins.*

1022. Corriger : *e li tieu enfant.*

1032. Corriger : *yuguados.*

1034. Corriger : *L'un dels parens.*

1035. Corriger : *preneyre.*

1036. Corriger : *tuados.*

1041. Lire : *an dos.*

1048. Corriger : *areguarda.*

1050. Maintenir la leçon du manuscrit : *De l'aver yest bayles agut.*

1052. Msc.: *menara.*

1057. Corriger : *qu'as donat.*

1068. Insérer ici les deux vers altérés qui sont en marge dans le manuscrit. On peut conjecturer :

La tieua carn sera manyada
De verms e tota deguastada.

1069. Corriger : *en ter' anaras.*
1070. Corriger : *Tres sun qu'an ton afar partit.*
1076. Corriger : *a qui as.*
1078. Corriger : *a qui l'as.*
1085. Corriger : *si ·l cos.*
1086. Corriger : *potz escusar.*
1088. Corriger : *tot oms a mot petit de sen.*
1090. Corriger : *no s'escuza.*
1139. Corriger : *las, con len mori.*
1142. Corriger : *qu'en fuoc e flama ben ardent.*
1152. Corriger : *E enaysi faras pendensa.*
1156. Corriger : *tu l'ajas.*
1158. Corriger avec le manuscrit : *purguada.*
1161. Corriger : *e que tires on.*

Jules Coulet.

DOCUMENTS SUR LES RELATIONS

DE

L'EMPEREUR MAXIMILIEN ET DE LUDOVIC SFORZA

EN L'ANNÉE 1499

(Suite)

36

Ludovic Sforza à Agostino Somenza [1]

(Milan, juin à août 1499)

(7 juin)

Augustino, el desiderio nostro de veder la Maestà Cesarea, siccome è grandissimo, cossi l'effecto non porria se non piacere; ma essendo le cose presente in li suspecti che se vedono, maxime de Francesi, el partir nostro da qui saria fora de proposito, e pero, rispondendo a quello ne scrive essere per te dicto alla Cesarea Maestà circa lo abbocamento nostro, te diremo che non essendotene altramente parlato da la Maestà sua, tu anchora te ne debii passare senza farne parole.

(Milan 19 juin 1499 [2])

Augustino, dal cancellero di Lorenzo Mozanica (quale se trova de presente in Ast per la praticha chel ha manezato del accordo de Astesani cum Genoesi), havemo havuto lettere continente li capituli vederai per l'incluso exemplo : ce lo mandamo acio lo monstri alla Cesarea Maestà, perche possi melio cognoscere l'animo de Messer Jo. Jacomo, quanto el sii iniquo e perverso. Ma speramo in Dio et in la Cesarea Maestà Sua, che questi designi che se hano facto cossi alti e depincto a suo modo, presto debiano cognoscersi senza quello

[1] Milan. *Ibid. Id.* Minute Orig. : « Augustino Somenzio ».
[2] Milan. *Ibid.* Minute originale (au même).

fundamento che si jacta... In epso exemplo vederai etiam quello è dicto per non havere voluto concedere el transito per il dominio nostro alle victualie voleva mandare M. Jo. Ja. Triultio a Grisani, como non havemo anche permesso ad altri che gli ne volevano condure, e ne sono state tolte ad alcuni gli ne conducevano senza permissione.

Haverai insiema summario de lettere del cancellario nostro mandato al duca di Savoia, quale similmente participarai alla Cesarea Maestà, perche la veda chel predicto duca non porria demonstrare mazor reverentia et affectione verso lei e constantia con tante offerte del re di Franza per tirarlo alla volta sua, e pero essere tanto più a proposito che la Maesta sua li mandi uno per tenerlo ben fermo in questo, como la sollicitarai ad fare.

(Milan 24 juin 1499[1])

... Quanto al duca di Savoia, epso ha mandato duy oratori a nuy a farne intendere che dal Re de Franza l'è stato ricercato de passo e victualie per le sue gente per lo dominio suo, e chel voglia tuore da lui pensione e conducta, perche lo tractara bene; e che quando el recusasse, se passaria cum la forza; e che a questo è parso respondere ch'el sara contento de acceptare la pensione e conducta cum Sua Maesta cum darli passi e victualie; salvando pero l'honore e debito suo, per el quale se non vole inferire, che dependendo dal imperio, el non sia ancora per mancare a quello che dal serenissimo Re li fosse commandato.

Riferiscono esser per la Cesarea Maestà parlato a li oratori suoi favorevolmente de nuy et de le cose nostre, quale non intende abandonare; laquale cosa mha portato piacere, e de questo haray ringratiare la predicta Maestà.

M. Ludovico Bruno m'ha, sotto una lettera credentiale, parlato in nome de la Cesarea Maestà raccomandando le cose de D. Gaspare di Sanseverino. Volemo per questo che tu preghi la predicta Maesta ad esser contenta de non farne più parlare de luy, perche li deportamenti soi cum nuy ricercano che più non se impazamo de facti soi, non havendo mai voluto cognoscere el bon grado haveva con nuy, anzi volendo convertire a maleficio contra nui se non li havessimo provisto.

(3 juillet[2])

Desyderamo che, quanto più presto sii possibile, se mandi il prevosto de Brissina, como è dissignato, al duca de Savoya et in Monferrato, e però, quando non fusse expedito, sollicitaray chel sia presto expedito.

[1] Milan. *Ibid*, Minute originale, fragment.
[2] Milan. *Ibid*. Minutes originales, fragments.

Essendo avvisati che quelli, quali la Cesarea Maestà ha mandato a levar le dinari de M. Baldassar, non hanno levato se non 13500 fioreni et hano lassato el resto per non essere la valuta como loro volevano, dicendo che li ducati se perderia troppo, e lo portare inante sia troppo incommodo ; tu farai intendere alla Cesarea Maestà che questo resto sara mandato a Ispruch in mani de Jo. Colla ; dal quale loco la Maestà sua lo potera mandare a tore con più sicurezza chel non se poteria dal canto di qua.

Nuy siamo pur da loco (*sic*) certificati chel Re di Franza è omnino disposto fare de presente la impresa contra nuy, ed, oltra le gentedarme quale manda de qua, expedira ancora molti fanti ; el che harai fare intendere a la Cesarea Maestà. Siamo ancora avvisati chel duca de Lorena è partito mal contento da la corte di Franza, ed essere andato a casa ; laquale cosa poria servire a qualche proposito de la Cesarea Maestà e nostro, cercando de havere qualche intelligentia cum epso ; e però glilo ricordamo, acio le possa fare qualche bon pensiero.

(8 juillet)

Havemo ricevuto le lettere tue de 27, 28, et 29 et, inteso tutto quello ne scrivi, comendamo nel tutto l'officio tuo e respondendo alle parte necessarie, te dicemo che : quanto alle victualie che sono in Valtellina, non se movera cosa altra, ma se segua l'ordine de Sua Maestà ; quanto a le cose de Firentini, epsi ce hano sempre facto pregare che essendoli periculoso el declararsi de presente, vogliamo essere contenti de soprasedere, finche habino Pisa, e stare alla fede loro; e per questo se è parso de consentirli e dimonstrare de rimanere de lor ben contenti, perche cossi ricercano le occorrentie presente. Circa el particolare del pontefice, ne piacera che la Cesarea Maestà eseguisce quanto ha dicto de fare per licentiare el legato, ma vorassimo chel proposito de Brissina designato a venire in Monferrato et in Savoia venisse più presto fosse possibile, perche cosi ricercano li presenti bisogni, e pero tu solicitarai l'effecto.

A Angelo de Florenza et Agostino Somenza

(Milan 25 juillet) [1]

Cum gran piacere havemo inteso la grata recolienza che la Cesarea Maestà ha facto a vuy M. Angelo, e la liberale resposta quale ha facto alla expositione de la commissione vestra ; laquale, se ben non è stata

[1] Milan. *Ibid.* Minute originale. Les mots en italique sont des additions interlinéaires, d'une main différente et hâtive.

aliena da la expectatione nostra, ne porta però tanto mazore conforto quanto chel bisogno se appressa, havendone Francesi rotto la guerra, como havrete inteso per altre nostre ; e per questo, toccando el particulare de li fanti, non vedemo che li Boemi possino essere a tempo del bisogno nostro, quale è presente. Pero pregareti la predicta Maestà a volere trovare modo de farne havere fin a quattro mila Todeschi, perche, oltra che siino valenti nel ministero de le arme, a noi importa molto el nome de li Todeschi contra Francesi; e quando non possa mandarne quattro mila ne manda tante quante po, e de qual sorte se volia, purche siino Todeschi, *importando ancora a nuy e dandone reputatione che se intenda che la Maestà sua ne manda fanti.*

De li homini darme burgognoni, attenderemo la resolutione che l'havera facto sopra quello che l'ha nominato, e che la daghi ordine che o de luy o de altri se possiamo valere, ne se habii a tardare ad inviarsi *de qua, perche da nuy se accepta quello ha nominato o altro, purche se facia mettere presto a viaggio.*

Quanto alli bombarderi, desideramo e pregamo che anche s'usi presteza in far venire quelli de lo illustrissimo archiduca suo fiolo como ha dicto de fare *o qualcuni altri.*

A Agostino Somenza[1]

(Milan 31 juillet 1499)

Dux Mediolani. — Augustino, se ha da M. Galeaz Vesconte como Suiceri sono benissimo dispositi alla pace cum la Cesarea Maestà ne sono per discostarse de le cose honeste e che in la dieta facta a Zurico hanno facto libera resolutione, *nemine contradicente*, de venire a questa pace. E questo, per quello ne scrivesti li di passati de la doglianza che la fece in concilio de non essere aiutata. Quello che ad noy occorre seria che quando la Maestà sua se vedesse si munita e galiarda de gente che la potesse in tuto debelare li soi inimici, che la seguisse l'impresa; ma quando la cognoscesse anchora che li fosse difficile, per non havere da quello canto tutti quelli adiuti seriano necessarii, como noy dubitano, a noi andaria per animo chel fosse bene che epsa Maestà applicasse l'animo alla pace *aut saltem* ad una honorevole tregua al manco de uno anno, ne la quale noi fossimo inclusi, e che la Maestà Sua tolesse depsi Todeschi e Suiceri per fare l'impresa contra Venetiani; e noy anchora ne havessimo per usarli contra Francesi ; e cosi epsa Maesta se voltasse contra Venetiani, li quali se vedeno che, per satisfare

[1] Milan. *Ibid. Carteg. Generale.* Minute originale. En marge, cette indication de la chancellerie milanaise : *Zifra tutta.*

al Re di Franza e per la insatiabile cupidità loro, ne moveno guerra; et a fare guerra contra Venetiani, credemo la Maestà sua havera li soi più disposti che non ha a questa guerra; e noy acciò possa intrarli honorevolmente, saremo contenti donarli venticinque milia ducati; e cosi facendo, se trovara a loco de reportare più honore ed utile, e dara ad noy in tanta oppressione grandissimo sublevamento e se conservara questo stato, del quale sa che in mane nostra ne po disponere como li piace.

E perchè la Maestà Cesarea porria pensare che in questo ne movesse più el particulare nostro cha quello de Sua Maestà, tu li hara a dire che, como servitore che li siamo, ne proponemo sopra ogni altra cosa lhonore suo, e che quando la se trovasse in quella impresa in termine de potere reportare victoria de li inimici soy, la confortaressimo a seguire la impresa; et a questo noy li meteressimo ogni nostro potere, ma quando la sii in termine che la non veda potere fare quelli effecti che la desidera, ma sii necessitate starsene in difesa cum fare poco fructo, in questo caso judicamo sii più honorevole a Sua Maestà el fare la pace o tregua honorevole, cum questo obgecto de voltarsi alla impresa contra Venetiani; perche parira che como prudente che la è, lhabia saputo honorevolmente cavarsi da quella guerra per voltarsi ad una altra, dove venera la castigatione de chi adversa continuamente a Sua Maestà, ed ultra l'honore, gli ne reuscira ancora grandissima utilitate.

Appresso accadendo che la Cesarea Maestà venga o ad pace o ad tregua cum Svizzeri ne la quale anchora non siamo inclusi, crederiamo chel non fosse in proposito el concludere de presente la lega che si è praticata. Però tu dirai che in caso se facesse tregua, seria bene facto se tenesse sospesa dicta pratica, perche stando ne li termini che stiamo, non saria a proposito nostro se scoprissemo, e che essendo Suiceri bene dispositi verso noy, se le provocassimo contra. E perche la Maestà sua non se credesse che in questo ne movessimo per non pagare li trentatre mila fiorini, essendo noi contenti donarli li venticinque mila ducati per fare guerra a Venetiani, pò da questo cognoscere che non lo facemo per questo; e poy quando in altro tempo li pare che questa liga sia a proposito nostro e se facia, sempre la obediremo, tutavolta siamo fora de Francesi; che adesso trovandone in mezo de Francesi e Venetiani, e se tirassimo anchora Sviceri contra noy, non credemo fosse a proposito nostro.

Te scripsemo per altre nostre del venire per mare del Reverendissimo ed Illustrissimo Monsignore vicecancellaro nostro fratello; hogi havemo havuto lettere como è dismontato a salvamento alla Speza cum tuti li soi.

Mediolani, die ultimo Julii 1499.

(Milan 17 août)[1]

Anchora che da M. Vesconte habiamo havuto prima tutto quello che ne hai significato per la tua de 5 del presente, nondimeno ne è stato gratissimo che anchora tu ne habii avvisato del tuto, e poi più oltra la expedicione de le lettere al re di Franza et instrumento per Venetiani; el tutto ne ha portato grandissimo conforto, et in tempo che ne troviamo molto afflicti et travaliati per la perdita de la Rocha de Arazo, et hora de Anono, como vederay per l'extracto de le lettere de Messer Galeazzo. E però, ringraciando la Cesarea Maestà de la bona resolucione facta, l'officio tuo sara de demonstrarli el grandissimo periculo nel quale ne troviamo, e la necessita che havemo de essei soccorso cum presti effecti; e cossi la sollicitarai ad mandare de le gente de pede e de cavallo più che la po; che nuy, perche lhabia modo per potere inviare de li fanti, atteso el ricordo che tu ne fasesti de mandare mille sin in due milia fiorini, havemo expedito Paulo Bilia, quale vene in diligentia e porta quella summa; ed a Tirano se dara ordine de potere dare la paga a quelli trecento, quali ne scrive che se mandeno per la predicta Maestà per liquali hai impinudato li cento fiorini dal conte Philippo; li quali cento fiorini mandamo per questo cavallaro per potergli restituire et ad epso conte scrivemo una bona lettera juxta el ricordo tuo, quale te mandamo a parte accioche prima la vedi.

Quanto alli mille fanti, quali la presente Maestà ha dicto volere expedire e mandare per la via de Savoia, el che ne è de grandissimo conforto, tu li ricorderai chel è necessario che, volendoli mandare per Savoya, epsa sia quella che ricerchi el transito sicuro al dicto duca, perche a nuy non saria più prestato audientia per esserse in tutto facto Francese e col stato et colla persona.

De li fanti Boemi e del duca de Brosvich, il caso nostro è in termine chel ricerca de li adiuti presentanei e non che vadino alla lunga como sariano questi; e po poy intendere quello che sia l'officio tuo de fare.

Et ne dole e rincresce più a noy che ad altri che li due mila fiorini, quali restino de li 6.500, non sieno pagati, perche non è cosa al mundo che faciamo più volunteri cha quelli dove se concerne el beneficio e piacere de la Cesarea Maestà; ma la grande premura che ne è sopragiunta de essere guerezato da due cossi gran potencie ne ha posto in une abisso de spesa chel ne convene impegnare quanto habiamo e da gran tempo causato che non si sono possuti pagare cosi presto, ma non se mancara però de trovarli modo e de pagarli più presto che sara possibile.

[1] Milan. *Ibid.* Minute originale.

Ne sara grato che faci opera che la serenissima regina ne ricomanda alla predicta Maestà, perche hora è tempo di recognoscere l'amore che la me porta.

Del cavallaro regio preso da Venetiani ne havemo anchora nuy havuto noticia como haverai inteso per altra nostra; ne de questo se ha molto a meravigliare, ma se ha bene a presupponere che sieno per fare tutto quello male che poterano contra Sua Maestà e contra noi.

Da M. Vesconte havemo havuto como lè poi stato li ed esser in bona speranza de la pace, laquale concludendo ce da opinione che saremo aiutati de la Cesarea Maestà de la guardia de Burgogna e de altri adiuti li quali tu haverai a sollicitare.

La lettera scripta al re de Franza con la instructione per Venetiani a nuy sono piaciute; è vero che haveremo desiderato che dove se li ricerca risposta fusse dicto che non cessando loro da le offese nostre, Sua Maestà cum sacro imperio faria contra loro; e questo poteria esser causa de farli andare più ritenuti; però quando accadesse replicare non se vole omettere quella parte e monezarli a la predicta de fare tale effecto, perche el ricevere risposta non è altro che darli materia de respondere parole e fra tanto fare el facto loro contra nuy; pero el bisogno nostra sia se li replicasse o mandasse Ambr.o como è dicto.

(28 août)

Milano, 28 augusti 1499. — Augustino Somencio. — Augustino, Nuy credemo facilissimamente che la Cesarea Maestà senta affano grande de la perdita de li lochi nostri, ma magiore lo sentiria se La vedesse cum l'ochio lo periculo grandissimo nel quale hora siamo, essendo dopo la perdita d'Annona seguita la perdita de Valenza e poi de Tortona e de tuti li lochi del Tortonese fino a Voghera, che è ancora ley perduta, per modo che l'exercito nostro se trova serrato in Alexandria, essendoli Francesi adosso a campo.

§ [Che si la disgracia nostra volesse che Alexandria si perdesse cum quella nostra gente, poriano Francesi venire de longo fin qui a Milano, como po la sua Maestà andare per Alamania, in modo che le cose nostre stano a mal loco, ne sia più reparo a la totale ruina nostra] [1].

Et havendo Venitiani rotto e gia occupato Aliojamon (?) et alcuni altri lochi, per non poterli tenere alcuno contrasto per attendere cum la gente haveriamo al opportuno loco, [2] ....
.... per modo che si po dire che tutta Geradadda

[1] Le paragraphe entre crochets est effacé sur la minute originale, et remplacé par le dernier paragraphe de la dépêche, *Ponatur*, etc.

[2] Quelques mots barrés et illisibles.

habia in tracto de otto di pervenire in mani de Venetiani, e però si po cognoscere il malo stato nel quale siamo e como a la salute nostra niuna cosa sia più necessaria che la celerita de la venuta de S. M. cum la gente ; tu adunche te trovarai tosto cum epsa, e cum lo discorso predicto li dirai che nuy siamo firmi a li primi capitoli; e per la instantia facta de pagare li 16.500 fiorini e cosi le due milia havere inteso che tosto li facessino pagare, e Dio volesse che li fanti fussino cosi presto, como nuy havemo pagato li dinari; perche el rompere adosso in Franza non sia el bisogno nostro, al quale non vedemo altro rimedio che la venuta de S. M. como è dicto. E cosi la pregarai e supplicarai cum ogni instantia che la voglia venire, senza metterli più tempo, perchè de quello ha ricercato per li primi capitoli, non se li ha mancato d'uno iota, e non solo se li dara Bormio e Tirano como ricerca per pegno, ma tuta Valtellina e Como in le mane; ne (*illisible*) de havere a quello ne ad alcuna altra cosa contradicione, pur che la venga cum el numero de la gente che ha dicto de venire, e che nel venire usa celerita, perche soli non possemo resistere a la forza de Francesi e de Venetiani. Se la observantia e devotione nostra verso lei non basta a moverla, lo mova lo interesse suo de non lassare andare in man de Francesi uno tanto stato che tuto ordiria a diminutione e forse ruina de la dignità imperiale, che tanto ne doleria per la jactura di S. M. et de l'imperio como per la nostra.

E perche questa benedetta pace cum Svizeri non habia tardare la venuta sua, la pregarai possendo concludere sia contenta la se concluda presto; quando ancora non si possa o vero si havesse ancora andare a qualche giorni a concludersi, voglia lassare qualche capitolo a l'opposito loro e non mancare ley de venire cum celerita et presto presto, tanto che ce resta ancora qualche lume, perche, per quanto saremo adiutati, non dubitamo che non se reduranno ancora presto in bono termino e cum grande contenteza e gloria de Sua Maestà.

L'andata sua ad Argentina, se la sara stata per beneficio nostro, come ogni rasone vole che pensiamo, ben sara, ma lo dilongarsi da nuy non si porta gia favore, alongandosi ancora pur lo venire. Pero l'haverai a pregare ad adattarse presto e voltare la persona sua in qua, perche si como la fama del venir suo ce portara favor grande, molto più pare lo portara lo effecto; far fare qualche mossa da quelli di Carinthia e Carniola verso Venetiani, che hora hanno rotto come è dicto, sia a gran proposito, e cosi desideramo facia; ponatur pero che per cosa ch'epsa facesse fare da quello canto, non se implicasse e tardasse lo venire, perche el principale è che lei venga. [....].

Haverai ringratiare la serenissima regina de la bona opera fa cum la Maestà Cesarea acio siamo adiutati. Tu li farai intendere che hora è tempo La ne demonstra l'amore ne porta, e che La ne ricomanda a la predicta Maestà ; altramente questo stato se perdera e andara fora de la casa nostra, che dovera cosi dolere a lei como a nuy.

[*Ponatur hoc intus ubi sig* θ] : Che fa che non se possiamo adiutare de quello exercito, se ben non siamo mancati de levare il conte de Caiacio dal opposito da Venetiani per dare faldo a M. Galeaz, ma per non potersi conjungere senza periculo de fare facto d'armi che hora sia periculoso, non sia cosi se Sua Maestà venera, perche a la gente sue se conjungerano le nostre, e se potra molto bene farsi incontro ali inimici e liberare Messer Galeazzo ; e poi uniti tuti se poteriano molte bene cazare per tuto ne li sara loco dove possino expectare, per la galiardeza ne la quale sera la Maestà sua cum le gente sue e nostre ; che hauto el poter necessario, che epsa venga presto, perche quando non venessi o tardasse tropo, poterano revoltarsi verso nui, e perche li nostri stati de la non si poteressino defendere.

37

Ludovic Sforza à l'empereur Maximilien

(Milan, 19 juillet 1499)[1]

Dilatum est in hodiernum diem, ab astronomo meo electum ut auspicato res fieret, Maximiliano filio meo Majestatis Vestræ litteras et principatus Pavie privilegium reddere, et quamquam ipse ei per litteras gratias agat, et ego, reverso proximis diebus ad me Marchesino, Majestati Vestrae scripserim, et ab Augustino Somencio significari jusserim quæ intellexisse ipsam arbitror ad testandum quantopere me devinxisset, nihilominus quod hodie perlectis Majestatis Vestræ litteris et privilegio coram omnibus apud me agentibus et aulae meae primatibus, R. D. Petrum Bonohomum rogavi Majestati Vestræ scriberet, denuo ei, quum tanta benignitate quottidie sua in nos immortalia beneficia magis augeat, gratias ago, non quas debeo, sed quas possum, e cum jamdiù ego cum liberis et fortunis omnibus Majestati Vestræ deditus sim quod amplius ei spondere possim non video, nisi me nihil magis optare quam pro Majestatis Vestræ amplitudine et gloria grati animi officium præstare posse, nullum unquam status nec mei ipsius discrimen recusaturum, sicuti et Maximilianum et reliquos liberos meos, patris vestigia et mandata sequentes, facturos confido. Commendo mea ac eos Majestati Vestræ.

[1] Milan. *Ibid.* Minute orig. : « D. regi Romanorum. »

38

Maximilien à Louis de Rippol, résident napolitain à Gênes[1].

(27 juillet 1499)

Maximilianus divina favente clementia Romanorum rex semper Augustus. Dilecte, scripsimus alias ad te ut illa quatuor millia ducatorum quæ serenissimus Federicus Siciliæ Rex, frater noster, carissimus, Genuæ pro redimendis argenteis nostris in manibus tuis deposuit nostro et imperii sacri fideli dilecto Marchesino Stangæ, illustris Mediolani ducis secretario, respondere velles; quod etsi non dubitemus te secundum scripta et commissionem nostram plene fecisse, nichilominus te et denuo hortamur seriose requirentes, ut si ipsa quatuor millia ducatorum nondum ipsi Marchesino per te exhibita essent de continenti exhibeantur. Quoniam vero nuper intelleximus ipsum Siciliæ regem alia sex milia ducatorum Genuam ad manus tuas misisse propter supradictam causam, ex te cupimus magnopere ut illa sex millia et aliam omnen pecuniam quam ipse Rex ad te nobis exhibendam transmiserit prefato Marchesino respondeas, vel cuicumque quem pro ea miserit cum quitantiis nostris. Misimus enim ad ipsum Marchisinum omnes quitantias et commissionem nostram quid de predicta pecunia facturus sit: facies in illo nobis rem gratam, erga te gratia et benevolentia nostra recognoscendam. Datum in oppido nostro imperiali die 27 Julii anno Domini 1499, Regni nostri Romani quarto decimo.

Ad mandatum domini regis.

39

Ludovic Sforza à Baldassare Pusterla

Commissaire général de l'armée Milanaise[2]

(Milan, 30 juillet 1499)

M. Baldesar, quello che cum boni effecti de continuo ce havete demonstrato in le imprese quale ve havemo date, ne ha inducto ad elegervi de presente commissario generale nostro del felicissimo exercito nostro, quale preparamo ad l'opposito de Franzesi; essendo certi

[1] Milan. *Ibid.* Original, suscription : « Dilecto Aloysio Rapole ser^mi regis Sicilie oratori Genue. »

[2] Milan. *Ibid.* Minute originale.

che per la fede e devotione portate ad noi e stato nostro, le cose che ve occorrerano le exeguireti cum tale sincerita e fede che non ce lassareti loco alcuno de desiderio, como de continuo havete facto in l'altre imprese quale ve havemo date.

E perche la impresa, ultra che la sia de importantia, è ancora laboriosa e grande, adcio più expeditamente possiate dare expeditione a le cose ve accaderano, in compagnia vestra havemo deputato D. Petro Martiro Stampa quale ve havera ad adiutare, e de l'opera sua ve havereti ad valere in le occurrentie de l'impresa.

Ed ultra le cose che ve accaderano pertinente allo stato, haverete ancora ad havere principale cura ad provedere che victualie non manchino in campo ; e per essere l'impresa grave e grande, adcio che più expeditamente la possiate exeguire, havemo facto electione delle infrascripte persone, quale de continuo haverano ad assistere presso voi et obedirne in tutto quello per voi gli sara imposto ; e gli havemo a tutti facto scrivere se retrovano da voy a l'impresa ; siche voi li deputarete separatamente ciaschuno de loro ad quello servitio e proposito de l'impresa che ve parira ; cun tenerli poy a la giornata solicitati, adcio non manchino del effecto ad el quale li havereti deputati.

Perche potria accadere qualche piogie quale sariano de qualita che li mercadanti se renderiano difficili ad condure le victualie in campo, accio non occorresse qualche desordine, ve havemo facto provvedere de denari da li deputati nostri. Quali denari havereti ad usare ad questo bisogno quando accadesse, cum provedere che essi denari non vadino in sinistro. Ma havereti ad fare limitare el pretio de le victualie, tanto più quanto sara la spexa de la conducta che li sara sopragionta, e dicti denari farli retrare, in modo che noy non ne habiamo ad portare senon el scorto et aspecto del tempo dessi denari.

E perche è necessario stabillire qualchi fornari, quali de continuo faciano lavorare li forni per el bisogno de una bona parte de le gente se retroverano a l'impresa, ad questo havereti ad usare la solita diligentia e prudentia vostra in firmarne e stabilirne qualchuno , adció non se habia a stare in tutto a ventura e descriptione *(sic)* de mercadanti superadventii, e bisognandoli scorto ne de grano ne de altro, el tutto praticarete ; e secondo el besogno ne darete aviso alli deputati nostri, adció che li possiamo far consideratione e dare modo al tutto. Ma questo non lo potrete considerare e praticare finche non siate sopra el loco e che habiate notitia de la qualita e numero de le persone sarano in campo e condictione de li paesi ; perho gionti sareti ad l'impresa, sollicitareti de havere noticia del tutto e ben considerato che havercte la cosa, ne dareti del tutto aviso cum el parere vestro alli deputati *ut supra*.

Per omne caso che potesse occorrere, ne pareria che con effecto operassero che in li loci e terre più accommodate ad l'impresa, se li tenesse per quelle persone che ve paresseno juxta la descriptione de le victualie che haverano doa mille moza de frumenti e quattro millia somme de biade da cavalli; facendo commandare ad li sollari piu grossi che sotto pena de la confiscatione de li loro beni non moveno le victualie che li ordinarete senza vostra licentia ; facendo questa ordinatione e provisione ed in Alexandria e Lumellina ed in Novarese cum farne tenere bonoconto del tutto, adcio accadendo el bisogno ve ne possiate valere.

Ultra la impresa de le victualie, volemo ancora asistate de continuo ad le expedictione pertinente al stato predicto che per el sopradicto Messer Galeazio sarano ordinate. Facendole exeguire per le infrascripte persone, lequale havemo ordinato stiano de continuo ad la obedientia vestra per fare questi effecti, et ad tutti se li fara dare li denari de la cavalcata :

Thomasino Torniello.
Paulo da Lode.
Jo. Baptista Gusperto.
Bartholomeo da la Croce.
Conradino de Vimercato.
Baldesar da Caserate.
Filippo Guascono.
Francisco da Cremona.
Danesio Crivello.
Benedicto de Gallarate
Paulo Imperiale } cancellieri al officio de lo biade.
Francesco da Regio

E perche la impresa ha in se cellerità, volemo che ve mettiate ad ordine, ita che mercoldi proximo ve possiate partire per andare ad l'impresa ; e cosi havemo advertito tutte le predicte persone, quale hanno asistere de continuo ad l'obedientia vestra, farano el medesmo.

Havemo ancora advertito tutte quelle persone, quale sono mandate per fare le descriptione delli vini e biade da cavalli, che se expediscano presto e mandano le note del tutto in mane vostre ; adcio, inteso havereti el tutto, possiate provedere e dare modo de farne condure dove cognoscerete sia el bisogno.

E perchè non potemo ancora sapere dove el predicto felicissimo campo nostro se habii ad firmare, e decernere el loco dove se habii ad stabilire la fabrica de la monitione del pane, volemo che faciate provedere che li forni de Abbiate e Viglevano, quali solevano lavorare ad altri tempi, maxime al tempo del exercito de Novaria, che siano missi ad ordine, in modo che bisognando se possano operare; e per non essere forni commodi ad simili besogni in la cita nostra de Novaria, volemo che subito faciate provedere che siano fabbricate quattro boche de forni in el loco più accommodato de quella cita ad l'impresa ; ita che occorrendo el bisogno se possino fare lavorare et ad questo non li perderete tempo alcuno per farne l'effecto.

Havereti ancora ad provedere che in le terre e loci dove sono facti redure li frumenti e che sono fortificati per conservarsi al bisogno de le occurrentie del stato nostro, sia macinato tanto gran che sia abastanza per el vivere de li habitanti per sei mesi, et *ulterius* per omne sollaro grosso che se ritrovera in cadauna terra, ultra el bisogno del vivere de le persone habitante. Ne farete ancora macinare quella quantita che ad voy parira ricercare el bisogno, quale ordinarete se conservi et se tenghi in monitione per omne bisogno che occorrera per provedere al campo de victualie, cum fare fare le descriptione delli frumenti in cadauna terra e loci predicti, e provedere non ne sia cavato fora alcuna quantita senza licentia vostra, facendo punire ognuno che contrafacia secondo che ad voy parira.

E perche ad dovere tenire il campo abondante de victualie la principale cosa è ad intendere quanto numero de gente li serano, cossi da pede como da cavallo; ad questo haverete ad usare la debita diligentia, cum fare limitare el pretio de le biade e victualie, havendo respecto e consideratione che li conductori gli ne possino condure voluntieri e li soldati se ne habiano anche loro ad contentare, ne possano dolersi che le siano vendute troppo caro.

40

Giovani Colla à Ludovic Sforza[1]

(Du 3 au 13 août 1499)

(3 août 1499)

Illustrissimo et excellentissimo Signor mio observandissimo, M. Anz Kungsegh è giunto hogi in questa terra; al quale havendo domandato de le nove, mi ha affirmato che pace o tregua si fara cum Sviceri col mezo de M. Vesconte, e che la Maestà Cesarea se li inclina per potere aiutare la Excellentia Vostra, e che li oratori francesi si sono partiti da Constantia senza licentia ne saputa de la Maestà Cesarea, e sono andati a Lindo, el che è stato molestissimo alla Maestà Cesarea, e se pensa siano andati per interrompere la praticha de la pace : questo medesimo m'hanno dicto questi regenti.

[1] Milan. *Ibid.* Dépêches originales, fragments.

Esso Messer Anz m'a dato la alligata de la quale expectara la risposta quale desidera che la E. V. mandi in mani mie, e me ha parlato assai del desiderio de venire a servire la E. V. e spera scrivendo quello alla Maestà Cesarea ed a luy di proponere a Sua Maestà tali partiti per fantarie che lo lassara venire. In bona gratia de la E. V. humilmente mi ricomando. Ispruch, 3 augusti 1499.

Fidelissimus servitor, Joannes Colla.

(Inspruch, 7 août 1499)

L'ambassatore spagnolo, quale vene de la Maestà Cesarea licentiato per ritornare a li Catolici Re soi, è giunto qui hogi, ed havendolo visitato, medesimamente me ha affirmato la speranza se ha de la peca ch'abbia succedere col mezo de la Excellentia Vostra, e che la dispositione de la Maestà Cesarea verso la E. V. non porria esser meliore, e che per poterla adiutare fara la pace cum Suiceri, e che la Maestà Sua non lo voleva licentiarlo *(sic)*, desiderando retenerlo questa invernata: ma havuto haviso de la roptura de Francesi in Alexandria, mandi per lui e li dissi che adesso era necessario per beneficio de la E. V. che l'andasse, e cosi l'ha expedito; e partira da qui lunedi ed andara prima a Venetia, dove demonstra esser per parlare galiardo a Venetiani; dopoi venera a la E. V. ed expectara qui alcune instructioni de la Maestà Cesarea de quello havera a far cum la E. V. Me dice ancora la Maestà Cesarea propria haverli dicto che rompendo Venetiani contra la E. V. ha deliberato farli rompere a loro dal canto de Austria, e per questo manda uno suo capitano ch'è venuto in compagnia sua in Austria per condure duemila fanti Boemi e cinquecento cavalli legeri. Ma M. Ans me dice che questo capitano doveva venire in Italia per servire la E. V. se chiama M. Enrigo Weispach, ch'è venuto novamente ambasciatore de Hungaria; cum il quale parlando me questa sera insiema cum l'oratore spagnolo, dove erano ancora alcuni altri capitanei e consiliarii vecchii e de auctorita, feceno uno discorso che la Maestà Cesarea e la E. V. habiano al presente più comodita che mai havessino de fare contra Venetiani, essendosi securo, como loro affirmano, de ' Turchi ed Unghari e promettendosi havere cum loro Suiceri; che mettino per certo, succedendo pace cum Suiceri e M. Anz, che la E. V. scia la praticha ha cum Sviceri, dice che sarano cum Sua Maestà e la E. V. havendo exhosi Francesi. Questi regenti, cum li quali particularmente nho parlato, concorrano in medesima sententia, e me pare comprehendere in loro gran desiderio de pace cum Suiceri e rompere cum Venetiani; e se ne rasona assai qui, cum modo che pare dir la cosa si habia mettere al presente, e volendomi [............] tal impresa, facile dicono che haverano contra Venetiani le fanterie senza pagamento perche anderano spontaneamente sperando a guadagnare el che [.... ....] che olim siano feroci, non hanno che perdere se non la lance, e gia dicono qui che voleno andare a Venetia a mensurare quelli drapi de seda cum le lance. In bona gratia de la E. V. humilmente mi ricomando. Ispruch, 7 augusti 1499.

Fidelissimus servitor, Joannes Colla [1].

(10 août 1499)

Essendosi stato sei giorni in continua expectatione de l'aviso che la tregua fosse conclusa, ch'era grandemente desiderata da questi regenti, hogi hanno havuto aviso, non da la Maestà Cesarea, ma da altri, come in tuto la praticha è dissolta, e che la Maestà Cesarea non vole più ce ne parla, deliberando continuare la guerra. La quale deve essere partita da Constantia per andare al loco dove fo morto el conte de Furstembergha. De laquale nova se ne sta qui di mala voglia, et expectino M. Polo Liettestanaro et M. Mancoaldo, da chi intendarano quanto se havera a fare e le difficultate che haveriano impedita la tregua; li quali andarono poi a Marrano a una dieta, che se ha a fare venere proximo a li 16; ne laquale principalmente se trattara de remandare la gente in campo da questo canto, e l'ordine se havera servare. Nondimeno da alcuni di questi primi consiglieri m'è dicto che non sono ancora senza speranza di pace o di tregua, che se tracta secretamente, e per qual mezo non posso intendere.

Li oratori del papa, hispano e napolitano, sono ancora qui; quello del papa per ordine de la Maestà Cesarea, che l'ha rimesso ad expectare qui ; Napoli, per non havere modo di dinari da levarse. Lo Hispano expecta le instructione e cinquanta marchi d'argento in dono che li debe dare li Fochari *(sic)*; havuto questo argento se partira.

In bona gratia, &c. Ispruch, 10 augusti 1499.

(12 août 1499)

Questa nocte è venuto el spazo al oratore Hispano de le scripture expectava da la Maestà Cesarea, e qui li sono stati dati li cinquanta marchi d'argento. Domane se inviara per venire al drito a la Excellentia Vostra, havendo mutato proposito del camino de Venetia per andare più presto a li Catholici Re soi, dove demonstri essere per operare ad

[1] *Suscription*: Illmo principi et ex^{mo} D^{no} meo oss^{mo} Domino D. Mediolani.

gran profito de la E. V., como da lui a bocha intendera; a laquale ho più volte dicto chel è affectionato servitore; e cosi al presente gli ne facio ricordo, acio la possi accarezarlo che certo lo merita. Prega la E. V. ad fare scrivere a Genoa per provederli de qualche bono passazo, et essendone alcuno preparato, potendosi, farlo soprasedere fin a la venuta sua quale accelerara.

In bona gratia, &c. Ispruch, 12 augusti 1499.

(13 août 1499)

Doi di questi consiglieri sono andati alla dieta di Marrano dove sara ancora el conte Joanne Sumber, capitano del campo, e M. Marcoaldo. Io era per andarli, ma essendo giunto qui M. Raimondo de Inghilterra questa matina, che andava per il camino de Marrano, ho preso ordine cum lui chel satisfara, perche la dieta, como intendo, non durara se non uno giorno.

El capitano che andava in Austria per condure li cavalli e fanti Boemi è revocato da la Maestà Cesarea, dicendo non esser più bisogno: el che da alcuno se tole per segno di speranza di pace o tregua.

In bona gratia, ec. Ispruch, 13 augusti 1499.

(13 août 1499)

La Cesarea Maestà ha scripto a questi regenti vadino al Legato e li dicano da parte de Sua Maestà, che, per quanto lui li parlò li giorni passati de la pace cum Suyceri a nome del Papa, l'ha deliberata mandare soi ambassatori al Papa per risponderli, e però che lui fra questo mezo se voglia transferire a Roma et andare in compagnia cum l'oratore Hispano in Italia; e cosi li sono andato hogi a farli l'ambassata; la quale l'ha bevuta amaramente e ha risposto che obedira, excusandosi non potere partire cum l'oratore Hispano, ch'è partito hogi, per havere le robe sue a Olma, quale mandara a tore; poi se inviara in Italia, e non poria esser più male visto da costoro, che dicono che è spiono del Papa, del quale non potriano havere pegiore opinione.

In bona gratia, etc. Ispruch, 13 augusti 1499.

41

Ludovic Sforza à Giovani Colla [1]

(Vigevano, 5 août 1499)

Con le lettere tue de 26 et 27 havemo ricevuto quelle di Augustino et essendo arrivato il cavallaro in lo termino datoli, se satisfara de quello li hai promisso.

El spazamento facto al proposito de Brixina ce è piaciuto laudando he tu lo soliciti al accelerare, e se fusse stato più presto, come tante olte havemo instato, saria stato più al proposito.

[Se de la deliberatione facta de li populi di Austria de succorrer la 'esarea Maestà de 1.000 cavalli sara poi havuto altra certeza, ce ne visarai, e cosi sel thesoro sara stato conducto ad ley] [2].

A M. Andrea Lietestanar dirai che in l'amorevole offerta facta riconesemo quello che sempre ha dimonstrato, una grande affectione erso noi, e che non solo acceptamo l'offerta, ma ne sera summamente rato quando vengi e ne conducha 2.000 boni fanti Per facilitare uesto affecto scrivemo ad Augustino Somenzo che operi con la laestà Cesarea chel concedi licentia de posserli levare e condurli, e te iandamo una lettera qui alligata simile a quella havemo mandata noy er cavalleri ad epso Augustino. Gli la darai accio possi sollicitare uesto affecto cum la Cesarea Maestà.

De quello intervenuto alle gente Cesarea verso Basylea ne havemo avuto prima aviso, et in el male ne piace chel sii stato pocho.

Havemo commisso alli deputati che per ogni modo provedano al isogno tuo con effecto.

Ringratiarai quelli signori regenti de quello hano scripto alla Maestà 'esarea in ricomendatione nostra [e li pregarai ad volere continuare t in particularità acio la Maestà sua ne proveda de fanti per li nostri inari como havemo ricerchati].

De le nove di qua non havemo altro che possemo significare se non he Francesi attendano ad ingrossare de gente d'armi da cavalo e da pe. 'erfin qui non è facto altro. Noi etiam attendemo continuamente a rovvedersi al meglio che possemo.

El signor vicecancellaro nostro fratello è gionto a Borgo Santo lonnino e credemo intrara zobia proximo in Milano.

[1] Milan. *Ibid.* Minute originale. La date a été modifiée : d'abord *Mediomi* 2, puis *Vigevani* 5 *Augusti.*

[2] Les § entre [ ] sont en chiffre dans l'original.

L.-G. Pélissier.

LA CHRONIQUE FRANÇAISE DE MAITRE GUILLAUME CRETIN

(*Suite*)

B. N. fr. 2818.

Les premiers feuillets contiennent d'abord « la table et recollection de tous les sommaires de ce present et second volume », ensuite un prologue sans intérêt, où l'écrivain résume les événements qu'il se propose de relater. Après avoir invité sa plume (1 r°) à n'être ni médisante ni flatteuse, il se décide à entrer en matière.

2 r°. I. Clotaire demande à l'Eglise des subsides, mais comme l'archevêque de Tours lui montre l'inconvenance de ses prétentions, il se résigne à respecter la richesse des serviteurs de Dieu.

..... Et fit bien. Oncques homme
2 v° Chargeant l'Eglise (assez le puys prouver)
A tard sceut il du cas bien se trouver.
Je ne dy pas pour cause raisonnable,
Qu'a debeller la perverse et dampnable
Paganerie, on n'eust raison et droit
Lever argent par ung chascun endroit :
Mais employer le sacré patrimoyne
Du crucifix, levant sus prestre et moyne
Exaction, pour faire sang crestien
Espendre ainsi, — certes, je croy et tien
Que si ung prince argent d'Eglise(s) touille
Avecq le sien, enfin ceste despouille
Fera verser son affaire a nyent,
Et trouvera tel inconvenient

3 r°- 7r°. Guerre entre Clotaire et Cran. Après diverses péripéties, celui-ci est vaincu, pris et tué. Sa famille subit le même sort, et c'est là un excellent exemple pour les enfants qui n'obéissent pas à leur père. Cette affaire terminée à sa satisfaction, le roi se rend à Tours, et remercie le bon saint Martin qui l'a assisté dans cette circonstance. De Tours il se dirige vers Soissons, afin d'y goûter le repos qu'il a si bien gagné.

8 r° 11. Sa femme Ingonde le prie de chercher pour Ragonde, sa sœur, un riche et noble mari. Clotaire, qui n'a rien à refuser à son épouse, va voir Ragonde, la trouve belle... et la prend pour lui. Il annonce lui-même à Ingonde cet arrangement.

(Comme fortune a gentz nuyre s'avance)
Qu'il y perdra vie, honneur et chevance.
«... Ma mye, il ne fault t'esbahir
De ce qu'ay fait. Te voulant obeyr,
En maintes partz ay je tourné ma veue
Affin de veoir la tienne seur pourveue
Bien a son gré et selon ton desir ;
Mais je n'ay sceu duc ny comte choysir
A beaucoup près m'approuchant en noblesse,
8 v° Honneurs et biens. Par ainsi je ne blesse
Le renom d'elle, et non fais je le tien,
Et si tu fais de ce cas bonne enqueste,
Bien trouveras qu'en suyvant ta requeste
Je l'ay pourveue avecq le plus puissant
De mon royaulme. » Or, cela congnoissant,
S'en fut troublée et eut tristesse d'ame,
Non sans raison : mais ceste bonne dame
Paciemment le porta sans monstrer
Semblant du deuil, dont pourroit femme oultrer
De fier despit, en voyant qu'on la laisse
Contre la loy d'honneur et gentillesse.

Ragonde se retire dans un cloître, et mène une sainte vie.

9 r° et v°. Vers cette époque, il y avait à la cour un prud'homme nommé Gautier d'Yvetot : il jouissait d'une rare faveur, mais les jaloux firent si bien qu'ils le rendirent suspect au prince, et qu'il fut contraint de s'éloigner.

O faulse envie, est ce la fois premiere
Qu'as fait de maulx sourdre feu et fumiere ?
Non ! En Genese exemple y en a bel :
Par toy Caym occist son frere Abel,
Par toy Joseph fut vendu en Egipte,
Par toy receut Absalon maulvais giste,
Par toy Saül perdit sens et raison,
. . . .
Par toy le filz de la Vierge Marie
Pendit en croix, et par toy mal varie
La mauvaistié des envieux en court.
Quant verrons nous, a prendre un terme court,

Envie a fin ? Quant nous pourrons congnoistre
Religieux n'avoir murmure en cloistre,
Quant on verra loyaulté aux mouniers,
Quant uzuriers seront grandz aulmonniers,
Quant les chartiers n'auront fierté si haulte
Et ne vouldront jurer que par « Sans faulte ! »
Quant advocatz serviront povres gentz
Plus par pitié que riches pour argentz,
Quant on verra clorre et fermer la bonde
Des detracteurs dont tant de mal habonde.
Il sera doncq bien tard quant ce sera.
Ce sera lors que desir cessera
10 r° Toucher les cueurs pour amasser finance,
Ou aurons potz de terre a si fine ance
Que, pour tumber, ne seront ja cassez.
C'est trop resvé ! Nous n'en parlons qu'assez,
Mais, a propos, ne pensons point qu'envie,
Tant que le monde aura son cours, desvie
Ou preigne fin. Envie, a ung mot rond,
Ja ne mourra, — mais envieux mourront.

Pendant dix ans, Gautier lutte, pour la foi catholique, contre les Turcs, « car il estoit ung bien gaillard gendarme ». — 10 v°-12 v°. — Puis il songe au retour, et passe par Rome, où il obtient du pape une lettre qui le recommande à l'indulgence du roi de France. Cette lettre fut présentée à Clotaire un vendredi (jour de pardon) et dans une église, mais Gautier n'en fut pas moins égorgé. Il est vrai que le meurtrier témoigna beaucoup de repentir, et qu'il accorda au pays d'Yvetot quantité de privilèges.

13 r°. III. Clotaire veut, un jour, prendre le plaisir de la chasse. Il rassemble ses veneurs, et voilà le cerf lancé.

13 v° C'est ung plaisir ouyr les belles voix
Des chiens courans retentir en ces bois;
C'est ung deduyt, quant cors et trompes sonnent,
Du plaisant son que forestz en resonnent;
C'est passetemps d'ouyr aux chiens parler:
« Va cy, Clabault ! Va, vé le cy aller !
La, la, ira, Rigault, Bruyant, Fricaude,
Marteau, Grongnard, Brifault ! Par cy, va, Baude !
La, cher amy; va, vé le cy fuyant ! »

. bête, qui finit cependant par être forcée, avait déployé de telles ı et fait de si longs détours, que le roi, d'ailleurs âgé, sentit une ıme lassitude (14 ı°) : il lui fallut s'aliter ; ni les drogues ni les s ne le purent rétablir, et bientôt s'approcha du malade Celle qui « a moins que dire *picq!* Povres humains a la pelle et au picq ». l v°-15 r°. Clotaire prononça un acte de foi (des plus longs), et ıssa.

v°-17r°. IV. Partage du royaume entre les quatre fils de Clotaire. 7 v°-18 r°. Mauvaises mœurs d'Aribert et de Gontran. — 19 r°. bert épouse la fille du roi d'Espagne, Brunechilde. Elle abjure ınisme. — 19 v°-21 r°. Récit de son premier crime.

v°. V. Chilpérich se marie avec Galsonde [Galeswinthe], et son le espère que cette union le retirera enfin des amours illicites.

22 r° Mais ja pourtant n'en laissa le mesnaige,
Car il fut tant emburelucocqué,
Coeffé, bridé, affublé et tocqué
Des doulx attraictz et façons affettées
De cinq ou six vilaines afettées,
Qu'honneur foulant de son lict nupcial,
Autres souilla, et, par especial,
(Ainsi qu'amour desordonnée enchante
Folz amoureux) tant fut d'une meschante,
Qui Fredegonde avoit nom, fort espris
Qu'il eut sa femme en merveilleux despris.
Or Fredegonde estoit belle au possible,
D'œil attrayant, de caquet invincible,
Et de maintien si saffre et advenant
Que nul trouvoit, fust allant ou venant,
Qui tost n'entrast en la flamme et fournaise
D'ardant desir.........................

: v°-23 r°. A l'instigation de Frédegonde, le roi ordonne que sa ne soit étranglée, puis (23 v°), après avoir apaisé les colères que ı noire action soulève, il a, « mectant playes sur bosses », l'audace rendre une nouvelle épouse, nommée Audouaire [Audowère]. — ' et v°. Il en eut trois fils, et elle etait sur le point de devenir ı encore, lorsqu'il fut contraint d'aller en guerre. — 25 r°-26 v°. Une fille lui naquit pendant qu'il était absent, et Frédegonde cona à la reine de tenir elle-même son enfant sur les fonts. Lorsque périch apprit, à son retour, que sa femme était mère et marraine de sa propre fille, chose très défendue par l'Eglise, il « eut tel despit qu il en cuyda crever ». Il répudia Audouaire, chassa de sa cour l'évêque qui avait fait le baptême, « puys espousa la mauvaise truande », Frédegonde.

27 r°-28 r°. VII. Lutte de Sigebert contre les Huns. Chilpérich profite de l'embarras de son frère pour lui ôter la ville de Reims. Sigebert rend « chou pour chou » et s'empare de Soissons Un arrangement intervient, mais qui ne sera pas durable. — 29 r°-30 v°. VIII. La guerre recommence ; plusieurs provinces sont dévastées. Si grande est la misère publique qu'une nouvelle trêve est enfin conclue.

31 r°-32 r°. IX. Alliance de Chilperich et de Sigebert contre Gontran. Les trois frères ennemis se décident à parlementer, et ils échangent des serments pacifiques qu'ils n'ont pas l'intention d'observer. — Et la preuve, c'est que Sigebert attaque Chilperich, l'enferme dans les murs de Tournai, et le réduit à une telle détresse qu'il ne songe plus qu'à mourir. Heureusement pour lui, Frédegonde va entrer en scène.

A deux paillardz truans afetardiz,
Promptz a mal faire et a beau faict tardifz,
Secretement les tirant de coste elle,
Tant blasonna par subtile cautelle,
Et tant y eut par elle avant marché,
Que ces pendardz conclurent le marché
D'aller meurdrir Sigebert en sa tente ;
En quoy faisant, esperans grosse actente
De biens mondains, leur jura et promist
Foy de princesse, ou cas que Dieu permist
Qu'ils fussent la occis par malencontre,
Faire pour eulx tant de biens a l'encontre
De ce beau faict, tant de fondations,
Tant d'oraisons et tant d'oblations,
Que vray pardon de l'utille homicide
Leur seroit faict. Moyennant tel subside,
Les malheureux, follement abusez
Par affaitez langaiges si rusez
32 v° De ceste faulse et male creature,
S'allerent mectre ainsi a l'adventure.
Tant sceurent ilz tournoyer, topier
Et l'ost du roy Sigebert espier,
Q'entour mynuict, au droict point que le somme

De plain repoz l'homme abat et assomme,
Comme aucteurs faulx du criminel delit,
Soudainement l'occirent en son lict :
Mais les meurdriers, en presse et grosses tourbes
Cuydans fouyr, coups y receurent ourbes,
Et feurent la detranchez, a pas telz,
Aussi menu comme chair a pastez.
C'est la raison : qui fiert de glayve, certes,
Requiert que glayve en paye les dessertes.

33 r° et v°. Les soldats de Sigebert éprouvent un amer chagrin. Mais que faire ? Ils finissent par demander la paix à Chilpérich.

34 v°-36 r°. X. Après la mort de son mari, Brunechilde est exilée à Rouen. Chilpérich ordonne à Mérovée, son fils, d'aller visiter les peuples qui habitent les bords de la Loire. Le jeune homme profite de ce voyage pour se rendre chez sa mère, Audouaire. Pathétique entrevue. L'adolescent prononce à son départ les pieuses paroles que voici :

« Madame, il fault tousjours vous monstrer saige :
Qui souffre il vainct et n'est jamais vaincu.
Je vous supply, armez vous de l'escu
De vertueuse et bonne pacience ;
Prenez en gré. Je ne croy pas, si en ce
Perseverez, que Dieu, en regardant
Vostre bon droit, ne le vous soit gardant.
Luy mesme a dit que par peines diverses,
Douleurs, travaulx et penibles traverses,
Convient entrer au royaulme des cieulx ;
De ses amys est tousjours soucieux,
Et se le corps pour luy souffre, il merite
Le bien parfaict dont enfin l'ame herite. »

36 v°. Guidé par son mauvais génie, Mérovée se dirige vers Rouen, où il tombe dans les filets de sa tante Brunechilde.

Or, Merovée estoit gaillard, plaisant,
Beau, gracieux, bien disant et faisant
Ce que peult faire ung jeune gentilhomme
De telle sorte et taille, que l'on nomme

Ung verd galand, sus le point d'enraiger,
Qui plus ne peult ses appetitz renger.
Ja sentoit il les amoureuses mousches
Sus luy donner sauvaiges escarmouches ;
Feu le touchoit qui de bien près semont
37 r° Filz de telle aage, assault et presse monlt
Quant l'aiguillon de la chair se rebelle.
Et luy voyant sa tante entiere, belle,
Fresche de tainct et en aussi bon point
Qu'est jeune fille a qui le tetin poingt,
Toute gaillarde, honneste, fort friande,
Gentile, gaye et saffre a la viande,
Yeulx esveillez, guilleretz, soubrianz,
Promptz a gecter leurs traictz et dardz frians
Pour tenir rencz d'amoureuse castille,
(Comme l'on dist les dosnes de Castille)
Estre d'accueil et gracieux attraict ; —
Et tout ainsi que, pour boyre ung grand traict,
On verse vin cleret de gourde pie
En verre ou tasse, et qu'il tourne, touppie,
Saulte et fretille, appelant son buveur :
Ainsi advient que, pour donner saveur
Et goust friant aux viandes secrettes,
Sçavent dresser ung tas de vinaigrettes
Dames de cueur et couraige legier
Qui du bancquet d'amours veullent mengier ; —
La, Brunechilde avecques Merovée
Ayant chascun forme a son pied trouvée,
Furent soudain leurs cueurs liez ou laz
Dont longz ennuyz passent legiers soulas.
37 v° Lors de l'affaire ensemble disposerent
Par tel marché que l'un l'autre espouserent
Sans garder loy n'ordre de parenté.
Pensez se, luy, fut bien apparenté
D'ardantz desirs pour servir a la jouste ;
Elle, en façon qu'affection adjouxte
Frais appetit au vouloir lors qu'on bat,
Delibera d'actendre le combat,
Disant : « S'il pense avoir bonne victoire,

J'auray confort. » Par ainsi est notoire
Que chascun fut le bon droit soustenant,
Tant de la part du venant qu'au tenant.
Si au tournoy se firent grandes armes,
Cela demeure a ceulx qui les vacarmes
Du pas friant ont a force exploictez,
Car ramener par escript exploictz telz
N'est bien mon cas ; ce me sont lectres closes.
A texte rond n'est besoing mectre gloses.

Chilpérich est instruit de ce mariage, et il accourt à Rouen, fort irrité contre son fils. — 38 r°-39 v°. XI. Ils ont, les deux amoureux, mangé « leur pain blanc le premier ». A l'arrivée du roi, ils cherchent asile dans un monastère : on les en tire par de belles promesses, puis on conduit de force Mérovée à Paris. Il s'échappe, se réfugie à Saint-Martin de Tours, en sort bientôt pour son malheur, et passe dans la province de Champagne. Ses ennemis parviennent à le cerner, et il commande à l'un de ses serviteurs de lui donner la mort.

40 r° et v°. XII. Siège et prise de Soissons par Chilpérich. — Son fils Clovis porte la guerre sur le territoire de Gontran. — 41 r°-42 r°. Celui-ci confie son armée à l'habile général Mommolin [Mummolus] qui, après une bataille ou l'on ouït *les canons tonner*, repousse l'envahisseur. — 42 v°-43 r°. Chilpérich cherche querelle au duc de Bretagne Varracon [Waroch], mais ses troupes sont surprises, et il lui faut accepter un traité désavantageux.

44 r° et v°. XIII. Frédegonde excite son mari contre l'évêque de Rouen, Prétexte. Il est cité devant une assemblée ecclésiastique, comme ayant consacré le mariage incestueux de Mérovée. On produit en outre de faux témoins qui l'accusent d'avoir distribué de l'argent pour pousser à la révolte les sujets du roi. — 45 r°. Prétexte répond aux faux témoins ainsi qu'il suit :

« . . . . Pervers sedicieux,
Langues d'aspic, venimeuses viperes,
Presentz le roy et *ces** reverendz peres,
Ozez vous bien soustenir rapportz telz ?
Quant au regard du point ou rapportez
Qu'ay fait des dons, vostre dire conferme,
Car maint povre homme et souffreteux enferme

* Ms : *ses*.

Ay je nourry et substanté de dons.
Que puys je mieulx fors, de mesmes guerdons
Receuz de Dieu par très amples largesses,
Faire a autruy presentz de mes richesses ?
J'ay plusieurs biens de l'Eglise donnez,
Distribuez, livrez et aulmosnez,
L'ordre tenant qu'a Dieu, ce pense, agrée :
Mais de toucher la majesté sacrée,
S'ay entrepris, par dict, pensée ou faict,
Luy nuyre en riens, pugny soye et deffaict ;
Et si aucun homme vivant sur terre
Veult maintenir qu'onc de moy receust erre,
Don ou present pour toucher vie, honneur
Et biens du roy mon souverain seigneur,
Icy le die et publie a voix haulte !
45 v° Et si en moy se treuve quelque faulte,
Je me soubmectz a la discretion
De ceulx auxquels gist ma correction. »

Chilpérich s'engage à ne pas se montrer rigoureux envers l'accusé pourvu qu'il confesse ses torts. — 46 r°-48 r°. Hésitations de l'évêque : il se résout à feindre d'avoir été coupable. Grégoire de Tours plaide inutilement sa cause. Le parti du roi triomphe, et Prétexte est exilé.

XIV. Gontran adopte son neveu Childebert. — 48 v°. Discours qu'il lui tient en cette circonstance.— 49 r°. Réponse de l'enfant par la bouche de l'un de ses gouverneurs. — Démêlés de Gontran et de Chilpérich. — 49 v°-51 r°. Indigne conduite de celui-ci : ses pilleries en Bretagne ; assassinats ; exactions.

52 r°. XV. Signes et prodiges advenus, en ce temps, au pays de France.

Aquarius, grand ministre des eaux,
Ouvrant du ciel les conduitz et tuyaux,
En France fist, celluy an, tel deluge
Que, puys le temps du bon Noé, ne leu je
Sur le climat françoys avoir esté
Ung si divers et merveilleux esté.
Pluye en septembre a tres grosse habondance
Survint, par quoy sonna piteuse dance :

Car Eolus fist Auster tant soufler
Qu'il contraignit les gros fluves enfler,
Et tellement partout se desborderent
Que bestiaux et maisons emporterent.
Par ce deluge et soudain apport d'eaux
En divers lieux, a Lion et Bordeaux,
Tumberent grandz et puissans ediffices.
Nature adoncq n'usa de ses offices
Quant a germer semences, dont poureux
Devindrent tous les povres laboureux,
Car la saison n'eurent bien opportune
De povoir mectre et semer graine aulcune.
Lors peuple fut plus que jamais troublé
Voyant si grande enchere mectre ou blé.
Puys quant les eaux peu a peu s'escoullerent
Et qu'au droit cours de leurs places coullerent,
On veit assez arbres couvers de fleurs,
52 v° La terre aussi de diverses couleurs
Moult enrichie et fort belle pour veue
Rassasier, — mais de fruictz non pourveue.
  Les Tourangeaulx, par admirations
De grandz esclairs et fulgurations,
Furent esmeuz de frissons redoubtables.
Cris merveilleux, très fort espoventables,
En divers lieux menerent tel sabat
Comme quant vent arbres froisse et abat.
A Bordeaux cheut du ciel horrible fouldre
Qui grandz manoirs fist consommer en pouldre.
Tel tremblement de terre y eut que tous
Les citoyens, humiliez et doulx,
Tindrent les champs pour lors maintes journées.
Ces mouvementz, vers les montz Pyrenées,
En cet instant s'allerent presenter,
Sans les plus haultz en permectre exempter,
Car grandz rochiers, par terribles tempestes,
En trebuchant meurdrirent gentz et bestes.
Ceulx d'Orleans, Berruyers et Chartrains,
En lieux profondz et bas feurent contrainctz
Faire sejour ; par l'espesseur des gresles,

Ay . . . onnerre, esclair et fouldres très cruelles.
Qu . . . rouve ent fort leurs biens endommaigez.
R. . . . .
F. . . Longtemps n'avoit esté ouy ne veu
Le ciel donner si mauvaise influence,
Dont procedast une telle affluence
D'estranges maulx et accidens divers
Pour faire humains tant gesir a l'envers :
Car flebvre et flux tindrent comme en souffrance
La plus grand part du royaulme de France,
Mal d'estommach, esvanouyssemens,
Douleurs de cueur, soudains vomissemens ;
Testes et reins souffrirent peines telles
Que font porter afflictions mortelles.
C'estoit pitié d'ouyr plaindre et gemir
Les pacientz, par force de vomyr
L'infection a pleine gorge ouverte,
53 r° Comme poyson de couleur jaulne et verte.
Par tous endroictz ceste mortalité
Rendit alors maint corps mort alitté,
Dont peu de ceulx qui venins telz receurent,
Hors du dangier, marcher par terre sceurent.

Le fléau atteint Chilpérich et son lignage. Frédegonde est prise de remords, et (54 r°) elle se rend chez son mari pour l'engager à se repentir. — 54 v°-56 r°. XVI. Discours de la reine. — Chilpérich est ému : il s'efforce de soulager son peuple, multiplie (56 v°) les bonnes œuvres. Par malheur, la crainte seule le faisait agir, et l'on ne pouvait pas compter sur cette conversion intéressée.

57 r° et v°. XVII. La femme de Gontran, Austrigilde, qui n'avait pas échappé, elle non plus, à la maladie régnante, demande à son mari d'égorger, une fois qu'elle aura passé *le dur pas,* les médecins qui l'ont soignée. Son vœu est respecté pieusement. Guillaume Cretin blâme cette reine féroce et (58 r°) ce roi trop complaisant.

XVIII. Guerre contre les Lombards. — 58 v°-59 v°. Les Français entrent en Italie, mais ils se lassent vite de chercher un ennemi qui se dérobe, et, grassement payés pour cela, ils consentent à se retirer.

60 v°-62 v°. XIX. Histoire d'Ingonde et d'Hermehilde [Herméneghild]. — Projet d'une nouvelle expédition en Italie. — 63 r°. Elle n'a pas lieu.

it v°. XX. Chilpérich travaille à répandre, en ce qui concerne é, une opinion hérétique. Protestations de Grégoire de Tours de Salvius d'Albi.

68 r°. XXI. Frédegonde, qui veut perdre Clovis, commence ər aux bourreaux la concubine de ce prince et la mère de ncubine. Chilpérich abandonne, sans témoigner le moindre on fils à la fureur de la reine. Mort de Clovis. Le chroniqueur l'indifférence du père.

v° O cueur cruel, trop plus dur qu'aymant,
Est il belistre ou monde et caymant
Qui de son sang, selon deu de nature,
Ne prist pitié ? Mais est il creature
De bon advis, voyant meurdrir sa chair,
Qui ne se fist l'ame du corps sacher
Ains qu'endurer faictz si abhominables ?
Ne voyons nous bestes irraisonnables
Leurs faons garder par naturel instinct ?
En congnoist on qui fort près ne se tint
Pour sa portée a son povoir deffendre ?
Je croy que non. — Humain cueur devroit fendre
Quant il congnoist son sang propre asservy
A souffrir mal qu'il n'a pas desservy.
Celluy est doncq pire que beste brutte,
Et plus cruel, qui d'amour se rebutte
Jusqu'a laisser son enfant au dangier
De cueur si chault a se vouloir vengier,
Ainsi que fist ceste faulse deablesse
Contraire a loy et ordre de noblesse.

(*A suivre*). HENRY GUY.

BIBLIOGRAPHIE

REVUE DES REVUES

Romanische forschungen, XIX, 1. — *G. Wenderoth* : Estienne Pasquiers poetische Theorien und seine Tätigkeit als Literaturhistoriker, p. 1 ; — *R. Reis* : Die Sprache im « Libvre du bon Jehan, Duc de Bretagne» des Guillaume de Saint-André (14 Jahr.), p. 76 ; — *P.-C. Juret* : Étude grammaticale sur le latin de s. Filastrius, p. 130.

Annales du Midi, n° 65. — *Dejeanne* : Le troubadour Cercamon, p. 27 ; — *G. Steffens* : Fragment d'un chansonnier provençal aux Archives royales de Sienne, p. 63 ; — *V. de Bartholomaeis* : Une nouvelle rédaction d'une poésie de Guilhem Montanhagol, p. 71 ; — *A. Jeanroy* : Gascon « lampournè », p. 75.

Revue historique, scientifique et littéraire du département du Tarn, sept.-déc., 1904. — *A. Vidal* : A travers les lausimes de Saint-Salvi, XIV-XVe siècles, p. 257 et 353.

Revue du Béarn et du pays basque, II, 1. — *E. Bourciez* : Navarrot et ses chansons béarnaises, p. 6.

Bulletin du parler français au Canada, III, 5, 6 et 7. — Lexique canadien-français (suite), p. 153, 181, 221.

Studi medievali, I, 2. — *A. Sepulcri* : Le alterazioni fonetiche e morfologiche nel latino di Gregorio Magno e del suo tempo, p. 171 ; — *G. Bertoni* : Un rimaneggiamento toscano del « Libro » di Uguçon da Laodho, p. 235 ; — *R. Sabbadini* : Frammento di grammatica latino-bergamasca, p. 281.

Zeitschrift für französische sprache und litteratur, XXVIII, 1 et 3. — *E. Brugger* : Beiträge zur erklärung der arthurischen geographie II, p. 1 ; — *E. Stengel* : Die refrains der Oxforder ballettes, p. 72 ; — *G. Baist* : Wortgeschichtliches : Cerneau, p. 79 ; — *D. Behrens* : Wortgeschichtliches : afrz. crinque, wall. ringuèle, p. 81.

Romania, XXXIV, n° 133. — *G. Huet* : La version néerlandaise des « Lorrains ». Nouvelles études, p. 1 ; — *P. Meyer* : Notice du ms. 9225 de la bibliothèque royale de Belgique (légendier français), p. 24 ; — *V. de Bartholomaeis* : « De Rambaut e de Coine », p. 44; — *A. Thomas* : Le roman de Goufier de Lastours, p. 55 ; — *J.-T. Clark* : L'influence de l'accent sur les consonnes médiales en italien, p. 66 ; — *P. Meyer* : De quelques manuscrits français conservés dans les bibliothèques des Etats-Unis, p. 87 ; — *Id.* : La chanson des « clowechons », p. 93 ; — *Id.* : L'inscription en vers de l'épée de Gauvain, p. 98 ; — *J.-L. Weston* : Wauchier de Denain and Bleheris, p. 100; — *A. Thomas* : Pour un « dictié » de la Vierge Marie, p. 105 ; — *Id.* : Anc. franç. « loirre, loitre, — rousseruel, roseruel, — rovent », p. 108 ; — *J. Desormaux* : Savoyard « viorba, viorbes », p. 113.

Revue de philologie française et de littérature, XIX, 1, — *P. Meyer* : La simplification orthographique, p. 1 ; — *H. Yvon* : L'idée de l'usage en matière de langue et d'orthographe, p. 27 ; — *E. Casse et E. Chaminade* : Vieilles chansons patoises du Périgord (suite), p. 48 ; — *F. Baldensperger* : Notes lexicologiques, p. 63 ; — *P. Horluc* : « Faire la fête », — « Epaille », p. 69 ; — Chronique sur la réforme de l'orthographe, p. 75.

COMPTES RENDUS

Emile Faguet, de l'Académie française. — Propos de théâtre, deuxième série — *Paris, Société française d'imprimerie et de librairie*, 1905, in-12, 3 fr. 50.

« Lorsque le critique a excité, pour sa petite part, le public à discuter, à réfléchir, et surtout à venir au théâtre pour juger par lui-même, il me semble qu'il n'est pas loin d'avoir rempli son petit office. » Ainsi se termine l'*Examen de conscience du critique* placé en tête des *Propos de théâtre, deuxième série*.

La conscience de M. Faguet peut être tranquille, car il a fait et il fait tous les lundis beaucoup plus que son « petit office » ne comporte. Il excite le public à penser, en lui proposant lui-même des idées nombreuses et piquantes ; il lui permet de discuter, en lui indiquant tous les éléments des questions à résoudre ; il l'amène à réfléchir utilement, en fournissant à ses réflexions la base solide d'une histoire dramatique approfondie. A ceux qui ne peuvent aller au théâtre pour juger par eux-mêmes, il donne jusqu'aux moyens de s'en consoler.

Réunis en volumes, il arrive que ses articles se ressentent un peu trop de leur origine — et nous avons dit comment, à propos d'un volume antérieur —, mais ils restent charmants et utiles, et leur rapprochement même leur donne une valeur nouvelle.

La deuxième série des *Propos de théâtre* nous entretient de l'*Iphigénie* d'Euripide traduite par M. Moréas, puis aborde le théâtre français classique avec l'examen du livre de M. Joannidès sur la Comédie Française. Parmi les principaux chapitres qui suivent, citons : *L'Abbé d'Aubignac*; — *La mise en scène du théâtre classique et le théâtre classique populaire*; — *Rodogune*; — *La Chaussée et la Comédie larmoyante*; — *Le centenaire d'Alfred de Vigny au théâtre*; — *Casimir Bonjour*; — *La comédie et les mœurs sous la Restauration et la Monarchie de Juillet*.

Dans l'article sur *l'Abbé d'Aubignac* se trouve une erreur que l'autorité de M Faguet pourrait accréditer et qu'il importe de relever. Remarquant avec raison que les *Discours sur le poème dramatique* et les *Examens* de Pierre Corneille sont une réplique à la *Pratique du Théâtre* de l'abbé d'Aubignac, et que certaines assertions hasardées du grand poète doivent être considérées comme de simples exagérations de polémique, M. Faguet ajoute :

« Par exemple, on connaît cette idée de Corneille que le poème dramatique doit être invraisemblable, et n'est vraiment digne de ce nom que quand il s'écarte de la vraisemblance, et est d'autant plus une vraie tragédie qu'il s'en écarte davantage. Voilà qui inquiète. On sent très bien qu'il y a là une vive lumière jetée par Corneille sur Corneille lui-même, et qu'en effet il y a chez Corneille un goût de l'extraordinaire qui tend évidemment vers l'invraisemblable et dont, tout compte fait, il se fait à lui-même un mérite plutôt qu'une erreur. Mais la forme manifestement paradoxale de cette doctrine, d'où vient-elle?

» De ce que cette doctrine est une réplique, ce qui fait qu'elle prend naturellement un air de défi... » (p. 56-57.)

Cette ingénieuse explication est infirmée par la chronologie. C'est en 1647 — dix ans avant la *Pratique du Théâtre* — que Corneille écrit, dans l'avis *Au lecteur* d'*Héraclius*, la phrase fameuse : « J'irai plus outre ; et quoique peut-être on voudra prendre cette proposition pour un paradoxe, je ne craindrai pas d'avancer que le sujet d'une belle tragédie doit n'être pas vraisemblable.» Trois ans après la *Pratique*, en 1660, Corneille est beaucoup plus réservé dans son *Discours de la tragédie et des moyens de la traiter selon le vraisemblable et le nécessaire*. Il se fait donner par Aristote — qui n'est pas là pour protester contre les interprétations abusives de sa *Poétique* et contre les contre-sens — l'autorisation de remplacer la vraisemblance par le vrai historique et par «le nécessaire » ; au fond, il défend la même doctrine que dans l'avant-propos de 1647 ; mais il ne dit nulle part que le sujet d'une belle tragédie doit n'être pas vraisemblable. Sur ce point, le désir de répondre à d'Aubignac ne l'a pas amené, tant s'en faut, à « renchérir » et à « forcer la voix »[1].

Eugène RIGAL.

Un idéaliste, Emile Trolliet (1856-1903). Œuvres choisies. — *Paris, Plon,* 1905, p. in-8°.

Ce volume, préparé par un Comité qu'a d'abord présidé M. Octave Gréard, est un hommage rendu à un poète délicat, à un doux assoiffé d'idéal, à une âme noble et haute.

Avec une pénétrante mélancolie, Trolliet avait commencé par chanter ses *tendresses* et ses *cultes*. Puis, devenant moins personnel, plus réfléchi, plus largement humain, il avait célébré en vers *la vie silencieuse*; il avait dit en prose, dans *l'Ame d'un résigné*, les tristesses, les rêves, les aspirations généreuses d'un idéaliste qui lui ressemblait comme un frère : et M. Faguet l'avait appelé « un demi-apôtre ». Enfin, il avait — comme poète, montré aux hommes de bonne volonté *la route fraternelle* où ils devaient s'engager, — comme critique, ciselé des *médaillons de poètes*, d'où sortaient des leçons de morale et d'humanité non moins que des leçons d'art,—comme publiciste, prêché éloquemment *la paix dans la Nation et la paix entre les Nations*. Il préparait un volume de vers auquel il projetait de donner un de ces titres significatifs : *la Jérusalem nouvelle, l'Humanité, le Matin du siècle*. En lui l'écrivain acquérait plus de sûreté, le poète devenait plus original, le demi-apôtre faisait place à l'apôtre. Et c'est alors qu'il est mort le 25 janvier 1903, laissant une œuvre remarquable et un souvenir infiniment doux.

Ses amis ont tenu à lui élever deux monuments ; et l'un deux, le plus précieux sans doute, est constitué par le livre que nous recommandons. En tête, M. Olivier Billaz, avec une piété affectueuse qui n'a fait perdre aucun de ses droits à la critique, a conté la vie, analysé l'âme, étudié les œuvres de Trolliet. Un choix de poèmes et de pages

[1] La phrase suivante de la p. 118 forme un contre-sens : « Et voilà la raison pourquoi Monime dans *Mithridate* n'est que la fiancée de Mithridate et pourquoi *Mithridate* est plutôt une tragédie qu'une comédie. » Il faut lire : « est plutôt une tragi-comédie qu'une tragedie », ainsi que portait le *Journal des Débats* du 5 janvier 1903 (et non : 1904). — P. 153, l. 22, la phrase est incompréhensible si l'on ne met une virgule après *étant*. — P. 156, l. 1 et 2, lire *Fut-ce* (et non : *Fût-ce*). — P. 174, l. 11, et p. 178, milieu, lire *dix-septième* (et non : *dix-huitième*) *siècle*. — P. 194, l. 11, lire *théorie du quiproquo*.— P. 231 et 232, l'article sur Vigny appelle toujours Richard le Picard de *la Maréchale d'Ancre*.

en prose vient ensuite, qui apprendra beaucoup même à ceux qui ont lu les volumes de Trolliet, car il contient des pièces qui n'avaient paru que dans *la Revue des poètes* ou dans *la Revue idéaliste* et qui ne sont point parmi les moins remarquables.

Eugène RIGAL.

Artur L. Stiefel. — Die Nachahmung italienischer Dramen bei einigen Vorläufern Molières. I. D'Ouville. — *Berlin, Gronau*, 1904, in-8°.

M. Stiefel est un vaillant travailleur et un chercheur heureux qui a déjà rendu à la littérature comparée et à l'histoire du théâtre français de signalés services. Rotrou l'a beaucoup occupé : dès 1891, il découvrait et exposait les rapports de *la Pèlerine amoureuse*, de *Célie* et de *la Sœur* avec leurs sources italiennes ; en 1901 il donnait une longue notice sur le *Cosroès*, ses sources et ses imitations ; et dans l'intervalle, en 1893, s'étaient placées de précieuses recherches sur la chronologie des œuvres du même dramaturge. Mais M. Stiefel ne s'en est pas tenu à l'étude de Rotrou, et nous lui devons de connaître mieux les procédés de composition de Tristan l'Hermite, de Scarron, de nos nouvellistes des XVIe et XVIIe siècles. Pour le moment, conteurs et dramaturges paraissent, d'une façon égale, attirer son attention; et d'Ouville, qui est à la fois l'auteur de *l'Elite des Contes* et d'un assez bon nombre de comédies ou de tragi-comédies, avait tous les titres à une minutieuse étude. Aussi la plus récente brochure de M. Stiefel (extraite de la *Zeitschrift für französische sprache und Litteratur*) comprend-elle une notice sur Antoine le Métel, sieur d'Ouville, et une comparaison entre *Aimer sans savoir qui* et *les Morts vivants*, comédies de notre auteur, d'une part, *Hortensio* d'Alessandro Piccolomini et *I Morti vivi* de Sforza d'Oddi, d'autre part, sans compter maints renseignements de toute sorte épars dans le texte et dans les notes. Cette étude sur d'Ouville n'est que la première d'une série consacrée à quelques prédécesseurs de Molière.

Eugène RIGAL.

A. Joannidès. — La Comédie-Française, 1904 Avec une préface de Coquelin cadet, *Paris, Plon-Nourrit*, 1905, gr. in-8°.

Le beau répertoire de M. Joannidès se fait de plus en plus méthodique, de plus en plus commode et de plus en plus complet. A signaler, comme parties nouvelles, dans le fascicule de 1904 : la liste de tous les rôles joués par Mesdames les Sociétaires actuelles, et les listes (d'abord par dates, ensuite par noms d'auteurs) des rôles joués par les Sociétaires retraités. M. Joannidès corrige en outre quelques menues erreurs qui s'étaient glissées dans le fascicule de 1901.

E. R.

H. Chatelain.— Le vers libre de Molière dans «Amphitryon», *Paris*, 1904 [15 p.].

M. Chatelain reprend après M. Comte l'étude du vers libre de Molière dans *Amphitryon*. Il montre que la téorie de son devancier est trop simple et trop absolue et il rend mieux compte de la complexité des faits.

M. G.

Era bouts dera mountanho, I, 1, *Sen Gaudéns*, 1905.

C'est une nouvelle revue régionale qui voit le jour dans le Midi. Elle s'annonce comme essentiellement félibréenne; mais la science et la linguistique n'en seront pas exclues, les noms de ses fondateurs nous en sont garants. La région où elle se publie est la partie montagneuse de la Gascogne, dont les patois sont si intéressants et encore si mal connus. Nous espérons qu'elle nous les livrera aussi complètement que possible et avec toute l'exactitude et la précision désirables ; c'est dans cette attente que nous lui souaitons cordialement la bienvenue.

M. G.

C. Salvioni. — Quisquiglie di toponomastica lombarda (Estratto dall *Archivio storico lombardo*, XXXI, 2), *Milano*, 1904 [16 p.].

Nous avons plusieurs fois signalé dans cette *Revue* les articles de M. Salvioni sur l'étimologie des noms de lieux de Lombardie. Il s'est fait en quelque sorte une spécialité de ces questions et il i montre toujours la même précision et la même pénétration, appuyées sur une connaissance approfondie des parlers de la région. Nous espérons qu'un jour il réunira en un volume, avec une introduction sur les patois lombards, toutes les études qu'il a faites sur ce sujet et qu'il a disséminées dans diverses *Revues*. M. G.

J. Leite de Vasconcellos. — Summula das prelecções de philologia portuguesa feitas na bibliotheca nacional de Lisboa no anno lectivo de 1903-1904, *Porto*, 1904.

M. Leite de Vasconcellos a fait pendant l'année scolaire 1903-1904, comme l'indique le titre, un cours de grammaire comparée portugaise. Il nous donne ici le sommaire de chaque leçon. M. G.

C. H. C. Wright. — Selections from Rabelais' Gargantua, *New-York, London, Macmillan*, 1904; in-18 [xxix-116 p.].

Choix bien fait. Notes précises. Bon livre classique, qui montre avec quelle autorité notre langue et notre littérature sont enseignées à l'Université Harvard. J. V.

Revue hispanique. — Tables des dix premières années, 1894-1903.

M Foulché-Delbosc a eu l'heureuse idée de faire suivre d'une table des dix premières années le dixième volume de la *Revue* qu'il dirige avec la compétence que l'on sait. Cette table rendra de grands services non seulement à ceux qui n'ont pas lu la Revue à mesure qu'elle paraissait et qui veulent y faire des recherches, mais aussi à ceux qui auront besoin de retrouver tel article qui les avait intéressés lors de sa publication. Elle est divisée en cinq parties : 1° table par numéros, 2° table par noms d'auteurs, 3° table des comptes rendus, 4° table méthodique, comprenant les articles de philologie avec la liste des mots étudiés, les · rticles de littérature et d'histoire rangés par siècles, les articles de folk-lore, de bibliographie, etc., 5° liste des planches hors texte.

H. Lacoche. — Traduction en vers français du *Roland Furieux*.

La nouvelle traduction complète en vers français du *Roland Furieux*, éditée par la librairie étrangère Boyveau et Chevillet, est l'interprétation la plus fidèle qui ait jamais été donnée de ce merveilleux poème, qui vaut à lui seul, d'après le sentiment de Voltaire, l'*Iliade*, l'*Odyssée* et *Don Quichotte*.

Cette nouvelle traduction du poème du « divin Arioste » a été faite par octave, de telle sorte que chaque vers français correspond à un vers du texte italien.

Le traducteur s'est attaché à reproduire non seulement le sens exact de la pensée, mais le style même de l'inimitable poète, si riche d'images et de coloris.

L'infinie variété des épisodes et des personnages dramatiques ou plaisants, créés par la prodigieuse imagination de l'auteur, le charme et la bonhomie du récit, rendent des plus attrayante la lecture du *Roland Furieux*.

Le Gérant responsable : P. Hamelin.

LE MOT *BAR*

COMME NOM DE POISSON EN FRANÇAIS ET EN ANGLAIS

On trouve dans le Dictionnaire Général l'article suivant :

1. BAR ou * BARS. [băr] s. m.
[Etym. Emprunté de l'allemand *bars*, perche. || XIIIe s[e] En sa baniere ot un grand bar, dans Barbazan, Recueil de Fabliaux, IV, 90.].
|| Poisson voisin de la perche, dit aussi *loup de mer*.
| (Blason) Poisson figuré sur les armoiries. *La Couronne était ducale, mais fermée par quatre bars*. S[T]SIM. ii. 141.

Pour ce seul article, Littré en a trois :

† 2. BAR (bar). s. m. Grand poisson, dit aussi maigre (*sciaena aquila*).
— Hist. XIIIe s. En sa baniere ot un grand bar, Fabliaux, edit. Barbaz.., t IV, p. 90.

† 3. BAR, s. m. Terme de blason. Barbeau, poisson fréquent en armoiries en pal et un peu courbé.
— Etym. Barbe nom du barbeau.

† BARS (bar ; l's ne se lie jamais), s. m. Poisson de mer dont la chair est très estimée, dit aussi loup de mer (labrax lupus. L.).
— Etym. Allem. Bars ou Barsch.

Je crois qu'il ne s'agit ni d'un seul et même mot ni de trois mots différents, mais plutôt de deux mots, l'un d'origine en effet germanique, l'autre d'origine toute latine.

L'allemand moderne *Barsch* au sens de *perche* (*perca fluviatilis*) remonte à une forme *bars-*. Il est clair que *bars-* emprunté en français a subi l'amuïssement de l'*s* final et que la graphie, au lieu de rester stationnaire comme dans la plupart des cas (*épars*, etc.) a hésité entre *bars* qui représentait la prononciation ancienne et *bar* qui exprimait plus exactement la nouvelle.

Pour la signification, il résulte de l'étude des sens que présente l'anglo-saxon *baers* et ses dérivés en anglais que le mot a servi pour indiquer non seulement la *perca fluviatilis*, mais un autre poisson de la même famille, le *labrax lupus*, très vorace et très commun sur les côtes de la Grande-Bretagne et de la France.

Pour affirmer l'équation *baers = lupus*, il suffit de lire les anciennes gloses anglo-saxonnes[1]. Elles montrent clairement que dès les plus anciens temps, *baers* a eu le sens de *loup de mer*, *lubin* (labrax lupus). *Baers* se présente plus tard sous trois formes dont les deux premières ne s'emploient plus guère que dialectalement. Ce sont *barse* d'une part, *base* (ou *bace*) de l'autre. Tout en gardant le sens attesté par les anciennes gloses, elles ont en même temps celui de *perca fluviatilis*[2]. La troisième forme, la forme actuelle du mot anglais, *bass* (quelquefois *basse*), a toujours les deux sens[3], s'appliquant

[1] Early English Text Society. The Oldest English Texts, ed. H. Sweet, Lond. 1885, pp. 74-5. — Les glossaires d'Epinal et d'Erfurt expliquent *lupus* par *baers*, celui de Corpus Christi (Cambridge) par *bre[r]s*. —

Dans Th. Wright, Anglo-Saxon and O. English vocab., 2me edn. (ed. Wulcker). 2 vols. 8vo, London 1884 : —

(a) 180. Aelfric gloss. lupus vel scardo, *baers*

(b) 293. A. Sax. Vocab. lypus, *baers*.

[2] Pour l'emploi dialectal de *barse = perche*, Murray donne deux exemples :

1753 Chambers, Cycl. Supp. *barse*, in ichthyology, an English name for the common pearch ;

1860 H. Riley, Liber Custum, Gloss., *Barcius* a perch, which in Cumberland and Westmoreland is still known as *barse*. —

Pour *base* Murray donne un exemple de 1513 où l'on fait une différence entre *base* et *perch* :

1513 Bk Kerving in Babees Book (1878) 281 : base, molet, roche, perche.

Pour base = perche il donne l'exemple dialectal suivant :

1851 Cumbld. gloss. : *base*, a perch.

[3] Pour *bass = perch*

1801 Gouvr. Morris in Sparks, Life et Writ. (1832) iii, 140 : Trout and perch, called. by the Dutch name of barsch or bass.

Pour *bass* distingué de *perch*, (Murray se trompe en donnant cet exemple sous la rubrique bass = perche) : —

1866 Intell. Observ. N° 56. 101 : Sticklebacks, perches, basses.

tantôt à un poisson de rivière (*perca fluviatilis*) tantôt à un poisson de mer (*labrax lupus*) [1].

Il semble donc bien établi que ce mot a eu les deux sens. Or il serait curieux que le mot français emprunté au germanique n'ait jamais eu la signification *perca fluviatilis* qui est commune à l'allemand et à l'anglais.

Il est naturellement difficile de démêler le sens exact qui se présente dans un texte particulier [2]. Dans une série de noms de poissons, par exemple, comme on en trouve dans les vers d'Hélinand sur la Mort :

mules, salmons, esturjons, bars (v. XLVI),

comment démontrer qu'il s'agit de *perches*, de *loups de mer*, ou bien encore — car nous allons voir que *bars* peut très bien

Pour bass = sea wolf (labrax lupus) :

1880. Günther, Introdn to the study of fishes, 376-7 : The *bass* are fishes common on the coasts of Europe.... The best known European species is *Labrax Lupus*.

[1] Le nom de *bass* s'est étendu de nos jours à d'autres espèces rapprochées, mais sans jamais sortir de la famille des perches. Ainsi on appelle *black bass* un poisson du lac Huron (*Huro nigricans*) :

1840. Denny cycl. XVII. 432 : the black bass.... one of the best-flavoured fishes of that lake. —

On emploie aussi l'expression *sea-bass* pour indiquer d'autres poissons de mer que le *labrax lupus*.

Bass a-t-il jamais voulu dire autre chose, *le sciaena aquila*, par exemple? Je n'en trouve pas la plus légère indication. — Quand Murray à l'article *bar* (mot dont il reconnait l'origine française), dit : *a large acanthopterygious European fish* (*sciaena aquila*) also known as the *maigre*, il ne fait que copier l'information donnée par Littré à son deuxième article *bar* (imprimé au commencement de notre article). Je n'ai pu trouver rien qui permit de confirmer l'équation *bar* = *sciaena aquila*, soit en français, soit en anglais. Le maigre est déjà fort éloigné des Perches puisqu'il appartient a la famille des Sciaenidae.

[2] Voici encore deux textes où l'on trouve *bar* comme nom de poisson : —

(a) Manquent les *bars*
Les saumons et les truites.

Dans La Curne de Ste Palaye qui renvoie à Fabl. MSS. du R. No 7615, T. ii, fo 141 Ro col. 2 et qui ajoute que le mot est épelé *bart* au T. i, fo 104 vo, col. 2.

(b) Anguilles, carpes, *bars*, beches.

Ex de 1487 donné par Godefroy, ap. Louvrex. Edits et ords pr le pays de Liège, i. 427.

vouloir dire autre chose — de barbeaux? Si encore il y avait moyen de prouver qu'il était question soit d'une part de poissons de rivière, soit d'autre part de poissons marins, on pourrait serrer le sens de plus près; mais dans les quelques textes que nous fournissent les dictionnaires, cela n'est pas possible. Palsgrave, en 1530 nous dit : *bace, fysshe ung bar;* Cotgrave, en 1611, ajoute *bar, the fish called a base*. Cela prouve que pour eux *bar* a le sens de l'anglais *base (bace)*, mais comme *base* veut dire *perche* et *loup de mer* à la fois, il est difficile d'en tirer quoi que ce soit.

Avant de quitter ce premier mot *bar*, je voudrais attirer l'attention du lecteur sur l'article *bar* (comme nom de poisson) qu'on trouve dans le Oxford Dictionary, de Murray. Celui-ci ne donne que deux exemples du mot. Le premier, de 1724, est tiré de De Foe, Tour G[t] Brit, iii. 41 : —

> (In *Jersey* is found) the *bar*, an exquisite
> fish, sometimes two feet in length. —

Le second, de 1863, se trouve dans un ouvrage dont le titre (Life in Normandy) trahit les origines françaises :

> I sold them all except one nice *bar*
> and a brill (i 166.), —

On le voit, c'est le mot français *bar* qui vient faire fonction de doublet littéraire des formes *barse, base, bass* dont nous avons traité. Quant à l'identification du *bar* avec le *sciaena aquila*, elle n'est pas du fait du dictionnaire de Murray qui se laisse guider ici par le premier des trois articles de Littré que j'ai imprimé au commencement de cet article [1]. —

Venons maintenant au second mot *bar* qui s'emploie comme terme de blason et qui est d'origine latine. Il dérive de *barbus* et veut dire, comme l'a déjà affirmé Littré [2], sans toutefois en indiquer clairement l'origine, tout simplement *barbeau*, ou, pour employer la nomenclature ichthyologique, le *Cyprinus barbus*, poisson de rivière appartenant à la famille des Cyprinoïdes et à l'ordre des Physostomiens.

[1] V. aussi ci-dessus, p. 195, note 1. —

[2] Bar = barbeau d[s] Dict. Hist. de l'Anc. Lang. Fr. de La Curne de Ste Palaye, éd. 1876.

Ce mot *barbus* a été tiré de barba (cf les composés Ahenobarbus, Aenobarbus, cognomen gentis Domitiae Romanae; Myrobarbus d'Ausone, Epigr. XXX.) en raison des barbillons qui garnissent la mâchoire du barbeau. On n'en trouve pas d'exemples avant le quatrième siècle de notre ère, mais il est employé dans la dixième idylle d'Ausone (Mosella) dans le passage où cet auteur énumère les poissons dans les eaux de la Moselle[1].

Barbus est d'ailleurs représenté sous une forme régulière par *barbo* en italien, en espagnol et en portugais, et toujours avec la même signification, celle de *barbeau*. L'allemand *barbe* (*bartfisch*), bien que féminin remonte à une forme *barbo* du vieux haut-allemand qui était masculine et semble bien empruntée du latin, importée sans doute, comme le prétend le Dictionnaire de Moriz Heine[2], par les moines qui voyaient dans le barbeau la plus délicate des viandes de carême.

Enfin, pour le français, le développement *barbum* > *barbo* > * *barp* > *bar* nous semble parfaitement régulier. Les seuls mots qu'on puisse mettre en regard de *barbus* pour le traitement phonétique de RB. final sont les adjectifs *ŏrbus* et **cŭrbus* (latin classique *cŭrvus*) et le substantif **cŏrbus*, forme secondaire de *cŏrvus*, car pour *sorbus*, *verbum*, *turbo* et autres ils n'ont pas eu de développements populaires dans notre langue[3].

[1] Le mot *barbus* revient deux fois :

(a) Tuque per obliqui fauces vexate Saravi,
Qua bis terna fremunt scopulosis ostia pilis,
Cum defluxisti famae majoris in amnem,
Liberior laxos exerces, *barbe*, natatus.
Tu melior pejore aevo : tibi contigit omni
Spirantum ex numero non illaudata senectus. (vv. 91-6).

(b) Tu quoque flumineas inter memorande cohortes,
Gobio, non major geminis sine pollice palmis,
Praepinguis, teres, ovipara congestior alvo,
Propexique jubas imitatus gobio *barbi*. (vv. 131-4).—

[2] Deutsches Worterbuch, Liepzig, 1890, 3 vol.

[3] Voici la liste des mots en RB— final qui n'ont pas subi l'évolution phonétique dans la langue populaire pour ce qui concerne le français ·

Les nominatifs : *cărbo*, *tŭrbo*.

Les accusatifs : *cŏrbem*, *mŏrbum*, *ŭrbem*, *ŏrbem*, *sŏrbum*, *zirbum*.

Les premières pers. du sg. du présent : *cŭrbo* (l. cl. cŭrvo), *tŭrbo*.

Godefroy donne quelques exemples de *orp* (< *ŏrbum* ou *ŏrbi*), remplacé comme masculin par le féminin orbe (< ŏrba) qui persiste toujours dans les expressions stéréotypées : *mur orbe*, *coup orbe*. **Cŏrbum* de même a donné *corp* à côté de *corf* qui représente phonétiquement *cŏrvum*. Le Lateinisch-Romanisches Wörterbuch de Körting donne le vieux français *corp* comme dérivé de **cŭrbum*. D'après ces trois exemples *barbum* deviendrait **barp*. Quant à l'évolution de *barbos*, on ne trouve pas, du moins dans le Dictionnaire de Godefroy, la graphie ors (< ŏrbus, ŏrbos), cors (< cŏrbus, cŏrbos), mais il ne peut y avoir aucun doute sur l'équivalent phonétique en vieux français de ŏrbos, cŏrbos quand on compare avec cŏrpus (> v. f. cors) et nervos (> v. f. ners). On doit donc avoir en vieux français bars (< barbos) et c'est bien la forme attestée par tous les textes.

Pour **barp* on n'en trouve pas d'exemples. Dès le XIIIe siècle il y a toujours *bar*. Nous n'avons malheureusement pas de mots latins avec RP— final qui aient subi une évolution phonétique régulière[1], et les mots *orp*, *corp* qui représenteraient l'évolution parallèle de RB — final étant perdus[2] depuis longtemps, il se trouve que *bar* (= barbeau) reste le seul mot qui nous offre le développement continu et probablement tout à fait régulier de RP—, RB — finals.

Il ne peut y avoir aucun doute sur l'équation bar (terme héraldique) = barbeau. L'on sait que les armes parlantes qui figuraient symboliquement le nom d'une ville ou d'une famille ont eu une grande faveur au Moyen-Age. Eh ! bien, le barbeau se retrouve dans les armes d'un certain nombre de villes et de familles dont le nom contenait la syllabe *bar*. Il suffit d'indiquer les villes de *Bar-le-Duc*, *Bar-sur-Seine*, *Montbard*, *Bar-*

[1] Liste de mots avec RP— final qui n'ont pas de représentants populaires en français :

Les accusatifs : *carpum* (καρπός), **serpem* (pour serpentem) et *stĭrpem*.

L'adjectif : *tŭrpem*, *tŭrpe*.

Les premières pers. du sg. du présent : *carpo* (excarpo), *sarpo*, **tarpo*.

[2] On sait que *corp* persiste dans le mot *cormoran*.

fleur, les familles *Bartet*, *Barbarin*, *Bernières* (Barnières), et d'autres encore[1].

Enfin l'expression héraldique équivalente en anglais est *barbel* (c'est-à-dire barbeau). Il est possible que le mot *bar* lui-même ait passé en anglais avec le sens de *barbeau*. En effet, le dictionnaire de Chambaud[2] traduit *bar* [terme de blason — poisson ordinairement courbé et adossé] par : *bar or barble*. Cependant les ouvrages anglais qui traitent plus particulièrement du blason, dictionnaires et grammaires héraldiques, ne connaissent pas d'autre terme que *barbel* et *bar* (= *barbel*) n'existe dans aucun des grands dictionnaires récents de la langue anglaise.

Nous croyons en avoir dit assez pour établir que dans la nouvelle édition du Dictionnaire général il conviendrait de faire les deux articles suivants :

1. BAR ou *BARS [băr] s. m.
   [Etym. Emprunté du germanique *bars—*, perche.
   || 1530. Palsgrave 196 | : bace, fysshe, *ung bar*. —
   1611 Cotgrave *bar*, the fish called base].
   || Loup de mer (labrax lupus).
2. BAR [băr], s. m.
   [Etym. Du latin *barbus* (Ausone) = barbeau.
   || XIII s[e]. En sa baniere ot un grand bar d[e]
   Barbazan, Recueil de Fabliaux iv, 90]. —
   || (Blason). Barbeau (Cyprinus barbus). —

Il serait bon aussi d'ajouter dans la troisième édition du *Lateinisch-Romanisches Wörterbuch* de Körting au n° 1231, parmi les dérivés du mot *barbus* le français *bar* (= barbeau) et d'intercaler entre les numéros 1248 et 1249 un nouvel article donnant les dérivés romans du germanique *bars—* et entre autres le français *bar* (= loup de mer).

Paul Barbier fils.

Leeds, février 1905.

[1] V. Le Dictionnaire héraldique de Grandmaison, Paris 1852, p. 75 à l'article *Bar* (poisson qui parait dans l'écu en pal et de profil, mais un peu courbé).

[2] Ed. des Carrières, Lond. 1815, 4 vol.

« JANA DE MOURMEIROUN »

ESSAI DE RESTITUTION D'UN CHANT POPULAIRE MONTPELLIÉRAIN

à M. Antonin Glaize

L'histoire du soldat que la guerre retient loin de sa famille et qui, au retour, trouve sa femme infidèle ou remariée, eut d'assez nombreux exemples sous la République et le premier Empire. Elle en a trouvé encore en 1870-71 dans les hostilités franco-allemandes. A plus forte raison devait-elle se produire au cours des Croisades, des expéditions d'outre-mer, des colonisations de l'Amérique du Nord ou du Sud et généralement de toutes les circonstances qui conduisent un homme au delà des mers ou des frontières de son pays.

Le premier époux acceptait rarement d'être éconduit; sa colère avait parfois des éclats tragiques; l'épouse reprenait le lien momentanément rompu ; en d'autre cas, lorsqu'il y avait eu des enfants, et que la femme semblait heureuse d'avoir contracté le second mariage, lorsque ses fils du premier lit y avaient trouvé bonheur et sécurité, le *revenant* se sacrifiait et reprenait le cours des pérégrinations lointaines. On devine, qu'il n'y portait pas toujours le courage et l'entrain du début et qu'une fin quelquefois désespérée clôturait l'aventure en régularisant d'une façon définitive les liens qui lui avaient fait fuir le sol natal.

C'est le récit d'une histoire semblable que raconte une chanson depuis longtemps populaire dans l'ouest de la France, sous le titre du *Retour du marin* et sous celui de la *Belle Hôtesse*; la Normandie, l'Aunis, la Saintonge et le Poitou, en possédent des versions presque semblables. Bujeaud l'a comprise dans son recueil[1] ; Anatole Boucherie, qui eut au plus haut degré le

[1] *Chants et chansons populaires des provinces de l'Ouest (Poitou, Saintonge, Aunis et Angoumois), avec les airs originaux recueillis et annotés* par Jérôme Bujeaud. Niort, L. Clouzot, 1886, 2 vol. gr. in-8°, 332-364 pages (p. 89-90 du tome 1).

sentiment des délicatesses de la poésie rustique, la préférait à toutes celles de son pays natal. Oscar Havard la cite élogieusement dans une chronique de la *Libre Parole*[1], mais ne remarque pas qu'elle s'apparente d'assez près à *l'Odyssée*, où après vingt ans de guerre et de courses sur les mers, le héros aborde l'île d'Ithaque, la veille du jour où Pénélope sera forcée de choisir un nouvel époux[2].

Quand le marin revient de guerre,
Tout doux...
Tout mal chaussé, tout mal vêtu :
— « Pauvre marin, d'où reviens-tu ?
Tout doux ! »

— « Madame, je reviens de guerre,
Tout doux...
Qu'on m'apporte ici du vin blanc,
Que le marin boive en passant,
Tout doux ! »

Brave marin se mit à boire,
Tout doux...

[1] Numéro du 28 février 1902, sous le pseudonyme de Gallus.

[2] Une famille cettoise qui s'est fait un nom fort honorable dans les fonctions électives et les lettres locales, celle des Doumet, en fournit un exemple à la fin du premier Empire. La femme remariée reprit sa place au foyer du premier époux.

Avant l'amendement voté par la Chambre des députés sur la proposition de M. l'abbé Lemire, la jurisprudence avait depuis longtemps prévu les cas où la femme pouvait se considérer comme veuve et contracter une seconde union, mais elle n'avait pas réalisé l'unité de législation : une divergence notable en était la cause. Les cours du Midi n'admettaient pas que la mort de l'époux pût être déduite de son absence prolongée. Les tribunaux du Nord étaient autrement faciles et la raison en est simple. L'Océan, pour ainsi dire sans limites précises, était, par voie de conséquence, plus fertile en naufrages et en pertes de navires, alors que sur la mer Méditerranée, la piraterie barbaresque tendait moins à la mort qu'à l'esclavage de l'homme. La facilité relative des évasions et la rédemption des captifs, très fortement organisée en Languedoc, étaient encore un argument dans la bouche des juristes méridionaux.

Grâce à M. Lemire, la législation et la jurisprudence française sont d'accord aujourd'hui pour interpréter les cas où la femme sans nouvelles de son mari, a le droit de se considérer comme veuve et de convoler en secondes noces.

Se mit à boire et à chanter,
Et la belle hôtesse a pleuré,
Tout doux !

— « Ah ! qu'avez-vous, la belle hôtesse ?
Tout doux !...
Regrettez-vous votre vin blanc
Que le marin boit en passant ?
Tout doux !

— C'est point mon vin que je regrette,
Tout doux...
C'est la perte de mon mari...
Monsieur, vous ressemblez à lui...
Tout doux !

— Ah ! dites-moi, la belle hôtesse,
Tout doux...
Vous aviez de lui trois enfants,
Vous en avez six à présent,
Tout doux !

— On m'a écrit de ses nouvelles,
Tout doux...
Qu'il était mort et enterré
Et je me suis remariée,
Tout doux ! »

Brave marin vida son verre,
Tout doux...
Sans remercier, tout en pleurant,
S'en retourna au régiment,
Tout doux.

« Quelle discrétion ! quelle sobriété ! quelle douceur ! dit avec raison M. Havard. Tandis que le rythme des premiers vers, alerte et fringant, tressaille comme une ronde d'avril, le rythme des derniers chemine, douloureux et lent, et s'étein[t] mouillé de larmes dans le crépuscule des soirs. Voilà le lyrisme populaire !.. Toute l'histoire d'une âme — des espoirs cueillis au matin et des sanglots qui se brisent au seuil de la nuit — se déroule dans cette chanson sans art, se déploie dans ce symbole, calme et pur, que ne pollue aucune description savante, que n'alourdit aucune rhétorique raisonneuse... »

Le Languedoc, pays maritime comme l'Aunis et la Normandie, doit avoir eu et peut-être a-t-il encore des exemples du thème qui nous occupe. Dans tous les cas, j'ai cru devoir en essayer la restitution montpelliéraine. Heureux si je donnais à mes couplets la poésie exquise, mais un peu trop condensée de l'original français ! J'ai imaginé, sur le rythme des berceuses, le refrain presque partout diminutivé qui les termine.

M. Gustave Michel-Quatrefages a bien voulu, avec sa science et sa compétence accoutumée, noter l'air complet de cet essai :

Coun-tent de vei - re sa moun - ta - gna, Pei-roun-pei-
ret, ri-boun - ri - ba - gna, La be - la Ja - na e lous enfants — Qu'a-viè lais - sat dem-pioi set ans, — Pei-roun-pei-
ret, — Ri-boun-ri - ba-gna, Ri-boun-ri - ba - gna.

Les luttes qui ont existé entre les pays riverains de la chaîne des Pyrénées justifieront la plupart des mentions géographiques de l'imitation montpelliéraine.

La Cerdagne est le nom d'un ancien comté presque toujours uni au Roussillon.

Saint-Jean-Pla-de-Cors est aujourd'hui un chef-lieu de canton de l'arrondissement de Céret (Pyrénées-Orientales). Le même département compte deux Caudiès, l'un dans l'arrondissement de Prades, l'autre dans celui de Perpignan.

Mormoiron est un chef-lieu de canton de l'arrondissement de Carpentras (Vaucluse). Sa population est d'environ trois mille âmes et le provençal qu'elle parle possède, si j'en crois des renseignements qui m'ont été autrefois donnés par M. Fortunat Martelly, des finales féminines en *a*.

Le nom propre de *Guilhermenc*, *Guillermin*, *Guilhemin*, *Guillemin*, existe à Montpellier au même titre que celui de *Ramondenc* (Raymondin) à Toulouse et sur beaucoup d'autres points du Languedoc. On sait que tous les seigneurs de Montpellier ont porté le nom de *Guilhem* et que les comtes de Toulouse se sont presque tous nommés Raymond. J'ai cru pouvoir déduire de la première forme le nom de *Guilherme*, qui peut-être n'est pas tout à fait périmé dans la région méditerranéenne.

Il était et il est encore d'usage de boire du vin blanc sur les châtaignes rôties.

On dit communément *vi* à Montpellier, quand il s'agit de vin rouge ou de vin en général, et *vin blanc*. L'*n* final du substantif ne se prononce que dans ce dernier cas.

Ainsi que je l'ai fait dans le *Medeci* et le *Deputat de Balharguet*, dans le *Merlussat de Pampalibourna* et la plupart des contes publiés par l'*Armanac mount-pelieirenc*, je me suis efforcé de n'employer que des termes connus de tout le monde à Montpellier. Font seuls exception les substantifs *cantagna*. *malamagna* et *tristagna*, qui n'existent que dans sa langue littéraire.

JANA DE MOURMEIROUN [1]

En guerra quau perd e quau gagna,
Peiroun-peiret, riboun-ribagna ;
Quau demora en presou long tems
Dins la pena e lou languiment,
Peiroun-peiret, riboun-ribagna,
Riboun, ribagna !

Countent de veire sa mountagna,
Peiroun-peiret, riboun-ribagna,

[1] Cette imitation a été composée a la demande d'un Montpelliérain, le jeune Campet, qui voulait pouvoir chanter du languedocien en réunion de camarades et d'amis. Le cas était trop rare pour n'être pas noté.

La bela Jana [1] e lous enfants
Qu'aviè quitat dempioi tres ans,
Peiroun-peiret,...

Guilherme partiguet d'Espagna,
Peiroun-peiret, riboun-ribagna,
Prenguet lou camì dau païs
E, passa, passa, que t'ai vist,
Peiroun-peiret,...

Sans capità de malamagna,
Peiroun-peiret, riboun-ribagna,
Per Narbouna, en Ate, Avignoun,
S'agandiguet à Mourmeiroun,
Peiroun-peiret,...

Drecha en travès de sa barragna,
Peiroun-peiret, riboun-ribagna,
— « D'ounte, dis Jana, tournàs-ti,
Tant mau caussat, tant pau vestit ? »
Peiroun-peiret,...

— « De lion, mai que lion, d'en Cerdagna,
Peiroun-peiret, riboun-ribagna,
Pourtàs-me 'n pichè [2] de vin blanc
E de castagnas sus lou banc. »
Peiroun-peiret,...

[1] En Languedoc, et surtout aux environs de Montpellier, *la bela Jana* n'est connue que par la comparaison populaire : *Parla mai que la bela Jana*, *Parla couma la bela Jana*, identifiée par la *Rèino Jano* de Mistral avec Jeanne 1re (1325-1382), reine de Naples, comtesse de Provence.

Au contraire de cette œuvre dramatique, le *Dictionnaire* (II, 153) du poète de Maillane ne donne à *parlo coume la bello Jano* que le sens de « babiller comme une vieille commère ».

[2] Le *piché* (*pechié* en Provence et *peccarium*, *picarium*, en bas latin) est une petite cruche à une ou deux anses contenant, selon Mistral, un peu plus d'un litre de vin blanc; deux litres en Béarn.

On dit communément *aneroun beure soun pichè de vi*, *Begueroun foulheta* (ils burent une feuillette de vin).

Se faire set pichès de michant sang, c'est avoir beaucoup de chagrins.

Le *Dictionnaire* montpelliérain, encore manuscrit, de Raymond Martin précise mieux la contenance de la *foulheta* et du *pichè* :

« Fouiéta ; ancienne mesure pour les liquides. C'était la moitié d'un *pichè*. Voy. ce mot ».

On trouve à *pichè* les mentions suivantes :

«*Pichè*, ancienne mesure pour les liquides. A Montpellier ***un pichè d'oli***

Tout beguent faguet sa cantagna,
Peiroun-peiret, riboun-ribagna,
Emé fossa dichs e redichs,
La bela Jana ploura e ris,
Peiroun-peiret,...

— « De qu'es que vous mes tant en lagna,
Peiroun-peiret, riboun-ribagna,
Me planiriàs-ti lou vin blanc
E la castagna amai lou pan ? »
Peiroun-peiret,...

— « Planisse pas vi ni castagna,
Peiroun-peiret, riboun-ribagna,
Ploure moun paure ome e sa mort :
L'an tuat à Sent-Jan-Descort,
Peiroun-peiret,...

» D'aco d'aqui soui en tristagna,
Peiroun-peiret, riboun-ribagna,
Car ie semblàs que se pot pas,
De ma vida, ie mai semblà. »
Peiroun-peiret,...

« Rescoundés pas fuset, escagna,
Peiroun-peiret, riboun-ribagna,
Qu'aviès be d'el tres manidets !
D'ounte ven que soun pas pus tres ?
Peiroun-peiret,...

» D'ounte ven que vous fan coumpagna
Peiroun-peiret, riboun-ribagna,
Tres autres qu'an lou pèu tant blound
Couma l'irange e lou limoun ? »
Peiroun-peiret,...

— « M'an un jour mandat de l'Espagna
Peiroun-peiret, riboun-ribagna,
Que moun ome, l'avien tuat,
Alor n'ai un autre espousat. »
Peiroun-peiret,...

une de ces mesures pleines d'huile pesait environ deux livres et un quart de Paris. »

La *foulheta* ne doit pas être confondue avec la *fulheta* ou feuillette « ancienne mesure pour le vin, qui équivalait à un demi-muid ou 144 pintes de Paris. »

Coupet un rounze à la barragna,
Peiroun-peiret, riboun-ribagna,
E diguet : — «Lou segound marit
Couma l'autre vous aima-ti ? »
Peiroun-peiret,...

— « Que tragoun sus ieu la Tourmagna [1],
Peiroun-peiret, riboun-ribagna,
E lou Ventour [2] e soun nevié,
Se moun dire era messourié, [3] :
Peiroun-peiret,...

» Es sans pòu, michantun, ni cagna,
Peiroun-peiret, riboun-ribagna,
E fai soun drech, sans jalousié,
As manidets de moun premié ! »
Peiroun-peiret,...

Despeloufet una castagna,
Peiroun-peiret, riboun-ribagna,
De vi beguet un goubelet
E s'en anet plourant, soulet,
Peiroun-peiret,...

S'encaminet mai en Cerdagna,
Peiroun-peiret, riboun-ribagna.
E mouriguet, set jours après,
D'un cop de lança à Caudiès,
Peiroun-peiret,...

Alph. ROQUE-FERRIER.

oument romain qui domine la ville, la promenade et la fontaine es.

mont Ventoux.

g médian tombe souvent en montpelliérain. *Fourniguié*, *Messourgoust*, *Vauguieira* deviennent dans ce cas, *Fournihié*, *Messourié*, *Vauhieira*.

I DODICI CANTI

COMPLÉMENTS A L'INTRODUCTION

1° Remarques sur le *Guerino il Meschino* d'après le manuscrit 491 de la Bibliothèque nationale : — 2° Tullia d'Aragona, Beatrice Pia degli Obizzi et l'Alamanni, d'après Sperone Speroni ; — 3° de l'auteur des *Dodici Canti* ; — 4° Extraits du *Guerino il Meschino.*

Remarques sur le GUERINO IL MESCHINO, *d'après le manuscrit 491 de la Bibliothèque Nationale*

L'introduction placée en tête du texte des *Dodici Canti* contient un résumé du *Guerino il Meschino*, rédigé d'après les sommaires de Dunlop et de Ferrario, seules ressources que j'eusse alors à ma disposition [1]. Depuis, j'ai pu consulter le manuscrit italien 491 de la Bibliothèque Nationale. M. Mazzatinti le mentionne ainsi : *Libro chiamato il Mischino* [*Guerino*] *di Duracio*, et l'attribue au XV° siècle. C'est un bel in-folio, relié aux armes de France, de 134 feuillets. Le texte est incomplet et s'arrête à l'endroit où Guérin, arrivé en Irlande où il doit descendre dans le Purgatoire de saint Patrice, rend visite à l'archevêque d'Hibernie : F° 134, verso A : *singhioreggia questo paese*

[1] Le sommaire que Gaspary donne du *Meschino* (*Geschichte der ital. Literatur*, II, p. 265) oublie trop des faits essentiels : l'amour dont Guerino est d'abord épris pour Elisena, son amour pour la belle Antinisca, son voyage au pays du Prêtre-Jean, la mention précise qu'il a recours à la sibylle de Cumes (*le royaume enchanté d'Alcine* ne peut que tromper le lecteur). Si mutilée que fût son édition (V. sa note à cet endroit), il semble difficile que ces parties aient été omises. D'ailleurs, Dunlop et Ferrario pouvaient être consultés. Si je relève ces imperfections, c'est uniquement pour justifier le développement que j'ai donné à l'étude du *Meschino* à propos des *Dodici Canti*. Il m'était vraiment impossible de me borner à renvoyer à l'ouvrage de Gaspary, ouvrage dont, autant que personne, je reconnais le haut mérite.

lo archiepiscopo d'Ibernia, et anno cossi mullie li sacerdoti como li seculari, et e beato chi pote avere parentato collo sacerdote, et ad questa cicta d'Ibernia arrivai yo et andai allo archiepiscopo d'Ibernia...

Le reste de la page est en blanc.

Dans le cours du texte, trois colonnes de suite (F° 33, recto B, verso A B) sont restées en blanc, sauf les trois premières lignes du recto B : *et Turchi rade volte aspectano s'egli non si sentino forti et da multi cavallieri Grec..* .. La suite reprend au F° 34, recto, où *il Meschino* est en train de tuer un lion. La partie absente comprend le combat de Guérin et de Pantifero, roi de Solta (Folta).

J'ai copié la plus grande partie de ce manuscrit. C'était le seul moyen de me faire quelque idée de ce que vaut le roman, car avec les altérations des noms propres, la diversité des formes dialectales ou barbares, les oublis et les répétitions de mots ou même de membres de phrase, les passages n'offrant aucun sens, avec les mille traces, en un mot, de l'ignorance et de l'inintelligence du copiste, la simple lecture ne me laissait qu'une impression vague.

Les chapitres, indiqués avec rubriques incorrectes pour les premiers folios, sont ensuite simplement séparés par un blanc. La place pour la lettre ornée reste vide. La division en livres n'est pas marquée, quoiqu'elle soit annoncée au titre. Je reproduis ce titre parce qu'il diffère de celui que j'avais donné d'après la première édition :

In nomme dell' autissimo dio e della vergine Maria : qui comencia il primo libro chiamato il Mischino di Duraio. Questo nome fu supranome, che suo proprio nome fue Gherino del sangue de' riali di Francia. ed e partito quisto volu [met]to in octo parti e tracta tucti parte del mu[n]du, zo e Asia, Africa, Europia, e de multi grande facte de arme che fequi Mischino cercando che fu il suo patre, como la storia dimostra, e cummincia il primo de Terra de Lavore nello capitolo primo.

J'ai averti de l'incorrection du texte pour n'en plus parler. On notera que le sujet vrai du roman, Guérin à la recherche de ses parents, est indiqué, tandis qu'il est omis dans le titre de l'édition. Mais ce qui suit immédiatement n'est pas le chapitre annoncé, c'est un exorde où l'auteur parle de son entreprise et de lui-même ; le ton est d'un moraliste. Je résume ou traduis cette curieuse préface de l'auteur des *Reali*.

Il est naturel et ordinaire que les hommes écoutent avec plaisir le récit d'aventures et de choses anciennes dont ils n'avaient jusque-là aucune connaissance, et qui ainsi leur paraissent nouvelles : « Pour cette raison je me suis délecté à faire connaître nombre d'histoires nouvelles et plaisantes, et parmi beaucoup d'histoires, j'ai trouvé cette légende qui me plut grandement[1]. Je ne veux donc pas être ingrat envers les bienfaits que j'ai reçus de Dieu et de la nature humaine, car ma nature a reçu des cieux au-delà de mon mérite, étant donnée la bassesse de ma condition. »

Si d'autres font plus mal que lui, bien que de naissance meilleure, Dieu en sait la raison, que ce soient leurs péchés ou les péchés de leurs pères : « J'en vois d'autres, de plus vile condition que moi, qui se sont élevés, se tiennent et vivent mieux que moi. Cela me réconforte, car si nous sommes tous nés de pères créés, un seul auteur nous distribue diversement ses grâces. » Chacun peut être vertueux et honnête en cette vie. Comme Adam, nous possédons le libre-arbitre, nous sommes des animaux raisonnables, et méritons d'être punis quand nous sommes en faute. Quant à la part de la fortune dans notre destinée, si elle brille plus dans un lieu que dans un autre, cela résulte de ce que la fortune distribue des instruments à tous et que chacun s'ingénie à apprendre à jouer de plusieurs ; sans doute la fortune entonnera une musique parfaite, mais craignez que les cordes ne soient fausses, car les consonnances ne se correspondraient point, et ce serait votre faute à vous qui voulez sans raison et non la faute de la fortune. « C'est pourquoi j'implore le nom du Dieu très-haut et de toutes les puissances ordonnées par lui dans les cieux afin qu'ils m'accordent, non pour aucune autre raison que leur grâce, de construire ce petit ouvrage de mes mains de la façon qui pourra me donner le plus de profit et de plaisir. »

Les premières lignes donnent à penser que le *Guerino* a été composé quand l'auteur avait déjà écrit plusieurs de ses romans et s'était fait une réputation. On pourrait le considérer comme une pure invention d'Andrea da Barberino, qui aurait voulu rivaliser enfin avec les œuvres qu'il s'était borné jusque-là à remanier, s'il ne disait qu'il a *trouvé cette légende*, ne la distinguant point de celles qu'il a empruntées. Mais que vaut cette affirmation, et n'y faut-il pas voir seulement la marque du désir de se concilier la confiance de lecteurs habitués à croire à la réalité historique des faits qui leur étaient contés ? Le chapitre premier seul rattache le *Guerino* à la tradition épique ; tout le reste semble dû à l'imagination de l'auteur, personnages et aventures.

Le succès de ce roman, son immense et durable popularité, demeurent

[1] *Naturalimente pare de consuetudine che li homini se delectano de udire novelle li aventuri et cose anticque fosseno non siano stati palisati alla volgare gente, perche cose anticque et non palesate parino nove alla mente di quelloro che no le anno piu udite, per questo me sono delectato declar*[*are*] *molte ystorie novelle avendo piacere, de molte ystorie trovai questa legenda che molto mi piacque....*

inexplicables, quand on se borne à la connaissance de sommaires où l'on n'a guère qu'une sèche énumération de noms propres et d'aventures dont se dégage une impression d'ennui. Il en est autrement quand on lit patiemment le vieux chroniqueur. On passe rapidement sur les endroits où il étale une science géographique de très mauvais aloi, et l'on s'attache aux récits, aux peintures de caractères, aux observations morales. L'histoire de Guérin est la biographie d'un personnage qui n'a de commun avec les vassaux de Charlemagne que sa parenté; c'est un pur roman, et si la nature des aventures et des exploits qui lui sont attribués est empreinte encore du goût du temps pour les narrations chevaleresques, un autre goût très nouveau d'ordre tout psychologique commence à s'y faire jour.

Guérin, à la recherche de sa famille, parcourt le monde. Dans ce cadre immense, plus encore que dans les *Reali*, l'auteur avait l'occasion de faire parade de ses connaissances ; mais le personnage de Guérin est toujours au premier plan, attirant sur lui les regards et l'intérêt. Souvent l'auteur lui cède la parole, et le chevalier raconte ce qu'il a vu et ce qu'il a fait. A en juger par le texte dont j'ai dû me servir, Andrea ne s'inquiète guère de ménager la transition : brusquement du genre historique on passe à celui des Mémoires. Le caractère lui-même du héros est composé avec soin ; c'est un mélange de courage et de dévotion, de persévérance et de bon sens, de courtoisie et de finesse. S'il a pour devoir essentiel de ne rien épargner pour découvrir de qui il est né, il n'en a pas moins conscience de son rôle de chevalier chrétien, et il mettra partout son épée à la défense de la justice. Quand le traître Alfumet le questionne indiscrètement sur sa religion, il répond seulement : *Adoro la fortuna !* et un peu plus loin : *Alla guerra vado yo !* voulant se faire passer pour un mercenaire en quête d'un seigneur qui accepte son service. Mais quand il reproche aux Médiens de défendre mollement les droits de leur jeune reine Amidan, il se présente sous un autre aspect : « Vous voyez que je suis fils de l'Aventure, que je n'ai point de père et que je secours les peuples et les seigneurs dans le besoin. Je combats pour la justice, et pour cela je suis venu à votre aide et à la défense de cette dame abandonnée et trahie par ses sujets. »

C'est l'attitude du chevalier errant, mais les motifs qui le guident n'ont rien de commun avec l'étalage orgueilleux de la force : sa pensée est d'un âge moderne.

Dans toutes les guerres auxquelles il prend part, il est promptement choisi comme chef, et fait preuve de la connaissance de la stratégie du temps. Qu'il ait affaire à des géants, à des monstres ou à des Sarrasins, c'est à son adresse plutôt qu'à sa vigueur qu'il doit la victoire.

Il parle volontiers et prononce de vrais discours, tantôt militaires, tantôt dévots. Il est d'ailleurs d'une piété qui ne se dément jamais, et il professe le plus grand mépris pour la croyance et les mœurs des mahométans. Une des choses qui le choquent le plus en Orient est que l'on s'asseoit à terre sur des tapis et que l'on mange au même plat, *alla porcescha*. Il impute volontiers à ces peuples des penchants détestables, qu'il attribue à l'influence du signe du Scorpion qui excite les passions luxurieuses.

Quand Pantifero, roi de Solta, lui témoigne une admiration malhonnête, il répond d'abord qu'il est homme et non femme, puis interdit nettement au prince toute familiarité indiscrète. Ceci est bien. Mais pour sortir de la prison où Pantifero l'a jeté, il ne s'en résignera pas moins à écouter les conseils de ses compagnons, à épouser la fille du roi avec l'arrière-pensée de lui être infidèle. Il prêtera serment sur les livres sacrés de Mahomet, d'Apollon et de Bilis, en se touchant la dent [1], mais il comptait bien s'enfuir au plus tôt. Et l'auteur d'ajouter que ce serment ne valait pas mieux que les idoles invoquées, et que, dans la suite, le Prêtre-Jean consulté jugea qu'il ne pouvait lier un chrétien. La jeune abandonnée eut un fils, Peliones Lapares, qui fut de plus grande prouesse que son père [2].

C'est d'ailleurs le seul exemple de faiblesse que l'on puisse reprocher à Guérin, faiblesse bien excusable, puisque Pantifero le laissait mourir de faim et de soif dans son cachot : sa chasteté n'échoua sur aucun autre écueil. Il portait sur lui des reliques destinées à le protéger contre les tentations mauvaises. Quand il était parti de Constantinople, l'impératrice lui avait donné une petite croix d'or en ajoutant les plus sages recommandations : *una crocetta d'oro ch'egli l'avesse al collo. Nella croce era commesso dentro del sangue di Christo, e-lla..... de Nostra Dompna, e de lu ligno de la croce de Christo, e dixili : Omne volta che tu* [*l'*] *abbi adosso, nessuna fantasia non ti potra nocere; ma guardati de non peccare carnalimente cum essa adosso, et piu che tu poi riguarda de peccare in peccato mortale cum essa adosso.*

[1] *Maugis d'Aigremont*, v. 2949 :

Son doi fiert à sa dent por Maugis miex fier.

Cf. le combat d'Ogier et de Braihier, dans *Oger de Dannemarche*.

[2] *Era la terra in grande dulore, ma sopra a tucti era adolorata la dimicella, la quale romasa gravida d'uno fanciullo masculo el quale ebbe nome Pelione Lapares, et foy di maiore prudeza che non foi il patre. et feci grandi bactalie* [*cum*] *multi franchi singnori, specialimente cum soi fratelli nati in Taranto, como la storia dice sequendo per ordine. Il Metchino cavalco.....*

Guérin, vivant au milieu d'infidèles, est obligé souvent de dissimuler sa qualité de chrétien ; il en prend son parti, mais se dédommage de cette contrainte, soit en protestant dans son for intérieur, soit en tournant en dérision les usages auxquels il feint de se conformer.

Lorsqu'il consulte les Arbres du Soleil et de la Lune et que le prêtre l'invite à prier Apollon et Diane, il les conjure au nom de la Sainte Trinité, et débite une profession de foi toute chrétienne, voulant ainsi atténuer son tort de recourir à des divinités païennes.

A la Mecque, il est admis dans la mosquée, où, d'après la légende, le cercueil de Mahomet demeurait suspendu en l'air par suite de l'attraction des pierres d'aimant dont la voûte aurait été formée [1]. Il se rit de la naïveté des infidèles qui ignorent la raison du prétendu miracle, et blâme surtout leur façon de se prosterner la face contre terre. Ainsi ils font à Mahomet tout l'honneur qu'il mérite, puisqu'au lieu de lui présenter la plus belle chose que Dieu ait faite, « ils lui montrent...., c'est-à-dire la partie malhonnête de la personne. » L'idée lui vient aussitôt de mettre à profit cet usage pour insulter Mahomet.

[1] D'après Guérin, la Mosquée consacrée à Mahomet est beaucoup plus petite que l'église de *Santa Maria Ritonda* qu'il a vue à Rome. L'almanzor se déchausse avant d'y entrer. A l'intérieur se tenaient l'Archaliffe et ses prêtres. Jusqu'à mi-hauteur les murs étaient blancs et noirs au-dessus : il y avait deux fenêtres et deux portes, au levant et au couchant ; au milieu était un autel avec un cercle d'albâtre et une bordure d'or. Autour de l'autel des prêtres criaient, mais Guérin ne put comprendre ce qu'ils chantaient. Sous la coupole était une cassette de fer poli, longue d'une brasse et un peu moins large, qui demeurait suspendue et ne touchait à rien : Je connus alors la tromperie du faux Mahomet, car je sus que cette église à partir du milieu de la hauteur était toute en calamite, laquelle est une pierre marine d'une couleur entre le noir et le gris (*biagio*), qui a pour propriété d'attirer le fer par sa fraîcheur. Et cette calamite a encore une autre plus grande vertu qu'en touchant la pointe d'un fer léger..... si l'on met le fer en équilibre, la partie qui aura touché la calamite se tournera vers la Tramontane, *et pero li naviganti vanno securi per lo mare culla stella e col partire de la carta et de bossecta de la calamita. Et per questa raione l'arca di Magomecto ch' eni di ferro sta susspesa perche la calamita la tene.* » — Andréa connaissait donc l'usage de la boussole. Quant à l'église *Santa Maria Rotonda*, surnom dû à la forme du monument (dans les vieux textes français: Nostre Dame de la Ronde), c'est le Panthéon d'Agrippa que Boniface IV consacra en 610 à la Vierge et aux martyrs, d'où le vocable : *chiesa di S. Maria ad Martyres*. Raphael, Balthazar Peruzzi (le peintre architecte, l'auteur de la *Farnesina* et du Palais Massimi), Jean d'Udine (par qui Raphaël fit exécuter la décoration des pilastres et des murs des *Loges*), Annibal Carrache, d'autres artistes y ont leur sépulture.

Il s'agenouille, levant les hanches aussi haut qu'il peut, mais tournant le dos au cercueil, et prononce l'oraison suivante : *O maldecto seminatore di [s]candoli, la divina iusticia dega ad te aviamento de li anime chi tu ai facto et fai perdere per la tua falsa operacione!*

Cette attitude parut étrange à l'Archaliffe, c'est-à-dire au Pape des Sarrasins, et Guérin eût payé cher la liberté qu'il avait prise, s'il ne se fût tiré habilement d'affaire. Il allégua que malheureux pécheur il était indigne de tourner ses regards vers le cercueil de Mahomet, et qu'il s'était comporté de même en présence des Arbres du Soleil et de la Lune. L'explication parut suffisante et dès lors on le considéra comme un saint homme et un vrai croyant : *fuy ghiamato santo di loro fede.*

Malgré tout le soin que l'auteur apporte à faire ressortir la dévotion de son héros, et bien qu'il lui fasse réciter son *credo* ou les psaumes de la pénitence, toute la partie des voyages qui précède le départ pour le Purgatoire de saint Patrice, est entachée d'irrégularités graves au point de vue chrétien. Le voyage aux Arbres du Soleil et de la Lune a été conseillé par les devins de l'empereur, et c'est en fait un pèlerinage païen que Guérin entreprend. C'est tellement vrai que lorsqu'il arrive au sommet de la montagne d'où son regard plonge sur la mer des Indes, il nous dit que par cette mer on se rend au pardon aux Arbres du Soleil comme on le fait pour le pardon à Rome, et que l'on y va avec un plus grand espoir de se sauver que ne font les chrétiens quand il s'agit d'aller au sépulcre de Jérusalem. Il repart, mécontent de la réponse qu'il a reçue, et se venge en raillant les Arbres du Soleil qui ne sont que des cyprès moins beaux que ceux de Grèce; mais arrivé au rivage il reconnaît qu'il y trouve des navires chargés de pèlerins arabes et persans qui se rendaient aux Arbres du Soleil « par la dévotion qu'avaient les chiens de Sarrasins. » Le mot injurieux n'excuse point sa démarche : il a fait ce qu'il reproche aux païens, et il partira pour l'Occident, comme il lui a été ordonné par l'oracle.

En Occident, un devin de Tunisie complète le renseignement qu'il avait reçu, et lui apprend qu'il doit consulter la Sibylle de Cumes [1]. Il

[1] *Avendo udito Guerino che in sullo monte era uno indivino el quale avea nome Galgibat, si mose da Tunisi cum certe guide et ando ad quello monte et trovo quello vecchione, et illo lu adimando si li sappesse insinghiare chi fosse stato suo patre e-lla sua madre. Respose che no. E-llo Mischino lu adimando si in Africa piu verso Ponente si trovaria che li lo saperia a dire.* [*Respose*] : *Andando ad monte Adtalente elli altri canoscuno certi corsi di stelle et quelli de la natura secundo il curso de li cieli debia alcuna volta producere, ma che illi ti possano a dire el*

s'engagera donc dans une entreprise tout aussi répréhensible que la première. Mais il n'a pas la conscience tranquille, et de même qu'au seuil du pays consacré à Apollon et à Diane il s'était confessé au prêtre chrétien qu'il emmenait avec lui, de même il se confessera aux moines qui gardent le chemin conduisant au séjour de la Sibylle. A toutes les objections qui lui sont faites, il répond qu'il n'agit point dans des vues intéressées, qu'il a le devoir de retrouver sa famille, mais il ne sera pleinement rassuré que lorsque le Pape l'aura béni et lui aura imposé comme pénitence d'aller à St-Jacques-de-Compostelle purger le pays des voleurs qui l'infestent, et en Irlande où il devra descendre dans le Purgatoire de saint Patrice d'où il rapportera au Saint-Père l'exacte relation de ce qu'il aura vu.

L'équilibre est ainsi rétabli, ces pèlerinages chrétiens effacent la faute commise, à la grande joie des âmes naïves qui depuis des siècles s'intéressent aux aventures de Guérin.

Parmi les faits qu'il observe dans ses voyages, les plus curieux sont peut-être les exemples de tolérance religieuse qn'il rencontre en Orient et qu'il rapporte sans se risquer à aucune appréciation.

Le royaume de Tigliaffa, situé à dix jours de marche avant le pays des Arbres du Soleil, est peuplé d'hommes noirs, de haute taille, s'entendant très bien au commerce et tous chrétiens. Guérin y avait été fort bien accueilli parce qu'il était chrétien et qu'homme de guerre il pouvait être très utile à un moment où certains Sarrasins se révoltaient contre l'autorité de Tigliaffa. Grâce à l'emploi du feu suggéré par Guérin, les éléphants de l'ennemi sont mis en fuite, les Sarrasins perdent 24,000 hommes, tandis que les chrétiens n'en perdent que 1000. Pendant dix jours on poursuit la conquête; toutes les villes remettaient leurs clefs aux vainqueurs. « Je demandai pourquoi on ne les faisait pas baptiser. Cariscopo répondit : Parce que ce n'est point l'usage; chacun peut garder la foi qu'il veut, pourvu qu'il obéisse à son seigneur. » Quand il revient par la mer des Indes de son pèlerinage aux Arbres du Soleil, il a la curiosité de visiter l'île de Parlobania où

tale fu tuo padre, questo non sanno; ma perche vuy [*siete*] *gentile et da bene, yo vi mettero in bona via. Nui trovamo per scriptura che la Sibilla Umana non e ancora morta et non deve morire dacqui* ad in finem mundi, *et questo trovamo ca ella ey in Ytalia nelle montanghie de Penino le quale vengono per lo mezo de Ytalia, e sentiamo ca ella eni in nel mezo de Italia. Se vuy andate allei, ella vi sapera directo adire perche ella sa tucte le cose passate e-lli presenti, et si tu non vai allei yo non saperia insinghiare dove tu possi sapere nel mundo.* — Dans mon *Introduction* j'ai omis de dire comment Guérin apprend qu'il doit consulter la Sibylle de Cumes.

se rendant au pays du Prêtre-Jean, il avait eu à combattre un terrible dragon dont le souffle l'avait laissé à demi-empoisonné. Il est obligé de prendre huit jours de repos. En commémoration de sa victoire, on cloue la tête du dragon à la porte de l'église du lieu avec cette inscription : *Guerino, vocato Mischino*, *cercando per la* [*mia*] *sanguisita, nell' anni del nostro signore Ihesu Cristo* $\overset{\text{VIII}}{\text{c}}$ XXX^{ta} *arrivo in questo paese, yo uccisi questo dragone.*

On avait dû le frotter d'onctions diverses, et ainsi l'on découvrit la petite croix, don de l'impératrice auquel il devait sans doute sa victoire sur le monstre. Mais une fois guéri, quand il dut reprendre son voyage, il ressentit un profond découragement.

« Quand je voulus partir de ce village, j'étais pensif, et sans grand effort j'en serais demeuré là de mon entreprise, me plaignant de ma mauvaise fortune. Un prêtre, qui était attaché au temple de ce lieu, me prit par la main, me mena à l'église et commença à me parler en grec. Il raisonna avec moi et me demanda pourquoi j'étais ainsi pensif. Je le priai de me confesser, ce qu'il fit. Je lui racontai toutes mes actions depuis le commencement jusqu'à la fin, toutes les choses que j'avais promises ou faites. Et il me réconforta de cette manière : O noble homme, celui qui commence une chose noble, et qui d'un bon principe la conduit jusqu'à mi-chemin, et puis l'abandonne, n'acquiert point de gloire de son entreprise ; mais s'il agit bien au commencement, au milieu et à la fin, sa fatigue ne lui est pas un dommage. Et il me demanda : Sais-tu ce qu'est la foi ? Le Mischino dit : La foi est une parfaite et ferme croyance en Dieu qui est la souveraine Trinité, Père, Fils et Saint-Esprit, sans aucun doute ; elle consiste à croire aux dix commandements de la loi et à y obéir, à croire aux douze articles de la foi et aux sept du Saint-Esprit, à suivre et à accomplir les sept œuvres de miséricorde. C'est ainsi que je crois. Il me demanda : Qu'est-ce que la charité ? Je lui répondis : Aimer Dieu et son prochain. Alors le prêtre : Si la charité est ce que tu dis, et si ton père et ta mère sont plus que ton prochain, car tu sais que c'est le premier des sept commandements qui ont été faits à nous pour nous, dis-moi, fils : qu'as-tu fait jusqu'ici pour ton père en ne suivant pas l'œuvre commencée ? Si tu voulais dire que la fatigue en est grande, je te le concède ; mais tu as cherché en Asie et dans l'Inde Majeure, qui sont les parties les plus redoutables et les plus sauvages de tout le cercle de la terre, car non seulement il y a des animaux sauvages, mais la nature même des hommes y est sauvage. En Afrique et en Europe, les hommes sont raisonnables, et s'il y a aussi beaucoup d'animaux féroces, la nature en est autre qu'en Inde et en Turquie. Que l'espérance te gouverne, va jusqu'à bonne fin, aie confiance en Dieu, aime ton père royaume de celui des Egyptiens. Quand il reprend son voyage et se rend en Egypte, il rencontre d'abord ces Portes et en explique l'usage en se trompant sur la valeur des termes.

« Ici sont les Portes-de-Fer. Je passai le fleuve du Nil : entre ces montagnes (les monts Camerat) sont les Portes-de-Fer. Ces Portes, je les voulus voir, et jamais je ne vis rien de plus fort. Il y avait là un mur fait de très grandes pierres en travers du Nil, à l'endroit où le fleuve passe entre ces montagnes et par le milieu arrive en Egypte. Ce mur est large de trois cents brasses, et à côté du mur, sur une montagne, de toutes parts, est une forteresse si terrible et si forte que je m'en émerveillai. Au dessus du mur du côté de l'Inde, c'est un mur très fort avec vingt tours, c'est-à-dire vingt en haut et vingt du côté de l'Egypte ; le grand mur qui est fondé dans le lit du fleuve, est long de mille brasses et il a trois ouvertures très grandes où passe l'eau du Nil, et à ces ouvertures il y a des sarracinesques très grandes que l'on peut faire descendre de sorte que l'eau ne puisse pas venir en Egypte. Je demandai où se répandrait l'eau du Nil si ces herses (*cateracte*) étaient fermées. On me répondit qu'une partie s'écoulerait le long des montagnes de la Mer Rouge, que l'autre irait vers le couchant dans la mer de Lybie, et que toute l'Egypte, qui forme un seul royaume, périrait faute d'eau parce qu'il n'y pleut jamais et que deux fois l'an le fleuve baigne leurs terres ; par suite de cette frayeur, ils paient un grand tribut au Prêtre-Jean. »

De là Guérin se rend à Syène (*Senesi*) où était une garnison du Soudan d'Egypte.

On voit que j'ai traduit *cateracte* par *herses*, sens justifié par ce qui précède et ce qui suit. Le mot a eu ce sens dans notre langue elle-même : « Herse sarrasine ou cataracte est une contreporte suspendue, faite de grosses membrures de bois à quarreaux pour empescher l'effort du pétard, ou bien pour arrester une surprise par sa cheute. » *Traité des Fortifications ou Architecture militaire*, par le P. Georges Fournier, 2e éd., Paris, Jean Henault, 1654, p. 38. Mais dans le texte lui-même du *Guerino*, l'on a un autre exemple du mot pris dans ce sens. La porte par laquelle la fille du roi Pantifero passe pour aller s'entretenir avec Guérin dans la tour où il est tenu prisonnier, est munie d'une *cataracte*.

J'imagine que notre chroniqueur, ayant entendu parler de Portes de fer et de cataractes du Nil, a cru qu'il s'agissait de vraies portes et de herses. La forteresse qu'il décrit complaisamment, aurait pour base de simples contre-sens.

L'on ne peut éviter deux remarques. L'idée que l'Abyssinie pourrait détourner en partie les eaux du Nil au détriment de l'Egypte paraît ancienne, et naguère en Orient elle prit une consistance nouvelle.

D'autre part, l'administration anglaise, pour assurer la régularité de l'irrigation de l'Egypte, a réalisé ce que le moyen âge avait rêvé : un barrage immense emmagasine les eaux du Nil à l'endroit dont parle Guerin. Mais les clefs du barrage ne sont point aux mains des successeurs du Prêtre-Jean. Les archéologues se sont émus de cette mesure [illegible] en elle-même : ils craignent que le joli temple de Philæ ne soit submergé.

Parmi les [illegible] que Guerin reconnaît aux sujets du Prêtre Jean, la [illegible] est [illegible] sur lequel il insiste le plus [1]. Il en parle longuement dans sa description de la ville d'Antona, séjour habituel du Prêtre-Jean. « Bien que j'aie vu les terres, les cités, les palais et les [illegible] des pays de Grèce, de Syrie, d'Italie et de toutes les parties du monde, [illegible] je n'ai trouvé nulle part tant de beaux édifices [illegible] tant d'hommes riches de toute richesse mondaine et temporelle. Je n'ai point trouvé au monde de peuple qui [illegible] je n'ai point trouvé de peuple plus véridique, [illegible] le mensonge. Chez eux les menteurs sont plus méprisés [illegible] en Grèce ; ils ignorent ce que c'est que l'usure, [illegible] des malfaiteurs et en particulier de [illegible] Christ. »

[illegible] une antipathie particulière pour les menteurs [illegible] de donner un exemple [illegible] la vente et le [illegible] Cinnamoniens. [illegible] recom- [illegible] se produit des [illegible] de ce [illegible] se donna [illegible] récompense [illegible] c'est un [illegible] qu'on lui [illegible] D'autres [illegible] parce que si le pou- [illegible] serait aise de se

[1] [illegible] de l'invention [illegible] attribuée [illegible] *potest mentiri* [illegible] *mortuus inter* [illegible] *alterius apud* [illegible] *veritatem* [illegible] *nos invicem* [illegible] *factum apud* [illegible] Friedrich [illegible] *Johannes, erste Abhandlung*, p. 91.

faire seigneur du pays. Qu'on lui donne un navire chargé de richesses et qu'on l'adresse au Soudan de Babylone [1], à Alexandrie. D'autres conseillaient qu'on lui donnât des chameaux sans navire et qu'on lui fît avoir du Soudan la paie d'un mercenaire. Ceux-la enfin, par jalousie, voulaient le renvoyer sans plus. Un dit néanmoins : Nous avons besoin d'un capitaine. D'autres étaient d'avis de lui accorder un logement avec des terres et du bétail.

L'équité et la reconnaissance étaient négligées à peu près par tous dans cette délibération qui rappelle les entretiens du roi Yon et de ses conseillers au sujet de Renaud fils d'Aymon. Mais le Prêtre-Jean est sourd à ces invitations dictées par l'ingratitude et la jalousie : il demande à Guérin d'accepter la moitié de son empire. Le chevalier refuse, car il doit repartir à la recherche de ses parents

L'auteur, pour accroître l'intérêt du récit et pour faire valoir le côté affectueux du caractère de Guérin, lui donne souvent un compagnon de route et d'aventure. C'est d'abord Brandis. Ce chevalier gascon et un autre chevalier, l'Ameri de Oriensis (*sic*), s'étaient vantés à Paris, devant la cour du roi de France et pour répondre aux vanteries d'autres chevaliers, de faire le tour du monde par terre et par mer, s'engageant à ne point s'abandonner jusqu'à la mort. Ils avaient parcouru tous les pays d'Europe, étaient venus de Constantinople en Colchide et de là en Arménie, où le géant sauvage tua le compagnon de Brandis et enferma celui-ci dans la caverne d'où il fut tiré par Guérin. Dès lors les deux chevaliers vivent dans une étroite amitié, et se séparent seulement quand Brandis épouse Amidan, la jeune reine de Médie dont Guérin a restauré l'autorité. Elle s'était d'abord éprise de Guérin, mais il ne songeait point à s'arrêter et lui donna Brandis pour mari. Il exigea seulement que l'on prît des sièges au repas, que l'on mangeât à la façon des Grecs et qu'Amidan reçût le baptême.

Dans son voyage aux Arbres du Soleil et de la Lune, Guérin a pour compagnon, à partir de Tigliaffa, un capitaine, Cariscopo, né à Saba dans l'Arabie Heureuse, mais qui s'était converti au christianisme et avait servi en Grèce.

Quand il quitte Alexandrie et entre dans le désert de Lybie, il sauve des mains d'une bande de malandrins un chevalier anglais, Diamone, né dans la cité de Norgalles et descendant de Joseph d'Arimathie [2].

[1] Dans le *Guerino*, comme dans Joinville et dans la carte catalane de 1375, par Babylone il faut entendre le Vieux-Caire.

[2] *Norgalles*, dans le cycle d'Artus, est un pays limitrophe des royaumes de Logres et de Sorelois. — *Arimathie* : le texte donne *di Brama*, mais *Arimathie* s'était déjà transformé en *Baramachie*. Löseth, *Le roman en prose de Tristan*, etc., p. 498, l. 39. L'on a *Joseph di Barimattia* dans le

Les deux chevaliers vivent fraternellement ensemble jusqu'au moment où, arrivés en Sicile, Guérin doit se diriger vers l'Italie pour y consulter la Sibylle, et Diamone s'embarque et reprend son pèlerinage au Saint-Sépulcre. Leurs adieux sont touchants. Diamone dit : « Frère chéri, je t'aime plus que si nous étions nés d'un même père et d'une même mère... Si vous arrivez en Angleterre à ma cité appelée Norgalesse, réclamez-vous de moi, car il vous sera fait honneur et je veux que vous la considériez comme vôtre. Portez de mes nouvelles à ma dame et à mes parents. » Puis ils s'embrassèrent, se baisèrent et allèrent au vaisseau; quand leur pleur eut pris fin, ils payèrent le patron.

Ce dernier détail est tout à fait dans le ton général d'un récit où l'auteur s'applique à ne rien dire que de vraisemblable. Quand l'hôtelier demande au héros de Cervantès s'il a de l'argent sur lui : « De l'argent! répond Don Quichotte tout surpris de l'indiscrétion de ce langage, je n'y ai pas même songé. Je n'ai jamais lu qu'aucun chevalier errant s'en soit muni pour aller aux aventures ». Mais Guérin a un sentiment plus précis des réalités pratiques de la vie, et s'il refuse de partager le pouvoir d'Amidan et du Prêtre-Jean, il ne part jamais en voyage sans prévoir qu'il lui faudra payer son écot aux hôtelleries où il s'arrêtera [1]. Quand le pape lui a donné des instructions qui impliquent un voyage à Saint-Jacques et un autre en Irlande, le bon chevalier ne peut s'empêcher de s'écrier : « O Saint Père, je ferai tout cela si je vis assez pour arriver là-bas ; une seule chose m'embarrasse et me sera d'un grand ennui. Il me demanda quelle était cette chose qui m'embarrassait. Je lui répondis : La pauvreté. Et il me fit donner trois cents deniers d'or. » Cette simplicité plaisait d'autant plus qu'elle était une nouveauté.

En Afrique, Guérin se lie d'amitié avec le roi Artilaffo. En Calabre, l'hôtelier chez lequel il descend, s'éprend également pour lui d'une vive affection. Ce n'est pas seulement un chevalier avide d'aventures ou un voyageur curieux, ce n'est pas seulement un homme de guerre

Volgarizzamento toscano des Voyages de Mandeville, éd. Zambrini, I, p. 98. — Dans son voyage en Angleterre et en Irlande, Guérin, après avoir vu *Antona* et *Londras*, se rend à la hâte à Norgalles où il trouve son ami Dinamon (et non plus Diamon). Celui-ci voudrait lui faire accepter en mariage sa sœur âgée de quinze ans; mais Guérin refuse et reste fidèle à la belle Antinisca. Dinamon s'offre à lui pour l'accompagner en Irlande.

[1] Quand Guérin prend congé de l'empereur, celui-ci voulait lui donner une escorte; il la refusa et n'accepta qu'une somme d'argent : *egli nolla vole, ma certi danari indi porto.*

habile et courageux : il a le don de se concilier l'estime et le dévouement de tous ceux qui ont l'occasion d'apprécier sa droiture et sa bonté.

Dès le commencement du roman, l'amitié de Guérin et d'Alexandre, fils de l'empereur de Constantinople, est un puissant élément d'intérêt, sans lequel le long récit de tournois et de combats serait d'une fatigante monotonie.

La susceptibilité qui lui fait refuser la main d'Eliséna, malgré les prières de son ami Alexandre et de toute la famille impériale, est le trait le plus heureux : par la dignité de son attitude plus encore que par les services qu'il leur a rendus, il se place au niveau de ses protecteurs.

Sa fidélité à sa fiancée Antinisca ne subit point d'éclipse. Un moment, il est près de succomber aux provocations sensuelles de la Sibylle, mais il a recours à la prière et triomphe.

Partout où il paraît, il se place au premier rang par son intelligence et sa générosité autant que par sa valeur.

Ce n'est pas la reproduction banale d'un type ancien et usé, c'est un personnage vraiment original et nouveau.

La lourdeur et la prolixité du récit, le caractère historique et dévot auquel l'auteur a visé, s'ajoutent au pédantisme des descriptions pour rendre difficile la lecture d'un tel ouvrage [1]. Mais ceux pour qui il a été composé étaient séduits par cela même qui nous fatigue. L'auteur s'est inspiré de la méthode du Pseudo Turpin qui, de nos légendes héroïques fit un amalgame à prétentions historiques et à leçons pieuses. Il a placé son héros dans la Geste des *Reali*, lui a donné les vertus que Turpin attribue à Roland, et, suivant l'exemple de l'*Entrée de Spagne*, l'a mené, comme Roland, en Orient. Dans une certaine mesure, comme le Roland du poème franco-italien et de la *Spagna* en vers, Guérin est donc un chevalier errant, mais il est aussi un voyageur possédant ce bagage de connaissances pseudo scientifiques dont Andrea est fier, et décrivant les pays et les peuples. Les Grecs, grands navigateurs, admiraient surtout dans Ulysse celui qui « avait vu les villes et connaissait les mœurs de beaucoup d'hommes ».

Le merveilleux des voyages d'Ulysse est en bien des points de même famille que les histoires étranges qui passionnaient la curiosité

[1] M. Rajna, dans son étude sur les *Reali*, analyse avec une précision parfaite les procédés de l'auteur et juge la valeur litteraire de son œuvre. Je ne puis que renvoyer à ces pages magistrales. V. surtout p. 289-309. Je solliciterai néanmoins quelque indulgence pour le *Guerino*, où le désaccord est bien moindre entre la nature du sujet et la manière de l'auteur que dans les *Reali*, où c'est la *matière de France* qui est en cause.

[illegible] une parenté entre
Polyphème [illegible] dans une sorte de silo
[illegible] afin de les manger à loisir.
[illegible] et tous les hommes
[illegible] l'Afrique sont peuplés.
[illegible] ni l'extraordinaire
[illegible] les pygmées, ni rien
[illegible] et l'incroyable. Mais
[illegible] des préoccupations nou-
[illegible] donne la stature,
[illegible] leur laideur, leurs
[illegible] relations commer-
[illegible] comme il l'a fait
[illegible] Ainsi il suppose
[illegible] Les énuméra-
[illegible] plus encore
[illegible] et sont mieux jus-
[illegible] de voyages, un

[illegible] qu'on lui contait
[illegible] dans l'espoir de
[illegible] des relations de

[illegible] avec laquelle
[illegible] sans attirer l'atten-
[illegible] et comme gêné à
[illegible] sur l'évolution
[illegible] est le prototype
[illegible] de la Sibylle, les
[illegible] voie où l'on ren-
[illegible] les parties de
[illegible] de l'ensemble
[illegible]

[illegible] de Guérin, sa liai-
[illegible] à tous, sa légitime
[illegible] à prouver sa
[illegible] peut réclamer la
[illegible] la bassesse de
[illegible] des Turcs due à
[illegible] va croissant. Elle mo-
[illegible] de Guérin, il ne peut se
[illegible] son amour-propre blessé
par Elisena et par un des champions turcs qu'il a vaincus, le rend sourd

à toutes les caresses et à toutes les prières : il est nécessaire qu'il parte, qu'il tienne la parole qu'il a donnée à Brunor, le Sarrasin. Celui-ci, fils d'Astilladoro, s'était écrié, quand la paix avait été conclue : « O maudite fortune, comment peux-tu souffrir qu'un esclave revendu ait vaincu le sang Troyen, lui qui ignore de qui il est fils et ce qu'est son père ! Le Meschino l'entendit, s'avança et dit : O Brunoro, fils d'Astilladoro, tu as dit ces paroles pour me déprécier, mais je te jure par ce Dieu qui fit le ciel et la terre, que je ne me reposerai jamais et ne cesserai point de chercher jusqu'à ce que j'aie trouvé mon lignage, et je te jure que s'il est noble, pour ces paroles tu mourras de mes mains. »

Quand l'empereur sut que Guérin avait pris un tel engagement, il fit chercher partout les corsaires qui avaient vendu l'enfant à Epidonio. mais toutes les recherches furent vaines, et l'on dut recourir à l'art des nécromants : « On ne put rien découvrir, si ce n'est qu'un enchanteur d'Egypte ayant évoqué un esprit et l'ayant questionné sans rien en obtenir, lui demanda finalement de quel côté il devait aller pour retrouver son père et sa famille. L'esprit dit à haute voix : Aux Arbres du Soleil et de la Lune où Alexandre de Macédoine alla, et dont il sut où il devait mourir[1] : là il saura de son père et de sa parenté, mais pour s'y rendre il supportera de grandes fatigues, de grands travaux, s'il peut survivre à ces épreuves. Le Meschino se réjouit fort de cette réponse et demanda de quel côté se trouvaient les Arbres du Soleil. Il lui fut répondu : A la fin de la terre, vers l'Orient d'où se lèvent le Soleil et la Lune. »

Ainsi renseigné, Guérin n'a plus qu'à partir. Il ira par le monde, du Levant au Couchant, de l'étoile du Midi à la Tramontane [2], jusqu'à ce qu'il soit éclairé sur son origine.

Il peut sembler futile de déterminer les analogies que présentent les introductions du *Roland Amoureux* et du *Guerino*. Et cependant le plus beau diamant n'est d'abord qu'une pierre sans éclat, enveloppée

[1] La légende de ces arbres prophétiques est plus vieille que le *Guérin*. Mandeville décrivait l'*Arbre du Soleil et l'Arbre de la Lune qui parlèrent à Alexandre et li annoncèrent trépas* (Denis, *Monde Enchanté*, p. 114); texte du *volgarizzamento antico toscano* : *Da questa riviera, a XV. giornate dilungi, si va pe deserti, e sonvi gli alberi del sole e della luna, e quali parlarono ad Alessandro Re e predicerono a lui la morte sua*. Ed. Zambrini, II, 188.

[2] D'après le *Guerino*, les montagnes qui s'étendent vers l'Inde finissent par cacher la Tramontane (l'étoile polaire), et sur la mer des Indes on navigue en se guidant d'après la *stella Ostra*, l'étoile australe ou du midi. Andrea savait que l'Hindoustan est borné au Nord par les plus hautes montagnes du Monde.

Dans son dessein de transformer les légendes françaises en romans historiques et de donner à sa narration le caractère de la vraisemblance, Andrea da Barberino, substitue volontiers des raisons naturelles au merveilleux des récits qu'il utilise.

La Dame du Lac dérobe Lancelot à sa mère. La scène est poétique, l'on est en plein pays de Féerie. Le *Maugis d'Aigremont*, œuvre mixte, où est tentée une fusion du roman breton et de la Chanson de geste, était connu d'Andrea qui s'en est servi dans son *Rinaldo* [1]. L'on y trouve une première adaptation des *Enfances* de Lancelot. Les Sarrasins surprennent le duc Beuves d'Aigremont en rase campagne, au moment où la duchesse mettait au monde deux fils qui devaient être

cent milles (*Orl. Inn.* II, 16, ott. 15, 16), est-il emprunté à la géographie du *Guerino*? Notre chevalier, dans son voyage aux Arbres du Soleil et de la Lune, rencontre des montagnes appelées *Coronas* ou *Corone*, les plus hautes montagnes du monde, qui s'étendent de l'Arménie aux Indes. A un endroit, le guide dit : *Ora siamo nuy in Persia in uno reame chi a nome Parthioma Mauriticha.* Cette étrange qualification de la Parthiène a pu créer une confusion dans l'esprit de Boiardo qui place en effet sa montagne de Carène en Tingitane (II, 16, ott. 14). D'autre part l'on a vu que le vieux Galgibat apprend à Guérin qu'il y a en Afrique sur une montagne qui paraît située entre le Couchant et le Midi, des astrologues savants. Le protecteur de Roger ne serait-il pas du nombre? — Guérin en descendant des montagnes traverse l'Arachosie qui, dans les cartes de géographie ancienne, confine à la Chaarène. Peut-être a-t-on là l'origine du nom des montagnes *Corone*, puis *Carène*.

1 Dans mes *Recherches sur les rapports des Chansons de Geste et de l'Épopée chevaleresque italienne*, entre autres choses, j'ai tâché de démontrer : 1° que dans le *Maugis d'Aigremont* l'on a le trait d'union entre le récit épique de nos trouvères et les romans du cycle breton ; 2° que le *Rinaldo da Montalbano*, si important dans la formation de l'épopée italienne, utilise les données essentielles du *Maugis*. L'épisode lui-même de l'enchanteur déguisé en cardinal que M. Rajna jugeait *invenzione italiana senz' altro*, est emprunté pour le fond au *Maugis* français (V. P. Rajna, *Rinaldo da Montalbano*, p. 21 ; mes *Recherches*, p. 201, 215, et *Maugis d'Aigremont*, v. 4452-4627). Cette Chanson de Geste me paraît donner déjà en France l'orientation que la légende des Fils Aymon prendra définitivement en Italie. Dans une œuvre médiocre se cachait un germe qui fut d'une fécondité merveilleuse. Je me permets d'insister sur cette position du *Maugis* dans l'histoire littéraire, parce que Renaud de Montauban, comme M. Rajna l'a si bien montré, est le protagoniste du roman chevaleresque en Italie et que par suite c'est dans les récits dont il est l'objet, que l'on doit et l'on peut étudier les transformations de la matière épique transmise à l'Italie par les Jongleurs français. *Rinaldo*, p. 97. Or, c'est dans le *Maugis* que l'histoire des fils Aymon prend les allures du roman.

adroit. De là à l'emporter sur tous les chevaliers de la cour dans les exercices du corps les plus difficiles, il y a loin, et Maugis, en ceci, recevait une éducation mieux calculée. Et cependant, une fois introduit à la cour, Guérin est le plus vigoureux et le plus habile des jouteurs : sans y penser, Andrea donne ainsi dans l'invraisemblable.

Maugis et Guérin sont tous les deux munis d'un talisman contre les sortilèges. Celui de Guérin était la petite croix dont il a été parlé plus haut Maugis était protégé par un anneau d'or que sa mère lui avait mis à l'oreille; c'est grâce à lui qu'il triomphe dans la conquête de Bayard, le cheval faé qu'un diable, un serpent et un dragon gardaient dans l'île de Bocan. Ce détail est d'ailleurs emprunté de l'endroit où la Dame du Lac donne à Lancelot, quand elle se sépare de lui, un anneau qui conjure tous les sortilèges et qui sera utile au chevalier dans l'aventure du *Val sans retour*.

Maugis, pour tromper le diable de Bocan, se déguise lui-même en diable, revêt une peau d'ours, se garnit de queues de renard et de quatre cornes. Ainsi « enharnaché », muni de son anneau, sachant

> ..... de la clergie assez plus qu'Ypocraz,
> Le deable conjure tot bellement en baz
> De Damedex de gloire et de S. Nicolas.

Roenarz s'endort sur une pierre. Maugis

> III. des noms Damedeu a sor le perron paint
> Qu'il ne se puet movoir, ainz se dolose et plaint :
> La grant force de Dieu einsi le tient et vaint.

Mais le serpent ne peut être vaincu comme l'a été le démon, par des enchantements. Maugis, en le conjurant « de Dieu le glorieux », obtient seulement qu'il s'étende un instant sur le sol. Après un long combat, le serpent est tué, mais son corps enferme le chevalier dans un creux de roche où il avait dû se réfugier.

> Quant l'a veü Maugis, moult se va esmaiant,
> Forment reclaime Deu le père tot poissant
> Qui de la sainte Virge nasqui em — Beliant,
> Que d'ileques le gete par son digne comant.

Ainsi bloqué, entouré de serpents, de scorpions, de lézards, de vers félons

> Qui ont les escharbocles enmi les eulz devant,

Maugis passe la nuit dans une grande frayeur, implorant Dieu, priant

> ..... docement la vertu soveraine
> Qu'à sauveté le mete et jete de cel paine.

Le jour paraît, Maugis en loue Jésus-Christ; il dépèce le corps du serpent et sort ainsi de la grotte. Mais il rencontre alors le dragon qui gardait Bayard :

> Jamès plus fière beste hom mortiex ne vera,
> Et est chose faée.

Maugis prononce doucement le nom de Jésus-Christ, puis il a recours à son art magique :

> Il sot moult d'ingromance, le dragon conjura
> Que il de lui mal fere nule poeste n'a :
> Tost et isnellement sus en l'air s'envola.

Maugis dès lors se rendra maître, sans peine aucune, de l'illustre cheval que plus tard il donnera à son cousin Renaud :

> N'avoit un tel destrier jusqu'en Ynde major
> Ne jusqu'à l'Arbre Sec en l'ille Tenebror.

Déjà dans le *Maugis*, à l'emploi de la magie ou « nécromancie », est associé l'appel fréquent à la protection de Dieu. Des trois éléments de merveilleux de la Chanson de Geste, féerique, magique et chrétien, les deux derniers subsisteraient seuls dans le *Guérin*, si à certains égards la Sibylle ne tenait de la nature des Fées. Dans le *Maugis*, la conjuration purement chrétienne est si fréquemment employée que l'usage qu'en fait Guérin aux Arbres du Soleil, chez la Sibylle ou ailleurs, ne peut être considéré comme une nouveauté.

Je ne sais si l'Arbre Sec du *Maugis* n'a point rappelé à Andrea les Arbres du Soleil, qu'il connaissait d'ailleurs. Quant à l'expression *Inde Majeure*, désignant l'Inde proprement dite, elle est de la géographie du Moyen Age, et Andrea l'emploie couramment.

C'est à sa conjuration que Maugis doit d'être débarrassé du dragon *faé;* de même Guérin, se rendant à Dragonda, triomphe du dragon, grâce à la croix-reliquaire qu'il porte sur lui.

La part du merveilleux romanesque se réduit (en laissant de côté le Purgatoire de saint Patrice, dont je n'ai point à m'occuper ici) aux incidents de la visite de Guérin à la Sibylle de Cumes ; mais, pour l'auteur, la Sibylle est un personnage historique, consacré non seulement par l'autorité de Virgile, mais par la légende chrétienne elle-même. L'inspiration ici serait de nature purement classique, si la Sibylle n'avait les dons magiques et n'était tenue de se métamorphoser régulièrement en serpent. Et cependant quand Guérin, la croyant une fée ou un démon, essaie de l'exorciser, elle se rit de son erreur et lui affirme qu'elle est de chair et d'os comme lui. L'imitation de Dante est notable à plusieurs endroits de ce curieux épisode, mais le soin avec lequel Guérin se munit de tout ce qui lui sera nécessaire pour voyager la nuit en cette région dangereuse, le briquet, les allumettes soufrées et les flambeaux, n'ont rien de commun avec la poésie.

Le *Guerino* marque le terme de l'évolution de l'épopée française transplantée en Italie. Le genre, en tant que représentation d'un idéal sérieux, est désormais épuisé. Des essais franco-italiens aux *Reali*, il n'avait pu s'élever au-dessus d'une médiocrité qui satisfaisait et satisfait encore aujourd'hui les goûts populaires, mais qui ne pouvait intéresser ni la société cultivée de Florence, ni les cours brillantes de Ferrare ou de Milan. Quand Pulci, pour amuser les bourgeois Toscans, et Boiardo, pour égayer les seigneurs du temps, reprirent les thèmes archaïques, la grande refonte à l'italienne que les éléments français avaient subie dans les *Reali* et l'exemple de création indépendante donné dans le *Guerino* servirent de point de départ à leurs inventions où la matière de France, associée dans Boiardo à la galanterie et à la courtoisie de la cour d'Artus, atteignit à la beauté d'un genre vraiment littéraire, mais en perdant de sa grandeur primitive au profit de la variété et du charme. Dans Arioste enfin, l'épopée romanesque n'est souvent qu'un jeu d'esprit, mais c'est l'œuvre d'art la plus exquise.

L'auteur des *Dodici Canti* a fait une bien petite place à Guérin. Au chant I, oct. 13, il l'annonce comme l'ancêtre des *Della Rovere*. Peut-être l'idée de le choisir pour cet emploi lui a-t-elle été suggérée par le passage suivant. Guérin est arrivé sur la place où s'élève le temple d'Apollon : *era 'nchi una grande rovora, zo e una grande quercia, et inturno alla piazza et alla moschea, zo e al tempio, avea uno grande bosco folto d'aloro. Allora mi tornarono a mente le antique storie de nobili homini valenti et virtuosi incoronati d'aloro, perche Apollo foy chiamato idio de la sapiencia, el quale albero dissino i poeti essere istraformato della bella vergine Penisa filliola di Pinea*[1], *per la carita di Febo, zo e del sole chiamato Apollo.*

Ce grand rouvre, placé là sans autre explication, dans le voisinage du bois sacré d'Apollon et tout près des Arbres du Soleil et de la Lune, a pu retenir l'attention du lecteur. Trouver en lieu si romanesque les armes parlantes des Della Rovere n était pas chose ordinaire et il était aisé, avec quelque adresse, d'en tirer parti dans son poème. Il ne nous a donné que des parcelles de la vie de Guérin et ne revient à lui qu'au chant VIII (oct. 121-150), où, après la mort de la reine des Amazones, Guérin commence avec Renaud un long duel dont nous n'avons

[1] *Peneia nympha* ou *Peneis*, fille du fleuve *Peneus*, plus ordinairement Daphné (laurier). Ov. *Metamorph.* I, 452 sq.

pas la fin, bien qu'il soit repris chant IX, oct. 1-14, 104-128; chant X, oct. 1-82; chant XI, oct. 65-127; chant XII, oct. 1-76.

Il est à noter que, de parti-pris, l'auteur arrête les aventures de Guérin au moment où il revient de son voyage aux Arbres du Soleil. Il suppose que le chevalier a été fait prisonnier par les Amazones et qu'il a dû suivre leur reine en Espagne. Il raconte l'enfance de Guérin, en ayant la malencontreuse idée de transformer Sefferra en une magicienne qui le plonge dans les eaux du Styx et lui fournit des armes enchantées que seul il pourra porter. Il est à présumer qu'il avait dans la pensée d'intercaler dans son récit la reconnaissance de Guérin et de ses parents et, par conséquent, une partie du roman, tandis que Sylvana aurait eu pour mission de renseigner Guérin [1].

Ce personnage, aimable et gracieux, est heureusement substitué à la Sibylle de Cumes, mais il n'était point nécessaire de lui imposer la dure obligation de la métamorphose en serpent.

Mieux eût valu que l'auteur des *Dodici Canti* eût posé dès le commencement, d'une manière définitive, le personnage de Guérin et que tout en le mêlant, puisque c'était la règle, aux héros ordinaires de l'épopée, il l'eût montré, sans autre délai, *en quête* de son père et de sa geste. Mais l'exemple et l'autorité de Boiardo, où Roger n'apparaît que tard dans le récit, l'ont sans doute détourné du plan qui était le plus naturel et le plus conforme à son désir de flatter l'amour-propre de la famille della Rovere.

II

Tullia d'Aragona, Beatrice Pia degli Obizzi et l'Alamanni, d'ap Sperone Speroni.

Dans les quelques pages où Gaspary traite de Tullia (II, p. 509-513), il ne pouvait que mentionner brièvement le dialogue de Speroni *sur l'Amour* qui est consacré tout entier à célébrer la beauté et les mérites de Tullia [2]. Les interlocuteurs sont Niccolo Grazia, Tullia et

[1] Il fallait pour cela que Guérin vînt a son tour aux Jardins de Sylvana où est le chêne d'émeraudes chargé de glands d'or, etc. (ch. IV, oct. 38, sq.). Sylvana eût alors révélé à Guérin l'avenir de sa race (*ibid.*, oct. 41-42). Pour les armoiries et le chêne symbolique, cf. I, oct. 6; VI, oct. 36; XI, oct. 90; XII, oct. 37, 86-89, 96-97.

[2] Tous ceux qui dans ces derniers temps se sont occupés de Tullia d'Aragona, ont traité du dialogue de l'amour. L'édition des dialogues de Sperone Speroni dont je me suis servi, est celle des fils d'Alde : *Dialogi di M. S. Speroni novamente ristampati et con molta diligenza riveduti et*

son amant, Bernardo Tasso, le père de Torquato. Il est parlé d'abord de la jalousie, parce que Bernardo est sur le point de quitter sa maîtresse pour répondre à l'appel du prince de Salerne[1], puis, par une suite naturelle, l'éloge de Tullia et de Bernardo, la définition platonicienne de l'amour fournissent matière aux discussions et aux distinctions les plus délicates. Les opinions de Molza et de Pétrarque, et celle de Broccardo, véritable et folle apothéose de la courtisane en général, sont présentées incidemment. L'attitude de Tullia est discrète et modeste. On ne saurait traduire ces subtilités raffinées. Pour ceux qui n'ont pas sous la main le volume de Sperone Speroni, je citerai le passage qui suit l'éloge de la courtisane que fait Grazzia d'après le Broccardo : TULLIA. *Questa vostra ragione è simile molto alle dipinture, le quali noi vulgarmente appelliamo lontani : ove sono paesi, per li quali si vedono caminare alcune piccole figurette, che*

correcti, *Vinegia*, 1543. M. Angelo Solerti, entre autres renseignements qu'il avait eu l'obligeance de me communiquer, m'indiquait l'ouvrage de M. Bottari : *Dei dialoghi morali di Sperone Speroni*, Cesena, 1878, mais je n'ai pu me le procurer à temps.

[1] Les poésies de Bernardo Tasso, publiées en 1531 à Venise, lui valurent la faveur de Ferrante Sanseverino, prince de Salerne, qui l'appela à sa cour et lui constitua un revenu de 900 ducats. Il suivit son patron dans diverses expéditions, en Afrique, en Flandres, en Allemagne. Le prince l'autorisa à se retirer à Sorrente pour s'y livrer plus librement à l'étude. En 1547 Sanseverino accepta d'aller avec d'autres députés solliciter de la cour impériale que l'inquisition ne fût pas établie à Naples : Bernardo l'y avait encouragé. A la suite de cette démarche, le prince dut chercher un asile a la cour de France où le fidèle Bernardo l'accompagna. Bernardo recevait de Sanseverino une pension annuelle et le roi Henri II se montra d'abord libéral envers lui. On se refroidit néanmoins bientôt, et la géne à laquelle il fut réduit et la mort de sa femme Porzia de' Rossi, l'amenèrent à prendre congé. Guidubaldo II, duc d'Urbin, l'accueillit généreusement et je vois dans les notes de Dionigi Atanagio qu'en 1557, celui-ci fut invité par le duc et sur la prière de Bernardo, à venir revoir l'*Amadis*. L'Atanagio vint à Pesaro, *ove desideroso con la diligentia, et con la prestezza di sodisfare al Principe padrone e al gentilhuomo amico, facendo piu fatica, che le sue deboli forze sostener non potevano, fu costretto da tre volte in su a giacere gravemente.* Tiraboschi, VII, p. 1228-1230, Dionigi Atanagio, *de le Rime di diversi nobili poeti Toscani*, t. I, note au f. 199, a — M. Hauvette ne paraît point connaître ou admettre le voyage de B. Tasso, en France vers 1548 ; il dit en effet : « Giovanni Rucellai en 1520, Bernardo Tasso en 1528 et en 1544, ne faisaient en France que de fugitives apparitions pour s'acquitter de missions spéciales. » Henri Hauvette, *Luigi Alamanni*. Paris, Hachette, 1903, p. XVI. Peut-etre M. Hauvette en cet endroit ne pensait-il qu'au règne de François Ier.

paiono huomini : ma sottilmente considerate, non hanno parte alcuna, che à membro d'huomo si rassomigli. Però io vorrei, che poste da canto le Poesie, la servitù, la viltà, la bassezza, et la inconstantia di questa vita, si contemplasse da voi : biasimando chi l'ha per buona, et colei (s'alcuna ven' ha) iscusando, la qual, giovane, et sciocca, in questo errore sospinta, cerca d'uscirne, quando che sia : a colore accostandosi, che ammonendo, et aiutando, son possenti à levarla da cotal miseria. Ma il Brocardo, per l'amore ch' egli portava à qualch' una, ò per meglio mostrare il fiore del suo ingegno, non per giustitia, tolse à favorir causa si dishonesta. GRAZZIA. *Ne vile ne bassa, non direbbe egli la cortigiana, serva, et inconstante si bene. Per la qual cosa, molto piu, che per nun' altra cagione, sommamente loda, et honora la vita sua, agguagliandola al Sole : il quale, perch' egli sia Dio, non sdegna mai di farne parte del suo splendore, noi à guisa di balia servendo, che l'adoriamo, il quale mai non stà fermo, ne sempre luce in un luogo, ma di continovo movendosi, et hora al tauro, et hora al leone, et hora ad un' altro segno aggiungendosi, l'hore et le stagioni distinguendo, con una invariabil varietà conserva lo stato dell'universo : tale fu Sapho, tale colei, onde Socrate sapientissimo, et ottimo huomo, d'havere, che cosa Amor fusse, imparato si gloriava. Degnate adunque d'essere la terza in numero, fra cotanto valore; et di tai nostri ragionamenti, pregate Amore che ne componga una novellata : ove il vostro nome si scriva : non altramente, che ne dialoghi di Platone, si faccia quello di Diotima La qual cosa, acciò si faccia con vostra gloria, insegnateci in che maniera l'amante amando la cosa amata, muova lei ad amare, et come esser possa, che alcuna volta la cosa amata, amando, odii et voglia male all' amante; perciò che cotali sententie sono grandemente diverse tra se medesime, et dalla comune opinione de gli huomini, et appunto hanno bisogno del vostro ingegno, ch'essere le dimostri, à chi l'ode, (se non vero) almeno verissimili.* TULLIA. *Io non credo ch' egli sia donna nata, che piu ami di me; et meno s'intenda de secreti d'Amore.*

Malgré cette déclaration modeste, Tullia tente de résoudre le problème, et s'en tire par d'ingénieuses comparaisons : l'amant finit par refléter à un tel degré la beauté dont il est épris et qu'il ne cesse de contempler, que celle-ci en retour s'éprend de ce qui en somme est son image.

Le dialogue d'*Amore* est la première, la plus riche pour le fond, la plus variée, et, pour la forme, la plus achevée des compositions réunies dans le petit volume qui, mieux que son théâtre, défend le nom de Sperone Speroni contre l'oubli. La dignité soutenue du ton en un sujet où la moindre dissonance eût detruit l'effet de l'ensemble, la verité de la passion, l'habileté dans la conduite de l'expression d'idées dont la finesse va parfois presque jusqu'à l'imperceptible ténuité, la diversité des nuances, l'enjouement le plus naturel et le plus agréable placent cette imitation de la grande manière des dialogues de Platon au nombre de ces bijoux merveilleux que la Renaissance, dans son admiration tout athénienne pour la beauté, ciselait avec une ferveur que le moraliste moderne, se préoccupant du contenu de l'amphore plus que de la pureté de son galbe et de l'élégance de ses peintures, est souvent disposé à trouver excessive. Mais l'Art n'a-t-il pas souvent raison contre la raison ?

Le Grazzia promet à Tullia qu'elle vivra toujours. « De quelle façon ? » demande-t-elle. Grazzia : « Dans les vers de Tasso, où comme reliques dans un tabernacle, votre nom, vos louanges, vos vertus seront dévotement adorés par les fidèles d'Amour ». Ces beaux esprits jugeaient tout naturel d'élever un monument à la gloire d'une courtisane, et il faut avouer que leur entreprise a été sanctionnée par le succès : à lui seul le dialogue d'*Amore* assurait l'immortalité au nom et à la beauté de Tullia d'Aragona.

Dans la préface où Barbaro dédie à Ferdinand Sanseverino, prince de Salerne, l'édition des dialogues de son ami, il lui rappelle le dialogue d'*Amore* comme savant, agréable, élégant : *dotto, piacevole, elegante, s'altro si truova*. On ne peut mieux le juger.

Sperone Speroni ne s'est pas borné à célébrer les charmes de la maîtresse de Bernardo Tasso. Parmi les personnes que Barbaro, dans sa préface, mentionne comme ayant approuvé les dialogues, l'on rencontre « l'illustre Beatrice Pia ». Il s'agit de Beatrice degli Obizzi, qui figure parmi les dames auxquelles Luigi Alamanni a offert l'encens de ses vers et d'un amour, tantôt réel, tantôt de pure convention. Dans trois des dialogues, il est question de Beatrice Pia. Le second, *della Dignità delle Donne*, lui est tout entier consacré. Les interlocuteurs sont Michele Barozzi et Daniel Barbaro. Celui-ci rapporte à son ami une conversation à laquelle l'Obizza a pris part et où elle a soutenu que la dignité de la femme consiste dans la soumission à son époux.

L'entretien avait eu lieu à un moment où le seigneur degli Obizzi devait quitter Padoue pour Ferrare où l'appelait la nécessité de surveiller ses biens. En acceptant ce déplacement, Beatrice faisait un sacrifice, car sa santé se trouvait beaucoup mieux de l'air de Padoue que de celui de Ferrare : « Mais le désir de son mari et son amour pour lui pouvaient en elle plus que le souci de sa personne. Pour cette raison, comme une dame sage, ainsi placée entre le plaisir et l'ennui de son départ pour Ferrare, elle n'est ni affligée ni contente. » — Barozzi : « Cela lui advient parce qu'elle est épouse, c'est-à-dire esclave de son mari.... » La remarque fut faite par Brevio un soir devant Beatrice elle-même, et ainsi s'engagea la discussion.

Dans le dialogue *delle Laudi del Cathaio villa della S. Beatrice Pia de gli Obici*, les deux interlocuteurs sont Morosini et Portia. Pendant que Beatrice, Alamanni et Varchi se promènent ensemble, Morosini emploie un tour ingénieux pour célébrer les mérites de Beatrice, tout en faisant la cour à la jeune Portia, qui de son côté paraît disposée à bien accueillir, à l'occasion, les hommages de Varchi. « Votre nom, dit Morosini, a été choisi par moi comme un tabernacle dans lequel, sur l'autel d'Amour, serait placé mon Dieu; pour cette raison si parfois je m'incline et vous honore, je fais (et je fais bien) ce que nous faisons dans nos temples, où ne pouvant à toute heure toucher ou voir les reliques des saints, nous embrassons dévotement les ferrures et les marbres de leurs châsses. Donc, désormais, acceptant mon sacrifice, qu'il ne vous pèse point que dans le son de votre nom, pendant que je le prononce et l'honore, mon âme considère son paradis et puisse adorer la divinité de Beatrice. » Ces compliments ne sauraient plaire à la jeune fille qui aimerait mieux être aimée pour elle-même, et [illegible] vers la fin les reprendre en décrivant [illegible] le tabernacle auquel il l'assimile.

[illegible] villa elle-même n'est point décrite. Il est question du cours de [illegible] uniquement pour y trouver un prétexte à l'éloge de Beatrice [illegible] aujourd'hui sont ceux où dans [illegible] A un moment Morosini prie [illegible] attirer sur eux l'attention de Varchi. [illegible] dépourvu de sens que son [illegible] et l'Alamanni, se porte à [illegible] les écouter. »

[illegible] peuvent inspirer l'amour [illegible] Varchi et ajoute : « J'en dirais [illegible] est un des plus nobles [illegible] Mais Morosini trouve l'éloge [illegible] seulement poète, mais il est beau [illegible] bien qu'il mérite tout votre [illegible] heureux de lui vouloir du bien et [illegible] ces feux, ces glaçons, [illegible] je vous conseille, dans votre [illegible] — Portia : J'aimerais mieux un sonnet [illegible] et le Varchi que d'un prince un [illegible]

[illegible] conter fleurette à Portia, mais [illegible] nous avons ainsi quelques détails [illegible] l'hospitalité que Varchi et Alamanni [illegible] mieux me parler des serpents et des [illegible] en été, et m'expliquer pourquoi des bêtes aussi nuisibles et viles ont pour partage la compagnie de Madame Beatrice. — Morosini : Qui sait si les cousins et les serpents ne sont pas les colères et les soupirs amoureux du Bacchillone et de la montagne, car je ne crois point que leur amour soit plus heureux que le mien. — Portia : S'il en était ainsi, les soupirs du Bacchillone le vengeraient fort bien de qui le fait soupirer, parce que les cousins nous piquent d'âpre manière et ne nous laissent point reposer, et que les serpents, parfois, sont venus jusque dans nos chambres : oui, avant-hier, sous le lit de l'Alamanni et du Varchi, on en a trouvé un grand et horrible, et on a eu beaucoup de peine à le tuer. Morosini : Peut-être ce serpent signifiait-il la jalousie et l'envie que le fleuve porte aux rivaux que vous recevez ici ; peut-être vaincu par la douceur des vers des deux poètes divins, entra-t-il dans la maison pour les écouter, et ce fut péché que de le tuer. »

Le dernier dialogue a pour titre : *Dialogo intitolato Panico et Bichi.* Panico, jouant aux tables avec une très noble dame, a gagné la partie, mais ne sachant quel prix lui demander de sa victoire, il n'ose même plus la revoir. Bichi maintient que, pour lui, s'il jouait une *discrétion* avec sa dame, il n'hésiterait point à lui réclamer quelque grande faveur. Les amants modestes aiment souvent de telle sorte qu'une dame ne s'en doute pas. Panico résiste : il ne peut que s'incliner avec vénération devant les vertus de cette dame comme devant les choses divines. Ainsi la discussion se continue, les deux amis soutenant chacun sa thèse jusqu'à la fin. La dame n'est pas nommée, mais les lignes suivantes désignent assez une Beatrice : Panico : *Al parlare, voi mostrate sapere chi è la donna della quale noi ragioniamo* Bichi : *Per certo qualche cosa mi fo à creder di saperne, risguardando alle lode, che voi le date* ; *le quali sono proprie d'una signora, il cui nome, non che altro, ha vertù di far beato chi le è fedele.*

Il semble évident que la seule Beatrice dont il puisse être question ici est Beatrice Pia, l'Obizza celébree dans les deux autres dialogues.

La part faite à Alamanni dans mon *introduction* à propos du manuscrit où j'ai puisé les *Dodici Canti*, m'a paru autoriser ce rapide examen des dialogues de Sperone Speroni où il est parlé de Beatrice Pia et d'Alamanni qui l'a chantée. La grande dame si respectée que Sperone lui consacre le dialogue *sur la Dignité des Femmes* et que partout son nom n'est prononcé qu'avec une vénération pieuse, accueille dans sa villa du Cathaio les poètes qui, en retour de sa protection, célèbrent sa beauté et ses vertus, et Alamanni est du nombre. Si l'on se reporte à ce que le dernier biographe d'Alamanni dit des relations du poète et de Béatrice, on trouve seulement : « Alamanni la vit à Ferrare lors de son voyage de 1539-1540 ; peut-être la rencontra-t-il encore en 1541 lorsqu'il se rendit à Venise. Nous ne savons rien de plus sur les relations du poète et de la belle Ferraraise; c'est à ses vers qu'il faut demander le reste, et ce reste se réduit à fort peu de chose[1]. » Je ne sais si je me fais illusion, mais la présence de l'Alamanni au Cathaio, ces promenades, où avec Varchi il accompagne Beatrice, ces entretiens dans les jardins de la villa, cette hospitalité qui dure plusieurs jours, jusqu'à cette aventure comique des deux poètes trouvant sous leur lit l'horrible serpent que l'on occit à grand'peine, me paraissent nous introduire dans l'intimité du poéte et de celle qu'il honorait de ses vers. Dans ces conditions, je ne pouvais négliger d'indiquer une source où l'on puiserait encore avec profit, et d'apporter une modeste contribution à l'histoire des belles dames du XVIe siècle et de leurs adorateurs ou de leurs protégés.

M. Hauvette a emprunté à Benvenuto Cellini un court portrait d'Alamanni : *era bello d'aspetto e di proportion di corpo e con suave voce*[2]. Sperone permet d'ajouter à ces traits, d'ailleurs si bien choisis par le grand artiste : « il est non seulement poète, mais il est beau et délicat outre mesure ». L'excès de beauté dont la délicatesse est un des caractères, parait un trait tout féminin, et le dessin de la physionomie de l'aimable poète gagne sûrement en vérité à être ainsi achevé.

Le portrait que M. Hauvette reproduit en tête de son livre, d'après l'édition de l'*Avarchide* (1570), date évidemment de la vieillesse

[1] Op. l. p. 166. Dans les lignes qui précèdent, M. Hauvette dit : « Beatrice Pia, seconde fille de Lodovico Pio, était issue d'une famille princière qui, dans une résidence de troisième ordre, Carpi, avait donné à la Renaissance quelques-uns de ses Mécènes les plus distingués. »

Cette tradition se continuait dans la famille, car je vois que l'Atanagio, dans le commentaire de l'un de ses sonnets adressés à Ridolfo Pio, cardinal de Carpi, dit de lui qu'il était un des plus anciens et plus aimables seigneurs et bienfaiteurs qu'il avait eus à Rome.

Telle que Beatrice nous apparaît dans les dialogues de Speroni, son attitude tient en effet du Mécène, de même qu'il y a une nuance particulière dans les louanges qui lui sont offertes. Le sonnet de Varchi que M. H. cite page 168, après avoir énuméré en un quatrain les autres femmes aimées par Alamanni, finit par une image grandiose en l'honneur de Beatrice : De même qu'une source abondante, après avoir embelli tour à tour ses deux rives (ici les noms des simples mortelles),

> Poscia raccolte in un sue forze al fine
> Per dar suo dritto a Teti, con dorate
> Arene entra nel mar carco di prede :
> E voi raccolto ogni sapere e fede,
> Nell' ampio e cupo mar delle divine
> Lode di Beatrice entrate.

[2] Op. l. p 113.

d'Alamanni[1] : les traits sont nobles ; les yeux, très beaux, grands et doux, atténuent le caractère de sévérité qu'imprime à cette figure d'une régularité classique le nez droit et fort qui s'était sans doute accentué avec les années. Le charme d'une beauté délicate s'était effacé avec la jeunesse, ce charme qui rendait, comme le dit Morosini à Portia, si dangereux de l'aimer : *cosa pericolosa il volerli bene.*

Ferdinand CASTETS.

(*A suivre*).

[1] Op. l. p. 95. M. Hauvette a essayé de peindre, non seulement, la physionomie morale du poète républicain et patriote, mais sa physionomie proprement dite : « Si son visage réflétait exactement son âme, ses traits devaient avoir une expression grave et douce, d'une gravité qu'avaient accentuée les mécomptes et les tristesses d'une vie agitée, d'une douceur qui était innée.... Causeur aimable dont le regard devait souvent se voiler de mélancölie... ». Ce n'est pas le portrait complet d'un de ces poètes de la Renaissance qui consacraient à l'amour une bonne part de leur temps et de leur talent. Alamanni a aimé beaucoup et a su se faire aimer : il plaisait aux dames parce qu'il était *bello et delicato oltra misura.* Et ses amours pour Flora, Cynthia, la Ligura pianta, la Vermiglia Rosa, Beatrice Pia lui ont dicté tout un *Canzoniere.* L'expression mélancolique me paraît très contestable.

LES DÉLIBÉRATIONS

DU

CONSEIL COMMUNAL D'ALBI

DE 1372 A 1388

(*Suite*)

L'an MCCCLXXXI, a IIII de dezembre...

Sobre aisso que dissero los senhors cossols que Ivan de Bearn, bastart, filh que es del comte de Foyss [1], ha tramezes dos escudiers e moss. Bertran Frotier am letras de cresensa a lor; laqual crezensa es aital que los digs escudiers han dig als senhors cossols que lo dig Ivan los saluda e fa lor asaber que, [en la venguda que feiro las gens d'armas que preiro, davan Rabastenxs, Benezech e d'autras gens] [2], el e sos companhos so mal a caval, quar per las guerras, seguen la deffensa del pays, ho aviau perdut; e que el lor pregava que lhi volguesso donar et ajudar de que pogues ajudar a si et a sos companhos; e que fazesso en manieira que fos lor honor e el que ne agues profieg. E dissero may los senhors cossols que

[1] L'*Hist. de Lang.* le nomme Ivain. Gaston Phébus l'aimait tellement qu'il voulait lui laisser, à sa mort, le comté de Foix, IX. p. 961.

[2] Les mots compris entre les crochets sont cancellés. C'est sur ce membre de phrase que M. Cabie s'appuie pour établir l'authenticité du combat de Rabastens. Cf. *L'Albig. pend. la quer. du comte de Foix et du duc de Berry*. M. Cabié, dans *Notes et documents sur les différends des comtes de Foix et d'Armagnac en 1381*, publiés dans les *Annales du Midi* (1901 pp. 500-29) est revenu sur cette question qu'il élucide de façon définitive.

Le Benezech dont il s'agit, plus connu sous les noms de Benezat Chipparel, était un chef de routiers, florentin d'origine. Cf. *Hist. de Lang.* IX pp. 803, 871, 878, 891, 897.

os digs escudiers lor aviau may dig e preguat que els volguesso ajudar e donar al dig Ivan en manieira que lor agues que grazir, quar el los ho podia be servir. It. dissero may los senhors cossols que lo dig Ivan a tramezas letras semblans a moss. d'Albi e que els ero anatz parlar am moss. d'Albi sus aquestas causas, et aviau sus aquo agudas motas de paraulas. Per que los senhors cossols demandero cosselh als singulars que fariau sus aisso. Et auzidas per los sobreescrigs las causas desus dichas, totz tengro que se mossenher hi vol contribuir e pagar la meitat que entra la vila e moss. d'Albi lhi dono L franxs, autramen no.

Et en apres fo saubuda la voluntat de moss. d'Albi que el ne paguera la meitat dels digs L franxs ; e fo aponchat per los senhors cossols, atendut [lo] cosselh desus dig, que la vila pague l'autra meitat.

L'an dessus, a XVI de dezembre..,

Sobre aisso que dissero que Huc de Laval, estan bada per la vila, sus lo pueg de Caslucet[1], era estat et encaras es pres per los Engles de las Plancas; loqual no podia issir ses finanssa, e que, segon so que aviau entendut per alscunas gens, lhi covenia paguar mager finanssa, quar era bada, que no feira ; et aviau sopleguat, alsculs amicxs del dig Huc, que, per amor de Dieu, hom lhi vuelha ajudar a paguar sa finansa. Per que demandero cosselh los senhors cossols als singulars que deviau far sus aquo. Et auzidas per totz los cossols e singulars las causas sobredichas, totz tengro que, atendut que, estan bada el avia pres aquel dampnatge, et que creziau que lhi calgues far major finansa que no feira, tengro totz et acosselhero que la vila lhi ajudes del ters de sa finansa.

L'an MCCCLXXXI, a XIX de dezembre...

Sobre aisso que dissero los senhors cossols que Bertran de Baretge[2] capitani de alscunas gens d'armas dels Foissenxs,

[1] Caslucet, qu'on écrit encore Caylucet, aujourd'hui Carlucet, est aux portes d'Albi. Ce détail montre l'audace des Anglais.

[2] L'*Hist. de Lang*. est muette sur ce capitaine fuxéen. Nous verrons (délibér. du 12 févr. 1382 nouv. sty.) qu'il tenait garnison à Paulin, dans le voisinage même de St-Jean-de-Janes.

lor ha trameza una letra en laqual lor escriu que el es en lo pays, am sas gens d'armas, per gardar lo pays de las gens d'armas, las[quals] so Engles segon que ditz, que au pres lo loc de Jenas[1], e que els hau mestiers de vieures, e que lhin vuelho donar afi que non ajo razo de far autres dampnatges per lors vieures. Per que demandero cosselh quen fariau. Sus aisso totz tengro que hom lhi done una pipa de vi e XXV lbr. de candelas de seu.

L'an MCCCLXXXI, a V de jenoier...

Sobre aisso que aissi fon dig que Mondi Gasc avia bailat en paga al filh del senher de Lescura lo loc de la Raynaudia[2], e que lo filh del dig senher de Lescura hi volia metre alscunas gens d'armas ; et era estat mogut que, entre las gens del comtat de Lamarcha[3] e de esta vila paguesso lo pretz per que lo dig loc era estat bailat al filh del [senher de] Lescura, e que esta vila pagues lo ters, e que en apres lo dig loc se deroques e que de la terssa part e de la materia esta vila se pagues de so que hi auria paguat ni prestat. Per que demandero cosselh los senhors cossols als singulars que s'en deuria far. Sobre [aquo] totz tengro que non hi mezes hom denier, quar pro avia la vila d'autras bezonhas.

L'an dessus, a VI de jenoier...

Sobre aisso que dissero los senhors cossols que, coma lo loc de la Raynaudia fos estat bailat en pagua ad Escura per la soma de III^c^ francxs, et lo dig Escura lo volgues bailar ad alscunas gens d'armas, segon que era estat reportat ; e las gens del comtat de Lamarcha ne aguesso aguda sentida ; e vezen per las dichas gens del comtat que, se en lo dig loc se metiau gens d'armas; pogra esser gran dampnatge del pays, aviau fag dire als senhors cossols que els volguesso prestar

[1] Aujourd'hui St-Jean-de-Janes, comm. de Paulinet, cant. d'Alban, arr. d'Albi. La prise de ce fort doit donc remonter à la première quinzaine de décembre.

[2] Il existe aux environs d'Albi deux lieux dits de ce nom. Le fils du seigneur de Lescure Sicard III était Jean.

[3] C-à-d. le comté de Castres. Bouchard VII était comte de Castres et de Lamarche.

los digs C franxs, que la terra de Lamarcha paguera lo demoran entro la soma dels digs IIIᵉ franxs, per laqual soma lo dig Escura volia donar e bailar a las gens del dig comtat lo dig loc de la Raynaudia [1]. E per so los senhors cossols demandero cosselh als singulars quen fariau. Et auzidas per totz los sobredigs las causas dessus dichas, totz dissero e tengro que lo loc d'esta vila es tant afazendat que non poiria prestar I d.; per que hom no lor preste ponh.

L'an MCCCLXXXI, a VII de jenoier...

Sobre aisso que dissero los senhors cossols que lo vescomte de Paulinh lor avia tramez unas letras clausas per lasquals lor fazia saber que el avia mestiers de balestiers e de artilharia; per que lor pregava que lhin volguesso prestar IIII balestiers XV jorns, e may una caissa d'artilharia. Per que demandero cosselh los senhors cossols que fariau sus aisso. Et auzidas per los sobredigs las causas dessus dichas, totz tengro que, atendut que los balestiers e l'artilharia fa be mestiers per la deffenssa de la presen ciutat, (que) hom no lhin baile pong.

L'an MCCCLXXXI, a XVIII de jenoier...

Sobre aisso que aissi fon dig per los senhors cossols que a lor era estat mogut per alscus se fora expedien que hom anes a Carcassona sus aquo que los senhors de Carcassona aviau escrig per letras que los capitols de Tholosa et els ero prestz de anar al rey, aissi coma era estat aponchat al cosselh darieiramen tengut a Mazeras per los comus, per explicar al rey los dampnatges que suferta lo pays, e se los senhors cossols d'esta vila hi voliau anar ni trametre, que s'en aparelhesso e que la anesso; e quant hom seria a Carcassona hom ubris se seria expedien que moss. d'Albi la anes per los comus coma aquel que auzaria miels dire totas causas al rey et a moss. d'Anjo que I autre. Per que los senhors cossols demandero cosselh als singulars que seria sus aisso expedien de far. Sus aisso

[1] Il est utile de savoir que St-Juéry, dont le lieu de la Raynaudié est voisin, faisait partie du comté de Castres. C'est ce qui explique l'importance des sacrifices consentis par le comté.

totz tengro, atendut que la vila d'Albi es vesina e propdana dels comtes d'Armanhac e de Foyss, e que tals causas se poyriau explicar al rey, que se la presen ciutat era en causa de trametre ne poiria aver gran malvolensa, e per consequen sufertar grans dampnatges, e que aitant be se fara ses nos que am nos, totz tengro que hom non hi ane ni hi trameta. It. dissero may los senhors cossols que els aviau a segre, e nom de la presen universitat, e far motas de bezonhas coma a la litigi dessus [d'el dig G^m Colobres] e d'autres, et a la reparacio de la muralha et a pagar badas e motz d'autres despens que covenia far per lo profieg e garda de la dicha universitat e que els non au denier de que ho fasso; per que dissero de que ho fariau. Sus aquo totz tengro que se levo e se empauso, per segre e far las causas desus dichas, XXX comus, losquals aqui meteiss los senhors cossols, am cosselh e voluntat dels singulars, (aqui meteiss) empausero.

L'an dessus, a XII de febrier...

Sobre aisso que aissi fon dig per los senhors cossols que Bertran de Baretge, capitani de las gens d'armas que so a Paulinh, avia trameza una letra clausa als senhors cossols en laqual lor escriva que el avia estat en lo dig loc, am sos companhos per gardar que los enemicxs del rey nostre senhor no coreguesso ni raubesso lo pays, e que, de aitant coma hi avia estat, negus non avia donat dampnatge en esta vila; e que el ni sas gens no podiau pas estar aqui per gardar lo pays ses qualsque cortezias que lo pays lhi fassa de que vius; per que lor pregava que els lhi volguesso donar e far qualque plazer, afi que poguesso miels deffendre lo pays. E sus aquo los senhors cossols demandero cosselh que fariau sus aquo. Et auzit per los cossols e singulars las causas desus dichas, totz tengro que hom lhi done doas pipas de vi e I cartairo de candelas de seu.

Aissi es la letra que fo autriada a Johan Dommainil, al[ias] lo Moyne, juponier.

Sapian totz que l'an MCCCLXXXI, a XIIII del mes de febrier, fo acordat entre los honorables senhors m^e Bernat

Lonc, Ar. del Port, Frances Donat, Isarn Redon, R. Vidal, P. Soelh, P. Isarn, Johan del Pueg, cossols de la ciutat d'Albi, per lor coma cossols e per los autres senhors cossols lors companhos, e per tota la universitat de la present ciutat, d'una part, e Johan Donmainil, juponier, d'autra; que lo dig Johan Donmainil fos e sia per totz temps may d'aissi avan, tant que viura, veray habitan e ciutada de la dicha ciutat, am aital condicio que los senhors cossols del dig loc devo tener quiti lo dig Johan de totz comus e talhs que so estatz empausatz saentras, ni se empausariau d'aissi avan per l'espazi de dos ans propda venens, comensans lo premier dia del mes de mars propda venen, per los senhors cossols del dig loc, de la testa de si e de sa molher e de totz sos bes mobles, seno que conquistes possessori penden lo dig terme, per loqual possessori fos tengut de paguar, coma I autre talhiable per lo dig temps que lo tenria, a totz los comus e talhs que se empausariau per tot lo dig temps. E non re mens sia tengut lo dig Johan de gardar e gachar, de nuegs e de dias, d'aissi avan, en la presen ciutat coma I autre veray habitan e talhiable de la dicha ciutat E se cas era que lo dig Johan s'en anes, penden lo dig terme o aprep, per mudar son habitacio en autre loc foras de la presen ciutat, que en aquel cas fos tengut de pagar, per sa persona e per sos bes mobles e no mobles, totz los comus que seriau empausatz del dia presen tro lo jorn que s'en anaria. Et en aissi ho promes lo dig Johan, juran sus los S. de Dieu Evangelis de ssa propria ma drecha corporalmen tocatz. Et en testimoni de las causas dessus dichas, los sobrenompnatz senhors cossols, e nom que dessus, autriero aquestas presens letras, del sagel del dig cossolat sageladas, escrichas ad Albi, de la ma de mi G^{m} Prunet, notari del dig loc, de voluntat de las partidas desus dichas, l'an el dia dessus, en testimoni d'en Galhart Golfier e d'en Peire Clergue d'Albi [1].

[1] Il est intéressant de comparer cette charte de bourgeoisie avec celle dont M. Ch. Portal donne une reproduction phototypique dans son *Histoire de la ville de Cordes*. Les consuls de cette localité s'engagent seulement à assurer le plein usage de leurs coutumes et à prendre fait et cause pour le sollicitant. La charte de bourgeoisie d'Albi est, comme on le voit, beaucoup plus large.

L'an dessus, a XXI de febrier...

Sobre aisso que dissero los senhors cossols que, en aquesta sepmana, lo senher de Venes[1] avia tramezas tres lettras, una als senhors cossols, autra a m° d'Albi, autra al capitol de Sta Cezelia, en lasquals en effieg se contenia que el avia pessada una via per la qual lhi semblava que, se los comus de la vigaria e del comtat e las gens de la glieia hi voliau socorre, los enemicxs del pays que teno occupat lo loc de Jenas s'en anariau ; e que els volguesso anar o tremestre, dimergue propda venen, a Rialmon, en loqual loc foro los cossolatz del comtat e las gens del comte de Lamarcha e del avesque de Castras[2], per penre provisio e donar cosselh sus la dicha bezonha ; e que sus aquo era estat aponchat que los senhors cossols hi tramezesso I o dos bos homes. Per que dissero que els no trobavo negus que hi volgues anar seno al perilh e despens de la vila ; per que ordenesso qual volriau que hi anaria ni se aquel ho aquels que hi anariau hi anariau al despens e peril de la vila. Sus aquo tots tengro que razo era e que ad els plazia que los senhors cossols hi trameto aquel ho aquels que lor plazera al perilh e despens de la vila.

L'an MCCCLXXXI, a II de mars[3]...

Sobre aisso que, coma moss. d'Albi agues azempratz los senhors cossols, coma cossols, que els lhi prestesso II^c^ franxs, el lor assignaria de bos deutes de que los cobrariau. Per que dissero los senhors cossols als singulars e demandero cosselh quen fariau e, se lhin diziau d'oc, d'on los auriau, quar els non aviau I d. Sobre aisso totz dissero et acosselhero que hom lhin disses d'oc, atendut que hom trobava hom que los

[1] Philippe. Ce seigneur joua un certain rôle dans la querelle du comte de Foix et du duc de Berry. Son alliance avec le premier valut à Gaston Phébus la soumission de toute la partie de l'Albigeois situee au sud du Tarn (Hist. de Lang., *Hist. des Lang* IX. p. 894, note). Philippe était fils d'Isarn et de Jeanne de Laroche. Il était mineur en 1355 ; en 1364, il épousa Marquise de Lomagne et mourut en 1402. Cf. *Le Château de Venés*, dans *Rev. du T. II* p. 134.

[2] Le siège etait alors ocuppe par Elie N. de Donzenac (1380-1383).

[3] En marge on lit. *Aquest cosselh fo escriq a relacio d'en P. Clergue, thesaurier.* Cette délibération fut prise dans la salle capitulaire du chapitre de St Salvi.

prestera e preira en paga los deutes que moss d'Albi volia bailar ; mas que hom lhi dones per sos trebalhs II s. per lbr., que so XX lbr ; loqual home era G[m] Condat.

L'an dessus, a III de mars...

Sobre aisso que dissero que lo senhor de Venes era vengut en esta vila et avia dig a moss. d'Albi, al capitol et als senhors cossols que, vezen que los Engles que teno lo loc de Jenas dono grand dampnatge al pays, el avia agut tractamen am las gens del comtat e d'autras de la vigaria d'Albi que hom fezes certas gens d'armas am que hom vis se los ne pogra gitar ; lasquals gens lhi aviau repost que els hi contribuiriau voluntiers se lo loc d'Albi e la vigaria hi volia[u] contribuir; per que avia pregat, lo senher de Venes, als senhors cossols d'esta vila que hi volguesso contribuir. Per que demandero cosselh los senhors cossols als singulars se hi contribuiriau ; losquals respondero que no voliau que hom hi ajudes de I d., seno que hom agues licencia del rey o de son loctenen.

L'an dessus, a XV de mars...

Sobre aisso que lo senher de Venes demandava als senhors cossols d'Albi IX gros per fuoc que dizia que devia hom donar e pagar a las gens d'armas que ero estadas ordenadas per metre lo seti a Jenas; quar, segon que dizia, los autres locxs del comtat de Castras e de la vigaria los aviau pagatz. E sobre una demanda que fazia I home d'armas de Jenas de VI franxs que dizia que lhi devia G[m] Gautbert per fermanssa que avia facha per Peire de Causac ; losquals dizia que hom lhi fezes paguar, ho autramen el no donera dampnatge a la vila. Fo aponchat per totz los sobre escrigs que hom no dones re al senher de Venes per razo del digs IX gros per fuoc, quar moss. de Berri avia mandatz los comus per metre provisio al regimen del pays; e que G[m] Gautbert trameta, a son despens. a Jenas per acordar sus la demanda dels digs VI franxs, en tal manieira que la vila non puesca penre dampnatge.

L'an dessus, a XVIII de mars [1]...

Sobre aisso que aissi fon dig que moss. d'Armanhac deman-

[1] En marge on lit : *Aquest cosselh fo escrig a relacio d'en P. Clergue, thesaurier.*

dava que la vila lhi pagues II°XLVIII franxs per I franc per fuoc per una assignacio a luy facha per moss. de Berri. Fo aponchat per totz los sobreescrigs que hom trameta una letra de escuza al dig moss. d'Armanhac en que lhi fassa hom saber que d'aco may non ausim parlar ni jamay non hi cossentim ; e que en esta vila non ha mas VII^{xx} fuocxs; et otra aquo que hom trameta a Carcassona per saber la vertat, e que escriva hom a m^{re} Arnaut Paya que nos escuze al dig moss. d'Armanhac, e que hom escriva a m^{e} G^{m} Chatbert que era a Bezers que hi meta lo melhor cosselh que poira, e que hom sapia am Rialmon et am Castras cossi s'en regisco.

L'an dessus, a XXIIII de mars...

Sobre la demanda que faziau las gens d'armas que teniau lo loc de Tersac [1] per lo comte de Cumenge desquals ero capitanis Johan Guiot e Johan de Vilanova [2], que demandavo que la vila d'Albi lor dones viures. Fo aponchat per totz los sobreescrigs que hom lor dones aitant coma la vila avia presentat a Bertran de Baretge, capitani de la establida de Paulinh, so es asaber doas pipas de vi e I cartairo de candelas de seu.

L'an MCCCLXXXII, a II d'abril...

Sobre aisso que dissero que moss. Bertran Frotier [3] era vengut en esta vila parlar am los senhors cossols alsquals avia dig, per manieira de cosselh, que el se duptava que la presen ciutat els habitans d'aquela presesso dampnatge gran per razo quar hom reculhia en la dicha ciutat las gens d'armas que estan al loc de Tersac, que ero enemicxs de moss. de Foiss; e que el avia entendut que se hom los reculhia plus que lo loc d'esta vila fora coregut per los Foissenxs e dampnegat; mas que acoselhava que, ad evitar aquel dampnage, (que) hom no permezes que negun home d'armas ni de companhas d'aquels de Terssas ni d'autra part, siau Foissenxs ho Armanhagues, intres dins esta vila, mas que se voliau neguna

[1] Cant. d'Albi, à 5 kilom. de cette ville sur le Tarn.

[2] Du parti des d'Armagnac.

[3] C'était le sénéchal du comte de Foix à Lautrec.

autra causa d'esta vila, que hom lor ne fezes aver per lor argen, e que lor ho bailes foras la vila e que no sa intresso pong. It. dissero may que Persona, que demora al loc de Florentinh [1], volia dampnejar esta vila e las gens que hi so per merce que demanda per so fraire, que ditz que fo pres per los Armanhagues et aprionat e menat en esta vila, e lo aviau fag finar, estan en la presen ciutat e que so que enten a demandar, el se era ufert de far so que moss. Bertran Frotier ne ordenaria. It fo may dig que alscunas gens aviau reportat que moss. d'Armanhac volia venir en esta vila e, se venia, se hom lo laissara intrar. It. fo may dig que fraire Amaniau, governador [de] l'avescat per moss. d'Albi, avia dig que Gm Colobres se era rancurat a luy, dizen que los senhors cossols lhi passo los covienhs que lhi aviau de tener quiti dels comus entro lo jorn que fo acordat que revendes la renda que avia sus la vila ; e que lo dig fraire Amaniau acosselhavo que dreg lhi fos fag e que se mezes en via d'acordi. It. avia may dig lo dig fraire Amaniau que lo debat que es entre moss. d'Albi e la vila per las taulas del mazel novelamen fachas, (que) se acordes afi que la vila non agues questio ni plag am moss. d'Albi. Per que demandero cosselh los senhors cossols als singulars que feiro sus las causas dessus dichas. E sus aquo fo aponchat et acosselhat que expedien era que hom seguis lo cosselh del dig moss. Bertran Frotier sus aquo que ditz que no sa intro ne Foissenx ni Armanhagues, mas que so que lor fara mestiers de la vila, lor fassa hom aver per lor argen deforas la vila. Quant a'n aco de Persona, tengro que, pueys que el ho vol metre en moss. Bertran Frotier, que aitant be ho hi meta la vila e que se acorde, quar miels seria que, se covenia a far, (que) la vila lhi dones qualque causa, al mens que hom poiria, que se las gens ne prendiau dampnatge, quar I home ho poiria tot pagar e may. It. sus aquo de la intrada de moss. d'Armanhac, totz tengro que se moss. d'Armanhac ho de Foiss voliau venir en esta vila amiablamen, ses armas e ses autras gens d'armas, que hom lor fezes tot lo plazer que hom lor poiria far ; mas se far se podia, per neguna via, teniau may aprofechable que no sa intresso, quar perilh

[1] Cant. de Cadalen, arrond. de Gaillac.

era que, per aitals intradas, lo loc presen s'en perda. It. sus aquo d'en Colobres e de las taulas tengro que se acorde al miels que acordar se poira.

L'an dessus, a VIII de abril, G^m Blanc e P. Albert, juratz de la ciutat d'Albi, feiro relacio que els ero anatz vezer, de mandamen dels senhors cossols del dig loc, I debat que es entre R. Sivalh, de una part, e B. Rata, d'autra, de una paret que es entre II airals que so sobre S. Antoni, losquals so, la I del dig R. Sivalh, e l'autre del dig B. Rata, que steno, so es asaber aquel del dig B. Rata am l'ort de Jacme Miquel et am lo cami cominal; e aquel de R. Sivalh te se am la vouta que va vas la Greba del lop et am la carieira cominal : en laqual paret lo dig R. Sivalh, afferman que era sua, diss que lo dig B. Rata donava gran dampnatge. E sus aquo los digs juratz, segon que dissero, ero anatz, a requesta del dig R. Sivalh e de mandamen que dessus, sus lo dig debat e reconogro que tota la dicha paret era del dig R. Sivalh, e que lo dig B. Rata avia fossa e curada la dicha paret al pe, per l'espazi de II canas o may, davas la paret del airal del dig B. Per que ordenero e dissero que lo dig B. lhi causse e lhi fassa caussar la dicha paret descaussada, de terra e de peira, en tal manieira que esta en segur, et aquo al propri des(pes)pens del dig Bernat, e que d'aissi avan lo dig B. no deia cavar lo pe de la dicha paret.

L'an dessus, lo mecres a XXIII d'abril...

Sobre aisso que aissi fon dig per los senhors cossols que las gens d'armas Foissenxs aviau adempratz(z) lo loc d'esta vila que hom lor fezes aver viures per lor argen. It. dissero may los senhors cossols que a lor era estat reportat per alscunas gens que Persona se volia perfossar a donar dampnatge al loc et a las gens d'esta vila e levar merca per alscunas querelhas que fa per so fraire, contengudas en lo cosselh tengut a II dias d'aquest presen mes. It. que hom dones e fezes qualsque servizis a las gens que teno lo loc de Tersac [1]. It. dissero may

[1] Terssac venait d'être pris par les gens d'armes du comte de Foix; il faut sans doute placer au 20 ou au 21 la prise de cette localité. Le

que a lor era estat reportat que los Foissenxs voliau requerre lo loc d'esta vila que hom gites de la vila B. de Bordas e G^m^ Guitbert, quar so Armanhaguezes, dizens que els lors procuro dampnatge. It. dissero may que a lor era estat reportat que Isarn Ebral se perforssava de metre en coratge a las gens d'armas dels Foissenxs de corre sobre esta vila, quar la vila no paga los VIII^c^ franxs que so degutz a so fraire per la renda que avia en esta vila. Per que demandero cosselh los senhors cossols als singulars cossi s'en regiriau. Totz tengro que hom lor fassa aver viures per lor argen. Quant a'n aco de Persona, tengro totz que, atendut que es home desrazonable e poiria donar e far subdamen gran dampnatge, non obstan que la vila nolh aja negun tort, (que) veja hom se se poira tractar am Persona, que hom lhi done qualque causa, no fazen mencio d'aquela merca ni de sso que demanda, mas afi que demore amic de la vila e non hi fassa ni hi procure negun dampnatge, e que lhi sia donat so que los senhors cossols conoisseran ; e se causa era que lo dig Persona demandes causa trop excessiva que en aquel cas hom trameta a moss. de Foiss, soplegan que, en aquo et en las autras causas, nos done remedi que sas gens no nos dampnejo, e lhi diga hom ho lhi fassa saber que se lo dig Persona ho autres se rancuravo de la vila d'Albi, que la vila ne estara a sa conoissensa. It. sus aquo de donar a las gens que teno de presen lo loc de Tersac, tengro que hom no lor done encaras neguna causa. It. sus aquo de Isarn Ebral, totz dissero que no creziau que lo dig Isarn sia tan nessi que fezes ni procures aquo ; e sus aquo no fo fag autre aponchamen. It. sus aquo de gitar foras de la vila B. de Bordas e G^m^ Guitbert, totz tengro que non es fazedor, ni d'aquo no los deu hom auzir, quar en cas semblan, poiriau far las gens d'armas dels Armanhagues d'autres homes que demoro en esta vila que se dizo esser Foissenxs, e se aquo se fazia, la vila se poiria despopular de gens ; per que no se deu far.

L'an MCCCLXXXII, a XXVII d'abril...

Sobre aisso que los senhors cossols dissero que lo senher del

22 avril, en effet, la ville paya du vin donné à Bertrand Frotier qui venait du siège de Terssac. *Comptes consulaires de 1382*, CC. 156.

Castelar de la garniso de Tersac, avia mandat als senhors cossols d'esta vila que la vila lor dones viures per las gens que aviau pres lo dig loc de Tersac. Sus aquo fo aponchat que, quant a presen, no lo fo res donat.

L'an dessus, a I de may...

Sobre la cavalgada que aviau facha las gens d'armas de la garniso de Tersac quant preiro P. Olier, mazelier d'Albi, e d'autras gens d'esta vila. E fo aponchat que hom escriva a fraire Amaniau que era anat al comte de Foiss per expliquar ganre de greugz que las dichas gens d'armas faziau et entendiau a far contra la vila d'Albi, e que hom lhi mande la dicha cavalgada el dampnatge que aviau donat e que ho diga al dig comte de Foiss ; et issamens que hom ne escriva al dig moss. de Foiss que hi vuelha remediar, e que lo gardia de fraires menors ane a Tersac per parlar am las dichas gens d'armas et aver siguranssa de lor a II bos homes que puesco anar e tornar per tractar am lor sus las causas que entendiau demandar a la presen ciutat ; losquals dos homes foro Frances Picart e Miquel Hugat.

L'an dessus, a II de may....

Sobre aisso que, coma P. Olier e d'autres homes e bestials d'esta vila fosso estatz preses et aprionatz per las gens d'armas de moss. de Foiss que estau a Tersac, fo aponchat que hom lo seguis e lor tractes lors finanssas ; lasquals finanssas se paguesso de lors propris bes, e que Frances Picart e Miquel Hugat ho seguisso.

L'an dessus, a III de may...

Sobre aisso que P. Olier dizia que el era estat aprionat per las gens d'armas que ero en establida en lo loc de Tersac per moss. de Foiss, per la merca que demandava Persona a la vila d'Albi, am loqual avia finat lo dig P. Olier a VI^xx franxs et una quantitat de viures, losquals dizia que la vila lhi devia setisfar. Fo aponchat que lo dig P. Olier pague sa finanssa de sos propris bes ; et en cas que la vila fos tenguda al dig Persona de so que demandava a la vila, que en aquel cas la vila ne sia tenguda al dig P. Olier. It. fo may aponchat per totz los sobreescrigs que dels viures que lo dig P. Olier els autres prioniers que ero estatz aprionatz per las dichas gens d'armas, que la vila lor hi ajude de doas pipas de vi e de detz sestiers de sivada [1].

L'an dessus, a XIIII de julh... [2]

Sobre aisso que aissi fon dig que lo Pauco de Lantar, que demora capitani per moss. de Foyss en lo loc de Tersac, avia mandat als senhors cossols que lhi pretesso una bombarda garnida de polveras. Per que demandero cosselh los senhors cossolhs als singulars quen fariau. Sus aquo totz tengro et acosselhero que hom no lhi tramezes pong la dicha bombarda ni las polveras, quar en esta vila era grandamen necessaria.

L'an dessus, a XIII de may...

Sobre una letra que avia trameza lo senher de Venes que hom lhi pagues IX gros per fuoc que dizia que ero estatz ordenatz per pagar a las gens que deviau metre lo seti a Jenas; e coma d'aisso agues d'autras vetz escrig et hom lhi agues facha resposta que hom no lhi avia re promes, per sso lhin pagaria denier; e coma G^m del Olier e d'autres d'esta vila passes a Venes am bestias carguadas de mercadarias, e lo dig senher de Venes las agues presas de fag per la demanda que fazia dels digs IX gros per fuoc, fo aponchat que hom lhi escriusses que el redes aquo que avia pres de las dichas gens, atendut que lo loc d'esta vila no lhi avia re promes, e que hom requeregues la cort del rey quen fezes enformacio.

L'an dessus, a XXX de may...

Sobre aisso que dissero los senhors cossols que P. de Sas Ribieiras, que esta en establida a Paulinh [3]; lor avia escrig

[1] Le 10 mai, le Conseil vota 20 francs pour participation à la finance d'Olier et de ses compagnons.

[2] La délibération qui précède et celle qui suit sont du mois de mai. Il y a donc erreur, non de date, mais de transcription. Le secrétaire de la maison commune rédigeait les délibérations sur feuille volante, puis les transcrivait sur le registre.

[3] Capitaine inconnu. Nous allons voir qu'il était sous le commandement de Pauco de Lantar. Il était donc Fuxéen.

que lhi volguesso donar certas provesios de vi, de farina, de carn salada et d'autras cauzas, o miels es specificat en las letras que sus aquo lor avia tramezas, autramen no se poirau tener que no se avitalhesso dels bestials qne trobariau d'Albi. It. aviau may receubut autras letras del Pauco de Lantar en que lor escrivia que Bernat de Bordas [1] era son prionier e que el lhi avia donada la fe, e sus aquo s'en era anat ses sa licencia; per que demandava que lhi fos relaxat Fo aponchat que hom escriva al Pauco que, atendut que quant la vila donec a luy et a sos companhos, estans en lo loc de Tersac, darieiramen, dels viures, els promeiro tener segurs la villa d'Albi e las gens d'aquela; que el aja a mandar al dig P. de Sas Ribieiras que no nos done negun dampnatge ni no nos demande re. Quant d'aco de Saliers [2], que hom lhi escriva que los cossols d'esta vila non au neguna juridiccio ni poder de relaxar negun home.

L'an dessus, a IX de jun...

Sobre aisso que lo Pauco avia mandat als senhors cossols que els fezesso paguar I escudier de sa companha de tres francxs que lhi devia I macip que era pres en la cort del rey, autramen el ne levera merca sus la vila. E sus aisso fo dig que lo dig massip era foras de la dicha cort et estava en la presen ciutat, mas may era expedien que la vila pagues los digs tres francxs que se ne era correguda ni ne levabo merca; per que fo aponchat que la vila lors pagues e que entretan hom vis se hom los poiria cobrar del dig masip.

L'an dessus, a XVIII de jun...

Sobre aisso que fo dig que lo Pauco de Lantar amenassava tot jorn de far guerra en esta vila, segon que per alscunas gens era estat reportat. It. cossi regiria hom de saber las cauzas aponchadas al cosselh de Limos e de Cabestang tengut per los comus [3]. It. cossi se regirau sus la relaxacio facha per

[1] C'est le personnage dont les Fuxéens demandaient l'expulsion d'Albi. Cf. délibération du 23 avril 1382.

[2] Surnom de Bernard de Bordes.

[3] Les communes étaient assemblées le 30 mai; dans cette réunion intervint un accord entre les trois sénéchaussées. On voit qu'Albi n'y avait pas envoyé de délégue. Cf. *Inst. polit. et adm.*, p. 676.

las gens de moss. d'Albi de Hobat. Fo aponchat, quant a'n aco del Pauco que, afi que sia may aimable a la vila, (que) hom lo servisca d'aucatz e de galinatz. Quant ad aco del cosselh, fo aponchat que hom trameta a Beze[r]s per saber lo aponchamen del cosselh tengut a Cabestanh. Quant de la relaxacio de Obat que hom s'en apele.

L'an dessus, a XXIX de jun...

Sobre aisso que aissi fon dig que lo vescomte de Paulinh avia escrig als senhors cossols que els lhi volguesso ajudar e donar doas pipas de vi e XII lbr. de cera obrada. Fo aponchat que la vila lho done, mas que ho trameta querre.

L'an dessus, a IX de julh, los senhors Me Helias de Vesplau, Me B. Lonc, Isarn Redon, P. Soelh, R. Vidal, P. Isard, Me G^m^ Chatbert, Frances Donat, Johan Golfier, Johan del Pueg, cossols, tengro cosselh am los singulars que s'ensego, am :

en Galhart Golfier, No Bertran Garrigas, Guiraut de Labroa, P. del Noguier, Duran Daunis, No Sicart Nicolau, Brenguier de Varelhas, No Emeric Fabre, Me Johan Duran, No Bertran Prunet, Johan Roflac, No R. de Montelhs, Domenge de Monnac, G^m^ Montagut, P, Vinhas, B. Esteve, especier, No Felip Vaissieira, G^m^ Roflac, No G^m^ Senhe, No Ar. Blanquier, Me Azemar Grasset, No Pos Galaup, Pos Picart, Pos Renhas, B. Col, Ar. Azemar, No Johan Artols, Lombart Segui, Me Johan Augier, P. Maestre, No Frances Gui, No Me Isarn de Rius, Dorde Romanhac, R. Vinhal, No P. Boyer, No G^m^ Condat, B. Esteve, Hug Viguier, R. Imbert, No Johan Paraire, Me Dorde Gaudetru, Johan Belier, No B. de Brinh, No P. Olier, P. del Solier, Berthomieu Gausit, No G^m^ Valeta, Johan Guilabert, No P. Costa, No G^m^ Alric, G^m^ Brandier, No R. Roquas, Johan Jorda, No Johan Ros, No G^m^ Fontanier, No R. Massabuou, P. Sabatier, G^m^ Isalguier, Johan Pradier, R. Robi, Guiraut Marti, Frances Picart, No Ar. Arnfat, B. Andral. Johan Segui, Me P. Rigaut, Sicart Lobat, Johan Mathiu, No Johan Cambares, No P. Paraire, P. Giri.

Sobre lo debat que G^m^ Colobres avia am la vila de sso que dizia que la vila lhi devia quitar totz los talhs que poiria dever tro lo dia que fe la reira venda de la renda. Totz los sobrescrigs que no so ponchatz al cap : No, volgro que lo dig debat se acordes, els autres en que ha escrig al cap : No, dissero que hom lhi fassa razo et el a la vila. It. d'aquels que se teno greugatz del aliuramen del moble novelamen fag, fo aponchat que los senhors cossols, una essemps am los aliurados, ho reparo.

L'an dessus, a XXV de julh....

Sobre aisso que aissi fo dig per los senhors cossols que lo Pauco de Lantar lor avia trames, lo dia presen, I escudier, companh seu, am una letra de crezensa, laquel crezensa es aital, so es asaber que lo dig escudier diss que lo Pauco pregava als senhors cossols d'Albi que lhi volguesso donar lo rossi maurel del collector del Papa que es ad Albi. Per que demandero cosselh que fariau sus aquo. Et auzidas las paraulas dessus, totz tengro que atendut que el a soen preses ganre d'autres plazers e servizis de la vila, e que, qui lhol donava, poiria tornar en prejudissi de la vila, quar covenria per aventura que hom ne dones en autras partz, totz ho la majer partida tengro que hom nolh done re.

L'an dessus, a XXX de julh...

Sobre aisso que dissero los senhors cossols que non ha gayre que lo Pauco lor avia escrig una letra de cresensa. aissi coma es explicat al cosselh contengut en aquest libre, tengut a XXV d'aquest presen mes, de que encaras no lhi avia hom facha neguna resposta, et aras, lo dia presen, el avia trameza l' autra letra en que mandava que el se miravilhava que hom lo preses tant pauc que de so que el avia mandat no lhi (lhi) agues hom facha resposta, e que hom lolh fezes, lo dia presen. Dissero may los senhors que a lor semblava que, segon la tenor de las letras per lo Pauco, lo dia presen, tramezas, lasquals foro legidas en presencia dels sobrescrigs, (que) qui no fazia so que volia, que se perforsses de donar dampnatge; per que demandero cosselh que deviau far sus aisso. Sus aquo totz tengro que, atendut que moss. d'Armanhac, am ganre de gens d'armas, so davant Rosieiras assetiatz, no seria savieza que hom lhi dones re, quar perilh seria que, se ho sabia, ne portes mala voluntat a la vila. mas que hom lhi trameta Johan del Luc, ho I autre que ho sapia dire, que escuze la vila, dizen que de so que ha mandat dels buous ni del rossi del collector que dizia que mal de luy, lo avian fag vendre; que diga que nul temps n'en sabem re; quant d'aco qu'avia mandat de Saliers, que lhi diga que non avem neguna juridiccio de so que demanda que hom lhi done; que lhi diga que, quant a presen e que poguesem, non auzaram, atendut lo temps qual es els vesis que avem entre nos quant ne parlam; e que la vila lhi es bona ad amic et el a la vila, e que ho vuelha esser, quar totz temps la vila lhi fara plazer e lhin ha fagz, estan a Padiers [1], a Rosieiras et a Tersac.

L'an dessus, a III de aost, Gm Blanc e P. Albert, juratz de la ciutat d'Albi, feiro relacio, en la mayo cominal, que els ero anatz vezer I dampnatge donat per fuoc en una ca[na]bieira que es de Azemar Calvet, laqual es en I terra del dig Azemar, assetiada a la Greba del lop, que ste am la terra de Gm Guitbert et am lo cami cominal; loqual fuoc, segon que dissero, era estat mes en la rastolha que era en la dicha terra del dig Gm Guitbert, e d'aqui, continuan lo dig rastolh, lo dig fuoc se era pres en la dicha canabieira; per loqual dampnatge, dissero los digs juratz, que aquel que ha mes lo fuoc en lo dig rastolh, del qual se es pres a la dicha canabieira, fassa amassar la dicha cambetz arssa e metre en manolhs e que sia tengut de setisfar al dig Azemar Calvet aitans de manolhs de bona cambetz, ben avenguda, coma n'i aura de la arssa e may la meitat de m. carto de grana de cambetz, e que so que costara de amassar la dicha cambetz arssa se pague mieg e mieg per aquel que ha mes lodig fuoc e per lo dig Azemar; e que aquel que ha mes lo dig fuoc pague per lor salari II s.

L'an el dia dessus, Gm Blanc e P. Albert, etc., que els ero anatz vezer, etc. una tala facha per bestial boy en l'erba johanenca de I prat de R. Bona, mazelier, que es dejotz lo cami de Fon morta, que ste am la terra de B. Giladieu; laqual tala estimero a IIII quintals de fe, e per lor salari II s.

L'an dessus, a IX d'aost, Gm Blanc e P. Albert, etc., que els ero anatz vezer, etc. una tala facha per porcxs en una milhieira

[1] Cant. de Valence, arrond. d'Albi.

que es de Johan Regort, que ste am la terra de Johan Rascalo et am lo riu de Bondidor, laqual estimero a I carta de milh, e per lor salari II s.

L'an dessus, a XXIII d'aost, etc., una tala facha per bestial en una quantitat de pezes en costolha que ero tragz, que ero de Mathieu del Pueg, mazelier d'Albi ; et ero en una terra del dig Mathieu, etc.; laqual tala estimero a mieja carta de pezes e per lor salari II s.

L'an dessus, a XXX d'aost, etc., una tala facha per bestial en una milhieira que es de Johan Regort, que es a Bondidor, que ste am lo riu de Bondidor ; laqual tala estimero ad una emina de milh e per l'or salari II s.

L'an el dia dessus [XXX d'aost MCCCLXXXII]...

Sobre aisso que dissero los senhors cossols que lo prebost els canonges de S. Salvi lor au dig que els fasso adobar lo cloquier de S. Salvi en que sta la bada, loqual esta en perilh de cazer, autramen els ho plegariau ad esquivar major damp-... natge. Per que demandero cosselh quen deuriau far. It. sobre aisso que dissero may los senhors cossols que lo vicari de moss. d'Albi lor avia dig que, qui pogues far qualque acordi am totas las garnisos de las gens d'armas, Engles o Frances, que son entorn esta vila, afi que hom pogues reculhir las vendemias e far las autras bezonhas seguramen, que a luy semblava que seria expedien que la vila lor dones qualque causa, al mens que hom pogra, que se tot se perdia. Per que demandero cosselh los senhors cossols als singulars quen fariau. Sus aquo totz tengro, ho la major partida, quant a'n aco del cloquier, que la vila hi ajude de XXX francxs. Quant a las gens d'armas tengro que lo dig moss. lo vicari podia far lo dig acordi, am una que hom per la vila ne fezes acordi sus aquo, mas am lo dig moss. lo vicari.

L'an dessus, a X de setembre....

Sobre aisso que dissero que P. de Lautrec avia escrig als senhors cossols que el era a Vilafranca et avia pres XXVIII homes d'armas dels Engles que teniau Castel Panis, laqual causa avia facha per lo profieg del pays, e coma el e sos companhos aguesso mestiers de socors del pays, pregava que hom lhi volgues donar de que pogues sostener si e sos companhos per estar e gardar lo pays. Sus aquo totz tengro que hom nolh done re, quar aitant be los faria finar e pueiss los ne trameta [1].

Ici se termine le premier registre des délibérations du conseil de ville d'Albi, inventorié BB 16. Il reste quatre folios qui ont été utilisés pour des procès-verbaux de dégâts, des rapports de jurés sur des différends survenus entre voisins, etc. Nous reproduisons les parties les plus intéressantes. Notons que le registre a été renversé, le dernier folio devenant le premier.

Sec se lo eventari fag per los senhors cossols de l'an LXXIII, de las causas que ero en l'ostal de la mayo cominal; e fo fag a XVI de jun, l'an desus.

Premieyramen, a la sala, una taula de noguier clavelada et una cayssa granda en que estau los encartamens;

It. una autra taula e taulier;

It. VIII bancx;

It. al corredor del dig ostal, 1[a] taula et una cayssa;

It. entre tot l'ostal, XXXV balestas e I albrier, que avols que bonas;

It. a la cambra de la sala, VII torns de balesta apelatz azes, ab dos que n'a al cortil;

It. IIII jaques e VI canos e IIII pavezes e IIII ginoezas que avols que bonas, las doas no valo;

It. IX cayssas en lasquals ha, en una partida, una quantitat de viratos am garetz;

It. II crocz de balesta e dos bancals e I torn, apelat caval, de plom que es d'aygueira;

It. II cavilhas de fer que so de la brida;

It. IIII frachissas de fer ad obs de banx;

It. III espazas.

Conoguda causa sia a totz homes presens et endevenidors que ieu, Duran Sobira, et ieu, Johan Belier, cossols de la

[1] Cette délibération est sur feuille volante.

ciutat d'Albi e coma espondiers de la malautia del Vigua d'Albi, e nom de la dicha malautia, donam e lausam a vos. P. Gasquet, affanaire d'Albi, et a totz homes als cals vos o volriatz, etc., una terra que es a Milhasola, que ste am la terra de Bertran Covert e am la terra que fo de Johan Arnaut, sirven, et am lo cami cominal, etc.; ab una emina de seguiel de ces que devetz donar cadans en la festa de S. Jolia, ses tot autre servisi, et am XII d. r[amondenx] de reiracapte; e tenem nos per paguatz, etc. Et ieu, P. Gasquet desus dig, de grat e de bona voluntat, prendi e reseubi de vos autres, senhors cossols, la sobredicha terra, al ces et al acapte sobredig, e prometi a paguar cadans lo ces el reirecapte, etc. Actum Albie, die IX mensis junii. anno Dni M°CCC°LXXIII.

It. foro en conviens entre los senhors el dig Peire Gasquet, que del terme de S. Jolia venen, no deu paguar re de ces, mas promes per adenan e per cadans.

L'an MCCCLXXIII, a XIII de setembre, Ar. Lumbart e'n Cabede, etc., ero anatz vezer e regardar, etc., una tala de II feniers de B. Malacosta, fabre de S. Ginieis [1], en I prat seu que es en la ribieira de Carofol ; local fe es estat talat per bestial boy; et estimero la dicha tala a VI quintals de fe e per lor maltrag a II s.

L'an M°CCC°LXXX, a XXI de setembre, en Bernat Bru, G^m Taurinas, fustier, G^m Engilbert e R. Engilbert, massoniers, juratz et prevezedors, dissero que els ero anatz. . vezer I debat que era entre en P. Molinier, d'una part, e'n Galhart del Faro, d'autra, sobre un toat que part de una dobla que es a la Costa en Gieissa [2] ; laqual dobla es mejeira entre lo dig Galhart el dig P. Molinier e Gairaut Viguier ; sobre aisso que lo dig P. Molinier dizia quel suffertava gran dampnatge per fauta dels autres dessus nompnatz, parceniers en la dicha dobla, quar no la teniau curada e neta, e per fauta quar la dicha dobla non estava neta e curada, las aygas que partissiau de la dicha dobla no podiau passar per lo dig toat la on

1 Comm. de Puygouzon, cant. d'Albi.

2 Aujourd'hui rue d'Engueysse.

devia, et que, per razo d'aquo, las aygas aviau pres autre cami, on tant que veniau donar en l'ostal en que lo dig P. Molinier esta de presen, et en l'ostal de moss. Bernat de Montet, capela: de laqual cauza suffertavo gran dampnatge, segon que lo dig P. Molinier dizia. E sus aquo los sobredigs prevezedors ero anats sus los digs debat[z], e reportero que la dicha dobla se deu curar o far curar la dicha dobla et adobar tot lo dig toat que puesca l'aigua passar dreg que no done negun dampnatge ; et aquo se deu far al despens dels sobredigs Galhart del Faro, del dig P. Molinier e del dig Guiraut Viguier, e que de tot so que costaria, lo dig Galhart del Faro, atendut que lo seu hostal se servis may de la dobla que ambidos los autres, e que lo compendi el orezier que era vengut ni cazeg en la dicha dobla era vengut, la major partida, del ostal del dig Galhart, pague la meitat, et entre lo dig P. Molinier e Guiraut Viguier, l'autra meitat per engals partz. It. dissero may [que] lo dig Guiraut avia caussada la paret del seu hostal, que es davas la boca del dig toat, de terra, que far non devia; que la dicha caussada de la terra se voste de dia en dia, e que la hi fassa de teula, al despens del dig Guiraut. It. dissero may que los digs Galhart P. e Guiraut meto may II fials de teula sobre lo dig toat e que lo fasso cubrir be e perfiechamen, que neguna bestia ni autra cauza non hi puesca penre dampnatge, et aquo sian tengutz de far encontenen. En apres, l'an dessus, a XXIIII de setembre, constituit[z] personalmen en la mayo cominal del cossolat d'Albi, los discrets senhors en Sicart Nicolau, m° P. de Rieus, Bertomieu Prunet, Johan Segui, Huc Viguier, cossols de la ciutat d'Albi, auzida premieiramen la relacio per los sobredigs juratz e prevezedors dessus facha, ordenero que las cauzas contengudas desus en la dicha relacio se fasso e se complisco de pong en pong o miels dessus es contengut.

Testes : P. Goelh, Poncius Galaubi, Johannes Baldini.

Conoguda causa sia a totz homes presens et endevenidors que coma fos questio e debat entre Guiraut de Labroa, habitan d'Albi, de una part, e Johan Ros e sa molher, habitant del dig loc, d'autra part, sobre aisso que lo dig Guiraut de Labroa dizia e prepausava que lo dig Johan Ros e sa molher avia

I hostal en la ciutat d'Albi, en la carieira apelada de l'Ort de S. Salvi [1], que ste am l'ostal del dig Guiraut et am la carieira cominal et am sas autras cofrontacios; en loqual ostal del dig Johan e de sa molher ha, en la part en deforas, davas la carieira, I escalier que se aperte al dig hostal del dig Johan e de sa molher, e que dejotz lo dig escalier a una sot que ste am lo dig escalier, en laqual sot lo dig Johan e sa molher teno porcxs, losquals fau grans folhs, femps et aigas, lasquals lhi dono gran dampnatge al dig seu hostal que es en la dicha carieira, que ste am l'hostal del dig Johan e de sa molher, coma dessus es dig, et am l'ostal de moss. Bertran de Caussieras et am la carieira cominal et am sas autras cofrontacios; per que ditz lo dig Guiraut que la dicha sot es aqui facha en prejudici del dig seu hostal; per so ditz que la dicha sot se deu vostar. It. era may debat e questio, entre las dichas partidas, sobre aisso que lo dig Johan Ros e sa molher diziau que lo meja que es entre los digs hostals de las dichas partidas, en loqual meja, de presen, ha una porta per laqual lo dig Guiraut intra e ieyss en lo dig seu hostal, et issimen ha, de presen, en lo dig meja una fenestra, es mejanssier de las dichas partidas; e que en lo dig meja no deu aver neguna porta ni fenestra; per que requeriau lo dig Johan e sa molher que la dicha porta e la dicha fenestra fos vostat e sarrat [2], coma era anticamen, el tems que no hi avia porta ni fenestra. E sus aquo, segon que aissi fon dig, ad evitar plag e questio entre lor, aviau requeregutz los senhors cossols d'Albi que els, una essemps am B. Serras, P. Riquart, fustiers, et am G. Engilbert, massonnier, juratz de la ciutat d'Albi, anesso sus lo dig debat per vezer e declar[ar] lo dreg de cascuna de las partidas desus dichas. Per que, constituitz personalmen en la mayo cominal del cossolat del dig loc los sobrenompnatz B. Serras, P. Riquart, G^m^ Engibbert, juratz dessus digs, dissero e feiro relacio que els ero anatz, essemps am m^e^ Helias de Vesplau, P. Soelh, R. Vidal, P. Isarn, cossols de la ciutat d'Albi, vezer lo dig debat e lo loc ont era; e vista e regardada la causa del dig debat ad huelh, dissero e feiro relacio, e de presen dizo e

[1] Aujourd'hui l'Ort en Salvi.

[2] Correc : *fosso vostudas e sarradas.*

fau [relacio] que la sot sobredicha es facha en la propria posessio dels sobredigs Johan Ros e de sa molher e que la dicha sot no se deu vostar del loc ont esta, seno que lo dig Johan Ros e sa molher o sos successors lan volguesso de lor voluntat vostar, exceptat que, dissero los digs juratz, (que) los pals de la dicha sot se tiro en ins, en tal manieira que non hiesco mas aitant coma hieiss la branca del escalier on las digs pals de la dicha sot so clavelatz. It. dissero que lo dig Johan e sa molher fasso far I rec que partisca de dins la dicha sot en foras, vas la carrieira, per on l'aiga que se faria dins la dicha sot puesca issir e rajar vas la dicha carieira, e que los digs Johan e sa molher fasso adobar la passada cominal que es razen la dicha sot, en tal manieira que las gens que hi au passada puesco passar ses effangar, aissi coma se deu far per una carieira publica. It. sus lo debat del meja dessus dig en que era la dicha porta e fenestra, loqual los digs Johan e sa molher diziau que era mejanssier, dissero los digs juratz e feiro relacio, e de presen fau, que lo dig meja es mejanssier de las dichas partidas, e que la porta e la fenestra desus dichas, que so en lo dig meja, per lasquals lo dig Guiraut ha plechieu, non hi devo esser, ans se devo vostar, e sarrar lo loc en que so de tortis o de autra paret, al despens del dig Guiraut; e que d'aqui avan neguna de las dichas partidas no devo far neguna porta ni fenestra veirial en lo dig meja seno que lo dig Guiraut ho autra persona per lui pogues mostrar, per carta o per autras degudas proaussas [1], lo contrari; e se en lo dig meja, d'aissi avan, calia neguna causa reparar, que las dichas partidas lo ajo a reparar mejanssieiramen. Et aquesta relacio feiro los digs juratz, segon que dissero, e de presen fau, per regardamen dels locxs on lo dig debat era; e quar els ero enformatz, am mossen Johan Cantamerle, capela, del qual fo saentras lo dig hostal del dig Guiraut, loqual moss. Johan lor avia depausat e dig, segon que dissero, que, el temps que lo dig hostal del dig Guiraut era seu, el, am licencia de Riguel Doat, del qual lo dig hostal dels digs Johan Ros e de sa molher fo saentras, fe far la dicha porta que es en lo dig meja majanssier et am conviens de aquela vostar e sarrar e tornar en l'estamen d'avan, a la

[1] La vraie lecture est *paussas*, avec tilde d'usage au *p*.

requesta del dig Riguel o de sos successors ; e may quar vist et auzit legir I insturmen public, receubut, l'an MCCLXXII, el mes de septembre, per la ma de m[e] Bernat Fabre, notari d'Albi saenreires, en local fa mencio, segon que dissero, que lo dig meja es mejanssier e no s'i deu far porta ni fenestra, ni trauc, ni autra vista. De quibus omnibus, etc., etc. Acta fuerunt hec Albic, die XIII mensis Julii anno Dni MCCCLXXX secundo, etc., etc.

G. Prunet notari.

Le registre contient encore quelques délibérations sur feuilles volantes qui ont été collees sur les quatre derniers folios, ainsi qu'un état des communs imposées de septembre 1373 à octobre 1383. Nous reproduisons les deux plus intéressantes de ces délibérations et le relevé des impositions.

Lo darrier dia de febrier, l'an LXXX...

Sobre aisso que fon dig que alcuns aviau ubertas paraulas que hom fezes servizi a moss. d'Armanhac afi que per las gens d'armas no fos hom dampnegat, e que hom prezes qualque patu am los Engles de Turia. Toz tengro que hom ne aja miels son cosselh, e que, de presen, no s'en aponche re, mas que los affanaires totz obro essemps vas una part del vinhier. It. que lo capitol avia requeregut que hom garnis la paret nova de S[ta] Cezelia aissi quant hom avia promes. Sus aquo totz tengro que no se garnisca pong, seno que lo capitol e la clercia se obligues de gardar. It. de una letra de moss. lo senescalc, empetrada per moss. B. Bona, per laqual afermava que alcus cossols, en la dicha letra nompnatz, amagademen aviau fags intrar e vendre dins la vila d'Albi, amagadamen e contra la libertat de la vila, vis de la Ribieira, e que hom enebis a'n aquels que, en prejudici de las dichas libertatz e de las gens de la vila, no sa fezesso intrar negus vis dels locxs de la Ribieira, et otra aquo que fosso citatz, sobre fag enjurios, a Carcassona. Per que demandero cosselh se hom sostenria que...[1]

[1] Delibération inachevée.

L'an LXXXI, a XVI d'abril....

Sobre aisso que fon dig que Johan Alaman e I autre escudier ero vengutz en esta vila, am letras de crezensa de moss. P. Arnaut de Bearn que se endressavo als senhors cossols d'esta vila ; laqual crezensa era que el era alotgat, am ganre de gens d'armas, a Buset e que el no podia viure am sas gens se[s] far dampnatge, seno que lo pays lhi ajudes, per razo quar els no prendriau negus gatges de moss. de Foyss, per que era aqui ; per que ne soplegava als senhors cossols que els lhi volguesso ajudar de viures, de que el e sas gens poguesso viure et estar ses far nagun dampnatge.

Fo demorat en cosselh que hom lhi escriusses que moss. de Foiss avia mandat los comus a certana jornada per tener cosselh sobre alscunas causas que el lor volia dire e que los senhors cossols d'esta vila hi deviau anar, e que lhi plagues, atendut que encaras hom no sabia que volgra moss. de Foiss, que el(s) volgues agardar que lo cosselh fos tengut, quar vengutz que fosso aquels que anero al dig cosselh, hom lhi feira la melhor resposta que hom pogra.

ETAT DES COMMUNS IMPOSÉS DE 1373 A 1383

L'an MCCCLXXIII, en setembre foro empausatz, XVI comus.

L'an meteiss en dezembre, XII comus.

L'an LXXV, en jun, XX comus.

L'an meteiss, en febrier (*nouv. sty. 1376*), XII comus.

L'an LXXVI, en jun, IIII comus e m.

L'an meteiss, en aost, XVI comus.

L'an meteis, en novembre, VI comus.

L'an meteiss, en febrier (*nouv. sty. 1377*), XIX comus.

L'an LXXVII, IIII[xx]VI comus.

L'an meteiss, XIIII comus.

L'an LXXVIII, XXVI comus.

L'an LXXX, a XIII d'abril, levatz per Vidal Guini e R. Conchart, IIII comus.

L'an meteiss, a XXIX de jun, levatz per Vidal Guini e R. Conchart, XII comus.

L'an meteisss, a IX de febrier (*nouv. sty. 1381*), levatz per R. Vinhal, IIII comus.

L'an LXXXI, a XVII de may, levatz per R. Vinhal, I comus.

L'an meteiss, a VII de julh, levatz per P. Borssa e per R. Vinhal, VIII comus.

L'an meteiss, en febrier (*nouv. sty. 1382*), levatz per P. Alric sartre, e per R. de Landas, IIII comus.

L'an LXXXII, en julh, levatz per Ar. Clapissa, VI comus.

L'an LXXXII, en julh, levatz per Isarn Redon, I comus.

L'an meteiss, a VIII d'octobre, levat[z] per Ar. Clapissa, IIII comus.

L'an meteiss, a XXVI de novembre, levat[z] per Ar. Clapissa, IIII comus.

L'an meteiss, a X de mars (*nouv. sty. 1383*), VIII comus.

L'an LXXXIII, en julh, levatz per Azemar de Brinh e per Gm Montagut, X comus.

L'an meteiss, en octobre, levatz per Vidal Guini e per P. Malhol [1], VI comus.

L'an LXXX, a XIII d'abril, IIII comus.

L'an meteiss, LXXX, a XIX de jun, XII comus.

L'an meteiss, LXXX, a X de febrier, IIII comus.

It. l'an LXXXI, a XVII de may, I comus.

It. l'an meteiss, LXXXI a VII de julh, VIII comus.

It. l'an meteiss, LXXXI, a (*blanc*) de febrier, IIII comus.

It. l'an LXXXII, a (*blanc*) de julh, VI comus.

It. l'an LXXXII, a (*blanc*) de julh, I comus.

It. l'an meteiss, a VIII d'octombre, IIII comus.

It. l'an meteiss, a XXVI de novembre, IIII comus.

It. l'an meteiss, a X de mars, VIII comus,

[1] L'état était incomplet. Le scribe laisse quelques lignes et poursuit, dans l'ordre chronologique, la liste des impositions.

It. l'an meteiss [1], a (*blanc*) de julh, X comus.

It. l'an meteiss, a (*blanc*), d'octombre, VI comus.

REGISTRE BB 17 [2]

L'an LXXXII de setembre...

Dissero los senhors cossols que (*2 mots effaces*) Castel Pugo [3] lor avia escrig de Florentinh en foras que el era vengut, de presen, de moss. de Foyss, et avia trobat son hostal ses pa e ses vi; per que lor pregava que lhin volguesso donar e far plazer de so que lor plazeria. E sus aquo, auzidas per totz los sobredigs las causas dessus dichas, totz tengro que, atendut que em sus las vendemias, e qui lhi dizia (*un mot effacé*) seria perilh de sufertar gran dampnatge, (que) hom lhi done de pa e de vi, al mens que hom poira e so que als senhors cossols sera vist.

L'an LXXXII, a XXIIII de setembre...

Dissero los senhors cossols que alscus ero vengutz a lor (*nombreux mots illisibles*) moss lo vicari de moss. d'Albi e dire e mostrar lo dampnatge que (*mots illisibles*) los Engles de Thuria per las gens e per los bestials que au (*mots illisibles*) de presen, en la corssa que au facha en esta vila, e que lhi plagues (*mots illisibles*) a penre qualque remedi, o per manieira de escriure a'n aquels (*mots illisibles*) o en autra manieira que hom pogues cobrar las gens que au (*mots illisibles*) que ho fezes. It. dissero may que sus aquo els ero anatz parlar am moss. lo vicari, loqual lor respondec que el non avia neguna

[1] Il faut lire LXXXIII, ainsi qu'à l'art suivant. Ces deux communs font double emploi avec ceux de juillet et octobre que nous avons déjà rencontrés.

[2] Le premier folio de ce registre a disparu; le second est à peu près illisible, l'humidité ayant fait disparaître un certain nombre de mots sur les bords extérieurs.

[3] Ce personnage est-il le fils du Castel Pugon qui, le 14 février 1338, livra au comte de Foix le château d'Aire, moyennant la somme capitale de 1000 liv. tour. et une rente viagère de 50 liv.? Cf Hist. de Lang. IX, p. 506, note 3.

conoissensa am los digs Engles de Thuria, mas tant solamen am I que apelo Amanieu Brengier e que el volontiers lhin escriura; totas vetz ad el semblava que se hom fazia quelque acordi am lor, a cert terme, que pogues hom aver vendemiat e cubert, que tot jorn nos farian aitals o majer[s] dampnatges, seno que hom fezes de manieira que hom agues X homes d'armas e que aquels, am los autres companhos de la vila que poirian esser L o may, lor yssisso en cas que sa correguesso, e que hom vendemies per cartiers del vinhier, que enaissi hom se poiria salvar e reculhir los frugz, autramen no. It. dissero may los senhors cossols que non ha gayre, darrieiramen, mossenher lo senescalc de Carcassona mandec cosselh a Carcassona per metre provesio per [1] las gens d'armas de Jenas, e que en lo dig cosselh anec, per lo loc d'esta vila, B. Esteve, cossol, loqual reportec [que] lo cosselh se era tengut e lo aviau prolongat que hom hi tornes a S. Miquel propda venen, e que en lo dig cosselh era estat dig que als Bretos que ero vengutz al comte de Foiss era estat [2] per tal que totz s'en anesso e voguesso las tres senescalcias, VI milia franxs [3] se apertenia a la senescalcia de Carcassona II m. franxs, que montava per fuoc de la dicha senescalcia IIII gros. Per que demandero cosselh los senhors cossols [4] per esta vila tornaria al dig cosselh e se hom hi an... [5] la contribucio. Fo aponchat, quant a'n aco de la... [6] que may era expedien que hom agues aquels homes o may, coma sobre dig es, que qui fazia negun acordi am los Engles. Quant a la anada del dig cosselh de Carcassona, tengro que hom la ane e que lor explique los mals que sufertam per las garnissos que so entorn nos e que se els volo contribuir a gitar las gens d'armas que so entorn nos, que hom contribuisca als digs II m. franxs, autramen no.

[1] Déchirure. Il faut sans doute lire *gitar*.

[2] Déchirure; le mot disparu doit être *prepausat*; on voit un *p* avec le signe d'abréviation.

[3] Déchirure et mots effacés.

[4] Mots effacés : et si l'on y va si l'on accordera la contribution.

[5] d° d°

[6] d° d°

L'an MCCCLXXXII, a VII d'octombre...

Tengro cosselh sobre la correguda que avia facha e facha far, lo dia propda passat, lo Pauco de Lantar, sus esta vila, per la merca de IIII^{xx}X franxs que demanda a la universitat de la presen ciutat per Bernat de Bordas, loqual ditz que fo son prionier e s'en anec e lhi rompec la fe ; en laqual correguda ero estadas aprionadas diversas gens e ganre de bestial gros e menut d'esta vila. E sus aquo la era anat moss. lo vicari de moss. d'Albi, en Domenge de Monnac e'n G^{m} Condat, cossols, per vezer se hom se pogra acordar amb el ; losquals reportero aissi meteiss que el demandava los digs IIII^{xx}X franxs per lo dig B. de Bordas, e demandava may que la vila lhi dones, otra aquo, o en deniers o en viures, la valor de C franxs d'aur, et am aquo volia redre tot quant era estat pres en la dicha correguda, antramen lo dig Pauco dizia que el corregra sus esta vila e preira gens e bestial e hi donera tot lo dampnatge que pogra, e que no redra re que agues pres. E sus aquo fo de cosselh de la major partida que de tot aquo la vila se acorde am el e que se ne poc re aver de Bernat de Bordas dessus dig, que hom aja tot quant aver ne poira [1].

It. aqui meteiss volgro e cossentiro, una partida dels singulars, que, per pagar las causas davan dichas, que devo esser donadas e pagadas al dig Pauco, e per pagar so que ha costat per las gens d'armas, a pe et a caval, que au gardat en las presens vendemias las gens els bestials que vendemiavo, (que) los senhors cossols empauso tres o quatre comus, aquels que conoisserau que hi farau mestiers.

L'an dessus, a IX d'octombre....

Sobre aquo que Johan del Luc avia dig als senhors cossols que lo senher de Monferran, que era a Florentinh, los pregava que lhi volguesso donar e trametre dos lensols e I par de botas. E sus aquo totz tengro que no lhi done hom re.

L'an dessus, a XII d'octombre...

Tengro cosselh sobre aisso que aissi fo dig per los senhors

[1] Les consuls invitèrent de Bordes à payer ces 90 francs ; mais il s'y refusa, disant qu'il n'était tenu à rien. Cependant il consentit à payer 30 francs en cinq annuités. Délibér. du 8 octobre 1382.

cossols que lo Pauco de Lantar demanda a la universitat de la presen ciutat que lhi done I corssier de VI^{xx} franxs, autramen el dampnejara la presen ciutat els habitans d'aquela. Per que demandero cosselh los senhors cossols als singulars se la vila lhi donaria aquels VI^{xx} franxs o no. E sus aquo la major partida tengro que lo Pauco ha agut, motas vetz, dos e servizis de la presen ciutat, et ha agut IIII^{xx}X franxs per merce, e de tot aquo no se te per paguat, e que per so non esta que las gens de sa garniso no dampnejo las gens de la presen ciutat, e prendo e raubo et aucizo las autras gens que so dels locxs entorn nos quant veno ni parto d'esta vila, tengro que hom no lor done re ni permeta que negus d'aquelas gens d'armas sa intro.

L'an MCCCLXXXII, a II de novembre, los senhors cossols loguero Pos Donarel per bada de dias e de nuegz, al cloquier de S. Salvi, del dia presen tro lo dia de la festa de Totz Sanghs propda venen, lo dia de la dicha festa enclus, per pretz de XXIII franxs ; e lo dig Pos jurec esser bo(s) e lial(s) en lo dig offici.

L'an dessus, a VII de novembre...

Tengro cosselh, en la mayo cominal, sobre unas letras que lor avia, lo dia presen, tramezas en Bernat Esteve, que era a Carcassona, al cosselh que s'i te am los autres comus [1], en lasquals avia escrig que los comus aviau aponchat que deviau anar en Fransa, a nostre senhor lo rey, per explicar e dire las causas que ero estedas aponchadas en lo dig cosselh ; e deviau partir lo jorn de S. Marti [2], e que, se era vist que de esta vila hi anes persona, (que) hom aparelhes e provesis qual hi anaria e de so que mestiers aura. E sus aisso totz o la major partida tengro que [d']esta vila non hi anes persona, et aco per motas razos que aissi foron dichas.

L'an dessus, XIII de novembre...

Tengro cosselh, en la mayo cominal, sobre una letra clauza que avia trameza lo comte d'Armanhac als senhors cossols,

[1] Outre la décision dont parle Estève, les communes octroyèrent au duc de Berry 2 francs par jour. Cf. *Inst. polit et adm.* p. 616.

[2] 11 novembre.

en laqual escrivia e mandava que mossenher de Berri lhi avia assignat, sobre la universitat de la presen ciutat, II^{C} III franxs. It. mandava may, en las dichas letras, que el era en lo loc de Castelnou de Monmiralh [1] am ganre de gens que ero vengudas am luy; en loqual non avia vitalhas de quel [e] sas gens, que aqui ero, poguesso viure, e que el avia mestiers de viures e que hom lhi tramezes qualque home per acordar am luy de so que hom lhi poiria valer de viures, afi que las dichas sas gens non agueso razo de far mal ni desplazer a la presen ciutat. Sus totas las cauzas sobredichas totz tengro que hom aja una seguransa del dig moss. d'Armanhac per aquel o per aquels que hom lhi trametia per parlar am luy sus las cauzas sobredichas, et, aguda que hom la aja. que hom hi trameta qualque home que ho sapia far, loqual escuze la vila sus los II^{C} III franxs, dizen que nulh temps no fo promes a moss. de Berri neguna [soma] per que el deia aver facha aquela assignacio; e que dels viures lhin done hom, o en vitalhas o en argen, en tal manieira que hom ne demore acordan am luy, al miels que hom poira.

L'an MCCCLXXXII, a XXIII de novembre...

Tengro sobre aisso que los senhors cossols dissero que mossenher lo comte d'Armanhac lor avia mandat per sas letras que la vila d'Albi lhi pague II^{C} III franxs, e may que, quar lo loc de Castelnou de Monmiralh, que ha agut de novela conquesta, es mal provesit, (que) hom lhi tramezes calacom per acordar am luy dels viures de que hom lhi poiria valer ni socorre, afi que las gens d'armas que so aqui am luy non ajo razo de mal far. E sus aquo, vistas las dichas letras, fon de cosselh que hom la tramezes, am letra de crezensa, fraire Bernat Grimal, del orde [de] Presicadors, per explicar a luy e dire, sus la cauzas que avia mandadas, tropas cauzas, losquals hom lhi diss; et aras lo dig fraire Bernat era tornat et avia reportat que el era estat de part dela e que non ha pogut parlar am lo dig mossenher d'Armanhac, mas que lhi mandec que se porta[va] letras que las bailes; e fe ho; e bailadas que las

[1] Chef-lieu de cant. de l'arrond. de Gaillac. Nous allons voir que le comte venait d'acquérir cette place.

ac, apres tornec a luy son secretari, e dis lhi que el no podia pas parlar am lo dig moss. d'Armanhac que lhi mandava que el lhi mandes la crezensa que volia dire; e non re mens may lhi diss se portava los II^c III franxs; et el respondec que no; et en apres, dicha que ac la crezensa al secretari, el lhi tornec resposta, dizen que lo covenia que la vila d'Albi pagues los digs II^c e III franxs e may gran quantitat de viures et al res no s'i faria; e quant lhi demandec prolongui de la asseguransa, el lhi diss que non agra pong. Per que demandero cosselh los senhors cossols als singulars que fariau sus aisso. E sus aquo, totz tengro que, atendut que el(s) nos podia donar mot gran dampnatge, (que) hom se acorde am luy de tot so que demandava als miels que hom poira.

L'an dessus, a XXI de novembre...

Sobre aisso que aissi fon dig per los senhors cossols que, atendut que fraire B. Grimal que era [a]nat, non ha gaire, am letras de crezensa de la vila a moss. d'Armanhac, non avia pogut parlar am el, mas avia aguda avol resposta per son secretari, els hi aviau trames areire G^m Guitbert am letras de crezenssa; loqual G^m Guitbert era vengut, lo dia presen, et avia portadas letras de mossenher d'Armanhac, en lasquals escrivia als senhors cossols d'Albi que, d'aissi a dimergue propda venen [1], els o un de lor siau estat a luy per acordar am luy dels II^c III franxs e dels viures que demanda a la vila, et ha donada seguransa tro alaras, autramen el non agarda plus que no fassa so quelh semblara. Per que demandero cosselh los senhors cossols als singulars que fariau sus aquestas causas ni se la anariau los senhors cossols ni quans. Sus aquo la maior partida tenc que la ano II cossols e que se acordo am el als miels que poirau.

L'an dessus, a XXVI de novembre...

Sobre aisso que dissero los senhors cossols que alscus de lor, so es asaber sen Galhart Golfier e 'n Duran Daunis, cossols, ero anatz a moss. d'Armanhac per parlar am luy et acor-

[1] Le délai accordé par le comte n'était que de deux jours: le 21 novembre était, en 1382, un vendredi.

dar sus las demandas que fa a la vila, coma es contengut als cosselhs tenguts a XVIII e XXI d'aquest presen mes de novembre; e dissero que aprop motas de paraulas, els acordero am moss. d'Armanhac que per la assignacio que lhi avia facha moss. de Berri sus esta vila, e per autras demandas que lo dig moss. d'Armanhac fazia a la vila de diversas causas, demorero en acort am luy que hom lhi dones, per totas demandas la soma de IIII^{c} franxs pagadors, II^{c} a la festa de Sta Lucia, e C a la festa de Nostra Dona Candelieira, et C a la festa de Pascas propdamen venen. E per so los dessus nompnatz, essemps am los cossols, volgro e cossentiro que hom fezes et endisses IIII comus, losquals aqui meteiss feiro et endissero.

L'an MCCCLXXXII, a XXV de dezembre...

Sobre la ambaissada que era estada ordenada al cosselh tengut darieyramen a Carcassona per los comus de las IIII senescalcias, so es asaber que IIII^{xx} bos homes dels comus deviau anar en Franssa per far la reverencia a nostre senhor lo rey et a luy explicar e dire los mals e las tribulacios d'aquest pays e motas d'autras causas, losquals hi deviau anar al despens comu de las dichas senescalcias. E demandero los senhors cossols als singulars se d'esta vila hi trametia hom qualque bos hom ni qual. E sus aquo la major partida tengro que, atendut que aitant be pagariau hom sa part dels autres que hi anariau (que) d'esta vila hi anes hom, so es asaber aquel que als senhors seria vist fazador.

L'an dessus, a XII de jenier...

Sobre aisso que dissero los senhors cossols que per alscus era estat dig que expedien foro que hom notiffique a moss. d'Armanhac las corregudas e lo dampnage que an donat e dono de totjorn los Engles de Turia en esta vila, en las gens et en los bestials que an preses. Per que demandero cosselh qui hom hi trameira qualque home ni per qual forma. E sus aquo totz tengro que hom hi trameta qualque home am letra de cresensa, loqual home sapia parlar e sia tal que lhi diga los digs dampnatges, e lhi pregue, de part dels senhors cossols, que lhi plassa [que] vuelha far tan que las gens que so presas sian relaxadas, e que d'aissi avan no nos coresco.

L'an dessus, a XIIII de jenier...

Sobre aisso que los senhors cossols dissero que els aviau tengut cosselh, am moss. lo vicari et am las autras gens de moss. d'Albi e de la Gleia, sur los dampnatges que sufferta la presen ciutat e las gens d'aquela que non ausa[n] issir de la vila ni far sas fazendas seguramen, ses perilhs de las personas e dels bes ; et era estat vist e dig, en lo dig cosselh, que, se hom volia far sas fazendas, covenia que hom apatues am totas las garnisos de Engles e de Frances que so en aquest pays, o que hom se aparelhes a far bona guerra a tota manieira de gen que nos dampneges; e fo may vist en lo dig cosselh que may era expedien que hom fezes guerra a 'n aquels que nos venriau dampnegar que qui se apatuava am lor, quar lo patu costaria trop e que seria causa de mal isample ; e fo dig, en lo dig cosselh, per lo dig moss. lo vicari que moss. d'Albi e las gens de la Glieya feiro certas gens d'armas, en cas la vila ne volgues far aitans e contribuir segon sa cota. Per que sus aisso demandero cosselh los senhors cossols als singulars que voliau que fezesso, afi [que] las gens fezesso las besonhas. E sus aisso totz tengro que se fassa provesio que hom fassa bona guerra a tot home que nos porte dampnatge, e que hom no fassa patu am neguna garniso, ni lor done pauc ni pro de vitalhas, ni am lor argen ni ses argen, ni ajo d'esta vila jupos, ni jaques, ni fers, ni clavels, ni neguna autra causa ; e se negus hi trametia re, que hom lor voste qui ho poc trobar ; e sus aquo que los senhors cossols provezisco aissi quant lor sera vist.

L'an dessus, a XXVI de jenier...

Sobre aisso que aissi fon dig que lo senher de Maria avia dig als senhors cossols que el era estat pres per los Engles de Jenas et era estat defardat e lhi costava trop, e lor avia preguat que lhi volguesso ajudar e donar de que se pogues metre, el e ses companhos, en arnes. Per que demandero cosselh los senhors cossels als singulars se lhi donariau ho neni. Sus aquo tot totz tengro que ad el ni a d'autres de aitals companhos no donesso re.

L'an dessus, lo premier dia de febrier...

Sobre aisso que aissi fon dig per los senhors cossols que las donas parentas de moss. d'Albi ero vengudas en esta vila, e semblava lor que, atendut que de novel ero vengudas, (que) per honor de moss. d'Albi, hom lor devia far qualque presen ; et aviau parlat entre lor que, se la vila lor donava IIII entorcas, cascuna de III lbr., e II lbr. de doblos e quatre lbr. de cofimens, (que) estaria be fag. Per que demandero cosselh als cosselhiers e singulars se els lor semblava ni voliau que fezesso aquel presen a las dichas donas ho no. Sus aquo totz tengro que lor fo donat lo dig presen.

L'an dessus, a XXI de febrier...

Sobre aisso que dissero los senhors cossols que mossenher lo senescalc de Carcassona lor avia dig que el era en tractat am Bertran de Monclar que te lo loc de la Raynaudia que el vogues lo loc am certa finanssa que hom lhi done, en laqual contribuyra tot lo comtat de Castras, se lo loc e la vigaria d'Albi hi vol contribuir. E sus aquo demandero cosselh als singulars se voliau que lo loc d'esta vila hi contribuisca. Sus aquo totz tengro que esta vila hi contribuisca, mas que lo loc de la Raynaudia se deruisca en manieira que plus gens que puesco donar dampnatge en lo pays [1].

L'an dessus, a XXV de febrier...

Sobre aisso que aissi fon dig que las gens d'armas que ero en establida en esta vila, als gatges comus de las senescalcias [2], aviau dig e preguat als senhors cossols d'esta vila que els lor volguesso prestar viures tro que fosso paguatz de lors gatges, quar autramen no poiriau demorar en la presen ciutat. Per que los senhors cossols demandero cosselh se hom lor ne prestaria o no. E sus aquo fon dig que, atendut que hom ha a far las

[1] La phrase est incorrecte ; il faut suppléer quelques mots comme : *non hi fasso lor establida*, ou bien construire ainsi la fin de la phrase ; *que plus gens no puesco donar*.

[2] Il est probable que cette garnison avait été établie à Albi à la suite des décisions prises par les communes convoquées par Arnaut d'Espagne, au mois de janvier, pour protéger le pays contre les Tuchins et les Anglais. Les délégués des communes avaient voté un subside au sénéchal pour l'entretien d'un certain nombre de gens d'armes. Cette délibération prouve qu'on négligeait de pourvoir à leurs besoins. Cf *Hist. de Lang.* IX, p. 913.

obras, e que, se gens d'armas correguesso en las pertenenssas d'esta vila, hom lor resestigra plus tost am las gens d'armas que demoravo en esta vila en establida que no faria se no sa ero, tengro totz e fon de cosselh que hom lor prestes viures tro que fosso e siau paguatz de lors gatges.

L'an dessus, a III de mars...

Sobre aisso que aissi fo dig que las gens d'armas que estavo, de mandamen de moss. lo senescalc, en establida en esta vila als gatges comus de las senescalcias, disiau que els no podiau viure ni tener lor estat en esta vila per los gatges que prendiau ; per que demandavo que hom lor fezes avantatge. Sus aquo fon de cosselh de la major partida que hom no lor fassa negun avantatge ni lor dones re per avantatge ; mar que se s'en voliau anar d'esta vila que hom aja recors a moss. lo senescalc que nos provezisca d'els o d'autres [1],

L'an MCCCLXXXIII, a XXV de mars. . [2]

Dissero los senhors cossols que totz los comus de la senescalcia de Carcassona so mandats a Carcassona el dilus propda venen per aver cosselh sus lo tractat que se mena per moss. lo senescalc, que las gens d'armas de totas las garnisos d'Albeges hi esto foras dels locxs que teno, am finanssa, e que a lor semblava que, atendut que lo loc d'Albi suffertava mays de dampnatge que loc de tota la senescalcia, era expedien e necessari que, se moss. lo vicari de moss. d'Albi, que es savia persona et a la beson[h]a al cor e saubra miels far que autre que los autres comus de la dicha senescalcia contribuisso en la dicha finansa fazedoira, hi volia anar per la presen ciutat, (que) fo be fag e profleg a la vila d'Albi. Per que dissero e demandero cosselh als singulars que lor semblava sus aisso. Et aqui meteiss los cossols e singulars totz essemps tengro que se hom podia acordar am lo dig moss. lo vicari que, per certa causa, non pas que pogues montar lo despens que el ni

[1] La garnison ne se laisse pas rebuter par ce refus ; elle fait intervenir le vicaire général, qui n'est pas plus heureux. *Délib. du 25 mars.*

[2] La délibération précédente, 3 mars, est de 1382 ; celle-ci, 25 mars, est de 1383. C'est une nouvelle preuve que, dans l'Albigeois, l'année officielle commençait le 25 mars.

sas gens fariau, mas menre causa razonabla e sertana cauza, estia la pauc o pro, tengro que la ane e que es expedien de negun autre [1].

L'an dessus, a VI d'abril...

Sobre aisso que los senhors cossols dissero que los Fraires del Carme del coven d'Albi ero vengutz a lor e lor aviau dig que els teniau capitol general, e que, per amor de Dieu, lor volguesso donar e ajudar de que poguesso sostener lo despens que lor ne covenia de sufertar. Per que demandero cosselh als singulars quen deviau far. Sus aquo totz tengro, o la major partida, que hom lor done quatre franxs.

L'an dessus, a XXII d'abril...

Sus aisso que aissi fon dig per los senhors cossols que moss. d'Armanhac avia mandat que, coma el agues assignat sus esta vila al Borc de Corn C. franxs per so que redes lo loc de Rosieiras al dig moss. d'Armanhac, e sus aquo el agues trames el dig loc de Rosieiras Barba per penre la possesio del dig loc que lo dig Borc lhi devia perbailar e nom de moss. d'Armanhac ; e lo dig Borc non agues volgut bailar lo dig loc al dig Barba tro fos paguat dels digs C francxs, e lo dig Barba agues setisfag la dig Borc del digs C franxs, e per la dicha setisfaccio lhi agues bailat I corssier que lhi avia costat VI^{xx} franxs per pretz de IIII^{xx} franxs, en que perdia XL franxs ; e lo dig Barba demandes que lo loc d'esta vila lhi setisfezes e lhi pagues los digs XL franxs que perdia en lo dig corssier, per fauta quar la vila non avia paguat avan los digs C franxs. Demandero cosselh les senhors cossols als singulars se los digs XL franxs pagariau al dig Barba, e que tumbe sobre aquels que non an paguat los comus empausatz per setisfar lo deute que era degut a moss. d'Armanhac, de que los digs C franxs dissendiau. It. fo may dig que lo dig Barba demanda que esta vila lhi dones

[1] *L'Hist. de Lang.* ne mentionne pas cette réunion des communes de la sénéchaussée de Carcassonne. Nous allons assister à l'exécution des décisions qui y furent prises, c'est-à dire l'évacuation du pays par les Anglais et les routiers

viures. Sus aquo fon de cosselh de la major partida que hom lhin done al mens que hom poyra.

L'an dessus, a XIII de may....

Tengro cosselh, en la mayo cominal, sobre aisso que moss. Bertran de Lantar, avia escrig als senhors cossols que el e sos companhos de Tersac ero mal provezitz de viures e pregava lor [que] lhin volguesso donar o de que ne aguesso. It. que sus las causas per que lo procuraire del rey ha litigadas e litiga am lo scindic de la vila et am m[e] Isarn de Rius per so que dizo que hom a vexat los sirvens et autras gens am la cort del official per so que deviau dels comus, las gens de moss. d'Albi ne aviau parlat am los senhors cossols e lor aviau dig que se los senhors cossols ni los autres de la vila no podiau vexar qualsque gens que fosso per so que lor foro degut am la cort del official, que fora gran prejudici a la vila, e que se hom se volia adhunir am moss. d'Albi que prezesso la causa essemps e la menesso, els voluntiers fariau e'n pagariau la meitat de so que costaria. It. sus aisso que dissero los senhors cossols que Johan Talhafer, encantaire, era tals que no s'en podiau be ajudar a lor plazer, ni los servia aissi quant degra, e que els lho aviau dig e lon aviau reptat, e per so re non aviau acabat, ans ero de voler, se era de cosselh, que lo gitesso de lor servizi el cassesso de galges. E sus tot aisso tengro, la major partida, que, ad evitar majors dampnatges, sus aquo de moss. Bertran de Lantar, (que) hom lhi done viures aquels que als senhors cossols sera vist. E quant ad aco que hom puesca citar las gens en la cort del official, tengro que la vila se adhunisca am moss. d'Albi e que hom obtenga aquela libertat. E quant sus aquo de Johan Talhafer, tengro que el non era sufficien a tener lo offici, quar non ho sabia far, e que hom ne aja I autre que hi sia sufficien.

L'an dessus, a XXI de may...

Sobre aisso que los senhors cossols dissero que per alscus bos homes era estat mogut que expedien foro que hom tramezes qualque bos hom en Franssa per vezer se hom pogra aver del rey neguna gracia, e per far passar la reparacio en Cambra de Comptes, e per motas d'autras bezonhas que la vila ha. Per que los senhors cossols demandero cosselh quen deviau far. Sus aquo totz tengro que hom hi tramezes qualque bos hom e savi que ho sapia far.

L'an dessus, a IX de jun...

Sobre lo tractat que se mena entre moss. d'Armanhac els comus de la vigaria d'Albi, de la jutjaria d'Albeges e del comtat de Castras sus la vueja dels locxs de Thuria, de Jenas, de las Plancas, de Rosieiras, de Gaycre[1], de la Bofia, de S. Sirguet[2] e de autres locxs, que moss. d'Armanhac ne vol gitar las garnisos de las gens d'armas que son en los digs locxs e vol prometre de gardar lo pays de tota pilharia per certa soma de pecunia que hom lhi done. Fo aponchat, en aquest cosselh, que los singulars tengro que se fassa, e remeiro als digs senhors cossols que ho fezesso al miels que poirian. It. sobre aquo que lo Pauco demanda C carradas de viures, tengro que los senhors cossols, am cosselh de moss. lo vicari de moss. d'Albi, ne fasso so que lor ne semblara.

Aug. Vidal.

(*A suivre.*)

[1] Comm. de Cadix, cant. de Valence d'Albigeois.

[2] M. Ed. Cabié a définitivement identifié ces deux dernières localités. St-Sirguet ne serait autre que St-Cirq ou St-Cirguet, cant. de Caussade (Tarn-et-Garonne), et la Bofia, Laboufie ou St-Paul-de-Laboufie, cant. de Castelnau (Lot). Cf. *Campagne de Gaucher de Passac contre les routiers du Sud-Ouest de la France*, dans Rev. du Tarn, XVIII, p. 61 et suiv.

BIBLIOGRAPHIE

REVUE DES REVUES

Boletin de la Real Academia de la Historia, XLVI, 4. — *F. Fita* : El jubileo del año 1300. Su recuerdo monumental en el Rosellón. Observaciones sobre la métrica rimada de aquel tiempo, p. 301.

Butlletí del Centre excursionista de Catalunya, XV, n°s 120 et 121. — *J. Pecanins* : Fum, fum, fum y L'Escolta, cançons populars catalanes, p. 21 ; — *V. Bosch* : La reina envejosa, cançó popular, p. 57.

Bulletin du parler français au Canada, III, 8. — *P. Potier* : Façons de parler proverbiales, triviales, figurées, etc. des Canadiens au XVIIIe siècle, p. 252 ; — Lexique canadien-français (*suite*), p. 256.

Giornale storico della letteratura italiana, XLV, 2-3. — *V. Pirazzoli* : Sopra due frammenti poetici dell' Ariosto, p. 315 ; — *R. Bergadani* : Nota sulla questione delle « Filippiche », p. 332.

Archivio glottologico italiano, XVI, 3. — *Salvioni* : Appunti sull' antico e moderno lucchese, p. 395, — cremon. « scutumàja », lomb. « rieràt », p. 477, — « bugliólo, búgno », ven. « vanéza », friul. « puínte », p. 487, — « boulanger », p. 516, — « Santhià », p. 548, — Poesie in dialetto di Cavergno, p. 549 ; — *Santangelo* : Il vocalismo del dialetto d'Adernò, p. 479 ; — *Guarnerio* : Il sardo e il còrso in una nuova classificazione delle lingue romanze, p. 491 ; — *Toppino* : Il dialetto di Castellinaldo, p. 517.

Revue de l'Université de Bruxelles, X, 5-6. — *O. Grojean* : Notes sur quelques jurons français, p. 401.

COMPTES RENDUS

Œuvres complètes de Victor Hugo, édition de l'Imprimerie Nationale, *Paris*, *Paul Ollendorff*, grand in-8° à 10 francs le volume. — *Roman*, tome II ; *Théâtre*, tome III.

Exécuteur testamentaire de Victor Hugo, dont il avait été pendant

Pour *Notre-Dame*, on possède environ vingt-cinq feuilles, où Victor Hugo a noté des traits de mœurs, des détails sur le vieux Paris, les divers noms qu'il a successivement songé à donner au sonneur (Malenfant, Mardi-Gras, Babylas, Quatre-Vents, Quasimodo....) des bouts de phrases et des images, qui n'ont pas toujours été utilisés pour la rédaction définitive, et surtout deux canevas qui, écrits côte à côte à des dates différentes, constituent un inestimable témoin de la façon dont le livre a été conçu. Vers 1828, en effet, Victor Hugo écrit un premier scénario, où le beau gendarme Phœbus de Châteaupers n'existe pas encore, où la Esmeralda n'est aux prises qu'avec « l'amour de l'archidiacre et du sourd muet », où Claude Frollo fait intenter à l'Egyptienne un simple procès en sorcellerie. Vers 1830, le drame se corse dans un scénario complémentaire. Phœbus de Châteaupers entre en conquérant dans cette sombre histoire, et la scène de nuit où Phœbus est poignardé par l'archidiacre est conçue de toutes pièces. Mais la charpente de l'œuvre n'a pas encore pris sa dernière forme : Jehan Frollo n'est pas précipité du haut des tours de Notre-Dame, il est traîtreusement assassiné dans le bouge d'Isabeau la Thierrye.

Quelques remarques, qui ont plusieurs fois été faites, sont confirmées par l'étude de ces scénarios. D'abord, dès la constitution sommaire d'un de ses plans, Victor Hugo voit nettement tel ou tel menu détail de l'œuvre qu'il s'agit d'écrire, et il éprouve le besoin de noter tel ou tel trait qui sera plus tard mis en belle lumière : « Faut-il passer outre et pendre? — Je n'y vois pas d'inconvénients, dit le juge. — J'en vois beaucoup, dit Gringoire. » — « Quelqu'un à sa place. — Et qui? — Vous. — Tiens, dit Gringoire en se grattant la tête, cette idée ne me serait jamais venue. » Ensuite, quand Victor Hugo renonce pour une œuvre à l'une de ses inventions, il est rare qu'il la sacrifie complètement, il la réserve pour une œuvre postérieure. Ce prodigieux inventeur est aussi un *profiteur*, ce prodigue est économe. On lit dans le scénario de 1830 : « Isabeau la Thierrye. Phébus lui fait voir son poignard.— Jean livré mort à l'archidiacre au lieu de Phébus. La scène du bord de l'eau. — C'est mon frère » : on reconnait la scène de *Le Roi s'amuse* où Isabeau, devenue Saltabadil, livrera à Claude, devenu Triboulet, au lieu de Phébus, devenu François Ier, son frère Jehan, devenu sa fille Blanche.

Pour *la Esmeralda* le reliquat nous gardait un scénario qui diffère beaucoup de la pièce représentée et deux versions du dernier acte.

Pour *Ruy Blas*, on nous fait connaître une longue variante du début de la pièce.

Pour *Marie Tudor*, Victor Hugo rédige, du 7 au 10 août 1833, un premier acte fort intéressant, mais qui n'est qu'une façon de prologue: Fabiano y commence à peine sa fortune, il n'est encore ni le favori de la reine ni l'amant de Jane, l'action n'est pas engagée. Le 11, le dramaturge réfléchit et comprend que son premier acte n'amorce pas suffisamment l'action. Le 12, il laisse décidément de côté ce prologue, sauf à s'en inspirer plus tard quelque peu pour l'exposition de *Ruy Blas*, et, avec sa merveilleuse souplesse, il se met à écrire le premier acte définitif. — Le prologue abandonné nous est donné tout entier par M. Meurice.

Pour *les Burgraves*, on nous donne aussi un remarquable prologue, dont quelques vers sont passés dans la rédaction définitive du drame, dont quelques autres traces étaient visibles sur le manuscrit de la Bibliothèque Nationale, mais que tous les lettrés auront grand plaisir à lire d'un bout à l'autre. Et ce n'est pas tout. Ce hardi chef-d'œuvre des *Burgraves* est un de ceux qui comportaient de la part du poète le plus de tâtonnements; à ces tâtonnements nous assistons maintenant avec une curiosité passionnée. Nous voyons les rôles de Régina, d'Otbert (primitivement George) et surtout de Guanhumara se transformer sous nos yeux; nous nous demandons même pourquoi Victor Hugo n'a pas conservé une mystérieuse et troublante scène entre le Mendiant-Donato et Guanhumara. Le *reliquat* des *Burgraves* est ainsi singulièrement riche: il ne forme pas moins de six cents vers inédits. Et quand il a achevé de nous le livrer, M. Meurice pose ces deux questions importantes (*Théâtre*, III, p. 615):

« Ici se termine le manuscrit préparatoire, où le poète puisera, pour son travail définitif, des vers ou des groupes de vers, des récits, des scènes importantes ébauchées, d'autres entièrement achevées. On a pu observer cette façon supérieure de procéder : composer le plan, le corriger, le compléter, en écrivant le drame. L'action privée était ainsi déjà solidement établie. L'action héroïque, celle de Barberousse, dont il ne reste aucun brouillon, était-elle préparée de même?

» Autre question plus générale. Victor Hugo, avant de s'isoler pendant quelques jours, comme c'était sa coutume, pour écrire et parachever son manuscrit définitif, a-t-il fait pour ses autres drames, sans qu'il en soit resté trace, ce même travail de préparation? et le manuscrit-brouillon des *Burgraves* a-t-il été seul conservé parce qu'il contenait des morceaux non employés qui valaient trop pour être détruits? »

Après les dossiers conservés par M. Meurice, les manuscrits déposés à la Bibliothèque Nationale éclairent aussi d'une vive lumière les procédés de travail de Victor Hugo. Il est inutile que nous insistions sur ce point, puisque nous avons rendu compte, ici-même, des deux remarquables volumes de MM. Paul et Victor Glachant : *Essai critique sur le théâtre de Victor Hugo*. Si le plan de l'édition nouvelle ne comportait point les innombrables variantes relevées dans l'*Essai critique*, M. Meurice pouvait cependant nous donner plus de spécimens choisis des corrections du poète que n'en contenaient les deux éditions *définitives*, et c'est ce qu'il a fait avec raison. D'ailleurs, ses lectures diffèrent parfois de celles de MM. Glachant, et les remarques dont il accompagne ses notes sont souvent précieuses. Signalons un simple détail, mais qui a bien son intérêt. Dans leur étude sur *Angelo*, t. II, p. 133, MM. Glachant avaient écrit : « D'après le Témoin de la vie de Victor Hugo (t. II), « le drame, dans son état primitif, avait cinq actes. La mort d'Homodei, au lieu d'être en récit, était en action. Rodolfo allait punir l'espion dans un bouge de bandits, où se mêlaient le vin et le sang. » L'on craignit que le bouge d'Homodei ne fît tomber *Angelo*, comme le bouge de Saltabadil avait fait siffler *Le Roi s'amuse*, et Victor Hugo se résigna à couper l'acte. — Qu'est devenu ce curieux morceau? Il n'en existe pas trace dans le manuscrit de la Bibliothèque. Mais il serait bien étonnant que l'auteur l'eût détruit. » L'auteur ne l'a pas détruit, en effet, mais ce *curieux morceau* est tout au long dans le manuscrit comme dans les éditions. Il résulte des explications de M. Meurice (p. 252 et 257) que Mme Victor Hugo a visé la *troisième journée, première partie*[1]; seulement elle a employé quelques expressions inexactes, et c'est ce qui a trompé MM. Glachant.

Je viens, sans m'en apercevoir, d'emprunter un renseignement — et combien en pourrais-je emprunter d'autres, des plus dignes d'intérêt? — à une section non encore signalée de l'édition nouvelle. Chaque œuvre est suivie : 1° d'un historique du livre ou de la pièce; 2° d'une revue de la critique; 3° d'une notice bibliographique; 4° d'une notice iconographique. Pour les drames, on nous donne en outre un tableau des distributions successives des rôles. De toutes ces indications les curieux sans doute seront friands et les travailleurs feront le plus grand profit. Mais ceux-ci prieront M. Meurice de leur être de plus en plus utile en donnant à ces renseignements une précision de plus en plus grande. « En 1832, dit M. Meurice, *Notre-Dame de Paris* fut publiée en trois volumes au prix de vingt-deux francs cinquante, augmentée de trois chapitres, dont le fameux chapitre *Ceci tuera cela* » (p. 450). Pourquoi ne pas ajouter les titres des deux autres : *Impopularité* et *Abbas beati Martini*? — Plus loin, un article du *Journal des Débats* est signé N.: pourquoi ne pas dire qu'il est de Désiré Nisard et qu'il a été reproduit dans les *Essais sur l'Ecole romantique*, Calmann-Lévy, 1891, in-16? — Pour beaucoup d'articles, le nom de l'auteur et le titre du journal sont cités, mais la date manque; une étude de M. Filon sur *Marie Tudor* est même mentionnée sans autre détail,

[1] La *première journée*, la *deuxième journée* et les trois *parties* de la *troisième*, voila qui fait bien les cinq actes.

132 : Il s'agit d'un article sur *les Drames de Victor Hugo et istoire d'Angleterre* paru dans le *Journal des Débats* le 24 décem-e 1902.

Oserai-je adresser à M. Meurice deux autres demandes? Victor ugo est un classique et, dans les éditions, si belles soient-elles, des ssiques les vers sont d'ordinaire numérotés. Pourquoi ne pas per-ttre aux historiens de la littérature, aux critiques, aux philologues citer Victor Hugo avec la même facilité qu'Homère, Virgile ou Cor-ille? Il n'a été jusqu'ici publié que trois œuvres en vers : *la Esme-lda, Ruy Blas* et *les Burgraves* ; la petite réforme que je propose t donc encore possible et facile. — A coup sûr, il serait moins aisé faire suivre les textes de l'appareil complet des variantes; mais ce rait là un tel enrichissement de l'édition, et qui rendrait aux lettres si grand service, que nous ne craignons pas d'appeler sur ce point ttention du pieux éditeur de Victor Hugo.

Souhaitons la publication régulière de la très belle et très utile édi-n de l'Imprimerie Nationale; nous tiendrons d'ailleurs nos lecteurs courant de ses progrès.

Eugène RIGAL.

aul Stapfer. — Victor Hugo à Guernesey, souvenirs personnels. *Paris, Société française d'Imprimerie et de Librairie,* 1905, in-16.

Peut-être ce livre, qui est orné de nombreuses et curieuses photo-aphies de Victor Hugo, de sa famille, de Hauteville-House, mais qui ntient aussi des autographes de Victor Hugo élogieux pour M. Stapfer, photographies des élèves et d'un volume de M. Stapfer, enfin le du professeur de littérature française M. Stapfer lui-même, peut-être ce livre devrait-il avoir pour titre : *M. Stapfer et Victor go à Guernesey*. Mais ma remarque n'est pas un reproche, car, si « moi » de M. Stapfer se montre volontiers, il n'est pas haïssable, tant s'en faut, étant celui d'un homme d'esprit, auquel vont natu-lement la curiosité et la sympathie de ses lecteurs. D'ailleurs, ce t ici souvenirs personnels et, pour que l'auteur pût dire : Telle se m'advint », force lui était bien de commencer par dire : « J'étais »

Ces souvenirs personnels nous étaient déjà connus en grande partie, , parlant de Victor Hugo dans plusieurs de ses ouvrages, M. Stapfer vait pu se refuser le plaisir et l'avantage de rappeler des conver-ions du poète lui-même, de citer de lui des jugements et d'éclairer œuvres par ses déclarations à demi confidentielles. « J'avais sou-t eu l'impression, dit-il p. 211, que l'exilé de Guernesey comptait peu sur mon intermédiaire pour faire entendre ses paroles en nce, et que, loin d'appréhender mes indiscrétions, il versait dans mon oreille des discours pour tout l'univers. Cet immortel a toujours pris soin de la publicité de l'heure présente; il ne dédaignait nullement pour la construction du temple de sa gloire la petite pierre que j'y pouvais apporter. »

Mais, pendant la vie de Victor Hugo ou au lendemain de sa mort triomphante, mais dans des ouvrages de critique littéraire où l'anecdote ne devait se glisser que timidement, les souvenirs de M. Stapfer ne pouvaient se produire avec toute leur ampleur, comme ils le font aujourd'hui. *Victor Hugo à Guernesey* est donc, en somme, un titre nouveau, amusant, instructif, après la lecture duquel l'illustre exilé sera mieux connu et l'auteur de tant de chefs-d'œuvre à certains égards mieux compris. M. Stapfer, avec raison, a voulu présenter ses souvenirs dans l'ordre — ou dans le désordre, comme on voudra — où ils ont été recueillis, et l'impression de vie et de vérité est ainsi plus forte. Mais il eût rendu service à bien des lecteurs en groupant ensuite dans un index les hommes et les choses dont Victor Hugo l'avait entretenu.

Eugène Rigal.

Emile Faguet, de l'Académie française. — Propos Littéraires. (troisième série). *Paris, Société française d'Imprimerie et de Librairie* 1905, in-18.

La troisième série des *Propos littéraires* commence par des études sur *Malherbe* et sur la *Poésie française de 1600 à 1620*, dans lesquelles sont démêlés avec finesse les caractères d'une période de transition, où, au milieu d'efforts très divers et quelque peu anarchiques, l'humanisme cependant s'acheminait vers le classicisme. — Puis, brusquement, M. Faguet nous parle des deux *Faust*, si différents, de Gœthe et de Lenau et caractérise les deux poètes. — Enfin, le reste du volume (sauf le dernier article, consacré à Nietzsche, et qui n'ajoute rien au remarquable ouvrage, d'ailleurs écrit postérieurement : *En lisant Nietzsche*) est consacré au XIXe siècle français. Il y a des articles amusants, et qui n'en font pas moins penser, sur un certain nombre de poètes et de romanciers, de romanciers surtout : Balzac, Flaubert, Anatole France, Loti, Barrès, etc. Les plus importantes de ces études ont été écrites au lendemain de la mort de quelques écrivains : Renan, Taine, Edmond de Goncourt, Guy de Maupassant, Emila Zola. Est-il utile d'ajouter que ce ne sont pas des éloges ou des pamphlets de circonstance? et que les jugements de M. Faguet, s'ils ne peuvent prétendre à rallier toutes les opinions, sont toujours sincères, motivés, et très dignes d'un critique dont nous avons maintes fois signalé ici les éminentes qualités.

Eugène Rigal.

Henri d'Alméras. — Les Romans de l'Histoire. — Les dévotes de Robespierre. Catherine Théot et les Mystères de la Mère de Dieu. Le déisme et le culte de la Raison pendant la Révolution. — *Paris, Société française d'imprimerie et de librairie*, 1905, in-16.

La multiplicité des titres que M. d'Alméras a donnés à son nouvel ouvrage en accuse le défaut, qu'elle a pour office d'excuser. La « Mère de Dieu », Catherine Théot, et les pauvres mystiques qui l'entouraient méritaient-elles vraiment le nom de « dévotes de Robespierre» ? En tous cas, leur histoire remplissait mal un *juste* volume. M. d'Alméras a commencé par l'étendre en citant entièrement dans son texte des documents qu'il eût suffi d'analyser, sauf à les joindre aussi aux pièces intéressantes qui sont reproduites dans l'Appendice. Il a ensuite insisté sur les fêtes de la Raison et de l'Etre suprême, où la Mère de Dieu et ses fidèles n'ont pourtant joué aucun rôle.

Ajoutons, pour être juste, que ce défaut a été assez habilement pallié et qu'un lien visible rattache ici les « les Mystères de la Mère de Dieu », perfidement exploités par les ennemis de Robespierre, à l'histoire de la grandeur et de la chute du dictateur déiste.

L'ancien chartreux dom Gerle, à la fois le sectateur et le directeur spirituel de Catherine Théot, était un ancien collègue de Robespierre à la Constituante et avait obtenu de lui un certificat de civisme : cette curieuse figure a été peinte dans le livre de M. d'Alméras.

Comme le premier des *Romans de l'Histoire*, consacré à Cagliostro, celui-ci montre jusqu'où est allée la crédulité humaine à la fin d'un siècle qui avait tenu avant tout à être raisonnable et à combattre la superstition [1].

E. R.

M. Roustan et C. Latreille. — Lyon contre Paris après 1830. Le mouvement de décentralisation littéraire et artistique. — *Paris, Champion*, 1905, 71 pages, 8°.

Curieuse étude, dont le titre et le sous-titre font bien pressentir l'intérêt. Après un examen rapide, mais animé, des revendications lyonnaises, des Revues, de l'Académie, des sociétés littéraires et artistiques fondées à Lyon, en un mot des efforts faits par les vaillants fils d'une originale cité pour secouer le joug intellectuel de Paris, MM. Roustan et Latreille étudient successivement la musique, la peinture, la poésie et la littérature lyonnaises après 1830. Les mor-

[1] P. 46, l. 9, il faut sans doute lire *piété* au lieu de *pitié*. — P. 135, qu'est-ce que : « Je poussais de rage » ? — P. 199, pouvait-on dire que « le Comité de sûreté générale s'affirmait positiviste » ?

ceaux cités n'ont pas toujours un accent bien personnel et prouvent que l'influence parisienne s'exerçait toujours; mais il est intéressant de voir ce que devenait le Romantisme en un tel milieu et quel était pour cette partie de la province le rôle d'un Lamartine, d'un Victor Hugo ou d'un Béranger. E. R.

R. Michalias. — Ers dè lous Suts, *Ambert, impr. J. Migeon*, 1904 (avec traduction française).

C'est un recueil de vers en langage d'Ambert qui présente un grand intérêt dialectologique et dénote un réel talent de poète sentant et comprenant la vie des choses (voir notamment la pièce de la page 61 sur la vie et la mort des arbres). Une analyse développant ces deux points de vue m'entraînerait trop loin : il me suffira de dire que ces *chants des montagnes*, reprenant une tradition littéraire perdue depuis l'*Ome content* de Pasturel, assurent à leur auteur, — son maître et ami Arsène Vermenouze appartenant à une autre famille dialectale —, la première place parmi les écrivains du parler d'Auvergne.

J. R.

P. Roman.—Lou Gai-Sabé. Antoulouglo prouvençalo pèr l'an 1905. 1° annado. *Avignoun, Aubanel fraire*, 1905.

Cette anthologie contient une trentaine de morceaux choisis en vers ou en prose, groupés sous quatre titres : lei troubadour, lei troubaire, lou flourege, lei felibre. La plupart des pièces, sauf celles des félibres, sont accompagnées d'une notice biographique et bibliographique sur leur auteur. C'est une petite chrestomathie, commode et élégamment publiée, qui permettra aux amateurs de parcourir à grandes enjambées et sans fatigue la littérature provençale en commençant par Bertran de Born pour finir par Marius Pelabon.

J. Anglade. — Deux troubadours narbonnais : Guillem Fabre, Bernard Alanhan. *Narbonne, F. Caillard*, 1905, in-8°, 35 p.

Cette brochure de notre collaborateur est une étude consacrée à deux compatriotes — et deux contemporains — de Guiraut Riquier. Les documents sont assez abondants sur le premier ; il n'en est pas de même du second, dont le nom n'apparaît pas dans les documents narbonnais de l'époque. Les textes des poésies sont publiés avec traduction et commentaire. A propos d'*avaissa*, qui se trouve dans B. d'Alanhan, M. A. propose de le rattacher au latin *uascus, a, um*.

Le Gérant responsable: P. Hamelin.

CONTENANCES DE TABLE EN VERS PROVENÇAUX[1]

A M. Frédéric BRAUN

14. II. 1905

Il y a longtemps que j'avais copié à Florence le petit poème didactique[2] qui suit et que j'en avais promis la reproduction à la *Revue des langues romanes*. L'édition de M. *L. Biadene*[3] (ainsi que le compte

[1] Je préfère ce terme français à l'« Ensenhamen » provençal, qui s'appliquait, à ce qu'il paraît, à des compositions didactiques d'un caractère spécial. V. *J. Bathe*. Der Begriff des provenzalischen « Ensenhamen », dans l'*Archiv für das Studium der neueren Sprachen*, vol. 113 (1904), p. 394 ss.; cf. *W. Bohs*, l'introduction à son édition du poème de Raimon Vidal, *Abrils issi' e mays intrava*, dans les *Romanische Forschungen*, XV, 1, p. 204 ss. Sur la littérature des « Ensenhamen » v. aussi l'article de *Ramiro Ortiz*, Il « Reggimento » del Barberino ne' suoi rapporti colla letteratura didattico-morale degli Ensenhamen, *Zeitschr. für roman. Philol.*, vol XXVIII (1904), p. 550 ss. et 679 ss. — Nos Contenances ont reçu de M. *Biadene* (v. ci-dessous) le titre suivant : Com hom se deu tener a taula. — Les questions de ce genre ont été traitées souvent dans la littérature du moyen-âge. Toute une série des « Contenances » en prose et en vers nous a été signalée par *K. Weinhold*, Die Deutschen Frauen im Mittelalter², I (1882), p. 160 ss.; ajouter le texte latin publié par M. *Biadene* (ms. Ambrosianus 95 Sup. c. 33r-v) qui n'est qu'un remaniement du poème publ. par M. *Novati* (Carmina medii aevi p. 49), le texte italien imprimé dans la *Rivista di filol. rom.* II, 45 ss., un autre signalé dans la *ZsfrPh*, III, 126, *Chastiement des dames* de *Robert de Blois* (v. *Méon*, Fabliaux et contes, Paris 1808, II, p. 184 ss.) ; v. aussi *Montaiglon*, Recueil de poésies franç., I, p. 186; *Domostroï* (Ménager) russe du XVI s. (Etudes critiques sur le D. de *J. Nekrasov*, Tchteniya Obchtchestva istorii i drevnostei ross.. 1872, II, p 1 ss.. *A. Mikhaïlov*, Journal du Ministère de l'Instruction publ., 1889, II, p. 294 ss., III, p. 125 ss.; *ibd.*, 1889, VI, p. 372 et 1890, VIII, p. 332 ss. Sur les « Contenances » suédoises v. *H. Schück*, Svensk literaturhistoria, (Stockh. 1890) I, p. 352 ss.

[2] Il a été signalé pour la première fois par M. *P. Meyer*, qui en a imprimé de petits fragments, v. *Romania* XIV (1885). p. 519.

[3] Cortesie da tavola in latino e in provenzale. Nozze Cassin-D'Ancona. Pisa XXI gennajo MDCCCXCIII.

rendu qu'en a donné M. *Tobler*[1]) m'avait échappé alors. Je n'ai eu connaissance de ce travail qu'après avoir mis la dernière main à mon texte[2]. J'espère qu'on voudra bien excuser cette inadvertance en pensant qu'il est difficile de se tenir au courant des publications de ce genre.

Si je me permets de remplir la promesse faite à la *Revue des Langues Romanes*, en publiant un texte déjà mis au jour, c'est que je pense que la nouvelle reproduction de ce petit document littéraire pourra être utile, les « Cortesie » de M. *Biadene* étant peu accessibles et, par conséquent, peu connus.[3]

V. Chichmarev

Quan tu a la taula seras, *fol. 16 v°.*
la vianda tu senharas.
Avan que manges pensaras
dels paoures e los serviras,
que a Dieu deu donar la flor
de son condug, da la milhor,
c' aysel servir Dieus vol en grat

2. *ms.* senhasras. — 4. M. *P. Meyer* imprime: paures ; je garde la graphie du ms., où l'*ou* représente l'*u* de la diphtongue *au*, conformément à l'usage du temps ; v. *P. Meyer*, *Mémoires de la Société de linguistique*, I, p. 157, et *W. Mushacke*, Geschichtliche Entwickelung der Mundart von Montpellier, Heilbronn, 1884, p. 42. — 5. Corr.: que a Dieu deu [hon] donar la flor.... ou : que a Dieu deu[s].... de ton condug ? M. *Biadene* intercale *hon* et traduit les vv. 5 et ss.: chè a Dio si deve dare la parte più scelta del proprio cibo, la migliore, chè quel servire Dio ha a grado più che non il rilievo, gli avanzi, della mensa. — 7. Corr. avec M. *P. Meyer* : col en grat ?

[1] *Archiv für das Studium der neueren Sprachen*, vol. 90 (1893), p. 326 ss.

[2] J'exprime ici ma plus vive reconnaissance à M. *Pio Rajna*, qui a bien voulu me communiquer son exemplaire des « Cortesie ».

[3] Sur les détails techniques des Contenances v. *A. Schultz*, Das höfische Leben im Mittelalter; *M. Bartsch*, Die Formen des geselligen Lebens im Mittelalter, dans ses Gesammelte Vorträge und Aufsätze, Freiburg i. B. Tübingen, 1883, p. 272 ss.; *Müller*, Die täglichen Lebensgewohnheiten in den altfranzösischen Artusromanen, Marburg, 1889 ; *A. Franklin*, La vie privée d'autrefois — Les repas, Paris, 1889; *Laura Torretta*, Il « Wälscher Gast » di Tommasino di Cerclaria e la poesia didattica del secolo XIII, dans les *Studi medievali*, vol. I (1904), fasc. 1, p. 35 ss.

plus que non fay del relevat.
E quant a taula maniaras,
de trop rieyre ti gardaras,
car tost homs si fay escarnir
en tot luoc hon el vol trop rir.
Non comens premier a maniar,
tro autre veias comensar.
Non vulhas a sobre parlar
sobre taula a ton maniar,
quar fay si hom tenir per fol
e cuia hom que vin l'afol.
Bon guardar fay am qui maniaras
e con captenir ti deuras,
car sil honras el t' onrara[n]
de so que davan lur tenran.
Ni non vulhas trop enconb[r]ar
sobre taula a ton maniar,
que semblarie fosas glot

3. relevat — n'est pas dans Raynouard (*Lexique*); le mot doit)ir ici le sens de l'it. rilievi, fr. reliefs, prov. releu, cf. la note de *P. Meyer*. — 10. rieyre, v. *Mistral*, Lou tresor, s. v. rire : reire, rouerg. moderne ; reire, rieire. — 12. *ms.* trupirl. M. *P. Meyer* prime : crupir, en marquant le mot d'un point d'interrogation. *Biadene* garde : crupir, leçon du ms., et l'explique par « avvilirsi » arqué d'un ?). Mais cet « avvilirsi » est loin de donner au passage sens satisfaisant. Du reste, l'explication paraît ne pas satisfaire *Biadene* lui-même. J'accepte la correction (trop rir) proposée r M. *Tobler*, qui est très simple et donne un sens bien meilleur. 17. *ms.* quan. M. *P. Meyer* préfèrerait : qu'anz. — 19. Sur la ;ution : fay bon, fr. fait bon, v. *Tobler*, Vermischte Beiträge zur anz. Grammatik, Leipzig, 1886, p. 179 ss. — 21. *ms.* tonrara ou ırara ? — 23. *ms.* enconbar. — 25. semblarie. Notre texte nous 're plusieurs exemples de l'affaiblissement de *ia* en *ie* : v. tenrie , poyrie 51, Normandie 61. *La Vie de Ste Marguerite* et *Lo Gar-*ıcors que contient le même ms florentin, offrent toute une série de rmes analogues : crezie à côté de benezia, sie — sia, vie — via, arie — Maria, Lucia, etc., nous rencontrons aussi sien à côté de ın, tenrien, etc.

e d'ayso esser escarnit tantost.
Ni digas (ges) : « D'ayso vuel maniar »,
mas d'aquo que ti volran dar.
Ni (non) digas ges : « D'ayso [non] vuelh »,
que tenriet o hom as erguelh,
mas cubri gent si not sap bon, *fol.* 17 r°
digas que tot es bel e bon.
Ni [non] digas : « Ay per engal »,
qui que partisca ben ho mal.
E garda sobre ton maniar,
non vulhas en l'autruy badar.
Ni non ti vuelhas escaudar
ta boca, (per) cochos de maniar,
que vergonha es de retrayre
mosels que veia hom atrayre.
Jamays non vulhas comensar
de vin beure ans el maniar.
Laysa comensar lo milhor
e aysi tu auras lauzor.
Tos vestimens vuelhas gardar
que non calha de maniar,
que cant tos vestimens en layses,

26. *ms.* escarnit ou escarnir? Corr. : d'ayso era esc.t.? ou, comme le propose M. *Biadene* : e d'ayso escarnir t'an tost il y a beaucoup d'exemples de cette forme décomposée du futur en ancien provençal. — 29. *ms.* Ni non digas ges d'ayso vuelh. — 31. *ms.* non. — 33. *ms.* per golut. Per engal — est la correction proposée par M. *Pio Rajna.* La copie de Pierre de Serras donne : Ni digas non ay etc., mais le manuscrit original portait, probablement, — « Ni non digas » etc., qui aura contribué, en ce cas-là, à l'altération du v. 29-40. mosels, cf. mocel 50 et tesor 72, où le groupe *rs* protonique s'est réduit à *s*. — 42. *ms.* en sel maniar. M. *Biadene* met une virgule après maniar. — 44. *ms* E aysi. M. *Biadene* lit : c'aysi et corrige : que aysi. — 46. Corr. : y calha del maniar? Du reste, le vers n'est pas très clair. M. *Tobler* propose de corriger — no i caia. Sur *calhar* (coagulare) v. *K. Stichel,* Beiträge zur Lexicographie des altprovenz. Verbums, Marburg 1890 = Ausgab. & Abhandl. hrsgb. von E. Stengel, LXXXVI, p. 24 ; *Stimming,* Bertran de Born, 2, 30 note ; *Chabaneau, Revue des langues romanes,* IX, p. 203. — 47. *ms.* Que canc.

ben es senhal que lag te payoes.
Ni ia non vulhas per ton grat
beure, trol mocel aias pasat,
car mal ten poyrie avenir
d'est[r]anguolhar e de morir.
Ni ia non vulhas convidar
ni de beure ni de maniar
[s]els que a la taula seran,
car be leu a mal so tenran,
si donc de costa non ti se.
Ni non tencgas enap pel pe,
car non pot hom tan gen pauzar
. . . .
Ni non vulhas beure nulha via
a costuma de Normandie,
car ellos beuran a una taula
sinquanta ves ses tota faulha. *fol* 17 *v°*.
Suau beuras, auzaut e gent,
non a signe de motas gens
que beven am gola badada,
la goria par que aion trencada.
A l' enap non vulhas toccar,
quant seras plens de bon vin clar,

50. Le copiste a mis au commencement des vv. 50-61 des paroles qui se trouvent au commencement des vv. 52-62, et qu'il a biffées ensuite. Au v. 60, qui manque dans notre texte, correspondent les paroles *Si donc*. Appartenaient-elles vraiment à ce vers? Il est bien plus probable que ce *Si donc* ait été mis tout simplement par erreur, puisqu'il se trouve au v. 55 à côté de *Ni non* au vers suivant, de même qu'au v. 58 à côté de *Ni non* au v. 59. — 50. Le vers est trop long. M. *Tobler*, en s'appuyant sur le vfr., propose de lire: mors, au lieu de mocel. — 55. *ms*. els, sels est en marge. — 57. Le sens n'est pas bien clair · « N'invite pas....., excepté ceux qui seront assis à côté de toi »? — 58. *ms*. tencgas en appelpe. — 59. Corr.: nol pot? — 61. *ms*. penre. M. *Biadene* garde la leçon du ms. — 65. auzaut, cf. le v. 84. La diphthongne *au* de la première syllabe s'est développée sous l'influence de celle de la seconde. — 67. *ms*.: verien am gola; — 69. *ms*. A leuar. M. *Tobler* corrige: A l'enap. M. *Biadene* imprime: A levar.

am tos det grases ni honglas,
tro al tesor los aias torcat;
ni am la man que sie orezada
non bevas, tro l'aias torcada.
E quant lo vin volras levar,
non vulhas las honglas ficar,
que si la hongla es ficoza,
ela sera enverinosza.
De cals ti vuelh ieu castiar
que non los vulhas lag maniar,
an[z] los prenguas cortesamens
an los tres det tan solamens.
De sopas quant maniaras,
auzaut e gent ti payseras,
e sien ben amezuradas,
que non las mordas dos vegadas.
Ni ia no(n) t(i) fasas escarnir
nulh temps per masal cays implir,
ni non i metas per mon grat,
tro l'autra n[on] aias passat.
E beuras ton vin ben temprat
que non fasas parlar de fat :
la colpa non es ges del vin,
mas de tu quel beves (en)aysi. *fol.* 18 *r°*.
Motas vegadas li ven dol
qui vol beure a tot son vol.

71. honglas (: torcat) = honglatz — onglé. M. *Tobler* propose de lire : onchas = onchatz. — 77. *ms*. sicoza. — 78. *ms*. enverinoszo. — 79. cals — n'est pas dans le *Lexique roman*. C'est le lat. coagulum (cf. it. caglio, qualio, gaglio, etc.). *E. Levy*, Provenzalisches Supplement-Wörterbuch: calh = saure Milch, Quarkkaese, v. *Mistral*, calh, cai = matière coagulée, partie caséeuse du lait, lait caillé ; matière qui sert à faire cailler le lait, présure. — 81. *ms*. an los. — 83. *ms*. sopar. Sopa — soupe, sont des tranches de pain destinées à être trempées dans le bouillon (V. *G. Paris*, *Ro*. x, p. 60 ; *Littré*, Dictionnaire), cf. esp. ptg. sopa, l'it. zuppa = pane intinto nel vino ou pane intinto in qualsivoglia altro liquore, minestra fatta di pane messo nel brodo *(Fanfani)*. — 88. *ms*. masas cays. — 92. *ms*. denfans. Corr. : de fat ou en fat ?

Ia non vulhas nulh temps parlar
am lo cay plen de to maniar,
e garda que non t(i) esca vent
de nulha part ton eysient.
Ia non vulhas ton nas torquar
am la man nuza ni mocar.
En aital luoc tu ti ceyras
que ia vergonha non auras
que diga hom : « d'aqui levas ! »
e (ti) i seyras quan (que) plus onrat.
Mezura es bona per tot
e a taula sobre que tot,
car sel que masa maniara
lo cors e l'arma nafrara :
lo cors per so quar se fendra,
l'arma per so car peccara.
Non ti oblides per ton gran ben,
si as amor de Dieu ni fe.
A Dieus lauzor deias donar
can de taula volras levar.
Tot homs eysemple penra en te
de laysar mal e faran ben.

Amen.

100. *ms*. eysient, M. *Biadene* : ensient. — 105. levas = levatz, . *Biadene* corrige : levat. — 111. *ms*. fordra ou fondra ? J'accepte conjecture de M. *Pio Rajna* proposée à M. *Biadene*. — 115. *ms*. tu, cf. le v. 94.

UNE VARIANTE ALLEMANDE

DE

« APRÈS LA BATAILLE »

Victor Hugo, passé au rang des classiques, subira de plus en plus leur sort commun : son œuvre s'augmentera de commentaires et d'appendices, et un jour viendra où les écrits de ses interprètes formeront une bibliothèque, comme il est arrivé pour Dante, Shakespeare et Gœthe. On recherchera les sources de son inspiration, on établira des rapprochements : on le fait déjà, et en vérité cette érudition est le meilleur hommage rendu au génie. Tout ce travail m'encourage à reproduire un récit que j'ai rencontré dans le *Livre allemand de lecture pour les écoles bourgeoises et populaires* du Dr Karl Wagner : *La bouteille à demi-pleine.*

« Dans une guerre entre la Suède et le Danemark, un Allemand de Flensburg, ville qui appartenait alors aux Danois, avait pris part comme simple soldat à une bataille où les Danois avaient eu la victoire. Après le combat, placé en sentinelle, il avait obtenu, non sans peine, une bouteille de bière pour étancher sa soif brûlante. Comme il la portait à sa bouche pour se restaurer, tout près de lui retentit l'appel suppliant d'un Suédois qui, privé de ses deux jambes, demandait avidement à boire. Cédant à la compassion, notre guerrier se penche vers celui qui l'implorait, et, oublieux de sa propre souffrance, lui tend la pleine bouteille. Au même instant, le perfide Suédois, pour assouvir une dernière fois sa haine nationale contre les Danois, dirige un pistolet sur son doux bienfaiteur. Mais celui-ci a le Seigneur Dieu pour bouclier : l'arme rate. L'Allemand saisit tranquillement la bouteille, boit la moitié du contenu, et la tend au mourant désarmé, en disant : Maintenant tu n'auras que la moitié. Pour cette raison, les descendants du brave homme portent dans leurs armes une bouteille à demi-pleine » [1].

En Allemagne, il serait possible de retrouver la source et de déterminer l'authenticité historique de cette anecdote qui paraît tout d'abord une variante d'*Après la Bataille*, le morceau si connu de la *Légende des Siècles ;* mais la priorité de la forme allemande ne prouverait point que Victor Hugo l'ait imitée. Dans toutes les armées européennes, des exemples analogues de compassion pour les blessés sont nombreux, et l'un ne fait point de tort à l'autre. L'idée de punir le traître en réduisant sa part est un mouvement d'humeur naturel chez un simple soldat. Mais nulle part comme à la guerre ne se dessine avec vérité le tempérament de chaque peuple : la bonhomie elle-même des races du nord s'y nuance très diversement. Le soir de Vitoria, le caporal anglais Lawrence rencontre un blessé français auquel, comme au Danois de Flensburg, un boulet avait enlevé les jambes. Le malheureux, craignant d'être tourmenté par les Espagnols, supplie le caporal de ne pas l'abandonner. Lawrence consent à lui tenir compagnie « mais aussi longtemps qu'il le juge bon », et aussitôt pense à bien employer son temps. Il fouille le sac du mourant, y trouve un morceau de porc cuit et trois ou quatre livres de pain. Il découpe un peu de pain et de viande qu'il laisse au Français et prend le reste. Sur les sept dollars espagnols et les sept shillings que le blessé avait dans sa poche, il lui rend un shilling et repart rejoindre sa compagnie. Lawrence est un excellent homme, mais il n'oublie jamais son intérêt, qu'il s'agisse de sa bourse ou de son estomac [2].

[1] *Deutsches Lesebuch für Bürger und Volkschulen*, v. Dr. Karl Wagner, 23e éd., Stuttgart, 1873, p. 89. — P. 105-107, l'on a une narration assez longue portant sur les privations que les soldats prussiens s'imposaient pour désaltérer les blessés autrichiens, le soir de la bataille de Nachod (27 juin 1866).

[2] Les *Mémoires d'un grenadier anglais* (1791-1867), traduits par Henry Gauthier-Villars, ont paru dans la *Revue hebdomadaire*, année 1897.

Le ton du récit allemand n'a rien de l'allure épique et chevaleresque de la *Légende :* c'est celui d'une Morale en action. Mais procéder à une comparaison terme à terme de deux pages d'un caractère si différent, serait imposer à soi et au lecteur un labeur stérile.

Ferdinand Castets.

DISCOURS

PROUNOUNCIA AU FESTENAU DE SANTO-ESTELLO

lou 12 de jun 1905

EN ARLE

GÈNTI DONO E CAR FELIBRE,

Eici sian dins la noblo ciéuta d'Arle, au mitan d'aquelo planuro superbo qu'es lou caire-fourc soubeiran di pople latin, lou nous ilustre d'aquéli grand camin de meraviho qu'espandiguèron, autre-tèms, la civilisacioun et lou renoum dis àvi.

Arle ! *Gallula Roma Arelas !* Vilo de Coustantin, capitalo de la Pas Roumano ! Es la leiçoun de ti rouino passado e de toun nouvelun presènt que venèn teta vuei coume lou la de nosto raço.

Certo, Midamo, lis ensignamen d'Arle mancon pas, e lou proumié de tóuti es aquéu de la Bèuta. Despièi lis antiqui Vènus e li dansairis de pèiro que fan l'amiracioun dóu mounde, enjusqu'i chato inmourtalisado pèr *Mirèio*, la tiero est ramudo e flourido, di rèino de belesso qu'enlusiguèron aqueste païs prestigious. Arle, « ove'l Rodano stagna », coume dis lou grand Dante; Arle, ounte lou Rose s'espalargo, pèr veni, dins soun amplitudo, « embrassa l'isclo inmènso de Camargo », Arle es la terro d'elèi de tóuti li pantai d'alegranço e de malancounié, e lou mai agradiéu di pres-fa sarié seguramen de segre emé vautre un d'aquéli draiòu de delice esperitau que van dóu Teatre antique esbarlugant de lumiero à la prefoundo douçour d'un calabrun is Aliscamp.

Mai, vuei, vous n'en demande escuso, es uno leiçoun un pau sevèro bessai, mai necito à nòstis amo, uno leiçoun d'enavans e de fe que venèn cerca dins l'istòri d'Arle.

La grand planuro roudanenco que, de Nimes à-z-Ais e

d'Aurenjo à Marsiho, servo li soubro li mai estounanto di tèms passa, aquéu cèntre geoulougi dóu « Bacin prouvençau » que li serriero ceveneso e lis Aup dóufinenco e niçardo enclauson coume un nis de perfum e de joio, aquéu mesouioun de la naciounalita prouvençalo a jouga dins l'istòri di Gaulo un role capitau.

Emé lou Bacin de Toulouso e lou Bacin de Paris, lou Bacin d'Arle es l'un di tres grand cèntre pouliti que se disputon au courrènt di siècle la prepoutènci en Gaulo, es l'un di tres grand pole d'atracioun di pople, l'un di tres grand fougau ounte s'atubon à-de-rèng li reneissènço e s'ourganison li forço vivo di civilisacioun.

La Naturo ansin l'a marca, e l'Istòri ansin lou counfiermo.

De tout segur, lou passat de tóuti li terraire nostre s'amerito l'estùdi e l'afecioun, car tóuti an vist se debana de triounfle e de mau-parado, et tóuti aboundon en ensignamen soucian fruchié. Mai l'on pòu dire que lis evenimen essenciau, aquéli qu'an muda prefoundamen lou destin di pople de la Gaulo, de-longo an agu pèr fougau aquéli tres cèntre pouliti majour: lou païs d'Arle, Toulouso, Paris.

Es pas besoun de faire d'alòngui pèr rapela l'empèri de Toulouso au tèms di Vesigot, e, plus tard, emé la dinastio naciounalo di poupulàri Comte Ramoun, que segnourejavon sus quasimen tout lou Miejour. L'impourtanço istourico de la planuro roudanenco es encaro mai esclatanto : capitalo au tèms di Rouman, Arle demoro pièi long-tèms la capitalo ideiouso de l'ideious Reiaume d'Arle. Lou Bacin d'Arle vèi flouri li poudeirousi republico d'Avignoun, de Marsiho e d'Arle que tènon tèsto loungamen is assaut di prince fourestié d'Uba. Es d'Avignoun, dins lou Bacin d'Arle, que, setanto an à-de-rèng, la Papauta vèn dita si lèi au mounde crestian. Enfin, pèr moustra l'impourtanço majouro d'aquéli pole d'atracioun, d'aquéli pivèu geoulougi, estrategi, coumerciau, d'aquéli cèntre soubeiranamen istouri de Toulouso e d'Arle, basto proun de marca que dins la guerro naciounalo dóu siècle tregen, quand la barbario triounflo de la civilisacioun et que la prepoutènci poulitico vai passa definitivamen à Paris, es encaro dins li plano de Toulouso e d'Arle que se debanon lis evenimen majour, aquéli que decidon di resulto finalo. Es à Muret, es à

Toulouso, es à Bèu-Caire, e, finalamen, souto li bàrri d'Avignoun, que lou nous de la guerro se trenco e que l'Astrado de la patrio miejournalo se derruno de façoun decisivo.

Li plano de Toulouso e d'Arle, vaqui dounc, pèr nàutri Mie journau, lou teatre di respelido e di casudo, la terro di rouino e di flourido, vaqui li cros emai li brès de nosto naciounalita.

E, aro, aquéli causo estènt seguro e bèn entendudo, vole, pèr la pensado, me repourta 'mé vous au mitan dóu siècle dès-e-nouven, en 1850, alor que la boulegadisso felibrenco èro pancaro amoudado, e, à supausa qu'à-n-aquelo epoco la counsciènci di naciounalita fugue estado poussiblo emai assabentado coume l'es vuei, vole me demanda quétis idèio, quéti desiranço apassiounado aurien alor coumpli la courado d'un lèime enfant de nosto terro d'O poussedissènt aquelo counsciènci.

Vaqui, me sèmblo, ço que se sarié di :

Se lou Miejour dèu respeli, lou fougau de sa respelido s'atubara seguramen dins li païs de Toulouso o d'Arle, car l'Istòri a toustèms counfierma la Naturo. Mai, se l'on counsidèro pausadamen li causo, es de souveta vuei que lou Destin elegigue de preferènci lou païs d'Arle : la situacioun de noste Miejour au mitan dis àutri nacioun lou destino en efèt, coumo au tèms de Roumo, à servi de liame i pople latin. Or, la planuro d'Arle es la grand crousiero d'aquéli pople, en meme tèms qu'un di caire-fourc majourau dóu mounde entié pèr lou trafé e lis escàmbi de touto meno. Aquéu grand caire-fourc di pople poussedis sus la mar nostro un port soubeiran qu'es lou jouièu lou mai requist di nacioun marino, aquelo « porto dóu Levant », aquelo flour dis age, Marsiho, que resisto despièi dòus milo an, gaiardo e que mai pouderouso, is assaut de tóuti li pèsto, que vèngon de l'adré vo de l'uba ..

E, pèr marca li rode ounte s'atubon fourçadamen li reneissènço, dequé i'a mai? l'a lou lustre de l'istòri e di tradicioun... Or, vous lou demande, queto istòri e quéti tradicioun podon se coumpara en lustre à-n-aquéli di vilo dóu relarg d'Arle, d'Avignoun, de Marsiho, de Nimes, di Baus, d'Aurenjo?... Ounte soun lis espandidou capable de coungreia mai de fierta naciounalo qu'aquéli de la Roco de Dom, di palais d'Arle, dóu Lacidoun marsihés?...

E, aro, quente es lou pres-fa majour de tóuti li pople qu'aparon soun èime, que defèndon sa persounalita? Tout lou mounde lou saup: es, en subre de tout, de garda jalousamen sa lengo, de l'enlusi, de la metre à l'ounour dóu mounde. Car la lengo, acò's l'amo memo d'un pople, sa tradicioun vivènto, la cadeno aubenco e trignoulejanto que ligo li vivènt i mort, li felen is aujòu, l'ome à la raço... Aqui-dessus, poudès interrouga lou passat emai lou presènt, vous respoundran d'uno souleto voues que la lengo es lou *substratum* meme d'uno raço. Tant que la lengo viéu, la raço viéu, e se la lengo trelusis, la raço mounto.

Or, s'en-liò mai jamai s'es prouvado une lengo mai vivènto que nosto lengo d'O, dins tóuti si manifestacioun dialeitalo; s'en-liò mai jamai s'es escampihado une flourido de parla naturau mai fougous, mai entimamen fraire que li nostre, enliò mai, tambèn, se rescontro, dins touto la terro d'O ,un dialèite mai evidentamen elegi de l'Astrado qu'aquéu de la planuro d'Arle.

E pode n'en parla libramen, à cor dubert, car siéu pas, iéu, d'Arle nimai d'Avignoun. Davale di mountagno aupenco ounte ai teta un parla vièi, rufe e sanitous. Enfant, ai gaubeja li parla de Toulouso ; jouvènt, ai pantaia dins aquéli dóu Lengadò e dóu Niçard. E s'ai ansin pouscu prepara dins iéu, pèr l'esperiènci dirèito, la counsciènci, vuei pousitivamen counquistado, de l'unita de nosto lengo, es dounc pas un sentimen de particularisme estré que me buto, mai bèn la forço de l'esclatanto verita que m'emparaulo irresistiblamen quand dise la vertu soubeirano dóu parla d'Arle.

Certo, li caratère essenciau di dialèite astra pèr douna lou vanc i respelido literàri di lengo soun proun clar e proun couneigu pèr que sufigue de li rapela : aquéli dialèite soun parla pèr de poupulacioun noumbrouso de pacan soulidamen enracina dins lou terraire, vivènt dins un relarg vaste e drud, facilamen dubert is escàmbi, semena de vilo abourgalido e richo... Or, aquéli coundicioun se rescontron meravihousamen dins la grand planuro roudanenco, ounte, di Sànti-Marìo à Mountelimar e de Nimes à Seloun, tout un pople de meinagié gaubejo vigourousamen, e quàsi sènso nuanço dialeitalo, la lengo agusto de nòsti rèire.

Enfin, pèr li coundicioun memo de soun sejour, de soun estage, lou parla d'Arle poussedis la fourtuno unenco d'èstre l'un di mai evouluï, valènt-à-dire l'un di mai mouderne di parla d'O; e acò's tambèn — l'Istòri nous l'ensigno — uno di coundicioun essencialo di parla que l'Astrado elegis pèr cap-d'oustau dins li famiho lenguistico que se destressounon vers la glòri dóu Verbe.

Mai es pas lou tout qu'uno lengo fugue vivènto e vigourouso dins tóuti si parla, nimai qu'elo poussedigue un dialèite gaiard e mouderne coume lou parla d'Arle. La voues de l'Istòri es unenco aqui-dessus tambèn : pèr qu'un pople reprengue, dins sa lengo, counsciènci d'éu-meme, fau de touto necessita qu'un pouèto naciounau s'auboure. Tóuti li raço matrassado lou cridon loungamen dins si doulènci : « Ço que nous fauto, cridon, es un pouèto naciounau... Ah! nasque enfin un grand pouèto pèr noste sauvamen, qu'acò nous vaudra miés que cènt bataio gagnado !... »

Es pèr acò, Midamo e car Felibre, que lou pensaire de 1850, counsciènt dóu deveni di naciounalita, aurié seguramen claus sa dicho coume seguis :

Pèr qu'uno respelido miejournalo ague l'astrado la meiouro, es de souveta qu'elo chausigue pèr fougau la terro d'Arle, ilustre caire-fourc di pople e mesouioun de la naciounalita prouvençalo; es de souveta que lou sentimen de la lengo vèngue ressuscita l'enavans de la raço; es de souveta, pèr compli tau pres-fa, que lou dialèite d'Arle fugue elegi dóu Verbe e qu'un grand pouèto s'auboure pèr l'ilustra magnificamen...

Quento joio, o Felibre ! quento fe, quento esperanço indestrutiblo dèvon-ti pas enarta nòstis amo, quand vesèn que lou pantai naciounau de 1850 s'es coumpli pan pèr pan... quand vesèn que l'asard i'es pèr rèn, e que, segound soun èimo persounau, se d'ùni dison qu'èro uno causo escricho, d'àutri podon facilamen cerca li resoun pousitivo e determinanto d'aquéu miracle esmouvènt, d'aquéu miracle unen que marco la respelido miejournalo pèr la mai glouriouso dis astrado !... Es toujour que, dóu terraire d'Arle, en 1859, un cop de campano a restounti sus l'univers entié, sounant i quatre vènt la neissènço de *Mirèio*. Es toujour qu'uno lengo secutado cinq siècle à-de-rèng, e mespresado de si fiéu éli-meme, a, tout d'un vanc, remounta vers li cimo de la glòri. Es toujour qu pèr la vertu de l'engèni, vounge milioun d'ome esparpaia, de natura, isoula mouralamen, an représ, en cinquanto an, coun sciènci de sa lengo et de sa raço, e que, vuei, li pensaire dó mounde entié regardon vers Maiano coume de-vers la Mèco d Tèms avenidou.

Gènti dono e car Felibre, uno raço que, dóu prefound de s fruchaio, coungreio au soulèu de Diéu un miracle tan qu *Mirèio*, acò's uno raço que se sauvo e que s'ilustro pèr l'eternita.

Es pèr acò que, de tout caire e cantoun de nosto terro d'O, tóuti li mascle d'aquelo raço, tóuti lis ome de bon voulé, d'enavans e de fe, qu'an l'estrambord de la patrio, de la grando patrio, — car la patrio es toujour grando, — es pèr acò que, tóuti, nous sian vuei acamina vers Arle, de cors e d'amo, pèr veni rèndre óumage au pouèto soubran que nous a tira dós sourne, car tóuti coumprenèn e sabèn que la coumunioun dins *Mirèio* es la coundicioun essencialo de tout ome se disènt leimamen Felibre.

Mai, se tóuti couneissèn dins nosto amo lou camin gloriòus de Maiano, ounte lou grand mistèri de la raço s'es coumpli, se tóuti coumprenèn la pourtado avenidouiro d'aquéu nouvelun literàri que, desfourrelant coume un glàsi la lengo mistralenco, a fa flouri dins cinquanto an mai de cap-d'obro que ges d'autro lengo d'Europo, se tóuti nourrissèn pèr aquelo lengo mistralenco la mai fihalo amiracioun, es-ti, pèr acò, de dire que lou Mistralisme de nosto amo nous coumando d'abandouna li parladuro terrenalo qu'an breiba sus nòsti brès!.... Ah! fiéu despietadous e desnatura, aquéu que lou pretendrié!

Liogo de coundana coume de patoues abastardi e mespresable li parladuro terradourenco que soun lou racinun vivènt e lou fuiun fougous de nosto lengo d'O, lou Mistralisme, tout au contro, a justamen destressouna pertout l'amour, lou respèt e lou culte d'aquéli parladuro. Es éu qu'a pertout prouclama lou dre à la vido de tóuti li manifestacioun de l'amo peirenalo. Es éu que dis au pastre, au pacan, à l'oubrié, au bourgés, es éu que dis en tóuti : « Parlo la lengo de ta maire, ilustrola pèr toun obro, pèr toun acioun, pèr l'eisèmple de touto ta vido, à touto ouro, en tout liò ». Es éu que, pèr la voues dóu

Tresor mistralen, nous ensigno li règlo et lou bon biais de tóuti nòsti parla. Es éu quo saludo de-longo, coume un bon fraire einat, la flourido di pouèto de touto la lengo d'O. Es éu que vai cerca li Vermenouzo, lis Arnavielle, li Mir, li Castela, li Roubert Benoit, lis Isidor Salles, li Camelat, li Lacoarret, li Michalias, li Fedières, e tóuti, e tóuti lis autre, autant bèn li Biarnés que li Perigourdin e li Limousin, autant bèn li Toulousen que lis Auvergnas et li Cevenòu, es éu que li recampo tóuti dins uno memo coumunioun calendalo e que ié dis : « Salut à vautre, lèimis enfant de la Terro-Maire, que revihas l'enavans naturau, que descadenas lou libre èime de la Patrio ! Beven ensèmble lou vin de nòsti plant ! O, touquen lou got coume de fraire que se retrobon, car rebastissèn tóuti lou vièi casau de la famiho, à passa tèms rouina pèr l'enemi coumun ! »

Vaqui, Midamo e car Felibre, l'essènci memo de la dóutrino felibrenco. Vaqui lou Mistralisme éu-meme. Aquelo dóutrino a pèr elo de s'apieja sus li fa vivènt, sus lis èime naturau vivènt, sus l'engèni espountaniéu vivènt, e noun pas sus li farfantello vuejo di principe *a priori*, e noun pas sus li literaturo d'imitacioun e de coumando.

E, aro, en esperant l'obro dóu tèms, dins l'asseguranço qu'avèn de nosto respelido e di lèi de soun endeveni ; en esperant lis escasènço fatalo que, belèu à la subito, nous fourçaran d'intra dins li bataio decisivo, nous unissèn tóuti eici dins la ciéuta mistralenco pèr eicelènci, à coustat dóu Museon mistralen, dins l'esmeravihamen de la bèuta de Mirèio.

E tóuti, couneissènt que sian dóu Felibrige vertadié, couneissènt qu'éu soulet destressouno lis èime e li parla terrenau de tout lou Miejour, qu'éu soulet nous adraio e nous enauro vers l'unita prefoundo de nosto lengo, couneissènt enfin qu'un tau Felibrige es aquéu di Primadié, aquéu de Font-Segugno e de Maiano, iéu vous demande d'apoundre vòsti voues à la miéuno pèr crida d'un soulet alen : « Vivo lou Felibrige que viéu et qu'a de viéure ! Vivo lou Felibrige mistralen ! »

PÈIRE DEVOLUY.

[illegible] EN [illegible]-ENGADINOIS

(*Suite* [illegible])

Cap. X

[illegible] Et eau hæ uis ün ôter [illegible] gniand giu da
[illegible] [illegible] cun üna nüfla. et [illegible] sü sieu chiô;
[illegible] fatscha era sco l'g [illegible] sco culuonnas
[illegible]. 2 et [illegible] in sieu [illegible] [illegible] auert: et
[illegible] sieu pe [illegible] sülg mêr, et [illegible] la terra. (3) Et
[illegible] cun [illegible] [illegible], sco [illegible] [illegible]gia. Et cura
[illegible] [illegible], schi fafflaun set [illegible]. (4) Et cura
[illegible] set thuns [illegible] [840] [illegible], schi er'eau par
scriuer. Et hæ u[illegible] üna uusth [illegible] à mi: Isigla
as chiôsas chi haun fafflô l's set [illegible] scriuer aquellas.
5 Et l'g aungel quæl ch'eau hæ [illegible] sur l'g mêr et sur
terra, ho aluô sieu maun à [illegible] très aquel chi
[illegible] saimper me, quel chi ho creô l'g [illegible] et aquellas chiôses
[illegible] sun in aquel, et la terra et [illegible] chiôses chi sun in
aquê[illegible] che [illegible] uigna a[illegible] esser [illegible]. 7 Mu ils dis de la
[illegible] [illegible] dailg setteuel aungel, cura chel [illegible] è sunêr cun
la tüba, a hura uain à s' cump[illegible] l'g segret da dieu: daco chel
ho pre[illegible]giô très ses famalgs profets. (8) Et hæ udieu üna uusth
da schil darchiô fafflant cun me, et dschant: Vo et prain l'g
cudesthét, chi es auert in maun delg aungel, chi sto sülg mêr
et sü la terra. (9) Et eau sun ieu tiers l'g aungel dschant agli
chel dés à mi l'g cudesthét. Et el dis à mi: Prain l'g cudesthét
et l'g trauuonda, et el uain â fêr malagiêr tieu uainter, mu in
tia buochia uain el ad esser dutsth sco ün mel. (10) Et eau hæ
prais l'g cudesthét giu delg maun delg aungel et l'g hæ trauun-
dieu, schi malagiêua mes uainter. (11) Et el dis à mi: Tü
stouuas aunchia profetizêr ils paiauns, et in las [841] leaungias
et ils pouuels et bgier araigs.

Cap. XI

(1) Et es â mi stô dô üna chianna sumgiaunta ad üna perchia et es stô dit â mi : Sto sü et imzüra l'g taimpel da dieu, et l'g hultêr, et aquels chi aduran in aquel. (2) Et la cuort chi es traunter l'g taimpel, bitta our dadoura, et nun imzürêr aquella, par che ch'ella es dêda als paiauns, et la cittêd sænta uignen els â zappignêr quaraunta duos mais : (3) et eau uœlg dêr â duos mias pardüttas : che profetizan, uestieus cun sacks, milli et duaschient sasaunta dijs. (4) Aquels sun las duos uliuas et l's duos chiandalijrs stand in terra in la uezüda da dieu. (5) Et sch' ünqualchiün uuol nuoscher ad els, schi uo our da lur bouchia fœ, et trauuonda lur inimich[a], et sch' ünqualchiün l's uuol uffender, schi stouua el gnir amazô in aquella guisa. (6) Et aquels haun pusaunza da clogier l'g schil che nu ploua ils dis da lur profetia : et haun pusaunza sur las ouuas da las müdêr in saung, et da batter la terra cun inmünchia plêia et inmünchia uuota che uœglian. (7) Et cura l'g haun glijfrô lur testimuniaunza, la bestchia quæla chi uain sü delg abijss uain â fêr incunter els guerra, et uain â l's uainscher et â l's amazêr. (8) Et lur corps uignen â giaschair par las plazzas da la cittêd granda, quæla chi spirituelmang uain anumnêda [842] Sodom et Aegyptus, innua ch' er nos signer es crucifichiô. (9) Et aquels da las sclattas et dals pœuels et da las leaungias et dals paiauns uignen â uair lur corps par trais dijs e miz, et nu uignen â l's laschêr metter lur corps ils mulimains. (10) Et aquels chi æfdan in terra uignen â s'allegrêr sur els et ad esser leeds et â s' trametter duns liün liôter, per che aquels duos profets apasc[h]iunêuan aquels chi habitêuan sur terra. (11) Et dsieua trais dijs et miz l'g spiert de la uitta da dieu es ieu in aquels. Et sun stôs sü lur pes, et es gnieu üna granda temma sur aquels chi l's haun uis. (12) Et haun udieu üna granda uusth da schil dschant ad els : Gni sü aqui. Et els sun ieus sün schil in üna nüfla et lur inimichs l's haun uis. (13) Et in aquella hura es gnieu üna granda terra trimbla, et la dijsthma part de la cittêd es crudêda : et sun amazô in aquella terra trimbla set milli persunas : et l's ôters sun astramantôs

et haun dô glœrgia â dieu da schil. (14) L'g seguond uæ es tirô uia. Et uhé l'g ters uæ uain â gnir bôd. (15) Et l'g settæuel aungel ho sunô cun la tüba, et sun duantêdas grandas uusths in schil, dschant : L' [s] ariginams da quaist muond sun fats ses da nos signer et da sieu Christ, et uain â regnêr saimper et saimpermæ. Amen. (16) Et l's uainc e quater seniours quæls chi sezan auaunt dieu in lur sizs sun tummôs sü lur fatschas, et haun a[843]durô dieu, (17) dschant : Nus dschain gracias â ti, signer deus omniputaint, quæl che tü ist et che tü eras et che tü uainst â gnir : per che che tü hæs arfschieu la tia granda pusaunza et hæst aregnô. (18) Et l's paiauns sun irôs, et es gnieu la tia ira, et l'g tijmp dals morts che uignen giüdgiôs : et che tü dettas la mersché â tes famalgs profets et â tes sencs et ad aquels chi temman tieu num als pitsthens et als grands, et che tü mettas â gippiri aquels chi mettan â perdar la terra. (19) Et l'g taimpel da dieu in schil es auert, et es stêda uisa l'archia da sieu testamaint aint in sieu taimpel : et sun duantô liüschernas et uusths et thuns et terras trimblas et granda tempesta.

Cap. XII

(1) Et es parieu in schil üna granda isaina. Una duonna uestida cun l'g sullallg et la liüna suot ses pes et in sieu chiô üna curuna da dudesth stailas. (2) Et siand purtaunta, schi bragiu' ella par parturir, et ho dœglias par parturir. Et es uaisa ün' ôtra isaina in schil. (3) Et uhé ün grand drauun cuotsthen, chi ho set testas et dijsth corns, et sü sias testas set curunas, (4) et la sa cua treia la terza part de las stailas dalg schil, et ho tramis aquella in terra. Et l'g drauun es stô auaunt la duonna, quæla chi era par parturir, che cura chella haués parturieu sieu filg, chel l'g trauundés. (5) Et ella parturít ün masckièl, quæl chi gniua ad arischer tuot pouuels cun üna perchia d'fier. [844] Et l'g ses filgs es stô dô d'maun tiers dieu et tiers sieu siz. (6) Et la duonna es fügida in ün deserd, innua che l'g era agli appinnô ün lœ da dieu, innua chella uain nudriêda milli duaschient sasaunta dis. (7) Et es duantô üna granda battaglia in schil. Michael et ses aungels cumbattaiuen

cun l'g drauun, et l'g drauun er cun ses aungels cunbattaiuen, (8) et nun haun pudieu stêr scunter né haun pudieu acchiatêr plü lœ in schil. (9) Et es dsthchiatschô oura aquel grand drauun la uyglià zerp, quæla chi ho num l'g diauel et satanas, quæl chi surmaina tuotelg muond, et es bittô in terra, et cun el sun bittôs oura ses aungels. (10) Et eau hæ udieu üna granda uusth. dschant: Huossa es duantô l'g salüd et la uirtüd, et l'g ariginam da nos dieu et la pusaunza da sieu Christ: per che elg es chiatschô oura l'g acchiüsêdar da nos frars, quælchi acchiüsêua els auaunt dieu d'di et d' not: (11) et els l'g haun uit três l'g saung de l'g agnilg, et parmur dalg plêd de la sia testimuniaunza, et nun haun amô lur uitta infina â la mort. (12) Par aqué 's allegrò uus schils et uus chi stæs in els. Væ â uus chi stæs in terra et ilg mêr, par che l'g diauel aquel es gnieu giu tiers uus, quæl chi ho üna grand'ira, sauiand chel ho aunchia poick tijmp. (13) Et dsieua che l'g drauun ho uis chel es stô bittô in terra, schi ho el perseguittô la duonna quęla chi hauaiua parturieu l'g masckiel [845]. (14) Et â la duonna sun stêdas dêdas duos êlas d'üna granda eaula, chella sthuulàs ilg desert, in sieu lœ, innua chella uain nudriêda par tijmp, et par tijmps, et par meza l'g tijmp our da la fatstha da la zerp. (15) Et la zerp ho bittô our de la sia buochia dsieua la duonna ün 'ouua co ün flüm, par chella gnis pigliêda dalg flüm. (16) Et la terra ho agiüdô la duonna, et la terra ho auiert sia buochia et ho asuruieu l'g flüm, quęl che l'g draun hauaiua bittô our da sia buocchia. (17) Et l'g drauun es stô irô incunter la duonna: et es tirô uia par fêr battaglia cun l's ôters. L'g sem da quella, quæls chi saluan l's cumandamains da dieu, et haun la testimuniaunza da Iesu Christi. Et stet sü l'g sablun delg mêr.

Cap. XIII

(1) Et hæ uis gniand sü delg mêr üna bestchia quæla chi hauaiua set testas et dijsth corns, et sur ses corns dijsth curunas, et sur sias testas l'g num de la blastemma. (2) Et la bestchia quæla ch'eau hæ uis sumgiêua ün Liunpard, et ses pes eran sco l's pes d'ün huors, et la sia buochia sco la buochia

d'ün liun. Et l'g drauun ho dô agli sia uirtüd et sieu siz et sia granda pusaunza (ed. pusaunaa). (3) Et hæ uis ün da ses chiôs amazô sco da mort, et la sia plêia da mort es guarida. Et es stô üna müraueglia par l'uniuersa terra [846] dsieua la bestchia. (4) Et haun adurô l'g drauun quæl chi ho dô pusaunza à la bestchia, dschant : chi sumaglia â quaista bestchia et chi po cumbatter cun ella? (5) Et es agli dô üna buocchia da faflêr grandas chiôses et blastemas. Et es agli dô pusaunza da fêr [guerra] mais quaraunta duos. (6) Et ho auiert sia buocchia in blastemmas incunter dieu, par blastmêr sieu num et sieu tabernacquel et aquels chi staun in schil. (7) Et es agli dô da fêr guerra incunter l's sæncs et da l's uainscher. Et es agli dô pusaunza in scodüna sclatta, in scodün pœuel, in scodüna leaungia, in scodüna lieud, (8) et uignen à l'adurêr tuots aquels chi habitten sur la terra : da quæls lur num nun es scrit ilg cudesh de la uitta delg agnilg, quæ chi es amazô dalg prüm cumanzamaint delg muond. (9) Schi qualchiün ho uraglia, schi ôda. (10) Chi maina in praschun, uo in praschun : et chi amaza cun la spêda stouua er murir cun la spêda. Aqui es la pacijncia et la fe dals sæncs. (11) Et hæ uis ün' ôtra bestchia gniand sü de la terra, quæla hauaiua duos corns, quæls chi sumgiêuan aquels delg agnilg. et faflêua sco l'g drauun. (12) Et fo tuotta la pusaunza de la prümma bestchia in sia uezüda, et fo che la terra et aquels chi staun in ella aduran la prümma bestchia, da quæla füt guarieu la plêia da mort. (13) Et fo grandas isainas, chella fo er gnir l'g fœ giu da schil in la uezüda da la lieud. (14) Et surmaina aquels chi staun in terra três las isainas chi sun dêdas da fêr agli, in la uezüda de la bestchia, dschant ad aquels chi staun in terra, che faschen l'inmêgina de la bestchia, quæla chi ho la plêia de la spêda, et es uiuida. (15) Et es agli dô chella dés l'g spiert â l'imêgina della bestchia, et che l'imêgina della bestchia fauella, et fascha che tuots aquels chi nun aduran l'imêgina della bestchia che uignen amazôs. (16) Et fo che tuots pitschens et grands et aricks et pouuers, libers et famalgs prendan l'g signêl sü lur maun dret, â sü lur fruns. (17) Et ch'ün nu possa né cumprêr ne uender upœia chel hêgia l'g signêl u l'g num de la bestchia u l'g inn[u]mber da sieu num. (18) Aqui es la sabijnscha, chi ho intellét fo araschun [548] delg innumber de la bestchia, perche elg es l'g innumber delg hum, et l'g sieu innumber es sijsschient et sasaunta sijs.

CAP. XIIII

(1) Et hæ uis, et uhé ün agnilg chi sto sülg munt da Sion, et cun el schient quaraunta quater milli chi haun l'g num dalg ses bab scrit in lur fruns. (2) Et hæ udieu üna uusth da schil sco la uusth da bgierras ouuas, et sco la uusth dad ün grand thun, et hæ udieu la uusth dals chiantaduors chi sunêuan cun lur citras. (3) Et chiauntan sco üna nuoua chianzun auaunt l'g thrun, et auaunt l's quater alimeris et l's seniours: et üngiün nu pudaiua imprender quella chianzun ôter co aquella schient quaraunta quater milli, quæls chi sun cumprôs de la terra. (4) Aquaists sun aquels, chi nu s'haun brudgiôs cun las dunauns: per che che sun vergins. Aquæls uaun partuot sieua l'g agnilg innua chel mæ uo. Aquels sun cumprôs de la lieud l'g prüm früt â dieu et agli agnilg (5) et in lur buocchia nun es acchiattô ingian. Per che els sun sainza macla auaunt l'g thrun da dieu. (6) Et hæ uis ün ôter aungel schuuland par meza l'g schil, chi hauaiua l'g perpetuæl euangeli, par predgièr ad aquels chi staun sü la terra, â tuotta la lieud, â scodüna sclatta, et â scodüna leaungia, et â scodüni [849] pœuel, (7) dschant cun granda uusth: Tmé dieu et dêd agli hunur, per che elg es gnieu l'hura da sieu giüdici: ei aduró aquel chi ho fat l'g schil et la terra et l'g mêr, et las funtaunas da l'ouua. (8) Et ün ôter aungel es gnieu sieua, dschant: Ella es tumêda, Babylon, aquella granda cittêd: per che ch'ella ho dô da baiuer dalg uin da l'ira da sieu ruffianæng â tuotta la lieud. (9) Et l'g ters aungel es gnieu dsieua aquels, dschant cun granda uusth: Sch' ünqualchiün adura la bestchia et la sia imêgina et prain l'g signêl in sieu frunt u in sieu maun, (10), er aquel uain â baiuer delg uin da l'ira da dieu, quel chi es mastdô cun l'g spür uin in l'g bacchièr de la sia ira. Et uain â gnir apaschiunô cun fœ et cun suolper in la uezüda da ses saincs aungels, et auaunt la uezüda dalg agnilg. (11) Et l'g füm da lur turmaint uain ad ir sü saimper et saimpermæ. Né haun pôs né d' di né d' not aquels chi aduran la bestchia et la sia immêgina, et

[illegible] [illegible]chiün arschaiua la nuoda dalg sieu num. (12). Aqui
[illegible] [illegible]ncjncia dals sæncs. Aqui aquels chi saluan l's cuman-
[illegible] et la fe da Iesu. (13) Et hæ udieu üna uusth da schil
[illegible] à mi : Scriua : Biôs l's morts chi muoren ilg signer da
[illegible]quinder inuia. (14) Schi schert l'g spiert disth : par chels
[illegible] pôs da lur fadias, mu lur houres uaun dsieua els.
14) Et hæ uis, et uhé [850] üna nüfla alun, et sur la nüfla ün
chi sezaiua, chi era sumgiaunt alg filg del hum, chi hauaiua sü
sieu chiô üna curuna d'ôr et in sieu maun üna fôtsth agiüzêda.
(15) Et ün ôter aungel es ieu our delg taimpel clamand cun
granda uusth ad aquel chi sezaiua sü la nüfla : metta la tia
fôtsth et seia : per che elg es gnieu (ed. gnien) l'hura â ti, che
tü seias, per che che la mes de la terra es gnida secchia.
(16) Et aquel chi sezaiua sü la nüfla ho mis sia fôtsth in terra
et la terra es sgiêda. (18) Et ün ôter aungel es gnieu our delg
huttêr, quæl chi hauaiua pusaunza sur l'g fœ, et ho clamô cun
granda uusth ad aquel chi hauaiua la fôtsth agiüzêda, dschant:
metta tia fôtsth agiüzêda et uindemgia l's punchièrs de la terra,
per che las sias hüias sun madüras. (19) Et l'g aungel ho mis
sia fôtsth agiüzêda in terra et ho uindemgiô : la uigna de la
terra, et ho mis aint ilg grand tuorchiel da l'ira da dieu.
(20) Et l'g tuorchiel es chialchiô our dadour la cittêd, et es ieu
saung our delg tuorchiel, infina sü als frains dels chiauals da
lung infina milli et sijs schient stêdis.

Cap. XV

(1) Et hæ uis üna ôtra granda et mürafgliusa isaina in
schil, set aungels, quels chi [851] hauaiuen set las plü dauous
plêias, per che in els es glifrô l'ira da dieu. (2) Et hæ uis sco
ün mêr d'uaider mastdô cun fœ, et aquels chi mnêuan la uic-
toria de la bestchia, et de la sia immègina, et dalg innumber
da sieu num, stand sü l'g mêr d'uaider, et hauaiuen las citras
da dieu, (3) et chiantêuan üna chianzun da Moysi famalg da
dieu, et la chianzun dalg agnilg, dschant : Grandas et müraf-
gliusas las tias houres, signer deus omnipotaint, giüstas et
uairas sun las tias uias, ô araig dels sæncs. (4) Chi nu daia
tmair, signer, et nu daia glurifichiêr tieu num ? Per che tü

sul ist bun. Per che tuots pouuels uignen à gnir et a lurêr te
in tia uezüda, per che che tes giüdicis sum manifestôs. (5) Et
dsieua aqué hæ eau uis, et uhé elg es auert l'g taimpel dalg
tabernaquel da la testimuniaunza in schil, (6) et sun ieu oura
set aungels, chi hauaiuen set plêias, dalg taimpel, uestieus
cun linzœl net et alf, et schintôs intuorn lur bruosths cun
schintas d'ôr. (7) Et ün dals quater alimeris det als set aungels set tazzas d'ôr, plainas da l'ira dalg uiuaint dieu saimper
et saimper mæ. (8) Et l'g taimpel es implieu d' füm de la
maiestêd da dieu, et da la sia uirtüd, et üngiün nu pudaiua
antrêr ilg taimpel, infina che nu füssen glifrêdas las set plêias
dals set aungels.

[852] Cap. XVI

(1) Et eau hæ udieu üna granda uusth delg taimpel, dschant
als set aungels : Izen et spandé oura in terra las set tazzas da
l'ira da dieu. (2) Et es tirô uia l'g prüm aungel, et ho spauns
la sia tazza in terra, et es fat üna mêla plêia et nuschaifla à la
lieud, quels chi hauaiuen la nuoda de la bestchia, et in aquels
chi adurêuan la sia immêgina. (3) Et l'g seguond aungel ho
spauns la sia tazza ilg mêr, et es duantô saung sco da ün
muort, et scodüna huorma chi uiuaiua ilg mêr es muorta.
(4) Et l'g ters aungel ho spauns la sia tazza ils flüms, et in las
funtaunas da l'ouua, et sun duantêdas saung. (5) Et hæ udieu
ün aungel dschant : Signer, tü ist quel chi ist et chi eras, et
sænc, per che che tü hæst giudichiô aquaistas chiôses, (6) per
che els haun spauns l'g saung da tes sæncs et da tes profets,
et tu hæs dô ad els saung da baiuer. Per che els sun vengiauns.
(7) Et hæ udieu ün ôter schant : Schi, signer deus omniputaint,
l's tes gïüdicis sun uairs et giüsts. (8) Et l'g quart aungel ho
spauns sia tazza i'g sullailg et es dô agli da apaschiunêr la
lieud cun la sckialmauna três l'g fœ. (9) Et la lieud haun
hagieu chiôd cun granda sckialmauna, et haun blastmô l'g
num da dieu, quæl chi ho la pusaunza sur aquaistas plêias,
né haun hagieu arüflijnscha da lur putrœgnas, par dêr agli
[853] glœrgia. (10) Et l'g quint aungel ho spauns la sia tazza sü
l'g siz da la bestchia, et sieu ariginam es gnieu sckiür, et haun

murdieu lur leaungias par gramezchia, (11) et haun blastmô l'g dieu da schil par lur duluors et par lur bignuns, né sun imgiurôs da las lur houres. (12) Et l'g sijsæuel aungel ho spauns la sia tazza in aqué grand flüm Euphratem, et l'ouua es sütta, par che gnis appinô la uia dels araigs da leuant. (13) Et eau he uis gniand our da la buochia dalg drauun et our da la buochia de la bestchia et our de la buochia dalg fuos profet trais mêlnets spierts in mœd da raunas. (14) Per che é sun spierts dals dimunis chi faun isainas par che giessen tiers l's araigs da tuotta la terra als araspêr à la battaglia da quel grand di delg omniputaint dieu. (15) Uhé eau uing sco ün lêdar. Biô es aquel chi uaglia et chiüra sia uesckimaints, chel nu uigna ad ir nüd et che uezan sia tuorp. (16) Et ho araspô aquels ilg lœ chi uain anumnô in hebreasth Armaggedon. (17) Et l'g settenel aungel ho spauns sia tazza ilg lær. Et es ieu oura üna granda uusth da schil dalg thrun, dschant: Elg es fat. (18) Et sun gnieu liüschernas et uusths, et thuns et üna granda (éd. grauda) terra trimbla, talla chi mæ nun es stêda, dapœia che la lieud es stêda sur terra ün talla taunt granda terra trimbla. (19) Et la granda cittêd es fatta in trais pars [854] et las citêds dals paiauns sun aruinêdas. Et la granda Babijlon es gnida in memœrgia auaunt dieu, per dêr agli l'g bacchiêr dalg uin dalg desthdeng de la sia ira. (20) Scodüna isla es fügida et l's munts nu sun acdiattôs. (21) Et es gnieu üna granda tempesta giu da schil sco ün talent in la lieud, et la lieud haun blastmô dieu par la plêia de la tempesta, par che la sia plêia es stêda fatta fick granda.

Cap. XVII

(1) Et uen ün dals set aungels, quæls chi hauaiuen set tazzas et ho faflô cun me dschant à mi : Vitten ch'eau vœlg amussêr à ti la cundannaschun de la granda pittauna, quæla chi seza sur bgierras ouuas, (2) cun aquæla haun aruffianô l's araigs de la terra, et sun inauriôs aquels chi staun sur terra cun l'g uin da sieu pittanœng. (3) Et l'g spiert m'ho purtô ilg deserd. Et hæ uis üna duonna seziand süü üna bestchia cuotsthna plaina d'nums de la blastemma, chi ho set testas et dijsth(s)

corns. (4) Et la duonna era uestida d' purpur et d' sckiarlatta, et era sardurêda (sic) cun our, et cun pedra preciusa, et cun perlas, et hauaiua in sieu maun ün bachiêr d'ôr, plain d'huribles chiôses e d' spurchijnscha de la sia luxürgia. (5) Et in sieu frunt era scrit l'g num : L'g Secret, Babijlon granda mamma delg pittanœng, et da las horiblas chiôses de la terra. (6) Et hæ uis üna [855] duonna aiura dalg saung dals sæncs, et dalg saung dals matters da Iesu. Et eau m'hæ stmürafgliô cura ch' eau hæ uais aquella cun üna granda mürauæglia. (7) Et l'g aungel dis â mi: per che hæst müraueglia? Eau uœlg dir â ti l'g segret de la duonna, et da la bestchia chi port' aquella, quæla chi ho(t) set testas et dijsth corns. (8) La bestchia, quæla che tü hæs uis, es stêda et nun es, et uain â gnir sü delg abijs, et uain ad ir in perdizun, et uignen â s'astmürafgliêr tuot aquels chi staun in terra : da quæls lur nums nu sun scrits ilg cudesth de la uitta, dalg mund creô innó, ueziand la bestchia, quæla chi era et nun es. (9) Et aqui es l'g inclijt, quæl chi ho sabbijnscha. Las set testas sun set munts, sur quæls chi seza la duonna, et sun set araigs. (10) Schinc sun tumôs, et ün es aunchia, et liôter nun es aunchia gnieu. Et cura chel uain, schi stouua el stêr poick tijmp. (11) Et la bestchia quela chi era et nun es, et aquel es l'g uttæuel, et dals set, et uain ad ir â gippiri. (12) Et l's dijsth corns quæls che tü hæs uis sun dijsth araigs quæls chi nun haun aunchia arfschieu l'g ariginam. Mu els uignen ad arschaiuer la pusaunza sco araigs in ün' hura cun la bestchia. (13) Aquels haun tuot ün cuselg et daun lur uirtüd et pusaunza â la bestchia. (14) Aquels uignen â cumbatter cun l'g agnilg. Et l'g agnilg uain â l's uainscher : per che el es l'g signer dals signuors, et araigs dels araigs. [856] Et aquels chi sun clamôs cun el, et elets, et fidels, (15) Et el dis â mi : Las ouuas, quælas che tü hæs uis, innua chi seza la pittauna, sun l's pouuels et la lieud, et l's paiauns et las leaungias. (16) Et l's dijsth corns, quæls che tü hæs uis in la bestchia, aquels chi uignen ad hauair in œdi la pittauna, et uignen â fêr ella deserta et nüda, et uignen â magliêr sia chiarn, et uignen â la brüschêr cun fœ. (17) Per che deus ho dô in lur cours, che faschen aqué chi plêscha agli, et che faschen üna uœglia et che detten lur ariginam â la bestchia, infina che uain cumplieu la uerua da dieu.

d'üngiüm uaschilg d' lain precius né d'lutun, né d'fler né d'marmel (13) né cinamonum, né d'chiôia sauurida, né d'hüt, né inschais né uin né œli né da la flur d'farina né furmaint né giumains né nuorsas né chiauals né chiarettas né d'sckiefs né da las hormas da la lieud. (14) Et l's pums delg ariginam de la tia horma sun partieu our da te. Et tuotta grascha et tuottas bellas chiôsas sun passêdas uia â ti, et nu uainst huossa plü â las acchiatêr. (15). L's merchiadauns da quaistas chiôses, quæls chi sun fats aricks, uignen â stêr da lœnsth dad ella, par temma da sieu turmaint, cridant, planschant, (16) et dschant: Væ, uæ ad aquella granda cittêd, quęla chi era uestida cun buchiaschin, cum sckiarlatta et era cun saida, et era sardurêda cun or et cun pedra preciusa et cun perlas. (17) Per che in ün' hura sun é abandunêdas tauntas arichezzas. Et scodün guuernadur da nêfs, et la cumpagnia tuotta da las nêfs, et nautijrs, et chi lauuran ilg mêr, sun stôs da lœnsth: (18) et haun clamô uezìand l'g l'g füm da sieu arder dschant: Quęla era sumgiaunta ad aquella granda cittêd? (19) Et haun mis puolura sü lur chiôs et haun clamó cridant et planschant: Væ uæ, aquella granda cittêd, in aquęla che sun gnieus aricks, tuot aquels chi [859] hauaiuen nêfs ilg mêr da lur pritsths, per che in ün' hura es ella abandunêda (éd. abundunêda. (20) 'S'allegró sur aquella, l'g schil, et saincs apostels et profets, per che deus ho giüdichiô uos giüdici dad ella. (21) Et ün ferm aungel prandét sü üna pedra sco üna granda muola et la bittó ilg mêr dschant: cun aquaista früza uain â gnir bittêda aquella granda cittêd Babylon, et nu uain plü mæ â s'acchiatêr. (22) Et la uusth da quels chi sunan las cytras et dals chiantaduors et da quels chi sunan tiucls, et la tüba, nu uain â gnir udida plü in te, et scodün artischaun, da quæl art chi saia, nu uain â s'acchiatêr plü in te. Et la uusth dalg mulin nu uain â gnir udida plü in te. (23) et la liüsth da la glimijra nu uain â dêr plü clêr in te, et la uusth dalg spus et de la spusa nu uain aqui dsieua â gnir udida in te: par che tes merchiadauns eran princips de la terra: par che tuots pouuels sun sur[u]ieus in tes zœbers, (24) et in ella es acchiattô l'g saung dals profets et dals sæncs et da tuots aquels chi sun stôs amazôs sur terra.

Cap. XIX

(1) Dsieua aquellas chiôses hę eau udieu üna granda uusth da bgierra lieud in schil, chi dschaiua : Alleluia l'g salüd et l'hunur et la glœrgia et pusaunza â dieu nos signer (2) per che ses giüdicis sun uairs et giüsts, per che el ho giüdichiô da la granda pittauna, quæla chi ho cun sicu pittanœng guastô la terra, et ho fat uandetta [860] dalg saung da ses famalgs our dalg maun da quella. (3) Et darchiô dissen é : Alleluia. Et l'g füm giet sü saimper et saimpermæ. Et s'bittaun giu l's uainc e quater seniours et l's quater alimeris, et aduran dieu chi sezaiua sülg trun, dschant : amen, alleluia. (5) Et es ieu üna uusth our delg thrun dschant : dsché lôd â nos dieu, tuots sæncs, et aquels chi tmais dieu, pitschens et grands. (6) Et hæ udieu la uusth dad ün grand pœuel, sco la uusth da bgierras ouuas, et sco la uusth da grand thuns, dschant : Alleluia, per che nos signer deus omniputaint ho regnô. (7) N's allegrain et stain lêds et dain glœrgia â dieu, per che é sun gnieu las nuozzas dalg agnilg et la sia mugliêr s'ho parderschida. (8) Et es agli dô, chella s'uijsta cun buchiaschin l'g plü net et l'g plü fin, per che l'g buchiaschin sun las giüstificatiuns dals sæncs.(9) Et dis â mi : scriua : biôs sun aquels chi sun clamôs â la[s] nuozzas dalg agnilg. Et dis â mi : Aquaista uerua da dieu sun uaira. (10) Et eau sun tumô giu auaunt ses pes per l'g adurêr. Et el dis â mi : guarda che tü nu faschas. Eau sun famalg cun te et cun tes frars, quęls chi haun la testimuniaunza da Iesu. Adura dieu. Per che la testimuniaunza da Iesu es l'g spiert de la profeciæ. (11) Et eau hæ uis l'g schil auert, et uhé ün chiaualg alf : et ün chi sezaiua sün el : chi hauaiua num fidel et uræst, et cun iusticia giüdichia et cumbatta. (12) Et ses œilgs er-[861]-ran sco flamma delg fœ, et in sieu chiô eran bgierras curunas, et hauaiua ün num scrit d'ingiün nu so ôter co el, (13) et era uesticu cun üna uesckimainta titta cun saung. Et l'g num uain anumnô l'g plêd da dieu. (14) Et l's exercits chi sun in schil giaauen dsieua el cun chiauals alfs, uestieus cun bucchiaschin alf et net : (15) et our da sia buocchia gniua üna spêda tagliainta dad amanduos mauns, par chel

batta cun aquella l's paiauns. Et uain ad arischer aquels cun úna perchia d'fier, et el sues uain à chialchiêr l'g tuorchiel da la fürgia et da l'ira delg omniputaint dieu.(16) Et ho in sia uesckimainta et in sia cuossa scrit ün num : Araig dels araigs et signer dals signuors. (17) Et hæ uis ün aungel stand ilg sullailg, et clamand cun granda uusth dschant à tuot utschels quæls chi sthuolan par meza l'g schil : Gni et 's araspó à la schaina da dieu, (18) che uus maglias las chiarns dels araigs e las chiarns dels chiapitaunis e las chiarns dels pusauns, et las chiarns dels chiauals et da quels chi seza[n] sün els, et las chiarns da tuot libers et famalgs, et d'pitschens et grands. (19) Et hæ uis la bestchia et l's araigs de la terra, et lur exercits araspôs par fêr battaglia cun aquel chi sezaiua sülg chiaualg et cun sieu exercit. (20) Et la bestchia es appigliêda et cun ella l'g pseudoprofet quæl chi hauauia fat isainas auaunt ella, [862] cun aquælas chel hauaiua surmnô aquels chi hauaiuen arfschieu l'g signêl de la bestchia, et aquels chi haun adurô sia immêgina. Et aquels duos sun bittôs uifs ilg leich del fœ, chi arda cun suolper, (21) et l's ôters sun amazôs cun la spêda da quel chi seza sü l g chiaualg, quæla chi uain our da sia buocchia, et tuot uschels sun as adu'ôs da lur chiarns.

Cap. XX

(1) Et hæ uis ün aungel gniand giu da schil chi hauaiua la clêf delg Abys, et üna granda chiadaina in sieu maun. (2) Et appigliò l'g drauun l'g uijlg serpaint, quælchi es l'g diauel, et satanas, et l'g liò par milli ans, (3) et l'g bittó ilg abys, et l'g sarró alaint, et isagló sur el, chel nu surmaiua plü la lieud, infina che gnissen cumplieus l's milli ans. Et dsieua aqué stouua el gnir ün po d'ün tijmp dsthliô, (4) et eau hę uis l's sizs et sun sazieus sur aquels, et es ad els dô giüdici, et las hormas da quels chi sun sckiauazôs parmur de la testimuniaunza da Iesu, et parmur dalg plêd da dieu, et aquels chi nun haun adurô la bestchia né la sia imêgina né arfschieu la sia nuoda in lur fruns u in lur mauns, et sun uiuieus et haun aregnô cun Christo milli ans. (5) Aquaista es la prümma aresüstaunza. (6) Biô et sænc es a-[863]-quel chi ho part in la

prümma aresüstaunza. Et in aquels la seguonda mort nun ho
pusaunza, dimperse els uignen ad esser sacerdots da dieu et
da Christi, et uignen ad aregnêr cun el milli ans. (7) Et cura
che sun cumplieus l's milli ans, schi uain satanas alargiô da
sia praschun, (8) et uain ad ir oura par chel surmaina la lieud,
quæla chi es sü l's quater chiantuns de la terra. Gog et Ma-
gog et chel araspa aquels in battaglia, da quels lur inumber es
sco l'g sablun delg mêr, (9) et sun ieus sü l'g læl de la terra,
et incrasaun aint l'g chiamp dals sæncs et la cittêd chiêra. Et
es gnieu giu l'g fœ da dieu da schil, et ho traundieu aquels,
(10) et l'g diauel quæl chi surmnêua aquels, es bittô ilg leich
delg fœ et delg suolper, innua che la bestchia et l's fôs profets
uignen appaschiunôs d'di et d'not saimper et saimpermæ.
(11) Et hæ uis ün grand thrun et alf, et ün chi seza sün el, da la
uezüda da quæl chi fügia la terra et l'g schil, et nun es
acchiattô ad els lœ. (12) Et hæ uis grand morts et pischens
stant in la uezüda da dieu et l's cudesths sun auerts, et ün
ôter cudesth de la uitta es auert, et l's morts sun giüdichiôs
our da quellas chiôses chi eran scrittas ils audesths suainter
lur houres : (13) l'g mêr ho dô (do) l's muorts, quels chi eran
in el, et la muort et l'g infiern haun dô aquels chi eran in els,
et [864] es da scodün da quels giüdichiô suainter lur houres.
Et l'g ifiern et la mort sun bittôs ilg leich delg fœ. Aquaist es
la mort seguonda, (15) et aquel chi nun es acchiattô scrit ilg
cudesth de la uitta, aquel es bittô ilg leich delg fœ.

Cap. XXI

(1) Et hæ uis l'g schil nuof et la terra nuoua. Per che l'g
prüm schil et la prümma terra era sinida et l'g mêr nun era
huossa. (2) Et eau Iohannes hæ uis la sænchia cittêd nuoua
Hierusalem gniand giu da schil parderta da dieu sco üna spusa
affitęda â sieu marid. (3) Et hæ udieu dalg thrun üna granda
uusth, dschant : Uhé l'g tabernacquel da dieu cun la lieud, et
uain ad habitêr cun els. Et els pouuels uignen ad esser ses.
(4) Et deus uain â terscher scodüna larma giu da lur œlgs. Et
la mort nu uain ad esser plü né plaunt né bragizzi, né plü dulur,
per che las prümmas sun tirêdas uia. (5) Et aquel chi sezaius

ilg thrun dis : Uhé eau fatsth tuottes chiôsas nuouas. Et dis â mi : Scriua, per che aquaista uerua es fidela et uaira. (6) Elg es fat. Eau sun alpha et omega, l'g cumainzamaint et la fin. Eau uœlg dêr par amur ad üni chi ho sait da la funtauna de l'ouua uiua. (7) Aquel chi la uainscha uain â possidair tuot, et eau uœlg esser ses deus et [865] el uain ad esser â mi filg. (8) Mu als tmuos et als mel crettaiuels et als horribels et als humicidiers et als pittanijrs et als zoebers et idolaters et â tuots mansnêrs, lur part uain ad esser ilg leich chi arda cun fœ et suolper, quæl chi es la mort seguonda. (9) Et uen tiers me ün dals set aungels, da quels chi bauaiuen las set tazzas plai- nas da las set las plü dauous plêias, et ho fafiô cun me, dschant. uitten et ea[u] uœlg amussêr â ti la spusa muglier delg agnilg: (10) Et l'g spiert m'purtó sün ün grand munt et hôt, et mussó â mi la granda citêd Hierusalem sænta, gniand da dieu giu da schil, (11) chi hauaiua la claritæd da dieu. Et la sia liüsth era sumgiaunta â ha pedra la plü preciusa sco â Iaspidi chi trêia â christalg : (12) et hauaiua ün grand mür et hôt, et hauaiua dudesth aungels : et l's nums scrit[s] sü sura, quæls chi sun l's nums da las sclattas dals filgs da Israel, (13) da damaun uard trais portas, dad' üngiün' hura trais portas, da mezdi trais portas, da saira uard trais portas : (14) et l'g mür de la cittêd, chi ho dudesth fundamains, et in aquels fundamains dudesth nums dals apostels delg agnilg. (15) Et aquel chi fafiêua cun me hauaiua üna imzüra, üna chianna d'or, par imzurêr la cittêd et las sias portas et sieu mür. (16) Et la cittêd es [866] missa in quędar, et la sia lungeza es inguæl taunt sco la ledezza : et el ho imzürô la cittêd cun la chianna d'ôr par dudesth milli stêdis, et la sia lungezza et hutezza et ledezza eran inguêlas. (17) Et ho imzurô l'g mür da quella, schient quaraunta quater bratsths muots, l'imzüra e[r]a d'ün hum, quæla chi es dalg aungel. (18) Et la mürêda delg mür era d'Iaspide. Mu ella cittêd era d'ôr net, sumgiaunt ad ün net uaider, (19) et l's fundamains delg mür de la cittêd eran hür- nôs sü cun imünchia pedra preciusa. L'g prüm fundamaint (éd.—ains) era Iaspis : l'g seguond Saphir : l'g ters Calcedo- nius : l'g quart Smaragdus : (20) l'g quint Sardonyx : l'g sijsæuel Sardius : l'g settæuel Chrysolitus : l'g uttæuel Beril- lus : l'g nuêuel Topazius : l'g dijsthæuel Chrysoprasus : l'g ündascheuel Hyacintus : l'g dudastheuel Ametystus. (21) Et dudesth portas sun dudesth perlas, in imunchia porta era üna perla. Et la plazza de la citêd era ôr net, sco ün uaider liüschaint. (22) Et eau nu hæ uis taimpel in aquella : per che l'g signer deus omniputaint et l'g agnilg es l'g taimpel da quella (23) Et la cittêd nun ho bsüng né d' sullailg né d' liüna par fêr dêr in aquella : per che la claritæd da dieu fo liüsth in ella et la sia glimijra es l'g agnilg. (24) Et l's pouuels chi sun saluôs uignen â chiaminêr in aquella cun la sia liüsth, et l's araigs de la [867] terra uignen â mnêr aint in ella la lur glœrgia. (25) Et lâs sias portas nu uignen â gnir sarrêdas traunter di. Per che alló nu uain ad esser not. (27) ([1])Et nu uain ad ir aint in aquella ünqualchiôsa chi la brudgia u chi fatscha sthgrischur, et manzœgnia : mu sulettamang aquels chi sun scrits ilg cudesth de la uitta delg agnilg.

Cap. XXII

(1) Et amussó â mi ün flüm pür d'ouua uiua chi liüschiua sco ün crystalg, quæl chi gniua oura dalg agnilg. (2) In miz la sia plazza, et dad amanduos uards dalg flüm l'g lain de la uitta, chi purtêua dudesth früts, dant sieu früt inmünchia mais, et la fœglia delg lain â la sandæd della lieud. (3) Et üngiüna chiôsa maledida nu uain ad esser plü : mu l'g thrun da dieu et del agnilg uignen ad esser in quella et ses seruiains uignen â seruir agli. (4) Et uignen â uair la sia fatscha, et sieu num in lur fruns. (5) et nu uain ad esser plü not. Et las glimijras nun haun bsüng d' liüsth né da la liüsth del sullailg : par che l'g signer deus fo liüsth ad els, et uignen ad aregnêr saimper et saimpermæ. (6) Et dis â mi : Aquaista es uerua fidela et uaira. Et l'g signer deus dals sæncs et dals prophets ho tramis sieu aungel ad amussêr â ses famalgs aquellas chiôses chi stouuan duantêr bôd. [868] (7) Et uhé eau uing praist. Biô es aquel chi salua la uerua de la profetia da quaist cudesth. (8) Et eau Ioannes quæl chi hæ udieu et uis aquaistas chiôses. Et dsieua ch' eau hæ udieu et hæ uis, schi m' hæ eau bittô giu

[1] Le verset (26) manque.

par adurêr auaunt l's pes delg aungel, quel chi amussêua â mi aquaistas chiôses. (9) Et dis â mi : Guarda che tü nu fatschas, per che er eau sun famalg cun te et cun tes frars profets et cum aquels chi saluan la uerua de la profetiæ da quaist cudesth. Adura dieu. (10) Et dis â mi : Nun isaglêr la uerua de la profetiæ da quaist cudesth. Per che l'g tijmp es ardaint. (11) Aquel chi nuostha, nuosth' aunchia : e aquel chi es brudi, brudgi' aunchia : et chi es giüst, uigna aunchia giüstischô : et l'g sænc uigna aunchio santifichiô : (12) et uhé eau uing bôd, et mia paiaglia es cun me, par ch' eau detta â scodüni, suainter che uain ad esser la sia houra (ed. huora). (13) Eau sun (sun) alpha et omega, l'g prüm et l'g plü dauous, l'g principi et la fin. (14) Biôs aquels chi saluan ses cumandamains, che lur pusaunza saia ilg lain de la uitta, et che giaien aint in la cittêd três las portas. (15) Mu our dadoura l's chiauns et l's zæbers, et l's spourgs et l's homicidiers, et chi seruan als idols, et scodün chi amma et fo la manzœgna. (16) Eau Iesus hæ tramis mieu aungel, chel detta â uns testimuniaunza in las baselgias da [869] quaistes chiôses. Eau sun la risth et la sclatta da Dauid, la staila starliüschainta et diauna. (17) Et l'g spiert et la spusa dian : uitten. Et aquæl chi ôda, dia : el uain. Et chi ho sait, uigna : et chi uuol, d' prend' ouua de la uitta par dun. (18) Per che eau protest â scodüni chi ôda la uerua de la profetia da quaist cudesth. Sch' ünqualchiün metta tiers ad aquaistas chiôsas, che deus uain â metter sur el las plêias scrittas in aquaist cudesth. (19) Et sch' ünqualchiün inminuescha de la uerua da quaista profetia, deus uain ad aluêr uia la sia part our delg cudesth de la uitta, et de la cittêd sænta, et our da quella[s] chiôses chi sun scrittas in aquaist cudesth. (20) Disth aquel chi do testimuniaunza da questes chiôses : Schert eau uing bôd. Amen. Schi, uitten, signer Iesu. (21) La gracia da nos signer Iesu Christi saia cun uus tuots. Amen.

ET EAV STEVAN ZORSCH

CHIATAUNI DA CHIAMUASTHCH HÆ AGIUDO

STHQUISCHER DELG

AN. 1560

J. Ulrich.

LA CHRONIQUE FRANÇAISE DE MAITRE GUILLAUME CRETIN

(Suite)

69 r°-71 r°. XXII. Childebert se brouille avec Gontran, et demande l'alliance de Chilpérich. — Après une première bataille gagnée par Gontran, les armées se trouvent derechef en présence, et une affreuse mêlée semble inévitable. La paix est cependant conclue grâce à l'entremise de quelques hommes sensés. — 71 v°. Chilpérich déclare qu'il punira de mort ceux de ses gens qui enlèveront leurs biens aux campagnards. — 72 r°. Il tue de sa propre main un seigneur qui n'a pas tenu compte de cet ordre. Réflexions du poète à ce propos.

Si n'affiert pas qu'ung roy de noble cueur
Soit du meffait luy mesme executeur,
Mais quant il est question que gensdarmes
Sus peuple font si terribles vacarmes, —
Jusques à tout leur bien prendre et piller,
Batre, fouller aux piedz et houspiller,
Et beaucoup pis que mortelz adversaires, —
Je dis qu'on doibt ordonner commissaires,
Hommes feaulx et notables, pour veoir
Les grandz excès qu'on fait et y pourvoir,
A ce que bruyt de tel murmur s'efface...
On dit assez, mais querez qui le face !

73 r°. XXIII. De sinistres présages annoncent l'approche d'une épidémie. — 73 v°. Le fils de Chilpérich succombe, et le roi impute son infortune aux maléfices de Mommolin, qui avait, la chose est notoire, des rapports avec les sorcières.

Si m'esbahis qu'homme de tel credit
Tant forvoya, veu ce que l'escript dit,
Qu'il s'accointa de truandes sorcieres,
Et leur donna force rentes foncieres
Affin d'avoir le sang des innocens

Pour le servir, hors raison de bon sens,
A charmes, sortz, mixtions de bruvaiges,
Dont il usoit en façons moult saulvaiges.
Lors, pour le faict de ceste mesprison,
Fut detenu en estroicte prison.
Puys, veuz les cas si enormes, infames
Et excessifz de ces vilaines femmes,
Par le recit de leurs confessions,
On avança les executions,
Et entre mains des bourreaux delivrées
74 r° Furent par force a chevaulx desmembrées.
Sur ce, le roy Mommolin fist lier
Estroictement et batre a ung pillier,
L'interroguant de la faulte commise
Dont luy estoit fort grande coulpe mise,
Et, par exprès, luy enquist quelz prouffitz
Avoit receuz a la mort de son filz :
A quoy rendit response vaine et crue,
Disant qu'au faict de ceste mort mescreue
N'y entendoit aulcun mal ne sçavoit,
Mais, quelques fois, sortz et charmes avoit
Bien praticquez, affin d'avoir sa grace
Pour enrichir luy et toute sa race.
Sans autrement l'affaire discuter,
Voult Chilperich le faire executer,
Et si ne fust la priere humble et doulce
De Fredegonde, il avoit la secousse ;
Mais tant requist pour luy et supplia
Qu'en sa faveur le roi a ce plia,
Et le remist a pleine delivrance.
Si n'eut il pas pourtant la recouvrance
De sa santé, car ses membres cassez
Des maux receuz furent trop plus qu'assez ;
Par tant d'ennuyz, tristesses langoureuses,
Tourmentz et griefz de peines douloureuses
74 v° Qu'eut en prison, en trois ou quatre pas
Franchit le sault de l'extreme trespas.

XXIV. Frédegonde donne le jour à un autre fils. — 75 r°. Il reçoit

le nom de Clotaire. — Réjouissances publiques. — 75 v°-76 r°. La naissance de cet enfant n'empêche pas le roi d'être accablé de soucis. Il cherche de la distraction, et se rend à Chelles pour y goûter les plaisirs de la campagne... Malencontreuse inspiration !

77 r°. XXV. Advint un jour, comme desir pourchace
L'homme au plaisir et deduyt de la chace,
Ce roy voulut a l'assemblée aller
De grand matin, pour luy mesmes bailler
Le cerf aux chiens et le veoir courre a force.
Or de malheur (ainsi qu'on se parforce
Aulcunes fois quelque chose esprouver
Qu'on ne devroit vouloir jamais trouver)
Passant parmy une chambre seconde,
Il veit couchée en son lict Fredegonde
Qui devers luy le doz tourné avoit,
Mais estre la present ne le sçavoit.
En se jouant, sans mot dire, luy gecte
De sa houssine et legiere vergette
Ung petit coup seullement sur le doz,
Par quoy lascha de sa bouche ces motz:
« Laisse, Landry. Qui te donne, dist elle,
De me frapper la hardiesse telle ? »
Sur ce le roy passe oultre et aux tesmoings
Ne sonna mot, si n'en pensa pas moins,
Car il entra en une frenaisie
De grosse, lourde et forte jalousie,
Dont, pour passer tel ennuy, s'en alla
Courre le cerf.
Or, entendez cela
Que Chilperich, contre le loz et fame
77 v° De preudhommie, entretenoit la femme
De ce Landry du palais gouverneur,
Et luy aussi la royne par honneur,
Sans regarder au cas de griefve coulpe,
Faisoit au roy de mesme et tel pain souppe.
Lors Fredegonde, ayant en soy pensé
Avoir très fort son mary offensé,
Secretement par une damoyselle

Manda Landry soudain venir vers elle.
Luy arrivé, a regretz, plainctes, pleurs
Et grandz souspirs, descouvrit ses douleurs,
Disant : « Landry, si ores plaings et pleure,
C'est a bon droit. Bien doibz mauldire l'heure
Qu'oncques me veis. Le fier dard qui tout mord,
Par mon deffault, te rendra tantost mort ;
N'avise plus vivre au monde, mais pense
De ton sepulchre ! O quelle recompense
As tu d'avoir accomply mon desir :
C'est dure mort qui ton cueur vient saisir,
Las, aujourd'huy ! Je, povre malheureuse,
Ay dicte au roy parolle douloureuse ;
J'ay dict un mot, cuydant parler a toy,
Duquel congnoist la foy que je lui doy
Par mariaige avoir esté brisée,
Dont je seray a tousjours desprisée. »
78 r° En recitant ce qu'avoit dit au roy,
Tumba Landry en piteux desarroy ;
Triste, tremblant, pale, piteux en face
Et douloureux au cueur, ne scet qu'il face ;
Attainct de dueil, comme prest de pasmer,
Ne peult parolle ouvrir ny entamer,
Et bien long temps en la place demeure
N'actendant fors le coup dont fault qu'il meure ;
Hors de propos, perturbé en son sens,
Ses vertueux effors renduz absens,
Tout eslongné de sa force virile,
Et joincte a luy foiblesse puerile,
Ja sembloit mort et a demy transy.
Lors, le voyant ceste femme estre ainsi,
Luy entrouvrit son arriere bouticque
De criminelle et meurdriere praticque,
Et dit : « Amy, se voulons esviter
Peril de mort, force est gentz inviter
Et convier par presentz de pecune
A nous ayder : maniere n'y voy qu'une,
C'est que le roy, quant il va quelque part,
(Mesmes chasser) tousjours retourne tard

Pource te fault praticquer gentz de care
Qui coups mortelz donnent sans dire gare,
Ausquels feras ouffres, a plains bandons,
78 v° De grandz tresors, richesses et beaulx dons,
A ce qu'au soir leurs forces esvertuent
Et que celluy, a son arriver, tuent
Par qui nous sont telz dangiers presentez,
Desquelz serons, ce jour propre, exemptez.
Soit or qu'on parle ou qu'on s'en vueille taire,
Par le moyen de nostre filz Clotaire,
Nous deux pourrons du royaulme jouyr
Paisiblement et nos cueurs esjouyr. »
Le conseil pris de ceste desloyalle
Trop desrogante a majesté royalle,
Soudainement Landry trouva marchantz.
Mais quelz? Helas! vains, lasches et meschants,
Gentz duitz a sang et acharnez pour telles
Effusions mener a fins mortelles.
Marché tranché, fut complot pris et fait
Rendre a ce soir le roy mort et deffait;
Et tout ainsi que les paillardz promirent,
Luy arrivant, bien attistrez se mirent
Au propre lieu ou descendre debvoit.
La, congnoissantz que peu de gentz avoit
Auprès de luy pour l'emprise deffendre,
Et qu'estoit nuict, de glayves luy vont fendre
Et entamer les trippes et boyaulx.
Luy tombé mort, les traistres desloyaux
79 r° Et faulx meurdriers, affin qu'improperée
Ne leur fust faulte, a voix desesperée
Crierent tous en courant ça et la:
« Le roy est mort! Son nepveu a cela
Le renge et mect! » Par parolles semblables
Ne furent veuz estre du faict coulpables.
La court esmeue a ce bruit grand et fort,
Tout plain de gentz firent entier effort
D'aller après les aucteurs de ce crime,
Dont maintz d'entre eulx jusques lendemain prime
Coururent, mais, nonobstant leurs affustz,

Sans rien trouver retournerent confuz.
Si tost que fut la chose revelée
A Fredegonde, en sorte escervelée
Alla criant, gemissant, souspirant,
Tordant les braz et ses cheveulx tirant,
Comme a monstrer, par plaincte violente,
Estre très fort angoisseuse et dolente,
Mais de cela mentoit, voire a veue d'œil.
Quoy que la bouche en monstrast avoir dueil,
Si en rioit son cueur, pensant l'emprise
Avoir * sorty effect de bonne prise.
Aussi Landry, en faisant l'ignorant,
Mena grand dueil pour l'avoir a garand
Et luy donner convenable subside
79 v° Contre ce vil et horrible homicide.

iillaume Cretin insiste sur la méchanceté des assassins, puis il esse que la victime n'avait, somme toute, que trop mérité son — 80 r°-81 r°. Vices de Chilpérich. Son épitaphe.

: r° et v°. XXVI. Gontran accepte la tutelle de son neveu Clo-, et il promet aux Parisiens de respecter leurs franchises. — 83 'hildebert lui envoie une ambassade pour réclamer des places prétend siennes. Violente réponse de Gontran. — 83 v°-84 v°. e et fin de la réponse. Les députés répliquent aigrement. — 85 r°. es chasse. — Frédegonde, qui voit avec douleur la prospérité de ıechilde, dépêche, mais inutilement (85 v°), un meurtrier à sa e. — 86 r°. L'un de ceux qui ont tué Chilpérich est puni.

r°-88 r°. XXVII. Gondouault [Gondowald], qui se prétendait égitime de Clotaire [1er], encore qu'il ne fût que bâtard, réclame ntran, par ambassade, une part de l'héritage paternel. Au mépris roit des gens, Gontran maltraite les messagers, et recherche ite (88 v°-89 v°), pour repousser l'usurpateur, l'alliance de Chil-rt. Les deux rois s'engagent à agir ensemble. — 90 v°-92 r°. /III. Ils assiègent Gondouault dans une forteresse réputée impre-e, mais ils le décident, au moyen d'une fausse lettre, à quitter citadelle, à partir pour Bordeaux. Là, il est pris et massacré. !uelque temps plus tard, Gontran s'éteint, plein de gloire.

r°-94 v°. XXIX. Childebert déclare la guerre à Landry et à

ds : *Avoit.*

x du guect les apperceussent,
omme si de vray sceussent
et chevaulx
es grandz travaulx
ty contraire
t attraire
mpnus ;
qui sont nudz,
alarmes,
meilleures armes,
verent surpris
ant morts, navrez que pris,
rveilleuse deffaicte.
telle sorte faicte
stre a quelle utilité
lain de subtilité :
vault mieulx que force.
ses forces ja n'efforce
n'y va bien d'aguet.
jamais ne fist bon guect.
de et Landry (dit l'histoire)
e y obtiendrent victoire,
on luy, mais mieulx ses gentz)
comme sotz negligentz,
ns eulx povoir deffendre,
nembres et testes fendre.
du conflict eschappez,
urent touchez, happez
tresors, biens et tentes,
et selon les ententes
et du seigneur Landry,
oir leur honneur amoindry,
us les departirent,
ntz et joyeulx se partirent.

s contre la Lombardie, puis (96-v°) con-
t le frappe en chemin. — 97 r°. Toutes
pas le nom de Childebert, mais Cretin
a plus générale.

Frédegonde, qui habitaient alors Soissons. La reine lève des troupes, et les anime par une harangue. — Bataille.

La, Fredegonde entre ses braz porta
Le roy son filz, ou bien se comporta
Selon vertu de femme encouraigée,
Car, comme estans a bataille rengée
Gensdarmes prestz ungs sus autres charger,
Marcha devant pour les encouraiger.
Est il vivant a qui le sang ne mesle
Voyant son roy alaictant la mamelle
Ja au conflict de bataille estre mys,
Contre le choc de si fortz ennemys?
Homme ne sçay, sans porter quelque honte,
Qui lascheté luy fist.
Or, dit le conte,
95 r° Qu'après avoir maint souldart abatu
Et tout le jour vaillamment combatu
Jusqu'a soleil couchant, de plaine traicte,
Fist commander Landry sonner retraicte
En la forest qui assez près battoit
Du lieu ou l'ost de Childebert estoit.
La sejourna ceste nuict son armée,
Non pour debvoir estre en riens desarmée
Ny a long somme aulcun laisser flechir,
Mais pour ses gentz et chevaulx refreschir.
Lors Fredegonde, a heure non suspecte,
Fist desloger gensdarmes sans trompette
Et, sans ouyr d'aulcunes voix le son,
De main a main chanta ceste leçon
Que de tout l'ost n'y eust personne franche
Qui ne portast de ramée une branche,
Voulut aussi que tout homme l'aval
Une campane, au col de son cheval,
Pendist affin des ennemys surprendre
En desaroy, et tous vaincuz les rendre.

. . . .

Ainsi tout doulx approucherent du parc
95 v° Des ennemys, n'en restant qu'ung traict d'arc

Sans ce que ceulx du guect les apperceussent,
Rien ne doubtans comme si de vray sceussent
N'y avoir fors la forest et chevaulx
Prenans pasture. Or, pour les grandz travaulx
Qu'au jour devant ceulx du party contraire
Avoient portez, fort bien les sceut attraire
A longuement dormir le dieu Sumpnus ;
Et, ce matin, comme gentz qui sont nudz,
Non esperans avoir aulcuns alarmes,
Tous despouillez de leurs meilleures armes,
Si très soudain se trouverent surpris
Qu'au descharger, tant morts, navrez que pris,
De gentz y eut merveilleuse deffaicte.
L'invention de telle sorte faicte
Donne a congnoistre a quelle utilité
Tourne esperit plain de subtilité :
Subtilité (dit on) vault mieulx que force.
Qui n'a bon sens ses forces ja n'efforce
A guerroyer, s'il n'y va bien d'aguet.
Homme endormy jamais ne fist bon guect.
La, Fredegonde et Landry (dit l'histoire)
Par bonne astuce y obtiendrent victoire,
Et Childebert (non luy, mais mieulx ses gentz)
Par trop dormir comme sotz negligentz,
96 r° Ainsi deffaictz sans eulx povoir deffendre,
Se veirent lors membres et testes fendre.
Bien peu ou nulz du conflict eschappez,
En ung instant furent touchez, happez
Et butinez leurs tresors, biens et tentes,
Tout au plaisir et selon les ententes
De Fredegonde et du seigneur Landry,
Qui, pour ne veoir leur honneur amoindry,
Egallement a tous les departirent,
Dont fort contentz et joyeulx se partirent.

Childebert tourne ses armes contre la Lombardie, puis (96-v°) contre la Bourgogne. — La mort le frappe en chemin. — 97 r°. Toutes les chroniques ne lui donnent pas le nom de Childebert, mais Cretin s'est conformé à la tradition la plus générale.

98 r°-99 r°. XXX. Frédegonde s'empresse d'attaquer Théodebert et Théodorich, les deux fils de Childebert, et ils sont vaincus par le jeune Clotaire aidé de Landry. Mais ce fut le dernier triomphe de cette reine terrible. Elle ne tarda point à expirer, et on l'ensevelit auprès de son mari Chilpérich. Sont-ils, se demande notre auteur, en paradis l'un et l'autre ?

Se leurs corps sont falerez, diaprez
Et preservez de caducques molestes,
Et ames sont aux royaulmes celestes,
C'est un grand cas ! Dieu est misericors,
Mais, veuz les maulx par eulx mys en recordz,
Je suys d'avis qu'il est bien difficile
Qu'en leur salut nostre espoir ne vaxile.
De ceste femme on escript tant d'excès
Qu'ilz font doubter l'ame, après son decès,
Avoir souffert grand peine en purgatoire,...
Se pis n'y a. Peu d'œuvre meritoire
Et beaucoup vice en sa vie a commys ;
Son cueur cruel ne souffrit homme mys
Et loing gecté hors la saincte amour d'elle
Qu'il n'en receust playe afflicte et mortelle ;
Cruelle en ire, ireuse en cruaulté,
Traytresse en dol, double en desloyaulté,
Tant estoit qu'oncq ne fut rassasiée
D'espendre sang ; elle, fantaisiée,
Peuples et gentz innocens tourmentoit,
99 v° Et lourd travail sus leur mal augmentoit.
Ung cas commist que grandement deteste
Quant fist navrer l'archevesque Pretexte
Disant la messe au sainct temple de Dieu,
Lors que d'exil fut remys en son lieu :
Mort en receut, dont le tiens mys au roolle
Des sainctz martirs meritans l'aureolle.
Maintz autres maulx fist elle, et ne sçay pas
Si bien en fut contricte a son trespas. —
Celluy Seigneur qui de tous faictz dispose
Le vueille ainsi, affin qu'au ciel repose !

100 v°-103 r°. XXXI. Poussés par Brunechilde, Théodebert et

Théodorich déclarent la guerre à Clotaire, et lui imposent un traité onéreux. — Luttes de Landry et de Berthault [Berthoald]. Ce dernier finit par succomber, mais ses compagnons le vengent.

104 r°-106 r°. XXXII. Brouille entre Théodorich et son frère. On les réconcilie au moment où leurs armées étaient sur le point de se heurter. — Meurtre de Prothadius.

107 r°-112 r°. XXXIII. Théodorich épouse, puis répudie la fille du roi des Goths. Justement indigné, le père de cette princesse s'unit, pour punir son gendre, non seulement à Clotaire et à Théodebert, mais aussi au roi des Lombards Après s'être résigné à un accord qui lui ôte deux provinces, Théodorich s'efforce d'obtenir la neutralité du roi Clotaire, puis, marchant contre Théodebert, il le défait, s'empare de lui, l'égorge ainsi que ses deux (*sic*) fils. — Le poète ne semble pas croire à cette vengeance atroce.

112 v° Si c'est mensonge ou pure tragedie
N'afferme pas. Quoy que redige et die,
Ce n'est qu'après autres plusieurs aucteurs :
Doncq si je mentz, qu'on les tienne menteurs.

Ibid. et 113 r°. Des dissentiments s'élèvent entre Brunechilde et Théodorich. — 113 v°. Celui-ci se prépare à de nouvelles conquêtes, lorsqu'une soudaine maladie l'emporte. Certains prétendent qu'il fut empoisonné ; d'autres qu'il succomba à un *flux du ventre.* Cretin ne se prononce pas, et il se borne à constater : « Fust par poison ou flux, il est notoire Qu'il deceda ». — Conclusion du second livre.

Or avons dit et teu, depuys Clotaire *,
Ce qu'a semblé bon estre a dire et taire,
Car il suffist, tant du bel que du let,
Cueillir sans plus la cresme sus le laict ;
Et pour autant que nostre present livre
A commencé sus l'un, l'offre se livre
Mectre icy fin, pour commencer le tiers
A l'autre aussi : ce que fais voluntiers,
114 r° Car mes espritz demandent reposée,
Par quoy la plume au sejour ay posée.
. . . .

* Entendez *depuis Clotaire Ier*.

B. N. fr. 2819.

[F^os 1-6.] Table des matières. — [7 r°.] Frontispice. — [7 v°-8 r°.] Prologue : L'auteur avoue, une fois de plus, que la tâche qu'il a acceptée passe ses forces. Il est vieux, il est ignorant, et il ne possède aucun des mérites qui reluisent chez les grands écrivains. De là sa lenteur, ses faiblesses.

Se Cicero, ains du monde partir,
[8 v°] Par testament m'eust voulu departir
Quelque elegance et doulceur de sa muse,
L'œuvre fust faict ou la et deça muse ;
Se Juvenal, que mort vif a cité,
M'eust resigné une vivacité
De motz subtilz couchez en ses satyres,
Telle couleur couverte cessast yres
Aux cueurs de ceulx qu'on picque, sans couvrir,
Aucunesfoiz jusques au sang ouvrir [1] ;
Se Perse, Omere, Ovide avec Therence,
Ou mieulx Virgile, eussent loy ne taire en ce
Leurs doulx escriptz, et l'erre susciter (?),
En mon endroict, de les ressusciter,
On y trouvast tare fort differente,
Car en leurs champs n'ay povoir d'y faire ente
Qui porte fruict, veu qu'on treuve en moy sons
Mal resonantz ; par quoy (comme en moyssons
Vont simples gentz pas a pas, non grand erre,
Cueillir petitz espiz de grain en terre)
Suivre les fault de loing pour assembler
Ce qu'après eulx bon me pourra sembler.
A tout le moins se j'eusse en Poge prise
[9 r°] Quelque leçon, l'escript que pou je prise
Fust embelly de motz facecyeux.

[1] Le sens paraît être : *Si Juvénal m'avait transmis le secret des tournures subtiles qu'il employait dans ses Satires, j'éviterais, en mettant un voile sur mon style, d'irriter les esprits de mes lecteurs, tandis qu'il m'arrive, à moi qui ne sais pas habiller la vérité, de les piquer jusqu'au sang.*

Regrets stériles !... Lorsque l'on manque de talent, et que l'on doit néanmoins produire une œuvre, le seul remède est de s'adresser à Dieu, d'implorer son assistance. Guillaume Cretin demande, en conséquence, au ciel de rendre le 3e livre de la *Chronique* plus digne d'être lu que les précédents.

[9 v°] ....
Mais se deffault notoire y est prouvé,
Ainsi que l'or en fournaise esprouvé,
Offre je fays (sans que grace on me face)
De l'amender. Si ne craings d'homme face,
Fors de celuy qui peult bien mes deffaultz
Rompre et trencher de congnée ou de faulx.
Si luy supplye, avant que sermon œuvre
[10 r°] Pour en ses mains faire adresser mon œuvre,
Son plaisir soit accepter le caz tel
Comme s'il fust composé de Castel,
De Sainct Gelays, Molinet, du grand Georges
Ou Meschinot. J'ay mis en ma grange orges,
Non purs fromentz dont pain ont distillé
Doulx a gouster, et ne me dy stillé
En l'art comme eulx, mais ay plume apprestée
Selon que Dieu grace plus m'a prestée [1].

1 r°-5 v°. I. Après un vain essai de résistance, Brunechilde tombe entre les mains de Clotaire. — 6 v°-7 v°. II. Celui-ci, dans un ample réquisitoire, énumère à la captive tous les crimes commis par elle. — 8 r°. Elle est condamnée à mourir par l'assemblée des barons.

8 v° Adonc le roy, pour rendre humiliée
Sa grant fierté, voulut que fust lyée
Et garrottée a la queue au destryer,
Le plus mauvais et rude a mestryer
Qu'on sceust trouver. Lors, nue en sa chemise,
Braz et cheveulz liez, tout ainsi mise,
Fut le bourreau par contraincte monté
Sur ce cheval farouche et mal dompté.

[1] Ce prologue est l'une des rares parties du poème qui présentent une suite de rimes équivoquées.

Mais, au picquer, quand sentit a ses trousses
Pendre le fex, tant donna de secousses
Et tant rendit ce chetif corps escoux
De courses, saultz, grandz ruades et coupz,
Qu'adjoustant playe a navreure nouvelle,
Du chef rompu feyt voller la cervelle,
Et, traversant par buissons et sentiers
Fort espineux, nulz des membres entiers
Resterent sains, mais, trainnée et tyrée
La malheureuse en tel point martyrée,
Nerfz, veynes, oz, tous ensemble nombrez,
Piteusement luy furent desmembrez,
9 r° Sans y laisser sur son corps pel entiere.

La rigueur de ce supplice a dû rendre le ciel indulgent pour cette femme infortunée. — 9 v°. Elle eut, du reste, quelques vertus, et la tradition ne lui est pas unanimement hostile.

Aucuns autheurs, personnes venerables,
En leurs escriptz luy furent favorables,
Mesmes Bocace et Gregoire de Tours. —
Or, plaise a Dieu, après mondains destours
10 r° De mort receue et peyne temporelle,
Luy donner vie en la gloire eternelle !

10 v°-11 r°. III. Eloge de Clotaire. — 11 v°-12 v°. Intrigues et trahisons. — 13 r°. L'un des coupables est mis à mort. — Naissance de Dagobert.

13 v°-15 r°. IV. Pour l'intelligence des chapitres qui vont suivre, le poète revient en arrière et raconte la légende de saint Denys. — 15 v°. Cet homme de Dieu accomplit en France force miracles. — 16 r°-17 r° Mais, par ordre de l'empereur de Rome, il est emprisonné, torturé, puis décapité à Montmartre avec deux de ses disciples. Denys ramasse sa tête coupée, et s'en va, la tenant à la main, chez une chrétienne nommée Catulle. — 17 v°. Cette dame éprouve une surprise que Guillaume Cretin ne trouve pas déplacée.

A dire vray, ce povoit transporter
Ung esperit, voyant homme porter
Sa teste ainsi. C'estoit chose admirable !

18 r° et v°. Catulle ensevelit l'apôtre des Gaules, et exhale des
ıintes, hélas ! abondantes. — 19 r°-20 r°. Tandis qu'elle exprime sa
uleur, passent des truands qui conduisent à la voirie les cadavres
s disciples. La pieuse femme appelle ces vilaines gens, les enivre,
substitue les corps de deux porcs aux restes mortels des martyrs
'elle enterre honorablement auprès de leur maître. — 20 v°. Depuis
's, le tombeau de ces trois saints fut le théâtre de nombreux
ɔdiges.

21 v°-23 v°. V. Maintenant le chroniqueur nous ramène à l'époque
Dagobert. — Un jour que ce prince était en chasse, un cerf qu'il
ursuivait chercha un asile dans la chapelle où se trouvait le sépulcre
Denys et de ses compagnons. Les veneurs tentèrent de franchir le
ıil sacré, mais ils furent comme rivés au sol, car les bienheureux
aient pris sous leur protection la bête... A partir de cette heure, la
apelle parut singulièrement vénérable au fils de Clotaire.

24 v°-28 v°. VI. Il avait pour gouverneur un certain Sadregisille,
i ne le prisait « ung ongnon », et le traitait fort durement. Mais
n élève, pour lui enseigner quelle révérence est due aux rois, le fit
iller des mieux, et lui coupa, en outre, la barbe. Dès que Clotaire
nnut la mésaventure du pédagogue, il montra un déplaisir si vif que
coupable jugea à propos de s'absenter, et qu'il courut au tombeau
s trois martyrs. Aussitôt son père ordonna qu'il fût arraché à ce
fuge. — 29 v°-31 v°. VII. Les saints apparaissent à Dagobert pen-
nt son sommeil, et s'engagent, pourvu qu'il leur construise un beau
nple, à terminer vite et bien cette affaire si fâcheuse. Là-dessus
rivent les gendarmes de Clotaire. Un mystérieux pouvoir les retient
l'entrée de la chapelle ; une nouvelle troupe est semblablement
rêtée. — 32 r°-33 v°. Le roi accourt en personne. Il était, en route,
ıne humeur de loup, mais, en approchant du sanctuaire, il devint
« doulx aignel ». — Entrevue du père et de l'enfant ; réconcilia-
n, attendrissement, joie partout.

34 v°. VIII. Mariage de Dagobert. — 35 r°-36 r°. Il obtient le
yaume d'Austrasie, et lutte contre les Saxons. — 36 v°- 39 r°. Clo-
ire amène du renfort, et les ennemis sont vaincus.

39 v°-40 v°. IX. Ordonnances établies par Clotaire. — Il songe à
diquer, puis, ému par la douleur de ses barons, il renonce à ce
ssein. — 41 r°-43 v°. Réunion d'un concile. Vertus des prélats qui
uvernaient l'Eglise à cette époque. Arnoul [Arnulf], Eloy, Fiacre.—
ɔrtrait de Clotaire ; sa mort ; son tombeau.

44 v°-46 r°. X. Lorsqu'on lui apprend que son père n'est plus, Da-
bert s'afflige en tant que fils, et se réjouit fort en qualité d'héritier.
Il est sacré à Reims. — Il cède, par bonté d'âme, une partie du
yaume à son frère Aribert.

46 v°-52 r°. XI. Construction de l'église Saint-Denys ; elle est riche ment dotée et décorée avec soin. — Remarquables mérites de Dagobert. — Ses voyages en Bourgogne, en Austrasie. — Ses mariages successifs.

53 r°. XII. Dagobert lors très fort se desplaisoit
Que Genyus[1] a luy ne complaisoit,
Disant : « Par trop vers moy se desnature, —
Veu qu'on le tient ministre de nature
Pour labourer, semer et cultiver
Tant en printemps, autumpne, esté qu'yver,
Et, par liqueur d'amoureuse rozée,
Rendre la terre amplement arrozée —
Qu'ores ne m'a de tant favorizé,
Et mon labeur si bien autorizé,
Que, par regard de celeste influence,
Je n'ay produyct des fruictz en affluence. »
Après ces motz, se voyant demouré,
Qui jour et nuyct avoit tant labouré,
Et son labeur trouvant comme inutile,
Delibera terre avoir plus fertile :
Par ce moyen, Raguetrude a plaisir
Choisit pour faire a ses costez gesir.
Mais a sçavoir s'excuse legitime
Eut en ce cas ? Pour response j'extime
53 v° Qu'offensa Dieu, car on ne doibt jamais
Commettre ung mal pour bien quelconque, mais
Les princes ont aultre loy, ce leur semble,
Que simples gentz. Le tout meslé ensemble,
Entre eulx et nous ne gyst exception,
Car Dieu n'entend avoir acception
D'homme vivant, en tant que touche offense
Contrevenant a ce dont faict deffense.
Or passons oultre.
Advint, touchant cela,

[1] Personnage du *Roman de la Rose*. — Dans les vers qui suivent, Cretin expose, d'une manière pudiquement allégorique, les attributions de Génius.

Que ceste fleur son germe ne cela,
Car, sans doubter estre a ce mal menée,
Feyt ung beau filz en celle mesme année.
A Orleans elle acoucha et geut,
Le roy present, et si a point escheut
Que la survint Aribert. Lors grand feste
Pour la venue et de l'enffent fut faicte.
De frere a frere y eut tout tel reccueil
Qu'en pareil caz cueur doibt penser, et qu'œil
Peult adviser personne estre pourveue
D'ample soulaz, quant voit a pleine veue
Le sien amy, et prochain d'elle sent
Ce qui long temps avoit esté absent.
54 r° L'appareil faict qu'au baptesme on doibt faire,
Le bon preudhomme Amand, en ceste affaire,
Pour baptiser l'enffent fut depputé,
Car il estoit sainct homme repputé,
Et, a bon droict, l'Eglise tel l'approuve.
(C'est sainct Amand qu'au Cathalogue on trouve.)
L'enffent tenu sur fontz par Aribert,
Le denomma en son nom *Sygibert*.
Or, retenez qu'a ce divin oracle
Sur l'heure y eut un evident miracle,
A extimer plus sans comparaison
Que je ne dy : car, après l'oraison
Que sainct Amand disoit, n'eut personnaige
Qui mot sonnast, l'enffent (tenant en aaige
Quarante jours sans plus, comme examen
Fut sur ce faict) seul respondit : « Amen ! »
A pleine voix fort haulte et bien ouye,
Dont les deux roys et la tourbe esjouye
Se deurent fort, comme croyre se doibt,
Esmerveiller et dire que c'estoit,
Pour l'advenir, presaige et asseurance
De tel enffent avoir bonne esperance.
54 v° Les prestres la furent ce ver chantantz
Qui dit de bouche aux enffentz alaittantz :
« O tu, Seigneur, que sans cesse loue ange,
As huy parfaicte icy digne louange ! »

Je laisse a dire et au penser remetz
Quels appareils on feyt de divers metz,
Quels feux de joye et quelles rondes tables
Dresserent peuple et personnes notables
De toute France. Il ne fault pas doubter
Que tout compter sembleroit radotter.

55 r° et v°. Dagobert donne à son fils un gouverneur; il se propose ensuite de parcourir celles de ses provinces qu'il n'a pas encore visitées, mais un changement déplorable se produit en lui à ce moment.

56 r° et v°. XIII. Il éloigne de sa cour les gens de bien et lâche la bride à ses passions.

Pour lors estoit si fort exercité
A exploicter vaine lubricité
Que par pays tenoit concubinaige
De sept ou huyt putains en son mesnaige,
Sans le surplus qu'en reserve laissoit
En plusieurs lieux. Pensez combien let soit
A ung grand prince et chose mal honneste,
Quant l'aiguillon d'amours tant l'admonneste,
Et l'appetit sensuel le contrainct
De forvoyer, qu'au moins ne se restrainct
Jusques sa honte a raison rendre esgale,
Pour caultement esviter le scandale,
Comme en conseil l'apostre a bien cotté :
Si non caste, dit il, *tamen caute.*
57 r° Aux princes, grandz, prelatz et gentz d'Eglise
S'extend le mot; mais chascun scandalize
Fort son estat, par les traictz gracieux
De Cupido, qui tant bende les yeulx
Aux enyvrez de ceste mere goutte
Qu'advis leur est le monde ne veoir goutte.

Autres vices de Dagobert. — 57 v°. Il ravage la ville de Poitiers. — 58 r° et v°. Il chasse, puis rappelle saint Amand. — 59 r°. Bonheur des princes qui ont de sincères conseillers.

59 v°. XIV. Mort d'Aribert et de son fils. — 60 r°. Retour du roi de France à la sagesse. — 60 v°-61 v°. Il fait la guerre aux Esclavons et conclut avec les Saxons une alliance peu profitable. — 62 r°-63 r°.

Il cède l'Austrasie à Sygibert et réserve la Neustrie et la Bourgogne pour un autre enfant (Clovys ou Loys), qui lui était né depuis peu. Les deux fils s'engagent à vivre toujours d'accord. — 63 v°. Institution de la foire du lendit. Cretin remarque qu'on devrait l'appeler *foire de l'esdict*.

65 r° [1]. XV. Dagobert est vainqueur des Gascons. — 65 v°-66 v°. Il se prépare à envahir la Bretagne, mais le chef de ce pays, Nydicahil [Judicaël], vient à Clichy et obtient, par sa soumission, la paix.

67 v°-69 r°. XVI. Consécration de l'église Saint-Denys. Escorté « des deux benoistz apostres, Pierre et Paul », d'une multitude de dignes martyrs et d'une « belle tourbe d'anges », Jésus descend du ciel pour bénir le monument. Depuis lors, le 23 février de chaque année, les fidèles viennent en foule à ce sanctuaire pour obtenir le pardon de leurs péchés. Le chroniqueur regrette que ce pardon soit accordé (ou plutôt vendu) par des prêtres avides, ignorants, sans scrupules.

Bien est il vray que la se peult commettre
Maint grand abuz qu'on ne devroit permettre,
Et mesmement d'ung tas de confesseurs
Qui n'ont sçavoir pour rendre confèz seurs
De leurs pechez, car plusieurs n'ont ententes,
En confessant personnes penitentes,
69 v° Sinon de prendre argent a toutes mains :
Quant au salut des ames, c'est du mains.
Si grand abuz maint cueur d'homme en infeste,
Qui tourne a honte apperte et manifeste
A ceulx ayantz l'auctorité sur eulx,
Et deussent bien d'examen rigoureux
Les esprouver. Mais diray je? On leur gette,
Pour trois grans blancs, en main une vergette
Et le billet de papier par dessus,
Sans veoir s'ilz ont les sainctz ordres receuz.
C'est grand pitié comme avarice aveugle
Ainsi les gentz! Livrer a un aveugle
Ung aultre aveugle a conduyre et mener!
On entend bien, helas! qu'au cheminer,
Veuz les chemins pleins de trous ou s'embuschent,

[1] Le feuillet 64 est blanc au r°, et porte, au v°, une vignette.

(Qu')Au creux d'enfer tous deux vont et trebuschent.
Gentz aveuglez, pensez vous estre absoulz
Pour desbourser deux, trois ou quatre souldz?
Mais cuidez vous, simples bestes, soubz umbre
De telz pardons, qu'en portant la ung nombre
De gros pechez, soyez nectz et curez, —
Et les petits portez a vos curez?
70 r° Confession doibt estre pure, entiere
Et toute vraye. — Or, c'est une matiere
Ou ne me vueil fonder quant a present,
Car d'en toucher voy mon sens propre exempt.

70 v°-74 r°. XVII. Harangue solennelle de Dagobert à ses fils et aux trois états du royaume. Considérations politico-religieuses. Le prince sent sa fin prochaine : il prêche la concorde, récite son testament et demande des messes.

75 r°. XVIII. De fait, la mort, *cette furye fatale*, a résolu de l'enlever à la terre.

75 v° Il fut saisy d'excessif mal de flux,
Dissenterye appelé en praticque
De medecine. Et dit l'histoire antique
Qu'a Espyney, près de Paris, estoit
Lors que ce flux si fort le molestoit,
Dont, meu de crainte et pensée esbahye,
De la se feyt porter en l'abbaye
De Sainct Denys, pour son mal aleiger;
Mais congnoissant sa doulleur rengreger,
Et tous les artz d'abusifves praticques
Aux medecins (drogues de leurs bouthiques
Et restaurantz dont uzent en ce sours)
Ne luy porter effect de bon secours,
Plus n'espera faire longue demeure.

76 r°-77 v°. Il mande son chambellan et ses amis, déplore ses égarements, et fait une prière de deux pages.

Après ces motz si fort accès l'esprit
Que tost fut mys en l'agonie extresme.

Adonc Cloto, ourdissant chesne et tresme
Du fil de vie, endura sans propos
Tout detrencher par la fiere Attropos
Qui, gloutte a prendre en ce plat souppe grasse,
Clouyt le paz au bon roy, l'an de grace
Six centz quarante et cinq [1], moys de febvrier.

78 r°-79 v°. Le peuple est inconsolable ; on conduit le défunt à Saint-Denys. — Vision de Jean l'anachorète : les diables emportent en bateau l'âme du pauvre Dagobert ; elle appelle à son secours Denys, Maurice et Martin ; ils se présentent aussitôt, fendent « vagues et undes », arrachent aux démons leur proie, et remontent vers Dieu en chantant. Guillaume Cretin affirme que l'histoire est authentique, et la preuve, dit-il, c'est qu'elle a été racontée par Audoenus (saint Ouen), personnage grave, *notable preudhomme*, et qui n'avançait que les choses dont il était sûr.

80 r°-81 r°. XIX. Partage du royaume. — 81 v°-82 r°. Luttes entre Flocate, gouverneur de Bourgogne, et Vuyllebault [2]; celui-ci est tué dans une rencontre. «L'histoire dit ce combat près Authun Avoir esté: du lieu ce m'est tout ung. » — 82 v°. Mort de la femme de Dagobert.

83 r° et v°. XX. Famine en France. — Clovys épouse Bathilde. — 84 r° et v°. Privilèges accordés au monastère de Saint-Denys. — Réflexions sur la vie des moines : elle est souvent peu édifiante. — Clovys ordonne que la châsse de saint Denys soit ouverte, et il vole l'un des bras du martyr. — 85 r°. Cette profanation excite le courroux céleste. Clovys perd l'usage de la raison ; il se décide à restituer le bras, « mais quoy qu'après sentist amendement, Si fut tousjours foible d'entendement ». — 85 v°-86 r°. Sa mort — Bathilde entre au couvent et y mène une existence exemplaire.

86 v°-87 v°. XXI. Histoire de Grimouauld [Grimoald] et de son fils Hildebert.

88 r°-90 r°. XXII. Règne stérile de Clotaire III. Ce prince, d'ailleurs, ne vit guère. « Laissons le la : ce n'est pas grand dommage ! »

90 v°-93 r°. XXIII. Autres rois fainéants : Théodorich et Childérich. Celui-ci est tué ; celui-là tondu, puis chassé, mais, après quelque temps, la couronne lui est rendue. — 93 v°-95 r°. XXIV. Il est vaincu et banni par Ebroin, qui accapare le pouvoir comme maire du palais, et accomplit (95 v°-96 v°) beaucoup d'actions indignes.

97 v°-98 r°. XXV. Il rétablit Théodorich sur le trône, et arrête, par

[1] La date est fausse. Dagobert mourut en 638.
[2] Flaokhat et Willibald.

une belle victoire, les entreprises des ducs Martin et Pépin [de Héristall]. Martin est occis; Pépin, plus heureux, se sauve. — 98 v°. Assassinat d'Ebroin.—99 r°-101 r°. La mairie du palais échoit d'abord à Varracon [Waratte], qui a son fils pour rival, puis à Berquaire [Berther], personnage inepte et lâche, que ses propres soldats égorgent après une bataille gagnée par Pépin.

102 r°-103 r°. XXVI. Dagobert [III] n'a de la royauté que le titre. — La veuve de Pépin, Plectrude, aspire à gouverner les Français. — Un seigneur nommé Raganfrède [Raghenfrid] se distingue par quelques expéditions guerrières. — Mort de Dagobert; les enfants qu'il laisse sont en bas âge, et son sceptre est dévolu à Daniel [Chilpérich].

103 v°. C'est à ce moment qu'entre en scène Charles-Martel. — 104 r°-105 v°. Plectrude, sa marâtre, le retenait prisonnier à Cologne, mais il réussit à se sauver. — (Ici Guillaume Cretin s'interrompt, et raconte comment fut fondée l'abbaye du Mont-Saint-Michel.)

106 v°-108 v°. XXVII. Victoires remportées par Charles-Martel sur Chilpérich et Raganfrède. — 109 r° et v°. Défaite des Saxons et des Allemands. — Un accord est conclu avec Eudes, roi des Gascons. — 110 r°. Mort de Chilpérich.

111 r° et v°. XXVIII. Les *Turcs* envahissent la France méridionale; ils s'emparent de Bordeaux et saccagent cette ville, dont les habitants sont plongés dans la douleur et l'effroi.

On ne sçauroit d'ung jour avoir escrys
Les pleurs, clameurs, souspirs, plainctes et crys
Dont se plaingnit la cité douloureuse,
Au jour dolent et heure malheureuse.
112 r° Qui lors ouyst getter crys et sangloutz,
En la fureur de ces Turqz au sang gloutz
Des povres gentz, ce fust assez pour dire
Estre sur eulx allumé le feu d'yre.
Loupz affamez a travers grandz troppeaulx
D'aigneaulx petitz, pour griffes mettre aux peaulx
Et a leur col les emporter et pendre,
Ne sont point tant cruels a sang espendre.
Qui veyst adonq grandz et petitz crier,
A joinctes mains mercy a Dieu prier,
Voyantz sur eulx fondre telles tempestes,
Gorges coupper, abattre et coupper testes[1],...

[1] Anacoluthe. *Parmi ceux qui auraient pu entendre les supplications de ce peuple et assister à son égorgement, il ne se serait trouvé personne*

Trouveroit on au monde cueurs si durs
Qui, par pitié, n'eussent orreur veoir Turqz
D'austerité severe et incivile
Tyrannizer et traicter ainsi ville ?
Ainsi que feu ardant qui en four est,
Ou flamme esprise emmy une forest
Consomme et ard ce que peult encontrer,
Les chiens mastins, tous forcenez d'entrer,
A feu et sang ainsi la cité misrent,
Et nul vivant en eschapper permisrent.
112 v° Qui d'œil verroit telles occisions,
Faire des corps grandes incisions,
Membres trenchez, testes escervelées,
Femmes courir toutes deschevelées,
Les cueurs navrez, desja presque transsiz
Pour leurs marys auprès d'elles occiz,
Peres, enffentz, freres, seurs et parentes,...
Diroit on pas causes estre apparentes
Pour en mener, tant de cueur comme d'œil,
Fort, excessif, grand et extreme dueil ?
Certes je tiens, a franchement respondre,
Cela devoir a raison correspondre,
Considéré le mal qui en deppend
Et qu'a nous tous autant a l'œil en pend.

Les Turcs se dirigent vers Poitiers.

Les cloches dont, lors, sonnerent matines
Furent canons, faulcons et serpentines;
Respons, versetz, hympnes, motetz et chantz
Porterent crys despiteux et trenchantz ;
113 r° Processions, de Mars sont avantgardes ;
Chappes aussi, harnoys cliquantz et bardes;
L'eau benyste est pleine de sang bouillant,
Et l'aspergès, glaive a mortel taillant ;
En lieu de croix, picques ; et pour banieres,

qui eût l'âme assez dure pour ne pas prendre en pitié une ville ainsi traitée. — Le début du f° 112 v° offre une construction toute semblable.

Fiers estendardz de sauvaiges manieres ;
Quant a l'encens, il est certain qu'a nom
Souffre, salpestre et pouldre de canon [1].

Prise de Poitiers. — 113 v°-115 r°. Les infidèles s'approchent de Tours, mais Charles-Martel se porte à leur rencontre. Bataille. Les Français tuent 385,000 Turcs. Cretin célèbre cette magnifique victoire.

115 v°-117 v°. XXIX. Charles-Martel réprime une révolte en Bourgogne ; il triomphe des Frisons ; il enlève Avignon aux Arabes, et accomplit des exploits si nombreux (118 r°) que le chroniqueur renonce à les narrer tous par le menu. — 118 v°-119 r°. Malheureusement, ce héros adjuge à ses barons les biens ecclésiastiques, et l'on a le droit, en conséquence, de se demander s'il est présentement au Paradis. Cretin n'en est pas sûr, et il constate que, dans le tombeau de cet homme qui avait mis la main sur l'argent des prêtres, un serpent fut découvert. C'est là un signe inquiétant. — 119 v°-120 r°. Charles partage le royaume entre ses fils, puis il meurt.

121 r°-124-v°. XXXI. Griffon [Grippo] est vaincu et emprisonné par ses frères. — Après d'heureuses campagnes contre les Bavarois et les Germains, Carloman est touché de la grâce, et se fait moine. — Griffon recouvre la liberté ; il attaque son frère Pépin le Bref, et finit par succomber.

125 v°-127 r°. XXX. Le pape Zacharie déclare que le titre de roi de France appartient légitimement à Pépin et non pas à Childérich. Celui-ci est déposé et tondu ; la lignée de Pharamon est éteinte. — 127 v°. Guerre avec les Saxons. — Le pape Etienne vient en France. — 128 r°-129 v°. Pépin est sacré par le pape ; il lui promet son aide contre les Lombards, et se prépare à passer les Alpes. — 130 r°-131 v°. Expédition victorieuse. Gratitude du saint-père : il accorde à son libérateur un privilège notable. — Mort du roi des Lombards.

132 r°-133 v°. XXXII. L'empereur de Constantinople envoie une ambassade à Pépin. — Les Saxons éprouvent de nouveaux revers. — Fondation du Parlement de Paris.

134 r° O, le grand bien que feyssent telles gentz [2],

[1] Cf. Molinet, *Le Temple de Mars* : « Le chant de ce temple est alarme, | Les cloches sont grosses bombardes, | L'eaue benoiste est sang et larme, | L'espergès ung bout de guisarme. | Les chappes sont harnas et bardes, | Les processions avantgardes, | Et l'encens pouldre de canon. »

[2] Les personnages chargés de rendre la justice.

Si quelque peu fussent plus diligentz
D'expedier les procez qu'on intente,
Car, sans mentir, trop longue en est l'attente !
C'est grand pitié d'ouyr les attendantz
Faisantz regretz dont il y a tant d'ans
Qu'ilz sont après. Souvent si longue suytte
Cause plusieurs mourir a la poursuytte.
Soliciteurs, en ce royal manoir,
Voyt on courir sur pavé blanc et noir,
Soirs et matins, pour presenter requestes
A presidentz et seigneurs des enquestes ;
Genoulx flechiz, de main, de bouche et d'yeulx,
Les vont ainsi adorant comme dieux.
Leur hault sçavoir, grand sens, langue hebrayque,
Grecque, latine, et vertu(z) heroyque
Au vif semblant des senateurs romains,
Font qu'après eulx courent et courront maintz.
134 v° Telz hommes sont droictz comme joncz ou cyerges,
Patrons d'honneur, de justice concierges,
Pilliers de paix, arches de verité,
Qui — sans faveur, heyne ou severité —
Font leur renom luyre comme en verriere
Luyt le soleil, et n'ont huys de derriere.
Le droit gardé par leurs fermes arrestz,
Jugent despendz, dommaiges, interestz,
Myses et coustz, a aulcuns bien propices,
Aux aultres mal : car trop y a d'espices !
C'est incident. Mais, tous propos hors mys,
Bien heureux est qui n'a plait n'ennemys !
Qui a repos d'esperit vie affecte
Achepte paix tousjours, et maison faicte.

135 v°-136 v°. XXXIII. Campagne de Pépin en Aquitaine. — Sa mort.

137 r°-138 r°. Histoire du saint homme Gengoul, le modèle des maris patients. Après l'avoir beaucoup trompé, sa femme l'expédie dans l'autre monde, mais, là, il prend bien sa revanche, et il afflige soudain son épouse d'une maladie étrange... et sonore. Le miracle est édifiant, quoique sale. L'enseignement qu'il renferme mérite d'être

retenu : les femmes risquent beaucoup en bafouant « Les bons marys que Dieu veult colloquer La sus au ciel... » — 138 v°. Gengoul ne fut pas, en son temps, le seul personnage digne de figurer au calendrier. Cretin en cite quelques autres. Et je pourrais, dit-il, faire une liste plus étendue :

Mais je m'en tays : assez ont exemplaire
Jeunes prelatz, si a Dieu veullent plaire,
Ediffier peuples du bon endroict.
Suffise a tant. Quant chacun yra droict,
Lors charité, qui zele aux cueurs alume,
Les esmouvra. — C'est fin du tiers volume.
Mieulx que pis.

B. N. fr. 2820.

[1 v°.] Frontispice.— [2 r°.] Prologue. Guillaume Cretin se regarde, tant qu'il n'aura pas achevé son ouvrage, comme le débiteur du roi. Par bonheur, c'est là un créancier de bonne composition et qui sait attendre. — [2 v°-4 r°.] L'auteur de la *Chronique* va aborder un sujet non moins difficile que magnifique, et il nous raconte un songe qu'il prétend avoir eu à ce propos. Un matin de mai (c'est le cadre du *Roman de la Rose*), le bon Guillaume, qui s'était endormi dans la campagne, crut voir un chevalier combattant, pour une très belle dame, contre une vieille personne fort désagréable. La belle dame s'appelait Foi Catholique ; la femme laide et revêche figurait l'hérésie des Sarrasins ; quant au chevalier, il était empereur et roi. A son réveil, Cretin devine que ce champion de l'orthodoxie n'est autre que Charlemagne, et il se propose de le célébrer dignement.— [4 v°.] Excellence de ce prince. — Le poète s'accuse, une fois encore, de travailler trop lentement.

Très humblement, Sire, je vous supplye,
Se plus tost n'ay ma promesse acomplye,
Excusez l'aaige et foible antiquité.
J'espere bien me trouver acquicté
[5 r°] A l'advenir, et mieulx vous satisffaire,
Si a Dieu plaist ceste grace me faire
La santé, vie et aviz me prester,

Et que veuillez œil et cueur apprester
Tendre vers moy votre main liberale,
En excusant ma parolle rurale.

1 r°-4 r°. I. Les deux fils de Pépin furent Charles et Carloman. — Le premier triomphe du roi d'Aquitaine Hunulphe (Hunald).

5 r°-7 r°. II. A la requête du pape Adrien, Charles va combattre les Lombards. — 7 v°-9 r°. Il remporte une victoire éclatante ; il met le siège devant Pavie, laisse une partie de ses gens autour de cette place et se dirige vers Rome. — 9 v°-10 v°. On l'accueille comme un libérateur; il reçoit du saint-père maints privilèges, puis il reprend la route de Pavie. — 11 v°-12 v°. III. Cette ville, qui est désolée par la famine, se décide à capituler. — 13 r°-14 v°. Campagne contre les Saxons ; les troupes françaises les dispersent, et regagnent leurs foyers.

15 v°-16 v° IV. Les douze pairs. — 17 r°-19 r°. Heureuse guerre en Espagne ; les Gascons trahissent et sont punis.

19 v°-24 v°. V. Le duc des Bavarois, Tassillon, se prépare à attaquer Charlemagne; la peur le pousse ensuite à demander humblement la paix ; il l'obtient, mais il continue à nouer de ténébreuses intrigues, dont il aura plus tard sujet de se repentir. — Révolte et châtiment des Bretons. — Louable activité du roi. — Il ordonne aux Normands de respecter ses frontières.

25 v°-27 r°. VI. Il passe en Italie, où il désarme le duc de Bénévent. — 27 v°. Ambassade de l'empereur Constantin.

28 r°-30 r°. Tassillon supplie le pape de le réconcilier avec Charles, mais lorsque le saint-père invite les députés du Bavarois à donner des garanties, ils répondent qu'on ne les a point chargés d'en fournir. Ils sont, en conséquence, éconduits, et les Français se disposent à marcher contre le duc. — 31 r°-33 v°. VII. Celui-ci, à l'approche de l'armée, fait une soumission entière et consent à être jugé par l'assemblée de la noblesse. Le tribunal le déclare coupable de trahison et le condamne à mourir. Le roi adoucit l'arrêt, et il acquiert une grande réputation de clémence en se bornant à ordonner que Tassillon soit tondu.

34 v°-37 v°. VIII. Préparatifs contre les Huns. Charles habitue ses troupes à la discipline, et Cretin constate avec mélancolie que l'on ne voit plus dans les armées l'ordre qui y régnait alors. — Les Huns éprouvent de graves échecs. — 38 r° et v°. La peste désole le camp des vainqueurs. — Digression : Pourquoi les princes français ne meurent-ils jamais ni de la peste, ni victimes de l'artillerie ? Discussion de ce problème. — 39 v°-40 r°. IX. Les Huns reprennent courage et

obtiennent même quelques succès. — 40 v°. Imprécations contre la guerre. — 41 r°. Fermeté du roi dans les revers. — 41 v°-42 r°. Les ennemis continuent à prospérer, et Cretin à maudire la guerre. — 42 v°-43 r°. A la fin, Charlemagne est vainqueur, et des richesses inouïes tombent entre ses mains.

43 v°-45 v°. Nouvelle agression des Normands ; le grand roi les repousse, puis retourne à Aix.

47 r° [1]-49 r°. X. Indignement violenté par quelques seigneurs romains, le pape Léon vient demander secours à Charles, qui le rétablit sur le trône pontifical. — 49 v°-51 r°. Par gratitude, Léon donne au roi de France le titre d'empereur.

52 r° et v°. XI. Guillaume Cretin, qui va tracer le portrait de Charlemagne, déclare qu'il se contentera de reproduire les renseignements que fournit la Chronique de Turpin [2]. Après avoir fait l'éloge de ce personnage pieux, il nous dépeint le grand Charles comme suit :

Or donq, ainsi que Tulpin nous informe
De la beaulté corporelle et la forme
Du magnanime empereur, ses recordz
Sont telz qu'il fut puissant homme de corps :
D'huyt piedz des siens fort longs portoit stature,
Et tant longueur contenoit la ceinture
53 r° Dont se ceygnit, oultre ce qui pendoit
Du reste a bas, lors que ceynct en estoit [3];
Ample de reins, le ventre convenable ;
Cuysses, braz, mains de grosseur raisonnable
Selon le corpz ; d'ung espan et demy
La face avoit [4], coulleur vifve parmy ;
Nez, yeulx, sourcilz bien longs ; le front très large,
Comme on diroit d'ung demy pied en marge ;
Barbe d'ung pied monstrant virilité

[1] Le ms. présente, à cet endroit, deux vignettes successives.

[2] Il est vrai qu'il emprunte beaucoup à Turpin, mais il ne doit guère moins à Eginhard. — Cf. *Turpini Historia Caroli Magni et Rotholandi*, XX, p. 39-40, (édition F. Castets, Montpellier et Paris, 1880) ; *Œuvres complètes* d'Eginhard, t. I, *Vita Caroli imperatoris*, XXII-XXVII, p. 72-87, (édition A. Teulet, Paris, 1840).

[3] « Cingulum namque, quo ipse cingebatur, octo palmis extensum habebatur, praeter illud quod dependebat. » Turpin, XX, p. 39.

[4] « Habebat in longitudine facies eius unum palmum et dimidium. » Id., *ibid.*

Portoit tousjours, et, a la verité,
Ce mot latin *vir* (qui est a dire homme)
Pris de *virtus*, dont vertu se denomme,
Denotte bien qu'homme est deffectueux
S'il ne se monstre en tous faictz vertueux.
Vertueux fut, lessant faictz puerilles
En jeunes ans, et, par actes virilles,
Obtint grandeur de magnanimité ;
Grand cueur eut il en la sublimité
Des faictz ardus, quant, d'aaige primeraine,
Tant exaulsa, par pitié souveraine,
La saincte loy qu'onq homme plus avant
Ne fut, ce croy, tel affaire suyvant.
53 v° Science ayma, et tant myct cueur en elle
Que, non content de langue maternelle
Dont usent gros entendementz ruraulx,
Se feyt instruire ès sept artz liberaulx,
Et (pour parler en saine conscience)
Tant se monstra jaloux de la science
Qu'aveq le nom de preux et belliqueur
Il savoura ceste doulce liqueur,
Et, pour avoir ses volluntez complectes,
Tant jour que nuyct eut quant et luy tablectes
Pour rediger par escript promptement
Ce qui s'offroit a son entendement,
Considerant qu'homme n'est si habile
Qui n'ayt memoire oublieuse et labile,
Et par cela ne voulut demourer
Qu'il n'eust de quoy le tout rememorer.
Hommes plusieurs estrangiers eut a gaiges
Pour l'introduyre a differentz langaiges.
A ce propos deubt il pas s'esjouyr
D'ambassadeurs en tout passaige ouyr ?
Je dy cela devoir bien correspondre
A prince grand d'escouter et respondre
54 r° Sans truchement ; raison a ce consent
Qu'ung mot de luy, sans doubter, en vault cent.
En langue grecque, hebrayque et latine
Fut bien instruict, mais, entre sa doctrine,

Grec entendit mieulx qu'il ne sceut parler.
Pierre de Pize, au bruit vollant par l'aer,
Son precepteur fut premier en gramaire,
Et Alcuyn, pour directeur sommaire,
Lors pere abbé de Sainct Martin a Tours,
Des aultres artz les argumentz et tours
Luy sceut monstrer, si très bien le conduyre
Dresser, mener, fonder et introduyre
Qu'entre les clercz fut dit la grace avoir
D'homme extimé en bon et grand sçavoir [1].
En ses repaz avoit souvent lecture
D'histoire honneste; en la Saincte Escripture
Se delectoit, et y prenoit plaisir.
Par temps de paix, qu'il estoit a loysir,
Il ayma fort, entre aultres, le volume
Jadiz passé par la volante plume
Sainct Augustin, pour lire en temps et lieu,
Intitulé *de la Cité de Dieu* [2].
54 v° Fervent estoit au sainct divin office,
Journellement assistant au service
Lorsqu'on chantoit, toutes heures du jour,
Et finnamment luy estant a sejour [3].
Aulmosnier fut, piteux et debonnaire.
Quant au manger, pour repaz ordinaire,
Aux jours de chair (se ne faulx en mon ton)
Souvent mangeoit ung quartier de mouton,

[1] « Nec patrio tantum sermone cotentus, etiam peregrinis linguis ediscendis operam impendit ; in quibus latinum ita didicit, ut aeque illa ac patria lingua orare sit solitus ; graecam vero melius intelligere quam pronuntiare poterat... In discenda grammatica Petrum Pisanum, diaconum, senem audivit. in caeteris disciplinis Albinum, cognomento Alcoinum, item diaconum,... praeceptorem habuit. » Eginhard, *vita Car. imp.*, XXV, p. 80.

[2] « Inter coenandum aut aliquod acroama, aut lectorem audiebat. Legebantur ei historiae et antiquorum res gestae. Delectabatur et libris sancti Augustini, praecipueque his qui de Civitate Dei praetitulati sunt. » *Ibid.*, XXIV, p. 78.

[3] « Ecclesiam et mane et vespere, item nocturnis horis et sacrificii tempore, quoad eum valetudo permiserat, impigre frequentabat... » *Ibid.*, XXVI, p. 82.

D'ung porc l'espaulle; aussi avoit de crue
Lyevre, oyson gras, ung paon ou une grue,
Sans le gybier, pour redoubler en tiers,
Et venoysons dont mangea vollunticrs.
Nul doibt pourtant esbahy par trop estre
Du compte ouyr : s'il sçavoit bien repaistre,
Sobre fut il en boyre toutesfoys,
Car au repaz ne buvoit que deux foys
Ou troys au plus; bien mangeoit pomme ou poyre
L'après disnée, et peu vin a son boyre.
Une heure après, tout nu prenoit delit
A reposer quelque temps en son lict.
Cela faisoit, car, ainsi qu'on traveille,
La nuyct mectoit son esperit a veille :
55 r° Souvent trois foys ou quatre se levoit,
Devocion vers la mynuyct avoit
Faire envers Dieu oraisons acceptables,
A une aultre heure escripvoit a ses tables
Ce qui venoit en memoire au resveil.
Ainsi mesloit aveq repoz traveil,
Sachant nature avoir mys en ouvraige
L'oysel au vol et l'homme au labouraige.

Et voilà l'exemple que Cretin propose aux princes de son temps. — 55 v°-56 v°. Il critique les gentilshommes qui penseraient déroger en s'instruisant, et plaide avec quelque vigueur la cause de la science. — Il revient ensuite à Charlemagne, et déclare que sa force physique égalait son énergie morale.

Si grande force eut celuy empereur
Qu'en guerre, estant aux combatz, de fureur,
Par le povoir de sa dextre bruyante,
Joyeuse en main, l'espée flamboyante,
Ung homme armé de cuyrace et armet
Tout pourfendoit en deux, puis le sommet
Jusqu'a donner sur l'arçon de la selle
De son dextrier. L'escript aussi ne celle
57 r° Qu'ensemble joinctz quatre fers de cheval
Facillement (comme l'eau court a val)

A ses deux mains les sçavoit tous extendre
Ainsi qu'eust faict eclysses de boys tendre.
Force de braz si grande et telle avoit
Qu'ung homme fort et puissant enlevoit,
Ayant les piedz posez sur sa main dextre,
De terre en hault. C'estoit ung tour de maistre!

58 r° et v°. XII. A cette époque, les chants liturgiques n'étaient pas les mêmes dans toutes les églises. Le pape, à la prière de l'empereur, décide que cette diversité doit prendre fin, mais il ne sait à quel genre de musique il convient d'accorder la préféreuce. Son choix est fixé par un prodige.

Advint ung soir, la journée acomplye,
Que luy estant en l'eglise, a complye,
Feyt apporter le livre sur l'aultier
Ou contenu estoit l'office entier
Dont sainct Gregoire avoit, en consonance,
Faict lectre et chant de doulce resonance;
Celuy aussi fut la mesmes posé
Par sainct Ambroise escript et composé.
Les livres cloz et portes bien fermées
Pour rendre au vray les doubtes affermées,
Le jour pongnant venu du lendemain
(Sans ce qu'on eust myse aux livres la main),
Signes fort grandz donnerent bien a croire
Que Dieu voulloit l'office sainct Gregoire
Estre a jamais celebre toutes partz :
Car les feuilletz en divers lieux espars
59 r° Furent trouvez, demonstrantz devoir celle
Forme tenir l'Eglise universelle.
Celuy de sainct Ambroise, la trouvé
En son entier et ouvert, fut prouvé
Devoir tenir la cité mylannoyse :
Et par ainsi a bout se myct la noyse.

Pour enrichir le martyrologe, Charles fait rechercher les noms des saintes personnes qui ne figurent pas encore sur la liste officielle des bienheureux. — 59 v°. Institution de la leçon lue à prime en l'honneur des saints connus et inconnus.

60 r°-62 v°. Deux religieux très doctes arrivent d'Ecosse. Ce sont Rabanus et Clément, que parfois l'on nomme Claude. Ils annoncent qu'ils communiqueront la science à qui voudra, et ils passent d'abord, à cause de cette promesse, pour « esventez du cerveau ». Jugement fort téméraire ! Clément [le Scott] professe avec beaucoup de succès à Pavie. Quant à son compagnon, il resta en France, assista de ses lumières Alcuin, et fut, en somme, l'un des fondateurs de l'Université parisienne. — Cretin la célèbre sur le mode dithyrambique.

63 r° O quel grand bien, quel plaisir de bon heur
Receut Paris, quel prouffit et honneur
Lorsqu'ainsi fut l'estude translatée,
Dont science est en tous lieux dilatée!
Ce fut un bien, encore est ce [1] et sera,
Qui, Dieu aydant, jamais ne cessera,
Et par lequel l'Eglise militante
Se maintiendra en foy ferme et constante.
Pour decider toutes difficultez,
Dedans Paris, en maintes facultez,
Se produyt fleur d'excellente clergie,
Et, mesmement, (la) saincte theologie
Tant y flourit qu'en plusieurs regions
Gentz seculiers et de religions
Portent le fruict de vertueux merite,
Qui aux sainctz cieulx des justes l'ame herite.
La, rudes sens, par l'estude adextrez,
Sont tost renduz fort sçavantz et lectrez;
Les esperitz tardifz d'apprendre et rares
Deviennent promptz; ceulx de langues barbares,
63 v° Par très expers regentz leurs directeurs,
Se font a temps eloquentz orateurs.
C'est a Paris ung chef d'œuvre admirable,
Comme extimé tresor innumerable,
Veuz tant de biens qu'en sa diversité
Porte et contient celle université;
C'est une mer qui va, flue et redonde
En tant de lieux, et court par si royde onde

[1] Ms. : *esse*.

Que les ruysseaulx, fluantz en toutes partz,
Sont aujourd'huy parmy le monde espars ;
C'est ung soleil de divine lumiere,
Prenant clarté de la cause premiere,
Dont clairs engins, en vertuz reluysantz,
Sont envers Dieu et les hommes plaisantz ;
C'est de tout bien ung si profond abisme
Qu'a peine puis en escrire la dixme, —
Par quoy vueil bien a tant m'en deporter.

64 v°-65 v°. XIII. L'empereur donne des noms aux douze vents et aux douze mois[1] ; il édifie plusieurs temples, élève, à Aix-la-Chapelle, une cathédrale somptueuse, et veille à la restauration des églises déjà existantes...—66 r° et v°. Ici le chroniqueur s'interrompt pour reprocher aux abbés et aux prêtres de son siècle leur incurie, leur égoïsme. — 67 r°. Charlemagne, au contraire, réunit cinq conciles afin de réformer le clergé. — 67 v°. Et, de nouveau, notre auteur prend à partie les ecclésiastiques, ses contemporains.

J'en vueil a vous, bestes bruttes, peccores,
Gentz ignorantz, pervers et dissoluz !
J'en vueil a vous, ce sont motz absoluz !
Et si on dit, veu que je suis d'Eglise,
Qu'en ce caz trop mon estat scandalise,
A ce respondz : Vice qui notoire est,
L'honneur de Dieu touchant, et l'interest
Du bien commun et la chose publique,
Se doibt blasmer a replique et duplique.
68 r° Est il vivant qui n'ayt doubte et orreur
Voyant l'Eglise aveuglée en l'erreur
De telz suppostz et si pervers ministres,
Tenantz les partz obliques et sinistres?
Ou songez vous, nos reverends prelatz ?
Le caz va mal. C'est chose impropre, helas !
Ordres donner a hommes inutilles
Qui n'ont sçavoir, maintien, façons ne stilles
D'honnestetez. Prenez la chose a cueur,
Et commandez tenir forte rigueur
A l'examen. Ce n'est pas conscience

[1] Eginhard, *Vita Car. imp.*, XXIX, p. 91-3.

De les passer, s'ilz n'ont bonne science,
Tiltre vallable et suffisant pour eulx
Entretenir.
O chetifs, malheureux,
Prestres vollantz, qui donnez exemplaire
Si scandaleux, comment pensez vous plaire
Au Createur ? Bien monstrent vos semblantz
Que celebrez pour l'ame de six blans,
Car, plusieurs jours, ne dictes messe aulcune
Si de quelcun ne recevez pecune,
D'amour de Dieu est tout homme indigent,
S'il n'a le cueur a luy plus qu'a l'argent.
68 v° On ne deust mectre aux divins sacrifices
Fort ceulx qui sont pourveuz de benefices.
Tant on en fait ! C'est trop de la moictié !
Et n'est ce pas une grosse pitié
Que gentz d'Eglise exercent de la sorte
Ce digne estat, dont fault que rumeur sorte ?
Pour le bruit tel que d'ung et aultre avez
Qu'ilz sont si folz, legiers et despravez [1],
On ne leur porte honneur ne reverence.
Je ne voy point qu'il y ait difference
Entre l'habit des gentz lays et le leur :
C'est caz estrange, et qui cause doulleur
Aux cueurs des bons personnaiges et graves !
Mais le parler n'y proffite deux raves,
Car non, sans plus, les moyens et petitz
Suivent leurs vains sensuelz appetitz :
Les cardinaulx, prelatz et grosses testes
Causent mouvoir merveilleuses tempestes [2],
Et, par ce, sont simples prestres engrandz
Vices ensuyvre, ainsi que font les grandz.
De cela vient que peuple, en tout affaire,
Fait hardiement ainsi qu'il leur voit faire.

[1] Ms. : *destravez*.

[2] Comprenez : *Ce ne sont pas seulement les moyens et les petits qui suivent leurs appétits sensuels,* MAIS *les cardinaux et les prélats causent de merveilleuses tempêtes....*

69 r° Mais qui en parle, on dit qu'il est resveur ;
Pour ce m'en tays. Plaise au benoist Saulveur
Ordre y donner, tellement que le monde
Vertu eslise, esvitant vice immunde !

L'empereur comble de ses grâces les cités de Florence et de Gênes. — 69 v°-70 r°. Sa renommée pénètre jusque chez les infidèles.

71 r°-72 v°. XIV. Il comptait achever son existence en repos, mais saint Jacques de Galice lui apparaît une nuit, et lui ordonne d'aller guerroyer contre les Turcs [1]. — 73 r°-77 v°. Départ pour l'Espagne. — Siège de Pampelune : les murailles de la ville tombent d'elles-mêmes [2]. — Pèlerinage à Compostelle. — Les Turcs sont baptisés en masse. — Charles regagne ses états.

78 v°-79 r° [3]. XV. A peine de retour, il apprend que le roi païen Aygoland [4] est sorti de l'Afrique pour envahir l'Espagne. Il s'agit de réduire ce nouvel adversaire, et les Français accourent, infatigables. (Laissons-les, dit le poète, passer les Pyrénées à leur aise, et, pendant qu'ils passeront, je vous conterai, moi, une histoire. — 79 v°-81 v°. Il y avait une fois un gendarme qui n'était pas riche, puisqu'il ne possédait rien au monde que son cheval. En mourant, il recommanda à un sien parent de vendre la bête en question et de distribuer aux pauvres l'argent qu'il se procurerait de la sorte. Le cheval fut vendu cent sous, mais le parent du charitable gendarme garda la somme pour lui. Aussi qu'arriva-t-il ? — Des diables !... Ils emportèrent cet homme indélicat. Morale : Si vous ne respectez pas les testaments, vous vous en trouverez mal [5].) — 82 r°. Maintenant nos troupes ont franchi les monts ; Aygoland et Charles sont en présence. — 82 v°-85 r°. L'un consulte les sorts, et ils lui promettent la victoire ; l'autre voit les lances de ses soldats se couvrir d'une jeune verdure. — Terrible mêlée ! — Charles triomphe, et son ennemi quitte l'Espagne.

86 v° [6]-89 r°. XVI. Oui, mais il ne reste guère en Afrique, et il revient même d'un tel élan qu'il ne s'arrête que devant Agen. — Prise

[1] Turpin; I, p. 2-4.

[2] Id., II, p. 4-5.

[3] Le ms. porte 78 par erreur.

[4] Turpin, VI-XIV, p. 10-25. — Par la suite, Aygoland est devenu l'un des personnages épiques du moyen âge. Cf. E. Langlois, *Table des noms propres de toute nature compris dans les Chansons de geste imprimées.* Paris, 1904.

[5] Turpin, VII, p. 10-11.

[6] Les f°° 85 v° et 86 r° sont occupés par une peinture compliquée, et qui tient toute la largeur du volume.

de cette ville ; les Sarrasins s'y établissent, mais Charlemagne y entre sous un déguisement, étudie à son aise les ressources de la place, et la recouvre peu de temps après. — Fuite du roi païen ; il se dirige vers Saintes, et l'empereur chevauche derrière lui. — 89 v°-90 v°. Bataille. Aygoland est vaincu, et il se retire à Pampelune. — 91 r° et v°. Charles veut l'y aller chercher ; il rassemble des forces imposantes : 124,000 hommes, « sans les pietons, aventuriers et aultres ». — 92 v°-96 r°. XVII. Les infidèles se préparent de leur côté, et voici les deux armées front contre front. — Après plusieurs escarmouches qui se terminent toutes à la confusion des Turcs, Aygoland vient trouver l'empereur, se déclare prêt à recevoir le baptême, puis renonce brusquement à ce dessein. — 96 v°-97 r°. Dès lors, il faut combattre. — Défaite et (enfin !) mort d'Aygoland.

97 v°-98 v°. Massacre de mille chrétiens qui pillaient sans vergogne durant la nuit [1]. — Le duc de Navarre attaque les Français : il est repoussé, puis occis. — Récit d'un notable miracle et réflexions du chroniqueur sur les jugements de Dieu.

99 v°. XVIII. (Cretin s'excuse des erreurs qu'il a pu commettre.) — 100 r°-101 r°. L'amiral de Babylone arrive en face de l'empereur avec une nuée de païens, parmi lesquels on remarque le formidable géant Ferracut. Il défie les barons de Charlemagne, et déconfit en champ clos Ogier le Danois, Arnoul de L'Aubespine et quelques autres. — 101 v°-103 r°. Alors se présente Roland. Il assène à Ferracut, qui l'a soulevé bien haut, un coup de poing sur le menton. Les deux champions roulent à terre, et se gourment si longtemps qu'à la fin « le grand riflard » est contraint de demander une trêve. — 104 r°-106 r°. Le lendemain, Roland se hâte vers le lieu du combat. Arrive le colosse, «... faisant plus grand bruit en sa marche Qu'une grosse eau passante en estroicte arche ». Le duel recommence, et telles sont l'adresse et la vaillance du paladin que son adversaire se sent las et dit : Reposons-nous. — 106 v°-108 v°. Il se couche sur l'herbe et s'endort. Toujours courtois, Roland lui place, en guise de coussin, une grosse pierre sous la tête. — Ferracut se réveille, et il se met à causer très gentiment. Son corps, déclare-t-il, est invulnérable : seul le nombril ne repousse pas le fer. Cette naïve confidence ne tombe point, écrit le poète, « en oreille de veau », et Roland note le renseignement. Ensuite le Turc et le chrétien vantent leur religion respective ; chacun affirme que la sienne est la bonne, et, comme ils ne se persuadent pas l'un l'autre par la parole, ils conviennent, en saisissant leurs armes, que la meilleure religion sera celle du vainqueur.

[1] Turpin, XV, p. 25-6.

Dont n'a moyen qui le puisse aleiger.
Ainsi perplex, triste en pensée et face,
Loing du moyen dont son ennuy efface,
En la forest, comme errant chevallier,
Fut regardant s'il sçauroit ralyer
Aulcuns des siens, affin qu'a l'eschappée
Eulx quant et luy, au trenchent de l'espée,
Sceussent vanger le sang de leurs amys :
Car mieulx aimoit en honneur estre mys
A dure mort que voulloir vivre en honte.
  Lors en tel soing, comme nous dit le conte,
Ung payan seul trouva qu'humilya
Et a quelque arbre estroictement lya ;
Puis, desirant sçavoir d'heure abregée
Ou la payanne armée estoit rengée,
125 r° En certain mont, sur ung arbre assez hault
Alla monter, ou son œil, de plein sault,
Sceut explorer une fort grande plaine,
De Sarrazins terre [1] couverte et pleine.
Lors le sien cor, en reprenant son vent,
Sonna longz motz, les redoublant(z) souvent,
Et a tel son, comme si ce fust prise,
Vindrent a luy cent chevalliers d'emprise.
De ce joyeux et eulx d'amour espriz
Reprindrent cueur et forces d'esperitz,
Deliberez, sans plus longue demeure
Sur le peril que chacun d'eulx y meure,
Faire l'essay d'eschapper les destroitz,
En priant Dieu leur donner telz octroys
Que, se contre eulx Sarrazin qui vive entre,
Force leur doint luy passer sur le ventre.
  Rolland, après la bende ralyer,
Alla celuy Sarrazin deslyer,
Puis l'advertit que, s'il avoit envye
Avoir de luy beneffice de vie
Et recouvrer liberté à son vueil,
Se delivrast, a vue et plein gect d'œil,

[1] *Toute?*

125 v° Luy demonstrer le roy Marsire en place.
« Sinon, dit il, ains que d'icy desplace,
Je te feray sortir l'ame du corps. »
L'espée au poing, faisant ces durs recordz,
Luy presenta en barbe toute nue,
Dont eut l'accès de fievre continue,
Doubtant venir jusques au chef trencher :
A tant promict Marsire remercher.
Sur ce les francz champions se serrerent
Et, en partant de celle place, errerent
Tant et si fort qu'ilz furent près du lieu
Ou triumphoit Marsire au beau meillieu
De grosse trouppe en bataille rengée,
Signe monstrant de chiennaille enraigée.
Ce Sarrazin, l'ordre contreroulant
De la bataille, alla dire a Rolland
Si son regard au roy Marsire gecte
Estre celuy portant ronde targette,
Sur roux bayard monté, le bon cheval
Acomparé au coursier Bucifal
Ou aux destriers Montaigne et Galatée [1].
Après ouyr l'enseigne relatée,
126 r° Les chevalliers, des armes revestuz
De nostre foy, reprinses les vertus
Force et prouesse, en sorte que leur semble
Mourir grand gaing, joinctz et serrez ensemble,
Chargerent boys gros, pesant, ferme et rond,
Donnantz le choc, fendirent de plein front
Ceste orde, vile et meschante canaille [2].
Sur ce Rolland, a quelque pris qu'en aille,
Voullant du tout appliquer son desir

[1] Cf. *Romania*, VI, 271.

[2] La phrase est atrocement chevillée et, par suite, peu intelligible. Essayons de l'éclaircir : *Après avoir entendu le signalement du roi Marsire, les chevaliers, revêtus des armes de la foi, et ayant si bien reconquis leur force et leur prouesse que mourir leur semblait un gain, se réunirent en un groupe compact, mirent en arrêt leur lance, dont le bois était gros, pesant, ferme et rond, puis, donnant le choc, fendirent*, etc. — Le v. 69 m'est obscur, et je ne suis pas certain de l'interpréter comme il faut.

A bon exploict, ung Turq alla choisir
Grand et puissant, excedant d'apparence
Les aultres tous : mais, pour la difference,
Ne delaissa l'aller tost affronter.
Se la endroict se sceurent bien frotter,
Ja n'est besoing le ramener a doubte.
Pensez chacun y myct sa force toute,
Et se l'ung fut aux coupz donner hastif,
L'aultre monstra estre en revenge actif.
Si ne dura longuement leur bataille,
Car, du fort braz a Rolland, telle taille
De Duranda sur ce Turq deschargea
Que le tarder du combat abregea.
126 v° Et tout ainsi que le boucher acoustre
Mouton en deux, il pourfendit tout oultre
Et departit son corps profondement
Depuis le chef jusques au fondement,
Si qu'une part alloit pendant a dextre
Sur le cheval, et l'aultre a la senestre.
Lors Sarrazins furent effarouchez;
Non seulement souldardz, mais les gros chefz,
Du grand exploict tellement s'estonnerent
Que plusieurs d'eulx leurs roys habandonnerent,
Dont fut Rolland plus chauld de batailler,
Corps cravanter, trencher et detailler.
Comme ung fauscheur qui de sa faulx aterre
L'herbe du pré et la mect toute a terre,
Tout ainsi fut, par l'affilé trenchant
De Duranda, de part en part fauschant
Ce qu'il trouva, et tant fendit la presse
Qu'au roy Marsire alla de dure aspresse,
Lequel fuyant mort par terre abatit.
La Beligand assez mal combatit,
Et ama mieulx de fuytte avoir envye
Que, pour venger son frere, y perdre vie.
127 r° Luy et les siens, tous mellencolieux,
Las et craintifz, partirent de ces lieux,
Doubtantz encor l'empereur par Gascongne
Povoir tourner sur eulx a leur vergongne.

Si estoit ja oultre montz, sans sçavoir
L'affaire tel qu'on feyt aux siens avoir.
Or entendez (que je ne m'entretaille
Sur le propoz) au fort de la bataille
Noz chevalliers tous cent furent occiz,
Fors Bauldouyn, Thierry et cinq ou six
Qui tout espoir de resister perdirent,
Pour ce fuitifz par les boys se rendirent.
Si vaillant n'est, se voyant estre ainsi,
Qui près ne soit demy mort et transy.
Quant a Rolland, neantmoins ses vaillances,
Environné de quatre grosses lances,
Tant fut navré, en cestuy oultre paz,
Que plus n'actend fors l'heure du trespaz.
Si evada du conflict et print voye.
Suivons le; il vault qu'en dueil on le convoye.
128 r°[1] Triste, dolent, foible, pesant et las,
S'en va Rolland, ja entrepris es las
D'acceleree, excessifve agonye,
Sans ayde avoir de nulle compagnye.
Dolent, que dy je? Hellas, voire a bon droict,
(Qui bien le caz considerer vouldroit)
Tant pour raison de la mort regrettée
Des chevalliers catholiques — traictée
Par faulseté conficte en faction
De fiel amer et putrefaction —
Qu'a cause aussi de sçavoir la dampnable
Secte payanne, orde et abhominable,
Estre esjouye en prenant vengement
Des chevalliers. Ce fut rengreigement
De mal sur mal, adjoinctes les mors telles
Au corps navré de playes si mortelles.
Ainsi afflict, selon certains rapportz,
Jusque[s] au pied des cysereans portz,
Près Roncevaulx arrivant soubz un arbre,

[1] Au f° 127 v°, l'enlumineur a représenté Roland qui tâche de briser son épée.

Se myct a pied jouxte ung perron de marbre [1].
128 v° Vuide de sang, tout affoibly et las,
En plaingtz, regretz et très piteux helas,
Disoit : « Mon Dieu, fault il qu'icy demeure,
Et que tout seul, comme une beste, meure
Sans nul espoir de remede et secours?
Francz chevalliers qui vivez en ce cours,
Et qui voz corps exercitez aux armes,
Fondez en pleurs, plourez a chauldes larmes
Le vray patron de prouesse et valleur,
Passant le paz en extreme doulleur ! »
Lors le vaillant chevallier sans reproche,
Comme celuy qui de sa fin approche,
Eut bien en luy consideracion
Qu'en telle fievre et alteracion
N'estoit possible avoir longue durée,
Veu la grand soif qu'il avoit endurée
Par excessifve extremité d'ardeur.
Considerons des vertus la grandeur
Du si vaillant chevallier magnanime;
Tout homme, ayant voulloir pusillanime,
Devroit souvent la constance admirer
De ses haultz faictz et en eulx se mirer.
129 r° Estant assiz sur la fresche verdure,
En telle ardeur que bien deubt trouver dure
Veu ce qu'avoit navreures et coupz tant,
Il se monstra pacient et constant.
Sur Duranda, l'espée interpretée
Donne dur coup [2], tint sa veue arrestée
Bien longuement. Quoy plus? la tira hors

[1] « Tunc Rotholandus tanto bello fatigatus, de nece Christianorum et tantorum heroum dolens, Sarracenorum ictibus magnis et percussionibus acceptis afflictus, usque ad pedem portuum Cisere per nemora solus pervenit, et ibi sub arbore quadam, juxta lapidem marmoreum qui ibi erectus erat in prato optimo super Runcievallem, equo desiliit. » Turpin, XXII, p. 44-5. — Le mot *Cisere* est écrit *Sizre* dans la *Chans. de Rol.*, 583, 719.

[2] « Durenda interpretatur durum ictum cum ea dans, quia prius deficiet brachium quam spata. » Turpin, *ubi sup.*

De son fourreau toute nue, et allors
Luy dit ces motz :
« O espée admirable,
Chef d'œuvre exquiz fait d'art incomparable,
Plus tost beaucoup de touz hommes les braz
Fauldront que toy, car jamais ne fauldras !
Du signe grand de la croix es signée,
Ou Jesuscrist rendit vie assignée
A tous humains. Je voy sur toy (l')escript
Alpha et ω [1] qui, pour vray, me descript
Commencement de toutes choses estre
Du seul motif dont procede leur naistre :
C'est Dieu sans fin et sans commencement,
Qui aultrement le dit ou pense ment.
O reluysante et triumphante espée,
La chair payanne as souvent decouppée
129 v° De poincte ayguē et aceré trenchant !
Maint lasche Juif et Sarrazin meschant
As detrenchez ! Tu as esté forgée
Divinement, a ce que fust vengée
La digne mort du benoist Redempteur.
La larme a l'œil et triste ennuy au cueur,
Par dolentz plaingtz te regrette et lamente,
Et ma douleur de durs regretz augmente,
Tant suis doubtant que tumbes en la main
De quelque Turq Sarrazin inhumain,
Ou d'homme plein non de noble paraige,
Mais de villain, lasche et meschant couraige[2]. »
Ses regretz faictz, voullant qu'homme n'usast
De celle espée et qu'il n'en abusast,
(Comme en challeur homme de cueur s'efforce)

[1] Ms. : *O*.

[2] « O mucro pulcherrime et semper lucidissime,... litteris clarissimis magno Dei nomine α ω insculpte,... quis amplius tua fortitudine utetur?... O quotiens Domini nostri Iesu Christi sanguinem per te vindicavi!... quotiens Christi inimicos peremi ! quotiens Sarracenos trucidavi ! quotiens Iudaeos ac perfidos pro christianae fidei exaltatione destruxi !... O spata felicissima,... si miles ignavus aut timidus te habuerit, nimis ex hoc doleo ; si Sarracenus aut alius perfidus, valde doleo. » Turpin, *ubi sup.*

Cuidant la rompre y employant sa force,
Trois fort grandz coupz sur le perron dressa
Et en deux partz promptement le froissa.
Ce fut grand caz, fendre dure matiere,
Et celle espée estre saine et entiere!
Voyant cela, print sonner le sien cor
Bien longuement, affin que si encor
130 r° Quelqu'ung, après celle desconficture,
Estoit caché par les boys d'aventure,
Qu'a luy survint pour luy donner confort.
A force vent feyt lors si grand effort
Qu'on dit avoir fendu le cor d'yvoire.
C'est bien soufflé! Creez ce qu'en dy, voire,
Et en regretz prenez compassion
Du chevallier qui telle passion
Lors endura (sont ce parolles vaines?)
Quant il rompit de son col nerfz et veynes.
Tant et si fort a celle heure sonna
Qu'a l'empereur le son en resonna,
Quoy que de la y eust longue distance;
Pour ce voulut tourner a toute instance,
Et pensa bien la matiere s'offrir
Que son nepveu devoit peine souffrir.
Le desloyal traytre Gannes, pour rendre
Sur ce raison, la parolle alla prendre :
« Sire, dit il, ja ne vous esmayez
Touchant Rolland ; doubte de lui n'ayez.
Je suis bien seur qu'il faict très bonne chere.
Souvent, pour une occasion legiere,
130 v° Sonne sa trompe. En la forest s'esbat,
Car de la chace ayme tousjours l'esbat.
Cause n'y voy qu'on s'en dueille et courrouce.
Si, en ces boys, de quelque beste rousse
A rencontré, et loysir de courre a,
Soyez certain qu'a force la courra.»
Cela disoit de bouche menteresse,
Et la pensée en fiction traytresse
Sçavoit le neu du poinct ou tout gysoit,
Qui aultrement alloit que ne disoit :

Mais homme au droict ne fut pour contredire,
Qui causa foy adjouxter a son dire.
Lors Bauldouyn, par tel son entendu,
Alla trouver plat sur l'herbe estendu
Rolland, ainsi peu près qu'homme trespasse,
Qui, le voyant, luy prie de voix basse :
« Franc chevallier que j'ay aymé tant cher,
Trouve façon de tel sang m'estancher,
Et s'en moy as vraye amour et certaine,
Cherche de l'eau en ruysseau ou fontaine,
Dont puisse ung peu, par moderacion,
Refrigerer mon alteracion. »
131 r° Grand devoir feyt par toute l'estendue
D'en recouvrer, qui fut peine perdue,
Car goutte d'eau ne trouve en mont ne val ;
Pour ce saisit l'espée et le cheval
Du bon Rolland; comme ayant vie extaincte
Il le laissa, car il doubtoit l'actainte
Des ennemys et leur aygre fureur,
Gaignant pays vers l'ost de l'empereur.
Au mesme lieu Thierry survint a l'heure,
Qui, prins de dueil, lamente, plaingt et pleure,
Voyant Rolland avoir membres retraictz
Et ja tirer, ce semble, aux derniers traictz.
Lors doulcement l'exorte et admonneste
De son salut.
Or, par coustume honneste,
En l'ost françoys la reigle s'observoit
Qu'avant combactre ung chacun recevoit
Son Createur. C'estoit loy ordonnée
De bonne part. Rolland, ceste journée,
Se confessa et feyt administrer
Avant vouloir en la bataille entrer,
Dont croy qu'estoit, selon bon vray semblable,
En seur estat. La coustume louable
131 v° Se deubt en guerre observer mesmement
Quant on se voyt en peril eminent,
(Comme en bataille on se fourre et contourne)
Car tel y va qui jamais n'en retourne.

Qu'est ce de ceulx, en tel conflict surpris,
Qui lors ne sont confessez ne contrictz ?
Extimez vous que la plus part ne verse
De mal endroict ? Gentz de faulse et perverse
Condicion ainsi circonvenuz,
D'œuvre, merite et grace trouvez nudz,
Ont ilz avis ne memoire sensible
D'eulx repentir ? Il est comme impossible.
Se mort les prend en l'obstinacion,
Je croy que tous vont a dampnacion.
A tant m'en tays, et aultrement n'en juge :
Tout gist en Dieu qui est le juste juge.
Thierry, voyant son amy labourer
Aux derniers treetz, a force de plourer
Luy arrouza de ses larmes la face,
Dieu suppliant que vray pardon luy face.
Adonq Rolland, de foible et basse voix,
Ainsi parla :
« Mon Redempteur, tu voys
132 r° Qu'ay delaissez parentz, pays et terre
Pour debeller celle gent qui tant erre,
Et, exaulsant ta saincte loy, ay faictz,
Soubz ton povoir, armes de grandz effectz,
Dont mon corps a souffertes peynes dures,
Playes, grandz coupz, faim, soif, challeurs, froidures,
Et tellement que l'angoisse de mort,
Après telz maulx, me navre, pique et mort !
Mon facteur es : regarde ta facture ;
Mon Createur, je suis ta creature.
Vertu de vie en moy fault et peryt;
Le corps se meurt. — Te plaise a l'esperit,
Après ce dur passaige transitoire,
Donner repoz en seur repositoire !
Tu es celuy qui les très bonnes partz
A tes servans et bons amys depars.
O Jesuchrist, filz de la doulce mere
Vierge Marie, honteuse mort amere
Souffris pour moy, par trois jours pris sejour
Au tien sepulchre, et au troisiesme jour

Ressuscitas, puis montas a la dextre
De Dieu ton pere. Or suis je prochain d'estre
132 v° Au paz mortel. Si croy, mon Redempteur,
Que je, pecheur et povre viateur,
Au dernier jour me feras, comme espere,
Ressusciter pour vie avoir prospere,
Sans ce que mort ja me puisse empescher.
Je te verray en ceste mienne chair,
Et de mes yeulx auray a pleine veue
La vision dont saincte ame est pourveue. »
Ces propres motz trois foiz reyterez,
Ses membres froidz et sens tous alterez,
Très instamment voulut Dieu prier a ce
Qu'en cest endroict il lui pleust de sa grace
Avoir pitié des siens chevalliers francz,
En celuy jour corps et vies offrans
Pour le soustien de sa foy, contre ceste
Dampnée, inique et malheureuse secte
Des mescreans ; qu'il voulsist pardonner
Tous leurs meffaictz, et ample part donner
De ses tresors, mectant au ciel leurs ames
Hors le peril des infernales flames.
Son oraison parfaicte, vers les cieulx
Tendit les braz, et, en levant ses yeulx,
133 r° En termes telz dit ce que vous recorde :
« Maintenant voy, par la misericorde
Du doulx Jhesus, ce qu'œil onq ne sceut veoir,
Oreille ouyr, ne cueur d'homme, pour voir,
Comprendre sceut : les biens que Dieu prepare
Aux siens amys. » — Lors, ainsi que se pare
Bon et loyal catholique au partir
Du cours present, ce glorieux martyr,
Armé de foy vraye et saine doctrine,
Les braz en croix posez sur sa poictrine,
Thierry present (comme l'histoire dit),
Terre eut le corps, et l'ame au ciel rendit.

134 r°-135 r°. XXXIII. En célébrant la messe dans le camp de l'empereur, Turpin, ravi en extase, voit Marsire en enfer et Roland au

ciel [1]. — Arrivée de Thierry : il raconte, bien affligé, le drame de Roncevaux. — L'armée rebrousse chemin. — 135 v°-137 v°. Charles pleure devant le cadavre de son neveu et ébauche une oraison funèbre. Beaucoup de Français reconnaissent leurs parents parmi les morts. La désolation est générale. — 138 r° et v°. On s'élance à la poursuite des païens, et, pour qu'on ait le temps de les atteindre, le soleil arrête sa course. (Certaines gens nient ce prodige, mais le chroniqueur les renvoie à Vincent et à Turpin [2]. Du reste, pourquoi Dieu n'aiderait-il pas ses amis? Lisez les saints livres, et vous verrez que les miracles ne lui coûtent rien.) — 139 r°-140 v°. Ecrasement des vilains Turcs. — Jugement de Ganelon : Pinabel descend dans la lice pour cette méchante cause, mais il est vaincu par Thierry, et le traître est écartelé.

141 v°-142 r°. XXIV. Obsèques de Roland et de tous les preux tués à Roncevaux. — 142 v°. Licenciement de l'armée. — 143 r°. L'empereur va à Saint-Denys. — 143 v°. Il travaille à établir l'équité dans ses états. — 144 r°. Il se rend à Aix-la-Chapelle, où il entre à grand triomphe. — 144 v°-145 r°. (Cretin place ici la relation d'un joli miracle qu'il avait oublié de consigner.)

146 r° et v°. XXV [3]. Signes qui annoncent la mort de Charlemagne [4]. — 147 r° et v°. Il mande son fils auprès de lui, et partage ses trésors. — 148 r°. Beauté de son œuvre. — 148 v°. Le pape Léon célèbre l'office funèbre de l'empereur. — 149 r°. Celui-ci est très sûrement au nombre des élus : Turpin l'affirme [5], et l'on doit le croire, car il a eu, à ce sujet, une révélation d'en haut.

Excuses du poète : il a omis certaines choses, il en a exprimé d'autres faiblement, mais il s'est, en somme, fort appliqué :

Et pource, ceulx qui verront ou je faulx
Vueillent sans plus corriger mes deffaultz :
Se feu d'amour a ce leurs cueurs alume,
Tout ira bien. — C'est fin du quart volume.
Mieulx que pis.

B. N. fr. 2821.

[1 r°.] « Prologue sur le quint volume. » — La science est très

[1] Turpin, XXV, p. 50.
[2] XXVI, p. 52.
[3] Ms. : *XXIV*.
[4] Eginhard, *Vita Car. imp.*, XXXII, p. 96 sqq.
[5] XXXII, p. 60 sqq.

nécessaire à un prince. — [1 v°-3 r°.] Opinions des anciens à cet égard. — [3 v°-4 r°.] François Ier, qui aime à s'instruire, deviendra un roi incomparable. - Le poète lui demande d'être indulgent pour ses vers.

Très humblement, Sire, je vous supplye
Considerer combien la force plye
De moy qui suis le moindre des petitz,
Voz escolliers et simples apprentifz ;
Et mon labeur recepvez en mesme ordre
D'acception que s'il donnoit a mordre
Fruict savoureux, de bon et friant goust.
Vous plaise aussi avoir esgard au coust,
Ou myse est forte et recepte affoiblye :
Celuy est sot, comme on dit, qui s'oublye [1].

1 r°. I. D'un père excellent ne saurait naître un mauvais fils. — 1 v°. Louis le Débonnaire fut, en conséquence, vertueux. — 2 r°. Il exécute le testament de Charlemagne. — 2 v°. Diverses ambassades qu'il reçoit. — 3 r° et v°. Il tâche de rendre meilleures les mœurs des prêtres, et impose aux laïques des lois utiles. — 4 r° et v°. Ses trois fils (Lothaire, Pépin et Loys) furent ingrats, et lui causèrent mille tribulations. — Après la mort de sa première femme, il épousa la belle Judith, et en eut un enfant appelé Charles [le Chauve].

5 v°-6 r°. II. Louis rend aux Saxons et aux Frisons les franchises que le grand empereur leur avait ôtées. — 6 v°. Révolte des Gascons et des Esclavons. — 7 r° et v°. Un grave dissentiment s'élève entre Louis et Bernard, roi de Lombardie. Celui-ci est poussé par trois prélats (Anseaulme, Walfrède et Théodulphe), qui cherchaient seulement leur intérêt propre.

Quant vent d'orgueil, en une teste raze,
Feu d'avarice attise et fort embraze,
Dieu scet comment, soit par phas ou nephas,
Faincte amytié d'Annas a Cayphas [2]

[1] Guillaume Cretin semble solliciter ici la munificence royale. A l'entendre, son œuvre, qui lui coûterait toujours beaucoup, lui rapporterait moins qu'autrefois. En vertu du proverbe *Fol qui s'oublie*, il demande ingénument que *la recette* ne baisse pas, puisque *la mise* n'a point changé.

[2] Jean, XVIII, 13, 24.

Est proumenée ; il n'est riens qu'on ne face
Soubz semblant mys en ypocrite face.

8 r°-9 v°. Le Débonnaire lève une grosse armée. Bernard comprend que la résistance est impossible ; il se livre à l'empereur, qui le punit très cruellement, ainsi que ses complices. — Les Bretons se soulèvent. — 10 r°-11 r°. On porte chez eux la guerre. — Nouvelle rébellion en Gascogne. — Incursions des Normands.

12 r°. III. Les frontières méridionales de la France sont menacée par le roi païen Azon (Aizo). On se dispose à le refouler dans ses états, mais (12 v°) les capitaines chargés de ce soin s'en acquittent avec nonchalance. — 13 r° et v°. Louis est obligé d'envoyer à la rescousse Lothaire et Pépin : ils arrivent trop tard ; l'ennemi s'est retiré avec un riche butin[1]. — 14 r°. Mort du roi des Bretons. — 14 v°-15 r°. L'empereur choisit Bérard (Bernhard) comme Prévôt du Palais, et lui donne une si grande puissance que l'on ne tarde guère à conspirer contre ce favori et contre son maître.

16 r°. IV. Le poète adresse des malédictions aux adversaires de Louis. — Ils vont trouver le roi Pépin et parviennent (16 v°) à l'attacher à leur cause. — 17 r° et v°. Le Débonnaire destitue Bérard ; Judith, à qui l'on attribuait toutes les fautes de son mari, est obligée de s'enfuir à Laon, mais, tombée entre les mains des conjurés, elle doit s'engager à prendre le voile. — 18 r°. Réflexions de l'auteur : il faut qu'un prince se garde également de la dureté et de la faiblesse. — 18 v°-19 r°. Après avoir annoncé à son époux qu'elle renonce aux grandeurs, Judith se rend à Poitiers et se retire au monastère de Sainte-Radegonde.

(*A suivre*) Henry Guy.

[1] Eginhard, *Hludowicus*, p. 386 sqq.

BIBLIOGRAPHIE

REVUE DES REVUES

Romanische forschungen, XIX, 2. — *Sechehaye* : L'imparfait du subjonctif et ses concurrents dans les hypothétiques normales en français, p. 321 ; — *Fiset* : Das altfranzösische Jeu-Parti, p. 407 ; — *Fehse* : Sprichwort und sentenz bei Eustache Deschamps und dichtern seiner zeit, p. 545 ; — *Ulrich* : Drei romanische fassungen der beiden Jakobsbrüder, p. 595 ; — *Baist* : Banse ; bouleau ; bride ; buiron ; cagot ; caraffa ; conjogle ; corma ; guige ; hot, hocq, ho ; piéton ; royaume ; toenard ; triege, p. 633.

Revista de Aragon, VI, abril 1905. — *P. Meneu* : Influencia de la lengua española en el árabe vulgar de Marruecos, II, p. 178, 231.

Neuphilologische Mitteilungen, 1905, 3. — *A. Wallenskbld* : La simplification de l'orthographe française, p. 41.

Bulletin du parler français au Canada, III, 9 et 10. — *A. Rivard* : La simplification de l'orthographe, p. 270 ; — *Le P. Potier* : Façons de parler proverbiales, triviales, figurées, etc. des Canadiens au XVIIIe siècle, p. 291 ; — Lexique Canadien-Français, p. 294 et 324.

L'Hermine, XXXII, 2. — *G. Saint-Mleux* : De la formation des noms de lieux du Poulet (suite), p. 47.

Bulletin hispanique, VII, 2. — *J. Saroïhandy* : Remarques sur la conjugaison catalane, p. 128 ; — *C. Michaelis de Vasconcellos* : Algumas palavras a respeito de púcaros de Portugal, p. 140.

Romania, n° 134. — *A. Thomas* : Gloses provençales inédites tirées d'un ms. des « Derivationes » d'Ugucio de Pise, p. 177 ; — *G. Huet* : Sur quelques formes de la légende du « Chevalier au cygne », p. 206 ; — *P. Meyer* : Notice du ms. 305 de Queen's College, Oxford (légendier français), p. 215 ; — *R. Weeks* : Etudes sur « Aliscans » (suite), p. 237 ; — *P. Meyer* : L'inscription en vers de l'épée de Gauvain, p. 278 ; — *G. Raynaud* : Une nouvelle version du fabliau de « La Nonnette », p. 279 ; — *A. Thomas* : Ponthus de La Tour-Landri, — Normand « caieu », — Franç. « milouin », — Prov. « colonhet » et « colonhier », p. 283 ; — *A. Dauzat* : Provençal *bodosca, bedosca*, p. 298 ; — *G. Nigra* : « trekawdu » (Haute-Savoie), « trekawdé, trakudé » (Aoste), p. 301 ; — *A. Mussafia* : Per il « Tristano » di Beroul, ed. Muret, p. 304.

COMPTES RENDUS

Hugo Schuchardt an Adolf Mussafia, *Graz*, im frühjahr 1905, in-f° de 42 p.

Au moment où M. Mussafia quitte l'enseignement après une carrière brillamment remplie, M. Schuchardt adresse à son ami une sorte de lettre ouverte, qui est le présent ouvrage. Voulant lui faire onneur non seulement par le fond, mais encore par la forme, il l'a richement éditée en un superbe caïer in-f°, très soigneusement imprimé et orné de belles illustrations.

Ne se sentant pas, dit-il, à même d'apprécier comme il convient tous les travaux de M. Mussafia, il se borne à déclarer que le plus important pour lui est le *Beitrag zur kunde der norditalienischen mundarten im XV. jahrhunderte*, paru en 1873. Les remarques de cette étude contiennent en effet une riche collection de sinonimes éclairés par la lumière de l'étimologie; or on a peu travaillé dans cette voie, la sinonimique istorique des langues romanes n'a guère reçu que des contributions isolées, et M. Schuchardt le regrette. Il n'est pas moins important, dit-il, de savoir comment se nomme tel objet que de savoir ce que signifie tel mot. Deux vocables différents pour exprimer une même idée ne la rendent généralement pas avec la même nuance, et ces nuances correspondent à des points de vue divers ou dénotent de la part du sujet parlant une autre condition sociale, un autre tempérament. La multiplicité des noms d'un objet ou d'un instrument tient non seulement à ce qu'on a pu l'envisager d'un autre biais, mais aussi à ce qu'il n'a pas partout et toujours la même forme extérieure, ni le même fonctionnement. De là la nécessité pour les filogogues, les étimologistes, les linguistes de bien connaître les objets qui sont désignés par les mots dont ils s'occupent. Et il cite des exemples, qu'il empruntera de préférence aux sinonimes recueillis par M. Mussafia. Après quelque ésitation, après un développement sur le « fuseau » et la « quenouille » que bien des gens confondent, après un autre sur les « chenets », « landiers » et objets analogues, il s'arrête définitivement aux « dévidoirs ». Il i a deux espèces principales de « dévidoirs » que l'on prend trop souvent l'un pour l'autre et que M. Mussafia dans son travail avait avec raison nettement distingués : celui qui sert à mettre en écheveaux le fil que l'on tire du fuseau, et celui qui sert à mettre en bobines ou en pelotons le fil que l'on tire des écheveaux. Le premier est vertical, le second orizontal. M. Schuchardt décrit toutes les formes de ces deux objets, depuis les plus simples jusqu'aux plus compliquées, depuis les plus anciennes jusqu'aux plus modernes, en éclairant son développement par de très nombreuses illustrations qui reproduisent les objets ; il donne leurs divers noms dans les différentes régions et cherche à établir l'étimologie de ces noms

Après cela, laissant de côté les mots pour l'istoire desquels le *Beitrag* de M. Mussafia lui fournit les premiers éléments, il aborde une catégorie d'objets vers lesquels il a été amené par son propre dada (zu der ich vielmehr auf eigenem Steckenpferd gelangt bin). Or, quand M. Schuchardt enfourche son dada, on sait où ce dernier le conduit : à la pêche et aux engins de pêche, à cause de *turbare* et de *trovare*. Ici c'est d'une certaine classe de filets que nous entretient l'auteur, et dans cette seconde partie ce n'est plus l'examen des objets mais celui de leurs noms qui est au premier plan, sans toutefois que leur description et leur représentation soient négligées.

Tout cela peut paraître assez décousu, et rien n'est plus naturel puisque c'est une lettre et que M. Schuchardt, pour l'écrire, a laissé aux dadas qu'il montait la bride sur le cou. Il i a pourtant une unité qui règne sur le tout : elle se trouve dans la métode, dans l'idée chère à M. Schuchart et qui fait le fond de ses *Romanische etymologien* ; nous l'avons déjà signalée deux fois dans cette *Revue* (XLII, p. 564 et XLIV, p. 181 sqq.) : ne pas étudier les mots sans bien connaître les objets désignés par eux et l'istoire de l'application de ces mots aux objets qu'ils désignent.

Ajoutons que l'on retrouve tout au long de ce travail les qualités abituelles de l'auteur : précision, finesse et pénétration appuyées sur une érudition qui n'est limitée ni en étendue ni en variété ; toutes les langues du monde, tous les ordres d'idées sont à l'occasion appelés à la rescousse. Comme d'ordinaire, l'ouvrage, est émaillé d'étimologies généralement excellentes : les unes sont franchement neuves, les autres, anciennes mais mal établies, avaient besoin de confirmation. Citons celles de fr. *écheveau* p. 8, port. *sarilho* p. 9, fr. *happe* p. 10, fr. *travouil* p. 12, lat. *alabrum* p. 13, it. *bicocca* p. 22, it. *corlo* p. 23, it. *negossa* p. 36, etc.

Sans doute toute la partie non linguistique de son érudition ne lui est pas toujours personnelle; il a mis à contribution les connaissances des nombreux amis et correspondants qu'il possède un peu partout. Mais tous ces documents épars et décousus, il se les rend propres et les vivifie par la manière dont il les groupe et par les observations de profonde psichologie que lui suggère leur rapprochement. Il faut ajouter d'ailleurs qu'il n'utilise jamais un document étranger sans dire qui le lui a fourni et sans remercier celui à qui il le doit; parfois même, on l'avouera, l'ampleur du remerciement passe de beaucoup la valeur du renseignement communiqué. Est-ce à ce sentiment de reconnaissance exagérée qu'il faut attribuer l'éloge outré que fait M. Schuchardt de l'atlas de MM. Gilliéron et Edmont? Il le qualifie tout simplement d' « admirable » (*bewundernswert*) et M. Förster n'en parle pas d'un ton plus modeste dans la *Gröber's Zeitschrift* (XXVIII, 495 et XXIX, 13). Il est vrai que M. Gilliéron a obligeamment fourni à M. Schuchardt des renseignements qui lui ont été utiles; mais M. Schuchardt ne pense pas sans doute que la gratitude doive dispenser de l'exactitude. Que demandent en effet avant tout MM. Schuchardt et Förster à l'*Atlas-Gilliéron*? la forme exacte du mot qui est usité à tel endroit pour rendre telle idée; et ils ne sont ni l'un ni l'autre gens à se contenter d'à peu près. Or, si nous avons fait voir (*Indogermanische Forschungen*, XVI, Anz. s. 12 ff.) quels services peut rendre cet atlas et quelle est l'étendue de ces services, nous n'avons pas moins nettement montré que pour ce qui est des mots et de la forme des mots tout doit être considéré *a priori* comme faux. Rien ne saurait être accepté qu'après une minutieuse vérification. Ce qui est « admirable », c'est que deux simples particuliers aient conçu et entrepris avec leurs seules ressources personnelles une œuvre aussi colossale, qui, en raison de l'utilité qu'elle devait avoir, aurait dû être accomplie aux frais nationaux. Mais ce qui est déconcertant et lamentable, c'est que ce grand effort n'ait pas été mieux dirigé et que les deux auteurs aient obéi à des principes aussi saugrenus. On n'imagine pas, pour faire une enquête sur les patois de France, d'envoyer par toute la France la même personne avec une liste de 1800 mots ou bouts de frases, surtout quand cette personne, bien qu'ayant une oreille délicate et exercée, ne possède qu'une préparation scientifique et linguistique à peu près nulle; elle est obligée de poser partout ses questions en français et par conséquent de s'adresser à des gens qui savent d'autant moins de patois qu'ils connaissent plus de français; elle est incapable, dans un très grand nombre des patois explorés, de comprendre un seul mot de ce qu'on lui répond, si bien que lorsque la réponse consiste en plusieurs mots l'interrogateur ne sait pas quels sont dans cet ensemble les fonèmes qui correspondent au mot qui l'intéresse; il ne peut couper qu'au asard, et quant il arrive que l'interrogé n'a pas compris la question et par suite fait un contre sens dans sa réponse, l'interrogateur ne s'en doute même pas. M. Schuchardt, qui rêve de cartes dans le genre de celles de M. Gilliéron, mais illustrées, qui voudrait voir sur une même planche non seulement tous les sinonimes, tous les divers noms qui désignent un même objet, mais en même temps la représentation par l'image de la forme ou des diverses formes de cet objet, croit-il trouver satisfaction dans le présent *Atlas* pour la première partie de ses desiderata? Pense-t-il rencontrer une riche moisson de sinonimes, alors que l'enquêteur a eu pour principe de ne jamais revenir sur une même question, parce qu'il avait peur « d'extorquer » une réponse qui ne se présentait pas spontanément, qui n'était pas « une traduction de premier jet »? Qu'est-ce donc que la traduction de premier jet quand la question est posée en français à des gens qui savent le français à côté du patois? C'est dans certaines cartes (il est facile de s'en rendre compte) deux fois sur trois du français patoisé; la vraie forme patoise ou, quand il i a des sinonimes dans la même localité, la seconde forme ou la seconde locution, aurait souvent pu être enregistrée si l'on avait accordé un instant de réflexion à l'interrogé; mais on s'est gardé de l'attendre ou de la laisser surgir, ne voulant accueillir que des réponses de prime saut, comme si la spontanéité n'était pas supprimée par le fait seul qu'il i a traduction et interprétation.

Maurice GRAMMONT.

E. Modigliani. — Il Canzoniere di Francesco Petrarca riprodotto letteralmente dal Cod. Vat. Lat. 3195, con tre fotoincisioni, *Roma, Società filologica romana*, 1904. XXXI, 165, in-4°, L. 15.

La *Società filologica romana* vient de publier une reproduction diplomatique du *Canzoniere* de Pétrarque d'après le célèbre manuscrit du Vatican. M. Ettore Modigliani a donné ses soins à ce travail délicat pour lequel il a droit aux remerciements de tous les romanisants et de tous ceux qui conservent le culte de la littérature italienne classique.

Dans sa préface, véritable introduction, M. Modigliani mentionne les diverses études dont ce manuscrit a été l'objet et celles où il a été utilisé : Nolhac, le *Canzoniere autographe de Pétrarque*, Paris, 1886; Mestica, *il Canzoniere del P. a riscontro col ms. del Bembo*, etc., dans le *Giornale storico della Lett. ital.* XXI, 1893; Nolhac, *Fac-similés de l'écriture de P. et Appendices au « Canzoniere » autographe*, Rome, 1887 : *le Rime di Petrarca....* da Giov. Mestica, Firenze, Barbèra, 1896; Nolhac, *Pétrarque et l'humanisme*, Paris, Bouillon, 1892, etc. Mais il ne me semble pas dire de façon expresse que l'autographe de

Pétrarque a été découvert par M. de Nolhac, et ne renvoie nettement ni à son article de la Revue Critique (1886, p. 469 sq.) ni à sa lettre publiée dans le *Giornale storico d. Lett. ital.* VII, p. 466. Pour les hommes du métier, ces indications n'étaient point indispensables, mais tel des lecteurs qu'aura la Préface de l'éditeur italien, sera sûrement hors d'état de deviner que M. de Nolhac a eu le mérite de cette découverte. Les simples mots : *la storia esterna del codice* 3195 *è oramai abbastanza nota*, sont vraiment insuffisants quand il s'agit d'un manuscrit précieux entre tous, qui pour un tiers est de la main de Pétrarque.

La description donnée par M. M. entre dans tous les détails que l'on peut souhaiter et paraît de la plus minutieuse exactitude.

Le manuscrit comprend d'abord un index qui n'est pas de la main de Pétrarque et qui n'a pas été corrigé par le poète : certaines formes dialectales paraissent indiquer un scribe ombrien, peut-être de Pérouse.

Le texte lui-même est divisé en deux parties : « la première commence au f° 1 et se termine par trois feuilles blanches, 50, 51, 52 ; la seconde va du f° 53 recto au f° 72 verso, le dernier du manuscrit. Dans chacune des deux parties, le texte a été écrit par deux mains distinctes, celle du copiste et celle du poète. Dans la première partie, le scribe a transcrit toutes les compositions depuis le sonnet *Uoi chalcoltate*, le premier du manuscrit, jusqu'au sonnet *Una candida cerva* (f° 38 verso) inclus, moins le madrigal *Or vedi amor* (f° 26, recto) et le sonnet *Geri quando talor* écrits tous deux par Pétrarque, l'un sur la rature de vers qui étaient de la main du copiste, l'autre sur un espace laissé en blanc ; dans la seconde partie, les compositions, depuis la canzone *I vo pensando*, par laquelle elle commence, f° 53 recto, jusqu'au sonnet *Al cader duna pianta* (f° 62, recto) inclusivement. Les deux fois, la main de Pétrarque suit celle du copiste et continue jusqu'à la fin des deux parties. »

M M. suppose que Pétrarque commença par faire copier dans ce manuscrit et peut-être en même temps les premières poésies des deux parties, et qu'il n'avait pu calculer avec précision quel espace était nécessaire pour la première, de sorte qu'il laissa finalement sept pages en blanc, entre les deux parties.

Bien que l'écriture de Pétrarque ait un caractère calligraphique, à certains endroits, elle perd quelque peu de sa régularité, et l'on n'en peut être surpris ; mais ce qui intéresse le plus et ce que l'on avait déjà remarqué, « les ratures sont très nombreuses, ratures de lettres, de syllabes, de mots, même de vers et de compositions entières, presque toutes dues à la main de Pétrarque, qui non seulement revoyait la copie du scribe, mais en plusieurs endroits revenait sur ce qu'il avait transcrit lui-même, soit pour corriger quelque *lapsus calami*, soit pour modifier la forme, toujours dans l'intention d'atteindre à plus d'élégance et d'harmonie ».

D'autres que Pétrarque ont laissé dans le manuscrit des traces de leur main ; des lettres, des mots, sans doute devenus illisibles, ont été écrits à nouveau. M. M. attribue ces retouches à Bembo dont il croit reconnaître l'écriture.

M. M. a eu l'idée excellente de faire imprimer en caractère ordinaire le texte dû au copiste et en italiques ce qui est de la main de l'auteur. Il a d'ailleurs fidèlement reproduit la ponctuation employée par Pétrarque et le copiste, ponctuation conforme à celle qui est indiquée dans l'*Ars punctandi* attribué à Pétrarque, et à celle que Pétrarque a suivie dans deux manuscrits autographes, ceux du *Bucolicum carmen* et du *De sui ipsius et multorum ignorantia*) Vat. lat. 3358, 3359), que M. M. a examinés.

Une édition diplomatique n'est pas une simple reproduction matérielle, telle que l'est une photographie d'un texte; elle pose certains problèmes, oblige à divers compléments. Pour la séparation des mots, M. M. a tâché de s'inspirer de l'usage suivi dans le manuscrit. Il a intercalé dans le texte, à leur place, les mots ajoutés, il a donné en note les lettres exponctuées ainsi que toutes les remarques diverses que lui suggérait l'aspect du manuscrit. Le seul *Errata*, à la fin du volume, prouverait à lui seul avec quelle attention et quelle compétence M. M. s'est acquitté d'une tâche très difficile.

On ne saurait être trop reconnaissant envers ceux qui consentent à se courber sur les vieux manuscrits et à nous les faire exactement connaître. Tel mot a été mal lu bien des fois qui, une fois fidèlement copié, met à même de résoudre une question douteuse. Si l'on me permet un souvenir si lointain qu'il en devient impersonnel, je rappellerai qu'en 1880 je préparais une édition du Pseudo-Turpin pour la Société des Langues Romanes d'après les sept manuscrits de la Bibliothèque de l'Ecole de Médecine de Montpellier. Au chapitre 32, je fus arrêté par le mot *aucona*, qu'aucun éditeur n'avait reproduit; on le remplaçait au hasard par *arcus* ou *arca*, ce qui ne donnait point de sens. Je le maintins néanmoins, vu l'accord des manuscrits, Or, pendant que je corrigeais les épreuves de la Préface, je trouvai dans l'*Academy* (14 août 1880) une note sur des articles du P. Fedel Fita dans l'*Ilustracion católica* de mars et mai de la même année, portant sur un manuscrit de Turpin, conservé à Compostelle, où l'on a une liste de 22 mots basques,dont *aucona* signifiant *javelot*. Ainsi le chapitre XXXII du Turpin a été rédigé par un moine espagnol, ce qui exclut l'hypothèse de G. Paris qu'à partir du chapitre VI (sauf les interpolations dues aux religieux de Saint-Denis) l'on a l'œuvre d'un moine de Saint-

André de Vienne. La célèbre Chronique, pour l'ensemble et jusqu'à la fin, est définitivement d'origine espagnole.

Mais, il faut l'avouer, peu de chose suffit pour dérouter un œil inexpérimenté et pour certains, le Pétrarque ainsi reproduit, demeure lettre morte. Ils s'en consoleront, sans doute, comme fit Pétrarque lui-même, quand, en 1363, le grec Nicolas Sigeros lui envoya un manuscrit d'Homère; il le mit dans sa bibliothèque et ne sachant point le grec, il se contentait d'en tirer, de contempler, de couvrir de baisers le texte immortel. La plupart n'en useront que pour le comparer à leur édition ordinaire, mais tous auront du moins la certitude que les vers de l'amant de Laure nous sont arrivés sans altération à travers les siècles et que l'on en possède un exemplaire authentique; ils sauront gré à la Société romaine de philologie et à M. Modigliani d'avoir consacré à Pétrarque ce très beau volume, chef-d'œuvre de typographie, à l'occasion du sixième centenaire de la naissance du poète.

Ferdinand Castets.

Edgar Ewing Brandon, professeur à l'Université Miami. — Robert Estienne et le Dictionnaire français au XVIe siècle. — *Baltimore, J.-H. Furst Compagny*, 1904, 133 pages, in-8°.

Ce travail consciencieux explique bien les principaux caractères et le développement de l'œuvre lexicographique de Robert Estienne. Il montre comment, après s'être séparé de son beau-père et établi à son compte, Estienne fut poussé par son ami Budé à imprimer de préférence des livres classiques; comment il fut amené, dès lors, à entreprendre un dictionnaire latin; comment son *Thesaurus*, conçu uniquement en vue de développer la connaissance de la bonne latinité, lui inspira l'idée de composer un dictionnaire latin-français, puis un dictionnaire français-latin; comment en s'occupant du vocabulaire latin il fut conduit à s'intéresser presque davantage au vocabulaire français et finit par réunir tous les éléments d'un dictionnaire français, qu'il n'eut pas le temps de finir; pourquoi, cependant, l'œuvre lexicographique d'Estienne joue un rôle peu important dans l'histoire de la langue française.

Les citations qui éclairent les thèses de M. Brandon sont généralement bien choisies, mais elles sont un peu trop rares, et l'on est étonné qu'elles soient toujours rejetées dans les notes.

Les deux ou trois maigres pages consacrées aux dictionnaires latins qui ont précédé le *Thesaurus* sont vraiment par trop insuffisantes pour nous permettre de bien comprendre quelle fut l'originalité de Robert Estienne.

Il est fâcheux qu'un volume si bien imprimé soit déparé par un assez grand nombre de fautes d'accentuation. Il est plus fâcheux encore qu'on ait à y relever quelques fautes de français. P. 84, *dessin* pour *dessein* n'est peut-être qu'un *lapsus*. Mais p. 54, il est parlé du style *profus* d'Estienne. P. 52, conformément à l'usage du XVI° siècle, mais contrairement au nôtre, *dont* n'est précédé d'aucun antécédent *(dont on ne peut pas être sûr)*. P. 49, au lieu de « lui qui provoque la critique », on lit cette chose barbare : « *lui qui ailleurs invite des criticismes*, semble les redouter ici ».

Il faut, enfin, reprocher à M. Brandon d'avoir plus d'une fois mal disposé ou mal choisi ses titres. Ainsi, dans l'appendice bibliographique, aucune espèce de titre ne précède l'énumération des éditions du *Thesaurus* publiées du vivant de l'auteur. Mais un titre en capitales, précédé et suivi d'un espace blanc, annonce les ÉDITIONS POSTHUMES. Cependant, sept lignes plus loin, un simple titre en italiques, mis sur la même ligne que le commencement du texte, annonce que l'on passe aux éditions du *Dictionarium Latino-gallicum*. A la page suivante, un titre en capitales, mis en relief par des blancs, annonce DEUX AUTRES ÉDITIONS. Deux pages plus loin, le DICTIONNAIRE FRANÇAIS-LATIN est annoncé par un titre du même genre, et c'est encore un titre du même genre qui annonce dans la même page les ÉDITIONS POSTHUMES de ce dictionnaire. On voit combien toute cette disposition manque de logique et de clarté.

Le chapitre III, qui est annoncé à la table des matières, ne l'est pas à l'endroit où il commence, p. 46 : on n'a là qu'un simple sous-titre en italiques qui semble annoncer une subdivision du chapitre II ; cependant, p. 55 commence bien un chapitre IV, sans qu'on ait eu un chapitre III.

Le chapitre II est intitulé, p. 30, *la Publication du Thesaurus* : ce titre mal choisi n'indique qu'une partie, et la moindre, de ce qui fait l'objet du chapitre. A la table des matières, le même chapitre est intitulé *le Thesaurus de Robert Estienne*, titre meilleur, quoiqu'il ait le tort de convenir aussi au chapitre III.

L'ouvrage serait mieux intitulé ainsi : *Robert Estienne et son œuvre lexicographique*.

Disons, en terminant, que l'exemplaire envoyé à *la Revue des langues romanes* est incomplet des pages 101 à 109.

Joseph VIANEY.

Jules Lemaitre, de l'Académie Française. — En marge des vieux livres. Contes. — Paris, *Société française d'imprimerie et de librairie*, 1905, in-16 jésus, avec couverture illustrée, 3 fr. 50.

Un fin lettré lit l'*Odyssée*, l'*Iliade*, le *Zend-Avesta*, l'*Enéide*, les *Evangiles*, la *Légende dorée*. Et d'abord il les lit respectueusement et sans arrière-pensée, afin de les goûter comme il convient. Mais ensuite, ayant l'esprit curieux et l'imagination prompte, sentant vivement les contrastes et les ressemblances entre les sentiments antiques et les sentiments modernes, aimant surtout à réfléchir et à philosopher, il se laisse aller à combiner des *suites* aux incidents qu'il vient de lire, à fondre les idées d'autrefois avec celles d'aujourd'hui, à chercher quelles déformations diverses ont dû subir dans des âmes diverses les mêmes enseignements, les mêmes prédications, la même « Bonne Nouvelle ». Il se demande si la fidèle Pénélope n'a jamais eu le cœur troublé par les paroles flatteuses ou les regards attendris qui lui ont été prodigués pendant l'absence de son époux ; — comment s'est apaisé le désordre jeté parmi les ombres de l'Hadès par le sang que leur a fait boire Ulysse ; — ce qui serait advenu du désespoir de Didon si elle n'était pas morte sur son bûcher. Il se raconte l'histoire attendrissante et comique à la fois de la onze millième vierge, toujours zélée pour faire son devoir, n'arrivant jamais à le faire à temps, obligée, pour ne pas renoncer au martyre, de se faire tuer un jour après sainte Ursule et ses pudiques compagnes. Il invente d'ingénieuses et profondes légendes, qui montrent la complexité du cœur humain et le trouble jeté dans les âmes, non pas seulement par la *Folie de la Croix*, mais par ce qu'on pourrait appeler la *Folie de l'Evangile*. Et il arrive ainsi à écrire *en marge des vieux livres* une série de contes, où le modernisme et la couleur antique ne s'accordent pas toujours d'une façon pleinement satisfaisante, mais qui sont tous intéressants, dont la plupart font penser, et dont quelques-uns sont purement exquis. M. Jules Lemaître avait déjà donné un certain nombre de contes de ce genre dans le volume intitulé *Myrrha* ; on lira avec un grand plaisir ceux qu'il a réunis dans son nouveau volume.

Eugène Rigal.

Ant. Chansroux. — Le vin de la Coupe-Sainte, br. de 17 pages, *Nîmes, Imprimerie générale*, 1905 (extrait de la *Revue du Midi*).

Mon confrère Chansroux (couverture) ou Champ-Roux (p. 3, et note) se plaint aimablement et longuement que mon meilleur ami le *Félibre di Lauseto*, dans sa *Crounico felibrenco* de l'*Armana prouvençau* de cette année, ait commis un regrettable *lapsus-colami* (!) en donnant pour Genestet le vin que nous bûmes l'an passé en fêtant le cinquantenaire du Félibrige. Ce vin fut gracieusement offert aux Félibres par Chansroux (ou Champ-Roux). Il était délicieux. Mais il n'était pas de Genestet. Il venait du *Piò-Rouge*, la colline Rouge voisine de Beaucaire, « par corruption *phylologique* : le *Pied-Rouge*, sans doute parce » qu'on en revient avec la chaussure rougie : donc : Pio ou Pioch- » Rouge, c'est-à-dire la colline d'un ocre-vif ». A la bonne heure !

J. R.

Armanac de Gascougno, *Auch, impr. Cocharaux*, 1905.

J'ai déjà dit tout le bien que je pensais de l'*Armanac* pour 1904. Celui-ci continue très heureusement la même tradition, tant par la valeur des pièces qu'il contient que par la claire simplicité de la graphie employée.

J. R.

Armana prouvençau pèr lou bèl an de Diéu 1905, *Avignoun, J. Roumanille.*

Le plus félibréen des almanachs régionaux. On i fait l'istoire du félibrige depuis la fameuse assemblée de Font-Ségugne (21 mai 1854), et l'on i relate les derniers événements intéressant cette tentative de décentralisation linguistique et littéraire. Mais c'est là seulement une petite partie de l'almanach, qui est essentiellement une collection de poésies et de récits en prose, anecdotes, contes populaires, galejades, etc. On i lit les signatures de Mistral, de Tavan et surtout celle du « Felibre di Lauseto » et de « Lou Cascarelet » qui désignent un même auteur. La bonne moitié de ce petit livre est sortie de sa plume, mais il l'a taillée assez fine et il lui a confié une langue assez souple et assez pure, pour que beaucoup de confrères en félibrige puissent en être jaloux. Il ne manque à cette brochure que quelques illustrations umoristiques pour qu'elle devienne le *lesebuch* des veillées provençales.

M. G.

A. del Sourelh. — Nostres bourgés : Per un Riban. *Toulouse*, à la *Terro d'Oc*, 1905.

Amusante comédie en un acte et en prose (parler d'Agen) mettant en scène les ridicules des bourgeois parvenus et leur goût pour les décorations.

Lemouzi, 13e année. — Le n° d'avril du *Lemouzi* est consacré tout entier à la mémoire de *Joseph Roux*. Nombreux sont les auteurs qui y ont collabore.

Le Gérant : Paul Hamelin.

LES VERSIONS FRANÇAISES INÉDITES

DE LA

DESCENTE DE SAINT PAUL EN ENFER

I. — Version d'Henri d'Arci

Je me propose de publier dans une série d'articles les différentes versions françaises inédites de la *Descente de Saint Paul en Enfer*, auxquelles j'ajouterai quelques remarques linguistiques là où il y aura lieu. On trouvera ces différentes versions réunies et étudiées, avec de précieux renseignements bibliographiques, dans un intéressant mémoire du tome XXXV (p. 131 sqq) des *Notices et Extraits des Manuscrits* [1] par M. Paul Meyer, dans lequel les résultats de H. Brandes [2] et autres sont résumés et considérablement amplifiés. Ces versions sont au nombre de six, dont deux seulement ont été publiées en entier jusqu'ici [3]. Après l'étude de M. Paul Meyer mentionnée ci-dessus, les divers articles

[1] *Notice sur le ms. français* 24682 *de la Bibl. nat., concernant divers ouvrages composés ou écrits en Angleterre.*

[2] *Visio S. Pauli. Ein Beitrag zur Visionslitteratur, mit einem deutschen und zwei lateinischen texten*, von H. Brandes, Leipzig, 1885.

[3] Une version du commencement du XIVe siècle en vers de huit syllabes, dont on possède deux copies (l'une à la Bibliothèque municipale de Toulouse, et l'autre à Cambridge), a été publiée par M P. Meyer dans le t. XXIV (p. 355 sqq) de la *Romania*. Une seconde version, celle du trouvère anglais Adam de Ros conservée dans quatre mss (outre un fragment à Oxford) a été publiée d'après un seul ms (celui de Paris) et d'une façon très peu satisfaisante par Ozanam, dans la quatrième partie de son livre intitulé : *Dante et la philosophie catholique au XIIIe siècle* (Paris, 1835). Elle paraîtra sous peu d'après tous les mss, dans la *Zts für fr. Spr. und Litt.*

que ce savant a consacrés au même sujet dans la *Romania* (VI, p. 11 sqq, et XXIV, p. 355 sqq), et le travail de M. Brandes, il serait superflu de revenir sur les origines de la légende de la descente de Saint Paul en enfer, ou d'en discuter les nombreuses traductions ou imitations françaises. Il suffit ici de rappeler que l'importance de cette pieuse légende réside surtout en ce qu'elle est la source principale des idées qu'on se faisait au moyen-âge des peines et des tourments réservés aux damnés dans l'autre monde.

La version anglo-normande qui suit de la Descente de Saint Paul en enfer, conservée dans le ms. fr. 24862 (f° 101^{a} à 103^{c}) de la Bibliothèque Nationale, a été signalée pour la première fois, je pense, par M. Paul Meyer (*op. cit.*, p. 27 sqq). M. P. Meyer en a imprimé le début et la fin (une cinquantaine de vers environ) et a également donné maint intéressant détail sur l'auteur de notre poème. Cet auteur s'appelait Henri d'Arci et était templier de l'établissement de Bruern ou Bruer Temple dans le Lincolnshire. Il nous fournit lui-même les deux premiers renseignements dans les vers qui terminent sa *Vie de Sainte Thaïs* et que je reproduis ici d'après la transcription de M. P. Meyer :

Henri d'Arci, frere del temple Salemun,
Pur amur Deu vus ai fet cest sermun;
A vus le present e as freres de la maisun.
Ne quer loer de vus si bone volenté nun,
Mes ore larrai d'escrire, par le vostre congié,
Ke le mielz del essamplaire ai enromancé ;
Mes asquanz des chapitles ai je entrelessié,
Ces en qui je ne vi geres d'utilité.
E si ceste translaciun vus vient rien a gré,
Prest sui en autres choses a vostre volenté.
Mes ore, a ceste feiz, voil un poi reposer.
Nequedent, ainz que je leisse del tut ester,
De la venue Antecrist voil traiter,
U neistra e cumbien devra regner
E les granz merveiles qu'il fra voil remembrer,
E u murra e coment trestut voil comter ;
E del [jur] de juise e del grand jugement

Dirrai aucune chose pur Deu ensement.
Puis dirrai, par la grace del seint Espirit,
Des peines que seint Pol l'apostle en enfert vit.
Oez dunc le sermun ententivement,
Ke, si bien l'escotez, si avrez amendement.

Notre poème a été écrit vers le milieu du XIIIe siècle, et sans doute composé à une époque un peu plus ancienne. Il présente les traits linguistiques auxquels on s'attend dans une composition faite de l'autre côté de la Manche vers cette date. Voici les principaux faits qui caractérisent la langue d'Henri d'Arci, ou au moins celle du copiste :

(1) *A* précédé d'une mouillure aboutit à *e* au lieu de *ie* : *laisserent* 20, *chens* 103, *mangerent* 121, *manger* 122, *treschere* 130, *preez* 188, *chef* 200, *derechef* 201, *fichez* 210. On constate la même mutation pour le suffixe. — *arius* : *manere* 29, 114, 131, *muster* 65, *usurers* 80, *deners* 81, *mester* 202, *volenters* 215, *ascer* 264.

(2) Le suffixe — *atorem* devient — *ur*, au lieu de *eor* ou — *eeur* comme en français : *pecchurs* 20, 125, 184, etc., *lechurs* 119, 211.

(3) La terminaison — *ĕre* des infinitifs est rendue par — *er* au lieu de *eir* (*oir*) : *saver* 5, *aver* 6, 71, 89, etc.

(4) L'*ĕ* latin est parfois représenté par *e* au lieu de *ie* : *pez* 210.

(5) L'*o* fermé est régulièrement rendu par *u* : *vus* 1, etc, *mustrai* 1, 15, *cum* 1, *unt* 3, *mustré* 18, *trestuz* 11, *anumbrer* 13, *pur* 16, 36, etc., *dunt* 17, *dunc* 19, *colurs* 27, *mult* 32, *puũr* 33, *dolur* 34, *peissuns* 42, *lus* 44, etc. On lit *plora* au vers 53, et *home* (105, 130, 262) à côté de *ume* 170.

(6) Enfin, on peut noter les formes *liu* (locus) et *ciu* (cecus) qui se rencontrent également dans le *Voyage de Saint Brandan* et autres ouvrages anglo normands.

Quant à la versification, elle est très défectueuse, même pour une composition écrite en Angleterre ; la moitié, ou peu s'en faut, des vers sont ou bien trop longs ou trop courts d'après les exigences de la métrique française. On peut, il est vrai, supposer que quelques-uns sont corrects selon la métrique anglo-normande qui pouvait négliger l'*e* féminin ou bien aussi l'*e* protonique; mais même en admettant cette possibilité, il y a encore un bon tiers des vers qui clochent. Le fait est que Henri d'Arci, pas plus que beaucoup de ses confrères qui composaient en Angleterre, ne savait ce qu'il fallait ou ce qu'il ne fallait pas compter dans un vers français; il semble s'être contenté du coup de sonnette, pour ainsi dire, de la rime, pourvu que chaque vers eût à peu près la même longueur sur le papier.

Notons enfin que le poème d'Henri d'Arci suit d'assez près, en la condensant toutefois, la rédaction latine que Brandes appelle la quatrième rédaction et dont le texte se trouve à la fin de sa dissertation (p. 75 sqq).

De penis inferni quas Paulus vidit et remissione miserorum quam ipse quesivit.

F°. 101 c. Si vus musterai cum jol trovai escrit
Des peines que Saint Pol la (*sic*) apostle vit,
Les almes d'enfer unt repos al dimeine,
Car de ço traün le livre a testimoine.
E si vus volez veritablement saver
Qui feiseit as almes icel repos aver,
Jel vus dirrai ben ainz que jo parole d'el :
Ço fu Pol li apostle, li archangle Michael,
Car Deu voleit que Saint Pol veïst les turmenz,
E les peines d'enfer li a tut mustré.
Metez ore entente trestuz, ço vus pri,
Mes tuz sanz priere si frez vus, ço qui,
Car quant vus orrez ja les peines anumbrer
N'y aura nul, ço quid, n'ait ta'ent de plorer.
Oez dunc les peines que ci vus musteray,
Car pur warnnissement a vus les conteray.
Quant Saint Michel et Saint Pol, dunt jo vus dei [conter],
Furent venu a emfer et durent entrer,
Dunc vit Pol devant les portes arbres ardanz,
E pecchurs pendirent sur els forment plainanz :
Les uns pendirent par les mains chaitifment assez,

Les uns par les chevols, et les uns par les piez,
Les uns par les oreilles atachez esteient,
E les uns par les langes, [les] uns par braz pendoient;
Puis laisserent ces pendre, si alerent avant.
Lors vit Saint Pol un [f]u mult durement ardant,
E la flambe que issi fu de set colurs,
E en cele furneise ardeient les peoch(e)urs,
E set peines, cheüne de diverse manere,
Erent entur la furneise : neif fut la premere ;
La secunde iert fu, la tierce serpenz esteit,
La quarte sanc, la quinte glace qui mult par iert freit;
La siste peine iert fuldre, e la setme puür.
Ces qui la enz penerent assez orent dolur :
Ço furent cels qui mururent senz repentance,
Pur ço suffrirent illoec mult griefe penitence.
Iloec ardent et plurent mult dolurusement ;
Mort demandent mult suvenerement ;
Mes pur nient le desirent : ja alme ne murra,
Mes en peines u en joie tuz jurz vivera.
Puis vit un fluvie qui horrible ert a veer
Et les diables y noent cum peissuns en mer,
E denvoroient les almes qui en cel ewe furent,
Cum lus funt berbiz, et unques merci n'urent,
E sur cel fluvie ot un punt par unt passerent
Les almes de cels qui dreiturels erent ;
Cheüne alme ultre cel puncel passer poeit,
Sulunc que cheüne deservi aveit ;
Iloec vit Saint Pol les almes turmentées,
Les unes tresqu'al genuil y furent plungées,
E les unes tresqu'al levres, les unes tresqu'al surciz
E les unes furent plungées tresqu'al umbliz.
Quant Pol vit ces turmenz si plora tendrement,
E puis demande al angle si faiterement :
Pur Deu dites, ço pri, si nel celez nient,
Purquei sunt les almes plungées si diversement.
Dunc diseit li angle : bien monterai quel sunt
Cels qui tresqu'al genuil en cel ewe estunt :
Envius furent mult, detracions amerent ;
Deriere lur prosme e freres mal parlerent ;

Iceus tresqu'al umbliz en cel ewe sunt mis ;
Avutres e forniceres furent quant erent vis,
E pur ço sunt ore en ceste damnaciun.
Cels qui plungé sunt as levres si faitement
Tancer soleient entre sei al muster suvent,
E quant parvindrent relment al iglise
Ne voleient unques entendre al servise,
Et de la parole Deu ne tindrent unques plait,
Mes a fable tindrent que li prestre diseit ;
Ices tresqu'as surcilz sunt plungé aval.
Heité furent quant virent lur prosme aver mal,
E mult furent joius enz en lur curages,
Quant virent à lur prosmes avenir damages.
Dunc plora Pol e dist : mar furent unques nez
Ces a qui si granz turmenz sunt aparailliez.
D'iloec l'amena l'angle en un altre liu,
Qui mult ert tenebrus e escur e ciu.
Iluec vit Saint Pol homes et femmes plusurs,
E mangerent lur langes a mult grant dolurs.
Dunc diseit li angle : ce furent usurers,
E soleint doner a gable lur deners,
E rien ne presterent s'il ne seusent purquei ;
Pur ço sunt en peines, car merci n'orent en sei.
Puis a veu Saint Pol un altre liu tenebrus,
En qui furent tutes peines, e mult fu hisdus :
Iluec furent femmes, chascun noeit dedenz,
Vestues furent de neirs vestemenz,
Lur vestement fu de peiz od le suffre mellé ;
Qui les veïst ardre el feu peüst aver grand pité ;
Les draguns, les crapolz mult les anguisserent,
E les grant serpenz qui les envirunerent ;
E quatre diables alerent iluec envirun ;
Cheün ot en sa main un ardant bastun,
E cheün de ces si faitement cria :
Cunissez le fiz Deu qui le mund rachata !
Dunc plora Saint Pol e enquist qui celes erent
Qui si dolurusement en cel liu penerent.
Dunc dist l'angle : cestes qui sunt en cest turment
Ne se warderent pas al siecle chastement,

Einz perdirent lur virginité en putage,
E en lecherie despendirent lur age,
Puis lur enfanz tuerent e jeterent
A chens u a pors, u en ewe neerent,
E ne voleient unques penitence fere ;
Pur ço lur estuvera ceste penitence traire.
Puis vit homes et femmes en un liu glacial,
Qui merveilluses peines suffrirent e mal,
Car de l'une part le fu ardant esteit,
E de l'autre part urent desmesurable freit.
Dunc dist l'angle : ces que veez en cest tourment
Soleient nuire(nt) as orfanins e as vedves suvent.
Puis fu Saint Pol amené d'iloc un petit
U multz homes e femmes sur un ewe vit,
Qui fruiz de diverses maneres aveient
Devant els, mes unc atucher ne poeient ;
E faim e sei urent e talent de manger,
Mes unc al fruit ne l'ewe ne porent athucher.
Dunc dist l'angle : as tu veü, Pol, ceste gent?
Il furent lechurs de viande sulement,
E les juinnes ne voleient pur Deu warder mie,
Einz mangerent suvent par glutonie ;
Pur ço y unt si grant talent de boivre et de manger
Que tut li pain del mund nes poüst saüler.
E en apres en un altre liu vit maintenant
Un pecchur entre quatre diables waimentant ;
E Sain Pol enquist del angle que cil esteit.
Un espirit negligent fu, ço li diseit,
Qui les commandemenz Deu ne voleit guarder,
Ni(l) chaste ne fu n'en cors n'en penser,
Mes aver fu tut dis, orguillus e treschere ;
Pur ço suffri peines en ceste manere.
Dunc commença Saint Pol a plurer tendrement,
E li angle dist : purquei plurs tu si faiterement ?
Uncore n'as pas veu les greindres turmentz
Ne les peines qu'en [en]fer sueffrent les dolenz.
Dunc lui a un puz large e parfunt muntré,
Qui de set sceaus esteit mult ben enselé,
Puis li dist : sta luinz pur la puür qu'istra !

Lores uvri le puiz, e la puür munta,
E passa tutes les peines qui en emfer erent.
Mar furent nez icels qui leinz surjurnerent !
D'unc dist l'angle : cels qui serrunt plungé ci,
Pur tant cum le secle durra, n'en averunt merci.
E quel sunt cels, dist Saint Pol, dites mei pur Deu.
Ce sunt li paen, dist l'angle, e li fol judeu
Que nierent que Deus fust de la virgne né,
Ne baptesme ne crurent ne crestienté,
Ne del cors Jesu Crist ne furent acomunez,
E perpetuelment sunt pur ço dampnez.
Puis vit u homes e femmes en un liu penerent,
E vers e serpenz a rage les detirerent ;
Cheün alme ert sur altre cheitivement,
Car mult ert anguisus a suffrir cel turment,
E la parfundesce del liu u ces furent mis
Y ert cum de ciel a terre, ço li fu avis.
Iluec les oï Saint Pol estrange doel faire,
E crier e braere, cum se ço fust toneire ;
Puis warda u set diables vindrent,
E l'alme d'un pecheür entr'eus orent e tindrent,
Qui meïmes icel jur del ciel prise esteit ;
E waimenta e cria e mult grant doel feiseit.
Dunc crient les angles encuntre la chaitive :
Allas ! que feisistes pur tant cum fus en vie ?
Ore irras en peine, ja ne repeireras,
Pur les comandemenz Deu que ne guardas.
Dunc li fu sa chartre de ses pecchez baillée ;
Cele la list ; sei meïsme juga a dampnée.
Dunc pristrent les diables la chaitive erraument
Si la mistrent en peines, sulung sun jugement.
Dunc dist l'angle : cres tu que l'ume recevera
Sulun ço qu'il al siecle deservi aura ?
Puis vit Saint Pol les angles Deu iloc dejuste,
Qui porterent vers le ciel une alme juste ;
Dunc vindrent plus de mil angles contre lui,
Qui feiseient mult grant joie e diseient issi :
O tu, sainte alme cum tu es boneürée !
Car en grant joie serras ja alevée,

Car les commandemenz wardas de Jesu Crist ;
Puis reçut la chartre ; ses bons ovres list.
Lores Saint Michel la salua en paraïs,
U les sainz nostre sire en joie sunt mis,
E si grant cri fu feit cuntre sa venue,
Cum si ciel e terre fust tute cummeü[e].
E les pechurs qui furent en emfer ensement
Crierent tuz et distrent issi faite(re)ment :
Michel li archangles e Pol l'ami Jesu
Requerez Dampnedeu pur la nostre salu !
Preez Deu pur nus amdui ensemblement
Que des peines nus doinst aukun alegemant !
Dunc lur respondi l'angle : issi faiterement :
Plurez trestuz et jo plurarai ensement,
E Pol urez od nus ensemble, saverun
Si Deus nus volssist faire u relais u pardon.
Quant ço oïrent qui en les peines erent
Od haute voiz tuit ensemble à Deu crierent ;
E Saint Michel et Saint Pol crierent ensement ;
E mil milliers des angles od eles ensemblement.
Dun fu le sun de lur cri tres qu'al quart ciel oï
Cum distrent : Deu aiez de pechurs merci !
Deu descendi del ciel od curune en sun chef.
Quand les pechurs le virent si distrent derechef :
Aiez merci de nus, car grant mester en avun !
Aez merci de nus sire cum vus prium !
Dunc fu la voiz Deu partut les peines oïe :
Quel ben feïstes pur me quant fustes en vie ?
Jo fu mis en croiz e pur vus mort suffri.
E que feïstes pur mei quant vus criez merci ?
Li costé oi percié pur vus. Que feistes vus pur mei ?
E fiel me donastes pur estancher ma sei.
Pur vus oi e mains e pez fichez de clos.
Et vus fustes el secle et lechurs e fols,
Avutres forniceres fustes e enyius,
Larruns, roburs, avers, maldisanz, orgoillus.
Juine ne wardastes, n'almosne ne feïstes,
Mes partut trichastes e volenters mentistes.
Trestuit feïstes quanque votre char voleit.

De penitence ne tenistes nul plait.
Dunc chaï Michel devant Deu, e Pol altresi,
E mil milliers d'angles, e crierent merci :
Repos eüssent cil al dimeine, suvaus non,
Tuz cels qui furent en enfernal dampneisun.
Dunc parla notre sire, disant si faitement :
Pur Michel e pur Pol qui ci sunt en present,
E pur les miens angles qui ci sunt ensement,
E pur la meie bunté, ce sacez nomeëment,
Repos vus durrai del none al samadi
Tresque vienge la prime ure del luendi.
Dunc furent mult lié cels qui en emfer penerent,
E mult loerent Deu e sil glorifierent.
Pur ço cels qui le dimeine ben guarderunt
Compainie od les angles Deu al ciel averunt,
Car le dimeine est plus haut que ne sai dire,
Car en dimeine fu né Jesu Crist nostre sire,
E en dimeine Jesu Crist de mort releva.
En dimeine le saint espirit en terre envea.
Al dimeine converti Deu l'ewe en bon vin,
A unes neces u fu maistre Architriclin.
En dimeine mil homes put Deu plenierment
De cinq pains d'orge e dous peissuns sulement.
Et en dimeine serra le derein jugement.
Et en dimeine jugera Deu trestute gent.
Pur ço commanda Deu e warda la dimeine
En la lei de checun servil overaine.
Ço est d'iveresce, que de checun mal est rascine,
D'avuterie, de larecin, de plait, de tençun,
De tote luxurie, de tote fornicatiun.
E ne devun al dimeine fors aler à l'aglise
Pur urer, pur entendre al Dampnedeu servise,
E pur oïr la parole Jesu Crist del prestre.
Les malades devun reviser e pestre.
Les morz pur amur de Deu devun ensevelir,
Les fameillanz saüler, et les nuz vestir.
Rachater devun cels qui sunt en chaitiveisun,
E reguarder devun cels qui sunt en prisun.
Les povres, les estranges devun herberger.

Les orphanins, les vedves devum conforter.
Les descordant devum a concorde treire.
Teles oevres devum al dimeine fere.
E qui tuit issi le dimeine wardera
Od les angles del ciel tuz jurz regnera.
Puis demanda Saint Pol si faitement e enquist
Quantes peines a enfer, e li angle li dist :
Si cent homes fussent parlant dès le commencement,
Puis que Adam fu fait en paraïs primerement,
E cheün d'ous eust cent langes de fer u d'ascer
Entre eus tuz ne puissent les peines anumbrer.
Pur ço, vus ki m'avez oï des peines parler
Werpissez vosz pecchez, si les leissez ester.
Ore larrai atant, que mes n'escriverai,
Car arivé sui al port là u jo desirai,
E bien dei estre quite, ço m'est avis,
Quant ai enromancé ço que vus pramis.

L.-E. Kastner.

Décembre 1904.

I DODICI CANTI

COMPLÉMENTS A L'INTRODUCTION

(*Suite et fin*)

III

De l'auteur des Dodici Canti

Dans mon introduction (V, VI), après avoir décrit le manuscrit où a été conservé le texte des *Dodici Canti*, j'avais jugé que la mention suivante inscrite à la première feuille de garde, *Manoscritto originale di alcune poesie inedite di Luigi Alamanni et del Susio*, obligeait à se demander si les *Dodici Canti* pouvaient être attribués à l'Alamanni. J'avais d'ailleurs noté déjà qu'un paraphe qui revient deux fois dans le manuscrit me semblait réunir les initiales L. A. Je me bornais finalement à citer deux pièces de l'Alamanni où sont exprimés des sentiments que l'on rencontre aussi dans les *Dodici Canti*, et je disais : « Je ne me crois pas autorisé à tirer une conclusion des indications que j'ai rapidement réunies ; mais je ne pouvais éviter, engagé que j'étais à le faire par le titre même du manuscrit, de les soumettre au lecteur. D'autres plus compétents, si l'objet leur paraît mériter quelque intérêt, décideront avec sûreté s'il n'y eut entre Alamanni et l'auteur des *Dodici Canti* qu'une communauté de sentiments, une haine égale pour le nom des Médicis. »

Donc, je n'avais point d'opinion faite, je m'en remettais à celle des plus compétents.

M. Henri Hauvette, qui préparait alors son ouvrage sur Alamanni, s'émut de l'hypothèse, si discrètement présentée, et, dans le *Giornale storico della Letteratura italiana* (t. XXXV, p. 171-172), se hâta d'annoncer qu'il serait « bien aise de couper court, sans plus tarder, à l'hypothèse extraordinaire, grâce à laquelle M. Castets croit avoir découvert l'auteur de ces *Dodici Canti* ».

Pourquoi dire que je crois avoir fait une découverte, quand je ne le dis pas moi-même ? Avant la publication de l'ouvrage de M. Hauvette, je ne soupçonnais point que l'on ne pouvait parler d'Alamanni sans entrer dans une chasse réservée.

A propos de celui des titres du manuscrit que je viens de citer, je remarquais : « La men ion de manuscrit original, donnée au titre du recueil, *pouvant s'appliquer à la première partie*, m'amenait à examiner si nous ne posséderions pas un texte autographe de Luigi Alamanni. » [1]

M. Hauvette réplique : « Tout d'abord, il n'est pas exact que le ms. 8583 de l'Arsenal attribue ce poème à l'Alamanni. »

Mais je ne l'avais pas dit !

Dans sa thèse, M. Hauvette se borne à dire que l'attribution à Luigi Alamanni est « une supposition absolument gratuite, et à l'appui de laquelle on ne saurait faire valoir même l'ombre d'un argument : aussi échappe-t-elle à toute discussion » [2].

S'il en est ainsi, il était donc superflu d'exposer une discussion si développée dans le *Giornale*. Je réponds à la pensée, et ne m'arrête pas à la forme qui cependant n'est point sans intérêt

M. Hauvette a d'ailleurs raison d'écarter l'attribution à Luigi Alamanni. Il connaît l'écriture de ce poète et elle ne ressemble point à celle du manuscrit des *Dodici Canti*. En second lieu, la biographie de l'Alamanni, telle que M. Hauvette l'a minutieusement établie, ne permet point d'accepter que l'auteur de la *Coltivazione* ait vécu à la cour d'Urbin.

Mais il est fâcheux que les réserves que j'avais si clairement exprimées aient paru indignes de l'honneur d'une simple mention.

J'avoue encore que j'ai vu avec quelque surprise que les brèves indications que j'avais données sur les sentiments de l'Alamanni, aussi bien que les citations de vers caractéristiques, aient été purement négligées, soit dans l'article du *Giornale*, soit surtout dans la thèse de M. Hauvette. Je lis dans celle-ci : « Le souvenir de l'Arno remonte à sa mémoire lorsqu'il regarde d'un œil d'envie le calme avec lequel la Seine serpente au milieu d'heureuses et libres campagnes ; lorsqu'il voit le laboureur français creuser paisiblement son sillon, c'est encore vers la Toscane terrorisée par l'étranger que se reporte sa pensée » [3].

[1] Le mot *inédite* n'était pas absolument injustifié, et je constate aujourd'hui que d'après M. Hauvette lui-même, si d'une manière générale les nombreuses poésies données dans le ms. de l'Arsenal comme de l'Alamanni, sont empruntées à une édition, il en est une assez importante, qui lui a paru inédite, sur l'authenticité de laquelle il hésite à se prononcer, et qu'il a imprimée dans sa thèse, comme j'avais imprimé les *Dodici Canti*.

[2] Op. l., p. 421.

[3] Op. l., p. 180, n° 3.

J'avais cité, avant M. Hauvette, les quatrains auxquels il renvoie en note. mais, en effet, rien ne l'obligeait à mentionner autre chose que l'hypothèse dont il avait été choqué.

M. Hauvette s'étonne que j'aie pu seulement concevoir la pensée qu'Alamanni ait jamais écrit un poème aussi « détestable » que les *Dodici Canti*. Mais il avoue lui-même que dans le *Gyrone* « la versification même et le style accusent une négligence surprenante chez l'auteur de la *Coltivazione*[1] ..... il est visible aussi que l'obligation de rimer l'a souvent gêné, lui a suggéré des expressions impropres et l'a parfois conduit à écrire des phrases à peu près incompréhensibles, à force d'inversions et de périphrases[2]. ... Il est sans doute possible de parcourir sans ennui un ou plusieurs morceaux bien choisis du *Gyrone*, mais non pas l'ensemble de l'œuvre »[3]. Je ne disais guère autre chose.

M. Hauvette ne se rend peut-être point compte que d'autres que lui jugent plus sévèrement encore le *Gyrone*, moins sévèrement les *Dodici Canti*, et trouvent par conséquent qu'attribuer à l'auteur du premier de ces romans la paternité du second n'était pas en soi chose tellement irrévérencieuse. On serait d'ailleurs en droit d'être moins rigoureux pour l'œuvre qui n'a pas été achevée et revue que pour celle que l'auteur a imprimée.

Dans l'article du *Giornale*, M. Hauvette déclare qu'il serait étrange qu'Alamanni, « dont l'évolution classique s'accentuait de plus en plus avec les années, se soit avisé de composer vers quarante ans le détestable poème dont on veut le rendre responsable[4]. C'est avec des principes bien différents qu'il devait entreprendre, quelques années plus tard, de traiter la matière de Bretagne ».

[1] Op. l., p. 328.

[2] Op. l., p. 329. M. Hauvette cite à ce propos une octave qui eût dû le rendre plus indulgent pour les *Dodici Canti :*

Non vedete voi ben, signor mio caro,
Che amor fu prima et la natura al mondo
Che aspra legge facesse il nodo avaro
Del sponsalitio duro et ingiocondo?
Che i padri empi et le madri a paro a paro
Ne congiungesser, lassi! et non secondo
Il naturale desio che ne sospinge,
Ma secondo che 'l commodo dipinge.

L. V, st. 130.

[3] Op. l., p. 331.

[4] Un auteur est responsable de ce qu'il publie, non des notes, des ébauches plus ou moins réussies, plus ou moins informes que l'on trouve dans ses papiers.

Je note en passant qu'Alamanni, né en 1495, avait exactement quarante ans en 1535, que la composition des *Dodici Canti* se place entre 1534 et 1538, et que l'auteur de ce roman était âgé de 40 ans quand il l'a commencé, ce qui prouve qu'il était exactement contemporain d'Alamanni ; mais je ne prétends rien induire de cette concordance de dates. J'admire plutôt comment M. Hauvette, dans sa thèse, a pu si complètement oublier ce qu'il avait écrit dans le *Giornale*. Il y professe en effet, au sujet du *Gyrone*, une opinion très différente. Il dit que « c'est un arrêt, presque un recul, dans l'évolution de plus en plus classique qui le portait vers la reconstitution des genres cultivés par les anciens »[1]. A la page 326, M. Hauvette déclare que la seule intention classique que l'on découvre dans le *Gyrone* est que ce poème est divisé en *livres* et non en *chants*, et que « ce n'est guère ».

Mais le *Gyrone* est de 1548. Il n'y avait donc pas lieu de parler, dans l'article du *Giornale*, de l'évolution classique d'Alamanni à propos des *Dodici Canti*, qui sont antérieurs de dix ans au *Gyrone*, où le goût classique d'Alamanni se trahit uniquement par la substitution du mot *Livres* à celui de *Chants*.

« Le seul crime du poète italien », dit M. Hauvette, à propos de ce malheureux *Gyrone*, « et il serait difficile d'en imaginer un plus grave, est de n'avoir pas essayé d'être lui-même ; c'est d'avoir reproduit, avec une exactitude presque mécanique, un roman assez médiocre, sans que, à aucun moment, son tour d'esprit particulier y ajoutât rien d'essentiel »[2].

Tout cela est, en effet, très exact, et Alamanni est un grand coupable d'avoir rimé ce poème aussi ennuyeux que long. Mais pourquoi, si d'autres raisons ne s'y opposaient, Alamanni, avant de se résigner à imiter un vieux roman pour faire plaisir à François Ier, n'aurait-il pas essayé de composer une épopée romanesque sur les traces de Boiardo et d'Arioste ? Cette hypothèse n'est point justifiée par les faits, soit, mais en soi elle n'avait rien dont pût s'effaroucher la conscience de critique la plus scrupuleuse.

Le domaine des lettres doit être une *Terre de Vérité*, comme l'empire du Prêtre-Jean, mais ce doit être aussi un pays de liberté et d'échanges faciles. J'avais soumis un cas aux gens compétents : plus heureux que Guérin consultant les Arbres du Soleil et de la Lune, j'ai eu une réponse immédiate et que je crois définitive, et j'aurais mauvaise grâce à raisonner davantage sur les termes de l'oracle. Je

[1] Op. l., p. 332.
[2] Op. l., p. 328.

n'ajouterai qu'un mot. Dans ces compléments à mon introduction, j'ai dû parfois me séparer de M. Hauvette sur quelques points dont je ne m'exagère pas l'importance. Je crois avoir rempli ce devoir sans ressentir aucune joie à redresser mon prochain, sans permettre à ma plume aucun écart qui pût rappeler ces *zanzare* du Cathaio qui, *pungendo aspramente*, troublaient les nuits de Beatrice Pia et des poètes ses hôtes.

En relisant les *Dodici Canti*, j'aurais aimé à trouver enfin quelques indications précises sur la personne de l'auteur. Je vois qu'il faut me borner à renvoyer à ce que j'avais dit d'abord et à mieux présenter les dates sur lesquelles je viens d'appeler l'attention.

L'auteur parle toujours de François-Marie comme d'un personnage vivant, et fait allusion au pontificat de Paul III, qui ceignit la tiare en 1534. François-Marie mourut en 1538. L'on a donc une période de quatre ans où l'on peut placer la composition du roman. L'auteur l'a commencé à l'âge de 40 ans. La mort de François-Marie suffirait à expliquer pourquoi les *Dodici Canti* sont restés à l'état d'ébauche incomplète[1].

Je sais qu'il doit m'être difficile d'apprécier avec impartialité un roman auquel j'ai fini par m'intéresser, en raison de la peine et du temps qu'il m'a coûtés. Cependant, je n'en suis pas moins tenu de dire ce que j'en pense. Je trouve odieuse et abominable toute l'histoire imaginée par Alfégra pour tromper Roland. L'anneau de Gygès est prétexte à détails érotiques, dont l'on est justement froissé. La scène où la fille de l'hôtelier, une fois détrompée par Bradamante, va chercher une consolation auprès de Serpentin, a été suggérée par le passage du *Guerino*, où le chevalier renvoie la fille de la maison à Brandis, son compagnon de voyage. Le personnage de Sylvana est d'une heureuse invention, et les aventures de Renaud et de Guerino à la cour de Grenade ne manquent pas d'intérêt. Pour le reste, il me semble que l'auteur conte agréablement, pose bien ses personnages, sait conduire le dialogue, emploie assez heureusement les éléments de la Fable, place à propos ses réflexions morales. Je tiens compte évidemment de l'état d'imperfection où le texte nous est parvenu. En matière épique, même dans ce genre romanesque, dire que les deux

[1] Dans une lettre aimable et encourageante (mars 1900), M. Emilio Teza, tout en m'engageant, avec sa bonne grâce ordinaire, à renoncer à l'hypothèse de l'attribution à l'Alamanni, et en m'indiquant diverses fautes du texte ou de l'imprimé qui avec d'autres auront leur place à l'*errata*, me proposait pour ce poème le titre de l'*Angelica* : il me tenterait fort; mais je crois plus sûr de conserver la simple désignation du catalogue : celle-là du moins échappera à toute critique.

tiers d'un poème supportent la lecture, est en somme un éloge. Mon opinion est que les *Dodici Canti* le méritent ; mais, je le répète, cette opinion est *à priori* suspecte. Resterait à faire le départ des emprunts faits à Boiardo et Arioste et de ce qui est de l'invention propre de l'auteur, mais ce serait le traiter en classique et dépasser la mesure.

Que dire de l'homme lui-même, si ce n'est qu'il fut un des pensionnaires des ducs d'Urbin, qu'il chantait avec d'autres dans la volière dorée, où ces princes riches et généreux appelaient les beaux esprits ? Cette domesticité brillante ne leur pesait point, à en juger par ce qu'en rapporte avec admiration un de ceux qui la partagèrent à Urbin, un peu plus tard que l'auteur des *Dodici Canti* : *Ritrovaronsi l'anno 1538, a la corte d'Urbino, antico ricetto di tutti gli huomini valorosi, molti grandi et illustri poeti, cio furono M. Bernardo Cappello, M. Bernardo Tasso, M. Girolamo Mutio, M. Antonio Gallo, et piu altri ; i quali non facevano altro, che, quasi candidi et dolcissimi cigni, cantare a gara, et celebrare co loro versi la eccelsa bellezza et la molto piu eccelsa virtu de la Illustrissima Sig. Duchessa* [1].

Ainsi, à l'ombre des della Rovere, se continuait la fête de la Renaissance.

Les formes dialectales éparses dans le texte et le long et enthousiaste développement en l'honneur de Venise, permettent, semble-t-il, de supposer que l'auteur était originaire de la Vénétie. Peut-être des recherches dans cette région aboutiraient elles à écarter le voile qui cache à nos regards curieux un des « cygnes mélodieux et très blancs » qui chantaient les louanges de François-Marie.

IV

EXTRAITS DU GUERINO IL MESCHINO

Les extraits du manuscrit 491 de la Bibliothèque Nationale que j'ai cru utile de donner ici, malgré l'état du texte qui est reproduit tel quel, se rapportent à quelques-uns des endroits intéressants du récit. Ils achèveront de donner une idée de la manière de l'auteur dans le *Guerino*.

A

Antenisca devant le Soudan de Perse

Essendo tornato in sullo palazo l'almanzore a lo Mischino cun molti baroni foi data l'acqua alli mani, et una damicella ionse in sulla sala como lu Amansore soldano di Persia foi posto assidere, la quale

[1] Dionigi Atanagio, op. l. I, note au f° 196, b.

damicella era realimente vestita la quale non mostrava non avere XIII anni compiuti, cun capilli biundi et tanto bella ch'ella parea uno angelo di paradiso, et ingenuchiossi dinanti allo suldano cum diricto pianto. Ella avea ad secu dui gentili cavallieri et dui gentili cammarieri et facea si grande il pianto ch'ella non potea parlare. Dice il Mischino: Ad me indi increscie molto tanto che yo dissi: O singnore, yo vi prego che vuy habiate pieta di questa damicella che vuy vedete che per dilore non puo parlare. Fate che parla uno di quelli cavallieri per lei di quelli ch'ella ae cun seco. Et illo commando ad uno che parlasse per lei et illo dixe: Santa curona, questa damicella ene filliola del re di Pers[ep]oli el quale fue Filisteno el quale Filiste[n]o ave doy fillioli masculi e questa femina, e-lli Turchi sotto la singnoria del re Chalismarte li sono venuti adosso cun IIIC milia armati et anno morto il re Filisteno culli dui soi fillioli et anno presa la cicta de Pers[ep]oli, Erabacta, Cessafia et tucte le terre di Persia del fiume Regull in fine al fiume Ulano, et non e da maravelliare donde era il re Galismarco avia tanta potenza, impero ch'egli e singnore di Damasco, teni Asalta e Gudea Pulistina to spinando Saria et Ermunia, Media, Cilica, Panfilia, Isavera, Liconia, Pastigonia et Tribusunda; et a uno fratello che a nome Astilladoro chi tene tucto lo resto de Turchia et molti altri provincie et reami; et dichi: Mi singnore, comunca fo morto el nostro re si nuy non avessimo campata questa fanciulla, ella sarebbe mala capitata, et sapiati che Turchi si moveano et per la Persia cull' armata si veneano contra ad vuy, per la Felice Persia, si vuy non riparati. Per dio siavi recommandata questa pupilla, la quale pupilla, si per lu vostro aiuto non e vendicata, convien ch'ella vada mendicando. Como scacciata, ella si recommanda ad [vuy] che siti soldano di Persia.

Avendo il cavallieri compiuta la sua diceria, omne uno sussperava et cossi il soldano come li altri, dice il Mischino: Ad me incresse di quella damicella che sempre piangea et non era alcuno conforto ne speranza di aiuto; yo mi levai in pie et feci riverentia allo Amansore nostro soldano et dixi: per lo dio Magomecto, questo ene grande peccato et pregovi per la fede grande de lo Apollono di cui o viduto li alberi, che vuy li dati aiuto.

B

Guérin engage sa foi a Antenisca

Tornata la bella Antenisca alla cicta de Persopoli, li fecero li citatini grande allegreza et grandi piaciri di tinreza, et quando Guerino la vede si acciese tucto de ardente amore et disse inverso allo cielo:

O vero dio, donami gratia che yo mi difenda da questa nostra fragile carne tanto che yo ritrovo il padre mio et la mia generatione! et reciputa la dimicella cum grande honore et reverenza renderili la singnoria et delli per Governamento tre citatini, el maiore di tucti tre fue Permidesse. Et non passarino cinque iurni che Persenico nepote de lu Amansore se innamoro de Antenisca et incomminciao secretamente ad odiare Guerino, et per timenza de la sua spada non si demostrava et anche timea la gente di l'oste, perche Guerino era molto amato da tucta la genta di arme. Et essendo uno di Guerino nella sua cammera infra se stesso si lamentava et doleasi del camino chi avea affare secundo la ressposta ch'egli ebbe delli arberi del Sole che in Ponente saperebbe chi fosse la sua generatione. Essendo in questo pensiero, ionse allui quello citatino chiamato Permidesse et poi ch' i-l'ebbe salutato si presero per mano, et de molte cose raionando Permidesse infra l'altre cose che illo raiuno, fue che illo lo comminció a prégare che-lli fosse da piacere di pilliare Antenisca per mullie et egli si facesse singnore del reame de Persopoli. Guerino li ressposе : O nobile amico, ad me convene primo cercare li parti di Ponente per commandamente di Apollo, ma prima cacciaremo li Turchi da tucta Suria. Et Permadesse torno culla ressposta ad Antenisca la quale udita la ressposta mando a dire ad Guerino che li andasse ad parlare. Et illo inchi ando et ella lo comminció a pregare dolcimente che-lli fosse di piacere de non si partire da Persopoli et che illo pilliasse la singnoria de Persopoli; et Guerino ressposе suspirando ch'egli non potea al presente perche egli avea ancora a-ccercare mezo il mundo et ella comincio a-llacrimare et disse : O singnore mio, yo susperava *(sic)* socto la vostra spada vivere secura nel regno che vuy mi havite renduto, et per questa cagione ve iuro et per tucti li dei, como yo sentiro che vuy siati partito, yo culli mie proprie mane mi occidero per vostro amore, se vuy non mi promectite, fenito vostro viaio, che vuy tornareti per me, et yo vi iuro asspectarivi dechi anni che mai non tolliero marito. Disse Guerino : O nobile dompna, non dire, per dio, che tu saresti vecchia Et ella ressposе : Di questo non mi curo, puro che vuy iurati di tornare ad me et di non torre altra dompna. Et mentre che queste parole erano tra loro, ionse Permidesse el citatino et Amidiosca l'ostieri et missere Amorrecto filliolo de l'ostieri, facti richi per la virtu di Guerino, et quistoro dissero a-lloro secreto parlare et seppino come egli circava il padre suo et la ressposta ch' egli avea udito d'Apollo e da Diana; et recommandata loro Antenisca jurolla per sacramento per sua dompna et legitima sposa in presentia de quistosro tre, et promisi di tornare infra X anni et che si in questo tempo non tornasse, ch'ella fosse libera et potesse tollere marito; et iuro per la fede del summo Dio non tollere altra dompna che lei per [moglie et] questa iuro per tucti li dei non torre altro marito, et questi tre fossino testimonii et jurarano de nolla abandonare mai, et [che] la guardia de la sua bella persona remanesse [a] li tre, et cossi basarano in bocca cullo Mischino che ssi ghiamava Guerino impalmati, et iurati la fe tucti li quatro ussirino da la cammera et l'altra matina fecero radunari tucti li maiuri de la cicta et molti altri gentili homini del regno soctoposti allei et foi per tucto deliberato che la dompna Antenisca fosse reina del reame ma ch'ella non portasse curona da quello di insino ad X anni, che Permidesse e Aminigra fossero bali da la fanciulla; e appresso ordinarano che-lla gente si mictesse in punto per cavalcare et cacciare li Turchi di tucto il paese di Persia et de Soria, et passati dechi iurni, si parti da Persopoli cum cinquanta milia Persiani, et Antenisca lasso piangendo, et andarono verso de una cicta di Persia Tinticha, e come savio capitano inchi posse il campo perche ancora la tinevano li Turchi.

C

Portrait de la princesse Rampilla

Essendo partito il famiglio de Rampilla la quale era grande de persona et bene informata, et era negra quanto uno carbone spento, cullo capo ricienuto e-lli capilli increspati, la bocca grossa de multi dienti tucti bianchi, occhi rossi chi pareano de foco, disse il misso : Diciti ad Guerino che yo li servo la mia virginecta.

D

Entrée de Guérin chez la Sibylle de Cumes

Aperta la porta, lo Mischino entra dentro a di settanta una di cansere et ad hora XII^{a} del di, et questi damicelle dissero : Ben sia venuto missere Guerino; multi dissero che nuy sapiamo la vostra venuta. Et questi erano tre damicelle tanto polite et belle che lengua mia nollo poria dire, tanto era la loru bellezze; et quando intrava dentro mi dava lu sole alla faccia, et achiusa la porta, l'una de loro mi disse cun uno falso riso: Custui sera nostro singnore. Ma yo li dissi tra me stesso : Tu non pensi bene. Et una mi levo la borrecta et la tasca et l'altra prese lu donpieri; la terza mi prese per mano, et yo possi la spata alla vagina, et colloro mi intrammo et passammo una altra porta, et iongemo ad uno grande iardino sottu ad una bellissima logia tucta storiata, et-qui erano piu di cinquanta damicelle l'una piu bella et l'altra piu, et tucte se revolsino verso me, et in mezo di loro era una dompna allo mio parere la piu bella che yo havesse mai viduta, et una di quelle tre ch'erano cum mico mi dissino : Quella ene madompna Sibilla. Et inverso lei andavamo, et ella venia verso noi, et iunto presso a-llei mi inchinai, et ella si inchino ad me et presimi per mano et disse : Ben venga missere Guerino. Et yo la salutai in questa forma : Quella virtu che vuy aviti piu speranza ve aiuta. Et mentro che yo favellava, ella si sforzava di farimi bello sembianti, et tanto era la sua vacheza ad videre che omne corpo humano inde seria ingannato, et cum dolci solazi di risi et di belli recollentie, et data in lei tucta belleza et honesta, et li membri sono de smisurata gentiliza et di grandeza piu comunale et tanto colurita che quasi del mio preposito mi cavo, et era smarrito tra multi rosai pieni di spine, se Dio, per la sua gratia non mi avesse facto tornare la mente al pecto, et dixi tre volte : Ihesu Nazareno, liberami di questa incantacione! et dixili tra me nel mio core. Et ragionando cullei, la falsa mi rivolta si partio da me, et ella mi incomenza a dire tucte le pene ch' i avea sustenute da quel punto che Alexandro mi avea fatto libero per fine ad questo lamento che yo facea cullei, tucto lu viagio che yo avea facto tuctu mi disse, et poi [disse] : Voghio che tu venghi et vidi se yo one de lu thesoro quanto il Presto Iohanne. Et menommi in una sua cammera del palazo suo ch' era uno palazo grande et reale, et mostrommi tanto horo e tanto argento et tante perne et tante petre preciose et tanti iohelli et tanti richeze che ss'elli non fossero cose false, tucto questo mundo che yo havea cercato, non valea la terza parte. Et poi tornammo in una sala multa ricca cqua inchi foi apparechiato da mangiare et posto ad mangiare da tante dammicelle ch' inchi serviano ch' era una cosa maravelliosa ; et quando aveamo mangiato mi meno in uno iardino che mi parea essiri intrato in uno paraviso novello nel quale erano de tucti li fructi chi per lengua humana si poctessero contare, et per questo conobbi ch' erano cose [fatate][1] perche erano multi fructi fore de stagione.

E

Guérin résiste aux séductions de la Sibylle

La sera foi minato in una ricca cammera e-lla Sibilla venne ad tucti quelli piachiri di iochi et di solazi chi ad uno corpo humano si potesse fare per farilo innamorare. Et quando yo foi intrato nel letto

[1] Ms. *Fatale.*

ella mi si culco al lato mostrandomi la sua bella persona e-lli soi bianchi carni e-lli memelle chi proprio pareano de avolio ; et yo Mischino da capo ripriso foi da lu ardente amore, et factomi il signo de la croche per questo non si partiva la Sibilla, ma per venire allo effecto de lu suo desiderio piu ad me si accostava, et yo ricordato de li parole de li tre romiti dissi tre volte : Ihesu Nazareno Christo, tu mi aita. Dissi celatamente dentro lo mio core questo nome ; eni di tanta virtu che como yo l'ebbe dicto, ella si levo foro de lu lecto et partiosi, et non sapea quale era la cagione che la facea partire ; et yo rimaso sulo tucta la nocte dormivi in pace senza essiri combactuto da ley ne de altre fate, et nissuna sappe la-ccagione. Ad questo si videa che lu animo de lu homo non posano sapere elle, si parlare nollo fa manifesto.

Culla gratia de Dio, dice il Mischino, yo dormivi tucta la nocte e-lla matina a bona hora la Sibilla mi venne ad visitare cum molte damicelle : et quando foi levato mi fo apparichiato una bella robba di seta, et uno portante leardo, et montai a-ccavallo culloro et fo quello di menato per una bella pianura et vidi questo ch'era il mercoridi, et questo di mi fo mostrato tucto lu paesi de la sapia Sibilla, et promicteami de farimi singnore ; et vidi molte castelle et ville, et viddi molti palaggi et molti iardeni ; ma yo inmaginai tucto questo essere incantesimi, perche in poco loco de la montanghia non era possibile che tante cose capessero, et pero imaginai che tucte erano cose [fatate][1], et mostravami quello che non era e pareami fare quello che yo non facea.

F

La Sibylle a raconté à Guérin son histoire, lui a expliqué savamment comment l'homme est composé de trente-quatre éléments, et lui a dit les raisons de la diversité des formes que ses sujets prennent lors de leur métamorphose en serpents. L'extrait suivant comprend les faits depuis cet entretien jusqu'au jour où Guérin recouvre sa liberté, après avoir passé un année entière dans le séjour de la Sibylle. En sortant, il retrouve Marco, personnage condamné au supplice de servir de pont pour pénétrer chez la Sibylle. — Je reproduis le manuscrit sans essayer de le corriger, car il en est d'autres certainement infiniment meilleurs. Le livre de la Sibylle est cependant celui où le copiste paraît s'être le plus appliqué à ne pas gâter le texte

Poy che yo ebbe intiso la ccagione de li sopradicti vermini e 'l perche illi deventavano de divariati condicioni, et como erano appropriati ad secti peccati mortali, rendivi gratia a Dio et pregaillo che mi guardasse da tanta miseria et pregaillo che mmi desse gratia che yo eusisse sano de l'anima et de lu corpo, et che yo ritrovasse il patre

[1] Ms. *fatale*.

mio e lla mia matre et alla fine mia mi diga gratia de mi salvari l'anima mia, et dicoti, luectore, che in quella septimana yo foi multo stimulato et molestato et tantato de luxuria cum omne modo de intencione ch'elli sapeano o pothiano sapere, ma yo sempre mi recomandai ad lhesu Nazareno Cristo, et lui mi aiutava. Et omne matino yo diceva li septi salmi penitenciali et multi orationi ; et cum questi fatighe yo passai quella septimana tanto che yo li vidi una altra volta tramutare in figura prava et pessima, et quando foruno tornati in loro, yo la pregai multo per la virtu in che piu speranza avea ch'ella mi dicesse ch'era il padre mio poi ch'ella mi lo avea decto ca lu sapeva. Et ella mi ressposi de luxuria si lo volea sapere, e yo intacecti et nolli ressposi. Ella si adiro che tucto lo [a]nno passo, et mai non appi da lei altra ressposta ch'indi havesse havuta insino ad questo di essendo presso ad tre iurni alla fine de l'anno le fate tucti erano deventati vermi secundo che la divina iusticia havia ordinato, et yo imaginai como poctesse sapere chi era il padre mio, et pensando como mi avea perduto uno anno, multo mi confortai et deliberaimi di pregare da capo la Sibilla, et s'ella non mi lo volesse dire per preghieiri, di scongiurarila, et como ella fo tornata in sua figura humana andai a llei et in questa forma li parlai : O savissima Sibilla, yo ti prego per la tua virtu, ti sia di piacere de dirimi chi foruno li mei antiqui et che ene de lu padre et de la matre mia ad zio che non abia perduta tanta fatiga indanno. Ella risspose : Ad me incresse che t'o dicto quello che t'o dicto, impero che tu si nato de gentile linghiaiu et si tanto villano cavallieri. Quando yo intisi la sua rissposta tucto turbato cum ira parlai verso lei : Per quella virtu che soleano avere le foghie che tu ponivi insullu altare, almeno per quelle cosi vanne forme mostrando vera la tua proficia et non curavano il suffiare del vento [1], ti prego che tu mi insinghi il patre mio. E-lla Sibilla s'inde rise et disse : El duca Enea Troyano fo de piu gentile condiccione di te, et per o lu condussi per tucto lo Inferno et mostraili lu sua padre Anchise e quale gentili Romani che di lui doveano nassire, profetandoli il ponimento di Roma, como car disso Carmenta matre del Re, et v'andò parlando d'Ercule [2], et trasi lo a salvamento da lu Inferno. Ma toccai a stare tre iurni et si tu remanerai assai in captivita per te far anno, et dicoti che da me et de altra persona chi in questo loco sia, non poterai sapere che tu sappi di tua schyacta. Dice Guerino : Yo avendo puro la volunta di trovare lo mio padre, vinci la mia ira, et da capo li conmenciai ad promectere ch'ella

[1] Foliis tantum ne carmina manda,
Ne turbata volent, rapidis ludibria ventis.
Æn. VI, 74.

[2] Æn. VIII, 339, 193.

mi lo insinghiasse che allo mundo yo li daria bona fama, decia la sua nobilita et teneria celato la loro tramutacione di figura umana in bructi vermi, ma sulo la sua nobilita et belleza direi. Non altra mente ella mi resspose [cum] propria intencione femminile che non curano ne honore ne parentato ne richeza per contentare lu loro appetito e abandonano lu amore de Dio e del proximo per questa dureza che yo vidi in lei, mi ionse ira sopra ira et dissi verso lei: Oy iniquissima et rinigata fata maldecta da lu eterno Dio, yo ti sconiuro per la divina potencia Patre et Filio et Spiritu Santo che tu mi dici chi e il patre mio sincomo tu mi dicisti che sapivi chi era. Et ella mi respose: O falso cristiano, le tue sconiure non possino offendere ad me, impero che yo non sono corpo fantasco ma sono et foi di carne et osse como si tu, solamente per lo mio difecto lo divino iudicio mi ave cossi condingnata. Va ad scongerare le demonii li quali non anno corpo et li spirti inmundi, che da me non pot[r]esti alcuna cosa sapere piu innanci, et nanti che tu lo sapia, tu provarai l'ultime parti di Ponenti e-lli secti circhi de lo Inferno et lla ti serra mostrato tua padre per figura. Per queste parole, o lectore, yo molto inpagurai temendo non trovare mai il mio padre sino di po la mia morte dampnato alli pene infernale. Non dimeno feci bono core et dissi: Il tuo iudicio non serra vero per la gratia de Dio. Allui per confessione posso alla penitencia tornare, et cossi faro. Or fammi rendere tucte li cose che yo arricai in questo maldecto loco. Et ella commando che mi fossino dati, et fommi renduta la mia tasca, et la mia spata, cum doi pani dentro et lo figile e lli solfanelli et l'esca, uno dopiere intero e 'l muzicone. E lla Sibilla mi disse: Non creda la tua ira potere offendere ad me che tu ne altri persuni mortali non mi po fare ni male ni bene. Iudicato ene di quello chi di me debbe essere. Et spariommi da nanci. Et da questo punto in qua nolla vidi mai piu, et conobbi tucte li loro figure essire adirate et disg[razi]ate inverso di me. Et imaginai non essere per altro si no per la invidia et per dilore che non aveano potuto mectere [mi] nel loro numero dovo loro vicii, et da po che yo ebbe avuto tocte li mie cose ch'inchi stecti tre iurni, et omne matina yo rengraciava Dio et dicea li septi salmi penitenciali et multi orationi et sempre: Ihesu Nazareno, tu mi aiuta. Et cossi stecti infine il terzo iurno, et la matina dicti li mie orationi, comminciai a cercare la porta donde yo era intrato, ma nienti mi venia a dire. Per questo cominciai ad avere pagura, et ricomandai mi a Dio per la sua gratia et misericordia non mi lassasse perire. Veramente parea ad me essere ad uno forte [l]aberinto piu scuro che quello chi fo facto i[n] Greti al Minutauro divuratore de li Antenaxi tributati per lo iudicio de Minos.

Essendo l'ultimo di, all' ora di nona, dice il Mischino, venne ad me una doncella, et dissimi: O cavallieri, perche ti stormenti? forza ene a noui per la divina potencia di mostrare ti l'ora et lo punto che tu indi devi ussire, et peio non ti sbagottiri et vieni presso ad me et yo ti mostraro la porta et la uscita di questa habitacione. Et yo li andai direto et appresso a llei sequitai pieno de allegreza perche mi convenia mostrare a dire l'ora et lu punto. Ella mi meno per uno cortillio per lu quale yo canossivi esseri passato quando entrai; et iunto, Lectore, in verita tucto quello anno ch' inchi era stato mai non vidi quillo cortillio ne la porta alla quale noi iungemmo, et avea li viduti multe volte in anima, ma la forza di loro [fu] raione non mi lassiar [e] videre; et questa damicella mi disse remanire, mi faria perdonare de la Sibilla, et ancora si ingenghiava de ingannari me. Yo resposi che voria piu tosto la morte ca essire iudicato in quello loco culloro. Ancora mi disse: O nobile Guerino, di te mi renecresse, et dirocti quello chi ovo nell'animo. Sappi si in questo tempo chi tu si stato in questa habitacione tu havissi passato il punto de la morte per questa stancia, perche in questo loco non more mai persona, si no como tu ai viduto per fine al di de lu Iudicio divino, ma si tu in questo anno fossi stato allo mundo, tu havissi devuto morire. Mectere la mano oy lo digito da fore di questa porta, subito tornavi tanto quanto da fore ne mecterai in cennere. Et yo li ressposi: Non ti venga pieta di me che ad me midesmo impero che la fede, la speranza et la carita chi one in Dio mi cavera all' anno santo di quisto bructo et laido loco che vollio staie innanti alla misericordia de Dio che staie in tanto obrobrio [e] vituperio quanti stati vuy. Ora aperimi la porta. Et ella asspito uno pocu et poi mi aperse, e disse: Te prova cullo digito. Yo gridai: Yo voghio andare ad trovare Marco cambiato de si bella figura a bructo verme figurato serpente. Et ella aperse la posta, et yo comenzai ad alta voce: *Domine ne in flore* (sic) *tuo ariguas me neque in ira tua corripies me*, et saltai fore de la porta. Et ella disse: Va, che tu non pochi trovare scacta tua. Et yo la intisi et dissi: Va et di alla Sibilla che yo so vivo et campato et viviro sano et alegro per la gratia de Dio, et salvero l'anima mia. Et vuy in questa scelerata perduta vita vivere omne iurno morendo, deventando de belli figure bructi vermini et pessime bestie irraionevole per li peccati [che] mutano la vostra figura et laida [la fanno]. Et ella inserro la porta et yo accesi il dompieri et poi fichi oratione a Dio et allui mi recommendai et poi mi mossi.

La damicella da po li parole riserro la porta, et yo facta la oratione intrai in camino per la scura tomba, et quando mi parse essere dovo yo trovai Marco comenciai a gridare: Ihesu Nazareno Cristo, fammi salvo. Et poi ghiamai Marco ad alta voce dicendo: Yo m'inde vao. Allora yo sentivi mughiere et gridare piu di cento per dolore ch' ebbino di me chi m' inde andava. Yo mi fermai et ghiamai Marco. Et illo mi resspose et disse: Che adimandi ad me? Et yo li disse: O Marco, yo ritorno ad videre la tua citate; che novelle voi che yo dica di te? Non ne dire ni male ne bene. Yo lu ademandai si avea speranza de partirisi da quello loco. Et illo mi resspose: Allo di de lu iudicio pa[r]teremo de dolore pieni et afflicti piangendo di questo loco tucty quanti, et non asspecta[m]o la secunda morte. Et yo li dixi: Adunca 'si tu morto, po che aspecti la secunda morte. Resposimi: Yo non sono morto ma so piu peiu che morto, considerando dovu yo sono per quello peccato de accidia e di pigricia et di negrigencia Et dicte queste parole si percuotea in terra; et cossi faceano multi altri chi stavano in questo midesmo loco per simile peccato. Et yo li dissi: Perche non vi occiditi l'uno l'altro et usseriti da questo tenebroso loco. Ressposimi: La morte noi serebbe vita ma nuy non possiamo perche lo divino iudicio e terminato che nuy stamo cqua cossi in fine a tanto ch' egli venera a iudicare al mundo et che li tronbe soneranno et diceranno: Veniti allo iudicio; et allora inchi sera tolta le vita naturale, et resussitati anderimo allo iudicio. Ancora ademandai: Haviti vuy veruno amore in Dio oy in nui oy inverso nissuna altra creatura? Ressposimi Marco: Nissuno amore regna in nuy, ma nuy portamo odio et invidia alli bructi vermini chi sono allo mundo; non e si bructa cosa allo mundo che nui non volessimo essire piu tosto che cqui. Or pensa se nuy portamo invidia alli altre cose piu belle et quanto invidia portu ad te, che puro mi era uno pocu de allegreza pensando che tu chi ai cercato tucto lo mundo, et fatigato tanto, disse, cum tanta virtu, fosse remaso lla dentro culla Sibilla avendo facto tante bactallie, et una vile et vana femmina, piena de iniquitate, te avesse vinto. Et sappi per vero che per la tornata che tu fai in direto mi dai tanto acressimento de dolore che lo mio dolore si invene radoppiato. Et yo li ressposi: Ancora ti voghio aiongere maiore dolore, impero che yo m'inde andero ad Roma et pilliaro confescione da lu santo Papa patre di Roma, et renderommi in culpa de li mi miei peccati, et connunicarommi. Et vuy remaneti in questo bructo loco. Promecto vi de farivi scomunicare. Allora tucti si incominciaro a ffare beffa di me, et cominciarono multi de li altri a dire: el iudice che ss' a iudicati e ssi grande che sua sentencia non si po appellare. Per questo nonni curamo d' essiri scommunicati, che nuy non potuno avere peiu che habiamo. Et yo li ressposi: Et cossi vuy maledicti ve remaniti. Et prisi mio camino, et quando passai il fiumicello [Marco grido]: Va, che non trovi mai il padre tuo ne lla tua generacione, et mai non possi avere posa. Yo m' inde rise, perche tanto mi possono nocere la loro biastema quanto po iuvare a lloro li mie orationi, si lo divino iudicio l' a iudicati. Cossi montai l'erta per le tenebre socto, et in capo di quella [salita] vene meno il dompieri et yo acciesi l'altro et misimi in camino.

Ferdinand Castets.

SUR LA LANGUE DE FOURÈS

Notre Revue a récemment publié un article de M. Clavelier sur *La langue de Fourès*. Le sujet est assez intéressant et assez complexe pour que j'y puisse revenir, prenant texte des déclarations de l'auteur sur « la faiblesse de nos connaissances en patois » et de la phrase qui clôt son avant-propos : « Malgré tous les efforts que nous avons tentés pour aboutir à des conclusions fermes et décisives, nous avons, malgré tout, l'impression que bon nombre de mots signalés par nous comme inusités, sinon incompris, doivent être connus et employés dans certaines parties du Lauragais par des personnes sachant mieux que les autres leur langue maternelle »

Ma connaissance du parler lauragais, tel que le parlent les gens du cru, sans aucune adjonction de mots abstraits ou de dérivés autres que ceux qui sont strictement nécessaires à une causerie entre paysans, est sans doute inférieure à celle que possède M. Clavelier, et j'aurais mauvaise grâce à me vanter d'une information supérieure à la sienne en ce qui concerne les autres parlers populaires du Midi. Je me bornerai donc à faire ici quelques rectifications, à suggérer là quelques doutes, sans autre prétention que d inciter le lecteur à une recherche décisive, en suivant l'ordre adopté par M. Clavelier pour classer les mots considérés comme étrangers à ce que j'appellerai, pour exprimer en deux mots la définition donnée plus haut, le *vulgaire lauragais*.

Mots repris a l'ancienne langue — M. Clavelier note lui-même que nombre de mots ainsi classés sont actuellement vivants dans d'autres dialectes, et à la liste qu'il donne

p. 104-105 il faudrait sûrement ajouter *abel*, qui est le nom du sapin dans nombre de pays où abonde cet arbre ; *ègo*, nom courant de la jument en Camargue, pays d'élevage. *Escoundre* est courant un peu partout au sens de *cacher* ; *esquerro* se lit à chaque instant dans des publications essentiellement populaires, comme les almanachs patois de l'Ariège et de Lavaur ; *empèri* est très vivant en Provence, au moins dans la locution *faire l'empèri*, triompher, faire le maître, etc..... ; *blous* et *bragard*, sauf erreur, ne sont pas non plus partout défunts ; quant à *cousselh* (avec *lh* peut-être réduit soit à *l* soit à *y*). je ne vois guère d'autre mot par lequel les gens du Lauragais pourraient désigner un conseil municipal, chose dont ils parlent sûrement en leur langage. *Lièro*? ou *Lèiro*? les gens du Velay, où la Loire prend sa source, l'appellent plutôt *Lège* ou *Lèi*, qui continue plus régulièrement l'ancien *Liger*, *Ligeris*. *Futo* est une simple adaptation du fr. *fuite*, et sa place serait plutôt à la section VIII.

II

Mots présentant une forme irrégulière — *Camises* n'est pas *un* pluriel *irrégulier* : les pluriels redoublés, *rèises*, *pelses*, *oustalses*, etc... de sg. *rèi*, *pel*, *oustal*, etc... sont extrêmement fréquents à Montpellier, Béziers, Toulouse, Albi, etc... et dans tout le Lauragais, et en ouvrant au hasard *Les Grilhs*, j'y trouve (préface, p. VIII) *fialses*, plur. de *fial*. « L'adjectif *mascle* semble bien n'avoir pas de féminin. » Pourquoi ? Même en français on dit bien *une perdrix mâle*, *une fleur mâle*. *Bierge*, au lieu du vulgaire *bierjo* (*o* par imitation du fr. *e*) se rapproche non seulement de la « forme étymologique », mais des mots très usités dans le langage populaire comme *fèbre*, *lèbre*, etc... où l'*e* final continue régulièrement *e* latin.

III

Mots du langage courant employés dans un sens peu habituel. — « *Assoula* = raffermir, consolider. — Sens habituel : préparer une aire (B). Dans certains endroits *s'assoula* signifie tomber par terre. » Est-ce bien le même verbe? « *Merilho* = merveille. — Sens habituel : = sorte de raisin (Jasmin). A Toulouse, *merilhou* = lentille.» Est-ce bien le même mot? Je verrais dans *merilho* = merveille une crase de *merabilho* — *mirabilia*, et dans *merilho* = sorte de raisin un continuateur du neutre * *melicula* = petites pommes, avec dissimilation régulière de *l*. Quant à *trelus*, il eût été intéressant de noter que ce mot, en beaucoup de pays, a pour sens principal ou même unique le sens indiqué ici comme peu habituel; observations analogues pour *caro*, *pairolo*, *rai*, placés parmi les mots à *sens détourné* avec *anaira* dont « s'élever dans les airs » est le sens *primitif* plutôt que *détourné*, *cap* qui, au moins en composition, s'emploie couramment au figuré, *couberto* qui, sous réserve des modifications dialectales, s'emploie communément au sens de *pont*, *tillac*, dans divers pays de navigation maritime ou fluviale. « *Sièti* = siège, assiégement, au lieu de : siège, chaise. Extension de sens légitime et peut-être ancienne. » *Peut-être* est de trop.

IV

Mots formés a l'aide de suffixes ou de préfixes. — *Emperaire* n'est pas créé « par substitution du suffixe patois - *aire* au suffixe français - *eur* » : c'est une restitution d'un mot ancien qui trouverait sa place naturelle à la sect. I. — « *Bincendou* = vainqueur..... par analogie du nom propre *Bincens*? ou d'après celle du participe latin : *vincendus*? Mais ce dernier a le sens passif. » N'est-ce pas une simple coquille pour le dérivé très régulier *bincedou*?

Pour justifier *memourenso* (au lieu de *membranso* ou *memouranso*), il est inutile de recourir à l'analogie de *soubenenso* : le mot rime probablement avec quelque autre en - *enso* régulièrement issu d'un thème verbal en - *e*; d'ailleurs beaucoup de parlers font en - *ent* les participes présents ou les adjectifs verbaux, ou font en - *èn* les 1. pers. plur. des verbes en - *a*, et confondent aisément les désinences des substantifs verbaux des deux thèmes, — confusion aidée par l'usage du français, où - *ance* et - *ence* ont abouti à un son unique.

« *Chabaliè* = chevalier. » Sauf erreur, ce mot veut dire également *cavalier*.

Poumariè n'est probablement pas un mot savant, et ne saurait en tout cas représenter lat. *pomarium*, qui a déjà donné régulièrement *poumiè*, mais *pomararium* ou * *pomariurium*, avec réduplication du suffixe - *arium*, lequel plus ordinairement s'unit à un suffixe différent, p. ex. - *etum*, - *eta*, - *olum* : *Poumaret*, *Poumaredo*, *Poumairol*.

Parmi les noms déverbatifs (p. 118, 119), il eût été peut-être utile de distinguer ceux que Fourès a imaginés, comme *perturbo*, *manejo*, de ceux qu'il trouvés tout faits dans le fonds de sa langue, comme *buf*, *uscle*. *Tanco* ne paraît point tiré du verbe *tanca* comme *trobo* de *trouba* ; c'est bien plutôt *tanca* qui dérive de *tanco*, comme fr. *barrer* de *barre*. C'est à tort que figure dans cette catégorie de mots le ppa. pris substantivement *pertrat* (on attendrait d'ailleurs plutôt *pertrait*, comme *fait*, *lait*, - *ct* - latin donnant - *it* - en Lauragais).

V

Mots composés. — Les gens du Lauragais ont sûrement un composé usuel pour désigner un nœud coulant ; est-ce *nouzel courredou*, employé par Fourès ? Ce qui est sûr, c'est que *courredou* est ici non un substantif signifiant *couloir*, *corridor*, mais un adjectif verbal ou un substantif pris adjectivement, désignant en général un être ou un objet qui court, et tiré du radical verbal qui donne l'infinitif *courre* : le suffixe - *dou*, auquel aboutissent lat. - *torem* et - *torium*, fournit des adjectifs aussi bien que des substantifs. En Provence on dit *nous courrènt*, avec le pprés. de verbe *courre*.

VII

Mots étrangers au dialecte. — Il faudrait s'entendre et distinguer *Coumpeirè* (ou *coumpeirés* ?), *gabian*, *pichoulino*, pour prendre trois exemples caractéristiques, sont des mots légitimement empruntés aux parlers des pays où abondent et sont usuellement dénommés les pierriers, les goëlands, les olives, choses rares ou inconnues en Lauragais. *Abadesso, crudèl, mejan, pagan* (je pense qu'il faut lire ainsi, et non *payan*), *preguièro* sont des termes abstraits où savants, légitimement construits suivant les lois de la phonétique lauragaise, et dont la place serait aux sect. I et VIII. Je serais surpris si *fado* n'était pas couramment usité ; à coup sûr, *febrous* est compris de tous les gens qui disent *fèbre*, et *calpre* est le seul légitime et vivant continuateur lauragais du lat. *carpinum*, à moins que l'arbre ne soit devenu rare en Lauragais et que son nom indigène n'ait été supplanté par le fr. *charme*.

VIII

MOTS CALQUÉS SUR LE LATIN OU SUR LES LANGUES SŒURS. — M. Clavelier estime que les mots empruntés au latin donnent au patois, plus encore qu'au français, « un vernis savant et une couleur artificielle ». Affaire de goût. En tout cas il est permis de parler de l'Autriche en dialecte lauragais, et il est légitime de l'appeler *Oustrio* (ou plutôt, sans doute, *Austrio*).

C'est affaire de goût également que de décider si certains emprunts au français constituent un *travestissement* ou une *mascarade*. Mais on peut regretter qu'à des mots comme *oucello*, *nouctiluco*, *abelhoufuge*, etc., Fourès n'ait pas préféré des vocables du terroir dont la recherche eût été intéressante et l'emploi — même en un sens légèrement détourné — éminemment légitime : bien souvent tel dialecte de la langue d'Oc fournit un mot du cru, simple ou composé, excellent pour nommer bien des choses que le français ne peut désigner que par formation savante ou emprunt au dehors (p. ex. *terrenau*, autochtone ; *sistre*, poudingue ; *manjo-car*, carnivore, etc..).

Pèire n'est pas un déguisement du français *Pierre*, mais bien le continuateur légitime de *Petrum* en Lauragais, comme *pèiro* de *petram* Cette restitution louable ne saurait d'ailleurs légitimer *Roubespèire* pour *Robespierre* : les noms propres, sauf les noms très usités de pays, de villes, de personnages antiques, ne se traduisent pas. *Councieutadin* est aussi légitime que *Pèire*.

IX

Mots inconnus — *Aial* (**aqualem*) est le nom rouergat (*aio* = *aqua*) du vent qui amène la pluie, l'eau ; *aigal* serait la forme proprement lauragaise.

Babarilhos se dit *bavariho* à l'E. du Rhône et désigne une bavure, des filaments baveux, spécialement ceux des escargots : *fa babarilhos*, faire un miroitement comme la bave d'escargot sèche, d'où : éblouir.

Brenguièro est pour *berenguiero*, comme *cranto* pour *quaranto*. *Berenguièro* et *berenguiè* désignent communément ce vase domestique en divers parlers : il est difficile de ne pas y voir le nom propre de même forme, nom de fabricant ou prénom employé plaisamment comme en fr. *Thomas* ou *Jules*.

Bermo est sans doute emprunté au fr. *berme*, emprunté lui-même au néerlandais *breme*.

Caprou (pl. *caprous*) paraît bien être un dérivé de *cap* — *capu*, peut-être un doublet de *capeirou*, chaperon, comme *brenguièro* de *berenguièro*.

Carcados a pu être importé par des bateliers de la Gascogne occidentale disant *carca* pour laur. *carga*.

Clascassa semble bien une onomatopée.

Gradino est le fr. *gradine*, it. *gradina*, de *grado*, degré ; l'outil est une spatule-grattoir à coches étagées en degrés.

Il est difficile de ne pas voir dans *lanisses* (ou *lanissos*?), cheveux frisés, un dérivé de *lano* — *lana* par le suffixe *-is*, f. *-isso* — *-itius*, *-itia*.

Lintos, préceinte, bordage de navire, est peut-être *limites* passé à **limitas*, avec *t* pour *d* comme dans les doublets *ante* — *ande*, *branda* — *branta*, etc..., ou comme dans béarn. *enta* = *inde* - *ad*.

Languno est visiblement *laguno* avec nasale adventice ; cf. les doublets *sagagna* — *sangagna*, *grousello* — *grounzello*, etc.

Matatruc paraît bien une variante du composé *mato truc*, litt. « abat-coups », d'où « brutal, lourd ».

Noi est en catalan *noy*, au sens de « jeune garçon », lequel doit être parent de *nòvi* — *nòbi*, fiancé, jeune marié.

Se paissi est un doublé de *se passi*, comme *maiti* de *mati*.

Sugros, pl. *sugrosses*, « nervure d'aile de grillon », pourrait s'expliquer par la prép. *sus* ou *sur* et l'adj. *gros* ; cf. les subst. fr. *surdent*, *surjet*, etc. .

Siéuse (*pèiro-sieuse*; *roc-sieure* est peut-être une coquille pour *sieuse*, plutôt qu'un rhotacisme qui n'est pas appuyé d'autres exemples) ou *séuse* continue régulièrement *silĭcem* en Provence, comme *éuse* — *ilĭcem* et *féuse* — *filĭcem* : Fourès a dû emprunter le mot tel quel à ses confrères d'outre Rhône, sans réfléchir que la forme strictement lauragaise eût été *selze*, comme *elze* et *felze*, sans vocalisation de *l*.

Samoustaire dérive de *samousta*, variante de *semousta*, *sumousta*, « surmoûter », ôter le surmoût de la cuve, et, par extension, fouler le raisin.

Je n'ai pas grand mérite à présenter ces compléments à l'intéressante étude de M. Clavelier : je les ai presque tous trouvés du premier coup dans le *Tresor dòu Felibrige* ou dans le dictionnaire de Hatzfeld et Darmesteter. M. Clavelier n'eût pas eu grand peine à les y trouver avant moi. Le recueil Sacaze aurait pu lui fournir d'autres indications intéressantes sur les formes de la langue de Fourès, dont il a examiné presque uniquement le vocabulaire. Ce recueil contient, de la main de Fourès lui-même, la transcription en *vu gaire lauragais* des deux récits que M. Sacaze avait fait traduire par les instituteurs de toutes les communes des départements entre Garonne, Océan et Pyrénées. Dans ce document, Fourès écrit l'article masc. plur. *les* devant les consonnes dures, *lei* devant les consonnes molles, les 3. pers. plur. du prétérit *-èoun*, *aiò* = il avait, *saiò* = il savait, tandis que dans ses œuvres littéraires il écrit constamment *les*, *-èroun*, *aviò*, *sabiò*, de même qu'il emploie des *v* étymologiques et rend par *ieu* la diphtongue *iw*. Je n'ai sous la main que ces quelques notes prises sur le recueil Sacaze (à la Bibliothèque de Toulouse) ; en les complétant par le dépouillement complet de la transcription donnée par Fourès et par une enquête orale sur les formes du *vulgaire lauragais*, on connaîtrait exactement les modifications que la graphie littéraire de Fourès a fait subir à ce *vulgaire* pour le rapprocher de ses origines ou d'autres dialectes précédemment cultivés.

M. Clavelier donne à son étude une conclusion déjà annoncée dans l'avant-propos, et parfaitement juste, sinon bien d'accord avec toutes les prémisses : après avoir déblayé une « avalanche de mots, et de mots rares et parfois étranges » (je viens d'augmenter ce déblaiement), il nous dit que la plupart des mots des sect. III, IV et V « seraient sans doute compris dans la patrie de Fourès, même par des illettrés ». Je le crois sans peine : un peuple qui, laissant tomber *n* fin. rom., dérive sans difficulté, de *bouci*, *aboucina*, ne saurait hésiter à sentir qu'*un ome febrous* est *un ome qu'a la fèbre*. Qui peut le plus peut le moins.

Ce peuple, évidemment, doit peu goûter, s'il les lit, les hymnes de Fourès à la sainte Liberté, à la Paix, au Progrès, à la Justice, etc... « Sa langue, rebelle à ses efforts et comme réfractaire à de si hauts desseins, perd, avec sa belle simplicité, ses réelles qualités de naturel et de pittoresque... Sa langue change d'aspect, devient trouble, confuse et comme un peu fangeuse... ». Non. La langue n'y est pour rien : ce sont les idées qui sont troubles et confuses. Quand, dans un langage très voisin de celui de Fourès, Paul Froment médite (*Pensados d'ibèr*) sur les mystères d'après la mort, il sait trouver des vers d'une forme aisée et magnifique pour exprimer clairement, avec la précision saisissante du véritable poète, des idées au moins aussi abstraites que la sainte Liberté, la Paix, etc... Je pourrais sans peine multiplier les exemples, mais celui-là est suffisamment probant.

Le démon intérieur de Fourès lui fournissait d'exquises impressions de nature, des vues nettes et jolies sur la vie des bêtes et des choses, et Fourès a tiré de ces sensations des vers délicieux. Les hasards de l'existence avaient égaré Fourès dans ce qu'on appelle communément *la politique* : étant poète, il s'est cru obligé de mettre la politique en vers, en vers lauragais, mauvais ; beaucoup de poètes français ont mis la politique en vers, en vers français, mauvais également pour la plupart. Il ne s'ensuit nullement que le parler du Lauragais, ou celui de France, soit incapable d'exprimer en vers des idées abstraites.

M. Clavelier a donc tort quand il impute à la langue de Fourès les péchés de Fourès méconnaissant sa véritable personnalité poétique. Mais il a cent fois raison quand il dit — et le patient relevé de mots rares qu'il nous apporte, à l'examiner de près, appuie cette conclusion ultime — que l'auteur de la préface des *Grilhs*, de *La Poulino*, de *Nòstris sabucs*, etc..., a écrit, en une langue très intelligible pour ses compatriotes, des poèmes excellents.

Jules RONJAT.

LES DÉLIBÉRATIONS

DU

CONSEIL COMMUNAL D'ALBI

DE 1372 A 1388

(*Suite et fin*

L'an dessus, a XIII de jun...

Sobre aisso que aissi fon dig que las gens que ero vengutz en esta vila, el cosselh que se te sus lo tractat que se mena que moss. d'Armanhac gite las garnisos de las gens d'armas del pays, acosselho que moss. lo vicari de moss. d'Albi e l home de cascun loc d'aquels que so vengutz al dig cosselh, una essemps am moss. Alric de Mejanel, jutge de Roergue, ano a moss. d'Armanhac per vezer se poirau acordar lo dig tractat. Per que los senhors cosso's demanlero cosselh als singulars se els voliau que negus hi anes per esta vila. E sus aquo totz tengro que expedien era que hom la ane, e que los senhors cossols hi trameto aquel que lor semblara et hi prengo lo melhor cosselh que poirau.

L'an dessus, a XXI de jun...

Sobre aisso que los senhors cossols dissero que moss. lo vicari de moss. d'Albi era vengut de moss. d'Armanhac ont era anat, essemps am los comus de la jutjaria d'Albeges, del comtat de Castras e de la vigaria d'Albi, per tractar am lo dig moss. d'Armanhac que las gens d'armas que so sus lo pays ne hi esto ; loqual moss. lo vicari ha reportat segon que aissi fon dig, que moss d'Armanhac ne vol gitar e vejar los locxs de Janas, de las Plancas, de Rosieiras, de Trevas, [1] e de ganre

[1] Trebas, cant. de Valence d'Albigeois.

d'autres locxs nompnatz en lo dig tractat; mas que vol que hom lhi done 1 reyre deyme en la forma que la Gleya lo leva. It. dissero may que mejanssan lo dig tractat, lo dig moss. d'Armanhac ha fag metre lo seti davan Turia; et es estat dig per alscus senhors que hom done a las gens que so al dig seti qualsque viures, losquals se pago de comu de tota la vigaria d'Albi, del comtat de Castras e de la jutjaria d'Albeges. Per que demandero cosselh los senhors cossols als singulars que voliau que se fezes sus tot aisso. E sus aisso tot[z], o la major partida, tengro que lo dig reire [deyme] lhi sia donat per las cauzas dessus dichas, am aital condicio que se comunique en tal manieira que tota persona pague per sol e per lbr., segon la valor de sos bes e que en aquels que auriau trop pagat del dig reyre deyme, lor sia restituit; e que om s'en regisca en la manieira que los autres comus dels locxs del comtat e de la jutjaria e de la vigaria s'en regirau. It. tengro may sus lo do dels viures dessus que hom lor ne done aissi quant als senhors cossols d'esta vila sera vist.

L'an dessus, a VI de julh...

Sobre aisso que dissero los senhors cossols que la cort de moss. d'Albi ha requeregutz los senhors cossols que els vuelho proveesir de far 1 hostal que sia bordel de foras la vila, en que estiau, de dias, las avol femnas, et autre hostal dins vila en que estiau la nueg, ho en lor defaut els hi provesirau. Per que demandero cosselh als singulars quen fariau ni quen deviau far. Sus aquo la major parti la tenc que la vila fasca lo dig bordel.

L'an MCCCLXXXIII, a XII de julh...

Sobre aisso que dissero los senhors cossols que, lo dia presen, lo rey lor avia trameza una letra clausa en que el lor mandava que els fosso a Leo sus lo Rozer, lo dia de la festa de la Magdalena, en loqual loc aladonc seriau alscus grans homes de son cosselh, sobre certanas causas tocan lo profieg e la honor de son realme [1]. It. dissero may que semblans letras

[1] Ces grands personnages étaient : l'évêque de Laon, le chancelier de France, Pierre de Chevreuse, Philippe de Saint-Pierre, trésorier de France. Le but de la réunion des communes était le vote des aides, telles

so estadas tramezas a motz d'autres comus dei reaime. Per que dissero se hi trametian. E sus aquo totz tengro que hom hi ane ho hi trameta. Item sus lo acort fag am moss. d'Armanhac sus la vueja dels locxs. fo aqui dig et esplicat lo dig tractat; e fo dig que covenia que subdamen hom provesis per pagar la quota, tocan en esta vila, de la dicha finansa, ques tota la finansa XII [m] francxs. Sus aquo totz, exceptat Ar. Arufat e Johan Luyrier, tengro que hom talha la quota apertenen en esta vila, e que se partisca per gachas, e que cascuna gacha responda de sa part e que se leve en la melhor forma que poira [1].

L'am MCCCLXXXIII, a XI de aost.

Sobre aisso que dissero los senhors cossols que hom avia saentras fag presen e do als senhors avesques d'esta vila, en lor novela intrada, e que moss. l'avesque d'esta vila, que huey es, deu intrar aras novelamen en esta vila. Per que dissero se era cosselh que hom lhi fezes presen e do, aissi quant hom ha fag saentras als autres. E sus aquo totz tengro que hom lhi fassa presen e do aquel que als senohrs cossols sera vist fazedor [2]. It. dissero may les senhors cossols que G[m] Arnaut, servidor de moss. d'Albi, es vengut a lor et lor ha soplegat que, atendut que el es servidor castela del dig senhor e voira gardar lo be e la honor d'esta vila a tot son poder, que los senhors cossols de la presen ciutat lhi fezesso gracia que lo tenguesso quiti del comu de sa persona. Per que dissero los senhors cossols e demandero cosselh als singulars quen devian far. E sus

que celles qui avaient été établies dans les communes de langue d'oïl. L'assemblée consentit la levée de 12 deniers par livre sur toutes les marchandises vendues, du huitième du vin vendu au détail et de 20 francs pour chaque muid de sel. Le Languedoc protesta généralement contre cette décision. Cf. *Hist. de Lang.* IX, p. 914.

[1] Une délibération du 16 juillet modifia, sur ce dernier point, celle du 12. Sur 80 conseillers ou notables présents, 70 furent d'avis de lever, sous forme de prêt, la quote-part de la ville et de s'imposer d'un nombre suffisant de communs pour rembourser les sommes prêtées.

[2] Le nouvel évêque était Jean de Saya. Il fit son entrée solennelle le 12 août. Le 16 août le Conseil décide de lui faire cadeau de 150 florins et de 4 pipes de vin. Cf. *Cartulaires d'Albi*, dans cette *Revue*, ann. 1902, p. 458.

aquo totz tengro que lhi sia facha la dicha gracia, mas que se fassa en manieira que los autres que venriau apres luy non ho puesco demandar per costuma.

[1] L'an el dia desus dig, en lo dig cosselh, dissero may los senhors cossols que mᵉ Gᵐ Prunet se era complang a lor dizen que el avia arendat, l'an MCCCLXXXI, finen en l'an LXXXII, lo pon de Tarn, en la forma que s'era acostumat de arenda als autres arendados ; en loqual arendamen el avia perdut may de la meytat del just pretz, es aco per cauza de las gens d'armas que, dins lo temps del dig arendamen, preiro los locxs de las Plancas e de Padiers e de Rosieiras e de Genas e motz d'autres locx, e que la vila li devia estar en la perdua que i avia facha en lo dig arendamen, per razo car als autres arrendados que avian, davan luy, arendat lo dig pon, avia hom estat en la perdua que avian facha per la guera. Per que demandero cosselh los senhors cossolhs als singulars que devo far. E sus aquo totz tengro que hom li remeta e li quite de so que deu de resta del dig arendamen, per razo de la perdua que i a facha per la guera, so que als senhors cossols sera vist. E en apres, lo dia meteit, los senhos en Galhart Golfier, en Duran Daunis, mᵉ Dorde Gaudetru, en Berthomiau Garigas, en Gᵐ Colobres mᵉ Azemar Grasset, mᵉ Isarn de Rius, mᵉ P. Costa, en Brenguier de Varelhas e'n Gᵐ Condat, cossols, atendut lo cosselh sobredig, remeiro e quitero al dig mᵉ Gᵐ Prunet et a sos companhos, per la perdua que avian facha en lo dig arendamen, per cauza de la guera, quatre lbr. e sinc s. Escrig per mi Johan Luyrier, de voluntat dels digs senhoz cossols.

L'an dessus, a XVI d'aost...

Sobre aisso que fon dig aissi que en la novela intrada de moss. d'Albi, moss P. Podat avia ferit maliciosamen en Gᵐ Condat, am 1ª verga, en tal partit que lhi trenquet la verga dessus, de quo enjuriec lo dig cossol e per consequen tota la

[1] Toute cette fin de délibération est d'une autre main. Il est à remarquer que le Gᵐ Prunet dont il va s'agir est précisément le secrétaire des consuls Il n'a pas cru devoir intervenir, même en qualité de scribe, dans une affaire qui l'intéressait personnellement.

vila. Per que dissero los digs senhors cossols que s'en devia far. Totz tengro que, se tort ha, quen sia punit, se far se poc.

L'an MCCCLXXXIII, a XXV d'aost...

Sobre aisso que dissero los senhors cossols que moss. d'Armanhac lor ha escrigs que els vuelho trametre al seti, davan Thuria, XX manobras am picos et am aissadas et am marras; que cascus dones cosselh quen fora fazedor. Sus aquo totz tengro que hom n'i trameta X o XII.

L'an dessus, a I de setembre...

Sobre aisso que los senhors cossols dissero que moss d'Albi lor ha dig que moss. Bertran de Lantar lhi a escrig que los senhors cossols d'esta vila lhi aviau, saentras non ha gayre, promesas et ufert de donar V pipas de vi e XXV sestiers de sivada e que el non ho avia volgut penre, quar era tant pauc; empro aras lhi escrivia que el e sas gens non aguesso raso quen presesso. Per que demandero cosselh quen feira. Sus aquo, la major partida tenc que hom lhi dones aquo que lhi fo promes, per estalbiar major dampnatge. It. dissero may los senhors cossols que moss. d'Albi lor avia dig que fezesso bastir lo loc que era triat per bordel ho lo relaxesso. Sus aquo fo de cosselh que la vila lo bastisca et aja lo profieg.

L'an MCCCLXXXIII, a XXIIII de setembre...

Sobre aisso que dissero los senhors cossols que moss lo vicari de moss. d'Albi lor avia dig que el era vengut de moss. lo comte d'Armanhac, ont era anat sus lo tractat que se era menat am luy, per los comus, sus la vueja dels locxs que teno las gens d'armas ocupatz; et era demorat am lo dig moss. lo comte que encontenen se pague so que es empres de pagar de sse; e de las pagas en levenidoiras, lo dig moss. lo comte vol que Albi lhi obligue tot so que s'en deu per Albi e per los autres locxs de la vigaria, e Castras, per los locxs del comtat. Per que dissero los senhors cossols als singulars se els voliau que els fezesso la dicha obligansa. Sus aquo, totz tengro que may era expedien que se fassa que se no se fazia, mas, aitant quant hom poira, ne desduga los locxs de la vigaria que no so solvables, afi que la dicha vueja se fassa; quar, se no se fazia, tant gran seria lo dampnatge que lo pays sufertaria que non auria comte ; e tengro may totz que hom s'en regisca am lo cosselh del dig moss. lo vicari.

L'an dessus, a II d'octombre. .

Sobre aisso que dissero los senhors cossols que lo Pauco de Lantar demandava als senhors cossols et a la universitat del dig loc que hom lhi pague et lhi done III parelhs de buous, so es assaber I parelh losquals e', de presen, ha fags penre per sas gens de Tersac, que so d'alcus homes d'Albi, per setisfaccio de una carreta que ditz que lhin ha menada lo macip de G^m Guitbert. It. I autre parelh per lo parelh dels buous que ditz que lhin menec lo dig masip am la carreta, et l'autre parelh que vol que sian donatz al regen d'Albi. It. demanda may que hom lhi done C francxs et I quintal de torchas; e per tot aquo el prometra que nul temps may el no demandara neguna causa al loc d'esta vila. E sus aisso, los senhors cossols dissero e demandero cosselh als singulars que deviau far. Sus aquo tot[z] tengro que hom no lhi done re.

L'an dessus, a VI d'octombre...

Sobre aisso que aissi fon dig que m^e Arnaut Paya que era anat, una essemps am los autres comus, a moss. d'Armanhac, avia trameza una letra als senhors cossols en que lor avia escrig que los comus de Carcassona e de Bederres aviau portada tota lor quota de sso que lor monta la finanssa facha am moss. d'Armanhac sus la vueja dels locxs de Thuria, de Janas, de Curvala [1] e dels autres locxs en lo tractat sus aquo fag contengutz; et avia mandat que hom fezes de guiza que non

[1] Cant. d'Alban et arrond. d'Albi. Voir dans les *Chroniques* de Froissart (II, p. 439, 444 et suivantes) le récit que le chroniqueur fait de la prise de Curvalle, qu'il appelle Crémale, par Espaignolet de Paperan. Ce chef des routiers, à la solde des Anglais, probablement en 1382, s'était emparé du château par escalade; il le garda pendant un an. Espaignolet y avait fait creuser une galerie qui de l'extérieur aboutissait à la grande salle. Ce travail, exécuté secrètement, étant terminé, il rendit Curvalle à son seigneur Raymond, moyennant 2,000 francs. Mais quinze jours après, Espaignolet, utilisant, avec ses routiers, la galerie souterraine, reprit le château et fit Raymond prisonnier. Celui-ci paya 2,000 francs pour sa rançon personnelle, mais il dut laisser son château aux mains des routiers. En 1384, Gaucher de Passac prit d'assaut le

estes per lo loc d'Albi ni per los locxs de la vigaria, quar, se ho fazia, les locxs per que demorarieu ne sufririau mot gran dampnatge. It. avia may mandat que moss. d'Armanhac era mot corrossat, quar hom fazia aver viures a las gens d'armas de Tersac, quar d'aqui en foras los porto als Engles de Thuria, e que sus aquo moss. d'Armanhac escriura. It. dissero may los senhors cossols que estat era tengut cosselh per moss. d'Albi, am ganre de bos e notables homes, sus las gens d'armas de Tersac e de Paulinh, que hom los ne gite, qui poc, am finanssa o per guerra, e que hom no lor done ponh de viures d'aissi avan. E sus aisso los senhors cossols demandero cosselh als singulars. E sus aisso, tengro totz que hom leve tot quant levar se poira dels detz comus darieiramen empausatz, de que pague hom la causa sobredicha, e se aco non abasta, que los senhors cossols empauso may comus aquel[s] que mestiers hi fariau. Tengro may que, se per finanssa razonabla hom poc far que los locxs de Tersac e de Paulinh se vuejo de las gens d'armas, (que) se fassa, autramen que hom lor fassa tal guerra que convenga e que d'aissi avan non trago ni ajo ponh de de viures d'esta vila.

L'an MCCCLXXXIIII, a IX de febrier...

Sobre aisso que los senhors cossols dissero que m[e] Gorgori de Corbieira, viguier d'Albi [1], lor avia reportat que per alscus senhors era estat mogut tractat que las gens d'armas de las garnisos de Tersac e de Paulinh vogesso, mejanssan certa finansa per los locxs del comtat e de la vigaria donadoira, et avia lor may dig, se lo tractat anava avan, se lo loc d'esta vila hi volria contribuir [2]; et per so los senhors cossols demandero

château de Curvalle et fit pendre Espaignolet de Paperan et tous les routiers qui n'avaient pas péri dans le combat.

Cf. aussi *Campagne de Gaucher de Passac* et délibération du 2 octobre 1384.

[1] Il occupa la charge de 1377 à 1384. Cf. *Liste des viguiers d'Albi.*

[2] Il n'est plus question du terrible Pauco de Lantar qui avait fait de Terssac le centre de ses fructueuses opérations. Cette place allait être rachetée. Dom Vaissete nous apprend que, le 29 mars 1384, la viguerie d'Albi fut autorisée à s'imposer de 1,600 livres pour le rachat de Terssac et de Paulin. *Hist. de Lang.*, IX, p. 919. Cf. aussi déliber. des 5 et 20 mars 1384.

cosselh als singulars se voliau que lo loc d'Albi contribuisca a'n aco. Sus aquo, totz los sobrenompnatz, exceptat aquels que al cap de lor nom ha escrig no, losquals no voliau que lor fos re donat, tengro que, obtenguda premieiramen licencia de moss. lo senescalc de Carcassona, (que) hom, per lo loc d'esta vila, contribuisca a la dicha finansa, en cas que los digs dos locxs se voja, autramen no [1].

L'an dessus, a V de mars...

Sobre aquo que Peyre Clergue, cossol, era anat à Castras, essemps am moss. B. de Gorssolas et am lo official de moss. d'Albi, sus lo tractat comensat am los comus del comtat e de la vigaria sus la vueja dels locxs de Tersac e de Paulinh, que avia escrig que els aviau mogut tractat que, en la finanssa que se faria per la bueja dels digs locxs, Albi pagues per sa quota e respondes per lo ters de la vigaria; et avia escrig que, sus aquo, los senhors cossols li mandesso lor voler. Fo aponchat que lo loc d'Albi no se cargue de pagar a la contribucio dessus dicha ni ad autra, mas per sa quota.

L'an MCCCLXXXIIII, a XI de mars ..

Sobre la provesio que las gens del afan no se perdo n'i sian preses per las gens d'armas, tengro totz et accosselhero que hom aja dels piscos del pays, e que lor done hom qualque causa per que vuelho demorar en esta vila e gardar las gens, e que tot home que hi esta foras la vila, sia affanaire ho autre, que porte son arnes, e que entretant hom veja, am los senhors en cuy es lo poder, que se hom poc aver X o XV o XX homes d'armas per la garda de la vila, losquals se pago de l'argen de las emposicios d'aquest avescat, que hom los aja.

L'an dessus, a XX de mars...

Sobre aisso que aissi fon dig que Bertran de Baretge avia escrig a moss. B. de Gorssolas que el hi volgues bailar e trametre II rossis que lo dig moss. Bernat ha, per cert pretz, en deduccio de so que la vila et la vigaria d'Albi lhi deu per la finanssa facha per los comus de la vigaria d'Albi e del comtat

[1] Vingt-quatre conseillers ou notables seulement assistent à cette délibération ; quatre se prononcent contre la proposition du viguier.

de Castras per la bueja del loc de Paulinh, de la paga fazedoira dimergue propda venent e sus aquo, moss. Bernat davan dig avia tramés [illegible] als senhors cossols e lor avia dig se volian que el hi trameses als digs cossols ni se els lhi respondrian del pretz per que los baila al dig Bertran. E dissero los senhors cossols que los covenens fags sus la dicha bueja se [illegible] que los cossols del comunal e de la vigaria deu[1] paguar, dimergue, la mitat de la dicha finansa e l'autra mitat d'aqui a Pascas, et en cas que no se paguesso als termes, que l'acordi sia per no fag. Per que lo [illegible] conselh se seria expedien de bailar de presen en pagua dels digs [illegible]. Sus aquo, totz tengro que hom s'en regisca am conselh de moss. Bernat de Gorssolas, e que se fassa so que baile los cossols, que los senhors cossols, e mens de la universitat. Lhin respondo e s'en acordo amb el.

L'an MCCCLXXXIIII, a XVIII de abril.

Sobre la letra que avia tramesa moss. Phelip Bona, als senhors cossols, en laqual lor avia escrig que el volia far son matrimoni am sa fermansa a XXVII d'aquest presen mes d'avril, e que lor plagues [que] hi vengues [illegible] esser per far honor a luy. Tengro I partida que I dels senhors cossols am I singular, hi ane, e que la vila done e fassa presen al dig moss. Phelip de quatre marcxs d'argent en tassas; autra partida dels cossols e singulars tengro que lo dig presen se fassa, mas que non hi ane degun cosso per lo perilh dels camis, mas que trameta hom qualque home entendut de part dela a moss. Ar. Paya que [illegible] e que lo encargue hom que fassa lo presen per la vila[2].

L'an MCCCLXXXIIII, a XX d'abril.

Sobre aisso que aissi fo dig que moss. Bernat de Gorssolas era vengut de Lautrec[3] e de Castras ont era anat per lo fag de la bueja de Paulinh, loqual ha reportat que las gens de la garniso de Paulinh volo dezemparar voluntieiramen lo loc de

[1] Correct : *dero*.

[2] Le 19 avril, le Conseil décide que deux consuls iront porter les tasses d'argent à Philippe Bonne.

[3] Chef-lieu de cant. de l'arrond. de Castres.

Paulinh e bailar al vescomte de Paulinh et al senher d'Arifat[1], mas que lo senher d'Arifat ni lo vescomte no la volo penre en garda, quar non an gens que lo poguesso gardar; e que lor era vengut a noticia que las gens de Curvala lo volian venir combatre e penre, mas que las gens d'armas lo aguesso dezamparat; e que sus aquo se era aponchat, am los cossols de Castras, que Castras hi trameta XX homes et Albi, par la vigaria, X, que gardo lo loc e debato la borgada tro que sia debatut. Et auzit aisso per totz los sobredigs, totz tengro que sus aisso hom aja cosselh am las gens del rey et am moss. B. de Gorssolas e que hi ane hom be e saviamen et am bon cosselh.

L'an dessus, a XII de may.

Sobre aquo que los senhors cossols dissero que lo collector del papa avia preguat a lor et a las gens de moss. d'Albi, que lor plagues [que] volguesso consentir que el fezes sarrar la vouta que es entre la sua fenial del Pla de S[t] Salvi et l'ort de m[e] G[m] Bestor o de sa molher. It. que moss. Bernat de Gorssolas lor avia dig que, a lor requesta, el avia seguit, per la part de la vigaria, lo fag de la bueja de Paulinh, en que avia ganre despendut del seu, e demandava que del despens hom lhin fezes setisfaccio. Sus aisso, totz los sobredigs tengro que, aitant quant es del fag de la vouta, que hom ane sus lo loc e que ses poc sarrar, ses prejudici ni dampnatge, que hom ne fassa plazer al dig collector. E quant a'n aco del dih moss. Bernat de Gorssolas, fon dig que el avia agut mot granda diligencia e trebalh e despens per lo fag de la dicha bueja; per que hom s'en acorde am luy de so quen demandara[2].

L'an MCCCLXXXIIII, lo premier dia de jun...

Sobre aisso que m[e] Johan Calmetas avia tramez(es) I maestre en artz per tener las escolas, en cas que als senhors plagues; e fon dig que lo dig maestre no volia demorar seno que hom lhi dones de que se pogues sustentar e lhi agues hostal tro que

[1] Tous deux étaient covicomtes de Paulin. Arifat, comm. du cant. de Montredon-Labessonié, arrond. de Castres.

[2] Dans une délibération du 15 mai, l'indemnité fut fixée à 2 francs par jour de vacation.

las escolas se sian assetiadas. E fon aponchat que en cas que vulha demorar e vulha aver am si qualque bachalier, que hom lhi done tant solamen VI sestiers de fromen e doas pipas de vi, e que lhi aja hom ostal per I an [1].

L'an dessus, a V de jun...

Sobre aisso que aissi fon dig que lo capitani trames per lo rey sur la garda del pays, loqual era a Galhac [2], devia venir, lo dia presen en esta vila, una essemps am los senescalcs de Toloza e de Carcassona et am moss. Beneduc [3] et am P. de Lautrec et am ganre d'autres grans senhors, am ganre de gens d'armas; se hom lor faria presen ni lor devia re donar. E fo aponchat que los senhors cossols servisso e donesso als sobredigs senhors, als quals lor semblara, so que lor seria vist fazedor.

L'an dessus, a XII de jun. .

Sobre la letra que lo comte d'Armanhac e de Cumenge avia trameza als senhors cossols d'Albi, contenen que els fosso, lo dia presen, a Castras am so que deviau paguar per la bueja de Curvala e dels autres locxs contengutz en lo tractat per los comus am son payre, comte que era d'Armanhac [4]. E fon de

[1] C'est la première mention qui soit faite des écoles de la ville Mais Albi était doté, depuis des siècles, d'une école épiscopale; on trouve, en effet, le nom d'un *cabiscole* ou *capiscole* (*caput schole*) dans l'acte de naissance du pont vieux, qu'on date généralement de 1035. Au concile qui se tint a Albi en 1070 figurait le *capiscole* de la cathedrale. Cf. notre *Histoire des rues du vieil Albi*, dans *Rev. du Tarn*, XX. p. 68.

[2] Ce capitaine etait Gaucher de Passac. Cf. *Campagne de Gaucher de Passac* et *Chroniques de Jean Froissart* (II, p. 439 et suiv. seconde édition de Buchon). M. Cabié complète très heureusement le récit de Froissart.

[3] Probablement le Benedict de la Faignole du récit de Froissart. Le sénéchal de Toulouse etait alors Hugues de Froideville, et celui de Carcassonne, Roger d'Espagne. Parmi les grands seigneurs qui accompagnaient Gaucher de Passac et que la délibération ne designe pas, devaient se trouver ceux qui sont nommes dans la Chronique : le senechal de Rouergue, Arnaut de Landorre, le comte d'Astarac, Guillaume Canderon. Selon Froissart, l'armee de Gaucher, qui se trouvait a Albi le 5 juin 1384, comprenait « environ 400 lances et bien 1000 portant pavois que gros varlets ».

[4] Jean d'Armagnac était mort à Avignon le 26 mai 1384, d'après les *Memorias de Jacme Mascaro* (p. 84), et le 25 du même mois, d'après

cosselh que m^e^ Ar. Paya e'n P. Clergue ano al dig loc de Castras, e que, se aqui ha persona am sufficien poder, (que) hom se acorde am el d'aitant quant montara la quota tocan a la vigaria, foras dels locxs de Rialmon e de Senegatz [1], que per aquels non obligues re; e que hom lho prometa e lho obligue de paguar al terme melhor que poyrau; autramen se non hi avia persona sufficien per lo dig comte, que hom demore acordan am los comus que hi seran, disen que hom s'en acordara am lo comte; e non remens que hom ane vas luy e lhi soplegue que el se vuelha cargar per nos e per la dicha vigaria, e que hom lho encarte e lho prometo paguar al terme que lhi plazera.

L'an MCCCLXXXIIII, a XV de jun...

Sobre una letra clausa que avian trameza en P. Clergue, cossol, e m^e^ Ar. Paya, que ero à Castras, als senhors cossols d'esta vila, que els aviau agut parlamen am los cossols de Rialmon, quar recuso a paguar lor quota a lor apertenen de la bueja tractada am lo comte d'Armanhac, disens que no volo paguar mas certa causa, so es asaber II^c^ francxs. Sus laqual causa fo aissi aponchat per la major partida dels cossols e singulars, que hom no fassa negun autre acordi am lor, mas que pago tant solamen lor quota.

Ite tengro may cosselh sobre alscus comessaris que ero vengutz novelamen sus la emposicio de la sal [2] que demando que tot home pague la emposicio de la sal que ha gastada ho venduda que non era estada gabelada per lo mes de setembre, e per lo doblamen de la sal per lo mes d'abril; e per aquo demanda [3] que se la vila vol finar per tot lo comu que els penrau finanssa; de que demanda [4] IIII^xx^ francxs. E fo aissi aponchat que se los digs comissaris voliau penre qualque petita causa tro en la soma de IIII a VIII francxs, (que) per

l'*Hist. de Lang.* (IX, p. 920). Le nouveau comte d'Armagnac était Jean III qui succéda à son père dans les comtés d'Armagnac, Fézensac et Rodès, et les vicomtés de Lomagne et d'Auvilar.

[1] Réalmont, chef-lieu de cant. de l'arrond. d'Albi; Sénégas, comm. de St Pierre de Trivisy, canton de Vabre, arrond. de Castres.

[2] Cf. délibération du 12 juillet 1383.

[3] et [4] Correc.: *demando.*

comprar fatiga, hom los lor done, autramen que seguisco lor comessio aissi quant deuran ; empro tengro totz que se los digs comissaris greugavo las gens otra la forma de lor comissio que la vila ho prenga et ho deffenda.

L'an dessus, a XXI de jun...

Sobre aisso que dissero los senhors cossols que Pos Glieyas e R. Borralh, encantaires e servidors del cossolat, se ero motas vetz rancuratz a lor, dizens que hom lor avia donat saentras a cascu per lor penssio e gatge per an XII floris e las raubas, et aras lor ho avia mermat que los XII floris e las raubas acostumadas lor avia [hom] tornat ad VIII floris, otra lor voler e cossentimen ; e que se hom no lor donava los digs XII floris, otra las raubas, que els no demorariau plus al servizi dels senhors cossols. Et aqui meteiss, auzidas per los singulars aquestas causas, totz tengro e acosselhero que hom no lor done a cascu mas hueg floris e las raubas acostumadas, e se non ho volo penre que hom aja autres servidos.

L'an dessus, a XXVI de jun...

Sobre aisso que aissi fon dig per los senhors cossols que m^{e} Ar. Paya, que era a Rodes sus lo tractat de la bueja dels locxs que teno las gens d'armas, avia trameza una letra que estat era tractat et acordat am que hom pague[1], d'aqui a dimergue propda venen, a moss. d'Armanhac M.V^{c} francxs e V^{c} apres 1 mes ; e per aquo far encartar et obligar, hom hi anes ho lhi tramezes I scindicat que el agues poder de obligar la causa ; autramen qui non ho fazia, lo loc d'Albi els autres de la vigaria ne sufertariau gran dampnatge. Per que sus aisso demandero cosselh los senhors cossols als singulars ; losquals acosselhero que hom fassa en manieira que tant del argen dels XVIII comus, tant de maleu d'aqui ont hom ne poira aver, ho fassa tot l'argen que hom poira per paguar las causas sobredichas ; e que hom prenga dels singulars de la [vila] certa soma de vi et aja hom letra de devet, o miels en lo cosselh tengut propdanamen davant aquest es contengut, e

[1] Pour la régularité de la phrase, il faudrait supprimer am, ou bien écrire : *am moss. d'Armanhac.*

que se venda, e de l'argen que ne issira e de aquel que hom levara tant dels XVIII comus davant digs, tant de so que devo los comus de la vigaria per lo fag de la bueja, que hom setisfassa a'n aquels que prestarau la moneda per paguar de presen e a la resta que sera deguda al dig moss. d'Armanhac ; e que hom fassa I scindicat. Aqui meteiss fo fag, aissi quant en I insturmen receubut per m^{e} G^{m} Prunet es contengut. It. tengro may totz que se fassa devezio per gachas de totz los deutes que la vila deu e de so que hom deu a la vila.

L'an dessus, a I de julh...

Sobre aisso que fo dig que la vila ha diversas jornadas a Carcassona am los cossols de Rialmon e de S. Gauzen [1], quar recuso a paguar lor quota de las buejas dels locxs que teno e teniau las gens d'armas, et issimen am las gens de Saliers [2] que recuso a paguar los talhs empausatz per los senhors cossols d'Albi del temps que an habitat en la presen ciutat. It. sobre aquo que Ar. Paya avia escrig per sas letras que Guilhamot de Saunhac devia esser, dema o dimergue propda, a Castras per recebre l'argen de la bueja, e que hom hi anes per acordar am luy de la quo[ta] apertenen ad Albi et a la vigaria, de que lhi devia hom bailar lo dig dimergue M.V^{e} francxs e V^{c} dins I mes. Tengro totz que hom ane tener a Carcassona las dichas jornadas e que I dels senhors cossols ane a Castras per acordar am lo dig Guilhaumot de Saunhac de la dicha moneda ; e que tot home pague totz los XVIII comus novelamen empausatz ; e se mestiers es, per suplir l'argen que se deu paguar per la dicha bueja, que hom fassa prestar aquels que prestar poyrau.

L'an MCCCLXXXIIII, a VI de julh...

Sobre aisso que dissero que lo prebost de S. Salvi era vengut aras novelamen [3], et avia fag gran covit tant dels canonges de Sta Cezelia, tant de las gens de moss. d'Albi, quant dels senhors cossols totz e de motz d'autres bos homes de la presen ciutat ; e que per alscus bos homes era estat dig que los senhors cossols d'esta vila lhi deviau far presen. Sus aquo

[1] Cant. de Graulhet, arrond. de Lavaur.

[2] Comm. du cant. d'Albi.

[3] Le nouveau prévôt était Guillaume Maître, un Albigeois.

tengro totz et acosselhero que los senhors cossols ihi fasso presen de una bona pipa de vi de IIII sestiers o entorn.

L'an MCCCLXXXIIII, a XVI de julh...

Sobre aisso que aissi fo dig que moss. Felip Bona devia venir, lo dia presen, en esta vila, una essemps am lo conestable de Carcassona et am ganre d'autras gens per far deliurar la moneda que la vigaria d'Albi deu paguar per lo fag de la bueja acordada am lo comte d'Armanhac; loqual moss. Felip, estant a Paris et en autras partz, fegs, per la vila d'Albi, grans profiegs et honors. Per que dissero se, per sa venguda novela, hom lhi devia re donar. E sus aquo totz tengro et acosselhero que hom lhi deu donar, e que los senhors cossols lhi dono e trameto una pipa de vi, aital quant lor semblara, et entorcas tro en la soma que lor sera vist fazedor.

L'an MCCCLXXXIIII, a XVIII de julh...

Sobre aisso que aissi fon dig que los jutjes deputatz a conoisser de las mercas que demando los Engles de Thuria e d'Aigo [1] aviau fag ajornar Padier d'Albi e I Presicador d'Albi, ad instancia dels digs Engles. E sus aquo los senhors cossols d'Albi aviau trames per tener la dicha jornada, per excusar lo dig Padier que non era en esta vila, e per saber que voliau demandar, so es asaber Bertran Baldi d'Albi, loqual Bertran, en apres, avia reportat que Ar. Guilhamet de Lustrac, conestable de Thuria, demandava al dig Padier II francxs I quart per los dregs de 1 prionier que pres sobre si que era pres a Thuria. It. Domergo, de la dicha garniso de Thuria, demanda a Salvi de Labroa que fon tengut per lo filh d'en Bernat Bru e per R. Atbert, al[ias] de Vaurs, d'Albi, de tres francxs d'aur; e que a la dicha jornada era estat ordenat et aponchat per los digs jutges que lo dig Bertran aja a presentar, lo dia presen, los sobredigs Padier e Salvi, autramen declaravo e teniau per declarada esser deguda la causa ad sobredigs Engles e la merca a lor esser justa. Per que fo aissi dig per los senhors cossols que cascus dones cosselh sus aisso, que s'en devia far.

[1] Aygou, dans la comm. de St-Cirgue, cant. de Valence d'Albigeois, le seul fort occupé par les Anglais ou les routiers dans ces parages. Cf. *Camp. de Gaucher de Passac*, p. 70, note 1.

E sus aisso la major partida tengro que, atendut que los sobredigs Padier ni Salvi no son en esta vila e la jornada es tant brev, e seria perilh que los digs Engles correguesso sus esta vila per aquo, de que poiria issir gran dampnatge, (que) la vila pague per los sobredigs Padier e Salvi las causas dessus dichas, e que entretant hom fassa compellir los sobredigs Padier e Salvi o lo dig en Bernat Bru per las causas dessus dichas.

L'an MCCCLXXXIIII, a XIIII d'aost...

Sobre aisso que fon dig en lo dig cosselh que las gens d'armas de la garniso de Razissa[1] demandava[2] en lo loc d'esta vila una merca per I home de Galhac que fo lor prionier el temps que moss. de Berri era en aquest pays; e las dichas gens d'armas ero alotjadas als Presicadors[3], dizens que lo dig home avia finat a L francxs et en apres el s'enfugic e se reduss en esta vila, e que alscunas gens de la vila lhol avian amagat; per que els demandavo los digs L francxs, autramen se la vila no los lor pagues, els corregro e levero merca sus lo loc d'esta vila. It. fo dig per los cossols e singulars sobredigs que vertat era que lo dig prionier se gandic en esta vila e avans que s'en partis, el e son payre e Peire de Causac d'Albi oncartero e se obliguero e promeiro pagar tot lo dampnatge que lo loc d'Albi ni los singulars d'aquel ne suffertesso per aquela causa. E sus aisso fo aponchat per les senhors cossols e singulars que hom se acorde als miels que hom poyra d'aquela causa e que entretant hom compellisca lo dig P. de Causac els autres obligatz que pago aquo que costara, e se paguar non ho podo de presen, que la vila d'Albi ho pague e que lo dig P. de Causac els autres obligatz o encarto a la vila a paguar e cert jorn.

L'an dessus, a XX d'aost...

Sobre aisso que dissero que en esta vila ero vengutz sobre la vila comessaris per la meitat dels VIII^{c} L francxs[4] que son

[1] Comm. du Travet, cant. de Réalmont, arrond. d'Albi.

[2] Correct : *demandavo.*

[3] Au couvent des frères Prêcheurs d'Albi, situé en face de la porte de Ronel.

[4] Un grand nombre de villes de Languedoc avaient été condamnées à une amende de 80.000 francs d'or, à payer au roi en commun, pour leurs

degutz al rey nostre ss. et a moss. de Berri, losquals ero vengutz a paga lo premier dia d'aquest presen mes ; e que los comessaris no s'en volo anar tro que aquo sia pagat ho ajo revocatoira del thesaurier que lor a donada la dicha comessio. Per que tengro cosselh quen fariau. E sus aquo totz tengro que hom la trameta C francxs e que hom veja hom se lo thesaurier volra donar sosta tro ad I jorn, afi que los digs comessaris no gasto la vila.

L'an MCCCLXXXIIII, a XXIX de setembre, ad Albi, en la mayo cominal del cossolat del dig loc, costituitz personalmen davan lo honorable e discret senhor m[e] R. Ychart, savi en dreg, jutge de la cort temporal de moss. l'avesque d'Albi, et en presencia de mi notari e dels testimonis sotz escrigs, so es asaber los discretz senhors en Duran Daunis, en Felip Vaissieira, en Dorde Romanhac, en P. Borssa, en Vidal Guini, m[e] G[m] Chatbert, m[e] P. de Rius, en Guiraut Marti, n'Azemar Blanquier, cossols de la ciutat d'Albi, losquals aqui meteiss, essemps e cascu de lor coma cossols, dissero e prepausero al dig moss. lo jutge que, coma els aguesso mestiers de aver I recebedor en lor cossolat, aissi quant es acostumat, et aguesso helegit en Johan Gaudetru, cossol del dig loc, loc[1] companho aqui presen, coma may sufficien, segon [que] lor semblava, en lo dig offici que I autre que els poguesso trobar, e lo dig Johan ho agues recusat de penre, per so sopleguem, los digs senhors cossols, que el volgues pronunciar, declarar et ordenar lo dig Johan esser recebedor de lor e de lor presen cossolat, e lo volgues condempnar a penre lo dig offici. Et aqui meteiss lo dig moss. lo jutge, auzida la relacio a luy facha per los digs senhors cossols, que lo dig Johan era may sufficien en lo dig offici que autre que els poguesso trobar, ordenec, pronunciec et declarec que lo dig Johan Gaudetru fos recebedor dels digs senhors cossols e de lor presen cossolat et a lor

rébellions précedentes. Quelques-unes d'entre elles, parmi lesquelles Albi, avaient été dispensées du paiement de cette amende, par lettres du duc de Berry du 28 avril 1384, données a Beziers. Mais le duc leur fit payer cette faveur. D'après dom Vaissete, Albi dut donner 850 francs. C'est de cette somme qu'il s'agit ici. Cf. *Hist. de Lang.*, IX, pp. 918-919.

[1] Correc. : *lor*.

perilh; et ad aquo lo dig Johan aqui presen condampnec. *De quibus superius nominati...*, etc..., etc.

L'an MCCCLXXXIIII, a II d'octombre...

Sobre I mandamen que avia trames moss. lo senescalc de Tholosa que hom trameses la meitat dels homes d'esta vila al seti de Curvala e may dels viures per las gens que hi anariau e per venre a las gens que so al dig seti. Tengro que hom la trameta homes be a pong, segon lo mandamen, tro al nombre de L o LX, e que hom hi trameta dels viures aissi quant al mandamen se conte.

L'an MCCCLXXXIIII, a XXIIII d'octombre...

Sobre aisso que aissi fon dig que moss. lo prebost de S. Salvi avia preguat als senhors cossols que fezesso gracia al loc de Cambo[1] de so que hom lor demanda per causa de la bueja, que lor demanda hom XVIII francxs e que hom los quites per IX francxs. E fo de cosselh sus aquo que hom no lor fassa neguna gracia seno de espera.

It. fo dig se hom tengra plus las badas a Caylucet ni a Foyss. E fon aponchat que se encaras.

It. fo aissi aponchat que hom fassa do e presen a moss. d'Albi per sa novela venguda[2], en las causas que los senhors cossols volrau tro en la valor de IIII^{xx} francxs.

It. fo aissi aponchat que hom aja licencia del senhor que hom puesca comprar del arendador que ho a comprat del senhor la emposicio del vi, e que, obtenguda la licencia, (que) la vila ho compre et ho torne al XIIe ho ad aco que los senhors cossols volrau; e que la vila ho venda ho se baile a levar, e se s'i pert, que tot lo comu d'esta vila pague la perdua, empro no s'i fassa negun merme, mas per las gens talliables.

L'an MCCCLXXXIIII, a XII de novembre...

Sobre aisso que aissi fon dig per los senhors cossols que moss. Bernat Bona lor avia trames unas letras clausas en lasquals lor escrivia que, lo jorn de Sta Cezelia propda venen,

[1] Comm. du cant. de Valence d'Albigeois.

[2] Guillaume de la Voute, d'abord administrateur de l'église de Toulon, ensuite évêque de Marseille, de Valence et de Die.

P. Ramon, viguier de Carcassona, so filh, devia penre sa molher, e que lor plagues que hi vuelho esser. E per so demandero cosselh los senhors cossols als singulars que voliau ni que acosselhavo quen deviau far. E sus aquo totz tengro que los senhors cossols hi ano e fasso en la manieira meteissa que feiro a moss. Phelip Bona quant pres sa molher.

L'an dessus, a XVIII de novembre...

Sobre aquo que lo sotz viguier de Tholosa avia trames I bailet am una letra del cancellier de moss. de Berri contra los senhors cossols d'Albi que paguesso al dig sotz viguier IX francxs a luy degutz per lo loc d'Albi e per tota la vigaria per sos trebalhs que fe en anar penre alscus homes que ero de las companhas que ero preses a Rocacorba [1] e los menec ad Albi, a la cort del viguier ; quar autramen las gens de Razissa no voliau vejar ; e per so lo dig sos viguier fon deputat per moss. lo cancellier a far aquo. Sus aisso, tengro totz que per lo loc d'esta vila hom pague la terssa part del despens e que aja recors per las II partz contra los autres locxs de la vigaria.

It. sobre lo deu degut a moss. Meno de Castelpers, tengro que, afi que negun despens non venga, (que) qualque bos home que ho sapia far ane vas lo dig moss. Meno, e que am luy, se lo troba, autramen am Johan d'Antraigas, son procuraire, se acorde, se far se poc, que, fazen alcun servizi, alongue lo terme de la pagua tro ad I terme competen que hom lo puesca paguar.

L'an MCCCLXXXIIII, a XXIII de dezembre...

Sobre aisso que aissi fo dig que en Peire de Lautrec [2] avia dig e preguat als senhors cossols que lhi volguesso ajudar e donar qualques viures afi que el pogues miels gardar, am sas

[1] Roquecourbe, chef-lieu de cant. de l'arrond. de Castres.

[2] Le chevalier Pierre de Lautrec, que nous avons déjà rencontré est célèbre par le duel qu'il eut à Toulouse, le 11 janvier 1385, par suite, moins d'un mois après sa demande de vivres aux consuls d'Albi, avec l'écuyer Arnaud de la Motte, et auquel le duc de Berry assista comme témoin. Cf. *Hist. de Lang.*, IX, p. 925

gens, lo loc de Curvala que lhi era estat bailat en garda per las gens del rey nostre senhor. E sus aisso, totz tengro que hom nolh done re.

It. tengro may cosselh sus lo ajornamen que ha fag far lo senescalc de Tholosa contra los cossols els capitanis de l'an passat, per la rebellio que ditz que lhi fe hom, quar nolh trames[ero] balestiers que ditz que mandet[z] que hom lhi tramezes, se la causa se devia segre al despens de la vila. E sus aquo totz tengro que al despens de la vila se mene.

L'an dessus, a XXX de dezembre ..

Sobre aisso que aissi fo dig que moss. Enric de Mejanel avia escrig e fag asaber als senhors cossols d'Albi que el sabia I bo metge que vengra estar en esta vila, se la vila lhi volgues donar certa pencio. It fo may dig aissi que sus aquo los senhors cossols ne aviau parlat am moss. l'official d'Albi, et lo dig moss. lo official lor avia dig que el lo conoissa et que lhi sembla que sia home sufficien, e que se el vol venir estar ad Albi, moss. d'Albi el capitol lhi donnarau certa causa. Per que dissero los senhors cossols se la vila lhi donaria ni quant. Sus aquo, tengro la major partida que, per lo terme de I o de II ans, la vila lhi done, cascun an, X o XII francas ses al res, en cas que sia sufficien.

L'an dessus, a XIX de jenier...

Sobre la finanssa que aviau facha los cossols et capitanis de l'an propda passat, ajornatz non ha gayre davant lo senescalc de Tholosa, per alscus bans que avian trencatz alcus singulars de la villa et del Cap del pont, segon que dizia. Tengro la major partida que la vila d'Albi pague la dicha finanssa [1]. It. sobre una crida que aviau facha(s) far las gens de moss. d'Albi que negun revendedor non auzi [2] comprar neguna mercadaria victual, coma lebres, conilhs, perlitz, (lebres), cabritz, galinas, ni autras mercadarias semblans tro sia passat hora de tercia. Tengro la major partida que tot home e tota fempna compre e puesca comprar totas las horas que se volra.

[1] Une délibération du 27 du même mois nous apprend que cette finance avait été fixée à 30 francs

[2] Correc. : *auze*.

L'an MCCCLXXXIIII, a XXX de jenier...

Sobre aisso que aissi fo dig que los officiers de la cort temporal de moss. d'Albi ero anatz a l'ostal en que demora Bertran de S. Antoni, bada de Foiss, per intenta de penre sa filhastra ses neguna colpa et ad horas sospechosas, volens, segon que se ditz, enjuriar et envilanir la dicha filhastra; e quar lo dig Bertran no los laissava intrar, aviau pres de fag lo dig Bertran e lon avia menat, baten et feren et per forssa, e apelan al viguier; de laqual causa era estada facha rancura per alscunas gens, dizens que aisso es causa de mal issimple, et que aital poirian far d'autras fempnas et d'autras gens. Per que demandero cosselh los senhors cossols que se devia far en aisso. Et auzidas per los cossols et singulars las causas sobredichas, totz tengro que los senhors cossols ano a moss. d'Albi e lhi notiffico aquesta causa, e lhi digo que hi prenga remedi e'n fassa punicio d'aquels que ho an fag; et se far non ho vol que hom s'en rancure a la cort del rey et que la cort ne fassa dreg.

L'an MCCCLXXXIIII, a III de febrier...

Sobre aisso que dissero los senhors cossols als singulars que moss. lo senescalc de Carcassona lor avia trameza una lettra clausa, en que lor escrivia que el devia far la honor de son payre que fo saeutras. lo XII jorn de febrier, al loc de S. Gauden jotz Tholosa[1] e que lor plagues [que] hi volguesso far la honor que lor plairia. Per que demandero cosselh que deviau far. Et sus aisso totz tengro que hi ano dos bos homes, cossols ho autres, e que hom hi donne I drap d'aur e VIII entorcas de terna lbr., e se hom podia far que, per certa causa se cobres lo drap que ho fassa, autramen hom lo done.

L'an MCCCLXXXIIII, a XXI de febrier...

Sobre aisso que dissero que los giuliers de la cort del rey d'Albi demando setisfaccio de las gens que teno arrest dins la cort del rey d'Albi, quant veno comessaris per lo senhor per los deutes en que lo cossolat lhi es obligat e que, segon que aissi fon dig, per aitals causas los digs gieuliers no devo re

[1] Chef-lieu d'arrond. de la Haute-Garonne.

aver ni levar. Per que demandero cosselh los senhors cossols als singulars se la vila deffendria afi que no vengues en consequencia. E sus aquo, totz tengro que se deffenda de manieira que se paguar no s'en deu, que no s'en pague re.

L'an dessus, a XV de mars...

Sobre aisso que dissero los senhors cossols que moss. d'Albi avia dig que la paret que es al pe del cloquier de S[ta] Cezelia, laqual era casecha, se refezes per la segurtat de la vila; et era estat aqui dig que, atendut que alscus diziau que, per colpa de B. Serras, fustier, que avia facha la dicha paret e no la avia facha perfiecha, aissi quant degra, la dicha paret era casecha, e que el la devia refar a son despens; e d'autres diziau que non era casecha per colpa del dig m[e] B. Serras, mas quar hom no las avia cubertas aissi quant degra; e totas aquelas causas atendudas, era estat dig que la dicha paret se fezes e que de sso que costaria lo dig B. Serras pagues lo ters, et entre la vila e la Glieya las II partz. Per que los senhors cossols demandero cosselh als singulars que voliau que fezesso d'aquo. E sus aquo, tengro la major partida e dissero que la dicha paret se era perduda per colpa del dig B. Serras, e que se aparia que per sa colpa fos perduda, que se refassa a tot son despens.

L'an MCCCLXXXV, a XVII de jun...

Sobre aisso que dissero los senhors cossols que en G[m] Colobres los avia amonestatz per L lbr. que lhi ero degudas a la festa de Pantacosta propda passada e demandero cosselh se lhi fariau sospendre la amonicio o se laissariau escumengar, atendut que hom no ha de presen de que lo pague. Sus aquo, totz tengro que se de son bon grat no la vol sospendre, que la fasso sospendre en manieira que no demoro escumengatz, exceptat lo cossol els singulars de la gacha de las Combas sobre escrigs que dissero que els se hufrian de pagar la quota apertenen a la lor gacha de las Combas de so que era degut al dig G[m] Colobres et a'n Ar. Ferran.

L'an MCCCLXXXV, a XXIIII de jun...

Sobre aisso que los senhors cossols dissero que moss.

l'avesque de Cosserans [1] avia mandat per sas letras als cossolatz d'Albi e de la vigaria et als autres de la jutjaria d'Albeges, que el avia pres tractat am los Engles de Pena [2] e que los digs cossolats anesso parlar amb el a Rabastenxs, per auzir las causas que sus aquo el lor volgro [3] explicar ; a laqual jornada ero estat[z] et avia lor explicat [que] tractamen se menava que los digs Engles dezamparesso lo dig loc mejanssan certa finanssa que monta entorn XLIIII milia francxs ; de laqual causa, se se fazia, covenria que tot lo pays hi ajudes de XXX milia e la resta pagaria lo rey. E sus aquo, agudas motas paraulas entre los senhors cossols e singulars, totz tengro que, se la dicha bueja se poc far, (que) tant solamen per lo loc d'esta vila hom lhi ufrisca donar dos francxs per fuoc, e se hom ho [poc] passar per mens que hom ho fassa, e que hom no se cargue per negun loc de la vigaria ni per autre, seno tant solamen per lo loc d'Albi. It. fo may dig que lo dig moss. de Cosserans demandava que lo pays ajudes [de] IIII^{xx} sestiers de fromen per avidar los prioniers que prendiau las gens d'armas els piscos del senhor ; quar era estat fag aponchamen que totz aquels que hom preira los gardes hom e que no los aucizes, quar en major loc pogro tener los. Sus aquo, totz tengro que hom no lor done re plus, mas coma dessus es dig.

L'an MCCCLXXXV, a XXVIII de julh, los senhors en Felip Vaissieira, B. Col, Johan Gaudetru, Guiraut Marti, P. Borssa, Vidal Guini, Azemar Blanquier, m^{re} G^{m} Chatbert bailero a'n Frances Picart e a'n Isarn Redon los comptes de la aministracio facha per Johan Luyrier, recebedor dels senhors cossols, l'an propda passat, per auzir e comptar e far relacio(r) d'aquels.

[1] L'évêque de Couserans était conseiller général du roi en Languedoc.

[2] Cant. de Vaour, arrond. de Gaillac, sur l'Aveyron. Cette imprenable forteresse avait été prise, vers le mois d'octobre 1383, par le capitaine Ramonet del Sort, qui commandait aux troupes de Labouffie et d'autres forts. Cet exploit d'un des plus redoutables capitaines des compagnies jeta l'épouvante dans tout le pays. Cf. *Histoire de la province de Quercy*, par Lacoste, III, p. 276. *Revue du Tarn*, XVIII, p. 66, dans *Camp. de Gaucher de Pessac*, et *Hist. de Lang*, IX, p. 923, note 1.

[3] Correc.: *vol.*

It. bailero may los sobrenompnatz senhors cossols, per auzir e palpar los comptes de la presa e mesa facha per n'Azemar Blanquier, l'an LXXVIII, de la emposicio de la manganaria, a P. Clergue et a P. Boyer.

It. deputero may auzidors dels XVI comus endigs l'an LXXX, levatz per Vidal Guini e per R. Conchart, so es asaber lo dig P. Clergue e P. Boyer.

L'an MCCCLXXXV, a XXIII d'aost...

Sobre aisso que dissero los senhors cossols que lo prebost de S. Salvi los avia requeregutz e preguatz que volguesso ajudar a la reparacio del cloquier, aissi coma d'autras vetz es estat parlat. Sus aisso, tengro que hom lor done XL francxs, mas meto lo cloquier e la bada en bon estat.

It. sobre aquo que dissero que a lor semblava que expedien fora de tornar lo nombre dels cossols, que so a XII, que tornes a VI, am certs cosselhs, e que se hi mezes qualque bon aponchamen que se ajustesso per las bezonhas de la vila. Sus aisso, tengro, una partida, que torno a VI, et autra partida que lo nombre no se moga.

It. sobre aquo que dissero que esta vila non avia negun metge, que hi era be necessari, e que els trobavo I bon metge que sa volia venir, mas que hom lhi done pencio. Sus aisso, tengro, una partida, que hom aja lo metge e que lhi done, la vila, pencio de (*blanc*), et autra, que se vol venir, hom lo tenga quiti e que autra pencio non aja.

It. sobre aisso que, en lo temps d'aquest presen cossolat, lo senescalc de Tholosa fe ajornar m^e^ G^m^ Chatbert et Johan Gaudetru, coma capitanis de la presen ciutat, e d'autres, que lor empausava que hom lhi avia facha rebellio en sa intrada, e que, anan a Tholosa, lo dig m^e^ G^m^ Chatbert perdec, en lo dig viatge, una mula e demandava que la vila lalh pague. Sus aisso, tengro, la major partida, que los senhors cossols ajo lor cosselh que, atendut que lo dig m^e^ G^m^ Chatbert no prendia en lo dig viatge mas lo despens, se hom lalh deu setisfar, e se far se deu, que lhi sia setisfacha, e se hom no lhin es tengut de dreg, que hom lhin setisfassa de qualque partida, que hom no perda de tot.

L'an dessus, a VIII de setembre, los senhors... cossols

ordenero que, atendut que sobre la restitucio que demandava mᵉ Gᵐ Chatbert de la mula que avia perduda, coma al cosselh dessus es contengut, los digs senhors cossols aviau agut, segon que dissero, lor cosselh am savis en dreg et am autres, et atendudas motas autras causas justas que movo lor coratge, dissero et ordenero que al dig mᵉ Gᵐ Chatbert sia paguat, dels bes de la universitat, per la dicha mula hueg francxs d'aur.

L'an MCCCLXXXV, lo premier jorn de cetembre...[1].

Sobre aquo que I comessari de Franssa, trames per lo rey, loqual avia ajornatz los cossols a dissapde propda a Carcassona, a l'ostal de la Corona, loqual comessari ha nom Marti de Folques, maestre general de las monedas. E fo aponchat que los senhors cossols hi trameseso I home suficien amb I massip e que saubes que demandera lo comessari, e saubuda que aja sa demanda, que s'en acoselhe am moss. de crims[2] et am los cossols de Carcassona ; et acosselhat que s'en sia, que se acorde al miels que poira de las causas que lo dig comissari demandara.

L'an MCCCLXXXV, a IIII del mes de cetembre...

Sus aquo que en la vila d'Albi avia comessaris contra totz los gentils homes aven cesses en la viguaria d'Albi, e de totz autres homes e femnas aven cesses ni rendas en la dicha viguaria, que moss. de Berri avia endigs sobre cascu tenen fieu noble e sobre tot autre singular aven rendas en la dicha viguaria, XII d. mᵃ per lbr. per XV homes d'armas que avia tengudas el dugat de Guiana[3]. Totz tengro que hom se acordes am los digs comessaris als miels que pogra e que totz aquels que avian fieus ni rendas en la ciutat d'Albi ni en la pertenensa que paguesso lo despens.

L'an MCCCLXXXV, a XXVII de setembre...

Sobre la ufra facha per ajutori de bastir lo cloquier de S. Salvi que foro ufertz XL francxs, fo dig que lo prebost

[1] Les deux délibérations qui suivent sont d'une autre main.

[2] C'est-à-dire le juge criminel, Bernard Bonne, coseigneur d'Hautpoul.

[3] L'*Hist. de Lang.* ne contient aucune allusion à cette imposition de 12 deniers et 1 maille sur les biens nobles et sur les rentes.

de S. Salvi la avia exceptada graciosamen ; totas vetz avia dig que, atendut que el entendia far la obra bona e bela e perfiecha, lhi semblava que la huefra era pauca e pregava que hom hi volgues ajudar de major soma.

It. que al pont de Tarn fa mestiers gran reparacio e may a la muralha. Per que dissero se hom ho faria reparar ni de que.

It. que per lo trespassamen de las monedas, quar hom avia presas monedas donedadas, hom avia facha, am lo maestre de las monedas que era trames per lo rey a Carcassona, una finanssa de XL francxs. Per que demandero cosselh de que se pagariau.

It. sobre las letras que hom empetrec del rey contra los clercxs que contribuisso per lo possessori que teno, que avia acostumat de contribuir per los anticxs possessors, se voliau que se enseguisso.

Fo aponchat, quant a'n aco del cloquier, que hom lor pague los digs XL francxs e que hom meta en esperanssa lo prebost que, el cas que el fassa la obra tant perfiecha coma ditz, (que) hom lhi fara causa de que se deura tener per content.

Quant a'n aco del pont de Tarn e de la muralha, tengro que se repare, e que los XL francxs degutz per lo trespassamen de la moneda que se pago, e que hom enseguisca las dichas letras contra los clercxs. E per far las causas sobredichas, una partida tenc que hom fassa I o II comus, et autra partida, que no s'en fassa pong de comu, mas que de las restas dels comus se leve de que se pague.

Et aqui meteiss, l'an el dia dessus, los sobrenompnatz senhors cossols endissero per las causas sobredichas, II comus.

L'an dessus, a III d'octombre...

Sobre aisso que aissi fon dig que lo viguier que aras es[1] es vengut ad Albi, e se enformava de las gens d'esta vila dels quals moss. de Berri poiria aver prest; et era estat dig per alscus bos homes als senhors cossols que savieza fora qui servia lo dig viguier, a'n aquela fi que fezes bona relacio a moss.

[1] Guillaume de Lurciac, damoisel, sergent d'armes. Il avait succédé à Grégoire de Corbière que nous avons quelquefois rencontré. Cf. *Liste des viguiers*, dans *Annuaire du Tarn*, 1875, p. 352-356.

ordenero que, atendut ... podia, lo dig moss. de Berri no vol-
m[e] G[m] Chatbert de la ... de las gens d'esta vila. Per que deman-
dessus es contengut ... cossols que s'en devia far. E sus aisso,
segon que dissero, ' ... al dig viguier per servizi la soma de
et atendudas mots ... podia.
dissero et ordene
bes de la univer ... [MCCCLXXXV, a VIII d'octombre], los
... stituit[z] personalmen en la mayo cominal,

L'an MCCC ... ni notari e dels testimonis sots escrigs, bai-
Sobre aqu ... ayrier lo offici de la recepta general de lor
loqual avia ... quant es acostumat de aministrar per los autres
sona, a l'o ... nerals dels senhors cossols del dig loc saentras
Folques, ... tat que fo expressamen dig que lo dig Johan
los senhc ... e sia tengut de far bona diligencia de far lo
e que s ... singulars e talliables de la dicha ciutat de so que
sa dem ... er las restas dels comus a la dicha universitat, e,
cossol ... so que deuriau los digs singulars, far [paguar].
acord
dem ... dessus, a XI d'octombre...
... aissi dig que lo reyre gag de la presen ciutat es mot
... per so quar hom no los provezis de candelas. E sus aisso,
... ponchat e fo de cosselh que [la] universitat de la presen
... tat provezisca lo dig reyre gag de candelas, afi que lo reyre
gag sia bo e fassa bona diligencia, e que d'aissi avan hom no
... mande pong de candelas a las donas veusas.

L'an dessus, a XIII d'octombre...

Sobre aisso que fon dig que non ha gayre, so es asaber l'an presen, m[e] G[m] Chatbert anec a Carcassona, al mandamen que avia fag lo maestre de la moneda que era aqui vengut, per lo rey nostre senhor, loqual mandava a las universitat[z] dels locxs que meto certa soma d'aur a la seca de la moneda de Tholosa, et aquo quar las gens de la universitat d'Albi aviau presa moneda denedada per lo rey nostre senhor e per sas gens; e quant venc lo m[e] G[m], el reportec que el avia fag acordi, e nom de la universitat d'Albi, que dins cert terme, so es asaber d'aqui al terme de Totz Sanhs propda venen [1], C marcxs

[1] Il faut suppléer ici, par exemple : *hom trametria a la dicha seca.*

e XX d'argen ; et a'n aquo far se encartec coma cossol e obliguec los bes de la universitat. It. reportec may que, la universitat de la presen ciutat volia donar e paguar al dig maestre de la moneda XL francxs, (que) la dicha universitat seria quitia de metre los digs C marcxs d'aur e XX d'argen en la dicha seca. It. fo aissi may dig per los senhors cossols que els, volens paguar los digs XL francxs al dig maestre, aviau encargat en Guiraut Marti, que era aras novelamen anat a Tholosa, que saubes se lo dig maestre de la moneda hi era e que parles amb el e saubes se hom lhi portera aqui los digs XL francxs o en qual loc ; loqual en Guiraut Marti avia reportat que el avia parlat am lo dig maestre et el lhi avia dig e repost que el no penria pong los digs XL francxs ni re, mas volia que hom meses los digs marcxs d'aur e d'argen en la dicha seca, aissi quant era encartat, e sus aquo, el avia saubut am diverses cambiadors de Tholosa se els se volgro cargar de metre los digs marcxs d'aur e d'argen en lo dig loc, et avia trobat qui ho volia far, dins cert terme, mas costaria LXX francxs o may. Per que demandero cosselh los senhors cossols als singulars que feiro d'aisso. E sus aisso, totz tengro que mᵉ Gᵐ Chatbert, que fe lo dig acordi, ho seguisca et ane al dig maestre e fassa tant, se poc, que prenga los digs XL francxs, aissi coma lhi avia promes ; autramen que hom fassa al miels que poira. It. tengro que I autre bon home ane am mᵉ Gᵐ a Tholosa per segre lo dig negoci e que, en cas que non ho poguesso acabar am lo dig maestre, que vejo s'en pogro aver remessio de mossenher de Berri, e que seguisco que los locxs que contradizo a paguar so que devo per las buejas pago [1].

L'an dessus, a X de novembre...

Sobre aisso que aissi fon dig que lo jutge d'Albeges era vengut et era de presen en la presen ciutat per far paguar so que es estat endig per la bueja de Pena, et es perilh que el vuelha greuar aquels que lhi semblara ; e sera miels que hom meses provesio de que se pagara so de que la presen ciutat ne

[1] Le maître des monnaies se laissa attendrir par l'offre de 120 francs. (Délib. des 23 octobre et 10 novembre 1385.) Ce fait, entre beaucoup d'autres, en dit long sur l'élasticité de conscience des agents royaux.

deuria paguar, que negus no era trop greujat. Fo aponchat que hom sapia so que demandara lo dig jutge d'Albeges, e saubut que hom ho aja, que hom endisca los talhs que mestiers ho fariau per aquo paguar, e que hom trie certz homes d'esta vila que, per manieira de compra ho autramen, levo los digs talhs e que se cargo de paguar so de que la presen ciutat deura paguar per lo dig fag de la dicha bueja.

L'an dessus, a XX de novembre...

Sobre aisso que aissi fon dig que lo jutge d'Albeges el jutge de Lauragues, comessaris, segon que diziau, deputatz per moss. de Berri, losquals ero vengutz en esta vila per levar prest dels singulars de la presen ciutat, et aquels entendia[u] compellir a prestar al dig moss. de Berri II^{m} francxs ; losquals comessaris voliau que los senhors cossols de la presen ciutat nompnesso aquels que poiriau far lo dig prest, e recebedor a levar aquel, lo recebedor nompno al perilh dels senhors cossols; e de aquo far los compelliau per arestacio de lors personas. Per que demandero cosselh que fariau. Sobre aisso totz tengro que davant totas causas hom aja copia de lor comessio, e vista aquela, hom aja son cosselh, e se la denegava[1] a bailar, o autramen los voliau forssar ad elegir, a lor perilh, recebedor, que s'en apelo ; totas vetz dissero que, aitant quant hom ho poira alongar, que se alongue tro que hom veja se aquels d'esta vila que so anatz a Tholosa a moss. de Berri, per veser se sus aisso poira hom aver remedi, se lo aurau agut.

L'an dessus, a XXII de novembre...

Sobre aisso que dissero que l'avesque de Cosserans era vengut en esta vila, se hom lhi devia far presen ni qual. Sus aquo, totz tengro que, atendut que el es tal senhor que en lo prest ordenat a levar per lo jutge d'Albeges e per lo jutge de Lauragues dels habitans d'Albi, el podia per aventura donar bon remedi, acosselhero que la vila lhi done II sestiers de sivada e IIII entorcas, cascuna de tres lbr. e doas o tres lbr. de doblos de cera.

[1] Correct. : *denegavo*.

L'an dessus, a XXV de novembre...

Sobre aisso que dissero los senhors cossols [que els] aviau obstengudas unas letras clausas del cosselh de moss. de Berri que s'endressavo al[s] jutge[s] d'Albeges e de Lauragues, comissaris deputatz per moss. de Berri a far prestar o levar prest dels singulars dels locxs de la vigaria d'Albi e d'autres ; lasquals letras hom avia agudas afi que hom agues remedi del prest que los digs comissaris aviau endig als singulars d'Albi, jasia que los senhors cossols no sabiau que hi avia escrig ; totas vetz demandero cosselh qual[s] las lor portarian. E sus aquo, totz tengro que expedien era que qualque bos hom hi anes, et helegiro per anar hi m^e Azemar Grasset.

L'an dessus, a XXV de novembre...

Sobre una letra que avia tramesa en Frances Picart, cossol, que era a Tholosa, per segre remedi am moss. de Berri sus lo prest que avia[u] empausat lo jutge d'Albeges e lo jutge de Lauragues, comissaris deputatz per moss. de Berri ; en laqual letra, entre las autras causas, avia escrig als senhors cossols que hom lhi tram zes XX parelhs de perlitz am que servis as aquels que lhi poiriau ajudar ad expedir la besonha per que el la es. E sus aisso, totz tengro que hom los lhi trameta[1].

L'an dessus, a XX de dezembre...

Sobre aquo que dissero los senhors cossols que moss. de Berri avia autriadas unas letras que las gens de la Glieya e la clercia ajude[2] a paguar los II^m franxs que novelamen ha endigs per prest als singulars d'Albi, e que els aviau presentadas las dichas letras a moss. d'Albi et a las gens de la Glieya. E sus aquo aviau agutz essemps diverses tractatz ; en losquals tractatz era presen moss. l'avesque de Cosserans ; e que apres motas paraulas, las gens de la Glieya aviau repost que per aquelas letras no donariau I petit denier ; mas atendens e

[1] Malgré démarches et cadeaux, la ville ne put échapper à ce prêt forcé. Le 13 décembre, les consuls firent porter l'argent à Toulouse par le juge royal d'Albi, un des consuls et le receveur Luyrier. (Délib. du 13 décembre 1385.)

[2] Correct. : *ajudo*. On voit ici un des nombreux cas où l'accord du verbe se fait avec une partie du sujet.

vesen la paubrieira de las gens de la presen cintat, el[s] donariau per ajutori del dig prest II^c francxs, am protestacio que, en cas que moss. de Berri compellis et endisses negun prest novelamen a las dichas gens de la Glieya, que los senhors cossols lor ne fezesso desdure los digs II^c francxs o los lor restituisso ; et en aquo far voliau [que] se obliguesso. Per que demandero cosselh se es expedien de penre, am aquela condicio, los digs II^c francxs. E [sus] aquo, totz tengro que, atendut que autra causa non hi (*déchirure portant sur un mot*) hom far, (que) expedien es de penre.

L'an MCCCLXXXVI, a XIX de jenier...

Sobre aisso que aissi fo dig per los senhors cossols que per alscus senhors lor era estat dig que expedien fora de segre moss. de Berri que fezes assignar so que an paguat los singulars d'esta vila per la bueja del loc de Pena, e que, se far se podia, hom ne aja letra. It. que segues hom lo dig moss. de Berri a Carcassona e d'aqui tro Avinho, se mestiers es, que nos fassa gracia de so que es encaras degut per los digs singulars de resta del dig prest o de so que hom ne poiria aver. It. dissero may los senhors cossols que los heretiers de Frances de Lagrava son tengut[z] a la universitat per diverses comus : et era estat parlat per alscus que, atendut que la vila non ha pong d'hostal per mayo cominal (que) fora expedien, se se podia acordar, que la vila preses l'ostal de la Galinaria en que hom ha tenguda lonc temps mayo cominal, per covenhable prest[1], que se fezes. Per que sus tot aisso demandero cosselh quen fariau. Sus aisso, totz tengro, quant a segre la gracia e la assignacio dessus dicha, que hom ho(m) seguisca, e se mestiers hi a de servir, per miels e plus tost aquo obtener, que hom ho(m) servisca. Quant ad aquo del hostal, tengro, la major partida, que se volo bailar lo dig hostal en paga per causa razonabla, (que) hom lo aja, e que pueiss la vila lo repare.

L'an dessus, a XXIX de jenier...

Sobre la provesio de paguar la resta deguda dels II^m francxs endig[s] per moss. de Berri als singulars d'esta vila per la

[1] Correct. : *pretz*.

bueja de Pena. Tengro que tot lo dig prest se comunique, se far se poc ses perilh, e que se indisco per aquo XX comus, losquals se levo per via de prest, e que se paguo segon lo aliuramen novelamen fazedor, loqual aliuramen volgro totz que se fassa de novel del possessori e del moble, et que tota persona pague per tot quant aura valen; et que entretan, quar lo dig aliuramen no poiria tant subdamen esser fag, coma qual paguar lo dig deute, que los digs XX comus se levo segon que monta lo comu de presen, segon lo aliuramen de presen darieiramen fag, e que quant lo dig aliuramen novelamen fazador sia fag, que los digs XX comus sia[u] comptat[z] al cascu segon aquel novel. E aqui meteiss helegiro aliuradors, so es asaber: de la gacha de Verdussa, m° Gm Garnier, del Viga, Miquel Hugat, de Sta Marciana, Johan Gaudetru, de S. Africa, Isarn Redon, de S. Stephe, P. Clergue, de las Combas e d'otral pon, Bertomieu Prunet; losquals jurero, sus los S. de Deu Avangels, de be e lialmen, cessan tot frau, aliurar cascuna persona segon la valor dels bes que trobar lor poyran.

L'an dessus, a XVIII de mars...

Sobre aisso que aissi fo dig per los senhors cossols que lo senher de Lescura es tengut a la universitat d'Albi en la soma de IIIIc francxs d'aur, et que per alscus excequtors amicxs de la dicha universitat era estat dig als senhors cossols d'Albi, que se els voliau que la excequcio se fassa contra lo dig senher de Lescura per la dicha soma, que els segriau la excequcio e non demandariau re de las despessas tro que la excequcio fos complida. Per que demandero cosselh los senhors cossols als singulars so hom feira excequtar lo dig senher de Lescura per lo dig deute ho no. E sus aquo, tengro que atendut que la universitat de la presen ciutat es mot cargada de deutes, losquals no poc paguar ses mot gran despens, que hom veja se lo dig senher de Lescura volia paguar amigablamen lo dig deute, e se far non ho vol, que hom lon fassa compellir et excequtar.

L'an MCCCLXXXII, a VI de may...

Sobre la paret nova del pe del cloquier de Sta Cazelia que covenia que se fassa, quar [era] estat comandat per moss. d'Albi. It. que per alscus era estat dig que la porta de la Trebalha se desmure et que la teula que hi es se meses a la paret sobredicha. It. de aver I metge en esta vila sufficien e que hom lhi done pencio. Tengro, la major partida, que, atendut que cove [que] la dicha paret se fassa, (que) se fassa e que la dicha porta se desmure, atendut que aras non es negun perilh de gens d'armas, et que la materia se meta la on los senhors cossols volrau. It. que del metge veja hom se hom poiria aver m[e] P. del Bruelh de que d'autras vetz es estat parlat, e se vol venir estar en esta vila que hom lhi done pencio per I an ses plus, XVI francxs et so que costaria lo loguier de I hostal per I an tant solamen; se aquo no vol penre, que los senhors cossols ne ajo autre, aquel que lor sera vist. E quar aissi fon dig que los senhors cossols non aviau de que poguesso far l'obratge de la dicha paret; tengro que los senhors cossols empauso lo talh que lor semblara de que se puesca far.

L'an dessus, a XVIII de may...

Sus aquo que aissi fon dig(s) que los mazelier[s] del gran mazel demando als mazeliers que au logadas las taulas de la vila que lor fasso I dinar aissi quant entre lor es acostumat. E sus aquo ajo comensat plag en la cort temporal; e los digs mazeliers de las taulas de la vila ajo requeregutz los senhors cossols que lor prengo la causa, dizens que, quant els loguero las dichas taulas, lor senhors cossols lor promeiro que, en cas que los autres mazeliers los demandesso la dicha festa, que els los ne deffendero, et que autramen els non agro donat I denier de loguier a las dichas taulas. Tengro totz que los senhors cossols, al despens de la vila, lor prenga[1] la dicha questio e plag e la meno diligenmen e la deffendo

L'an dessus, a X de jun...

Sobre aisso que aissi fo dig per los senhors cossols que, en esta vila, ero venguts comissaris sobre totz los fabres, que cascun fabre pague al menescalc del rey certa soma de pecunia; e aviau may entendut que issimen veniau may comissaris sobre totz los autres mestiers; laqual causa may no fo facha, que saubes; et era estat dig per alscus que hom se empauses

[1] Correct. : *prengo.*

a la excequcio e trameses a Carcassona per vezer cossi s'en regisso. It. dissero may los senhors cossols que els aviau entendut que Felips de S. P.[1] et d'autres grand senhors per lo rey veniau en aquest pays e deviau esser brev a Carcassona per endire alcun subcidi; e que per alscus lor era estat dig que fora savieza que anes [hom] a lor et lor expliques la paubrieira de la vila, afi que se neguna endicio faziau, que ne agues hom qualque gra[cia], se far se podia. Sobre aisso, totz tengro que los senhors cossols se hopauso en la excequcio sobredicha, e trameto a Carcassona o la on lor sera vist per sentir cossi s'en regisso als autres locxs et per segre et far las autras causas.

L'an dessus, a XII de juin...

Sobre las letras que ha tramesas lo rey nostre senhor e sos coselhiers als senhors cossols en que se contenia que dos dels senhors cossols e I o II dels plus notables singulars fosso, lo XX° jorn d'aquest mes, a Bezers, per auzir certanas causas que los digs cosselhiers entendo a dire de part lo rey. Tengro que hi ano I cossol e I singular aquels que los senhors cossols helegiriau [2].

L'an dessus, a XXVII de jun...

Sobre aisso que dissero los senhors cossols que aquels que ero anatz a Bezers, al cosselh mandat per lo rey nostre senhor e per sos deputatz ero vengutz et aviau reportat que lo rey avia facha sa empresa de anar, an gran multutut de gens d'armas en Englaterra, e per so volia que hom lhi soccoregues sub lamen de IIII francxs per fuoc; losquals aviau endigs, pagadors la meytat a la fi d'aquest presen mes, e l'autra

[1] Philippe de St-Pierre, trésorier général de France, que nous avons déjà rencontré. Parmi les hauts personnages que la délibération ne désigne pas, citons Philippe Bonne, Jean Omart, Guiraut Malepue, gouverneur de Montpellier. Cf. *Hist. de Lang.*, IX, p. 928, note 7. Sur le vrai nom de Jean Omart, voir note de la délibération du 1er mars qui suit.

[2] Les Mémoires de Mascaro ne contiennent aucune allusion à cette réunion. L'*Hist. de Lang.* est également muette sur ce point. Nous allons voir, dans la délibération qui suit, que les conseillers du roi y entretinrent les délégués des communes d'un projet d'invasion de l'Angleterre.

meitat, a la fi del mes de julh propda venen ; per que hom vis de que se pagaria, que depens n'en vengues. E sus aquo, totz tengro que se las gens de la Glieya hi volo cossentir, que hom empause certa emposicio sus lo blat que hom molra, e se cossentir non hi volo, que hom empause reyre deyme sobre los blatz e que se venda, e que hom empause los comus que hi fariau mestiers per comunicar lo dig reyre deyme [1].

L'an dessus, a X de julh...

Sobre la provesio de paguar los IIII francxs per fuoc novelamen endigs, tengro que se vendo X comus al may ufren, als quals ha hom ufert V[c]LX lbr., e que qui may n'o s'en troba que s'en dono, e que cascus pague segon lo liuramen en que huey es ; e se, segon lo aliuramen novelamen fazedor, negus mermava, que los compradors dels digs comus prometo pagar ad aquels que mermaran ad I terme, et que en apres la vila o deu redre als digs compradors, e se creissiau d'aliuramen, que aquel creiss sia de la vila [2].

L'an dessus, a XXV de julh...

Sobre aquo que los digs senhors dissero que, per alcus amicxs de la universitat de la presen ciutat era estat dig que expedien fora de tornar lo nombre del cossolat, que non hi agues mas VI cossols e XXIIII cosseihs, so es asaber de cascuna gacha IIII cosselhs ; per que demandero cosselh als singulars que voliau que s'en fezes. Sus aquo, totz tengro que torno a VI cossols et a XXIIII cosselhs.

L'an el dia dessus...

Sobre aisso que dissero los senhors cossols que moss. d'Albi lor avia dig que lo senher de Lescura se era tirat a luy et lo avia preguat que el fezes tant, am pregarias am los senhors cossols d'esta vila, que lo volguesso sufertar I pauc de temps

[1] On sait que Charles VI projetait une descente en Angleterre avec une armée à la tête de laquelle il mettait Olivier Clisson. Les Anglais brûlèrent les provisions rassemblées, et la tempête détruisit les bâtiments réunis à l'Ecluse. Ce fut la l'origine de l'expédition des Flandres. Cf. *Mémo. de Jac. Masc.*, p. 88, et *Hist. de Lang*, IX, p. 930.

[2] Ce fut Jean Luyrier qui acheta les 10 communs au prix de 560 livres.

de so que el devia a la universitat d'Albi ses far neguna excequcio contra luy ni contra sos bes, quar el era en tractat de penre mólher, et aver bona cabenssa ; e seria perilh que, se hom lo fazia excequtar ni penre sos bes, (seria perilh que) perdes sa cabenssa. E sus aquo, lo dig moss. d'Albi los avia preguatz que ho fezesso, e lor avia dichas tropas razos per era expedien de far (*sic*). Per que demandero cosselh als singulars que voliau quen fezesso. Sus aquo, totz tengro et acosselhero, aitant quant es en lor, que hom meta en bona esperanssa lo dig senher de Lescura de sostar per alcun terme, e que los senhors cossols digo e fasso resposta a moss. d'Albi que, per honor de luy, hom lo tenra encaras en sostar, ses far neguna excequcio contra luy ni contra sos bes.

L'an dessus, a IIII de setembre...

Sobre aisso que aissi fo dig per los senhors cossols d'Albi que moss. Jacme de Nogaret, viguier d'Albi [1], lor avia dig que el avia fag alcus trebalhs per la universitat de la presen ciutat, sobre una comissio que avia aguda per visitar la clausura, et una autra a far paguar a moss. lo senescalc de Carcassona XII d. m^a per lbr. per certanas gens d'armas e diverses autres trebalhs, que la vila lon volgues setisfar. It. fo may dig que m^e Johan Pradal avia dig, de part del jutge del rey que huey es, que los senhors cossols d'Albi aviau acostumat de donar e servir als jutges del rey que so estatz saentras d'Albi, e que el se meravilhava que hom no lo servis coma los autres, e que hom lo volgues servir. Sus tot aisso, tengro totz, quant ad aquo del viguier, que los senhors cossols ne fasso so que lor sera vist ; quant ad aquo del jutge, tengro que no lhi sia donat denier, quar perilh es que per temps pogues tornar en consequencia.

L'an MCCCLXXXVI, a XXVI de setembre...

Sobre aisso que dissero los senhors cossols que, coma d'autras vetz era estat parlat que le (*sic*) prebost de S. Salvi no volia acabar de far o far far la gachola novelamen comensada

[1] Il venait de succéder à de Lurciac. Il occupa la charge jusqu'en 1405. Il signait : Jacuiers de Nogaret. Cf. *Liste des viguiers*.

al cloquier de S. Salvi, disen que hom lhi avia en coviens o lon avia mes en esperanssa de donar LX francxs, de que non avia agut mas XX; e que se los senhors cossols, e nom de la universitat, no lhi pagava[1] las [2] XL que restavo, el no la acabaria ni la faria acabar; e dizia may que el volia que los senhors cossols, e nom de la universitat, lhi fezesso carta cossi la vila se servizia de la dicha gachola de sa precaria, e que se, per temps venen, coras que fos, el o los canonges del dig monestier no voliau gitar de la dicha bada que ho poguesso far. E los senhors cossols, e non de la dicha universitat, lhi aguesso repost que els e la dicha universitat ero en pocessio e saysina, per tant de temps que memoria de home non era en contra, que en la gachola del dig cloquier esta la gacha e la bada per cornar e gachar, de nueg e de dias, per la garda del loc[3], per que no lhi fariau ni lhi autriariau carta d'aquo; e sus aquo esperes a movre gran litigi. Et era estat mogut per alscus amicxs de la dicha universitat que, en cas que lo dig prebost volgues far complir la dicha gachola aissi quant avia promes et hom demores en segur que per temps avenidor no pogues, el ni lo dig monestier, vedar que la gachola non hi estes, coma es acostumat, que dels XL francxs que la vila lhi devia donar, per ajutori de la dicha gachola, lhin fezes hom LX francxs, se per mens no se podia far. E sus aisso, los senhors cossols demandero cosselh als cosselhiers e singulars. Et apres motas paraulas, tengro totz los cossols, coselhiers e singulars que, per evitar plag e despens, en cas que lo dig prebost vuelha(r) far acabar la dicha gachola, aissi quant ha promes, et hom demore en segur que per temps no poguesso vedar que la gacha e bada non hi estes, coma es acostumat, que la vila lhi done may, otra los digs XL francxs, X o XV o XX francxs, als miels que los digs senhors cossols poirau acordar. It. fo

[1] Correc : *pagavo*.
[2] Correc : *los*.
[3] Dans le *Bulletin de la Société archéologique du Midi de la France* de 1901, N° 28, pp. 37-47, nous avons consacré une étude à la construction de cette tour de guet. Il y est constaté, d'après une transaction du 14 août 1387, que la coutume de tenir un guetteur communal dans la *gachola* remontait à 300 ans environ.

may dig en lo dig cosselh que lo senher de Florenssac [1] avia escrig a moss. d'Albi que lo rey lo avia mandat per anar al passatge que deu far otra mar en Englaterra; e coma el agues presa jornada am luy, al jorn de Totz Sangs propda venen, per declarar lo debat que era comensat de la johanada mesa novelamen sus lo pueg de Caslucet, et el covengues anar al mandamen del rey, que lhi plagues de prolongar la dicha jornada al jorn que lhi plazeria. E sus aquo, moss. d'Albi agues mandat als senhors cossols que anesso parlar am luy per consultar essemps qual resposta lhi faria; per so demandero cosselh los senhors cossols als cosselhiers e singulars se era expedien de prolongar la jornada. Sus aisso, tengro totz que, pueyss que lo rey lo avia mandat, el covenia que hi anes; per que dissero que la dicha jornada se prolongue aissi quant a moss. d'Albi plazeria.

L'an dessus, a III d'octombre...

Sobre aisso que dissero los senhors cossols que els aviau cobradas las letras del rey e de moss. de Berri e dels senhors de Cambra de comptes, en lasquals mando a'n Johan Chauchat, thesaurier general [2], que pague o fassa pagar als cossols et habitans d'Albi tot so que appara que aura paguat per lo prest en dig per la bueja de Pena, et aquo del argen que recebra de so que devo las universitatz al terme de Martero propda venen, per las condampnacios; se era expedien que los senhors cossols ho seguisco. E sus aquo, aprop motas paraulas, totz tengro et acosselhero que los senhors cossols ho seguisco e qui [3] hi ano, per segre la dicha causa, m[e] Dorde Gaudretru e'n P. Clergue, cossols, e que los senhors cossols costituisso scindicxs e procuraires los digs m[e] Dorde e P.

[1] Il s'agit certainement de Bertrand II, seigneur de Florensac, tuteur de Philippe IV de Lévis, seigneur de Graulhet, qu'en récompense de ses services Charles VI fit gouverneur du château de Montargis et son conseiller. Cf. *Biographie des seigneurs de Graulhet, depuis* 961 *jusqu'à* 1793, par L. M Toulouse, A. Chauvin et fils, 1880, p. 41.

[2] Ce trésorier général laissa, à son décès, les comptes de sa gestion assez embrouillés, et ses héritiers furent, en 1388, poursuivis comme redevables de fortes sommes. Cf. *Hist. de Lang.*, IX, p. 935, note 2.

[3] Correc : *que*.

Clergue, e lor dono plenier poder de recebre e quitar de tota la dicha soma que apara que per los digs cossols e singulars d'Albi sera estada pagada; et acosselhero may que hom servisca lo dig Johan Chauchat de C o de II^c francxs, o de may o de mens, al mens que poyrau, losquals se desdugo de la dicha soma.

L'an dessus, a XX de novembre...

Sobre lo debat dels mazeliers que demando que los mazeliers que talha [1] a las taulas de la vila que so a la pila no devo aqui talhar seno que fasso la festa acostumada de far per los autres mazeliers novels que talho a l'autre grau mazel; que, segon que aissi fo dig, au ufert de estar a dreg. Tengro los senhors e singulars que se ho volo metre al cosselh del rey o de Carcassona que se fassa, autramen que la vila ho deffenda.

L'an dessus, a XV de mars. .

Sobre lo subcidi novelamen endig per lo rey nostre senhor e per sas gens sus aquo deputatz, de que es venguda manda aras novelamen, que se pague dins lo presen mes [2].

It. sobre aquo que moss. Felip Bona escrig que la universitat de la presen ciutat s'era excequtada de paguar lo subcidi saentras endig per lo passatge d'otra mar, segon lo nombre dels fuocxs antic, quar las letras de la reparacio darieiramen facha no son excequtadas ni registradas a la thesauraria.

It. sobre aquo que demanda moss. B. R. Isalguier, de que es venguda excequcio contra los senhors cossols et es jornada assignada ad allegar a la fi d'aquest presen mes.

It. sobre las letras autriadas per lo rey que lo prest fag per la bueja de Pena sia redut, se hom ho segra.

It. sobre la provesio de que se segrau las causas sobredichas.

Tengro, quant al subcidi novelamen endig, que hom ane a Carcassona saber am los cossols de Carcassona cossi s'en regisso e que s'en regisca hom coma els.

It. que hom fassa excequtar e registrar al libre dels thesauriers las letras de la reparacio darieira.

[1] Correc : *talho.*

[2] Nous verrons (délib. du 27 mars 1387) que ce subside, dont les auteurs ne fixent pas la quotité, fut de 2 francs par feu.

It. que hom parle am moss. B. Ramon Isalguier e que hom seguisca la causa be a pong.

It. que hom seguisca las dichas letras del rey que hom cobre lo dig prest endig e fag per la bueja de Pena, se far se poc.

It. que per segre las causas dessus dichas que se endisco talhs aquels que hi serau necessaris ; e que entretant, quar la endiccio seria trop longa de levar, (que) los senhors cossols vejo se poirau trobar, am las gens que lor sera vist, prest am que subdamen hom seguisca las causas sobredichas e que sapio que deuran paguar de las causas dessus dichas, e quant ho aurau saubut, que se endisca so que hi fara mestiers.

L'an MCCCLXXXVII, a XXVII de mars...

Sobre aisso que aissi fo dig que en P. Clergue, cossol d'Albi, era vengut de Carcassona ont era anat per saber se lo subcidi dels II francxs per fuoc novelamen per lo rey nostre senhor endig se pagaria. Et avia reportat que covenia que se pagues e subdamen, autramen hom ne sufertaria gran despens. E sus aquo, auzida la relacio sobredicha, tengro totz los cossols e singulars que, per paguar lo dig subcidi, hom endisca e leve V comus, otra lo comu al cosselh preceden contengut; losquals V comus se vendo e se meto a l'encan e se liuro al may ufren. Et aqui meteiss, atendut lo voler dels sobredigs, los senhors cossols endissero los digs V comus. E fo aissi dig que se vendo e se levo am la protestacio contenguda a la venda dels X comus propdanamen vendutz.

L'an dessus, a XXIX de mars...

Sobre aisso que aissi fo dig que los V comus propda endigs so estatz meses a l'encan public, aissi quant es acostumat, et encaras no s'en trobo mas CL lbr. de tor[nes]. Per que demandero los senhors cossols cosselh als singulars se voliau que se donesso per las dichas CL lbr., qui may non trobava. E sus aquo, totz los cossols e singulars tengro et acosselhero que hom los fassa may tornar a l'encan e cridar qui los volra comprar, e que se liuro e se vendo ad aquel qui may ho volra donar al lum de la candela.

L'an MCCCLXXXVII, a XXVII d'abril...

Sobre aisso que dissero los senhors cossols que lo fraire

Menor que es filh de R. Roquas, una essemps am I autre fraire Menor, son oncle, ero vengutz als senhors cossols e lor aviau dig que ententa era al dig filh de R. Roquas de anar a Paris estudiar e far el maestre en taulagia ; e quar era paubre, ses socors de sos senhors e de sos amicxs non hi podia anar, lor avia soplegat be et humilmen que los senhors cossols, e nom de la universitat del dig loc, lhi volguesso ajudar. It. dissero may que Guiraut del Mur avia dichas alscunas enjurias a'n Miquel Hugat coma cossol(s) capitani et issimen als mazeliers generalmen, que tocavo a dezonor de tota la vila. Per que demandero cosselh quen fariau. E sus aquo, totz tengro, quant ad aco del dig fraire Menor, filh de R. Roquas, que la vila lhi done, per socorre a las causas que enten far, coma dig es, sieys francxs ; e que d'aquo de Guiraut del Mur, que venga a la mayo cominal et, en presencia de ganre de bos homes, humilmen querisca perdo de las dichas enjurias al dig Miquel Hugat et als senhors cossols.

L'an MCCCLXXXVII, a VIII de julh...

Que estat era aponchat et en cosselh tengut entre los senhors cossols e diversses singulars de la presen ciutat, que hom seguis en Franssa la remessio dels II^cXIIII francxs que demanda en Johan Chauchat, thesaurier general, de resta del subcidi endig per lo viatge d'Espanha [1], e que, segon lo dig aponchamen, els aviau demandat prest ad alscus singulars del dig loc, dels quals non podiau encaras aver I denier; per que protestavo et excusan lor dissero als singulars que se els aguesso de que ho seguisco, (que) els ho seguero voluntiers, e que se negus hi vol prestar e metre provesio de que se seguisca, els so prestz de segre.

L'an dessus, a XVII de julh...

Tengro cosselh en la mayo cominal sobro aisso que P. Clergue, cossol, e m^e G^m Bestor, singular, dissero que els ero anatz, de voluntat dels senhors cossols de la presen ciutat a Tholosa, per parlar am lo sen Johan Chauchat, thesaurier general, et am los autres senhors generals del rey nostre

[1] Sur ce *viatge d'Espanha*, cf. *Hist. de Lang.*, IX, p. 933.

senhor, que ero a Tholosa, per aver remedi e remessio dels II^c XIIII francxs que demanda lo sobredig thesaurier a la universitat de la presen ciutat per lo viatge d'Espanha, otra los II francxs per fuoc darieiramen endigs, losquals II francxs per fuoc la dicha universitat ha paguatz. E dissero que els non au pogut trobar negun remedi am lo dig thesaurier ni am los autres senhors generals, seno que hom pague los digs II^c XIIII francxs. E tengro totz los senhors e singulars sus aisso que, atendut que, per lo dig viatge d'Espanha, no foro endigs a totz los comus mas los digs II francxs per fuoc, e los autres comus non au plus paguat, e sian estatz paguatz ; et atendut que, qui pagava los II^c XIIII francxs, poyria tornar en autras causas en gran consequencia e dampnatge a la dicha universitat, (que) hom se apele del dig thesaurier e de sas excequcios que fa per los digs II^c XIIII francx, e que hom ane intimar la dicha appellacio al dig thesaurier que deu esser a Carcassona, e que hom seguisca en Franssa la dicha appellacio al plus subde que hom poyra. Et aqui meteiss los senhors cossols dissero als singulars que els ero prestz de segre lo presen aponchamen, mas que ajo de que, totas vetz dissero que els non aviau denier de que ho seguisco ; mas que cascus dones cosselh de que se faria ; sobre laqual causa no fo re aponchat, quar cascus s'en anec ses donar negun cosselh sus aquo [1].

L'an MCCCLXXXVII, a XXV de setembre, los senhors cossols m^e G^m Bestor, sen Duran Daunis, n'Uc Viguier, R. de Montalassac, Azemar de Brinh, m^e G^m Chatbert, e'n Berthomieu Garigas, meyro en sosta a'n Johan Guilabert lo comu de sa testa per lo temps de lor cossolat e de l'an LXXXIII enssa, car el n'avia aguda letra dels senhors d'aquel an, e d'aqui enssa e de tot lo temps de lor presen cossolat, e may d'aitan quant plazera als autres senhors cossols que venran apres lor ; et aysso feyro per honor de Dieu, car es persona mizerabla e enpoten e vielha. Fah fo l'an el dia dessus, e que pague per tot son possessori [2].

[1] Dans la délibér. du 19 juillet, le conseil autorisa l'imposition de 2 communs dont la perception fut confiée à Guiraut Marti qui dut avancer 50 livres Marti reçut 2 sous par livre perçue.

[2] Cet article est d'une autre écriture.

L'an M°CCC°LXXXVII, a VI d'octembre ..

Sobre aisso que fon dig per los senhors cossols que lo senhor avia trameza una manda que hom lhi pagues, de fag, las II partz de la endicio del viatge d'Espanha ; laqual endicio era a major soma que non devia, segon la reparacio ; et aysso demanda per tener las frontieyras als Engles [1]. Et aqui meteys dissero e tengro totz que hom fezes comus de que se pagues, e que se devezis[co] per gachas tanses de comus que sufisca a pagar la pura e vera sort el despens que d'aqui se ensegra. E may fon dig que hom tramezes al cosselh del senhor per tornar la ssoma demandada per lo senhor en razo ; et el cas que non ho volguesso far, d'apelar e segre en Fransa ; e may que aquel que hi anara demande e fassa son poder, am lo dig cosselh del senhor et am lo tezaurier del dig senhor, de cobrar e de far assincnar lo prest que an fag las gens d'esta vila [2].

L'an MCCCLXXXVII, a XII de jenier...

Sobre la manda que ha portada aras novelamen moss lo viguier d'Albi de paguar los III francxs per fuoc endigs per la bueja general novelamen fazedoira [3], que ditz que se pago d'aissi al premier jorn de febrier propda venen. Dissero los senhors cossols e singulars que els aviau entendut que los senhors de Carcassona aviau trames al rey per saber se el vol que los digs III francxs per fuoc se pago o no ; per que tengro que hom trameta a Carcassona per saber se los cossols de Carcassona hi an trames, e, se trames hi au, que hom agarde qual resposta auriau del dig nostre senhor lo rey, e se trames non hi aviau que hom hi tramezes subdamen en Franssa per saber se lo dig nostre senhor lo rey vol que se pago ; et entre-

[1] L'imposition pour la garde des frontières fut de 1 franc 1/4 par feu. Les habitants d'Albi ne payèrent ce subside qu'a raison de 140 feux. Cf. *Hist. de Lang.*, IX, p. 933.

[2] Cette délibér. est encore d'une autre main.

[3] Voici comment s'exprime Jacques Mascaro au sujet de ce subside que ne mentionne pas l'*Hist. de Lang.* « Pus aquel an meteis [1387], » paguet la dicha viela e tot lo pais tres franx per fuoc, que dizie hom » e farie entendre que lo comte d'Armanhac devia far hoiar las plassas » e los lox que tenian los Engles en Roergue e en autre pais, e los devie » gitar foras del realme de Franssa, malalag s'es enseguit » P. 91. Cf. aussi delibér. du 10 fevrier ci-après.

tan que hom fassa resposta al dig moss. lo viguier que lo loc d'esta vila fara coma los autres locxs notables de la sen[ia] farau.

L'an MCCCLXXXVII, a X de febrier..,

Sobre aisso que dissero los senhors cossols que moss. lo viguier d'Albi era vengut am unas letras de comissio a luy donada(s) per moss. P. Espi, comissari deputat per lo rey nostre senhor a far levar los III francxs per fuoc novelamen endigs per paguar a las buejas dels loc[xs] tractada per moss. lo comte d'Armanhac; en las quals letras so contengudas las letras reals en las quals lo dig nostre senhor lo rey manda que los digs III francxs per fuoc se pago e se levo, per vigor de lasquals lo dig moss. lo viguier volia compellir la universitat de la present ciutat a pagar lo dig subcidi.Tengro totz que hom fassa tant, se poc, am lo dig moss. lo viguier, que el done sosta de VIII o X jorns, et entretant que hom aura bist e saubut cossi s'en regisso a Carcassona et als autres locxs : et aladonc se los autres locxs pago, que aquest fassa coma los autres.

L'an dessus, a XXVII de febrier...

Que moss. d'Albi lor avia dig que el volia que quitesso tot lo deute que devia lo senher de Lescura per tres cens francxs pagadors so es asaber, en contenen VIII[xx] francxs, e lo premier dia del mes d'aost propda venen la resta dels digs III[c] francxs, am aitals covienhs que, en cas que lo dig senher de Lescura no pagues la dicha resta dels digs tres cens francxs, (que) la gracia e remessio que hom lhi faria per raso de so que devia a la vila fos nulla; que lo dig senher de Lescura deu prometre de far la devesio de las terras et juridiccio de Lescura e d'Albi, totas vetz que per lo dig moss. d'Albi ne sera requeregut; et en cas que non ho fezes, que la gracia e remessio del dig deute fos nulla. E sus aisso los senhors cossols demandero cosselh als singulars se voliau que la vila fezes aquel acordi am lo dig senher de Lescura ; los quals senhors e singulars, o la major partida, tengro que, am las condicios sobredichas, lo dig acordi se fassa, atendut que la moneda que vol paguar encontenen es ben necessaria per paguar als deutes que la vila deu e tropas de autras rasos aissi dichas e recitadas.

L'an dessus, lo premier dia de mars...

Tengro cosselh sus las causas que era expedien(s) de donar als senhors que veniau de presen per tener cosselh en esta vila. E dissero que fos donat :

Premieiramen a moss. d'Armanhac II pipas de vi, VI sestiers de sivada, IIII entorcas de terna lbr. am los II doblos que s'i aperteno ;

It. a moss. de Malhares[1] I pipa de vi, II entorcas, III sestiers de sivada ;

It. a moss. de Cosserans, I vaissel de vi, III sestiers de sivada ;

It. al governador de Montpeilier[2] IIII sestiers de vi, II sestiers de sivada ;

It. a moss, Johan Aujart[3] coma al governador sobredig ;

It. a moss. Felip Bona II lbr. de cofimens, II entorcas am los doblos.

L'an MCCCLXXXIII, a V d'abril...

Sobre la ordenanssa facha novelamen per moss. d'Albi, laqual fo aissi legida. E tengro totz que en la dicha ordenanssa avia ganre de greus ; per que acosselhero e tengro que hom se tire a moss d'Albi e lhi diga que, per la dicha ordedanssa, no vuelha re ennovar en prejudici del cossolat ni dels habitans de la dicha ciutat tro que hom aja vist et agut cosselh sus la dichas ordenanssas, e que entretant hom aja son cosselh sobre aquo cossi s'en regira hom.

L'an dessus, a V de may...

Sobre so que era degut al senhor(s) II francxs e quart per

[1] Quelques mois après, le dimanche 5 juillet, l'évêque de Maillezais, ainsi que l'écrit M. Aug. Molinier, assistait, avec l'évêque de Conserans, à la consécration de la chapelle de la *Mayre de Dieu de la Pieta*, au couvent des Carmes de Béziers Cf. *Mémor. de Jac. Mascaro*, p. 92.

[2] Guiraud Malepue.

[3] Le nom de ce conseiller du roi est bien tel que nous l'écrivons. La confusion est d'autant plus difficile que, contrairement a l'habitude du scribe, *Aujart* s'écrit ici, non avec un *i*, mais avec un *j*. Il faut donc lire Aujart ou Oujart, comme écrivent dom Vaissete et Ménard, et non Omart, comme le veut M. Aug. Molinier. Cf. *Hist de Lang.*, IX, p. 928, note 1.

fuoc novelamen e darieiramen endig, que monta III^{c} XV francxs [1], e so que es degut a'n Felip Vaissieira, que monta CL francxs. Tengro totz que se negun home se vol encargar de paguar los sobredigs deutes, que monta entre tot IIII^{c} LXV francxs e may tot despens que la universitat de la presen ciutat ne suffertes, de dimergue proda venen enla, que hom lhin done ho lhin fassa venda de VIII comus, losquals sian vendutz e se deio levar en la manieira contenguda en la carta de la venda facha saentras dels detz e dels V comus darieiramen vendutz. Et atendut lo dig cosselh, aqui meteiss los sobrenompnatz senhors cossols, de cosselh e de voler dels sobrenompnatz singulars, endissero, per paguar los sobredigs deutes, VIII comus.

L'an MCCCLXXXVIII, a XIII de jun...

Dissero que tot jorn era granda dissensio sus lo aliuramen dels mobles, que alscus teniau que hom los aliures, agut sagramen e revelan los mobles ; autres teniau que fosso aliurat[z] ad albiri dels senhors cossols, aguda enformacio am sabedors. Tengro sus aquo que, facha enformacio per los senhors cossols am sabedors, que fasso lo aliuramen dels mobles a lor albiri.

L'an dessus, a XX de julh...

Les senhors m^{e} G^{m} Bestor, en Duran Daunis, B. Col, R. de Montalazac, Azemar de Brinh, Dorde Romanhac, cossols, ordenero e donero mandamen a'n Frances Donat, lor recebedor, de paguar e comptar a'n Felip Vaissieira, per lo viatge que fe a Rodes, quant moss. Felip Bona hi fe anar luy e m^{e} Dorde Gaudetru e d'autres d'esta vila per tener arest de part de la tro que moss. d'Armanhac fos paguat de so que la vila lhi devia per la bueja, so es asaber, per cascun jorn que vaquec en lo dig viatge, aitant que ne es estat comptat e paguat, per cascun jorn, al dig m^{e} Dorde Gaudetru.

L'an dessus, a XXV de julh...

Sobre aisso que aissi fo dig que los cossols de Pueg Gozo [2]

[1] Le nombre de feux est de 315/2 1/4 =140. C'est, ainsi que nous l'avons vu, le nombre fixé par l'*Hist. de Lang.*, IX, p. 933.

[2] Puygouzon, cant. d'Albi.

aviau fags bandir e metre en las mas de la cort de Pueg Gozo alscus blatz et outres frugs d'alscus habitans d'esta vila per los talhs e comus que diso que so empausatz de en lo dig loc (*sic*) de Pueg Gozo, dizens que, sego[n] que aissi fo dig, (que) los senhors cossols d'Albi aviau fag bandir alscus blatz e frugs de gens de Pueg Goso que ero en la senhoria d'Albi e que els non ho debandirau seno que hom lor remoga los bans que hom ha fags metre a las gens de Pueg Gozo. Per que demandero cosselh cossi s'en regirau. E dissero que, atendut que am la lor senhoria an bandit e mes bans en los frugs que so en la senhoria d'Albi, (que) hom se tire a las gens de moss. d'Albi et a las gens del rey, e que lor ho diga [que] en fasso enformacio et en autra manieira seguisca hom son dreg aitant quant poira.

L'an MCCCLXXXVIII, a XVIII de aost...

Sobre aisso que aissi fo dig que moss. l'avesque d'Albi ha tramezes querre los senhors cossols d'esta vila e lor a dig e comandat, en pena de L marcxs d'argen, que hom repare la clausura de la vila. It. que lo coven dels Carmes avia preguat los senhors cossols que lor ajudesso a far lo cor, de so que lor plazeria. It. que lo viguier d'Albi avia dig e fag dire als senhors cossols que el, segon que dizia, [avia fags] alscus trebalh[s] per la vila, e que hom lhi volgues donar e remunerar de qualque causa. It. que, coma hom volgues far metre a la torrela del cloquier de S. Salvi que fa bastir la vila lo senhal de S. Salvi e de moss. d'Autpol, e la emagena de S. Salvi, que lo prebost de S. Salvi hi metia debat que los digs senhals de la vila ni de moss. d'Autpol no s'i meto. E sus tot aisso tengro totz, quant als comandamens que ha fag[s] moss. d'Albi am pena, atendut que non ho ha fag en la forma que deu, segon lo acordi fag saentras entre moss. Huc Albert, avesque d'Albi e los senhors cossols, que hom s'en apele en cas que revocar non ho vuelha, e que hom ho seguisca, e que per so non estia que la dicha reparacio se fassa. E sus aco dels Carmes, tengro, la major partida, que non ajo re. It. sus aquo del viguier, tengro que se hom lhi deu re quel pague, autramen que no lhi sia re donat. It. quant a'n aco de S. Salvi, tengro que los digs senhals s'i meto, vuelha lo senhor o no.

L'an dessus, a XXIII d'aost...

Sobre aisso que aissi fo dig que moss. d'Albi, o alscus de sos officiers, avia dig als senhors cossols que los seus molis de la presen ciutat e la paissieira hau mestiers de reparacio ; et avia los adempratz que li volguesso ajudar e donar am que los pogues far reparar. Per que demandero cosselh los senhors cossols als singulars cossi s'en regiriau, ni se voliau ni acosselhavo que hon lhi done ho no. Et auzidas per los singulars las causas sobredichas, totz tengro et acosselhero que, atendut que la vila ha pro a far en reparar la clausura, (que) hom no lhi done re. It. sobre los comandamens que moss. d'Albi, o sos officiers, avia fags als senhors cossols am grans penas, que reparesso la clausura de la vila, dissero et acosselhero que hom veja se moss. d'Albi els digs sos officiers volrau revocar los digs comandamens, et se non ho volo far, que hom s'en apele e que [hom] seguisca la appellacio. It. sobre lo nombre dels senhors cossols fazedors novelamen, tengro, la major partida que torno al nombre de VI, e que prengo, cascu, detz lbr. de gatges, losquals meto en far rauba del cossolat.

Ici se clôt le registre des délibérations proprement dit. Les quatre derniers folios sont occupés par des actes d'accord, des procès-verbaux de dégâts, etc., etc. Nous en reproduirons quelques-uns.

L'an MCCCLXXXIII, a XXIX dias del mes d'aost, costituitz personalmen, ad Albi, en la mayo cominal, B. Serras, fustier, G^m^ Engilbert e Ramon Engilbert, massoniers. Reportero e feiro relacio que els ero anatz vezer, de mandamen dels senhors cossols del dig loc, una essemps am los senhors en Duran Daunis, m^e^ Dorde Gaudetru, m^e^ Azemar Grasset e'n G^m^ Colobres, cossols del dig loc, I debat que era entre na Peirona Engilberta d'Albi, de una part, e m^e^ R. Prevenquier, notari del dig loc, d'autra part, sus una paret que es entre los hostals de las dichas partidas, assetiatz dins la ciutat d'Albi, en la carieira de Rocalaura, que se cofronto, so es asaber l'ostal de la dicha Peirona am l'ostal del dig m^e^ R., de una part, e d'autra part, am l'ostal d'en Guiraut de Not e de sa molher, et am la carieira cominal et am sas autras cofrontacios ; et l'ostal del dig mᵉ R. cofronta se am l'ostal de la dicha Peirona, d'una part, e d'autra part, am l'ostal de moss. Johan Lamesoa, capela, et am la dicha carieira cominal et am sas autras cofrontacios ; sobre aisso que la dicha Peirona dizia, segon [que] aissi fon dig, que lo dig mᵉ R. Prevenquier cavava o fazia cavar dins lo dig seu hostal, razen lo pe de la dicha paret, en gran prejudici e dampnatge de la dicha Peirona e del dig seu hostal, e que per causa del dig cavamen, la dicha paret se poira perdre e cazer, e per consequen tot lo dig son hostal dampnegar e desruir ; lo dig mᵉ R. dizen lo contrari, motas causas encontra prepausan. E sus aquo, los juratz [1] sian estat[z], coma sobredig es, sus lo debat, et au reportat e dig e facha relacio que lo dig mᵉ R. poc cavar dins lo dig seu hostal, razen lo pe de la dicha paret, aissi quant ha comensat, ses far negun prejudici a la dicha Peyrona ni al dig seu hostal ; mas afi que la dicha paret demore may en segur e sia may forta, dissero los digs juratz que lo pe de la dicha paret, davas cascuna de las dichas partidas, per tot l'ample de la dicha paret, sia entrepeirada, al despens comu de las dichas partidas; loqual entrepeiramen monte en aut entro que la dicha paret demore e puesca demorar en segur, am aital condicio que, fag que sia lo dig entrepeiramen o davant, encontenen que la dicha paret sera uberta per far lo dig entrepeiramen, se maestres experts ad aquo conoissiau o podiau conoisser que la una de las dichas partidas degues may pagar que l'autra per causa del dig entrepeiramen, que aquela partida que seria conogut que deuria may paguar pague e sia tenguda de pagar lo dig sobreplus que per los digs maestres seria conogut. *De quibus omnibus dicti jurati*, etc., etc.

L'an MCCCLXXXIIII, a XXIII de julh, Gᵐ Blanc e Peire Albert, juratz de la ciutat d'Albi, feiro relacio en la mayo cominal del cossolat del dig loc, que els ero anatz, de mandamen dels senhors cossols, vezer un debat que era entre Azemar Blanquier, d'una part, e'n Bernat Gavauda, d'autra ; que dissero, los dig[s] juratz que lo dig Bernat Gavauda tenia a parso,

[1] Au manusc. : *jurarat*.

so es asaber a miejas, del dig Azemar doas pessas de prat assetiadas el Ga de Lescura, que steno, so es asaber la una am lo prat de R. Sarrazi et am l'autre prat del dig Azemar et am lo fluvi de Tarn ; e l'autra pessa te se e se cofronta am la terra del dig Bernat Gavauda et am lo dig prat de R. Sarrazi et am lo fluvi de Tarn. E lo dig Azemar ditz, segon que los digs juratz reportero, que lo dig Bernat Gavauda ihi fa, cascun an, paisser los digs pratz e que no los governo aissi quant deuria, en tal manieira que el non poc aver la part ni lo profieg que deuria ni ad el se aperte. E sus aquo, los dig[s] jurat[z] reportero que els ero anatz vezer los pratz e los aviau be e diligenmen regardatz, et aviau trobat que los digs pratz non ero governatz aissi quant deuria, per so quar son estatz pascutz per bestials e no se sego en temps degut, ni, l'erba segada, lo dig Bernat non aresa ni fag aresar en la forma que deuria ; e que en lo dig prat ha traucxs et autras causas per fauta d'aquel que lo te, quar no los governa be, aissi quant deu ; e que lo dig Azemar es damnejat de la sua part de l'erba dels digs pratz de l'an presen tant solamen que ha may agut que non ha ni aura, so es asaber XII quintals de fe, so es asaber, en la pessa del prat(z) que ste am lo dig Azemar et am lo dig R. Sarrazi, VII quintals, et en l'autra pessa, V quintals. Et a'n aco los digs juratz ho estimero e de presen ho estimo, e per lor salari II s.

It. reportero may los sobredigs juratz que els ero anatz vezer... una tala facha per bestial en una quantitat de milh que es en las terras del dig Azemar Blanquier, assetiadas al Ga de Lescura, que steno am las terras de B. Gavauda et am la barta del dig Azemar e lo prat comunal ; laqual tala estimero a una cartieira de milh, e per lor salari II s.

L'an MCCCLXXXIIII, a III de may, Frances Be e Guilhem Blanc, jurats... feiro relacio que els ero anatz vezer... una tala facha e dampnatge fag per bestial en una quantitat de paylicira en grana, que es en una terra de Peyrona, molher que fo de P. Duro, sirven saentras habitan d'Albi, assetiada otral pon de Tarn, el loc apelat al Toron vielh, que ste am los ortz de Vidal Calmet et am lo fluvi de Tarn ; laqual tala e dampnatge estimero a una emina de grana, e per lor salari II s.

L'an dessus, a XXIIII d'aost, G^m Blanc e G^m Guitart juratz... feiro relacio... que els ero anatz vezer... una tala facha per bestial en una milhieira que es de P. Viguier, que es a Falgairac, que ste(no) am las terras de Azemar Calvet et am las terras que foro de G^m Miquel et am lo cami cominal ; laqual tala estimero a tres e[m]y[n]as de milh, e per lor salari II s.

Aug. Vidal.

BIBLIOGRAPHIE

REVUE DES REVUES

Revue hispanique, année 1904. — Floresta de philosophos, p. 5; — *G. Baist* : « Hispaniolus? », p. 155; — *A.-R. Gonçalves Vianna* : Etymologies portugaises, p. 157; — *P. Groussac* : Le commentateur du « Laberinto », p. 164; — *R. Foulché-Delbosc* : Note sur le sonnet « Superbi colli », p. 225; — *J. Puyol y Alonso* : Una puebla en el siglo XIII, p. 243.

Annales du Midi, nº 67. — *G. Bertoni* : Sur quelques vers de Guillaume IX, p. 361 ; — *E. Aude* : Les plaintes de la Vierge auprès de la croix et les quinze signes de la fin du monde, p. 365.

Zeitschrift für französische sprache und litteratur, XXVIII,5 et 7. — *C. Friesland* : Französische sprichwörter-bibliographie, p. 260; — *L.-E. Kastner* : A neglected french poetic form, p. 288; — *D. Behrens* : Wortgeschichtliche miszellen, p. 298.

Revista de Aragon, VI, jul.-sept. 1905. — *P. Meneu* : Influencia de la lengua española en el árabe vulgar de Marruecos, p. 335; — *F. Codera* : Algo de dialectos españoles á principios del siglo XIII, p 339.

Studi medievali, I, 3. — *N. Zingarelli* : Ricerche sulla vita e le rime di Bernart de Ventadorn, p. 309; — *P. Savj-Lopez* : Le rime di Guiraut d'Espanha, p. 394; — *C. Salvioni* : Appunti di latino medievale, p. 410.

Giornale storico della letteratura italiana, XLVI, 1-2. — *G. Lega* : Una ballata politica del sec. XIII, p. 82; — *G. Malagoli*: Per un verso dell' Ariosto e per una particolare forma sintattica italiana, p, 119.

Revue de philologie française et de littérature, XIX, 2 et 3. — *L. Vignon* : Les patois de la région lyonnaise : le pronom régime de la 3e personne, le régime direct neutre, p. 89; — *P. Meyer*: La simplification orthographique (suite et fin), p. 141 ; — *J.-H. Reinhold* : Quelques remarques sur les sources de « Floire et Blanceflor », p. 153. — *E. Casse* et *E. Chaminade* : Vieilles chansons patoises du Périgord (suite), p. 176 ; — *L. Clédat* : L'usage orthographique du XVIIIe siècle, p. 191 ; — *Ph. Fabia* : Malgoirès, une étymologie toponymique, p. 194 ; — *L. Clédat* : Le verbe « falloir-faillir », p. 199 ; — *J. Bastin* : Faillirai et défaille, p. 203 ; — *L. Clédat* : Le rapport de l'Académie française sur la réforme de l'orthographe, p. 229.

Lemouzi, août 1905. — *M. Genès* : Propos linguistiques, p. 232 ; — *P. Delmond* : Dires et proverbes limousins, p. 235.

Journal des Savants, août 1905. — *M. Roques* : Méthodes étymologiques, p. 419.

COMPTES RENDUS

Henri Chardon. — Nouveaux documents sur les comédiens de campagne, la vie de Molière et le théâtre de collège dans le Maine. Tome second. — Robert Garnier, sa vie, ses poésies inédites, avec son véritable portrait et un fac-similé de sa signature. — *Paris, Champion*, 1905, 2 *vol.* in-8°.

Longtemps interrompu dans ses travaux par la maladie, M. Chardon a repris, avec une étonnante activité, la série de ses recherches fécondes ; et, comme il avait déjà fort avancé la préparation d'un certain nombre d'ouvrages, il peut maintenant les publier coup sur coup, sans qu'on ait le droit de l'accuser de publications hâtives. Nos lecteurs se souviennent peut-être qu'il y a quelques mois, nous leur avons signalé deux importants volumes sur *Scarron inconnu*. Voici deux volumes encore, tous deux inspirés par le même souci du Maine et de son histoire, mais dont les sujets, cette fois, sont foncièrement différents.

A vrai dire, le sujet du premier de ces volumes manque singulièrement d'unité, et le titre même adopté par l'auteur le fait entendre. Dans sa chasse ardente aux documents, M. Chardon s'était successivement lancé sur les différentes pistes qui s'offraient à lui, et de ces pistes successives il nous avait vite entretenus. Restait à nous dire jusqu'où chacune des pistes pouvait le conduire ; restait à nous donner une sorte d'appendice général ou de conclusion générale, et c'est l'affaire de ce volume.

M. Chardon, en 1876, nous avait appris quelle était la troupe d'acteurs nomades dont Scarron s'était fait l'historiographe plus ou moins fidèle dans le *Roman Comique* : en 1905, il nous donne quelques renseignements encore sur Filandre, sur les Longchamp, etc.

En 1876 et en 1886, il avait suivi force troupes de campagne dans leurs pérégrinations, même hors de France : en 1905, il complète ses informations et nous donne des indications nouvelles sur les Raisin, les Villiers et d'autres, qui ne sont pas parmi les membres les moins notables de « l'ordre vagabond des comédiens de campagne » ; il groupe les divers détails qui ont pu être recueillis sur les voyages des comédiens français hors de France.

Comment s'enquérir des comédiens nomades sans s'informer du plus grand d'entre eux, de Molière? Il avait été fort question des pérégrinations de Molière dans le volume de 1886 : dans celui de 1905, les découvertes des vingt dernières années sont résumées et classées avec clarté.

Mais comment se résoudre à parler de Molière sans s'arrêter à examiner, à résoudre quelques-uns des problèmes que sa vie offre à notre curiosité? De là, les révélations sur Tristan de Vauselles et Marie Courtin, sur Madeleine de l'Hermite et ses deux mariages, sur M. de Modène, sur Madeleine Béjart : les études de M. Bernardin sur ces personnages amènent M. Chardon à nous les présenter de nouveau une dernière fois.

Enfin, l'historien du théâtre au XVIe, au XVIIe, voire au XVIIIe siècle ne peut complètement négliger les représentations des collèges. N'est-ce pas dans les collèges que Jodelle et ses successeurs ont cherché et parfois trouvé des interprètes? Les pièces religieuses des collèges n'ont-elles pas eu leur influence sur l'éclosion de *Polyeucte*, de *Saint-Genest*, d'*Esther* et d'*Athalie*? Et n'est-ce pas dans un collège que *La Mort de César*, de Voltaire, a été jouée en 1735? De tous côtés, dans ces dernières années, des historiens se sont trouvés pour le théâtre scolaire. M. Chardon a joint ses efforts aux leurs. Il a étudié les fêtes et les représentations des collèges du Mans, il a reproduit des affiches et des programmes curieux ; il a montré même l'influence des événements politiques sur le théâtre des collèges. Que dites-vous, par exemple, de ce titre savoureux : *Pastorale en deux actes et en vers sur la victoire remportée auprès de Nantes par les armées de la République, par Michel Boyer, professeur au collège national du Mans, représentée dans l'acte de la distribution des prix du collège, en présence des autorités constituées le 6 août 1793 et imprimée par ordre de l'administration du département de la Sarthe.*

A moins d'entrer dans des détails minutieux, pour lesquels la place me manquerait, je ne puis analyser plus complètement un volume comme celui de M. Chardon. J'aurais seulement bonne envie de répondre à une question posée p. 139 sur l'influence des tragédies de Jacques de la Taille et du Père Musson, dont Darius est le héros, et sur les traditions de la tragédie classique au XVIe et au XVIIe siècle ; mais, outre que le passage de M. Chardon est un peu obscur, ceci encore m'entraînerait bien loin.

Je regrette qu'une œuvre aussi touffue, où tant de noms sont prononcés, ne soit pas terminée par un index. M. Chardon ne croit-il pas qu'un index général de ses principaux ouvrages serait fort utile aux chercheurs et empêcherait ces erreurs de faits et de dates, dont il a une horreur légitime, de se conserver religieusement ?

L'unité qui ne pouvait se trouver dans le *tome second* des *Nouveaux documents sur les comédiens de campagne*.... est, au contraire, fort nette dans le volume sur Robert Garnier.

Robert Garnier, né à la Ferté-Bernard, dans le département actuel de la Sarthe, est le plus grand nom de l'histoire littéraire du Maine ; mais les Manceaux jusqu'ici ne s'étaient pas fort appliqués à l'étude de leur grand homme, et M. Hauréau lui-même, dans son *Histoire littéraire du Maine*, n'avait pas évité les erreurs graves à son sujet. Hors du Maine, on avait étudié de près dans Garnier le dramaturge ; mais on avait négligé le poète lyrique ; et sur l'homme même, sur sa vie, on se contentait de renseignements traditionnels, fort peu nombreux et fort peu sûrs. Contre cet état de choses, M. Chardon a jugé qu'il était temps de réagir, et il l'a fait, avec la conscience et la sûreté ordinaires de son érudition.

Commençons par indiquer les lacunes, volontaires ou non, de cet ouvrage.

Tout d'abord, c'est à peine une étude littéraire. M. Chardon, modestement, a pensé qu'après MM. Bernage, Faguet, Fœrster et le signataire de ce compte rendu, il n'aurait rien d'important à dire sur les œuvres dramatiques de l'auteur des *Juives* et de *Bradamante*. Il s'est contenté de quelques indications de détail, et c'est ici sans doute que les connaissances de M. Chardon sont le plus souvent en défaut. Il n'est pas exact que la *Didon* de Jodelle ait été accueillie avec succès six ans après la *Cléopâtre* (p. 92) ; — il ne faudrait pas, parmi les ouvrages sur les comédiens italiens en France, oublier celui de Baschet (p. 132 n.) ; — une phrase comme celle-ci donne une idée tout à fait erronée : « quant à *Bradamante*, on a de *nombreux* témoignages de ses *représentations* au commencement du XVIIe siècle » (p. 143) ; — et de même celle-ci, sur le huguenot (?) Montchrestien (p. 225) : « Montchrestien *vit représenter* de son vivant *plusieurs* de ses œuvres. » Je n'ai garde d'insister, et, puisque M. Chardon a fait allusion aux polémiques sur les représentations des tragédies au XVIe siècle, je me contente de le renvoyer à mes articles de la *Revue d'histoire littéraire de la France*, 1905 : *la mise en scène dans les tragédies du XVIe siècle* (janvier à mars et avril à juin); *les trois éditions de la « Sophonisbe » de Montchrestien* et *la question de la mise en scène dans les tragédies du XVIe siècle* (juillet à septembre). Notons seulement que les recherches persévérantes de M. Chardon ne lui ont fait découvrir de représentations de pièces de Garnier ni dans les collèges du Mans, ni ailleurs [1].

Le poète lyrique étant beaucoup moins connu en Garnier que le dramatique, M. Chardon s'est attaché à lui avec plus d'amour, et il lui a rendu plus de services. Si les *Plaintes amoureuses*, publiées à Toulouse en 1565, ont échappé à ses recherches, comme à celles de Tamizey de Larroque (et peut-être en effet n'existent-elles plus, et peut-être Garnier a-t-il travaillé lui-même à les faire disparaître), en revanche M. Chardon a pu nous donner d'autres poésies de jeunesse qui ont été couronnées aux jeux floraux ou qui ont été composées pour une entrée à Toulouse du roi Charles IX; il a reproduit, presque en fac-similé et d'après un exemplaire unique, l'*Hymne de la Monarchie*, réfutation anticipée du *Contr'un* de la Boétie, dédiée en 1567 à Guy du Faur, seigneur de Pibrac. Enfin il a appelé l'attention sur ce qui est, à son sens, le chef-d'œuvre du poète, l'*Elégie sur le trépas de Pierre de Ronsard*.

Mais c'est surtout la biographie de Robert Garnier qui a occupé M. Chardon. Et toutes les obscurités n'en ont pas disparu, car beaucoup viennent, soit de hasards divers, soit de la disparition rapide des descendants du poète, soit du silence volontaire qui a été gardé sur un magistrat ligueur après le triomphe d'Henri IV. Mais voici que, grâce à M. Chardon, bien des confusions sont dissipées entre Robert Garnier et ses homonymes Claude ou Sébastien ; les dates essentielles de sa vie sont maintenant établies ; ses fréquentations sont mieux connues, sa physionomie est plus distincte.

Le chapitre premier de l'ouvrage est consacré aux *Premières années et aux premières poésies*. Un passage de Vauquelin, dont on n'avait pas tiré parti, fixe la naissance du poète à l'année 1545 ou à l'an-

[1] P. 140-1, M. Chardon écrit : « S'il fallait en croire Henri Duval, les pièces de la Renaissance auraient été jouées par les basochiens, voire par les confrères de la Passion. M. Faguet a ajouté foi à ces dires... » Ce n'est pas aux dires d'Henri Duval (Bibliothèque nationale, mss fonds français, n° 15048), mais à ceux de Mouhy (n°s 9229-9235) que M. Faguet a ajouté foi. Seulement Mouhy est tout aussi indigne de créance qu'Henri Duval.— M. page 141, il faut lire : la *Lucelle* et non la *Pucelle*, de Louis de Jars.

née 1544. Nous faisons connaissance avec ses deux sœurs et avec quelques autres de ses parents. Puis nous suivons Garnier étudiant à Toulouse, dans une ville troublée, où il conquiert de bonne heure une notoriété poétique, où il exhale ses premiers soupirs amoureux, et où il noue quelques relations fort utiles. Arrivé à Paris comme avocat au Parlement, Garnier n'oublie pas Toulouse et reste lié avec certains Toulousains, comme du Faur de Pibrac et Etienne Potier, sieur de la Terrace, auxquels il dédiera plus tard des tragédies; en même temps, il élargit son horizon littéraire en fréquentant certains poètes et érudits de l'école de Ronsard.

Les chapitres II et III, qui traitent de *Robert Garnier magistrat*, et du *Mariage de Robert Garnier*, sont parmi les plus riches en renseignements nouveaux. Garnier est nommé conseiller au présidial du Mans en 1569, et lieutenant criminel en 1574; il épouse en 1573 une jeune fille qui appartenait à une famille lettrée, et qui elle-même mérite de figurer au nombre des femmes poètes du XVIe siècle, Françoise Hubert. De ce mariage sont nées deux filles : Diane en 1579, et Françoise en 1582.

Les chapitres IV et V, étant les chapitres particulièrement « littéraires » de l'ouvrage, ne sont pas (j'ai déjà dit pourquoi) au nombre des plus importants : c'est là qu'est étudié Garnier poète tragique. Mais c'est là aussi que sont indiquées ses relations littéraires, et on devine ce qu'on peut attendre, en pareille matière, de l'érudition étendue de M Chardon.

Nouveaux surtout sont les chapitres suivants. Garnier, dont les préfaces montrent la tristesse patriotique, paraît s'être assombri surtout, pour des raisons diverses, dans ses dernières années :

En 1583, sa femme Françoise est l'objet d'une tentative d'empoisonnement; en 1586, il est nommé conseiller au grand conseil, mais peut-être à titre purement honorifique; en septembre 1588, Françoise meurt; puis le poète-magistrat est entraîné dans la ligue mancelle: il fait un testament (que M. Chardon reproduit) le 13 septembre 1590, et il meurt le 20 septembre : — le 20 septembre et non pas le 15 août! en 1590 et non pas en 1600! La mort de Garnier a été placée aux dates les plus différentes: la voici fixée maintenant.

Et de même l'on saura la vérité sur l'iconographie du poète, et l'on ne prendra plus — il le faut espérer, du moins — pour un portrait authentique de Robert Garnier le portrait authentique de Claude, que M. Faguet a donne sous son faux nom dans son *Histoire de la littérature française*, et avec lui les auteurs du *Nouveau Larousse*, et bien d'autres encore.

Signalons enfin l'histoire des deux filles du poète : Diane, mariée en 1594, morte en 1621, et Françoise, mariée en 1600, morte en 1605.

Quelques renseignements, d'inégale valeur, sur l'école de Garnier : Montchrestien, Luc Percheron, Nicolas de Montreux, etc..., terminent l'ouvrage.

Il est fâcheux que, dans un livre où les citations ont tant d'importance, elles soient si souvent inexactes. Un errata serait utile — et pour les deux volumes dont j'ai parlé. M. Chardon laisse échapper trop de fautes dans son impression, comme, aussi bien, trop de négligences dans son style.

Mais, si je signale avec franchise les imperfections du dernier ouvrage de M Chardon, je n'en ai pas moins plaisir à proclamer que cet érudit vient d'élever, à l'honneur de Robert Garnier, un fort utile monument, en attendant les bustes qu'il propose de consacrer, au foyer du théâtre du Mans et au foyer de la Comédie-Française, à l'un des plus estimables prédécesseurs de Rotrou et de Pierre Corneille.

Eugène Rigal.

Recueil de l'Académie des Jeux Floraux de Toulouse. — *Toulouse, impr. Douladoure-Privat*, 1905.

Des critiques littéraires malveillants ont trop souvent calomnié le genre académique. Il est parfois plein d'agrément imprévu. Voyez par exemple le rapport sur les prix de la fondatien Ozenne *pour la vieille langue populaire des pays languedociens* : c'est un dithyrambe au los de la *rénovation occitane*, c'est-à-dire d'un essai de langue d'Oc commune élaboré, au moyen de quelques naïfs archaïsmes et de force barbarismes non moins naïfs, par deux hommes à demi-culture, en qui semblent revivre les âmes de Bouvard et de Pécuchet. Ce *volapük* méridional n'ayant pas fait jusqu'ici beaucoup de prosélytes, le rapporteur se voit forcé de proposer aux suffrages académiques des compositions en *vulgaires* plus ou moins *illustres*, tout en déplorant que celui-ci n'ait pas employé un *verbe moins évolué*, que celui-là n'adopte pas une graphie inspirée des *grandes et normales lois de l'évolution*, etc... Un poème écrit dans la langue de Mistral est classé dans le *sous-dialecte nîmois*, lequel *est déjà plus rude, mais se prête davantage aux chants lyriques*. La *langue avignonnaise* est considérée comme *une altération du vrai provençal, produite par l'influence française et surtout par l'influence italienne, à laquelle elle doit, entre autres adultérations, son pluriel anti-occitan en* i *par la suppression de la finale féminine*.

Tout commentaire affaiblirait l'effet de ce... comment dire ? *Mumpitz ?* ou *desmargaduro ?*

Jules Ronjat.

E Houchart, Estelle, poème en français et en provençal en regard, *Avignon*, *Aubanel frères*, *imprimeurs*, 1905.

Ce livre n'est pas un poème provençal avec traduction française en regard, mais un poème provençal et un poème français sur le même sujet. Ce sujet, l'auteur l'expose ainsi à la fin de son avertissement au lecteur :

« L'Art idéal, sous la forme d'un Etranger ;

» La Provence, naïve dans sa joie, radieuse dans sa beauté, religieuse dans son amour, en Estelle ;

» Le générosité et la franchise, avec Maître Arnal ; la passion fougueuse, avec Reynaud : telles sont les figures du poème.

» La trame, que serait-elle, sinon :

» L'Art grandissant devant la Provence, dans la Lumière et dans l'amour du Beau. »

Sujet nébuleux, figures vagues, regrettables licences prises avec la langue provençale, en somme *Estelle* vaut par les intentions de l'auteur infiniment plus que par une réalisation qui ne se hausse point à leur niveau. J. R.

Th. D. Sperantia. — Introducere in literatura populară română, *Bucuresci*, *tipografia « Clemenţa »*, 1904.

Dans la première partie de cet ouvrage l'auteur caractérise la littérature populaire comme orale et *vivante* (par opposition à la littérature proprement dite, écrite et, dans une certaine mesure, *morte*, en tant qu'elle ne subit plus de modifications une fois que l'écriture l'a fixée), puis il en étudie, citant de très nombreux exemples roumains et étrangers, la forme, la syntaxe, le style, etc...

Dans la seconde il recherche l'origine de la littérature populaire et classe les différentes sources de son inspiration.

N'étant nullement un spécialiste du *folk-lore*, je ne saurais émettre un avis autorisé sur la valeur de toutes les thèses exposées par M. Sperantia. Je me permettrai seulement de douter qu'il ait tenu un compte suffisant de l'influence du rythme musical sur la métrique populaire, et de regretter une certaine discordance entre la classification générale proposée p. 292 ss. et l'inventaire analytique beaucoup plus complexe qui la suit. J. R.

C. Salvioni. — Appunti sul dialetto di Val-Soana (Estratto dai « Rendiconti » del R. Ist. Lomb. di Sc. e Lett., serie II, vol. XXXVII, p. 1043-1056), *Milano*, 1904.

M. Salvioni a eu l'occasion d'interroger longuement deux abitants de Valprato, localité qui fait partie du domaine dont M. Nigra a étudié la langue dans son article bien connu de l'*Archivio glottologico italiano*, t. III : « Fonetica del dialetto di Val Soana ». Comme les documents dont disposa M. Nigra lui avaient été fournis essentiellement par un abitant de Ronco et qu'il n'en avait eu que d'indirects sur Valprato, ceux de M. Salvioni diffèrent sensiblement de ceux de son prédécesseur et surtout les complètent. C'est pourquoi il a cru bon de les publier dans la longue note que nous signalons ici, et qui sera suivie d'autres sur la morfologie et le vocabulaire du même parler. Il faut lui savoir gré de nous donner ces renseignements, rendus doublement précieux par la netteté avec laquelle on nous les présente, et par l'intérêt tout particulier qu'offre le patois auxquel ils se rapportent.

M. G.

A. Dujarric-Descombes. — Lagrange-Chancel, poète périgourdin, plaq. 16 p. in-8°, *Périgueux, impr. D. Joucla*, 1905.

Donne quelques détails biographiques sur L.-C., et reproduit deux pièces de circonstance par lui composées : il en appert, entre autres choses, que vers 1736 on disait déjà en Périgord *mouyen*, mais qu'on disait encore *vous* = *uoce*, aujourd'hui généralement délogé par *voues* ou *vouas* emprunté au français. J. R.

CHRONIQUE

Société des textes français modernes — Il vient de se former une *Société des textes français modernes*. Son but est de se procurer et d'offrir au public des éditions correctes, qui soient de bons instruments de travail pour le critique, l'historien de la littérature et le grammairien, qui fournissent au goût des amateurs lettrés des textes bien établis et qui soient accessibles à toutes les bourses.

Elle se propose de publier de préférence les œuvres des quatre derniers siècles de notre littérature qui deviennent difficiles à rencontrer ou sont trop onéreuses à acquérir. Ce n'est pas vers les curiosités rares ou scandaleuses qu'elle se portera, mais vers les textes importants, les ouvrages qui ont un intérêt considérable pour le critique et l'historien par le succès ou l'influence qu'ils ont eus, par la lumière qu'ils jettent sur les grandes œuvres et sur les mouvements ou les époques littéraires.

Le dessein de la *Société* étant de donner son principal soin à la correction du texte, ce ne sont pas seulement les écrits d'auteurs peu connus qui sortiront de ses mains, car il y a des noms comme Ronsard, Marot, d'Aubigné, Bernardin de Saint-Pierre, Chateaubriand, qui attendent encore une édition satisfaisante. Ce sont des éditions criti-

ques que l'on veut faire, présentant les variantes des différentes impressions et, quand il y aura lieu, les diverses rédactions des manuscrits; les préfaces seront sobres et précises, et des tables seront jointes aux textes.

Les membres ordinaires de la *Société* paieront une cotisation annuelle de dix francs et auront droit à toutes les publications faites dans l'année.

Pour tous renseignements relatifs à la *Société* et à son fonctionnement, s'adresser à M. E. Huguet, professeur à la Faculté des lettres de l'Université de Caen, secrétaire général de la Société.

Pensées de Pascal.—La librairie Hachette vient de publier en phototypie le fac-simile du manuscrit original des Pensées de Pascal: en regard elle donne le texte imprimé et des notes par M. L. Brunschvicg

Chansons populaires. — Notre confrère, M. L. Lambert, directeur du Conservatoire de musique de Montpellier, vient de publier chez l'éditeur Welter deux beaux volumes in-8° de VIII-390 et 348 p., intitulés *Chants et chansons populaires du Languedoc, publiés avec la musique et la traduction française* (20 fr.). La haute compétence de l'auteur est depuis longtemps connue, car il avait déjà donné en 1874 et 1875 à la *Revue des langues romanes*, en collaboration avec A. Montel, la première partie de cette collection, composée des chants du berceau. La publication fut interrompue par la maladie, puis la mort, de son collaborateur; mais M. Lambert continua pendant trente ans à recueillir des chansons partout où il en a trouvé l'occasion. La collection a ainsi augmenté sans cesse d'étendue et d'importance et elle compte maintenant plus de quinze cents chants ou versions différentes. L'auteur nous les donne dans l'ordre qui avait été déjà adopté dans la précédente publication, c'est-à-dire qu'il suit l'homme d'âge en âge, au moyen des chants créés par lui-même, de la naissance à la tombe, en passant successivement par toutes les phases de son existence. Les chants du premier âge sont suivis des jeux de l'enfance, les danses, rondes, les chants d'amour, de mariage, les métiers, les chants satiriques, les chants relatifs aux usages, les chansons pastorales, les chants religieux, noëls, cantiques, les légendes dramatiques, les chansons narratives, les chants historiques et politiques. On ne saurait trop savoir gré à M. Lambert d'avoir sauvé de l'oubli tout cet ensemble de chansons populaires au moment où elles sont en train de se perdre, où les traditions locales s'éteignent et disparaissent, où les parlers provinciaux s'anéantissent; aussi nous sommes certains que son bel ouvrage obtiendra tout le succès qu'il mérite.

Le Gérant : Paul HAMELIN.

CANDIDE, SIMPLICIUS ET *CANDIDO*

On est en droit de se demander si l'homme qui a rapporté d'Angleterre Newton et Shakespeare, qui lisait tout, qui apprenait tout, qui étendait à toutes les branches des lettres et des sciences sa curiosité aussi perspicace qu'insatiable, n'a rien gardé de son séjour en Allemagne que l'ennui d'avoir eu affaire à la rapacité de Hirsch et à la vanité de Maupertuis, et enfin le désagrément d'être arrêté à Francfort dans les circonstances que chacun sait[1].

Je crois que, sans son voyage en Prusse, Voltaire n'eût pas composé *Candide* tel que nous l'avons. Or, dans la série de ses œuvres, ce roman a une importance capitale. On peut en réprouver les tendances philosophiques et religieuses, en blâmer le ton et l'allure, mais les lecteurs de Voltaire sont d'accord pour y voir un de ses chefs-d'œuvre.

Je noterai en passant que l'on a lu souvent, sans être choqué, dans Lesage, les mêmes choses qui, dans Voltaire, prennent un caractère agressif : question de date, et aussi de condensation de pensée, de relief de style, enfin d'intention militante[2].

Zadig nous offre le premier cadre où Voltaire ait développé largement ses idées sous la forme narrative. Mais Zadig n'est pas naïf ; c'est un homme sage, instruit, spirituel, qui a le tort de croire que l'on peut avoir impunément du sens et de la vertu dans un monde qui ne tolère ni l'un ni l'autre. L'intérêt naît du contraste entre la droiture et la perfidie, la vérité et le mensonge. A qui Voltaire a-t-il emprunté ce type de Zadig? A lui-même. Ce babylonien n'est qu'un prête-nom.

[1] Quelques-unes des parties de cet article ont paru déjà dans le *Progrès républicain du Midi*, Montpellier, 16 décembre 1879.

[2] V. par exemple, dans *Estevanille Gonzalez*, comment, accusé de rajeunir la beauté des dames *par l'opération du diable*, il est traduit devant le tribunal de l'inquisition. Ch. XL-XLIV.

Donnez-lui la santé chancelante, la susceptibilité nerveuse, l'agitation capricieuse de l'auteur, et le portrait sera d'une ressemblance parfaite.

La doctrine que Voltaire approuve dans *Zadig* (discours de l'ange Jezrad) diffère complètement du pessimisme désolant qui règne dans Candide : « Mais quoi ! dit Zadig, il est donc nécessaire qu'il y ait des crimes et des malheurs, et que les malheurs tombent sur les gens de bien ? Les méchants, répondit Jezrad, sont toujours malheureux ; ils servent à éprouver un petit nombre de justes répandus sur la terre [1], et il n'y a point de mal dont il ne naisse un bien. Mais, dit Zadig, s'il n'y avait que du bien et point de mal ? Alors, reprit Jezrad, cette terre serait une autre terre ; l'enchaînement des événements serait un autre ordre de sagesse ; et cet ordre, qui serait parfait, ne peut être que dans la demeure éternelle de l'Etre suprême de qui le mal ne peut approcher. Il a créé des millions de mondes, dont aucun ne peut ressembler à l'autre : cette immense variété est un attribut de sa puissance immense. Il n'y a ni deux feuilles d'arbre sur la terre, ni deux globes dans les champs infinis du ciel, qui soient semblables ; et tout ce que tu vois sur le petit atome où tu es né, devait être dans sa place et dans son temps fixe, selon les ordres immuables de celui qui embrasse tout..... ; il n'y a point de hasard ; tout est épreuve, ou punition, ou récompense ou prévoyance » [2].

Zadig adore la Providence et se soumet.

[1] C'est tout simplement la doctrine janséniste, telle qu'elle est développée dans Nicole.

[2] Desnoiresterres (*Voltaire à la Cour*, p. 146, note) a tort de dire que Voltaire, dans *Zadig*, n'y est que pour sa forme spirituelle et charmante : « le fond est emprunté à l'anglais Thomas Parnell qui l'a emprunté aux homélies d'Albert de Padoue, mort en 1713 (*sic*), lequel en a trouvé le germe dans nos vieux fabliaux ». Et il renvoie à Littré, *Etude sur les Barbares et le Moyen Age*, Paris, Didier, 1867. — L'opinion de M. Littré n'allait point jusqu'à refuser à Voltaire la paternité de la conception de *Zadig*. Voici exactement ce qu'il disait : « Il n'est personne qui, en lisant *Zadig* de Voltaire, ne soit frappé de l'épisode de l'ange qui, sous la forme d'un ermite, se fait pendant quelque temps le compagnon de Zadig ; puis, quand on rencontre ce récit dans l'anglais Thomas Parnell, on retire à Voltaire cette notable conception ; mais, il ne faut pas s'arrêter là ; elle se trouve dans les homélies d'Albert de Padoue, mort

On ne peut méconnaître ici une forte part de l'optimisme tel qu'il ressort de la *Théodicée* de Leibniz.

La morale d'un récit antérieur de peu est, pour le fond, la même : « Ituriel résolut de laisser aller le monde comme il va, car si tout n'est pas bien, tout est passable [1]. »

Voltaire, dans cette première série de ses romans, comme dans la plupart des autres, ne fait que se jouer, avec autant d'agrément que de malice, de la contradiction qui existe entre les prétentions et les faiblesses de l'homme.

Pope et son *Essai sur l'Homme* sont tout aussi présents à son esprit que les doctrines de Leibniz. Les lignes citées plus haut rappellent au lecteur le plus distrait les derniers vers de la première épître :

> Toute la nature n'est qu'un art que tu ne connais pas,
> Tout hasard, une direction que tu ne vois pas,
> Tout conflit, une harmonie que tu ne peux comprendre,
> Tout mal particulier, un bien général,
> Et, en dépit de l'orgueil, en dépit d'une raison égarée,
> Il n'y a qu'une vérité de claire : *Tout ce qui est, est bien.*

Candide marque dans le cours des opinions de Voltaire le moment où les objections contre l'ordre universel hantaient le plus obstinément son esprit.

Le double titre, *Candide ou l'Optimisme*, appelle d'abord l'attention. Ce roman est un procès fait à l'optimisme et à la métaphysique leibnizienne [2]. Cette métaphysique était-elle alors si répandue en France qu'il convînt d'en faire le siège

en 1313, et, finalement au delà d'Albert de Padoue, dans l'un de nos fabliaux les plus remarquables ». Notons en passant que l'origine de la plupart des autres chapitres de *Zadig* est connue.

Dans une très intéressante lecture donnée à l'Académie des Inscriptions et Belles-Lettres, le vendredi 12 novembre 1880, Gaston Paris a étudié à fond l'histoire de la légende de *l'Ange et l'Ermite*. L'origine juive est démontrée. V. G. Paris, *La Poésie du Moyen Age*, p. 151-187.

[1] *Le Monde comme il va, vision de Babouc.*

[2] Gaston Paris, à propos de *l'Ange et l'Ermite* (l. l., p. 186), admet trop promptement que, dans *Candide* comme dans *Zadig*, Voltaire a l'air de défendre l'optimisme : « On sent qu'il voudrait bien que l'optimisme fût la vérité, mais qu'il est loin de le trouver évident. » Cela est exact de *Zadig*, mais *Candide* est une diatribe impérieuse et violente contre l'optimisme. L'écart est très grand entre les deux romans.

régulier? D'où vient cette préoccupation? Voltaire regrettait-il de paraître s'être rallié dans *Zadig* à une philosophie qui ne comptait guère de disciples en France, mais qui était sur tant de points en contradiction avec celle de Locke? Où a-t-il pris ce personnage de Pangloss?

C'est à Cirey que Voltaire paraît avoir lié connaissance avec un des representants de l'école de Leibniz. Mme du Châtelet avait pour maître de mathématiques un géomètre allemand, Kœnig, qui avait fini par la gagner complètement aux doctrines leibniziennes [1].

Aujourd'hui que grâce à M. Desnoiresterres nous avons le détail minutieux de la vie de Voltaire, nous pouvons supposer quels combats furent livrés entre l'ami de Locke et de Newton et les admirateurs de la *Théodicée*. Les bonnes relations n'en souffrirent pas, et si Kœnig fut renvoyé, c'est que Mme du Châtelet eut à se plaindre de ses façons.

Les dispositions que Voltaire apportait à l'étude de la métaphysique leibnizienne étaient d'ailleurs sérieuses et dignes de l'étendue de son intelligence. Nous avons, dans la *Correspondance*, une lettre d'octobre 1736 où il remercie le prince royal de Prusse de lui avoir envoyé, avec des vers à corriger, un troisième cahier de la métaphysique de Wolf, le célèbre vulgarisateur des idées de Leibniz. Son jugement mérite d'être rapporté : « Je vous dirai sur cette métaphysique un peu longue, un peu trop pleine de choses communes, mais d'ailleurs admirable, très bien liée et souvent très profonde; je vous dirai, monseigneur, que je n'entends goutte à l'être simple de Wolf. Je me vois transporté tout d'un coup dans un climat dont je ne puis respirer l'air, sur un terrain où je ne puis mettre le pied, chez des gens dont je n'entends point la langue. Si je me flattais d'entendre cette langue, je serais peut-être assez hardi pour disputer contre M. Wolf, en le respectant s'entend. »

A Postdam et à Berlin, Voltaire, déjà averti et informé, put constater que Leibniz, interprété par Wolf, régnait souverainement en dehors de l'entourage tout français de Frédéric.

[1] Voy. pour les rapports de Kœnig et de Mme du Châtelet, Desnoiresterres, *Voltaire à Cirey*, p. 258, 314-319.

Un système où il n'avait peut-être vu d'abord qu'un ensemble de thèses d'école, dut lui paraître bien autrement important et considérable, quand il reconnut quelle immense autorité la métaphysique de l'harmonie préétablie et des causes finales conservait dans le pays où elle avait pris naissance. Le hasard fit que les derniers incidents de son séjour en Allemagne appelèrent encore son attention sur Leibniz et sur ses disciples.

On sait comment Kœnig eut un démêlé avec Maupertuis au sujet d'une lettre de Leibniz dont l'original ne put être retrouvé, comment l'irascible président fit condamner le pauvre géomètre allemand par l'Académie de Berlin, comment enfin Voltaire prit fait et cause pour Kœnig et se brouilla avec le roi [1]. Lorsqu'il dut quitter la Prusse, Voltaire, avant d'arriver à Francfort, s'arrêta à Leipzig, où il était en relations quotidiennes avec le fameux critique Gottsched, qui venait, en wolfien zélé qu'il était, de se prononcer contre Maupertuis. On nous dit qu'il aurait voulu obtenir par Gottsched l'intervention de Wolf dans le débat [2]. Se défiait-il de l'efficacité de la *Diatribe du docteur Akakia?*

Rien dans ses relations avec les wolfiens n'eût fait présager la furieuse attaque à laquelle il allait se livrer contre leur doctrine ; mais, après sa désagréable aventure de Francfort, il revenait le cœur ulcéré, enveloppant très injustement dans sa colère et le Salomon du Nord et les Allemands de tout pays et de toute condition, moins disposé que jamais à goûter les abstractions germaniques.

Il avait vu et entendu des docteurs savants en toute chose, dissertant et argumentant, comme on ne le faisait plus en France, sur les matières les plus subtiles. Dans Kœnig, d'abord, puis et surtout dans ce Gottsched qui est devenu pour ses compatriotes le pédant par excellence et qu'il avait cru devoir caresser, il avait trouvé le type du métaphysicien scolastique expliquant tout, justifiant tout par ses principes. Ce type se réalisa en Pangloss, qui, d'un bout à l'autre du roman, en dépit

[1] Desnoiresterres, *Voltaire à Postdam*, passim.

[2] V. Julian Schmidt, *Histoire de la Vie intellectuelle en Allemagne*, tom. II, p. 79.

de tous les accrocs que subissent ses théories dans l'expérience de la vie, enseignera avec tant de conviction la *métaphysico-théologo-cosmolo-nigologie* et démontrera à Candide que « tous les événements sont enchaînés dans le meilleur des mondes possibles ».

L'occasion qui décida Voltaire à composer *Candide*, peut avoir été la ruine de Lisbonne, malheur épouvantable dont toute l'Europe fut émue. « Voilà un horrible argument contre l'Optimisme », écrit-il le 30 novembre 1755 [1]. Le poème sur *le Désastre de Lisbonne* garde la marque de cette émotion. Le tremblement de terre forme un épisode de Candide (ch. V).

J'ai peine à croire que les premiers chapitres de *Candide* aient été composés à Schwetzingen, dans la compagnie de l'Electeur palatin, et soumis au fur et à mesure à ce prince [2] qui ne devait pas être entièrement exempt de cette susceptibilité patriotique dont il est possible de retrouver la trace dans les critiques allemands de notre temps [3].

Nous avons vu dans quelle mesure les rapports de Voltaire avec les Allemands avaient pu influer sur le choix du sujet, et suggérer la pensée de personnifier dans Pangloss le système qu'il s'agissait de discréditer. D'où vient Candide, ce jeune homme naïf et confiant, si différent du têtu docteur qui professait à outrance les causes finales et l'optimisme? Ni dans Swift, ni dans Rabelais, ni même dans Cervantès, nous n'en trouvons le modèle. Si comme Don Quichotte, il poursuit sa belle à travers le monde, ce n'est nullement un chevalier errant. Autant que Pangloss, plus que Pangloss, il est d'origine germanique : son nom n'est qu'une traduction, sa naiveté n'est qu'un héritage. Il tient l'un et l'autre du *Simplicius* de Grimmelshausen.

Le roman de Grimmelshausen, qui commence à être connu en France [4], date de la fin du XVIIe siècle. Il obtint vite une

[1] Voy. dans Desnoiresterres, *Voltaire aux Délices*, pag. 129-142, tout ce qui a trait au poème *le Desastre de Lisbonne*.

[2] Desnoiresterres, *Voltaire aux Délices*, pag. 292.

[3] Strauss et Hettner apprécient peu le mérite de *Candide*. Par contre Mahrenholtz (*Voltaire-Studien*, Oppeln, 1882) rend justice sans restriction à tout l'esprit et à l'imagination inépuisable avec lesquels sont décrites les conséquences de l'optimisme de Leibniz. V. p. 137.

[4] La thèse française de M. Antoine sur le *Simplicissimus de Grim-*

grande popularité et a été imité souvent. Dix ans avant le voyage de Voltaire à Postdam, paraissait encore un *Simplicissimus redivivus* [1].

Comment Voltaire qui ne savait guère l'allemand, a-t-il connu cet ouvrage? On lui en aura parlé, et il s'en sera fait raconter ou traduire les principaux chapitres. Il aura immédiatement apprécié la valeur de cette conception originale qui, tout en empruntant le cadre du roman picaresque, l'avait rempli de personnages et de tableaux vraiment germaniques.

Simplicius lui-même ne doit rien à l'Espagne. C'est un garçon honnête, d'une naïveté rustique, fort différent de Guzman d'Alfarache. Voltaire, séduit par la vérité du caractère, s'en empare, le nomme Candide et en fait l'écolier docile du leibnizien Pangloss. Le contraste soutenu entre la simplicité de l'un et la pédante obstination de l'autre, fait le plus grand intérêt du roman.

L'imitation de Voltaire ne s'est pas bornée à emprunter le héros principal. Le château comique de la Westphalie où est élevé Candide, n'est que la transformation de la demeure rustique du Spessart où se passe l'enfance de Simplicius. Les atrocités de la guerre ruinent le château comme la chaumière. Est-il possible que Voltaire, s'il a eu connaissance de la page suivante, n'y ait pas vu un argument contre l'optimisme, plus probant encore que le tremblement de terre de Lisbonne? Des soldats, pendant la guerre de Trente ans, ont envahi la demeure du père nourricier de Simplicius : « On commença par ôter les pierres des pistolets et par serrer à leur place les pouces des paysans, et l'on tortura ces pauvres diables comme s'il s'agissait de brûler des sorcières. Ils prirent un de ces paysans prisonniers, le fourrèrent dans le poêle et y mirent le feu, quoiqu'il n'eût encore rien avoué. A un autre, ils ceignirent la tête avec une corde et la serrèrent avec un garrot, à tel point que le sang lui sortit par la bouche, le nez et les

melshausen est de 1882, postérieure de trois ans à la première forme de l'article ci-dessus. M. Antoine n'a pas remarqué d'analogie entre Simplicius et Candide. Le titre du roman allemand est bien *Simplicissimus*, quoique le héros y soit dit Simplicius.

[1] Gœdeke, *Grundriss*, tom. I, L. 5, p. 509, *Simplicissimus redivivus*, s. l. 1743, 8°.

oreilles. Chacun inventait un nouveau genre de torture pour ces pauvres paysans, et chaque victime avait son supplice particulier. Mais mon Knän (mon père), d'après ce que j'en jugeais alors, fut le plus heureux et le mieux partagé. Car il avoua en riant ce que les autres avaient dû avouer au milieu des tourments et des cris de douleur. Sans doute on lui accorda cet honneur parce qu'il était le chef de la maison. Ils le mirent auprès d'un grand feu, le garrotèrent de manière à ce qu'il ne pût remuer ni bras ni jambes, lui frottèrent la plante des pieds avec du sel humide, et les lui firent lécher par une chèvre, ce qui le chatouilla tellement qu'il faillit crever de rire. Comme je n'avais jamais vu mon Knän rire aussi longtemps, je trouvai cela si gentil et si charmant, que, pour lui tenir compagnie, ou plutôt parce que je n'en comprenais pas davantage, je ne pus m'empêcher de rire avec lui. C'est en riant de la sorte qu'il avoua ce qu'on voulait savoir de lui, et dit où était caché son riche trésor qui consistait en perles, en or et en bijoux, et qu'on n'aurait pas soupçonné dans la maison d'un paysan. Des femmes, des servantes et des jeunes filles prisonnières, je ne saurais rien dire, parce que les soldats ne me laissaient pas voir comment ils les traitaient. Ce que je sais bien toutefois, c'est que de temps à autre on entendait dans les coins des cris déchirants ; et j'imagine que ma Meuder (ma mère) et notre Ursele n'ont pas été plus épargnées que les autres. Au milieu de cette désolation, je tournais tranquillement la broche, sans me soucier de rien, parce que je ne comprenais pas encore bien ce que cela voulait dire. J'aidai aussi à faire boire les chevaux, ce qui me donna l'occasion de voir notre servante dans l'écurie. Elle était si drôlement ajustée et chiffonnée que je ne la reconnus point ; mais elle me dit d'une voix faible et dolente : O mon garçon, sauve-toi, sinon les cavaliers te prendront avec eux. Arrange-toi pour t'esquiver ; tu vois bien comme ils m'ont... Elle ne put en dire davantage. » Livre Ier, chap. 4[1].

La pauvre Ursule deviendra Pâquette, mais les conséquences de l'intimité de celle-ci avec Pangloss me paraissent déri-

[1] Je cite d'après l'exacte traduction donnée de ce passage dans le livre de M. Antoine, p. 122-123.

ver des chapitres où Simplicius, *le Beau Alemand*, a de peu honorables succès auprès des dames de Paris.

Le ton des deux romans est celui de l'ironie, incisive et maligne dans *Candide*, brutale dans *Simplicius*. Un pauvre enfant, sans connaissance aucune du monde, est jeté au milieu des horreurs de la guerre de Trente Ans : il les décrit sans paraître les comprendre, avec une vérité qui fait dresser les cheveux. L'ironie voltairienne est de meilleure compagnie et d'un plus grand style, mais elle atteint dans *Candide* à des effets d'une intensité qui me paraît peu explicable chez l'auteur de *Zadig*, si l'on suppose qu'il a complètement ignoré le livre de Grimmelshausen.

Comme Candide, Simplicius parcourt le monde, mais en suivant un autre itinéraire. Ainsi il ne va point en Amérique où l'élève de Pangloss me semble quelque peu entraîné par l'exemple de certains personnages de Lesage. Mais dans Grimmelshausen les voyages du héros sont une addition inutile : Simplicius quitte sa métairie où il vivait heureux, tente fortune en Russie, se met au service du tsar, est enlevé par des Tartares, vendu à des Chinois, donné par ceux-ci au roi de Corée. Celui-ci, en reconnaissance de ses services, lui rend la liberté, et l'adresse, par le Japon, aux Portugais de Macao. Il tombe plus tard entre les mains des corsaires mahométans de la mer des Indes, est vendu à des marchands d'Alexandrie, expédié à Constantinople où il rame sur les galères du Grand Turc, jusqu'au jour où le navire est pris par un vaisseau vénitien. Redevenu libre, il part de Venise avec d'autres pèlerins allemands, visite Rome et Lorette, et revient dans la Forêt-Noire par le Gothard, sans rapporter rien chez lui de ces voyages que la longue barbe qu'il avait laissé pousser à l'étranger.

Dégoûté du monde, il finira en ermite dans une île déserte près de Madagascar. Comme plus tard Robinson Crusoë, Simplicius est un bon chrétien. Candide, au contraire, quand il est au terme de ses aventures, passe de l'optimisme au scepticisme : « Mais cultivons notre jardin. »

Dans Voltaire, on reconnaît çà et là des souvenirs du voyage à Postdam : ainsi les traits contre la province de Westphalie, la scène de l'enrôlement où est dépeinte la manière dont procédaient les recruteurs de l'armée de Frédéric, par-dessus tout le hobereau, frère de Cunégonde, dont rien ne peut corriger l'arrogance et qui garde sa morgue vaniteuse dans les forêts du Paraguay et jusque sur les galères turques où, comme Simplicius, il est contraint de ramer.

Faut-il ajouter quelque importance à des détails tels que la mention de Venise dans les deux romans, le rôle des deux anabaptistes?... On ne sait, et c'est vraiment d'une impression d'ensemble que se dégage la supposition que Voltaire a connu le roman allemand avant d'écrire le sien.

Pourquoi le héros chez lui est-il Candide et non Simplice? Certainement pour ne pas encourir le reproche de plagiat qui, dans le cas eût été très mal fondé ; mais peut-être aussi parce qu'il avait rencontré dans la comédie anglaise un personnage de ce nom, ayant, avec l'amant de Cunégonde, une ressemblance de caractère.

Dans son étude sur *l'Honnête Courtisane*, de Decker et Middleton (*The Honest Whore,* 1604), Hazlitt, grand admirateur de cette pièce, trace ainsi le portrait d'un des personnages : « Candido, le brave homme du drame, est un caractère d'une simplicité et d'une originalité (*quaint ness*) inconcevables. Sa patience et sa bonne humeur ne peuvent être troublées par rien. L'idée (car ce n'est rien qu'une idée) est drôle et très bien soutenue. Il n'est pas seulement résigné aux injures, mais « il les transforme », comme dit Falstaff, des maladies « en avantages »[1]. Ce Candido qui prend toutes choses par le bon côté, n'est-il pas un optimiste, et à ce titre n'a-t-il pas pu arrêter l'attention de Voltaire ?

Il est aisé d'accepter que les aventures de Cunégonde et de la vieille doivent beaucoup à la nouvelle de Boccace, où l'on voit la fiancée du roi de Garbe passer de main en main avant d'arriver à son légitime possesseur. Il est plus difficile, je le reconnais, d'admettre que la lecture de Voltaire se soit étendue jusqu'à l'œuvre de Grimmelshausen ou au vieux théâtre anglais, mais en soi la chose n'a rien d'impossible, puisque Voltaire a eu l'occasion, en Allemagne et en Angleterre, de feuilleter le

[1] Hazlitt, *Lectures on the Literature of the age of Elizabeth*, lecture 3 on Marston, Chapman, Decker and Webster.

Simplicius et l'*Honest Whore*[1]. Les titres, à eux seuls, étaient de nature à solliciter sa curiosité.

Tout d'abord, j'étais porté à voir dans *l'Ingénu* un second Simplicius, élevé non au Spessart, mais chez les Hurons, ce qui diffère peu. Mais c'est des *Mémoires de Robert Chevalier, dit de Beauchesne*, publiés par Lesage (1732), que Voltaire s'est inspiré ici. Il ne leur doit d'ailleurs que le caractère du personnage[2].

Ferdinand CASTETS.

[1] C'est à son séjour en Angleterre que Voltaire doit d'avoir connu *l'Hermite* de Parnell (1679-1717), dont il a intercalé une imitation dans *Zadig*, ce que Fréron lui reprocha durement.

[2] L'enfance de Beauchesne chez les Iroquois, sa violence et son courage indomptables, la vigueur extraordinaire du « gros garçon d'assez bonne mine, blanc et blond », son embarras naïf quand les dames, chez M. de Remoussin, le prennent pour cible de leurs coquetteries, sont des traits qui ont pu intéresser Voltaire. D'après Dunlop (*History of Fiction*, III[3], p. 327), la principale situation est tirée de *la Baronne de Luz*, roman de Duclos.

DEUX FAUTES DANS LE DISCOURS DE BOSSUET
SUR L'HISTOIRE UNIVERSELLE

Dans les éditions du Discours sur l'Histoire universelle que j'ai pu voir [1], on lit [2] : « Il (Alexandre le Grand, aux Indes) fut contraint de céder à ses soldats rebutés qui lui demandaient du repos. Réduit à se contenter des superbes monuments qu'il laissa sur le bord de l'Araspe, il ramena son armée », etc.

L'Araspe, quelle est cette rivière ? En vain vous le demanderez aux commentateurs, aux lexicographes, aux géographes. Nul ne connaît un cours d'eau de ce nom. La rivière au bord de laquelle Alexandre dut arrêter sa marche victorieuse est l'Hyphase ou Hypase [3] (Vipaça, aujourd'hui Béyah).

Un peu plus loin les éditions portent : « Mais ce qu'il y avait de plus funeste pour sa maison et pour son empire, est qu'il laissait des capitaines à qui il avait appris à ne respirer que l'ambition et la guerre. Il prévit à quels excès ils se porteraient quand il ne serait plus au monde : pour les retenir, et de peur d'en être dédit, il n'osa nommer ni son successeur ni le tuteur de ses enfants. »

On comprend : « de peur d'en être dédit, il n'osa nommer son successeur. » Mais que peut bien signifier ceci : « pour les retenir, il n'osa nommer son successeur ? » Le beau moyen de

[1] De l'édition princeps, Paris 1681, à celle de M. A. Gasté, Paris 1885, qui reproduit « aussi fidèlement que possible » la troisième, « revue par l'auteur », Paris 1703, laquelle, d'après M. Gaste, « présente le texte définitif » de Bossuet.

[2] Troisième partie, chapitre 5, près de la fin.

[3] Ὕφασις, Arrien ; *Hypasis*, Quinte-Curce, Pline ; Ὕπανις, Strabon, Diodore de Sicile. Cette dernière variante est curieuse (Strabon 15, 1, 17, p. 691, parle d'un peuple Ὑπασίων dans les mêmes parages), mais ne nous intéresse pas ici.

retenir des généraux ambitieux et batailleurs : ne pas oser ! Et à supposer que Bossuet, par une sorte de zeugme, ait voulu dire : « pour les retenir, il ne nomma pas son successeur », c'eût été une étrange précaution à prendre contre eux. Pourquoi, si chacun avait un droit égal à prétendre au trône, se battraient-ils moins entre eux que si un seul l'avait? N'insistons pas. Il suffit d'un moment de réflexion pour voir que Bossuet a dû écrire : « Il prévit à quels excès ils se porteraient quand il ne serait plus au monde pour les retenir : et de peur d'en être dédit, il n'osa nommer ni son successeur ni le tuteur de ses enfants. »

Conviendra-t-il de corriger ces deux fautes dans les éditions à venir du Discours? La seconde, oui; mais non la première. C'est pour cette différence et dans l'intérêt de la méthode critique qu'il valait la peine de les relever.

Comment Hyphase ou Hypase [1] est-il devenu Araspe? Ce n'est pas par une erreur visuelle du compositeur; on ne peut prendre Hypase pour Araspe, si mal que le mot soit écrit; et Bossuet avait une bonne écriture. C'est bien plutôt et sans aucun doute par une confusion qui se fit dans l'esprit de Bossuet entre l'Hyphase (affluent de l'Acésine, qui se jette dans l'Indus), l'Hydaspe (autre affluent de la même rivière) et l'Araxe (fleuve de Perse), trois noms souvent mentionnés par les historiens d'Alexandre. Peut-être aussi Araspe, nom d'homme qu'il avait pu rencontrer dans la Cyropédie ou chez Plutarque, se mêla-t-il aux trois autres noms dans les souvenirs flottants de l'orateur. Et c'est Araspe qu'il jeta sur le papier. Mais précisément parce qu'elle suppose tant de réminiscences classiques, la confusion doit être attribuée à l'auteur et non à l'imprimeur. Il y a donc eu un moment où Bossuet a cru que

[1] C'est là, en effet, l'orthographe qui lui était fournie par les « Matériaux du Discours sur l'histoire universelle » qui sont conservés dans un manuscrit de la Bibliothèque Nationale, fonds français 12834, et dont les éditeurs du Catalogue général des manuscrits français, MM. Omont et Couderc, disent (t. II, p. 607) : « Très peu de ces matériaux sont autographes, mais beaucoup portent des corrections de la main de Bossuet. » Dans ce manuscrit, on lit au f° 58 v° : « Il subjugue toutes les Indes jusqu'au fleuve Hypase ou il est contreint de s'arrester voyant son armée rebutée »; et les trois derniers mots sont corrigés en « ses soldats rebutez ».

la rivière qui marqua la limite de la marche d'Alexandre vers l'orient s'appelait Araspe. L'erreur est de lui, il l'a commise au moment où il écrivait cette page ; et comme il ne l'a corrigée dans aucune des éditions soi-disant revues par lui, il paraît qu'il ne s'en est jamais aperçu ; nous n'avons pas le droit d'y toucher.

Tout au contraire, la seconde faute est du fait de l'imprimeur et non de l'auteur. Comment celui-ci ponctua-t-il sa phrase ? On ne le saura probablement jamais, puisque le manuscrit autographe paraît être perdu. Mais sa pensée, nous l'avons vu, ne peut être que celle ci : « ...quand il ne serait plus au monde pour les retenir : et de peur d'en être dédit, il n'osa nommer », etc. C'est l'imprimeur qui la défigura en plaçant le double point après « monde ». Si Bossuet, dans trois éditions successives[1] laissa subsister cette fausse ponctuation, c'est évidemment par inadvertance ; jamais cette ineptie : « pour les retenir, il n'osa nommer son successeur » n'entra dans son esprit ; jamais elle n'a été qu'une simple faute d'impression. Nous avons le droit et le devoir de la faire disparaître[2].

En note cependant, si l'on dispose de ce moyen, on avertira le lecteur que Bossuet, dans ce passage, a eu deux défaillances : l'une de mémoire, sur un nom géographique, en composant ; et l'autre, d'attention, sur un signe de ponctuation, en corrigeant les épreuves. Deux péchés assurément véniels, mais qui contribuent, pour leur faible part, à caractériser sa manière de travailler.

Max Bonnet.

[1] 1681 ; 1682 ; 1703.

[2] Après « monde », au lieu de deux points, certaines éditions ont un point final ; d'autres, point et virgule. Réaume, Histoire de Bossuet, I, p. 460, citant toute la page, écrit : « pour les retenir, ou de peur d'en être dédit ». Est-ce une nouvelle faute d'impression ou une conjecture malheureuse ?

UNA NUOVA GRAMMATICA LATINO-ITALIANA

DEL SEC. XIII

Io ho fiducia di recare, con la presente publicazione, un modesto contributo alla storia degli studi di grammatica nei secoli XIII e XIV.

Tutti sanno che la produzione linguistica dell' età di mezzo si presenta, a seconda che venne suggerita da intendimenti pratici o da intendimenti teorici, sotto una doppia espressione letteraria. Alla prima categoria dei trattati di rettorica pratica si riferiscono le famose *artes dictandi* e i non meno noti *formulari*, che miravano ad agevolare, per via di proposizioni fatte, l'espressione dei propri sentimenti in buona lingua latina a coloro che per l'uso della favella volgare erano venuti perdendo la consuetudine dell' antica[1]; alla seconda appartengono invece i glossari e le grammatiche, destinate a fare apprendere il latino[2].

Queste grammatiche, rimaneggiamenti in genere di quelle classiche antiche, di Donato e di Prisciano sopratutto, e degne ad ogni modo di attirare l'attenzione degli studiosi della

[1] Su le *artes* e sugli antichi dettatori si vedano gli studi seguenti :

GROBER. : *Uebersicht uber die lateinische Litteratur von der Mitte des 6 Jahrhunderts bis* 1350, in *Grundriss f. roman. Philol.* II Bd. p. 352-3.

ROCKINGER. : *Briefsteller und Formelbücher*, in *Quellen. z. bayer. Gesch.* IX, 1.

F. CASINI. : *La cultura bolognese dei secoli XII e XIII*, in *Giorn. stor. della Letterat. ital.* I, p. 9, ss.

A. GAUDENZI. : *Guidonis Fabe dictamina' rhetorica*, in *Propugnatore.* N. S. T. V. P. I, p. 109.

G. BERTONI — E.-P. VICINI. : *Gli studi di grammatica e la rinascenza a Modena*, 1905, p. 103, ss.

[2] Cf. Grober, *l. c.* p. 251.

cultura medievale, non offrirebbero grande interesse per il filologo, se un certo numero di esse, composte in tempi a noi più vicini, specialmente se indirizzate ai laici presso i quali l'intelligenza delle significazioni latine andava ottenebrandosi, non si fossero fatte eco del linguaggio volgare.

Precisamente a questo gruppo di grammatiche, le quali fanno alla parola latina seguire la traduzione in volgare ed adoperano esempi in volgare, appartiene il documento che io sto per rendere, in parte, di pubblica ragione.

Esso acquista maggiore importanza per il fatto che, meno fortunate dei trattati di Guido Faba e di Buoncompagno da Signa di altri, coteste grammatiche ci pervennero in numero così scarso, o sono almeno così poco conosciute, che non saprei mettere accanto alla presente altro che il frammento *latino-bergamasco*, edito dal Sabbadini [1].

La nostra grammatica trovasi nel cod. lat. mss. 23503, appartenente alla R. Biblioteca di Monaco in Baviera.

È pergamenaceo; rilegato in robuste assi con dorso in pelle; misura cm. 23 1/2 × 17.

Comprende 31 carte, di cui l'ultima serve di guardia; la scrittura si estende dalla c. 1 r sino alla c. 28 r (=30 r); la numerazione è recente e anche inesatta: saranno segnate rispettivamente con c. 5 *bis* e c. 16 *bis*, due carte saltate dal numeratore.

Il codice è scritto in chiara, regolare e bella scrittura semigotica. Le iniziali dei capoversi sono più grandi e in lettere rosse. Le iniziali dei capitoli sono ancora assai più grandi; pure in rosso e ornate di fregi.

Assai difficile è precisare l'epoca in cui sarebbe stato scritto il codice; i caratteri esteriori del codice lo fanno oscillare tra la fine del sec. XIII e la prima parte del sec. XIV.

Se è stato collocato da noi, nel titolo di queste pagine, addirittura nel sec. XIII, egli è perchè esso appare una copia e non un testo originale; contiene infatti alcuni errori che

[1] In *Studi medievali*, 1904, fasc. II, p. 282-292.

piuttosto che a una semplice svista dell' amanuense sembrano doversi attribuire a una cattiva lettura del testo : *scieis* c. 1 v per *sciera*; *procui* c. 1 v; *'unorum* c. 24 r per *tuorum*; *quarte*, c. 1 v *dicetuare*, c. 24 r; ecc. Molti altri esempi ci offre *anche* il testo sopratutto nella parte non riprodotta.

Prima di dare il sommario del contenuto del codice occore rilevare che questo, così come ci è pervenuto, appare frammentario. Il primo quaderno e forse anche i primi due [1] debbono essere stati asportati dal codice. Questo sospetto infatti ci vien suggerito sia dalla mancanza di alcune trattazioni, ad es. quella delle declinazioni, ecc.; sia dall' assenza di un *incipit;* sia dalla identità della prima lettera iniziale con quelle degli altri capitoli.

Dei capitoli rimastici, il primo (c. 1 r-c. 7 v.) tratta dei nomi eterocliti [2].

Il secondo (c. 7 v.-c. 10 r), delle proposizioni relative.

Il terzo (c. 10 r-c. 15 r), degli avverbi di luogo.

Il quarto (c. 15 r-c. 16 r), dei partitivi.

Il quinto (c. 16 r-c. 17 v), dei participi.

Il sesto (c. 18 r-c. 26 r), dei comparativi.

Il settimo e ultimo (c. 26 r-c. 28 r), dei superlativi.

Seguono, nella stessa carta 28 r, altre 14 righe, nelle quali si tratta dei nomi patronimici; probabilmente sono un' aggiunta posteriore, sia perchè scritte in carattere corsivo, sia perchè è lasciato in bianco lo spazio in cui il rubricatore avrebbe dovuto disegnare la lettera iniziale.

Tempo è ormai di mettere in rilievo le particolarità linguistiche principali :

Per quanto spetta alla GRAFIA, notevole è l'uso di *sc* per *sch :* sciera, c. 1 v; sciata, c. 1 v.

L'*n* finale è rappresentato spesso per *m :* plem, c. 24 r; piem, c. 24 r; um, c. 24 r; mem, c. 25 v; ecc.

ch, sta talvolta per il semplice *c* . : chanta. c. 5 *bis* v :

Aggiungo due casi nei quali non sarà certo a vedersi un semplice fatto di trascrizione :

[1] Ogni quaderno del codice consta di 8 carte.

[2] Questo capitolo, comprendendo la maggior parte delle parole in volgare, verrà stampato integralmente.

c, intervocalico rappresentato talvolta da *s* : piase, c. 6[v]; talvolta da *ç* : tenaçe, c. 3[v]; talvolta con *x* : piaxe, c. 2[r], paxo, c. 1[r].

s intervocalico rappresentato da *x* : caxa, 1[r], ecc.

VOCALI TONICHE :

APOFONESI : capilli, c. 5 *bis*[v]; quisti, c. 2[v]; baruni, c. 5 *bis*[r];

Nulla da osservare per quanto spetta ad U e I lunghi e tonici; infatti : fumo, c. 1[r]; padulo, c. 4[v] (Meyer-Lubke, Gram. I, 66 e 483); vita, c. 1[r]; viso, c. 1[r].

ĭ breve e ē lungo rappresentati da *e* : vela, c. 2[v]; sete, c. 1[r]; tevaro, c. 5[r]. Da aggiungersi il solito : libro, c. 4[v].

ŭ breve et ó lungo son dati per *o* : torre, c. 3[v]; tosso, c. 3[v]; rove, c. 4[r].

L'*ú* è conservato nei latinismi : mundo, c. 1[r]; pulvero, c. 5[r].

Abbiamo qui anche il difficile : lupo c. 4[v].

ŏ, breve è rappresentato generalmente da *o* : homo, c. 16[v], ecc.; logo, c. 6[v]; scola, c. 24[v]; bone, c. 1[v].

Ma anche dal dittongo *uo* : scuole, 5 *bis*[v]; suoçera, c. 3[r]; çuoghi, c. 6[v].

Da citarsi anche : nuora, c. 3[r].

ĕ breve, generalmente conservato anche in sillaba libera : Pero, c. 21[v], ecc; ma abbiamo anche spesse volte : Piero, c. 21[v], ecc.

Non si dittonga in sillaba chiusa.

SUFFISSO : ARIUS : maneria, c. 1[v]; già in latino volgare, *maneries*, c. 1[v].

DITTONGHI. Abbiamo, cielo, con l'*i*, c. 6[v]; celo, senza l'*i*, c. 7[v].

au, si risolve per *o* : cosa, c. 1[v]; povero, c. 2[v]; meloro, se viene da *malus laurus*, c. 3[r].

un *au* in *al* in aldù (udito), c. 25[r].

VOCALI ATONE :

Il fatto più importante è che caduta le vocali E, quasi sempre figura sostituita con *o* :

onoro, c. 5[r]; salo, aero, maro, c. 1[r]; famo, c. 1[r], morto, sanguo, c. 2[r]; tosso, c. 5[r]; vallo, c. 3[v], ecc.

Qualche volta però resta l'*e*: sete, c. 5[r]; odore, c 5[r]; fine, c. 4[r]; nuxe, c. 4[r]; torre, c. 5[r].

I, postonico, non finale, dinanzi a *r* dà *a*; dataro, c. 4[r]; in altri casi, *e*: portego, c. 3[r]; femena, c. 16[v]. ecc.

Per le vocali protoniche in sillaba iniziale debbo citare dinanzi a nasale lo svolgimento di *e* per *o*: somente, c. 4[v].

Vocale estirpatrice di iato: aiero, c. 1[r], accanto a: aero, c. 1[r].

CONSONANTI:

P, protonico, e postonico si risolve per *v*; cevóla, c. 14[v]; scove, c. 5 *bis*[v]; pavolo, c. 7[r]; pevere, c. 4[r]; povero, c. 2[v].

B, protonico e postonico si riflette per *v*: fave, c. 5[r]; rove, c. 4[r]; tavola, c. 3[v]; avero, c. 1[v].

V, postonico cade in: ua, c. 3[r]; si conserva in: nave, c. 2[v].

T, postonico, si conserva in: sete, vita, salute c. 1[r].

Si digrada in: desarmado, c. 5 *bis*[v]; amado, c. 16[v]; fadiga, c. 5[r], menaçadi, c. 17[r]; protonico, tra voc., si digrada e scompare: leamo, c. 1[r]; bateura, c. 2[r]; albergaoro, c. 2[v]; hospeali, c. 2[v], accanto alle forme hospetali, c. 2[v]; arbatura, c. 7[r].

C, postonica, si digrada: figo, c. 4[r]; segura, c. 5[r]; logo, c. 6[v]; çuoghi, c. 6[v]; portego, c. 3[r].

J, iniziale, si svolge per *z*: zoventù, c. 1[r]; zuano, c. 21[v] ecc.; zudei, c. 5 *bis*[v]; zove, c. 5[v]; çogolari, c. 5 *bis*[v].

nei nessi:

DJ, postonico, : orzo, c. 1[v]; verça, c. 5[r]; meço, c. 24[r].

NJ, protonico, : signoria, c. 2[r]; e post: bagno, c. 7[r]; vigne, c. 5 *bis*[r]; castagna, c. 4[r].

TJ, postonico, : piaza, c. 16 *bis*[v].

LJ, protonico, : meioro, c. 24[v], miiari, c. 6[r]; fiolo, c. 5 *bis*[r], accanto a filioli, c. 5 *bis*[v].

CJ, postonico, : faça c. 1[r].

L, tra vocali, dà *r* in: dataro, c. 4[r].

V, iniziale per *g*: gumero, c. 5[r].

N, intercalato, davanti una fricativa: insivam, c. 1[r].

GRUPPI:

CL, GL, PL, BL, FL, iniziali, si risolvono come di consueto: biancho, c. 1[v]; chiave, c. 5[r]; piaza, c. 16 *bis*[v]; fiore, c. 3[v], ecc.

Rileviamo il notevole : biava, c. 2^{r}; e lo svolgimento di GL : ianda, c. 4^{r}, dove, probabilmente, è da vedere nient'altro che un segno grafico per *g* palatile.

CL, postonico, : vermeio, c. 1^{v}.

TL, postonico, : vechia, c. 3^{r}. Citiamo anche : scoglio, c. 2^{r}.

CR, dà *gr* : alegro, c. 4^{v}; agro, c. 4^{v}.

METATESI : prea, c. 4^{v}.

ARTICOLI :

sing. masch. : lo, c. 1^{r}, ecc. ; el. c. 3^{r}, ecc.
genit. : de lo, c. 5^{r}, ecc.; del, c. 3^{r}, ecc.
ablat. : dal, c. 3^{r}.
feminin. : la, c. 1^{r} ; ecc.

plur. : i, c. 16 *bis*^{v} ; li, c. 1^{v} (de li c. 1^{v}), ecc.

NUMERALI :

maschile : due, c. 1^{v} ; dui, c. 1^{r} ; du, c. 24^{r} ; ecc.
fem. : doa, c. 25^{r}.
a tre a tri, c. 5 *bis*^{r}.
seto, c. 25^{r}.

PRONOMI :

io, c. 1^{v} ; eo, c. 2^{v} ; me, c. 2^{r} ; lo, lu e lui, c. 22^{r}.
tu, ti, c. 25^{r}.

AGGETTIVI POSSESSIVI :

masch. plur. : mei, c. 1^{v}; toy, c. 24^{r}.

SOSTANTIVI :

Il plurale E per I, fenomeno assai frequente nel veneto [1] : vestimente, c. 5 *bis*^{v} ; reprensione, c. 5 *bis*^{v}.

SCAMBIO DI DECLINAZIONE : vesta, c. 3^{v} ; segura, c. 5^{r} ; sanguo, c. 2^{r}.

SCAMBIO DI SUFFISSO : salutevelo, c. 4^{v} ; volevole, c. 4^{v}.

VERBI :

PRES. INDIC. : vago, c. 6^{r}; ó, c. 1^{v} ; sono, c. 2^{v}; sum, c. 21^{v},

[1] Cf. l'introduzione del Mussafia all'edizione del « *De regimine rectoris* » di fra Paolino.

ecc.; cito anche: voio, c. 25ʳ; soio, c. 24ʳ; veçu, c. 2ᵛ; leço, c. 23ᵛ.

Infinito: daro, c. 25ʳ; amaro, c. 16ᵛ.

Particip. passati; *to*, ca le qualche volta.: amà, c. 16ʳ; aldu c. 25ʳ, abiu, c. 1ᵛ, accanti ad, abiudo, c. 5 *bis*ᵛ; amado, c. 16ᵛ; al plurale: vegnuj. c. 16 *bis*ᵛ; batuj, c. 16 *bis*ᵛ; accante a menaçadi, c. 17ʳ.

Va rilevato anche il diffuso: fir, infinito, da *fieri*, c. 16 *bis*ᵛ; ecc.

Sintassi.

Riguardo alla sintassi, mi basti richiamare l'attenzione su l'impiego della terza persona singolare con soggetto plurale. Tuttavia: insiuam, c. 1ʳ; correno, c. 24ʳ.

Un ultimo punto rimane ancora a chiarirsi: il luogo, cioè, di provenienza del codice.

Le caratteristiche linguistiche, riprodotte più sopra, dimostrano in maniera evidente che il testo deve essere stato scritto nell' Italia settentrionale: basta, infatti, fare attenzione al digradamento delle sorde intervocaliche, al trattamento della consonante j, della vocale e postonica finale, ecc. Ora, quanto facile riesce questa constatazione generica, altettanto difficile è poter fissare con precisione a quale determinata regione il testo appartenga.

A questa difficoltà si urta sempre nella publicazione di testi antichi.

Il Mussafia, publicando i testi antichi veronesi, accortosi che alcuni tra essi avrebbero potuto attribuirsi benissimo così alla Lombardia come al Veneto, propose a fine di spiegare questo notevole fenomeno una sua teoria secondo la quale nella Lombardia e nel Veneto si sarebbe verificata una tendenza artificiale a darci una lingua litteraria e comune, risultante di forme proprie all' una o all' altra regione.

Altri invece vollero spiegare il fenomeno ricorrendo all' ipotesi di un adattamento al proprio vernacolo effettuato dagli amanuensi.

L'Ascoli[1] fece ragione di tutte queste ipotesi dimostrando

[1] Arch. Glott. Ital., I, p. 309, ss.

che alcune forme linguistiche similari (le apofonesi, per es.) sono originarie ed indigene tanto alla Lombardia che al Veneto e vanno anche spesso spiegate con il reciproco influsso tra i vari dialetti, durante il periodo della loro costituzione organica, per cui forme diverse venivano assunte a esprimere lo stesso fatto linguistico. Di queste, ciascun dialetto, man mano che andava specificandosi, ritenne quelle che più rispondevano all' indole propria, eliminando a poco a poco le altre.

Qualunque siano ad ogni modo i coefficienti produttori di questo livellamento, la difficoltà creata dall' assenza di differenziazione nella struttura primitiva dei dialetti settentrionali è tale che il Salvioni afferma che senza il sussidio di testimonianze storiche è pressochè impossibile, nella generalità dei casi, determinare con esattezza la provenienza di un testo [1].

A questa legge comune non si sottrae neppure il nostro : il suo volgare si ritrova pressochè tutto, così nel pianto veneziano della Vergine publicato dal Linder [2], o nella « Cronica degli Imperatori », edita dal Cerruti [3], come nella parafrasi lombarda del « *Neminem laedi nisi a se ipso* », di san Giovanni Crisostomo publicata del Förster [4]. Nonostante però l'incertezza generale delle forme, la maggior parte dei testi racchiudono in sè alcuni sottili fenomeni rivelatori, che permettono allo studioso di fissarne i caratteri specifi.

Così anche riguardo al nostro testo io credo di poter fare ancora un passo innanzi affermando che nel Veneto bisogna rintracciarne la patria.

Infatti non solo l'autore appare dagli esempi del capitolo terzo (c. 10[r]-c. 15[r]) avere grande famigliarità con i paesi del Veneto, non solo l'affinità tra il nostro e gli antichi testi veneziani sembra più intima, ma abbiamo ancora delle forme che o sono caratteristiche al dialetto veneto o per lo meno vi sono

[1] Giorn. stor. della letterat. ital , XLIV, 1905, p. 420, ss.
[2] A. Linder., Plainte de la Vierge en vieux venitien. Upsala, 1898.
[3] Arch. Glott. Ital., vol. III, p 177, ss.
[4] Arch. Glott. Ital., vol. VII, p. 1, ss.

più diffuse che altrove; così l'impiego della terza persona singolare per la plurale [1], la forma *pi* per *plus* [2], ecc.

Arrivato a questo punto, non mi sembra temerario fare ancora un ultimo passo, affermando che l'origine del nostro testo è da ricercarsi in Verona. Infatti non solo tutti i fenomeni linguistici dà me accennati sono comuni al dialetto veronese, ma il nostro testo volgare ci offre alcune forme che possono considerarsi quasi come caratteristiche di quel dialetto; cito: il fenomeno dell'-o postonico finale [3] e la terminazione *aro* degli infiniti verbali [4].

Di più a Verona ci richiama lo stesso autore il quale nei suoi esempi la cita di preferenza. Più che venti volte è citata Verona nel capitolo terzo ed è generalmente nominata la prima nelle serie di nomi di città [5]; appresso viène Vicenza, citata nove volte.

A Verona finalmente ci riporta un' indicazione esteriore del codice. Infatti nella parte interna dell' ultimo riguardo si trovavano scritte due righe, destinate probabilmente a indicare il proprietario del manoscritto. Disgraziatamente, all' epoca forse del suo trafugamento in Germania, sono state profondamente raschiate, di maniera che appena, è oggi possibile di leggere: *Iste liber fuit*.....; e poi al principio della seconda riga si intravede: *de verona*.....

Dopo ciò, di questa grammatichetta, che possiamo chiamare addirittura latino-veronese, riproduciamo tutti quei frammenti che contengono le parti volgari [6].

c. I^r].

Nota, quod sunt quedam nomina masculini generis non declinata in plurali que in his uersibus continentur:

[1] Cf. Arch. Glott. Ital. I, 137; Linder, *l. c.* p. cxv.

[2] Cf. K. von Ettmayer, Lombardisch-Ladinisches aus Südtirol. Estratto dalle *Romanische-Forschungen*, vol. XIII, 2: p, 570.

[3] Cf. Arch. I, p. 307. Meyer-Lübke, I, 307.

[4] Cf. Arch. I, p. 424, note 2; Oehlert, Alte-Verones. Passion. Halle, 1891, p. 58.

[5] Cf. mss. c. 11^r, 11^v, ecc.

[6] Ho tralasciato di trattare delle relazioni tra la nostra grammatica e gli altri analoghi componimenti del medio evo, perchè intendo occuparmene più diffusamente a proposito della publicazione integrale del testo che spero fare tra breve.

Cum fumo fimus, sanguis cum puluere, limus,
Aer, sol, pontus, cum mundo uisus et ether.

Hic fumus, huius fumi, *lo fumo.*
Hic fimus, huius fimi, *lo fango* sive *lo leamo.*
Hic sanguis, huius sanguinis, *lo sanguo.*
Hic puluis vel puluer, huius pulueris, *la poluero.*
Hic limus, huius limi, *el luamo.*
Hic aer, huius aeris, *l'aero.*
Hic sal, huius salis, *lo salo.*
Hic pontus, huius ponti, *lo maro.*
Hic mundus, huius mundi, *lo mundo.*
Hic uisus, huius uisi, *lo viso.*
Hic ether, huius etheris, *lo aiero.*

Et nota quod quando datur thema per supradicta nomina in nominatiuo plurali, quo carent, debemus recurere ad hoc nomen maneries et ponere in illo casu quem uult uerbum et predicta nomina in genitivo, uel ad nomina adiectiua ponderalia et ponere ipsa cum predictis nominibus in eo casu quem requirit uerbum ut in hoc exemplo : *dui fumy insiuam de caxa toa* debemus dicere : duplex fumus exibat domum tuam, vel dicere : maneries fumi exibat domum tuam.

Nota, quod sunt quedam nomina femini[ni], generis que de usu non declinantur in plurali numero et sunt ista que in his uersibus continentur :

Lux, sitis vel labes, mors, uita, fames, quoque, tabes,
Gloria, fama, salus, humus, pax, cum lue tellus,
Adde senecta senectus, adde iuuentus iuuenta,
Hiis iungas soboles, societur eis quoque proles.

Hec lux, huius lucis, *la luso.*
Hec sitis, huius sitis, *la sete.*
Hec labes, huius labis, *la brutura.*
Hec mors, huius mortis, *la morto.*
Hec vita, huius, uite, *la vita.*
Hec fames, huius famis, *la famo.*
Hec tabes, huius tabis, *la brutura.*
Hec gloria, huius glorie, *la gloria.*
Hec fama, huius fame, *la fama.*

Hec salus, huius salutis, *la salute.*
Hec humus, huius humi, *la terra.*
Hec pax, huius pacis, *la paxo.*
Hec lues, huius luis, *la brutura.*
Hec telus, huius teluris, *la terra.*
{ Hec senectus, huius senecte.
{ Hec senectus, p. eodem.
{ Hec juuentus, huius iuuentutis, *la zouentù.*
{ Hec juuenta, p. eodem.
Hec proles, huius prolis, *la sciata.*
Hec soboles, huius sobolis, p. eodem.

Et nota quod quando datur thema in plurali numero, quo carent, debemus facere la [c. 1v] tinum sicut dictum fuit supra in anteriori regula. Ut in hoc exemplo: *io, ò abiu due sete,* debet dicere: ego habui duas maneries sitis, vel duplicem sitis (*sic*).

Nota, quod sunt quedam nomina neutri generis que carent tribus casibus in plurali, scilicet genetiuus, datiuus et ablatiuus et sunt ista que continentur in istis versibus.

Era seu maria, uina, dant, ordea, mela,
Tres, casus iura tibi prebent oraque thura.

Hoc es, huius eris, *l'auero.*
Hoc mare, huius maris, *lo maro.*
Hoc vinum, huius uini, *lo vino.*
Hoc ordeum, huius ordei, *l'orzo*
Hoc mel, huius melis, *lo melo.*
Hoc ius, huius iutis, *lo brodo.*
Hoc os, huius oris, *la bocha.*
Hoc thus, huius thuris, *lo incenso.*

Et nota quod quando datur thema per predicta nomina in illis casibus quibus carent debemus facere sicut dictum fuit superius in antecedenti regula, ut in hoc exemplo: *de li mei uini l'uno è uermeio e l'altro è biancho;* debemus dicere: maneries mei uini una est alba, reliqua vero vermilia, vel debemus recurere ad casus quos habent et mutare constructionem, ut inter mea aliquid est album aliquid est vermilium. Et nota quod ius habet plures significationes, sed in predicta regula capitur p. *lo brodo.* Unde uersus:

Jus, aqua, ius rectum, ius locus, atque potestas,
Jus ad caponem, ius pertinet ad racionem,
Jus cum brodescit genètivo dativo carescit.

Nota quod omnia nomina quarte (*sic*) declinationis carent tribus casibus scilicet: genetiuo, datiuo et ablatiuo, preter ista que continentur in istis uersibus:

Sunt res atque dies, acies, facies, speciesque,
Is quoque maneries addatur materiesque.

Hec res, huius rei, *la cosa*.
Hic vel hec dies, huius diei, *lo di*.
Hec acies, huius aciei, *lo taio del ferro*.
Hec materies, huius materiei, *la materia*.
Hec facies, huius faciei, *la faça*.
Hec maneries, huius maneriei, *la maneria*.
Hec species, huius speciei, *la qualità over la beça*[1] *over le specie*.

Et nota quod quando datur thema quinte declinationis in illis casibus quibus carent, debemus edere latinum ut dictum fuit superius in precedenti regula, ut in hoc exemplo: *De le sperançe alchune è bone, alchune è rie:* Manerierum spei aliqua est bona, aliqua est mala. Et nota quod hoc nomen acies quod est (est) in precedenti regula invenitur *per lo taio e per lo vedere e per la sciera*[2]. Et hoc nomen species inuenitur *per la beleça e per la potentia e per la sapientia e per l'acidente* partium[3] omnium. Unde versus:

c. 2r]

Est acies oculi, feri bellique furentis,
Accidit atque potest, species et predicat ornat,
Signat arromata[4] quidem ista vocanda tibi.

Nota, quod omnia nomina metallorum et umidorum non declinantur in plurali nisi: es et metallum et nisi fanpasum,

[1] Così nel cod. Evidentemente va letto: *be[le]ça*.

[2] Nel ms. *sceis*. Circa al suono duro *sci*, si cfr. più sopra *sciata* (schiatta).

[3] Nel m. *pro cui*

[4] *-ta* pare abraso.

ordeum, furmentum et lupinus, faba, melapopo, unda [1] strectam (?) liquor, uis et mare. Et nota quod quando datur thema in plurali numero per supradicta nomina que carent ipso, debemus componere latinum ut dictum fuit superius in precedentibus regulis, ut in hoc exemplo : *de li olij alchuni dulci alchuni amari :* Manerierum olei aliqua est dulcis, aliqua amara.

Nota, quod sunt quedam nomina que in singulari numero carent nominatiuo et uocatiuo et sunt ista : vicis, necis, precis, dapis, contis, opis, foris, frigis, dicionis, lateris, quampluris, uisceris, uerberis, et tabi, non habent in singulari numero nisi genetiuum et ablatiuum et omnia sunt feminini generis nisi lateris et tabi, que sunt masculini generis et nisi visceris et uerberis, que sunt neutri generis et quampluris quod est neutri generis.

Genetivo : huius uicis, *la volta.*
— huius precis, *la pregera.*
— huius dapis, *la viuanda.*
— huius foris, *la porta.*
— huius frigis, *la biaua.*
— huius quampluris.
— huius uisceris, *lo enteriore.*
— huius necis, *la morto.*
— huius contis, *la scoglio.*
— huius opis, *la uitorio.*
— huius dicionis, *la signoria.*
— huius lateris *lo quarello.*
— huius uerberis, *la bateura.*
— huius tabi, *la sanguo fiacido.*

Et nota quod quando |datur thema per predicta nomina in nominatiuo casu quo carent, vel in illis casibus quibus carent, debemus recurere ad hoc nomen maneries et ponere in eo casu quem uult uerbum et predicta nomina in genetiuo casu et possumus etiam alio modo, scilicet recurere ad dictum singularem si habent et ad infinitum illius uerbi quod datur thema, ut in hoc exemplo : *questa uolta me piaxe.* Istam uicem est placere michi, vel maneries istius vicis placet michi :

[1] Ms. *uuda.*

Nota, quod sunt quedam nomina apud antiquos que erant omnis generis sed apud nos perdiderunt neutrum genus et sunt comunis generis et continentur in istis versibus.

Degener et sospes, pauper quoque diues et ospes
Omnis erant generis que sunt comunia nuper
-Tem vel -tes fugiunt neutrum, sed cetera sumunt.

c. 2ᵛ]

Hic et hec degener, huius degeneris, *lo vilano.*
Hic et hec sospes, huius sospitis, *sano e saluo.*
Hic et hec pauper, huius pauperis, *l'omo pouero.*
Hic et hec diues, huius diuitis, *l'omo richo.*
Hic et hec hospes, huius hospitis, *l'omo albergaoro.*
Hic et hec incolumis, et hoc incolume, *l'omo sano e saluo.*
Hic et hec ignobilis, et hoc ignobile, *l'omo vilano.*
Nominatiuo egenus egena egenum, *l'omo pouero.*

Et nota quod licet predicta nomina sint comunis generis possunt tamen iungi cum nominibus neutri generis in quolibet casu, preter quam in genetiuo singulari et preter quam in accusatiuo nominatiuo et vocatiuo, in quibus casibus non possunt iungi cum neutro genere quia quoad uocem et quoad intellectum sunt tamen comunis generis in predictis casibus. Unde si detur thema tale : *eo ueçu uno bello hospeale*, non possumus dicere : video unum hospitalem pulcrum, imo debemus dicere per latinum et hoc potest fieri per latinum et sum, es, est, ut ego uideo unum hospitale quod est diues, et si datur thema in hoc exemplo *quisti dui hospitali sono richi*, debemus dicere : istorum duorum hospitalium utrumque est diues, vel uolumus dicere per ista vocabula : ista duo hospitalia sunt locuplecia.

Nota, quod omnia nomina secunde declinationis sunt masculini generis desinentia in-*us*, ut hic dominus et hic deus preter illa que continentur in istis versibus que sunt feminini generis et sunt ista :

Artus, diptongus, nardus, costusque, fasellus,
Aluus, cristalus, synodus, balamus, quoque uanus,
Carbasus, atque colus, abisus, humus quoque botrus,
His crinus bisus iungantur et ipsa papirus.

Hec artus, huius arti, *una stella.*
Hec diptongus, huius diptongi, *lo ditongo.*
Hec nardus, huius nardi, *unguento.*
Hec costus, huius costi, *una herba.*
Hec faselus, huius faseli, *una pizola naue.*
Hec aluus, huius aluui, *lo uentre.*
Hec cristalus, huius cristali, *lo cristalo.*
Hec synodus, huius synodi, *la congregatione dei chierexi.*
Hec vanus, huius vani, *lo nalo.*
Hec balamus, huius balami, *vna generatiom.*
Hec carbasus, huius carbasi, *la uela de la naue.*
c. 3 r]
Hec colus, huius coli, *la rocha da filare.*
Hec abisus, huius abisi, *l' abiso.*
Hec humus, huius humi, *la terra.*
Hec botrus, huius botri, *el gram de l'ua.*
Hec eremus, huius eremi, *uno uechio.*
Hec bisus, huius bisi, *la purpura biancha.*
Hec papirus, huius papiri, *la charta, ouer el çogelo.*

Nota, quod omnia nomina quarte declinationis desinencia in-*us* sunt masculini generis, ut hic uisus ; preter ista que continentur in istis uersibus que sunt feminini generis et sunt ista :

Porticus atque tribus, nurus, manus, aut annus, idus,
Acus atque specus, penus, domus excipe socrus.
Et pinus cum quercus, ficus quoque dicito laurus.

Hec porticus, huius porticus, *el portego.*
Hec tribus, huius tribus, *la sciata.*
Hec nurus, huius nuri, *la nuora.*
Hec manus, huius manus, *la mano.*
Hec annus, huius annus, *la vechia.*
Et pluralis nominatiuo hec idus genetiuo harum idus *una parte del mundo.*
Hec acus, huius acus, *l'auchia.*
Hec specus, huius specus, *la beltresca.*
Hec penus, huius penus, *la chaneua dal uim.*
Hec domus, huius domus, *la chaxa.*
Hec socrus, huius socri, *la suoxera.*

Hec pinus, huius pini. ***lo pino.***
Hec quercus, huius quercus, ***la rouere.***
Hec ficus. huius ficus, ***lo figo.***
Hec laurus, huius laurus, ***lo meloro.***

Et nota quod omnia nomina desinentia in(h)is, habentia duplicem consonantem ante -is vel habentem mm duplicis vel unam ex liquidis vel n ante -is et corripientia penultimam crescentis genetiui sunt masculini generis, ut hic piscis et hic lapis, preter ista que in his uersibus continentur que sunt feminini generis :

> **Dyploys et cassis, cuspis, capis et clamis, assis,**
> **Aspis, glis et febris, erinis, eumenis, ebris,**
> **Lis, neptis, lactis, pelis, piscisque parassis,**

c. 3 v]

> **Piramis et peluis, tussis, pelis, malapestis,**
> **Restis et oressis, turris, uallis quoque uestis.**

Hec clamis, huius clamidis, *lo mantello.*
Hec asis, huius asidis, *la tauola.*
Hec aspis, huius aspidis, *l'aspro sordo.*
Hec glis, huius giitis, *la lapola ouero lo apio.*
Hec glis. huius glissis. *la terra tenaçe.*
Hec febris, huius febris, *la febre.*
Nec erinis, huius erinis, *la furia infernale.*
Nec eumenis, huius eumenis, p. eodem.
Hec edris, huius edridis, *la lorinchessa.*
Hec lis, huius litis, *la briga.*
Hec neptis huius neptis, *la neça.*
Hec lactis. huius lactis, *la rosella ouero lo fiore.*
Hec polis, huius polis, *la cità*, vel planta.
Hec pissis, huius pissidis, *la busula.*
Hec parasis, huius parasidis, *la scudella.*
Hec piramis, huius piramidis, *lo anello.*
Hec peluis, huius peluis, *la choncha ouer lo baçino.*
Hec tussis, huius tussis, *la tosso.*
Hec pellis, huius pellis, *la pelle.*
Hec pestis, huius pestis, *la pestilentia.*
Hec restis, huius restis, *la soga.*

Hec orresis, huius orresis, *lo incendio de la gola.*
Hec turris, huius turris, *la torre.*
Hec uallis, huius uallis, *la uallo.*
Hec uestis, huius uestis, *la uesta.*

Nota, quod omnia nomina fructuum arborum sunt neutrius generis et secunde declinationis, ut sucinum et hoc malum, preter ista que continentur in his uersibus :

Arboris est omnis fructus generique neutralis,
Preter auelana, nux, glans, castanea, ficus,
Uua, galla, grasulla, amigdula, carica, bacha,
Hic datilus, cedrus, gariofalus atque racemus,
Femina lumea, piper neutrale tenes,

c. 4 r]

Cucumer cum pepo simul dicuntur esse melones.

Hec auelana, huius auelane, *la noxela.*
Hec nux, huius nucis, *la nuxe.*
Hec glanis, huius glandis, *la ianda.*
Hec castanea, huius castanee, *la castagna.*
Hec ficus, huius ficus, *lo figo.*
Hec uua, huius uue, *l'uua.*
Hec galla, huius galle, *la galla.*
Hec grasula, huius grasule, quedam maneries uuarum.
Hec amigdula, huius amigdule, *la mandola.*
Hec caricha, huius cariche, *la figa secha.*
Hec bacha, huius bache, *l'orbaga.*
Hic datilus, huius datili, *lo dataro.*
Hic cedrus, huius cedri, *lo cedro.*
Hic garifolus, huius garifoli, *lo garofalo.*
Hic recemus, huius racemi, *lo raspo de l'uua.*
Hec limea, huius lume, *la lumea.*
Hoc piper, huius piperis, *lo peuere.*
Hic cucumer, huius cucumeris, *lo popone.*
Hic pepo, huius peponis, *lo melone.*

Nota, quod omnia nomina arborum sunt feminini generis et secunde declinationis, ut : hec auelanus,-ni ; preter dumus, rubus, oleaster et piaster, que sunt masculini generis et preter : pinus, ficus, quercus, laurus, que sunt quarte declinationis. Unde uersus de genere :

Feminini generis genus arboris omne teneto
Ni dumus et rubus, oleaster siue piaster.

Hic dumus, huius dumi, *lo castagno*.
Hic rubus, huius rubi, *lo roue*.
Hic oleaster, huius oleastri, *l'oliuo saluaticho*.
Hic piaster, huius piastri, *lo pino saluaticho*.

Nota, quod omnia nomina incerti generis sunt ista que continentur in isto uersu:

Di, cor, si, fi, bu, li, cru, car, ser, pau, tal, dar, mar, bidens et sementis.

Hic uel hec dies, huius diei, *lo di*.
Hic uel hec cortex, huius corticis, *la scorça ouer la buça*.
Hic uel hec silex, huius silicis, *la prea*.
c. 4 v].
Hic uel hec finis, huius finis, *la fine*.
Hic uel hec bubo, huius bubonis, *lo guffo*.
Hic uel hec linx, huius lincis, *lo lupo çeruero*.
Hic uel hec crimis, huius criminis, *la groppa*.
Hic uel hec cardo, huius cardonis, *lo carichano*.
Hic uel hec serpens, huius serpentis, *lo serpente*.
Hic uel hec panthera, huius panthere, *la pantera*.
Hic uel hec talpa, huius talpe, *la talpa*.
Hic uel hec dalma, huius dalme, *lo dajno*.
Hic uel hec margo, huius marginis, *lo spacio de lo libro*.
Hic uel hec bidens, huius bidentis, *la pegora ouer lo folcone*.
Hic uel hec sementis, huius sementis, *la somente*.

Nota, quod undecim sunt nomina adiectiua que in nominatiuo et acusatiuo singulari uariantur per tres articulos diuisis uocibus et diuisim et sunt ista que in his uersibus continentur:

Campester, uolucer, alacerque, saluber, quoque equester,
Siluester, celeber, acerque, celerque, pedester,
In his bis quinque tenet hic -er hec -is es hoc -e,
Ut summam teneas his omnibus adde paluster.

Hic campester, hec -stris et hoc campestre, *di campo*.
Hic uolucer, hec -cris et hoc uolucre, *uoleuole*.
Hic alacer, hec -cris et hoc alacre, *alegro*.
Hic saluber, hec -bris et hoc salubre, *saluteuelo*.

Hic equester, hec -stris et hoc equestre, *da cavalo.*
Hic siluester, hec -stris et hoc siluestre, *de selua.*
Hic celeber, hec -bris et hoc celebre, *honoreuelo.*
Hic acer, hec -cris et hoc acre, *agro.*
Hic celer, hec -ris et hoc celere, *presto.*
Hic pedester, hec -stris et hoc pedestre, *da pe.*
Hic paluster, hec -stris et hoc palustre, *da padulo.*

Nota, quod sunt quedam nomina habentia duplicem terminationem in nominatiuo et uocatiuo casu singulari in his uersibus continentur :

Est arbor, honor, odor et simul addde labor,
Ciner uel uomis, cucumer geminantia puluis,
Bis duo sunt or et os rectos facientia casus.

c. 5 r].

Hec arbor uel arbos, *l'arbore.*
Hic odor uel odos, *l'odore.*
Hic ciner uel cinis, *la cenere.*
Hic cucumer uel cucumis, *lo cocumero.*
Hic honor uel honos, *l'onoro.*
Hic labor uel labos, *la fadiga.*
Hic uomer uel uomis, *lo gumero.*
Hic puluer uel puluis, *la puluero.*

Nota, quod omnia nomina propria locorum sunt feminini generis uel neutri, preter vicus, quod est masculini generis et nomina composita que tenent quod habent in simplicitate. Unde versus :

Femina uel neutra sunt nomina quoque locorum,
Excipiuntur uicus et nomina compositorum.

Nota, quod sunt quedam nomina terminantia acusatiuum singulare in -em et in -im et quedam in -im tantum et que faciunt in acusatiuo in -em et in -im faciunt in ablatiuo in -e et in -i et que faciunt in acusatiuo in -im tantum, faciunt in ablatiuo in -i tantum. Versus :

Turrim, maguderim, burim, tiberimque securim,
Vim, peluim, nauim, tussim, pupim quoque clauim,
His adiungas sitim, cui iungas postmodum restim,
Inuenies turrem ueruntamen atque securem,
Et peluem, nauem, tussem, pupem quoque clauem.

Hec turris, huius turris, *la torre.*

Hic maguder, huius maguderis, *lo torso de la uerça.*

Hec buris, huius buris, *la bora de lo aratro.*

Hic tiber, huius tiberis, *la teuaro de roma.*

Hec securis, huius securis, *la segura.*

Hec uis, accusatiuo uim, vocatiuo vis, ablatiuo ab hac vi, *la força,* et non habet plus in singulari numero, in plurali uero habet omnes casus.

Hec peluis, huius peluis, *la concha.*

Hec nauis, huius, nauis, *la naue.*

Hec tussis, huius tussis, *la tosso.*

Hec pupis, huius pupis, *la popa.*

Hec clauis, huius clauis, *la chiaue.*

Hec sitis, huius sitis, *la sete.*

Hec restis, huius restis, *la soga.*

Nota, quod omnia nomina que faciunt in nominatiuo in neutro genere in -e, faciunt in ablatiuo singulari in -i, ut : hoc mare, ablatiuo : ab hoc mari; et hic et hec utilis et hoc utile, ablatiuo ab hoc et ab hac et ab hoc utili; preter : gausape, presepe, cepe et nomina propria locorum; ut uignale castilione, que faciunt tantum in -e; unde versus :

c. 5 v]

Nomen in -e neutrum sextum dat in -i modo casum,
Gausape, presepe non mutant e neque cepe,
Gausape cum proprijs et non mutare iubeto.

Hoc gausape, huius gausapis, *la touaia.*

Hoc presepe, huius presepis, *la magnaora.*

Hoc cepe, huius cepe, indeclinabile : *la ceuola.*

Nota, quod omnia nomina feminini generis desinentia in -a, descendentia a masculinis mutata -us in -a in datiuo et ablatiuo pluralibus, ad diferentiam suorum mascolinorum, in -abus ut equa, equabus et sic de aliis, preter quam si esset nomen adiectiuum, ut albus, alba, album, quod non facit albabus. Et preter quam si esset res inanimata, ut banchus, bancha, quod non facit banchabus. Et preter quam si esset res que cognosci non posset per sexum, ut columbu, -ba, quod non facit columbabus. Unde uersus :

A ueniens ex-us, sine neutro, transit in abus.
Hec animatorum sunt discernentia sexus.

Nota, quod sunt quedam nomina substantiva, a quibus deriuantur adiectiua prime et secunde declinationis et tercie et sunt ista :

Cera, iugum, limus, animus, colus, arma, bacilus,
Cum norma neruus, cum freno colige frenum.

A cera deriuatur sincerus, -ra, -rum ; et hic et hec sinceris et hoc sincere, quod est dictu : *chiaro.*

A iugum deriuatur bimgus, -ga, -gum, et hic et hec bongus et hoc bonge, quod est dictu : *de dui zoue :*

A limus deriuatur sublimus, -ma, -mum, et hic et hec sublimis et hoc sublime, quod est dictu : *alto.*

Ab animus deriuatur magnanimus, -ma, -mum, et hic et hec magnanimus et hoc magnanime, quod est dictu : *de grande animo.*

A colus deriuatur columus, -ma, -mum, et hic et hoc columis et hoc colume, quod est dictu : *sano et saluo.*

Ab arma deriuatur inermus, -ma, -mum, et hic et hoc inermis et hoc inerme, quod est dictu : *desarmado.*

A bacilus deriuatur inbecilus, -la, -lum, et hic et hec inbecilis et hoc inbecile, quod est dictu : *debile.*

A norma deriuatur enormus, -ma, -mum, et hic et hoc enormis et hoc enorme, quod est dictu : *sença regola.*

c. 5 *(bis)* r]

A neruus deriuatur eneruus, -ua, -uum, et hic et hec eneruis et hoc enerue, quod est dictu : *debile.*

A freno deriuatur efrenus, -na, -num, et hic et hec efrenis et hoc efrene, quod est dictu : *sfrenato.*

A cliuus deriuatur decliuus, -ua, -um et hic et hec decliuis et hoc decliue, quod est dictu : *inclinato.*

Nota, quod nullum nomen proprium declinatur in plurali nisi istis modis, scilicet, diuisione, ut, duo galee; institutione, ut, pise euenta; ut, ecce duos petres; oppinione, ut, duos soles; translatione de una significatione ad aliam, ut, salomones idest sapientes : cognatione, ut, gualas (?) Unde uersus :

Diuidit, instituit euentam, oppinio transfert,
Pluralis numeri signat cognatio nomen.

Nota, quod sunt quedam nomina masculini generis, que apud modernos tantum pluraliter declinantur et sunt ista scilicet: fori, liberi, manes, penates, etc.

Plurali nominatiuo: hi fori, fororum, tabulata nauium.
— — hi liberi, liberorum, *li filioli.*
— — hi manes, manium, *le anime infernale.*
— — hi penates, penatum, *furie infernales.*
— hi sales, salium, *li çogolarij.*
— — hi cani, canorum, *li capelli canudi.*
— — hi cases, casium, *le reti.*
— — hi uepres, uoprium, *le uepre.*
— hi sentes, sentium, *le spine.*
— hi fasces, fascium, *li onori.*
— hi canceli, cancelorum, *li canceli.*
.— hi gemini, geminorum, *uno segno celestiale.*
— — hi superi, superorum, *li dei di souura.*
— — hi inferi, inferorum, *li dei di sotta.*
— — hi terni, -ne, -narum, *a tre a tri.*
— — hi quaterni, -ne, -narum, *a quatro a quatro.*
— — hi proceres, procerum, *li baruni.*
— — hi antes, antium, *li campi de le uigne.*

Et nota, quod quedam ex predictorum nominum in frequenti usu inveniuntur in singulari numero, ut, nomina bipartita, scilicet, terni, quaterni, et casses et sentes. [c. 5 (*bis*) v] Unde licet uteremur talibus nominibus in singulari numero peccaremus et alia autem tantum in usu plurali. Unde si datur thema in numero plurali per predicta nomina debemus recurrere ad alia uocabula in singulari numero declinata, ut in hoc exemplo: *io ò abiudo uno fiiolo*, debemus dicere; ego habui unum filium et non liberos.

Nota, quod sunt quedam nomina feminini generis tantum pluraliter declinata, scilicet, anchie, brache, cerimonie, delitie, diuitie, argutie, blanditie, exequie; et nomina ciuitatum, ut, pise, tebe, et athene; et nomina librorum, ut, decretales et ysagoge.

Plurali nominatiuo : he anchie, -arum, *li penduni de la ouetula.*
— — he brache, -arum, *le brache.*
— — he cerimonie, -arum, *le obseruantie de li zudei.*
— — he delicie, -arum, *le delicançe.*
— — he argutie, -arum, *le reprensione.*
— — he diuitie, -arum, *le richeçe.*
— — he blanditie, -arum, *le losenghe.*
— — he exequie, -arum, *li offitij de le sepulture.*
— — he eximie, -arum, *le spollie.*
he exquilie, -arum,
— — he excubie, -arum, *le guardie.*
— — he fasimie, -arum, *le chançone che se chanta a li puti de fassa.*
— — he gades, -dium, *li termini de hercules.*
— — he inducie, -arum, *le induxie.*
— — he indume, -arum, *le uestimente.*
— — he insidie, -arum, *li aguati.*
— — he kalende, -arum, *le calende.*
— — he ferie, -arum, *le ferie.*
— — he mine, -arum, *le menaçe.*
— — he manubrie, -arum, *le maneghi.*
— — he nundine, -arum, *li merchati.*
— — he none, -arum, *la nona.*
— — he nuptie, -arum, *le noçe.*
— — he primitie, -arum, *le primitue cosse.*
— — he scole, -arum, *le scuole.*
— — he scale, -arum, *le scale.*
— — he scope, -arum *le scoue.*
— — he tenebre, -arum, *le tenebre.*

c. 6 r]

Plurali nominatiuo : he illecebre, -arum, *i falsi delecti.*
— — he bige, -arum, *lo carro de doe rote.*
— — he trige, -arum, *lo carro de tre rote.*
— — he quadrige, -arum, *lo carro de quatro rote.*
— — he dire, -arum, *le furie infernale.*
— — he ydus, -duum, *una parte del tempo.*

Plurali nominatiuo : he facie, -arum, *li belli costumi.*
— — he fallere, -arum, *le corierte.*
— — he letanie, -arum, *le letanie.*
— — he quisquilie, -arum, *le gusse de le faue.*
— — he decretales, -lium, *lo decretale.*
— — he ysagoge, -arum, *lo libro de aristotile.*

Nota, quod quedam predictorum nominum, licet inuenientur in singulari numero, non debent uti, et si datur thema in singulari, possumus facere per predicta nomina, ut, *io uago a la scola,* ego uado ad scolas.

Nota, quod sunt quedam nomina neutri generis apud modernos tantum pluraliter declinata, scilicet, ylia, arma, açima, castra, chochylia, carmina, menia, milia, magalia, magnalia, papalia, seria et cartesia, tempe, bachanalia et saturnalia.

Plurali nominatiuo : hec ylia, ylium, *li fianchi.*
— — hec arma, -orum, *le arme.*
— — hec açima, -orum, *le cose açime.*
— — hec castra, -orum, *le schiere.*
— — hec conchilia, -orum, *li calcineli.*
— — hec carmina, -num, *li reuolçementi del' aqua.*
— — hec menia, -nium, *li muri.*
— — hec esta, -orum, *li interiori.*
— — hec milia, -lium, *li miiari.*
— — hec magalia, -lium, *le campane*[1].
— — hec magnalia, -lium, *le grande cosse.*
— — hec mapalia, -lium, *le capanne.*
— — hec verria, -orum *le nouelle ouer cosse utile.*
— — hec charchasia, -orum, *le maçarole.*
— — hec tempe, indeclinabile, *li luoghi deleteueli.*
— — hec bachanalia, -lium, *la festa de Bacho.*
— — hec saturnalia, -lium, *la festa de Saturno.*

c. 6 v]

Et nota, quod predicta nomina in predictis significationibus

[1] Nel ms., tra, l'*a* e la *n*, c'è inscritta in alto una piccola *q*, a modo di correzione.

non inueniuntur declinari in singulari numero, et quando datur thema in singulari numero debemus facere per pluralem et debemus recurrere ad alia nomina singulariter declinata, ut in hoc exemplo : *la mia arma me piase;* mea arma placent michi.

Nota, quod sunt quedam nomina etheroclita quoad genus que in singulari numero sunt masculini generis, et in plurali neutri scilicet : locus, iocus, sibillus, menalus, tartarus, supparus, infernus, auernus, balteus, pilleus, ysmarus et didimus. Et tria ex predictis nominibus, scilicet, locus, iocus et sibillus, possunt et inueniri masculini generis in plurali, ut hi loci et hec loca. Et quedam sunt que in singulari numero sunt neutri generis et in plurali sunt masculini, scilicet : porrum, filum, frenum, rastrum, celum, pellagus et uulgus; potest tamen inueniri, hi fili et hec fila, hi freni et hec frena. Et quedam sunt que in singulari numero sunt feminini generis et in plurali sunt neutri, scilicet, suppelex, tilis, altilis, arbatus, pergamus, garbasus, intumus, topesta, digesta, retorica, cantica, pascua, georgica, bucolica, çiçania, potest et inueniri çiçanie in plurali. Et quedam sunt in singulari numero neutri generis et in plurali feminini, scilicet : epulum, cepe et balneum, potest tamen inueniri hec balnea in plurali.

Hic locus, -ci, plurali nominatiuo : hi loci et hec loca *lo logo.*

Hic iocus, -ci, — — hi ioci et hec ioca, *li çuoghi.*

Hic sibillus, -li, plurali nominatiuo : hi sibilli et hec sibilla, *li fischi*

Hic menalus -li, plurali nominatiuo : hi et hec menala, *uno monte.*

Hic tartarus -ri, plurali nominatiuo : hi et hec tartara, *lo inferno.*

Hic supparus, ri, plurali nominatiuo : hi et hec suppara, *l'ornamento de li manegeti.*

Hic infernus, -ni, plurali nominatiuo : hi et hec inferna, p. eodem.

Hic auernus, -ni, plurali nominatiuo : hi et hec auerna, p. eodem.

Hic trenarus, -ri, plurali nominatiuo : hi et hec trenara, p. eodem.

Hic balteus, tei, plurali nominatiuo : hi baltei, *lo scaçiale.*

Hic pilleus, -i, — — hec pillea, ***uno monte.***
Hic ysmarus, ri, — — hec ysmara, ***uno monte.***
Hic didimus, -mi, — — hec didima, ***uno monte.***
Hoc porrum, ri, — — hi porri. ***li porri.***
Hoc filum, -li, — — hi fili et hec fila, ***lo filo.***
Hoc frenum, -ni, — — hi freni et hec frena, ***lo freno.***
Hoc rastrum, -ri, plurali nominatiuo : hi rastri, ***lo rastello.***
Hoc celum, -li, — — hi celi, ***lo cielo.***
Hec pellagus, gi, — — hi pellagi, ***lo pellago.***
c. 7 r]
Hec uulgus, gi, plurali nominatiuo : hi uulgi, ***lo pouolo.***
Hec suppelex, -lis, — — hec suppelectilia, ***la masaria.***
Hec altilis, lis, plurali nominatiuo : hec altilia, ***lo celo.***
Hec arbatus, ti, — — hec arbuta, ***l'arbatura.***
Hec pergamus, -mi, plurali nominatiuo : hec pergama, ***li muri di troia.***
Hec garbasus, -si, plurali nominatiuo : hec garbassa, ***la uella de la naue.***
Hec intubus, -bi, plurali, nominatiuo, hec intuba, quedam erba.
Hec topica -ce, plurali nominatiuo : hec topica, ***lo libro de aristotile.***
Hec digesta, ste, plurali nominatiuo : hec digesta, ***lo digesto de la leye.***
Hec retorica, -ce, plurali nominatiuo : hec retorica, ***lo libro de Tulio.***
Hec cantica, -ce, plurali nominatiuo : hec cantica, ***lo libro de Salamone.***
Hec pascua, -e, plurali nominatiuo : hec pascua, ***la pastura.***
Hec georgica, -ce, plurali nominatiuo : hec georgica, ***lo libro de Virgilio.***
Hec bucolica, -ce, plurali nominatiuo : hec bucolica, ***lo libro de Virgilio.***
Hec çiçania, -e, plurali nominatiuo : hec çiçania et hec çiçanie, ***la çinçania.***
Hoc epulum, -li, plurali nominatiuo : he epule, ***le uiuande.***
Hoc cepe, -pe, — — he cepe, ***le çeuole.***

Hoc balneum, -nei, plurali nominatiuo : he balnee vel hec balnea, *lo bagno*.

Nota, quod nomen etheroclitum potest dici quatuor modis, primo modo, quoad genus, ut uisum est supra. Secundo modo, quoad numerum, ut quando numerus pluralis non deriuatur a singulari ut nominatiuo ego et plurali nominatiuo nos. Tercio modo quoad declinationem, videlicet quando nomen est unius declinationis in singulari et alterius in plurali, ut hoc uas, -sis et plurali nominatiuo, hec uasa, -sorum, secunde declinationis et in singulari tercie. Quarto modo, quoad casus, scilicet quando unus casus regulariter non formatur ab altero, ut hic Jupiter, genetiuo huius iouis. Dicitur etiam uerbum etheroclitum quoad personam, scilicet quando secunda persona non formatur a prima, ut sum, es ; et dicitur quoad tempus, scilicet quando preteritum non formatur a presenti, ut fero, tuli. Unde uersus :

Est genus et numerus et declinatio casus
Nomen etherolitum reddit tempusque personam.

Nota, quod deriuatio in arte gramatice fit septem modis. Primo modo uoce tantum, ut a lacertus, lacerta. Secundo significatione tantum, ut ab uno, semel. Tercio uoce et significatione, ut ab amo, amor. Quarto adiectione ut a iustus, -sti, addita -tia, fit iustitia. Quinto diminutione, ut a consulo, remota -o, fit consul. Sexto per traslationem de greço in latinum, ut a theus, deus. Septimo per contrarium, ut a luceo, lucus.

c. 7 v]

Et nota, quod sunt quedam nomina que deriuantur per contrarium, et sunt ista que in istis uers bus continentur.

Lucus et officium, bellum, libitinaque parca,
Ista per antifresim sunt dicta nomina quinque.

Expliciunt etheroclita. Deo gratias. Amen.

c. 16 v]

Nota, quod participium desinens in -ans uel in -ens tria habet vulgaria, ut amans, idest, *l'omo e la femena e la cosa, amando ouer che amaua ouer che ama*. Participium vero desinens in -tus, in -sus et in -xus et in -us tria habet vulgaria, ut amatus, idest *lo homo e la femena e la cosa amado, che ama, ouer che sta amà*. Participium vero desinens in -rus habet etiam tria vulgaria ut amaturus, idest, *l'omo e la femena e la cosa da douer amaro ouer che amara ouer che dera amaro*. Participium vero desinens in -dus habet etiam tria vulgaria ut amandus, idest, *l'omo e la femena e la cosa da fir ama, ouer che fir ama, ouer che dera fir amà*.

c. 16 *bis* v]

Si non inuenitur participium latinum potest fieri duobus modis, ut *pero amà core*, petrus quem aliquis amauit uel amauerat curit.

Nota, quod quando datur thema per participium desinens in -dus, si participium reperitur latinum potest fieri IIII^or modis. Primo modo per participium, ut *Pero da fir amà core*, petrus amandus curit.

Nota, quod quando datur thema per participium quo caremus, aut participium ponatur in consequentia, aut si non ponatur in consequentia tunc debet resolui in uerbo indicatiui modi cum ista coniunctione dum uel postquam uel subiunctiui modi in coniunctione ut in hoc exemplo : *Vegnuy i scolari a la scola el maistro lege* ; dic : postquam scolares uenerunt ad scolas magister legit. Si vero illud participium non ponatur in consequentia tunc recurendum est ad uerbum et hoc relatiuo qui, quod potest esse duobus modis uel verbum et participium habent idem uulgare et tunc relatiuum debet poni in supposito uerbi, ut in hoc exemplo : *i scolari batuj ua a la piaza*. Si vero participium et uerbum non habent idem uulgare tunc relatiuum debet poni in supposito, ut in [c. 17r] hoc exemplo : *i scolari menaçadi ua a la piaza*, dic : scolares, quibus uapulatus fuit magister uadunt ad plateam.

c. 21 v]

Nota, quod quando datur thema in uno accidente ad unum terminum, illic est unica comparatio et debemus componere latinum hoc modo ; quia debemus ponere latinum inter terminos si inuenitur et si non inuenitur, positiuum et magis aduerbium, ut sum fortior te et sum magis pius quam tu uel te ; et si datur tale thema in uno accidente ad duos terminos, ut si dicatur : *io sum più forte de piero che de martim*, illic sunt tres comparationes que sic demonstrantur, quia primo uolo dicere, *che sia più forte de piero* et sic est una. Secundo, uolo dicere, *che sia più forte de martim*, et sic sunt due. Tertio, *che sia più forte de pero che de martim* et sic sunt tres, quarum due sunt in latino et altera intelligitur quia primo ponitur nomen comparatiuum, postea magis quam inter duos terminos positos in ablatiuo casu et magis quam intelligitur comparatiuus precedens. Unde debet dici ego sum fortior petro magis quam martino et si detur thema in uno accidente ad tres terminos ut si dicatur: *io sum più forto de zuano che de piero che de martim*, illic sunt septem comparationes que sic demonstrantur quia primo uolo dicere, *che sià più forte de zuano*, et sic est una. Secundo, *che sia più forte de pero* et sic sunt due. Tertio, *che sia più forte de martim*, et sic sunt tres. Quarto, *che sia più forte de zuano che de martim*, et sic sunt quatuor. Quinto, *che sia più forte de zuano che de piero*, et sic sunt quinque. Sexto, *che sia più forte de martim che de pero*, et sic sunt sex. Septimo, *che sia più forte de zuano che de pero che de martim*, et sic sunt septem.

c. 22 r]

Et nota, quod termini qui sunt copulati reputantur pro uno et si dicatur: *io sum più biancho de piero de martim*, illic est unica comparatio quia duo termini copulantur pro uno et debet dici sic, ego sum albior petro et sum altior martino.

c. 22 r]

Nota, quod datur thema in uno accidente ad unum terminum illic est unica comparatio sicut dictum fuit superius, et si datur thema in duobus accidentibus ad unum terminum, ut si dicatur: *io sum più biancho che forto de pero*, illic sunt tres comparationes, que sic demonstrantur, quia primo uolo dicere, *che sia più biancho de pero*, et sic est una. Secundo. *che sià più forte de lu*, et sic sunt due. Tertio, *che sia più biancho che forto de lo*, et sic sunt tres et debet sic fieri latinum, quia debent poni illa duo nomina comparatiua que sunt in themate et in medio unum magisquam ut ego sum albior petro magisquam sim fortior eo, et si non inuenitur nomen comparatiuum ponere debemus loco comparatiui positiuum et magis ut ego sum magis pius magis quam rubens petro. Et nota quod si datur thema in tribus accidentibus ad unum terminum, ut si dicatur: *io sum più biancho che sauio che forto de pero*, illic sunt septem comparationes, que sic demonstrantur, quia primo uolo dicere, *che sia più biancho de piero*, et sic est una. Secundo, *che sia più sauio de lui*, et sic sunt due. Tertio, *che sia più forte de lui*, et sic sunt tres. Quarto, *che sia più biancho che sauio de lui*, et sic sunt quatuor. Quinto, *che sia più che forto de lui*, et [c. 22ᵛ] sic sunt quinque. Sexto, *che sia più sauio che forto de lui*, et sic sunt sex. Septimo, *che sia più biancho che più sauio che più forte de lui*, et sic sunt septem.

c. 22ᵛ]

Et nota, quod si datur thema in duobus accidentibus ad unum terminum, illic sunt tres comparationes, ut dictum fuit superius, nisi quod loco comparatiui debemus ponere uerbum et magis siue minus, ut ego magis quam magis oneror martino et sic de alijs. Et nota quod in talibus comparacionibus terminus potest esse duplex, scilicet, terminus uerbi et terminus comparationis, terminus uerbi est qui determinat uerbum, ut *amo più piero che martim*. tunc est unica comparatio quia est absque termino comparatiui et debet sic dici ego magis amo petrum quam martinum.

c. 22ᵛ]

Nota, quod si datur thema in duobus accidentibus ad duos terminos, ut si dicatur : *io sum più forte che sauio de piero che de martim*, illic possunt esse septem comparationes ; tres sunt in diuersos respectus, nam si uolumus intelligere quod ambo illi termini redantur utrique comparatiuo erunt septem, quod sic demostratur, quia primo uolo dicere, *che io sia più forte de piero*, et sic est una. Secundo, *che sia più sauio de lu*, et sic sunt due. Tertio, *che sia più forte che sauio de lui*, et sic sunt tres. Quarto, *che sia più forte de martim*, et sic sunt quatuor. Quinto, *che sia più sauio de martim*, et sic sunt quinque. Sexto, *che sia* [c. 23ʳ] *più forte che sauio de lu*. Septimo, *che sia più forto che sauio de pero che de martim*, et sic sunt septem. Et debet fieri sic latinum, quia primo debent poni illa nomina comparatiua in eo casu quem uult dicio regens et inter ea unum magis quam et ambo termini in ablatiuo et in medio unum magis quam et sic erunt quatuor et tres intelliguntur quia post magis quam ponitur inter terminos intelliguntur illic tres comparationes et ponuntur unum intelligitur sic, ego sum sapientior magis quam fortior, magis quam sapientior martino, et si uolumus intelligere primus terminus reddatur primo comparatio et secundus secundo tercio et erunt tres comparationes, que sic demonstrantur, quia primo uolo dicere, *che io sia più sauio de pero*, et sic est una. Secundo, *che sia più forto de martim*, et sic sunt due. Tertio, *che sia più sauio che forto de biaxio che de martim*, et sic sunt tres.....

Nota, quod quando datur thema in uno accidente ad unum terminum per minus, illic est unicha comparatio, ut dictum fuit superius et debet fieri latinum per positiuum et minus, quod valet tantum quantum tuum comparatiuum, et hoc fit quia comparatiuum significans minus non inuenitur, ut, *io sum mem biancho de piero*, debet sic fieri latinum, ego sum minus albus petro; et si datur thema in duobus accidentibus ad unum terminum, ut si dicatur, *io sum mem biancho che mem forto de pero*, illic sunt tres comparationes, ut dictum fuit superius in comparacionibus per magis.....

c. 23[v]]

Nota, quod si datur thema in duobus accidentibus siue in duobus actibus per magis siue per minus absque termino, illic est unicha comparatio ut si dicatur, *io sum più biancho che forto*, et *io amo mem che non leço*, et tunc debet componi latinum per positium et magis siue per minus aduerbia. Unde debemus dicere, ego sum magis albus et ego magis amo quam legam. Et si datur thema in talibus comparationibus siue in talibus actibus, ut si dicatur, *io sum più biancho che forte che sauio*, et *io leço più che non amo che non corro*, illic sunt tres comparationes que sic demostrantur, quia primo uolo dicere, *che io sia più forto che sauio*. Secundo, volo dicere, *che io sia più biancho che forto*. Tertio, uolo dicere, *che io sia più biancho che non sum forto e più sauio*, et sic debet fieri latinum quia debemus ponère tria magis quam ut ego sum magis sapiens magis quam diues magis quam albus et sic de alijs.

c. 24[r]]

Nota, quod si datur tale thema : *io sum più richo che non soio*, istud latinum potest fieri per istam dicionem : solito, cum comparatione absque termino, illic est unicha comparatio et possumus uti nomine comparatiuo, quia fit comparatio respectu diuersorum temporum, ut patet dicendo, *io sum più richo che non soio*, illic est unicha comparation, quia volo facere comparationem de meis diuitijs presentibus ad meas diuitias preteritas et possum dicere duobus modis ut ego sum dicior solito et tunc intelligitur ego sum dicior me solito esse diuite, idest dum eram solitus esse diues, uel alio modo scilicet ego sum dicior quam solito, idest quam preterito tempore. Et si datur thema cum termino ut si dicatur, *io sum più forto de pero che non soio*, hic sunt tres comparationes, que sic demostrantur, quia primo uolo dicere, *che da qui endre era più forte de pero.* Secundo, uolo dicere, *che sia più forto de lui*, et sic sunt due. Tertio, uolo dicere, *che sia più forto de pero che da qui endre* et sic sunt tres et debet sic fieri latinum quia primo debet poni istud nomen comparatiuum cum suo termino et inter terminum et solito unum magis quam et taliter illud comparatiuum non precesit, ut ego sum fortior petro magis quam solito, et sic intelligitur, ego sum fortior petro magis fuerim fortior eo solito.

c. 24 r]

Nota, quod si datur tale thema : *questo vasello è più de meço mem che piem*, hic unum comparatiuum est excessus alterius et potest intelligi duobus modis, scilicet, *che lo* plus sit excessus *de lo mem*, ut dicatur, istud uas est plenum pluri medietate sua minus toto siue sua totale, et possumus intelligere *che lo* minus sit excessus *de lo* plus ut dicatur, istud uas est plenum magis quam ad medium sine medietate minorum quam ad sumum uel minori toto. Et possum etiam facere per uerba secundum diuersos respectus siue intellectus, ut istud uas superhabundat a medio quam uacet a toto, uel istud vas magis vacat a toto quam superhabundet a medio.

Et nota, quod dum volumus intelligere *che lo* plus sit excessus *de li mem* intelligitur, quod modica quantitas uini sit in uase et dum volumus intelligere *che el mem* sit ex [c. 24 v] cessus *del* plus intelligitur, quod modica quantitas vini deficiat in vase et patet recte in cunctibus.

Nota, quod si datur tale thema : *um più de um homo corre.* debet sic fieri latinum, quia primo debemus capere unum nomen comparatiuum quod est in themate et postea suam determinationem cum qua semper est *de dre alche* (*sic*), et illud quod remanet debemus ponere in ablatiuo quia est excessus, ut plures homines homo currunt ; et si datur tale thema : *du più de du homini correno*, istud latinum potest intelligi duobus modis, quia primo potest intelligi *che lo du* sit terminus comparatus, ut duo plures homines uno currunt, alio modo potest intelligi *che lo du* sit excessus, et hunc debemus dicere, duobus plures homines uno currunt, et si dicatur, *uno mem de du homini corro*, non possumus dicere, uno pauciores homines duobus currunt, quia non *de du uno* est unus et de uno non potest dici pauciores, sed debemus dicere pauciores in plurali numero dum modo illud de quo dicitur sit pluralis numeri. Et si datur tale thema : *tri più de quatro sette homini corre,* debemus capere neutrum et ponere in illo casu quem uult verbum et sibi dicetuare (*sic*) nomen comparatiuum et illum neutrum cum quo semper est *de che* vel et debemus ponere in terminatione comparatiui et aliud quod remanet debemus ponere in terminatione comparatiui et aliud quod remanet debemus ponere in excessu; ut septem homines plures quatuor tribus currunt.

Nota, quod nomen comparatiuum quando ponitur istud vulgare *ly le lo* uel *la* semper importat particionem dum non sint illa que requiruntur in particione, ut in hoc exemplo, *prestame lo meioro de li toy cauagli*, et, *io sum lo meioro scolaro de la mia scola*, et debet tunc nomen comparatiuum determinari per genetiuum, uel per ablatiuum mediante de uel e uel ex, uel per acusatiuum mediante inter, ut, concede mihi meliorem tuorum equorum, et, ego sum melior scolaris nostrarum scolarum, et intelligitur sic : presta mihi unum equum tuorum [1] equorum meliorem aliis, et si diceretur per ablatiuum tunc esset dictum quod tu prestares unum de tuis. Et nota quod huuis modi latinum est abuxio in comparatione de qua dicetur inferius et est consequens et intelligitur scolarium.

Nota, quod si datur thema : *io leço più che non posso*, non de c. 25 r] bet dici latinum, ego lego plus quam posum, quia sequeretur falsa sententia, sed debemus ponere illud quam huic aduerbio comparatiui et illud aduerbium capitur in vi sui positiui et cum abiuxio (?) in significatione, ut ego lego quam plus posum, et sic intelligitur ego lego tam plus, idest

[1] Ms. *Vnorum*.

tam multum quam plus, idest quam multum posum, et de aliis intelligitur, sic ego ueniam quam citius potero, et si datur tale theuma: *io uoio inançi una sperma che hum caualo*, non bene diceretur per magis nec per prius quia sequeretur, quod uelem utrumque, sed debet dici per potius quia est aduerbium eligendi et inuenitur etiam nomine et deriuatur ab isto nomine potis, ut ego uolo potius unam palmatam quam unum equum et possumus etiam dicere per istam dictionem quam, ut uolo palmatam quam equum et tunc est coniunctio electiua quia quam potest esse aduerbium temporis et aduerbium quantitatis et nomen relatiuum et coniunctio electiua. Unde uersus:

Si quam sequteris designat tempus et ista,
Comperat et nomen quam tamen uocat eligit atque.

Nota, quod si datur tale theuma: *dame li dinari che tu me di daro io non te li domandaro pi*, non debet (debet fieri latinum per plus siue per magis, quia sequeretur falsa sententia, videlicet competere contra illos sed non plures, sed debemus dicere per amplius. Et si diceretur, *io ò aldù la lectiom pi che seto uolte*, posumus dicere per aduerbia scilicet ego audiui lectionem plures quam septies, et tale latinum potest dampnari quia adverbia non posunt determirare uerbum modo non determinat, quia male ad hoc dicimus quiod (*sic*) quantum ad modum significandi *lo* septies determinat verbum sed quantum ad significationem determinat *lo* plures qui tantum ualet *lo* septies quantum septem uicibus et erit compositio sic dicendo bene, male. Sed nota quod uolendo figure (*sic*) esse dubium debemus interponere istud adverbium; quam, ut legi lectionem plures quam septies et curit septies determinat unum uerbum legi [1] quod subintelligitur.

Nota, quod quando datur tale theuma: *io ò pi che doa tanti dinari de ti*, debet dici latinum ego habeo plures denarios duplo illorum quos tu habes siue duplo sui, [c. 25ᵛ] et tunc intelligitur denariorum habitorum a se et talis sensus quod si tu habes duos denarios ego habeo plures quatuor, sed non dico quod et si dicatur, *io ò doa tanto pi dinari de ti*, tunc istud *doa tanto* est excesus et debemus dicere ego habeo duplo plures

[1] Mss. *legu*.

denarios illis quos tu habes, et est sensus quod si tu habes duos denarios ego habeo sex Unde scito numero tuorum denariorum statim scitur[1] meus numerus, et sic dicatur absque nomine comparatiuo, ut *io ò doa tanti denari de ti*, non potest dici per quam quia ipse non haberet ad cuius determinationum ueniret, sed debemus dicere isto modo, ego habeo duplum illorum denariorum quos tu habes uel ego babeo denarios in duplo tui.

Nota, qnod si datur tale theuma : *io ò x soldi et du dinari pi ouer du dinari mem*, non possumus dicere per plures nec per pauciores ponendo copulam, quia sequeretur falsa sententia, quia si diceremus ego habeo decem solidos et duobus plures sequeretur quod haberes xx solidos additis duobus denarijs et si dicatur in temate *meno* non debemus dicere per plus nec per minus, sed debemus dicere per citerior quod sunt nomina comparatiua, ut ista hora est ulterior ora tertie et citerior (ora) hora uespertina.

c. 27r]

Nota, quod nomen superlatiuum uult determinari per genetiuum pluralem uel singularem nominis colectiui et sui generis quando respectiue ponitur, ut ego sum fortissimus hominorum (*sic*) siue istius populi et non bene diceretur ego sum fortissimus petro. Et hoc est quia nomen superlatiuum habet uim nominis comparatiui et de uno non potest fieri comparatio sed debemus dicere quando non habet genetiuum pluralem uel singularem nominis colectiui et sui generis et comparatiuum et multo, ut *io sum fortissimo de marti*, ego sum multo fortior martino et *io sum fortissimo di lioni*, ego sum multo fortior leonibus et non bene diceretur ego sum fortissimus leonum, quia ego non sum de genere leonum.

ANTONINO DE STEFANO.

Fribourg (Suisse).

[1] Mss. *situr*.

LA CHRONIQUE FRANÇAISE DE MAITRE GUILLAUME CRETIN

(*Suite et fin*)

---

20 r°. V. Lothaire se joint aux révoltés — 20 v°. Violences exercées contre les parents de Bérard. — 21 r°. On décide que la querelle de Louis et de ses fils sera soumise à une assemblée plénière. Les mutins demandent qu'elle se réunisse en France; l'empereur souhaite qu'elle ait lieu en Allemagne. — 21 v°. Son désir, à la fin, prévaut. On enjoint aux nobles et aux prélats d'assister sans armes au plaid. L'abbé Hildo, qui ne tient pas compte de cet ordre, est chassé. — 22 r° et v°. Menées des deux partis. — Après la première séance de l'assemblée, Louis mande Lothaire auprès de lui. Le père et le fils paraissent ensemble à une fenêtre. La foule, qui les juge réconciliés, se livre à des transports de joie et se range du côté de l'empereur. — 23 r°. Les conspirateurs sont punis. L'un d'eux, l'évêque d'Orléans, Théodulphe, est emprisonné à Angers [1].

Mais, par après, Dieu qui jamais n'oublye
Homme contrict, quant de cueur le supplye,
23 v° L'exercita en occupation
Telle qu'on eut de luy compassion,
Comme entendrez s'avez la pacience
De l'escouter. Homme plein de science
Estoit celuy prelat. Or, comme espris
D'affliction en ce qu'avoit mespris,
La exposa son sçavoir en chant d'hympnes
Et beaulx respons. Entre aultres choses dignes
D'acception, il feyt *Gloria laus*
Qu'au jour nommé dimanche des rameaulx

[1] Les événements que Cretin relate dans ce chapitre eurent lieu en 830, et l'incarcération de Théodulphe est, en réalité, antérieure de douze ans. Cf. Gall. Christ., t. VIII, col. 1420.

En saincte Eglise universelle on chante.
Je ne croy point personne si meschante
Et indevote, en contemplant l'effect
De ce beau chant (tant doulcement est faict!)
Qui, par pitié, de l'œil ou cueur ne pleure.
  Advint qu'ung jour des rameaulx, a telle heure
Que se faisoit celle procession
Par le clergé d'Angers, la stacion
Ou l'empereur assistoit en personne
Fut faicte au lieu, comme le plus consonne,
Tout droit devant la prison ou, captif,
Estoit celuy povre evesque, actentif
24 r° D'ouyr et veoir l'adoracion faire
Devant la croix. Ce faict, pour satisfaire
A son desir, de haulte et doulce voix
Print a chanter ces beaulx vers, toutesvoys
Ce ne fut pas sans arrouzer sa face
De larme chaulde. Ainsi veult que se face
Tout cueur piteux, desirant avoir d'œil
Signe duquel demonstre en porter dueil.
Ce mot diray affin qu'on le retienne :
Le bon prelat, en chantant celle anthienne,
Ayde receut des esperitz divins,
Par le recit d'aucteurs vrays, non devins;
En leurs escriptz bien autentiques dirent
Qu'anges du ciel a son chant respondirent :
C'est reigle vraye et sans exception
Qu'il fut trouvé digne d'acception.
Quant l'empereur eut la louenge ouye
Donnée a Dieu de pensée esjouye,
Fut si contrict qu'ains aultre chose ouvrer
Le prisonnier envoya delivrer.
Quoy plus? luy fut toute faulte commyse
Entierement pardonnée et remyse.

24 v°-26 r°. VI. Lieux communs : Lorsque la Discorde laisse en paix les hommes, ce n'est jamais pour longtemps. La fortune varie et nos joies ne durent point. L'histoire du Débonnaire le démontre. — 26 v°-27 v°. Il vivait tranquillement sur son trône reconquis, recevait

des ambassades qui lui apportaient de beaux présents, instituait, en dévot personnage qu'il était, la fête de la Toussaint, et ne songeait à nul mal, lorsque, de nouveau... — 28 r°. ses fils se levèrent contre lui.

Peres, gardez de lascher trop la bride
A voz enffentz, car il n'y a remyde :
28 v° S'un pied laschez, ilz en gaigneront deux,
Et ja n'aurez honneur ne plaisir d'eulx.

Le pape Grégoire IV passe les monts. — 29 r°. Il déclare, en arrivant en France, qu'il veut ramener l'union dans la famille impériale. — 29 v°. Réponse de Louis. — 30 r°-31 v°. Le pape se rend chez les mutins, et négocie avec eux. Ils débauchent les partisans de leur père, qui se trouve bientôt sans armée. Il est réduit alors à demander une entrevue à ses fils. Ils consentent. Grégoire devine que cette conférence ne produira rien de bon, et il se hâte de retourner à Rome. — 31 v°-32 r°. L'empereur est reçu par ses enfants d'une façon en apparence respectueuse, mais ils ne laissent pas de le séparer de sa femme, qu'ils exilent à Tortone, et de l'envoyer lui-même au couvent de Saint-Médard, à Soissons. — 32 v°. Cretin déplore cette rigueur.

33 v°-39 r°. VII. Plaintive élégie du Débonnaire. Le chroniqueur lui cède la parole, et il en abuse cruellement.

40 r°-41 v°. VIII. Lothaire réunit une assemblée à Compiègne, et y traîne son malheureux père. Les états décident que l'empereur sera tondu. Faute d'avoir les moyens de résister, il consent et prend le froc. — Lothaire, bien joyeux, s'achemine vers la ville d'Aix.

42 v°-44 r°. IX. Mais la prospérité des méchants est passagère. Effrayé par une faction puissante, et qui juge odieuse sa conduite, Lothaire remet son père en liberté, puis s'éloigne en déclarant n'avoir agi que d'après l'opinion des évêques et des gentilshommes qui assistaient au plaid de Compiègne.

44 v° ....
Et par ainsi la besogne acomplye,
Fut entre mains l'empire restablye
Du bon Loys, qui, pour habit cloistrier,
De chevallier print ceinture et bauldrier,
En lieu de froc et gonne moniale,
Sceptre receut et robe imperiale,
Et, pour couvrir la tonsure du chef

Tripple couronne affublant derechef,
45 r° En belle, grande et notable assemblée,
A cry public et non de force emblée,
(Comme de Dieu et tout le peuple amé)
Vray empereur fut allors proclamé,
Au gré, plaisir, confort, joye et lyesse
Des bienveillantz..................

Lothaire, qui est parti plein de courroux, met le siège devant Chalon, s'en empare, pille l'église de cette ville, et se livre (45 v°) à beaucoup d'autres excès. — 46 r°-47 v°. Pendant ce temps, l'empereur accueille avec bonté ses fils, Loys et Pépin, qui se montrent fort repentants ; il remercie le Seigneur qui lui a rendu le sceptre ; il se divertit quelquefois en chassant. (N. B. Il avait du goût pour ce sport, mais il ne s'y adonnait point d'une manière exclusive, passionnée.)

48 v°. X. Revenu de Tortone, Judith est tourmentée par un gros souci : son époux est déjà vieux ; il a partagé son héritage entre les trois enfants du premier lit; le jeune Charles n'a donc rien à attendre. Afin de lui ménager un protecteur, sa mère eût désiré le placer sous la tutelle de Lothaire. Mais celui-ci prêterait-il les mains à un tel arrangement ? — 49 r° et v°. Le Débonnaire écrit à son fils et l'invite à venir traiter cette question avec lui. Lothaire, qui ravageait pour lors l'Italie, ne se presse pas d'obéir. — 50 r°. Il se décide enfin à se présenter à la cour, et accepte la tutelle de Charles.—50 v°. Nouveau partage de l'empire. — 51 r° et v°. Il lèse les intérêts de Loys, roi de Bavière, qui se prépare à soutenir ses droits par les armes. Néanmoins, comme il apprend que son père lève contre lui de grandes troupes, il feint adroitement de se soumettre.

52 v°. XI. Mort de Pépin, roi d'Aquitaine. — A qui donner sa couronne? On ne tombe pas d'accord sur ce sujet, et l'on choisit l'empereur comme arbitre. — 53 r° Pour traiter ce point litigieux, il convoque une assemblée à Clermont, mais on ne peut, faute de temps, arriver à une solution, car, sur ces entrefaites, le roi Loys excite les Germains à la révolte. — 53 v°. Le Débonnaire conduit son armée contre ces méchantes gens. . Hélas! il était vieux, il était malade, et cette campagne l'acheva.

54 r° Ses pavillons et tentes feyt dresser,
Près la cité de Mayence, en quelque isle
Ou esperoit avoir repos tranquille,

Mais, nonobstant la doulce humanité
De l'aer si doulx, tout plein d'amenité,
Tant fut saisy de l'aygre amaritude,
Qui tost se tourne en amere egritude,
Que la perdit toute force et vigueur,
Par quoy tumba en si forte langueur
Qu'il n'eut de vie esperance certaine,
Et demoura toute une quarantaine
De jours et nuictz en l'extreme danger
Du paz mortel, sans boyre ne manger
Fors le repaz de divine bouthique
Qu'on dict et tient le très sainct viatique
Du sacré corps et sang très precieux
De Jesuchrist, souverain roy des cieulx,
Pour restaurant a l'ame salutaire.

54 v°-55 r°. Le mourant adresse à Lothaire ses recommandations ultimes, puis, l'ayant couronné de ses propres mains, il se met à sourire doucement, en homme que visitent les esprits divins. — 55 v°. Peu après il rendit l'âme, et une comète parut, juste à ce moment, dans le ciel. — 56 r°. Imitez l'empereur Louis! Il fut patient, dévot, et certains de ses actes honorent beaucoup sa mémoire. On doit notamment se souvenir qu'il fit transférer à Saint-Denys les corps des martyrs Hippolyte et Tiburce.

57 r°. XII. Il est notoire que les enfants des rois enterrent avec plaisir leurs parents. — 57 v°. Lothaire se conforme à cette coutume; il ne pleure point le Débonnaire, et s'empresse de chercher querelle à Judith et à Charles. — 58 r°. Bientôt la guerre s'allume entre les quatre frères. Ils forment deux camps, mais de quel côté Loys et Pépin [II] s'étaient rangés, voilà ce que le chroniqueur ne sait point du tout.

Je suis perplex pour la diversité
De noz autheurs : en controversité
D'oppinions, les ungs Lothaire tiennent
Joinct a Pepin d'Aquitaine, et maintiennent
Charles avoir Loys avecques luy.
Sur ce ne suis pour desmentir nulluy,
Mais plusieurs ont escript tout le contraire [1].

[1] Ils ont eu grand tort.

58 v°. Charles réunit des troupes, et il les exhorte à bien combattre. — 59 r°. Elles lui jurent fidélité... On va partir ; on s'équipe.

59 v° Or est saison, quant la trompette sonne,
De preparer les marsiaulx tournoys,
Gentz et chevaulx adextrez au harnoys,
Trousser chanfrains, selles d'armes et bardes,
Mectre en charroy faulcons, canons, bombardes, —
Cloches d'enfer, vulcanistes bastons,
Non pour sonner matines en baz tons,
Mais tant tonner qu'aer fende, terre tremble,
Et que le coup vie a l'ung ou l'aultre emble, —
Lances en main, javelines, passotz,
Picques, pongnars, cuyraces et cuyssotz,
Armetz au chef, gorgerins et barbuttes,
Fortz hallecretz, halbardes, haquebuttes,
Haches, estocz, arbalestes et dardz,
Suyvre guydons, enseignes, estendardz :
60 r° Car il est temps que chacun s'appareille
Monstrer d'effect se la force a pareille
A son heyneux, pour soustenir combact.

Lorsque l'on prétend acquérir de la renommée, il s'agit de ne s'épargner point et de ne pas craindre les horions. — 60 v°. Les deux armées vont à la rencontre l'une de l'autre, et elles traversent les provinces à grand tumulte.

Onques le bruyt de fouldres et tempestes
Ne rendit son pour estonner tant testes
Que le strepit merveilleux et tonnant
Pour l'heure fut tout le monde estonnant,
Car il sembloit que deubst terre a coup fondre,
Et le pays en abisme confondre,
Comme se lors fust sur champs Lucifer,
Accompaigné des sattrappes d'enfer
Aveq Megere et toutes les furyes.
Certes ce sont merveilleuses faeryes
D'infiniz maulx que train de guerre accroist :
Qui ne le voyt bien a peine le croyt!

61 r°. Dans la plaine de Fontenay [Fontenailles], voici les adversaires en présence. — 61 v°-62 r°. Les gens de Charles reculent d'abord, mais il les rallie, les ramène... — 62 v°. Parenthèse : Cretin déplore les querelles des rois.

> Princes, helas ! vous acquerez renoms
> D'estrangesiios, et, par ces deux pronoms
> Qui sont *meum* et *tuum*, menez guerre
> Pour les pays ungs sur aultres conquerre.
> Or plaise a Dieu si bien vous accorder
> Qu'en brief [illegible] l'ayon recorder
> Qui [illegible] fin a vos querelles telles,
> Et qu'ainsi [illegible] contre les infidelles !
> [illegible] Seigneurs, bien mestier est
> Que de [illegible] querelles l'interest ;
> 63 r° La temps se perd [illegible] l'heure ja moult tarde.
> [illegible] a la mocstarde,
> [illegible], pour [illegible] quelz proffitz,
> [illegible] l'honneur du benoist crucifix.

[illegible] de la bataille. — 63 v°. Suite de la description. Jamais [illegible] ne fut a ce point sanglante. — 64 r°. Il y eut des deux côtés [illegible] presque égal. Néanmoins Charles demeura vainqueur [illegible] Guillaume, un événement considérable [illegible] l'ayant conté, il est a propos de poser la plume un instant [illegible] avant d'aller plus loin.

[illegible]

[illegible] Après la victoire, Charles le Chauve poursuit Lothaire [illegible] Ici, un passage très confus : les frères ennemis [illegible] temps encore, puis se décident à conclure un accord [illegible] du traité de Verdun que le chroniqueur a voulu nous [illegible] la place en 846.

[illegible] Lothaire partage son royaume entre ses enfants ; il se [illegible] et prend « monial habit ». L'un de ses fils, qui porte [le] nom que lui, transgresse la loi de Sainte-Eglise, et veut [deux é]pouses à la fois. Cette prétention plonge Guillaume

[illegible] continue la pagination du précédent. Même observation [illegible] des chapitres.

Cretin dans une sorte de stupeur ; il qualifie ce prince de *grand folastre*, et ne peut assez admirer qu'un homme souhaite deux femmes, alors qu'il est déjà si désagréable d'en avoir une. — 69 v° Les prélats, qui avaient autorisé cette bigamie, furent déposés. Quant à Lothaire [II], il fut puni par le ciel de sa conduite *incivile*, et ne tarda pas à mourir misérablement.

Diray je ung mot sur ce qu'ores en sens ?
Desir me prend qu'au propos assocye
70 r° Icy endroict forme de facecye :
Il n'est que bon, sans trop papelarder,
Aulcunesfoiz termes entrelarder
De motz joyeux, pour matiere pesante
Aux auditeurs rendre guaye et plaisante.
Entendez donc, vous aultres mariez
Qui en mesnaige estes tant hariez,
Vous seroit bien a gré la fascherye
Deux femmes prendre, obstant la tricherye
Qu'aulcunes ont ? Sans propoz varyer,
Se l'ung de vous estoit a marier
Vouldroit il pas, estant hors de servaige,
Le reste user de ses jours en veufvaige ?
Tant d'hommes voy que c'est pitié jaloux,
Plus desirantz tumber en piege a loups
Que retourner en celle forte nasse
Dont sont sortys[1] : plusieurs en amenasse,
Qui les vouldroit recevoir a tesmoings.
Nottez pourtant, de femmes n'en dy moings.
Maintes en scay si mal apparyées
Que si souhet de n'estre mariées
A heure et temps leur estoit imparty,
70 v° Cent foiz le jour tiendroient ce party,
Car marys ont de si villaine race
Qu'en eulx n'a bien, beaulté, bonté ne grace.
Mais s'ainsi est (ce qu'advient bien a tard)

[1] L'idée de cette *nasse* symbolique parait appartenir à l'auteur des *Quinze joyes de mariage*, mais celui-ci déclare, plus subtil que notre rhétoriqueur, que l'homme, bien « embarré » dans le piège, ne demande qu'à y rester, et que « s'il n'y estoit, il se y mectroit a grande haste ».

Qu'ayent tous deux voulloir de telle part
Jusques garder paix et amour ensemble,
Je croy que l'an tout entier ne leur semble
Durer ung jour. Au contraire, quant sont
Si malheureux que riotte et noyse ont
De tel endroict qu'il faille, par l'amorse
Du goust heyneux, desirer le divorse,
La sont logez près les faulxbourgs d'enfer.
Quant femme auroit quatre testes de fer,
On les pourroit plus tost casser et fendre
Qu'elle ne feyst ce qu'on luy veult deffendre.
Femmes en rue et en l'eglise veoir
Scayvent d'attraictz fort doulx monde pourveoir
D'humains plaisirs; ce sont belles noblesses :
Mais a l'hostel semblent estre deablesses.
Marys aussi se montrent fort doulcetz
Devant les gentz, mais infinis procès
Se meuvent lors que, hors de compagnye,
71 r° **Sont a privé. Dieu scet la letanye**
Qu'on chante! Mais, pour serrer huys et pontz,
A tous versetz sont serviz de respons.
Se le mary sur sa femme crie, elle
Lui scet chanter si haulte kyrielle
Qu'il dict le mot que Villon ne nya.
Quel mot ? *Heureux l'homme est qui rien n'y a !* [1]
Les jouyssantz des belles *Quinze joyes*
***De mariaige* entendent les montjoyes**
De telz plaisirs trop mieulx que ne les scay.
Or reprenons l'endroict que je laissay.

72 r°-73 v°. XIV. A peine Charles le Chauve a-t-il appris la mort de Lothaire II qu'il entre dans le royaume d'Austrasie et s'y établit. Peu après, il consent à partager l'héritage avec Loys le Germanique. En fait, cette dépouille ne revenait ni à l'un ni à l'autre, mais à leur neveu, l'empereur Louis [II]. Ce dernier, dont les droits sont défendus par le pape Adrien d'une manière véhémente, meurt pendant les négociations. Alors Charles se dispose à passer les monts afin d'obtenir du Saint-Siége la couronne impériale désormais sans maître.

[1] *Grand Testament* (édition Jannet), p. 45 et suiv.

Or, cependant qu'il sçaura preparer
Son appareil sans rien desemparer,
74 r° Puisque du vray l'hystoire nous informe,
Icy endroict entendz mectre, par forme
De passetemps, ung petit incident.
Advint ce temps merveilleux accident :
Comme ung estat parfoiz se scandalize,
Les moynes, lors desservantz a l'eglise
De sainct Martin, en la ville de Tours,
L'amour de Dieu ayantz mys aux destours
Par vanité mondaine et orgueilleuse,
Menerent vie infame et scandaleuse.
Ces appostatz pervers, irreguliers,
Prindrent habitz pareilz aux secculliers.
Que diroit on se tel vice laissoye
A reprimer? Moynes porter la soye,
Boucles d'argent pour soulliers falerer,
Bagues aux doigtz, esse ordre a tollerer?
Porter, au lieu d'estamine en chemise,
Fine hollande a corps et manche myse?
Pour la tonssure, acoustrer les cheveulx
En perruquetz, sont ce point lasches veux?
Pour livres veoir, manier dez et cartes,
Et pour jeusner, pastez, flascons et quartes?
74 v° Pour continence et chasteté tenir,
A pain et pot putains entretenir,
Et, pour chanter au chœur la psalmodye,
Rire et baver? — Je supplye qu'on me dye
S'il advenoit qu'en cestes regions
Tel train fut veu en nos religions,
Se devroit pas impugner celle chose?
Excusez moy s'escripre une touche oze :
Ce fut bien faict mendiantz refformer,
Mais cause y eut de matière former
Sur possidentz, et mieulx desserrer bourses
Que les bissacz. Ce sont choses rebourses
Moynes souffrir, ainsi apostatantz,
Matins et soirs tant estre a potz tastantz
Qu'aulcuns ont nez a fleur et poulce d'aulne,

puisque l'on se trouvait au milieu d'une très vaste plaine, que nos soldats brûlaient d'un beau zèle, et qu'ils étaient (82 v°) huit fois plus nombreux que l'ennemi [1].) — Rejoignons maintenant Charles et les siens : lui, il s'éloigna sain et sauf, mais ses gens (83 r°) furent massacrés en foule; ceux qui perdirent seulement leurs bagages et leurs habits durent s'estimer heureux.

Nouvelle incursion des Normands.

83 v°-85 r°. Mariage de Judith, fille de l'empereur, avec Baudouin, *forestier* de Flandre ; cette province est érigée en comté.

85 v°-87 v°. XVII. Le pape demande à l'empereur du secours contre les Turcs. — Démêlés entre Charles le Chauve et l'un de ses neveux, Charlot [2]. Les deux adversaires entrent en campagne, mais, mal renseignés sur leurs forces respectives, ils s'enfuient chacun de leur côté.

Quelz vaillantz corps ! Leur doibt on reprocher
Trop estre ardantz pour l'ung l'autre approcher?
A ceulx ne doibt, qui marchent de mesme ordre,
Estre imputé eulx voulloir entremordre :
Ceulx font ainsi qui, doubtantz estre escoux,
S'en vont fuyantz pour mieulx charmer les coups.

88 r°-89 r°. L'empereur tombe malade à Mantoue; un médecin juif lui donne un remède empoisonné, qui le tue en douze jours. Le cadavre se décomposa si vite qu'on ne put le transporter que beaucoup plus tard à Saint-Denys. — 89 v°. Charles avait offert à cette abbaye

[1] Guillaume Cretin ne se montre pas tendre pour le personnage qui avait retenu, dans la circonstance dont il est ici question, l'ardeur guerrière des Français, et il le nomme brutalement *cazannier*, *asnier* et *cendrier*. Cette véhémence, bien rare chez notre poète, est d'autant plus étrange qu'il adresse cette invective à un seigneur de marque, au maréchal de Châtillon. Ce fut lui, en effet, qui engagea François Ier, à l'heure où, sur la rive de l'Escaut, il aurait pu écraser l'armée de Charles-Quint, à ne pas commander la charge. (22 octobre 1521.) Si ce déplorable avis n'avait pas été écouté, l'empereur eût perdu *honneur et chevance* à la fois, car « ce jour là Dieu nous avoit baillé noz ennemis entre nos mains, que nous ne voulumes accepter, chose qui depuis nous cousta cher ». (Martin du Bellay, collection Petitot, 1re série, t. XVII, p. 327.) — En notant que l'affaire dont il parle a eu lieu « puis une coupple d'ans », le rhétoriqueur nous fournit, en ce qui concerne la date à laquelle il écrivait, une indication utile, et qui nous permet de placer, vers la fin de l'année 1523, la rédaction de cette partie de la *Chronique*.

[2] Ce nom désigne Karloman, le fils aîné de Louis le Germanique.

des reliques très insignes, et c'est peut-être par lui, et non par Dagobert, que la foire du lendit avait été fondée. Cretin ne s'embarrasse pas de savoir auquel des deux princes il faut attribuer le mérite de cette institution. Une chose très sûre, c'est que l'Eglise en profite : le reste n'importe guère. — Un peu avant sa mort, l'empereur (et il l'a raconté lui-même) eut une vision : il crut être entraîné dans l'enfer, et là (90 r°) il aperçut au milieu des flammes ceux de ses prédécesseurs qui avaient livré leurs sujets à l'insolence de la soldatesque, et quantité de prélats, coupables d'avoir, en leur temps, poussé à la guerre les rois. — 90 v°-91 v°. Charles construit le monastère de Saint-Corneille; il compose un répons que l'on chante encore à l'office des « benoistz sainctz apostres »; il accepte de bon gré une *Vie de saint Germain* écrite en vers héroïques par un religieux nommé Henri.

92 v°-93 r°. XVIII. De ses deux femmes Hermentrude et Richante [Rikhilde], Charles le Chauve eut plusieurs enfants : trois moururent très jeunes, et un autre, qui s'appelait Charles, voulut se mesurer avec un *gentil gendarme* fort expert à la lutte, et fut jeté à terre si lourdement qu'il rendit l'âme. — 93 v°. Charlemaine [Karloman], qui fut, lui aussi, fils de l'empereur, reçut les ordres sacrés : cependant il mena une vie si déréglée, il ourdit tant de complots, que son père le fit dégrader, et ordonna ensuite — car il ne s'amendait point — que ses yeux fussent crevés. Le poète se demande s'il y a lieu d'approuver, ou non, cet acte de paternelle justice. On a le droit d'hésiter, attendu que l'histoire fournit, à cet égard, des précédents fort contradictoires. Et voici d'abord un exemple qui ne plaide pas en faveur de Charles le Chauve :

.... Tel tour ne monstra pas
L'homme de bien qui, aux juges d'Athènes,
Fort supplya de soullaiger en peynes
Le sien filz lors condempné les deux yeulx
Avoir crevez, pour ung caz vicieux
94 r° Par luy commys. Ce dolent et las pere
Leur dit : « Seigneurs, touchant ce mal aspere,
Faictes, sans trop mon filz voulloir grever,
A luy et moy chacun ung œil crever :
Ainsi sera, sur la loy discutée,
Vostre sentence entiere executée,
Et n'y aura matiere de retour. »
Charles le Chauve obmyct faire ce tour.

Oui, mais il peut citer pour sa décharge et le Romain Manlius qui condamna son enfant *à être tranché et détaillé*, et Saül qui eût sacrifié Jonathas, si les Hébreux (94 v°) n'avaient pas intercédé pour lui, et Romulus qui tua Rémus, et Salomon qui, lui non plus, n'épargna point son frère... Tout cela prouve que Charles le Chauve n'a pas montré, en somme, une sévérité excessive. Et qui sait même (95 r°) s'il n'a pas, en le privant de la vue, rendu service à son fils ? Celui-ci, une fois aveugle, a pu changer de mal en bien sa conduite [1], car les yeux ne sont que trop souvent la cause de nos criminelles passions.

L'empereur avait un autre enfant, nommé Louis. Ce fut lui qui eut la couronne. A vrai dire, il craignait grandement l'opposition de Richante et du roi de Provence, Bosso, mais il manœuvra si finement (95 v°) qu'il finit par être sacré à Reims. — (96° r°. Discussion d'un point historique : est-il exact qu'un certain Lothaire régna après Charles le Chauve et avant Louis? Guillaume Cretin repousse cette opinion.)— 96 v°. Deux factions se forment en Italie : l'une se déclare en faveur du roi d'Allemagne, l'autre soutient le roi de France. Les deux rivaux reçoivent des sobriquets désobligeants. Le prince germain est appelé

> Charles le gras pour ce qu'estoit ventru ;
> Aultres, de cueur et voulloir malostru,
> Le roy Loys surnommerent le begue.
> Nulle raison y saiche qu'on allegue,
> Fors qu'au parler povoit balbucier. —
> Si ne me vueil de cela soucier.

97 r°. Le pape Jean VIII se résout à déférer l'empire au roi français, et il irrite, de la sorte, le parti contraire, qui l'oblige à chercher un refuge de ce côté-ci des Alpes.

97 v°-99 v°. XIX. Jean VIII tient un concile en France. — Considérations sur la politique du Saint-Siège ; elle devrait toujours être tournée vers la concorde. — Après avoir placé sur la tête de Louis le Bègue la couronne impériale, le pape retourne à Rome.— 100 r° et v°. Il fait de Charles le Gros un empereur, pour le récompenser d'avoir chassé de l'Italie les Turcs. Voilà donc deux empereurs à la fois. N'était-ce pas un de trop? Cretin pose ce problème, et il finit par conclure (101 r°) que la situation n'était pas trop anormale.

Le roi de France envoie des ambassadeurs demander la paix aux

[1] Cette ingénieuse hypothèse souffre une difficulté : c'est que le pauvre Karloman mourut peu de mois après la peine qu'il avait subie, en sorte que le temps lui manqua pour en recueillir le bénéfice.

Porte sa fin devoir estre prisé ?
Non. — Mal finit qui tel acte pourchace.

Quant à Louis, il périt d'un coup d'épieu qu'un veneur lui donna par maladresse, en essayant de frapper un sanglier ; le fer entra *comme dans du beurre*. .

107 v°-110 v°. Odo [Eudes] s'empare du pouvoir souverain et s'illustre dans une guerre contre les Normands. La naissance de Charles [le Simple], fils posthume de Louis le Bègue, ne le décide nullement à renoncer à la couronne. Soutenu par ses fidèles, il résiste aux partisans du jeune roi. Très longue fut la guerre, et le menu peuple eut infiniment à souffrir de la brutalité des soudards. Mais, au bout de neuf ans, l'usurpateur tomba malade, et, sentant que son heure allait sonner, il manda tous ses amis afin de leur adresser une suprême allocution.

111 v°-113 r°. XXI. Odo commence son discours par un lieu commun : Nous mourrons tous ! et il le continue en avouant que Charles est le vrai, le seul roi..... «... Lors bouche et yeulx clouyt | Si que depuis parler on ne l'ouyt. » Les assistants s'engagent à respecter dorénavant le prince légitime, mais Odo avait un frère, du nom de Robert, qui prononce (113 v°-114 r°) un plaidoyer *pro domo sua*, et ne cache point aux auditeurs qu'il ne serait pas fâché d'être leur maître. On l'écoute froidement, et il n'y a pas lieu d'en être ébahi, car les Français (114 v°) ont une naturelle aversion pour ceux qui jettent le trouble dans les successions dynastiques.

Les Normands envahissent la France. — Prise de Rouen par Rollo. Le chroniqueur nous fournit (115 r°), sur la patrie de ce chef barbare, quelques renseignements géographiques :

Cestuy Rollo, comme par escript voy je,
Estoit natif du lieu nommé Nort Woyge
En Dannemarque . . . .

115 v°-116 v°. Autres conquêtes des Normands. — La province de Sens est ravagée. — Un miracle de saint Benoît. — 117 r°-118 v°. Rollo sème partout la terreur.—Siège de Chartres : la ville est sauvée grâce à *la très excellente chemyse de Nostre-Dame*. — 119 r° et v°. Charles le Simple se résigne à traiter avec Rollo — (120 r°. Et ici se placent, on ne sait trop pourquoi, quelques vers sur l'origine des Normands et sur l'étymologie de leur nom :

Le *nort* est dict vent de Septentrion ;

lui-même. Alors le roi lui crie : Tu viens, par ta propre sentence, de te condamner !

Se tel dictum fut dur a escoutter
Aux assistentz, plus amer le gouster
Luy deubt sembler, en avalant la poyre
D'estranguillon. Au mont, ce dit l'hystoire,
On le pendit, et encor, comme appert,
Est cestuy lieu nommé le Mont Hebert.
Ainsi au roy ses terres confisquées
Furent des lors au dommaine appliquées.....
Mais neantmoins aucuns hystoriens
De tout cela trouvent n'en estre riens.

135 r°. Cretin avoue qu'il ignore si cette anecdote est véritable ou non. Que chacun en croie ce qu'il voudra ! Lui, il s'en lave les mains.

Assassinat de Guillaume de Normandie.

135 v°-136 v°. Son fils Richard est en butte aux violences de Louis le Transmarin, qui aspire à le dépouiller de son héritage, mais le Danois Aigrot [Haigrold ou Harold] embrasse la cause de l'orphelin, et, débarquant avec de grandes forces, il fait prisonnier le roi de France. Sa femme obtient sa liberté ; il livre son fils en otage.

137 r°. Richard épouse la fille de Hugues le Grand ; elle était dans la fleur de la jeunesse et pouvait «... tenir rencz au pas | Ou coupz mortelz ne se recoyvent pas ».

Mécontent de ce mariage, le Transmarin charge le comte de Flandre, Arnoul [Arnolfe], de pousser contre les Normands le roi de Germanie, Othon. — 137 v°-138 v°. Celui-ci entre en campagne, mais il essaie inutilement de s'emparer de Rouen : son neveu est tué devant cette ville, et il en conçoit un tel chagrin qu'il pense à se venger sur la personne du comte de Flandre. Arnoul prend la fuite en toute hâte.

Mort du roi Louis. Les chroniqueurs ne savent pas bien si c'est en 950 ou en 955 qu'il expira[1].

Quant a cela, n'ayez soing quelle ou quante
Datte ce fut : ce ne vault ung bouton,
Car de chercher cinq piedz en ung mouton
Est temps perdu ; on ne s'en fait que rire.

[1] C'est en 954, le 10 septembre.

139 r° et v°. Il y eut, en ce temps-là, une grande famine dans le royaume. — Louis laisse deux fils, Charles et Lothaire : celui-ci reçoit la couronne, et fait inhumer son père à Saint-Remi de Reims.

140 v°-141 r°. XXIV. La famille de Hugues le Grand; il partage son héritage entre ses trois fils, Hugues-Capet, Othon, Henri.

141 v°. Guillaume Cretin doit à la lecture attentive des textes une connaissance exacte de la généalogie des princes. Seul, un homme d'étude peut acquérir, sur un tel sujet, des notions claires.

Celui le sçet qui ce baston manye,
J'entendz celuy qui souvent livre tient
Pour lyre au long l'histoire, et la retient.
Homme lisant, ou bien escoutant [1] lyre
Sans retenir, semble son d'une lyre
Qui d'armonye une oreille est persant
Et va, par l'aultre, en l'aer se dispersant.
Qui ne prend goust a ce que lyt, oublye
Aussi leger que vent emporte oublye.
142 r° Soit que lysez ou oyez, eslisez
Loysir pour bien gouster ce que lysez.

Othon [le Grand] s'applique à établir la concorde entre les siens ; il les invite tous à se rendre à Aix, et il leur offre (142 v°) un somptueux banquet, où il fut largement bu. On se sépara très amis. — 143 r° et v°. Et la tranquillité régna jusqu'au moment où un différend vint mettre aux prises Richard de Normandie et Thibaut, comte de Chartres. Ce dernier va trouver la reine Eugeberge, et la supplie de détruire son adversaire par trahison.

O proditeur chestif et malheureux,
Mieulx t'eust valu, comme chevaleureux,
Estre en honneur occiz en la bataille
Que vivre en honte ! Or fault que le bruit aille
Te reprochant le remors qui te mord
Duquel cherchas ton heyneux mectre a mort.
144 r° Qui tant la foy de sa noblesse blece,
L'honneur et pris de gentillesse lesse,
Quant, par tel crime et forffait, effort fait
Rendre en ce poinct homme d'effect deffait.

[1] Ms. : *escoute*.

Lothaire, qui seconde les desseins de Thibaut, lève des troupes en Bourgogne, envahit la Normandie et assiège Bayeux [Evreux]. — 144 v°-146 v°. Richard ne tarde pas à ressaisir l'avantage; il repousse le comte de Chartres, puis il appelle les Danois, et ces barbares dévastent la France si férocement que le roi Lothaire est trop heureux de conclure la paix, en payant les frais de la campagne. — 147 r° et v°. Ah ! l'excellente chose que la paix ! Ceux qui la conseillent aux puissants du monde doivent être bénis. Quant aux hommes qui poussent à la guerre, ce sont, pour les peuples, des artisans de ruine... Le rhétoriqueur ne vise point, en écrivant cela, telle ou telle personne en particulier : « et se quelqu'ung est rongneux, si se gratte. »

148 v°-149 v°. XXV. Mort d'Othon [le Grand]. Son fils, Othon [II] lui succède et révèle tout de suite ses instincts belliqueux, car il cherche querelle à Lothaire, et décide Charles, le frère de ce roi, à venir en Germanie. — 150 r°-151 r°. Il lui cède la Lorraine, que Lothaire envahit aussitôt. Mais, après une guerre où la Fortune se plut à faire éprouver ses caprices aux combattants, cette province fut rendue à Othon.

151 v°. Mort de Lothaire en 986. Louis, son fils, ne lui survit pas longtemps, et *passe le bac sans aviron.* — 152 r° et v°. La couronne appartenait, après ce double trépas, légitimement à Charles, mais, comme il avait accepté la tutelle d'un souverain étranger, les seigneurs refusèrent de lui donner le sceptre, et ils l'offrirent à Hugues-Capet. Charles essaya de défendre ses droits. En vain ! Assiégé dans la ville de Laon, il finit par être livré à ses ennemis,— et voilà Hugues-Capet qui règne tout seul en France.

153 r° Or donq, après avoir sçeu diffinir
Une lignée, ay pensé d'y finir
Propoz tenu, pour celle mectre en œuvre
D'Hue Capet : mais, avant que j'y œuvre,
Requier delay et ung peu de repoz
Pour rendre plus mes foibles sens dispoz.
Par trop souvent bender l'arc et l'estendre
Au long tirer, devient debile et tendre,
Selon le mot vulgaire que plyer
Vault mieux que rompre. — Atant vueil supplyer
Mon souverain maistre et seigneur, qui ayme
Lecture ouyr, ce volume cinquiesme
Ore accepter de gré aussi affect
Que d'humble vueil le sien Cretin l'a fait,
Selon son rude et maternel langaige.

LA CORRESPONDANCE DE LA VILLE DE PERPIGNAN

DE 1399 A 1450

(Recherches dans les archives municipales de Barcelone)

Depuis longtemps la ville de Perpignan ne possède plus aucun registre de correspondance remontant au moyen âge. Cette correspondance n'a pourtant pas péri tout entière : un bon nombre d'originaux subsistent dans les archives des villes catalanes avec lesquelles les consuls perpignanais étaient en relation, notamment dans la riche collection des *Cartas Comunas* conservée aux archives municipales de Barcelone. Il m'a paru intéressant de relever, dans ce dépôt, les lettres adressées de Perpignan au Sage Conseil pendant la première moitié du XVe siècle [1].

Ces textes, que je transcris ci-après, ne sont pas seulement précieux pour l'étude de la langue catalane a une époque où elle se présente encore dans toute sa pureté. L'historien y trouve à glaner aussi bien que le philologue, et, si l'histoire locale peut y faire son profit de maint détail nouveau, l'histoire générale elle-même ne saurait s'en désintéresser. C'est que l'extension et la vitalité du régime municipal en Catalogne au XVe siècle donnent aux missives des villes catalanes une portée à laquelle les documents français du même genre ne sauraient prétendre. Le *Principat de Catalogne* est alors constitué en un véritable Etat, sous la forme éminemment originale d'une fédération de communes, dont le *Sage Conseil* de Barcelone exerce, pour ainsi dire, la présidence. Dès lors, la correspondance du Sage Conseil et des municipalités catalanes dépasse souvent l'horizon étroit des intérêts locaux; c'est l'intérêt du Principat lui-même qui est en jeu, rien de moins que la vie politique et économique de l'Etat catalan dans les multiples manifestations de son activité. Ce qui frappe dans les lettres

[1] La première lettre est de 1399 : c'est la plus ancienne qu'il m'ait été donné de retrouver. Les *Cartas Comunas* sont rangées chronologiquement et sans classement de provenance dans des portefeuilles dépourvus de numérotation. La date sert donc de cote et en tient lieu.

les [illegible] [illegible] aux Conseillers de Barcelone [illegible] [illegible] à [illegible] et à [illegible] des villes catalanes [illegible] le mercredi [illegible] [illegible] à [illegible] de régler les intérêts communs [illegible] [illegible] [illegible] qui [illegible] de veiller à la défense de la [illegible] et à sauvegarder le commerce national contre les [illegible] [illegible] maintenir l'intégrité des privilèges et les conventions [illegible] entre les [illegible] de la [illegible] et de ses sujets.

Joseph Calmette.

Envoi de commissaires pour délibérer sur les intérêts du commerce catalan

1399, 30 octobre.

Molt honorables e molt savis senyors. Sobre lo loable proveyment que vostres savieses, axi com de aquelles es propi, han proveyt e continuen fer en reparacio de la mercaderia, [illegible] en les presents letres designada, segons en vostres letres a nos trameses es largament exprimit, havem hagut nostre general consell e acort, per loqual tots, de [illegible] voler, a vostres dites savieses notificam que en lo die e loch que per vostres dites savieses seran sobre aso assignats trametrem sens dilacio algunes persones en tals causes expertes per fer e ordenar, per part nostra, tot quant sera util e necessari en la reparacio e mantenment de la dita mercaderia. E lo Sant Sperit, molt honorables senyors, sia en vostra garda. Scrit en Perpenya a XXX. de otobre del any M.CCCXCVIIIJ. Los consols de la vila de Perpenya a vostre honor e plaser apareillats.

II

La ville de Perpignan se recommande à Benanat Geli

1402, 2 août.

Molt honrat e savi senyer. Nos scrivim als honorables consellers de aquexa ciutat per ardues affers de aquesta vila al present posada, como degut, en massa gran destruccio, segons aço veurets en les letres que trametem als dits honorables consellers. E per tal, com a nostra salut havem mester bon sforç e presta ajuda de aquexa honorabla ciutat, pregam vos affectuosament que porets e sius plaura sia prest, com la triga sia massa a nos nociva. E sia, molt honrat senyer, lo Sant Sperit vostra garda. Scrita a Perpenya a dos d'agost del any M. CCCC dos. Los consols de la vila de Perpenya a vostra honor aparellats.

Al molt honrat e savi senyer Benanat Geli, scriva de la casa del consell de la ciutat de Barcelona.

III

La situation municipale a Perpignan. La mission de Bérenger d'Oms.

1404, 26 mars.

Molt honorables et savis senyors. Vostres savieses certificham que, segons havem entés, es donat entenent, per alguns qui han cabut en lo regiment d'aquesta vila en lo temps passat, que aci ha gran dems a colpa nostra, tinentse per agreviats de la misatgeria que havem tramesa al senyor rey per be e utilitat d'aquesta universitat e bo e sa enteniment: els se sforcen dir moltes paraules en contrari; pero cresem que sens informacio ledesma noy dariets fe. E apres, senyors, es vengut assi mossen Berenger d'Olms, qui, per part del dit senyor, havent de asso e d'altres fets special carrech, se es interposat entre nosaltres, qui, apresent, havem carrech del regimen de aquells qui fan part e instancia contre aquell, e hauts sobre aço molts rahonaments, es stat offert bestantment per nostra part ab voler del consell, per squivar totes divisions e discordies, de metre los dits debats, que ells hi pretenen, en mans e poder del dit mossen Berenger e al strenyer : ells ho han desviat, segons se pot mostrar clarament, e, attenent que sta per ells e que lo dit mossen Berenger, per part del dit senyor, nos satisfa, en la major part de les coses, perque havem feta la dita misatgeria, havem deliberat de ferne tornar de present los misatgés, e, de fet, los ne scrivim, e axi mateix, per tolre e cessar per tot nostre poder tota manera de occasio de divis quis pogués seguir entre nos e ells, oferinsnos apparellats d'estarlos a tota raho e justicia, confiants fermament que vosaltres, senyors, sots d'aquesta intencio, perço vos placia que, pus nosaltres fem tal provisio d'escriure en aquells qui son stats trameses al dit senyor per part dels regidors e cessant tota discordia, pusquem tractar e finar de amistat e de bona concordia entre nosaltres, de laqual se spere molts bens a la comunitat o als singlars per ells, e de aço nos offerim apparellats, segons dit es. Molt honorables e savis senyos, vos plasen que fer puxam, som apparellats de complir. E lo San Sperit, molt honorables senyors, sia vostra garda. Scrita en Perpenya a .XXVI. dies de març del any .M. CCC. IIIj. Los consols de la vila de Perpenya, apparellats a vostre plaser e honor.

IV

Le « Pariage » et les privilèges. Appel a la municipalité de Barcelone

1404, 12 juillet.

Molt honorables e savis senyors. Segons tenor de alcunes letres per los honrats consols de mar d'aqueixa ciutat particularment dirigides als honorats en Pere Redon, deffenedor e clavari del pariatge, e consols de mar de la present vila, vosaltres, senyors, com cap del Principat de Cathalunya, segons lohablement havets acostumat, preservar les altres ciutats e vilas, menbres del dit Principat, de totes inquietacions e greuges a ells imposats contre degut, havets aquests dies com no luny passats provehit que l'honrat en Frances Foys, havent sobre aço comissio del senyor rey, ha aci tramesa ab carta revocacio de tot ço que de part sua, en nom del senyor rey, era stat aci provehit en lo fet del dit pariatge, per forma que, oltre tres anys, segons per les forces dels capitols del dit pariatge ser nos podia, lo dit di[n]er no sia exigit ni cullit, notifficants los dits honrats consols de mar ab lurs sobredites letres, que per la quantitat quis diu resta a pagar dels .XXM. florins assi[gnats] per lo se[cors] de Cerdanya, vostres savieses, en nom de tota la ciutat, havets assegurat de metre... tot ço que per lo dit Principat sia degut en lo damuntdit subsidi, per forma que les ciutats e viles del meteys... o defenedors e clavaris del dit dret no sien inquietats per la dita raho, conclusins los dits honrats consols, ab les lurs dites letres, que prestament totes quantitats peccuniaries pervengudes del dret del dit pariatge, en la collecta del dit deffenedor de aquesta vila, sien als dits honrats consols trameses o en lur nom en certa persona per ells sobre aço eleta en tal forma que prestament pugem finalment e justa provehir, tant en lo fet de la resta del dit secors de Cerdanya, com en satisfer alcuns deutes que son deguts a alguns qui son stats dampnificats tant en Cerdenya com en altra maneira per lo dit subsidi.

E considerades les dites coses en les dites letres contengudes, e vits e reconeguts los capitols del dit pariage, havem atrobat que, satisfet e pagat, per lo deffenedor de aquesta vila, la part provenyent a la sua collecta en los dits .XXM. florins, la resta deu assi roman[dre ..] en defensio de la mercaderia e ordinacio dels consellers del dit fenedor, affermant que perço en lo dit secors son stades pagades majors qu[an]titats quels dits honrats consols de mar... de voler haver la resposta di[ta], la qual [per] les dites rahons deu assi romanire specialment com... molts assi que satisfaccio... dels dans a ells donats en les man de Cerdanya en lo temps del dit pariatge. Nos empero, honorables senyors, som aparellats fer obligacio ab tota la universitat de aquesta vila, semblant que, per vosaltres... stada feta sobre les dites coses e a vosaltres, per indempnitat de la [di]ta ciutat, per tot ço e quant hi fos [de]gut per [par]t de [a]questa collecta, en manera que vostres savieses conegen que en aço volem vostres vestigies del tot seguir e preservant la dita ciutat... de la forma que havets feta. E la Deitat increada, molt honorables senyors, sia continuadament vostra garda. Scrita en Perpenya a .XIj. de juliol del any M. CCCC. quatre. Los consols de Perpenya apparellats a vostre pler e honor.

V

Commission franco-catalane pour la réglementation des « marques ».

1404. 15 septembre.

Molt honorables e molt savis senyors. Vostra letra havem reebuda ensems ab un memorial interclus en aquella per l'onrat en Johan Fabre, sobre lo fet de les marques. E segons vostre letre, apar quel senyor rey, ha supplicacio vostra, ha anullades les primeres commissions fetes a mossen lo governador de Rossello tot sol, e atorgada o ja fermada, servant la pratica antigua, novella comissio al dit mossen lo governador e a dos juristes, .j. de Barcelona per vosaltres, senyors, e .j. d'esta vila per nosaltres elegidors, segons en vostra letra aquestas e altres coses sobre aquest negoci largament son contengudes. Don, honorables senyors, responents a vostres letra e memorial, vos sertificam que nosaltres, haut consell e acort sobre aquestes affers, havem elegit de nostra part per jurista l'avocat Enric Guillem Vilanova, licenciat en leys d'aquesta vila, loqual es ja entervengut en aquestes affers, e, haut vostre assentiment, havem acordat ab lo loctinent de mossen lo governador jornada de les revistes ab lo senescal de Carcassona sia en altre terme alongada, segons ell vos n'escriu per sa letra largament. Perque, senyors, placiaus traballar en ferespatxar la dita commissio bastant a conclusio final del negoci e trametre aci per certa persona per tal quen puxa esser trames translat al dit senescal, que la haura ab semblant poder del rey de França. Del fet, senyors, de que escrivits, qu'en Francesch d'Alçamora sia scriva d'aquest negoci, nos plau, pus a vosaltres es placient que y intervynga. Mas nos apar, parlant ab honor de vosaltres, sia a aquest molts qui hi han cabut e encara han entervenir necessariament en los afors, qu'en deja esser remogut en P. dez Camps, notari d'aquesta vila, loqual de molt de temps ensa ha molt treballat e dins e defora en los dits affers, qui son novell acte, e es estat tostemps present e ha preses tots los processes e scriptures sens proffit algu, que encara no han haut res. E sia, senyors, lo San Sperit en vostra garda. Scrita a Perpenya a. .XV. de setembre l'any M. CCCC quatre. Los consols de Perpenya a vostre honor apparellats.

VI

Même sujet

1405, 12 août.

Molt honorables et savis senyors. Dies ha que scriviem a les vostres honorables savieses, notificantsvos la jornada quel senescal de Carcassona o son loctinent deven esser en aquesta vila ab los diputats per part dels sotmeses del rey de França per sospendre e levar lo fet de les marques. E com la jornada sia lo .XIX. dia del present mes e sia cert que, si en aquest fet se dona bona fi, axi com creem que fara, si a Deus plau, que s'en seguira profit gran als sotsmeses del senyor rey e del rey de França, e cessaran molts dans e inconvenients que per fet de les marques se porien seguir, per tant, molt honorables e savis senyors, vos pregam que, jurista que devets elegir o qualsevol altre persona per entervenir en aquest negoci elegiats, provehiu que sia aci à la jornada, E ab tant, molt honorables senyors, sia la Santa Trinitat vostra guarda, Scrita en Perpenya a .XIj. dies d'agost del any .M. CCCC. V. Los consols de Perpenya apparellats a vostre pler et honor.

VII

Même sujet

1405, 13 août.

Molt honorables e molt savis senyors. Apres que vuy vos haguem scrit queus plagués eligir la persona que trametriets a aquesta vila per lo fet de les marques e que cuytas sa venguda (car lo .XVIIIj. dia del present mes hic seria per la dita

sia feta pro[visi]o per obviar a [l]a malvada entencio e proposit dels dits corsaris, induits de diabolical sperit, en tant que, migençant vostra bona ordinacio, les fustes dels dits sotsmeses e lurs persones, mercaderies, robes e bens naveguen e pusquen navegar segurament, e aytals malvats corsaris, si fer se pora, hagen e porten la pena que merexen, de fer semblants males obres, e altres n'en prenguen exempli. E com aquexa ciutat sia membre principal de la mercaderia ques fa dins la senyoria del senyor rey, per laqual mercaderia molts bens procehexen a vosaltres, se pertanya assenyaladament, per moltes rahons, consellar e donar e posar tals remedis qui en semblant coses per utilitat de la cosa publica de dit Principat de Cathalunya se pertanye, laqual pren e prindra gran dan si en aquest tan greu e enorme acte nos provesia, sia posat remedi. Per tant, molt honorables senyors, affectuosament vos pregam que ab los dits Bernat Joan e Joan Tallant vullats ymaginar, provehir e metre en orde e donar e administrar les vostres san e bon e proficos consell que en lo dit fet sia donat e posat tal remedi que les dits navilis, persones, mercaderies, robes e bens puxen segurament e sens perill e temença dels dits corsaris navegar. Certificam vostres honorables savieses que nosaltres, en ajudar e donar consell e favor en les dites coses, farem ço que puscam e a nos sia possible e permes, car de aço sera fet servey a Deu e reportara sens tot dupte assenyalat e gran be la dita cosa publica. E ab tant, molt honorables senyors, sia la Santa Trinitat vostra guarda. Scrita en Perpenya a .IIj. dies de dehembre del any .M. CCCC V. Los consols de la vila de Perpenya apparellats a vostre plaher e honor.

BIBLIOGRAPHIE

REVUE DES REVUES

Revue du Béarn et du pays basque, II, 9. — *H. Courteault*: Le plus ancien cahier des Etats de Béarn, Marsan et Gabardan (mars-mai 1443), p. 389 et 447.

Romania, XXXIV, n° 135. — *A. Thomas* : Le nominatif asymétrique des substantifs masculins en ancien provençal, p. 353 ; — *H. Omont* : Notice sur des feuillets retrouvés du ms. 525 de Dijon. p. 364 ; — *A. Piaget* : « La Belle dame sans merci » et ses imitations (suite), p 375 ; — *P. Meyer* : Fragments de manuscrits français, p. 429 ; — *J. Derocquigny* : Anc. fr. « besuchier », p. 458 ; — *A. Thomas* : fr. « élanguer, élangueur », fr. d.al. « fenerotet », fr. « rancune », anc. fr. « renformer », fr. mod. « renformir », p. 458.

Revista lusitana, VIII. 3 — *J. Leite de Vasconcellos* : Aula de philologia portuguesa, p. 159 ; — *E. Dias* : Notas criticas a textos portugueses, p. 179 ; — *J Leite de Vasconcellos* : Textos archaicos, p. 187.

Revue hispanique, XII, n° 42. — Inventari dels bens mobles del rey Martí d'Aragó, transcrit per Manuel de Bofarull y Sartorio i publicat per J. Massó Torrents, p. 413.

Romanische forschungen, XX, 1. — *L. Jordan* : Die sage von den vier Haimonskindern, p. 1 ; — *G. Hartmann* : Zur geschichte der italienischen orthographie, p. 199 ; — *F. Luquiens* : The Roman de la rose and medieval castilian literature, p. 284.

XXI, 2. — *K. Lewent* : Das altprovenzalische Kreuzlied, p. 321 ; — *H. Heiss* : Studien über die burleske Modedichtung Frankreichs im XVII. Jahrhundert, p. 449.

Neuphilologische Mitteilungen, n° 6. — *A. Langfors* : Une paraphrase anonyme de l'Ave Maria en ancien français, p. 117.

Bulletin du parler français au Canada, IV, 1 et 2. — Façons de parler proverbiales, triviales, figurées, etc., des Canadiens au

XVIIIe siècle, p. 29 et 63; — Les mots populaires dans la littérature canadienne-française, p. 61; — Lexique canadien-français, p. 31 et 66.

Annales du Midi, n° 68. — *A. Jeanroy* : Poésies provençales inédites, p. 457; — *A. Vidal* : Les comptes consulaires de Montagnac (Hérault), p. 517.

Zeitschrift für französische sprache und litteratur, XXIX, 1 u. 3. — *E. Brugger* : L'Enserrement Merlin. Studien zur Merlinsage. I. Die quellen und ihr verhältnis zu einander, p. 56; — *D. Behrens* : Wortgeschichtliches, p. 141; — *G. Keidel* : The Foliation Systems of French Incunabula, p. 150.

Mémoires de la Société des Arts et des Sciences de Carcassonne, 2e série, t. I. — *E. Baichère* : Les noms latins et romans des communes de l'Aude, d'après divers documents du Moyen-Age, p. 74.

Archiv für das studium der neueren sprachen und litteraturen, CXV, 1 et 2. — *E. Tappolet* : Phonetik und Semantik in der etymologischen Forschung, p. 101; — *E. Mackel* : Beiträge zur französischen Stilistik und Syntax, p. 124.

COMPTES RENDUS

E. Sheldon. — Concordanza delle opere italiane in prosa e del Canzoniere di Dante Alighieri. Publication de la Dante Society de Cambridge (Massachusetts). *Oxford*, 1905, [VIII-740 p. in-8°].

La « Dante Society » de Cambridge (Massachusetts) date d'environ vingt cinq ans. Elle eut pour premier président Longfellow, l'illustre auteur d'*Evangéline*, qui avait traduit la *Divine Comédie*. Autour de lui se groupèrent de zélés admirateurs de l'Alighieri, qui, soit par leurs travaux personnels, soit en encourageant le travail d'autrui, ont largement contribué à mieux faire connaître aux Américains le grand poète du Moyen-Age. Dès le principe, la Société dépassa les limites de l'État de Massachusetts. En 1888, sur 51 membres, 27 appartiennent à d'autres États de l'Union. En 1893, le nombre des adhérents est de 65; sur 31 étrangers à l'État, 7 résident en Angleterre [1].

[1] Une société, ayant un but tout semblable, l'*American Dante Society*, s'est fondée à New-York en 1890. Son premier *Year Book* (1890-1891) contient deux conférences : « Les maîtres de Dante » par Thomas Davidson et « La doctrine du péché chez Dante » par W. T. Harris.

pour les seules années 1888, 1893, 1893, cette collection est déjà extrêmement riche. En 1888, elle comptait plus de mille volumes. Pour 1892, le nombre des titres d'ouvrages ou d'articles de périodiques, relatifs à Dante, reçus à la Bibliothèque, est de 172 (« à peu de chose près le même que l'année précédente ») : 52 représentent les acquisitions faites sur les fonds de la Société; 53 sont des dons d'auteurs, d'éditeurs, d'amis de la Société ; les autres ont été achetés par la Bibliothèque. Pour 1893, les chiffres correspondants sont 154, 10, 60. La collection est non seulement à la disposition des étudiants de Harvard et des sociétaires résidant à Cambridge, mais le prêt des ouvrages est accordé aux sociétaires non résidants.

La constitution d'une telle Bibliothèque spéciale, formée et accrue par l'accord de la Société et de l'Université, est en soi un bien considérable : l'on y reconnaît cette union de l'initiative hardie et de l'esprit pratique qui caractérise la jeune et active civilisation des Etats-Unis. Bien des romanisants d'Europe envieront aux étudiants de Harvard un aussi précieux instrument de travail.

Le catalogue de la collection se forme année par année, grâce à l'insertion à l'*Annual Report* de la liste, dressée avec toutes les indications nécessaires, des acquisitions nouvelles.

N'est-il pas intéressant de voir au pays que colonisèrent jadis les farouches puritains [1], un tel effort pour s'assimiler la poésie du plus grands des Latins, de celui dont l'œuvre, de prime-abord, semblerait ne devoir provoquer chez les descendants des passagers du *May-*

[1] L'éducation nationale a dû longtemps se ressentir de l'influence du rigoureux *Code Bleu*, dont il suffirait de citer l'article 31 : « Il est défendu à tout le monde de lire la liturgie anglicane, de fêter la Noël, de faire des pâtés de hâchis (*mince-pies*), de danser et de jouer de tout instrument, le tambour, la trompette et la guimbarde exceptés. » On faisait grâce aux instruments mentionnés dans la Bible! La peine de mort frappait le *quaker* obstiné tout comme le sorcier. Dans *Woodstock*, ce roman de Walter Scott, où est si bien tracé le portrait de Cromwell, les discussions entre presbytériens, indépendants et cavaliers donnent mieux, me semble-t il, que *Old Mortality*, l'image de la phraséologie de ces temps étranges; mais les émigrants, dans leur exil, n'emportaient avec eux que la Bible dont ils étaient incapables de comprendre les grandioses beautés. Tout se répète, et l'on a parfois sous les yeux des exemples auxquels on ne songe point. Après la révocation de l'édit de Nantes, quelques centaines de calvinistes, conduits par un neveu de l'amiral Duquesne, cherchèrent un asile au Sud de l'Afrique. Leurs descendants n'ont rien gardé de la mère patrie, sont revenus à la vie patriarcale, et naguère, par leur ténacité héroïque, ont fait l'admiration du monde.

flower, chez les lecteurs assidus de la Bible, qu'un sentiment de répulsion? Mais depuis cette année de 1639, où le ministre Jean Harvard fonda et dota de 800 livres sterling le collège qui porte son nom, où pour la première fois une presse fut mise en mouvement à Cambridge, un désir intense s'est peu à peu dégagé dans le sein de ce peuple que l'argent et le travail, *money and business*, semblaient avoir accaparé pour des siècles encore, celui de puiser l'art et la poésie aux sources vives de la grande tradition européenne.

La Concordance de la *Commedia* de M. Fay avait rendu des services qui ont fait sentir plus vivement la nécessité d'un livre analogue pour les autres œuvres italiennes du poète. M. Sheldon a eu raison de nous le donner. Il a tenu à bien mentionner que la collaboration de M. A.-C. White lui a été fort utile. Les œuvres latines n'ont pas été comprises dans le plan de l'auteur. Elles méritent en effet de faire l'objet d'un livre distinct.

M. Sh. a suivi le texte des œuvres de l'Alighieri qui a été publié par M. Moore (Oxford, 2e éd. 1897; 3e éd. 1904).

Les mots sont rangés dans l'ordre alphabétique; les citations forment deux séries, le haut des pages étant attribué à la poésie et le bas à la prose. Les citations sont placées dans l'ordre du texte original.

L'ordre des œuvres poétiques est : *Canzoni, Sestine, Ballate, Sonetti, Salmi penitenziali, Professione di Fede.*

Ces quelques indications suffisent pour montrer comment est distribuée la matière dans cet ouvrage considérable, répertoire consciencieux et complet, qu'il faudra consulter pour peu que l'on étudie la langue et les œuvres de Dante. Les principaux mérites à souhaiter dans un livre de cette nature sont la clarté et l'exactitude, mais celui d'une bonne disposition typographique n'est pas moins désirable. A ces derniers points de vue, la Concordanza de M. Sh. aura sûrement l'approbation de tout critique impartial : elle est appelée à occuper une place très honorable dans la liste des ouvrages consacrés à nous faciliter l'intelligence de l'œuvre du grand poète [1].

[1] Dans quelle mesure les grands poètes peuvent-ils être vulgarisés avec succès à l'étranger? Un de ceux qui ont fait le plus pour la littérature italienne répondait de façon peu encourageante : « A. Gaspary, dans une lettre à F. de Sanctis du 22 mai 1877, publiée dans le journal napolitain *La Tavola Rotonda* (ann. III, nos 26-29) emet ce jugement remarquable sur le culte de Dante en Allemagne : « L'œuvre de Gœthe » ne sera comprise chez vous que par les esprits d'une culture raffinée, » comme il en est chez nous pour la Divine Comédie. En dépit de toutes » les fatigues, de tous les commentaires, de tous les efforts de la science, » l'œuvre de Dante est toujours la propriété intellectuelle d'un petit » nombre. Le reste l'admire en paroles (*a frasi*) et enrage souvent en

Je n'ose dire qu'elle remplira parfaitement l'attente que le titre pourrait provoquer. Il ne s'agit pas ici d'une concordance à déterminer entre les pensées de Dante, mais d'une notation exacte des mots encadrés d'une partie très courte du texte avec renvoi au passage d'où la citation est extraite. L'on a ainsi sous les yeux les éléments qui permettent de comparer les divers emplois du mot. C'est déjà beaucoup, et aller au delà eût été s'engager dans une entreprise d'un caractère tout différent et d'une valeur scientifique moins certaine. Ici s'applique fort bien le proverbe : à chaque jour suffit sa peine. La tâche que l'auteur s'était tracée était aussi étendue que difficile. L'on est heureux de reconnaître qu'il s'en est acquitté avec le soin le plus méritoire.

Ce n'est point que çà et là l'on ne trouve l'occasion d'objection légère. Je me bornerai à noter quelques endroits où l'on jugera peut-être qu'une correction serait désirable.

Vers la fin de la *Canzone* sur la Noblesse, que Dante donne et commente au *Traité* IV du *Convito (Le dolci rime d'amor ch'io solia)*, il dit :

E gentilezza dovunque è virtute,
Ma non virtute ov' ella ;
Siccome è 'l cielo dovunque la stella,
Ma ciò non e converso.

Le sens littéral est : « La noblesse est partout où est la vertu, mais la vertu n'est point partout où est la noblesse ; tout comme le ciel est partout où est l'étoile, mais la réciproque n'a pas lieu. » Moore imprime « è converso » ; Fraticelli estime que « e converso » est une locution latine. Je crois, en effet, que Dante, grand admirateur de la logique, avait noté que la proposition affirmative universelle ne se convertit pas exactement [2] et que dans le passage correspondant du *Convito* (IV, 19) il a éprouvé un très vif plaisir à démontrer la richesse de sa distinction et la beauté de la comparaison qu'il établit

» secret d'être obligé de dire ce qu'il ne pense point. » *Bulletino della Società dantesca italiana*, ott. 1893, p. 24. Mais l'on est en droit d'espérer davantage d'une nation jeune, sans passé qui l'enchaîne. D'ailleurs, le sentiment religieux, si vivace aux Etats-Unis, y assurera de plus en plus des lecteurs à la *Commedia*.

[1] Sheldon. *Concordanza*. p. 142, v. converso (2).

[2] A converti donne I, c'est-à-dire une particulière affirmative : *tout homme est mortel; quelque mortel est homme*. Le caractère d'universalité du sujet disparaît dans la proposition ainsi convertie et elle n'est pas exactement réciproque. Cf. *Logique de Port Royal*, IIe Partie, ch. 14.

[illegible]

[illegible] intégrale [illegible]

[illegible]

[illegible] *a pietre e pg[illegible] ed e converso.* [illegible] avec la suppression de *per altre tre* [*proprietà*], ne retient pas l'attention Tout au moins fallait-il reproduire *il ciel stellato.*

Au mot *Scienza* manque la définition : *la prima scienza che si chiama metafisica* (Convit. II, 14). On l'a au mot *metafisica*, mais elle était nécessaire dans les deux articles.

On lit p. 320 : *è un ritraimento d'animo da laide cose.*
p. 586 : Lo Pudore è un ritraimento d'animo.
p. 576 : Lo Pudore è un ritraimento d'animo da.

Dans la première citation l'expression du sujet était aussi nécessaire que dans les deux autres, et la place suffisait pour ajouter deux mots et plus.

Dante dit : *Secondochè testimonia Tullio in quello di Senettute* (*Convit.* IV, 24). Dans la *Concordanza*, au mot *senettute* l'on a seulement : *Tullio in quello di Senettute* ; par contre, à l'article Tullio, l'on a : *secondochè testimonia Tullio*. Pourquoi couper ainsi, aux dépens de la clarté et s'interdire de répéter, quand, par trop de concision, on court le risque d'être inintelligible ?

Mais à quoi bon insister sur ces détails ? Tout compte fait, il valait mieux pécher ainsi, en quelques rares endroits, par un excès de fidélité au plan tracé, puisque sans ce plan aussi bien conçu que suivi, l'entreprise eût été irréalisable. Grâce à la Société de Cambridge et à M. Sheldon, la philologie dantesque s'est enrichie d'un excellent ouvrage qui est en même temps un magnifique volume.

Ferdinand CASTETS.

E. Huguet. — Le sens de la forme dans les métaphores de Victor Hugo, *Paris*, *Hachette*, 1904 [VIII-392 p. in-8°].

M. Huguet définit lui-même son livre à la première ligne de l'avant-propos, en déclarant qu'il « n'est pas autre chose qu'un musée ». C'est un musée des métafores de V. Hugo, où elles sont groupées par catégories ; et ce musée a sur beaucoup d'autres l'avantage d'être muni d'un précieux catalogue, par le moyen d'une table à deux fins, qui contient à la fois et en les distinguant tipografiquement les noms des objets qui donnent lieu à des métafores et les mots employés métaforiquement.

Toutes les métafores dans lesquelles on peut trouver une idée de forme sont représentées dans cette galerie, et il n'était pas malaisé à l'auteur de n'en omettre aucune espèce, puisqu'il dispose d'un dictionnaire complet des métaphores de Victor Hugo, qu'il a fait pour son usage personnel et qu'il publiera peut-être un jour. Il ne faudrait pas s'imaginer pourtant qu'il a mis dans cette collection tous les exemples de métafores où l'on peut percevoir une idée de forme que contiennent les œuvres de Victor Hugo. Ce n'est pas son dictionnaire qu'il nous donne ici dans un ordre analitique ; il en a seulement extrait de nombreuses citations pour les réunir en chapitres. On peut même trouver que par endroits il a accumulé ces citations en trop grande abondance ; il n'était pas utile de donner une cinquantaine d'exemples (p. 174 et suiv.) où les feuillages des plantes, leurs racines, leurs brindilles sont comparés a des chevelures ; il n'en fallait pas non plus vingt-cinq pour nous faire comprendre que la comparaison du ciel avec un plafond est familière a son auteur.

On sera peut-être tenté de dire qu'un travail de ce genre ne demandait pas un grand talent, qu'un peu de patience suffisait, et d'autre part que le besoin d'un pareil livre ne se faisait pas sentir, car il est plus agréable et souvent plus profitable de lire tout entières seulement quelques pièces de Victor Hugo que de butiner à travers toutes ses œuvres découpées en petites tranches.

A quoi nous répondrons en principe que les ouvrages de patience sont fréquemment plus utiles que les ouvrages de talent. Nous ajouterons que dans le cas particulier M. Huguet ne s'est pas borné à vider chez son imprimeur quelques tiroirs de fiches. Les exemples sont accompagnés d'un commentaire et souvent analisés avec finesse ; les chapitres s'ouvrent, se développent et surtout se terminent par des aperçus et des conclusions qui résultent strictement des exemples cités. Sans doute ces conclusions, après tout ce qui a été écrit sur Victor Hugo, ne sauraient être déclarées neuves, mais elles ne ressemblent pas aux banalités qu'on a coutume de répéter au sujet de cet auteur, et elles n'avaient guère été indiquées avec quelque exactitude que dans l'article si suggestif et si pénétrant que Baudelaire a consacré a notre poete en 1863.

Victor Hugo est un des rares écrivains qui meritent d'être ainsi disséqués. Ses métafores sont intéressantes non seulement parce qu'elles sont logiques, coérentes et strictement vraies, mais surtout peut être parce qu'elles ne sont pas seulement des procédés de developpement et de stile, mais essentiellement des procedes de pensée qui caractérisent le génie du poète On a dit qu'il n'i avait dans les œuvres de V. Hugo que des lieux communs et pas une idée neuve ; qu'est-ce qui n'est pas lieu commun en litterature ? qu'est-ce qui n'a pas été dit ? et avoir des idees neuves ne consisterait-il pas à en presenter d'anciennes sous un jour nouveau et à voir les choses d'un regard personnel ? On a souvent dit aussi et l'on repète a satiete que les plus beaux developpements de Victor Hugo et ses metafores les plus saisissantes lui ont été suggérees par le rapprochement des mots et surtout par la rime. Il suffit de voir dans l'ouvrage de M. Huguet les exemples en prose a côte des exemples en vers pour reconnaitre que ses comparaisons les plus étranges au premier abord, les plus inattendues, sont exactement les mêmes dans sa prose que dans ses vers ; elles ne doivent donc rien à la rime. Il court beaucoup d'erreurs de ce genre, qui loin des faits flottent dans l'irréel et servent à nos éminents critiques à confectionner la pâture débilitante qu'ils offrent à leur public ; le livre de M. Huguet réussira sans doute à en arrêter quelques-unes, et nous augurons qu'il en sera de même des volumes qui doivent suivre celui-ci.

Maurice GRAMMONT.

P. Boyer. — Un vocabulaire français-russe de la fin du XVIe siècle, extrait du *Grand Insulaire* d'André Thevet, *Paris, Leroux*, 1905 [64 p. gr. in-8°]

L'auteur des *Singularitez de la France antarctique*, de la *Cosmographie universelle* et d'autres ouvrages en partie encore inédits, André Thevet que ses contemporains ont bafoué et vilipendé, l'accusant à l'envi de sottise, de plagiat et de mensonge, a fait preuve au cours de ses longs voyages tant au Levant qu'aux Indes occidentales d'une curiosité digne d'un vrai savant, a été mainte fois plagié lui-même, a trouvé dans Nicot pour l'introduction du tabac en France son Améric Vespuce, et fournit enfin dans ses ouvrages nombre de renseignements précieux que l'on chercherait vainement ailleurs.

Il a toujours montré un grand souci des langages parlés par les hommes dont il visite ou décrit les pays, il paraît en avoir connu personnellement plusieurs assez bien, et il donne de la plupart des spécimens plus ou moins étendus ou des fragments de leur vocabulaire. Le plus considérable de ces derniers est son *Dictionnaire des Moscovites*, qui ne comprend pas moins de 644 mots ou petites frases et qui figure à la suite de la description de l'île d'Alopécie dans son ouvrage inédit intitulé *Grand Insulaire et Pilotage*.

Ce *Dictionnaire des Moscovites* est intéressant comme témoignage des relations qui dès la fin du XVIe siècle s'étaient établies entre les Français et les Russes, au moment où le tsar Feodor, fils d'Ivan le Terrible, et Henri III négociaient un traité de commerce « en toute amitié et fraternelle correspondance » ; mais il est important surtout pour l'étude du vocabulaire, des formes et de la prononciation de la langue russe en ce même temps.

Le procédé de travail d'André Thevet, exclusivement oral et auditif, apparaît clairement : il se faisait traduire en russe des mots et des frases françaises et notait de son mieux la réponse qu'il avait entendue, transcription purement fonetique ou du moins s'efforçant d'être telle. Il lui arrivait parfois de comprendre mal et de ne pas entendre distinctement; c'est ce qui explique l'étrangeté souvent déconcertante de ses transcriptions. Dans certains cas d'ailleurs son embarras était fort excusable : c'est quand il devait rendre des sons ou des groupes de sons dont le français ne possédait pas l'équivalent. Il a procédé par à peu près et c'est là le point capital pour le romaniste : son audition est bien celle d'une oreille française insuffisamment exercée et sa transcription, souvent très diverse pour le même son, mais s'en rapprochant en général autant que le permettaient les moyens à sa disposition, accuse nettement un transcripteur français. Nous n'en citerons qu'un exemple : sa reproduction des groupes de consonnes. Ou bien il les simplifie par chute des éléments implosifs, *zaguy* pour *zajguì*, *resoqua* pour *rechòtka*, ou bien il les disjoint par l'intercalation d'une voyelle d'appui qui est ordinairement *e* : *quetto* pour *kto*, *la fequa* pour *lávka*, *seto* pour *sto* ; *polletenicq*, pour *plótnikŭ*, est un cas plus complexe avec sa transcription de l'*l* vélaire, mais d'autant plus intéressant.

M. P. Boyer a dû, à cause de l'incertitude et de l'inconstance des transcriptions de Thevet, les commenter fréquemment en note et donner en face de chacune les mots russes qu'elles représentent, dûment accentués et ramenés, autant qu'il a été nécessaire, aux formations en usage à la fin dn XVIe siècle. Il l'a fait avec la précision et la compétence qu'on lui connait.

Maurice GRAMMONT.

B. Anquetil. — La partie de mer ou la vengeance du matelot créancier, pièce satirique en patois normand, éditée pour la première fois avec un avant-propos, des variantes et des notes dialectologiques, par Ch. GUERLIN DE GUER, *Paris*, *Weller*, 1903 [72 p. in-8°].

M. Guerlin de Guer s'est fait une spécialité de l'étude des parlers normands et s'est acquis une notoriété dans ce domaine. Jusqu'à présent il n'avait guère fait porter ses recherches que sur les patois actuellement vivants; cette fois il a pris pour tâche de publier un texte patois ancien et d'en eclairer les formes au moyen de celles qui sont usitées aujourdui. Il a examiné toutes les œuvres du poète bayeusain Anquetil, qui sont conservées pour la plupart à la bibliotèque de Bayeux, mais dont aucune n'avait été imprimée jusqu'à ce jour. Son choix s'est fixé sur la plus importante d'entre elles : *La Partie de mer ou la Vengeance du matelot créancier*. C'est un dialogue satirique d'environ 500 vers, où l'on voit un matelot qui veut se venger par la plume des ôtes du château auxquels il a fourni des coquillages et qui l'ont éconduit sans le payer. Dépourvu d'instruction, il n'est pas à même de faire en personne la satire qu'il rêve; mais il a un fils qui revient du collège et sait le grec et le latin. Il l'emmène en mer pour n'être entendu de personne et lui expose ses griefs qu'il devra mettre en bonne forme. La satire est très violente et eut en son temps beaucoup de succès dans le pays, car les personnages qui i sont visés étaient aisément reconnaissables pour tout le monde. Le développement est facile, mais au point de vue littéraire la valeur de cette œuvre est en somme plutôt médiocre.

M. Guerlin de Guer l'a éditée avec tout le soin que l'on peut accorder aux chefs-d'œuvre des classiques Dans un avant-propos il a reconstitué au moyen de recherches dans les archives la biografie de son auteur, Bernardin Anquetil, dit l'abbé Anquetil, qui naquit à Mandeville en 1755, i passa la plus grande partie de son existence, et i mourut en 1826; il i a joint quelques notes sur sa famille et ses parents les plus rapprochés; il a identifié les personnages désignés à mots couverts dans la pièce et nous a fourni aussi sur eux des renseignements précis; enfin il a dressé la liste complète des 114 pièces qui constituent l'œuvre d'Anquetil. Pour la *Partie de mer* il a eu entre les mains neuf manuscrits différents qu'il décrit et apprécie, et dont il nous donne les variantes au bas du texte. En note il explique les expressions locales ou les mots patois et signale leur correspondant dans le patois actuel de Mandeville.

La conclusion à laquelle on arrive après avoir lu tout cela, c'est que la pièce d'Anquetil ne méritait pas un travail aussi approfondi que celui que M. Guerlin de Guer lui a consacré. Ce qui pouvait présenter le plus d'intérêt dans une œuvre de ce genre, c'est le patois; et en définitive il n'en offre qu'assez peu. D'abord la pièce n'est pas toute en patois; le fils du matelot parle français, et la langue du matelot lui-même, au lieu d'être du pur patois, n'est en somme que du français «saupoudré» de patois. De plus ce patois n'est pas pur; M. Guerlin de Guer i a relevé plusieurs expressions dialectales qui son inusitées à Mandeville. Enfin ce qui est réellement de Mandeville est d'un intérêt secondaire, car il ne paraît pas que le parler de cette localité ait notablement changé depuis cent ans. Quand les formes d'Anquetil diffèrent des formes modernes données par l'éditeur, c'est surtout parce que l'ortografe maladroite du poète est calquée sur celle du français et tend ainsi à rapprocher, au moins pour les ieux, les mots patois des mots français. On aimerait d'ailleurs que les traits qui distinguent le patois d'Anquetil du patois actuel eussent été rassemblés en quelques lignes et mis en relief.

Tout en louant le soin et l'érudition de M. Guerlin de Guer nous regrettons qu'il n'ait pas pu les faire porter sur une œuvre qui nous ait livré un parler populaire dans un état nettement antérieur à la fase actuelle.

Maurice GRAMMONT.

A. Piagnoli. — Fonetica parmigiana riordinata ed accresciuta delle note morfologiche per cura di ANTONIO BOSELLI, *Torino*, 1904 [84 p.].

A Piagnoli travaillait depuis longtemps à une fonétique parmesane quand la mort est venue l'empêcher d'i mettre la dernière main. M. Boselli, qui s'est chargé de publier l'étude de Piagnoli, l'a auparavant soigneusement revue et complétée, il a classé les faits suivant un ordre plus abituel et par suite plus commode, il a supprimé les digressions inutiles et resserré les développements trop longs, il a réuni en un appendice les observations relatives au parler d'*Oltr'Enza*, ce qui a deux avantages : celui que signale l'auteur de diminuer notablement le nombre des notes au bas des pages, et, ce qui est beaucoup plus important, celui de grouper les particularités de ce sous-dialecte et de permettre au lecteur de les embrasser d'un coup d'œil. M. Boselli ne s'est pas borné à vérifier scrupuleusement tous les détails du manuscrit laissé par Piagnoli, à refondre en grande partie sa rédaction, à ordonner et à rectifier à l'occasion les faits et les renseignements réunis par son devancier, il a en outre ajouté à la *Fonétique* de Piagnoli deux chapitres qui lui sont personnels, celui qui est intitulé *Accidenti generali* et les *Note morfologiche*.

Le tout est exposé avec clarté et compétence. Les changements fonétiques sont présentés nettement et leurs exceptions apparentes expliquées en général d'une manière satisfaisante. Une petite carte qui termine l'ouvrage permet de se faire une idée exacte du domaine géografique qu'occupent les parlers étudiés.

En somme nous voila en possession, avec cette brochure, d'une petite grammaire parmesane, que les travaux de MM. E. Gorra et A. Restori faisaient désirer, mais dont ils ne pouvaient tenir lieu.

M. G.

H.-J. Chaytor — Mémoires d'un touriste by Stendhal, édités dans *Oxford modern french series*, *Oxford*, 1905, in-12° [XII, 104 p.], 2 sh.

Ce petit volume est le 15e de l'« Oxford Modern French series », qui, commencée en septembre 1904, atteint aujourd'hui le n° 16, par le *Voyage aux Pyrénées* de Taine. Le choix des auteurs (Lamartine, Hugo, Karr, Gautier, Balzac, Tocqueville, Taine, etc.) a été fait par M. Léon Delbos en vue de familiariser l'élève avec des pages qui aient une valeur littéraire : « Pour acquérir la connaissance approfondie d'une langue étrangère, il ne suffit pas de passer quelques mois dans le pays où elle est parlée » (*General Preface*, III).

M. Delbos estime que si le Français et l'Allemand doivent occuper une place à côté du Latin et du Grec dans l'éducation moderne, il convient de les étudier dans le même esprit que les langues anciennes; ainsi l'on en retirera un profit égal, parce qu'à l'étude matérielle de la langue d'une nation se joindra celle de ses idées et de son histoire. L'on entrevoit que M. D. n'est pas du tout sympathique à « ce que l'on appelle la Nouvelle Méthode » d'enseigner les langues vivantes : il est remarquable que l'Angleterre, le pays pratique par excellence, donne l'exemple de la résistance aux tentatives qui sont faites pour réduire ces langues au rôle d'instruments de relations commerciales.

La biographie de Stendhal et les notes (qui sont placées à la suite du texte) sont instructives et intéressantes dans leur brièveté.

F. C.

Albert Soubies. — Almanach des spectacles, année 1904. *Paris, Flammarion*, 1905, p. in-12, 5 fr.

C'est le trente-quatrième volume de cette précieuse collection, si riche en renseignements sur le théâtre contemporain. On y remarquera la liste des représentations données sur les scènes de quartiers, à Paris, par la Comédie-Française et l'Opéra-Comique.

Dans la bibliographie quelques indications manquent de précision : Hémon, *Cours de littérature* (quels fascicules?); *Théâtre classique populaire* (quelles pièces?). — La mention suivante peut induire en erreur : « Montchrestien (de). *La Reine d'Escosse.* Trag. adap. Michaut. In-16. Fontemoing »; M. Michaut ou, plus exactement, les élèves de seconde année de l'École normale supérieure, sous la direction de M. Michaut, n'ont pas donné de *la Reine d'Escosse* une adaptation, mais une édition critique. — P. 129, il faut lire Chardon (et non Charton) le nom de l'auteur de *Scarron inconnu*.

L'eau-forte de Lalauze qui orne le volume représente une scène des *Oiseaux de passage*.

E. R.

Th. Joran. — Le Mensonge du féminisme, opinions de Léon H.., *Paris, Henri Jouve*, 1905, in-18

Signalons à ceux que le sujet intéresse les « confessions d'un antiféministe », Léon H.., publiées par Théodore Joran. On verra dans cet ouvrage le peu de confiance et de sympathie inspiré par les revendications féminines à un homme qui eut à souffrir toute sa vie d'avoir épousé une pédante sans cœur. Dans sa tristesse un peu amère, ce malheureux avait gardé une vive intelligence jointe à un vigoureux bon sens, et il y a beaucoup à apprendre dans la série d'impressions et d'articles que M. Joran a réunis sous ce titre expressif : « le mensonge du féminisme ». Ajoutons qu'une introduction de M. Joran lui-même sur Léon H... nous rend dès l'abord l'auteur sympathique et son œuvre attirante.

ERRATUM

P. 293, vers 70, lire :

Quant sera (s) de bon vin clar.

TABLE DES MATIÈRES

Tome XLVIII

ARTICLES DE FOND

TEXTES ET DOCUMENTS

VARIÉTÉS

BIBLIOGRAPHIE

CHRONIQUE

Le Gérant responsable : P. HAMELIN

MONTPELLIER. — IMPRIMERIE GÉNÉRALE DU MIDI.

Lightning Source UK Ltd.
Milton Keynes UK
UKHW020625241118
332794UK00006B/185/P

9 780428 689612